科技产业经济学

上

隋映辉 ◎著

当代中国出版社
Contemporary China Publishing House
2018 年 · 北京

图书在版编目(CIP)数据

科技产业经济学 / 隋映辉著 . -- 北京 : 当代中国出版社，2018.11
ISBN 978-7-5154-0718-0

Ⅰ. ①科… Ⅱ. ①隋… Ⅲ. ①科学技术—产业经济学 Ⅳ. ① F062.4

中国版本图书馆 CIP 数据核字（2018）第 090039 号

出 版 人	曹宏举
策划编辑	王延新
责任编辑	王延新
责任校对	康 莹
封面设计	信宏博
出版发行	当代中国出版社
地 址	北京市地安门西大街旌勇里 8 号
网 址	http://www.ddzg.net 邮箱：ddzgcbs@sina.com
邮政编码	100009
编 辑 部	（010）66572264 66572154 66572132 66572180
市 场 部	（010）66572281 66572161 66572157 83221785
印 刷	北京润田金辉印刷有限公司
开 本	720 毫米 × 1020 毫米 1/16
印 张	61.5 印张 906 千字
版 次	2018 年 11 月第 1 版
印 次	2018 年 11 月第 1 次印刷
定 价	240.00 元（上、下）

内容提要

科技产业经济学是一门以科技产业为研究对象，涵盖自然科学、技术科学、社会科学及管理科学等的学科。本书从学科交叉的独特视角，以经济全球化和创新全球化为支点，对科技产业经济理论与应用进行了全方位诠释和系统性研究。全书结合新科技革命及产业转型发展态势，全面揭示科技产业经济的内在关系，研究了科技产业经济的系统结构、演进规律、运作机制、科技转移等，深入分析基于大数据、互联网、智能化的科技产业发展的相关要素，以及高端并购、人才竞争、知识外包、创新研发、风险投资、品牌运作等作用，并对城市创新、运作机制、集群链接、企业战略、科技园区等进行机理描述和理论阐释。同时，还系统论述了与科技产业经济发展相关的市场需求、中介对接、系统创新和制度创新等理论。通过对相关理论在科技产业发展中的应用做出解析，深入阐述科技产业发展战略与政策，并以协调发展为关键变量，指出未来科技产业转型发展的大趋势。

本书包括基础理论、应用理论、战略政策三篇，共计二十章组成。全书精练地归纳了国内外相关学术研究领域的文献资料，融合了作者在科技产业经济研究领域中提出的新思想、新观点、新模式。以学科交叉与机理分析，从科技产业经济与社会发展的愿景，对科技产业经济学进行理论创新和跨界融合，并构建一个兼容并蓄的分析框架与创新生态；基于全球网络化、科技产业化为核心的跨界、跨域、跨行的大趋势，加深科技经济深度融合与产业转型发展，推进科技产业创新要素的历史性、系统性演变，建立系统科学的理论架构及应用体系，形成新的科技产业集群形态、价值链体系；通过专题性、实证性分析，提供科技产业转型发展的典型范例，以及形成协调发展的产业形态、创新机制与竞争参照。全书视野开阔、观点新颖、理论完整、内容丰富，从多维协调、跨域合作与资源共享的技术路线，对科技产业经济及其学科体系进行了系统性、立体化、全流程的论述。

本书对于相关学科的研究人员、教学人员具有重要参考价值，对各级政府、研究开发、企业管理、政策制定、产业规划、科技管理、创新创业等部门人员也具有阅读价值。因此，本书不仅是专业研究和院校教学、研究生教育的参考用书，而且也是政府决策以及科技园区、企业战略、创新创业、管理培训等人员必备的读物。

目　录

第二篇　应用理论

第三篇　战略政策

前　言

科技产业经济学是一门多学科交叉，主要以科技产业为研究对象，分析现实科技经济发展问题的新兴应用理论学科。自20世纪80年代起，我已进入这一交叉科学的“富矿区”。历经产学研及智库等部门的工作，参与过多学科领域的科研、学术探索及相关实践，并基于不同学科理论及实践对科技发展与产业经济进行交叉、跨界和渗透性研究，发表了一系列具有独特视角的研究论著及学术观点。期间，全球范围的科技革命、产业转型及其结构调整，促使科技产业经济研究发生了深刻的变化。特别是新一轮科技革命在全球范围内掀起波澜壮阔的巨变，加速形成了科技产业新业态、新模式、新路径，要求在对固守于传统经济关系的研究模式、路径、方式做出反思的基础上，形成具有全新性质和系统观点的科技产业经济学。科学技术发展，尤其是理论创新成果及发展方式的不断问世，对科技产业经济理论发展及应用转化的影响，已超出了传统经济学、科学学最初的预料以及假设。基于大数据、互联网、云计算、人工智能等手段，科技变革、创新演变、产业转型、市场供求、城市创新及全球化等长期彼此独立、互不对接的学科研究领域被彻底打破。科学技术与产业经济，这一具有不同要素、结构、功能及学科领域的两大系统，在经济全球化、创新网络化的“科技—产业—市场”的交叉、融合、跨界和渗透的过程中，形成了视角新颖、系统互动和学科交叉的科技产业经济架构，出现了将科技产业经济作为更为系统、更为兼容的学科及其理论体系。这一系统性、颠覆性变化，预示着经济学、科学学等学科及所做分析中的一些结论将被刷新，并引起与之相应的理论变革。在这一理论演变与发展的过程中，科技产业经济作为一个新兴学科领域和系统研究范畴，其理论体系迫切需要从新科技革命发展的学科交叉视角寻求全面透彻的理论创新，在前期研究积累的基础上不断拓展和完善，揭示科技产业发展的各种趋势，将科技产业经济研究提高到一个新的理论界面和系统层次。

本书综合运用了科技经济、产业经济、区域经济、系统创新、战略管理和协调发展等多方面的理论研究成果，通过对科技产业经济领域的研究成果分类、梳理和总结，对其理论及实践进行深入论述和分析，全面研究科技产业经济理论及其创新发展系统。旨在检验和证实科技产业发展过程中多要素、多领域资源配置与协调发展对科技产业经济的重大作用。通过多学科的系统理论探索、实证分析和经验总结，为完善科技产业经济理论体系提供一个具有思想前瞻和富有价值的结论。围绕科技产业发展的理论分析框架，不仅做出最基本的理论分析和系统描述，而且研究当科技经济发展到一定水平，产业结构和要素使用的最佳配置及其相关的战略政策。尽管科技产业经济这一研究主题同时受到国内外经济、科技周期等因素的影响，但我们的研究既以系统的方式探索科技产业的内部结构、演化机理、发展模式和运行机制，也重点分析全球化环境对科技产业经济发展的影响和制约。通过构建一个多元、开放、系统和独有的科技产业经济理论框架，建立起新的科技产业经济结构体系，以便顺利实现本书的研究目标和著述任务。

本书分为三篇。第一篇，重点对科技产业经济学基础理论做出了系统界定、阐述和分析。主要通过深入分析选题背景，分析和界定科技产业的基本内涵、动态性变化及特征，阐释科技产业经济学的学科性质及研究领域。通过对有关文献和理论的梳理、归纳和解析，建立科技产业经济理论框架与结构，并论述主要分析方法、逻辑关系及创新之处。在对系统结构进行定义和分析的基础上，重点描述科技产业系统特征及其功能，分析和讨论科技产业系统结构的系统要素和系统环节，提出科技产业经济的系统结构、系统机制和组合模式等，并揭示科技产业经济系统不同于其他产业的系统结构、功能和模式等特征。以科技产业演进理论综述为基础，讨论了科技产业演进的周期性范式，分析了科技产业演进特点、形态及机理，系统描述了科技产业演进与成长的选择要素、阶段及重点，论述了科技产业演进与成长的环境等问题。通过对运行机制内涵及其构成的讨论，对科技产业经济运行机制特征、支持系统等架构进行深入分析，探索科技产业经济运行过程中的机制摩擦与滞存现象，并就科技产业发展协调发展机制等进行理论阐述。通过描述中介系统内涵及其特征，从宏观和微观视角考察科技产业中介对接运作系统，并对科技产业的中介关联因素进行不同层面的分析，试图说明科技与产业的中介关联价值，以及它们之间的逻辑关系。在建立科技产业发展的中介关联模型的基础上，系统分析科技产业发展与市场对接的协调机理，解构科技产业对接系统理论，并对科技产业的市场需求响应进行论述。在科技转移理论阐释的基础上，对科技转移概念、动因、模式、机制等进行系统解析。通过对科技转移机制与模式的分析，描述了科技转移流程及路径，讨论了科技转移投资及其系统运行等，并以若干案例介绍了一些国家科技转移的经验。

第二篇，主要对科技产业经济学应用理论进行阐述及分析。通过对国内外相关文献的梳理，提出和界定了高端并购的内涵、特征及其领域等，建立了符合知识资本价值链的高端并购模型，全面阐述了高端并购方式、高端并购流程、高端并购风险管理等运作系统。并通过对国内外高端并购案例分析，研究了高端并购理论及应用政策界限等问题。通过系统阐释知识外包内涵，分析了知识外包的动因、特性及领域，探索了知识外包风险管理以及效应等问题。以创新全球化为背景，重点描述了科技产业品牌的价值特征。基于文献理论，讨论了科技产业的品牌定位以及科技产业的品牌标准，系统阐述了科技产业的品牌运作过程。通过对品牌竞争的基本战略作用机理的分解，论证了科技产业品牌在市场的集中度和公共政策的有效性。通过对创新定义的界定，以及创新系统演变过程和结构变化的分析，阐述了系统创新的理论内涵、基本框架和要素，深入研究系统创新在科技产业经济发展过程的结构调整，以及系统创新的宏观调控和管理等问题。通过对风险投资的内涵和特点的分析，以及对运作机制和模式的阐释，重点考察了科技产业风险投资的作用机理，分析了风险投资与科技产业创新互动关系，比较了风险投资的发展模式，探索了风险投资机制创新及其选择等问题。根据全球科技产业区发展背景、态势及趋向，重点讨论科技产业区的发展模式、运行机制、转型结构、创新环境与目标选择等。以科技产业价值链为分析框架，通过对科技产业集群基本概念、特征的描述，重点考察科技产业集群的形态、结构、演变原因及其过程。着重对科技产业集群创新机理、科技产业集群生态、集群循环经济等进行分析，进而构建以科技产业生态价值链为核心的集群循环经济等。

第三篇，重点对科技产业发展战略与政策相关内容做出阐述及分析。就人力资本的理论发展分析，论述了人力资源与知识价值，界定了科技产业人才资源内涵，探索了科技产业人才资源组合、科技产业人才资源开发、科技产业人才激励与竞争。通过国内外比较，对人才资源开发的作用、科技产业发展与人才竞争互为影响以及人才激励等问题进行了深入研究。就科技产业的市场需求特性、科技领先的市场需求等进行研究，论证了市场创新对科技产业发展的影响，分析了科技竞争力与市场需求的关系，并对科技产业与市场需求约束等问题进行了解析。通过对制度创新界定及理论综述，着重对科技产业的非技术因素及其作用进行了系统论述，阐释了制度创新对科技产业的影响，讨论了政府与企业在制度创新中的关系等。通过对科技产业结构的界定，系统阐释了科技产业结构的构成和基本特征，在对科技产业演进规律的分析研究基础上，寻求科技产业结构性变动与发展的一般趋势。同时，深入分析科技产业结构调整战略与政策等。通过对企业战略转型及其结构演变行为做出理论解释，以国内外科技产业竞争分析，对企业转型战略、策略等做出选择。在对科技企业战略及其结构现象解析的基础上，提出科技企业提升竞争力的战略选择。并结合国内外若干跨国公司战略转型范例，寻求有价值的结论。通过对城市创新内涵的界定，阐述了城市创新能力、城市创新战略生态系统、城市创新与政府、城市创新战略转型等，归纳了国内外城市创新推动科技产业转型的典型范例，并对这些典型城市创新进行了比较分析。通过阐述转型协调与结构调整，科技产业与差别竞争，协调发展与转型，从知识创新、科技进步与经济增长的现象之间，将新的发展观作为科技产业未来发展的内核。通过宏观层面科技、经济、社会与政治的协调，中观层面的知识链、产业链和价值链的有机整合，以及微观层面的（“府、产、学、研、资、介”）六位一体，以多维协调、跨域合作与资源共享，形成一种可持续发展的战略形态、创新机制与发展格局。

学而不思则罔，思而不学则殆。[①]本书不是一种被动解读传统科技经济理论的尝试，或简单移植传统经济学等理论，或仅仅是以产业经济、技术经济分析及工具性应用为主体的结构体系，而是保持学科的前沿性、严肃性，在理论创新与吸收借鉴的基础上，作者长期科技产业理论和应用研究成果的积累。本书的核心观点是，在科技革命及知识创新的过程中，应重新审视传统经济学理论与科技经济政策，加大理论创新与应用实践，建立一个基于“学科交叉、行业跨界、个性混搭、多元协调”，而非限于传统经济学等学科范畴的科技产业经济学理论体系，这对于拓展科技产业经济无限的发展空间与潜力，具有重大的学术意义与应用价值。本书的主要贡献有如下方面：一是在国内外相关学科理论及学术成果梳理的基础上，通过理论到实践以及学科之间的交集和创新，完成科技产业经济学的基本界定、轨迹描述、理论归结、系统构建、机制运行等一系列研究和论述，力图以科技、经济等学科交叉、理论与实践结合为研究对象，构建一个视角独特、结构新颖的科技产业经济学框架体系；二是将先期提出的“组合投入”“系统创新”“城市创新圈”“协调发展”等学术观点纳入前沿理论分析，通过多章节篇幅阐述，深入挖掘科技产业经济学学科领域或填补空白领域，开拓具有持续研究价值和探索意义的理论空间；三是将经济学、科学学基本原理的阐述，与科技革命的最新进展以及实际应用的分析有机地结合在一起，深化科技产业经济理论创新与实践，为科技产业转型发展与结构升级提供战略支撑；四是将战略与政策研究成果应用于科技创新驱动与产业转型发展，特别是在若干章节论述了战略与政策问题，并附有若干范例分析，以经验证据详细阐述了相关基本原理及战略思想。

可以说，本书的理论架构独树一帜，学科体系自成一体。全书突出了知识性、前沿性、系统性、包容性和创新性。试图避免传统经济学、科学学等学科理论框架的固化和约束，在长期研究成果积累的基础上，注重将最新研究成果引入新的理论体系，并将科技产业经济的系统结构、发展路径、运行机制、制度创新、政策设计等纳入统一的分析框架进行阐释。从

① 引自《论语·为政》。

战略层次和应用范畴，对高端并购、中介对接、知识外包、风险投资、市场需求、集群链接、城市创新与制度创新等理论与方法进行系统归纳。同时，以全球化视野，全面考察国内外科技产业经济发展的一般原理及动态运行过程。通过考察和分析科技产业经济的特定属性、成长规律及构成要素等，进一步明确科技产业经济的目标行为及运行状态，揭示科技产业经济发展对经济增长方式转变及结构转型所产生的深远影响。

基于对科技产业经济的多视角、跨学科的研究，本书在结构、观点、内容及方法等方面寻求“有所为，有所不为”。既要为读者提供一个历史、经验和系统的背景视角，全面、准确地介绍相关理论及有关国家或地区的战略政策实践；又要结合国情，适应新科技产业革命的挑战，推进中国的科技产业转型发展；还要突出理论创新、学术新解和应用价值，重视实证分析和典型案例，并辅以专栏介绍，使之具有学术、研究、教学和应用的参考价值。

“古人学问无遗力，少壮工夫老始成。纸上得来终觉浅，绝知此事要躬行。”[①] 当然，科技产业经济学作为一门新兴交叉学科，时至今日，国内外对科技产业经济学的基本概念、基本理论涉及甚少，特别是新科技革命下的学科领域及框架结构的系统、交叉、跨界、融合研究仍处于空白，亟待深入研究与探索。因此，本书或许与传统经济学和科学学的理论体系、组合视角、分析方法及研究范式等存在明显的不同。一些理论论述、学术见解和研究路线，虽然经历了30多年的研究积累并得到了历史验证，但智者见智、仁者见仁，还需要不断探索和完善。书中或许存在一些不足，欢迎国内外学界同仁及广大读者不吝指正。

隋映辉

2017年9月17日

于中国青岛

① （宋）陆游：《冬夜读书示子书》。

第一篇
基础理论

第一章　导论

科技产业经济学是一门涵盖自然科学、技术科学和社会科学，涉及科技、经济、管理等领域的交叉性、应用性的学科，也是近年来国内外科技经济与管理理论及应用研究最具活力、最有价值的学科领域。本章旨在分析和界定科技产业的基本内涵、动态性变化及特征，阐释科技产业经济学的学科性质及研究领域。通过对有关文献和理论的梳理、归纳和解析，建立科技产业经济理论框架与结构，并论述主要分析方法、逻辑关系及创新架构。

第一节　研究对象及系统构成

一、科技产业界定

给科技产业经济下一个确切的定义，首先要对科技产业的概念、范围和特征有一个较为明确的界定和描述。在国内外文献中，对科技产业往往存在一系列不同解读的概念或术语。由于定义规定并不严密，这些术语通常给科技产业的界定带来混乱。如从技术划分，有技术密集型产业、技术组装型产业、尖端技术产业等；从产业划分，有以科学为基础的技术产业、科学产业、知识型产业、高端产业、新兴产业等；从层次划分，有高技术产业、中高技术产业、中低技术产业、低技术产业、高新技术产业、高科技产业等；从社会分工划分，有科技服务业等。

关于科技产业，并无标准定义[①]，但是长期以来人们普遍认为其是具有明显经济效益的产业。[②]国际上一般采用技术密集度（R&D 经费强度或 R&D 人力强度）作为界定的基本依据。经济合作与发展组织（OECD）最初采用美国制定的标准对其成员组织的高技术产业进行了统计，1984 年又以 11 个成员组织的数据为依据制定了高技术产业的分类标准。1986 年，OECD 正式给出高技术产业的定义，用 R&D 经费强度（R&D 经费占产值的比重）作为界定高技术产业的指标。OECD 按照国际标准产业分类第 2 版（ISIC-Rev.2），并依据 OECD 比较典型的 13 个成员组织 20 世纪 80 年代初的有关数据，将 R&D 经费强度明显较高的 6 类产业——航空航天制造业、计算机及办公设备制造业、电子及通信设备制造业、医药品制造业、专用科学仪器设备制造业和电气机械及设备制造业，确定为高技术产业。1994 年 OECD 选用总的 R&D 强度、直接 R&D 强度、间接 R&D 强度三项指标来界定产业是否属于高技术产业。根据 OECD 的 10 个成员组织 1973~1992 年的统计数据逐步计算，最终提出：直接 R&D 强度比重在 3% 以上的为高技术产业，1%~2% 之间的是中技术产业，小于 1% 的是低技术产业，并确定指标值明显高于其他产业的航空航天制造业、计算机与办公设备制造业、电子与通信设备制造业和医药品制造业为高技术产业。1996 年，OECD 将 R&D 强度作为界定高技术产业的基本指标，根据国际产业分类（ISIC），并依据 13 个 OECD 成员组织 20 世纪 80 年代初的相关数据，确定了上述 6 类产业为高技术产业。

随着国际标准产业分类第 3 版（ISIC-Rev.3）的广泛使用，2001 年 OECD 依照新的国际标准产业分类重新确定了高技术产业新的分类标准，根据 13 个成员组织 1991~1997 年间的平均 R&D 经费强度（R&D 经费占产值和增加值的比重），将制造业中的航空航天制造业，医药制造业，计算机

---

① 虽然科学和技术有不同的界定，中国式的“科技”也有不同观点，但从新科学与技术发展的范式变化，以及跨界、开放、协同、共享的汇流趋势，本书着眼网络全球化引领科学与技术融合及中国产业转型实际，仍然采用科技称谓。并将高技术产业、高新技术产业、技术密集型产业、知识型产业、新兴产业等统称为科技产业。

② U.S. Manufacturing in International Perspective, January 18, 2017 by Congressional Research Service.

及办公设备制造业，无线电、电视及通信设备制造业，医疗、精密和光学科学仪器制造业等 5 类产业确定为高技术产业。

马丁·斯考伯（Martin Schaaper，2004）认为，至少满足以下两条才可称之为高技术产业：（1）高水平的创新活动（包括正在研发）；（2）通过中间投入或资本投资，在生产过程中高强度利用已有技术和创新；（3）劳动力的高知识密集型特征，参见表 1–1。Martin Schaaper 认为，从不同的数据来源分析，提供制造业和非制造业相分离的分类更为有益：（1）对于制造业产品来讲，这将会保持过去高技术、中高技术、中低技术及低技术的分类；（2）有更多的指标可以用来测度并确定制造业产品的分类（例如：直接 R&D 强度）；（3）能够实现对制造业部门不同领域的分析（例如：基于国际贸易分类）。

表 1–1　OECD 制造业产业的技术分类

技术分类	ISIC 第 3 版	1999			
		R&D 占产值的比重		R&D 占增加值的比重	
		总体强度 2	中值强度	总体强度 2	中值强度
高技术产业					
航空航天器制造	353	10.3	10.4	29.1	27.5
制药	2423	10.5	10.1	22.3	25.8
办公、会计和计算机设备	30	7.2	4.6	25.8	15.1
广播、电视和通信设备	32	7.4	7.6	17.9	22.4
医疗、精密和光学仪器	33	9.7	5.6	24.6	11.9
中高技术产业					
电气机械和设备	31	3.6	2.3	9.1	6.7
汽车、挂车及半挂车	34	3.5	2.8	13.3	11.7
化学制品（不含制药）	24 不含 2423	2.9	2.2	8.3	7.1
铁路机车及其他交通设备	352+359	3.1	2.8	8.7	7.9
其他机械设备	29	2.2	2.1	5.8	5.3
中低技术产业					

续表

技术分类	ISIC 第 3 版	1999			
		R&D 占产值的比重		R&D 占增加值的比重	
		总体强度 2	中值强度	总体强度 2	中值强度
船舶制造和修理	351	1.0	1.0	3.1	2.9
橡胶和塑料制品	25	1.0	1.1	2.7	3.0
焦炭、炼油产品及核燃料	23	0.4	0.3	1.9	2.7
其他非金属矿物制品	26	0.8	0.6	1.9	1.3
基本金属和金属制品	27–28	0.6	0.5	1.6	1.4
低技术产业					
其他制造业、再生产品	36–37	0.5	0.5	1.3	1.2
木材、纸浆、纸张、纸制品、印刷和出版	20–22	0.4	0.1	1.0	0.3
食品、饮料和烟草	15–16	0.3	0.3	1.1	1.0
纺织、纺织品、皮革及鞋类制品	17–19	0.3	0.4	0.8	1.0
全部制造业	15–37	2.6	2.2	7.2	6.5

资料来源：Martin Schaaper，OECD 划分高技术产业、测度 ICT 和生物技术产业的方法，OECD 科学、技术和工业总公司

在美国，科技产业一般泛指依靠先进科学技术和知识生产的各种生产部门，包括信息技术、生物技术和新能源等产业领域。通常采取“职业分布”指标进行科技产业划分，得出 29 种科技产业部门和 100 个独立的科技产业。美国国立科学财团将高技术产业定义为：研究开发费用占销售收入的比重为 3.5% 以上，职工每千人中有 25 个以上的科学技术人员的产业。美国商务部的定义为：高技术产业，是研究开发费用在总附加值中的比重为 10% 以上，或者科技人员在总职工中所占的比重为 10% 以上的产业。美国布鲁金斯学会界定标准：一是每个产业工人的研发支出应超过 450 美元，或者是位于产业的前 20%；二是产业队伍中获得 STEM（科学、技术、工程和数学）学位的人数必须高于全国平均水平，或者在本产业中所占比重达到 21%。同时

符合以上两个标准的产业就是高技术产业。根据这一标准，提出美国高技术产业包括50个行业，其中高端制造业有35个，占70%。主要包括航空航天产品及零部件、音频和视频设备、基础化学品、通信设备、计算机及周边设备，以及汽车、半导体和其他电子元件、船舶和造船、医疗设备和用品等行业（见表1–2）。因此，美国确认的科技产业，是指以大量投入研究与发展资金，以及迅速的科技进步为主要标志的高技术产业。对科技产业的定义通常采用两种指标：一种是研究与开发强度，即产品研究开发费用在销售额或增加值中所占比重；另一种是科技人员占劳动力的比重。

表1–2 美国高端产业领域的50大行业

制造业		能源行业	服务业
航空航天产品及零部件	汽车	电力产生、转换和分配设备	建筑和工程
农业、建筑和矿山用机械	导航、测量和控制仪器	金属矿开采	有线电视及其他订阅节目
铝生产和加工	其他化工产品	石油和天然气开采	计算机系统设计
音频和视频设备	其他电气设备和组件	—	数据处理和托管
基础化学品	其他通用机械		医疗和诊断实验室
黏土制品	其他杂项制造		管理、科学和技术咨询
商业和服务业机械	其他非金属矿物制品		其他信息服务
通信设备	其他运输设备		其他电信服务
计算机及周边设备	农药、化肥等农用化学品		卫星通信
电子照明设备	石油和煤炭产品		科学研究与发展
电气设备	制药与医药		软件出版业
发动机、涡轮机和电力转换设备	铁路机车车辆		无线电信运营业
铸造设备	树脂和合成橡胶、纤维和长丝		—

续表

制造业		能源行业	服务业
家用电器	半导体和其他电子元件	—	—
工业机械	船舶和造船		
钢铁及铁合金	医疗设备和用品		
机动车车体及拖车	磁性介质记录再现设备和其他光学介质		
汽车零部件			

资料来源：Brookings Institution，“America’s Advanced Industries：What they are, Where they are, and Why they matter”，Feb.，2015

欧盟将具有较高经济增长率和国际竞争力，有较大就业潜力，R&D 投入高于所有部门平均水平的航空航天、电子设备、数字处理办公设备、汽车及零部件、科学仪器等产业作为科技产业，并将其分为高中低三个层次（见表 1–3）。而法国关于科技产业发展的理论是产品循环理论。法国普遍认为，只有一种新产品使用生产线生产，具有高素质劳动力队伍，拥有一定的市场并形成新的产业分支时，才能成为科技产业。

表 1–3　欧盟制造业产业的技术分类

高科技产业	航空业（35.3）；制药业（24.4）；计算机、办公用品业（30）；电信业（32）；科研设备业（33）
中高科技产业	电子设备业（31）；汽车业（34）；化工业和制药业（24 和 24.4）；其他的交通设备业（35.2+35.4+35.5）；非电子设备业（29）
中低科技产业	焦炭、精炼石油产品和核燃料（23）；橡胶和塑料制品（25）；非金属矿物制品（26）；造船业（35.1）；基础金属业（27）；金属制品业（28）
低科技产业	其他制造业和回收业（36+37）；木材，纸浆，纸品，印刷及出版业（20+21+22）；食品，饮品及烟草制品业（15+16）；纺织及制衣业（17+18+19）

资料来源：欧盟统计局

加拿大对科技产业的界定采取方法有：（1）部门法，即科技产业是一种技术水平相对高的生产部门，这种相对高的技术水平通过劳动力的技术素质或用于研究开发的经费来反映；（2）综合方法，科技产业以生产前的设计和最终技术调整为依据，由生产技术人中和工程师占总生产职工的比例，以及工业研究开发中制造业内部工程师和技术员的比例来反映。

澳大利亚科学与技术部将科技产业定义为：投入大量研究开发经费与科技人员联系紧密，产生新技术产品，并且有科学或技术背景的企业群的产业。作为一种相对概念，科技产业包括高风险、高回报、高速变化和高信息化。

日本对科技产业采取的是一种建立在产品和生产过程中更直观、更专断的划分。它是能节约资源和能源，技术密集度高，技术创新速度快，且由于增长能力强，能在将来拥有一定水平的市场规模，能对相关产业产生较大波及效果的产业。日本通过广泛扩散技术和新技术来确定的科技产业主要包括：新材料、生物工程、超导、电子、通信与信息、机械、航空与航宇技术、资源以及人类、生活和社会等。

韩国将科技产业称为尖端技术产业，但在确定产业范围时并没有简单套用美国等发达国家的标准，而是从韩国的经济与科技发展的实际出发，将其定义与范围确定为“技术密集度高”及“技术革新速度快”，深具“竞争潜力”且可发挥“经济及技术性效果”的新技术与新产业群。韩国科技产业具有加工型、外包型特征，其进口依存度高达70%。“原设备安排”（OEM）或者称为定牌生产是科技产业“出口平台”的主要营运方式。

中国科技产业有高技术产业、高新技术产业、技术密集型产业、高端产业、战略性新兴产业等不同说法。1991年国家科委将高技术产业分为微电子和电子信息技术、空间科学和航空航天技术、光电子和光机电一体化技术、生命科学和生物工程技术、材料科学和新材料技术、能源科学和新能源高效节能技术、生态科学和环保技术、地球科学和海洋工程技术、医药科学和生物医药技术、精细化工等传统产业新工艺新技术、基本物质科学与辐射技术等。1997年国家科委又颁布了《国家高新技术产品目录》，将高新技术产业及其产品分为9类：电子与信息，生物、医药技术，新材料，光机电一体化，新能源、高效节能，环境保护，航天航空，地球、空间及海洋工程，核应用技术等。2010年国务院常务会议决定，确定节能环保、新一代信息技术、生物、高端装备制造、新能源、新材料和新能源汽车等7个产业作为战略性新兴产业。2016年国务院发布了《“十三五”国家战略性新兴产业发展规划》，提出发展壮大新一代信息技术、高端装备、新材料、生物、新能源汽车、新能源、节能环保、数字创意等战略性新兴产业。

从表1–4来看，各国关于科技产业范围和界定有明显的不同。美、欧等将科技产业界定为依赖先进科学和工程技术知识的多种生产部门，或定位于科学技术进步前沿的其他领先技术的产业群体；日本将科技产业界定为能节约资源的能源，技术密集度高，技术革新速度快，且由于增长能力强，能在将来拥有一定水平的生产规模，能对相关产业产生较大波及效果的产业，其界定是以扩大全球市场规模作为产业政策的基础；韩国对科技产业的界定与日本大体相似，认为科技产业是技术密集度高且产品寿命周期较短的新兴产业群或尖端技术产业。

表1–4 各国对科技产业的界定

国家	定义	方法
美国	一般泛指依靠先进科学技术和知识生产的各种生产部门，包括信息技术、生物技术和新能源等产业领域。美国国立科学财团的定义为：研究开发费用占销售收入的比重为3.5%以上，职工每千人中有25个以上的科学技术人员的产业。而美国商务部的定义为：高技术产业，是研究开发费用在总附加值中的比重为10%以上，或者科技人员在总职工中所占的比重为10%以上的产业。	采取“职业分布”指标进行划分，得出29种科技产业部门和100个独立的科技产业； 采用两种指标：一种是研究与开发强度，即产品研究开发费用在销售额或增加值中所占比重；另一种是科技人员占劳动力的比重。
法国	法国学者认为，只有一种新产品使用生产线生产，具有高素质劳动力队伍，拥有一定的市场并形成新的产业分支时，才能成为科技产业。	

续表

国家	定义	方法
加拿大	科技产业是一种技术水平相对高的生产部门，这种相对高的技术水平通过劳动力的技术素质或用于研究开发的经费来反映；科技产业以生产前的设计和最终技术调整为依据。由生产技术人中和工程师占总生产职工的比例，以及工业研究开发中制造业内部工程师和技术员的比例来反映。	①部门法；②综合方法。
日本	科技产业一般使用工业增长率的概念。是一种建立在产品和生产过程中更直观、更专断的划分。它是能节约资源和能源，技术密集度高，技术创新速度快，且由于增长能力强，能在将来拥有一定水平的市场规模，能对相关产业产生较大波及效果的产业。	通过广泛扩散技术和新技术来确定。
韩国	科技产业也叫尖端技术产业，一般是指技术密集度高，技术革新速度快，具有高附加值，而且能够节约资源的产业。	以研究经费占销售收入比重为标准，并设定狭义范围。

二、科技产业界定的动态性

科技产业作为一个周期性、动态性和结构性的概念，它的内涵、概念、标准及边界并不是一成不变的。随着创新全球化加快和产业技术密集度的提高，新兴科技产业的研发投资加大、创新驱动加快，智能化生产等特征突显。这些科技产业链接紧密、互为需求，带动国家的科技经济进入新经济发展阶段。但随着产业技术密集度变化并进入转型发展阶段，市场需求趋于饱和、投资增速放缓，出现了产能过剩、产品积压等现象，一些产业变为成熟型产业或沦落为衰退性产业。自 20 世纪 70 年代以来，OECD 和美国多次依据专业技术密集度的变化，对科技产业的范围进行调整。70 年代初，美国曾将收音机、电视机、录音机等划为高技术（尖端）产业。但到了 80 年代初，上述产业就被划分为非高技术产业，而替代它们的高技术（尖端）产业是通信设备、办公计算机等。20 世纪 70 年代，界定为高技术产业密集度在 3% 以上的有 6 个，平均技术密集度为 6.9%。到了 80 年代末，高技术产业已有 8 个，平均技术密集度为 8.6%，提高了 1.7 个百分点。其中，电子和制药业技术密集度增加最快，平均每 5 年增长 1 个百分点。

从表 1–5 来看，发达国家 20 世纪 70 至 80 年代乃至 90 年代认定的科技产业（产品）的“潮起潮落”，实际上是一种科技创新演化“拐点”形成的科技产业更新替代与动态性变化。从 OECD 各成员组织的高技术产品变化来看，进入 20 世纪 90 年代，一些新兴科技产业如电子信息、生物技术、新材料等产业迅速崛起之后，另一些在 80 年代认定的高技术产品就成为“明日黄花”。例如 20 世纪 80 年代，原属高技术产业范畴的专用科学仪器设备制造业和电气机械与设备制造业，由于其指标值已不具备明显高于其他产业的特点，被归入“中高技术产业”范围，一些衰退性、成熟性的科技产业或普及型的“中高技术产品”则纳入传统产业或“低技术产品”行列。又如，在 20 世纪 90 年代“新经济”泡沫破灭后，一些被视为高新技术的消费类电子产品降格为“普通大众性商品”。

表 1–5 发达国家或地区科技产业（电子信息）的认定变化

类别	1974 年	1977 年	1982 年	1987 年	（1985 年）经合组织	（1982 年）欧共体	日本银行	1998 年
电子信息	电视机、通信设备、计算机	收音机、电视机、录音机	通信设备、计算机、电子零部件	办公设备、计算机、电子零部件	通信设备、办公设备、半导、信息自动处理机	录音机、电视机、通信设备、半导体等	VD、TVR、电话机、通信设备、信息处理机、复印机、电脑等	微处理器、系统软件、计算机、半导体、通信设备等

资料来源：美国商业部（1983 年、1998 年），经合组织、欧共体（1987 年）

注：未注明组织或国家的为美国产品分类

近 30 年来，中国科技产业为适应全球科技创新与产业竞争要求，更新替代也在不断加快（见表 1–6）。1986 年国家将高技术与新兴产业划分为：电子工业、机电一体化与新型制造技术、生物技术、新型材料与材料科学以及航天技术、海洋技术等。同年，《高新技术研究发展计划纲要》（863

计划），提出了生物技术、航天技术、信息技术、激光技术、自动化技术、能源技术、新材料技术等 7 个领域中的 15 个主题项目为主攻目标。1988 年国家“火炬计划”，将新材料、生物技术、微电子和信息技术、光机电一体化技术、新能源和高效节能及环保技术等纳入重点高新技术产业。1997 年国家科委颁布的《国家高新技术产品目录》，将高新技术及其产品分为电子信息、生物医药、新材料、新能源、光电机一体化、环保、航天航空等。2007 年国家发展改革委发布《高技术产业发展“十一五”规划》，明确了重点组织实施的九大高技术产业专项工程，包括：集成电路和软件产业、新一代移动通信、下一代互联网、数字音视频产业、先进计算、生物医药、民用飞机产业、卫星产业、新材料产业。

2015 年国务院印发《中国制造 2025》，提出加快发展新一代信息技术产业、高档数控机床和机器人、航空航天装备、海洋工程装备及高技术船舶、先进轨道交通装备、节能与新能源汽车、电力装备、农机装备、新材料、生物医药及高性能医疗器械。

2016 年国务院发布的《“十三五”国家科技创新规划》，提出持续攻克“核高基”（核心电子器件、高端通用芯片、基础软件）、集成电路装备、宽带移动通信、数控机床、油气开发、核电、水污染治理、转基因、新药创制、传染病防治等关键核心技术；研发具有国际竞争力的重大战略产品，建成一批引领性强的创新平台和具有国际影响力的产业化基地，造就一批具有较强国际竞争力的创新型领军企业，在部分领域形成世界领先的高科技产业。

表 1–6　中国科技产业的认定变化

年份	相关领域	发布部门
1986	电子工业、机电一体化与新型制造技术、生物技术、新型材料与材料科学以及航天技术、海洋技术等	《高新技术研究发展计划纲要》（863 计划）
1988	新材料、生物技术、微电子和信息技术、光机电一体化技术、新能源和高效节能及环保技术等纳入重点高新技术产业	国家科委“火炬计划”

续表

年份	相关领域	发布部门
1997	电子信息、生物医药、新材料、新能源、光电机一体化、环保、航天航空等	国家科委《国家高新技术产品目录》
2007	集成电路和软件产业、新一代移动通信、下一代互联网、数字音视频产业、先进计算、生物医药、民用飞机产业、卫星产业、新材料产业等	国家发改委《高技术产业发展“十一五”规划》
2010	确定节能环保、新一代信息技术、生物、高端装备制造、新能源、新材料和新能源汽车七个产业作为战略性新兴产业	国务院常务会议决定
2015	新一代信息技术产业、高档数控机床和机器人、航空航天装备、海洋工程装备及高技术船舶、先进轨道交通装备、节能与新能源汽车、电力装备、农机装备、新材料、生物医药及高性能医疗器械	国务院发布《中国制造 2025》
2016	信息网络、人工智能、生物技术、清洁能源、新材料、先进制造等。攻克“核高基”（核心电子器件、高端通用芯片、基础软件）、集成电路装备、宽带移动通信、数控机床、油气开发、核电、水污染治理、转基因、新药创制、传染病防治等关键核心技术	国务院发布《“十三五”国家科技创新规划》

科技产业的动态性调整及结构性演变表明，科技产业变动与创新周期性变化有着密切的关系。全球新一轮科技革命和产业转型发展，加速形成了学科交叉、行业跨界、多元融合的产业转型发展趋势，信息网络、人工智能、生物技术、清洁能源、新材料、先进制造等领域的颠覆性技术不断涌现，催生了新经济、新产业、新业态、新模式。科技创新和科技成果产业化的速度不断加快，原始性创新、关键技术创新和系统集成创新的作用日益突出，科学技术呈现群体突破的势态，极大地拓宽了科技产业转型领域。以创新为动力的科技产业升级和结构调整，促使科技产业领域不断扩

展，并表现为产品技术、形态、服务的更新替代加快，市场竞争加剧，进而不断改变并扩大科技产业的领域和范围。市场需求、科技创新及其周期性变化，直接或间接地影响科技产业转型和结构调整，成为推动科技产业演变的重要途径。

科技产业作为科技产业化、市场化实现的基本形态和发展过程，一方面反映了全球范围的科技创新与产业转型发展不同阶段水平和相互递进的关系，另一方面也说明了处于不同发展阶段的国家或地区对科技产业动态调整、市场边界与竞争政策的不同解读和诠释。这表明，随着创新性周期、科技演变进程以及市场化发展，科技产业的界定并不是经不起时间推移、亘古不变的僵化概念。在不同国家科技经济发展阶段，科技创新快速迭代与新兴产业的迅速崛起，在某种程度上意味着传统科技产业的逐渐衰退，这将必然影响科技产业界定的内涵、范围及特征。

三、科技产业界定方法

对于科技产业界定的方法，各国也有所不同。概括起来，大体有 6 种确定的方法：

1. 主观判定法。是由博林杰等人 1983 年提出的方法。依据美国硅谷出现的新技术公司作为科技产业的判定，但没有解释这些新技术公司被称为科技产业的原因。

2. 生产过程法。这种方法试图通过将蕴藏在生产过程中的创新因素的生产者与产品组装者区分开来，以便确定科技产业。

3. 创新标准法。以科学上的创新为其定义确定科技产业。如美国在商品上的研究开发的比重超过 3% 的，定义为科技产业部门。该方法缺乏客观标准确定“科学创新性”，所有一般难以操作。

4. “研究与开发”比例法。该方法通过产业和产品是否具有很强的研究开发特征而确定科技产业。但这种基于研究与开发关系的划分尚不完整。

5. 科技人员比例法。该方法将企业中工程师、科学家和技术人员占很高比例的产业定义为科技产业。这种方法有时将服务业也定义为科技产业，如为研究开发服务的某些生产性服务业。

6. 销售额分析法。1979 年利斯提出应用综合分析研究与开发基金和创新在产品总销售额中的比重定义为科技产业。

尽管各国对科技产业的界定有所不同，但对于科技产业基本内涵的理解大体相似。目前，对科技产业的比较典型的界定有两类：

一类是基于产业的定义，直接采用有关产业数据来划分科技产业，如OECD的界定方法。1986年OECD第一次正式给出高技术产业的定义，将R&D投资强度作为界定高技术产业（科技产业）的标准。

另一类是基于产品的定义。依据产品有关数据划分科技产业群，如美国商业部1982年对国际标准贸易分类（ISTS）中的产品类的R&D强度作出分析。通过投入—产出的矩阵分析，并根据应用生产最终产品的所有投入中包含的R&D价值量来确定R&D经费，用总的R&D占销售额的比重计算R&D强度。将相对其他产品群，具有较高R&D强度的产品定义为高新技术产品群，将生产这些产品的产业归结为科技产业。

世界公认的界定科技产业方法是国际经济合作与发展组织（OECD）根据产业研究开发密集度制定的标准。1994年OECD对其10个成员组织的22个产业部门的研究开发经费占销售额的比例r进行了研究，最后认定：r>7.1%的产业为高技术产业；7.1% ≥ r ≥ 2.7%的产业为中技术产业；r<2.7%的产业为低技术产业（见表1–7）。

表1–7 OECD界定的4类高技术产业技术密集度

产业名称	ISIC代码	1990年数据			1980年数据		
		A	B	C	A	B	C
高技术产业							
航空航天制造业	3845	17.3	15.0	36.3	16.1	14.1	41.1
计算机及办公设备制造业	3825	14.4	11.5	30.5	11.2	9.0	26.0
医药制造业	3522	11.4	10.5	21.6	8.4	7.6	16.9
电子及通信设备制造业	3832	9.4	8.0	18.7	9.3	8.4	18.4
中高技术产业							
专用科学仪器设备制造业	385	6.6	5.1	11.2	4.7	3.6	8.6
汽车制造业	3843	4.4	3.4	13.7	3.7	2.8	10.1
电气机械及设备制造业	383–3832	4.0	2.8	7.6	4.3	3.5	8.9
化工制造业	351+352–3522	3.8	3.2	9.0	2.7	2.2	7.6

续表

产业名称	ISIC 代码	1990 年数据			1980 年数据		
		A	B	C	A	B	C
其他运输设备制造业	3842+3844+3849	3.0	1.6	4.0	1.7	1.0	2.7
非电气机械制造业	382–3825	2.6	1.7	4.6	2.0	1.3	3.5

注：A 为直接和间接 R&D 经费占总产值的比重

B 为直接 R&D 经费占总产值的比重

C 为直接 R&D 经费占增加值的比重

四、科技产业的特点

关于科技产业的特点，各国都有不同的描述。美国学者 D. 戴曼斯苏（Dirnaneescu，1981）认为，科技产业具有专业技术人员比例高，R&D 在销售收入中的比例高两大特点，这两大特点反映出一个共同的东西，即“知识密集”。这意味着，以知识创新为驱动力的科技产业化发展是增强科技产业竞争力的核心因素。本书将科技产业的特点主要归结为高科技、高投入、高附加值、高风险、高市场占有率。

1. 高科技

高科技是提高科技产业竞争力的核心动力。一般科技产业都具有知识密集、技术密集的特点。[①]20 世纪 80 年代，发达国家科技产业的技术密集度是一般企业平均值的 2~3 倍，进入 20 世纪 90 年代，大部分 OECD 成员组织科技产业 R&D 投入强度超过 20%。2000~2012 年的 12 年间，GERD（研发支出总量）增长了 37.7%。其次，科技产业具有技术更新快、产品生命周期短、技术兼容性强的特点。以半导体产业为例，从 1958 年世界上第一块集成电路诞生至今，世界集成电路技术与产业迅速发展，历经了小规模（数百元件）、中规模（数千元件）、大规模（数十万元件）、超大规模（百万元件）的发展阶段，如今已进入特大规模（千万以上元件）时代。这一发展过程中，每隔 18 个月技术更新一代。每一代技术的更新可使芯片集成度提高 1 倍，电路性能提高 40%。在高科技的兼容性方面，科技产业在多领域的学科交

① 产业 R&D 经费强度是衡量产业技术密集度和技术先进性的重要指标。R&D 强度指标一般用某行业 R&D 经费支出占工业总产值、工业增加值或者产品销售收入的比重来表示。

叉、产业渗透和功能融合的特征越来越明显。国际上许多科技产业通过技术融合、资源整合迅速发展起来。特别是新兴科技产业，伴随着科技创新和产业创新而迅速崛起。以日本为例，日本通过技术融合（technology confusion），将各不同产业领域的技术加以融合应用，发展出具有创新综合效应的科技新产品，并在科技产业制造处于领先地位（见表 1–8）。

表 1–8　日本科技产业的技术融合与转型

年份	内　容
1969	一般机械，电气机械领域里发生技术融合现象。
1970	以一般机械，电气机械为中心，在一些行业技术融合有所进展。
1973	食品、医药品、综合化工行业的融合，使生物技术产业的产生有了可能。
1974	一般机械、电气机械、精密机械、通信、电子行业的结合，产生了机电一体化技术产业。
1981	新材料业，与电子机械，一般机械，综合化工、通信，电子等行业的结合，形成光电子产业。
1983	以新材料业为中心与其他行业结合，加上精密机械行业，使新材料产业有了进展。
1986	依靠综合化工与新材料业，通信电子行业的结合，探索新的产业方向。

资料来源：日本通产省 . 产业技术的动向与课题，1988 年 10 月

2．高投入

高投入是科技产业发展的重要条件。与高增值性相对应，科技产业具有高投入的基本特点。作为知识、人才和资金高度密集的产业，科技产业的高投入既包括投入巨额的人力资本进行研发，也包括生产高新技术产品所需的大批高精尖设备及配套服务。对于这些要素的要求都明显高于传统产业，因而具有较高的投资成本。如建立高科技企业的成本一般是传统企业的 10~12 倍。此外，在基础研究—技术应用—产业化—规模化生产制造的过程中，每个链接环节都要求提供较大的知识、人才及资金等投入。一项研究成果进入开发、试点、推广阶段所需要的资金，一般是研究费用的 20 倍以上。而且这种投入必须是大规模的、持续的，否则就难以起到应有的作用。因此，科技产业的高投入对融资有较高的要求。

3．高风险

科技产业通常是一个具有高风险的产业。由于对其巨大的投入和预期成效的高度不确定性，既存在科研投入的失败风险，又存在科研成果应用过程的风险；既存在科技成果产业化过程的市场风险，又存在产业转型升级带来的风险。据统计，每投入 10 个高科技项目，失败的通常达 7 个以上。而高科技企业的成功率，完全成功和完全失败的企业各占 20%，情况一般的企业占 60%。如美国科技企业的成功率通常只有 15%~20%。20 世纪 70 年代末，全美 15% 的企业是初创公司，到 2011 年初创公司所占比重已经下降至 8%。27% 的新公司在成立第一年内即倒闭，而 20 年前这一数字仅为 20%。[①] 我国 1958~1982 年间共研制出各种计算机 200 余种，能投入生产的不过 10 种，成功率仅为 5%。[②]

4．高附加值

科技产业具有高附加值的特质。附加值（Value Added）是附加价值的简称，是在产品的原有价值的基础上，通过生产过程中的有效劳动新创造的价值，即附加在产品原有价值上的新价值。产品附加值包括两方面的内容：①通过企业的内部生产活动等创造的产品附加值；②通过市场战略在流通领域创造的商品附加值。所以，科技产业的高附加值来源于“投入产出”较高的科技产品。一般它的技术含量、品牌价值、产品功能、附加值等远远高于传统产业的产品，因而市场增值幅度大，获利高。科技产业之所以形成高附加值，一是因为科技产业通过产品研发和创新，提供更为广泛的生产、消费和服务等独特的功能，且不易被竞争对手模仿，可以从创新产品的溢价获利；二是波及效果大，满足产业升级、结构调整和市场的需求。一般创新产品的生命周期从 8 到 15 年不等，有较长的市场获利周期。对经济发展带来巨大的倍增效应。据推算，美国航天投资的效益比约为 1:14，即投资 1 美元，可以获得 14 美元的收益。在 1985~2010 年间，美国航天技术的商业化收益在 6000 亿 ~

① 美国初创企业越来越少，成功率越来越低，腾讯科技，2014 年 8 月 13 日。

② 陈克文：《论高技术产业的产品特点、风险与发展中的自组织机制》，高技术与高技术产业项目协调与交流会论文，1995。

10000 亿美元之间。[①]

5. 高市场占有率

科技产业价格弹性系数小，收益的弹性系数大，具有高市场占有率的特征。这是因为，传统产业对于其他产业的波及效果较小，而科技产业具有使用范围大、波及效果大的特点（见表 1–9）。一方面科技产业通过自身的开发能力不断扩大市场需求规模，另一方面应用于传统产业及其他产业领域，开发新产品、推动产业升级，提高生产效率和市场竞争力。以半导体为例，它不仅应用于计算机等领域，而且可以广泛应用于自动化、汽车、民航、军事、办公设备、通讯等领域，例如，1994 年英特尔（Intel）在全球微型计算机处理器市场上达到 74% 的市场份额。而 2004 年的数据显示，居于 IT 产业链最上游的英特尔在全球 PC 微处理器市场上的占有率接近 80%。2016 年全球半导体市场份额最大的前 25 家供应商占据了全球 75.9% 的市场份额。英特尔连续 25 年保持市场份额第一。在新材料产业方面，从民用产品、运输机械，到能源、化学、医疗、电子、信息、通讯等产业领域，也都形成了明显的波及效果，并得到广泛的应用。

表 1–9 科技产业的市场范围及波及效果

产业门类	主要产品	市场范围	波及效果
新材料	纳米、高分子混合物、新金属等	汽车和飞机的发动机	B
		宇航产业和汽车新材料	A
		电子仪器、零部件等	C
电子信息	半导体	电子材料系统、光学材料系统	A
	计算机	相关产业	A
光电子	光导纤维	通信、计算机	A
生物工程	遗传因子工程产品	医药、农业、食品加工、化学工业	
精细化工	药品	医药品	B
	界面活性剂	石化工业、食品工业	C

注明：ABC 表示相对强度，其中 A 强度最高

资料来源：美国商务部

① 王雨生：《中国高技术产业化的出路》，北京：中国宇航出版社 2003 年版。

五、小结

尽管各国关于科技产业的界定有所不同，但随着多学科、跨领域的科学技术在科技产业中的作用日益突出，知识产品在科技产业中的比重越来越高，对科技产业知识密集度的影响越来越大。在上述科技产业的界定中，高新技术产业与科技产业、知识产业与科技产业等，究竟有什么区别？事实上，早在20世纪50年代，奥地利裔美籍经济学家马克卢普就对知识和知识产业进行了研究，1962年马克卢普在他的《美国的知识生产与分配》（1962）一书中，在关于“生产知识产业及其职业”中正式提出“知识产业”（Knowledge industry）这一概念，并给出了知识产业的一般范畴和最早的分类模式，并在此基础上建立起对美国知识生产与分配的最早的测度体系。1980~1983年他出版《知识：它的创造、传播与经济意义》著作三部，包括《知识与知识生产》《知识的分支》《信息与人力资本经济学》。1986年他的继承者根据他晚年的研究工作整理出版了《美国的知识产业1960—1980》。马克卢普称之为知识产业的产业不仅包括通信产业和信息服务等，还包括教育产业等。国内外有的学者仅仅将信息产业作为知识产业，也有的将高技术产业称为知识产业，这些认识显然都不全面。实际上，信息产业等只是知识产业的组成部分。知识产业还包括科学研究产业、信息技术产业、教育产业、智能性产业，以及其他科技、知识含量高的产业等。人们注意到，世界各国对科技产业的划分和界定尽管不同，有的称为高技术产业、尖端技术产业、技术密集型产业等，但都包括了知识产业和技术产业的成分。①

准确地认识各国科技经济发展的阶段性特征，就会发现科技产业作为一种动态性的系统概念，具有科学、知识、技术及管理不同层次创新诱因导致的科技变革与社会发展的系统内涵。这一具有不同层次的系统内涵主要表现为：一是兼容了技术密集型、资本密集型和劳动密集型产业的不同层次的技术范式；二是不仅包括知识产业及其集群链接内涵，而且也兼容了高技术、高新技术等产业的划定范围；三是以产业的核心技术为中心，

① 发达国家在使用“高技术产业”或“科技产业”一词时，并不限于字面上的技术含义，高技术产业等与科技产业通常可以互换使用。

兼容了高新技术和适用技术等范畴。三大兼容使之能够更多地从动态变化中的科技—产业—市场，试图建立和选择一种新的研究范式。正如马丁·斯卡尔（Martin Schaaper，2004）指出的，并不是所有的高技术产业的产品都必须有高技术含量。在一些较低技术密集度的产业中的一些产品，可能含有高技术的内容。最初的高技术产业分类只集中在制造业部门，后来因为服务业正越来越多地从技术的应用者转变为技术的创造者，还包括服务业。

从广义视角，将这类科学（知识）与技术密集型等产业统称为“科技产业”，远比高技术或高新技术产业等界定更加适应科学技术与跨界融合、互联共享和转型发展的前景，也更加符合科技产业的发展内涵和现实意义。以美国为例，高科技产业界定已将科技研发与STEM工人紧密结合，从制造业部门（如汽车制造、航空航天等）到能源行业部门（如石油和天然气开采等）再到高科技服务业（如计算机软件和系统设计，包括健康应用等），通过广泛的科技经济社会链接，借以支持产业创新、社会包容和科技可持续发展。显然，对于转型发展国家或地区来说，“科技产业”比局限于“技术产业”更具有兼容性、适应性和经济性等价值。这一观点的实践意义在于，在科学技术力量、资源禀赋、资金优势和工业基础相对落后的工业化过程中，中高技术或高新技术对这些国家（地区）的发展同样有着积极有效的作用。科学技术对一国或一地产业经济的影响是复杂而又综合性的。在发达国家和发展中国家之间，“科技产业”的技术水平和作用具有明显的差距，其定义界定也必然有明显的不同。

所以，本书没有对“科技产业”狭义地采取技术性、行业性的表述，而是采用了广义内涵和系统定义，即关于“科技产业”既是指一般科学技术产业，也包括高技术、中高技术等产业在内的科技产业系统。从这一界定出发，将“科技产业”纳入研究、开发、中试，以及商品化、产业化和市场化的过程，通过选择广义内涵的科技产业概念，明确将科技产业定位在产业系统价值链的高端层面，使之包括科技商品化、产业化和市场化的过程，也包括创新全球化对产业转型与市场结构调整的影响分析。对这一差异性的兼容及解释，符合网络化、全球化及科技经济融合发展的大趋势，对于多数发展中国家和地区具有普遍的现实意义。同时，对于科技产业经济研究领域，也将是一个更大的学科探索空间及亟待挖掘的学术金矿区。

第二节　学科性质及研究领域

一、学科性质

科技产业经济学是以科技产业系统为研究对象的一门新兴交叉学科。它以科技产业为研究对象，理论科技经济学等为基础，研究科技产业的性质特点、关联结构、运行机制、转型规律、发展布局及变动规律等，探索科技产业发展的一般原理、原则和方法，指导科技产业战略、政策制定及实践。科技产业经济学的产生起源于对科技产业成长、创新企业竞争与新经济市场扩张等研究，主要表现为科技与产业经济、科技产业关系、科技产业布局、科技产业转型等研究的发展。一般来说，科技产业经济学研究对象主要是广义的科技产业经济范畴。它既不同于以单个产业经济主体（科技企业、创新运行、市场细分等）为研究对象的微观科技经济学，又不同于以产业经济总量为研究对象的宏观科技经济学。

科技产业经济学主体内容主要有以下方面：

1．理论研究

科技产业经济学理论研究的任务是认识科技产业，揭示科技产业的本质及其经济发展规律，探讨科技产业发展的机制与动力。研究科技产业系的结构与功能，协调科技产业与经济、社会发展的关系。研究领域包括科技产业经济学的基本性质、主要特点、产业分类、理论体系、系统结构、发展机理和演化规律等。它们是对客观对象认识的理论概括和系统总结，具有系统理论的形态，构成了科技产业经济学的基础理论和架构。这部分可以称之为理论科技产业经济学。理论科技产业经济学主要包括科技产业经济学体系、科技产业演进理论、科技产业运行理论、科技产业中介理论、科技产业创新理论、科技产业集群理论、科技产业转移理论，等等。

2．应用研究

主要包括：在基础理论指导下的科技产业经济发展战略、政策，以及对科技产业的应用原理、原则和方法等，它们是对发展规律和基础理论的具体利用。这部分可以称之为应用科技产业经济学。所提供的理论基础和应用原理及方法，可以进一步用于应用性课题研究和指导解决科技产业经济学发展的现实问题。应用科技产业经济学包括科技产业经济管理、科技产业经济政策、科技产业经济投资、科技产业经济品牌、科技产业经济外包、科技产业生态，等等。

随着学科之间不断交叉、渗透和融合，并促进科学重大发现和新兴学科的产生，科技产业经济学研究必然走向跨学科、多领域的交集发展（见表 1-10）。多学科、多领域竞先并进，新学科不断涌现和交叉学科的不断发展，为深入研究科技产业经济学提供了新知识、新观点、新思想和新方法。在各种研究和理论著作中，从技术经济到科技经济，从产业技术到科技产业的理论探索和应用研究，为科技产业经济研究和理论发展提供了基础。这一学科重要的发展和转变，主要取决于科学技术创新的突破性发展及其对产业经济的广泛而深远的影响。其次是多学科研究学者运用交叉科学原理和方法，综合多门类学科，对科技产业经济进行的系统研究。通过国内外大量相关科技产业战略、政策、制度和机制等方面的系统研究分析，为科技产业经济学在科技、经济的汇聚、生成提供了理论依据。

表 1-10　科技产业经济学涉及的学科领域

学科分类	研究对象	涉及学科领域
经济学	研究人类社会不同发展阶段的生产关系体系	宏观经济学、微观经济学，以及工业经济学、管理经济学、城市经济学、国民经济学、产业经济学、区域经济学、技术经济学、信息经济学等
管理学	揭示管理的客观规律性，即如何按照客观自然规律和经济规律的要求，合理组织生产力，不断完善生产关系，适时调整上层建筑以适应生产力的发展	宏观经济战略与管理、工商管理、人力资源管理、技术经济与技术管理、产业与行业管理、科技管理、技术创新与管理、高科技发展与管理、知识产权管理、区域发展与管理等

续表

学科分类	研究对象	涉及学科领域
科学学	以科学为研究对象，研究目的在于认识科学的性质特点、关系结构、运动规律和社会功能	科学能力学、科学经济学，科技战略学、科技规划学、科技政策学、科技管理学、科技人才学等
科技学	研究现代科学技术及其与社会的关系	科技体系学、科技教育学、科技伦理学、科技法学、科技政治学、科技未来学、科技计量学等，以及科技预测学、科技情报学、科技咨询学、科技生态学等

因此，比较准确地说，可以将科技产业经济学理解为一门以科技产业发展为对象，研究科技长入与产业发展的客观运动规律的科学；研究如何利用这种客观规律以促进科学技术与产业经济互动发展的应用原理、原则和方法的科学。

（1）在理论层次上，科技产业经济学是介入经济学、管理学、科学学、科技学等宏观理论和产业经济学微观理论系统之间的中观层次研究，特点是在宏观分析的战略、政策、制度、机制等基础上，考察中观层次的科技产业组织、结构、布局、链接、集群、创新和资源等问题。整个研究的总体逻辑框架是选择科技产业经济作为研究的载体，由逻辑演绎分析到具体实证研究，遵循由国际到国内、由宏观到微观、由理论到实践的研究思路。因而科技产业经济现象在学科领域是一种多元、多维、交叉和融合的研究。由于对科技产业经济内含的独特因素进行解构是系统分析的基础，科技产业经济理论研究就不同于一般产业演进和结构变动的研究，而被视为一种多学科、多层面的交叉研究范畴。

（2）在应用层次上，科技产业经济学是对在科技产业经济条件下的要素组合和价值形成机制，以及创新系统运作及资源配置的微观层次研究。它以实证分析为主要特点，研究科技产业发展案例和科技企业行为及相互间的关系；通过科技转移路径及产业演化分析，研究科技产业经济增长、科技产业投资结构、科技产业供应链配套、科技产业转型范例等；运用科技产业价值链的分析模型，研究科技产业高端并购理论及应用政策界限等问题；探索科技产业的品牌定位、品牌标准、品牌运作等；研究创新全球化与科技产业集群优势，建立科技产业区发展的互动模式。它以市场需求为中心，分析科技产业区发展要素以及科技产业区与技术周期的特征，等等。

科技产业经济学的研究对象、研究目的及研究内容，共同决定了其学科性质。科技产业经济学的研究对象虽然是科技产业，但它的研究并不都是具体的科技产业问题，而是从市场竞争和产业转型发展，将科技产业作为一种科技经济发展规律及其战略现象进行研究。所以，科技产业经济学的学科性质不能笼统地说是经济学、管理学或科学学，而是从整体上对科技产业经济全面系统研究，探索整个科技产业经济体系的发展机制与规律的综合性学科。它不但包容经济学、管理学、科学学等理论领域，也与科学技术学、自然科学等诸多学科交叉，甚至还与数学以至于一些工程技术学科兼容。因此，科技产业经济学不限于经济学等范畴，还具有软科学的性质，并在不同分支中又有不同的交叉侧重和兼容。

基于以上分析，科技产业经济学既不同于以单一技术、创新、企业为研究对象的微观科技经济学，又不同于以科技经济基本活动变动规律为研究对象的宏观科技经济学。它是以理论科技经济学等多学科为基础，研究科技产业经济活动的基本规律和特征，探索科技产业战略、政策、管理等理论基础和方法，指导科技产业经济的合理运行和健康发展，实现科技资源在产业内和产业间的有效配置和管理。为了适应这一学科交叉的特殊性，科技产业经济学研究不仅要采取自然科学和技术科学研究的基本方法，如定量分析、预测分析、科学实验、分析对比、计算机模拟等，还要采取社会科学研究的理论分析、抽样调查、实证分析、逻辑推理等方法。通过运用两种方法，进行交叉互补应用，使研究内容的定量与定性有机地结合，以便真实地揭示科技产业经济的结构关系和发展趋向。

二、研究领域

作为跨学科、多领域的研究与发展，科技产业经济学面临着诸多理论探索和应用研究领域。主要包括以下方面：

（一）基础理论

科技产业经济范式及理论体系是科技产业经济的理论基础及研究领域。在综合多学科前沿理论的基础上，主要对科技产业经济学进行理论诠释和系统研究；以创新全球化、体制变革与科技产业互动发展为主线，探索科技产业成长和发展过程中的演化机理，以及对科技产业结构调整和增长方式转变带来的各种影响，并由科技产业的内部运作结构和外部空间结构反映的运作机制、规模结构和战略布局，对科技产业系统的集成形态与结构体系进行分析，寻求具有核心竞争力特征的标准式样、发展模式和演化趋向；通过构建科技创新、产业转型、市场需求三大系统，将科技产业纳入一个完整的系统创新的组合结构和互动模式中，揭示出科技产业经济系统在全球竞争、国家战略、区域经济和企业创新中的功能、作用和地位，以及科技产业发展的互动机理、发展模式、运作机制和空间结构等。

1. 结构理论。科技产业结构理论是研究整个科技产业体系内部和外部的相互关系、等级、层次、结构变化及其资源有效配置的重要领域。主要包括：科技产业结构的演化规律及其产业经济的影响因素；科技产业的系统结构组合、结构模式和结构调控机制等。通过对创新资源在科技产业配置变动和占有关系方面的分析以及对科技产业结构升级的分析，揭示科技结构与产业转型的关系，寻求科技产业变动机理和结构型式。结构理论研究主要处于科技产业经济学的宏观领域，一般不涉及产业中间产品的复杂供求关系等。

2. 演进理论。科技产业发展过程及其周期性波动现象，以及科技产业演进及成长规律、发展选择及其原则等，是科技产业经济理论研究的重要领域。传统产业经济学将产业演变一般描述为经济波动及转型发展过程，但实际上，科技产业演进还有不同于一般产业经济演进发展的特性与机理。以科技产业演进理论综述为基础，重点讨论了科技产业演进周期性范式，分析了科技产业演进特点、形态及机理，系统描述了科技产业演进与成长的选择要素、阶段及重点，论述了科技产业演进与成长的环境等问题。

3. 互动理论。在科技产业理论研究及实证性分析结合的基础上，对科技与产业经济系统的互动发展及系统对接理论进行研究。通过对科技产业转型发展和现实问题深入分析，对科技与产业之间的互动要素、机理进行理论阐释。主要包括：科技产业经济的中介对接的系统理论研究；科技产业系统与市场需求结构及科技产业互动理论研究等。通过系统性阐释、分析和概括，研究和提取具有前瞻性、有价值的理论成果，丰富和发展科技产业经济理论体系。

4. 运行机制。研究科技产业经济机体内各构成要素之间相互联系和作用的关系及其整体功能，建立完善的科技产业运行机制，不仅能够提高运行效率，减少系统运行过程的滞存现象，加快科技与经济一体化进程，而且能够有效地实现科技产业的协调发展与资源配置。通过对运行机制内涵及其构成的讨论，对科技产业经济运行机制特征、支持系统等架构进行深入分析，探索科技产业经济运行过程中的机制摩擦与滞存现象，并就科技产业协调发展机制等进行理论阐述与探索。

5. 转移机理。主要全面研究科技产业与科技转移之间的关系，探讨科技产业的转移机理，寻求科技产业转移、互动和网络化发展选择。通过对创新全球化的科技转移路径及标准演化分析，重点研究科技转移与产业经济增长、科技转移与投资结构布局、科技转移与供应链配套、科技转移与转型范例等。同时，系统研究创新成果、人才等要素转移引起的利润递增与科技产业升级、资本运作的科技产业变动，创新全球化与本土化发展，科技产业升级及战略动机等。

（二）应用理论

应用理论体系是科技产业经济理论的基础研究领域。在综合多学科前沿理论的基础上，主要对科技产业经济学进行应用理论诠释和实证研究；以创新全球化、体制创新与科技产业互动为主线，探索科技产业成长和转型发展的路径，以及对科技产业结构调整和增长方式转变带来的各种影响，并以科技产业的内部运作结构和外部空间结构反映的运作机制、规模结构和战略布局，探索科技产业的集成形态与结构布局，寻求具有核心竞争力特征的标准式样、发展模式和演进趋向；通过构建科技创新、产业转型、园区建设等系统，将科技产业纳入一个完整的产业组合结构及互动共享模式中，揭示出科技产业经济在全球竞争、国家战略、区域经济和企业创新中的功能、作用和地位，以及科技产业发展的互动机理、发展模式、运作机制和空间结构等。

1. 创新理论。在对科技产业及其创新驱动的系统性研究的基础上，以创新与研发为研究重点，科学界定创新与研发基本内涵。研究影响科技产业发展的“系统创新”的理论模式和研究范式；通过对科技产业经济的复合系统、创新链接与产业互动结构研究，创设以系统创新为核心的空间分析框架、组合模式、互动网络与理论体系；将这一理论引入国家（城市）创新、产业创新、企业创新的“三位合一”分析框架与系统结构，寻求促进科技产业发展的转型体系和运行机制等，进一步完善了科技产业创新理论。

2. 品牌价值。品牌等无形资产是体现科技产业经济价值的要素之一。科技产业品牌作为科技产业（企业）核心竞争力和持续发展的集中体现，是价值链条中最有知识价值的环节。不同于传统品牌主要着重于包装性和随机性的特征，科技产业品牌更加突出了品牌的科技资源、知识价值、社会影响等作用，并服务于产业可持续发展及其战略目标。这一研究领域主要通过国内外品牌理论论述，着重介绍科技产业的品牌特征及要素，探讨科技产业的品牌定位，分析科技产业的品牌标准，研究科技产业的品牌运作，以及阐释科技产业的品牌效应等。证实科技产业品牌作为以科技创新为核心竞争力和产业战略优势的价值形态，在要素整合的基础上实现科技产业竞争实力的功能与作用。

3. 高端并购。高端并购是提升科技产业转型能力的重要方式，也是争夺市场制高点的资本运作手段及其战略行为。在这一领域，主要研究如何通过对独有品牌、专有人才、行业标准和专利技术等实施战略性并购，获得科技产业发展的核心价值，使企业在市场竞争中处于优势地位；通过并购达到获得核心技术、人才积聚和产品领域扩张，实现规模扩张、产业结构升级和企业效益递增的目的。通过对科技产业高端并购的理论及应用的系统研究，建立符合知识资本价值链的高端并购模型，阐述高端并购方式、高端并购流程、高端并购风险管理等运作系统，分析高端并购风险管理等。

以国内外高端并购案例分析，研究企业高端并购理论及应用政策界限等问题。

4．知识外包。在科技产业创造的财富中，知识与技术外包所占的比重越来越高。外包中的知识性作用和在经济增长拉动中所占的份额日益扩大，在各个价值链接环节中的专业知识得到广泛衔接与紧密合作。外包从制造外包、服务外包迅速发展到知识外包，形成在全球范围按照产业价值链接进行专业外包的网络体系。发达国家企业利用发展中国家拥有的大量专业技术人才及研发力量，在全球建立更多的知识外包中心，使之进入一个以知识外包（KPO）为主要特征的转型经济时期。这一研究领域，主要通过系统阐释科技产业发展的知识外包的内涵，重点讨论知识外包的动因、特性及领域，探索知识外包风险管理以及效应等问题。

5．风险投资。风险投资对于科技产业创新具有重要的应用价值。需要通过将风险投资动机、行业差别等特征信息作为一组条件变量应用于数据分析，考察风险投资对科技产业创新的影响和作用，归纳各国风险投资与科技产业经验，解释风险投资与科技产业成长的关系；通过对个案风险投资的科技经济分析，深入评估风险投资绩效及其可靠性等。研究论述包括：风险投资的基本界定及要素；风险投资与科技产业的创新；各国风险投资与科技产业；风险投资的科技经济分析；风险投资评估及其可靠性等。

6．集群链接。科技产业集群具有高科技、高附加值、高投入等特征，其演化过程主要表现为通过生命周期性变化及其集群链接，由“科技产业集群系统”演化为“科技产业生态系统”，形成基于科技产业集群的价值链接和核心竞争力。主要研究包括：以科技产业价值链为分析框架，描述科技产业集群基本概念、特征，重点考察科技产业集群的形态、结构、演变原因及其过程。建立科技产业集群的链接体系及模型，研究不同科技产业集群的链接机理，探索科技产业集群的价值链接结构和链接成本。并引入生态经济学原理，建立以科技产业生态价值链为核心的集群循环经济等。

7．园区经济。重点对科技产业园区经济进行理论分析和归纳。通过研究创新全球化与科技园区优势，建立科技产业区集群发展与链接互动模式。以市场行为为中心，分析科技产业区发展的环境要素，以及科技产业区与技术周期的特征等。通过建立文化差异、行业关联、有形和无形资产匹配的协调发展体系，论述科技产业专业园区发展的目标选择和识别的系统方法。主要包括：创新全球化与园区优势，科技产业区集群互动模式，科技产业区与发展环境，科技产业区与创新周期等。

（三）战略政策

发展战略政策制定中如何充分发挥科技产业的主导作用，战略政策的调控过程中如何扶持和培育科技产业、提高科技产业的竞争力等，需要理论阐释和系统解读。通过将若干典型国家、地区科技产业经济和转型发展进行比较分析、实证分析和案例考察，寻求形成科技产业经济的良好环境及科技产业发展的政策变量及系统型式，并将若干科技产业系统的一组型式作为可供模型设计、比较分析和政策选择的基础，进而筛选出若干最优型的科技产业经济模式，建立起以政策分析为理论框架，阐释和推导若干政策关联效应，筛选出有助于形成科技产业发展的最优型战略与政策组合。

1．结构优化。科技产业经济的形成与发展，与一般产业经济的学科发展有其关联性和类同性。但把科技产业作为一个独立的经济系统进行结构性分析，就会发现科技产业经济有其系统结构的特殊性和独占性，以及若干要素及其组合对它的形成与发展具有明显的制约和互动关系。主要研究包括在对系统结构进行定义和分析的基础上，深入描述科技产业系统特征及其功能，分析和讨论科技产业系统结构的系统要素和系统环节，提出科技产业经济的系统结构、系统机制和组合模式等，并揭示出科技产业经济系统不同于其他产业的系统结构、功能和模式等特征。

2．市场需求。主要研究市场需求与科技产业经济；科技产业与市场需求调整；科技产业与市场需求趋势；科技交易与科技产业化的关系等理论问题，通过对市场需求和市场供给影响的分析，阐释科技市场结构成因及产业运行机制、科技市场与产业供求集成、科技市场与科技产业体制等理论及应用，进一步发掘市场需求作用于科技产业绩效的经验证明。研究包括：市场需求与科技产业经济，科技竞争力与市场需求潜力，科技产业与市场需求调整，科技产业与市场需求趋势等。

3．科技人才。实现科技产业升级和结构调整，与劳动力素质和创新能力、人力资源转化为人力资本优势以及形成知识资本有效价值等因素有极为密切的关系。研究证实，科技产业经济竞争不仅是人才数量的竞争，更是人才质量及其能量的竞争。我们将就人力资本的理论发展、人力资源与知识价值等问题进行分析讨论。通过人才资源界定，研究人才资源开发、组合、结构性作用，并对科技产业发展与人才流失的互为影响以及人才激励等进行深入阐述。提出数字化、网络化、智能化背景下的人才流动、人才要素驱动、人才环境等问题。以国内外典型示例，探索留住人才的能动作用和影响等。

4．城市创新。通过对城市创新内涵的界定，阐述了城市创新战略生态系统，研究国内外不同城市创新推动科技产业转型发展范例，并对这些典型城市创新进行了比较分析。研究分析主要包括城市创新系统、城市创新能力、城市创新的战略生态、城市创新与政府作用、案例及实证分析等。同时，以典型创新型城市的科技产业发展重点，对创新型城市和科技产业发展之间的作用关系进行分析，从区域范围和全球创新发展，解构以科技产业发展为基础的创新型城市布局及生态系统等。

5．企业转型。对科技企业创新及其集群行为做出理论分析和解释。通过科技企业竞争分析，研究科技企业发展战略、发展策略并进行择优选择。结合若干创新型公司战略性转型和竞争案例、发展模式的讨论，研究包括基于公司创新的理论解释、国内外科技企业竞争内涵分析、科技企业转型发展战略选择、科技企业转型发展策略选择、公司高端战略选择及范例分析等。

6．制度安排。制度安排是科技产业经济学的支撑体系。如何通过制度性安排，激发科技产业创新的活力，形成产业发展的比较优势，实现科技产业的持续发展；在市场经济存在缺陷的情况下，如何通过制度创新、政策创新以及科技经济政策的出台，运用财政、税收、金融等经济杠杆，协调科技产业资源配置，强化科技产业结构的调整，使科技产业发展符合国家发展战略；如何通过宏观调控体制、运行机制及政策调控手段等适当干预，有效处理政府与企业在市场经济条件下的相互关系，是制度创新理论研究的主要内容。研究的重点是科技产业的产业政策、组织系统、体制机制、制度安排、结构转型和组织管理等，并为产权制度改革提供思路。

7. 协调发展。进入科技革命引发的新产业经济发展阶段，不均衡发展及其比较差距更加突出，新科技不断地涌现，并广泛渗透到相关产业经济领域，深刻地改变了科技经济的发展动力、发展方式与发展格局。以协调发展为新的发展观作为科技产业未来发展的内核，通过宏观层面的（科技、经济、社会与政治）协调发展，中观层面的（知识链、产业链、资金链和信息链）有机整合，以及微观层面的（府产学研资介）六位一体，以多维协调、跨域合作与资源共享，形成一种持续发展的新科技产业战略形态、创新机制与竞争格局，是未来科技产业发展的战略取向与政策方向。

科技产业经济理论及应用研究，体系庞大，范围宽广，内容丰富。需要从跨学科、多领域理论和实践的结合上，对相关内容进行开放性、动态性和系统性分析，并对演化机理、区位优势、系统网络等进行多维度分类研究。通过运用理论推导和实践归纳等多种研究手段和方法，特别是运用学科交叉的基本原理和方法，进一步拓展科技产业经济的研究领域，推动科技产业经济学的理论创新与发展。

三、理论意义

揭示科技产业经济的学科本质及其发展规律，实现科技对产业经济发展的有效推动，必须系统、完整地对科技产业经济的新要素、新变化和新问题进行理论阐释和应用研究。运用多视角、跨学科、多领域的研究成果构建科技产业经济理论体系，为科技产业经济的发展提供理论体系、实证研究和战略政策。因此，科技产业经济学具有以下方面的理论价值和实践意义：

第一，通过对科技产业经济系统研究，指导一国或一地的战略与政策的规划制定，促进科技产业经济的可持续发展。国内外发展的实践证实，实现科技产业经济发展的过程本身就是实施正确的战略政策的过程。推进科技产业经济发展，主要反映为在科技产业发展过程中市场、企业与产业之间的战略关系与政策现象。制约科技产业持续发展的重要因素之一是战略与政策研究滞后。科技产业战略政策研究的滞后不仅影响科学决策，而且往往使科技产业经济转型发展进入误区。在科技与产业经济互为背离研究的基础上，学科割裂的理论对全局性问题的阐释苍白无力，难以对科技产业经济发展给予全面的战略分析和政策指导。因此，实现科技产业发展，必须从科技产业演进与创新发展的过程中寻求正确的战略和政策，并从科技产业经济理论成果及应用中获得启示。通过研究科技产业发展的一般规律，制定正确的产业发展政策，形成合理的产业布局和协调发展机制，使产业配置与资源优势互补，促进区域科技经济的协调发展。

第二，通过对科技产业经济的理论分析，明确宏观科技与经济发展的切入点。以科技产业在经济总量结构的变化及其规律作为研究对象，考察科技产业总量变化对收益、就业等方面的影响，研究研发投入等与科技产业之间的均衡关系以及不均衡对产业竞争力的影响等问题。论证科技产业不仅是经济增长方式转变的主要因素，也是产业经济发展和萧条周期循环的动力。通过对科技产业经济一系列宏观问题的研究，做出明确、有力的理论解读和说明。对一些理论分歧通过应用分析和实证分析由模糊变得更加清晰。通过科技产业形成规模经济效益的理论验证，为科技经济持续、稳定的发展提供了前景，使科技产业经济学成为有价值取向的理论成果。

第三，基于创新全球化的科技产业竞争和市场需求分析，证明科技产业经济的有效介入以及在全球化竞争中的作用。在创新全球化的竞争中，产业分工、科技转移、企业集聚等与科技产业发展有密切的关系。一国一地科技产业的主导地位往往决定着区域科技经济竞争力和发展水平。同时，也可以看到在多大程度上科技转移、成果转化和技术扩散的范围和速度。因此，把科技产业经济置于全球产业分工视角，将会发现科技与产业、科技产业与区域之间的互动结构关系。对两者之间的研究，必须纳入全球竞争、分工和合作的体系分析。通过比较研究，形成对科技产业分布和区域结构的有效解释，并为创新全球化的科技产业布局结构等现象提供有力的分析依据。

第四，通过探索科技产业发展的演化和发源过程，寻求科技产业经济发展的价值链接、优化递进和推移机理。科技产业发展是知识创新—研究开发—生产销售的循环运行过程。科学技术从结构分解到系统综合，对科技产业结构调整和战略重组起着重要的作用。作为科技产业发展的整体组成部分，不仅要求基础科学研究和应用技术研究的协调发展，还要对研究投入的结构比例有基本的要求。需要通过资源配置和投资结构调整，建立科技经济“发展极”，疏通科技研究与主导产业的中介关系。同时，在科技发展源及投资结构调整和组合的基础上，加快科技经济价值链的递进和网络的扩张，建立以科技产业经济为“发展极”的特殊产业组织形式。因此，研究从科技发源、科技转移扩散，到形成商品化、产业化的系统运行机制，是实现科技产业持续发展的关键环节，有助于科技产业发展过程的价值链优化递进和协调推移。

第五，通过拓展科技产业经济学理论体系，完善科技经济学的研究内容和学科领域。科技产业经济学以科技产业为研究对象，不同于一般产业经济学理论。它不限于产业经济学的以企业、行业和市场三个层面为核心，以及受制于“产业组织”“产业联系”“产业结构”等产业经济学的范畴，而是介于科技创新、产业转型、市场需求之间对经济、科技与产业内外关系结构及其理论分析，系统研究科技产业经济关系所发生的各类问题，进而提取有价值的科技产业经济宏观基础理论、中观运行理论及微观应用理论，不仅要弥补微观技术经济学、产业经济学，与宏观经济学、科学经济学等研究的空白点，而且通过提供科技与产业经济相互关系分析，以及互为促进及影响的理论研究成果，从多学科视角解读信息、网络、知识等为构成部分和增长动力的新产业、新业态、新模式，探索建立以科技产业为主导的新经济体系。

第三节　文献综述与理论回顾

一、文献综述

科技产业经济作为最具理论意义和应用价值的研究领域，20 世纪 80 年代，日本、韩国等学者从产业经济学角度，曾经对其进行过相关应用性研究。日本野村综合研究所（1987）出版了《新时代的尖端产业》，日本兴业银行（1988）出版了《日本产业转换的新时代》等研究报告。同期，我国大陆学者从技术进步的角度，也翻译和出版了一些侧重于介绍和探讨各国技术进步与产业政策、产业组织和产业结构调整等的研究成果。而我国台湾学者的研究，大多数涉及产业集群及创新策略等领域。20 世纪 90 年代初期，国内外有些文献探讨了科技创新、企业战略与产业升级的关系，但主要从不同研究领域在科技政策与产业政策之间进行背离式探索。进入 90 年代中后期，技术创新研究开始渗透到产业升级研究方面，但仍然集中在工具性分析和微观层面的解释。其间，我国学者在科技经济理论研究的基础上，[①] 开始深入“科技产业”研究领域。基于经济学、科学学和管理学等学科交叉及理论成果，隋映辉（1994）系统构建了科技产业的理论框架及其学科体系。[②] 其后，又对转型期的科技产业的结构调整及其战略进行了研究，提出科技产业转型的系统创新（隋映辉，2000）、中介对接（隋映辉，2002）等理论。通过进一步拓展科技产业理论研究的视角，系统阐述、全面论证科技产业转型的理论观点和体系（隋映辉，2002），推进科技产业经济理论创新，形成独有的理论架构、研究体系、分析方法和系统内容。[③] 赵玉林（2004）综合运用产业经济学、区域经济学、计量经济学以及系统科学和生态学的原理和方法，系统考察和分析了高技术产业的形成和发展规律。楚尔鸣、李勇辉（2005）在国内外研究成果的基础上，利用产业经济学的理论和方法研究了高新技术产业所独有的特征和规律，并以此为基础构建了高新技术产业经济学的理论框架和结构体系。在以往研究积累的基础上，隋映辉（2008）进一步从跨学科理论、研究范式与应用角度，对科技产业经济学体系进行了系统性深化研究。[④]

总的来说，国内外多数研究还处在非系统、单学科的专业发展阶段，一些研究成果对科技产业（高技术、高新技术、高端产业）进行了行业分析和阶段性研究，但并未能提出并建立科技产业经济的系统范式及学科体

① 隋映辉等：《科技经济论》，青岛：中国海洋大学出版社 1990 年版。

② 隋映辉：《科技产业论——科学技术的商品化、产业化与国际化研究》，济南：山东人民出版社 1994 年版。

③ 隋映辉：《科技产业转型》，北京：人民出版社 2002 年版。

④ 隋映辉：《科技产业经济——跨学科理论、研究范式与应用》，青岛：青岛出版社 2008 年版。

系。立足学科交叉、行业跨界、多元协调的科技产业创新理论成果不多。多数成果未能将科技产业发展、自主创新、选择性承接研究有机地结合起来，对国家或地区的创新系统集成，支持科技产业转型升级的作用乏力。在理论探索上，缺少新要素的研究视角、典型分析及合理模式支持，缺少系统集成、结构调整、对接整合的战略观点和理论诠释。

因此，通过探索科技产业经济理论和应用研究中最为核心的理论和方法，提出并全面论证、系统阐述科技产业经济的理论观点和体系，建立结构—要素—机制—系统的科技产业经济学研究范式及其模型，整合广义、有效的科技产业经济运行机制，形成独到的理论架构、研究体系、分析方法和系统内容，对拓展科技产业理论研究视角，完善科技经济学并促进产业经济理论创新，进而对构筑科技产业经济理论及应用体系等，就具有重大的学术价值、指导作用和现实意义。

二、理论回顾

科学技术的迅速发展和广泛影响，已成为新经济增长的动力源。没有科技创新及其产业转型，就不可能形成科技产业迅速发展，也不可能对产业结构进行创新性调整。迄今为止的历史发展表明，产业经济学、科学经济学、科技经济学、新经济和创新理论等，对科技产业经济的形成与发展具有明显的关联性和依存性，是形成科技产业经济学理论的重要基础。

（一）产业经济学

科技产业经济理论的形成与发展涉及产业经济学等相关研究领域。产业经济学是介于微观经济学和宏观经济学之间的“中观经济学”，它以产业为研究对象，研究和探索个别产业内企业间的竞争、合作关系及其经济绩效的影响和相应的公共政策，同时也研究产业间不同产业之间的结构关系和经济技术关联及相应的产业政策。[①] 产业经济学理论包括产业组织理论、产业关联理论、产业布局理论、产业结构理论等。从产业经济学发展的历史来看，各国构建产业经济学有不同的制度基础和研究领域。

在欧美，主流产业经济学被称为产业组织学（industrial organization）。

① 于春晖编著：《产业经济学》，北京：机械工业出版社 2006 年版。

产业组织学产生于美国，是20世纪30年代以哈佛大学为中心，以梅森（Mason）和贝恩（J.Bain）为主要代表形成的，理论界称为哈佛学派。哈佛学派的主要贡献是建立了完整的SCP理论范式，[①]这一范式的最初形式是贝恩（1956）的市场结构、市场绩效两段论范式。贝恩编写的著名教科书《产业组织论》（1959）的出版，标志着产业组织理论的基本形成。产业组织学研究的是市场运行，特别是企业拥有市场权力的不完全竞争市场的运行。主要关注同一市场的相互关系及其与市场结构演变过程的密切关系，以及与此相关的公共政策。所不同的是，美国虽然主要是自由市场经济思潮对产业经济理论产生的一系列影响，但事实上，两种不同的思想流派一直主导着产业经济学的研究和论争。发源于哈佛学的结构—行为—绩效派认为，垄断势力的个体行为是市场中的持续性的特征，对垄断性的市场结构应在考虑规模经济和科技进步的情况下，给予结构性矫正。政府应该制定一系列高水平的竞争政策，以便限制企业有害竞争，避免产业结构性失衡。另一思想流派来源于芝加哥大学。20世纪60年代以来，SCP分析范式成为理论界和经济界批评讨论的热点，这些批评主要来自芝加哥大学的经济学家们，包括斯蒂格勒（J.Stigler）、德姆塞茨（H.Demsetz）、波斯纳（R.Posner）等人，正是在这批判的过程中，芝加哥学派崛起，并逐渐取得了主流派地位，其代表人物是施蒂格勒。该学派注重市场结构和效率的关系，而不像结构主义者那样只关心竞争的程度，认为政府应当采取一种自由放任的产业政策，并认为垄断势力主要来自政府对市场的干预，主张对市场结构性矫正、产业的反垄断等采取市场竞争的行为，故被理论界称为效率主义者。随着经济全球化和“新经济”发展，近几年前者的一些观点在美国产业经济学发展中有所完善，新的产业经济学理论引入新的研究范式和观点，增加了一些新的理论与方法。欧洲产业经济学不完全类同美国关于产业经济学的观点。在欧洲产业经济学中，更多地强调“大欧洲”战略，强调要保

① 所谓SCP是Structure（市场结构）— Conduct（市场行为）—Performance（市场绩效）的简称，哈佛学派认为结构、行为、绩效之间存在着因果关系，即市场结构决定企业行为，企业行为决定市场运行的经济绩效，所以，为了获得理想的市场绩效，最重要的是通过公共政策来调整不合理的市场结构。

持市场竞争力的战略、政策、目标必须进一步使欧洲经济一体化。不仅要改善市场绩效，而且主张实现产业经济一体化作为产业政策行动的纲领。通过欧洲各国对共同纲领的实施，推动“大欧洲”产业经济的合理布局和战略配置。[①]

日本产业经济学与产业结构、产业政策有直接的关联。日本学者认为，从20世纪50年代就产生了“产业政策”用语。而实际上，日本自明治维新以来一直调整实行各种产业政策。而且自18世纪末以来，法国、德国、俄国、意大利等国都在某种程度上采取类似的措施。最初的设计是为了实施追赶型战略和弥补市场缺陷。其实质是国家通过产业政策实行间接干预，保证国家的经济发展和高速成长。但随着科学技术的发展，产业技术政策日益突出，政府往往通过实行不同的产业技术政策，促进产业技术结构的高级化，推进产业结构向高级发展调整。因此，实际上日本最初的科技政策就是以产业技术政策为核心的政策。从日本的科技政策演进过程来看，20世纪50年代，日本产业政策的重点是引进国外先进技术，它为日本产业结构调整奠定了基础；20世纪60年代，日本的产业技术政策的重点是促进国产技术的研究开发；到20世纪80年代，日本提出“技术立国”的战略，产业技术政策进入“发展高技术产业”的阶段。其间，以产业技术政策为中心的科技政策，由于科学技术对产业经济的促进作用，开始以一种新的对接形式向科技产业政策转换。

我国学术界对产业经济学研究起步较晚，其学科体系是20世纪50年代从苏联引进的。那时产业的概念主要指计划经济中的行业、部门，相应的学科专业也设立了农业经济学、工业经济学、商业经济学等门类，但没有明确的“产业经济学”名称。20世纪80年代开始又引入欧美产业经济学理论。最早介绍到我国的产业组织著作是美国学者W.G.谢佩德（W.G.Shepherd）的《市场势利与经济福利导论》（易家祥译，1980）。1985年，我国学者杨治编著的《产业经济学导论》出版，是国内第一本以产业经济学为名的著作，其后国内出版的产业经济学教材基本框架大多与其相

① 刘志彪：《现代产业经济学》，北京：高等教育出版社2003年版。

近。进入90年代以后，通过引进、吸收国外成果，成为国内产业组织研究的主导范式。原本在西方国家出现的一些产业组织现象和问题在我国转型期得到了应验，国内部分学者开始对产业组织问题展开研究。这一时期的研究趋于多样化：在研究的理论框架上，既有在西方正统的产业组织理论的SCP分析框架内展开的分析论著，也有在新制度经济学和公共选择理论的框架内进行分析的成果。在研究方法上，规范性的分析在减少，实证和案例分析的论著增多。在分析的广度上，既有综合性分析，又有行业分析和专题性研究。[①] 但总体看来，我国产业经济学通过引入美国、日本等西方国家的理论成果，将欧美的产业经济学体系与日本产业政策等为重点的产业经济学体系整合起来，形成所谓“东西合璧”的理论。一些学者从产业经济学的分支领域研究和产业经济学方法进行了有益的探索。但迄今为止尚未出现重大突破。

（二）科学经济学

一般认为，科学经济学是在第二次世界大战结束后才开始兴起和发展的。但实际上，进入20世纪后，由于科学对两次世界大战产生了重大的影响，处于经济学边缘位置的科学才进入经济学家的研究视野，真正意义上的科学经济学才开始起飞。

20世纪60年代中期，苏联经济学家就提出过“科学经济学”的概念，并建立了相应的科研机构，出现了一批有影响的科研成果。不过，当时提出的“科学经济学”主要还是在“科研经济学”的范畴。谢尔仁斯基等发表的《科学经济学：对科学活动的评价与刺激》（程一敬译，科学技术文献出版社，1987），详细阐述了科技经济学的相关内容。纳尔逊（Nelson，1959）和阿罗（1962）按照企业的利润最大化原则研究了技术创新。阿罗把知识看作是同其他商品一样的公共产品，知识转移的低成本意味着它会轻易地从企业流出，因此企业不能占有全部R&D带来的收益。这样，投资企业在R&D上的私人收益率就会低于社会收益率，从而造成私人企业在基础科学上的投资不足。纳尔逊认为，国家应加大在基

① 苏东水主编：《产业经济学》（第3版），北京：高等教育出版社2010年版。

础科学上的投入，把基础科学研究项目主要交给大学和政府实验室，私人企业则主要从事应用科学的研究与开发，这就是技术进步的“科学推动”说。

从20世纪80年代末开始，科学经济学进入新的发展阶段，在以往研究的基础上，理论和经验研究都取得了重大进展。科学经济学家从更为动态的角度对科学进行研究。希克斯（Hicks）通过经验研究发现，在美国科学杂志上发表的文章中有9%来自企业，大企业发表论文的数量与一个中等规模的研究型大学相当，表明传统的“市场失效”论并不可靠。当学术型科学家在从事理论和科学发现时，企业家们也在积极参与基础研究，增强本企业学习和意会知识的能力，并招募研究人员，发展新技术和工具，努力进入专家研究网络。

在科学、技术和商业化方面，科学经济学家们就对科学与技术、基础研究和应用研究及发展的关系进行了研究。20世纪60年代，普赖斯（Price）对纳尔森1959年的科学发展线性模型进行质疑。普赖斯认为，科学和技术是由两个不同专业群体创造的、具有相对自主权的独立亚系统。科学的产生是为迎合科学新发现的要求而不是应用，技术的产生是为满足实际应用需要，并不关心知识的出版发表。他还用两个彼此独立又行动一致的跳舞者隐喻说明科学和技术之间的关系。吉木斯（Gibbons）和约翰斯顿（Johnston）1974年通过经验研究发现，支持科学和技术之间的关系为线性模型的证据是脆弱的，他们强调了意会性技术和科学网络对创新的重要性。20世纪70年代，罗森伯格（Rosenberg）从理论上彻底批判了施莫克勒（Schmookler）关于技术创新的“需求拉动说”的线性模型。后者在1966年的一篇论文中认为，因为技术问题在特定部门的复杂性完全独立于经济因素之外，不断变化的需求无成本地引致了技术进步。罗森伯格认为，施莫克勒忽视了科学在创新中的重要贡献。虽然科学不直接产生技术，但科学知识的逐渐进步会减少解决复杂技术问题的成本。

从80年代末开始，新科学经济学继续对科学、技术和商业化问题进行研究。在科学与技术的关系问题上，希克斯通过经验研究发现，很多企业也在从事基础研究并将研究结果公开发表。在解释这种现象时，她指出，科学论文公开的信息并不是一种免费品，它只表明企业拥有某种技术创新所必需的意会知识。企业从事基础研究主要是为了能够和别的企业建立起基于信任的知识交流网络，分享这种意会知识。这种非正式的知识网络可以使企业更快地从别处学到一些重要的意会知识，以加速本企业的技术学习和创新。曼斯菲尔德（Mansfield）通过对七大主要制造业的66家企业进行研究，不仅支持了希克斯的看法，还得出了大学研究是产业部门技术变迁重要基础的结论。在某些特殊部门，如医药和电子领域，技术创新和基础研究的关系非常密切。对大学研究经费来源的分析则表明，企业和政府对基础研究的经费支持是互补的。

在科学技术、经济增长与公共政策方面，詹姆斯·亚当斯（James Adams）通过对18个制造行业从1953年到1980年间科学研究与增长的关系研究，分析了公开出版发表的知识与增长的关系。他把每个产业中所雇佣的科学家数量和产业在特定时期出版物的数量作为两个衡量知识存量的指标。亚当斯发现，两种知识存量对产业生产率的增长都有很大贡献；知识和增长之间的时滞很长，产业内的知识存量同增长之间的时滞为20年，如果要利用来自其他产业的知识，则时滞长达30年。T1T研究所1968年专门对某项创新的科学和技术来源进行了研究。他们追踪了导致五大主要创新的重要科学事件，结果表明，非任务型科学研究对创新起主导作用。而且这些非任务型研究的大部分（76%）是在大学和学院中进行的。曼斯菲尔德（1991）则从企业微观层面上研究了大学研究在产品创新中的作用。通过分析七大制造产业中的76家企业，他发现，如果缺乏近期的大学研究，11%的新产品和9%的新生产工艺都无法完成，他同时估算出中间的时滞约为7年，大学研究的社会回报率约为28%。这两项经验研究都深刻地证明了科学研究与创新之间的溢出和时滞的重要性。尤其是大学研究的溢出，对小企业比大企业要重要得多。研究表明，知识溢出是长期经济增长的主要源泉，而且这些溢出处于经济内在力量的运动中。

（三）科技经济学

国际上对“科技经济学”的定义并未明确地界定。早在20世纪80年代，苏联经济学家И.Л.法明斯基博士在《科技革命和资本主义国家经济结构的变化》(1982)一书中认为，科学技术在生产力发展中的作用增大，实际变成了独立的重要产业经济领域。И.Л. 法明斯基提出将科技作为“独立的重要产业经济领域”，是较早将“科技作为产业经济领域”的学者之一。

其间，日本经济学家斋藤优在“技术立国”研究领域做出了贡献，从 20 世纪 70 年代他相继发表了《技术转移论》(1979)、《技术立国论》(1983)等著作，对技术转移、技术贸易、技术开发、技术立国等理论进行研究，提出“技术立国”的战略，并获得到日本政府的高度重视，促使日本产业经济发展模式和战略发生重大的变化。这一战略通过扩大科学技术研究开发能力和技术转移，提高产业结构和输出结构的技术集约程度和知识集约程度，在促进分工结构的高度发展上，对日本经济增长做出了重要贡献。他认为，实现“技术立国”的途径有三个标准：①技术发展体制的现代化和效率化；②产业结构和输出结构知识集约化的战略政策；③新兴产业的培育和扶持等。同时，他强调，只有把基础研究、应用研究和工业设备化三者顺利地连结起来，才能完成产业技术的发展。这些观点和战略思路促进了日本产业政策和科技政策的有机结合，形成了在“技术立国”战略方针下的科技产业政策，为日本产业经济和科技发展提供了理论依据。

进入 20 世纪 80 年代，我国学者对“科技经济学”领域也进行了系统性研究和探索。在这一领域，国内具有代表性的著作主要有《科技经济论》(隋映辉等，1990)等。该书认为，科技经济学是一门介于理论经济学和应用经济学之间的学科，着重研究科学技术与经济发展之间的关系，是一门横跨自然科学和社会科学的交叉学科，是在科学发展的进程中，自然科学和社会科学相互交叉、相互渗透的结果，因此，既具备一定的自然科学属性，也具有较强的社会科学属性。[①]

该书还对科技经济学的分类、研究对象、具体研究内容、研究方法进行了研究。认为科技经济学是一个总括性的概念，按不同的国民经济部门进行分类，科技经济学可以划分成若干分支学科，如工业科技经济学、农业科技经济学、建筑业科技经济学。工业科技经济学，还可再分为机械科

① 隋映辉等:《科技经济论》, 青岛：中国海洋大学出版社 1990 年版，第 9—10 页。

技经济学、轻工科技经济学、能源科技经济学等。它们在不同的领域内，反映着本部门内科学技术发展同本部门发展的关系。这些学科的划分，通常可以随社会经济和技术的发展而不断发展，而不会固定不变。

对于科技经济学研究的对象，从宏观上观察，它研究整个国民经济发展同科学技术发展的关系，并采用计算机分析、对比、论证等手段，对两者的相互影响和作用做出正确的评价，探讨两者之间的内在联系，通过科技进步推动经济发展。然后，再通过已增强了的社会经济实力，支持科技进步，从中揭示经济与科技共同发展的规律，指导科学技术与经济建设相互促进，最终推动社会的发展。从微观上考察，科技经济学也可以研究各类企业和事业单位的各种技术方案和经济效益问题，通过科学技术在具体生产过程中应用的方式、特点、规模、效益方面的分析，研究探讨科学技术对直接生产过程的影响和两者间的相互关系。

在研究方法上，该书认为科技经济学研究对象的特殊性和研究内容的广泛性，决定了它的研究方法。它必须以科学技术进步与经济社会发展的关系为研究对象的主体，以科学经济理论为研究的基础，以社会主义条件下科技经济发展的实践为研究的依据，以辩证唯物主义和历史唯物主义为研究的主要方法。强调理论与实践的高度统一，在充分占有和掌握丰富材料的基础上，通过观察科技与经济关系中矛盾的多样性、统一性和主次矛盾关系，揭示科技发展和经济发展之间相互作用、相互影响、相互转化的关系。科技经济作为一个系统，是一个包含若干子系统的有机整体，各个子系统，分别也包含若干可以影响科技经济这个大系统的要素。所以，还必须运用系统论和控制论的某些理论和方法阐明该系统内各要素之间的关联方式和作用过程，加深对科技经济发展的认识，掌握调节和控制科技经济协调发展的本领。同时又由于它是一门自然科学和社会科学的交叉学科，所以既要采用自然科学研究中常用的定量分析、科学试验、分析对比等方法，也要采取某些社会科学研究中常用的方法，如理论分析、逻辑推理、实地调研等。运用两种方法之间的互补，以真实地反映科技、经济及其相互关系的发展和变化。

桑庚陶、郑绍濂（1995）认为科技经济学是以经济学的基本概念、理论和方法为基础，对科学技术的特点进行分析。通过对科学技术领域内的现象进行解释，对科学技术活动在经济系统内的地位进行探讨，对科学技术进步与经济增长的关系以及科学技术事业与经济的协调发展进行研究、并在这基础上对科学技术的一般规律进行探索。同时，桑赓陶认为，随着经济学家对科技经济的深入研究，科技经济学逐步形成了具有学科特色的一系列概念、理论框架和分析方法。其代表著作为《科技经济学》，[①]该书先对科技经济学的形成和发展作了简要的介绍。然后，以科技经济学现有的概念、理论和方法为基础，对科学技术领域内各类活动的特点进行分析，对科学技术领域内的一些重要现象进行解释，对科学技术活动在生产系统和经济系统内的地位进行探讨，对技术进步与经济增长的关系以及科学技术事业与经济的协调发展进行研究。除了系统的理论阐述外，该书还介绍了大量的实证研究成果和科技经济学常用的定量分析方法和模型。

（四）新经济理论

20 世纪 90 年代初期西方学界提出了“知识经济”的概念，20 世纪 90 年代后期又提出了以知识资本为基础、创新驱动为核心的“新经济”概念。“新经济”一词最早出现于美国《商业周刊》1996 年发表的一组文章中。早期新经济是指在全球化的大背景下，伴随着信息化的浪潮，以信息经济、数字经济、网络经济等为主要内容的经济形态。美国进步政策研究所 1999 年指出，新经济是以知识和思想为基础的经济，是科技产业经济发展的重要组成部分。作为一种具有非竞争性和部分排他性的特殊要素和稀缺资源，知识在新经济中的地位日益突出。知识形态的经济资源和要素在经济增长方式转变、竞争机制形成等方面处于关键地位。知识资本、无形资产作为长期投资积累的技术、知识等要素，是相对于生产资料中物质资本即有性资产而言的。它属于生产资料的软件部分。包括知识产权的专利权、商标、软件、技术诀窍、产品、技术设计和品牌等无形资产。就影响经济增长的科技、知识性质来说，知识资本是前期知识人力投资的一种长期积累，是智力劳动和人力资本的重要组成部分。因此，新经济形态

① 桑庚陶、郑绍濂：《科技经济学》，上海：复旦大学出版社 1995 年版。

变化比任何时期都依赖知识资本和科技创新的作用。科技资源、知识资本作为一种投入要素对科技产业发展的影响更为广泛。从经济增长方式来看，系统创新体系的完善，形成了科技促进经济的集约化发展趋势。人们在变化的世界中捕捉到知识生产要素的上升趋势，看到了知识价值、知识含量和知识资本在一些国家由虚拟变为现实，新产业、新经济服务形成的市场需求边际日趋扩大，无形资产在产业经济重组中的影响越来越大。但同时，国内外学者并没有满足这种来自发达国家描述经济增长的现象、趋势和理论，也提出了一系列不同的观点。

对于“新经济”，国内外学者具有不同的观点。主要有以下方面：“新经济”是指彻底摆脱了商业周期影响的一种新的经济现象；“新经济”不是指美国经济不再受商业周期的影响，商业周期依然存在，但其运营过程和展现形式与传统的商业周期有较大的不同，它指的是广泛存在数年的两种趋势：一种是商业经济全球化，另一种是信息技术革命；新经济不过是经济学家康德拉季耶夫的经济长波理论的第五次长波的反映；新经济是指在经济全球化背景下，信息技术（IT）革命以及由信息技术革命带动的、以高新科技产业为龙头的经济，等等。

诺贝尔经济学奖获得者、美国宾夕法尼亚大学的克莱因教授认为，知识经济是指教育、文化、科学技术研究与开发等产业，新经济是指以网络、信息和通讯技术为主体的新兴产业。克莱因认为，知识经济与新经济不是同一概念。[①] 我国著名科学家钱学森认为，经济活动自古以来就是“知识经济”。当今经济是“科技经济”，不该用“知识经济”。[②] 我国著名经济学家李京文认为，“新经济”只是“知识经济”发展过程中的一种现象，与“知识经济”既有相通之处，更有不同之处。不同之处主要表现在：第一，“知识经济”是人类发展的共同趋势与方向，对世界各国都有意义，它的发展阶段、速度、结构和特征，在各国、各地区会有所不同；“新经济”则主要是指美国及某些工业发达国家在一定时期表现出来的经济特征，世界多数国

① http://wiki.mbalib.com/wiki/ 新经济。

② 刘则渊：《钱学森关于认识论视角的知识经济观》，《科学学研究》，2009，27（12）：1772—1776。

家和地区难以出现这些特征。其次，“知识经济”主要是一种对未来社会经济形态的预测与分析，而“新经济”则是对美国已发生的经济现象与事实的归纳与描述。[①]

尽管国内外学者的看法并不一致。但无论各种观点如何，实际上是自20世纪60年代以来的经济增长理论的延伸与发展，也是科技创新周期更替带来的产业转型发展的动态演绎现象。这一现象表明，促使新经济变化的一个重要原因是具有结构性、颠覆性变动特征的科技创新的冲击，以及高科技广泛地应用、开发和更替。或是在全球科技革命发展背景下，对阶段性、周期性的新经济增长现象用不同学科、从不同视角的一种理论阐释和界定。

（五）创新理论

从科技产业经济理论演变和形成的过程来看，最具有代表性的是由美国经济学家熊彼特发展的创新理论（Innovation theory）。创新是结构调整和产业升级的动力，也是科技产业形成的基础条件。熊彼特认为，创新一般包括五个方面的内容：（1）制造新产品，即制造和开发新技术产品；（2）采用新的生产工艺和方法；（3）开拓新的市场，即开拓那些特定产业部门先前尚未进入的市场；（4）获得新的供应源，即获得原材料或半成品的新材料供应；（5）建立新的组织形式，即形成新的产业组织形态。围绕这五个方面开展的创新活动的共同特征，就是由科学技术引起的“创新”活动以及开拓市场和推动经济增长的前景。熊彼特的创新理论在20世纪上半期的西方经济学界产生过重大影响。同时，在近几十年来，对西方经济学家探索的资本主义经济发展波动，以及20世纪80年代以后西方产业经济发展趋向研究等，也产生过重大影响。与20世纪其他西方经济学家相比，熊彼特的创新理论将科技进步作为经济增长的主要动因，对经济发展理论的演进做出了突出的贡献。

在垄断竞争角度对技术创新过程的研究领域，美国经济学家卡曼和施瓦茨该理论认为技术创新有三个变量：①竞争程度。它引起技术创新的必

① 李京文："新经济"≠"知识经济"，《世界经济与政治》，2001年5期。

要性。即技术创新能获得比竞争对手更多的利润。②企业规模。它影响技术创新所开辟的市场前景大小，企业规模越大技术创新开辟的市场就越大。③垄断力量、它决定技术创新的持久性。因此，最有利技术创新的市场结构是介于垄断和完全竞争之间的所谓“中等程度的竞争”的市场结构。在这种结构中，技术创新可分为两类：一类是垄断前景推动的技术创新，另一类是竞争前景推动的技术创新。如果只存在前一种创新，到一定阶段，创新就会停止。而且只存在一种创新，技术创新活动也很难出现。

此外，美国经济学家戴维提出的采用新技术的企业规模“起站点”在技术推广过程中的作用，被认为是技术创新理论研究的重要成果。他认为，一个企业如果要采用某种新技术，就要达到某种程度，如果达不到这个“新起点”，采用新技术是不经济的。20 世纪 80 年代以来，西方学术界根据技术创新和推广之间的时间间隔日益缩小的趋势，提出具有知识技术密集性质的小企业（如风险企业）最有利于技术创新的观点。它们只从事产品生命周期中第一阶段的产品研制开发，一旦进入成熟期就迅速转让出去，自己再开发新的产品和技术成果。这样，技术密集型的企业不断从事技术创新而保持竞争力。德裔美籍经济学家门施通过考察 112 项重要的技术创新发现，基础性创新集中在 18 世纪 60 年代，19 世纪 20 年代、80 年代和 20 世纪 30 年代前后，这些年代均接近萧条期。他据此得出技术创新的周期与经济繁荣周期成“逆相位”的结论。他认为，萧条是技术创新的重要动力，而技术创新是经济发展的基础。

后来，索洛发展了哈罗德—多马模型，构造了以外生技术进步为前提的增长模型。如果外生的技术按固定的比率增长，经济将循着均衡增长的途径发展；如果外生技术水平保持不变，投资只能补偿固定资产的折旧并且只可能使新增的工人得到装备，整个经济停滞不前。索洛等人发现了战后 50 年代中期的经济增长中技术创新的贡献占 90%，布鲁金斯研究所的丹尼森发现大部分国家中，技术创新的贡献都在 50% 以上等结论。同时研究一致认为，在微观领域，技术创新对企业的竞争力起着决定性的作用，决定一个企业的生死存亡；在宏观领域，技术创新并非完全决定整个产业部门或整个国家的竞争地位，决定国家的强盛程度等。索洛等由此提出经济增长应当依赖资本生产率的提高即技术进步。1986年，罗默在《递增报酬与长期增长》中提出了内生技术的经济增长理论。而刘易斯在《经济增长理论》一书中认为，经济增长的直接原因是从事经济活动的努力、知识的积累以及资本的积累。其中，他把科学技术对经济增长的作用的过程分为三个阶段：科学原理的形成、把这些原理运用于既定的技术问题，以及把技术发明发展到实际的商业应用。其目的是从创新机制和市场竞争状况的角度来分析政府应如何运用专利和投资来发展科技，进而发展经济。

20世纪90年代初中期，皮萨诺（Cry P.Pisano，1994）、罗杰斯（Rogers，1996）等提出以不同知识源的系统整合实现对产业创新的影响；哈梅尔和普拉哈拉德（1998，p.20）认为以创新未来产业或改变现有产业结构来制定企业战略。这里所指的产业转型包含产业创新。其间，多数理论研究集中在价值链、产品研发、技术整合、生产制造等微观领域，缺少从学科层面进行的系统性研究。20世纪90年代后期及21世纪初期，特别是在"新经济"泡沫破灭之后，国内外研究进入新的时期，相关课题及理论改变了积累性或连续创新的研究，将研究集中在产业技术的非连续的范式转移（Paradigm shifts），即通过对原有的技术范式进行彻底的颠覆和毁灭性的打击，使垄断的市场份额发生变化，导致科技产业结构调整和迅速转移等。2001年美国学者布格尔曼（R.A.Burgelman）等研究了产业技术演化、产业创新模式、战略管理理论及其范例；2002年英国学者卡拉塔·佩雷斯在其《泡沫与黄金时代的动力》一书中认为，为了适应全球市场竞争的变化，需要在若干发展阶段之间的过渡期进行技术与产业的战略调整，再造可持续发展的创新体系，以便在"创造性毁灭过程"中加快科技产业结构调整。2005年美国学者梅丽莎·A. 希林（Melissa A.Schilling）在其著作中也论述了产业技术创新及其战略的重要性（《技术创新的战略管理》，2005）。其间，《经济学人》《商业周刊》等刊物发表了一系列典型创新案例，阐释（企业）产业的跨越式特征及其战略运作路径。这些研究凸显出产业创新带来的以利润、成本和知识为中心的变化，表明作为一种产业系统理论及运作路径，科技产业系统不仅构成了产业"低成本跨越"模式，也体现出系统运作获取价值链的高附加值，迅速形成科技产业竞争和规模优势的主要特征。

国内外学者运用不同方法，从不同领域、不同视角、不同层次提出的相关理论与学术观点，对科技产业经济的理论创新及发展提供了研究基础。但是，作为科技产业发展的相关理论，还远不止这些，诸如科技创新与学习引进、科技发展与市场结构、科技创新与集群生态、科技成果与扩散转移等理论成果，对科技产业理论的形成也具有重要的影响和作用。

第四节　理论创新与学科发展

从历史沿革与不同演进视角，本章系统解读了科技产业定义及其新解，提出广义性质的科技产业经济学概念及兼容性解释。这一框架结构及学科观点符合网络全球化及科技经济融合发展的大趋势，对于多数国家和地区具有普遍的现实意义。同时，对于科技产业经济学研究也将是一个更大的学科探索空间及亟待挖掘的金矿。本章从学科交叉、渗透和融合的角度，论述了科技产业经济学的学科性质与研究领域，提出以多学科、多领域竞先并进，为科技产业经济学提供新理论、新观点、新思想和新方法。强调了学科发展和转变，主要取决于科学技术创新的突破性发展及其对产业经济的广泛而深远的影响。并以相关科技产业战略、政策、制度和机制等方面的系统研究分析，为科技产业经济学在科技、经济的汇聚和生成提供理论依据。同时，通过相关文献综述与理论回顾，理顺学习与继承、创新与发展的边界，为本书后面章节的论述做出基础性铺垫。

事实上，科学研究与创新发展是一个艰难的过程。当一门科学走入绝境时，新科学就应运而生。科学革命常常具有跨学科的特色——它的核心发现往往是来自那些走出本专业正常范围之外的人们。这些走出本专业的科学家倾心的问题经常被认为是离经叛道的臆想。当库恩 1962 年打破了把科学单纯看作一个认识过程的传统观念，从而把科学置于一个广阔的历史发展背景上，他所提出的观点、范式与理论，赞赏和反对意见几乎是一样多。[①] 他对科技进步基于循序渐进、温故知新、新实验室要求新理论的传统观点施以针砭。他抛弃了科学规规矩矩地提出问题和寻求答案的过程这类看法，强调要区分科学家在各自学科范围内从事的规律已知的工作和那些例外的、非正规、开创革命局面的研究，以及他将科学家描述成不那么唯物论者等，均引起传统主流科学家的非议（詹姆斯·格莱克，1999）。同样，考察经济理论形成与发展的困惑，也可以揭示科技（产业）经济理论在学科进化过程中探求、磨合与发展的艰难。以经济学为例，20 世纪是经济学获得长足发展的世纪。但其间，经济学家也被“拷问”了整整一个世纪。[②]1898 年，凡勃伦在《经济学季刊》上发表了“经济学为什么还不是一门发达的科学？”。1983 年，A.S. 艾克纳主编的《经济学为什么还不是一门科学？》，对正统经济学的统治地位及论证方法提出了质疑。艾克纳认为，正统经济学正陷入不尴不尬的困境：随着经济学理论的深化和日趋精致，经济学家解释与预言经济现象的能力正不可救药地衰退下去；他们躲进经济学的象牙之塔，漠视现实。经济学被认为是一门用来预测的科学，但经济学许多预测都不准。[③] 经济学家们越来越沉迷于高深，优美的数学公式，而不再理会这些模型赖以建立和推演的严谨的经验检验。在这种排斥异己、拒绝兼容并包的体制中，西方经济学“已经变成一个封闭的体系，它更像一种宗教，而不是一门科学”。[④] 而凯恩斯早就指出：“近来出现的绝大多数的‘数理经济学’不过是一些拼凑而成的东西，其不精确的程度和他赖以建立的假设条件相同。这些东西使其作者能在一堆杂乱的徒有其表而又无用的

① 库恩反对把科学知识的增长看成直线似的积累，或者不断推翻的增长的观点，反对把科学和科学思想的历史发展过程看成逻辑或逻辑方法的过程。他提出了科学和科学思想发展的动态结构理论，第一次明确地使用了这个理论的核心概念“范式”。在这个动态结构理论中，库恩认为科学的实际发展是一种受范式制约的常规科学以及突破旧范式的科学革命的交替过程。

② 赵凌云：《科学与经济学的“联姻”》，《方法》，1999 年第 3 期。

③ ［美］约瑟夫·斯蒂格利茨：《自由市场的坠落》，北京：机械工业出版社 2017 年级，第 245 页。

④ ［美］艾克纳（A.S. Eichner）：《经济学为什么还不是一门科学》，北京：北京大学出版社 1990 年版。

数学符号中忽视掉现实世界中的复杂性和相互依赖性。”[①]

1962年，弗里茨·马克卢普出版了《知识产业》，提出具有历史意义的观点。他富有创造性的研究成果，第一次明确指出信息化发展的意义以及知识产业的重要性。正如肯雷斯·E. 宝尔丁在其书评中描述的那样，“知识产业的概念如同炸药包一样，会把传统经济学甩到半空”。[②]而约瑟夫·斯提格利茨（2017）指出，尽管过去100年美国生活水平的提高都源于技术进步，但传统经济学对创新并没有发表过什么看法。而40多年前，由信息经济学带来的改革开始质疑所有传统经济学的结论。这些都集中体现了经济学家的学术自审与社会自责。事实上，尽管传统经济学涉及科技进步与产业经济学理论，但这些已被“甩到半空”的传统经济学或自恃清高、排斥异己，或拒绝兼容并包、一成不变。科技经济或者知识经济的研究成果并未被传统经济学所采纳，相关战略政策也没有被主流思想所吸收。[③]“曾经沧海难为水，除却巫山不是云。”延至如今，并没有构成一个系统的科技产业经济的理论框架体系。大多数研究文献资料主要借助了经济学等学科的经典和研究方法，将比较流行的经济学理论凑合一个“理论体系”，并成为西方主流经济学的骨架。[④]

细心观察可见，早在20世纪60到90代科学家就开发了一系列创新成果，涌现了一大批试图“内生化”的科技发展论著，开启了“互联网经济”等新兴交叉学科研究领域。虽然科技（产业）革命引发的不同学科和发现成果之间的协同与整合更为普遍，不同技术相伴而生，催生出许多以前只能在科幻小说中才能看得到的有形创新成果，[⑤]并使科技对经济与社会的影响力不断拓展，但很长时期，科技（产业）革命激发的学科交叉、行业跨界、协调发展等现象，并未得到主流经济学家、科学学家的关注。相

① ［英］约翰·梅纳德·凯恩斯：《就业、利息和货币通论》，北京：商务印书馆1999年版。

② ［美］弗里茨·马克卢普：《信息经济学》，长沙：湖南人民出版社1987年版。

③ 包括20世纪上半叶两位伟大的经济学家约瑟夫·熊彼得和佛里德克·哈耶提出的一些创新的观点，也曾被主流经济学家所排斥。

④ ［美］保罗·A. 萨威尔森等：《经济学》（第12版），北京：中国发展出版社1992年版。

⑤ ［德］克里斯·施瓦布：《第四次工业革命》，北京：中信出版社2017年版，第8页。

关研究成果没有被纳入宏观经济增长模型，并且完全不考虑行业之间创新速度的差异、科技发展的多种不同形式以及科技发展形式与替代政策之间的关系。[①] 相关理论观点，仍然渊源于过去数十年国内外从传统经济学角度对于“科技促进经济”的研究文献，以及衍生的相关经济学等。例如，国内一些著作将西方经济学家涉及的科技对经济行为的理论分为三个阶段：如1912年熊彼得、1921年奈特分别提出的理论到20世纪60年代初，被视为启蒙阶段；20世纪60年代初到80年代中后期马克卢普、丹尼森、波拉特和鲁宾等西方经济学家的思想和理论为科技促进经济思想的初步形成阶段；第三阶段是20世纪80年代后期以后，特别是1996年以来，经合组织报告等知识经济研究成果的推动，构成了继续形成阶段。[②] 通过对这些理论渊源与文献资料的全面检索，人们清楚地发现，在划分三个阶段的新古典经济学家的文献中，除少数经济学家涉及科技在经济行为中的主体作用，更多的经济学家讨论的问题是科技促进经济增长的范畴。多数管理学、科学学、技术学等学科所涉及的论题分析，主要从狭义的科学、技术自身的专业性演化，研究和探索科技管理与评价、科技成果扩散、科技转移以至形成科技商品化的性质、规律、机制、结构和发展。“人们往往认为，学术机构是探索前沿理论的主要阵地，然而，新的证据表明，受职业激励机制和资金条件所限，如今大学更偏爱渐进式的保守研究，而不是大胆的创新项目。”[③]

进入21世纪以来，面对全球性的金融危机与经济危机，西方经济学界束手无策，居然拿不出令人满意的经济学解释，以至于出现史上罕见的“英国女王之问”。传统主流经济学受到了大量的诟病。人们指责，由于主流经济学中的相关预见及结论的荒谬性，从而使得经济学的研究严重滞后科技经济的实际表现。即便如此，国内多数学者并没有敢于在传统经济学、科学学的基础上“越雷池一步”，从本国独特的科技产业成功实践及科技经

① ［美］约瑟夫·斯提格利茨、布鲁斯·格林沃尔德：《增长的方法》，北京：中信出版社2017年版，第9页。

② 谢康、陈禹：《知识经济思想的由来与发展》，北京：中国人民大学出版社1998年版。

③ ［德］克里斯·施瓦布：《第四次工业革命》，北京：中信出版社2017年版，第25页。

济研究中获得理论积累，并以跨学科、多视角对“科技产业经济”进行系统性探讨、消化、分类和解释。实际上还是在国外“科技促进经济增长”或在“科技转化经济增长”等基础上，依靠既有的文献堆积，对科技、知识性增长与外延的科技经济理论进行重复性阐述。

此外，相关研究大多数来自科学经济学、技术经济学、产业经济学、区域经济学和创新经济学等领域，但较少以“科技产业”为轴心进行多学科、多领域的理论交叉研究。现代科学的发展，一方面表现为科学知识的横向结合，加速学科的演进、分工和分化，出现了一些被传统经济学排斥的边缘学科、交叉学科和新兴学科；另一方面，表现为学科之间的融合、交叉和集成。跨学科、跨领域研究已成为学科发展的主要途径。而在网络化、智能化的数据集成下，海量数据、云计算、人工智能的处理能力，也给学科发展带来了一场全方位、颠覆性的思想变革，范式变革，路径变革。学科交叉、行业跨界、资源共享的大趋势，改变了传统的研究模式，为科技产业经济学提供了更大的创新空间。科技产业经济学理论构建不仅吸收科学经济学、技术经济学、产业经济学、区域经济学和创新经济学等理论和方法，还要吸收包括科技社会学、科技文化学、信息经济学、产业生态学、数字经济学、制度经济学等相关学科成果，并通过系统创新，借助研究资源的可用性、共享性、重用性、协作性，进入科技—经济—社会—政治的复杂巨系统，并在相关领域取得重大突破。为此，科技产业经济学的研究不仅要改变传统经济学的新古典理论框架体系，将原先视为外生的制度、科技等变量引入研究的核心并融为一体，还要解决大数据等分析工具等问题，从系统研究中获得一些有价值的结论，以便从理论与实践上解决交叉、跨界、包容性研究以及延展性分析框架等。

上述表明，随着科技引爆与产业革命带来的社会生产力的飞跃，科技产业经济的内容和形态发生了重大变化。人类面临新的重大科技革命和全球产业转型发展，进而也推动着学科建设、学术探索与理论创新。学术界虽然提出了一系列相关理论和分析方法，但面对科技经济的迅猛发展，在许多前沿领域进入无人区后，产业经济理论明显落后于科技产业发展实践。特别是对科技产业经济的理论解释，站在不同学科立场、专业视角、利益关系上往往难以得到整体性说明。对科技政策和产业政策的研究，由于发展阶段与研究对象领域的不同，在客观上，从顶层设计、研究开发以至科技商品化、产业化、市场化的整个过程，被人为地分割成不同研究对象、学科领域和分析体系，导致对科技产业经济理论的碎片化误读以及政策诠释的困惑。1996 年，著名科学家钱学森指出："科技产业是新时代的重要产业，我称之为第四产业，以区别于服务产业的第三产业，是现在及 21 世纪的重要产业。"[①] 因此，鉴于二、四产业之间的演进转化，需要深化对科技产业经济理论体系的系统研究，赋予科技产业经济全球化、网络化、社会化的新思维、新内涵、新方法。这就既要登高望远、溯根寻源，又要脚踏实地、跨域融合，着力破解"学科孤岛"、门户之见、面子之争，摒弃利益纠结[②]造成的相互排斥、故步自封。也就是说，对于科技产业经济学这样一门横跨自然科学，技术科学和社会科学的交叉性学科，要从科技创新演进与产业转型发展相结合的系统角度，全面考察产业经济演进与科技创新发展之间的关系，探讨多元要素之间内在的联系规律，揭示科技与产业协调发展的战略和政策特征。同时，还要全面考察科技产业的产业结构、产业聚集、产业政策、演进规律、战略管理和制度创新等问题。只有学科交叉、行业跨界、个性混搭、多元协调，破除理论滞后于创新实践的矛盾与误区，才能全面、系统地诠释科技产业经济学体系，形成科学技术与产业经济的交融互动，推动科技产业的持续发展。

事实证明，世界上没有一种发展模式及理论体系可以完美地适用于所有国家或领域。西方传统经济学理论曾为经济发展做出过贡献，但无论是从理论还是从实践层面来看，其缺陷及误区也不容忽视，并不能"放之四海而皆准"。例如，多数简单地模仿发达国家或新兴国家战略的发展中国家均以失败而告终，又如 20 世纪早期和中期学习美国和德国在 19 世纪成功的重工业发展战略的国家也都失败了。盲目追随东亚出口导向战略的非洲

① 涂元季主编：《钱学森书信（十）致隋映辉》，北京：国防工业出版社 2007 年版，第 91 页。

② 当学者夹杂或参与到一些具体利益之中的时候，很可能会为了私利而不能保证学者的客观中立，难免会影响到学者的独立性判断。

国家发现，即使采取相同的发展战略，实际效果却要比东亚国家在20世纪70年代取得的成就要弱得多。[①]西方科技经济研究领域的“固化”的发展模式，使其理论研究大多数局限于“唯我独尊”的范畴。特别是并未将科技产业经济学作为独立、系统的理论体系，对转型国家与发展中国家的科技产业整体性、差别化的研究的成果较少。而我国学者尚未抛弃不花气力的“拿来主义”和摆脱学科之间相互排斥，以及“全盘西化”或“西天取经”思维模式的影响。[②]主流经济学文献及教科书还难以走出传统理论认知框架中的偏差与矛盾，对中国科技产业经济理论和转型发展还是“鸡同鸭讲”，无法给予合理的理论阐释及系统框架突破。正如弗朗索瓦·佩斯在论述西方经济学时指出：“西方到处都在讲授的经济理论在多大程度上适合具有发展中国家特点的条件呢？毫不夸张地说，系统研究这个问题的科研项目犹如凤毛麟角。”[③]

毋庸置疑，盲目照搬西方经济学理论，很难形成能够解释中国科技产业经济发展现象及其学科体系。世界经济发展与科技变革的现实给予我们的启示是，构建具有复杂关系的科技产业经济学理论模式、标准及其系统框架，既要在学习与批判的基础上“洋为中用”，更要在研究与经验总结的基础上“中为洋用”或“中西结合”。这样才有可能明确科技产业经济学的研究领域和方向，拓展科技、经济、管理等学科交叉新领域及行业跨界的范围，建立起逻辑明晰、开放包容、因地制宜的研究范式与学科框架体系。我们强调学习、借鉴与引进的重要性，但必须实事求是，符合基本国情，“从实践中来，到实践中去”。一切从本国实际出发，不跟着感觉走，更不能跟着风跑。这应当是科技产业经济学研究的起点，也是构建科技创新与产业经济互动发展的交互网络，促进科技产业经济学在更高层面、更新领域上实现理论创新与系统转型的基础。

---

① 约瑟夫·斯提格利茨、布鲁斯·格林沃尔德著：《增长的方法》，北京：中信出版社2017年版，第240—251页。

② 林毅夫：《我们将迎来经济学大师在中国辈出的时代》，《文汇报》，2007年4月2日。

③ ［法］弗朗索瓦·佩斯：《新发展观》，北京：华夏出版社1987年版，第4页。

第二章　系统结构

科技产业经济的形成与发展，与其他学科及理论之间有着系统性、关联性和类同性的联系。将科技产业作为一个独立的科技经济系统进行结构性考察，就会发现科技产业经济的系统构成，系统链接、若干要素及组合，以及在其形成与发展过程中的制约和互动关系。本章的主要任务是在对系统结构进行定义和分析的基础上，重点描述科技产业系统特征及其功能，分析和讨论科技产业系统结构的系统要素和系统环节，提出科技产业经济的系统结构、系统机制和组合模式等，并揭示科技产业经济系统不同于其他产业的系统结构、功能和模式等特征。

第一节　系统结构与分析框架

一、系统结构定义

系统概念在国内外有多学科、多层次、多领域的不同解释。所谓系统及系统结构，目前尚无统一的定义，主要是指一个系统为满足该系统的目的和要求而具有的形态、特征和机理的结构性特征。它包括一种整体性结构，有机统一的关联形式，以及有序配置。一般是指表达系统的各组成部分及其相互关系的框架，说明系统各组成部分之间的结构关系，并不涉及这些组成部分的细节和实现。它是代表整个系统的多领域、多层次的模型组合。研究系统结构可以促进系统结构标准化、模块化及应用的系统化。其目的就是通过系统各组成部分及其相互关系，提出互动关联、功能优良、协调发展的系统模型组合，系统机理、路径和方法，以及基础结构，用以指导和帮助系统的设计、实施和运行。系统结构研究大体上可以分为三类：

（一）系统生命周期的系统结构

系统的生命周期的系统结构包括系统定位、系统设计、系统实施、系统运行和系统控制五个阶段（框架如图 2-1 所示）。这是一个系统结构及其形成过程。系统定位是系统结构形成的必要前提，基础是系统性分析及需求选择等；系统设计根据基本准则和要求进行设计，包括：定位设计、实施设计、运行设计和控制设计等描述；系统实施是系统启动阶段，根据系统定位、系统设计的要求进行程序化发展；系统运行是有效实现系统整体运行的一系列过程。在系统运行阶段，系统生命周期的支持系统不断进行适时运行和结构调整。其间，系统定位、系统设计、系统实施和系统运行四个阶段构成了一个复杂的大型系统，并繁衍分解为不同的分系统和子系统，最终形成一个具有系统生命周期的系统结构。

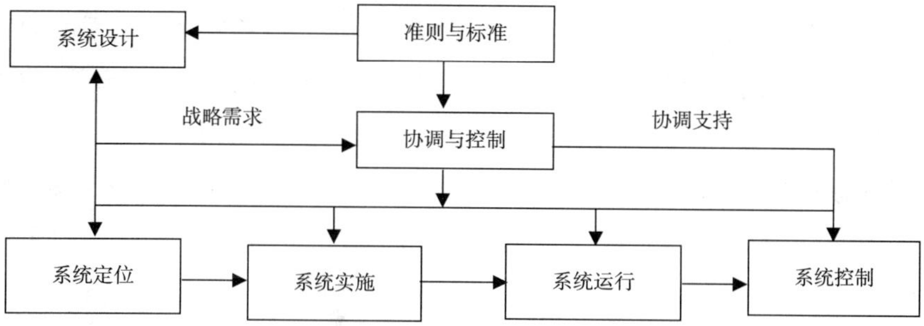

图 2-1　系统生命周期的系统结构

（二）系统功能构成和控制的系统结构

一般系统往往将有序性、目的性与系统的结构稳定性联系起来。由于系统结构十分复杂，一个系统体系一般采取横向或纵向的分解与集成的系统功能组合。这就形成了系统功能结构和控制性的系统结构。典型的系统功能结构和控制性的系统结构是一种循环结构，一般依据系统目标和系统定位形成多种系统功能，并通过模拟选择，再提供结果评价，并对评价结果进行反馈，以便对系统目标和定位进行调控和矫正，如图 2-2 所示。但这种系统结构并不能概括系统各个方面和各个层次的要求，而可以成为生命周期体系结构中的功能视图部分。

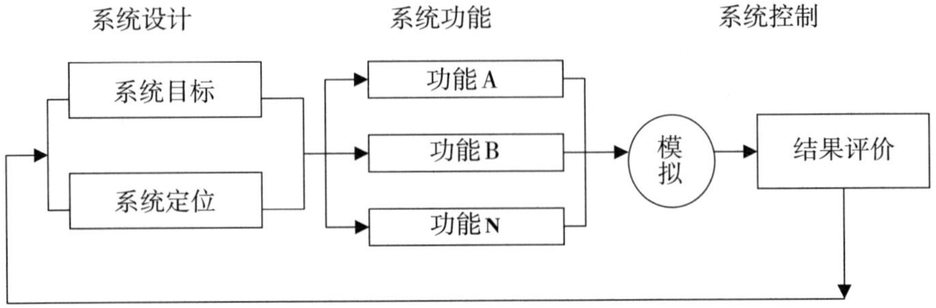

图 2–2　系统功能控制结构

（三）系统集成平台的系统结构

为了解决系统支持、互动和连接等问题，必须建立起系统集成平台的系统结构，如图 2–3 所示。这类系统结构不仅有赖于基础结构，而且是在更大范围内进行全局组合和调整，因此，系统集成平台是为系统运行而开发的，一般存在着通用性、互动性等特征。因此，以系统为集成手段的系统结构是系统关联的基础，目的是更好地发挥系统各组成部分之间互动协调的作用，使系统达到全局优化。各组成部分之间的协调要通过系统交换实现资源共享。因此，系统集成平台是一个复杂的支持系统，构成其系统

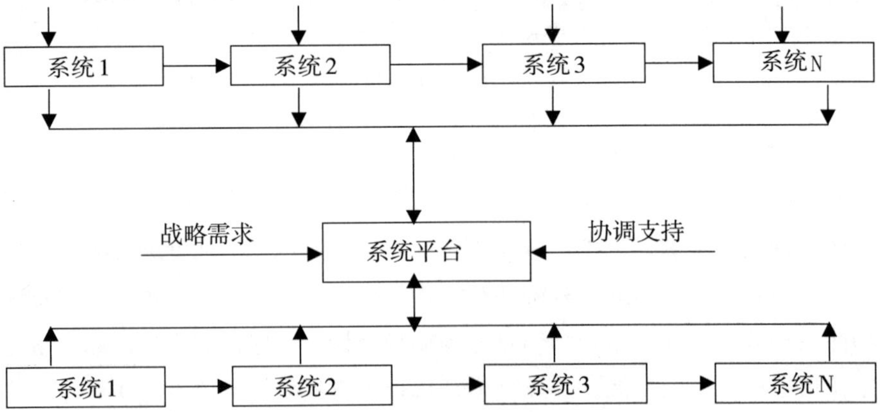

图 2–3　系统集成平台结构

的一般都是多层次、多领域的子系统，所以，它可以视为面向生命周期的系统结构中的基础结构。

二、科技产业系统

科技产业系统是科技产业整体性、结构性、关联性和有序性的系统构成范式，也是一组反映科技产业系统发展模式、结构、机制及其支撑性因素的目标体系。就科技经济而言，科技产业系统是以科技产业为主导的经济与社会系统的交集。它一般是由各种有序的相互联系的科技经济要素有机结合而成的集合，该集合可以包括许多子集合，他们之间具有各种联系而形成较为复杂的结构；在一定发展目标下，以整体方式执行整个系统的某种科技经济功能。因此，科技产业系统发展是一个基于研发、生产、服务与市场等要素集合及系统环境相互作用的“科技产业”实现过程。

（一）系统特征

就其系统及其整体结构，科技产业系统是介于微观经济（企业）与宏观经济（国民经济）之间，科技—产业—市场—服务等要素共同构成的具有整体性、关联性的经济系统及其结构体系。它既与一般产业经济的系统及其结构有相似之处，也具有不同于一般产业经济的系统特征：

1．系统变动

科技产业系统变动是科技经济增长过程中所出现的必然现象。科技产业的系统具有变动特征，从横向上是指各科技产业部门及其内部行业之间相对均衡、协调发展的系统格局；从纵向上则指科技产业结构从低级到高级逐步的高度化的演进趋势。因而，科技产业系统变动和结构调整来源于多种因素。其一，来源于科技创新推动产业更新替代。科技创新成果、知识专利等就是推动产业生命周期及系统结构变动的关键因素之一。随着科技创新“产生、成长、成熟到衰退”，必然波及科技产业系统的结构转型和调整。其二，来源于科技产业转型与资源合理配置的需求，即通过推动科技产业结构优化，实现高度化演进，持续产生递增的科技产业系统结构效应。这一系统结构效应反映出通过科技产业结构的高变动率，推动了经济总量的高增长率。由于经济总量的持续增长又会推动科技产业系统结构的不断变动，科技产业系统的优化调整就成为实现科技经济新增长的必备条件。这些决定和影响科技经济增长的因素在不同程度上对科技产业系统变动产生直接的或间接的影响。要说明的是，科技创新并不能直接形成产业。科技创新成果必须经过商品化、产业化和市场化的过程，并成为以产业形态存在的产物，才能事实上影响产业持续递增的结构效应过程。所以，仅有科技创新并不能形成产业化、商品化和市场化。科技创新必须在战略、政策倾斜和市场体制环境下，经过研究开发、试制生产、批量生产并进入市场，形成规模发展及价值需求，才有望发展成为科技产业经济。

2. 系统协调

科技产业系统的变动和调整取决于系统要素的协调作用。它是一个系统要素内外组合、互动作用的过程，其中，通过制度创新、产业政策、工业基础、科技资源、资金投入和中介服务等系统要素的协调作用，才能达到特定目标而创造的系统结构及其生态环境，构成科技产业系统及其经济的特定体系。因此，科技成果商品化、产业化和市场化的过程，并不是一个单一要素作用的结果。事实上，在科技产业发展目标、路径和运作等方面，系统要素之间存在着一系列冲突，这些冲突会影响系统功能的发挥。消除系统要素之间的冲突，必须建立处理系统要素冲突问题的基本原则，即系统集成、协调发展、重点突出、共同作用，按照科技产业发展系统目标要求，构建避免科技产业系统要素冲突的结构框架，给出解决冲突的思路和方法，如建立系统要素一体化的协调机制、选择以战略政策促进要素间的能力均衡及资源共享、加快推进标准化和统一运作范式以解决系统要素冲突等问题，加强要素间的协同作用，促进系统的功能跃迁。

3. 系统反馈

科技产业系统优化与结构调整是一个较为复杂的过程，其系统运行离不开系统投入和产出，以及反映系统环境和受控对象特性变化的适应能力及其目标调控过程。因此，建立系统反馈机制，满足系统正确运行的要求，越来越成为科技产业系统及结构调整的基础条件。科技产业系统结构的优化与调整，首先取决于网络化、数字化支持的市场需求的正反馈机制的作用。由市场需求的引擎力，可以带来对科技产业发展的系统要素，包括投资布局、人才结构、企业配套和供应商聚集等，为相关产业创新及产品研究开发、试制生产及产业化等提供技术、人才和资金，并导致科技产业升级与结构转型。这些复杂系统和结构性变化不仅为科技产业经济的发展提供了多种可供选择的路径和更为广阔的市场潜力，而且需要建立灵敏快捷的系统反馈机制，通过不断调整市场需求等基本参数，建立起决策科学机制，进一步提高了系统应变能力和调控能力。

4. 系统差别

科技产业系统发展必须具备竞争优势、资源优势和差别优势。这些优势集中体现在科技产业系统的差异性和独有性。如科技产业的高端战略、成本控制、规模扩张、价格竞争和非价格竞争，以及产品特性的差别化（专利、质量、性能、品种、品牌、服务等）等。影响科技产业系统变动往往取决于系统要素和结构在系统内外联动的差别化功能。就内部系统而言，差别化功能是系统所表现出的独有特性和能力。系统要素与结构决定和影响着功能特性和能力变化，其原因是：一、功能随系统要素的产生而产生，它来源于系统要素与结构的整合；二、系统要素变化，系统的功能也会变化。独有特性和能力的形成将导致系统结构的改变。就外部系统而言，系统差别化和独有性存在一个功能协调问题。具有系统差别和独有性即意味着某一系统差别总是从属于更大的系统差别和不同，因此，系统差别和独有功能被置入更大的系统之后就必然有其他功能协调等问题。科技产业系统结构一般在系统差别和独有功能协调过程中形成整体的最优。

（二）系统功能

系统功能是指系统与外部环境相互关系和相互作用中表现出来的性质、能力和功效等，是反映系统内部相对稳定的联系方式、组织次序及时空形式的外在表现形式。系统功能可以从系统内外进行分析。从要素及其结构出发对功能进行分析，称为系统功能内部分析；从环境与系统的相互作用出发而对功能做出的分析，称为系统的外部分析。系统功能有赖于一组具有不同功能、相对独立而又相互连接的功能子系统的支持。这些功能子系统以不同要素、结构和形成机制构成了整体网络。

由图 2–4 所示，科技产业的系统功能是一组具有不同功能、相对独立而又相互连接的功能，如投入—产出功能、管理功能、环境功能、科技—生产—市场功能以及系统服务和调控功能等。按照系统内外分析框架，系统功能的外部包括环境功能、系统服务功能和系统调控功能等；按照系统功能内部分析框架，包括投入—产出功能、管理功能、科技—生产—市场功能等。

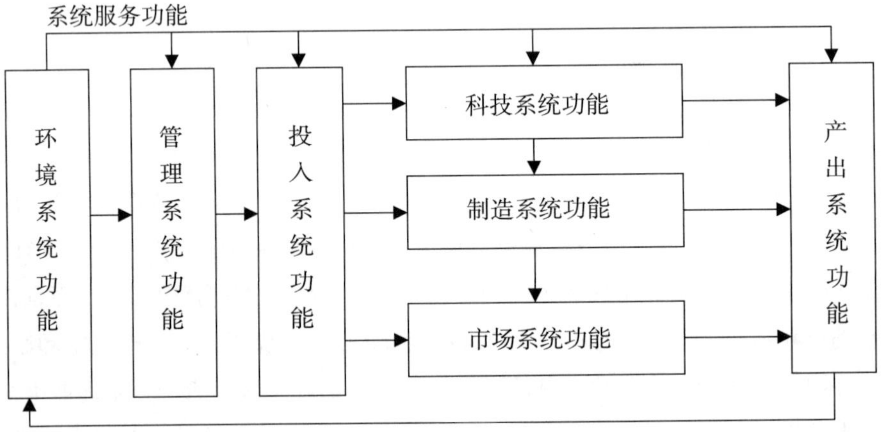

图 2–4　科技产业系统功能

1. 投入—产出功能。主要是通过有效合理地投入，实现科技产业经济规模、效益和效率。投入—产出的成效取决于投资决策的科学程度、过程调控和供给效率等。

2. 科技—生产—市场功能。这是科技产业系统流程的重要环节。包括科技创新溢出引起的科技产业结构调整和更替状态，引发生产规模和布局的变化，以及激化市场需求的竞争等。科技—生产—市场功能的有效性取决于系统功能的作用。

3. 环境功能。主要通过发展战略、政策法规和标准等，建立科技产业创新及经济发展的良好环境，这个过程取决于政府的行为和干预程度以及集群协调的能力等。

4. 服务功能。主要包括系统运作服务、系统管理服务、系统过程服务。系统服务取决于规范化、标准化的服务互动和有效参与。整个服务是在科技产业的系统安排下，围绕运作流程有序进行。

5．管理功能。主要有系统管理、运作管理、过程管理等。系统管理主要是对整个系统的管理功能，包括科技产业系统若干功能的互动协调和运行协调等，各个管理功能取决于功能之间的协调能力和系统管理能力。

6．调控功能。主要涉及系统功能及流程的监控、信息反馈和标准修订等一系列功能性作用。调控功能作用主要取决于系统流程的功能协调、反馈标准等。在一定程度上，调控功能决定着系统功能的效率。

在科技产业各种功能作用中，系统调控功能的作用表现在对不同功能进行必要的调整和控制以增其效率上。在市场经济条件下，对科技产业系统调控功能的解释，与其系统流程传递的信息有密切的关系。将成本、价格、利润、利率和汇率等纳入科技产业系统并作为市场供需活动中的价值信息，可以间接地调控科技产业流程中各种经济活动状况，并体现为市场供需矛盾运动所规定的产业价值变动；以产量、规格、数量等指标反映为数量信息，则将直接影响科技产业在要素选择、资源配置过程中的各种科技经济活动状态。两种不同的信息形成系统组合信息，就会产生不同的系统功能。其中，数量信息（非价格信号）作为系统调控依据，大多数采取以行政指令为主要手段的功能方式，采取行政指令垂直的定向传递、分级综合、集中处理，主要体现在行政指令对系统要素和资源配置功能的应用上；以价值信息（价格信号）为系统调控依据，则是以市场供需控制为主要手段，调控信息处理采取分层处理、横向传递的方式，主要体现在市场机制对系统要素和资源配置功能的应用上。

在科技产业各种功能作用中，有效发挥系统功能的作用，实现科技产业功能系统的关联、互动和协调发展，还有赖于系统网络、服务功能的支撑性作用。在互联网、大数据、云计算等网络化技术的支持下，以要素协同和资源的共享与集成，促进产学研资介系统互联，按照互惠互利的功能要求，达到沿着科技产业链实现资源共享和互通有无的目的，并形成科技、制造、市场系统功能以及系统服务于一体的网络体系。这样一组具有不同功能、相对独立而又相互连接的系统功能，将科技—生产—市场的流程服务转移到科技产业“核心竞争力”的链接环节上来，加快系统服务的制度、组织、手段和方法的链接和完善，建立起服务于科技产业发展与市场供需之间的“桥梁”或“平台”，包括品牌运作、研究开发、信息咨询、风险投资、技术市场、产权交易等中介服务体系以及法规政策，为科技产业的创新发展提供必要的条件。通过发挥系统服务功能在科技—生产—市场增值过程中的交互影响和作用，增强系统服务在各个环节的功能性关联，并将科技—生产—市场与环境、管理等功能性作用有机地联系起来，成为实现科技产业系统价值的服务载体，创造科技与产业对接的新型产业服务经济。

由此可见，科技产业系统及其结构性变动是由多变量、多系统、多因素的系统功能作用决定的。从科技产业系统结构来看，虽然科技产业的系统功能是一组具有不同功能、相对独立而又相互连接的功能，但在运行过程中若干系统功能却以一个有机的整体相互发挥作用，任何一项功能均不能单独存在，每一项功能都对实现其他功能起到推动作用。如科技—生产—市场之间的系统功能，科技创新和产业经济增长带动是市场需求变化的诱因，而市场通过需求的周期性涨落，将经济、技术、社会和市场的信息传导给研究开发部门，进一步反馈产业发展的需求并形成新的创新激情。这一功能性作用为满足市场需求引起科技创新域变化，并成为推进科技产业创新的动力。因此，科技产业系统功能是一种“科技创新为动力”和“市场需求为引力”的系统动力组合功能。它们之间的组合、互动、外延与科技创新有密切的关系。通过科技—产业—市场之间的功能性互动，才能有效实现结构转型和资源配置以便推动科技产业经济的迅速发展。而仅仅有科技创新的单一功能作用，虽然科技创新可能带来新的商品和劳务，也可以在规定的劳动力和投入的情况下，提高原有商品和劳务的产出数量，或可以具有科技成果的扩散效应和影响力。但是，假如消费者表达的市场需求表现出对科技创新成果的消极性和排斥性，就必然造成科技创新与市场需求的不对称，难以引起市场结构、经济规模和产业层次的变化，因而就制约了市场创新和科技产业的迅速崛起与发展。

第二节　系统结构与基本要素

科技产业系统是由多元结构和多组要素构成的科技产业经济体系。对于已经形成的科技产业经济体系，假如仅仅把科技制成品或科技企业作为系统构成的基本单元和微观要素，往往难以得到准确的描述。因而，还需要建立一个符合科技产业系统结构和组合要素的体系。

一、系统结构要素

科技产业的系统由环境等系统要素组成。系统活动一般受到系统控制、系统运行和系统中介作用因素的影响。具体来说，任何一个系统进行独立运作，就不能不受到其他系统的关联性牵制和互动性影响。在科技产业的系统运行及结构调控中，主要影响来自于科技产业的投入系统、管理系统、产出系统和环境系统等共同作用（见图 2–5 所示）。

1．环境系统

一个国家的发展战略、运行体制、法规政策、保障措施等是科技产业发展的环境系统的重要组成部分。战略、体制、政策的设计与应用不仅可以影响或制约产业系统结构的调整，而且通过战略、体制、政策倾斜及影响使国家或地区的科技产业结构升级，获得目标聚集、资源聚集和资金聚集，并促使科技产业调控部门成为政策导向的“真正有效部门”。这一系统过程特别需要解决的是战略政策的协调，强调战略、体制、政策在解决这些问题时的关键性作用。[①] 因此，没有正确的战略、合理的体制、倾斜的政策和管理控制，就难以适当干预科技产业部门之间和产业内部的资源配置过程，适应经济全球化和市场化对科技产业规模扩张及结构升级的要求，

2．科技系统

科技系统包括基础研究、开发研究、应用研究、科技转化、成果扩散等诸要素及其联系并构成系统结构的关键内容。从总体系统形态上分析，它起到了系统结构调整以及产业转型的发动机作用。作为核心竞争力的组成部分，在产业价值链处于高端部位，它对科技产业经济的形成、结构升

---

① 隋映辉：《科技进步与制度创新》，《新华文摘》，2001（2），第 151 页。

级换代以及增量扩张等起到十分重要的作用。

3．投入系统

投入系统包括资金投入、人才投入、知识投入等系统要素，是科技产业系统结构的重要组成部分。投入系统作为支撑科技产业系统运作，实现系统结构调整的重要环节，可以充分发挥人才、资金、品牌等系统要素作用，按照“府产学研资介”协调发展的要求，增强要素投入的合理性、集约性以及在科技产业系统可持续增长的作用。

4．生产系统

生产系统包括实现产业化、商品化的中试、生产制造等过程，也是实现科技成果到生产力转化的要素组合系统。作为科技成果形成产业化、商品化和市场化的关联机制和重要环节，生产制造系统是形成科技产业及其价值链的组成部分，也是科技产业化、商品化的必经过程。

5．市场系统

市场系统是反映科技产业化、商品化和市场化的市场评价系统，也是实现科技产业化、商品化和市场化的拉动系统。它一般牵涉到产品生产、网络交流、市场供求、物流服务等。作为科技产业系统结构及流程中的高增值环节，市场系统也是拉动科技产品市场需求，提供科技成果与市场需求的中介系统和交易平台。

6．管理系统

在科技产业系统结构运行中，管理系统的主要功能，一是保证系统通畅、运作有序和互动同步；二是保证系统要素投入合理和协调；三是确保系统运行得到有效控制，并形成系统的正反馈循环机制。管理系统是否有效运行对科技产业系统投入影响极大，因此，在系统结构及运行中具有重要的地位和作用。

7．产出系统

产出系统是最终反映科技产业系统运行成效的关键环节。系统运行及功能作用，以及系统链接、协调、控制等成效如何，必然通过系统产出得到有效的体现。主要包括：系统投入成效，系统管理成效，科技创新—生产制造—市场需求转换成效，以及政府通过战略、规划、优惠政策等环境系统培育所取得的成效等。

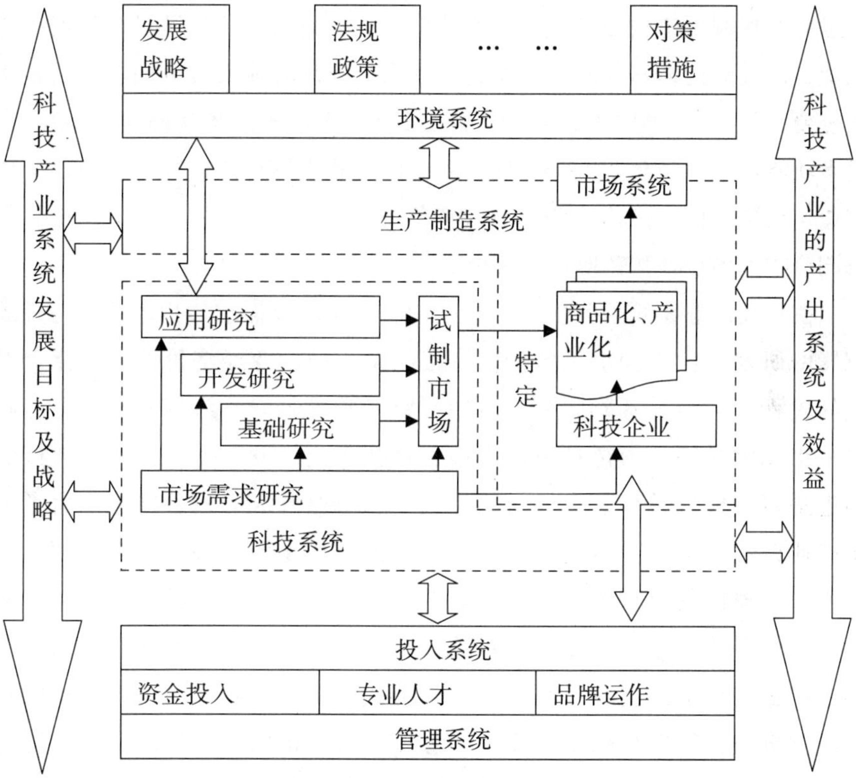

图 2–5　科技产业系统要素组合结构

在科技产业系统要素组合中，环境系统对创新激励、生产要素选择、产业结构优化和市场资源配置有着深刻的影响。首先，构成环境系统的发展战略、法规政策、运作体制和调控机制等可以通过不同的途径影响和制约科技产业形成和发展状况及变化趋势。这些相关因素以及它们之间的关系和相互影响具有很大的不确定性。因而往往造成市场需求变化和产业发展的不确定性。因此，深谋远虑的发展战略和切实可行的法规政策是建立环境系统的重要组成部分。其次，系统要素组合中的运作体制和机制也是影响科技—生产—市场系统取向的关键环节。不同运作体制和机制通过各种生产要素与市场资源配置方式的选择和优化，影响市场需求并拉动新技术、新市场和新产业的形成发展。不同的是，传统计划体制是采取指令性投资方式配置市场资源，建立科技产业经济体系的。而市场经济体制主要通过市场机制促进科技产业发展方式的变化，以市场调节诱导科技资源的配置，以政策协调科技资源力量，以便引导科技产业发展方向。最后，在系统要素组合中，不同要素功能作用及链接将形成优势互补和转换互动。要素功能可以通过优势互补和转换互动的方式发挥作用。比如，通过科技产业、投资导向、政府采购、有效竞争的政策等，可以发挥政府调控与市场调节的优势互补和转换互动的作用。

在科技产业系统要素的组合结构中，基于市场需求、生产效率与资源配置的研发、生产和市场的价值链接，是一种产业经济价值的优化、增值的过程。它涉及基础研究—应用研究—开发研究—市场研究—生产制造—市场供求等价值链环节。其中，科技产业研发、生产、市场链接的递进是研发成果转移、扩散对结构调整和产业升级的一种推进。后者由于产业链接的递进或再配置，有可能扩散或衍生为多层次、多维度、多要素、多属性的市场创新域，形成新兴产业发展空间及其主导产业。从科技产业系统结构和关联作用可见，在科技供给的产业高端环节向生产制造的低端环节的转移过程中，不仅形成一个按照附加值尺度衡量的具有典型等级特征的价值链体系，而且该系统内部的科技供应商（上游的研发、设计等）及主要用户（下游生产、营销等），在投入成本与利润分配上有明显的不同结果。产业价值链的各个环节对应的科技领先和市场竞争实力，决定着科技产业资源配置能力、科技产业升级和结构调整的时机，以及科技成果的生命周期变化。这一分布在产业价值链的系统组合要素，由于有效地控制着科技产业转型的进度，制约和影响着科技商品化、产业化的成本及成效，因而在科技产业系统结构的形成和递进中具有重要的关联作用。

二、系统结构要素分析

在科技产业的系统结构及运行流程中，科技发展系统、生产试制系统、市场供求系统是系统运作的中心环节。为了更好地说明，我们重点对具有关联特征的系统环节进行深入分析和描述。

(一) 科技发展系统

科技发展系统是科技产业的创新、研发和转化的关键环节。科技发展系统主要表现在：科学技术的创新系统比较先进，研究开发的新技术、新产品具有产业发展的领先作用，对实现科技产业化发展有重大的影响。与一般基础科学研究开发不同，科技发展系统与生产试制系统、市场开发系统有直接的关联。科技发展系统首先是形成新技术、新产品、新工艺的"源头"，实现科技产业化所需要的研发成果、先进技术都是来源于科技发展系统。科技发展系统提供的新技术、新产品、新工艺具有巨大的产业发展和市场需求潜力，并形成高附加值、高技术和高市场占有率等特征。作为科技产业化的系统环节，科技发展系统主要包括研究、开发、推广、产业化、市场化五个发展阶段（见表 2-1）。

表 2-1　科技系统发展过程

科学研究	基础性研究
	应用性研究
科技开发	实验发展
	试制与工程设计
科技推广	示范性扩散和服务
	试制、小批量单件生产等
科技产业化	产品规模化
科技市场化	市场扩张

没有科技发展系统的五个阶段的发展与积累，科技产业成长与发展就可能成为"无源之本"，通常也很难构成完整的科技产业经济体系。因此，科技产业最终形成规模经济并处于市场竞争最有利的地位，主要取决于科技发展系统的支持程度及其创造力。这一发展过程证实，只有具备适应市场需求变化的科技发展系统；拥有科技创新优势及其时空性的产品系列；代表着国际先进技术产品标准及水准，才能具有独有的市场占有率，促进科技产业经济的规模发展，进而才能加快实现科技的商品化、产业化与国际化。

科技发展系统来源于以下途径：

1. 以大学、研究开发部门设计、研发的科技成果迅速转化为新产品，并形成具有一定规模的专业性分工与合作网络。其基本特点是，通过建立科技创新、成果转化、产品扩散的系统方式，或将科技成果协议外包到专业化企业和关联性企业，进行新产品的生产制造，实现科技成果的商品化、产业化。

2. 以“府产学研资介”一体化构建科技发展系统，主要是通过搭建全球研发网络，建立“府产学研资介”的研发机制和科技交易平台，形成对科技产业发展有直接影响的互动性、网络化的科技发展系统。具体表现为以政府、企业、研究机构、大学、中介部门等“利益捆绑”为纽带，建立共同投资、利益共享、风险共担的科技发展系统。

3. 以企业创新为主体，通过企业研究开发、技术管理与组织、工程设计与制造、用户参与及市场供求等一系列活动，吸收国内外专业性人才和科技成果，形成以企业为主体的科技发展系统。这种以产品研发为核心的企业科技发展系统，通过调整技术结构、产品结构和市场结构，不断完善和发展企业的竞争优势，使企业变型为科技竞争为主导的集群。

4. 以引进适应本国科技产业发展的先进技术、项目或研究中心，建立面向全球竞争的科技发展系统。这类发展系统具有国际先进水平，研究开发的产品最初是以高附加值的组装出口产品为主，而进入中后期阶段则是以本地化市场需求为主。由于产品加工制造或组装在内，研发系统在外，核心技术往往难以控制。

（二）生产试制系统

生产试制系统是实现科技产业生产能力的阶段性活动，它包括生产、试制等环节及运作流程。其间，先进的科技成果必须通过生产试制系统，进入高价值、高效益的市场。作为科技产业系统的重要环节，科技成果一般要通过生产试制系统的研制试生产、工艺流程的建立和完善，测试标准规范的形成等，才能够在产品生产中符合有关标准。因此，生产试制系统是科技成果实现产业化、商业化的基础。没有生产试制系统的作用，尽管科技成果在实验室里达到一定的生产标准，但仍然难以解决大生产过程中的工艺可靠度、质量合格率、工程稳定性等问题，这就需要通过生产系统的中试基地，为大规模的产品生产和进入市场解决和排除各类可能出现的问题。同时，生产试制系统具有很强的吸收新技术的能力并具有明显的需求导向特征，不仅以追求先进技术为目的，而且注重产生最好的市场效应，以提高增值效益为中心，以提高企业的竞争力和促进国家经济增长和综合实力为目标。所以，生产试制系统也是一种服务科技成果转化、追求系统效果的过程。

科技产业的生产试制系统主要包括：

1. 中间试验。是提供新技术产品制造工艺和生产样品的产业化阶段。通过中间试验基地对研究开发的成果，可以进行生产性质的全面评价、这类评价将提出工业生产的可行性，及技术转移的必要性，并全面衡量生产部门转移技术成果的条件和生产研制的能力。即通过中间试验基地，一是判断科技成果技术应用的成熟性，二是形成产品进入市场的可行性。从科技成果转化过程来看，这类评价可以归结为：①科学技术的实用性和可行性。表明科技具有商品化、产业化的潜力，属于成熟的先进技术。②生产工艺、装备、技术和工程研究开发的可行性。表明新技术、新工艺、新产品符合质量保障要求。③产业规模经济效益的可行性。具有产品市场的最大容量和经济效益，以及产业规模扩大而带来的降低成本的可能性。

2. 产品制造。经过中试之后，就进入了科技产品生产制造的过程。为使产品能够在大生产线上实现工艺可靠、质量合格、工程稳定的要求，生产制造过程必须按质量标准和生产运行程序进行。同时，为实现科技成果的产业化，需要逐步扩大生产规模，建立生产制造网络体系，利用产品规模优势，扩大市场占有率，实现高速度、大规模、高效益、低成本的良性发展的生产过程。不过，进入经济全球化，产品生产制造也纳入了全球化布局。如在全球设置生产基地，全球采购物料，多国生产协作，产品跨国流动。通过生产制造技术在全球范围内引进或转让技术、机器设备等，以及通过独资、合资、收购、兼并等方式在国外建立分部、附属公司或合营公司等，从事全方位的生产制造和经营活动。

3. 质量监督。科技产业的生产试制系统包括产品质量监督系统。为保证生产出达到一定技术标准的产品，生产制造过程都必须严格按照工艺要求、质量规范和产品标准进行。作为产品质量监督的保证系统，一般要做到：（1）监督产品生产的全过程，保证产品质量达到并符合国际标准。（2）监督产品技术的可行性和可靠性，为中试基地和科技系统提供生产过程的有关问题和数据，进行必要的改进和调整。（3）反馈市场需求，对产品质量、技术和企业结构提出适应市场需求的标准和要求。

从科技到市场的生产试制过程，科技产业生产试制系统需要提供不同的适应性：从研究角度，科技发展系统的研究开发成果所表现的性能和价值，主要通过试制产品的时效和工艺等方面获得体现；从市场角度，生产试制系统主要通过设计技术、制造技术，力争获得价格成本的优势、质量的优势，以及消费行为和社会文化等方面的优势。因此，科技成果先进性的验证、市场占有率与生产试制系统的功能有很大的关系。具备先进的科技成果，而没有先进的生产试制系统，就难以进入市场。在生产试制阶段，不断地改进和完善工艺、质量、成本等，就会进一步提高市场竞争力。这种竞争力与科技成本有效结合，就会对市场形成强大的吸引力。

（三）市场供求系统

市场供求系统一般包括宏观和微观系统。宏观市场供求系统结构包括企业、消费者与政府，以及产品市场与资源市场。在不同市场供求系统结构中，诸因素的性质、发育程度及路径一般存在较大的差异。从微观角度，市场供求系统是指一个企业为从事市场供求活动，参与有组织的社会商品交换活动的一切相互影响、相互作用的环境因素。因此，市场供求系统由企业、市场、供求渠道、竞争者、公众宏观环境力量等诸多子系统所组成。

以市场供求网络及管理系统为基础，市场供求系统能够对以消费者或客户为中心的市场供求活动进行运行与管理，并给予最大化回报。市场供求系统具体功能包括：全面的营销活动和网络管理，营销活动的执行，客户和合作伙伴管理，等等。科技产业发展在相当大的程度上取决于市场供求的拉动。市场供求系统是科技产业系统的高端环节和产出部分，它包括一系列常规性活动，其中，市场信息、品牌管理和营销服务等环节值得重视。

1．市场信息。市场系统是市场供求系统的组成环节。科技产业要得到迅速的发展，必须通过市场供求信息和科技发展信息，分析市场环境因素，收集市场机会的资料，研究市场需求变化的数据，观测市场竞争的行为，促进产品的销售和推广。在大数据、云计算的平台上，市场供求通过互联网＋，尤其是物联网，解决了资源共享、信息交互等问题。物联网因为其“连接一切”的特点，形成市场供求与“点对点”、物与物的相连。市场供求方式的变化，颠覆了传统市场营销模式，使得科技产品与市场供求实现“直通车”成为可能。科技产业为适应网络信息模式的转型，进一步表现为以数字化、网络化的市场竞争态势。通过网络信息系统，准确做出科学的市场决策，以便在科技产业发展中取得市场竞争的主动权。

2．品牌管理。市场供求不单纯是推销产品的经营活动，也是一种培育企业公众形象和产品信誉的品牌管理的过程。要将科技成果迅速转化为商品并占领市场，取得良好的经济效益，需要加强产品开发能力和品牌管理水平。在对科技产业与产品的市场供求实施与操作过程中，不仅要加强对产品品牌的网络系统所做的必要包装和宣传，而且要通过参加各种专业性会议、会展、媒体报道以及积极参与各类公众活动等，建立良好的企业公众形象，进一步完善产品的营销服务网络和联系渠道。通过优化服务、品牌运作、诚信体系建设等方式，在社会各界树立科技企业的良好产品品牌信誉和公众形象，与国内外公众建立良好的互为信赖的关系，培育品牌和用户的认知度等，使企业获得良好的经济效益和社会整体效益。因此，市场供求需要解决：①以优质产品和优质服务建立良好的企业信誉，取信于民，获得公众对企业及其产品的信赖。②在市场竞争和产品营销过程中，尽量避免和减少公共关系纠纷，一旦发生，经过充分交流沟通，达成相互谅解，妥善解决处理出现的问题。③通过市场供求系统的资源开发，促进企业的经济效益，改善市场环境并增进社会整体效益。

3．营销服务。市场供求的拓展能力包括优质的营销服务等活动。为促进科技产品更快、更好地进入市场，在品牌运作、渠道完善等基础上，需要开展一系列产品售后服务和业务咨询等服务活动。在消费者群体中培育科技产品的安全感和诚信度。在一些发达国家和地区，企业的市场供求网络与消费者服务网络并行发挥作用。如，德国奔驰汽车公司在全德维修服务站每 25 公里便设立一个；在国外 171 个国家里，设服务站 5800 个。奔驰汽车一般每行驶 7500 公里要换机油一次，1.5 万公里要检修一次，这些服务在当天就可以完成。如果汽车中途发生故障，一个电话即可把维修人员招来。就是这些便捷、有效的服务网络和优质的服务，使产品保持了较强的竞争力和全球品牌认知度。

以上科技产业系统环节及运行流程，我们可以用图 2–6 所示：

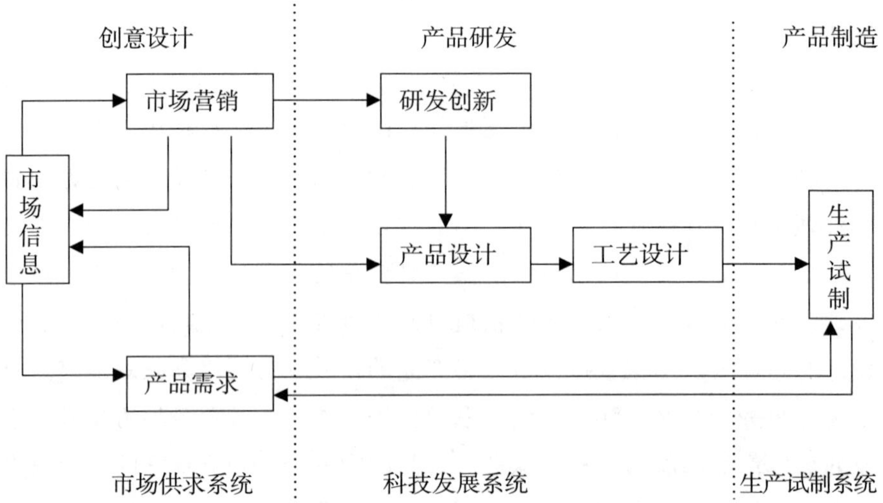

图 2–6　科技产业系统运行过程

在科技产业系统结构中，系统环节关联组合，构成了不同的科技产业模式和发展体系。但在实际运作过程中，为促使系统环节得到系统组合、协调发展，系统环节还取决于其他系统要素的作用，如体制、投入、管理、政策与运行机制等协调发展作用。在体制政策方面，系统环节是否置于协调发展的宏观调控体制下运行是至关重要的。从各国科技产业发展现状来看，一国或地区的科技、经济体系的协调发展，往往由于国家、地方、执行单位与部门的利益不同而比较困难。这种利益不仅有系统环节内部的因素，也有系统环节外部的因素。因此，科技产业发展迅速的国家和地区，一般比较重视在市场经济环境下，充分利用国家和地区的科技、经济政策和体制之间的协调作用。在科技产业的发展过程中，这些国家或地区大多数采取以宏观调控和市场资源配置结合的运作方式，确保科技产业发展重点及其项目的实施，优先发展具有科技产业化前景的科技成果。同时，在中观、微观领域，通过对市场需求的结构性调整，约束产业不合理的投向，发展具有市场潜力和发展前景的产品。促进科技产业围绕市场的需求不断追逐高端增值环节，刺激高技术成果的迅速转化。

第三节　系统模式与组合形态

一、系统发展模式

科技产业的系统发展及其模式，一般从属于不同的战略政策、系统结构和运行机制的制约和目标要求。从宏观角度并根据相关制约条件来看，科技产业系统发展模式大体上可以分为以下三类（见表 2–2）：

1．政府干预

该模式是以政府干预为主要推动形式的科技产业发展范式和系统结构。科技产业的形成状态受制于政府的发展战略和各项政策干预的影响。科技成果研制、生产和销售的投入产出过程，以及产业化和市场化的功能调整都受到政府行为的制约和规范。国家干预有利于科技产业的迅速成长，但直接干预并过度管制，使企业组织、产业政策、产业布局等决策自主权得到抑制。政府干预科技产业的方式，使政府在科技经济运行中成为科技产业发展的主体，承担着全部的责任和义务。不仅确定科技产业经济运行总量，而且还把科技投入和产出的全过程都管了起来。在供求关系与资源配置方面，政府的行政性、指令性政策是干预的主要手段。政府部门将任务自上而下层层分解下达，科技产业部门作为被调节的对象，但不拥有资源配置和市场供求调节的权力。同时，国家对科技产业部门实行统收统支和统负盈亏，规定主要产品价格。这种运作模式就是以传统计划经济体制为主要特征的科技产业系统发展模式。

2. 市场需求

该模式是以市场经济运行机制和资源配置为主要协调方式的科技产业系统发展模式。科技产业的形成与发展是在市场运行机制的作用下，通过有效的市场竞争和市场供求调节作用，实现资源的有效配置和合理布局。国家在市场竞争充分发挥作用和市场机制完善的条件下，一般采取国家间接干预或宏观调控的方式，通过制定产业发展法规、战略和政策，完善产业经济和科技发展环境，放松或取消对商品和生产要素的数量和价格的管制，建立以市场为导向的科技产业发展目标及约束条件。随着市场机制对科技资源配置发挥作用持续增大，以市场供求调节为主导的科技产业系统，对市场机制的依赖程度不断加深和增强，科技产业部门具有完全的自主权，采取自负盈亏、自主管理、自我完善的发展机制。在资源配置、任务来源、产品销售，以及科技投入等方面，都是通过引入要素市场，增强市场供求调节的主导作用，推进科学技术成果的商品化、产业化和市场化，形成科技转化为生产力的商业属性。

3. 混合调整

该模式是经济体制转型期的一种科技产业经济形态及系统结构。它是在资源配置与经济运行处于变动过程中的科技产业经济运行状态，是在计划—市场两种运行方式并轨基础上的"兼融"型模式。与以上两种模式相比，它们之间既有基础条件、目标取向等方面的共性，又有路径选择、配置方式、干预手段等多方面的特殊性。目前，世界大多数国家尤其转型国家，积极探索不同体制下的运作模式，探索"转轨—转型"以及如何"兼而有之"。如美国在自由市场经济环境下，如何增加政府的干预性投入和制度调节；中国在社会主义市场经济条件下，如何建立资源配置与经济运行干预的协调发展体系，实现科技产业的转型与持续发展。这种运作模式以两种运作方式为"兼融"基准点，除了保留了国家对大科学、战略性产业、公共市场等干预方式，还采取了市场机制对资源配置与科技经济运行调节的手段。不同于传统经济模式的是，政府的直接干预主要侧重在国家宏观调控及战略政策的制定，对科技产业部门一般通过对重大公共项目的财税政策、投资政策、产业政策、政府收购、产权制度改革等政策导向，调整产业资源配置与经济运行的行为，推进科技、产业和市场经济的合理配置与有机结合。

表 2–2　科技产业的系统不同发展模式的特点

类型 / 名称	国家干预模式	市场需求模式	混合调控模式
特征	政府直接干预为主要推动形式	在市场运行机制的作用下，通过有效的市场竞争和市场供求调节作用，实现资源的有效配置和合理的布局	两种体制、模式“兼融”的系统调整
手段	政府计划指令是调节的主要手段，政府部门把任务经过层层分解下达，使科技产业部门作为被调节的对象	采取国家间接干预或宏观调控的方式，通过完善产业经济、科技发展环境，制定产业发展法规、战略和政策，建立以市场为导向的科技产业发展目标及约束条件	保留以国家行政指令为干预的手段，还采取市场调节的手段
周期	短	长	较短
特点	把任务经过层层分解下达，使科技产业部门作为被调节的对象	通过财税、投资政策、产业结构调整、政府收购、产权制度改革等政策导向，改变产业发展行为	有利于两种模式优势互补，转轨成本较小
缺陷	不拥有资源配置和市场供求调节的权力	市场力所不及	“兼融”不到位、体制冲突等

科技产业系统发展的不同模式比较表明，在很大程度上，科技产业的系统结构和发展模式主要受到政府干预和市场机制交织环境下的体制政策和发展战略的影响。一般情况下，根据市场需求和产业结构调整要求，采取不同的战略、体制和政策，往往会产生不同的产业发展模式和结构效应。因此，市场供求关系、有效的体制、政策与发展战略是科技产业系统结构和模式设计的基本制约条件（见图 2–7）。

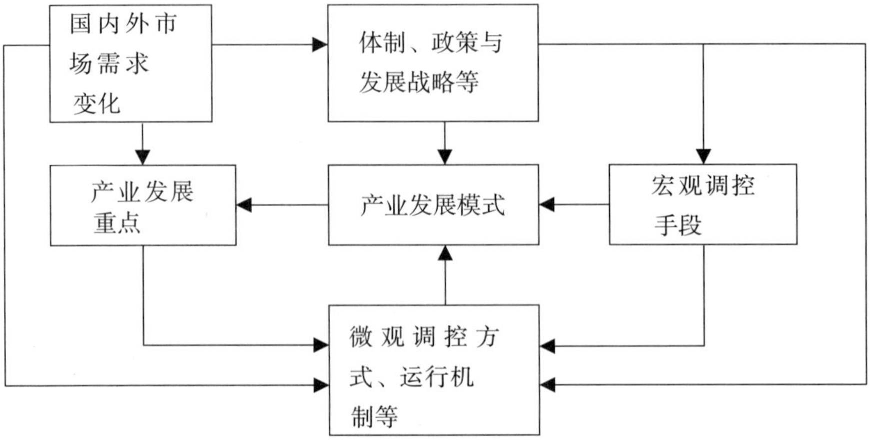

图 2–7　科技产业系统模式的总体框架

从微观领域来看，科技产业系统有以下组合发展模式：

（1）转换模式。即在经济转轨过程中由原来的科研机构发展或转型为独立的科技产业经济实体。例如联想集团就是由原中国科学院半导体研究所转型建成的，主要依靠科研院所的科技力量、知识产权和研究成果，吸收外部中小型配套企业联合组成产业集团。这种组合模式，主要采取“自筹资金、自由组合、自主经营、自负盈亏”的市场运行机制，通过科技产业化发展和效益的原始积累，由单纯的科研机构转型为科研、生产和营销有机结合的企业发展模式。

（2）合作模式。是一种由政府、科研机构与生产企业共同合作建立的产业组织模式。参与各方一方面提供高新技术、承担国家或有关部门委托的科研项目和技术开发项目，另一方面承担生产条件，实现科技成果的商品化和产业化。合作型产业组织一般是经济规模大、科研生产能力较强、配套齐全的科技—生产—销售的综合体。同时，具有优势互补、资金集中、科研生产设备利用率高，以及研究开发速度快、效益高等有利条件。例如美国国防部、制造技术协会及通用等 20 多家大型企业共同组建的国家制造科学中心，日立等 6 家日本大型电子产品制造公司共建的 Aspia 组织等。

（3）“国有民营”模式。是在经济转轨期，将科技经济的产权和经营权分离，按照市场运行机制建立科技产业产权结构及组织模式。一般采取资产重组和股份制的形式，通过产权制度改革和市场化改造，构建以国有产权为主导的混合经济体制，形成有利于科技产业化、商品化的市场运行机制。“国有民营”的科技企业，不仅包括国有科研机构的企业化发展，还包括以科技人员为主体创办的，实行集体经济、合作经济，股份制经济等多种所有制形式。这一模式充分体现出科技企业具有的独自决策权力，面向市场经营的战略，择优任用的人才培养方式，工效挂钩的分配制度，以及技工贸一体化、产供销一条龙的创新模式等，为科技产业发展提供了极为宝贵的经验。

（4）重组模式。是在运用资本运作的基础上，以大中型科技企业为骨干，以高新技术、高附加值产业价值链环节为龙头，进行高端性、集约化的企业并购与集团重组。一般通过纵横交叉的组织管理，采取并购、持股的资本运作方式，建立起高技术为先导的资本结构和经营体制。这种重组模式，从经营趋势上体现出高度集中的特点；在行业划分上，趋向于高度分化，具有大生产、高投入、集约化和高效益的特点；从发展目标看，将品牌等无形资产和价值链的高端环节作为重组的基础力量。通过重组加速科技产业转型及创新价值链延伸，实现优胜劣汰、优化组合，组建具有核心竞争力的集团公司。

（5）园区模式。从系统的角度，科学产业园区是一种科技产业发展的系统配置及资源组合模式。世界各国或地区根据科技经济与社会发展状况和具体条件，组建了不同形式的科技产业区，形成不同的集群布局和结构配置。但在发展中国家和地区，由于科研基础薄弱、技术落后、资金不足等因素，发展初期大多采取先建立出口加工区，通过吸收外资，引进技术和设备，建立本国的加工生产型的科技产业园区；而发达国家和地区一般通过培育制度创新环境，依托大学和科研机构的资源，形成科技型企业聚集区，进而建立起独立的科技产业园区或科技产业集群。

（6）网络化模式。利用互联网的平台与信息通信技术，把互联网与科技产业的相关企业链接起来。以通信网络 + 大数据收集、挖掘、分析、整合 + 智能感应能力，构建“互联网 + 智能制造”的大数据平台。让数据在系统融合当中发挥更大的价值，对内服务网络客户，对外提供包括生产、投资、科研类的服务，形成新的创新业态和新的发展模式。如海尔引入了互联网思维，在制造领域借用智能化、网络化的技术手段，实现了围绕用户的个性化定制、柔性智能生产，推出了基于订单的个性化定制系统。在战略思维上，海尔平台化由“制造产品的加速器”转变为“孵化创客的加速器”，形成“众星拱月”的生态系统。

二、系统形成领域

由系统发展模式分析可知，科技产业系统发展模式与其组合要素有直接的关系。除了体制、政策和发展战略，以及运行机制等方面的因素，改变科技产业系统结构和组合模式，形成新兴发展领域，还涉及创新战略、投资战略以及国际合作，科技贸易和市场需求等。其中，创新战略、投资战略、科技及产业政策对于科技产业系统组合及其新兴领域的形成有着重大的影响。创新战略、投资战略及其倾斜政策，不仅对科技产业发展具有牵引的作用，而且将通过资源配置和投入重点改变现有的产业结构和发展领域。世界各国和地区以创新战略、投资战略及其政策倾斜为主导，主要目的是将各个系统要素与资源通过战略选择与优化配置方式，集中投放在具有战略利益、生存利益、市场利益和合作利益等科技产业领域（或发展利益和生存利益等）。

1．战略利益领域

又称为发展利益领域，即涉及国家安全、核心技术和长远发展或区域及人类安全和共同发展方面利益的领域。在竞争市场上，追求战略利益最大化的主要手段是科技创新及其产业竞争。科技创新能力与科技产业发展对于维护国家安全，提高核心竞争力，实现经济社会的协调发展，具有重大的影响或制约作用。对这一领域实施科技产业战略性支持和政策导向，有利于维护国家在未来全球性竞争中的核心地位和战略利益。例如，在高科技领域（如电子信息、生物工程、新型材料、航空航天、海洋工程等）进行战略性投入，将直接影响未来国家竞争力，这关系到在全球市场竞争中能否获得“后发性利益”和发展潜力。

2．生存利益领域

指以人为本，实现人的生存价值的观念、行为、环境、物态条件及其领域的总和。它涉及一国或地区对民众生存利益和安全有重要影响的科技产业发展领域。在这一领域实施的战略性倾斜，主要关系到安全生产、劳动保护、医疗卫生、生态环境等领域。在涉及生存利益的科技产业领域，科技发展的相关产业领域，如安全生产、劳动保护、医疗卫生、生态环境、生态农业等科技产业的战略性投入具有生存利益及价值。对于发展中国家和地区，为保证社会和谐稳定、经济快速发展，科技产业的战略性投入主要投向关系民生的生存利益领域。同时，通过新的科技产业领域的培育，进一步推动新兴科技产业的迅速发展。

3. 市场利益领域

市场是将不同研发过程、生产过程、经营过程与消费过程联系起来的实现产业价值的通道，也是各类科技、生产、经营和消费者之间的联系的纽带。科技产业发展及模式的形成，是基于科技与生产、市场的联系过程，取决于三者之间的利益、价值与需求。因此，科技产业发展一般要经过研发、生产、经营等多个阶段的发展才能形成。其间，经过市场需求供给变化及信息反馈，具备了市场利益及价值后就构成了科技产业系统模式的基础。因此，市场利益及价值趋向不仅对科技产业发展模式的形成有明显的影响，而且不同的市场利益领域及价值趋向对科技产业模式形成还有比较大的差异。主要表现在：内部市场需求变化推动科技产业结构调整，促使其产业升级并进入一个全新的行业 / 领域；外部市场需求推动科技产业结构调整，促使其产业升级并进入一个全新的行业 / 领域；内外市场需求变化共同推动科技产业结构调整，促使其产业升级并进入一个全新的行业 / 领域；等等。

4. 开放利益领域

对外开放既是资源配置的重新组合，也是各种利益关系的重新调整。随着经济全球化日益扩大和深化，各国或地区的产业经济主体在利益分配方面具有明显的差异性。与劳动、资本密集型产业相比，科技产业的竞争力及收益的迅速递增，不仅对经济可持续发展与规模扩张产生影响，而且通过开放利益的选择对科技产业系统形成领域产生重大影响。科技产业通过开放与合作，采取招商引资、技术转让和企业合作等形式，引进国际资金、技术和设备，承接产业转移，优化了产业布局和结构，改善了产品技术和经营状况，提高了生产率和竞争力。还通过国际投资、国际合作等，快捷地获得先进经验、技术专利，实现科技产业市场化和国际化。按照国际产业标准和全球市场需求拓展了科技产业发展空间。当然，对科技产业系统结构及发展领域的影响，还有赖于全球科技创新等利益关系及要素变化，这些变化促使科技产业系统沿着全球产业价值链空间转移，在建立科技主导型的多领域市场结构的基础上，不断对产业结构和系统领域进行拓展和调整。

对于我国科技产业发展来说，科技产业系统模式的形成，应高度重视实施战略利益领域投向和生存利益领域投向的合理配置与功能布局有机结合，特别是系统组合模式如何在选择主导产业与战略性产业等方面发挥功能性作用；重视培育和发展配套型、民生型的中小科技型企业，鼓励大型科技企业进行资本重组和布局调整，实现产权形态的多样化，进一步确定合理有效的产权结构和产权关系。使多种所有制成分的科技型企业平等竞争、协调发展。同时，根据战略利益领域投向和生存利益领域的目标要求，实施创新驱动战略，在国际竞争中提升科技产业化竞争优势，形成一批具有全球竞争力的科技型跨国公司。

第四节　系统调控功能及方式

系统调控及运行机制是维持系统运行和结构转型的重要控制系统。它是由各种有关政策及组织结构综合而成，体现着系统要素之间的关系，也体现着系统调控的能力与水平。对科技产业进行结构性调整和战略性推进，通常存在不同的系统调控方式。但在一定的发展阶段，系统内部各要素之间在一定战略、体制和政策约束环境条件下的关系或运作的机理变化往往会反映出不同的调控功能、阶段和方式。

一、系统调控功能

科技产业系统发展是一个结构转型与可持续发展的过程，其间，对科技产业的系统调控是实现产业优化、结构合理的重要功能。从宏观调控角度，科技产业的系统调控主要包括战略、政策调控等；从微观调控角度，主要体现在市场、投入调控等。而从系统调控的公共性特征来看，科技产业的系统调控主要有以下若干功能（见图 2-8）：

1．基准功能

基准功能是一种依据基本标准为参考系而组成的系统调控基础功能。参考系是指用来建立和维持基本标准的模型、过程、方法等的总和。按照科技产业发展目标及标准作为系统发展调控的参照系，一般基于指标测度会获得到不同结果：如果科技产业发展在发展过程中与“基本标准”产生一定的差距，就被视为发展系统偏离了既定目标规划和标准设计，其发展方向及结构是不合理的；而科技产业发展及其结构与“基本标准”相符合，则判定系统发展与既定目标规划和标准设计是吻合的，其发展方向及其结构是合理的。基准功能是确定科技产业发展方向及进行系统调控的基础功能，在科技产业系统发展过程中能够做出“是否合理”“是否协调”的参照，因而成为系统调控的重要功能。

2．适应功能

在市场经济环境下，判断科技产业系统发展水平和能力还需要具备适应功能。社会需求、市场需求就是科技产业系统调控的外部功能设计的目标之一。科技产业系统发展的适应性，包括科技产业系统发展是否适应市场需求、是否能够满足社会发展的要求等，往往是验证系统结构是否合理、产业水平和核心竞争力是否滞后的重要标志。一般而言，科技产业发展不能迅速适应市场需求结构调整和变化，两者就会凸现出一定的差别性，其中，包括总量差别、结构差别和发展差别等。这些差别性在一定程度上反映了科技产业在系统发展过程中的生产能力、技术更新、产业升级等问题，需要有针对性地给予调控和解决。

3．协调功能

科技产业投入、产出关系以及结构合理性等，反映为一种产业协调发展的均衡关系。协调功能是指实现产业结构合理化、区域产业合作及该区域与区外的产业合作的协调作用，以及产业之间、区域之间、企业之间的相互关系的有效协调等。协调功能是实现科技产业均衡关系及系统发展调控的重要功能。所以，协调功能可以对产业之间比例关系均衡—不均衡—

均衡运行进行客观反映和调控。当科技产业发展不均衡时，就出现了产业结构不合理、投资结构不合理等问题。协调功能的作用就是通过推出战略、政策等，对存量和增量投入进行调整，均衡产业比例关系，实现资源最佳配置和协调发展。

4. 转换功能

转换功能是科技产业系统调控功能之一。它在将输入的各类生产要素转化为适应市场需求的各类产出的同时，按照“基本标准”将矫正信息转换为调控信息。在转换过程中提高了运行效率，减少了无效投入，还充分利用了各类资源。但是，在科技产业系统中，可利用的资源一般分为内部资源和外部资源。内部资源相对具有可控性，系统调整比较容易；而外部资源则往往具有不可控性，必须经过转换功能的作用才能获得。因此，在科技产业系统发展结构转型与可持续发展的过程中，获得资源的数量和质量是科技产业系统发展的基础，也是转换功能的主要条件之一。

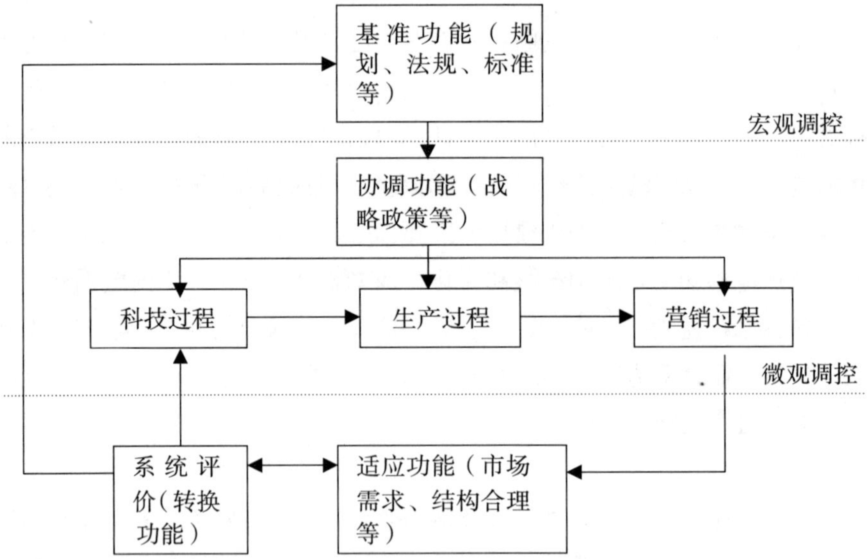

图 2–8　科技产业的系统调控功能

二、系统调控过程

科技产业系统调控过程是基于程序化的、周而复始、往复循环的复杂过程。按照一般控制理论原理，科技产业系统调控过程实际上是一个依据发展目标和相关标准，对科技产业系统发展进行有效判断、衡量、修正乃至完善的反馈调控的过程，其基本步骤描述如下（见图 2–9 所示）：

依据科技产业系统发展的设计目标、标准等作为基准选择，并以此为衡量、判断的尺度。基准选择来源于一国或一地的发展战略、政策法规、竞争标准（社会标准和市场标准）等制定的一系列指标系统。这些基准选择指标可以从多维度多层次多角度规范、协调和引导科技产业发展的方向，限制和制约无效供给及投入，把握领先技术的制高点，成为评判和度量科技产业系统发展水平的坐标和基石。

建立一组科技产业系统发展流程，可以“与门”组合的概念进行描述。[①]按照基准选择，逐项的判断有如下方面：“是否符合科技产业发展目标战略”“是否符合科技产业发展政策和标准”“是否符合科技产业绩效要求”等。其中，不同维度、层次、节点设定的判断标准是科技产业系统控制的运行规则和控制点。这些标准和规则是确定“是否符合”的“门锁”，控制着“是否打开这扇门”的过程。

逐项正确回答科技产业系统发展的组合判断流程的内容：“是”或“否”？如果“是”，就意味着可以打开“门锁”，通过并与“实际绩效与标准”进行全面衡量和系统比较；如果“否”，就需要经过识别分析，规范或完善标准等之后，才能顺利通过并与“实际绩效与标准”进行衡量和比较。

按照科技产业系统发展的基准选择和组合判断流程，进行新的一轮“是”或“否”的逐项判断，进行新的规范识别和标准比较。其间，如果前一轮政策、标准等进行了修订和完善，新的基准选择和判断标准也可能进行适当调整，“是”或“否”的门槛也将会发生相应的变化。

往复循环直至系统调控达到并符合科技产业发展的战略、目标等基准选择标准为止。要说明的是，系统调控的各个流程和各个环节的正确选择直接关系到科技产业系统发展判断的正确性，因而必须注意系统判断的阶

① “与门”概念是借用数字逻辑设计中两个或两个以上“门”只有接受相同的输入信号才能通过的原理，用以描述科技产业系统调控组合流程状态，以及判断的同步性特征。

段性、全面性和可靠性，以保证科技产业系统发展水平的客观性和科学性。当然，基于网络化、数字化、智能化的系统调控，通过该系统将产业目标与智能化的有机结合，可以更好地实现“人机合作”。在对以上系统过程提供更为多元的判断及精确的智能化监控与管理的基础上，获得更为理想的调控效果。

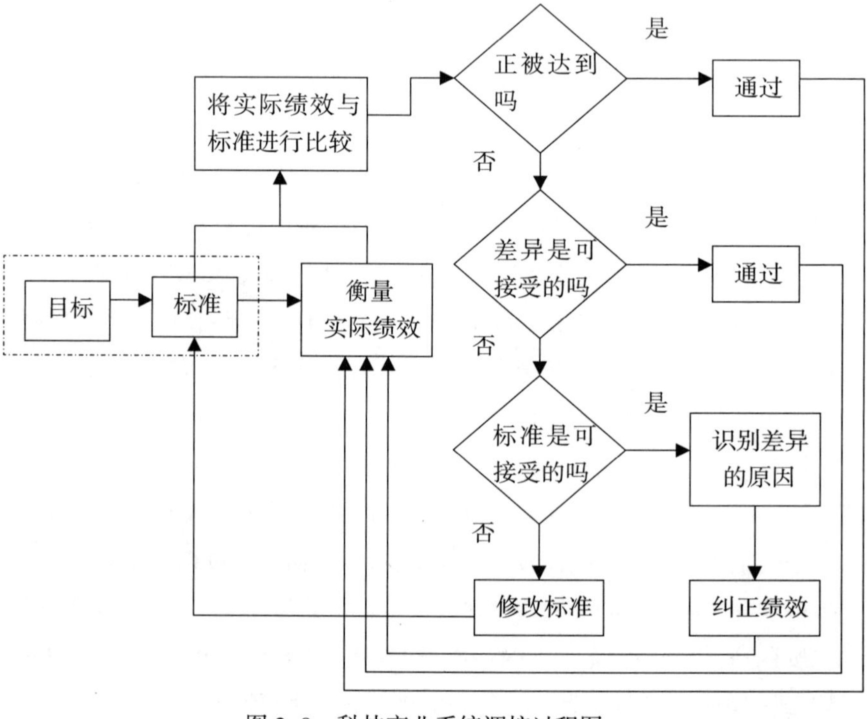

图 2-9　科技产业系统调控过程图

科技产业系统调控与发展有不同的阶段。依据历史条件、程度范围、投入产出和调整变化等，通常分为局部性调控、全局性调控、完善性调控阶段。

1．局部性调控阶段

这一阶段是科技产业系统发展的初期阶段。在一些地区或城市，科技企业形成的“企业网络”“专业村”“块状经济”等形成了局部性科技产业形态，在一定空间范围内聚集而成了科技产业群落。这些群落的产业链接一般呈现无关性，企业之间的关系错综复杂，产业集群的专业化程度不高，分工不够明确，链接系统还不完善。对这一阶段的科技产业系统的调控，主要是通过相关政策扶持、投资导向等调控手段，引导专业化分工明确、链接程度较高的科技企业进入群落。同时，建立环境保护、产业升级、招商引资、土地利用等一系列政策门槛，有条件地推动企业结构和产业结构的调整。

2．全局性调控阶段

这一阶段是科技产业系统进入了区域性和全局性发展的成熟阶段。在主要地区或城市，以科技企业聚集链接的“科技园区”、“科技产业带”等形成了全局性科技产业集群形态，在区域空间范围内构成了科技产业集群网络。这些集群网络的产业链接呈现相关性，企业之间的关系和谐，专业化程度高，产业分工明确，链接系统成型。这一阶段的科技产业系统是一个高度动态的有序的自组织调控系统，主要规模扩张动力来自于多样化、多层次的市场需求。在市场需求推动下，科技产业规模扩张迅速，集群网络融合加快。其间，通过宏观战略政策调控，规划科技产业地区等，利用财税政策、投资政策等调控方式，推动不同地区的科技产业的区域合作和战略重组，使得科技产业的区域化分工更加明确、跨区域集群链接程度越来越高。同时，通过国内政策的有效引导，引导跨国并购等产权交易方式，建立全球性科技产业分工和市场需求调控机制。

3．完善性调控阶段

完善阶段是科技产业系统发展进入全局性后的修正、调整阶段。主要表现为科技产业系统发展调控的系统补漏、过程协调和政策矫正等。矫正、调整的原因是随着科技产业规模扩张和区域发展迅速，产业链接偏离核心能力，科技创新与产业替代脱节，区域科技产业政策不协调等。与其他调控阶段不同的是，完善性调控阶段是以科技产业系统矫正、政策调整为标志，通常是一种追踪性的调控阶段。它虽然基于全局性调控之后，但存在于整个系统调控过程。在这一阶段，动态性的区域系统调控需要及时的战略调整，不适应发展的法规政策需要及时补充，发展规划和布局需要及时修改等。通过一系列的完善性的调控，不仅有利于科技产业转型和结构升级，而且有利于科技产业的可持续发展。

三、系统调控方式

从基本理论分析，科技产业的系统调控方式，在实现科技产业系统功能和目标过程中，表现为对科技产业发展的一种手段和程序。具有代表性的调控方式有以下方面：

1. 政府调控

市场失灵是普遍的，产业政策的目标就是要弥补市场失灵的问题（约瑟夫·斯提格利茨，布鲁斯·格林沃尔德，2017）。政府以政策调控方式对科技产业发展的相应干预和调整，是实现科技产业系统有序、平衡发展的重要方式。在传统的计划经济体制下，政府调控一般直接贯彻到产业生产过程，实行层层分解的计划配置和干预。采取政府调控方式的调控机制，对生产、分配和投入实行直接控制，对产业经济发展的具体事务实行直接干涉，造成了国家统得过死、管得过多的弊端。实施这种调控机制难以全面发挥地方及企业的积极性和创造性。然而，在市场经济体制下，对科技产业发展并不排除在某些特殊阶段、某些重点领域（涉及国家经济安全的战略性产业等）实行以国家调控为主导的宏观系统调控机制。与传统计划经济体制的调节方式不同的是，这种宏观调控机制，主要通过制定发展战略、法规、政策和标准，实施国家重点投入与间接调控，引导符合国家产业政策的投资和资源配置行为，弥补市场失灵的缺陷。如果放弃必要的国家干预和调控，任凭市场这只“看不见的手”肆意妄为，往往会造成市场的混乱和无序，特别是对于科技产业的发展将带来严重的制约和影响。其原因有：

（1）科技产业是以关键技术、先进科技为“龙头”的战略性产业经济体系，其形成要经历研究开发、生产制造、市场扩散等转移的过程。其间，如缺失国家战略政策的有效调节，无法给予科技产业发展重点配置和政策扶持，就会影响科技资源的合理使用和有效配置，导致国家或地区的科技产业发展始终处于低水平竞争、低效率发展阶段。为此，美国在探索未知、培育尖端科技、保持领先、提升国家竞争力等关键性制度方面，依然实施卓有成效的“国家计划性投资”。如美国纳米技术开发的国家投资，远远超越了一般性创建新的基础设施、资助基础研究和设定条款与规则。政府每年耗资约 18 亿美元投资纳米技术，以证明“孵化未来生产力喷发”的潜力，“在发现和实施纳米技术方面居于领先的国家将在未来的几十年获得经济和军事的巨大的竞争优势”［Motoyama ,Appelhaum &Parker 2011:109（18）］。

（2）科技产业投资具有“风险投资”的特征。在科技产业培育和发展的初期阶段，政策扶持和金融财政等计划性调节扮演着关键的角色。政府按照产业政策要求对科技研发给予风险担保，鼓励科技产业的参与者积极承担研发、成果扩散等任务。通过银行提供贷款和周转金，并进行资金实施的监督，以及通过社会闲散资金的集资，为科技产业发展开辟稳定的融资渠道。

（3）科技产品进入市场初期，由于生产成本较高，在国内外市场竞争中往往处于不利的地位，政府将制定采购等法规政策，为科技产业的产品迅速进入市场、形成规模经济效益，提供必要的间接干预。

在市场经济环境下，有效的政府调控可以成为弥补市场缺陷、推动科技产业发展的有效方式。而且，对于发展中国家或地区以及转型国家，政府调控机制还具有特殊的作用。

（1）发展中国家的科技产业一般都具有“后发性利益”，由于科技产业投资大、周期长。发展高科技产业，必须给予必要的政策扶持和市场调控，可以使科技产业的发展从引进到自主开发，以至技术扩散输出，都可以处于政策的倾斜和保护下，使科技产业经济得到更迅速的发展。如日本追赶美欧采取的产业技术政策，就采取特殊政策，以较少的代价和较短的时间，追赶先进国家，就体现出追赶型国家的“后发性利益”。

（2）市场经济并不意味着市场繁荣。世界上奉行市场经济的国家占 90%，但市场繁荣的国家仅占 10% 左右。自由竞争的市场模式也存在各类缺陷，需要市场机制与国家有效干预有效地结合起来。政府通过间接、有效的干预给予市场失灵纠正和补充。发展中国家的科技资源有限，经济基础薄弱，如果一味采取放任的市场机制，不采取必要的战略干预给予科技产业发展政策扶持，就会影响科技产业的形成与发展，造成资源配置的不合理或产业结构趋同化等现象。

目前，有政府调控的市场经济，不仅在日本、韩国、德国等发达国家或地区实施，而且在印度等发展中国家或地区也应用。这些国家或地区在发展科技产业经济的过程中取得了成效，证明在经济全球化的背景下，适时、合理和有效地运用政府调控方式，对于促进科技产业发展具有重要的现实意义和战略价值。

2. 市场调控

以市场调控作为科技产业发展的调控方式，是通过市场法规的完善、价格体系的作用以及有效竞争来促进科技产业规模扩张，使其充满活力地发展。引用市场调控方式，主要是因为行政过度干预引起的负面效应。首先，国家对科技资源的配置，并不能完全通过政府干预而有效实施，特别是对于基层部门和企业的科技资源的合理配置。若政府采取简单的行政干预，往往会造成资源配置不平衡和不真实的需求结构。其次，科技发展瞬息万变，科技信息作为发展的决策因素，在大量分散和变化过程中，很难得到有效处理，这就会造成政府决策失误，或者把信息弃之不顾，或者决策修改较大，使科技产业发展顾此失彼和决策成本递增。第三，计划体制下的行政干预，有时很难体现对科技产业发展的有效制约。这意味着科技产业为寻求迅速发展，往往根据国内外市场需求及实际效益，采取适合科技产业发展的方式，因而并不能完全按照政府行为进行资源配置。因此，通过市场调节进行科技产业系统调控，可以改善政府的不当行为，进一步有效提高资源配置效率，增强产业的自我完善、自我发展的能力。

但是，实施市场需求的调控方式，需要围绕市场机制的三位一体：生产什么、如何生产、为谁生产。[①] 完善四个基本条件：(1)市场体系完善，市场法规健全，在资源配置中市场起着主导作用。(2)价格结构基本反映市场竞争状态以及市场集中程度。要用价格信号去影响和调节市场供求及产业行为。(3)实行完善的竞争市场，产业部门进行独立的竞争活动和公平的竞争。(4)产业部门对市场竞争具有较强的应变能力和自我调整的能力。

运用市场调控方式在各国有一定的区别。在实行所谓自由市场经济的

① [美]保罗·萨谬尔森，威廉·偌德豪斯：《经济学》(12版)，北京：中国发展出版社1992年版，第69页。

国家，产业发展主要在于完善产业发展环境，通过提供战略性投入和重点布局，推进产业结构的调整和发展。实行混合经济的国家或地区，产业发展主要通过国家战略和市场调控的不同作用，完善产业发展环境，促进产业结构调整与发展。要说明的是，自20世纪30年代以来，奉行自由市场经济的西方国家大多数都是由政府程度不同地调控经济的发展。特别是进入20世纪60年代以来，随着市场竞争矛盾日益激化以及科学技术的迅速发展，一些西方发达国家纷纷制订和实施各种形式的宏观经济计划。混合调控已经成为西方发达国家对市场经济运行和发展目标进行总体调节的运行机制及发展趋势。随着经济全球化的发展，许多国家或地区为了应付日益激烈的全球竞争，越来越强调政府调控与市场力量的有效结合，通过以产业战略规划为特征的研发投入与科技产业政策干预，尤其是在战略性科技产业进行政策间接干预，取得市场供求调节力所不及的实效。

3. 混合调控

一个有效的科技产业系统调控方式，不仅能够充分发挥市场机制的有效作用，使产业发展保持竞争活力和创造性，还能进入市场调节不可触及的领域解决传统的市场失灵问题。这就需要建立一种机制结合、优势互补、协调发展的混合性调控方式（或交互方式）。这种调控方式的基础在于，充分利用不同调控方式，实现优势互补性和协调发展。主要涉及以下方面：

（1）规划的协调性。体制及部门之间的分割，以及不同运行方式、不同部门之间往往缺乏协调，造成恶性竞争、效益低下，容易产生无效投入和重复建设现象，严重影响基础设施投资的回报，降低产业经济发展的整体效益。政府调控的职能之一就是规划发展战略，确定发展目标，制定和实施产业政策，综合协调科技经济政策，促进结构优化。通过产业战略、规划、政策的制定和市场供求调节的有机结合，推进产业转型及结构调整。

（2）重点的协调性。政府调控所采取的主要方式是实施重点政策，通过倾斜政策的作用形成差别优势，加快发展科技产业，促进战略性产业的发展。但是没有产业的全面推动，产业体系的演进就造成重点产业和一般产业的结构矛盾现状。因此，在以整体布局全面推动产业结构调整的同时，进行产业重点的协调，可以使科技产业结构和产业配置更加趋向合理。

（3）周期的协调性。采取国家适当干预政策，实施供给侧结构性调整，往往可以在短期内奏效，并表现出明显的政策效应和行政资源的干预力。但从长期发展来看，必须兼顾市场经济规律，采取市场调控的方式进行资源配置和产业结构调整，以便为产业竞争与可持续发展注入活力。

混合型的有效调控，不可避免地在两者之间产生体制、机制的结构矛盾或摩擦。在转型期，不同体制、机制矛盾和政策摩擦有时比较激烈，但随着调控机制进一步完善，战略政策的干预将会更加有效。因此，“两结合”的混合性调控，需要注意以下问题：

（1）重视调控层次的分离与协调。一般情况下，政府调控主要通过宏观结构的调整和干预，进行由上而下的间接调控。这种调控与指令性计划干预有所不同，一是调节的重点是结构调整、基础工业的建设以及科技经济的资源合理配置。二是调节限于宏观层次和重点领域的一定范围。三是调节手段采取金融、财政杠杆作用和经济契约合同。而市场调节主要运行在中观与微观领域，干预和调节的基础是产业部门和流通部门。通过对市场资源配置和价格机制的作用以及市场的公平竞争，建立以市场资源配置为主体的运行结构。

（2）建立调控主体方式。即以政府调控的政策干预为主，或以市场调控方式为主。通常在市场经济体系不完善、经济危机突发的情况下，大多采取政府调控和政策干预的方式，但在经济进入高速增长阶段，市场竞争有序，市场调节的方式及其份额逐渐增大，成为运行的基本力量。

（3）进行适当的干预。这就需要政府调控着眼于宏观科技经济的总量平衡、发展期内的科技产业经济发展目标以及重大项目的投资决策，而不干预产业的具体研究开发与经营活动，不对某个企业具有强制性约束。同时，政府调控以市场的需求及其变化为依据，通过市场机制的作用进行补缺性的干预，使市场缺陷带来的问题有所补偿。

实现不同调控方式的有机协调，以及实现不同运作方式的优势互补，并非一件容易的事情，通常是一种两难选择。在经济体制转型期间，双重运行模式的并存、交替和重叠，必然会给科技产业发展造成许多障碍，以至影响其正常的运行和发展。但是，要实现科技产业的宏观调控与市场运行的协调，建立适应市场竞争的科技产业经济体系，这种转型期的特殊现象却是必然的和不可逆转的。在这一发展阶段，需要把握不同方式的利和弊，并建立一定的前提条件：（1）政府干预合理性和必要性，即政府干预的前提，市场是否失灵？公共政策是否可以提高资源配置效率？（2）市场调控的合理性和必要性，即市场调控前提，市场供需是否均衡？市场竞争是否可以提高资源配置效率？两种方式在一定时期的结构冲突与矛盾、磨合之后，有调控的市场行为及其运行机制就会臻于完善，政府调控将纳入以市场需求为导向的运行流程，形成一种适合国家科技产业经济宏观调控，又与国际市场竞争能够有效接轨的协调发展机制。

四、小结

本章深入解析了科技产业的系统要素、体系、结构、特征和调控机制。从科技产业发展系统的整体性、结构性、关联性和有序性角度，系统总结了基于研发、生产、服务等价值链互动发展的科技产业发展过程。我们的分析不同于传统的线性思维观点。传统观点认为产业分工具有细分化、专业化和边界性，而本章提出将科技产业视为一个链动性、网络化的系统。从理论上论述了科技产业系统的基本特征、结构和功能，探索了在微观经济（企业）与宏观经济（科技经济）之间，科技、产业、市场、服务共同构成的具有整体性、关联性的科技产业经济系统及其结构体系。分析了既与一般产业经济的系统结构有相似之处，也具有不同于一般产业经济的科技产业系统特征。

在系统要素分析的基础上，本章进一步构筑了科技产业系统的系统分析框架。通过提供系统性、关联性环节的组合分析，描述了不同的科技产业系统模式和发展体系，明确指出，在实际运作中，系统环节置于协调发展的宏观调控体制下运行的必要性与重要性。同时，在对各国科技产业发展过程中，特别分析了科技、经济体系的协调发展由于不同层次的利益差异带来的发展障碍，以及形成这些利益差异的系统因素等。并说明了系统要素之间的交互作用和不同利益之间的协调，对科技产业系统发展所具有的影响。

在宏观和微观领域，本章提供了科技产业发展的系统模式及若干组合。指出在很大程度上，科技产业的系统发展模式主要受到政府和市场交织环境下的体制政策和发展战略的影响。在一般情况下，一个组合的运作方式，根据市场需求和产业结构调整要求，采取不同的战略、体制和政策，将会产生不同的产业发展模式和结构效应。其中，市场供求关系、有效的体制、政策与发展战略是科技产业系统结构和模式设计的制约条件。这些制度设计及制约条件的目的，是为了减少政策滥用的可能性，增加成功干预的有效性。

依据控制论原理，本章还揭示了科技产业系统调控及运行方式是维持系统运行和结构转型的控制系统。该系统是由各种有关政策及组织结构综合而成，它体现着科技产业系统要素之间的关系，也体现着系统调控的能力与水平。对科技产业进行结构性调整和战略性推进，通常存在不同的系统调控方式。但在一定的发展阶段，系统内部各要素之间在一定战略、体制和政策约束环境条件下的关系或运作的机理变化，往往会反映出不同的调控功能、阶段和机制。

要说明的是，本章所叙完全可以在网络化、数字化的背景支持下，以信息网络为重要载体、以信息通信技术的有效使用作为系统功能和系统结构优化的重要推动力。而人工智能、虚拟现实、机器学习等新科技，可以流程化、数字化实施系统调控。由此，系统功能效率及优化结构得到了极大的提升，成为推动科技产业经济发展与结构优化的关键要素。

第三章　产业演进

科技产业演进规律、发展选择及其原则等，历来都是科技产业经济理论研究的重要领域。传统产业经济学一般将产业演变描述为经济波动及转型过程，但科技产业演进与成长不同于一般产业经济演进发展的特性与机理。本章以科技产业演进理论综述为基础，讨论了科技产业演进的周期性范式，分析了科技产业演进特点、形态及机理，系统描述了科技产业演进与成长的选择要素、阶段及重点，论述了科技产业演进与成长的环境等问题。

第一节　科技产业的演进范式

一、文献综述

科技产业演进是科技转化为直接生产力，以至最终形成科技产业经济形态的发展过程。科技产业经济成长与发展过程往往具有一定的波动性和周期性，其演进过程作为一种科技产业经济的发展现象，具有一定的规律和特征。关于科技产业经济演进，国内外不同学科的学者存在不同的认识，也发表了许多相关著述及观点。

1．经济长波理论

作为经济周期性研究学者，苏联经济学家康德拉季耶夫（Nikolai Kondratieff，1925）最早探索过经济波动性发展，他发现自 1790 年以来，约 50 到 60 年为一周期，出现经济长期波动的现象。在这个周期内，开始为经济景气阶段，表现为资本需求、贷款利率、新兴产业和就业等方面的发展和上升；

接下来就出现经济衰退阶段，以及上述状况的恶化等。经济学界把这些现象称为“经济长波理论”，把这种长波称为“康德拉季耶夫周期”。康德拉季耶夫断言，每隔50年一个长期的科技波动就会达到顶峰。“康德拉季耶夫循环周期”是根据科技动力推论而来（Peter F. Drucker 1985）。随着科技创新产生与扩散效率的提高，科技创新的周期越来越短，循环周期也越来越短。

2．长波技术论和产业演化

将科技发展波动与经济发展周期变化相联系的，首推美籍奥地利经济学家熊彼特（1939）的长波技术论。他认为，技术革新活动是打破经济均衡的主要动力。由于各种技术革新的阶段性（波动性）不同，进入经济活动的时间不同，各种革新的相互作用使经济发展出现长短不同的波动。因此，科技创新是经济周期变化的基础，每一个周期都包含一次产业革命及其演变的过程。他明确把周期变化与主要技术发明的应用普及联系起来。指出，技术发明与创新及其普遍应用都会引起利润边际的扩大、经济结构的调整，推动经济的增长和繁荣，造成周期波动的上升波。而当技术成果得到广泛普及应用达到一定程度，产品供过于求，就造成价格下降。利润边际紧缩，经济不景气，形成周期波动的下降波。熊彼特的科技创新对经济波动和发展的理论虽然存在较大的缺陷，但用技术发展来解释产业革命进程，把科技革命视为经济波动的重要因素划分演进周期等，却提供了对科技产业的演进及其规律的重要分析基础。

创新和产业演化的关系是熊彼特研究的核心主题之一（熊彼特，1921）。尽管熊彼特论述了企业规模、市场结构与创新的关系，但是他更为关注的是创新如何促使产业发展、结构转变和动态竞争。而且，他所论述的创新与结构的关系是双向，即市场结构如何影响创新，以及创新又是如何促进市场结构的变迁。但是，在熊彼特之后，他的大多数核心思想（例如，创新、产业发展和动态竞争等）都被主流经济学忽视了。直到20世纪70年代到80年代初，有关创新和产业演化关系的研究才重新受到经济学家的关注，并涌现出大量的理论和实证研究（Malerba，2005）。这些研究大都继承了熊彼特有关创新、产业演化和结构转变的思想。其研究主要涵盖了以下方面：（1）通过产业间的比较研究发现，在不同产业、技术、地区和国家中，创新和产业演化的关系是不同的（Freeman，1974；Pavitt，1984；Audretseh，1997；Jesen&MeGuckin，1997）。这说明创新对产业演化的影响是具有明显的产业技术和区域特征的。（2）当前许多研究都强调企业异质性程度对创新产生和扩散的影响（Cohen&Levinthal，1989；Levinthal，1993；Gavetti&Levinthal，2000）。（3）在高新技术产业中，公共的知识平台（例如大学和公共科研机构）、军队（例如高尖端军备需求）、金融组织（例如风险投资公司）以及其他公共组织等对于高新技术的创新和扩散起到重要的作用。而且，这些公共组织在不同产业中影响是不同的（Levinetal, 1987；Cohenetal, 2002）。（4）许多研究明确考虑到各种制度（国家的或产业的）对于企业创新活动的塑造（Edquist，1997）。这填补了熊彼特主义对于制度演化分析的忽略，在一定程度上促使制度学派和演化学派的融合（纳尔逊，2005）。（5）在过去的几十年中，有关创新和产业动态的计量研究也取得了重大进展，从早期的跨行业研究发展到现在的面板数据和纵向分析。这些研究使我们更进一步了解产业变化的统计特征，包括企业进入、创新和成长、企业规模分布的稳定性程度、企业绩效差异化的持续性程度等（Audretsch，1995；Baldwin，1995；Geroski，1994；Bottazzietal，2002）。这些研究大都强调产业集中度、企业年龄分布和创新特征在不同的产业中存在显著的差异。此外，创新经济学兴起为解释技术变革和产业变化提供了新的视角。安东内利（2006，p85）认为"技术变革影响产业动态，而产业动态又会影响技术变革的速度和方向。这种影响不是瞬时的，而且会对经济系统的结构产生强烈的影响"。

研究证实，创新和产业演化的联系是多个维度的。在演化过程中，一个产业可能经历了一系列的变化过程，包括知识、学习、行动者的特征和能力、产品类型和制度等。并具有以下一些特征：（1）是企业和个体学习过程的结果；（2）是在特定的知识背景下展开的，这些知识背景描述了产业的特征；（3）是拥有不同知识和能力的行动者之间通过竞争和合作、市场和非市场、正式和非正式的互动生成的；（4）是在特定的制度环境中发生的；（5）不仅使得产品和生产工艺发生变化，也促使行动者、关系、制度和知识等发生变化（Malerba，2005）。而约瑟夫·斯提格利茨（Joseph Eugene Stiglitz，

2017）认为，与创新有关的“创新性破坏”存在着一些可取之处，但在周期性波动中造成的破坏并不能被任何创新所抵消，并且对未来波动的预期又抑制了对学习和研发的投资。清洗效果的长期好处远低于研发投资带来的损失。

3．技术革新为主导的利润变动长波论

20 世纪 70 年代，比利时学者曼德尔以资本积累率和利润率的变动为基础，提出他的以技术革新为主导的利润变动长波论。曼德尔认为，西方经济的变动是由四次科技革命引起的。第一次是工业革命。从 18 世纪末到 1847 年经济危机，以手工制造的蒸汽机逐步向主要工业部门和西方主要国家扩散，机器制造业开始出现。第二次是 1847 年到 19 世纪 90 年代的第一次科技革命。这一时期机器制造业使产业迅速发展变化。第三次是 19 世纪 90 年代到第二次世界大战的第二次科技革命，以电子机械和内燃机为代表的新兴技术在产业部门普遍应用。第四次是 1940 年以来的第三次科技革命。这次持续发展的革命，使电子仪器等新技术、新设备得到广泛应用。原子能成为产业发展的动力来源之一。曼德尔认为，每一个重要的技术发明时期，都是一个资本积累突然加速的时期。这种资本积累加速推动经济进入成长阶段。而在一种较长久的加速积累状态之后，导致一种较长久的减速积累状态，也就是导致一种更新的投资不足和呆滞资本的重新出现。但经过一个时期，慢慢积累的这种呆滞资本又大规模投入新的生产领域，而这种新的生产领域孕育着新的基本技术。新的基本技术又会推动大规模固定资本更新，使利润增长、资本积累加速，经济周期再度进入上升状态。显然，曼德尔的理论深受熊彼特长波技术论的影响，把产业经济波动与发展归结为技术因素。虽然在 20 世纪 80 年代他的研究从单纯强调技术革新转向多种因素的分析，但他的理论总体上留下了长波技术论的烙印。熊彼特的长波技术论和曼德尔的强调技术革新的利润率变动长波论，都强调了技术变革对经济发展的影响和作用。他们的理论都有明显的缺陷和不足，但用科技生产力来解释经济变化及成长过程，对世界产业经济发展产生了深远的影响。

4．技术变迁的产业演化理论

纳尔逊和温特在他们的经典著作《经济变迁的演化理论》（1982）中构造了一个产业演化模型，利用模拟实验方法，对科技创新和市场结构之间的关系进行了分析，得出下列结论：（1）在一定的制度环境下，如果企业发现较好的技术，随着时间的推移，生产率水平上升，单位成本下降，这将引起产业总产出上升，价格下降。在这一过程中，能够成功地跟踪新技术的获利企业实现扩张和增长，而亏损企业则进行收缩。企业衰弱则造成技术陈旧和进一步收缩。（2）一个产业里，R&D 和生产率增长之间的关系可能取决于该产业中科技进步的特点，特别是取决于是否有一系列外生的新创新机会，并取决于产业的技术变化是否具有累积的特征。（3）进行创新性研究和开发的企业，在同有技巧的模仿者进行的竞争中，有输掉的可能。（4）技术迅速进步的产业应当以 R&D 的高密集程度为标志，而且在该产业成熟时，其产业集中度要比科技进步的产业集中度高。（5）产业初始集中度对产业生产率的影响机制主要表现在产业最高生产率和平均生产率之间的差距。如果产业资本较为分散，则最高生产率和平均生产率的差距就大，反之亦然。

乔瓦尼·多西（Giovanni Dosi）进一步推广了纳尔逊和温特的理论，他特别强调私人占有在创新活动中的重要性，认为私人占有和技术机会是企业在市场中能够创新的两个决定性条件（Dosi，1984）。马格努森和马克·兰德（Magnusson and Mark Lund，1994）在多西观点的基础上又提出，在强调私人占有的条件时必须分析科技创新所产生出来的知识与信息，因为这是经济活动中的特殊产品或商品。

5. 产业生命周期理论

产业生命周期指产业从产生到衰亡具有阶段性和共同规律性的厂商行为（特别是进入和退出行为）的改变过程，产业生命周期理论则是在实证基础上对其进行研究的现代产业组织学重要分支之一。这一理论是在弗农（R.Vernon，l966）的产品生命周期理论基础之上逐步发展、演化而形成的。有代表性的产业生命周期理论主要有：

（1）第一个产业生命周期模型：G–K 模型

在产品生命周期研究的基础上，戈特和克莱柏（Gort and Klepper，1982）将重心转向市场中厂商数目的变化。他们在对 46 个产品（窄产业）最多长达 73 年的时间序列数据进行分析的基础上，按产业中的厂商数目（净进入数）对产品生命周期进行划分，得到引入、大量进入、稳定、大量退出（淘汰）

和成熟等五个阶段，从而建立了产业经济学意义上第一个产业生命周期模型，称为G–K模型。G–K模型认为，大量进入阶段源于外部的（产品）创新，大量退出（淘汰）则是由于价格战、外部创新减少和通过“干中学”方式（过程创新）所建立的效率竞争，阶段五为产业成熟期，直至有重大技术变动或重大需求变动产生，开始新一轮生命周期。该模型的突出贡献在于，强调了产业生命周期阶段的重要影响，即其对创新的特征、重要性和来源的重大影响，首次指出厂商数目存在“淘汰”现象，并建立了创新方式与进入率的正式联系。

（2）克莱柏和格雷迪（Klepper and Graddy，1990）产业生命周期理论

在实证分析的方向上，克莱柏和格雷迪（1990）对G–K模型进行了技术内生化的发展。首先，在向后扩展的该数据集上，他们按厂商数目改变将产业生命周期重新划分为成长、淘汰和稳定三个阶段。数据分析表明，在淘汰阶段产业产出仍有较大的增长。为解释这一现象，Klepper和Graddy提出了新的产业生命周期解说。该理论假定进入量主要由潜在进入者数量决定，而潜在进入者数量又由价格成本边际决定；又假定整个竞争过程中价格随着成本的下降而下降，价格成本边际呈递减趋势。故潜在进入者数量和进入亦呈递减趋势。这样，起源于重大但尚不完善的科技创新的产业会吸引一系列的潜在进入者，进入者会携带产品创新或过程创新。产品创新会很快扩散，过程创新会降低成本至当时所能达到的最低程度（过程创新更有利于在位厂商和大规模厂商）。随着时间的推移，进入越来越少，而成本竞争导致的退出会越来越多。整个产业发展过程就会呈现上面的实证特征，需求增长停滞不再成为淘汰发生的必要条件。

与前面的理论相比，这一理论更强调过程创新所产生的成本竞争效应，是一个自由竞争随机过程模型。该随机过程容纳了潜在进入者容量序列、产品创新的扩散速度以及在位厂商过程创新成功率等决定产业进化状况的重要变量，专门化地研究了技术因素对产业进化的影响。

（3）R. 阿加瓦尔和格特（R. Agarwal and Gott，1996）产业生命周期理论

1996年，R. 阿加瓦尔和格特沿着另一条路径对G–K模型进行了发展。基于同一数据库中25个产品更长时间的序列数据，他们对产业生命周期进行了更为细致的划分，这种划分在形态与特征描述上与G–K模型非常相似，

但在阶段长度之上有所不同。接下来通过引入危险率，研究了产业生命周期的阶段性对厂商进入与退出的综合影响，这表现在不同阶段进入厂商群的危险率变化模式上。分析结果表明，危险率与厂商“年龄”成反比，早期进入者的危险率在淘汰发生时开始上升，而所有厂商在淘汰阶段的危险率水平均较高（由于市场成长停滞），此外在最后阶段所有厂商的危险均上升。与克莱柏和格雷迪（Klepper and Graddy，1990）不同，该理论着重强调了产业特性（产业生命周期阶段）和厂商特性（企业年龄）对厂商存活的影响，而上述不同阶段进入厂商群的当期存活情况组合，就构成了厂商分布（包括规模和年龄）。

二、演进范式

科技产业演进是一个研究开发—产业创新—产业分工—产业转型的发展过程。大体上，它与科技创新、产品及产业的生命周期变化相似。不同的是，科技革命及创新度往往影响着科技产业（产品）周期性演进及其成长时效。关于这一现象，熊彼得将连续的科技革命发展“阶段”或成长“波”描述为“连续性革命”，将这一历史发展阶段称作“周期”。

1. 科技演变周期范式

科技产业是科学技术发展的结晶，也是科技商品化、产业化的成果。科技产业化是指从科技产品或工艺的研究开发到实现商业化应用，以及技术扩散实现规模化生产的全过程。这一过程可以看成是一个从科学研究、实验发展、产品开发、生产制造、市场营销、成果扩散直至规模化大生产环节组成的系统。如图 3-1 所示。它实质上是一个纵向产业化链，链链相扣，由前至后顺序运作，任何一个链环衔接不畅，均会引起该纵向系统的功能障碍（高玉林，2004）。其中，通过 R&D 活动将其科技商品化、产业化，是科技产业演变的前提和基础。

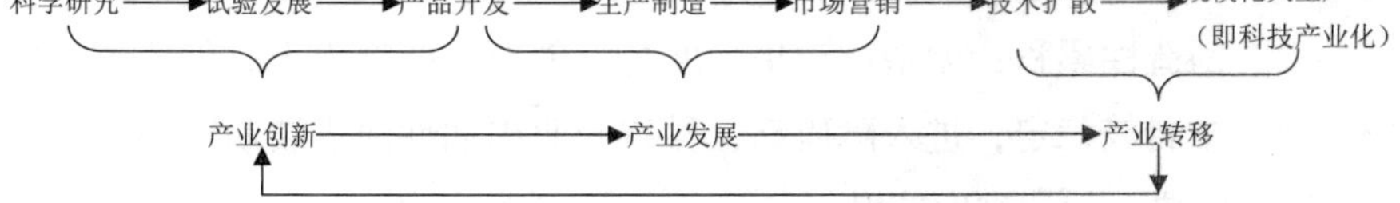

图 3-1　科技演变下的科技产业化系统

如何诠释科技演变？根据艾伯纳西（Abemathy）、厄尔巴特

（Utterback）提出的 A–U 模型和库兹涅茨（Kuznets）、杜因（Duiyn）提出的技术演化的生命周期理论（“S”形曲线理论），将技术的演化分为线性路径和非线性路径两个阶段：当技术沿着线性路径发展时，科技进步主要表现为渐进的、积累的、连续性的过程，没有发生技术的跃迁，技术演化强调的是秩序性；当技术沿着非线性路径演化时，科技进步则主要表现为突变的、跃迁的、非连续性的过程，技术演化强调的是非秩序性。克莱柏（Klepper）、普雷斯（Price）、纳尔逊（Nelson）、温特（Winter）和多西（Dosi）等研究了技术演化的线性和动力问题，他们认为，由于技术机会、技术饱和限、技术轨迹以及技术范式等原因，使得技术在演化的一定阶段内会表现出线性的特点，市场需求、技术机会、经济行为者的相异性和非对称性等是技术演化的动力。此外，多西（Dosi）提出了技术范式的概念，他将技术演化划分为范式内技术演化和范式转换过程中的技术演化两个阶段，分别对应于技术演化的线性和非线性两个阶段。

2. 科技产业演进周期特征

科技创新是科技产业演进的驱动力。科技产业演进周期的每一发展阶段，都贯穿着科技进步的过程，并且正是由于科技创新的周期性变化决定着科技产业演进每个阶段的特征。科技创新的阶段与特征，决定着科技产业演进周期各阶段与产品生命周期、企业荣衰、市场需求状况，进而决定了科技产业演进周期各阶段的特征。因此，研究科技产业的演变过程就需要了解科技创新的演化过程。根据熊彼得关于创新活动的解释，对科技产业周期性演进做出如下解释（见表 3–1）：

（1）颠覆式创新或创造性毁灭：创新者、企业以及新旧企业的创新活动集中情形很低，稳定性很低，进入障碍也很低，经济规模很小，科技产业周期性演进波动较大，前期演进进度较慢，后期进度较快。

（2）创造性累积：创新活动集中度高，创新厂商规模大，创新者在创新活动中排名较稳定，进入障碍高，科技产业周期性演进波动较小，前期演进进度较快，后期进度较慢。

表 3–1 创新活动对科技产业周期性演进的解释

创新活动类型	创新活动形态	技术特性	产业演进特点
Schumpeter Mark Ⅰ	扩大化 Widening	创造性毁灭：创新者、厂商以及新旧厂商之创新活动集中情形很低 / 稳定性很低 / 进入障碍也很低 / 经济规模很小	科技产业周期性演进波动较大，前期演进进度较慢，后期进度较快
Schumpeter Mark Ⅱ	深化 Deepening	创造性累积：创新活动集中度高 / 创新厂商规模大 / 创新者在创新活动中排名较稳定 / 进入障碍高	科技产业周期性演进波动较小，前期演进进度较快，后期进度较慢

资料来源：根据 Malerba & Orsenigo（1996）研究整理

从经济学解释连续的长波的科技产业周期性演进过程及变化，产业革命以及科技创新的贡献主要是通过主导产业及部门的科技转化、扩散和渗透作用，使一定的劳动生产率和资本的利用率得到进一步的提高，并对主导产业提供新的有利的投资机会。同时，科技创新促使产业结构、产品结构发生变化，加快新兴主导产业崛起，促进劳动密集、资本密集型产业向技术密集型产业转换变型（见表 3–2）。在“科技—生产—市场”体系中，科技产业作为独立的产业门类后，开始成为带来利润的直接生产力。

表 3–2 从连续的长波对科技产业周期性演进的解释

长波或周期（时限）	产业革命时期	主导产业及部门
1780—1840	纺织革命	纺织、纺织机械等
1840—1890	蒸汽动力	蒸汽发动机、机床、铁路设备、铁路、航运等
1890—1940	电气及钢铁	电力机械、电动机械、重化工、重型武器等
1940—1990	汽车	汽车、拖拉机、石油化工、飞机等
1990—	微电子和计算机	计算机、软件、通讯设备、机器人、数字通信网等

资料来源：根据 Chirs Freeman Luc Soete（1974）整理

在一些发达国家，科技密集型产业部门的研究开发支出超过了投资额。科技投入成为产业竞争的重要因素。有关专家认为，产业科技投入的收益率平均水平为30%，比工业投资收益率高2倍。这表明，在“科技—生产—市场”体系中，科技创新主导作用的变化对科技产业周期性演进的形成与发展具有重要的影响，即科技创新成为科技产业周期性演进的基础。由以往异想天开地颠覆了过去的世界的“科技供货者”，成为新产业发展的“科技主导者”或“科技服务者”，真正进入了科技产业的发展体系（见图3-2）。

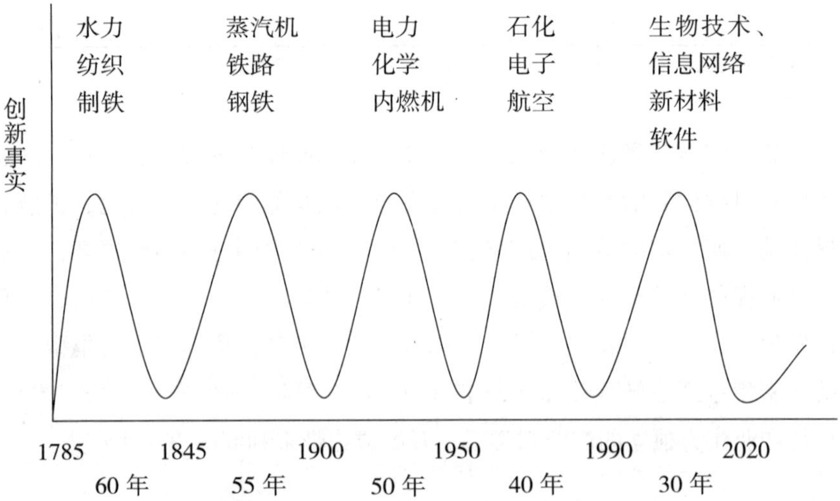

图3-2 科技创新加速经济循环

资料来源：Economist，Catch the Wave，Feb. 20，1999（引自蔡宏明，1999）

第二节 科技产业周期性描述

一、演进描述

科技演变的生命周期和产业生命周期的演进密切相关。有关学者曾做过相关描述（张世龙、马尚平，2004）。

如图3-3所示，假设原有技术范式下科技产品群的规模为Q_1，新技术范式下科技产品群的规模为 Q_2，那么，科技产业的总规模为 $Q= Q_1+ Q_2$。对成功转型的科技产业而言，产业演化曲线由导入期（Ⅰ）、成长期（Ⅱ）、成熟期（Ⅲ）、调整期（Ⅳ）、振兴期（Ⅴ）共五个阶段构成；而对转型失败的科技产业而言，产业演化曲线则由形成期（Ⅰ）、成长期（Ⅱ）、成熟期（Ⅲ）和衰退期构成。

在导入期，企业数量少，集中程度高，风险大；技术尚处于研发阶段，研发费用较高，产品品种单一甚至没有投产，质量较低且不稳定；市场规模狭小，需求增长缓慢，需求的价格弹性也很小；产业利润微薄甚至全产业亏损；进入壁垒低，竞争程度较弱，产品定价各自为政。

在成长期，大量厂商进入，产业内部集中程度低；生产技术日渐成熟和稳定，产品呈现多样化、差别化，质量提高且稳定；市场规模增大，需求增长迅速，需求的价格弹性也增大；产业利润迅速增长且利润率较高；进入壁垒低，内部竞争压力大，竞争形式主要表现为价格竞争。

在成熟期，产业集中程度高，出现了一定程度的垄断；技术较成熟，产品再度无差异化，产品质量较高；市场需求增长速度明显减缓，需求的价格弹性减小；产业的利润达到很高水平；进入壁垒高，主要体现为规模壁垒，竞争手段转向非价格手段；持续时间较长，是产业发展的稳定阶段。但在成熟期之后，则进入调整期，这主要是由于科技创新引发的。因为，科技创新导致技术突破，从而诱发产业技术范式的转变，进入技术演化的混沌区，最终形成新的技术范式。

在调整期，传统产品系列的需求规模和利润下降，高新技术不够成熟，配套资源缺乏，新产品尚处在形成期，产业规模增长缓慢，利润较小甚至为负盈利，而且整个产业转型需要支付高额的转换成本，投入巨大的研究开发费用。因此，产业转型发展面临着巨大的技术和市场风险。各国为在科技产业升级中争得有利地位，必将在科技创新、市场创新、体制创新方面展开激烈的竞争。其间，由于科技创新产生的技术突破与市场需求相吻合，形成了新技术范式。随着新技术范式下技术不断成熟，配套资源不断跟上，新产品系列进入成长和成熟期，从而推进科技产业进入振兴期。

如果科技产业转型失败，其演化曲线在导入期、成长期和成熟期的前期的发展状况与成功转型的科技产业的演化趋势相同，但在衰退期发生分离。由于缺乏科技创新和新需求的产生，原有产业的厂商数量减少；需求逐渐减少，销售下降；利润降低；新产品和替代品大量出现，原有产业的竞争力下降。

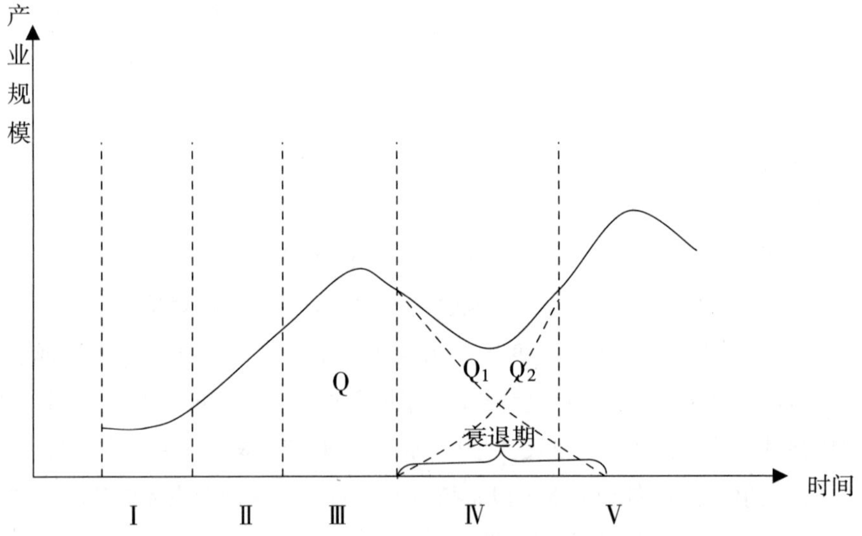

图 3-3　科技产业演进周期

由于科技进步的方式、路径不同，以及科技成果的转化、转移与应用期不同，科技产业演进周期也是不同的。一般有两种途径，一种是技术引进，另一种是自主创新。发展中国家大多选择以技术引进为主的低成本途径，发达国家一般以科技创新为主。发达国家与发展中国家科技产业演化周期，如图 3-4 所示。在 I 阶段，在原技术范式下科技进步已逐步趋于极限，相关产业在发达国家已由成熟期进入衰退期，新的技术范式在发达国家已处在酝酿时期，发展中国家在技术引进的作用下，产业进入迅速成长时期。进入 II 阶段，发达国家的科技进步处在新旧技术范式的交替之中，产业发展进入调整时期，在此阶段新技术的研究和开发投入巨大，产出规模和利润都较小，而且原技术范式下的产业规模和利润

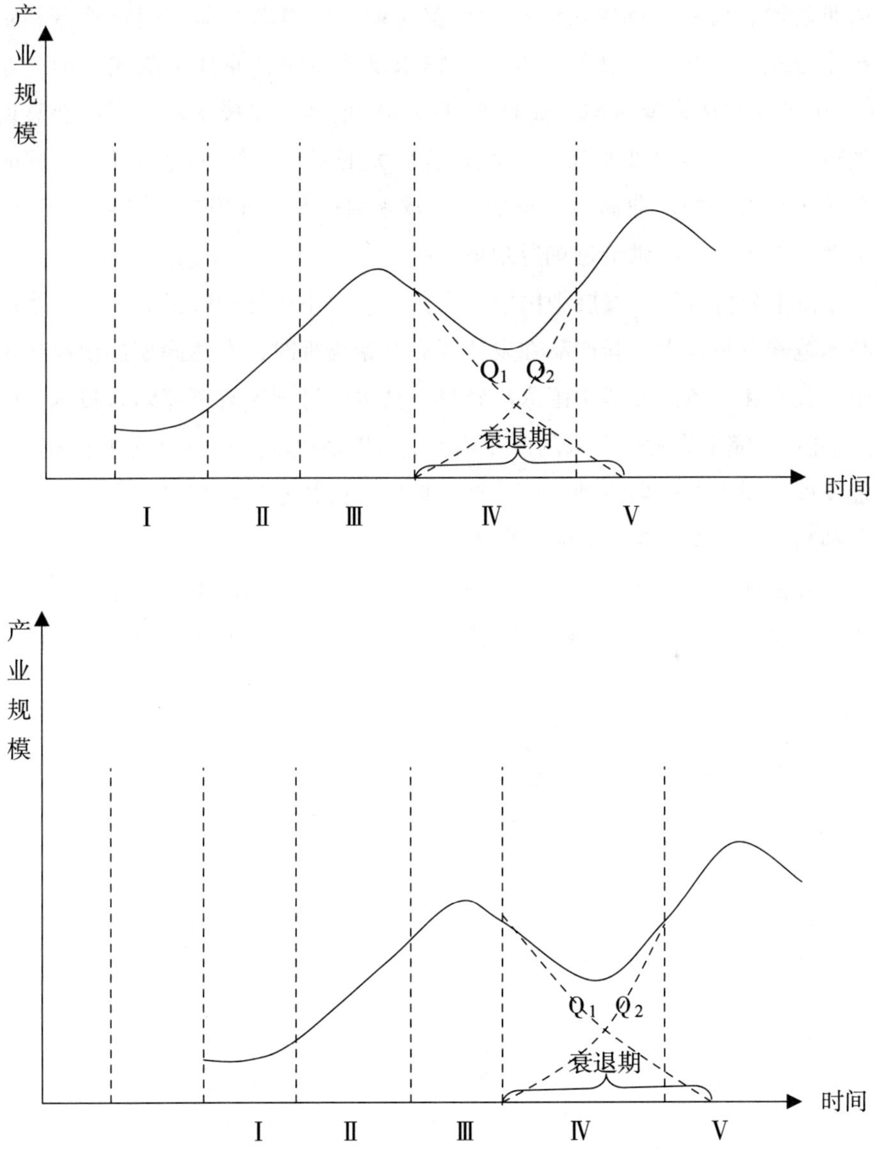

图 3–4　发达国家与发展中国家的科技产业演进周期比较

也在下降，还要面对巨大的转换成本。因此，发达国家将加速寻求向发展中国家转移原技术范式下的设备、技术和产业，以转嫁转换成本。进入Ⅲ阶段，发展中国家进入产业调整时期，在需求饱和、创新停滞和新技术范式的影响下，传统产品市场需求迅速萎缩，原技术范式下的产业（Q_1）进入加速衰退时期，而且通过国际市场减缓原技术范式下产业衰退的机会和空间也已非常狭小，面临着巨大的不可转嫁的转换成本，同时新技术范式下的产业尚处在形成期，技术引进和产业发展需要巨大投入，因此可能出现产品供给过剩等现象。

以上分析可见，发展中国家完全依赖技术引进将面临巨大风险。当原技术范式下新技术、新产品在发达国家开始出现时，发达国家加快原技术范式技术和设备向发展中国家的转移，技术引进国家有可能陷入技术“引进陷阱”，完全为发达国家的产业调整支付转换成本，从而使发展中国家产业发展出现大的周期波动，产业调整期的经济技术环境变得非常不利，产业利润趋近为零，甚至出现全行业亏损。

分析证实，科技与科技产业演进在不同阶段、不同类型国家有不同的表现（如图 3–5 所示）。在创新驱动的作用下，不同类型的国家进入不同阶

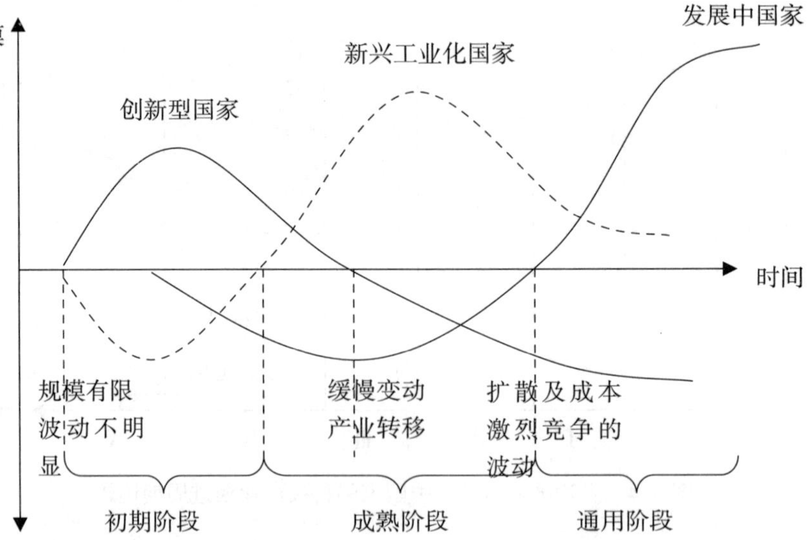

图 3–5　科技产业在不同类型国家的周期性演变

段，产品的要素密集度将发生规律性的变化，从而引起科技产业周期性演进及转型进程。

1. 在成长期，由于科技创新产品需要大量的资本和科技劳动投入（即新产品时技术知识密集型产品），科技产业在创新型国家拥有新技术研发、新产品生产、新市场占有的比较优势。创新型国家的新技术研发、新产品生产等比较优势对形成全球范围的科技产业周期性演变有明显的影响。根据市场需求及科技产品的改进和完善，在这一阶段的科技产业周期性演变，主要具有集中在创新型国家的特征，但由于科技产业化过程较长，经济规模扩张有限，这一阶段的周期性波动并不明显。

2. 在成熟期，进入科技成熟阶段，技术、生产和市场等不确定因素减少，大批量生产成为主要目标。这时所需的资源主要是生产设备、先进的劳动技能和市场网络。科技产业结构调整及转型加快，促使科技产业从技术知识密集型变成资本密集型或技能密集型。具有承接创新型国家产业技术转移能力，且在资本、劳动力成本具有比较优势的新兴工业化国家或地区开始逐渐取代创新型国家。科技产业周期性演变呈现缓慢变动的趋势，并引发创新型国家大规模的技术转移、产业转移和资本转移。

3. 在调整期，随着科技在全球范围内的转移和扩散，产品的技术应用已完成了其生命周期，许多高技术产品成为成熟性的普通商品，生产过程已经标准化和普及化。原有的先进技术和资本逐渐失去了重要性，而资源禀赋、规模经济及劳动力成本等逐渐成为决定科技产业是否有比较优势的主要因素。此时，科技产业周期性演变呈现出产业转移、扩散及成本激烈竞争的波动。科技产业周期性演变呈现出日益衰退的现象，并进一步引发创新型国家—新兴工业化国家—发展中国家的大规模技术转移、产业转移和资本转移。

从科技演变的生命周期和产业生命周期运动过程，以及与要素禀赋学说相结合阐述科技产业周期性演变过程，说明了科技产业周期性演变是一个科技、产品、产业的生命周期系统、动态、循环发展的过程。它的变化意味着，一国科技、产品、产业的生命周期与科技创新阶段有密切的联系。因而科技产业内外性（科技、产品、产业）周期性演变可以用来解释这种变化的特点及分工格局，确定周期性演变的方向和重点。同时，由于科技产业发展中存在许多不确定因素，以及各国面临的影响产业发展方向的条件和环境不同，科技产业周期性演变循环有时会面临不同要素的制约。因此，科技产业演进的阶段性分析仅仅反映了一种周期性演变常态。此外，新工业革命的到来，有可能颠覆上述发展规律、改变或缩短产业演进周期及范式，以往工业革命长时期的“演化”过程，也有可能将被瞬时即变的科技创新及其引爆的工业“革命”所取代。[①]

二、演进结构

科技产业周期性演进是科技创新及产业更新替代的结构性变化过程。不仅是对三次产业演进理论的补充，而且是对内外性（科技、产品、产业）周期性演变的系统描述。在系统运行中，内生性周期性演进的因素主要以科技创新及其成果的扩散为引力，科技创新加快了周期性变动，促使科技产品生命周期沿着增长曲线移动，并随着创新活动的展开，不断深化产业分工和结构调整，提高了科技产业演进的速度。其间，外生性周期性演进与内生性周期性演进有时同步进行，国际科技、经济、社会及政治影响及政策环境等对科技产业周期性变动将产生影响，并改变周期性变化及其结构。因而，在科技产业周期性变动过程中，混合性周期演进要素的参与，使两种周期性演变通过混合性周期演变的协调发展作用进入新的领域（见图 3–6）。

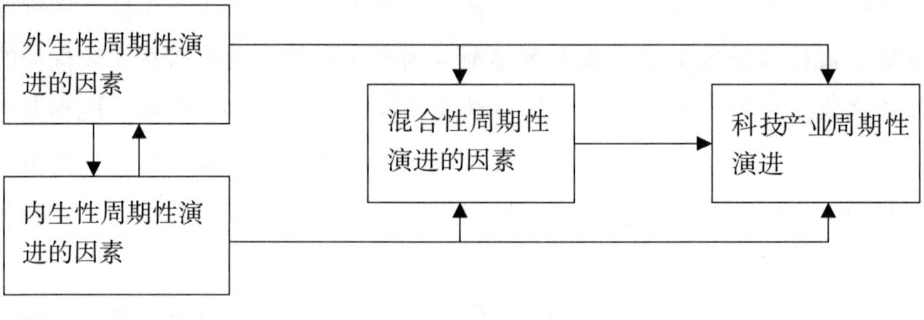

图 3–6　科技产业周期性演进结构及形态

① 达沃斯世界经济论坛主席克劳斯·施瓦布：以前的几次工业革命准确地说应该叫“演化”，因为从兴起到全面开展要几十年的时间，而这次的工业革命是真正的“革命”，新的科技革命像海啸一样发生，你刚刚看到一点迹象，大潮马上就到了。http://blog.sciencenet.cn/blog-616140-1064447.html。

从演进结构角度来看，科技产业演进是以科技创新形成的产业演变为分析框架，以内外结构性描述为周期性形态分析基础。

1．内生性周期性演进

内生性周期是引致科技产业演进及发展，引发产业更新换代的主要内部因素。由产业生命周期引发的周期性变化主要发生在科技产业发展的后期阶段，当产业生命周期处于成熟和衰退阶段时，如果不能及时地进行科技创新和产业转移、技术转移和市场转移，就会引发产业的衰退及周期性风险。而产业生命周期引发的周期性变化发生在科技产业发展的前期阶段，当产业处于萌芽期时，产业与科技生命周期很容易发生脱节风险，产业生命周期因为与科技创新周期不同步紊乱，导致科技产业周期性演进的非常态。

2．外生性周期性演进

周期性演变与外生性周期之间的关系，主要是由宏观的科技经济周期引起的。外生性周期演进变化一般发生于科技经济周期中的衰退期。产业作为介于企业和市场之间的中间组织形式，对科技经济周期的外部反应往往是很敏感的。当经济受到国家或全球科技、经济、社会及政治气候影响而波动时，产业周期的正常性将受到冲击，正常的产业周期性变化被干扰乃至停止运行。外生性的周期性风险一般不受产业控制，可能发生在产业发展的任一阶段，带来的风险有时不可预见。

3．混合性周期性演进

混合性周期是面临内外因素引起的周期性演变及发展，引发产业周期性变化的内外因素交集，比以上两类演进过程的复杂因素增多。产业生命周期引发的周期性变化既受到内生性因素的影响，也受到外部性因素的影响。相比而言，当产业生命周期处于运行发展阶段时，一般外部性影响的作用更难控制，风险也更大。如果不能对其协调发展有效地进行监控，就会引发周期性经济危机，造成产业经济衰退及周期性风险。周期性危机产生的根本原因是复杂的，并非仅仅用有效需求不足来解释。它涉及经济、社会、科技、政治等领域，不能有效地通过以上要素协调发展对产业周期性变化的内外因素进行调节，就会造成产业经济危机及周期性风险。

二、演进机理

1. 科技经济波动

从科技产业与科技经济之间波动循环规律分析，科技经济之间的波动循环规律对科技产业演进方式及发展有若干影响。主要表现在：（1）科技经济的波动变化。在科技革命的基础上，实现了科技产业经济转型的过程。科技创新驱动及其科技体系的不断调整，导致科技经济结构、产业结构和社会结构带来一系列变动，并通过系统联系引起周期性演进波动及其调整要求。（2）科技经济波动转化的周期日趋缩短。科技与产业经济之间加速转化，促使递次推进的一体化趋势在加强。科技经济波动循环，基本上是通过时间延续，实现从科技到产业经济的空间布局和转移。（3）科技经济波动循环总是以非均衡发展实现产业空间的协调发展。科技产业经济通过时空结构和优势互补，形成周期性演进及多维结构的协调发展。

2. 科技创新驱动

科技创新是周期性演进与发展的生长点，是科技产业创新及其成果培育和扩散的基点。科技创新驱动科技产业周期性演进有赖于以下方面：（1）科技创新作为科技产业周期性演进的驱动力，一般是以不同的创新点（渐进性创新与根本性创新）形成周期性演变路径（见图 3–7）。（2）以产业结构变革为重组方式，推进产业结构的调整，促使产业部门重新分化和组合，形成新产业、新业态，带动科技产业经济的转型演进。（3）科技创新的速度和范围，是推进科技产业演进的重要指标。科技创新滞后将直接影响科技产业的培育，并导致产业经济效益的高低。科技成果的水平和质量、应用推广的时效、资金投入的合理性以及科技产业化等因素，对于科技产业的演进具有重要的影响。

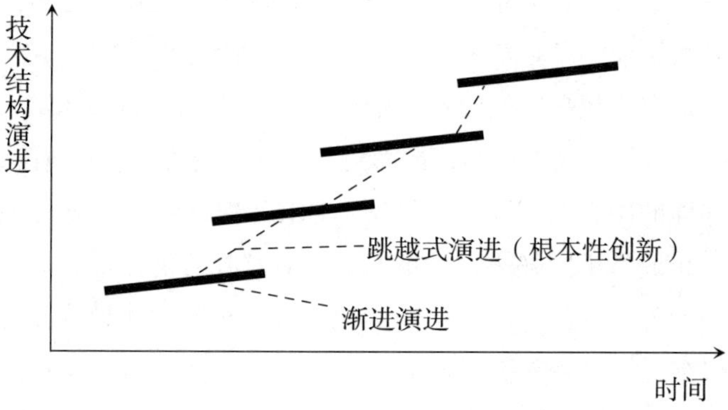

图 3–7　科技产业技术结构演进

3. 结构性风险

结构性风险与科技产业周期性演进有密切的关系。奥地利区域经济学家蒂奇（G. Tichy，1997）提出区域产品生命周期理论。他认为产业发展存在生命周期，在诞生、成长、成熟与衰退的不同阶段企业会有不同的绩效与行为，并会产生结构性风险。其间，不同阶段的要素配置和再配置，直接构成了区域产业结构的合理性。而区域产业结构之合理性，又关系到区域经济运行效率和竞争活力。如果市场行为导致区域单一产业主导或区域产业结构趋同，随着要素按照比较优势的原则自由流动，短暂的趋同现象会消失，区域产业结构依照自身的要素禀赋建立起相应的产业结构。但科技创新产业及其产业更新替代滞后，区域过度长期依赖单一产业，就引发产业结构风险，促使产业走向衰退，从而拖垮整个区域经济。德国学者格拉伯赫（C. Crabher，1993）在对德国鲁尔工业区产业研究中发现，由于功能性锁定造成本地产业发展失去活力。锁定使企业之间的关系僵化，政治锁定及路径依赖制度对创造力形成了制约。

4. 路径依赖

路径依赖一般用来描述发展途径、既有机制及其影响力。科技产业周期性演进同样依赖于路径规定。但是，路径依赖也会给产业生命周期演进带来风险，并带来因某些制度的确定或者技术选择等原因引发路径依赖的一系列风险。路径依赖风险分为：（1）科技产业周期性演进依赖于少数大型企业的发展。一般都是大企业向中小企业的单方向传输，这样很容易引发中小企业对大企业的路径依赖。当少数主导大企业没落时，众多中小企业就无力独自面对市场风险，“树倒猢狲散”，从而引发依赖风险。（2）科技产业系统的企业属于同类型的，在面对周期性演进机会或者风险的时候，往往会做出同样的决定和选择。如果这个选择不是最优的，就可能带来产业波动。（3）企业做出同样决定的情况下，其选择可能是最优的，但最优的选择可能因为外部环境等的变化而变化，这时企业因为没有及时调整技术和市场，就有可能丧失竞争优势。

三、演进动因

从文献资料来看，影响科技产业演进的动因有若干解释，但多数解释主要来源于狭义分析。实际上，影响科技产业演进的主要因素不仅源于需求、供给、分工和技术相互作用的结果，还受制于科技变革、经济全球化、网络化、战略政策和产业转型等因素的相互作用。

1. 科技变革

科技创新是科技经济发展的基石，也是产业演进的催化剂。科技经济时代，教育、研究与开发、在职培训的投资不断增加。由于科技教育的发展，不仅培养了一大批具有创新能力的高科技人才，而且提高了全体劳动者的素质，因而科技产业发展具有可靠的人力资源保证。由于研究和开发活动积极活跃，经费也充足，使新知识、新技术、新产品、新业态不断涌现，促进科技变革的速度加快。作为影响产业演进的首要因素，科技变革与产业演进正相关，科技变革越快，知识与技术溢出效应越显著，产业转型与演进的速度就越快。

科技产业作为科技经济波动转化的产物，在产业经济结构的周期性变动中，往往受制于科技结构性变革的影响和作用。科技作为结构性调整的重要杠杆，推动生产力和产业经济结构调整的高级化，给予持续递次转型的作用。科技变革创造了新的生产力因素，为产业经济创新发展提供了条件。由于新兴科学技术的应用推广，科技产品的生命周期处于上升阶段，使科技产业得到更加迅速的发展，引起大规模固定资产更新、相关基础性资源配置以及大批科技人才的引进。这样，通过科技变革的聚集扩散，以及科技人才的引进和大规模资产更新，使产业结构、资金结构趋向高级化，推动产业规模经济效益的提升。但产品生命周期进入衰退期，固定资产更新减缓，利润率下降，产业经济规模及市场需求下降，科技产业就进入经济结构周期性变动的下降阶段。科技与经济发展紧密关联，实际上不能把它作为独立的外生参数处理。在经济发展的变化中，虽然有很多因素来解释经济周期波动，但一系列科技创新推进产业经济转型发展的事实证明，不能忽视科技对于形成周期性波动，趋于上升阶段的影响和作用。在这个阶段，科技通过资本投向、政策倾斜等方面的共同作用，促使产品结构、技术结构调整，形成智能化的新产业系统。这就使产业经济结构，再次进入新发展阶段，并预示着更大规模的新兴产业推动产品市场的开发，使产业经济进入周期性波动的上升期。

2. 经济全球化

经济全球化使国与国之间的科技经济联系日趋紧密。各国经济的高速发展，必然加快各类要素、商品在国家间的流动速度。在全球消费示范作用的冲击和带动下，必然引起国内消费需求结构的变化，导致产业技术结构的变化，引起科技产业经济的周期性结构调整。由于全球产业发展的递增过程，各国产业结构调整大都表现为相似的演进阶段和过程。在普遍经过工业化阶段，最为广泛运用的指标是制造业在总产出中的份额和比重。发达国家经过工业化阶段，其制造业增值额一般占商品生产增值额60%以上。新兴工业化国家和地区的这一份额大体上在40%~60%，而发展中国家的制造业增值额一般占商品生产增值额的20%~40%。因此，各国工业化水平是实现科技产业化的基础。只有实现以制造业为主体的工业化，才能提高整个产业技术装备，为科技产业发展提供基础。其次，通过科技成果转化、转移、重组等形成科技产业。科技产业的形成与发展，起源于科技成果的应用推广与转移。科技成果转化的优势对于工业化国家和地区，特别是对于转型国家的科技经济发展具有重要的作用。如果科技成果能够实现广泛应用和推广，并具有广阔的市场，就能够带动科技产业的发展。这种把科技成果作为商品，再形成产业规模经济的过程，对科技产业的演进与转型发展具有十分重要的作用。这一过程通常从以下途径得到实现：

一是实现科技成果产业化、规模化，形成产业结构转型、替代或新产业体系；二是通过科技对传统产业改造，推动整个产业技术水平的提高，带动产业结构的调整。

3．网络化

新科技具有比以往科技革命更为激烈的剧变。互联网产生的史无前例的巨大力量，从根本上改变工业界别与产业形态。云端之上的数字联盟，产生了几何级数般的辐射效应，乃至催化其他行业的变革，导致科技产业发展模式、结构、形态、机制等发生一系列的变化。基于互联网的数字技术无国界、无行界，加速推进了科技产业转型与结构演进。在网络全球化的布局下，商品与服务几乎可以在任何地方产生（克里斯·施瓦布，2017）。市场供求拉动更加精细化、专业化。非线性、机械式、分包式的增长模式变得不可逆转。随着科技制造、规模性的加工业的利润摊薄，市场细分化供求与配套服务的需求越来越强烈。科技产业通过互联网、大数据、人工智能等技术手段，提供软件研发和硬件制造服务，如新型传感器、嵌入式系统设计、先进控制与优化、系统协同、故障诊断与健康维护、实时通信网络、功能安全、特种工艺、精密制造、智能识别等技术的使用，加快科技产业从生产制造、加工配套转向定制化、专业化、智能化的创新服务，设计服务，生产服务等。同时，互联互通到数字化平台上的科技创新链、产业链与市场链，全面改变了科技产业发展结构与布局，进一步加深了内生性科技创新驱动产业演进进程。

4．政策干预

科技产业的演进与发展大都得益于政策干预和支持。从工业化进程来看，历史上采取自由市场经济实现科技产业迅速崛起的国家或地区为数甚少。从19世纪兴起的美国、德国、日本等国，实质上都是政府通过不同形式的产业政策和科技政策，以专项投入推动科技产业发展。例如一些国家对科技产业实施一系列保护政策，通过补助金、委托费、优惠税制以及优惠金融等实现科技产业的培育。在形成产业阶段，根据有关政策，政府采取差别支持方式，促进具有比较优势的新兴产业能够迅速进入快速发展过程。政府政策支持的目的在于：（1）科技产业需要大量的投资；（2）科技产业发展风险较大；（3）具有较大的市场潜力和产业效益。同时，新兴科技产业要形成国际竞争力，需要一个时期的“产业保护”使其积累科技经济实力，并成为具有高端引领的主导产业。实践证明，合理干预和政策扶持是形成和发展科技产业的关键因素，也是科技产业周期性演进的重要特征。

5. 市场需求

市场需求及其结构调整是科技产业演进的基本因素。科技供给与产业需求作为最基本的科技产业经济供求关系，与市场需求规模、产业结构等有直接的关系。市场需求规模及其结构决定着科技产业经济规模及结构，是实现资源配置的最基本条件。市场需求包括投资需求和消费需求。所谓市场需求对科技产业和科技产品的影响，主要是科技产业能否适应投资需求和消费需求。在世界范围，由于投资需求和消费需求结构的差别，以及国际经济贸易的变化，科技产业发展变化有着明显的差别优势。能够进入国际市场、具有较大竞争力和市场占有率的国家，科技产业的产品需求拉动就比较大，科技产业的演进就比较快。因此，市场需求及其结构性变化，在科技产业发展中往往处于重要的主导地位。

6. 产业发展水平

产业经济发展水平对科技产业周期性演变有直接的影响。产业经济发展水平，一是指产业发展的均衡化程度，即通过产业结构的演进的动态均衡，实现资源的合理配置，促进经济的发展。二是指工业化程度，即加工制造占内部结构的高级化程度和技术的先进性。在以上基础上，产业演进在内部取决于工业基础对科技成果产品化的支持程度，在外部取决于市场需求和劳动生产率的递增。因此，工业基础落后和经济发展水平偏低的国家，科技产业结构变动率相对较低。而科技先进、工业基础好、信息化程度高的国家，科技产业结构变动率相对较高，产业经济增长率也较高，产业周期性演变就明显。

在以上因素中，创新驱动与转型发展是科技产业演进的主要动力。经济全球化及市场需求变化，为科技供给和科技创新及科技产业转型发展提供了目标和动力，并为科技产业分工与布局提供了市场容量及细化。政策干预保障了科技创新及科技产业发展的合理运行。其中，科技创新不仅满足市场需求，也加速了科技产业演进的速度。从市场需求与科技创新及科技产业发展的关系可以看出，上述要素通过内外互动系统的网络效应（乘数效应）、整体效应，形成了远远大于单个作用力的合力，有力地促进了科技产业的演进与发展。

第三节　科技产业演进的选择

一、选择要素

科技产业演进与成长的选择不同于一般产业的选择。它的选择既与一般主导产业选择有密切的关系，又与科技政策、创新水平、发展阶段及其对产业转型的影响力、带动力有密切的关系。科技产业演进与成长的基本要素包括以下方面：

1. 资源选择

资源选择包括科技资源、智力资源和劳动力资源等。突出表现了科技产业演进与成长的外在特征。资源选择有助于通过资源禀赋，充分利用外在优势并转化为内在的发展动力，使科技产业得到迅速发展。通过科技创新（科研成果、专利、工艺技术和管理软件等）对资源进行有效挖掘和利用，形成新产业、新业态。在智力资源的有效利用的基础上，达到集聚知识资源，提高先进生产率，降低创新成本的目的。同时，以科技资源的有效利用与开发效益，形成对科技创新成果的实际应用。据有关专家估计，如果把有关科研成果和技术引入生产过程，可使资源利用率提高 100 倍左右。

2. 市场选择

市场选择包括科技产业市场规模和市场潜力的选择。市场需求结构变化快，加快了产业结构调整。科技产业加快了增长速度，也稳定提高了人均收入水平，从而导致了社会生活条件的改善和消费方式、消费结构的变更。通过市场这一中介环节影响需求结构的变化，也影响了生产和供给。对生产的直接作用就是资源配置结构发生变化，在总产值来源的产业分布上知识密集的科技产业及其服务业的份额相对上升。因此，市场选择是通过科技产业对市场渗透和需求扩大，推进市场规模、空间和层次的扩增。通过技术、知识商品贸易的扩散和交换，推进市场结构和消费结构的调整，并逐步改变产品附加值低，产品结构不合理等现状。市场需求结构的变化，又形成了不同类型的市场，以满足不同层次的消费需求。同时，市场信息反馈和需求刺激，进一步促进科技商品的交换与竞争，形成互为需求、滚动发展的市场发展态势。

3．资金选择

科技产业选择与资源禀赋条件有密切的关系，也与科技产业投入有密切的关系。以资本投入科研领域并直接构成开发效应，对科技产业经济发展有直接或间接的影响。一般对高科技研究的资金投入额较大，但只要做到资金的合理投向，加快科技与经济的转换，投入产出效益比率均可在1:10以上。例如，美国在“战略防御计划”中每投入1美元，可获取1000美元的经济效益，整个空间计划每花10亿美元可以使美国的生产力提高0.1%。同时，还带来了一系列间接或潜在的经济效益。如可以创造一系列新产业部门并带动更多的就业机会，促进金融、保险、商业、交通运输等相关服务业发展。因此，科技投资是科技产业的“润滑剂”，科技产业创新发展离不开投入的支撑。没有大量资金的投入，要实现从科技创新到商业化和产业化的全过程是非常困难的。

4．环境选择

推动科技产业发展不仅需要国内外的政治、经济、社会和科技等发展环境，也需要基础环境、人才环境、市场环境和服务环境。具体包括：基础环境，包括法律政策环境、人居环境、交通环境、信息网络基础；人才环境，包括人才的质量、数量和成本；市场环境，包括国内外市场需求及运行规则；服务环境，包括跨国和本地服务系统的完善及机构数量等。对科技产业发展环境的选择，一方面可以反映一国一地的科技产业发展的投资环境，另一方面也反映当地环境优化程度，特别是产业政策的支持，科技创新需要的人才培养和聚集程度等。

二、选择原则

对科技产业发展的选择，要建立一种比较优势原则。由于全球范围的科技产业竞争现象对科技产业选择的要求越来越高。因此，这些选择与一个国家或地区的比较优势、产业选择和科技进步方式以及资源禀赋条件都有密切的关系，其基本要求和原则主要包括：

1．差别优势原则

科技经济发展不均衡以及国家或地区之间在制度建设、发展水平、产业结构和资源禀赋等条件上的差异性，使得差别性合作具有很强的优势互补性和内在动力。因此，通过差别优势原则，在科技产业发展过程中根据国家的科技比较优势、产业差别优势及资源禀赋优势，做出有利于本国或地区科技产业演进方向和科技发展的目标选择。以差别优势原则发展科技产业，对形成本国特色的科技产业优势具有重要的价值，也对进入经济全球化的产业分工格局具有重要的战略意义。

2．互补优势原则

科技产业发展的选择目的，是基于国家和地区不同科技优势，建立起以优势互补为基础的科技产业体系。互补优势的范围包括人才优势、资金优势、技术优势、工业基础优势以及环境优势等。互补优势是建立共同发展的重要基础。以政府、大学和科研机构、企业的各自优势互补，能够把产权、资金、人才、技术等有机地结合起来，形成以互补优势为选择目的的科技产业体系，以有利于加快科技商品化和产业化。互补优势原则还涉及科技与资源，科技与市场的优势互补。这些优势互补，对科技产业的演进与发展具有重要的支撑作用。

3．整体优势原则

整体是为了达到规定目的而存在的有机结合体。所以，任何结构要素的优势和活力都不能离开这一规定的目的。只有与整体要求相一致的构成要素才会导致整体优势和活力的增强。因此，从整体角度和战略全局制定科技产业发展政策，实施宏观调控，保证重大科技产业项目健康发展，是科技产业发展的选择原则之一。整体优势是对科技产业的研发力量、资源配置、应用推广和生产销售系统的优化组合。发展科技产业必须从整体角度协调人才、技术和资产等优势，充分发挥战略、政策的协调作用，从整体发展战略出发，做出全局性的产业选择。

4．结构优势原则

科技产业结构是否合理、优化是结构优势的主要体现，它决定了科技竞争力度和产业发展的能力。科技产业结构的核心是科技结构。科技结构优势对科技产业的选择有直接的关系。其次，是行业结构优势对科技产业演进与发展的影响。从产业经济发展的观点来看，结构优势是影响科技产业结构优化、均衡发展的主要因素。它在科技产业的形成与发展中，会影响产业发展模式的形成，以及能否确立最大收益的竞争能力。

比较优势原则是科技产业发展选择的重要标志。国内外学者曾对20世纪80年代有关国家和地区的产业部门进行比较优势系数计算。有竞争力的产业部门都是比较优势系数高的产业部门，这些部门大多数是科技产业部门，特别是在发达国家和新兴工业化国家和地区，比较优势与科技产业部门的关联度更为突出。事实上，在科技经济主体异态的发展过程中，实现科技经济向高度产业化的发展，需要多层级结构调整与发展的推力，还要根据市场需求结构、资源状况、资金条件等，做出科技产业发展与调整的正确选择。

三、选择坐标

按照科技经济发展的长波理论，专家预测20世纪后20年到21世纪前20年，发达国家或地区将进入科技经济发展的长周期。到2020年前后，信息技术中的软件、生物工程、海洋技术、新材料、环保产业等产值，将全面超过汽车、建筑、钢铁、石油、纺织等传统产业成为科技主导产业。面对新科技产业迅速崛起，坐标选择需要对以下问题进行思考：发展中国家与发达国家之间如何缩小差距，科技产业发展的坐标选择是全球市场需求的先进技术，还是本国现阶段的以传统产业为基础的技术；是选择自主创新的跨越式发展战略，还是选择技术引进、吸收消化的发展战略。作为发展中国家或地区，选择坐标定位在本国发展水平上，进入经济全球化之后就可能成为发达国家技术更替及其产品的倾销地；而将坐标定位在全球先进水平，就有可能形成内外激励的科技产业竞争，迅速进入科技经济一体化的演进过程。

虽然发达国家工业化发展曾经历了传统工业化阶段，但随着新一轮科技革命和产业变革孕育兴起，全球性科技创新和应用周期的缩短，科技成果转移扩张加快，新兴产业经济迅速崛起，转型发展的过程在明显缩短，甚至呈现出跨越式发展的态势。由于国内外市场、资源和环境的变化，发展中国家面临着比发达国家转型发展过程更大的资源短缺、环境约束。沿袭低水平粗放式规模扩张的路径已不再是产业转型发展的要义，而高端竞争力和获取最大利润成为科技产业结构调整的内核。如在人才、技术、资本密集的中国沿海地区，这种跨越式发展进一步加深了科技、金融与产业经济的融合，形成了经济新增长点和产业转型新模式。在信息产业领域，我国通信可跨越电缆时代直接进入光缆时代；在汽车产业领域，可以直接进入电动汽车、无人汽车等产业领域。因此，在科技革命带来的市场竞争日益激烈的环境下，科技产业发展的坐标选择要“有所为有所不为”，并高度重视以下若干因素：

1. 标准体系

标准竞争是高层次、高质量的竞争，是科技产业发展坐标选择的关键内容，也是科技企业和国家的核心竞争力来源。随着经济全球化及科技产业发展，标准成为控制产业链和遏制竞争对手的工具，而且成为国家掌握标准的控制权和话语权，提升科技产业竞争优势的重要方面。标准的制定及利益分配，涉及标准的拥有者、管理者和使用者，涉及企业利益、产业利益和国家利益。因此，发达国家和跨国公司往往通过国家标准、企业标准、国际标准组织和规则，将知识产权和标准体系糅合在一起，制定有利于本国的标准体系，维护有利于自己的标准秩序，抢占高科技产业的制高点。作为产业经济的秩序和规范，标准对内作为产业利益分配的工具，可以促进产业分工和贸易的发展；对外作为垄断市场和技术的工具，通过技术壁垒和产业壁垒对市场垄断，并对产业加以控制。标准是知识产权战略的高级形式，也是公共利益和私人利益的融合物。技术专利化—专利标准化—标准许可化是标准运作的基本模式。发展中国家或地区要实现跨越式发展，必须从国家利益角度积极参与全球标准的制定。通过一系列的战略和务实的行动推动自主知识产权标准的制定与推广。同时，通过时机选择、组合战略、市场导向和技术联盟推进产业标准的制定。

2. 运行规则

科技产业的演进与发展有其基本的运行规则和范式。在进入全球化、网络化之后，国际游戏规则及时进行调整，以适应全球产业转型及结构调整的需要。因为科技革命的到来，多边体制、区域政策和运行规则制定的进程大大加快。为建立一个统一自由的全球性市场，须注意的问题：（1）由于科技产业发展的特殊性与重要性，为保护国家利益，在开放市场规则方面要考虑设置必要的时限及政策门槛。（2）推进全球范围内的知识产权保护。制定以下政策措施：通过立法支持政府财政对非营利性的科研院所的补贴；加强对自主知识产权和商业秘密的保护；制定反垄断法；WTO 规则的扩展，包括环境保护议题等。通过完善立法、规则先行，确定科技产业的正确选择，实现科技产业的可持续发展。

3. 发展战略

随着科学技术的迅猛发展，发展战略对科技产业发展越来越具有导向性作用。面对全球日益激烈的经济竞争挑战，如何选择发展战略事关科技产业发展的前景。从实践来看，在科技产业演进和转型调整中，发展中国家或地区的科技产业战略盲目照搬和尾追，简单地按照发达国家的信息标准、产业定位、游戏规则和发展战略来规划本国发展路径，往往会落入发达国家标准、规则和战略的陷阱。特别是一些后发展中国家或地区忽视本地科技、人才等资源，放弃自主创新对传统产业进行改造，盲目引进生产线、设备和零部件发展科技组装产业，很快进入了“盲目跟进—重复建设—资源消耗—产品积压—企业倒闭”的恶性循环，造成边引进、边污染，生态环境破坏的结局。因此，科技产业战略必须抓住经济发展的契机，利用先进科技成果的渗透性、带动性和倍增性，为传统产业的重组与新兴产业发展提供新动力。对发展中国家来说，依靠自主创新改造传统产业，不仅为科技产业升级或增值提供了基础，而且还降低了竞争的成本，并为传统产业转型为“增值产业”开辟了一条现实可行的发展道路。

四、选择重点

（一）重点领域

1. 科技主导产业

科技主导产业或主导部门是指在一国经济发展的某个阶段，具有较大的市场前景和较强的科技创新能力，对产业转型发展起着导向性和带动性作用，代表了产业结构的演变方向或发展趋势的产业（或部门）。科技主导产业在经济发展中起着特殊作用。一国如果根据本国经济发展阶段的要求，正确选择科技主导产业，实施重点扶植、优先发展，将会促进产业结构优化，推动产业转型与成长。其基本特点是：

（1）新兴产业占据主导地位。新兴产业是以知识和科技的生产、分配和使用为杠杆，以智能技术、互联网和大数据技术为基础，以孵化器、科技企业为参与群体，以先进制造、关键部件为表现形式的一种新产业形态。包括信息技术、交通运输、空间利用和环保技术等产业，逐渐替代技术落后、市场萎缩的传统产业，形成以信息与电子、新材料、生命科学和能源、自动化技术等高科技为主的产业，成为主导科技经济增长的主要推力。

（2）市场潜力巨大。科技主导产业具有巨大的市场需求潜力。市场需求是科技主导产业生存、发展和壮大的必要条件。没有市场需求拉动，科技主导产业就将趋向衰落。科技主导产业在市场竞争中具有强大的竞争力。同时，科技产业的产品一般在国内和国际市场具有长期稳定的需求。此外，科技主导产业还具有需求弹性高、以出口创汇为主要导向的市场需求特征。

（3）科技进步率高。科技主导产业的研发水平及其技术密集度较高，对科技产业演进与发展起到了推动的作用。按照联合国确定的范围，科技产业的技术基础中高技术成分占70%以上。科技产业选择的主导部门，一般能够集中地体现科技进步的主要方向和发展趋势。同时，科技产业选择还充分考虑到科技发展的多层次性和协调性，具有启动关联作用的“适用技术”。

（4）产业关联度高。科技主导产业的关联度高于一般产业。所谓产业关联度是指产业之间关联的程度。主导产业的选择须充分考虑它对相关产业的带动作用，通过它具有的较大的前、后向联系和影响力，产业关联产生对一系列部门的带动与推进作用，并使这些部门派生出对其他部门的促进作用，从而产生经济发展中的连锁反应和加速效应。选择关联度较高的科技产业，有利于带动相关产业的迅速发展，推动产业结构的高度化，实现科技产业可持续发展。

（5）对产业经济增长有明显的推动作用。科技比较优势是科技产业发展的基础。在经济全球化的条件下，国际竞争就是科技比较优势产业的竞争。这里所说的科技比较优势产业，是具有科技引领、需求弹性和较强市场竞争力、对经济发展起着导向性和带动性作用的产业。科技比较优势产业的地位一旦确立，对经济的带动作用将更加持久和有效。

2. 科技支柱产业

科技支柱产业是包括科技组装业、加工业和原材料工业在内的产业部门。与科技主导产业相比，科技支柱产业在很大程度上有赖于科技转移、产业经济发展与市场供求水平。其主要特点是：

（1）具有较大的增长潜力

科技支柱产业是具有成熟技术、较大经济增长载能的支柱产业。对其选择的基本原则是，首先满足市场需求和消费需求对产业发展的要求。为适应市场需求，一些国家和地区的支柱产业技术，主要通过引进技术、装备及其部件，表现为最终组装技术和加工技术。通过引进吸收消化，加快产业规模化，使支柱产业对市场需求有较大的承担能力和适应能力。

（2）具有稳定的市场空间

科技支柱产业产品具有较为稳定的市场需求空间，能够成为大宗出口项目。通过增加出口创汇，更新改造传统产业，支持科技主导产业的形成与发展，促进技术结构、市场结构与产业结构的合理化。

（3）重视产业结构的调整推移

科技支柱产业是通过产业转型及结构调整不断完善的。通过科技主导产业发展和技术转移，促使产业水平分工格局的形成。使其通过先进技术的引入、嫁接或重组，培育出新的支柱产业部门。

（4）技术成熟并较先进

科技支柱产业是产业技术推移的结果。在进入成熟期后的支柱产业阶段，科技产业加快推进产业转型与结构调整。在发展中国家和地区，支柱产业的建立主要是通过技术引进的方式。这些国家和地区以组装技术，确保形成以成本优势为基础的价格竞争力。但这种以组装技术为主体的支柱产业，产业技术波及效果较低，适应劳动密集型生产工序。

虽然科技支柱产业具有一定的国际竞争力，但从长期发展来看，其不仅受制于发达国家的技术管制，而且也对本国自主创新与产业结构调整带来诸多问题。必须通过产业转型升级，使其加速进入主导产业领域。

（二）主要因素

关于科技主导产业的重点选择，世界各国有不同的标准。从各国科技发展的重点领域来看，各国发展的重点主要集中在电子信息、生物工程、新材料、海洋工程、新能源等领域。这些产业充分显示了高科技的先导性和带动性。对这些主导型产业的选择，主要基于以下因素：

1．市场需求及其潜力

市场需求和市场潜力是科技产业选择的依据之一。科技主导产业的选择主要立足于市场的未来前景和发展的走势。没有市场需求前景的产业是不可持续的产业。因此，主导产业发展能否与市场的有效需求有机地结合起来，是主导产业选择的重要因素，也是科技产业转型发展的基础。

2．科技商品化与产业化

科技创新及其商品化、产业化是科技产业培育与发展的基础。在科技成果进入科技产业领域并形成规模经济后，主导产业才得以形成并得到选择。从产业选择的角度看，科技创新对形成新兴科技产业以及对主导产业的培育有直接的影响和作用。

3．产业政策倾斜

科技产业的形成需要适度干预和政策倾斜。科技主导产业具有投入大、风险大等特点，在发展初期尤其需要产业政策的支持。一般国家产业政策通过产业结构优化原则，在信贷税收和价格等方面给予政策倾斜，并在科技成果扩散、人才引进、创新创业等方面给予有力的推动，以适应产业政策的实施和干预。

4．“产业带”与“发展极”

科技产业发展既有科技超前带动作用，又有科技形成“产业带”和“发展极”的规模效应。作为关联科技与生产的中介机制，“发展极”和“产业带”不仅有利于科技产业的培育与发展，而且也为科技主导产业的选择提供了条件。

5．全球分工与合作

科技主导产业选择必须从国际地域分工体系中寻求产业结构布局。从全球产业分工体系来看，多数国家和地区，一方面向发达国家输出收入弹性消费品，一方面向发展中国家输出资金技术密集型产品，并从发达国家引进技术设备。科技主导产业选择可以从全球分工布局以及输入、输出的结合部全面衡量、做出判断。

（三）不同阶段

科技产业发展在不同发展阶段有不同的重点选择。作为科技产业结构的组合条件，科技支柱产业与主导产业在发展过程中形成推移结合的阶段性特征，并与其发展重点有密切的关系：

阶段Ⅰ：科技主导产业向支柱产业推移的阶段。这个阶段科技主导产业进入成熟期，技术结构趋于成熟状态，市场容量趋于饱和。但国际国内市场仍有潜力，在出口创汇和满足国内市场需求等方面，主导产业将让位于支柱产业。产业结构逐步演进并进入高层次。主导产业在高技术产业的带动下，形成新的产业群。

阶段Ⅱ：新兴科技产业群成为主导产业阶段。但在科技产业结构中新兴产业占有的比例还不高，需要支柱产业通过出口创汇和市场扩张，带动主导产业的市场扩张与发展。这一阶段，新兴产业成为主导产业的时间大约 5~10 年。这既为新兴产业崛起提供了基础，也为新的科技产业发展时期的支柱产业做了准备。

阶段Ⅲ：新兴产业成为科技主导产业阶段。这个阶段，新兴产业在出口创汇中占有较大的比例，出口规模已适应国际经济发展的需要，在产业布局结构中也比较合理。科技支柱产业进一步趋向结构老化，科技主导产业将逐步取代支柱产业，形成新的科技产业发展形态与格局。

科技产业演变发展的阶段性特征，可以从部分亚洲国家或地区不同时期的产业变迁看出（见表 3–3）。

表 3–3 亚洲部分国家或地区不同时期选定的主导产业

国家或地区	20 世纪 50 年代	20 世纪 60 年代	20 世纪 70 年代	20 世纪 80 年代	20 世纪 90 年代至 21 世纪初
日本	劳动密集型、资本密集型产业	资本密集型、资本技术密集型产业	资本密集型、技术密集型产业	技术密集型、创造性技术密集型产业	创造性知识密集型产业（信息通讯、物资流通、节能和新能源开发、环保、生物工程、宇宙航空、海洋开发）
韩国	劳动密集型产业	劳动密集型、资本密集型产业	劳动密集型、资本密集型、资本技术密集型产业	资本密集型、资本技术密集型、技术密集型产业	技术密集型、知识型产业及服务业（计算机、半导体、生物技术、新材料、新能源、精细化工、航空航天等 28 个）
中国台湾	劳动密集型产业	劳动密集型、资本密集型产业	劳动密集型、资本密集型产业	劳动密集型、资本密集型、技术密集型产业	技术密集型产业（信息技术、电子技术、生物技术、航天技术等）
中国香港	劳动密集型轻产业	劳动密集型产业	劳动密集型、资本密集型产业	劳动密集型、技术密集型产业	知识型产业及服务业（文化及创意产业、创新科技、检测和认证、环保产业等）
新加坡		劳动密集型产业	资本劳动密集型、资本技术密集型产业	资本技术密集型、技术密集型产业	技术密集型产业，以电子业、化工业为主，新兴产业，如环境科技、洁净能源等。

上述阶段性分析可见，科技产业的演进与发展过程，是产业转型升级、结构调整、科技创新与市场需求等因素相互作用的结果。没有创新性的产业转型升级、科技成果转化等因素的带动作用，科技产业演进未必一帆风

顺。因此，科技产业的选择需要从科技创新、产业演进和市场需求的结合进行统筹选择。只有把科技创新、市场需求与产业转型有机地结合起来，把市场潜在资源与科技比较优势加以考虑，才能确立科技产业的多层次、阶梯型的系统结构，真正形成科技产业的持续发展优势，促进科技产业的结构升级。

五、选择战略

科技产业的迅速发展基于创新全球化、科技变革、产业转型、资源禀赋优势等为基础的战略支撑。所谓发展战略是指在一定时期科技产业经济发展中带全局性的重大问题的谋划，以及一定时期内一国科技产业经济发展所要实现的战略目标、战略阶段、战略重点等。在全球范围，按照战略层次划分，科技产业发展战略大体可以分为三个层次（见表 3–4）。

表 3–4　全球科技产业发展战略层次划分

战略层次	国家或地区	战略选择
第一层次	美国等创新国家	科技产业发展采取垄断和超前的选择战略，通过科学技术的领先地位，掌握核心技术及科技产业发展的垄断地位，进而影响全球经济贸易和科技发展格局。
第二层次	日本、欧盟等发达国家	通过实施高端制造战略，以移动互联网、云计算、物联网等新一代信息技术为媒介，围绕智能化（智能工厂、智能生产、智能物流）、关键领域，实现以转型升级为中心的科技产业发展。
第三层次	中国等转型国家和地区	实行跨越式“赶超”战略，通过战略干预、创新驱动和引进国外关键技术，提高科技产业水平，参与全球与发展本国或地区的经济技术竞争，促进本国（地区）产业转型与结构调整。
第四层次	巴西等发展中国家或地区	这些国家具有一定的研究开发能力，具有明显的资源优势及经济发展潜力，一旦进入科技商品化、产业化领域，在增长过程中将形成具有比较优势的科技产业体系。

发达国家或地区科技产业发展的选择战略，主要通过内外部科技产业结构调整，以及通过实施经济全球化战略得到实施和贯彻。它的战略目标、战略阶段、战略重点都紧紧围绕着寻求全球科技产业制高点及其“利润区”进行系统设计和规划。对于发展中国家或地区，科技产业发展的选择战略主要通过内部科技产业结构调整，以及对外开放的战略得到实施和贯彻。从发展中国家内部分析，区域布局结构调整和产业结构调整是其重要的方面。区域布局结构的调整是因为许多国家的产业发展失衡现象日趋严重。通过科技产业布局结构的调整，积极扶持科技、人才、资金和地理具有优势的发达地区，建立科技主导产业和出口替代的支柱产业；并通过科技转移和产业转移来带动欠发达地区的经济技术发展。在科技产业发展选择过程中，迫切需要把科技“发展极”与产业转移结合起来，形成近距与超距辐射相结合的科技产业布局和优势互补结构。同时，制定区域产业发展政策，通过倾斜政策的实施，促进经济技术要素由发达地区向其他地区流动或转移。

与此同时，发展中国家或地区通过进一步开放，加快国际化的步伐，建立适应国际竞争，形成有利于全球合作的科技产业体系。主要通过引进国外技术，提高科学技术水平和产业转型发展能力，加快产业结构调整和技术更新换代。在此基础上，通过重点选择出口替代产业和出口创汇产业，参与国际经济技术分工。进而加速推进科技产业高度化，建立适应国情的、具有比较优势的科技产业发展模式。通过内外结合的产业发展选择，使科技产业体系既受到本国科技综合实力的支持，又能纳入国际经济技术合作的范围。为形成这一战略优势，许多国家和地区建立了以科技为导向的“科技产业园区”，以推动科技产业的发展和国际经贸的合作。通过科技园区的建立，形成科研、教育、生产综合开发实体，使以科技园区为前沿的产业发展战略，成为国际科技经济发展的重要组成部分，促进区域经济技术的合作与发展。

实施科技产业发展战略目标，与正确实施有关科技产业政策，坚持科技发展与市场需求紧密结合的原则，以及合理有效引进先进技术，促进科技产业发展的政策措施有紧密的联系。

1. 政策干预和协调组织

政策干预和协调组织对科技产业战略目标的实现，具有重要的影响。由于发展科技产业有很大风险，需要大量资金投入，没有政府的支持和干预，就很难迅速发展。以亚太地区科技产业发展为例，日本、韩国等国的科技产业经济迅速发展，与这些国家和地区的政府干预和组织协调作用有密切的关系。日本政府从明治维新以来就确立了"追赶欧美"的战略，国家通过制定独特的产业政策，引进国外先进技术和设备，并通过法律、财政、金融等手段，进行产业发展过程的调整和干预。在产业结构高度化的政策指导下，把产业部门分为三类：一类是科技主导产业，即战略产业，采取保护和扶持政策，积极促进发展；二类是衰退产业，通过调整、转移和缩小规模，促进其减少规模和分流；三类是介于前两者之间的一般产业或支柱产业，采取一般政策，保持其发展活力。这样，促使新兴产业迅速发展，一些传统的仍有竞争力的支柱产业保持增长的活力，而衰退产业则不断向其他产业分流和转移。

2. 实施正确的引进战略

实施正确的引进战略对科技产业发展有重要的影响。通过实施技术引进战略，以科技进步改变产业结构及布局，在一些转型国家或地区已经取得明显的成效。以韩国为例，在 1962 年到 1990 年外资引进法实施期间，韩国通过技术引进吸收消化，建立了韩国的科技产业体系，提高了科技产业的技术水平，并在一些产业门类形成了全球产业竞争地位。据统计，韩国科技产业在世界市场占有率，1987 年为 1.3%，到 2000 年已达到 3.8%；进入 21 世纪，韩国以微电子领域为先导，引领七个产业部门成为出口创汇的主导产业。这些产业在世界占有率可达到 2% ~ 4% 的水平。2013 年，半导体产业已占全球市场份额的 15.8%，市场占有率超过日本（占有率为 13.9%）。

3. 以市场需求为导向

实现科技产业发展选择的战略目标，与市场需求有明确的战略关系。科技产业发展的生命力就在于具有潜在的市场及消费群体。科技产品进入市场，迫使过时的产品退出市场，并带动市场需求扩展及产品规模经济的发展。科技产品只有迅速占领市场，形成规模经济，才能够形成产业化、市场化。不遗余力地发展科技产业，主要是为了抢占经济主导权和市场控制权。所以，加快科技产业的发展就要在全球产业结构调整过程中，明确科技产业在市场需求结构中的基本位置。根据市场需求结构，进行科技产业发展的战略选择。这样，通过科技产业具有的经济增长潜力和经济技术波及效应，开拓市场需求空间；通过市场需求规模和潜在市场的作用，推动科技产业的合理选择和有效组合。

4. 遵循效益最大化

效益最大化是科技产业发展选择必须要遵循的原则。对于不能迅速形成产业规模效益的产业分类，除了产业培育阶段，都应采取合理发展的步骤，以结构性效益促进科技产业的发展。遵循效益最大化原则，一般以符合科技生长周期规律和适用程度为基础。科技产业发展的一般选择，主要是研究开发已基本稳定，商品化程度较高，具有市场适用性的科技成果，以及引进国外市场仍有竞争力的适用技术。通过成型性科技产业效益的积累，再投入高新技术成果的研制开发，使科技产业结构保持合理配置，实现产业结构的增量布局和结构性效益。

5. 重视资金、资源和环境制约

科技产业发展是资源合理配置、环境优化以及资金高投入的综合发展体系。实现科技产业选择，主要通过科技产业政策的实施，以科学合理的投资政策，实现科技产业结构的有效重组和结构调整。将科技产业投资与资源、环境进行合理组合，是检验投资政策成效的一部分。实现生产要素、生态环境等综合因素的统一布局、协调发展，才能真正实现科技产业选择的目标。

6. 注重科技产业发展时效

科技发明、创新和应用普及时间的缩短，使科技转化为生产力的速度加快。科技瞬息万变，产业演进周期大大缩短。从科技发展史来看，电能发明到建立第一座电站用了 282 年，电话发明到应用为 56 年，无线电通讯是 35 年，真空管是 31 年，电视是 12 年，雷达是 10 年，集成电路是 7 年，原子弹是 6 年，晶体管是 5 年，激光器是 1 年；19 世纪人类科学知识总量增长 1 倍需要 50 年，到 20 世纪中叶只需 10 年了，而现在仅用 3 到 5 年或更短时间；互联网用户发展到 5000 万仅仅用了 4 年，在信息技术的推动下，如今正以每月 15% 甚至更高的速度增长。

除了以上选择要点，还需要制定战略规划与政策细节，建立系统评价体系，提出可供选择的基本流程及方法等。

第四节　科技产业演进环境

科技产业演进与成长是在创新驱动、产业转型和结构调整以及全球格局发生变化的背景下实现的。从产业微观经济角度，市场运行环境是科技产业发展的基础条件。而从产业宏观经济发展角度，适当干预与宏观调控，为科技产业的持续稳定的发展提供了基本的保障。

一、市场经济环境

科技产业在市场经济环境条件下的运行与发展，主要通过市场创新及资源配置等的作用加以不断完善和调整。市场结构日趋合理、市场层次不断提高、市场交易内容及其方式不断更新、市场环境的不断改善、市场主体不断发展等，都是有利于科技产业成长的市场经济环境和条件。作为科技产业发展的环境系统，需要具备以下若干条件：

1. 完善市场体系和市场法规

市场是供求关系的总和。加快科技产业的发展，就要通过市场纽带的联系和作用，以市场机制调整技术结构、人才结构和产业结构，使科技产业发展符合市场资源配量的要求。市场体系的完善包括产品市场、金融（资金）市场、劳动力市场和技术市场。市场体系的完善需要市场法规的作用。科技产业的发展，从科技成果到商品化、产业化，都必须经过商品生产、流通过程和分配、消费过程等。同时，在这个过程中还要经过技术市场、人才市场的各项交易，使科技资源得到充分的利用。由于市场体系发育程度制约着科技向生产力的转化，在市场体系不健全，市场结构不合理的情况下，科技成果难以迅速形成商品，进入市场。完善市场体系，制定和实施市场法规，就是通过市场运行机制，推进科学技术向现实生产力的转化，并为科技产业发展和培育提供了基本的市场环境和条件。

2. 建立明晰的产权关系

科技产业是由多种所有制成分的科技企业组成的。促进科技产业发展，首先要明确产权关系，把企业作为一个独立的法人使其参与市场经济运行的过程，并具备科学经营，依法处置资产，自主转让产权的能力。同时，不断完善企业经营体制，充分发挥多种所有制作用，赋予企业财产的拥有权。使企业经营机制符合市场经济运行中所有权与经营权相分离的形式，不断增强企业在市场的竞争能力和应变能力。

3. 创造公平竞争的环境

促进科技产业进入市场，必须实现市场运行的规范化和法制化，保证市场的统一性、公开性和公正性，建立公平竞争的规则和制度。这些规则和制度包括竞争秩序、规则、反垄断以及反不正当竞争等条例法规。通过颁布实施竞争规则，保证企业参与市场竞争的自由进入。以平等竞争规则和正当竞争规则，保证企业竞争的合理行为和正常的市场秩序。为监督实施这些竞争规则和制度，要建立相应的管理监督机构和审计、申报制度等。通过立法手段和竞争法规，建立公平竞争制度。

4. 建立有效的社会保障制度

市场竞争对科技企业的社会保障制度提出了一系列要求。为避免市场竞争造成社会保障缺失、经济利益冲突，需要通过建立有效的社会保障制度，完善医疗、就业、保险、养老、培训等机制，提供企业人员在市场竞争和社会生活中的生存条件和基本保障，保证社会的稳定和减少市场竞争带来的负效应。

5. 建立金融调控为手段的投资体系

对科技产业发展提供合理的资金投向，要建立以金融调控手段为主体的宏观产业投资体系。根据国家产业政策和科技发展规划，加强产业投资信息系统的建设，市场供需预测和企业运行状况的监督。对科技产业的资金投向，要符合高技术、高附加值、效益型和创汇型企业发展政策。通过调整投资结构，切实向科技产业倾斜，避免科技产业发展结构的趋同化现象，使金融调控手段在科技产业投资体系中发挥干预和调节的作用。

对于科技产业，市场创新及其运行机制本身就是一个环境条件。通过市场创新以及完善运行机制，可以使科技产业从市场体系、法规产权关系和制度以及社会保障制度等，得到更加灵活和可靠的体制保证。但是，仅以市场作为调节的手段，并不能解决所有的问题。由于市场调节的局限性，经济发展带来的环境污染、贫富差距、公共服务等问题都是市场机制无法解决的。同时，由于市场调节总是根据市场需求引导生产者的生产行为，使生产者在一定的约束条件下追求利润的最大化，把资产投向利润较高的产业，就造成了利润较低的基础产业的严重衰退。因此，必须通过国家有效干预，为完善市场机制创造必要的条件。

二、国家政策干预

政府在塑造国家经济结构及其形态时，不可避免地涉及产业政策，包括技术的选择和行业的配置。政府在任何经济体，尤其是“创新型经济体”中都扮演着政策干预的角色，即纠正普遍的市场失灵，如基础研究提供财政支持、提供教育质量等。国家以政策干预是对市场机制存在的功能缺陷、力所不及的领域和运行范围，通过国家战略、产业政策等干预调节，以补充和辅助形式调控经济运行，纠正市场机制短板，力求实现经济持续稳定的增长，均衡发展和充分就业等目标。政策干预在以市场经济运行国家的实施，是以市场调节机制的失灵为前提的。从 20 世纪 50 年代之后，产业政策为市场经济运行提供了良好的环境，在经济发展中取得了明显的成效（如东亚国家或地区），但在另一些国家（如拉丁美洲等国家）运用产业政策也出现过失败。尽管对产业政策争议不止，但市场不是存在于真空中，即使自由化的世界中，规则和规定也始终存在。全球经济危机带来的风险证实，产业政策具有内生的风险性，但没有产业政策会让一个国家面临更高的风险。国家没有选择，必须拥有产业政策（约瑟夫·斯提格利茨、布鲁斯·格林奥尔德，2017）。

产业政策主要是通过实施各项政策法规实现的。根据不同的标准，政策可分为不同类型。按经济政策的目标和手段划分，又分为制度政策和过程政策（见表 3–5）。制度政策，是指所有那些为经济运行过程创造长期制度环境条件的法规和组织机构的措施政策。过程政策是指在既定的制度环境条件下，协调和干预经济运行过程的措施。通过两种政策，国家可以调节经济过程的不同领域和规模水平。

表 3–5 产业经济调控的政策划分及内容

项目	制度政策	过程政策
单项调节	单项制度政策 ——生产法（企业法、劳动法、求职法） ——市场法（反对竞争限制法、交易法等）	单项过程政策 ——价格政策（最低最高价格限制法、海关法等） ——数量政策（销售担保、配额制）
结构调节	结构制度政策 ——区域制度法 ——为基础结构、地区结构和部门结构建立的制度条件和计划 ——财政平衡	结构过程政策 ——地区和部门结构政策（基础结构的提供和维持措施、价格和数量政策）
水平调节	水平政策调整 ——货币法（货币体系、银行法） ——财政法（税收体系、预算法等）	水平过程政策 ——货币政策（再贴现、最低准备金和公开市场政策） ——财政政策（收入和支出政策、国家财政预算等） ——收入分配政策（社会保障制度等）

通过政策干预科技产业发展的国家或地区，一般通过制订有关计划、法规和制度，协调各产业部门之间的关系，进行宏观调控和干预。这些国家（地区）在产业经济发展过程中，以市场机制为基础，依靠经济、法律等手段纠正产业运行偏差的战略行为。[①] 通过国家主导型管理体制，制定和实施工业化发展与科技发展的协调战略。通过发展战略和政策，规定科技

① 对产业政策的体系及其内容有不同的观点。小宫隆太郎教授认为，产业政策的内容主要包括对产业资源配置的政策和有关各个产业组织的政策。伊藤元重等将产业政策归纳为四个方面：试图对一个国家的产业结构产生影响的政策；矫正伴随技术开发和信息不完全所产生的“市场缺陷”的各种政策；以行政手段对个别的产业组织进行干预，以提高经济福利的政策；与其说是基于经济根据，不如说主要是出于政治要求而采取的政策，如为对付贸易摩擦而采取的出口自主限制和多边贸易协定等政策。

产业发展及结构升级的方向。以法规、条例等立法行政手段和财政、金融、税制优惠等政策来保证产业发展的顺利实现；以重点产业发展政策，明确优先发展重点产业，并以税制优惠作为干预手段，促进科技产业经济的发展。通过扩大企业自主权，改革金融体制，加快企业集团化发展，以适应国际竞争的需要。这些政策干预，为科技产业在市场运行机制条件下逐步发育成熟，创造了良好的环境条件。

实施产业政策在各国或地区有所不同，但大多数国家采取以下方式：

1. 法规干预。即根据法律保证实效的强制性干预。例如，日本为促进科技产业发展，分别于 1951 年修订《租税特别措施法》，1952 年修订《企业合理化促进法》，1956 年修订《机械工业振兴临时措施法》，1957 年修订《电子工业振兴临措法》，后两个法律在 1971 年合并为《特定电子工业及特定机械工业振兴临时措施法》。使用政策手段主要包括税制、金融、财政补贴，以及以《外汇与外贸管理法》为根据进行进口外汇配额等。对科技产业发展的产量、价格、设备投资等进行干预。

2. 政府干预。即通过战略规划、政策扶持和官民协调等方式实行干预指导。这种干预方式一般并不具有强制力。在政府干预上，采取适度干预意味着通过转变职能，由具体参与者逐步转变为政策制定者和协调者。通过减少对产业发展的直接干预，把重点放到规范市场竞争和市场监管上。干预手段包括：（1）财政政策。是政府干预或调节产业经济运行过程的主要政策手段之一。旨在通过实施财政政策，实现预期的产业发展目标。包括政府投资、财政补助、减免所得税、特别折旧制度等。（2）金融政策。根据既定目标，通过中央银行对货币供给的管理来调节信贷供给和利率，以影响宏观产业经济发展水平。（3）管制政策。对特定产品、资本、技术的进出口实行集中管制，外汇集中管理。但随着产业的成长逐步放宽或取消，以适应市场经济的发展。（4）行政指导。采取指示、指导和劝告等形式，通过书面文件形式或口头通知进行调节。这种方式在日本产业政策执行中得到推行。一般需要政府与产业之间形成长期存在的相互信赖关系。

政策干预的目标是弥补市场失灵，但决不能滥用。通常最优政策需要权衡政策的边际收益和边际成本，并实行多种手段的综合运用。目的在于，以政策干预手段与市场运行机制共同调控产业演进与转型发展，保证市场运行机制有效正常地发挥作用，恢复和发展市场运行机制的调控功能，弥补和纠正市场机制的缺陷，从而为产业经济健康发展创造稳定的社会经济环境。同时，采取直接投资、政策倾斜取代市场机制，弥补市场失灵的部门，对科技产业部门等重要领域和研发部门给予扶持和保护，促进科技产业健康有序地发展。

目前，政策干预与市场调节的有机结合已成为塑造科技产业经济结构与运行机制的基本形式。作为一种“混合运行机制”，[①] 为经济转型国家（地区）的科技产业发展创造一个能够加强知识溢出、合理发展的环境。这主要表现在：提供和保障社会公共产品和知识服务，参与调节产业发展的过程，实施收入再分配和社会保障等，使这些国家（地区）能够集中精力发展科技经济，实现产业经济转型战略目标。不同的是，随着互联网应用与智能交互技术的融合发展，“混合运行”范式及手段发生明显的变化，以信息透明、平等交易、互利共享的新经济模式，提供了全方位的服务能力、释放了主体市场的功能，实现互联网时代的体制对接和机制完善。

无论何种类型的“混合运行机制”，必然存在着结构性矛盾和政策冲突。政策干预为市场运行提供了良好的环境，但随着市场功能的恢复和缺陷的弥补，也改变了政策干预的作用和环境。在这种环境中，混合运行机制中的政策干预，与市场调节机制的结构性矛盾和冲突就日趋严重。市场并非存在于真空，所有政策法规都影响着市场经济结构，并对政策干预的作用及对市场产生某种抵冲。因此，政策干预由直接干预逐步转为间接干预，运用经济杠杆和市场机制中的经济参数来调节产业经济运行。各国通过政策法规、制定游戏规则对产业发展进行干预，以保证国际科技经济的良好运行秩序，寻求解决运行机制中的矛盾和缓解政策冲突。这种适应创新全球化和经济全球化的“国际协调”，通过建立区域经济技术组织和共同

① 随着互联网应用与智能交互技术的融合发展，有学者提出突破计划和市场二元语境，构筑互联网时代的协同互利新经济（杨培芳，2000）。实际上，协同互利不易，融合汇流更难。网络化的协同互利经济，还是一种混合运行经济。即使突破，政策干预也是客观存在的，只是干预方式、运作形式发生了变化。

市场，使国际合作进一步地加强。

三、国际竞争环境

科技产业成长与演进是在全球化背景下实现的。各国之间的科技经济竞争合作，促进了全球科技经济的发展，也为各国科技产业发展提供了参与国际竞争与合作的机遇。目前，全球网络化、多层次、区域性科技经济组织不断出现，形成了贸易区、关税同盟、共同市场、创新联盟等区域集团。这些区域集团通过科技经济联系和产业结构的调整，不断推进按不同科技发展水平和产业层次进行国际分工和互补性合作的进程。在多层次、跨地区的国际分工中，发达国家与发展中国家之间的差距不仅是资源，更是分工合作的差距。这些分工已不完全是传统意义上的垂直分工，而是出现了部分水平分工和新的部门内的垂直分工。一些科技产业和产品的水平分工的比重逐渐扩大，垂直分工的比重相对缩小。由于区域经济技术资源和产业结构的互补性，科技产业的技术、资金与人力、资源的结合，逐步演变为某种水平分工的形式和产业结构。各国之间的产业分工与投资合作，使这些国家（地区）以投资结构的变化，带动科技产业结构的调整，促进各国（地区）科技产业发展的合作与发展。国际经济技术合作之所以会取得明显进展，主要有以下方面的因素：

1. 产业分工加强

由于市场需求结构的变化维持了较快的增长速度，全球科技产业分工与合作不断加强，分工范围不断扩大，水平分工层次不断加深，各国之间、区域之间的经济技术相互依赖的程度不断提高。各国产业、科技和贸易的依存度不断递增，需要各国加强合作与协调。通过产业分工和服务外包，加强技术合作、产品交流、劳力交换和资金流动等，进一步带动本国的科技产业发展。

2. 利益关系加深

受经济利益驱动及科技经济、市场的发展需求，促使科技发达国家，以科技经济合作作为获取资源和廉价劳动力的互补条件，为其商品出口寻求市场。而发展中国家和新兴工业国家（地区）为吸收外资和技术装备，获得新技术和新工艺，迅速进入国际市场，也通过投资、政策、环境以及市场和劳动力等优惠条件，进行互补性合作，以便增强科技产业发展的实力。尤其是网络全球化的各国利益合作关系更加密切。高效的交易平台，为国家或地区之间的科技、贸易沟通等活动提供线上线下公共空间。引发了一场基于网络的利益交往的关系重构。对这些国家加快资本、技术、产品的互动、交流起到了重要作用。

3. 多边合作加快

全球经济技术合作和区域经济集团的推动与发展，推进了各国的多边合作和协调。特别是随着双边或多边区域的产业分工合作，各国科技产业合作领域不断拓宽，并迅速改变了现存的产业结构和技术结构，使区域多层次、追赶型的产业结构进一步演变区域产业经济技术共同体，从而加快了科技产业的战略性重组及布局结构的调整。

经济全球化为科技产业发展提供了有利的环境。在全球化背景下，科技经济一体化进程加快了统一大市场的建立，而且通过网络化平台的技术引进、产业转移，带动了生产要素的合理流动，提高了科技经济的竞争能力。与此同时，也带来国家（地区）之间的科技经济利益矛盾和冲突。这种矛盾和冲突在创造更多的投资、贸易和技术转让机会时，也使发展中国家与发达国家的差距进一步地扩大。发达国家采取的实用主义的“双重政策”，一方面强调实行全球贸易自由化原则，促进发展中国家或地区开放市场，但一旦陷入经济危机和贸易不平衡，就立即采取保护主义、技术管制以及经济制裁等措施。区域集团之间的排他性和贸易壁垒的建立，给全球经济技术贸易与合作形成制约，特别对转型国家（地区）科技产业的成长造成了严重的障碍。转型国家或发展中国家（地区）由于发达国家实行技术管制和贸易保护主义等政策而付出高昂的代价。一些资源、能源丰富的发展中国家或地区，在国际产业垂直分工格局下，通过生产加工、外包等形式，扩大劳动密集型产业、产品规模，获取了较低的出口创汇利益。转型国家和地区，虽然通过招商引资调整产业结构，利用发达国家的资金技术，促进了科技产业经济发展的活力。但对发达国家的依赖日趋严重，在核心技术、高端装备、稀有原材料和新兴市场等方面受发达国家的变化所左右，科技产业的核心技术及关键部门仍然控制在跨国公司手中。

第四章　运行机制

建立完善的科技产业运行机制，不仅能够提高运行效率，减少系统运行过程的滞存现象，加快科技经济一体化进程，而且能够有效地实现科技产业的协调发展与资源配置。在本章，我们通过对运行机制内涵及其构成的讨论，对科技产业经济运行机制特征、支持系统等架构进行深入分析，探索科技产业经济运行过程中的机制摩擦与滞存现象，并就科技产业发展协调发展机制等进行理论阐述。

第一节　运行机制的构成

分析科技产业发展及其相关问题，需要明确科技产业经济的运行机制定义、基本特征、主要功能与运行模型等。

一、运行机制

机制是一个有不同诠释、不同定义的复杂系统。机制一词原指机器的构造和动作原理。生物学和医学通过类比借用这一概念，用以表示有机体内发生生理或病理变化时，各器官之间相互联系、作用和调节的方式。后来人们将“机制”一词引入经济学等研究，用经济机制一词来表示一定经济机体内各构成要素之间相互联系和作用的关系及其功能。由于机制是在经济机体运行中发挥功能的，所以又称为运行机制。一个经济机体在整体运行中包含它的各构成要素的局部运行。各构成要素都自成系统，各自都有特定的运行机制。因此，所谓运行机制是一种构成要素正常运行并发挥预期功能的协调发展系统。从产业经济角度，它是指在一定产业经济机体内各构成要素之间的内在联系和作用制约关系，以及该系统运行的动因、规则、规律和方式，以及决定资源配置和利用的方式等。

二、设计理论

最初提出经济运行机制及其设计理论的是美国明尼苏达大学经济学教授利奥·赫尔维茨（Leonid Hurwicz）。1972 年，他在《计量经济学杂志》上发表了题为《信息分散化系统》的文章，标志着经济运行机制及其设计理论的诞生。所谓经济运行机制及设计理论是研究在自由选择、自愿交换、信息不完全及决策分散化的条件下，能否设计一套机制（规则或制度）来达到既定目标的理论。机制设计理论所讨论的一般问题是，对于任意给定的一个经济或社会目标，在自由选择、自愿交换、信息不完全等分散化决策条件下，能否设计以及怎样设计出一个经济机制，使经济活动参与者的个人利益和设计者既定的目标一致。在整个理论体系中，机制设计的模型理论至关重要。这一模型归纳为：环境、配置机制、行为准则、评价标准四个部分。

1. 经济环境：在一个经济系统中，存在生产者和消费者。消费者具有自己的偏好和初始资源，生产者具有生产可能性集合。用 R 表示消费者的偏好集，用 W 表示其初始资源，T 表示生产者的生产可能性集，则经济环境 E 可以抽象成上述集合导出的集合，即 E =（R，W，T）。

2. 配置机制：配置机制是各种资源配置方式的抽象，它包括两个部分，一部分是信息空间，另一部分是配置规则。

信息空间：是经济环境中各个个体所拥有的信息的总和。而信息是个体间交流的媒介，它可以是商品的供求量、微观个体的性格、消费函数、生产函数等，也可以是对其他个体行动的反映。用 N 表示经济环境 E 中所有个体的集合，对于其中任一个体 $i \in N$，若 M_i 是它的信息集，则整体的信息空间可以表示成 $M=\prod_{i\in N} M^i$。

配置规则：它实际是把信息传递转化成资源配置的规则。资源配置空间是由各种资源配置结果所组成的集合，用 Z 表示资源配置空间，其中任一元素 $z \in Z$ 可以是资金、劳动力、技术的投入组合，也可以是不同的消费品构成的组合以及税金分担等。设 h 为配置规则，则有 h：$M \to Z$。

3．行为准则：即微观个体根据所处的经济环境，决定如何向他人传递信息的规则。如用 b 表示这一规则，则 b：$E \to M$ 是对微观个体行为的描述。

4．评价标准：评价标准是针对配置结果（$z \in Z$）而言的。这里的标准可以是政府的目标，也可以是公众的选择。如果用 F 表示评价标准，则 $z \in F$ 是配置结果符合标准，否则就不符合标准。是否符合评价标准是判断经济机制好坏的基本依据。

综上所述，经济机制设计理论就是在既定的经济环境 E 和评价标准 F 下，借助对个体行为准则 b 的描述，研究寻找什么样的配置规则 h，使得最后的配置结果符合评价标准。即：寻找 h，使得 $h(b(e))=z \in F \subseteq Z(e \in E, b(e) \in M)$。

由此，获得了若干结论：（1）激励相容不可能性定理：在经典环境下，如果个体数有限，不论是公共品环境还是私有品环境，有效的资源配置和个体如实传递他们的偏好不可能同时达到。由于人们已经证明激励相容与占优均衡是等价的，此结果说明即使在私有品环境下，也不存在任何机制使得占优策略的结果达到帕雷托有效。（2）在经典的公共品和私有品环境下，当个体数有限时，存在个体在采取纳什策略时使资源配置达到帕雷托最优的经济机制。（3）无论是政策机制还是计划与市场的混合机制，它实现资源配置帕雷托最优所需的信息一定比市场机制多。

从机制设计理论及其模型来看，运行机制实质上是由各种要素相互协调所组成的集合。然而，不同的产业经济制度等有不同的运行机制和不同的资源配置或利用模式。但作为经济运作规律及规则的协调发展系统，形成不同的运行机制和不同的资源配置或利用模式，往往基于两个基本条件：一是规范化、稳定性、协调发展的制度体系，二是有推动有序运行的创新域和动力源。其中，运行机制与制度之间既有联系，也有区别。从市场经济角度，产业运行机制是一系列产业行为及其内外诸要素如研发设计、生产制造、市场需求、结构调整等相互联系、相互制约的系统运行和经营活动的过程与方式（见表 4–1）。而这些运行过程和活动受制于制度等构成的环境因素的影响和制约。因此，机制并不等同于制度，制度只是机制的外在表现。机制作为产业经济内在本体的机制，虽然可以对资源配置和产业经济运行起着重要的调节作用，但在机制设计中还要兼容制度等方面的因素。

表 4–1　产业经济运行机制的内外行为及表现

运行方式	内在行为	外在行为
研发设计	自主创新、研发设计，产品功能扩张等	提高产业核心竞争力，增加专利储备等
生产制造	专业分工，链接集聚等	产业集群，一体化生产，外包等
市场需求	市场系统链接，宏观政策	市场规模扩张，品牌产品销售率提升等
结构调整	产业政策，投资调整，布局配置等	产业转型，产业升级，产业转移等

值得注意的是，首先，在机制设计的微观经济系统中，主要面对的是生产者和消费者；而在宏观经济领域，环境系统包括发展战略、远景规划、发展目标等。它们共同构成了整个运行机制体系的核心和主线，这意味着具有重大价值的并不是将微观个体放在存在利益冲突的博弈环境中，进行多种行为型结构及多重评价标准，或用理论描述现实经济生活中分散化的决策、多元化的利益、复杂化的微观动机等，而是在运行机制设计中增加发展战略、远景目标、系统评价等组合设计因素。其次，发展动力及其驱动力规则决定着经济运行机制的活力及持续性。就运行机制的相对稳定性而言，随着经济动力机制或历史阶段性演变，经济运行机制也会相应地发生变化，这种经济动力与运行状态的发展机制，称之为异态转化机制。从宏观与微观领域的异态转化过程因素及其状态的改变，引起运行动力机制的功能性变化和系统不断完善。与此同时，系统环境、配置机制、行为准则、评价标准等也随之表现为动态性的调整和变化。最后，运行机制不仅仅是经济规律的演变形式，还反映在市场经济规律主导下的产业经济演变过程及其作用形式。因此，运行机制的功能并不单纯是考察机制效率和运行成本，还包括转型升级和结构调整带来的产业形态的变化。

三、科技产业运行机制

（一）机制构成

科技产业经济运行机制是指在科技产业经济机体内各构成要素之间相互联系和作用的关系及其整体功能的总和。也可以视为一组运行基本要素集合在科技产业经济机体内的互动关联和制约以及由此决定的调控方式等。从市场经济角度，在科技产业经济机体内，激励机制、分配机制、决策机制之间存在着密切的关系。作为科技产业运行的动力、转型和集聚系统，市场机制相关要素在科技产业运行中发挥着必要的调节作用。它包括竞争激励机制、人才机制、积累机制、投入机制、创新机制等。其中，激励机制、人才机制、创新机制等是形成动力系统的关键部分，往往对投入机制等产生功能性作用，在科技产业运行过程中扮演着重要的角色。

1. 市场机制

市场运行机制是科技产业发展的驱动力之一。科技产业结构调整及升级往往是在市场经济环境下通过政策驱动、投资驱动和创新驱动实现的。具体来说，由价格机制、竞争机制、风险机制、创新机制等构成了市场运行机制。价格机制是核心，竞争机制是关键，风险机制是基础，供求机制是保证，它们共同构成市场运行机制，并带动激励机制、人才机制、创新机制等相互作用与发展。

（1）竞争机制。是科技产业竞争行为产生影响作用的各要素之间相互联系及竞争行为。科技产业经济主体能否实现其价值，能否获得超额利润，一定程度上取决于在竞争中能否成功。竞争是一种生存选择，它依照市场规则提供的强制力择优汰劣，从而激励科技产业经济主体为成功而提高竞争能力。竞争激励对科技产业发展产生驱动力，迫使其以市场规律约束自己的市场行为，不断增强企业活力，重视科技创新，提高生产效率，拓展生产领域，从而推动资源合理流动和产业结构的不断优化，最终形成资源的合理配置。

（2）风险机制。是指市场竞争与运作风险的共同作用原理。风险运作机制是以市场竞争为基础。以科技创新及商品化为手段的市场竞争，驱动着科技产业演进与成长，也存在市场失灵现象。这是风险产生的根源所在，也是风险运作的依据和理由。科技产业发展风险运作存在不同于其他形式的突出特点。诸多不确定因素、非可控因素的动态作用和影响，导致风险运作始终处于高技术、高投入、高风险的状态之中。运作风险主要来自于经济活动溢出市场以外的时候，“看不见的手”可能带来技术风险、投资风险、市场风险、管理风险、财务风险等，引导科技产业发展误入歧途。科技产业在风险运作中表现出的高失败率和高回报率，共同验证了风险投资运作中的高风险性。建立有效的风险运行机制是发展科技产业的有效途径。

（3）创新机制。创新是激发科技产业活力的源泉，也是科技产业实现增值的动力。制约创新的有制度、文化、设施、投资、价格和供给链接等。这些要素之间的互动性影响及相互制约，会导致运行机制的功能不断调整，因而带来了对其他相关机制的影响。此外，企业文化等要素，通过要素渗透到运行机制的各个环节，制约着科技产业创新与转型发展。建立创新机制，首先要完善有利于创新的“软环境”，通过制定优惠政策，对创新发展实行有效导向，使科技创新与经济利益主体有效地结合。与此相适应，建立起要素市场，包括合理的要素价格体系、公平竞争交易的机会以及公正的中介机构等。其次，推动科技产业化的战略重组，以市场竞争和政策调控，促进科技产业创新机制的形成。

（4）动力机制。科技产业发展动力主要依赖于政策驱动和利益驱动。从产业发展角度，科技产业运行受制于正向动力和逆向动力导引。科技创新与产业发展合一，就处于正向动力的利益取向；反之，则处于逆向的利益取向。研究证实，传统产业扩张力主要依靠大量资金和廉价劳动力的投入，加之在技术改造、投资结构等方面缺少约束，一旦市场压力形成，科技产业不仅不能利用逆向动力发挥创新优势，反而会进一步扩大资金投入，以维持产业规模的增长动力。科技产业发展动力疲软以及规模评价的过度需求，与创新需求、产业外部市场竞争压力形成了强烈的反差。因而，需要调整科技产业需求结构和利益分配关系，制定投资、税收、价格和资金配给等政策。同时加快企业结构调整，以科技主导型企业兼并创新动力不足企业，促进科技创新、产权交易与资源存量的合理流动，实现科技产业结构的优化。

（5）人才机制。科技产业发展的关键就是人才因素。人才作为最有效的创新资源，在科技产业发展中起到至关重要的作用。人才作用通过制度、政策等要素的激励得到进一步体现。知识型的科技人员和具有开拓精神的企业家，在制度、政策等要素的系统支持下才能完成科技成果的研发、扩散、渗透及产业转型等活动。人才的激励给科技产业发展提供了强大的创新氛围。通过建立探索和发掘人才机制，寻求人才合理配置的有效途径，形成“双向选择、平等竞争、自由流动、人尽其才、优胜劣汰”的人才机制，进而增强了科技产业发展的活力。

（6）投入机制。科技投入是实现科技产业化的基础。科技投入规模化和高风险化，必须通过制度创新推动科技投入社会化的管理，发挥其在多元投入结构中的功能作用。在资源配置机制基础上，实现“府、产、学、研、资、介、用”等部门对科技投入的合理分工和协调配合。政府在公共领域以政策投入方式担当投入主体；在准公共领域以投资、税收、政府采购和政策性金融支持等方式参与投入，实施产业政策引导；在市场领域，政府通过维护和完善公平竞争市场环境，指导企业、金融、非营利机构的产业投入重点，鼓励链接配套投入，并形成多方面合力。

2．运行机制

（1）分配机制。是指科技产业运行链各个相关部门的利益分配方式、调试关系和合作模式，又称之为利益分配机制。科技产业的分配机制，一般通过经济利益主体的相互关系、相互影响，以产业链接利益和产权关系，明确“府产学研介”在科技产业投入、产出的权利和义务。通过经济利益主体互动和形成产权关系，进一步建立起紧密的科技产业集群形态和利益循环经济体系。

（2）激励机制。一般是指在组织系统中，激励主体利用激励手段与激励对象相互影响、相互制约的方式、结构、关系及演进规律的总和。科技产业激励机制的建立，要制定符合科技产业特点的分配制度和办法，实行按岗、按任务、按绩效定酬的分配制度，以贡献大小合理拉开创新人员与普通人员的收入差距。对有贡献的科技人员实行奖励政策，采取项目成果奖、产品销售收入提成、新增利润提成、股份奖励等激励措施。科技企业、研发机构等可以实施技术专利和科技成果作价折股，由科技发明者和实际贡献者持有。

（3）产权机制。是指以产权为中心形成的科技经济主体责、权、利之间相互依赖、相互制约的机制。产权机制是科技产业形成合理产权结构的关键，不仅反映了科技产业内部的各个利益主体的关系，而且突出了科技产业各个利益主体的权利及责任。建立在知识的生产、存储、使用和消费之上的科技产业经济，其知识产权的功能和作用还表现为激励、调节以及规范与保障特征。

（4）经营机制。是指企业机体的各个要素及系统在运行过程中相互促进、相互制约而形成的有效生产活动的内在机能及其运作方式。经营机制是一个系统，包括经营决策、经营动力、经营协调等，主要是通过一定的组织系统调节各个经营环节，搞好各个经营环节的平衡衔接，使整个经营活动合理有序地运转，推动企业经营活动的可持续发展。

3．约束机制

科技产业经济的运行与发展是在双重约束下实现的。科技产业约束机制主要是通过制定游戏规则，形成内在的产业自我约束机制。以科技立法的形式，强化产业科技的先导作用；通过税制、金融财政等政策导向，调整和改善产业发展的内外环境条件；加快科技要素的流动，实施合理的投资结构等。同时，把产业体制改革与科技进步政策有效地结合起来，进一步完善科技产业发展的约束机制。主要包括决策机制、控制机制、监督机制、制约机制、预警机制等。

（1）决策机制。是指决策系统的要素、功能及其相互作用的过程及方式。包括选择的决策依据、流程、路径和方法等。科技产业运行的决策系统与其他相关要素存在链动性关系。决策意味着科技产业运行与发展方向的确认，一般对科技产业运行及发展系统产生重要的影响。

（2）控制机制。在科技产业运行条件下如何按照既定决策目标要求，实现产业目标、流程调整，是控制机制的主要任务。科技产业控制可分为：以市场竞争和政策、制度为主体的外部控制机制；以系统管理为主体的内部控制机制。外部控制与内部控制机制之间的影响交相呼应。

（3）监督机制。是指在监督系统内部各个构成要素相互作用关系及其监督运行过程、功能及其方式。对科技产业运行监督是对科技产业发展过程的监控。其间，动态性信息反馈对监督系统的传递有重要的价值。

（4）制约机制，是指对科技产业运行以既定目标、政策或标准等，对各构成要素相互作用关系及其运行过程的监督、指导和控制，以便使其规范化、合理化的功能、手段和方法。其间，既定目标、政策或标准等作为制约基准具有监督、指导和控制作用。

（5）预警机制。一般是指根据对科技产业发展的预期准确地预见其运行风险，并能及时运用规则、制度及政策措施，提供机构、网络、对策等构成的预警系统。其作用在于超前反馈、防风险于未然，保证科技产业运行的经济安全。

在市场竞争条件下，科技产业运行及发展动力主要来自于市场竞争的激励。但在传统经济阶段，科技产业的价值常被低估、不易发现或缺乏实现条件。所以，仅仅依赖市场竞争等机制还远远不够。在双重约束条件下，科技产业运行以创新驱动为基础，使创新起源于研发，贯穿于产业运行过程的各个环节，并对科技产业创新系统的广义组织架构、机制产生一系列变革性影响。这不仅包括科技产业经济以知识、科技、人才为核心的科技创新，以及制度、政策、管理为核心的非科技创新活动，还将带来与科技产业发展密切相关的协调发展等竞争理念的系统创新。

（二）基本特征

与一般产业运行机制类同，科技产业运行机制也具有价值链接的若干特征：

1．运行载体的结构性

科技产业经济运行载体具有同一属性、同类要素、组织的集合性与结构性等特征。其特征表现为在科技产业经济运行过程中形成的科技经济联系，以及由此表现出来的一些结构性关系。在运行过程中，技术、投入、组织等结构性变化和调整引起不同的结构性变化：一是运行结构的优化升级，呈现出结构的合理化和高级化形态；二是造成运行结构的滞后，表现为产业结构的非均衡与市场的不适应程度等。通过对科技产业经济运行结构性调控，推动产业结构性升级与转型，并形成新的科技产业链接机制。

2．运行系统的驱动性

科技产业经济发展驱动力及其规则形成不同的系统运行水平。根据科技产业发展轨迹，科技产业经济运行系统受到内外部的驱动力影响，运行轨迹也呈现为调整、升级和转型等特征。在整个运行过程中，科技产业升级和转型的难度较大，主要表现在产业价值链接的研发升级等高端环节在一定阶段出现的“脱节”现象。通常将会引起产业竞争力阶段性的逐次衰减的征兆，激励新的要素投入和战略政策等干预。

3．运行实现的功能性

在科技产业经济运行中，有效发挥系统功能的作用，是实现科技产业功能关联、交互与协调发展的重要环节。通过一组具有不同、相对独立而又相互连接的功能作用，将产业运行环节逐步转移到“核心竞争力”的节点上来。通过协调复杂多变的产业内外部关系，提高产业内部资源配置的效率，建立科技产业发展与市场供需之间的“桥梁”，为科技产业经济的系统发展提供必要的条件；通过系统功能在运行增值过程中的交互影响和作用，推动各环节的功能性关联，增强科技—生产—市场与环境、管理等功能性作用及有机联系。

4．运行系统的协调性

科技产业构成要素之间的互动和系统整合是实现产业运行变化及协调发展的结果。运行系统调整赋予了需求约束、资源约束、环境约束和风险约束等内容。在其运行过程中，通过各个产业链接环节的渗透、扩散和对接，将带来更多的链接价值和效益，也加强了相对独立而又相互连接的功能作用，并成为科技产业经济运行格局的关键性因素。科技产业经济结构变化日益表现为：在更大范围和更多链接环节进行协调发展，推进系统性、整体性和综合性开发，加深各个要素的彼此交融、相互渗透，创造出网络化的产业增值体系。通过科技产业运行的协调与发展，形成科技产业发展的利益目标、效率目标和发展目标。

（三）运行系统

运行系统作为系统要素之间的互动关联和制约以及由此决定的调控方式，驱使科技产业运行机制有赖于系统的有力支持与协调发展。

1．信息系统与决策系统

科技产业经济的有效运行，首先是实现产业链接的信息流畅以及网络系统的健全与完善。在对科技产业经济做出创新投入、资源配置、结构调整等战略性决策时，科技、经济、政治、社会等信息的有效使用是做出战略性决策的重要基础。在整个科技产业经济运行过程中，相关信息的及时性、有效性和可靠性，直接关系到科技产业运行与发展的效率、水平和质量。在对科技产业做出的各项决策中，信息始终在决策系统的输入、处理和输出的三个基本的过程中传输流动。通常对来自于科技、经济、政治等方面的信息进行全面收集、处理、传输和反馈，再对信息变动信号与信息数据结构做出研究分析，并依据研究分析成果再进一步做出科技产业发展的有关决策。如果其间的信息收集、处理、传输和反馈过程发生故障，或者处理、分析过程判断有误，一般通过反馈手段进行调整。在信息—决策系统中，反馈调整是运行过程中最有价值的调整手段，它如同调控器，不断根据处理意见，再将处理信号反馈到运行前端，借以及时校正或调整各种输入信息，保证决策的可靠性和准确性。

2．约束系统和组织协调系统

科技产业经济运行一般通过运用规则、制度及政策措施，形成对经济利益关系、责任和义务有约束力的机制。在通过信息—决策系统做出对科技经济活动调控时，同步建立的是一系列规范科技产业发展的规则约束系统。这一系统通常是以科技产业的经济责任、权利和义务以及利益共同关系作为规则约束的基础。科技产业的经济运行既对产业经济发展有约束规范的作用，又对产业技术发展有激励作用。通过约束规范、制约或调整产业发展的技术行为或经济行为，进而决定产业经济的运行方式和运行效率。科技产业经济约束系统采取的约束方式，一般包括直接约束和间接约束两种方式：在市场经济条件下，直接约束主要采取“软约束”方式，即通过各项科技产业发展法规政策措施，影响产业经济技术行为，实现宏观调控和间接管理。为实现对科技产业经济的约束“软中有硬”，除了采取战略、政策等“软约束”方式，还通过政策框架指导下的各项配套政策，以金融、信贷、税收等各种经济手段措施，进行扶持、抑制或干预。在“软”“硬”约束方式中，“软”“硬”约束相互之间既有联系又有区别。“软约束”把政策作为一种行为准则，“硬约束”则通过经济手段支持这种行为准则。政策明确规定运行调控的基本框架，而产业经济手段依据政策的框架体系，在政策的约束范围内，发挥具体的政策调节作用。在具体协调约束关系以及建立经济技术利益共同体时，科技产业组织协调系统发挥着重要的作用。科技产业经济约束规范与产业组织协调共同调节着产业经济技术的利益关系，影响着资源配置和经济行为，决定着产业经济技术的组织结构。产业经济技术约束系统通过政策倾斜，使组织协调系统遵循某种特定的规则并实现科技产业经济发展目标。其间，组织协调系统运用配置功能，不断协调信息—决策系统的关系，解决科技产业经济运行中影响全局的机制摩擦和体制矛盾等问题。

科技产业经济运行结构表明，由基本要素构成的运行机制的调控系统，分别执行运行观测、调节、控制等功能。在调控过程中，决策系统始终通过信息系统把握产业经济运行的状态，追踪产业政策目标实施的偏差，并且再向约束—组织系统发出调控信号，经由“约束—组织”协调的系统调控作用，促使产业经济运行按规定目标得到校正和调整。从这种运行构架看出，信息—决策系统的“控制”过程与约束—组织协调系统的“受控”过程往复循环，共同决定着科技产业经济调整的合理性及协调性，并以此组合为科技产业经济运行的基本结构、不同形式和不同的功能。

3．运行激励系统

科技产业的系统构成，反映出一组结构不同、相对独立而又相互连接的系统所具备的调控、配置和激励三种功能。这些功能在科技产业经济运行中，一是反映出整体系统的协调作用。若将科技产业经济运行机制作为一个调控器，其基本功能就是对产业经济运行进行量化的调节与控制。由于调控功能是各种基本要素相互作用的结果，其中任何一种要素在运行中短缺或者没有发挥效能，其调控过程就有可能中止或无法进行，就难以形成调控的基本功能。二是体现出系统的资源配置作用。信息、决策的相互作用，使资源配置及其格局得到合理解决。在发挥配置功能的作用时，“约束—组织”的协调起到了重要的作用。如在科技产业经济决策干扰、矛盾和摩擦的状况下，约束—组织系统将立即对非科学的决策或非系统的决策进行必要的干预，使资源配置和产业配置得到合理解决。三是体现出激励推动的作用。科技产业经济运行的功能优化，应当体现出对产业发展的不断激励和推动。激励推动一方面在约束—组织系统作用下有直接的响应，另一方面取决于科技产业经济运行机制外部激励以及内部机理与构造。

简单的比较可以看出，在国内外市场竞争环境下的科技产业经济，价格与非价格信号具有很大的功能差别。从功能作用范围，价格信号为主的调控只能起到控制变量的作用，而对决策系统并不能起到观测变量的作用。为了发挥价格功能的作用，还需要掌握各种非价格信号，通过综合分析判断，得出运行调控的正确决策。因此，科技产业运行系统及其机制的功能作用与系统要素的组合形式有密切的关系（如图 4–1 所示）。作为资源配置的一种组合运行系统，科技产业经济运行系统及其机制无论在何等条件下，都会充分发挥以上组合功能作用。所不同的是，市场机制的资源配置以市场价格的机制运动为推动力，而政策机制则以行政指令为推动力。二者运用不同的信号调控、配置和激励方式，形成不同的资源配置结构调整。

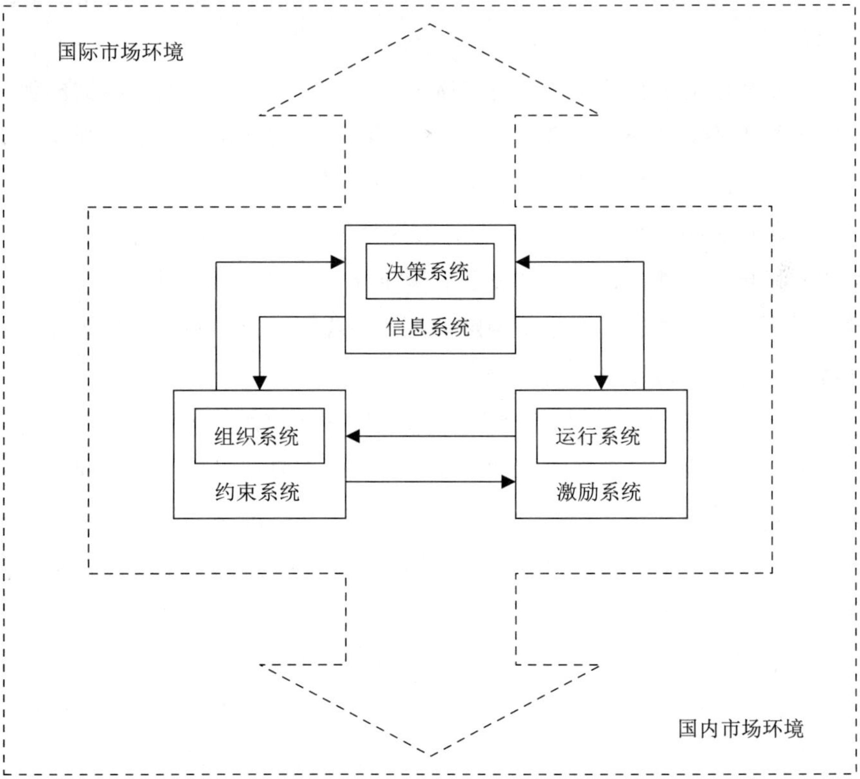

图 4–1　科技产业运行系统

第二节 科技产业并存机制

一、并存机制

在不同经济体制、发展类型的国家或地区，关于转型机制、机理的阐述与现状描述往往有一定的差距。客观地讲，我们讨论的科技产业经济发展的并存机制是经济转型期或全球化、网络化发展的现实问题及特殊现象。所谓并存机制就是一种在经济转型期的多重机制并行、并存的结构性状态或混合经济运行现象，或理解为在经济转型期的两种制度体系之间的动态博弈过程。这种特殊现象及动态博弈过程，将可供选择的科技经济制度、规则、政策等要素交织在一起，提供了一种以转型阶段的流程进行的并存机制选择。在多种要素、功能、作用和利益各为主导或交织在一起的状态下，科技经济体制、政策、目标和原则都会因为要素等不同表现出明显的异同。

由于事实上转型期不同运行机制是可以共存的，在理论上两类机制不可能平行不相交，但在实践中又显示出某些特定的联系，多重机制并存在运行过程中出现不同的矛盾结构及其叠加状态，并产生以下问题：

1. 并存机制的互相摩擦和排斥，以及体制转轨与发展转型的复合过程，造成了科技产业的运行路线和发展流程相异、规则相殊，引起公共政策与政策对象的价值矛盾，形成不稳定及复杂的政策冲突，并抵消了运行机制能够带来的微观调节和宏观指导效应。

2. 发展阶段和运行体制的时空错位，造成了资源配置低效、产业结构失衡等非均衡现象，引致在科技产业运行与转型发展过程中的某种冲突与失衡。由于转型期的非均衡性难以兼融不同的运行体制和规则以及有效发挥机制的比较优势，加上过于放大市场机制或计划经济的功能性作用，造成了市场缺乏效率和外部不经济。

并存机制在某种程度上反映了阶段性、体制性和均衡性的运行特征。经济科技发展的体制、结构矛盾及不同规则不仅不利于科技产业升级和结构调整，不利于资源配置及生产要素的有序流动，而且也造成了科技产业转型及结构调整周期的延长。经济科技体制约束、发展阶段的约束，使科技产业在经济运行过程中承担着转型与发展的两大任务：以市场作为资源配置方式，消除体制的约束，实现经济科技体制的变革；以两种资源配置方式进行兼容，形成发展阶段的调整。

因此，弥补转型期并存机制存在的缺陷需要通过特定的机制创新，建立一种协调发展、和谐共生和优势互补的运行环境。即充分利用市场机制在运行中起微观调节作用，充分利用政策机制起宏观调控的指导作用，使两者在科技产业经济体制的总体框架下，实现优势互补、合理分工、协调发展，以利于产业结构调整、资源配置及生产要素的有序流动。在并存机制条件下，实现科技产业经济运行机制功能混搭，与体制等要素的协调发展，以及经济行为的规范化、法制化和秩序化，不仅可以有效避免市场失灵，实现供需平衡、协调发展，也有利于消除相互制约、摩擦激化带来的一系列严重的经济结构和社会发展等矛盾。

二、并存机制理论

并存机制理论一般可以纳入转型经济（转轨经济）的理论研究范畴。世界多种经济运行体制及方式导致转型经济作为“过程中的经济”形态客观存在，进而衍生出并存机制等理论观点。这项研究的背景之一，是因为经济转型国家或地区的经济运行方式与预期目标发生了明显差异，并产生特殊的经济形态和运行机制。隐藏其后的是战略、政策、体制及各种约束条件发生变化。

从相关理论文献来看，并存机制理论涉及制度变迁、增长方式、公共政策等，从科学角度，一是发展经济学和转轨经济学的理论。例如发展经济学的刘易斯关于“两缺口模式”“不平衡增长”“二元经济”等观点，布鲁顿的“二元经济”“平衡增长”等理论观点，转轨经济学的科尔奈的“短缺经济学”“体制品性理论”等，以及罗兰结构等理论。二是基于经济增长理论的解释，包括哈罗德—多马模型、索罗—斯旺模型等理论。三是一般经济发展历史和转轨过程特殊性、多样性的一般原理及解释。有关学者在转轨经济研究著述中对国外有关经济转轨理论做了概括（见表4–2）。

表 4–2　并存机制涉及的转轨经济理论观点

学科	主要理论观点	主要现象
发展经济学和转轨经济学的理论	刘易斯关于“两缺口模式”“不平衡增长”“二元经济”等观点、布鲁顿的“二元经济”“平衡增长”等理论观点、转轨经济学的科尔奈的“短缺经济学”“体制品性理论”等以及罗兰结构等理论	结构性调整、经济转轨
经济增长理论	包括哈罗德—多马模型、索罗—斯旺模型等理论	增长方式、制度安排
一般经济发展史	人口资源、经济成长、制度进步等经济史	演进过程和一般规律

资料来源：根据吕炜《经济转轨理论大纲》（商务印书馆，2006）整理

作为转型经济等理论的衍生部分，我们大体可以将科技产业并存机制理论研究划分为六个方面：

1．并存制度。并存制度是科技产业并存机制的研究重点。不同运行体制及方式所形成的双重约束是制度性带来的直接原因。经济转型带来的一系列问题需要从引起这些现象的制度因素去寻找（诺斯，1994）。制度因素作为解决与改善并存问题的关键，为解释并存现象提供了分析框架，也成为研究科技产业经济并存机制的突破口。

2．并存政策。政策通常是制度的保障，也是与科技产业运行机制具有对应关系的重要因素。在经济转型过程中，一般具有不同政策并存的特征。因此，转型过程中多种政策的并存所引起的政策矛盾、机制摩擦往往导致政府或市场失灵。通过政策的权威性、工具性、过程性和周期性的有效协调、选择和运用，并适时、合理地配置在科技产业转型过程，有助于转变增长方式，加快运行体制的转换。

3．并存管理。转型经济带来了不同的管理方式。从计划经济或市场经济到转型经济，既有的体制和管理所形成的观念、方法、行为方式对新运行机制有一种天然的抵触。因此，研究并存管理以适应科技产业转型经济发展的过程，是一个制度安排、政策选择、结构调整、适时调控的配套措

施。通过并存管理协调，可以保持转型过程行动的一致性，并有效推动和驾驭转型过程的预期目标和行为。

4. 并存运行。转型是经济运行方式的转变过程，也是科技产业经济理论研究的特殊部分。作为一个特殊运行过程，并存运行是指资源配置和经济活动调节的不同经济运行方式的集合。科技产业经济分析离不开制度结构和运行方式。所以，科技产业并存运行研究一般包括运行环境、运行结构、运行流程、运行区间、运行体制、运行能力等。其理论研究的核心在于科技产业不同运行体制、政策和非均衡运行状态的协调发展。

5. 并存结构。并存结构是转型期并存机制的一种对应现象。经济转型的不同制度安排、非均衡机制及结构矛盾是这种现象的起源，它们共同决定了转型形态所具有的独特属性和基本结构特征。作为科技产业经济过程并存机制的研究对象，并存结构模型分析及结构矛盾的处理是理论研究的重点组成。

6. 并存调控。为了适应经济转型的并存复杂性与特殊性的动态过程，要将并存调控纳入值得发掘的理论部分。特殊时期的阶段性变化和不同形态的结构矛盾，以及在不同运行条件下如何解释科技产业并存调控的过程，如何阐释科技产业并存阶段的调控原理和真实根源等，成为并存机制理论研究的范围。

三、并存机制影响

科技产业经济发展并不是脱离经济体制约束和发展阶段约束的过程，由于静态结构分析所存在的局限性，我们必须充分考虑在经济转型背景下并存机制的复杂关系、不确定因素及其影响。

1. 体制约束

并存机制是基于不同的运行体制门槛的差异而形成的二元结构及其行为方式。在同一的运行过程中，不同体制的运行机制既相悖又兼容，而暴露出来的问题又与体制性约束有密切的关系。

首先，在市场经济体制并不能有效起到主导作用的情形下，传统运行机制的作用迅速减弱，带来科技产业经济发展既非计划又非市场的转换行为变异。在转换行为变异过程中，路径安排、调控能力等阶段性缺失可能导致科技产业发展的宏观性失控，而战略的盲目性又造成科技产业的结构性矛盾与失衡。在市场运行机制不能形成主导，计划运行机制又失去对宏观范围的有效调控时，就必然产生两种可能：市场经济体系发育不全，市场运行机制失灵，难以对产业行为进行合理有效地调整和纠正；传统经济体制约束解除，宏观运行机制调控能力下降，难以通过有效的政策对产业经济行为进行调控。使科技产业部门难以按照产业规划及其政策导向，参与市场竞争，做出合理有效的决策选择。

其次，市场运行机制虽然能够发挥作用，但由于传统经济体制的改革滞后，体制转型和阶段转型缓慢，若是仍然对市场行为过多地进行行政干预和权力运作，就会出现机制摩擦和体制冲突，即政府不适当地干预和调控，并通过条块分割形成的市场壁垒，使市场体系难以统一和完善。在这样的条件下，对市场的有效调节，由于路径安排或转型体制的不确定以及体制分割运作的约束，就会出现诸多非统一的市场信号。在具体经济、科技领域，表现为非均衡的经济运行方式。因此，转型期处于动态和不确定状态的运作机制，并不能真实客观地反映科技、经济等真正状况，反而会出现虚假的市场现象，带来矛盾的积累和结构性失衡，诱导科技产业发展做出错误的判断和决策。同时，在机制分割运作状态下的市场摩擦和政策冲突，还会进一步引起市场机制的严重扭曲现象，造成科技产业结构失衡以及投资的短期行为等。

再次，经济转型期作为一个经济体制转换的过程，需要兼顾经济转型次序以及经济形态的特殊性。经济转型国家或地区全盘否定政策机制的作用或“一步到位”实现转型，以换取建立市场运行机制目标的努力，往往会为“市场自由化”付出惨痛的代价。如俄罗斯实行全盘西化的“休克疗法”，将俄罗斯拖入万劫不复的深渊。因此，市场经济发育及其运行机制的完善是一个历史性的演进过程。新体制以及与之相适应的政策法规与制度环境的建立不可能一步到位。对于转型国家或地区，建立市场机制本身就需要国家运用宏观调控的手段，对市场进行有效调节、培育和完善。如果以为简单地放权或减少政策机制的功能性、互补性作用，就能够迅速地实现市场机制的供需、价格、竞争的要素组合，至少在贫富差距和科技差距较大、生态环境与经济基础欠发达国家或地区是比较困难的，事实也证明，极端化改革容易危害公众利益，产生严重的通货膨胀和失业，从而激化社会矛盾。在这种条件下，科技产业发展又受到中介体系不完善的制约，以及并存机制矛盾的冲突，在一定程度上使科技产业进入市场竞争增加了难度。

体制变革带来的并存运行的结构性矛盾和机制摩擦，以及对科技产业发展带来的影响表明，体制矛盾和摩擦是并存机制的客观存在的重要因素，但并非是唯一原因。在很大程度上，运行机制摩擦及结构矛盾还涉及“战略失误”“运行不当”或“缺少有效协调”等问题。这是因为，并存机制虽然不能规定在某个领域内起作用，但它们可以在某个领域的不同层次发挥作用。一般情况下，如果并存机制共同在某一层次发挥作用，就可能产生运行机制的结构性矛盾和摩擦，造成所谓的运行不当或不协调发展。比如，在宏观调控领域和范围，简单以市场经济机制自发地调节以推动经济发展，有时会造成产业结构失衡或扭曲。这一结论在“自由市场经济”的美国等西方国家或地区引发的金融危机中已经得到证明。在东亚国家或地区，以调节性指令进行适当干预并利用产业政策或财税等激励手段，对市场运行进行间接调控，以较小代价或较短时间，完成了产业转型和结构调整。这已经为日本、韩国等国家或地区产业转型所证实。

因此，在转型体制与发展的双重约束，以及不同并存机制的条件下，科技产业发展不可避免地面临如何寻求制度创新和机制创新，建立合理的运行体制和机制结构，以及如何通过产业政策的间接调控实现科技产业结构的合理化等问题。而要解决这些问题，既不能完全通过市场机制的“无形之手”恣意妄为，又不能被高度统一的“有形之手”统得过死。关键因素是，要发挥转型期国家经济科技体制调控的功能性作用，对科技产业经济采取有效方式、手段和量度，实施合理的转型调控等。

2. 国家调控

对并存机制约束的解除在相当大的程度上有赖于国家合理调控的作用。所谓国家调控的作用，从狭义上讲，是政府通过战略、政策和法规等直接或间接对科技产业经济发展进行适当干预的过程。从广义上讲，这是一种战略性、政策性和系统性的干预、调节和运作行为。作为一种有既定目标的政策干预和调节行为，无论是市场经济国家，还是转型经济国家，政府调节和干预从来都是客观存在的。这是因为，有效的市场运行只能建立在两个基础条件之上：一是不存在生产垄断，企业不仅可以自由地进入和退出，而且有足够实力参与市场竞争，即完全的竞争假定；二是资源供应充足，等待合理配置从而价格十分灵活，能够及时反映资源供求状况，并借以来制定资源的稀缺程度，进行重配资源，即价格的灵敏性假定。而现实经济发展中，由于市场要素不完整、价格体系尚未完善、信息闭塞、资源供给有限，因而市场价格并不会随供求变化而自行调整结构。自由市场经济的缺陷以及市场供求可能形成的短缺，就需要政府建立有效的调节机制。尤其对于战略性科技产业的培育与发展，更需要宏观经济机制的建立和完善。但是，政府运行的调节机制，并不是传统意义的政策机制。这种高度集中的政策机制，弊端在于科技与经济置于条块体系之内而不能有效地兼容。同时，这种调节机制也并非是多种机制的“撮合”。因为，双重机制下的既非计划又非市场的结构，将使科技产业发展无所适从，使系统功能的作用不足，整体运行的效益低下。

那么，科技产业经济调控的机制如何构建？从资源配置的主要方式是市场机制这一认识出发，国家调控的职能和手段更多地运用组合性的广义政策机制和狭义的市场机制。这里有两层意思：（1）调控已经不是原来意义的直接干预，而是反映为对非盈利的公共产品选择和天然垄断产品的直接调节与宏观干预职能；（2）这种机制调控主要是保证市场机制的有效运行，防止市场失灵等现象。很显然，所谓组合性、兼容性的广义政策机制不是无拘无束的微观干预体系。它的突出作用是，通过政府宏观调节和各种政策手段的配套运用，使市场经济活动得到协调发展。其中，宏观调控更具有战略性特征，使政策机制的宏观战略、发展规划、公共政策等干预特性更加突出。因此，科技产业经济发展的障碍并不在于是不是政策干预，而是在于运用一种什么样的调控职能、运行方式和有效机制。这种有效机制能否使市场经济充满活力，促进科技产业转型发展，激励创新成果广泛应用，推动科技经济资源的有效配置和收益的合理分配等。

反映国家政策倾斜、法规制度、合理分配等调节的极限是政府公共政策选择和适当干预的度量及过程。需要这个过程的理由，是因为市场经济仍然存在着力所不及的问题或缺陷。因此，所谓适当干预和调控主要表现在以下方面：

（1）调控选择。调控选择是指根据经济科技的结构需要来调节和选择人力资源和分配社会资源，创造一个高效率和公平、公正的市场竞争环境和科技产业发展空间。调控选择需要选择和分析有效影响和调节的科技产业发展的领域、方式、路径和范围等问题。在某种程度上，是从一系列发展规划中选择、理顺“公共选择”的范围和游戏规则，确立法规制度、确定宏观经济政策、提高科技产业资源配置的效率和建立有效分配的方案等。

（2）调控行为。即政府对科技产业经济的调控是通过政策、战略、规划和制度建设等实现间接调控的行为量度。量度过程是把调控对象的“软性约束”变为间接调控下的“硬性约束”，全部调控行为的量度，具体表现在宏观调节行为对市场经济的资源配置的有效性和协调性，以及宏观调控的界定和范围。

（3）调控量度。调控是指数量上、结构上或程度上的调整，使之趋向合理适合要求。它是实行宏观调控的基础和物质资源配置的基本手段。由于市场经济运行的自发性往往使调节失灵出现调节的滞后性，政府与市场机制的调控量度，是以最终效果来评估调节的作用和效应。调控的量度转换成效果，一般表现为加速资本积累和固定资本投资效果；推动科技产业化发展和运用；促进科技产业结构的合理化；提高科技经济效益和劳动生产率；实现资源配置的合理性等。

（4）调控手段。影响科技产业经济活动的主要调控手段表现为：在国家战略、法规和政策等指导下的财税与投入等。以财税、投入作为调节手段，主要是通过财税杠杆抑制或鼓励产业投入领域；引导企业投资方向或劳务转移等；按照产业政策、法规等实施供给侧，强制性“关停并转”有关项目等。

上述可见，科技产业经济的良性发展和有效运行是建立在适当干预、合理调控的基础上的。在这一过程中，科技产业发展主要表现为阶段性特征。在推动科技产业发展初期阶段，政府的调控行为，对减少新兴产业崛起的风险性冲击、迅速进入市场具有扶持功能和关键性作用。而一旦科技产业进入规模化、市场化阶段，市场机制在商品供求、价格竞争中就起到了主导作用，调控的量度行为就会由宏观调控行为变为微观调节行为，使科技成果能够以最快的转化速度、最佳的资源配置方式进入市场领域，形成市场运行机制作用下的科技商品经济活动。

第三节　科技滞存与运行机制

科技产业运行机制摩擦带来的直接影响不仅体现在宏观调控等领域，还深刻地表现在科技滞存现象及其效应问题。科学技术作为资源配置的重要因素，它的作用来源于接受政府指令与市场调节的影响。同时，更重要的是，它还受制于科技产业转型和结构升级的程度，以及在并存机制条件下推动产业结构、产品结构和技术结构的调整。

一、科技滞存

“科技滞存”一词的内涵可以从不同的角度来诠释。从广义角度，它是指科技进步在科技产业化、市场化的作用，资源配置行为和科技转移时效；从狭义角度，它是指一种创新成果、专利等知识资产在交易中能变换为资产而滞存或损耗的能力；从发展过程理解，它是指在科技转化、产业转移过程中，表现为在一定阶段科技成果转化、转移和运行的速率和成效的标准；从发展阶段理解，是指科技产业在研发、生产和营销等运行环节中科技滞留、损耗等功能因素的变化（隋映辉，1991）。

研究证实，科技产业经济发展实质是一个运用科技等要素促使其战略选择、资源配置重心转移和产业结构优化的动态过程。从资源配置角度，科技产业经济运行通常由总量均衡、结构均衡和市场均衡的三维均衡调控构成。但实际上，科技产业发展的增量与存量，积存与转换程度，对科技产业经济发展具有特殊的重要性。在科技产业经济发展中，随着产业科技的长入的广度和深度，科技产业经济结构与增长速度表现出有规律性乃至跨越式的变动趋势。其间，一般科技滞存率越低，科技产业化率就越高，科技产业结构调整及重心转移就越能表现为结构优化等特征。反之，科技转移滞后、存留或梗阻，就会出现科技产业经济发展的障碍，成为制约科技经济协调发展的症结。

科技滞存现象实质上是对科技、产业与市场之间的结构性矛盾和机制摩擦所做出的最直接的反映。在一个自由放任或无所不包的体制下，过度或缺乏市场竞争和资源合理配置，科技产业经济的供需关系必将发生结构性扭曲。传统经济体制要求具备完全的信息以及经济主体的利益是单一的条件，不仅有可能使科技滞存的现状更加严重，而且成为科技成果向市场转化的障碍因素。而纯粹以放任的市场经济机制为科技产业运行条件，即反垄断的完全竞争和价格灵活地反映供求关系，是否能够推动科技滞存因素的变化呢？事实证明，离开政府宏观调控的运行机制作为资源配置的方式，要使这种条件臻于完备也是颇为困难的。虽然历史经验证明传统体制的不当干预和事无巨细的包办，导致科技产业运行的滞存与制约，但又有历史经验证据及现实案例表明，这种主体性的政策调节从来与市场调节并行不悖，也是客观存在的。这表明，在传统经济体制下，过度指令性调控会造成政府失灵，带来经济科技体制的缺陷，造成科技滞存的现象；而由于市场机制缺陷以及产业政策的缺位，造成了外部不经济与市场失灵，同样也会造成科技滞存的现象。所以，提出科技滞存现象，主要反映为一种体制和运行机制的结构矛盾行为。这种行为的改善并不能通过一种机制代替另一种机制彻底改变。它的改变主要取决于机制结构的协调性和合理性，即两类机制的调节对象、范围和目标协调一致，体现出两类机制的功能互补和优势互补。

二、科技滞存因素

产生科技滞存现象并不是偶然的，它与产业结构、政策法规、体制以及整体素质等都有密切的关系。科技经济体制、创新环境和政策等因素的变化导致的科技供需矛盾加剧，由于供需矛盾制约、结构水平拉大，导致了科技成果积压或供给不足。成果积压或供给不足又进一步制约了转化投资，使科技成果不能有效地转化为商品，就形成了科技滞存的现象。同时，运行系统、并存机制和管理模式等因素的变化导致科技转移、转化、集聚中的不确定性因素增加，运行不顺、转移减弱、效率低下，不仅影响了供需渠道通畅和有效互动，而且在客观上形成了体制矛盾、政策冲突与科技滞存等制约因素。

1. 支撑体系因素

科技滞存是科技产业支撑体系缺陷的直接反映。对于经济转型国家或地区，建立包括产业战略、政策在内的支撑体系，是试图提高科技产业竞争力、改变产业投入产出结构不合理等现状。但是，由于经济发展水平和生产力要素为代表的科技整体素质不平衡，尽管大量引进技术装备和先进技术，仍然不能有效地通过产业政策倾斜，实施重点突破，实现科技跨越和科技产业结构升级。在传统产业的资金、劳动力结构失衡的条件下，不得不背离产业政策的约束，进一步通过低水平的规模扩张来推动产业发展。在缺少自主创新能力的支撑下，主要依靠引进生产线、设备和组装件。组装加工能力虽然获得了表面的提高，但大多数科技产业的技术水平低、效益差的局面并未得到根本性改变。科技产业支撑体系缺陷及其结构的低级状态，使扩张的生产能力在自我封闭的输出中趋于固化，也使科技产业发展陷入周期性结构失衡的矛盾之中。

2. 政策法规因素

科技滞存的形成还源于科技与产业等政策法规的矛盾和冲突。在科技产业成长过程中，一般科技产业结构体系，总是并行存在一个以科技为主导的政策系统。但实际上，在一些转型国家或地区，产业政策表现的对高技术、高附加值、高市场占有率的科技产业倾斜，却往往因为经济政策与科技政策的并行不相交，而大大降低了政策实施的效能。其结果，一是产业政策无法对接科技政策，而科技政策也无法影响产业政策，政策互不约束，自相摩擦；二是产业政策缺少必要的干预能力。产业政策出台后，由于地方利益强势主导、各执一方，使产业政策“孤掌难鸣”，以致宏观调控不力、难成气候，导致科技产业发展再度回归“先经济、后科技”“先规模、后质量”的政策演进的过程。

3. 体制约束因素

体制约束表现为生产力与生产关系矛盾制约，造成科技革命在经济长波的有限性，也是科技滞存的重要因素之一。科技与经济体制的改革是科技迅速进入产业经济主体的基础。然而，在一些经济转型国家或地区，尽管经历了一系列改革，但科技、经济体制仍然反映为科技或经济内部的自闭性循环。科研院所和高校系统由于受制于科技与经济体制的双重约束，多数科技成果难以进入科技产业经济领域。随着转型国家或地区指令性干预能力逐渐减弱，又使产业经济系统与科技创新系统之间在政策、规划、投资等方面各行其是，引起新的矛盾制约和体制摩擦。同时，经济体制改革尚未根本触及企业经营机制，潜藏着不利于自主创新的致命因素，导致企业缺乏科技进步的内在需求动力。

4．整体素质因素

科技滞存与经济、技术素质等具有互为制约的关系。从全球科技产业演进的过程来看，各国科技产业的结构优化程度、资源禀赋不同，往往可以反映出产业经济、技术素质的差距。发达国家之间的经济、技术素质差异较小，同一性较高，大多反映为科技素质较高，产业创新能力较强；而发展中国家或区域间经济、技术素质差异较大，差别性较高，大多反映为科技素质较低，产业创新能力较弱。这表明，一国或一地的经济结构、技术素质较低与不平衡，反映了一个国家新技术及新产品的转换、扩散和集聚等有诸多素质因素和阻力。传统的阻力不仅使在结构升级过程中的科技转换、扩散和转移等作用极其有限，而且导致科技投资和改造进展缓慢，降低了科技进步所具有的替代效应，加剧了科技产业结构、产品结构的进一步失衡。

三、科技滞存效应

对于科技滞存的现象，除了从科技转换、扩散和转移等进行分析，还需要从空间范围、时间跨度和规模效益的综合效应给以解释。这意味着，科技滞存不仅需要分析在科技产业运行期间科技成果转化、转移、扩散和应用的滞存程度，也需要解释科技转换、转移、扩散以及应用的时效性、替代性、规模性和科技素质的差异性。

科技滞存现象对于科技产业经济运行障碍及其滞存性损失的分析研究具有特殊的价值。这是因为，科技产业经济运行中科技滞存所造成的成本、质量等因素尚未得到有效的解释。科技产业经济发展中的体制“梗阻”，既存在人才、信息和资本等流动性约束，也存在科技流动性滞存。科技流动（转移）性滞存，直接导致科技创新需求和市场投资需求不足。科技流动性滞存有总量均衡、结构均衡和市场均衡等方面的问题，也有运行体制、机制和管理模式等方面的问题；虽然从产业结构、产品结构和科技结构以及经济增长质量等反映出科技滞存等现象，但多数解释仅仅归结为科技成果、风险投资和专业人才等，而并非制度、政策、体制、结构和效率等问题。进入经济全球化，国家或地区之间的发展战略不协调，政策、体制相互约束，技术壁垒升高，协调功能减弱，使科技流动（转移）和产业规模扩张受到限制，因而进一步显露出科技产业运行的滞存效应。

科技滞存作为经济转型期的并存体制约束、机制约束和发展约束的产物，必然影响科技投入产出的转换机制，导致科技产业成长与演进过程进入失衡发展的低级状态。使原本不合理的产业结构、技术结构不断畸变，造成市场结构性疲软、生产率低下、经济效益下降等外部不经济的现象。这些现象表明，在经济转型期国家或地区的干预减少，非国有经济迅速发展的情况下，竞争性市场机制和环境并没有完全建立起来，指令性干预的惯性仍使许多科研部门和企业还没有进入不进取就要被挤垮的市场环境中。在行政性市场作用下，科研机构和企业的合作并不是因为市场竞争所致，而更多地表现为来自政府的政绩考核和不适当的干预。两者在没有竞争性市场，以及缺少政府运用财税、金融等经济调控的压力下，科学技术向产业经济转化的愿望也并不具有紧迫感，缺少科技经济的市场行为主体，使市场竞争机制难以形成。这就必然形成了科技滞存状态，使科技与产业之间的结构矛盾及失衡日益明显。

由此可见，科技产业经济运行中出现的各种结构性矛盾和问题，与科技滞存现象及其效应有密切的关联，主要表现在以下方面：

1．产业结构失衡

产业结构失衡主要取决于两个方面的因素：产业结构的资产增量不合理，即投资结构不合理，产业科技投入严重不足；产业结构的资产存量问题，即产业结构中，劳动密集型产业与技术密集型产业资产存量结构不合理。产业结构失衡不仅是一般性的增量方面的投资结构平衡和存量方面的资源流动阻滞造成的，也是科技产业的内源性增量和存量不足所致。所以，应从解决投资结构失衡和科技资源流动阻滞入手，增加科技产业的创新投入，提高科技产业投资比重，以消除结构失衡的形成因素。

2．市场结构失衡

科技产业结构失衡，将导致产品积压、资金凝固，市场需求的新技术产品无资金开发投放。同时，国民收入超分配以及货币超量供应等，使得各经济主体可支配的货币收入盲目增长，结果使市场需求结构难以校正，失衡加剧。市场需求结构的校正失去合理的投资结构，以及缺少科技产业的有力支撑，而使市场信号失真畸变。由于科技进步缓慢，产品更新换代周期长，产品品种少、质量低，不能适应社会消费水平上升和需求层次提高的要求，就出现了市场结构性疲软。产品结构中滞存的比重增加，同时加剧了新产品短缺的状况，导致了市场消费需求趋同现象。反过来，进一步加深了技术、生产与消费结构之间的矛盾。

3．投资结构失衡

在科技产业升级及结构转型的过程中，科技投入发挥了重要的作用。投资涵盖了科技产业的诸多环节，包括研发、孵化器、中试、生产、服务等各项投入。然而，由于科技投入的预期目标不清晰，投资结构不合理，资源配置不同步，科技投资对知识获取、生产与转化就难以选择。科技成果转化、转移和扩散缓慢，也对后续研发投入以及科技产业化带来一系列的影响。投资结构失衡意味着结构调整和增长方式的转变将大大延缓。同时，在投资结构失衡的背景下，市场利润率的合理调整将受到阻碍。一些低技术、低附加值的生产能力得以保持，这就加大了科技产业结构调整的进度。在结构升级不明显及增长方式转变缓慢的情况下，高技术、高附加值的研发成果不能迅速进入市场，“科技滞存”现象愈加突出。

4．发展结构失衡

科技产业经济规模扩张，使维持增长速度的地方利益主体不断强化，短期行为进一步加剧。科技产业发展与科技滞存的矛盾日益突出。由于以技术密集、组装加工为主体的科技产业发展与基础产业的距离不断扩大，在产业结构、产品结构、市场结构与技术结构方面的矛盾日趋表面化。大量投资项目偏重于外延性扩张，忽视了具有可持续稳定发展的自主创新项目投资和科技产业工程，由此造成了科技产业发展的供求脱节与结构失衡。值得注意的是，地区和部门制定发展规划和重点产品规划，仍然受制于经济增长的本位约束。一些地方出台的科技产业发展规划，相当一部分是延续或改良传统产业配置和布局，这必然对未来科技产业结构、产品结构和市场结构的调整增加一定的难度。

至此，我们看到科技滞存机制及其效应的形成，是传统产业政策、战略和体制长期积存的直接后果。促使这一机制的转变，除加大体制、政策创新和结构调整的力度，还需要在科技能力、教育水平、产业结构等方面，系统推进科技产业的迅速成长。基于以上认知，需要卓有远见地制定和实施体制改革、政策创新，以网络化、扁平化、一体化的中介系统与机制结构，消除科技滞存的不良效应，加强产业政策对科技创新、产业布局、投资结构等的指导作用，从根本上建立起科技资源需求的科技产业发展动力，以及自主创新的调节机制。通过科技资源配置，满足新兴科技产业对生产要素、资源配置的需求，使其对科技产业升级和结构调整起到导向作用。

第四节　科技产业协调机制

科技滞存造成的非均衡发展与结构变异，制约了科技产业升级与结构调整，不仅直接影响了科研—生产—市场的一体化体系的形成和完善，降低了科技产业自我完善、自我发展的能力，而且充满了“无发展增长”的危险。因此，在一定时期内要对科技产业结构调整有较大的突破，不应只是一般意义地提高科技进步率，增加研发投入，加快科技成果转化，还需要在适当政策干预和市场运行机制的作用下，加快科研、生产与市场的系统对接，改善以生产力素质为特征的科技发展水平偏低的现状，把制度创新、科技创新等与产业结构调整有效地结合起来，将已有的科技成果迅速转移到科技产业群体，迅速形成新生产能力和市场规模。解决这些问题，需要建立和完善资源配置方式和经济运行系统，形成一个有利于科技产业协调发展的运行机制与循环体系。

一、协调机制领域

协调发展是对可持续发展思想、运作模式和战略框架的补充与完善。将“整体的”“系统的”“开放的”协调发展用于科技产业运行机制的分析是对转型期体制形态、并存机制的考虑。[①]这是因为，实现科技产业结构调整及其增长方式转变是一个全新的科技经济形态变革的过程，它不仅取决于制度创新、政策创新和运作机制，还取决于科技产业化和市场化的运作进程。随着全球产业转型与网络化结构调整对知识、技术和资本的协调作用日益增强，新经济增长的存在和发展与科技产业在知识结构的关联日趋紧密。要实现科技产业持续、健康的发展，提高产业升级和结构调整的能力，就要从科技进步与产业发展之间寻求知识链、产业链和价值链的协调整合，形成一种协调发展的科技产业运作机制。这种机制在加快融入经济全球化和网络化的浪潮中，加大知识资本的运作力度，增强研究开发的投入，通过协调与发展，形成一种新的竞争战略资源和发展格局。

协调发展对科技滞存的结构变异的系统调整与改善，主要围绕破解科技产业发展非均衡发展现象，在不同领域按照实际情况建立相应的协调机制。涉及体制、机制、功能、结构等方面的制度建立与运行。

1. 体制协调发展。在确定体制边界的基础上，对科技产业的体制层面进行主要变量的协调。通过建立以科技为中心的具有宏观调控作用的综合性科技经济体系，形成结构合理、均衡发展的科技产业布局。

2. 机制协调发展。科技产业在不同运行机制的协调发展的基础上，建立起以市场资源配置为主要方式、宏观调控为辅助调整方式的运行机制，实现科技产业发展阶段的合理转换。

3. 功能协调发展。市场配置功能、产业聚集功能、成果扩散功能、政策调整功能等在科技产业发展中都具有重要的作用。实现科技产业的功能

① 隋映辉：《协调发展论》，青岛：中国海洋大学出版社 1990 年版，第 20—21 页。

协调发展，要充分利用禀赋优势、比较优势和功能优势，形成起高效性、高聚性的科技产业持续发展功能。

4．结构协调发展。形成产业结构、投资结构、市场结构、发展结构之间的互补性、替代性和创新性局面，是科技产业结构协调发展的重要标志，它有利于科技产业升级及结构转型的共享系统的建立，有利于结构调整效率的提高。

二、协调运行系统

从协调发展理论来看，发展系统一般要通过三个层次来把握：（1）发展系统内部要素之间的链接。各个要素都有其相对重要的位置和重要作用，但在其特定网络中构成一个有机的发展群体。（2）系统链接形成直接或间接的互动发展作用。按照系统链接的互动作用机理，对互动发展各个环节进行网络控制和反馈，形成要素之间互依性、均衡性的运行结构和网络体系。（3）各种资源在系统链接和互动中获得配置机遇和转换效率。发展的能动性、有效性表现在互动运行过程中的效率、均衡和发展模式。

科技产业的成长与发展多重目标、结构等复杂性，必须基于对以上层次的把握，在制度创新和路径安排之下，建立有利于科技产业经济协调发展机制。具体包括以下部分：

1．运行目标

科技产业协调发展目标是揭示科技产业发展趋势的导向标，它通过科技产业经济机体内各构成要素之间相互联系和作用的关系及其整体功能以及一组广泛的科技经济子集，构建合理配置资源结构，有效提高科技产业运行质量，减少科技滞存的影响及其成本，优化科技产业结构，实现科技—产业—市场之间的协调发展，最终形成完善、有效的科技产业发展机制。科技产业运行目标的确立，改变了瞬时、静态、无时间限制的形式表达，理顺了在纷繁的科技产业经济中的交互要素关系及影响，共同构成了可持续发展的科技产业路径和目标体系。

2．运行方案

运行方案是指一系列相互联系的，以实施既定战略、政策的目标设计及运行程序的表述，是以量化方式表示的关于科技产业发展过程的预期方案。在多数情况下，它是指人员、结构及实现特定目标的程序，按照不同要素、运行机制、环境条件和发展阶段，系统设计或衍生出的不同运行计划和方案。它从要素、机制、环境和阶段等方面进行协调性设计和系统性组合，通过目标、内容、组织、资源及过程等系统构建，并以涵盖目标特征的系统设计，构成科技产业协调发展的不同方案。

3. 指标体系

指标体系是指由一系列相互联系的指标构成的体系，它能够根据研究对象的目的和要求，综合反映出对象各个方面的情况。指标通常以若干量化指标形式评价科技产业发展状况。指标体系则是指单项评价指标组成的有机整体，以反映评价科技产业的整体状况。建立指标体系是构建科技产业协调发展的依据，也是衡量运行目标的基准。建立协调发展的指标体系，需要建立系统、综合、可度量的指标体系。

4. 评价标准

评价标准是相对于评价准则所确定的优良程度的要求，它是事物质变过程中量的规定性。评价标准是评价活动方案的核心部分，是对价值认识的反映。它表明科技产业发展的质量和水平，具有引导科技产业向何处发展的作用。为了衡量和评价科技产业协调发展运行目标和方案，要依据指标体系对其价值进行考察和评定。通过确立评价标准的尺度，确定其运行目标的可靠性和方案的实现度，做出科技产业发展质量的优劣判断。

5. 评价模型

模型是在某些理论和假设的基础上对实际研究对象的一些主要因素（或指标或基本量）的相互关系做出的描述。毋庸置疑，评价模型是一个基于特定标准的系统结构、功能或行为的形式化的规范。根据协调发展的目标要求，构建评价模型并进行科技产业发展的系统描述。通过科技产业协调发展模型构建，进一步设定各种设计方案的流程和路径。在对科技产业协调发展运行方案进行比较、分析和论证的基础上，验证模型的合理性、科学性和经济性（见图 4–2）。

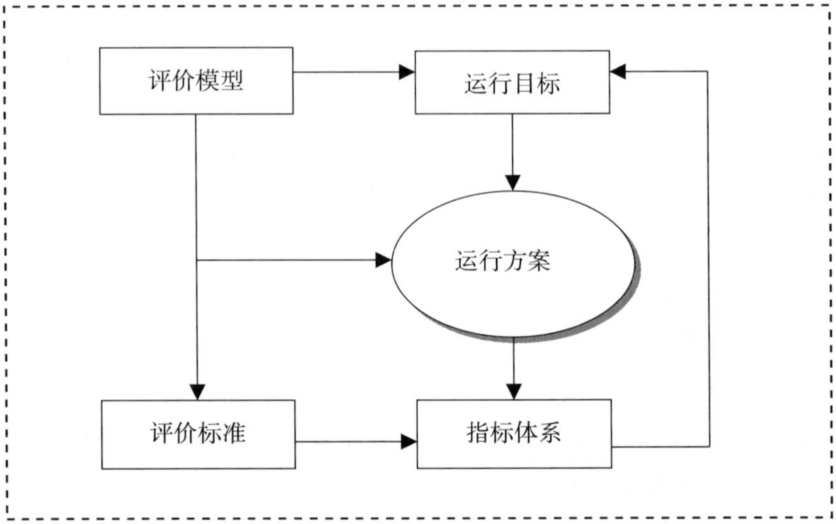

图 4–2　科技产业协调发展运行系统

实现科技产业协调发展的目标及运行机制，一方面要加大经济体制的变革，实施制度创新和机制创新，另一方面要完善科技产业发展运行机制，搭建起一系列配套系统。

1．构建科技产业发展的政策体系

科技产业发展有赖于政策体系的完善。科技产业政策和法规的制定，必须有助于科技产业发展和具有宏观调控能力，必须具备政策调控的统一性和协调性。如果科技产业运行过程中经济政策与科技政策处于失衡状态，形成矛盾结构和冲突，就必然约束了科技产业结构的上升和转换的功能，使政策处于僵持并加深科技产业结构的失衡，形成对科技发展的制约。在体制与发展相互背离的条件下，实现科技产业转型发展是比较困难的。所以，必须通过政策协调推动结构性变动。同时，以立法形式对科技产业发展提供阶段性保护，抑制传统产业使其有序适度地增长，促进科技产业市场充分发育，重视人才队伍的建设，并在有关税收、信贷、分配、人事以及外汇管理和进出口权等方面，制定有利于科技产业发展的各项政策。

2．推进科技产业经济组织结构重组

组织结构重组是科技产业协调发展的前提，也是建立科研—生产—市场一体化体系的基础。主要措施有两个方面：一是通过科技产业投入，使科技产业研究开发的组织进一步健全和强化，使科技产业链条合理运转，形成科技产业发展的联动效应和扩张效应；二是根据市场需求、产业转型和创新结构调整的要求，不断扩大和发展科技产业研究开发、生产销售的技工贸一体化组织，以新技术、新产品、新工艺的开发，促进科技产品更新与质量的提高，实现科技产业聚集和系统扩张，加快形成跨地区、跨行业的科技产业集群。

3. 加强科技产业经济综合性改革

经济与科技体制改革相分离，所带来的直接后果是科技产业发展偏离了以科技为先导的发展轨迹，并使生产力扩张建立在外延扩张的基础之上。在经济体制与科技体制相悖，体制衔接和循环变动不协调的情况下，产业技术结构中的高、新技术份额低，高、中、低多层技术相互脱节，行业技术发展不平衡。同时，经济体制与科技体制改革各行其是，导致体制重叠、摩擦和冲撞。产业之间的经济与科技内在联系薄弱和脱节，又使相关部门的资产存量调整和结构调整困难重重。因此，经济、科技体制改革要在经济技术协调发展目标的基础上统一进行。例如，技术引进与科研机构综合体制的设计；科技孵化与产业技术产品调整的体制设计以及各类形式的合作开发和研究的体制设计等，都必须通过体制综合协调，促进产业结构的有效调整，加快体制创新与科技进步，以推动科技产业体系的协调发展。

三、协调机制与整合

实现科技产业经济运行机制协调，以及科技资源的合理配置，取决于在宏观调控政策作用下的科技产业发展与市场机制的协调与整合。一般情况下，资源配置有两种方式：一是通过价格供求变化以及市场配置资源，促进科技经济的市场机制对接；二是以政府指令实现资源配置，解决科技经济供求矛盾等问题。从实际效果来看，科技经济的市场机制的协调发展，前者明显优于后者。但是，建立市场资源配置方式的运行机制，首先要建立统一完善的市场体系，通过各类科技资源、生产要素交换的市场化，为科技产业经济纳入市场运行机制创造相关基础及环境。以市场供求引导科技供给与经济增长的双边需求，推动双方进入市场领域，进行机制性对接。

其次，为弥补市场经济力所不及的缺陷，还需要制定宏观政策指导下的市场规范和各项制度。在政策法规的约束下，确保市场机制正常运行，为科技经济的市场机制对接提供必要的法规保障。

为促进科技与产业经济的结合，在市场发育期，发挥国家宏观调控体系的作用，主要以统筹规划、制定政策、组织协调和提供服务等形式，运用经济杠杆和强化检查监督，对科技产业部门进行市场机制对接的调控式推动。与此同时，通过改善宏观调控功能，使政府职能从过去的以物资分配、项目审批、指令性指标的分配等做法中摆脱出来，转向综合运用货币、利率、税收、汇率等宏观经济技术要素，发挥以就业、总投资、总储蓄、物价总水平、产业结构调整等宏观政策为主体的均衡职能。为实现科技经济的市场机制对接，还要把科研部门、大学和企业等推向市场，使科研部门与企业真正成为市场竞争的主体，成为以营利为目的的法人科技经济实体，成为自主经营、自负盈亏、自我发展和自我约束的商品生产者和经营者。

通过宏观、中观、微观的市场与政策调控的综合作用，使科学技术从多个途径进入产业经济领域。市场经济的利益纽带和互为需求，导致科技需求的引力和经济需求的拉力。为实现双方的需求，科技成果的商品化、产业化和国际化，在市场机制对接中得到有效的体现，资源配置由于市场的调节作用进一步趋向合理。在产业经济规范下，科技与经济的人才、技术、资金的供需关系得到理顺和双向选择，并成为市场对接中“你中有我，我中有你”的利益共同体。这种以充分尊重价值规律和市场供求关系的科技经济对接，符合市场竞争的原则。不仅有力地刺激科研部门根据市场的需求，加快科技创新和快出成果，而且推动科技产业经济部门更加自觉地面向科技市场，加快科技成果的商品化和产业化。

实现科技产业经济与市场机制有效对接，系统解决机制运行摩擦等问题，必须发挥市场供求的影响力，吸引产学研资介等创新资源进入市场。在推动双方在市场竞争的过程中，按市场规则和价值规律进行技术商品的交换，通过利益关系建立起科研—生产—市场的转换体制。科研部门和企业成为市场活动的主体，共同接受市场供求信息的调节，按市场供求信息参与研发与生产定制。政府对科研部门、企业的经济行为和影响，主要通过承接政府战略与政策的中介服务机构，提供市场竞争服务和公平裁决，间接地向市场经济活动的主体进行调控和干预。这样，参与市场竞争的科研部门和企业完全以市场供求为目标。而政府与参与市场活动的科研部门、企业等脱钩，以便主要通过制定战略、政策和规划，推动科技产业经济的协调发展。通过发展社会公益事业，促进收入分配的公平等，对科研—生产的市场运行提供基础性、公共性服务。

总之，实现不同运行机制的协调和整合，是解决科技经济体制约束、并存机制矛盾和政策摩擦的基本任务。科技产业经济的运行机制对接的基础是市场供求，运行机制对接的主体是科研部门和企业；而运行机制协调与整合的关键是政府行为。有效处理政府、科研部门和企业的关系，建立完善的市场运行机制，加快科研—生产—市场的协调发展和统一，将有利于科技产业向协调发展的新体制、新机制迅速转换。一旦科技经济进入协调发展的体制、机制，科技产业经济与科技创新、市场供求的目标就会趋向一致，“产、学、研、资、介”共同体将成为科技产业发展的驱动力。

第五章　中介系统

科技产业发展是一个科技、经济与市场的系统对接过程。本章的任务是通过描述中介系统内涵及其特征，研究科技产业发展的中介系统体系，从宏观和微观视角考察科技产业中介对接运作系统，并对科技产业的中介关联因素进行不同层面的分析，试图说明科技与产业的中介关联价值以及它们之间的逻辑关系。在建立科技产业发展的中介关联模型的基础上，系统分析科技产业发展与市场对接的协调机理，深入解构科技产业对接系统理论，并对科技产业的市场需求响应进行论述。

第一节　科技产业中介系统概述

一、中介系统界定

中介系统（又称“中介服务系统”等）是一个广义的概念，是指在经济科技活动中，第三方为促成合作与交易达成从而向供需双方提供信息、咨询、经纪等服务的系统。在实践中，中介系统的概念一般向两个方面延伸：一是服务的对象扩展为市场主体与市场主体之间、政府与市场主体之间，二是在服务的内容上将一些由外部组织提供的专业服务（如咨询、培训、会计、法律、信息服务等）纳入中介服务的范畴。

作为中介的一种特殊形式，目前国内外对“科技产业中介”还没有统一、明确的定义。综合多种有代表性的说法，科技产业中介作为科技与产业对接系统，是连接大学、科研机构、企业之间的桥梁和纽带，它以信息、技术、管理、融资等各类科技中介机构为主体，面向企业科技创新，特别是在科技企业的创新孵化、创业活动和成果转移等方面，提供信息交流、决策咨询、资源配置、技术服务、产权保护、法律咨询及科技评估等一系列专业化服务，以促进创新主体与市场之间的知识流动、技术转移，从而达到沟通信息、降低创新成本、化解风险、加快科技成果转化、提升科技产业实力、提高整体创新功效的目的。

就科技产业而言，一个完整的中介体系主要包括市场、科技、产业及社会化服务系统。

1．市场中介系统。所谓市场中介系统，通常有两个定义：一是根据OECD（经济合作发展组织）所运用的定义，可将市场中介服务狭义地定义为策略性的市场服务，主要包括四个类型的服务：计算机软件与信息服务，研发（R&D）与技术检验服务，商业组织（包括管理咨询与劳动录用服务），人力资本发展服务（培训项目与在岗培训）。这一定义并未包括专职服务（法律事务所、会计事务所与审计服务等）。

2．科技中介系统。科技中介是促进科技成果转化的重要环节，也是一种知识密集型服务系统。它主要包括研究开发、产品设计、技术扩散、成果转化、科技评估、创新资源配置、创新决策与管理咨询等专业化服务。科技中介系统大体可划分为三类：一是直接参与服务对象的研发创新过程的系统，包括生产力促进、创业服务、工程技术研究等；二是主要利用技术、管理和市场等方面的知识为创新主体提供咨询服务的系统，包括科技评估、科技招投标、情报信息、知识产权事务和各类科技咨询等；三是主要为科技资源有效流动、合理配置提供服务的系统，包括常设技术、人才中介、科技条件、产权交易等。

3. 产业中介系统。产业中介是实现产业创新、成长与发展的服务系统。包括：产业研究、发展规划、信息咨询、项目评估、资源配置、战略管理等专业化服务。具体来说，产业中介系统大体可划分为：介入科技、市场系统之间的产业中介服务系统，主要从不同领域、行业、区域等提供咨询等服务；以服务社会各类企业为宗旨，以营造良好的经营环境为目的，为企业的创立和发展提供多层次、多渠道、多功能、全方位服务的社会化服务网络。包括综合服务组织和专业服务组织两个层次。

二、中介系统对接

中介系统对接是一个系统链接过程，它具有多重性含义。一般是指一种供求双方通过中介界面的有效融合以及中介对接系统框架的构建和制度安排。从供给关系角度，它具有整体功能及其运作规律。从制度安排角度，它是一种外生性和内生性制度协调的特殊功能和运作机制的关联。事实上，对中介系统对接的认识可以从科技创新与产业经济的“脱节”现象得到更为清晰的表达。因为很难想象一个科技与产业经济脱节的系统能够具有推动科技产业高效增进、有效扩散和加速积累的作用。从某种意义上讲，这一现象给中介系统对接赋予了效率增进的含义。

中介系统对接具有明显的特性，主要表现在以下五个方面：

1．整体性

整体性是中介系统对接的基本要求。整体性对接的基本含义是将各个相关要素进行有机组合，形成整体功能而非机械性相加的结构。在科技与产业的系统对接的过程中，按照传统计划方式的对接往往采取行政式、机械性相加的结构，从表面上看似乎构成了整体性，但实质上并没有形成相互依存、相互支持的整体功能。在市场机制条件下，整体性中介对接首先采取对错综复杂的科技与产业经济的利益进行协调，同时，借助市场竞争环境建立一种对接机制和构成科技产业经济的实体系统，并作为内因在一定外部环境下影响产业整体性功能的发挥。整体性对接一般不是针对单个子系统进行，而是将各个子系统进行有机联接形成整体性功能及其效果。在科技产业经济发展过程中，整体性对接是实现科技与产业对接的关键因素。

2．层次性

从系统角度，中介系统对接是具有一定功能的、由相互作用的若干要素组成的多层次的复合体。因此，科技与产业的中介系统对接具有层次性。所谓层次性是指各个系统之间相互联系的次序。由各个层次相对应的系统，叠加成为一个子系统，并逐步形成阶梯层次的各个系统。这种有机构成的层次结构，使任何一个系统既置于大系统中，又成为它的低层次的系统。同样，中介系统对接作为一个大系统，科技与产业都是中介关联系统中的系统组成，而行业内的部门，以及科研机构和企业又是中介系统对接中的子系统。

这种系统层次性是一种“纵向系统”，它要求中介对接在系统环境下不仅要进行横向联接，而且还要进行纵向对接，建立一种层次分明、结构合理的对接体系。在整体上，科技产业的层次性对接一般是小系统服从大系统，低层次服从于高层次。在“层次分解”之下，形成各个层次、行业、部门之间既相互联系又各具特色的中介对接系统，最终构成“金字塔状”的整体对接。

3．关联性

关联性是中介系统对接有机联系及其系统构成的结果。在实际运作过程中，科技产业中介关联是一个系统性、过程性的概念，它所揭示的中介关联机理和运作方式，从最直接的意义上讲是中介机制（包括利益机制、平衡机制、调节机制、市场机制等）利用市场经济规律促使科技产业的前向与后向的系统联接或一体化过程。这种关联是科技与产业之间的一条动态性的产业链、创新链、资金链、服务链及其网络系统。它孕育着科技与产业之间更为复杂的有机联系。因此，中介关联包括两个含义：一是指中介系统内部各个要素之间的有机联系，二是指中介系统与系统之间的对接是在更大系统背景下的有机构成。中介关联性作为系统整体性的补充和完善，它表达的是系统或要素之间相互作用、相互制约的方式和途径。

4．动态性

科技产业中介系统动态性对接是内外环境变化的基本反映。这种环境变化包括：系统与外部环境的能量、信息交换的动态性；系统结构的动态性。前者的变化是经常性的，稳定差，后者的变化需要一个较长的时间，稳定性较长。中介系统动态性对接在实际运作中常常受到各种影响和干扰，这种变化大小对中介系统对接的动态性有直接或间接的影响。如中介系统在接受科技政策、经济体制、投资重点变化之后，就不得不在动态性中对接和调整。而在科技产业结构调整和转型过程中，中介系统对接将进入更大范围的动态变化，其难度就明显加大。要说明的是，动态性对接与层次性变化有密切的关系。层次越高，变化就越大，动态性对接的难度就大，短期稳定性差；层次越低，变化越小，动态性对接的难度就小，可保持长期稳定。但长期积累也会对系统功能产生严重的影响。两者之间的动态性对接变化，低层次从属于高层次，一般高层次动态对接的影响较大。

5．有序性

按照中介行为规范，中介系统对接也有一定的秩序。系统有序性是系统内各个要素按照严格序列组成的复合体。对系统有序性的研究是中介对接研究的重要内容。有序性对接对于科技产业中介有更为重要的意义。在科技产业经济发展的不同阶段中，科技结构和产业经济结构中各个主体都处在不同的地位，呈现出规律性的有序替代和互补效应。但是，在科技与产业之间毕竟存在着结构差异和行为差异，这种差异对于建立一种科技与产业对接的理想模式有一定的困难。主要表现为内外环境影响下，科技与产业经济之间的排异行为和对接错位。因此，建立科技与产业中介对接系统就是要寻找一种有序性对接接口，或发现一种系统对接的规律，形成中介系统对接的有序集成和组合。

三、中介系统功能

对科技产业发展的中介体系分析，中介系统功能主要表现为以下方面：

1．组织协调功能。根据中介系统在科技与产业经济转化中的系统地位和既定目标，通过调整组织结构和优化诸要素在时限和空间上的配置和组合，建立起科技与产业经济转换的运行体制，协调系统要素的能动作用，实现统一目标下的功能转换。

2. 均衡配置功能。在科技与产业经济转换中，中介系统根据创新能力、资源禀赋、市场需求等，对转换的资源（人力、财力、物力等）在各种不同的需求条件下，实现区域之间、行业之间的合理配置和结构调整。

3．传递交换功能。中介系统作为媒介进行传递交换，构成了科技成果—产品交换的一系列行为和活动。通过将科技成果传递交换、加工生产，使科学技术成为商品，并使中介传递交换成为一种社会经济运行机制。

4．监督控制功能。通过科技与产业中介网络系统的信息资源广泛收集和有效利用，扩大中介系统的信息资源利用、影响范围和渗透领域，从而实现中介系统对传递交换过程及资源配置合理程度的监督和控制作用。

5．交易转让功能。以产权交易、产业转移、成果扩散等活动，推动科技与商品之间通过中介系统目标和功能的直接联系，实现科技与商品规模性、增值性的交易转让。同时，通过价格交易实现科技贸易到商品贸易的转换。

科技产业在中介系统的内部交换和机制运行，主要是在以上功能的共同作用下进行的（见图 5-1）。在实现中介系统运行时，功能性、综合性作用通过要素组合、资源配置形成了不同的模式，并使中介系统要素在中介传递、交换、转让和配置等方面成为最积极、最活跃的因素。作为最具广泛意义的发展模式，中介系统的功能扩张，将在系统功能新的组合排列变化的基础上，引起中介系统功能的新的分类和拓展：一种是原有意义的中介系统功能的延伸，以交换传递和转让为基础的狭义资源配置功能。这种功能基本上是一种处在较窄通道的配置变换系统。以科技成果转化为例，主要通过中介系统的研发设计、成果孵化，以及技术市场、产权交易市场的交换和转让等功能形式，实现成果的迅速交易、扩散和转让。另一种是一种广义资源配置功能。这种功能把战略、政策、体制以及交换范围，都纳入中介系统功能作用的范畴。在对狭义的资源进行功能交换时，运用广义资源配置功能对中介系统要素进行重组，使科技产业中介体系功能发生系统整体的结构变化，进而产生新的资源配置功能。

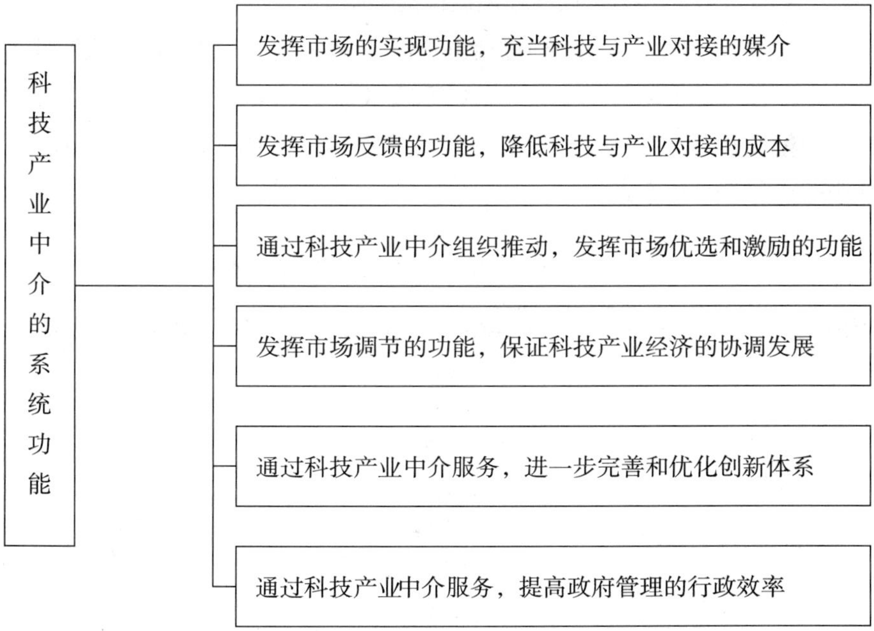

图 5-1　科技产业中介的系统功能及其影响

四、中介系统模式

关于中介系统模式有不同的划分：

从系统性质来看，主要分为公共、民营两个部分（见表5-1）：公共部分主要是指隶属政府支持、推动的具有行政性质的中介服务体系和机构。我国中介机构大多是这类模式。民营系统主要是通过市场推动的中介机构和活动，美国等国家主要采取这类模式。还有一种是公共、民营中介服务系统两者兼有的混合型机构及运作方式，如日本等采取此类模式。

从系统运作来看，主要包括：

1. 市场运作模式。这类中介系统模式大多为美国等发达的市场经济国家所运用。一般市场化的民营中介服务体系比较发达，运作规则比较成熟，主要通过市场化的运作和交易提供中介服务。

2. 行政运作模式。这类中介系统模式大多数为经济转型国家、发展中国家或地区所运用。一般以政府推动、行政支持的中介服务体系和机构为主导，通过政府的政策干预和管理运作提供服务。

3. 混合运作模式。这类中介系统模式多数为欧洲和转型国家或地区运用，主要通过政府政策的制定、扶持和有效监管，培育和发展适应国家调控、市场化运作的中介服务体系和机构，在实际运作上采取“官助民营”或服务外包等运作方式。

表5-1　国内外中介系统模式及服务体系

国家或地区	运作模式	公共中介服务体系	民营中介服务体系
美国	市场运作	信息中心 小企业局 大学—产业合作中心 咨询公司 科技园和孵化器 风险投资机构 网络组织	研究开发机构 风险投资公司 战略联盟 咨询个人

续表

国家或地区	运作模式	公共中介服务体系	民营中介服务体系
日本	混合运作	产业技术振兴会 新技术开发事业团 中小企业事业团 技术交易市场 科学城、技术城	商社 产业经济研究机构 顾问公司
欧洲	市场运作	国家技术推广中心 中介服务机构 科技园 创新中心 创新基金 信息中心	技术中介公司 管理咨询公司 个人咨询
中国	行政运作 混合运作	国家技术推广中心 中介服务机构 科技园与孵化器 创新中心 信息中心	科技中介公司 管理咨询公司

比较各国的中介系统，美国中介系统模式侧重于通过创造中介对接的良好环境，间接对科技成果孵化、转化等提供服务；日本中介系统以政府引导和支持某些关键技术或项目为特点，为科技成果转化提供直接的支持和服务；欧洲的系统模式介于美国和日本之间，其服务体系既重视科技成果转化的良好环境，又注重对关键技术项目的直接支持。在民营中介体系中，日本商社的作用比较突出，美国专业咨询机构和咨询个人颇为活跃，而欧洲的专业化中介服务机构发展较好。因此，从这些国家的中介服务模式来看，并不存在某一理想模式。各国都是根据国内外科技与产业经济发展的实际，建立符合本国特点的中介服务体系。同时，作为共同点，这些国家的中介服务模式又都建立在全球化、网络化的市场运作机制之上，利用全球信息网络及市场机制的纽带联系作用，协调科技与产业之间的关联要素，以促进科技产业关联高级化发展，弥补和改善国家调控力所不及之处（见表 5–2 所示）。

表 5-2　发达国家（地区）科技产业中介机构运作模式

机构	设立形式	组织性质	运作模式	服务内容
美国国家技术转移中心	国家资助	非营利性	与国际一流实验室合作，转移现有技术及科技成果产业化	技术转让“入门服务”网络信息服务、专场培训、发行技术转让出版社物等
英国技术集团	科技中介公司	营利性私有制	与大学、科研机构、企业和发明人联合，组成技术商品的开发、推广及投产等利润共享的有机整体	许可证贸易、出版社物与文献交流、合作研究开发、技术咨询及转移、授予技术专利权及采购科技成果等
法国成果推广署	政府资助	非营利性	资助技术创新和技术转让	技术转让及服务、寻求合作伙伴、招聘技术人员、收集技术信息等
德国史太白基金会	民办官助	私营企业	成立各类分支，伞状结构、网络化运作	咨询服务、科研开发、评估、培训、国际合作等
日本产业规划中心	政府资助	基金会组织	服务于地区和产业的规划及实施，开展技术转移活动	组织技术交易洽谈、构建及运作技术转移信息库、人力资源开发、产业促进措施等
亚太技术转移中心	联合国机构	公益性组织	与国际咨询顾问、技术经纪人、商会、工业协会及商业信息中心合作，促进亚太地区技术转让	项目配对、市场可行性研究、技术鉴定、投资融资服务及市场开发、技术培训等
香港特别行政区生产力促进局	政府扶持	有偿服务	下设五大部门机构，企业化经营，一条龙服务	产品设计及开发、技术培训、环境鉴定、知识产权服务、商业及无形资产评估、科技及商业配对等

资料来源：《中小企业技术创新中的科技中介运作模式研究》，《科学学研究》2004 年第 6 期

第二节　科技产业中介运作系统

一、中介对接的宏观运作体系

科技与产业的中介对接体系可以分为宏观体系与微观体系。在科技产业促进经济增长的过程中，实现产业发展和结构升级，都是在微观和宏观体系的中介对接系统的共同互动下孕育和成长的。科技产业的中介对接的宏观运作体系一般由环境、组织和信息三大系统组成。

（一）环境系统

环境系统是中介对接进程中具有影响力的系统因素。它对科技产业成长与发展具有十分重要的影响。中介环境系统有多种划分：

按系统结构分，中介环境系统有中介软环境和中介硬环境系统。中介软环境系统，主要是指对中介过程有指导、干预和调控等重要影响的战略、政策和法规等中介环境因素。软环境因素既可以激活、促进中介活动，又可以限制、约束中介活动。中介硬环境系统主要是指能够为软环境提供系统服务的资金投入、资源配置、综合性配套设施和机构等。

按系统内容分，中介环境系统主要分为：（1）政治环境，是指国内外政治、政策及战略性变化。政治民主、法规建设及政策的稳定性和连续性，是政治环境优化的标志。（2）经济环境。主要指经济发展状况、市场需求、企业发展等因素对产业经济发展的影响。（3）文化环境。指人的各种素质以及职业、家庭、民族、生活方式以及文化教育等因素。这些因素会导致不同的中介行为。（4）科技环境。是科学技术发展政策及全球科技创新对产业结构调整，新产品开发等带来的影响。（5）法律环境。包括科技经济法规的完善和调节程度，以及保护性法规的权威性及其作用。（6）竞争环境。竞争环境包括人、财、物等条件构成的竞争力和应变力，还包括产业布局、新成果、新材料、新工艺的发展，以及科技转移、应用的效率和市场营销等状况。

一般来说，中介软环境系统属于宏观范畴，通常是由政府宏观战略、政策和法规等因素培育的。在市场经济条件下，软环境有时对科技产业发展是一种“力所不及”或“不可控制”的因素。因此，科技产业经济发展必须通过调整硬环境系统的“可控制”因素，使其适应软环境，才能发挥中介过程要素的动态组合的作用，开拓科技产业经济发展新的领域。另一方面，中介软环境系统对中介硬环境有明显的制约作用。这是因为：中介软环境涉及有关中介发展的战略、政策、法律等，与中介组织机构的总体目标及发展程度有直接的关联；有关中介行为对中介组织的投入、产出和效率产生重大的制约和影响。

在科技产业发展的进程中，软环境系统一般纳入宏观战略范畴。它被描述为在科技产业化的进程中，产业升级和结构调整面临国内外政治、经济、科技、法律和政策等因素的影响程度，以及在科技促进产业经济发展过程中的基本程序、运行机制、管理方式和转换流程等。软环境系统之所以能够在科技促进产业成长过程中体现出“环境的力量”，主要是由于战略、政策、法规和制度等“软件系统”的扩张功能和转换功能。这些功能通过战略、政策对重点投资、资源配置、人才流向的导向作用，促使科技产业成长环境日臻完善，提升产业升级和结构调整的水平和质量。

（二）组织系统

中介组织系统由科技—产业—市场—服务等一系列中介组织和机构构成。

1．市场中介组织。在市场经济条件下，市场中介是中介对接系统的核心。它是在有关法规制约下的商品市场、技术市场、金融市场、劳务市场等中介组织的集合体。科技促进产业经济发展主要是通过包括市场中介组织的系统作用实现的。通过提供市场需求信息，加强科技与生产供需之间的沟通和交流，促进双方的合作领域和市场需求范围。同时，提供产品销售、市场需求的咨询，提高市场运行效率，降低交易费用等。市场中介组织在整个科技促进经济发展的对接体系中具有特殊的地位，它关系到能否建立起适应产业结构调整的科技—生产—市场间的供需“桥梁”，直接影响到中介系统的构建以及科技产业化的发展。

2．科研—生产—中试组织。包括以产学研资介为支撑的孵化器、中试基地和工艺研制设施、中间试验室、实验区等。科技产业化的基础性工作主要是通过研发创新、科技成果中间试验、生产样机、投产的可行性研究以及试验性生产等过程实现的。其中，中介组织不仅需要具备对科技成果进行实验的条件和服务能力，同时还需要提供相关应用型技术人员和咨询人员，并拥有科技成果转化为产品的生产设备。这一中介组织，被看作是科技—生产过程的“关键部分”，具有“承上启下”的重要性。

3. 综合服务中介组织。主要是承担政府组织科技—生产—市场部门以及实施科技经济配套服务的组织。这些组织包括决策咨询、政策性融资、科技（成果应用扩散）服务、风险投资、信息咨询等机构。这些中介组织提供科技—生产—市场供求信息，举行多边交易活动，承担咨询论证，还组织人才流动和培训，以及协助科技贷款、项目融资等活动。

中介组织系统是科技产业中介的对接运作体系的主要组成部分，它是影响环境的主体又是受益环境的主体，因而中介组织活动是一种关系宏观运作效果的动态组合活动。市场中介组织根据战略政策的要求，把握经济发展与市场供求趋势。根据市场需求结构变化，引导科研部门开展创新活动。通过中介组织的配套发展和综合服务，建立起科技、生产、市场之间的“桥梁”，使科技产品迅速进入市场以满足消费需求，推动科技成果的商品化、产业化进程。

（三）信息系统

信息网络系统是建立科技与产业的信息运行、交流和沟通中介对接体系的基本条件。中介信息系统具有独立系统的作用，以及信息渗透、交换和快捷的特征，并具有中介系统的整体关联作用。在中介系统中，互联网作为开放性、包容性、创新性、渗透性、全球性等公共服务平台，其信息系统的处理、转换、反馈能力对中介系统功能有重要的影响。其中，中介系统的处理能力、转换能力主要是通过数字化、网络化的信息系统迅速有效地实现科技产业转移扩散的能力。因此，科技成果转化形成生产能力以及成为商品进入消费市场，最重要的是借助移动互联网、大数据、云计算等信息系统载体，为各个系统、各个环节提供连续不断的链接渗透，形成有价值的科技—生产—市场迅速转换的信息流、资金流、物流等。从科技向生产力的转换过程中，网络信息被视为一种转换资源和利益协调系统。作为网络化转换资源及运行模式，网络信息提供市场需求的产品更新及科技创新成果信息，并通过大数据处理与信息反馈对市场供求做出迅速的反应。另一方面，生产部门根据市场信息选择科技创新成果，并对市场供求积极迅速地响应。通过中介信息系统的信息资源的转换，使网络化的中介组织系统充满活力，并逐渐发展和完善了中介生态环境系统。

以上系统构成，实际上是一个互为组合的对接运作体系。如图 5–2 所示，三大系统组合的交互作用，起始于组织系统的组织运行、管理改革与科学决策，但核心因素是环境系统的战略、政策和法律等要素的响应。这一响应的过程必须同步进行有关信息资源的收集、筛选、处理和协调，包括科技创新信息、市场需求信息以及政府决策、管理、政策和法规变化等信息资源。作为科技与产业对接及其发展的过程，三大系统各个要素通过系统组合和功能调整能够提供一条产业发展、扩散、调整、升级的通道。这条通道从对各种资源处理开始，经过组织形式、资源配置、制度安排等一系列过程，做出创新主体最基本的选择，推动科技产业经济发展。其间，系统内部相互依存、彼此组合，形成了一个加快实现转换配置的序列，使对接体系的各个系统功能在运行中实现了“功能的有效配置”以及资源的有效利用和整合。

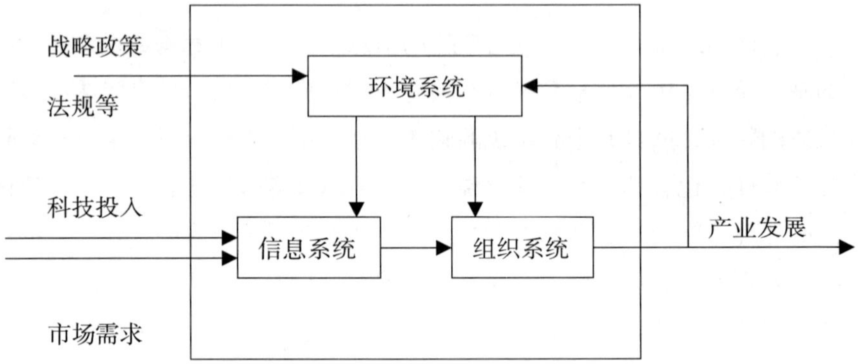

图 5–2　科技产业中介系统对接宏观运行图

二、中介对接的微观运作体系

科技产业的中介对接的微观运作体系，主要是由多层次的政府、企业和中介服务系统构成。

1．政府系统

在科技产业发展和结构调整中，政府系统主要扮演着发展规划、战略调控和政策导向的角色。随着各国和地区科技产业发展和市场需求进入全球经济范围，以国际规则为基础的行政管理体制、政策和组织将逐步建立。政府管理主体的行政层次趋向扁平化，管理方法的指令性、强制性不断弱化，管理的组织结构以及服务对象、服务重点不断进行动态调整，在系统运行中，政府干预科技产业经济的职能结构和职能方式发生了变化。“小政府、大中介”的系统管理模式和运作机制将应运而生。

2．企业系统

企业系统是科技产业中介对接微观运作体系的重要组成部分，也是科技产业中介对接的主要载体。科技产业通过企业的技术创新和技术改造，形成科技产业形态及其经济规模，并在科技产业结构中构成主要份额。政府系统与中介系统的协同、互动与发展，最终体现在企业系统的竞争能力和战略管理能力上，并体现出它在科技产业中介的主体地位和对接能力。

3．服务系统

中介服务系统包括信息、金融、风险投资、创新服务、市场分析、战略策划等在中介对接体系中起到桥梁作用的子系统。对于科技产业发展过程中的中介服务系统来说，既要将研究开发成果与企业竞争需求结合起来，又要将研发先进的制造系统与强大的供应商紧密地结合起来，还要通过各种中介服务直接参与到产业创新和知识创新中去。中介服务系统在科技产业发展的资源共享、技术合作、产销结合和咨询策划等链接方面具有不可取代的作用。

科技产业中介的微观运作通常是在市场化的环境下进行的。主要表现为以下方式：

（1）运行方式市场化。运作方式市场化是指根据市场经济的规律，按照企业化运营方式，充分配置内外部资源，实现自身效益的最大化。为此，一方面要通过系统创新，制定一系列有利于科技企业成长与发展的法规和政策，适当采取行政性干预疏通渠道，规范中介行为，保证中介对接有序进行，另一方面，依托中介组织机构，通过发布市场资源、价格和供求的信息，为科研、企业提供各种对接服务，引导和促进科技与产业的合作交流。

（2）资源配置市场化。资源配置市场化是指通过市场推动生产要素流动，促进资源的优化配置。在生产要素及资源配置的基础上，中介系统有效发挥为科技产业发展的服务功能。通过市场化运作，促进资金、信息、技术、人才等资源向研发机构和科技企业聚集。在产业存量调整的基础上，不断优化科技产业的增量，进而建立起更为紧密的科技产业的供求关系。

（3）调节手段市场化。调节手段市场化是为谋求资源配置优化和运行效率最大化而采取高效率的市场调节手段和选择行为。中介系统对科技产业的供求关系、资源配置等，将按照市场调节方式提供服务。除了运用各种法规、制度和政策进行调节，还要完善合作对接关系，规范中介行为。运用市场机制的内在调节能力进行系统调节，促使调节手段市场化。

在微观运作体系中，多层次的政府、企业和中介服务系统，既相互独立，各自在市场系统中运行，又紧密联系，按照市场经济规律相互促进、互动发展。在市场化运作下，以不同角色、不同定位，构成了科技与产业对接的产业体系和运行机制，并成为科技产业发展不可或缺的推动力量。采用系统分析的方法，多层次的政府、企业和中介服务系统在科技产业的微观运作体系中的地位可理解为：各系统部分以科技企业为主体，以科技产业发展为目标，通过系统之间的互动影响和共同作用，实现系统分工与合作的价值。这一系统推动过程来源于国内外市场的激烈竞争，对这种竞争压力做出的最直接反应，是有效地建立各种正式或非正式的对接关系和运作规则，并在中介服务合作体系中改变市场竞争的格局。

图 5–3 是一个以科技产业发展为目标的微观运作对接体系。它是由以上描述的三大微观运作系统构成。在科技产业系统对接的过程中，科技系统与产业系统围绕着科技企业系统（以企业为载体）进行对接，而政府系统与中介服务系统则围绕着促进“科技与产业对接”进行各项系统运作。不同的是，政府系统对“科技与产业对接系统”的作用，是通过战略、政策和法规等实施导向性干预和调控。在市场经济条件下，战略、政策等干预一般经由中介服务系统，通过市场化的资本运作、人才积聚、资源配置

和企业合作等，落实政府系统的相关战略、政策、法规等，完成科技产业经济发展的任务。

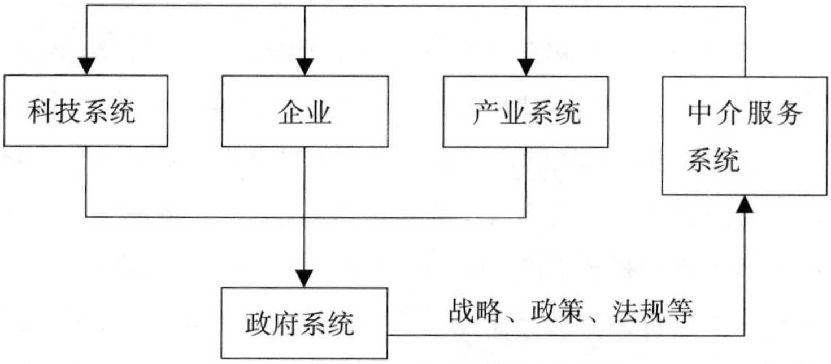

图 5–3 科技与产业的中介对接系统

比较图 5–3 与图 5–2，我们可以看到宏观体系与微观体系之间的内在关系。将图 5–3 嵌入图 5–2，可以看到图 5–3 实际上是嵌入图 5–2 中的对接系统及其运行结构图。但在不同的科技经济环境里，对接系统运行状态各不相同。行政主导下的系统运行动力主要来自政府下达的指令，科技产业对接以及经济发展是根据一系列政策、法规等完成的。其基本特征是：对接双方不一定按照市场需求，很可能是一种被动性供需对接，表现为产业传递链过长，互动较为僵滞等。而市场体制下的运行动力主要来自市场需求，对接系统是根据各自的需求主动完成的。在实际运行中，行政干预作用一般被市场需求的主动作用所替代。政府职能转变与市场供求关系促使中介系统的功能和运作能力不断增强，服务领域不断扩大，并替代了政府在系统运行中的一些行为和职能。

第三节 科技产业中介关联机制

科技产业的系统运行有赖于系统的关联因素，而这些因素的相互作用一般是通过中介关联机制发生作用和变化的。当科技与产业协调一致时，中介关联系统就会在双方之间乃至三方之间形成界面融合，并利用关联系统的功能扩张，对科技产业对接和结构调整产生影响和作用。

一、科技产业中介关联

科技产业中介对接及其关联是一个系统的有机体。它是科技产业系统通过中介单元之间的耦合和交互关系。从系统的观点，科技产业的中介对接系统有两个特点：一是科技促进产业发展的互为需要并具有协调能力和互补能力，二是中介关联机制在两者之间的对接过程中具有明显的影响力。在科技产业经济发展的过程中，中介关联因素包括科技—经济—市场转移过程中的各种因素。科技对产业经济发展的中介作用，主要是由科技发展的内在逻辑关系以及科技与产业经济的相互作用决定的。在科技促进产业经济的循环作用中，中介关联因素构成了它们在系统运行中的加速机制和对接机制，并以其系统状态影响着"加速"和"对接"的效果。这是因为科技创新引发的产业替代、升级和结构调整，随着科技创造力的增减，将导致科技产业周期性变化，中介运行系统也将同步进行时速的调整和变化。作为科技产业经济的中介关联因素，主要以溢出效应促进产业转移与技术扩散。

（一）关联阶段

科技产业系统运行的中介关联机制，在产业经济发展的不同阶段有不同的需求：

初期阶段：中介机制的建立主要考虑的是产业关联的要求，以及产业成长期对各类资源的需求。中介机制以产业间的科技经济关联、关联效率以及关联有序程度与复杂程度进行设置。同时，为了满足科技产业经济发展的科技资源、人才资源、资金供求信息以及教育资源等需求，也迫切需要具备中介机制功能。

中期阶段：中介关联机制的建立是为了解决科技产业关联与资源有效配置的关系。为适应科技与产业间的交易规模递增和合作关系的日趋紧密，满足资源基本需求转为资源的合理配置，中介系统运作的重点是根据产业升级和结构调整的目标，提高科技产业关联的水平，对科技资源、人才资源等资源优势进行符合国家战略的结构调整和优化配置。

后期阶段：中介系统运作主要考虑的是产业关联高级化和可持续发展。

随着市场不断发育和完善，科技产业升级与经济转型进一步结合，并与科技资源和市场需求有机地结合。其间，科技产业在市场中介机制的作用下，形成了市场化的资源配置方式，市场规律和市场需求构成了科技产业结构性调整及转型发展的中介行为。

不同阶段的演进表明，中介系统运作并不像一些文献描述的，是一种狭义、分离的利益行为。实际上，从微观视角来看，中介系统运作具有“不求所有，但求所在”“墙外开花墙内香”等共享共赢特征。通过中介系统拓展生态圈，加深外部资源的合作，形成“你中有我，我中有你，互惠互利，合作共赢”。例如，腾讯并不拥有微信平台上的公众号所有权，但借助公众号阅读量推动微信平台的繁荣；亚马逊 Kindle 不做内容出版业务，但出版商的电子书籍下载量惠及 Kindle 的影响力。

从宏观运作领域来看，中介系统运作是一种集发展规划、法规政策与战略管理于一体的运作过程。在发达国家，它表现为通过非营利的中介协调和市场化的服务外包，以法规、政策、规划构成的中介机制进行系统运行，促进企业、研究机构和大学之间的合作和技术转移，使科技创新成果转化为新技术产品和服务能力。以美国为例，美国政府部门与民间的合作及技术转移的中介运作主要通过阶段性、关联性的法规、规划和政策，推动产业对接合作及技术转移。例如，20 世纪 70 年代，美国就建立了“联邦实验室合作体”，根据 1980 年通过的《史蒂文森—怀德勒法》，专门建立了以技术转移办公室（OTT）为枢纽的全过程管理体系协调机构，以促进技术在实验室、地方政府、私人部门之间进行转移。1986 年美国颁布了技术转移法，按照这一法令，政府所有和政府经营的实验室被授权与产业界以及其他非政府部门达成合作研究与开发协议，加快先进技术的商业化。同时，出台了美国“小企业创新研究计划”（SBIR）和“小企业技术转移计划”（STTR）等，以促进技术转移与产学研之间的合作。这些现象说明，科技与产业的中介关联可以延伸到法规、政策等领域，并具有阶段性特征。发达国家就是利用这些阶段性、关联性的“虚拟中介”（法规政策等）和实体中介（各种中介服务组织）的共同作用，为科技创新和成果转化及技术转移提供中介服务。

（二）关联条件

中介机制及其关联因素与系统运行的基本条件有密切的关系。这些基本条件是中介对接的基础。主要包括以下方面：

1．科技促进产业经济发展能量。提供中介系统运行的动力包括科技创新的整体水平、市场需求程度、技术附加值，以及规模经济效益等指标。其中，中介系统的加速能级和对接动力是科技产业发展能量差异性的主要标志，而系统运行能量的差异性则体现出中介系统在科技产业发展中的作用。

2．科技促进产业经济发展时速。科技促进产业经济发展有时速变化的特点，它体现了中介关联的周期性、系统性运行质量。作为反映和评价科技产业周期变化的指标，主要包括：科技研究开发、生产和进入市场的周期，产品技术的贡献率，技术结构的调整周期，以及研究开发、生产投入的收益率等。

3．科技促进产业经济发展通道。即服务科技产业发展的交易平台、网络系统或中介机构程度等，如各类媒介、法律、金融、财会、信息和咨询等服务组织规模，产业技术转移和应用以及科技转化为商品的市场体系，转型推广和代理机构，科技产业战略合作联盟；科技创客空间、孵化器、创业基地等。

4．科技促进产业经济发展投入。科技创新和资本供给能力是实现科技促进产业发展的主要动力，也是提供科技产业系统对接的主要来源和重要基础。在新经济时期，科技产业化发展过程往往伴随着服务创新和投资扩张的过程。主要是前期对创新的风险投资和决策研究投入、研究开发、中介机构以及实现产业转型的各种融资性投入。

在科技促进产业经济发展过程中，上述条件的相互作用，对科技产业的中介对接及其系统运作起到了“推导”与“拉动”的作用。具体来说，科技创新成果在经由中介系统进入科技产业化、商品化领域后，在“能力”“时速”“通道”和“投入”的综合性作用下，科技成果转化、新兴产业培育和重大项目投入的速度加快，规模经济效益不断递增。同时，科技创新成果随着中介系统的多元扩散和迅速转移，加之社会资本的大量介入，使加使速科技成果的附加值迅速攀升。这一发展过程，不仅加强了科技成果的商品贸易的协议地位，而且刺激了研究开发的再投入，提高了科技促进产业发展的效率和水平。当然，这些前提条件不具备，同样会导致科技产业化发展过程中的“梗阻”现象，造成产业结构不合理，科技产业转移缓慢，并由于信息反馈等因素，出现科技创新成果价值的递减，进而引发研究开发、风险投入递减的连锁反应。

（三）关联目标

在科技产业发展过程中，主动关联因素和被动关联因素的相互作用，始终对于科技产业的中介关联机制的形成有重要的影响。这里所说的主动关联因素和被动关联因素，包括中介组织、市场以及承担科技成果转化为生产力的现代服务系统，还包括实现这种转化的中介服务功能、政策和法规等。这些复杂因素的相互作用，往往通过中介关联系统之间的互为链动产生影响。当科技产业链动变化一致时，中介关联系统就会产生倍增（乘数）效应，并与科技转移的成果效应共同产生效益，从而通过科技成果的中介转移，形成对科技商品化、产业化的重大作用。所以，科技产业的发展要重视发展战略规划和战略管理等服务，完善科技促进产业发展的市场体系，合理配置科技资源和生产力要素，建立面向全球的科技—生产—市场公共关系，不断消除科技产业发展过程中的中介系统缺陷，实现科技与生产，科技与市场的紧密结合，形成科技促进产业发展的系统组合和运行机制。

对于科技产业中介系统，它的关联目标的定位是，按照“组织网络化、功能社会化、服务产业化”的发展要求，引导科技与产业寻求对接的空间，鼓励各个利益主体积极参与对接系统运作的过程，形成良性互动的发展格局，并建立起一种互补双赢的机制。

从系统集成角度，以“产学研资介”多种形式的合作，建立具有中介系统形态的战略联盟和利益关联机制。通过协同技术合作、资产重组、产业转移和结构调整等，发挥各个利益主体的资源优势和比较利益，分担研发成本，共享系统资源，实现优势要素的互补，发挥科技促进产业经济发展过程中各个参与主体之间的能动作用。

从制度创新角度，政府是制度创新的主体，直接关系科技产业发展的相关利益者的实际利益。在区域创新及科技产业发展过程中，政府一般通过体制创新、组织调整、环境培育等举措，运用战略、政策等宏观调控手段，营造创新环境，提供各类中介服务，在科技创新与产业经济之间建立起行之有效的中介机制。

从全球竞争战略角度，加快中介系统的网络化建设，进一步发展虚拟研发网络。随着互联网、大数据的迅速发展，提供网上各类中介服务，扩大研发、生产、市场等服务范围和规模，实现科技与产业经济活动的网上合作和交流，通过交互式的网络手段和信息传递方式，完善中介系统网络系统的竞争力，加强全球化的资源配置、产业分工和结构调整。

毫无疑问，明确科技产业中介系统及其关联目标，将真正实现资源共享。包括建立共享服务平台、项目库、数据库，重点实验室、孵化器、中试基地、技术标准检测机构、科技信息机构、科技经济基础数据等科技资源，科技教育信息网、大型公共仪器设备服务网、高技术信息库、国际技术标准库和专家库等。其次，开放科技产业中介市场，降低科技产业中介市场进入门槛。在科技成果、技术产权交易、科研攻关、科技咨询、风险投资、无形资产评估、人才交流等方面，建立“一条龙”的服务机制，加速服务市场的包容性开放，逐步形成科技产业中介服务的共同市场。再次，有利于建立跨域、跨行业的产业链接模式。包括全产业链模式、区域联盟模式等，形成专业性的科技产业协会等。最后，有利于跨地区的科技企业资质互认。包括区域科技行政部门共同认定的科技企业、科技成果和产品等，认定的技术经纪资格，出具的科技查新报告，认定的科技评估机构资格及无形资产评估机构等。通过建立城市网络、区域性网络和国际化网络中介体系，加快科技产业中介系统的服务创新。实现以科技产业整合为特征的科技资源共享。

二、科技产业中介关联机制缺陷

从基础研究到科技成果的商品化、产业化，被称为需要跨越的“死亡之谷”（弗农·艾勒斯，1998）。实现科技产业的中介关联是跨越鸿沟，也是构成科技—产业—市场互动机制的重要基础。研究表明，科技产业转型和技术转移等过程中暴露的缺陷，以及科技产业与科技资源不匹配的根源，主要是在于缺乏资源与应用互动的有效关联机制。以我国为例，这一关联机制的缺陷主要表现在以下方面：

1. 在科技产业演进过程中，企业需要大量先进技术和设备，由于不少企业自主开发能力不足，科技成果引进不得不以硬件为主，真正用于软件技术的费用只占 5% 左右。需要大量能够为产业结构调整和技术升级提供关键成果，但又苦于科技成果供求关系、利益关系难以理顺，既缺少企业和科研机构之间的战略性合作，也缺少中介机构与金融机构的积极参与。科技创新与产业发展呈现“割裂性”，促使产业升级和结构调整不得不寻求国外技术和装备的引进。

2. 科技创新、技术引进、技术转化和产业升级与结构调整之间缺少有效的中介服务及协调。科学技术指标与产业经济指标脱节，技术引进与研究开发脱节，技术引进与产业结构调整脱节，技术开发与市场需求脱节等，形成了新的技术结构、产业结构和市场结构之间的矛盾。关键技术产品求大于供，核心技术和零部件依赖于大量进口。从国外引进更多的中低端技术来满足中低端产品市场，又造成库存积压增大并引发企业的低水平竞争与经营压力。

3. 缺乏研究开发的公共协作、产业链接和解决产业关键共性的成套技术能力，科技成果二次开发和产业技术转移率低，大量科研成果仍处于潜在的生产力阶段。比如，由于缺乏公共协作网络，我国用于研发的大型科学仪器设备利用率偏低，发达国家的利用率高达 170%~200%，而我国利用率不到 25%。同时，科研机构、高校缺乏与企业、市场之间建立广泛的利益关系，科研成果向企业等部门的转移效果不理想，难以充分发挥其科技资源集中的优势，因而使得科研与企业和市场“脱节”的现象愈加严重。

上述分析证实，如果政府不主动、市场不介入“搭桥铺路”，通常会遭受较大的研发投入损失与科技成果流失。科技产业的中介关联的机制缺陷，使科技资源与产业需求错配，出现了技术结构、市场供求、体制关联等结构矛盾现象。最明显的矛盾现象是，一些科研机构、高等院校的科技成果累累，却无法实现科技产业化、商品化和市场化；科技企业的系统创新集成度低，缺乏风险投资和人才资源，研究开发能力较低，而政府部门握有大量的科技资源和项目资金，主要流向政府主导的科研机构、企业和大学。这些机构多数通过政府部门实施成果应用推广和转化，因而大约有 50% 以上的科研机构和高校的科技成果难以与企业的需求密切合作，1/3 的科技人员没有充分发挥作用。其原因是，一些地区市场化程度偏低，行政条块分割和部门分立等问题尚未得到明显改善，致使中介关联体系始终保持着行政隶属的浓重色彩。按照行政区划与行政体系组织的中介体系，使中介体系被严重分割，形成了地方政策为特征的市场壁垒，限制了科技资源等生产要素的流动，造成了产业技术层次低、生产规模小、缺乏市场竞争力等问题。因此，长期以来，虽然一直将上述矛盾归结为科研部门或企业本身，但实际上，除了市场的供求双方等原因，还有以体制创新促进紧密合作的中介关联等问题。

显而易见，中介关联的机制缺陷及其影响是明显的：

1. 在中介关联缺陷的情况下，科技成果进入市场过程中受到两个方面的制约：一是缺少市场化的中介运作机制，对科技创新成果供给地区的约束加重。如有些地区不是采取积极的科技产业政策，加快科技成果产业化的转化，而是采取地方保护主义的政策加以阻隔。行政隶属的中介机构不是代表公共利益，而是代表部门利益并成为对科技成果转化的制约者。除非科技创新成果有助于为本部门带来利益，行政隶属的中介机构才会让成果放行。二是中介体系受制于不同地区的行政约束，行政约束使科技生产要素不能在地区间或地区内自由流动。如一地内的市场体系，分为技术市场、劳务市场、商品市场等隶属不同的行政机构，客观上形成了内部中介系统的分割，导致科技资源的分散化和资源配置集中度的降低。

2. 科技成果进入不同城市或地区隶属的中介系统，受到不同的服务待遇。这种“有差别的待遇”，使科技成果进入中介系统后，因行政性分割而被搁置。一些地区的科技产业结构调整受制于传统体制和产业政策的影响，在市场需求缺乏弹性的情况下，对进入本地区的创新成果，只要不符合本地利益或政策，就实行差别对待，使一些有潜力的科技成果被挤出本地区要素市场和产品市场。中介体制分割及政策误区导致一些地区的科技资源流失，造成体制内的科技成果“无效空转”，使资源配置及其产业结构更加不合理。

3．中介系统的部门或地区体制分割，使科技成果通过地区或部门中介系统的分割、转移出现了分散化的态势。表面上这种分散化改变了科技成果的线性流动，但在中介系统分割而没有形成网络的情况下，科技成果及其资源优势难以通过市场运作机制，相对集中地配置到产业优势地区和科技型重点企业。进入利益分割的地区、部门和企业，又导致了重复投资和重复建厂，造成了科技产业结构和产品结构的趋同化现象。

因此，科技产业中介关联的机制缺陷，与科技经济体制、政策有密切的关系。改革开放以来，科技产业化发展的主体、方式虽然发生了一些变化，市场化运作的科技与产业中介机构成为对接、交流、交易、推广的主要途径，大批中介机构参与了科技与产业的“搭桥”“铺路”活动，逐步替代了政府部门的一部分职能。研究开发和科技成果应用推广的经费更多地来源于企业，使企业成为科学技术及其成果的应用的主体。但是，这种主体变化和运作方式的转变，是不同地区、不同行政部门并行推进的过程。由于部门隶属关系和中介服务水平不同，中介关联的作用和影响也不同，使科技创新资源不能有效地为企业发展服务，而企业资源也不能有效地为科技创新及其产业化服务。这就出现了因中介关联缺陷造成的研究开发不足、研发机构的科技成果转化缓慢，导致企业不得不以引进国外设备、生产线和零部件，进入加工组装产业以实现经济规模扩张。

现实表明，我国科技产业虽然逐渐脱离了研究与开发相互分离的状态，进入了市场化发展阶段，但在总体上仍然未能形成科技创新、产业发展和市场需求的一体化的状态。研究开发、项目选择、成果转让等方面，与国内外市场需求的产业结构、产品结构升级和调整仍然有相当大的距离。以我国为例，科技成果数量尽管有逐年增长的趋势，呈现指数曲线。但我国科研成果的推广率却长期徘徊在30%左右，不仅使一些具有重大推广价值的科学技术及其成果“束之高阁”，也直接影响着科技产业升级和结构调整。科技与产业在体制上的分割，使市场需求的大量科技成果积压，技术转移呈现出低水平重复。又使技术层次低的产品库存日益增加，造成资金回笼困难，无力抽出资金支持研究开发。同时，中介市场发育不全，企业技术创新和技术引进能力不足，又使企业技术引进效益偏低。中介体系不健全，中介供求网络不畅，成为科技产业化发展的制约因素。

三、中介系统关联机制的完善

在科技产业中介系统关联机制的形成中，科技产业是科技中介服务的主要目标，它提供了科技中介运作空间及反映价值的基础。通过在政府与市场之间架起沟通的桥梁，使得科技产业能够高效率、快节奏地进入市场经济网络，成功实现科技与经济的对接，满足科技市场的需求，并促进科技产业经济以高附加值稳步提升。为完善科技中介关联机制，需要解决以下问题：

首先，再造科技中介系统及其运作流程，使科技与产业、科技与资本、科技与社会的协调发展成为可能。通过完善的系统中介推动具有发展潜力的科技产业的合作，提高科技产业的核心竞争力，并从中获得高收益。由此，系统中介促成了科技产业的形成与发展，微观运营行为通过产业中观层面乃至宏观层面，实现了高端层次的有机结合。其间，科技产业通过中介系统的“牵线”“搭桥”，不仅增强了区域科技与经济实力，还实现了科技产业结构调整和战略转型，使科技企业及其支撑机构在结构高度化的起点上发展。科技产业发展对信息、资金、技术和人才等要素需求和对专业化服务的需要，都将促使科技中介不断完善自身的功能，建立起系统网络，寻求同业间联合，主动从战略高度和更长远的目标出发，蓄积一切力量推动科技产业的发展。

其次，有效理顺科技与产业的复杂关系与资源利用。科技中介与科技产业的关联机理特殊，运作主体本身属于复杂系统，加之两者间多种资源、多种方式的互动，系统对接点不止一个，因而两者之间的关系显得错综复杂。由于科技与产业的关联运作的对接点是资源利用，关键是中介系统的运营服务。所以，信息、资金、技术和人才等资源的利用，以及科技中介的运营质量和服务水平，对科技产业发展产生重要的影响和作用。科技中介系统不能有效地利用和开发资源，就不能形成有利于科技产业发展的外部环境和动力机制。因此，科技产业对资源的利用以及中介系统对资源的有效开发，有助于满足中介系统对过剩资源与能力释放的要求，弥补科技产业自身资源与能力的不足，从而形成两者互动关联的动力机制。

再次，构筑科技产业互动运作网络系统。由于科技中介体系的构成具有多元化、网络化系统特征，科技中介资源来源的多元化、服务对象的差异化使得科技中介体系具有多元、动态开放性。这种特性使科技中介与科技产业在互动运作过程中始终处于一个多元开放的状态，促使科技中介与科技产业构成的互动运作系统十分稳定。同时，科技中介与科技产业在互动运作的动态环境下，特别是在创新全球化的环境下，不断引进新的技术成果和产业项目，通过利用先进技术的优势，追求更高的投入产出效率，吸收更有实力的实体加入并带来产业集群的迅速扩张。基于科技中介与科技产业在互动系统运作过程中呈现出的多元、动态等特征，科技中介与科技产业形成的互动网络，或者说两者之间作用力形成的“力场”将波及更加广阔的范围。在系统开放和协调发展中，形成一种开放与扩张的发展动力机制，推进科技中介与科技产业互动网络进一步完善。

以上分析，我们明确了中介系统关联与科技产业发展之间的交互关系，以及完善科技中介关联机制的重要性。进一步证实的是，推进科技与产业经济的对接，加快科技创新为主导的产业升级，必须在科技与产业供求双方之间建立起中介关联的支持系统。换言之，要完成科技产业发展乃至产业升级和结构调整的过程，必须进一步采取积极的政策措施。

1. 增加对科技产业链的中介环节的投入。中介关联系统是科技促进产业升级和结构调整的基础。从科技创新、技术开发、成果转移到科技成果的商品化、产业化，都是由科技产业发展各个阶段的中介对接完成的。因此，在解决科技产业升级和结构调整等问题时，脱离产业结构、产品结构调整与科技转移的中介关联系统，就有可能形成科技产业发展的“低水平扩张”或“低水平重复”。所以，在实现市场化的科技产业发展时，要加大对科技产业链的中介环节的投入，以科技产业化、市场化为主导，完善科技产业升级和结构调整的中介服务措施。

2. 有效运用中介关联因素以及相关政策手段。在科技产业发展过程中，运用政策手段建立各种中介组织和机构，制定各项政策措施，提供各种科技与产业供求关系渠道是十分必要的。但需要注意的是，在科技促进产业经济发展过程中，广义的中介系统包括产业政策的倾斜以及各项政策性服务，如通过金融、税收财政、工商管理等进行调控。同时，促进科研机构、高校、企业和商家建立起科研—生产—市场发展的中介联合体。在进入科技—产业—市场中介关联循环后，进一步形成中介系统化、网络化的组织。

3．重视科技与产业经济对接主体的选择。在发展中国家或转型国家，科技与产业对接一般主要通过政府推动，而企业和科研机构、大学处于对接的从属部门。企业为完成政府下达的生产指标，资金投向主要面向扩大产品产量，而具有“技术内涵”的产业项目投资比重明显偏低。消化吸收经费大大低于技术引进经费的支出。研究开发经费主要用于实现短期的经营目标，甚至被挪用到生产性投资中去。因此，充分发挥中介关联因素的作用，实现科技与产业的对接，要推进产学研资介主体合一。根据国家宏观调控政策，将科技产业发展的主体由科研机构、大学逐渐转移到优势企业中，通过科研成果转让、技术入股、期权控股等方式，促进科技企业的发展壮大。

4．搭建科技产业的中介供求网络系统。在宏观战略政策的规划下，建立科技产业发展的协调发展机制，完善科技与产业经济统一体制下的供求网络系统，形成以研究开发机构为中心，产业市场为载体的中介供求网络系统。通过中介联合体，使“产、学、研、资、介”形成一个利益共同体。同时，在创新全球化的环境下，中介供求网络系统的建立已超出一般性对接的意义。科技产业发展需要全球范围的技术、资金和人才的支持。通过互联网的中介系统联接，使全球科技资源、金融资本得到更加快捷、便利和富有效率的配置，将科技产业升级和结构调整上升到全球范围。

无疑，完善科技产业的中介关联系统主要目的是建立一个网络化、市场化和社会化的服务“通道”。这一“通道”要为科技创新成果提供市场需求信息等中介服务，有组织地将科技引导和跨越到经济领域。同时，利用这一“通道”为科技产业发展提供技术评估、技术选择、技术交易以及人才培训、风险投资评估、运作咨询等一系列中介服务，使科学技术通过中介关联，跨越科技—产业经济领域，成为科技与产业互动发展的整个过程。

表 5-3 列出了科技产业中介关联的各种中介服务活动。这些系列活动在满足科技与产业之间的交流互动的基础上，通过科技创新与市场需求结构调整的有机关联，使科技产业结构、产品结构根据市场需求结构的变化做出一系列调整，进而通过市场需求结构的变化对科技创新项目的目标进行新的捕捉，使之成为产业结构调整的中介关联因素。

表 5-3　科技与产业的中介服务及其供求关系

产业需求	主要中介服务	科技供给
技术 （企业和其他使用技术的经济实体）	信息沟通 产业技术评估 产业技术选择 技术交易 产业技术合作	技术源（高校、科研机构、企业及其他技术拥有者）
人才与技能	需求评价 人才选择 培训与技能	高校、科研机构 劳务市场 培训资源
资金支持	融资渠道 投资评估 投资担保	资金源：银行、风险投资政府、跨国公司等
发展战略	研究与发展 策划与实施	环境信号：挑战与机会
学习新技术	教育、信息与交流 寻求新知识源 建立与外部知识系统	优秀案例 新兴知识基地
实施	项目管理 有效利用外部资源 培训与技能开发 组织变化	专家资源

四、科技产业中介循环机制

关于中介循环，目前并无明确的界定。可以认为，中介循环是指一种在中介系统内外的运动过程，也是一种系统关联机制现象。它是由不同层面、不同单元耦合形成的生态连接系统，并建立起中介网络系统和相互依存的关系环和关系网。这些系统的规模扩张，在系统之间的链接，又形成更加复杂的大系统，既而形成社会经济中介的系统集成（隋映辉，2002）。中介循环大体上分为企业层面、区域层面和社会层面等。这些层面通过相互之间的网络连接成一个整体。中介循环一般着眼于科技产业网络化和生态链的发展，通过构建中介生态及其网络系统，实现中介循环的有效连接。

科技产业发展的中介循环涉及诸多因素。中介循环的作用及其时效，主要是由科技发展的内在逻辑关系以及科技与产业网络链接的系统作用决定的。在科技促进产业经济的循环作用中，中介系统作为循环机制发挥作用，通常是在科技创新成果发生作用期间，随着影响力和作用力的增减，引致科技产业的周期性变化。中介系统随着科技影响力和作用力的上升与递减的变化，呈现出相应的层次、范围和水平的规律性变动。其次，在科技产业中介系统的关联对接过程中，科技创新成果通过“产、学、研、资、介”部门的互动、转化与扩散，完善网络通道，形成良性循环。

分析证实，中介系统作为科技—生产—市场的多层次循环机制，是科技产业成长与演进的基本条件。从图 5-4 可以看出，科技产业中介循环起源于市场的供求关系。在完善的市场供求体制下，这些供求关系、基本条件与市场规律共同发挥着自动调节机制的作用。从投入阶段、运行阶段乃至产出阶段的中介循环过程，对各种需求波动起到抑制或调整作用。当市场供求力量供大于求，以及因各种因素导致科技产业生产能力闲置时，投入就因为需求锐减而不断收缩，这一收缩带来的投入递减突出表现为科技资源配置等方面的严重缺陷；而市场供求力量求大于供，市场需求过旺则引起科技资源需求的上升。同样，市场供求关系也反映了资源配置的合理性。通过科技—生产—市场供求状态的波动，以及由此引起的成本和价格变动，影响着研发、投资、生产、销售的决策调整及资源重新配置，推动着科技产业转型和结构调整。这种市场供求力量的影响和变化，在中介系统循环机制的作用下，使市场由供求差别恢复供求平衡。其间，科技产业中介循环系统提供各式服务，围绕资金、技术、人才和信息等要素展开。

这些基本要素在科技产业的形成和发展过程中占据重要的地位，缺少基本要素及资源的支持，科技产业的发展都将受到限制。科技产业中介通过低成本、高效率的运行路径获取资源优势，又通过加工利用资源的专业手段和资源合理配置的能力，并借助市场供求渠道进行有效利用，为科技产业发展提供优质服务。所以，科技中介服务水平的提高，必须以市场需求和科技产业的发展为契机，因为只有建立以市场需求为主导的供求机制，才能为中介循环提供更加广阔的发展空间，并提供能够发挥科技中介服务优势的资源。

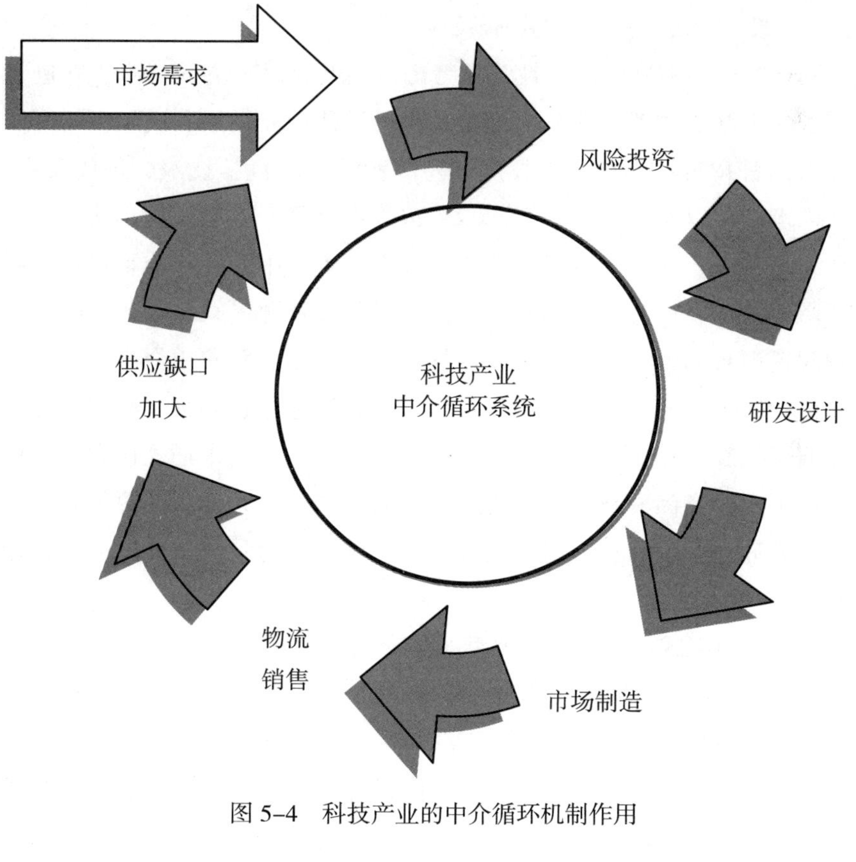

图 5–4　科技产业的中介循环机制作用

分析还证实，在科技产业发展的过程中，相关要素和环境发生的变化，始终影响着中介循环机制的运行，直接或间接的影响科技产业发展变化。最为明显的是，当科技成果进入中介系统准备交换或转移时，其价值比一般表现为潜在优势；当科技成果通过中介系统与产业系统进行互动和循环时，其价值比随着产业效益的反馈不断递增，导致科技成果的乘数升值，数倍的扩散价值进一步增强科技产业的竞争实力。同时，这些基本条件不具备或在转移过程中不能有效地发挥作用，也会引起科技产业经济在转移、扩散过程中的“梗阻”现象，造成产业结构不合理，效益下降等问题。“梗阻”现象通过中介系统的循环传导，引起科技成果向产业部门扩散的阻滞，进而造成了科技成果价值及其产业效益的递减。在这样的背景下，尽管中介系统实施多元化扩散，也会出现科技成果价值的乘数递减，进而引起研究开发、投入产出等一系列的连锁反应。

从科技产业发展的阶段性需求考虑，主要有以下方面：（1）在进入中介循环机制的初期，充分考虑的是推动科技产业发展和满足市场需求所寻求的科技资源，如为科技产业发展所需求的科学技术、科技人才、资金供求信息以及教育措施等。（2）进入中介循环机制中期，从推动需求和满足需求，转为实现科技资源的合理配置，中介转移的重点是按照科技产业结构、产品结构调整的目标，对科技资源进行符合产业政策的有效配置和布局。（3）进入中介循环机制的后期，随着中介系统与市场的发育和完善，科技资源配置与市场需求有机地结合起来。科技资源在中介循环机制的作用下形成了市场配置方式，并通过市场规律和市场行为构成了交换产品和技术的行为。这就使市场等要素作为资源配置过程的中介循环子系统，进入科技投入产出领域，成为科技产业发展的运行机制。

在发达国家或地区，较为典型的中介循环机制是在科技产业发展中，建立或参与全球化、网络化的技术战略联盟，实现研发—生产—市场的系统网络的循环开发和利用。系统网络循环是中介循环机制的基础，它利用庞大的全球信息网络、大数据平台，通过中介联合体的关联对接，参与科技与产业经济部门之间的分工协作，分享科技创新成果并构筑产业化的系统网络。它以中介联合体为主导，中介网络系统为载体，将科技与产业、科技与市场有机地结合在一起，在研究开发和成果转化的同时，运用虚拟系统网络对接多层次、多单元的科技、产业与市场等要素，并不断拓展科技产业的市场规模，提高科技经济效益和创新成果的转移率，最终形成中介循环系统效应。

科技产业发展的中介循环机制的运行，受到战略政策、法律措施、教育等环境因素的约束和激励。同时，还受到国际区域经济、技术差异等方面的因素影响。所以，还需要建立和完善科技经济的转移机制及市场体系，合理配置科技资源和生产力要素，建立广泛而有效的科技—生产—市场的公共关系。通过不断消除科技产业发展过程中的各种中介系统缺陷，促进科技与生产，科技与市场的紧密性合作，以完善系统要素组合的中介循环运行机制。

第四节　科技产业市场中介系统

市场是商品交换及转让场所和交换关系的总和，是科技商品化、产业化发展的驱动力。科技产业的成长与发展，与市场需求及供求响应有密切的关系。有关研究证实，市场需求拉力引起的科技创新，远远大于科技本身的推力。市场需求已成为科技产业发展的引擎。实现科技产业化，必须以科技产业的市场化战略为基础，运用市场需求拉力，带动科技产业的迅速发展。

一、市场中介组织系统

科技与产业经济对接的主要系统是中介组织系统。在市场经济条件下，以往政府承担的一些职能将逐步移交给市场化运作的中介机构。如科技创新、风险投资、科技成果转让、技术应用推广、无形资产评估、企业资信评估、战略咨询、法律顾问和财会管理等被推向市场，由市场化的独立中介机构承担。特别是中介服务的全球化以及机构的网络化，将使中介服务在竞争中形成巨大的市场需求。市场中介服务在科技促进产业发展中的地位越来越高，影响也越来越大。

（一）市场中介组织

市场中介组织是市场经济分工的一个特殊行业。在发达的市场系统内，市场中介意味着供求双方通过市场组织运作，实现科技与产业的成功对接。

推动科技产业发展，在相当大的程度上取决于市场中介组织的作用。

市场中介组织大体分为两类组织：一类是承担政府规划市场、组织市场、调控市场的政策性业务机构，如经济、金融、财税、工商、商贸、政策咨询等机构。这些机构可以称之为宏观调控的市场中介机构。另一类是直接服务市场的中介机构，如商品、技术、金融、劳务等市场组织。这些机构可归纳为微观管理的市场中介服务机构。传统的市场中介组织主要的任务是发挥市场的系统功能，解决供求矛盾及结构关系，通过综合性的信息交流、咨询服务等，为科技与产业经济的对接发挥“通道”的作用。

1. 商品中介组织

（1）消费品市场中介机构。主要包括：商业系统的批发机构，主要是商业系统的批发物流系统，是消费品市场上生产企业和商业之间的最重要的中介机构。供销系统的批发机构，主要采取城乡交流，分层成网，批发零售等方式，成为最重要的流通企业和中介机构。生产企业的产品批发机构，属于生产企业，为使产品尽快进入市场而发展的中介机构。工业品贸易机构，主要是以代理、批发、提供信息和交易服务为主要业务的交易场所。工业小商品批发（市场），在小商品产地或集散地形成的区域性或全国性的交易场所。其他，如产品的期货交易市场等。

（2）生产资料市场中介组织。主要包括：承担物资生产企业的产品自营机构，物资流通经营机构。这些机构承担着物资分配和交易，是生产资料市场最重要的中介机构。物资贸易中心，是为满足生产资料交易的需要，在原有物资系统的基础上成立的交易场所。专项物资交易机构，如钢材市场、建材市场等。隶属工业部门的物资交易机构等。

2. 金融中介组织

金融市场中介组织是在金融市场中从事创造，进行交易的金融工具和推进市场参与者进行资金流转的组织。金融中介组织包括商业银行、储蓄和货款协会、互助储蓄银行、信用合作社、证券机构，等等。我国的金融中介组织有：中国人民银行，对专业银行和非银行金融机构实行管理，对全国货币和信贷进行宏观调控。专业银行，包括农业银行、中国银行、建设银行以及股份制的交通银行等。非银行机构包括中国人民保险公司、中国国际信托投资公司等。在农村建立农村信用合作社，或在某些地区建立一定规模的民间借贷机构。其他金融机构，外资、侨资和合资银行，以及融资、证券公司，经营金融资金的交易和流通。支付宝作为第三方支付平台，也是金融信息中介的一种新形式。

3．劳务中介组织

劳务市场中介组织是解决劳动力供需矛盾，提供人力资源服务的中介组织。包括：人才交流中心，主要对要求交流的人员提供存放档案、提供证明、保证干部资格等项服务，为人才流动提供信息和服务的场所和机会。劳动服务公司，是一种开辟就业门路、适应就业制度改革的社会劳动组织，服务业务主要是对社会劳动力提供供需平衡和组织管理，对劳动者进行职业介绍、就业咨询，向用工单位输送合格劳动力，开展就业训练和转业训练，对失业人员提供社会保险，组织推动发展集体经济，广开就业门路。技术工人交流中心，以交流技术工人为主，开展在职职工的横向交流。涉外劳动服务机构，是适应对外开放，提供涉国内外劳动力及有关服务的机构。民间职业介绍所，是私人举办的民间职业介绍机构。

4．技术中介组织

技术市场中介组织是指在技术转移、交易中充当组织者和媒介的组织机构。包括：专利代理机构，是专利代理人建立在法律关系基础上为被代理人提供涉及专利事务的技术业务及法律服务的工作机构。技术信息传播机构，包括专业经营技术信息的有关报刊机构。科技信息、咨询、研究机构等。技术产权交易机构，包括技术产权、技术交易等机构。社团法人中介机构，大多属于与科研、院校及大中型企业有广泛联系的社团法人机构，如社会团体咨询机构等，这些机构拥有从事技术、科研和教学的专家学者，掌握国内外前沿的技术经济信息和成果。通过中介机构可以迅速转化科技成果，帮助解决科技产业发展中的有关问题。

专栏 5–1 “科技搬运工”：弗劳恩霍夫模式

弗劳恩霍夫协会以德国科学家、发明家和企业家约瑟夫·弗劳恩霍夫的名字命名，是公助、公益、非营利的科研中介组织，为企业、特别是中、小企业开发新技术，新产品，新工艺，协助他们解决自身创新发展中面临的各种问题。

弗劳恩霍夫模式是一种特殊的、面向具体的应用和成果的中介创新模式，它的科研使命在于为市场提供具有相当产品成熟度的科研创新服务，使得科技成果能够迅速地转化为市场成熟产品，在德国有着“科技搬运工”之称。作为大学实践的纯基础研究其研发资金通常都是由公共部门全额捐赠，而作为以原型水准为目标的工业研发则几乎是由特定的私人企业和资本来维持其创新能力。在这两者之间，正是弗劳恩霍夫模式的正面战场。它介于纯基础研究和工业实践研发之间，既注重快速实践的产学研转化，又时刻密切跟踪行业发展趋势，发展必要的前沿科技以创造一种动态的创新驱动力。

在弗劳恩霍夫的发展模式中，最重要的理念就是，在保持自身的科研独立性的同时，尽可能地贴近企业客户的需求。这种指导原则明确了企业和研究所之间不存在任何竞争关系，而是一种服务和被服务的合作关系。在任何一个弗劳恩霍夫研究所，其服务模式均是以客户的实际需求为导向，为其开发量身定制的系统性解决方案，增加其产品在市场上的核心竞争力。从产品的研发需求分析到系统设计，再到产品原型开发，弗劳恩霍夫最主要的工作就是以科研委托的方式服务于客户，这期间产生的科研成果，弗劳恩霍夫必定会自己申报、保护专利，同时对客户授予独家或者排他性许可权，或者规定具体应用范围的使用期限许可等。

这样一种需求来源于企业，研究成果也最终归于企业的模式，大大缩减了技术转移所消耗的时间，开发出来的技术成果也能更顺利、高效地实现转移。除此以外，企业客户对弗劳恩霍夫协会的发展也至关重要，通常研究所定期召开战略会议，邀请行业中的客户代表，倾听其想法和意见，尽可能地贴近市场需求和技术趋势，降低在科研创新中犯错误的概率。通过这种技术供求、人才供求、管理共享的战略化合作，弗劳恩霍夫就能够与企业实现共荣双赢，双方的技术转移更为密切。

资料来源：根据文献资料整理

5．中介新模式、新业态

随着新一轮科技产业革命的驱动发展，传统中介组织模式及其结构发生了颠覆性变化。利用移动互联网、云计算、大数据、物联网等信息渠道，与工业、商业、科技、金融等行业的全面融合，促进了电子商务、工业互联网和互联网金融（ITFIN）迅速发展，推进中介组织转型为新产业、新业态、新模式（专栏 5-1）。“互联网 +”让互联网与“府、产、学、研、资、介”形成一体、加速集群融合，创造了新的发展生态。互联网拓展了沟通活动的空间，改变了传统的中介服务模式。对商品生产、市场流通、经营销售、科研管理等都产生了巨大的影响。在模式创新的基础上，也衍生了一些专业化、关联性的新中介组织。比较有代表性的组织包括：

知识传播机构。知识传播与交流是中介组织功能的重要组成部分。基于移动互联网、云计算、大数据等手段，组织举办的各类展览会、出版物、广播电视及各类学术交流活动，使科技信息、产业需求与市场布局有效对接，加快科技成果的扩散和传播。

风险投资服务机构。以风险资本投入促使科技成果的商品化和产业化，其业务涉及研究开发、财务管理、项目评估和人才资源配置以及风险投资的法律、法规的实施，同时，还涉及风险资本的投融资以及风险投资制度与机制的创新等咨询服务。

产学研联盟组织。创新全球化推动了全球范围的产业、企业与研究机构之间的强强联合。通过建立战略联盟等中介组织，开展“产学研资介”之间的合作研究开发、专利申请、技术扩散和资产重组等活动，并形成了交流互动效应。战略联盟组织及其全球网络化的交流互动，将企业、大学、研究机构与市场中介有机地联系起来，为科技产业发展及企业创新、成果应用和技术扩散提供全方位的支持。

开放型合作组织。为广泛吸引更多的科技人才及科技资源和创新成果，不少国家和地区利用开放型实验室、开发型机构和开放型研究组织等中介平台，加强企业与研究机构、大学的合作，共同开发和研究市场需求的技术产品，形成资源共享、风险共担的参与合作机制。

服务外包组织机构。在科技、产业和市场的协调发展过程中，形成了行业不同、性质不同、国别不同的服务外包机构。这些机构具有便捷灵活的服务机制，大量科技、经济和市场资源与公关渗透的能力。通过专业服务、代理服务、定制服务，减少了服务环节和交易成本，为科技与产业的对接提供各项专业化的精准服务。

社团法人中介机构。大多数属于与科研机构、大学以及企业广泛联系的社团组织。这些组织拥有大量从事科研、教学以及研究开发、中试的各类人才，掌握着研究开发以及产业发展的研究成果、信息资源等。通过这些社团法人的中介机构可以充分调动各类资源，加快科技转移、人才交流和成果的应用推广，协助解决科技产业发展中的各类问题。

与此同时，在跨界合作以及对服务需求背景下，还形成了以下一些科技中介服务企业。

科技咨询企业。科技与产业的对接需要大批的中介咨询组织。在经济全球化和创新全球化的环境下，科技经济对接、科技经济转型都面临着一系列的困扰和问题，亟待组织各类专家进行战略、政策和管理等方面的咨询研究、分析策划以及可行性论证，以确保科技产业决策的科学化。

科技物流企业。科技与产业在对接乃至产业化的过程中，同样面临“生产与消费”和“供给与需求”等经营问题。物流系统是进入科技—产业—市场循环的重要环节，也是科技与产业中介对接的构成要素。采用物联网系统，可实现科技产业内部流程和贸易伙伴流程同步，增强灵活性、透视度和控制能力，实现从货源到消费点的整个供应链执行和优化。

科技虚拟企业。以科技与产业网络化连接，形成从研究、设计、生产、销售到战略制定、技术支持、网上快递等一系列的虚拟企业组合，成为新经济时代的中介组织形式。虚拟企业以“互联网 +”等模式，在网上进行专业化分工合作以及在线订购等交易活动，不仅降低了运营成本、便利了客户需求，还扩展了科技价值，形成了企业间专业化分工合作的巨大潜力。

中介组织的创新发展及转型反映了一种趋势。以市场需求为主导的中介组织，在系统运行、交流互动和网络化的推动下，将通过科技—产业—市场的系统的传递、延伸形成网络化、循环型的中介互动和链接组合。这种依据创新组合结构的不断变型，激化各类新兴中介组织形式不断涌现。

专栏 5-2　云计算：跨越式的中介创新

所谓云计算（cloud computing）模式指计算机用户通过互联网将信息的储备、运算、处理等任务全部交给计算机公司承担，用户可以大大减少计算机配置，只要用浏览器作为接入口，即可拥有一套完整的计算机系统的功能。“云计算”的概念早在世纪之交即已出现。始作俑者是1999 年成立的美国 salesforce.com 公司。“云”是用以比喻网络无所不在，不断在空中漂移变化，随时可以提供服务。科技产业界普遍认为，“云计算”是 20 世纪 70 年代发明 pc 以来的又一个伟大创新。它是计算机服务和互联网应用的升级。“云计算”成为催生新技术、新模式、新业态的动力，并导致有关服务企业的重新“洗牌”。

资料来源：The Economist,Mar.21,Apr.4,2009

二、市场中介的组织功能

在发达的市场系统内，市场中介组织的主要任务是发挥市场的系统功能。通过提供综合服务，信息交流和咨询等活动，为科技产业发展发挥“通道”的作用。

其功能及作用主要表现为：

1. 发挥市场的实现功能，充当交易的媒介。在市场经济条件下，市场的基本作用是实现产品的价值和物质的补偿。科技、经济供需双方通过中介组织相互沟通和了解，掌握市场的需求，使供求双方通过市场交易满足各自的要求，并使科技成果在交易中实现商品的价值。双方通过市场对接与交易获得了资金、技术和人才资源的重新组合和积累，使知识生产中的劳动消耗在科技产业化的回报中得到补偿。通过获得扩大科研生产所必要的经济技术补充，使科技—生产—市场的各自功能通过中介组织的作用顺利进行。

2. 发挥市场反馈的功能，降低交易成本。市场中介组织作为科技经济交易的场所，可以通过交易需求和消费偏爱程度，获得科技产品和市场需求的重要信息。这些信息包括产品的需求量、优缺点、欢迎程度以及价格等微观信息，又包括国民经济部门之间的比例关系、产业部门内部的比例关系以及生产与消费、科研与生产总的比例关系和矛盾等。通过市场中介进行大规模的交易服务，可以降低市场交易成本。同时，充分利用市场反馈信息，分析市场需求变化、调整科技项目和生产计划，协调国民经济发展中的比例关系，可以使科技生产能更好地适应市场需求。

3. 发挥市场优选功能，促进结构调整。在市场交易过程中，交易各方之间的竞争是不可避免的。通过中介组织的推动，有利于科研部门研制生产部门及市场需求的成果，促使生产部门积极引进技术成果，改进技术工艺，提高产品质量。通过各方竞争，还可以提高科技成果的价值，淘汰不适应市场需求的科技成果，并促使生产部门按照市场需求对产业结构、产品结构及技术结构进行调整。

4. 发挥市场调控功能，实现协调发展。在市场经济条件下，市场运行按照市场规律进行。同时，通过中介组织的影响和作用，接受产业政策、法规及战略规划的“软约束”。这一双重性功能表明，市场中介组织机构，一是为市场微观调控服务，引导科研、生产等部门面向市场需求，加快科技与生产，科技、生产与市场的对接；二是为市场宏观调控服务，充分利用国家的科技政策、产业政策，采取各种经济杠杆（金融、财政、税收、工商等）手段，传递政策信息，搞好市场咨询服务，引导正确的消费及项目立项，从而更好地发挥产业政策的指导作用和调控能力。

发挥市场组织的中介功能，是围绕着科技产业的运作方式和运行结构进行的。这些运作并不直接对商品市场产生作用，而是通过对研究开发的间接服务作用，以创新能力和竞争能力来反映市场占有率的变化、产品质量和产品品种。市场反馈使资金市场、劳动力市场和技术市场获得不断变化和组合，并对科研部门提出适应市场需求的研究项目和课题。显然，围绕着科技产业发展的市场中介系统是一个战略管理系统。市场中介系统通过战略性的间接投入对市场需求与科技产业发展进行互动协调，使科技创新成果的研究开发与市场中介支持的产业结构、技术结构调整和资源有效配置结合起来（见图 5–5）。

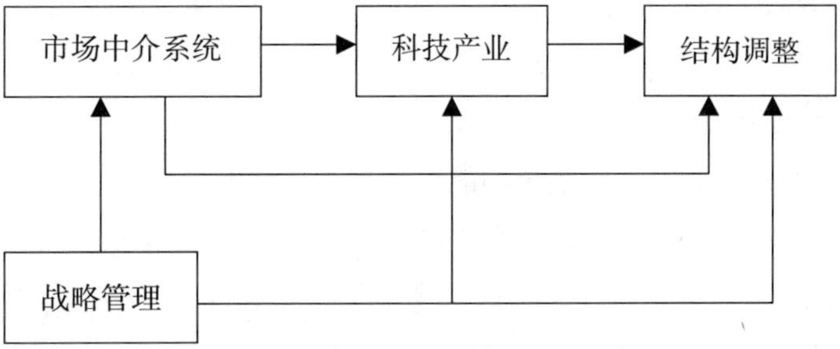

图 5–5　市场中介系统与科技产业

由此可见，市场中介结构及其系统功能变化对科技产业发展具有重要的影响。在一个相互作用的科技—产业—市场之间的互动发展结构中，科技产业与市场需求的变化，更为直接地与中介环境选择、中介系统关联、中介组织的运作能力和管理机制结合起来。

从这些影响可以看出：

1. 市场中介组织变化及其系统功能，不仅推动科技与产业之间的供求双方互动、交换与竞争，提高科技与产业的关联效应，而且以市场空间结构性扩张和规模效应，推动科技创新成果的转化，加快科技产业的更新换代，促使科技经济走向新的成长阶段。其间，市场中介的变化是在系统功能作用下完成的。中介组织及其系统功能变化将是一个伴随着行政职能转型的动态过程。其中，科技产业作为主导型产业，发展中国家或地区的市场中介的服务性质不同于发达国家。在开放的环境下聚集科技产业资源、资金和人才，仅仅通过市场运行方式并不能如意，还需要通过“两种手段、两种机构”的系统运作，以保证有效的资源配置为科技产业发展服务。

2. 市场需求空间、产业融合及其份额决定着科技产业发展方向，但中介结构及其功能在一定程度上影响着市场需求空间的变化，制约着寻求潜在市场需求及其创新成果的实效。市场中介结构及其系统功能变化，形成了不同的市场潜力及其价值循环形态，促使科技产业在不断引入创新成果的同时产生不同的效益。因此，在一定程度上，市场中介及其结构变化是以市场机制配置与需求资源为基础的。市场中介围绕市场机制配置资源主体，并采取以下运行方式：参与竞争并对市场需求做出灵活反应；自由竞争并能够提供正确价格参数的市场；以市场中介的间接调控完善宏观调控体系。通过直接或间接地影响宏观与微观调控体系，形成产业价值网络优化和资源配套能力的积累。

3．市场中介结构及其系统功能变化在一定程度上还影响着科技产业收益变化，主要表现在中介服务产生的市场结构、空间规模及其经济效益。在发达国家，以市场为中介的科技产业服务通常具有较大的收益率。例如，美国围绕着科技产业发展的风险投资服务在过去 20 年的回报率达到了 16%，这比其他投资回报率高出 7%~10%。因此，科技产业的收益率不仅取决于产业竞争能力、产品结构和市场份额，而且还取决于市场中介结构及其系统功能服务能力。

总之，对市场中介组织及其功能性分析，足以证明市场中介的系统作用及其地位。事实上，在一个市场中介系统不健全、供求关系不顺、体制矛盾和政策冲突的条件下，实现科技产业化、商品化和市场化是比较困难的。由于市场中介系统及其功能作用被狭义理解为是一种“外延扩张”，因而一些转型国家或地区对市场中介缺乏足够的重视和支持，不仅制约着科技产业发展的速度，而且影响着科技转移和科技创新的进程。虽然科技转移和科技创新作为干涉变量，能够影响市场结构和产业优势的变化，但由于市场中介断裂将影响到科技与产业经济的有效对接，科技转移和科技创新的成果最终被抵消。随着科技与产业中介对接层次的递增，以市场为主体的中介体系将构筑科技产业化发展的平台，并利用这一运作平台推动中介结构体系及其系统功能全面发展。

三、市场中介的需求响应

如前所述，科技产业发展的市场中介系统是一个多层次运行的结构形态。在这一系统结构形态中，技术市场、资本市场和劳动力市场都围绕着商品市场进行运作与开发。有趣的是，这些市场运作并不直接对商品市场产生影响，而是通过人力资源配置效果、研究与发展的间接作用，以及投资水平、科技转移和竞争能力，反映市场的占有率和市场竞争的变化，以及产业效益和产品质量。市场需求反馈促使资本市场、劳动力市场和技术市场获得不断变化的需求组合，并不断对研究开发提出适应市场需求的课题和项目。通过战略性投入，对市场需求与科技产业发展加以规划和协调，使研究与开发、生产与市场，与产业结构、产品结构以及资源等生产要素的合理配置有效地结合起来（见图 5–6 所示）。

这一结构形态表明市场中介系统对市场发育、科技产业成长均具有的重要性。在一个尚未发育成熟的已知市场里，科技产业需求空间结构及其规模、科技创新成果的先进性往往是很难得到体现的。这不仅制约着科技产业的发展速度，也影响着科技成果商品化、产业化的转移扩散进程。科学技术虽然作为干涉变量可以导致市场优势的变化，但市场需求规模及空间布局将直接影响着科技的变革和选择。其相关效应是，科技创新使科技产业结构、产品结构发生“质”的变化，技术密集度的递增，使科技产业结构趋于高级化，并提高了产品的竞争能力。在这里，新产品必须凭借市场的扩散和转移，才能形成规模经济，产生经济与社会效益。没有成熟的市场供需关系，科技产业难以实现转型发展的过程。

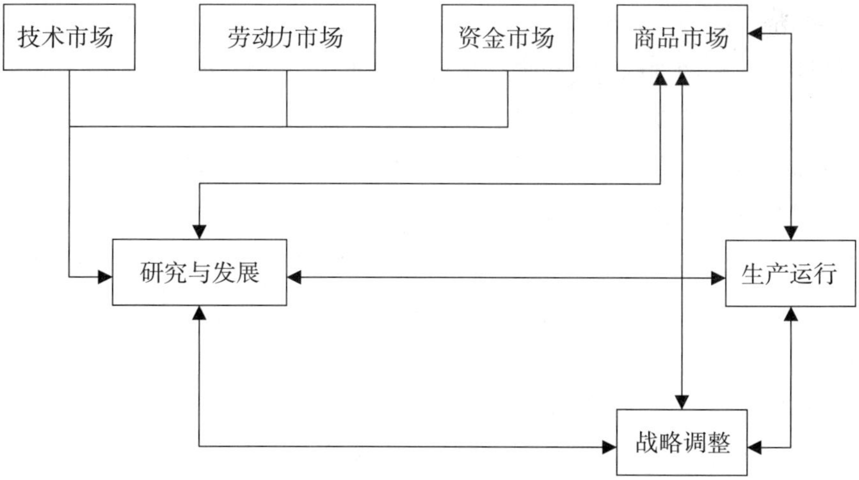

图 5–6　科技产业与市场系统结构

此外，市场中介系统还突出表现在对科技产业发展的市场需求响应。按照系统描述，市场需求空间变化与结构性调整，始终处在非均衡的科技产业发展的动态性调整过程中。当市场需求形成一种拉力，需要改变投入产出的不平衡状态，就必然会通过科技的导向，重新调整产业结构，以新的产业组合和产品系列变化，实现市场需求结构的调整。在科技产业发展的时序上，通常高新技术产品对市场需求有强大的附着力。在同类产品中，高新技术产品由于功能全、质量优、品种多而拥有更大的市场份额。高新技术产品对传统老化产品的替代已成为市场需求结构变化的一种规律。这种规律表现出市场空间对高新技术产品需求日益扩大，而初级产品呈日趋下降趋势。这意味着，当科技产业资源得到有效开发和利用，并形成稳定需求的产品系列，也就必然带来了潜在的市场规模、发展速度和强有力的竞争。因此，在科技产业升级与结构调整时，市场需求响应就尤为重要。相关表现主要在以下方面：

1. 研究开发与市场需求的适应性、时效性和效益性更为突出。作为对市场需求的快速反应能力，科技创新除了根据市场反馈信息，改进和完善新技术产品的性能和标准，不断扩展新技术产品的使用范围和满足用户的多种需求，还将通过研究开发的适应性、时效性和效益性，以快速响应市场空间的需求。（1）适应性，是指新技术、新产品对市场需求的适应程度。从生产、市场的实际需要出发，发展区域不同的新技术产品系列。同时，为使研究开发适应市场需求变化，还需要把握和确定目标市场的规模、用户的需求行为、竞争企业的市场经营策略，以及价格因素等。（2）时效性，是指科技产品研究开发的时限要求。实现科技商品化、产业化，响应市场的需求，通常要经过一定的周期。一般来说，如果新技术不能在既定的时效内转化为产品、进入市场并形成规模，就有可能因为转换时效过长，致使产品生命周期处于老化状态。另外，新技术产品虽然进入市场，但如果市场扩张缓慢、市场通道狭窄、流通周期过长，也不能实现研究与发展的目的。（3）效益性，是强调科技产业对市场需求的响应，必须依据效益的原则。在选择和确定研究开发项目时，应把新技术产品的效益目标纳入科技产业发展战略之内，并做出具体分析与评估：对新技术研究开发过程中，承担研究开发经费与转让技术成果的投入产出，是否是以较少投入获得较大产出；在高技术应用过程中，是否与原同类技术相比，能够降低成本和能耗，在较短时间内补偿应用该技术所付出的全部投资，带来较大的节约或经济效益。

2．研究开发与市场需求之间的契合，使得科技产品的市场份额不断递增。据统计，目前世界贸易额中，直接与科技产业相关的商品贸易额占25% 以上。科技产业结构迅速响应市场需求空间调整的要求，与科技创新、产业升级、结构调整、市场潜力开掘等系统运作，协调发展。政府主要通过提高研究与发展经费，鼓励科技产业部门积极从事研究开发工作，提高科技创新能力和开拓市场能力，使未来科研—生产—市场的系统运行，逐步纳入高科技发展的轨迹。在这一发展过程中，科技产业的市场需求响应更加有赖于中介条件的完善。需要建立起政策、法规等有利于科技产业市场发展的中介支撑体系，使市场需求及其规模与研究开发同步递增，并对市场功能的完善、市场结构的调整发挥重要的影响。

四、市场中介的系统选择

在一个交互运行的科技产业发展系统中，市场需求变化已经不是由单一参与主体决定，而是由各个利益相关的参与主体共同决定。中介系统对科技产业发展的作用比任何时候都与环境选择、系统关联及中介链接有机地结合在一起。

基于这些原因，首先，科技产业发展面临着中介环境的选择。在科技产业经济发展的过程中，战略、政策、法规等构成的“软环境”对科技产业发展有不容置疑的影响。政策与立法，可以调整科技产业发展的战略和目标，改变科技产业在市场体系的分工格局。因为在宏观政策波动或法规不完善的条件下，科技投入与产业结构调整，科技资源开发利用与生产要素配置，将会处于明显的相互背离的状态。政策性矛盾或波动使产业结构、产品结构调整与科技产业的发展平行不悖，其结果是造成市场需求与产品供求脱节，使得经济速度虽然增长但效益下降。因而，科技产业要成为产业结构调整的重要手段，必须重视科技商品化、产业化的中介环境选择。如调整投资政策，提高高新技术投资比例；适当采取贸易保护性政策；建立保护科技产业发展的法律法规；鼓励以多种形式、多种渠道增加对科技产业的投资等。

其次，科技产业发展面临市场中介链接不畅等方面的制约。科技成果通过研究开发、技术选择、市场分析、中间试验等进入生产销售渠道，必要的条件是将市场需求信息作为创新目标的依据，并有组织地将其成果转移和扩散到经济领域。如果市场中介环节“梗阻”，市场需求与科研开发的直接联系中断，科研成果的转化效率将迅速下降。新技术产品研究也就远离了市场的需求，使科技与产业经济发展进一步地脱节，也就形成了创新衰落的直接诱因。因此，产业经济发展与科技进步率的直接联系，不是简单的总量水平上的补偿。科学技术通过市场中介系统关联，跨越了科技经济领域，成为经济持续、稳定增长的发展过程。很清楚，上述环节联动及相互作用必然形成一种现象：即科技成果的研究开发与市场需求有直接的关联，科技产业结构依据市场需求变化做出一系列的调整，给予研究开发的市场信息，形成产业、市场、技术结构性调整的中介因素。

最后，科技产业发展面临产业基础及各类利益关系的影响。在不同的产业技术基础上，科技成果转移会产生吸收或排斥两种不同的现象。例如，对于传统产业结构调整，简单地运用高技术介入作为改变其结构的手段，有时并不能获取理想效果。科技成果的市场化响应，不仅仅是看资源、资金、技术等条件的完备，还要看科技企业的现实利益、人员素质、技术扩散效应以及与国家或地区经济转型发展的适应程度等。如果仅仅将引进技术装备作为生产能力扩张的手段，有时也并不能实现科技产业结构的升级。事实证明，科技产业演进与中介系统的各利益主体积极参与有更密切的关系。科研机构、高校与企业之间的合作渠道不畅，企业创新的动力不足，科技资源就难以优化。所以，在发达国家或地区，中介系统是最大限度地促进产学研资源利用的重要平台。如美国经济研究开发体作为研发中介系统，由 700 多家得到政府资助的实验室组成。这个综合体占用了政府研究与发展资金的 1/3，雇用了 1/6 以上的美国科学家和工程师。以纽约部分促进技术扩散的科研中介及目标为例，也证实了中介系统在科技产业化过程的影响和作用（见表 5–4）。

表 5-4　纽约若干促进技术扩散的科研中介及目标一览

项目名称	主要目标
超级中心建设项目	以纳米电子技术、生物信息学、光子学、环境系统、无线应用技术以及信息技术为重点技术方向，当地顶级的大学中建立 5 个超级技术中心。首要任务是打通政府、学术界、风险投资以及其他中介机构之间的隔阂，建立高效率的技术成果转化平台，将科技突破快速商业化。
高级研究中心建设项目	推广普及高技术，为经济的增长作贡献。这些中心在当前若干世界各国都共同关注的、具有相当战略意义的高新技术关键领域中开展世界一流的研究工作，继续凸显纽约州的新技术快速突破、快速应用能力。
高级技术中心建设项目	起始于 1983 年，计划的焦点是那些具有商业化前景的技术，计划将大学的研究工作与产业界的商业化开发紧密联合，将大学中的研究成果快速商业化成产品，致力于成果转化工作。1999 年，该计划被进一步修订完善，目标是为纽约的产业界提供更多的可产业化的技术资源。
地区技术发展中心计划	通过多种途径对纽约的企业直接实施援助，如“技术开发组织计划”和“产业技术延伸服务计划”以及联邦政府的“制造业扩张联盟”。 协助新创企业采用新技术、快速实现成果转化，并且为中小企业提供教育和培训机会，帮助企业在生产和市场开发中最大限度地采用最新装备和新技术，援助领域诸如设置商业开发计划、质量控制引导等。
大学实用研究开发和技术转化中心项目	鼓励大学开展以应用为导向的研究工作，敦促纽约企业与大学结成技术开发联盟，在学术界与产业界建立更广泛和更有成效的技术合作。首期资助三个中心，拨款 50 万美元。
技术成果转化激励项目	鼓励纽约州的所有大学和学员积极投入技术开发和转化工作，为开展交叉科学研究的大学提供资金，资助将研究中的突破快速商业化。

资料来源：纽约政府官方网站

为此，市场中介需要做出如下系统选择：

制定科技产业化和市场化的战略规划。科技产业化和市场化战略的规划关系到科技产业发展的进程，是市场中介系统选择的重要组成部分。为了夺取市场竞争的有利地位，各国都将科技产业化和市场化发展作为战略重点加以考虑，通过科技产业化和市场化战略规划，带动和促进科技产业的发展，加速科技产业结构高度化的进程。具体包括，确定科技商品化、产业化发展的优先领域和重点目标；科技产业扩散、转移的规模、阶段和效应；科技产业出口或进口替代的产品规划、市场需求结构；发挥本国科研、生产、劳动力等优势的基本政策；建立有利于科技商品化、产业化的政策、法规和管理运行机制等。通过制定、实施战略规划，使科技孵化、扩散、生产与市场占有在高层次得到有机地协调与合成。

促进科技产业的市场充分发育。为加速科技产业的迅速转移和扩散，在科技产业发展的初期可以采取一定的产业政策倾斜和经济手段，建立科技产业发展的过渡性市场。在科技产品形成规模需求后，主动撤出指令性干预，运用科技产业政策及立法形式，推进科技产业产品的广泛渗透、扩张和竞争，加快新技术、新产品对老化技术产品的替代。为保证科技产业向市场竞争的顺利过渡，需要完善的市场运行机制，有效的法律、法规等。

建立市场中介系统各个主体的利益关联机制。市场中介建立利益连接形式和运行机制需要协调各个利益相关者积极参与科技成果产业化、市场化的发展过程，并以各种有效合作形式为产业创新提供支撑平台和营造创新环境。一是建立契约式松散型利益合作关系，以对共同研发项目的有效投入、科技资源的相互支持及综合性服务，保障各个利益主体的基本利益；二是建立以股份制为主要形式的紧密型利益关系，形成“利益均沾、风险共担”的运作机制。

加大科技产业扶持的政策力度。按照科技产业发展要“集中力量、有限目标、重点突破、逐步提高”的原则，实现市场中介系统发展的网络化、功能化、社会化和产业化，积极参与制定并实施科技产业政策。具体包括：制定促进科技产业发展的投资政策，确定科技产业投资比例和制约关系；制定科技产业发展的人才政策，如人才培养、人才体制以及人才立法等专项政策；市场保护政策；高技术产品出口贸易保护性政策，通过关税调节手段实行保护和限制措施等。科技产业政策还要在确定科技产业重点领域及带动项目之后，明确发展阶段及其时限，并具体确定各个发展阶段的政策和措施。

第六章　科技转移

科技转移是包括科技输入与输出的系统运行过程。它是一种获得先进技术及人才资源，推动科技产业转型发展，提高劳动生产率的重要途径。世界上科技产业转型发展的国家和地区，大多都经历过科技转移这一过程。本章在科技转移理论阐释的基础上，对科技转移概念、动因、模式、机制等进行系统解析。通过对科技转移机制与模式的分析，描述了科技转移流程及路径，讨论了科技转移投资及其系统等，并以若干案例分析了一些国家科技转移的经验。

第一节　科技转移系统

一、科技转移理论

（一）科技转移定义

科技转移（又称技术转移、技术扩散、技术转化和技术转让等）是指科学技术在国家、地区、行业之间以及技术自身系统内输入与输出的活动过程。在科技转移的研究中，由于对技术转移、技术扩散、技术转化和技术转让的翻译的不同，曾一度引起概念使用的混乱。随着研究的进一步深入，在 20 世纪 90 年代中后期学术界达成共识：将技术的时空传播称为技术扩散；从实验室向生产单位的技术转移称为技术转化；技术所有人将使用权授予他人的活动称为技术转让，并将所有这些统称为广义上的技术转移。[①] 但斗

① 雷李军：《技术转移概念的引进和发展》，《企业改革与发展》，2007 年 1 月 8 日。

转星移、世事万变，随着网络化和大数据背景下的新产业、新技术、新业态，以及知识外包、研发并购、智能传输等科技转移模式的出现，科技转移已呈跨界融合趋势，涵盖了科学技术、知识和能力在不同界别主体之间的转移，表现为从科学研究到进入市场的系统性过程，呈现为一个系统链接、多元一体的生态系统。从严格意义上说，50 多年前界定的狭义、分割的“技术转移”已经不能囊括当今广义、系统的科技转移内涵，因而将其称为“科技转移”或许更为符合学科交叉、行业跨界的大趋势。①

最初提出技术转移概念的是 1964 年第一届联合国贸易发展会议，会议把国家之间的技术输入与输出统称为技术转移。联合国《国际技术转移行动守则（草案）》中把“技术转移”定义为“关于制造产品、应用生产方法或提供服务的系统知识的转移，但不包括货物的单纯买卖或租赁”。

威廉姆斯和吉布森（Williams and Gibson，1990）把技术转移定义为创意或想法从研究室到市场的流动。罗杰斯（Rogers）认为，技术转移是在创新者和最终用户之间进行的技术信息交换。马奇特（Market，1999）认为，并不是只要有合适的交流渠道，技术转移和扩散就一定会发生。社会文化、经济、政治环境等因素都会影响技术转移，更广泛的技术转移定义应包括转移条款、技术研发人员、交流渠道等技术转移的不同渠道和最终用户。美国哈佛大学的布鲁克斯（H. Brooks）对技术转移的定义是：技术转移是在一个团体或机构中发展起来的、合理体现在其他团体或机构所做的事情中的知识。他认为有两种转移：一种是纵向转移（Verticl transfer），是指知识从一般的、共性的领域转至更为专门的领域，往往是新的基础科学知识向应用技术的领域转移，即广义的技术转移；另一种是横向转移（Horizontal transfer），指技术从一个应用场合转至另一个应用场合，即狭义

① 科技转移定义具有广义性，它包括知识、技术成果、信息、能力的转让，移植，引进，推广，普及等。如产业方面将原材料、工艺、设备、产品方面的图纸、工艺方案、设计资料，以及某些理论研究成果、设想、意见等，在地区、部门之间进行交流。虽然有学者认为科技是中国特色的使用方式。认为不少科学发现即对事物规律性的认识在很长时期内甚至永远不能实现产业化的转化。但事实上，新产业、新技术、新业态已经证明，许多科学发现已经实现了产业转化。因此，本书使用“科技转移”概念，并涵盖技术转移、技术流动、技术扩散、技术转化和技术转让等，相关用语视同一致。

的技术转移（后来学术界更倾向于将技术转移作狭义的理解，主要指“横向转移”，尤其是指国际技术转移）。这种横向转移分为三大类：第一类是体现在产品上的先进技术转移（Trainer of advanced technology embodied in product），通过产品贸易来实现，即买方通过购买先进的产品引进先进技术；第二类是纯粹的或本义上的技术转移（“Naked” transfer of technology），即通过许可证交易（Licensing）的技术贸易来进行，以技术本身作为贸易对象，买方将技术引进来自己生产；此外还有一类技术转移，即所谓“交钥匙”（Turnkey）的包建方式，转移的内容包括产品的生产技术以及相应的设备、厂房，以及人员培训和生产准备。

科技转移作为科技在不同主体（科技供方和科技受方）之间的传递活动，是科技持有者通过某种方式将科技成果及其权利转移给其他人的行为。科技转移由技术提供者的技术创新开始，经由技术提供者的提供过程，通过各种科技转移路径，把技术传播或转移到技术引进者处，再经过技术引进过程，获得新技术并加以使用、消化、吸收与创新。从本质上讲，科技转移属于科学技术转化为直接投入社会生产和再生产的生产力的过程。因此，科技转移作为一种系统要素的流动过程，是科技在不同国家或地区之间的引进、转化、引用和扩散，并使其最终形成生产力以推动科技经济发展的能力。

其中，知识产权[①]的转移是科技转移活动中比较复杂的部分，其构成主要是高度密集的知识、智力、技术和诀窍及其可能带来的高附加值成果。按照知识产权的种类不同，知识产权转移包括专利权转让、商标权转让、著作权转让以及其他知识产权转让四种形式；从知识产权的具体权能来看，知识产权转移包括所有权的转让和使用权的转让。知识产权的转移通常没有固定模式，一般科技创新实力决定知识产权的转移的选择。一般具有知识产权在转移中更具有价值优势。

---

① 知识产权，也称为“知识所属权”，指“权利人对其智力劳动所创作的成果享有的财产权利”，一般只在有限时间期内有效。各种智力创造比如发明、文学和艺术作品，以及在商业中使用的标志、名称、图像以及外观设计，都可被认为是某一个人或组织所拥有的知识产权。

科技转移是由于科学技术在空间分布的不均衡产生的。这种不均衡不仅存在于国与国之间，还存在于地区与地区之间、行业与行业之间，因此，科技转移是多层次、全方位进行的。它包括国家之间、地区之间、部门之间、行业之间、企业之间的转移，也包括研究机构向生产单位的转移等。通过科技转移，可使各类资源和生产要素在国家或地区之间进行直接的移动，以实现优化配置，提升区域创新能力。

科学技术转移有多种类型。大体上分为两种类型：一类是通过本国研究开发活动，内部科技与产业部门之间的技术转移和扩散，实现产业创新为目标；另一类科技转让，由科技不发达国家通过技术引进实现创新的目标。从全球范围来看，美、欧、日本等发达国家或地区属于前一类，而大多数发展中国家或地区属于后一类。技术引进实现创新的目标，主要是通过开发本国技术的补充方式。这些过程包括；大规模引进和利用先进技术，创造新技术产品的市场需求，扩大产业规模投资，降低生产成本，增加产品出口创汇，增强国际竞争力，改善国际收支平衡状况，并以新的积累再度引进先进技术和进行吸收消化。

科技转移作为科技输出和输入的整体运作过程，有技术输出和技术输入的两方面的原因。从技术输出来看，主要原因是科技生命周期的演化。当科技从导入阶段，成长阶段进入成熟阶段，加快向其他地区进行技术转移就成为紧迫的任务了。其他原因还包括科技商品化的竞争、科技出口的获益率以及科技转移用来打破贸易保护主义等。在技术输入方面，大多数发展中国家技术输入和引进是为实现工业化，加快实现国家的产业结构调整。同时，通过技术输入，可以节约资金和时间，缩短发展中国家与发达国家科技之间的差距。由于发展中国家科技资源和创新力量薄弱，自行研究开发所花费经费在某种程度上要比技术引进所花费经费大得多，因此，科技输入（技术引进）作为加快科技产业发展的重要策略，受到发展中国家和地区的高度重视。

科技转移是由引进、转化、应用就扩散等一系列系统环节组成。这一系统不仅取决科技创新的支持，而且取决科技转移对科技产业化的整个系统作用（见图 6–1 所示）。

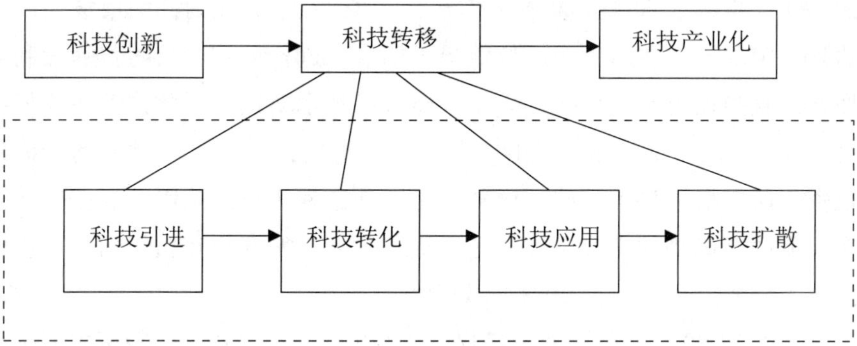

图 6-1　科技转移系统图

（二）代表性理论

科技转移作为科技产业的发展过程和重要环节得到广泛重视，并使相应的理论成果及其观点应运而生。这些理论对科技转移的形成以及条件等做出了系统阐述。比较有代表性的理论有以下方面：

1. 选择论

早期技术转移理论的代表人物曼斯菲尔德（E. Masfield）从跨国公司的利益出发，提出了对外直接投资与技术转移的选择理论。他认为，企业在生产要素供给能够得到满足，出口又能获得最大利益的条件下，一般倾向于选择直接投资。因为这种选择有利于控制技术专有权，在国际上保持技术优势和垄断。企业直接投资遇到障碍时，才会选择技术转移，比如国外市场容量太小，无法实现投资收益的最大化，或者对方缺乏接受直接投资的必要条件等。把对外直接投资与技术转移看成是相互替代的选择。

1977 年英国学者邓宁（John H. Dunning）提出了国际生产折衷理论（所有权—内部化和区位理论模式），他认为以往的理论无法将投资理论与贸易理论结合起来，客观上需要一种折衷理论。邓宁建立的所谓国际生产折衷理论是对西方经济理论中的厂商理论、区位理论、产业组织理论等进行兼容并包，并吸收了国际经济学中的各派思潮，包括海默等人的思想，创立了一个关于国际贸易、对外直接投资和非股权转让三者一体的理论。国际生产折衷理论认为，企业要进行国际投资要具备三个基本要素：国际贸易、对外直接投资和技术转移，并将三者视为一个有机的整体。企业之所以会选择技术转让，原因在于企业内部的市场还没有达到一定规模，在国外的区位优势不明显，进行单一产品的贸易无利可回，而直接投资又不具备条件，只能选择技术转让。因此技术转让最终是一种优选的结果。邓宁提出“三要素”的核心在于说明：企业进行海外投资，所有权优势是基础，内部化是实现这种优势的载体，区位优势是实现前两个优势的充分条件，三个优势的充分发挥与互相作用，可以使企业的跨国投资产生最大的整体效益。

20 世纪 80 年代初，邓宁又提出宏观国际投资理论——投资发展周期论。该理论旨在从动态角度解释一个国家经济发展水平与国际直接投资的关系，他把一国的经济发展分为四个阶段，认为一国净对外投资的地位与经济发展水平密切相关，当人均 GDP 达到 4750 美元时，该国就有了强大的所有权优势，净对外投资额为正值，并逐步扩大。按照他的理论，吸收外国投资能力强的国家，对外投资的能力越强。因此，外国直接投资的实现就意味着投资企业所有权优势、内部化优势和区位优势三者最佳结合的实现。

2. 周期论

该理论是日本学者斋藤优于 1979 年提出的。该理论认为占有新技术的企业为利用储备的新技术谋取利益。从企业利用新技术谋取最大利益出发，把商品输出、对外直接投资、技术转移三者联系起来考察，认为三者是按一定的周期循环的。拥有新技术的企业首先运用新技术生产新产品出口，该产品在出口过程中，随着市场的不断扩大，利益率也逐步提高；当该产品运用当地的生产要素也能生产出来时，利益率下降，企业便由出口商品转为直接投资，使利益率回升。由于当地生产和销售，提高了当地运用该技术进行生产的水平，能仿制该产品投入市场，企业直接投资的利益率由上升变为下降，企业又由直接投资转向技术转移，以提高技术的收益率。斋藤优把企业谋利和商品输出、直接投资、技术转移有机地结合起来，从周期论的角度解释了形成技术转移的机制。

3. 均衡论

美国克鲁格曼（H. Brooks）等在 1979 年提出了技术转移的一般均衡

论。均衡论的主要思想是，技术交易转让的客体是无形资产，例如专利、商标、设计、经营管理经验等。这些无形资产既然可以同有形的商品一样成为交易的内容，那么也可以用商品交易的均衡机制来说明技术转移机制。这一理论成为保持差距的根据，它把资源配置、世界收入分配与技术统一起来考察。克鲁格曼认为，技术在发达国家不断创新，新技术首先在发达国家以创新产品的形式生产出来，发达国家的创新产品包含较高的价格，因而发达国家劳动力的工资率较高。当创新产品变为成熟产品，该技术即由发达国家转移到发展中国家生产，发展中国家由于获得技术转移，使福利水平提高。技术转移处于这样一种均衡结构，在这个均衡结构中，两类国家的相对工资不变，保持一定的差额，其差额对发达国家有利；贸易形式不变，即发达国家总是生产和出口创新产品，发展中国家总是生产和出口成熟产品，二者福利均有提高。在这样的均衡结构中，技术创新使资本的边际产出率提高，从而吸引资本流入；技术转移引起的资本流动，使新产品能在较低的资源成本下生产，使世界生产要素发生更有效率的配置，各个要素市场都达到均衡状态。这样，发达国家与发展中国家之间就要经常保持一定的技术差距。发达国家不间断的技术创新，不仅是维持其竞争地位的需要，更是维持其福利水平不下降的必要条件。如果发达国家创新速度下降或技术转移的进程加快，发达国家与发展中国家的工资差距就会缩小，并导致福利水平下降，从而对发达国家不利。

4. NR 关系论

该理论是日本学者斋腾优于 1979 年在他的专著《技术转移论》中提出来的。该理论认为，一个国家发展经济及对外经济活动，受该国国民的需求（N：needs）与该国的资源（R：resources）关系的制约。这种关系即为 NR 关系。NR 关系不相适应正是国际技术转移的原因。NR 关系不相适应，促进技术革新。因为新技术能够节约资本、劳动，节约原材料甚至发现新的原材料，从而弥补 R 的不足，使 R 适应 N。新技术出现后，原有技术就可以转让给其他国家或地区。发达国家之间，各自不可能拥有一切所需要的技术，要从对方引进所需要的技术，或者研究开发某种技术的成本较高，也需要对方转让技术。在发达国家与发展中国家之间或它们相互之间都会产生技术转移，因为有不同 N、需要不同的 R 与之对应。原有 NR 不相适应的关系得到协调后，又会产生新的瓶颈，NR 关系出现新的不相适应，促进了新一轮技术革新和技术转移。世界经济就在这种不相适应到互相适应再到新的不相适应的循环中发展。NR 关系论与生产要素流动论有一定的联系。两种理论都把技术作为一种生产要素对待，同样要在国际流动。不同的是，生产要素流动论者认为技术作为生产要素只能在市场机制下进行。斋藤优则认为，技术作为生产要素在国际流动，是因为只存在一国的 NR 关系与他国的 NR 关系相适应时才能形成。

5. 技术差距论

技术差距理论（Technological Gap Theory），又称技术差距模型（Technological Gap Model），是把技术作为独立于劳动和资本的第三种生产要素，探讨技术差距或技术变动对国际贸易影响的理论。由于技术变动包含时间因素，因此，技术差距理论被看成是对 H-O 理论的动态扩展。技术差距理论的代表人物为美国学者波斯纳（M.V.Posner，1961）。他在《国际贸易与技术变化》一文中，提出了国际贸易的技术差距模型。该理论认为，技术实际上是一种生产要素，并且实际的科技水准一直在提高，但是在各个国家的发展水准不一样，这种技术上的差距可以使技术领先的国家具有技术上的比较优势，从而出口技术密集型产品。随着技术被进口国模仿，这种比较优势消失，由此引起的贸易也就结束了。

技术差距理论认为，形成技术转移的原因在于国家间存在技术差距。认为世界经济既存在二元结构，也存在技术二元结构。技术是从中心（发达国家）向边缘（发展中国家）转移的。同时，“中心”控制并支配了“边缘”，这种理论被认为是没有具体分析“技术差距”的种种形态，只看到南北之间的技术差距，只能说明国际技术转移的一个方面或一种类型的技术转移，而不能说明水平转移问题。为此，韩国学者金泳镐提出“边缘”技术双重差距理论，即“技术转移差距”与“技术积累差距”。“技术转移差距”是指“中心”与“边缘”在技术发展阶段或技术体系方面存在的差距，表现为由“中心”转让的技术与“边缘”所需的技术不相适应。“技术积累差距”是指“边缘”由于技术人员、技术工人的质与量都不足，难以与“中心”转让的技术结合。技术双重差距论不仅指国家之间，同一国不同地区也存在这种差距。这种理论对技术差距作了进一步的分析和概括，使人们认识到，一项技术转移的成效，取决于双方的条件，而不仅取决于供方。

6．比较优势论

该理论是日本学者小岛清从国际分工原则出发，系统阐述对外直接投资和技术转让的比较利益问题研究成果。小岛清以美国和日本为两个不同类型的模式，论述技术随对外投资转移的过程和结果。研究认为，日本的对外直接投资，伴随着以比较利益为基础的技术转让——日本注意到根据本国和其他国家经济发展的不同水平以及不同部门的比较利益，进行投资和技术转让。日本进行对外直接投资和技术转让的产业，必须是在日本已经失去比较优势的产业，而东道国的这些产业正在形成比较优势。由于缺乏技术和资金，它们的比较优势不能得到充分发挥，愿意引进资本和技术，以建立有比较优势的产业。因此，根据对象不同，日本技术转让内容和方式不同。对发达国家，日本注重采取技术专有权的转让方式，转让的是比较先进的技术。对发展中国家，日本则较多地采用直接投资的方式，转让的技术也不是最先进的。与此同时，日本则发展那些具有比较优势的产业。资金、技术转移和生产要素重新配置的结果，使双方国家的产业结构趋于合理化，促进双方贸易的发展。相反，美国对外直接投资和技术转让则不考虑比较利益的结构。美国对发展中国家转移的技术，主要集中在那些发展中国家没有比较优势的部门。美国制造业对外直接投资，一般由技术最先进的部门来承担，因为它们有先进的垄断优势，可以通过输出资本和这类技术维持它们在东道国市场上的优势竞争地位。

除以上理论之外，科技转移理论还包括科技转移的政策理论研究，主要有技术转移内部化理论、技术从属论、适用技术论，等等。

1．技术转移内部化理论

技术转移内部化理论的主要代表人物是美国学者巴克利、卡森和加拿大学者拉格曼。他们原来是用内部化理论分析跨国公司内部市场结构的，后来他们又运用内部化理论研究跨国公司内部的商品交易和技术转移。拉格曼在跨国公司内部化分析的基础上，建立了“出口—直接投资—技术转移”三者之间选择的统一模式。他认为，在这三种方式中，对外直接投资对企业最有利。因为采取对外直接投资方式，能使跨国公司持续进行研究和开发及其成果——专有知识内部化，技术控制在跨国公司子公司内部，这样就使企业在世界范围内利用其技术优势，维持其垄断地位而获得最大利润。而出口产品会遇到种种壁垒的阻碍，专利制度的不完善会使企业技术和产品有被抄袭和仿制的风险。因此，采取技术在内部转让的方式，才能绕开市场的不完全性（即不完全竞争），保持技术的专有权，为公司谋取利润的最大化。

卡森进一步分析技术转移内部化机制。他认为有两种产业的内部化动力最强：一是具有规模收益递增的工业或资本集约型工业，一是信息产业（他指所有的知识产业）。他认为信息的研究与发展耗时长、费用大，知识产业在一定时间内具有自然垄断的性质，能给所有者带来垄断收入，产生内部化的要求。同时，买方的不确定性以及技术被仿制的风险，也产生了内部化的要求。信息实行内部化以后，局外人无法接触，从而保证了信息所有者的垄断利益。卡森具体分析了促进信息内部化的因素：（1）专利制度不完善促进信息内部化。现行专利制度只保护技术信息，而不包括其他有经济价值的信息，如营销和管理技术等。这些信息的专有权不够安全。（2）技术转移的外部市场条件，如受让方不愿按信息价值付款，也使信息专有者不能将技术转移出去。（3）技术转移容易发生泄漏效应，信息内部化使技术的研究与发展避免了这种风险。这种完全为跨国公司利益服务的理论不利于国际技术转移的发展。

2. 技术从属论

技术从属论的主要代表人物是比昂契克和贝托索斯。他们认为，发达国家与发展中国家之间存在支配与从属、掠夺与被掠夺的关系。技术转移实质是发达国家维持对发展中国家支配地位的一种手段。因此技术从属论者主张建立符合国际经济新秩序的“国际科学新秩序”，发展中国家应建立

“科技自主体制”，互相之间要在“自助”的基础上实行“互助”，采取共同行动，加强与发达国家谈判的实力地位；废除专利制度，因为科学技术是属于人类的财富，而专利制度与此相违背，它维护了科学技术的垄断；停止技术引进，切断支配与从属关系的纽带，即使需要技术引进，也必须实行“非一揽子化”，把技术从与资本、支配权相结合的体制中分离出来再引进，同时强调从多数国家技术引进，以削弱技术的支配力量；要求发达国家承担技术协作义务；等等。

3．适用技术论

“适用技术论”是针对技术从属论而提出来的一种理论。英国生态学家舒马赫最早在其“中间技术”的基础上提出了“适用技术”的概念，以后罗宾·克拉克的“替代技术论”、星野芳郎的“多样性技术论”都曾引起关注，而 A. 雷弟的“适用技术论”影响最大。一般认为，“适用技术”是指适应于该国或该地区的自然环境现状、市场规模、社会物化环境、现有的技术状态等因素，能获得社会、经济、环境的综合效益最佳的技术。它强调技术的适应性和效用性，包括从原始到先进以至到尖端的整个技术领域，重在社会需要的尺度。在实践中，被转移的技术也并不一定是最高新的技术，它只有相对意义，即相对原有技术存在技术水平梯度。适用技术论者认为，技术是在一个国家的社会体系、价值体系、技术体系与自然条件的相互关系中产生、转移以及被利用，适用技术就是能够适应社会的环境条件并能以正确的方式来满足该社会的有效需求的技术。发展中国家所需要的技术，发达国家不一定拥有该项技术，或者发达国家的先进技术对发展中国家不一定适用。因此，他们认为，国际技术协作不能仅仅依靠技术转移，更主要的是发达国家与发展中国家共同开发适用于发展中国家的技术。

4．梯度论

梯度论是适用技术论的一种具体提法。印度学者 A.K. 雷第于 1975 年提出了梯度理论。该理论认为，无论在世界还是在一国或地区，经济技术的发展是不平衡的，客观上形成一种经济技术梯度；有地区技术经济势差，就存在技术经济推移的动力，形成生产力的空间转移。技术转移应该梯度依次推进，即所谓“梯度式转移”。对于梯度的划分，有各不相同的观点。有人提出三个梯度的划分，即尖端技术、中间技术、基础技术（或传统技术），并且认为发展中国家在技术上属于第三梯度（基础技术），因此发展中国家只能引进中间技术甚至是基础技术。甚至也有梯度论者认为，发达国家的技术转移是跳跃式转移，而发展中国家只能是“梯度式转移”。但也有些梯度论者主张发展中国家既可以实行技术跳跃式转移又可以实行梯度式转移，即所谓混合式转移。

国际科技转移的迅速发展，促使相关理论研究成果不断涌现。但就整体而言，对科技转移的研究，无论在理论、政策上，还是在学科交叉、系统层面，国内外研究还处在一个多视角的阶段性范畴。目前，随着世界竞争的焦点日益凝聚于科技产业竞争，云计算、大数据、虚拟现实、移动互联网、物联网等技术的应用，为科技转移模式带来了一场深刻的变革，也为推动科技成果转化转移提供了新途径、新范式。在互联网 + 深度应用、快速发展的条件和机遇下，亟待从“科技革命＋制度创新”视角重新审视科技成果转化转移的体制机制，并对科技成果转化转移内涵、模式、方法、路径等提供新的理论诠释。同时，通过不断加深科技转移的应用研究，破除转移门户与壁垒，进一步加深科技成果与市场需求的对接。科技转移研究将进入更为广泛的发展领域，理论探索与应用研究将愈加丰富。

二、科技转移系统

（一）科技转移要素

科技转移系统是科技产业经济发展系统的一个子系统。按照系统分析概念，任何系统都不是由一个要素而是由多个要素构成的，系统中的每个要素都有其特定的功能，功能附着于要素之上，要素是功能的载体。系统要素的功能不是孤立存在的，为了使系统保持正常运行，需要这些功能按一定的规则有序组合，相互作用，形成一个整体。因此，科技转移系统是科技产业经济发展中的一个多样化、多层次的复杂结构。这一复杂结构为描述科技转移运行过程及方式提供了不同层次、不同角度的分析框架。作为科技经济的一个子系统，科技转移系统最基本的结构可由图 6–2 表示。

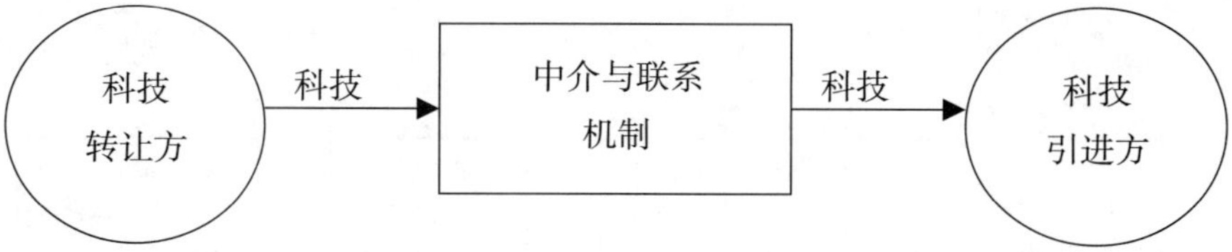

图 6–2　科技转移系统基本结构

由基本结构可见，在科技转移系统中，科技转让方又称为科技供方，科技引进方又称为科技受方。科技转让方把生产所需的技术和有关权利，通过不同的中介或联系机制转移给引进方。所以，可以用行为主体、行为客体和中介与联系机制来构成科技转移系统要素：

1. 行为主体。是科技转移行为的物质承担者，即做出行为决策、承担行为后果的统一体。主要包括：企业、科研机构、政府部门等。各种行为主体在转移系统中具有不同的作用。政府机构的功能主要是调控，即根据国家经济和社会发展战略的要求，确定引进的具体目标。对系统的运动进行调节与控制，其手段包括行政、经济与法律等。企业、科研机构是引进活动的具体执行者，它们在各自利益的诱导和约束下，从事转移活动。科技转移的另一主体是技术转让方。科技转移实际上是主体间相互作用、相互影响的决策过程。

2. 行为客体。即科技转移活动的对象（知识产权、技术专利、设备、诀窍等）。转移的对象是科技转移的核心，其转移状态（水平、结构、规模等）决定着科技转移效应及其目标的最终实现。

3. 中介机制。是联系引进方与转让方的系统要素，也使科技转移活动得以实施的中介组织与服务平台。如科技成果转化、技术交易等代理机构、中介组织或合资、合作的战略联盟等形式，以许可证贸易、采购、教育、培训、合作生产、咨询、交钥匙工程等方式转移技术。

美国学者罗宾逊（R.D.Robinson）对以上科技转移系统主体、客体与联系机制三要素之间的关系及其运作机制做过描述，如图 6–3 所示。从系统三要素之间的关系来看，由各个中介组织、机构和服务平台构成的中介系统及其联系机制，对于科技转移的行为主体和行为客体的对接起着重要的作用。

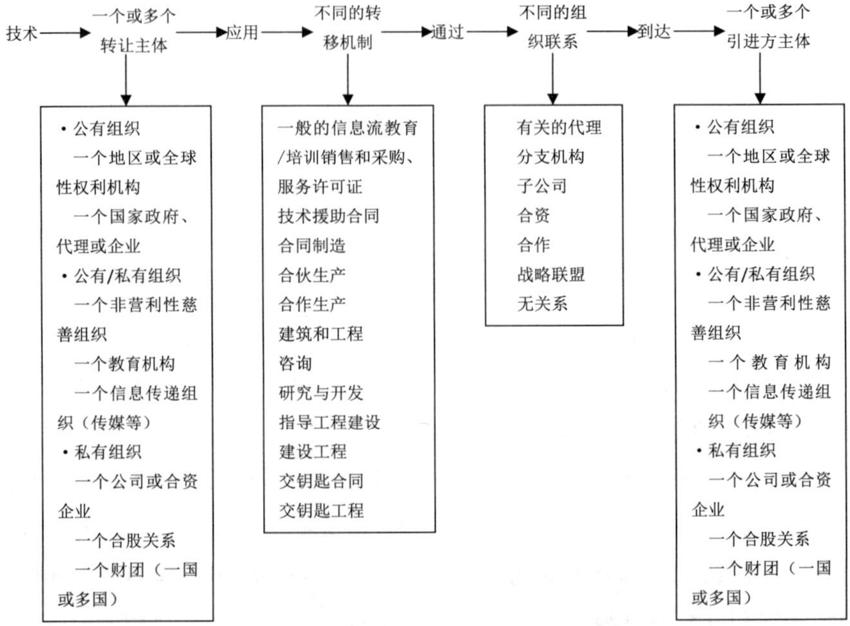

图 6–3　科技转移主体及联系机制

（二）科技转移条件

科技转移、成果转化需要具备一定的条件，涉及产业化、市场化程度，创新支持、成果成熟度以及资源整合配套、相关政策等（见专栏 6–1）。

1. 创新支持

科技转移的源头及驱动力是科技创新。现代科学技术发明与创新不断出现，新产品与新技术的寿命周期在缩短，这些情况为实施有效的科技转移创造了必要条件。现在世界有关新技术的信息量每 5 年就增加一倍，科学技术研究与开发投入呈上升趋势，且创新型国家占主导地位。在科技创新支持的同时，科技转移也进一步加速科学发明及技术成果的商品化，缩短研究与开发项目的投资回收期。自 20 世纪 60 年代以来，科技转移的周期已缩短为 3~5 年左右，呈跳跃式发展趋势。

2. 实用性、有效性和合理性

科技成果一般要经历技术研发、成果商品化、产业化与市场化等发展阶段。科技转移的实用性（适用性）是科技成果转化成熟度的标志，进入产业化、市场化阶段符合受方的价值目标和合理要求。而科技转移的有效性是指科技转移项目满足目标的程度；可行性则是实现转让科技目标的可能性；合理性则是转移的科技成果或项目的技术层次及合理程度。实现科技转移的实用性、有效性、可行性和合理性，主要为了加快科技成果的迅速转化，促使科技进入生产制造与市场供给的过程。如果科技成果不成熟，无法形成商品化、产业化与市场化，就很难通过科技转移实现产业经济效益的战略目标。

2. 服务保障

在科学技术的转移过程中，是否具备专业化、系统化、市场化的科技成果转化服务保障，提供科技成果转移、扩散的中介平台及其全过程的服务，对科技成果落地以及转移效益的获取十分重要。科技转移的中介服务涉及技术先进、外部支撑和市场转化，以及技术研发、技术人才、市场、资源要素、产品化、商品化及市场化等相关服务。科学技术成果在最初转移阶段，必须通过各类科技市场、产权交易机构等服务保障网络的专业性扩散，才能进入科技产业化、市场化领域。科技转移的服务保障网络不健全，转移主体间利益纠缠，不能构成科技成果共享空间，加之成果转移扩散率低、范围小，就会造成科技成果先进，但产品规模小，效益低等问题；而科技转移的服务保障系统发达，科学技术转移扩散的范围越大、应用面越广，科技转移的成效就越好。

3. 经济效益

实现科技成果商品化、产业化并不是科技转移的终结。科学技术转移的目的是实现科技产业转型，形成经济规模及其效益。为了扩大科技经济效益、降低产品成本，建立更为广泛的市场，必须形成一定的产业集聚、产品规模，才能形成产业规模经济效益。一些科技产品之所以成本高、市场需求少，主要原因之一是科技转化成果难以形成产业发展前景。不少国家科技转移和扩散的目标，大都基于科技产业规模扩张和出口创汇。通过扩大科技产业的规模经济效益，增加对国外技术的再引进，进一步促进科技创新与产业转型升级。

4. 市场化程度

科技转移是按市场需求原则组织和运行的。市场需求是科技转移的基本特征。把市场经济作为研究科技转移的出发点具有更高的概括性。其次，市场化程度是科技转移的重要因素。由于科技转移是一个市场需求的交流活动，市场化以及贸易程度都会对这项活动带来影响。除了我们已经说明的市场需求变化以及科技的时滞影响，还包括引进、吸收技术所在国的市场机制等。对高科技来说，一般引进费用较高，创始期的生产规模也极不稳定，虽然一些企业领先创新，占有很多市场，但要加速科技成果转化，还需要产业化应用和市场化拉动。因此，市场占有率是有效开发利用和转移科技成果的重要因素。具有市场占有率和雄厚的资金以及大批量的生产，有利于科技创新和科技转移，也有利于加速科技产业的形成。

5. 劳动力素质

科技转移并不是一种自然的过程，它在很大程度上受到经济社会环境以及科技发展水平等方面的影响。在发展中国家或地区，科技转移有各种阻力，新技术、新工艺、新业态的实施比较困难。这不仅是科技水平的制约，还由于传统观念和人员素质等因素。在发达国家，传统的“蓝领”职业在减少，技术服务及管理人员相应增加。同时，教育制度改革和教育水平的提高，为科技转移提供了人才储备。具有知识学习能力，受过专门训练的专业人才，在科技转移中的作用也越来越大。许多国家在科技进步的同时，把劳动力质量作为科技转移的重要的“投入”指标。迄今为止，一些国家或地区科技转移和扩散的速度和广度并不理想，在某种程度上是受到教育及劳动力质量的制约。

6. 政策性影响

政策系统的存在和引导作用是科技转移不可忽视的组成部分。政策在科技转移过程中，一般起着导向性和调控性的作用。通过政策导向可选择，寻找优先发展的项目和亟待占领的市场，迅速形成科技转移经济。在这个过程中，要求政策的科学性和协调性及其必要的干预。所以，各国一般把科技转移纳入国家科技经济政策，制定明确的政策目标。如通过行政法规和法律颁布优惠措施，提供政策优惠，加快科技转移、扩散及促进科技产业发展。这些政策大体上分为三种模式：一是税收杠杆为主模式，主要利用具有依法制定、无偿征收、固定税率等税收杠杆，促进公司企业向科技密集型项目投资，鼓励科技研究开发与技术转移；二是以税收和其他杠杆并重模式，除了提供税制优惠，还运用财政预算资金、信贷、财政补贴等杠杆，为研究开发、技术改造、科技创新等提供资金投向；三是以价格杠杆为主的模式。

7. 转移平台

科技转移需要提供开放、跨界、创新、共赢的互联网运行模式，以及系统、快捷、简便的信息工具及转移平台。“互联网 +”带来的信息资源共享，空间平台开放，进一步缩短了科技转移空间距离，打破了科技成果转移界限，为科技成果应用落地提供了新的支撑条件。基于互联网 + 传递处理的低成本和实时性，科技转移平台建设要突破区域、行业、部门的范围，使得科技转移越过传统的体制边界，延伸到转移主体外部，并形成区域性、行业性的“互联网 + 科技成果 + 产业化 + 大市场”的资源整合能力与协同发展能力。

专栏 6–1　科技成果转移与京冀瓶颈

在京津冀协同发展的战略背景下，北京科技成果转移津冀一直是重点，然而河北承接北京科技成果转移还不是十分理想。目前中关村国家自主创新示范区对外技术交易额已达约 4000 亿元，其中京津冀地区占比仅 4% 左右，而剩余 96% 成交额背后的大部分高新技术都在江浙、珠三角、长三角等地实现了产业化。具体到河北仅有 1.2%。

● 科技转移偏爱高市场化区域

北京（高新技术企业）科技转移在北方特别是河北区域观望。主要考虑有：河北人才集聚效应还没有显现出来；大部分是重工业；同时，相关技术应用需求尚没有形成规模。而在长三角、珠三角转化应用非常多。在那里有能力提出技术需求且集中度高，同时又能快速地将需求变成购买力。企业更愿意将技术转化应用到市场化程度高的区域。对于北方区域来说，会提出一些技术、产品需求，但很难转化成购买力，投入的研发费用不能形成产业化应用，企业只能依托于市场机制。

● 科技转移是要转化落地的

虽然在京津冀协同发展国家战略下，但北京并没有多少具有产业发展前景的科技成果在河北实现产业化。从科技成果的供应端来看，具体原因：首先，北京很多科技成果转化的成熟度不够，转化起来非常难。因为这些科技成果并不是为了转化落地开发的，而是为了国家某个专项开发的，这种开发机制造成了很多科研成果距离产业化落地还非常遥远。其次，科技成果需要有专业的科技成果转化服务机构，需要一批职业化、专业化、系统化、市场化的科技成果转化服务机构来做全过程的服务。目前北京的科技成果转化服务产业发展还有差距。最后，科技成果转化需要整合科技资源的杠杆去撬动，寻找资本去驱动。目前国内科技成果转化多数是简单的技术交易，但客观来讲，大部分科技成果都不是这种直接交易可以成功落地的。需求方即使买回去也不一定能够成功落地。差的正是资源整合和配置，以及资本驱动的条件。

● 科技转移需要跨区域资源平台

除了供应端以外，产业需求也完全不同。首先，河北经济的支柱产业基本都是以钢铁、煤炭、水泥、平板玻璃、化工等重工业为主，包括一些中低端的装备制造业，产业结构决定科技成果转移不是简单的技术交易就能实现的，传统重工业的转型升级过程非常复杂，需要配置大量资源。其次，北方地区的产业文化跟江浙不一样，江浙地区的产业文化完全是市场化和商业化的，追求产业周期短、赚钱快、盈利能力强，用最小的投入在最短的周期内赚最多的钱。而河北产业以重资产投资、长周期收回为主，一个厂建设几年，收回投资又用很多年，这样的产业赚得是长线的钱。这种产业文化就养成了河北不太会像江浙企业一样求快求新，完全靠商业嗅觉快速捕捉赚钱机遇。最后，河北的产业环境也是造成成果转化落地不力的原因。由于各级政府思想解放程度还不够，对引入高科技产业的政策支持力度自然就不够。

资料来源：《京冀成果转化如何走出 1.2% 怪圈》，《京津冀周刊》，2017 年 8 月 13 日

三、科技转移的动因

（一）系统因素

科技转移的动因可以从驱动力和吸引力两个方面来说明：一是驱动力，是指技术供给方对外转移技术的内在动机和推动力。它通常解释激励技术供给方转移技术的内在动力因素。二是吸引力，是指技术需求方对科技转移流向的影响力和吸引力。它通常解释技术需求方吸引科技转移的内在因素。由此可见，科技转移过程是一个复杂的系统工程。

它的复杂性通常表现在两个方面：一方面，科技转移过程是供受双方的需求、合作配合的过程，离开一方或离开双方的需求、合作与配合，是不可能实现科技转移的；另一方面，形成科技转移的动力是技术供受方的利益驱动，掌握先进技术的企业为谋取经济利益，往往利用其技术优势进行市场扩张或者对外技术转让。

实践证实，并不是“科技转移即效益”。科技转移与每个系统环节以及科技产业经济效益有直接的关系，它涉及的是一组最为复杂的系统因素及其动因（见表 6–1）。

表 6–1 科技转移的相关动因

科技受方内部因素	做出科技转移决定因素	科技转移外部因素
①科技改造程度等 ④内部管理因素	②转移决策判断所需因素 ⑤转移决策咨询研究	③转移管理系统因素 ⑥转移政策系统因素

1. 科技转移受方因素

科技转移的受方因素涉及诸多方面。从微观角度，主要表现为：提高核心竞争力、产业转型需求、科技成熟程度、提升管理水平、完善运行规则等因素。从宏观角度，表现为竞争压力、科技创新压力等因素，如发展中国家为加速工业化进程，加快产业升级或结构调整，接受一部分发达国家转移出的适用科技。通过利用科技转移、产业升级的机会，引进、吸收国外技术成果，用于发展本国（地区）科技产业转型发展。

2. 科技转移决定因素

做出科技转移决定是综合多种复杂因素所做出的决策行为。包括：市场需求变化、科技更新、产品成本、战略转型、结构调整等因素。首先，发达国家创新速度加快。技术储备雄厚，引领全球的知识更新和科技转移。在全球科技转移活动中，发达国家之间的科技转移长期占据主导地位。为加快战略转型与结构调整，适应全球市场布局与消费需求变化，降低产品市场竞争成本，发达国家按照科技储备及成果转化阶段，实施科技转移与产品更新。特别是在拓展性、成熟性的科技领域的技术转移与合作领域，发达国家及跨国公司以市场需求为导向，通过国内外科技转移，推动新科技、新产业、新业态创新，加速产业结构高级化。在科技转移的过程中，提升科技产业的转型升级。

3. 科技转移外部因素

市场需求扩张、全球性产业转移、结构调整、科技创新替代等因素往往是科技转移的重要诱因。为了获取高额利润，加强对市场的垄断，以跨国公司为主要载体，凭借科技创新优势，以及跨国经营的组织优势和管理优势，把技术资源在公司内部进行调配，使科技转移出国不出公司。自20世纪80年代以来，国际科技转移的70%是由跨国公司运作的，科技转移的主要方式有：许可证协议（License Agreement）；各种形式的技术援助（Technical Assistance），包括人员培训、工程咨询服务、技术援助合同、管理咨询服务、补偿贸易，等等；交钥匙项目（Turn key Projects）；特许专营（Franchisin g）；合作生产（Production Cooperation）；合作研究与开发（R&D Cooperation）；对外直接投资（Foreign Direct Investment）等。通过科技转移，跨国公司将过时生产力转移到发展中国家或地区。通过科技转移降低成本，获取多次利润，借机提高竞争力，实现市场需求的扩张。

（二）带动因素

科技转移与一系列相关带动因素密切相关。

1. 技术贸易带动

技术贸易是指不同国家的企业、经济组织或个人之间，按照一般商业条件，向对方出售或从对方购买软件技术使用权的一种贸易行为。技术贸易采用的方式主要有许可贸易、技术服务与咨询、特许专营、合作生产，以及含有知识产权和专有技术许可的设备买卖等。它由技术出口和技术引进这两方面组成。随着世界贸易形式的改变，目前已呈现产品输出、资本输出、技术输出的阶段式梯度发展特征。而技术贸易在三种贸易形式中，增长速度最快。有关资料统计，世界技术贸易额的年平均增长率高达15%，大大超过一般商品贸易年增长率3.3%的发展速度。技术贸易额占世界贸易总额的比重，20世纪70年代为0.67%，进入90年代，这一比例猛增至25%。世界技术贸易迅速发展，进一步激励了全球科技创新，也带动了科技转移步伐加快。

2. 发达国家带动

发达国家与发展中国家基本上是一种技术输出者和技术输入者的关系。这种关系源于发达国家与发展中国家在R&D投入上的差距。R&D投入差距直接导致发展中国家和发达国家之间科技成果占有的不对称。据发展经济学家G. 拉尼斯的估算，在全球发明专利的总数中，发达国家约占67%，发展中国家仅占5%；技术成果占有上的不对称，必然使发达国家处于技术输出的地位。另外，在全球技术转移活动中，发达国家之间的技术转移占80%以上，发展中国家之间及发展中国家与发达国家之间的技术转移比重不足20%。而且发达国家之间转移的技术水平较高，合作领域也较宽，有些项目已深入到高科技领域。相比较而言，发展中国家之间，发展中国家与发达国家之间转移的技术水平相对较低，合作领域也不宽，大多数局限于一般性技术或常规技术。特别是在高技术领域的技术出口和技术合作领域，发达国家占有绝对优势。发达国家频繁的技术转移带动了全球技术转移，成为影响技术转移格局的主体。

3. 对外投资带动

实施对外直接投资的企业（公司），一般采取以投资带技术的输出的方式。20世纪80年代以来，全球对外直接投资数量持续增长，投资结构发生变化。1980年全球对外直接投资为5510亿美元，比1971年增长247.85%；1990年为16130亿美元，比1980年增长192.74%；2015年发达经济体对外直接投资几乎增加了一倍，达到9620亿美元，占全球对外直接投资的比重从 2014 年的 41% 增至 2015 年的 55%。对外直接投资主要流向发达国家，投资比重一直在 70% 左右，而流向发展中国家的投资比重在 25%左右。发达国家所占的比重持续上升，发展中国家比重持续下降，跨国企业以内部重组为目的并购交易的迅猛增长，成为投资带技术的主要驱动因素。

4. 科技创新带动

技术转移的源泉是科技创新。现代科学技术发明与创新不断出现，新产品与新技术的寿命周期在缩短，这些情况为实施有效的技术转移创造了必要条件。现在全世界有关新技术的信息量每 5 年就增加一倍，科学技术研究与开发投入呈上升趋势，且发达国家占主导地位。研究与开发经费（R&D）占国民生产总值（GNP）的比重，发达国家 2007 年到 2011 年平均为 2%~3%，而发展中国家大多在 1%~2% 之间。全世界研究与开发支出的 82%和全世界研究与开发项目参与人员的 69%都分布在 5 个工业国家：美国、日本、法国、英国和德国。在科技创新推动技术转移的同时，技术转移也加速科学发明及技术成果的商品化，缩短研究与开发项目的投资回收期。技术转移的周期已缩短为 3~5 年左右。

5. 跨国公司带动

20 世纪 80 年代以来，跨国公司已成为全球技术溢出最活跃、最有影响的力量。跨国公司通过在全球范围的知识创造、科技转移和资源利用，整合全球的技术和知识成果，以达到实现和保持自身技术优势的目标。早期的跨国公司海外 R&D 投资主要投向母国之外的其他发达国家。随着创新全球化和全球经营战略的实施，跨国公司在发展中国家的 R&D 投资逐年增加。具体表现：一是研究与开发活动的全球分散化。随着海外研发机构的增多，跨国公司海外 R&D 投入大幅增长。二是以技术为主的战略联盟成为跨国公司创新的重要来源。特别是在信息技术、生物技术、航空航天、新材料等领域。但是，按照跨国公司产品生命周期理论及技术转移梯度规律，跨国公司为保持技术垄断优势，对外转让技术一般都是处于成熟期或标准化的技术。同时，因全球战略需要将其先进技术转移到东道国，也会牢牢控制在它全资子公司内部。例如采取在母公司研制技术、子公司生产制造，控制技术人员流动，监控技术操作等手段，防止先进技术在东道国的迅速扩散。

6. 战略联盟带动

以专题研究、产品开发、技术合作为目的，以协定、条约为纽带，不同国家、企业（公司）和科研机构相互联合形成的战略联盟已经出现，发展成为一种新的技术转移方式。这种战略联盟主要在工业化国家的大集团公司之间形成。其技术水平、管理水平相近，技术特长、技术诀窍、技术优势相互补充，结成联盟后形成“强强合作”。据统计，在世界 150 多家大型跨国公司中，以不同形式缔结战略联盟的高达 90%。跨国公司依靠与其他跨国公司在从研究与开发到销售等系列经营活动方面组成的网络，将自己的触角伸向世界各地，寻求一切对公司发展有利的知识、技术、人力资源方面的优势和机会。据估计，技术性战略联盟在各类联盟中占到 55% 以上。跨国公司不仅在某一领域与其他企业组成联盟，而且同时在多个领域中与不同企业结成联盟，并形成一个庞大的技术联盟网络。比如，美国 IBM 公司已在全世界建立了开发计算机产品的战略联盟 400 个。这些联盟旨在联合开发新型产品，相互技术渗透，共同分享市场份额，提高竞争能力。而发展中国家中能够加入这种联盟的公司（企业）却很少。

7. 产业升级带动

产业升级通常一般是指高生产率产业（高附加价值产业）比重不断提高的过程。产业升级可以归纳到价值环节的升级。不论是在传统产业还是在科技产业内，均存在着从低附加价值向高附加价值环节提升的任务，从而带动科技转移与发展。从产业价值链及结构升级环节，一是以技术密集的价值环节提升带动科技转移；一是以现代服务密集的价值环节提升带动科技转移。例如，在 IT 产业中，劳动密集的价值环节是电脑的组装，在上游环节中，附加价值更高的是线路板、显示卡等部件的生产，再往上游是芯片的生产、封装，附加价值更高；下游则分别存在物流、营销、品牌等多个服务环节，其附加价值也远高于电脑的组装环节。这些附加价值差异的不同环节，带动科技成果向产业上下游回溯和转移，促进产品附加价值不断提高。在区域之间，发达国家产业结构趋于高级化，新兴产业发展较快，也促使一部分技术向发展中国家转移。如一些国家和地区，利用产业升级的机遇，引进、吸收国外技术，迅速发展本国（地区）经济，现已成为新兴工业化国家和地区。

第二节　科技转移机制与模式

一、转移运行机制

科技转移的运行机制，是影响科技转移目标实现的各构成要素之间的相互联系和作用的约束关系及功能。科技转移运行一般是由高向低流动，这种“流动势差”就是技术差距。技术差距分为宏观和微观两种：宏观技术差距是指国家间、地区间在总体上的技术差距；微观技术差距是指在某个技术项目、某个行业在两个企业之间水平上的差距。一般情况下，微观技术差距是实现某项科技转移的前提。科技转移供受双方的合作与配合，不仅受企业之间利益驱动之影响。同时，也受双方政府宏观机制的调控影响，受双方政府政策、利益的约束。另一方面，技术有特定的载体，但科技转移并不依赖于载体的转移。因此，在科技转移运行机制模型中，还要分别考虑供受双方、宏观及微观总体运行机制。

（一）技术转让方运行机制

技术转让方运行机制模型，如图 6-4 所示。运行活动及相关联系说明如下：

1. 供方（转让方）政府的控制。技术供应方政府对技术转让的控制程度与方式，与下列因素有关：（1）受方（引进方）政府与供方政府的政治、经济关系。（2）供方政府的干预政策与法规，包括其出口控制政策、有关技术出口的法律与规定、出口控制与管理审查程序、技术出口税收规定等。（3）供方政府对技术出口的支持，如经济援助计划。

2. 受方（引进方）政府的控制。包括进口控制、技术适用性的要求，各种政策法规如股息、专利税、费用的规定，外国所有权和雇工约束，税收政策等。这些控制也与供方政府政治、经济关系的状况有关。

3. 转让倾向。供方公司转让技术的倾向与转让技术预期成本、预期风险、期望利润、外部（公有组织机构与私有组织）对转让技术的财政支持等直接有关。并与公司自身的历史、资源状况、国外对引进技术的需求以及政府宏观控制等因素有关。

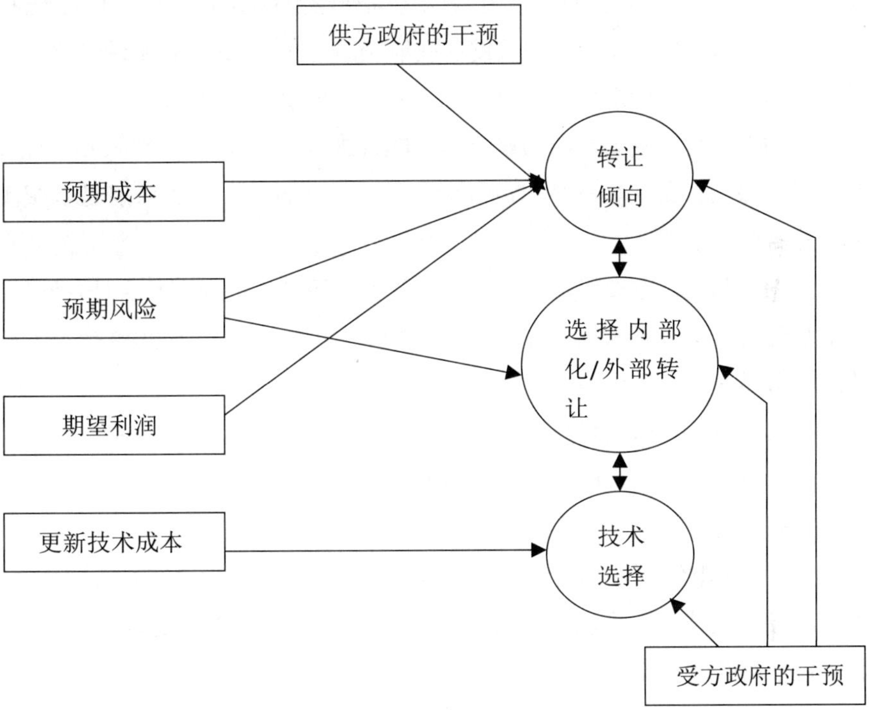

图 6–4 科技转移过程中供方相关因素联系模型

4. 转移方式的选择，即选择外部内部化转让方式：内部化转移，是指某公司的技术在公司所属母子公司之间或在国外投资的公司间的科技转移。技术供、受方具有上下级关系或密切的联系，即技术在内部让渡，而不是通过外部市场转让给局外企业，以保持公司的技术优势。而外部化科技转移，是指在外部市场上两个独立无其他联系的实体，通过市场联系转移技术的行为。此外，科技转移方式选择还与转移技术的风险、研究与开发的规模、目标市场的有效性、技术的确定性与相对重要性、公司的竞争地位等因素有关。

5. 技术的选择。主要影响因素包括：政府的政策与控制，技术在引进国的适用性和为适应引进国的要求对技术进行修改（更新）所需花费的成本，技术的成熟性与相对重要性等。

6. 预期成本。主要影响因素包括：与引进方关系，引进方的所有制形式（公有或私有），转让技术的性质（劳动密集型或资金密集型），引进技术外部资金的可用性（如经济援助、政府贷款等），转让该技术的经验，公司的规模，公司会计系统的适用性，过去转让技术的次数等。

7. 预期风险。主要影响因素包括：能否进行外部仲裁，合同的约束性，有无意外保险，公司转移技术的经验，受方是否诚实，受方政府是否诚实可信等。

8. 期望收益。主要影响因素包括：受方是否诚实，受方政府是否诚恳，双方政府有关科技转移的税制，过去科技转移的经验，对使用该技术生产的产品市场规模的估计等。

（二）技术引进方运行机制

技术引进方的运行机制模型，如图 6–5 所示：

各相关运行因素及联系如下：

1. 引进国政府的宏观控制。引进国政府从本国经济、政治、社会发展需要出发确定技术引进的总体目标，制定总的指导原则以及激励和约束机制。包括对技术的需求范围，进口控制，关税及税收，财政津贴等。在宏观方面，与技术供应国的政治、经济关系，国家收入、收支平衡、经济总增长水平、创新开发能力等，对政府技术引进的宏观控制产生较大影响。

2. 转让国政府的干预。主要通过出口控制税收、反垄断法进行干预，并受国际组织的财政援助与担保，以及与引进国的政治经济关系的影响。

3. 技术的选择。除受政府宏观调控的指导及修改技术以适应本地需要的费用影响之外，还受产品市场特征、可以获得的技术资源信息以及本地技术代理费用的影响。

4. 寻求企业外部技术资源的倾向。受企业规模、技术复杂程度、企业内部研究与开发能力，以及政府调控因素、所选择的技术类型等因素的影响。

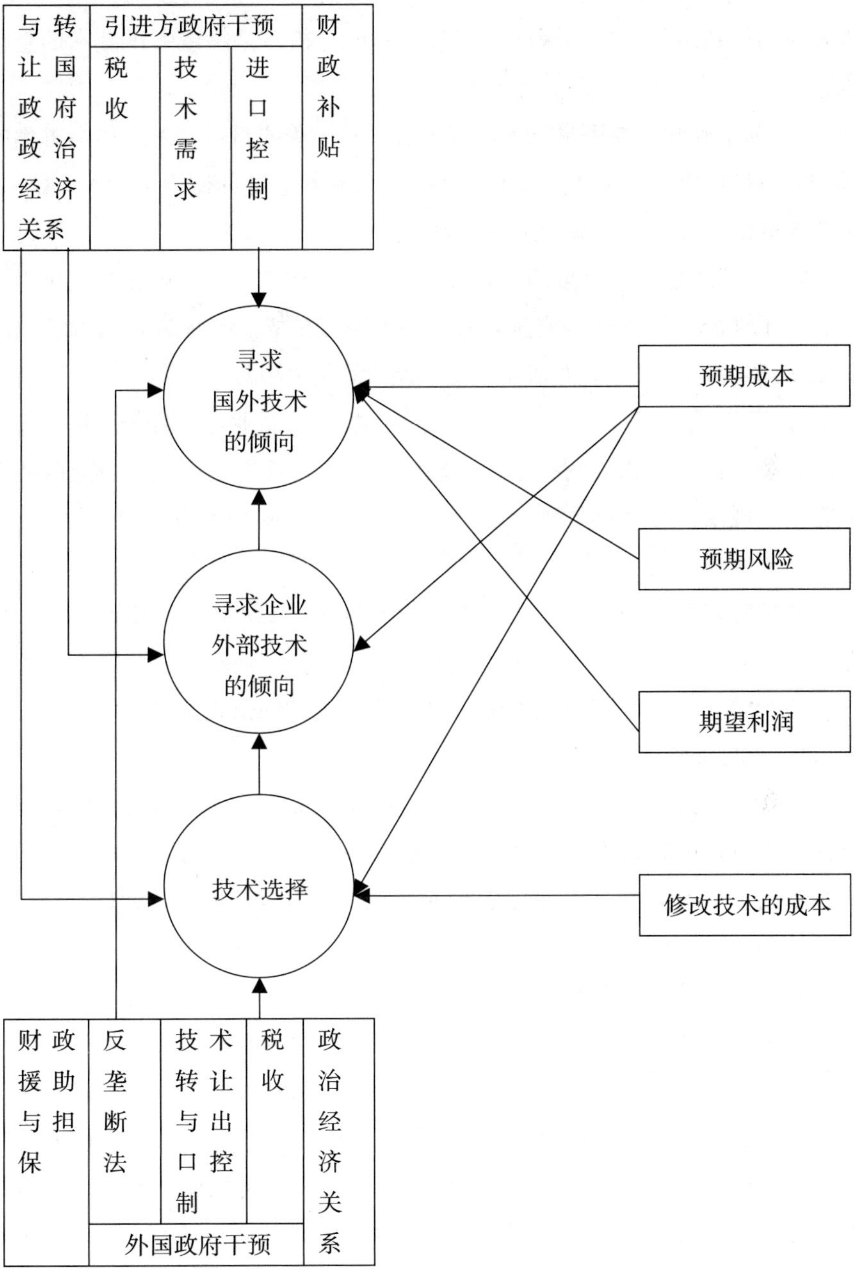

图 6–5　科技转移过程中受方相关联系模型

5．寻求国外技术的倾向。政府的调控因素，对外国技术的了解程度，以及对引进技术的成本、风险与期望成本的分析，是决定引进技术的直接因素。

6．期望利润。与引进技术对降低成本、改善质量、开发新产品方面的作用，市场规模，新技术所需相关资源（原材料、零部件等）的价格范围，以及企业研究开发、创新、扩散能力有关。

7．预期风险。包括可用的外部资金、合同的约束性、能否按期供应技术、技术性能、技术是否完全转移（技术是否独立、有无未转移的相关技术）、转移效率、意外损失赔偿、供应保障等相关因素。

8．预期成本。包括技术是否符合国际标准，企业过去有否引进技术的经验，是否使用过相关的技术的经验，与技术供应方的联系，企业的所有制类型、规模，技术的类型（劳动 / 资金密集型）和复杂程度等。

二、转移模式

科技转移有多种运作模式，大致归纳为许可证转让、产学研结合、设备和软件购置、信息传播、技术服务、跨国投资、交钥匙工程（工程承包）、创办新企业，企业孵化器等。比较有代表性的模式主要有以下方面：

1．许可证转让

许可证转让（包括专利和非专利科技成果），通常也称之为技术转让。这是一种有偿的转移方式。许可证贸易范围主要包括：（1）专利许可，它完全不同于“购买专利”，前者是专利使用权的有偿许可，后者是专利所有权的转移。（2）商标许可。中国企业引进技术的同时往往都随带签订商标许可合同，以求用之迅速打开国际国内市场。（3）专有技术许可。专有技术许可更确切地说应称专有技术转让协议，因它没有专门法律保护，但有的国家受保护“企业秘密”等法律的保护，故两种做法在国内外均并存使用。（4）成捆许可，也称组合许可、混合协议、“一揽子”许可等，它是指专利、商标、专有技术三者或其中两者组合在一个合同中，专利与专有技术捆在一起较为多见。在我国国内，许可证转让包括：跨国大公司高价购并，买断权利甚至团队；国内大企业进行技术入股成立新公司，国内团队作为技术支持，共同寻求和申请国家政策支持；等等。

2．产学研结合

这是科技转移中效果较好和最有前景的途径之一。产学研结合的模式包括“企业”主导型、“大学”主导型、“科研机构”主导型以及联合型。通过企业、大学、研究机构的合作，直接开展 TLO（技术转移机构）难以促成的技术转移。相对于其他模式来说，联合型的结合模式更强烈地表现出功能互补的优势。联合型模式有多种，具体表现为：（1）技术转让；（2）委托研究；（3）联合开发；（4）共建实体；等等。

3．设备贸易

科技转移中的“设备”贸易是指：含工业产权的转让或者许可、专有技术许可或者技术服务任何一项内容的成套设备、生产线、关键设备进口。这就是说，只有包含工业产权或专有技术许可等项内容的设备与技术结合在一起的引进，才属于科技转移的范畴。科技转移的设备贸易包括三种方式，即成套设备、生产线和关键设备。在科技转移的设备贸易中，长期以来主要采用了成套设备引进的方式。引进关键设备、成套设备的目的，不仅在于提高生产力、提高产品质量等，而且在于消化吸收，掌握其中所包含的技术。即：对引进的单机、关键设备等，特别是其中伴随的技术，要投入相应的人力和财力，形成对引进技术的消化、吸收和再创造的过程，真正使“买”来的技术成为自己的技术，促进自身的技术进步。

4．技术服务

是指由国外企业、大学和科研机构等对东道国或地区提供技术援助，包括咨询指导，解决技术问题等。它通常包括在技术贸易协议中，作为特定项目，签订单独合同、技术服务与技术帮助，是国际科技转移的方式之一。由于转移技术的复杂程度，以及转移的目标和要求不同，技术服务有两种主要形式：（1）人员培训。由技术供方负责为技术受方培训专业技术或管理人员，人员培训是转让专有技术和技能的手段之一，或由技术受方派人到供方企业培训实习，或由供方派专家和工程技术人员到受方培训。（2）由技术供方派遣专家或技术人员到受方调试设备、传授诀窍、讲授技术、指导生产与管理，以达合同设计要求。

5. 跨国投资

发达国家或地区对发展中国家或地区的直接投资（FDI）往往带有科技转移的外溢效应或直接具有科技转移的效果。可以用跨国公司作为关联公司，通过母公司和子公司之间内部交易来进行，也可以与不同国家的非关联公司签订协议来进行，大多数对外直接投资都是采取“一揽子”的科技转移方式。近几年，国际对外直接投资活动日益活跃，呈现出如下突出特征：（1）对外投资规模不断扩大，许多国家（地区）间的直接投资具有双向性；（2）跨国公司成为国际对外直接投资的主体，并把信息技术、通信网络技术广泛运用于国际经营活动之中；（3）对外投资中的科技转移越来越转向高新技术领域，特别是 R&D 费用较高的领域。

6. 有偿咨询

是指一方提供技术和（或）劳务，为另一方完成某项课题，收取一定劳务费用的交易方式。在这一交易方式中，通常把提供技术、劳务的一方称为技术供方或服务方，把要求完成经济技术课题并支付报酬的一方称为技术受方或委托方。技术咨询服务是一种服务范围广泛、服务方式灵活的交易方式。比如：（1）协助解决特定技术经济问题，一方利用自己的技术和能力，协助另一方解决某一（某些）特定的技术经济问题，这是国际上普遍应用的技术贸易方法，它常与工程项目、合资经营和大批商品贸易结合进行；（2）协助制订、论证、评审技术经济方案；（3）工程咨询，受委托承担工程项的可行性研究，制订基本设计、编写招标任务书、审核工程质量、核算工程成本以及不可行性研究等；（4）产品开发技术咨询；（5）经营管理咨询；（6）战略咨询，特别一个国家一个地区一个行业以至一个企业的发展战略咨询。从根本上说，技术咨询服务是以提供劳务的方式进行的。虽然它所使用的技术一般不包括专利或专有技术，而仅为成熟技术，但接受技术咨询服务的委托方，仍然可以获得服务方所掌握的较为先进的技术、经验和信息，节约投入的资源、时间和资金。提供技术咨询服务的咨询公司，尤其是一些国际上驰名的咨询公司或咨询机构，其技术力量往往比较雄厚，拥有技术、管理、法律、财务等多个领域的专家，经验丰富，信息灵通，能为委托方提供丰富的情报资料和条件优惠的服务。因此，能够适应发展中国家的要求。

7. BOT 方式

BOT（Build-operate-transfer）是指建设—经营—转让或建造—运营—移交的方式。其含义是：东道国（项目方）政府把急需建设的大型基础设施项同或工业项同，通过招标方式选择国内外投资者（一般为私营公司），由私营公司直接投资建设该基础设施或工业项目；项目方政府授予该私营公司在项目建成后的一定期限内，通过运营收回投资、运营及维修费用等，并取得规定的资金回报收益的特许权；在特许权期满后，该基础设施移交给项目方政府。按照国际 BOT 方式融资建设的项目一般简称为“国际 BOT 项目”或“BOT 项目”。BOT 方式的期限一般为 15 ~20 年。它的适用领域是国家或地区的一些大型基础设施、服务项目或工业项目，这些设施或项目能通过其产出或产品收回投资并获取利润。对于发展中国家来说，资金短缺、能源等基础设施落后严重制约着社会经济的发展。由于 BOT 方式是一种新型的引进外资、引进技术的方式，因而发展中国家对它产生了日益浓厚的兴趣。中国“一带一路”高铁、特高压输电技术、装备和工程总承包项目的运作就有这类方式。

8. 补偿贸易

是指在信贷的基础上，交易的一方引进另一方的设备、技术和（或）技术服务，并在双方约定的期限内，用上述引进的生产技术和设备生产产品，或双方商定的其他产品返销对方，以偿还贷款的交易方式。补偿贸易的主要特点，是用产品偿还进口机器设备和技术的贷款。因此，设备、技术的进口方可以在不动用外汇或不使用现汇的情况下，先期引进所需要的设备和技术。而引进技术和设备所生产的产品，随补偿贸易方式的不同，既可用于直接还贷，又可用于扩大出口或替代进口。由于补偿贸易一般需要双方较长时间的合作，因而技术出口方可以拥有长期、稳定的货源，设备进口方亦可结束技术供方的销售渠道，使自己的产品进入国际市场。

9. 设备租赁

设备租赁是一种将融资、融物与科技转移结合在一起的交易方式。其一般做法是，出租方根据承租方的要求和选择，与供货方订立设备购买合同并支付货款；出租方与承租方订立租赁合同，将购买的设备出租给承租方使用。在租赁期间，承租方根据合同规定，分期向出租方支付租金。租赁设备的所有权属于出租方，承租方在租赁期内享有该设备的使用权。租赁期满时，该设备可依据合同规定，由承租方留购、续租或退回出租方。从设备租赁本身看，它只是一种融资与融物相结合的、特殊类型的筹集资本设备的方式，所涉及的仅是“硬件”。但从现代设备租赁的内容和特点看，现代设备租赁已不仅是一种筹集资本设备的特殊手段，而且是集融资、融物、咨询、维修等多种服务于一体的交易方式。另外，设备租赁还可以和补偿贸易等方式相结合，形成租赁业务的多样化，并渗入一定的科技转移的内容。

10．交钥匙工程（工程承包）

是指承包方按照某一项工程所有人（也称业主）规定的条件包干完成该项工程任务的协议。交钥匙工程是以技术和设备为核心，既包括国际劳务合作，又包括大量的技术转让内容，是国际技术贸易的一种重要形式。其特点是工程内容与贸易内容广泛而复杂，技术水平和管理水平要求高，营建时间长，资金多、风险大、利润高。一般都是国民经济中举足轻重的骨干项目，大部分项目都采用新工艺或新技术，目的是促进产品的升级换代。

11．特许专营

是指一家取得成功经验的企业，将其商标、商号名称、服务标志、专利、专有技术以及经营管理方法或经验的使用权，转让给另一家企业的一种技术转让方式。后者为了获得使用权，必须向前者支付一定金额特许费作为报酬。双方签订特许专营长期合同。这种方式更多地运用于商业、服务业和工业。各个使用同样商号的特许专营企业都是独立经营，自负盈亏。他们不是授予人的子公司或分支机构，授予人只是在技术操作和经营方式上给予控制和监督。

第三节　科技转移流程

一、生产分散化

随着科技产业发展与科技创新，各国之间的产业相互依存、相互渗透的经济社会关系越来越紧密，全球性的生产分散化、要素优化重组和产业转移遵循生产成本和市场重心的运动规律，由低级向高级、由简单向复杂演进，由单一或多个生产要素的重组，演变为全要素优化组合的产业转移。产业全球化、规模性的转移，对科技转移的形成产生越来越大的影响和作用，并使全球产业布局、结构调整和空间配置上日益呈现出生产分散化和技术流动性的转移趋势。这种生产分散化的科技转移的过程，与跨国公司在全球的市场扩张并寻找新的聚集地和新的市场时所发生的产业转移过程同步进行。

生产分散化形成的科技转移有各类因素，主要包括以下方面：

1. 成本因素

生产成本是产业生产分散化的一个重要的因素。在高附加值产品的市场热销和生产阶段，生产成本因素或许没有太大的敏感性，而进入技术成熟阶段，赢利的技术产品失去其特殊的地位，劳动力成本、运输成本、制度成本等影响就显得日益突出。生产成本因素、供应链效率因素等使生产空间配置的分散化就成为最重要的因素之一。而且，生产空间越是扩张延伸，先进生产和装配之间的分离就越明显，劳动力成本的差距就越大。发达国家就不得不向发展中国家或地区进行生产分散化的科技转移，以便保持盈利水平和市场竞争优势。

2. 市场因素

满足国内外市场需求是生产分散化的重要因素。成熟技术和标准化生产的产品具有普遍的市场，其生产相对集中，而产品供货则分散在全球市场范围。将成熟技术和产品转移到国外，不仅通过市场扩张和延伸，提高了市场占有率，而且可以充分利用所在国或地区的资源和生产能力和创新能力，向周边国家和地区的市场扩张。另外，产业生产的定位与市场所在地的消费需求紧密相连，可根据不同国家的市场和不同文化背景消费者的需求，将生产布局、市场空间配置根据消费市场需求自身的特征进行科技转移和结构调整。

3. 技术因素

随着科技成果更新速度加快，新技术、新产品形成替代，使原先复杂、尖端的科技产品进入标准化、规模化生产的阶段。科技产品按照生命周期的规律变化产生一系列的作用，迫使大部分复杂、尖端的科技产品和部件降格为普通商品，而且由于科技创新节奏加快，商品的普通化速度加快，形成了科技水平提高而附加值下降的产业演变现象。为适应科技更新加快、赢利水平下降的趋势，就必须通过生产分散化方式向发展中国家或地区转移成熟技术，实现生产程序供应链的产业转移和技术控制力。

4. 战略因素

生产分散化并进行科技转移、产业转移的目的，最终是通过在全球生产专业化垂直分工与合作，形成市场、研发的战略控制权。生产分散化的科技转移使发展中国家或地区科技产业发展成为可能。经济全球化进程加快，使区域性、本土化的经济特性逐渐弱化，外商大量向一个城市或地区直接投资，不仅对于产业结构升级、科技转移、国际化程度、人力资本素质有积极有效的促进作用，带动关联性企业和供应商向其投资所在地聚集，而且随着以跨国公司为主体的集群业务调整、技术延伸、知识外溢、信息共享，使本土化的产业进一步扩张。

5. 学习因素

科技（产业）转移与学习因素密切相关。最成功的经济体缩小“平均”和“最优”实践之间的差异在于学习能力。学习越多，知识向外的扩散也就越多。正是这些不断累积的学习成就为那些成功的经济体带来了生活水平的持续攀升。发达国家和欠发达国家之间的差异不仅仅在于资源差异，也在于知识水平的差异。发展政策的核心关注点应该是缩小差距，这就意味着发展中国家要强化学习。[①] 通过利用其在知识和学习能力（包括与其竞

① ［美］约瑟夫·斯蒂格利茨、布鲁斯·格林沃尔德著：《增长的方法：学习型社会与经济增长的新引擎》，北京：中信出版社 2017 年版。

争者相比，学习以及学会学习的能力）方面的比较优势，提升学习能力和对其他产业有更多溢出效应的特定产业和技术，加快知识跨国流转与科技转移。

上述证实，创新全球化、生产分散化的科技转移，在科技产业转型发展中扮演着越来越重要的角色。发展中国家或地区通过科技转移、招商引资（技），形成以科技成果转化、吸收、嫁接与创新的本土化科技产业，并在科技产业转型发展中建立全球供应链和营销网络，使本土化的科技产业和关键零部件产品大规模地进入国际市场，从而在市场扩张的驱动下加速产业链的延伸和扩张。

二、转移流程

科技成果转移并不是科技转移的唯一形态。科技转移往往随着“产业转型、项目转移、资产重组、结构调整”同步进行。全球范围内曾出现过四次大规模的产业转移，[①]带动了一轮又一轮的科技转移，成为科技转移的主要载体。在发达国家或地区进入创新驱动期或产业转型期，将相关产业环节外包给低成本地区，科技产业结构及其特质在转移过程中发生明显的变动，并对形成高增长、高集聚的产业集群产生重要的影响。在实际运作中演变为不同的发展阶段，也形成了不同流程的转移路径。

按照科技产业转移轨迹，全球范围的科技（产业）转移流程大体分为两类（见图 6–6）：

转移流向 1：产业转移背后的驱动力是科技创新和产业升级。在发达国家加快创新驱动、转型发展，抢占智能制造、科技研发、设计和服务等产业高附加值环节的同时，一般将成熟型、低端化的技术和加工制造环节转移（服务外包等）到发展中国家或地区，通过进一步将产业价值链延伸、细化、拉长，推进产业梯次转移和技术流动，实施由高端到低端的战略性

① 全球范围曾出现过四次大规模的产业转移。第一次在 20 世纪初，英国将部分“过剩产能”向美国转移；第二次在 20 世纪 50 年代，美国将钢铁、纺织等传统产业向日本、德国这些战败国转移；第三次在 20 世纪 60 至 70 年代，日本、德国向亚洲“四小龙”等国家和地区和部分拉美国家转移轻工、纺织等劳动密集型加工产业；第四次在 20 世纪 80 年代初，欧美日等发达国家和亚洲“四小龙”等新兴工业化国家和地区，把劳动密集型产业和低技术高消耗产业向中国等发展中国家转移。

转移。

转移流向 2：以“互联网 +”、云计算等技术手段融入产业转移，建立起高端支配地位。通过控制产业转移的各个环节，形成能够对科技转移产生必要的影响力及控制力。同时，以“高端嫁接”或高端并购等方式，加快科技引进、消化吸收与资源整合，在对创新公司、生产线、资产、品牌和人才资源并购的基础上，转型形成新业态、新模式，或直接或间接嵌入科技产业高端环节以及知名品牌和高端市场，填补市场需求的产品及服务空白，进一步提升企业的核心竞争力。以科技成果转移转化的模式创新，以及新科技与先进制造及其服务业的深度融合创新，抢占科技产业的制高点，实现科技产业升级和高端市场的垄断。

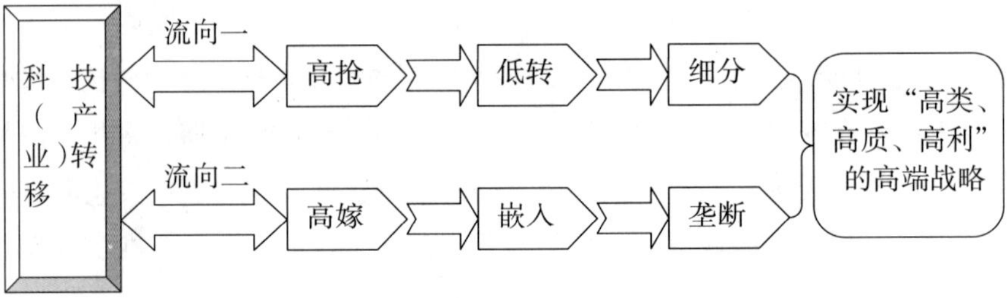

图 6–6　科技（产业）转移流程

按照全球产业专业化分工与合作路径，在科技（产业）转移的过程中，其转移路径与发达国家的产业技术走向成熟，进而科技创新、知识外溢、产品外包等有密切的关系。发展中国家或地区根据国际科技转移定位，成为区域加工制造业的聚集地，也有可能成为区域产业研发、设计基地。其间，发达国家的生产、销售和研发的本地化趋势，加快了科技转移与跨国公司合作。战后以至到 20 世纪 90 年代，国际上进行过四波次科技（产业）转移的浪潮。进入 21 世纪，第五波次（科技）产业转移，促使美国、欧洲等发达国家或地区进一步实施大规模的产业结构转型与科技转移，呈现出多层次、多元化、多国别的整体性转移的态势。

表 6–2 若干国家 科技（产业）转移动因、模式及路径

转移国家	转移动因	转移模式	转移路径
美国	大规模流水线生产方式，大规模批量生产，成本因素，科技人才优势，创新驱动	以全面创新，推进制造流程创新承接全球资源，及科技（产业）转移	科技（产业）逆势承接、成熟技术顺势转移
德国、日本	基础工业技术世界领先，拥有世界上最强大的中小企业群，高效完备的国家工业协作体系	以协作体系创新承接全球科技（产业）转移	高端技术引进与产业创新结合、成熟技术顺势转移
韩国	“全产业链”模式，追求成本优势，技术积累和创新突破	以产业链整合创新承接全球科技（产业）转移	高端技术引进与产业链创新，成熟技术顺势转移
中国	国家体制优势，原材料工业、能源工业、基础设施、物流网络、配套产业、市场体系的强力支持	以体系实力承接全球科技（产业）转移	高端技术、装备引进、吸收消化、再创新与自主创新

受转移对象国或地区的资源、历史、经济和市场等方面的影响，科技（产业）转移有以下若干途径：

（1）按转移范围，包括：国外向国内的转移（当然也包括国内向国外的转移），城市向农村转移，沿海向内地转移，军用向民用转移，实验室向工厂转移，制造部门向服务部门转移，等等。这种划分方式有两种类型的科技转移，即国际科技转移和国内科技转移。

（2）按转移区域，包括：国家之间转移，指国家之间通过科技合作、科技引进、科技扩散等形式实行科技转移；区域之间转移，指区域之间通过科技转移，提高自主创新能力，促进相关行业技术、生产水平的提高；城市之间转移，指以创新型城市为主导进行科技转移，科技扩散，形成科技转移带动产业升级与发展。

（3）按转移形式，包括：①设备转移。即引进方通过引进生产线、成套设备，改善产业设备条件和生产条件。并通过对设备的仿制、改造和创新，研制新的设备，进行设备或技术的再转移。②软件转移。主要包括：公开的工业产权，包括专利权和商标权；不公开的非工业产权，包括设计图纸、设计方案、技术说明书、技术示范和具体指导等。③生产能力转移。这种转移既提供生产技术、硬件和技术资料，还向受方提供技术诀窍，为受方建立研发体系提供帮助。一般采取直接投资、合资、合作协定（即补偿贸易）、联合设计、交钥匙工厂等形式。④智力转移。通过引进人才，以智力形式带动科技转移，促进科技产业发展。⑤中介转移。通过科技服务中介系统，推动科技转移，提升科技成果转化能力。⑥跨国公司转移。跨国公司以投资建立子公司等方式，带动了数以千计的配件公司、供应商转移。通过建立全球产品或零部件供应链，系统整合本土中小企业，建立起跨国公司为主体的科技转移链。⑦产品"外包"转移。以产品生产"外包"等形式带动科技转移。

（4）按转移政策推动，包括：政策促进转移，指通过政策倾斜促进市场转移机制的形成，推动科技转移；专项基金扶持转移，指设立专项基金专项扶持科技转移，促进产学研合作，实现科技产业化；科技计划推动转移，指通过国家科技计划（如中国的星火、火炬、科技成果转化等计划），鼓励科技资源和产业资源的共同支持科技转移，进一步提高科技产业发展的创新能力；形成产业集群链，通过以科技企业为主体，形成产业集群链，进而为实现科技产业化而实施的科技转移。

世界各国科技转移途径有多种，主要难点仍然集中在政府、企业与大学（科研机构）及相关参与方，能否实现合理的转移运作，以及利益分享及其合作机制。从实践来看，欧美发达国家高校技术转移工作起步早，尤其是美国斯坦福大学已成为高校科技成果转化及技术转移的典范。例如斯坦福大学的成功，除了摒弃第三方代理模式，建立运作范围涵盖科技成果确权、知识产权价值评估、商业计划制定等环节，技术转移机构运行及其他相关配套系统的支撑，还采取了合理对接的技术转移程序（见图 6–7）。

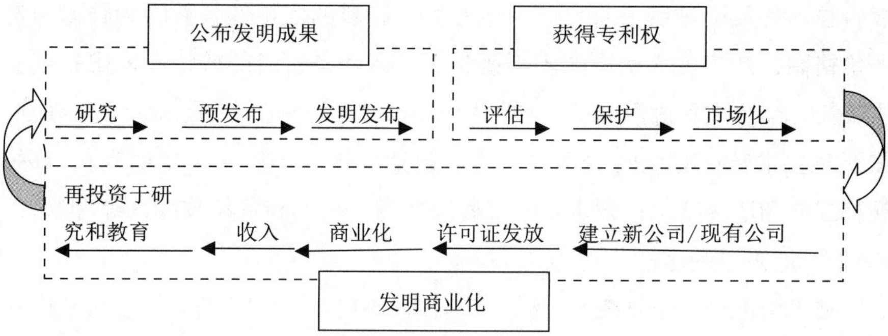

图 6-7 TLO 技术转移程序

三、技术引进选择

技术引进是科技转移的一种承接形式，也是一种学习能力。技术引进有技术承接、技术输入等多种说法，它是不少国家或地区科技产业发展的基础条件之一。一个国家或一个地区通过各种方式从国外引进经济发展和提高技术水平所需要的技术及装备，包括购买成套设备，引进专利、专有技术、管理方法及接受技术咨询服务等。从技术引进对科技产业发展的影响来看，一般各国为加快科技产业成长，大都采取技术引进和科技创新的并行模式，积累科技力量，建立研究开发体系，逐步由技术引进过渡到技术输出，并在国际竞争中形成对其他国家经济技术的制约和影响。在这一过程中，通过技术引进、吸收、消化，形成本国科技创新力量，关键在于国内建立和完善技术引进的体制、政策和运行机制。使体制、政策能够利用其在知识和学习能力上的比较优势，并且不断提高这些能力。假如引进国家的学习、吸收、消化能力低于其他国家，那么就会在国际竞争中落伍，技术引进难以迅速转化为商品，就不利于科技产业运行机制的建立。因此，技术引进需要做出以下正确选择：

1．适应本国国情

技术引进不能一厢情愿。在实际选择技术引进时，发达国家出于对核心技术的保护，担心其他国家引进技术或项目削弱其竞争力，对高新技术采取垄断控制，故而对于发展中国家希望引进的高新技术，几乎没有什么可选择余地。发展中国家经济技术发展滞后，资金密集型技术的引进带来许多问题，如吸收消化能力、资金投入和劳动力就业等问题。同时，一项高新技术项目引进后，有可能产生对另一国家的依赖性，并因为技术引进的价格高，产生投入产出的不平衡状态。因此，盲目的或错误做出技术引进决策，会造成引进国家的产业结构失衡。为保证技术引进决策的正确性，需要对技术转让有全面的考察了解。包括：技术转让的转让动机和目标；转移战略和地区结构；技术水平和管理能力；技术和贸易政策，等等。

2．把握引进途径

技术引进是一个复杂的过程。基本途径的选择有以下方面：国外投资在接受引进国开设公司和工厂；与国外公司企业合资合营，根据双方情况确定各自股份；由国外提供技术，从设计、设备、人员培训到全部承包，本国提供劳动力和土地，生产若干年后，收回投资并获得利润，把工厂交技术接受国；由国外提供设计和服务，本国投资并提供生产设施；只引进关键技术工艺、设计规划，土建、设备等全部由本国完成；只购买专利，根据特许进行生产；具有设计规划能力，技术上有基础，只引进所需设备。技术引进之前必须考虑的有关决策因素有：技术的实用性，即技术必须具有实用价值，为急需的技术；使用该项技术的有关知识；掌握技术引进所需的技能，即不仅技术引进还要掌握技术；技术引进要具有独立性，为避免过度依赖技术输出国，应尽量扩大独立性；引进能生产多样化产品的技术；技术引进的吸收消化和改进。

3．研究有关政策

技术引进国家政策一般分为：促进和帮助技术引进；注重技术引进的费用和条件；减少对国外技术的依赖，促进国内技术研究开发。从国家政策分类，包括：（1）发达国家，如美国、欧共体等国家采取的开放和出口管制政策。（2）南美和安第斯国家采取的有选择控制政策。（3）日本、韩国等国家采取的产业政策或“软”政策。各类国家政策都反映了国家利益或集团利益。对于发达国家的技术输出，总是采取利用卖方市场的有利地位，把限制性条款强加给发展中国家。这些条件包括：限制出口；原材料和辅助材料的附加条款；技术转让价格过高，合同期过长；对技术引进改进或开发后的专利权回授的条款；对使用具有竞争力技术和类似产品的限制；提出雇用不必人员的要求；对技术引进的修改和改进甚至对研究与开发活动的限制；对质量和性能不给予保证；对引进国业务管理进行直接或间接地干预，等等。附加性条款和出口管制政策，实质上使发展中国家难以获得急需的高新技术。如不适宜的技术和过时的技术引进增加了；技术上对技术输出国的依赖增加了；不平等条款的技术合同增加了；对技术的重复投资及行业之门的竞争趋于激烈，存在着外汇浪费现象等。

国际上通过科技转移政策，实现技术引进的成功范例为数不少。以韩国为例，它突出的特点是："控制技术引进，注重技术消化吸收。"主要采用的政策措施是：在引进先进技术同时，大力发展本国的技术力量，并不断开发自主技术，提高国家整体的技术适应能力和创新能力。在技术引进方式上，严禁一揽子引进成套技术设备的做法，鼓励企业有选择地引进一些关键技术、设备。韩国政府限制对国外先进技术模仿和复制，对技术引进实行严格的监督和审查制度，技术引进的主导权基本掌握在政府手中。

第四节　科技转移与投资系统

科技转移与对外投资紧密关联，与发展中国家和地区招商引资密切相关，也与发达国家产业转型、科技转移和对外投资有直接的关系。事实证明，通过承接先进技术带资金的转移，是实现沿着价值链向上游移动，从而加速科技产业化发展的步骤，也是加速科技产业结构调整的战略措施。有关研究证实，项目投资的技术含量越高，投资规模越大，就越有利于提高产业水平，也有利于形成更加密切的科技转移关系。

一、科技转移投资系统

对于科技承接国家或地区，除了扩展技术引进带资金的有效途径，还要通过国内外投资的合理性促进科技转移和项目引进。有关研究证实，科技投入与经济发展之间存在着因果关系。但对不同国家或地区之间上述关系的比较，会得出一些相反的结论。如美国、英国等国家的研究投入比日本、德国要多，但经济增长速度比日德两个国家要慢。然而，美国并未退出产业价值链，而是以行业标准对科技转移适时控制，并呈现科技垄断与市场需求的控制能力强、覆盖面宽等特征。如美国研发的互联网等技术，日本研发的 3D、4k、量子点等技术，均通过转移到中国，形成巨大市场应用。

显然，科技转移的市场需求拉动、产业结构布局等因素对投入有明显的制约关系，研发投资的合理性对科技转移及应用有重要的影响。因此，在技术引进和成果转移的过程中，不能缺少研究开发和科技转化、科技转移和扩散等环节的链接及其投资支持。这就需要建立一个基于市场需求、产业转型，既能够促进科技创新，又能够加快技术转移，还可以形成科技产业化的三位一体的投资系统（如图 6–8 所示）。

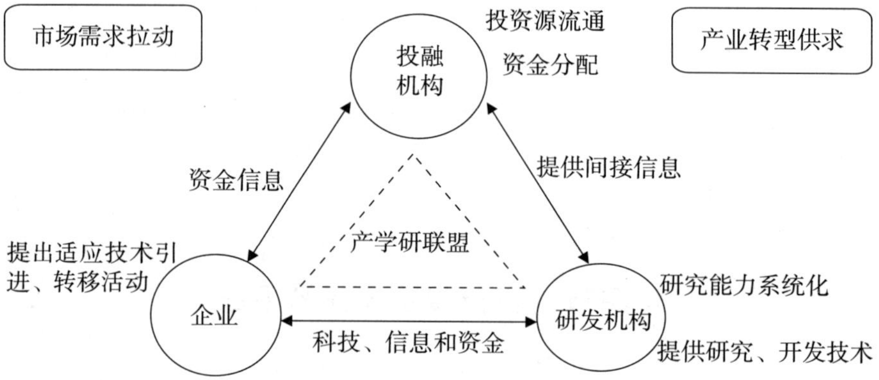

图 6–8　科技转移投资的系统模型

科技转移投资系统模型运行必须具备以下基本条件：

1．投资规模。投资规模关系到技术转移规模和运行速度。该系统一般通过提供研究开发、科技引进、转让等经费需求的 50% 左右，以便支持科技研究开发及其成果转化、转移的过程。

2．资助范围。该系统支持范围从实验室研究到大规模商业化、产业化的技术引进、二次创新开发。资助范围的上游扩大到“技术流动”的初始阶段，加速技术转移的全过程支持。资助范围包括中小型企业、孵化器、创客空间及新兴产业部门。资金货款必须由企业法人承担责任。

3．贷款条件。实行长期低息贷款方式，通过贷款优惠政策支持企业与研究机构之间科技转移和交流。一般发展潜力越大，科技风险越高，给予的条件越优惠。以最优惠的贷款加以扶持，有利于科技转移的应用研究，中间试验和产品商业化、产业化过程。

4. 利率标准。技术研究开发以及应用研究等实行不同利率优惠。如创新技术开发或对新工艺长期应用研究以及技术引进、年利率和偿还期都有差别优惠条件。这些利率条件将对企业和研究机构的科技转移带来明显影响。

以企业、研究机构和金融机构构成的科技转移系统，对科技成果的转化、转移及扩散都提供了系统的运行条件。金融机构作为三位一体的利益方，在提供贷款资助科技商业化、产业化的过程中，直接参与评估咨询活动，并对企业研究机构之间的技术转让或技术引进给予直接干预。首先，金融系统从科技商业化、产业化或投入回收的立场全面评价技术转让、转移的可行性。这就对资助项目的技术选择标准提出较高的要求。如科技商业化、产业化程度较远，没有市场潜力的技术成果或转移项目，金融系统将作为一方提出干预。其次，在科技成果中试、样机、设计等方面，一旦通过咨询论证可行，金融系统将通过资助、贷款、控股等方式，提供商业化的投入。同时，为保证资金的充裕，金融系统将通过引进国外资金或国内融资和集资等方式，为研究开发项目的商业化提供支持。对研究机构、金融系统通过提供长期、低息贷款，促使企业加快科技转让，积极引进新技术成果或专利。这种资助方式，不仅通过金融系统承担高新技术的风险投资，使研究机构和企业敢于冒险投资于新技术产业的发展，而且形成了一种以金融系统为中介的科技成果转化、转移的运行机制。有效地把企业界和研究机构联结起来，加快科技成果的商品化、产业化过程。

二、国际直接投资（FDI）的科技转移

（一）FDI 科技转移系统构成

按照国际货币基金组织（IMF）的定义，FDI 是指一国的投资者将资本用于他国的生产或经营，并掌握一定经营控制权的投资行为。FDI 科技转移系统是指通过 FDI+ 科技转移的相关要素及运行环节构成的系统。它是一个投资带科技转移的系统运作过程。FDI 科技转移系统的构成要素有：技术供方、技术受方、政府、技术、科技转移渠道、科技转移壁垒等。其系统模型结构如图 6–9 所示：

1. 技术供方。即对外直接投资的外商，其行为动机和进行科技转移的能力对技术能否顺利转移具有重要的影响。当技术拥有方的技术能力强于技术受方，并且科技转移对双方都有利时，通过直接投资进行科技转移才成为可能。

2．技术受方。这是FDI科技转移系统的承接方。它可以是企业，也可以是其他形式的组织或个人。作为技术受方，一是必须有从外商那里获取技术的愿望；二是必须具备吸收技术的能力，这种能力取决于技术受方的承接基础。

3．政府。FDI一般是企业之间的微观经济行为，政府可以被认为是科技转移系统的一个环境因素。但在许多发展中国家，政府不仅通过宏观经济政策来对FDI进行指导、调控，而且有时还直接介入到科技转移的过程当中，充当科技转移的重要角色。在某些情况下，政府（特别是东道国政府）也可以看作科技转移系统的构成要素之一。

4．技术。技术是FDI科技转移系统的核心，主要包括三种形态的技术：（1）反映在产品中的技术，如一套新的技术设备、仪器，即通常所说的硬件技术；（2）以书面技术形式存在的技术，比如计算机程序，设计蓝图，工艺、操作和维护程序等，这也就是软件技术；（3）管理技能、专长、诀窍等。

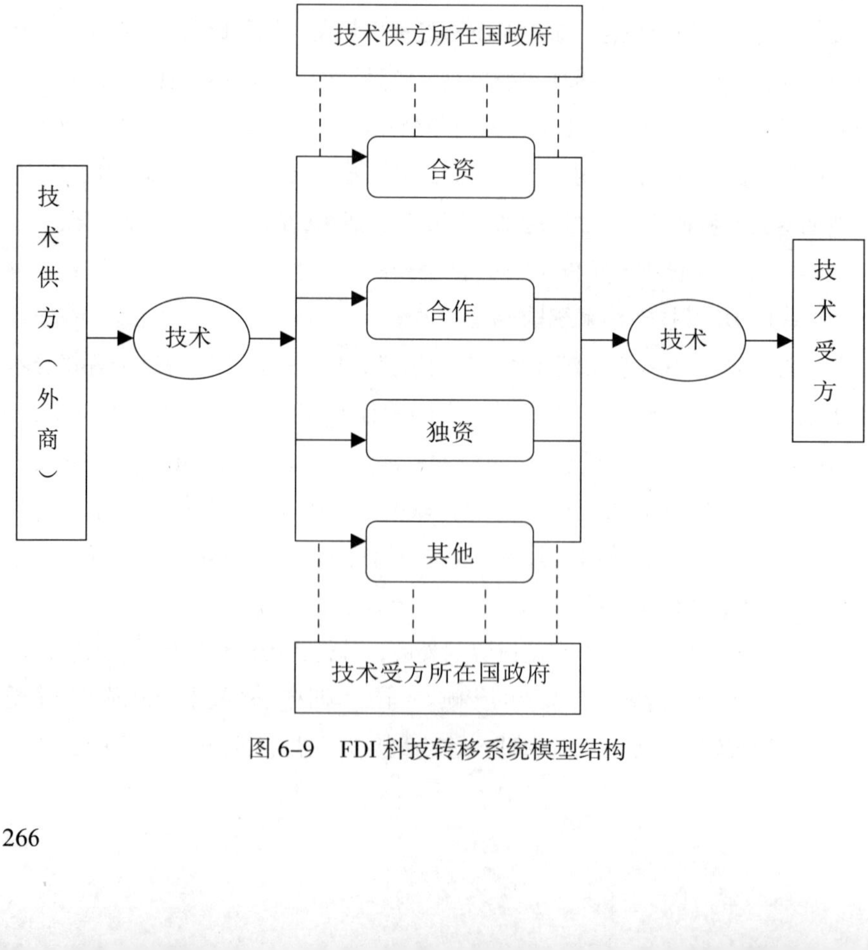

图 6–9　FDI科技转移系统模型结构

5. 科技转移壁垒。转移壁垒是一种无形要素，它客观存在于其他要素及这些要素的相互作用之中。一般由两方面的矛盾构成：（1）外商通常把技术看成是一种商业生命周期短暂的“昂贵”商品，它要尽可能以高的价格转移出去；而技术受方则一般把被转移的技术看成是“二手货”，在转移过程中，尽量压低其价值。（2）技术供方会尽可能地控制和垄断技术，对于先进技术尤为如此；东道国引进 FDI 是引进和学习国外先进技术，技术受方会设法获取外方的技术。

6. 科技转移渠道。是指外商对外直接投资采取的形式。FDI 主要形式包括：合资经营企业、外商独资企业、合作经营企业。

对不同的直接投资形式，FDI 科技转移有不同的具体表现：

1. 合资企业的科技转移。对于合资企业各方来说，合资经营有其共同的利益。合资经营企业各方共同利益促使外方尽可能向东道国技术受方的技术人员传授技术，以及让技术受方掌握更多的技术。此外，合资企业为了提高效益、节约成本，将把产品的部分零部件委托给相关产业的东道国企业进行生产，通过这样的过程，外方生产技术会扩散到这些加工企业，从而使这些企业的技术水平得以提高。其间，还将带动相关产业的技术结构及产品结构的升级换代。

2. 独资企业的科技转移。外商在东道国建立独资企业，主要是为了垄断和控制技术。其研发与技术改造仅与母公司发生联系，较少与东道国同行业发生横向联系。但技术还是可以间接方式向东道国企业外溢，即技术外溢效应。这类企业一般转移较为先进的技术或高新技术，而高新技术或先进技术往往会包括一揽子技术组合，不可能是孤立的高新技术或先进技术，也不可能不与企业环境发生关系。外商投资企业与其他企业之间存在的“技术势差”，必然使外商投资企业的技术在交易行为过程中自然外露。不仅如此，随着新技术、新产业的产生，外商将逐渐放松控制，使其在一个滞后期，逐渐将科技成果转移和扩散到东道国企业。

3. 合作企业的科技转移。这类企业按照双方（或多方）对于转移的技术一般在契约中都有明确的界定。外方在一定时期内负责技术投资。其间，外方会控制技术向东道国技术人员和企业的转移与扩散，以保证其获利的份额。只有到了契约的时间期限时，技术才会较容易地转移到东道国企业或技术人员手中。但此时技术也就失去了它的先进性，从而这类科技转移和扩散带有明显的滞后性，它的转移效果一般介于前两者之间（见表 6–3）。

表 6–3　FDI 科技转移渠道的比较

科技转移渠道	技术水平	转移机制	东道国对技术的接近程度	东道国企业、人员介入程度	直接转移成本	间接转移成本
合资经营	中、低	技术分享	高、中	中	高、中	中、低
独资经营	高、中	技术外溢	中、低	低	中、低	高、中
合作经营	高、中	技术外溢（期内）技术公开（期外）	中、低	中	高、中	中、低

（二）FDI 类型与科技转移

1. 市场导向型科技转移

20 世纪 60 年代前后的 FDI 理论基本上是以美国 FDI 为模版，如规模庞大、高技术、高度集中的内部一体化管理，具有国家垄断等特征。这类 FDI 有着明显高于一般跨国公司的技术创新倾向，表现为研究开发投资比重较高，技术创新的速度较快。它们的国际垄断性是通过产品差别实现的，表现为公司特有的所有权优势。由于以技术密集、资金密集型商品为标志，具有全球战略目标，并关注长期利益，美国型的 FDI 的意义不是转移资金，而是转移技术。主要特点是：（1）当不可能在短时间内利用其无形资产即专利、商标、设计等具体形式，以及各种约束条件限制了企业的投资选择，通过技术交易使无形资产的价值得以实现；（2）由于市场条件的不完全性，企业对外科技转移成本很高，迫使企业在其内部建立市场进行交易；（3）技术创新的生产周期缩短时，倾向于采用科技转移；（4）科技转移不需要在外国市场上放置大量固定资产，因而可避免政治风险；（5）在当地投资环境不完善或当地政府对外商 FDI 进行限制时，以合资生产、合作开发等作为主要考虑，而对外科技转移作为后续考虑。

2. 生产导向型科技转移

发达国家的跨国公司或发展中国家的劳动密集型产业趋于劣势时，一般采用生产要素导向型的 FDI 方式，主要表现为生产基地的转换过程以发展中国家为中心。与市场导向的 FDI 不同，生产要素导向型 FDI 的优势在于它是跨国公司的技术和当地国家的生产因素的结合体。跨国公司对发展中国家采取生产要素导向型的 FDI 时，把较成熟期的技术转移给当地法人。这种技术很容易被发展中国家的竞争企业模仿。这类 FDI 科技转移的特点是：（1）科技转移持谨慎态度，一般不轻易转让（特别是专有技术）；（2）有竞争对手时，鼓励对外科技转移；（3）在区位优势不受影响时，才鼓励对外科技转移；（4）鼓励以合资形式对外转让技术；（5）当科技转移成本太高（如科技转移谈判的讨价还价、商品质量不好影响商标声誉、可能泄密等情况）时，不考虑科技转移；（6）投资风险较大时，考虑选择科技转移，但科技转移可能导致出现技术泄露给竞争对手的风险，又阻碍了科技转移。因此，生产多样化的企业更愿意对外科技转移。

3. 两种类型的比较

按跨国公司 FDI 的动机来区分，比较生产要素导向型 FDI 和市场导向型 FDI，前者的科技转移和技术扩散次数较高于后者。这是因为，为了确保其竞争力，生产导向型的外资企业会将自己的优势因素和生产技术有效地结合在一起。并且东道国企业在零部件的外包过程中可通过后向联系效果来转移有关技术。但这些投资主要是针对劳动密集型产业，转移的技术也是依据技术寿命周期已标准化且成熟的技术。跨国公司早期对中国的 FDI 也属上述类型，特别是沿海经济区形成的多数是生产要素导向型。FDI 目标只放在出口上，而不作为销售市场。

市场导向型 FDI 将东道国市场作为销售对象，把具有更高水平的技术作为形成竞争优势的主要手段，但也有阻止向东道国竞争企业转移技术的倾向。在很多情况下，投资企业都具备在东道国拓展市场网络的目标。因此，核心技术的转移就是为了进一步促进市场开放。市场导向型的 FDI 主要针对的是资本和技术密集型产业。以高于东道国竞争企业的领先技术作为保持优势的主要手段，转移的技术主要是尖端技术或新技术。市场导向型 FDI 产业有着不同产品的差别、不同规模的经济、企业的国际化进程等因素。上述内容如表 6–4 中所示。

表 6–4　FDI 的动机，产业类型和科技转移之间的关系

投资动机	产业类	科技转移
生产要素导向型	劳动密集型产业	成熟技术
市场导向型	资本及技术密集的产业	尖端及高新技术

三、若干结论

上述可见，科技转移与投资带动、产品成本等都有密切的关系，具有实体性、控制性、渗透性和跨国性等重要特点。在科技转移、扩散与应用比科技创新更为重要的发展中国家或地区，大量生产技术和实用技术能够直接形成科技产业化，并在已经具备的国际市场参与竞争。这些国家和地区科技创新能力相对较弱，但通过技术带资金引进，加快了技术结构、投资结构和产业结构的同步调整，使科技产业不断崛起，传统产业获得改造，进而促进这些国家和地区科技产业的不断发展。

综合各国和地区发展经历，有以下方面值得重视：

1．科技转移有一个发展的过程

大部分国家和地区在技术资金引进的初期，主要是劳动密集型产品技术。但是，随着这些国家和地区产品技术、生产成本的升值，发达国家的投资带技术就被资本密集型、技术密集型项目所取代。在国际收支状况良好，资本盈余扩大后，发达国家的劳动密集型产品技术，转移到生产成本更低的发展中国家或地区。同时，加快海外投资规模。一方面集中在发达国家或地区，扩大对发达国家的技术密集型产业的支持，并以此为渠道继续吸收引进发达国家的高新技术；另一方面，逐步加速发达国家的劳动密集型产业技术转移到发展中国家和地区。这种边引进、边输出的技术带资金的投资结构，加快了各国的技术产品的更新改造及经济的迅速发展。

2．科技转移与所在国环境密切相关

在影响科技转移和吸引投资的因素中，劳动者受教育程度、产权变更、市场需求、出口贸易、宗教文化等对投资有显著的影响，也与所在国的投资环境有密切的关系。因此，科技转移和吸引投资，不仅要重视项目投资和劳动力对经济增长的作用，而且也要重视影响所在国的政策环境和制度等变量的影响。竭尽全力创造科技转移的文化氛围与生态环境，培育促进科技转移与成果应用基础。通过创造一个有利于国内外投资者和企业创新的优良环境，推动科技转移、项目投资及其技术外溢效应。

3. 科技转移需要明确的发展战略

科技转移在投资的带动作用，可使产业转型与发展更加明晰化和具体化。技术引进资金比较容易转化为新产品，迅速增加资本积累，形成新的技术引进和新兴产业部门。有关国家的发展经验还表明，技术带资金的引进必须要有明确的产业发展战略。以出口创汇为目标的新兴工业化国家，在重视技术、资金引进的同时，还注重产业技术的商品化、产业化程度。因此，在技术引进带资金的作用下，就会迅速形成新兴产业。当然，投资动机并不一定是为了科技转移。投资国的投资规模及其动机有各种因素。但新兴国家（地区）接受国外技术带资金的引进，又加强本国在海外的投资，主要还是为本国科技产业的发展和出口创汇的需求。

4. 科技转移规模对技术外溢效有明显影响

研究表明，外资对经济发展的影响程度关键取决于外资企业的科技转移规模及对内资企业技术进步的外溢效应。科技转移规模越大，技术外溢效应就越明显，东道国经济发展速度越快，东道国鼓励外资高新技术行业投资的意义越明显。科技转移规模及其作用表现为外商直接投资对本国内资企业技术外溢作用，主要途径包括人才流动、产业配套、技术交流、技术合作、技术示范等。

第五节　科技转移范例

在科技产业发展中，竞争的优势并不一定属于仅仅拥有科学技术的国家，而是属于善于把科技成果转化转移，或能够形成产业规模并迅速进入市场的国家或地区。以美国为例，美国并不是第二次和第三次技术革命主要新技术的发明者。在整个19世纪，美国主要从英国、法国、德国和瑞士引进先进技术，将这些领先国家引入的先进技术加以模仿并广泛利用，再根据本国的资源禀赋对来自欧洲的先进技术进行适应性改造，以至成为科技输出国。因此，美国很早就采纳了科技转移的理念，积累了不少成功的经验。科技成果转化转移与市场化运作的有机结合，使得科技转移活动在推动美国经济社会发展中发挥了重要的作用。

一、美国对科技转移立法

美国政府为了保证“技术转移”顺利实现，在法律指导和监管方面给予了充分的重视。具体的有1980年的《技术创新法案》（又称Stevenson-Wedler法案）、1980年的《大学及小型企业专利程序法案》。1986年针对《技术创新法案》修订的《联邦技术转让法》，还有2000年末推出的《技术转移商业化法案》。尤其是著名的《拜·杜法案》（The Bayh-Dole Act of 1980）的通过，实现了美国大学在技术转让方面的突破。该法案规定，所有大学和研究机构可以将因联邦经费所获得的成果申请专利，且有权有偿转让，利润由大学或科研机构自享；而且可以进行“专有许可”，即只允许一个厂商拥有开发权。这一系列法案对于打破技术转移障碍、确保技术转移顺利进行提供了足够的法律支持。

从美国科技转移已经历的现状来看，美国对国家科研成果的转让立法实施比较有力，通过财政预算和资金投入，美国可以保持世界高技术优势地位。但是，对科技成果的应用主体企业的协调，以及达成联合开发和统一发展应用技术，政府政策干预则相对无力。如通过研究合同和供货合同等方式把项目委托企业，或通过国家科学基金促进企业与大学、科研机构的合作，加速科技成果的转化。这样以国家科研成果推行为主体的方式，虽然可以在一定程度上促进科技成果的转移，但是要形成企业主动转移机制、发展产业规模、保持市场竞争力，常常力所不及。美国某些科技产业失去市场，正是这一方面最有力的证据。

二、美国的科技转移政策

美国科技转移政策没有像日本或德国等采取“总体协调”的产业政策体系。以政策对科学技术转移的影响和推动，都不如日本等国的整体性强，也不及日本的组织因素渗透于市场机制的程度广泛而深入。因此，科研与生产的联系，军事成果转民用等还存在一些问题。美国的雄厚科技力量和技术储备并没有成为市场竞争的优势。如美国半导体工业 20 世纪 70 年代在国际上处于垄断地位，技术上也更高一筹。20 世纪 80 年代初，美国半导体产品占世界半导体产量的 60%，但仅仅几年时间，日本半导体芯片就占领了世界 64K 和 256K 动态随机存取存储器市场的 90%以上。80 年代中期以来，美国电子工业每年失去 3%的世界市场。在其他技术领域，如汽车、飞机、计算机等，产业持续衰退。美国意识到，科技与经济之间的“纽带”和“商业基础”，是科技转移成功的重要因素，但是否通过政府政策的有力干预尚无统一认识。从美国的研究与发展战略来看，加速科技转让仍然是美国战略的重要组成。一方面增加投资，创建最先进的研究实验室，扩大实验室的作用（美国现有 700 多个联邦国立实验室，每年政府投资超过 200 亿美元），另一方面，向工业界大幅度推进技术转让活动。采取的方式有：专利及许可证转让，合作研究开发，承担外来任务，建立联合体，人员交流，提供先进设施，建立新公司，等等。

三、美国科技转移的管理体制

1. 联邦实验室在美国科研团队中的特殊性

美国的联邦实验室系统，具备了世界顶级科学家和先进研究设备，是国家进行创新及科技转移的基础结构的重要组成部分（见图 6–10），在美国科研团队中有着特殊的地位。美国很大一部分技术转移活动是从这里开始的。美国国会曾强调联邦实验室的重要任务之一，便是最大限度地推动技术的转移。

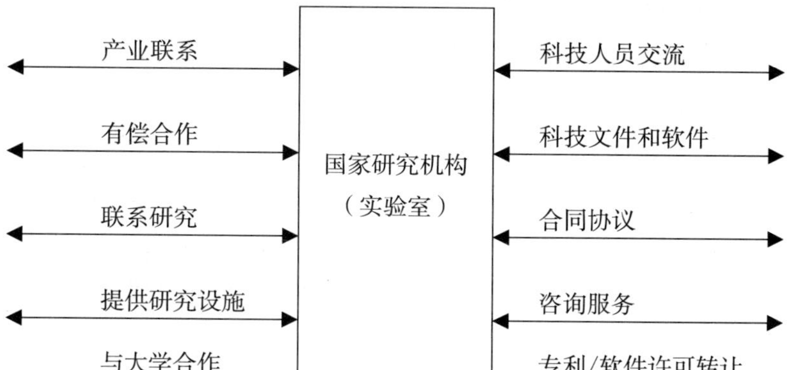

图 6–10 美国科研机构的科技转移机制

2. 联邦实验室技术转移事务的组织管理框架

在美国政府中，没有设立专门的科技管理部门，因此具有重要地位的联邦实验室被以下部门分别掌控：商务部、农业部、国防部、能源部、环境保护署、公共事业和卫生部、内政部、国家航空航天局、交通部、退伍军人事务部。每个部门都建立了专门机构或相应的程序性制度协调麾下联邦实验室的技术转移活动。各个部门管理技术转移活动的机构之间通过“技术转移机构工作组”这一组织进行横向信息沟通。

商务部在美国政府中具有特殊地位，以及在技术转移事务中担当了总协调人的角色。商务部不仅要完成自己部门的技术转移活动，而且还承担协调信息汇总、向国会和总统提交联邦实验室技术转移专题报告的任务。发布年度技术转移报告。对 DOC 实验室的技术转移活动进行全面统计，包括发明披露、知识产权、合作研发协议以及其他技术转移机制。其他政府部门的技术转移管理机构则通过提交专门工作报告（“机构绩效报告”）的方式说明自己的工作进展。商务部借助“技术转移机构工作组”与各机构的技术政策办公室开展合作，对各机构提交的工作报告的形式和统计内容进行一致性协调，在此基础上完成由商务部部长向总统和国会递交的该财政年度的“联邦实验室技术转移状况”的报告。

3. 各主要政府部门的技术转移管理体制

（1）军事和高尖产业部门（国防部、国家航空航天局）

军事部门涉及美国的国家安全和战略地位，美国政府非常重视军事部门的技术转移活动，相应地采取了很多有力的支持和管理措施。和其他部门相比，具有以下几个特点：

① 财政预算比例相当大。由于战略地位的重要性，美国政府对国防部的财政总预算支出以及国防部对其联邦实验室的财政预算支出都远较其他部门的财政预算比例为高。2018 财年的联邦政府预算草案，美国国防部的基本预算定为 5740 亿美元，在 2017 财年的水平上提升 10%，总体国防预算比上年增长 540 亿美元。

② 部分技术转移的数据极端地保密。这主要是由它的特殊战略地位所决定的。

③ 军事部门技术转移活动的大部分成果是用来继续巩固和发展其自身的，这与其他的部门存在明显的差别。

（2）国民经济基础部门（农业部、能源部、商务部、环境保护署）

国民经济基础部门的稳定发展是美国经济社会稳定健康发展的基础。因此，美国政府对其重点部门——能源部的技术转移实施了一定的财政和政策倾斜。同时，能源部也采取了一系列具体的管理措施：依据有关法律条款和国会的指示，确认通过各种形式的合作所实现的技术转移，是能源部的任务和职能。依据相应法律规章进行技术合作活动。能源部技术合作活动的监督、管理方面，贯彻实现相关政策和所赋予的角色职能。确保能源部在策划科技合作活动时所遵循的相应政策和程序的执行与持续发展。确保对能源部技术合作活动进行监测、评估和描述所形成的及时、准确的数据和信息的公开性。

（3）公民生活部门（公共事业和卫生部、交通部、退伍军人事务部）

公民生活部门中最重要的部门是公共事业和卫生部门。美国政府近三个财政年度对公共事业和卫生部门的财政预算支出，以及公共事业和卫生部门对其联邦实验室的财政预算支出，都是仅次于国防部而列第二位的，这充分体现了美国政府对公共事业和卫生部门技术转移的高度重视。这也充分说明，技术转移在美国经济社会协调发展中的重要效用。

四、美国推进科技转移制度模式

美国政府部门在联邦实验室等推进技术转移（见专栏 6–2），基本依靠以下方面的制度模式来开展。

1. 合作研究和开发协议（CRADAs）

合作研发协议指的是联邦实验室通过与企业达成协议，进行合作研究开发，从而促进科技成果的商业化。合作研发协议是美国政府部门推进联邦实验室进行技术转移活动的最主要模式。同时，合作研发协议数量、水平及其效益也是对某一机构技术转移活动进行评估的一项非常重要的指标。联邦实验室三分之一的技术转移是通过这一模式进行的。

2. 发明公示和专利注册制度

联邦实验室通过定期对发明进行公开并对其进行专利注册，从而在法律上可以保证投资的公司和企业对其发明和专利的合法使用。

3. 知识产权许可制度

知识产权的许可制度是指联邦实验室向需要使用其知识产权的企业和机构收取一定费用，从而许可其独占或部分独占使用这项知识产权的一种技术转移制度和模式安排。知识产权的许可制度包括“发明许可制度”和“其他知识产权许可制度”两大部分。其中，“发明许可制度”是指企业或机构为了使用联邦实验室的技术发明和科技成果而向联邦实验室支付一定费用的一种技术转移模式。而“其他知识产权许可制度”的定义和“发明许可制度”的定义基本类似。

4. 激励和创新制度

美国政府为了更好地推进联邦实验室的技术转移，还做了一系列的激励和创新的制度安排。如在合作研发协议（CRADAs）外，为了促进更顺畅和更多渠道的技术转移，又创立了新型的合作开发模式。如农业部农用研究中心（ARS）的信息基金和补偿合作协议、商务部国家标准化和科技中心（NIST）的客座研发人员制度和外来设备使用者制度。这些机动灵活的激励和创新制度在很大程度上能够更积极地调动企业和其他科研人员、机构参与到整个联邦实验室的技术转移活动中来，以扩大技术转移的影响，对联邦实验室的技术转移活动有很大的推进作用。

5. 利益驱动机制

美国政府以利益驱动机制来调动各个联邦实验室以及相关的科研人员积极参与技术转移的积极性，这在 2000 年末修订的《技术转移商业化法案》中有明确要求。在财政年度由商务部向国会和总统提交的该财政年度的“联邦实验室技术转移状况”的报告中，提供了各个联邦实验室被要求一年中许可活动的收入分配情况，从统计数据来看，无论是拥有联邦实验室的各个机构，还是参与科技研发的科学家，都从技术转移活动中得到了相应的利益。这种利益驱动机制的安排充分调动了技术转移活动管理者和参与者的积极性。

专栏 6-2　美国联邦技术转移的若干形式

商业转移。联邦实验室开发的知识或技术流动到私营组织从而进入商业市场。

科学传播。出版、会议论文以及工作论文，通过科学 / 技术渠道分发；其他形式的数据分发。

资源出口。联邦实验室员工通过合作协议或其他服务机制满足外部组织研发需求。

资源进口。联邦实验室引入外部技术或智力加强现有内部能力。

两用。技术、产品或产品家族的开发能同时满足商业应用和联邦应用。

典型知识资产管理和转让的主要活动：

发明披露和专利。提交发明披露数量（通常由发明科学家或工程师连同实验室的技术转移办公室提交一份关于发明的书面通告），向美国专利局（或国外）提交专利申请，以及专利批准。

许可。知识产权许可给外部当事人，如专利或版权。

研发合作关系。包括但不限于合作研究和开发协议（CRADAs）。

资料来源：Science and Engineering Indicators 2014

五、美国科技转移的监测机制

美国政府对联邦实验室技术转移的监测是通过以下 4 个方面来实现的：

1. 制度的安排

美国政府为督促联邦实验室技术转移的活动，以国会立法的形式作为其保证。特别是 2000 年末修订的《技术转移商业化法案》所规定的报告的程序和责任对于督促联邦实验室的技术转移活动有明显的促进作用。根据该法案的要求，所有从事联邦实验室技术转移事务的机构必须提交高水准的工作报告（“机构绩效报告”），以保证全国性技术转移活动统计水平的提高。

2. 加强技术转移项目的统计工作

美国政府要求各个机构加强科技项目的统计工作以提高综合管理水平，

这也起到了督促联邦实验室技术转移活动的作用。例如，能源部出台了“科技合作项目报告和评估指导”方案，该方案使得能源部能够及时收集相关数据、对技术转移实践活动和机构管理做出评估。

3．强化对技术转移的评估

在美国，从事技术转移活动的主体主要有美国各大学的科研机构、美国的联邦实验室以及各企业组织的相应的研发部门。其中，美国的联邦实验室是技术转移主体。衡量技术转移活动水平主要有以下几个重要指标：合作研究和开发关系、知识产权的许可、发明公示和专利注册等。美国政府对技术转移的评审工作十分严格，以保证能准确了解联邦实验室的技术转移对经济社会发展带来的效用。在“联邦实验室技术转移状况”报告的形成过程中，就要求每个联邦实验室提供“许可执照的执行时间”“因故终止的许可执照”等内容。而且，美国的技术转移评估体系非常完善，大致可以分为 3 个层次：（1）国会科技评估机构；（2）州政府科技评估机构；（3）高校和研究所的科技评估机构。此外，成立技术转移审查委员会，探索多种方法进行技术评估，如为评估资金寻求合同支持以及聘用临时工作人员，与首席科学家一起商讨建立技术审查委员会的必要性等。

第二篇
应用理论

第七章　高端并购

高端并购是实现科技产业结构升级和增强创新能力的主要方式，也是科技产业转型期企业参与战略重组、争夺科技与市场竞争制高点的一种资本运作手段及其战略行为。具体而言，高端并购的核心竞争力就是通过资本运作对独有品牌、专有人才、行业标准和专利技术等进行战略性并购，使企业在市场竞争中处于优势地位。通过并购达到获得核心技术、人才积聚和成果转化，实现产品规模扩张、产业结构升级和企业效益递增的目的。本章通过对国内外相关文献的梳理，提出和界定了高端并购的内涵、特征及其领域等，建立了符合知识资本价值链的高端并购模型，全面阐述了高端并购方式、高端并购流程、高端并购风险管理等运作系统，并通过对国内外高端并购案例分析，研究了高端并购理论及应用政策界限等问题。

第一节　并购理论

一、相关传统理论

一般并购理论主要包括：研究企业在竞争中对优势的寻求、利用和发展的优势并购论，研究企业管理者行为与约束所形成的管理并购论，研究企业外部市场所形成的市场并购论，等等。相关理论主要是从不同研究角度诠释并购的动因，以及分析如何通过并购来实现规模经济扩张和社会效益。从高端并购角度，相关理论涉及横向并购、纵向并购和混合并购等。

1．协同效应理论

韦斯顿（J.F.Weston，1996）提出的协同效应（synergy）理论认为，公司并购对整个社会来说是有益的，它主要通过协同效应体现在效率的改进上。所谓协同效应，是指企业总体价值大于两个独立企业分别经营的价值之和，这一效应常被称为“2 + 2 = 5”效应。包括规模经济效应和范围经济效应，又可分为经营协同效应、管理协同效应、财务协同效应和多元化协同效应，如夺取核心资源、输出自己的管理能力、提高财务信誉而减少资金成本、减少上缴税收、多元化发展以避免单一产业经营风险。横向、纵向、混合等并购都能产生协同效应。

2．福利权衡模型

威廉姆森（Williamson，1985）认为横向并购一方面由于取得规模经济性，增加社会福利，另一方面却形成了市场势力，造成一定程度的垄断，从而造成福利损失。要判断一个并购对社会来说是“好”是“坏”，往往取决于并购造成的社会净福利是增加还是减少。威廉姆森的福利权衡模型就是通过比较这两个方面的福利影响来分析并购对资源配置的作用。威廉姆森的模型应用了新古典主义经济学的局部均衡福利理论，并继承了哈伯格（Harberger,1954）的早期垄断福利损失分析的传统。

3．交易费用理论

科斯（H. Coase，1937）提出企业的存在原因是可以替代市场节约交易成本，企业的最佳规模存在于企业内部的边际组织成本与企业外部的边际交易成本相等时，并购是当企业意识到通过并购可以将企业间的外部交易转变为企业内部行为从而节约交易费用时自然而然发生的。根据科斯的理论，在竞争市场条件下，实现纵向并购的均衡能导致企业生产和分配的有效组织和资源的有效配置。威廉姆森发展了科斯的研究。在市场交易费用导致企业纵向并购的假设下，威廉姆森分析了产生较高的市场交易费用和纵向并购的因素，他认为，人的因素与不确定性等环境因素相互作用导致市场机制失灵，并用内部组织机制代替市场协调。交易费用理论可较好地解释纵向并购发生的原因，本质上可归为效率理论。

4．生命周期理论

由斯蒂格勒（Stigler，1996）提出的生命周期理论，认为一个产业的劳动分工随产业的规模而变化。这意味着一个产业的纵向并购程度一般随这个产业的生命周期而变化。新兴产业中存在大量的纵向并购，随着产业增长纵向并购活动趋于减弱，甚至并购后的联合体趋于解体，而产业处于下降阶段时会出现重新并购。这种理论可以用它来解释纵向并购的长期变化趋势。在一个产业发展的前期或后期，市场规模可能很小，难以容纳各投入要素的独立生产，这会迫使产业中企业的纵向并购。在新兴工业中，缺乏信息和市场其他方面的不完善，也会迫使企业承担一些独立的经济活动。在这些情况下，企业可能得不到因劳动分工带来的所有成本节约，从而导致低效率的生产。

5. 资源利用理论

资源利用理论把企业看作是由能够从事一定独立经营活动的有形资产、人和无形资产的资源集合。某些资产相对来说是产品专用资产，只能用于生产特定的商品和服务，而另一些资产则可以通用于生产一定数量的产品和服务。除了有形资产，无形的资产管理经验同样是一个企业重要的资源。一些企业往往拥有具备特殊组织才能和企业家才能的管理队伍，在这种情况下，扩展经营范围，企业可以更有效地利用它的管理资产。通过多元化并购，扩展了企业生产的产品和服务的范围，能充分利用这些管理才能，提高这些资源的利用效率。另一类无形资产是技术知识，它是企业研究与开发（R&D）的结果，这种技术知识和创新的应用往往超越企业现有的经营范围。企业既可以出售这种技术知识获利，也可以通过多元化来利用这种技术知识。

6. 降低风险理论

降低经营风险的观点经常被用来解释多元化并购的动因。当企业通过多元化并购把经营领域拓展到原经营领域相关性较小的行业，就意味着整个企业在若干不同的领域内经营。这样，当在某个领域或行业经营失败时，可以通过其他领域内的成功经营而得到补偿，从而使整个企业的收益率得到保证。如果企业通过多元化并购购入一个与原企业收益率完全负相关的企业，且双方经营规模相当，那么并购后的企业几乎可以得到一个完全平衡的收益率。即使不是这种极端的情况，多元化并购后的企业的收益率变动程度也大大低于并购前的变动程度。因此，即使多元化并购不能使企业的期望收益额增加，也能降低收益的变动范围，使企业能更稳定地获得这种收益。通常，并购后的企业在打入新的市场时比专业化企业具有特别有利的条件，因为多元化企业能够以更接近于现有企业的条件，从资本市场或集团内部筹措资金。多元化企业可以在更大程度上承受在新市场中的初期亏损，直到发展达到盈利水平为止。当多元化并购后企业能够以比同等专业化企业更低的成本进行生产时，假如其他情况均相同，则多元化将改善资源配置。对企业而言，这种低成本能使企业获得更高的市场份额和销售盈利。

7. 市场势力理论

通过并购减少竞争对手，提高市场占有率，从而获得更多的垄断利润；而垄断利润的获得又增强企业的实力，为新一轮并购打下基础。市场势力一般采用产业集中度进行判断，如产业中前 4 或前 8 家企业的市场占有率之和超过 30% 为高度集中，15%~30% 为中度集中，低于 15% 为低度集中。美国则采用赫芬达尔系数（市场占有率的平方之和）来表示产业集中度。该理论成为政府规制并购、反对垄断、促进竞争的依据。

此外，还有其他一些并购理论，如战略发展和调整理论、价值低估理论、利润动机理论、投机动机理论、竞争压力理论、预防和安全动机理论等。

二、高端并购理论

从经济学与管理学文献分析证实，一般并购理论主要局限于微观经济学领域的企业、市场与管理等层面，以及实现提高效率、降低成本、规模经济的狭义目标。而对于高端并购来说，其理论范围不仅涉及微观领域的企业、市场和管理等并购理论，更多地涉及宏观领域的科技产业、知识服务、人力资本和市场资本等并购理论研究，研究目标更多地体现在从战略高度抢占科技、经济和市场的竞争制高点等。

（一）科技产业并购理论

国内外关于科技产业并购的文献资料并不多见。皮萨诺（Cry P.Pisano，1994）和罗杰斯（Rogers，1996）等曾提出以不同知识源的系统整合实现对产业创新的影响；哈梅尔和普拉哈拉德（1998，p.20）提出以创新未来产业或改变现有产业结构来制定企业战略。但其间，大多数研究文献集中在价值链、产品研发、技术整合和生产制造等微观领域。20 世纪 90 年代后期及 21 世纪初期，特别是在“新经济”泡沫破灭之后，国内外相关研究进入新的时期。2001 年美国学者布格尔曼（R.A. Burgelman）等研究了产业技术演化、产业创新模式、战略管理理论及其范例。世界投资报告《跨国公司与出口竞争力，2002》介绍了英特尔等公司在技术推动国际生产体系中通过股权与非股权关系控制的典型案例。同年，英国学者卡拉塔·佩雷斯在其《泡沫与黄金时代的动力》一书中指出，为了适应全球市场竞争的变化，需要再造可持续发展的创新体系，以便在“创造性毁灭过程”中推进科技产业结构调整。而梅利莎·A. 席林（Melissa A.Schilling，2005）在《技术创新的战略管理》著作中也论述了产业创新及其战略的重要性。其间，《经济学人》与《商业周刊》等期刊阐释了（企业）产业的跨越式特征及其战略运作路径。这些理论及其研究成果表明，相关文献已间接涉及科技产业并购的相关命题。进入了通过系统运作获取产业价值链的高附加值的研究范畴。

我国相关研究和实证分析可见于 20 世纪 90 年代中后期，文献搜索证实，相关研究开始渗透到技术并购等研究之中，但大多数研究仍然集中在引用国外研究成果或在工具性分析的微观层面。其间，隋映辉在《科技产业论》（1994）中首先提出了科技产业高端并购等理论观点，之后又相继在《科技产业转型》（2002）、《产业转型与高端战略运作》（2007）等研究成果中阐述了科技产业高端并购的分析框架，并在 2010 年对高端并购理论做出全面诠释及系统界定（2010）。但总的来说，国内关于科技产业高端并购的研究尚属空白，大多数研究还处在追求非系统和狭义领域的研究领域。一些研究成果并没有将高端并购与产业结构升级研究有机地结合起来，对国家或地区以系统集成支持科技产业升级和战略转型的作用不大。在理论研究上，还缺乏从系统集成、结构调整、对接整合的战略层面上进行观点提炼和理论诠释。

（二）技术与知识并购理论

在技术与知识并购理论研究方面，威廉姆森（1975）在论述大企业时曾涉及收购创新型企业的问题，为技术与知识并购理论研究奠定了一定的基础。20 世纪 80 年代，厄特巴克和雷特伯格在考察制造业技术型公司小公司收购时，研究了大企业收购技术型小企业的动机，并获得了一系列有价值的结论。同期，马昆和沃尔马克、O. 格林斯川和雅克布松等都对大型企业并购技术型小企业的现象进行了考察和研究，并获得一系列研究成果。20 世纪 90 年代，O. 格林斯川和雅克布松等继续技术型企业理论等研究，其间，T. 拉阿马伦与艾科·奥休共同发表了《优势动力互补与技术驱动的技术型新公司的收购》一文，论述了大小企业之间的互补动力利用，以及系统要素和技术型公司收购之间的某种相互关系。玛丽·E. 巴思和罗恩·卡斯尼克（Mary E.Barth and Ron kasznik, 1999）研究认为，拥有更多的无形资产公司有可能被并购，并且有更高的重购期宣布期的回报。可以通过对股票期权计划、红利等检验证实这些推论等。亨利·布雷姆德（Henrk Bresmnd）等（1999）通过调查，研究了国际收购中的知识转移等问题。分析表明，收购后知识从收购者到目标公司的转移，一段时间成为双向的高质量的知识转移。沙利文（Sullivan, 2000）指出，智力资本是并购知识型企业时的首要考虑要素，它与公司战略、收益存在紧密的联系，提出并购的目的评价知识型公司的方法，其着眼点是从知识资本角度，确定一个知识型公司可以带来的价值等。奥利夫·古谱塔和戈兰·罗斯（Oliver Gupta and Goran Roos, 2001）从知识资本的角度首先研究了并购中的协同等问题。

我国一些学者的研究成果涉及技术并购、研发并购以及相关行业标准、品牌与知识产权等。刘开勇（2004）在国内外文献对技术并购问题评述的基础上，提出了技术并购企业“成长力”的概念，并构建了成长力行为绩效、成长潜力和企业战略与管理三维测度指标体系，为评价企业技术并购的成功性提供了数量化的工具。其深入的分析和系统的研究，提出了关于技术并购的比较清晰的研究框架。郭俊华（2005）从微观和宏观两个角度构建了并购企业知识资本协同价值的评估体系，剖析了并购企业知识资本协同的内在机理，建立了并购后知识资本演化的数学模型，并将知识资本协同理论应用于实践。

（三）人力资本并购理论

人力资本理论创立于 20 世纪中期，经过半个多世纪的发展演变，成为“经济学中经验应用最多的理论之一”。在经济学上，第一次把人力资本及其产权理论引入理解现代企业制度的是斯蒂格勒（G. Stigl）和弗里德曼（C.Friedman），针对伯勒和米恩斯（A.A.Berle, and G.C.Means，1932）把企业家人力资本的产权与企业资产资本所有权的分离理解成“控制权和所有权的分离”的说法，斯蒂格勒和弗里德曼指出，大企业的股东拥有自己财务资本的完全产权和控制权，他们通过股票的买卖行使其产权，而经理拥有对自己管理知识的完全产权和支配权，他们在高级劳务市场上买卖自己的知识和能力，因此股份公司不是所有权和控制权的分离，而是财务资本和经理知识这两种资本及其所有权之间的复杂和约。[①] 在国外，“谁拥有企业所有权的问题”目前有两种相反的观点。一种认为物质资本所有者拥有企业的部分所有权。托马斯·唐纳森和李·E. 佩斯顿（Thomas Donaldson and Lee E.Perston）指出，企业并非仅属于物质资本的集合体，物质资本除了投入物资资本外，对企业的价值增值没有什么贡献，企业的财富创造是企业其他利益相关着合作的结果。[②] 达里亚·帕利亚和弗兰克·利希滕伯格（Darious Palia and Frank Lichtenberg）从实证的角度分析了企业经理人资本所有者拥有企业所有权与企业经营绩效的关系，指出经理所有权比重的变化将大大改变公司绩效，进而影响企业的市场价值，这实际上探讨了企业家人力资本产权的重要性。[③] 因此，随着并购企业人力资本优势的转移，企业可以更好地实现人力资源优化配置，充分发挥人力资本潜能，从而极大地提高企业的素质和效率。约瑟夫·克拉林格的研究表明，在大型跨国公司的并购过程中，人力资源因素已经成为企业并购能否成功的最为关键的因素之一。根据分析来看，只有约 35%的兼并和收购能够达到预定目标，而多数未能达到目标的并购都与人力资源因素有关。约瑟夫·克拉林格指出，那些被记录在资产负债表上的资产都有贬值的趋向，但人力资本尽管不作为资产被

① G. Sting, &C.Friedman,1983.The Literature of Economics,The Case of Berle and Means,Journal of Law and Economic,vol.26,237−268.

② T. Donaldson&L.E.Perston,1995.The Stakehoder Theroy of Corporatio: Concept, Evidence, And Implications,Academy of Management Review,vol.20(1),65−91.

③ DariousPalia & Frank Lichtenberg,1999.Managerial Ownership and Performance:A re-examination Using Productivity Measurement,Journal of Corporate Finance,vol.5,323−339.

记录，但却趋向于增值或离开企业。所以，发现目标企业的致命缺陷是避免并购失败的最重要的环节。这些缺陷包括内部的和外部的。内部的致命缺陷主要有：企业核心人员的流失或即将流失；一个或更多主要客户最近流失或即将流失；企业即将面临的财务危机。约瑟夫·克拉林格将并购过程中的人力资本损失看作是并购企业内部最致命的缺陷，而客户的流失和即将流失，从某种意义上也是因为人才的流失所致。

（四）市场资本并购理论

资源性企业基础理论，一般包括知识资本、人力资本、组织资本和市场资本等。市场资本概念涵盖了对知识资本等研究，虽然曾用过市场资本（market capital）、基于市场的资本（Market-based Assets）、市场资产（market assets）、市场资源（market resources）、顾客资本（customer capital）、外部结构（external structure）、关系资本（relationship capital）等不同的名称，但目前对市场资本的研究仍然多集合在对知识资本的研究之中，单独就其概念、特点、性质、对企业竞争优势效应的研究较少。

英国学者安妮·布鲁金（Annie Brooking，1996）认为，市场资产产生于公司与其市场和客户的有益关系，市场资产是公司所拥有的、与市场相关的无形资产潜力，其中包括各种品牌、客户和他们的信赖、长期客户、备用存货、销售渠道、专利专营合同协议等。市场资产常常是使公司的实际价值可能远远大于其账面价值的原因，它们使公司在市场上具有竞争优势。[①] 知识管理先驱斯维比（K. E Sveiby，1997）将市场资产定义为外部结构（extra structure）与内部结构（inter structure）和员工能力（employee capability）共同构成知识资本的 E–I–E 结构，是指与客户和供应商相关的关系资本，它们构成企业的对外形象，能够保证企业知识资本的最大化。

托马斯·斯图尔特（Thomas A. Stewart，1997）提出了智力资本的“H–S–C”结构，即企业的智力资本价值体现在企业的人力资本、结构性资本和客户资本三者之中，顾客资本（Customer Capital ）即市场资本，主要是指市场营销渠道、顾客忠诚和企业信誉等经营性资产。人力资本、结构

① Annie Brooking.Intellectual Capital.International Thomson Business Press,1996.

性资本、顾客资本三者相互作用，推动企业知识资本的增殖与实现。

埃德文森（L. Edvinsson，1996）将企业的知识资本分为人力资源（Human Resource）和结构性资本（Structural Capital）两部分，结构性资本包括编码知识（即知识资产）和经营性资产（包括顾客资本）等，这里的经营性资产即市场资本，包括分销网络、供应网络、服务力量和组织的外部能力。埃德文森认为经营性资产是知识资产获得市场价值、实现价值和价值增殖的重要途径，如果没有合适的经营性资产，知识的价值就难以实现与发挥。

伦敦知识资本服务公司主席鲁斯（Roos，1997）和瑞士管理与发展研究院的鲁斯（Roos）教授提出了关系资本（Relationship Capital）的概念，包括顾客关系资本、供应关系资本、网络合作伙伴关系资本、投资关系资本。

美国财务会计准则委员会（FASB，1999）在1999年的“企业并购与无形资产”建议公报草案中提出了客户基础/市场基础资产的概念，指与企业的顾客结构或市场因素有关系的无形资产，包括：清单（广告代理人、顾客、经纪人、邮寄人、定购者等）；顾客基本情况；金融机构存款人或信贷人的关系、顾客路程；交货系统、分配渠道；顾客服务能力、产品或服务支持；有效的广告计划；商标化品牌名称；报刊头条；在地理位置或市场上的呈现；有效保险的价值、保险期限；生产定货量；许可摊位；航空出口和集装箱位置；零售货架空间；文件或记录（信贷、医疗）等。

“衡量无形资产以理解和改进创新管理（MERITUM Project，2002）”项目定义关系资产为连接企业与外部顾客、供应商和研究开发合作伙伴等关系的所有资源，包括与公司利益相关者（投资者、债权人、顾客和供应商）关系相关的人力资本和结构资本。例如，形象、顾客忠诚、顾客满意、供应商关系、商务能力、与金融实体和环境活动的谈判能力等。

我国学者保建云（1999）认为市场资本是指通过市场机制作用而形成的企业无形资产，通过企业市场营销能力、营销网络、销售工具与技术、市场容量、市场开拓与创新表现出来，是知识资本的一个重要类别。同时认为市场资本的形成与变动决定着企业在新时代的竞争地位和发展前景。[①]

① 保建云：《知识资本》，成都：西南财经大学出版社1999年版，第83—85页。

郭俊华（2005）认为市场资本指公司拥有的、与市场相关的知识及发展潜力，它包括所有有助于公司出售产品或服务的各种因素，例如：品牌、客户及其忠诚度、市场战略、销售渠道、专利专营合协议、商标、服务标识、公司名称等，核心为客户资本和声誉资本。郭俊华同时认为市场资本能够直接影响企业价值的实现，它常常是使公司的实际价值大于账面价值的原因。[①] 倪自银（2006）认为市场资本就是企业与顾客、供应链伙伴及其他利益相关者之间在互动过程中所形成的对于顾客价值创造有所贡献的无形资产，由市场关系资产和市场智力资产构成，然后从市场营销的角度进行了市场资本的顾客价值创造效应分析。[②]

作为产业高端环节，市场资本价值是高端并购的主要选向之一，也是高端并购理论研究的重点内容。作为市场资本价值，ISIC 第 3 版中的“市场”服务业被认为是知识密集型的，并在《科学技术和工业记分牌》（OECD，2003a）中被用来做相关分析。尽管市场资本价值成为全球并购因素，但事实上，关于市场资本价值及其并购的国内外文献并不多见。从效率角度而言，长期以来，规模经济被认为是一个企业追求并购以扩大生产规模和市场份额的主要原因。然而近年来的规范研究和实证分析却表明，有许多企业并购的目的并非为了规模经济，而是旨在取得市场资本价值及垄断地位。G.J. 施蒂格勒在这方面已经做了较为详尽的分析。[③]

国内外高端并购相关理论研究及观点，参见表 7–1。

表 7–1　国内外高端并购相关理论研究及观点

研究者	主要研究内容
Mary E.Barth Ron kasznik（1999）	拥有更多的无形资产公司有可能被并购，并且有更高的重购期宣布期的回报。可以通过对股票期权计划、红利等检验证实这些推论等。

① 郭俊华：《并购企业知识资本协调理论研究》，上海：华东师范大学出版社 2005 年版，第 57 页。

② 倪自银：《市场资产的构成、概念与顾客价值创造的效应》，《中国流通经济》，2006（12）。

③ G.J. 施蒂格勒：《产业组织和政府管制》（中文版），上海：上海人民出版社、上海三联书店 1996 年版。

续表

研究者	主要研究内容
亨克·布雷姆德等（Henrk Bresmnd et. al.）（1999）	通过调查研究了国际收购中的知识转移等问题，分析表明，收购后知识从收购者到目标公司的转移，一段时间成为双向的高质量的知识转移。
海尔特·戴思特斯等（Geert Duysters et. al.）（2000）	讨论和研究了计算机行业和的核心能力和公司绩效之间的关系，分析了通过并购、战略联盟等外部方法获取核心能力与改绩之间关系。
沙利文（Sullivan）（2000）	指出智力资本是并购知识型企业时的首要考虑要素，它与公司战略、收益存在紧密的联系，提出并购的目的评价知识型公司的方法，其着眼点是从知识资本角度，确定一个知识型公司可以带来的价值等。
阿胡贾·高塔姆等（Ahuja Gautam et. al.）（2001）	比较了技术购买、技术作为无形资产的企业收购和不包含技术成分的收购，发现影响并购后企业创新绩效的因素主要包括：获取知识基础的绝对规模（以专利来衡量）、相对规模、并购双方的知识基础的相关性。
阿胡贾·乔丹等（Ahuja Gautan et. al.）（2001）	研究了 1980—1991 年全球化工行业并购对绩效的影响。采用线形回归模型比较了技术收购、技术作为无形资产的公司收购和不包含技术成分的收购，以便发现影响创新绩效的因素等。
卡普隆·卢旺斯和米切尔·威尔等（Capron Laurence Mitchell Will et. al.）（2001）	根据并购企业和目标企业在创新、制造、竞争者等方面的相似性，研究了并购双方的创新资源、商标名称、制造资源及市场重新配置和剥离的情况，并对并购后行业需求的增长、行业价格的增加和并购前后双方利润率的变化进行了研究。
隋映辉（2002）	从转型期科技产业战略管理角度，研究了科技产业转型体系，提出实施资本运作的并购战略，以及高端并购等原则等。
刘开勇（2004）	在对技术并购问题国内外文献评述的基础上，对技术并购提出了技术并购企业“成长力”的概念，并构建了成长力行为绩效、成长潜力和企业战略与管理三维测度指标体系，为评价企业技术并购的成功性提供了数量化的工具。进行了深入的分析和系统的研究，提出了关于技术并购的比较清晰的研究框架。

续表

研究者	主要研究内容
郭俊华（2005）	从微观和宏观两个角度构建立了并购企业知识资本协同价值的评估体系，剖析了并购企业知识资本协同的内在机理，建立了并购后知识资本演化的数学模型，并将知识资本协同理论应用于实践。
何庆明等（2006）	认为在知识经济时代，企业智力资本逐步取代物质资本的作用，成为企业价值创造的主体。企业的战略并购最终目的在于创造价值，在传统工业经济时代，战略并购注重物质资本的并购和整合；在知识经济时代，企业战略并购转向注重智力资本的并购和整合。
隋映辉（2007）	提出高端战略理论框架体系及运作路径等，并将高端并购等要素纳入其中。提出选择拥有高技术、先进设备、专业人才、知识产权的国内外成长型企业或科技企业、资产或设备（生产线）进行并购、重组或控股，以便掌握核心技术，实现企业的技术跨越和市场扩张。

虽然国内外学者发表了一系列关于技术、人力资源与市场资本等并购理论及观点，但对于高端并购的系统研究和诠释还有明显的差距：

从研究范畴上，虽然将知识、技术等产权并购作为资本运作或投资的一种形式，但研究范畴、涉及层次和探索空间相对偏窄，尚未从科技、经济和管理的多学科交叉、行业跨界的角度，切入产业价值链的高端环节，突出高端并购的战略竞争属性、核心控制权与知识产权重组的性质。

从研究方法上，基本属于传统经济学的分析范式，没有有效引入科技经济与战略管理、系统创新等分析方法，理论阐述缺少通过高端并购实现要素最优配置、产业转型与可持续发展。缺乏将各种并购要素在高端环节进行链接性、整体性研究。

从研究视角上，主要考察企业规模、人力资源、技术成本和投资环境等外部因素，忽略了并购作为一种产权控制、核心形态或实现自主创新能力的内生性因素，还可以实现纵横渗透、战略重组与布局结构等。

第二节　高端并购内涵

一、高端并购界定

并购是兼并（Merger）与收购（Acquisition）的统称，缩写为M&A。通常是指在市场机制作用下企业为夺取其他企业的控制权而进行的产权交易活动，包括企业产权交易、资本增殖等投资行为，含有并购、合并、收购等之意。从广义的角度理解，并购不仅是指在市场竞争活动中实施资产重组和优化资源配置的有效手段，而且是通过产权交易、资产或股份的购买，以便获得资产集中、生产要素重组，实现市场先占、行业跨越等控制权行为；从狭义的角度理解，并购是指企业在市场经济机制作用下，以产权交易、收购等方式获得其他企业的产权和资产，并获得对它们的控制权行为。并购不仅是企业扩张和发展的有效手段，而且是实现资源优化配置和产业升级的重要路径。

关于高端并购，学术界、理论界尚未明确的提法及定义。国内外大多数文献的相关定义主要集中在大型企业对中小型科技企业并购的诠释。有的称其为“创新公司收购”“技术与小企业收购”，有的称其为“创新收购”“技术驱动的新型技术型公司收购”等。相关文献对高端并购的描述，仅仅从狭义视角并受限于大型企业的并购行为。在本书中，我们对科技产业高端并购的界定，并不是从一般性并购或技术并购的行为做出解释。从战略管理范畴，我们将高端并购定位于通过对科技产业（企业）及其价值链高端环节（研发、设计、技术、品牌和服务等）的战略性重组、并购和整合，获取创新资源、创新能力和创新资本等，实现市场资源争夺向创新资源争夺（包括技术、市场、组织结构及战略行为等创新）转型。

因此，从广义视角对高端并购进行界定，是指在经济全球化和创新全球化的环境下，为获得市场竞争制高点和产业链的高端控制权而进行的产权交易和战略重组活动。具体包括：通过选择拥有高技术、先进设备、专业人才和知识产权的国内外成长型企业或亏损企业，对资产或设备（生产线）进行并购、重组或控股，从而掌握高新技术，实现企业的技术跨越和市场扩张。[①] 高端并购的对象不仅包括科技型企业与技术，而且包括影响产业升级和战略布局的人才、技术、管理、品牌等知识资本等。通过并购获得高技术、高附加值、高市场占有率等战略性资源、资本及资产，进一步获得市场先占、产业升级控制权、垄断权及其核心竞争优势（见图 7–1）。

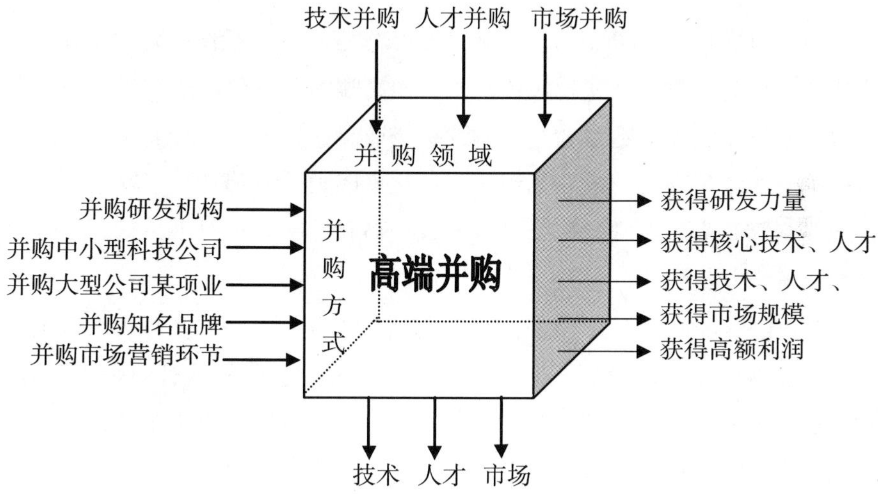

图 7–1　高端并购模型及结构

二、高端并购特征

与一般并购相比，高端并购行为具有以下特征（见表 7–2）：

1．在并购目标方面，一般并购目标通常表现为通过企业合并、收购和并购等，实现企业规模扩张和结构优化，而高端并购目标主要侧重于通过获得产业（或企业）的创新资源、先进管理、现代服务、标准品牌等高端价值链环节及知识产权组合，推进产业转型和结构升级，形成核心技术垄断权和市场控制权。

2．在并购对象方面，一般并购目标企业是为了获取并购企业的市场营销能力、管理能力和生产能力等。包括企业资产、股权及生产经营和

① 隋映辉等：《产业转型与高端战略运作》，《科学学研究》，2007（2），第 70 页。

销售环节等，而高端并购的对象主要是目标公司的研发、设计、技术、品牌和服务等创新资源、创新能力等知识资本，寻求进入高技术、高附加值和高市场占有率的新兴产业领域。并购企业为了获取目标企业的专业技术知识，对获取目标公司知识和技术专才实施并购。因此，高端并购的对象表现在并购企业为了获取目标企业的研发能力和高新技术成果等。

3. 在并购手段方面，一般并购主要依靠资本及其运作能力，通过产权交易和并购竞争对手，实现规模扩张，而高端并购不仅仅依靠雄厚的资本实力及其运作能力，更是通过并购龙头企业、研发中心、行业标准、知名品牌等产业竞争核心，依靠知识产权、技术能力、品牌价值、特色管理和发展战略等要素的系统运作，实现产权交易和并购竞争对手，达到并购优势与竞争能力互补。

4. 在并购主体方面，一般并购主体为大型企业，主要表现为大型企业对中小企业的并购行为，而高端并购并不是大型企业的独有的并购行为，拥有独特人才、技术资源及专利的中小型科技企业有时也是主动并购的主体或谈判主体。甚至于掌握着特殊人才资源和创新成果的中小型科技企业，可以处于技术垄断地位，通过并购大型企业的某一环节或嵌入大型企业的核心部位，也可以做强、做大。

5. 在并购行为方面，一般并购只注重目标企业对并购企业的战略适应性，目标企业完全处于被动地位，而高端并购必须考虑并购双方的意愿和利益，注重双方的战略适应性。高端并购的目标是获取知识、技术和人才。在一般并购中，并购的主动权完全掌握在买方手中，收购的价格与进度主要由买方确定。而在高端并购中，因为高新技术中小企业拥有“关键少数”的垄断技术，因而高端并购往往是一种被并购企业的市场。这种交易市场是一种卖方市场，常常以垄断为特征。与通常的信用市场相比，技术型和知识型中小企业在交易中比大企业更具优势，更具选择使自身利益最大化的并购企业、方式、时机等，而并购企业为了长期战略目标，一般会满足目标企业的要求。

表 7–2　一般并购与高端并购的行为特征比较

	战略目标	重点对象	运作手段	并购主体	行为方式
一般并购	通过企业合并、收购、并购等，实现规模扩张和企业结构优化	主要企业资产、股权及生产经营和销售环节等	主要依靠资本及其运作能力，实现产权交易和并购竞争对手	主要表现为大型企业对中小企业的并购行为	一般并购往往只注重目标企业对并购企业的战略适应性，目标企业完全处于被动地位
高端并购	通过获得产业（或企业）的某一技术、管理、服务和战略等高端价值链环节，推进产业转型和结构升级，形成产业技术垄断权和市场控制权	是目标公司的创新资源、创新能力等知识资本（研发、设计、技术、人才、品牌和服务等）	不仅仅依靠雄厚的资本实力及其运作能力，更是依靠知识产权、技术能力、品牌价值、特色管理和发展战略等要素的系统运作	中小科技型企业有时也是主动并购的主体或谈判主体	中小科技型企业拥有“关键少数”的垄断技术，高端并购往往是一种被并购企业的市场，常常以垄断为特征

三、高端并购类型及领域

（一）高端并购类型

目前，国内外关于并购分类，大多数是按照并购方式方法划分。按照企业实施并购的战略和范畴划分，高端并购可以分为 4 种类型（见表 7–3）:

1. 横向并购

横向并购又称水平并购，是企业实现规模扩张和产权交易的一种基本形式。指并购公司与目标公司双方处于同一行业、生产同类产品，或在同一市场领域经营同一商品的并购活动。并购目的是消除竞争、扩大市场份额、增加市场实力。通常横向并购较多地发生于刚刚经过高速成长期，开始进入平稳发展期的行业领域中，一些企业往往通过对竞争对手进行横向水平式并购以便有助于公司实现规模经济，降低营运成本，扩大市场份额，获取高新技术，从而增加企业的市场竞争力。因此，实际上是一种竞争者之间的并购，大多数表现为同行业的优势企业采取“以大吃小”或“以小吃大”的并购方式（合并同类项）。在高端并购领域，表现出科技型企业或投资实体，依靠品牌优势或资金优势对目标企业的生产、研发、营销、服务等环节进行低成本、高技术、一揽子的并购收购。在国内外并购成长性企业、研究机构、服务等，充分利用并购后的创新研发力量和规模经济效应来扩大市场竞争力，形成技术领先优势和增加市场垄断优势。如国内外的大型企业谷歌、通用、英特尔、苹果、华为、海尔等，均采取过这类并购方式。

2. 纵向并购

纵向并购也成为垂直并购，是指处于生产同一（或相似）产品不同生产阶段的企业之间的并购。企业之间通过实施纵向并购可以在获得并购企业的产权的同时得到所需的资源，并可以通过纵向并购实现进入某一产业领域，创造“非同时竞争市场”，达到企业转型和扩张的目的。与横向并购不同，纵向并购的重点不在于追求规模效应，而在于提高效率。纵向并购较多地发生在处于增长阶段的行业中。因此，纵向高端并购往往是以高端价值链环节以及上游研发成果为目标，购进下一波崛起的中小型科技公司、孵化器、创客空间、研究机构及相关原创技术或产品，寻求进入新型产业领域或市场。由于创新或逼近消费者需求，富有新奇构想的产品开发，大多数来自中小型科技企业，而并非大型企业。收购有独到技术、独特业态的小公司，迅速介入新兴产业领域，成为企业领先的重要途径。近十多年来发达国家的新兴产业，以及创造的“非同时竞争市场”，大多数为中小型企业、孵化器、创客空间等创新成果所为。一些跨国公司通过高端纵向并购创新主体外部化，以收购、投资或依托高技术小企业来完成创新战略布局。在美国硅谷，大型企业往往将大量的资金并购或投向孵化器、创客空间、中小型科技企业等，如仅 2000 年英特尔公司就投资 80 亿美元对专注某项技术的中小企业进行并购，而微软公司向新兴公司注入资金的交易就达 50 多起。

3. 纵横并购

纵横并购又称混合并购，是指既非竞争对手又非现实中或潜在的客户或供应商的企业之间的并购。主要形态包括在相关产品市场上企业之间的产品扩张型并购；对尚未渗透的地区生产同类产品的企业进行市场扩张型并购；彼此生产和经营无关联产品和服务企业之间的并购。高端纵横并购主要追求组合效应，采取“高端并购，低位扩张”的战略重组方式。一方面通过资本运作对领先技术的收购和控股，形成“领先一步”的技术优势和市场优势；另一方面，通过品牌优势、资金优势实施低位扩张，扩大生产能力和市场开拓能力，形成规模经济优势和市场垄断优势。高端纵横并购是实现产业转型的一种规模扩张模式，主要是为提高市场竞争能力，以（高端）质量扩张、（低位）规模扩张，减少技术成本和扩张成本，扩大市场占有率。国内外许多家电信息企业，如联想等就采取过纵横（两手）并购方式。如在发达国家收购先进技术、设备或企业，在发展中国家用领先技术实现产品制造的本土化战略，并利用廉价劳动力生产的产品优势返销国际市场。这些并购方式往往受产业导向的影响。

4. 捆绑并购

捆绑并购是指企业基于战略利益通过“强强联合”或建立并购联盟，以吸收合并、投资控股等方式，以便提高创新能力，降低投资风险的并购合作方式。捆绑并购是建立并购联盟，培养、巩固和加强企业核心竞争力的手段之一。近 30 年里，以强强联合及投资联盟实现高端并购的案例不胜枚举。IBM 通过同百余个在特殊领域里具名专长的公司结成知识联盟并选择性并购，使自己获得了对方所具有的能力，并逐渐由传统的计算机主机（硬件）供应商转化为现代国际计算机软件和远程通讯公司。世界著名的汽车厂商近几年开发的新能源环保型汽车，几乎也都是通过合作并购等手段研制成功的。具体并购类型还包括对品牌、研发等价值链环节的并购，如研发中心、营销环节和独有品牌等并购，并购的核心是关键技术和专有人才。

表 7-3　高端并购类型

并购类型	横向并购	纵向并购	纵横并购	捆绑并购
并购特点	合并同类项	创造非同时竞争市场	高端嫁接，低端扩张	资本协同并购
并购方式	并购渗透	独辟蹊径	技术与成本结合	组合性运作
并购效果	规模效益	独占性规模扩张	产业升级及转型	降低风险
并购事例	通用、西门子等	微软、英特尔等	海尔等	南汽等
并购动机	扩张型动机、生存型动机	防范型动机	多元化动机	无风险动机

从企业实施并购的目的和发生领域划分，高端并购可分为科技产业并购、技术与知识并购、人力资本并购和市场资本并购 4 种类型。

1．科技产业并购

科技产业并购是指为实现科技产业领域扩张，通过科技型企业实施的以获取目标企业技术、专利和人才等为目标的战略性并购。根据在科技型企业在结构调整中的作用，可以分为以下类型：

科技新域型。在科技企业实施战略转型与发展，进入全新的科技产业领域时，一般可以采用这种方式。通过将目标企业及其拥有的核心技术、市场、人员、品牌一揽子收购，比较容易突破科技产业通常存在的技术壁垒，可顺利进入新兴领域，形成新业态。如谷歌为迅速进入人工智能领域，收购机器模仿人类大脑的运作方式，专攻“深度学习”的英国初创公司。此外，谷歌还收购了十几家机器人公司，全球速度最快的四足机器人 Cheetah 也归谷歌所有。这个类型与传统并购中的混合型并购相似，不同的是，并购考虑的中心要素是产业技术，特别是技术能力与配套环节。充分体现了并购双方的优势动力与互补机制，而混合并购考虑的关键因素往往是市场。

科技升级型。科技型中小企业在大企业的支柱产品的关键（核心）技术上有了突破，使产品技术得到了全面升级，档次得到了提高。此时，拥有新技术的中小企业将获得超速发展，大企业若不及时拥有这一技术，或许将在该领域处于竞争劣势，甚至被淘汰出局。为了保住支柱产品的竞争优势，经过“收益—成本”分析后，大企业对这些科技型中小企业实施并购就是产业升级型技术并购或研发并购。

科技完善型。企业核心产品的一项或多项重要技术仍掌握在他人手里，不但使企业的产品研发设计受制于人，而且会使企业的收益大打折扣。如果中小企业拥有核心技术并已投入相应产品生产经营中，企业便可将其并购，以使产品的关键技术掌握在自己手里。同时，全面并购后使竞争能力得到改善提升，也为后续发展打下良好基础。

科技互补型。科技互补型并购发生在两家拥有互补性科技的大小企业间，特别是各自拥有核心产品的关键技术时更有可能发生。一旦实施并购，将使原来产品技术及运营模式发生突破性进步（甚至是跃迁）。以家用电器企业为例，一家企业拥有先进制冷技术，而另一家拥有特殊的微电子控制技术，若二者实现并购，则由于技术的互补性，新企业生产的新产品就会从功能、外观、节能降耗等方面取得突破性进展，使自己在竞争中获胜。而阿里巴巴实施“互联网 +”战略，通过并购电子传媒网络系统，掌控庞大的互联网资源，形成了运营新模式、新业态。

2. 技术与知识并购

技术与知识并购主要集中在技术和知识服务领域。并购企业为了获取目标企业的 R&D 资源，通过一定的渠道和手段，将目标企业的整个资产或足以控制经营权的股份买下来。在选择并购目标时，并购企业更加注重目标企业的智力资本及其核心能力，如关键技术、专业人才、知识产权和知名品牌等运用能力。通过此种类型的并购，不仅能够获得相应的核心技术和知识产权，还可以掌握将这些技术与知识产权迅速产业化、市场化的环境和条件。

3. 人力资本并购

人力资本并购以获取目标企业的人才资源及其创造性成果和知识、技能等价值为目标，主要服务于科技创新及产业转型等。可以说，无论何种形式的高端并购都包括了以人才为基础的人力资本的投资并购。人才是技术和知识的载体，是市场的运作者，是企业最根本的竞争力。相比其他并购方式，人力资本并购更加注重并购后的整合，以各种措施挽留目标企业的人力资本。并购过程中的人力资本的损失被看作是高端并购中企业内部最致命的缺陷。从某种意义上说，人力资本的流失，首先是因为人才的流失所引起的。市场竞争归根结底也是人才的竞争。因为人力资本具有一定的稀缺资源与生产性，是一种能够带来持续创新驱动与收益的能力。

4．市场资本并购

市场资本并购主要服务于市场份额的扩张和新市场的开拓。与人力资本并购类似，市场资本并购几乎包含在所有的高端并购活动中。企业并购的最终目的是获取利润，利润的获取要通过目标市场对产品的认可来实现。由于高新技术产品的生命周期逐渐缩短，产品的更新换代速度加快，客户需求在不断变化，这些成为企业实施并购的原动力。其中，通过并购拥有成熟市场基础或一定市场份额的高新技术企业，可以更快速地进入新的市场，抢占市场先机，而且可以节约新产品的研发费用、新市场的开拓成本和风险。

（二）高端并购领域

高端并购涉及诸多领域。就企业而言，凡是涉及知识资本与产业价值链高端部分都属于高端并购领域（见图 7–2）。

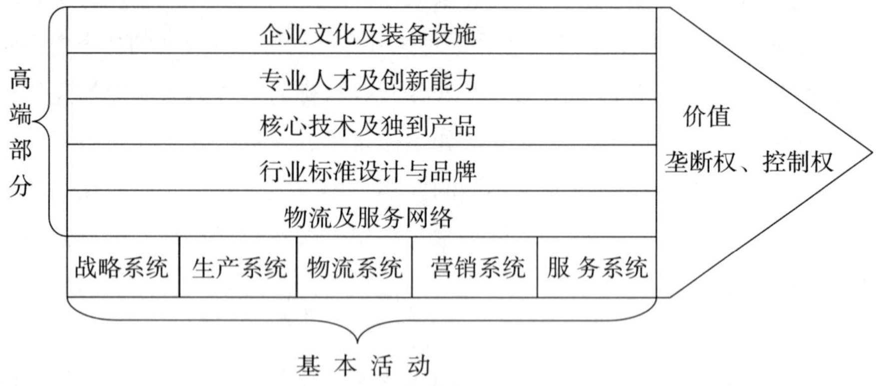

图 7–2　高端价值链模型

在本书中，高端并购领域并不限于企业范畴，除了涉及研发并购、品牌并购等领域，高端并购范围还包括知识产权、股票、金融和保险、数据检索、分析和管理、人力资源管理和信息服务、企业和市场研究、工程和设计服务、网页服务、动漫游戏和模拟服务、医疗服务、远程教育和出版、药物和生物技术、研究开发、网络管理和决策辅助系统等广泛领域。从宏观领域，主要包括：

1. 科技产业并购

在科技革命及经济全球化的背景下，科技产业已成为并购浪潮的重要组成（见表 7-4）。并购的重点及其价值主要来源是先进技术、创新成果、知识型资产和信息管理程度等。为了保持和获得竞争优势，获得先动优势和 R&D 能力，一些企业为了获取 R&D 资源，通过一定的渠道和支付手段，采取 BKT（M&A Based On Knowledge and Technologe）并购战略，通过并购创新公司（或研发部门等）的整个资产或收购足够的股份以控制目标公司。如全球科技巨头苹果、微软、谷歌、亚马逊以及脸书（Facebook）等，通过研发支配优势与资金优势，创建创新创业更为简便、更易运作的科技产业创新平台及集群链接生态系统，以此收购进入平台的最优秀的初创（孵化）企业核心技术或运营模式。加快企业创新发展的速度，以便在新科技革命竞争中形成科技产业发展的内在动力。

表 7-4 科技革命推动美国并购浪潮一览表

美国五次并购浪潮	科技革命内容	主要行业	规模（数量）	主要并购模式
第一次（1897—1904）	电力 & 电机技术、交运系统的发展（火车和铁路）	重型制造业	2943 起	横向并购：78.3%
第二次（1916—1929）	汽车技术突破带动运输系统进一步完善：广播和广告、通讯技术进步；管理技术创新	汽车、化学、纤维、银行、零售	1926—1930 年，4600 起	纵向并购

续表

美国五次并购浪潮	科技革命内容	主要行业	规模（数量）	主要并购模式
第三次（1960—1969）	计算机、激光、宇航、核能和合成材料、管理科学	电子、造船、飞机制造、计算机	1960—1970 年，25598 起	混合并购
第四次（1981—1989）	信息技术、通讯技术（模糊了产业边界）	石油化工、医药和医疗设备、航空、银行	1981—1989 年，22000 多起	回归主业，剥离非核心业务
第五次（1990 年—2000）	信息技术和生物技术为核心的新经济的兴起、金融电子化	信息、民航、铁路、军工、金融、广播传媒行业	1990—2000 年，52045 起	横向、纵向、跨国并购

资料来源：中国并购交易网，http://www.mergers-china.com/

在科技产业高端并购中，每个转型发展时期的并购对象行业均有不同。但高新科技、知识资产最为突出，特别是在进入第三次浪潮后，航天、信息、生物、新材料等科技行业，以及电信、电子和电器等高科技公司成为并购的对象（见表 7-5、7-6）。

表 7-5 全球电信业部分并购案例

时间	并购方	被并购方	交易金额
2004.2.17	美国 Cingular 无线公司	AT&&T 无线	460 亿美元
2004.12.15	美国 Sprint 公司	美国 Nextel 通讯公司	350 亿美元
2005.1.31	西南贝尔（SB C）	AT&&T	160 亿美元
2005.10.31	西班牙电信	英国 O2 公司	316 亿美元
2005.12.13	沃达丰	土耳其 Telsim	45.5 亿美元
2006.3.7	美国电话电报公司（AT&&T）	南方贝尔公司	670 亿美元
2006.4.2	阿尔卡特	朗讯	134 亿美元

续表

时间	并购方	被并购方	交易金额
2006.6.19	诺基亚	西门子电信设备子公司	158 亿欧元
2006.8.25	比利时 Belgacom	沃达丰 Proximus 移动电话	20 亿欧元
2006.9.26	摩托罗拉	讯宝科技	39 亿美元
2006.11.14	摩托罗拉	Neropia	2 亿美元
2006.12.4	阿尔卡特－朗讯	北电的无线接入业务	3.2 亿美元
2006.12.20	爱立信	Redback 公司	21 亿美元

资料来源：中国并购交易网，http://www.mergers-china.com/

表 7-6 全球发生在 PC、硬件、软件业的部分典型并购案例

时间	并购方	被并购方	交易金额
2004.12.13	甲骨文	仁科	103 亿美元
2004.12.15	赛门铁克	Veritas	135 亿美元
2005.3.14	IBM	Ascential Software	11 亿美元
2005.4.18	Adobe	Macromedia	34 亿美元
2005.5.12	美国 CA 公司	Concord	3.3 亿美元
2005.9.12	甲骨文	Siebel 系统公司	58.5 亿美元
2005.11.18	思科	科学亚特兰大公司	69 亿美元
2006.7.25	惠普	美科利	45 亿美元
2006.8.8	华硕	技嘉	2.44 亿美元
2006.10.9	Google	You Tube	16.5 亿美元
2006.7.24	AMD	ATI	54 亿美元
2006.8.10	IBM	Filencet	16 亿美元
2006.8.23	IBM	ISS	13 亿美元
2007.3.1	甲骨文	Hyperion 公司	33 亿美元

资料来源：中国并购交易网，http://www.mergers-china.com/

2．技术与知识并购

技术与知识并购是获得技术和知识资产的最快捷的方式之一。并购的目的是获得目标公司的专利、商标、著作等版权和特许权，发明等专门技术，品牌、商誉和企业形象等无形资产，以及研发成果与高端人才。一项调查显示，美国 466 个大公司的雇员总数超过 300 万，年销售总额近 8000

亿美元，市场资本总额超过 5 万亿美元，然而它们有形资产的价值加在一起只占其市场价值的 9.15%，其余的价值都来源于专利、商标、著作等版权和特许权，发明等专门技术，品牌、商誉和企业形象等无形资产，或称为知识资产的价值。[①] 在目标企业选择上，那些具有技术水平高、科研能力强、人才集聚的知识型企业或初创企业往往成为跨国公司争相鲸吞的对象（见表 7-7）。如美国思科公司通过并购迅速进入全球电子信息企业第一军团；通用电气公司在高技术、金融服务、传媒、消费品和重工业制造等处于全球竞争中领先地位，其中关键因素之一是实现了高端并购。同样，韩国三星等公司为迅速缩小与世界技术差距，耗费数亿美元进行并购活动，在美国收购了一系列小型高科技公司。通过一系列的高端并购使得韩国在光学、半导体、通讯、计算机硬盘、高清晰度电视等高技术和高附加值领域内的技术水平得到大幅度提升。而为了通过并购争夺人工智能研发人才、专利和知识产权，谷歌自 2012 年以来共收购了 11 家人工智能创业公司，排名第二、第三和第四是苹果、脸书（Facebook）和英特尔。市场调查公司 CB Insights 报告显示，2011 年至 2016 年，近 140 家致力于推进人工智能技术研发的初创企业被知名科技企业收购。麦肯锡报告显示，包括谷歌在内的科技巨头，2016 年在人工智能上的投入在 200 亿至 300 亿美元之间，其中 10% 用于人工智能收购，90% 用于研发和部署。

表 7-7　有关技术与知识并购的典型事例

交易	交易价	基本资产价值	附加值或知识价值	交易值与基本值之比	时间
AT&T 并购 GRAW CELLULAR	12600	-31	12637	无限	1994
国家娱乐并购	8400	2123	6277	396	1994
松下并购 MCI	6274	2340	3933	268	1990
菲利浦、莫利斯并购 KRAFT	12891	2117	10774	609	1988
BRISTO 并购 SUIBB	12656	1485	11170	852	1989

① 潘杰:《新经济赋予并购尽职调查新内涵》,《世界经济研究》, 2003（6）, 第 45—49 页。

3．人力资本并购

企业并购往往受到多种因素的影响和制约，其中，人力资本是影响企业并购的重要因素之一。在企业并购过程中，往往考虑更多的是税负、股本、存货、机器设备、软资产、未充分估计的负债等因素，而人力资本因素却常常被忽略。事实上，人力资本是一种价值极高的资本，它具有一些与物质及其他形式资本所一样的共性，如功利性、生产性、稀缺性及可变性等。但人力资本还具有高端的特性，即人力资本可以创造收入、利润和稳定的现金流，但硬资产却不能。随着并购企业人力资本优势的转移，企业可以更好地实现人力资源优化配置，充分发挥人力资本潜能，从而极大地提高企业的素质和效率。在并购后期的整合中，根据人力资本特征，做好人力资源的整合，是企业并购获得成功的重要因素之一。国内外典型的人力资本并购的案例很多，如在美国思科公司的并购标准中，人才资源是并购的主要因素之一。

4．市场资本并购

金融、保险等资本市场及服务是高端并购领域中最为积极的行业之一。作为价值链高端并购的重要领域，美国所有资产超过 200 亿美元的大银行几乎都是通过并购产生的。通过并购，资产 2000 亿美元以上的 6 家银行控制了全美银行资产的 70%，确立了美国作为金融业超级大国的地位。表 7-8 列出了全球金融行业中较有影响力的部分案例。

表 7–8　全球金融业并购部分事件

时间	并购方	被并购方	交易金额
2005.1.10	渣打银行	韩国第一银行	33 亿美元
2005.1.31	美国大都会保险公司	花旗旅行者保险公司	155 亿美元
2005.6.12	意大利联合信贷银行	德国抵押联合银行	190 亿欧元
2005.6.30	美国银行	MBNA 信用卡公司	342 亿美元
2005.10.12	英国耆卫保险集团	瑞典斯堪的亚保险公司	58 亿美元
2006.4.5	法国巴黎银行	意大利国民劳工银行	110 亿美元
2006.5.5	桑坦德银行	李斯特银行	120 亿美元
2006.5.7	美国瓦霍维亚银行	美国金西部金融公司	250 亿美元

续表

时间	并购方	被并购方	交易金额
2006.6.21	德意志银行	柏林银行	8.59 亿美元
2006.10.18	芝加哥商业交易所	芝加哥期货交易所	80 亿美元
2006.12.4	美国纽约银行	梅隆金融集团	165 亿美元
2007.1.29	美国花旗银行	英国埃格银行	11.3 亿美元
2007.3.27	纽约证券交易所	欧交所	102 亿美元

资料来源：中国并购交易网，http://www.mergers-china.com/

第三节　高端并购运作

一、高端并购运作特征

并购运作有其基本特征。从科技产业竞争角度来看，高端并购运作有以下特征：

1. 高端并购目标不是追求短期利益最大化，而且追求长期利益最大化。高端并购通过运作更多的是追求长期价值（提高市场占有率、获得专业技术和人才、形成规模经济优势等），以科技产业化、国际化的规模性发展，采取高端嫁接、高端并购等方式，抢先进入产业、技术、市场和服务等高端价值链领域，实现领先一步战略和跨越式发展。

2. 高端并购运作领域主要集中在知识、技术密集型领域。这些领域是指以高科技、高附加值、高智力密集性为特征的产业经济核心环节。处于高端的企业、研究机构、孵化器等是高端并购运作的主要对象和关键技术与服务的提供者，并购对象目标直接影响和决定并购的水平和质量。通过并购运作占据技术链、资本链、服务链与产业链的高端环节，实现高增值性的知识创新与技术创新成果的快速吸收和利用。

3. 高端并购运作有赖于现代服务业及其中介行业的支持。通过研究、信息、咨询、金融、会计、律师等中介服务行业为并购运作的成功提供服务。服务对象主要是对具有“高类、高质、高利”潜力的研发中心、科技企业、技术储备和先进设备等并购。

从科技产业链接来看，高端并购运作主要表现为以下特征（见表7–9）：

1.“高屋建瓴”。通过“高抢”，利用专利、标准或自主知识产权，垄断或抢占研发和技术服务等高附加值的环节及高端市场；“低转”，将成熟技术和低利润的加工制造环节及产能转移或“外包”到发展中国家或不发达地区；“细分”，将技术、服务、产业价值链及其市场进实施专业化延展、细分、拉长。

2.“高步通衢”。通过“高嫁”，以超前研发、技术合作、企业重组，或技术、设备并购与核心技术引进等手段，“拦截”高附加值产品技术的环节；“高嵌”，通过企业并购、换股、控股等方式，进入核心部件及零部件制造环节；“高占”，利用高端技术产品，抢占并垄断高附加值产品市场，形成高端品牌。

表7–9　从全球范围来看高端并购运作特征

运作特征	运作要点	运作方式
特征一：“高屋建瓴”	高位转移	通过“高抢”（抢占研发和技术服务等高附加值的环节）、“低转”（将低端的技术和加工制造环节转移或“外包”到发展中国家）、“细分”（将技术、产业价值链进一步细分、拉长），进行高端战略运作。
特征二：“高步通衢”	高位拦截	通过“高嫁”（以技术合作、设备引进等手段，“拦截”跨国公司高附加值产品技术的环节）、“高嵌”（通过并购、控股等方式，进入研发部门、核心部件及零部件制造环节）、“高占”（利用高端技术产品，抢占并垄断高端市场，形成高端品牌），进行高端战略运作。

二、高端并购运作机制

从系统的角度，运作机制（Standard Operating Procedure）可以表述为，通过从无序到有序演进的自组织能力运作，以整合而协调为一个有机整体并向有序方向发展的内在能力，形成系统本身所形成的不断协调各个子系统，或诸要素彼此间关系的过程。作为一个高价位选择性战略并购系统，高端并购运作体系一般是在一组系统、独立变量对并购方式和运作目标进行调整的基础上，通过运作机制系统的进一步组合和完善，建立高端并购系统模型以及评价体系。因此，高端并购运作有赖于必要的组合机制的支持。

这一机制是围绕企业竞争和产业价值链的特点，在对高端战略的系统结构描述和分析科技产业进入利润区的一般成长过程的基础上，通过高端并购系统要素组合支持，建立起产业价值链两端（主要集中在设计、研发、核心产业和市场、服务领域）的并购运作体系。其系统运作不仅包括企业，而且还包括投资商、大学、科研机构和政府等多类型的参与者共同运作的。

在不同的阶段，高端并购运作机制有以下重点：

1. 前期评估机制

并购评估机制是一种制度性安排和过程，旨在运用民主化和科学化的决策程序，通过科学评估运作手段，确保并购项目的决策科学化，保证运行和并购目标的实现。有效的评估体系服务于高端并购运作与管理，不仅可以协助并购企业进行合理的战略定位，并在并购项目的立项、可行性研究、招投标、系统规划、技术选行，策略性运作、并购收益等方面给出有力的决策依据，而且可以综合权衡资本运作的可能性、并购收益的合理性和有效性，并能够通过持续的评估进行有效的过程控制，进而在并购运作过程中实施持续的过程管理和评价，保障并购运作的实际效益。总之，并购评估应该确保企业在实施高端并购运作过程中提供必要的指导，使得企业通过并购获得持续发展，并实现长期效益。

2. 中期协调机制

高端并购运作在其中期运作过程中存在着明显的运作协调作用。并购运作中不仅表现为并购企业与目标企业之间的协调，而且表现为其他相关部门，如政府与企业、中介机构与企业之间等外部协调。因此，并购运作在中期阶段，其运作机制是一种关联性、组合性的协调运作机制。并购能否得以实现预期目标，取决于并购公司与目标企业之间能否形成相应的协调运作机制及其能力，以及并购公司与其他外部机构之间的协调。因此，要实现高端并购成功运作，并购公司与目标企业以及相关机构之间要有效实现协调发展。如果运作过程中不能有效协调甚至发生冲突和矛盾，并购运作往往归于失败。

3．后期反馈机制

一个完整的运作系统是由决策系统、执行系统和反馈系统组成的。反馈是指控制系统的输出信息转变为新的输入信息并影响再输出，从而起到控制作用的过程。尽管许多企业的并购进行了一系列运作，但营运效果如何，往往缺少有效的过程控制，缺少量化模型的项目绩效评价。在一次性并购交易后往往缺乏有效监控和管理，缺乏有效机制保障投资的实际效益反馈。这意味着，对并购运作需要实施持续的过程管理和系统评价，并建立综合性的绩效考核体系。后期反馈评价一般是指对已经完成的并购项目的目标、执行过程、效益、作用和影响进行系统的客观评价，这是并购企业评价并购项目效益和效果的有效手段。通过对并购运作过程的检查总结，确定并购预期目标是否达到、项目或规划是否合理有效、项目的主要效益指标是否实现。分析评价成败原因，及时反馈信息，调整相关战略、策略、计划、进度，改进或完善并购项目，可以增强并购运作项目实施的透明度和部门的责任心，提高并购管理水平，并进一步提高决策水平和效益。

高端并购运行机制如图 7–3 所示。

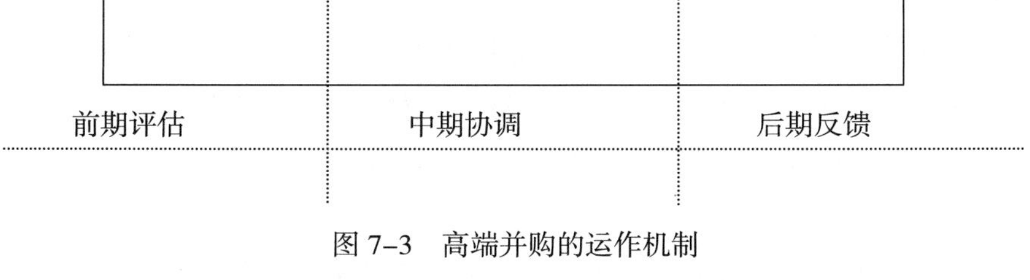

图 7–3　高端并购的运作机制

三、高端并购运作模式

按照产业价值链分析，高端并购运作是以高端战略、高端标准为起点，以技术、人才、市场、品牌等综合因素为基础，根据高端战略及标准要求，依靠资本、人才和自主研发，以及运用并购、重组、嫁接和换股等方式进行运作，形成新的核心技术、品牌和市场资源优势。主要运作模式有如下类型（见图 7–4）：

1. 研发并购

研究开发是产业的高端部分，研究开发成为在产业中获得先行者优势的源泉。而且，作为研究开发成果的专利权具有排他性，只有最早发明的企业能够得到利用该技术的排他性权利。“只有最初发现者能够获得权利”的规则被称为优先性规则，这是包括科学世界在内的知识生产的最基本的竞争规则。因此，通过研发并购获得“外生”型技术，是以科技企业自身力量为基础独立进行研究开发，实现新的科技成果的商品化的有效补充。这一方法具有降低交易费用、提高创新效率的特点，但要求企业具有雄厚的研发并购风险机制。这一模式对于实现跨越式发展的大型科技企业或投资机构来说是非常可行的。在日益激烈的国际、国内竞争环境下，科技企业不仅要走自主研发创新之路，而且还要并购拥有知识资本及核心技术的研发机构。

2. 控股并购

当企业在生产规模、生产的复杂程度、产品的技术含量等达到一定限度以后，企业原有的独立研发机构以及企业现有的研发资源就不能为企业提供足够的技术支持。为了降低本企业研究与开发的成本，成熟期高新技术企业可出资建立研发联合体，成为其股东并交纳年度性会费，利用行业技术优势降低企业研发的成本，其性质是风险投资。这一思路源于美国半导体工业的 10 家精英企业，通过创立美国半导体研发联合体以便在技术上与日本同行相抗衡的典型案例。企业投资入股一方面可以降低自身研发成本，另一方面也有利于防范人才流失导致的风险。

3. 技术并购

为保持由高新技术所产生的差异化的竞争优势，降低本企业研究与开发的成本，成熟期科技企业一般会并购具有产品创意或高素质技术开发设备和人员、但缺乏资金和管理经验的初创期企业。这些企业正在进入不断增长的新兴科技领域，它们往往在得不到风险投资关注时易于被并购。并购的目标要素主要是初创期企业的新产品或创新技术。并购可以是关联并购，也可以是非关联并购。这一模式尤其适用于那些在短时期内急需进入某一新领域的成熟期科技企业。例如，美国迪士尼并购皮克斯，就是看中了后者的电脑动画技术。迪士尼近年从电影业务中获得的利润，有一半来自于皮克斯动画片的贡献。由于迪士尼的电脑动画技术比皮克斯落后数年，因此不惜重金买下皮克斯，希望借助后者的技术来获取更多的利润。

4. 外包并购

外包并购又称“外部寻源并购”，是指企业全球范围内寻求最优秀的目标企业并购，并把它们纳入自己的价值链体系，以达到整合外部最佳资源、精简业务流程、降低成本和增强企业对环境迅速应变能力的战略策略。在价值链视野下，企业系统可拓展为由上游企业、核心企业（相对于其上、下游企业，每个企业自身就是核心企业）和下游企业所构成的价值链体系，每个企业都处在产业价值链的各个节点上。借助业务外包，企业可以把制造和研发的风险分散到一个或多个外包商身上，从而降低企业的运营风险。外包并购一般适合竞争环境下的科技型企业。由于产品的生命周期越来越短，市场竞争日趋激烈。因此通过价值链外包环节并购，形成协同供应、协同研发系统就至关重要。通过外包并购，核心企业无须追加大量投资、招聘新员工，就可以在最短的时间内扩大研发、生产能力，从而获得占据市场制高点的竞争优势。

5. 渗透并购

产业价值链的高端环节大多集中在战略型、关键性和垄断性的产业经济领域。跨国公司在并购运作过程中，一般通过对这些产业的高端环节进行参股渗透，为未来整体性并购创造有利条件，如对金融保险、证券产业、民航、通信业等行业的参股渗透。这些战略型、关键性、垄断性的产业具有较高的附加值和垄断利润，符合跨国公司“高类、高质、高利”的领先战略和全球布局。因此，抓住战略型、关键性和垄断性的产业进行参股渗透，并最终实现渗透并购是高端并购运作的重要方式。

6．抢占并购

为加快形成规模扩张能力，抢占高端市场及市场占有率较高的产业领域，是高端并购运作的目标之一。这些高端市场及其占有率较高的产业，一般具有较好的成长性，集中度比较高或者进入壁垒比较高，市场竞争激烈或供给远远大于需求，能迅速获得生产能力和市场份额。对其实施高端并购运作往往是迅速进入市场的最好方式，如高铁、汽车、电力，以及信息网络、电子通信等产业就属于这一类。

7．核心并购

高端并购的对象是核心竞争能力及其资源，是具有价值性、稀缺性、独特性、持续性、超群性、整体性的资源和产权。高端并购运作主要集中在产业价值链具有核心竞争力的环节。这一环节的核心能力所反映的知识、能力、专长、信息、资源等内在要素，是一组依附于产业链接载体和环节中的技术、系统和知识集合。通过并购获取核心能力，其实质在于获取核心环节，与系统内部知识融合，使之具有独特性、超群性、稀缺性等特征，形成有自身优势的竞争力体系。

高端并购运作是一个互为关联、相互支持的运作系统。在宏观科技经济的环境下，战略性评估和系统性监控是实现高端并购是否正确运作的关键因素。实施并购的战略评估依据，一是来源于高端并购目标及其战略的系统制定和科学决策，二是来源于高端并购标准的严格执行，三是依据战略评估对并购标准等实施动态监控和全程调整。在高端并购标准系统的制约下，通过对技术、市场、品牌等价值进行并购评价，为高端并购提高标准化依据。另外，整合资本、技术、人才等要素，建立高端并购的支持系统，以支撑重组和控股等运作以及技术、资本的在并购过程中的有效互动。

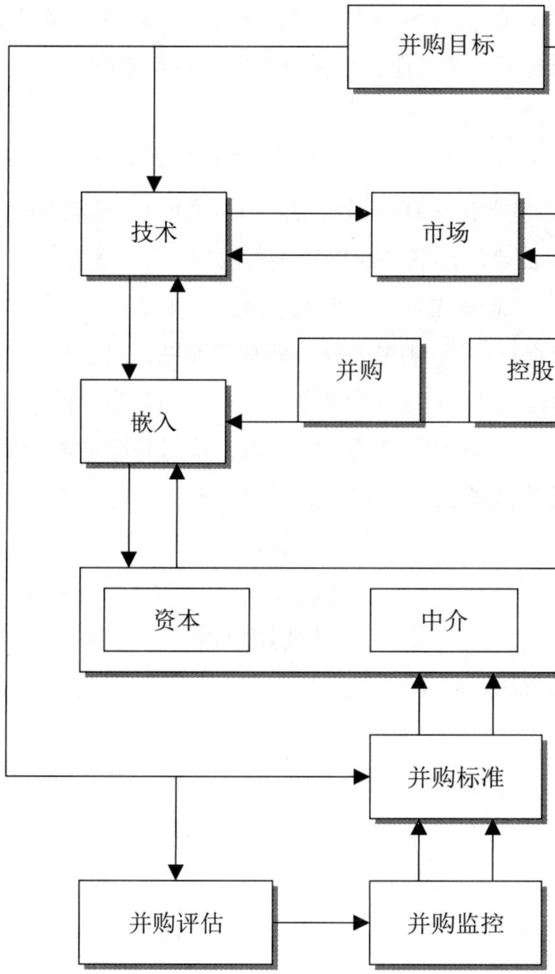

图 7-4 高端并购的运作模式

第四节 高端并购与“斩首行动”

对一国或一地的龙头企业、行业标准和知名品牌等进行战略并购是跨国公司实施“斩首行动”的新趋势，也是高端并购的主要形式之一。龙头企业是国家战略利益的主体，关系到国家产业安全和经济安全，这些企业被大量并购，不仅丧失产业创新发展能力，严重弱化国家产业的竞争力，而且加大了产业风险，造成了一国产业在国际分工中的不利地位。

一、“斩首行动”与国家经济安全

“斩首行动”（Decapitation Strike）一词来源于军事术语。现代战争中的“斩首”概念是由英国的军事理论家富勒提出的。第一次世界大战后期，他提出攻击敌方指挥系统为首要目标的“瘫痪攻击”，亦称“斩首攻击”。这与我国古代军事家提出的“擒贼先擒王，打蛇打七寸”的思想十分相似。军事专家认为，实施“斩首行动”，需要遵循“斩首”原则：（1）打击“敌方的头部，而不是他的躯体”。（2）这五个环节中，打击力量最弱的是第一环，其功能和构成决定了它是整个作战系统中智力、技术和信息最为密集的要穴部位，但同时也是作战能力和自我保护能力最弱的部位，应是首选打击目标。

20 世纪 90 年代以来，全球性并购浪潮愈演愈烈。跨国公司采取类似军事领域的“斩首行动”进行兼并重组的案例层出不穷，德国戴姆勒—奔驰与美国克莱斯勒、法国雷诺与日本日产、德意志银行与美孚银行、BP 与阿莫科等大型集团之间的相互并购，使之成为各自产业中的“巨无霸”。对于跨国公司来说，在全球竞争中，知识、技术等高端并购是其获得垄断地位或竞争优势的关键。因此，为了保持其在关键领域和核心技术上的领先地位，跨国公司一般会选择相应的并购方式实施技术垄断与知识控制。“斩首行动”就是跨国公司在经济全球化竞争的过程中，选择关键领域和核心技术而进行的高端并购行动。

跨国公司实施“斩首行动”的目标是实现对所在国或地区的产权控制和技术垄断。跨国公司实施“斩首行动”，一方面体现了跨国公司科技经济扩张的“进攻性”，主要通过并购高技术对手征服市场竞争对手，依靠技术垄断来实现其对市场的不同程度的垄断；另一方面，通过对龙头企业的“斩首行动”，加速竞争对手的自主品牌和创新能力消失，以便对龙头企业的核心部分、关键领域和高附加值进行战略性控制。

跨国公司高端并购的实践表明：愈是龙头企业，外资愈是倾向于对企业并购；愈是全球名牌企业，跨国公司愈是倾向于通过并购方式，实现产权控制和技术垄断，进而实现对所在国的市场垄断。跨国公司实施“斩首行动”的目标包括：

1．行业垄断。在一些重要行业，一方面采取贸易保护主义措施，[①]阻碍它国进入本国市场，另一方面借助跨国公司并购，显著地提高市场份额或完全占领市场。如一些跨国公司对华企业并购的基本要求是：必须绝对控股；必须是行业龙头企业；预期收益必须超过 15%。有关调查表明，美国微软占有中国电脑操作系统市场的 95%，瑞典利乐占软包装产品市场的 95%，法国米其林占子午线轮胎市场的 70%（见表 7–10）。在智能手机、电脑、IA 服务器等，跨国公司也均处于垄断地位，如根据调研公司坎塔（Kantar Worldpanel ComTech）的报告，2013 年安卓系统在中国智能手机市场的份额就达到了 59%，而苹果公司的 iOS 市场份额 18%，两者总和已占有中国市场 77%。

2．品牌垄断。通过对名牌企业的并购，促使原有品牌被跨国公司的品牌所替代。以美国卡特彼勒公司为例，在中国投资合作必须有以下要求：（1）合资要在卡特彼勒全球战略下展开，并服从卡特彼勒的全球战略；（2）要求拥有品牌，强调全球一体化，限制使用原中国企业品牌；（3）将把该企业建成具有能生产卡特彼勒产品技术的企业，成为其在中国的生产基地。

3．技术垄断。跨国公司通过对所在国的研发中心或高技术企业并购，实施技术控制和技术垄断。从跨国公司在一些发展中国家或地区研发机构或高技术企业，实施并购的动机、股权结构、研发活动内容等方面考察，这一目的均得到了见证。

4．标准垄断。通过并购研发机构或大型龙头企业，掌握行业标准制定权和话语权，以此制约其他国家或地区的行业标准。

表 7–10 跨国公司在中国的市场占有率

公司名称	所属国别	所属行业	市场占有率
微软	美国	电脑操作系统	95%
柯达	美国	感光材料	50% 以上

① 据监控贸易的组织 Global Trade Alert 统计，自从 2009 年经济衰退以来，全球范围内实施了近 7000 项贸易保护措施。其中大约一半针对中国。

续表

公司名称	所属国别	所属行业	市场占有率
富士	日本	感光材料	25% 以上
米其林	法国	轮胎	70%
普利司通	日本	轮胎	10%
诺基亚	芬兰	手机	30%
摩托罗拉	美国	手机	18.5%
HP	美国	电脑行业 IA 服务器	25.2%
IBM	美国	电脑行业 IA 服务器	19.3%
思科	美国	网络设备	60%
英特尔	美国	计算机处理器	74%
索尼	日本	数码相机	20%
佳能	日本	数码单反相机	60% 以上
爱普生	日本	针式打印机	60%
利乐	瑞典	软包装	90%
可口可乐	美国	饮料	50%

资料来源：国家工商总局，《在华跨国公司限制竞争行为表现及对策调查报告》

跨国公司实施“斩首行动”，形成的垄断趋势，首先直接危及国家的经济安全。不仅控制所在国的技术和市场资源，制定垄断价格和瓜分市场策略，破坏市场竞争秩序，损害消费者利益，而且容易制约内资企业成长和技术进步，制约所在国内新兴产业发展壮大。

其次，在部分行业形成寡头垄断和独家垄断的局面。跨国公司母公司从全球战略经营出发，来安排子公司在所在国的发展，使所在国的产业政策、金融政策、财政政策的宏观调控手段的调节力度下降。这些行业经营发展战略，逐渐脱离了国家的行业监督。在企业数量、生产品种和规模、生产布局等方面，行业主管部门、国家综合经济管理部门都无从干预和协调。所在国子公司被动地卷入跨国公司国际分工活动，造成其在参与国际分工中对发达国家跨国公司在技术、管理和销售渠道等方面的依赖。

最后，有可能获取关系国计民生的重要行业不宜对外披露的信息，增加了国家的潜在风险。例如，跨国公司对所在国市场的垄断，客观上造成了经济运行存在较高的安全隐患。因为当国家之间出现战略冲突时，跨国公司肯定要服从本国国家战略。国家重要技术经济信息被跨国公司控制或处于开放状态，必然使得国家经济安全受到威胁。

二、各国外资并购管制

维护国家经济安全，发达国家高度重视，并建立了维护国家经济安全的完善法律体系，建立了强大的法规调查和实施机构。例如，在美国，《多边贸易法案》授权总统对非美国企业的并购活动进行审查，如果总统有足够的证据表明外国人采取的行动可能威胁，他就有权中止或者禁止并购活动，并将调查权授予一个专门的机构——外国投资委员会。美国以外的很多国家对于外国人收购本国企业，无论出于什么行业，都必须得到政府当局的批准。在法国，要购买 20% 以上的公司股份，必须得到财政部的批准。就并购的行业而言，绝大多数国家根据本国的情况设定了一些“敏感”行业，对国外投资者的行为给与限制或者禁止。在美国，国防、航空、银行、保险、广播电视等领域被视为敏感行业而受到特别的限制。

1. 美国

美国企业竞争力较强，在其法律体系中没有单独设置专门针对外国企业投资并购的条例，但美国的反垄断法律体系非常完善，完全可以涵盖外资并购的问题，这样小型企业并购不需要管，大型企业并购有反垄断法管。除此之外，从 20 世纪 80 年代以来，美国陆续在航空、通讯、金融、核能等涉及国家安全的领域做出并购规定，通过特别的法律对这些领域的并购进行审查。尽管美国的法律体系看起来比较开放，但这几年美国政府不断以国家安全为理由否定一些大型外资并购案。美国对跨国并购管制的主要特点是：外松内紧，表松里紧。在宽松的法律和制度框架下，跨国并购实施远比想象的复杂，特别是并购管制中的一些技术性问题。

（1）法规约束

① 联邦反托拉斯法。美国是最早对公司并购进行法律管制的国家，其反托拉斯法以“有效需求论”为基础，塑造公平的竞争环境，反对垄断，保护消费者利益，其法律体系主要包括 1890 年《谢尔曼法》、1914 年的《克莱顿法》及在这之后颁布的若干修正案。美国在 20 世纪 30 年代就制定了《反托拉斯法》，还专门设立了外国投资委员会，对重要行业的跨国并购

进行评估和审查。从我国联想集团并购 IBM 的 PC 业务受到美国外国投资委员会审查，到中海油并购美国尤尼科石油公司、海尔并购美泰公司失败的事例可以看出，一直积极推动经济全球化和自由贸易的美国，对重点行业的并购和垄断也实行了严格的审查和限制。

② 联邦证券法。由三部法规构成：《1933 年联邦证券法》《1934 年联邦证券交易法》和《1968 年威廉斯法》。《1934 年联邦证券交易法》决定成立证券交易委员会（SEC）实施证券法案、管理证券交易，监管市场。而《1968 年威廉斯法》正是有关并购的联邦证券法的核心，该法对通过证券交易所逐步收购和通告发出收购要约一次性收购作了规定。

③ 州一级的并购法律。州并购法律最突出的特点是对敌意并购进行限制或惩罚，主要表现在对目标公司的反并购行为予以法律上的承认或支持；规定对敌意并购行为进行惩罚；或者干脆直接通过立法防止敌意并购行为。在执法过程中，普遍的倾向是对外国并购公司施以更加严厉的限制。

④ 政府颁布的并购准则。美国司法部为了便于执行反托拉斯法，每隔若干年就颁布一次并购准则，用于衡量什么样的并购可以被批准，什么样的得不到批准。

在美国司法部的反垄断局和美国联邦贸易委员会的竞争局以及各州的有关部门，共同承担了反垄断法规的执行职责。他们颁布了一系列并购准则，为确定一项并购交易是否存在垄断性后果提供有关经济评估或市场分析的指引，其中包括相关市场界定、市场集中度的衡量和市场竞争的各种考虑因素等。例如，《司法部并购准则》要求计算哈氏指数作为衡量市场集中度的指标。

（2）对跨国并购的特殊限制

美国在一些特殊领域，如国防工业、金融、保险、通讯、广播、交通运输等对外资实行并购限制。

① 国家安全。外国公司欲并购的美国公司如果涉及与国家安全相关的产业，该项并购将受到特殊的审查，执行审查任务的机构是美国外国投资委员会。在认为该项并购威胁国家安全的情况下，外国投资委员会将就此并购提请总统审查，而总统有权根据“国家安全”方面的理由，禁止

任何外国人对从事州际商务的美国企业实行吞并、取得或接管。美国国会甚至至今还试图使该修正案的适用范围扩大到“经济安全”领域（见表7–11）。

表 7–11　美国外资评审委员会涉及国家安全因素的条款

1988 年 EXON FLORIO 条例	国会议案因素
——国内生产和产能预计中的国防需求 ——美国满足国家安全的需求的能力 ——向某些国家安全销售和扩散军事技术 ——美国在一些影响国家安全领域技术领先的地位	——国家安全对于关键基础设施 / 科技的影响 ——强调外国政府发控制 ——由于某些政府在防核扩散、反恐即技术转移方面发记录，允许外国政府拥有的企业收购美国公司能否构成风险 ——对长期能源 / 关键资源需求发影响

资料来源：美国驻华大使馆经济处

② 航空。外国公司对美国航空公司的收购不得超过 25% 的股份，航空公司的董事会成员中美国籍的董事比例不得低于 2/3。

③ 海运。外国个人、公司或政府在该美国船公司的股份不得超过 25%，否则就取消沿海、内河航运权。未经联邦运输部长的批准将在美国注册的船舶出售给外国公司，属于违法行为。

通讯、金融、原子能等也有限制。

2．德国

作为西方发达国家，德国也没有对外资并购进行例外的规定，他们与国内并购一起，适用同一法律。德国的规制措施有如下特点：第一，程序上不仅有事前登记，还有事后审查。根据企业对市场竞争的影响程度，对被认为会对竞争产生重大的影响的特定企业还规定了并购后申报的制度。这些企业，在登记后的一年内联邦卡特尔局都有权认定其违法而予以禁止。第二，规制强度不高。德国的相关规定远不如美国的严格，禁止并购的情况比美国要少，市场细分也没有明显界定。第三，卡特尔局享有较高权力。

德国联邦卡特尔局作为独立的执行机构，享有诸多权限，包括合并监督权、质询权、评估权、处罚权等。在德国，跨国收购方收购德国公司25%或50%以上股份或表决权时，必须通知联邦卡特尔局；当收购产生并加强市场控制地位时，这种收购将被禁止。

3. 日本

在发达国家中，日本是对外商投资限制很严的国家之一，对外资并购的法制管理也很严格，这与日本民族的历史文化以及日本企业的组织管理特点均有密切联系。随着日本经济的恢复和企业竞争力的增强，日本对外商直接投资和并购日本企业的规制逐渐放宽。但与美国和西欧国家相比，日本对外资并购仍持谨慎态度，保护主义色彩依然较浓。外国企业在日本进行跨国并购投资活动，除了受到日本《禁止垄断法》等相关的国内法规约束以外，还要受到许多外资法规的管制。在众多规制外商投资的法律中，影响最大的是《外国投资法》和《外汇管理法》，这两部法律经过多次修订，迄今已合二为一，成为日本调整外商投资及并购企业行为的基本法。目前，日本反垄断法的执行机构是公正交易委员会。它是依据《禁止垄断法》的规定而设立的专门行政委员会，同时，《禁止垄断法》也赋予法院享有对企业并购行为发布紧急停止令的权力，当法院认为有紧急必要时，可以根据公正交易委员会的请求，要求被怀疑违反并购限制的企业暂时停止该行为，或者做出取消、变更企业并购的裁决。

4. 韩国

韩国已经出台帮助国内企业抵御外资恶意收购的新规则。这项在2005年3月份生效的新规则规定，持有公司股份超过5%的投资者，在公开控制公司经营权的意向后，5日内不得行使投票权且不得继续购入股票。韩国公司成为收购目标后，可以增发股票或发行债券以对抗恶意收购。如果投资者在柜台市场公开收购某公司5%以上股份，目标公司可以发行可转换债券或其他证券以进行自我保护。

5. 澳大利亚

澳大利亚与欧美等大多数发达国家做法不同，澳大利亚队国内并购和外资并购制定了两套不同的法律和不同的审查部门，对国内并购由澳大利亚交易委员会根据《澳大利亚交易行为法》进行审查，而对外资并购则由联邦财政部授权的外国投资审查委员会根据《外国并购法》审查。但是这一做法在国际社会已经不常见。

三、经验借鉴

对于跨国公司“斩首行动”造成的负面影响，中国要通过制定必要的法规政策，规范对外资并购的控制制度，建立国家经济安全预警系统，设立专门的国家并购审查机制，以保证国家的产业经济安全。

1．制订或落实相关法律法规。2005 年出台了《外国投资者对上市公司战略投资者管理办法》，2017 年修订了《会计法》等。其中，2008 年 8 月 1 日施行的《反垄断法》，共分为八章 57 条，包括：总则、垄断协议、滥用市场支配地位、经营者集中、滥用行政权力排除、限制竞争、对涉嫌垄断行为的调查、法律责任和附则。因此，加快修订相关法律法规，完善可依据的监管标准和审查程序，完善反垄断审查机制成为更为紧迫的要求。

2．确立外资并购待遇标准。赋予外资国民待遇的同时，有必要出台以下限制标准：（1）行业限制。国民经济要害部门，涉及国家安全和社会稳定的国防、新闻等部门，必须严格限制或禁止外资以并购方式进入。（2）目标企业限制。在行业中处于龙头地位的企业，或者涉及国家机密和国家重点保护的传统技术的企业，应当严格限制外资并购收购，或者规定较严格的审批程序和标准。（3）并购规模的限制。（4）支付方式与支付时间的限制。

3．规范外资并购审批制度。参照美国等经验，对于阻止维持国家经济安全的跨国并购给予必要的限制。在外资并购的审批范围上，除了对“购买”股权或资产的外资并购方式进行审批外，也应将非按现有持股比例的股份认购、股份消除、认购配股及转配股等致使外商取得企业一定控制权的行业的外资并购纳入审批范围。外资收购我国上市公司的，应报中国证监会审批，并遵守有关信息披露的规定。

4．建立国家经济安全预警系统。建立国家经济安全预警系统，确定负责国家经济安全的部门，监测、预测并报告国家经济安全形势，制定国家经济安全战略，依据国内外经济形势的变化，适时提出我国防范和应对损害国家经济安全的具体措施。通过该系统功能及时反馈国家经济的异常变化，适时动态监控措施；一经发现危害经济安全的跨国投资和并购，立即采取相关对策措施。

5. 借鉴国际上成熟的反并购策略。为应对外资“斩首行动”，可制定必要的反并购计划，有效借鉴国外成熟市场中常用的反并购策略，具体包括：毒丸计划、制定含有反并购条款的公司章程、白衣骑士、伯克曼防御术和控股股东增持等（见表 7-12）。

表 7-12 国外成熟市场中常用的反并购策略

反并购策略	基本要点
毒丸计划	毒丸计划（POISON PILL，又称股权摊薄反收购措施），是公司最受欢迎的策略之一。
制定含有反收购条款的公司章程	在公司章程中设立反并购条款。主要条款包括：绝对多数条款、公平价格条款、分级分期董事制度和金降落伞等。
白衣骑士	白衣骑士（WHITE KNIGHT）是指在受到外部恶意并购或威胁时，目标公司主动找到善意收购者。
伯克曼防御术	是指采取主动措施，收购者的母公司股票，以迫使其收回并购要约，特点是以攻为守。
控股股东增持	简单易行，但反并购成本较高。

资料来源：海通证券研究所

第五节 高端并购案例分析

一、思科高端并购

美国思科公司成立于 1984 年，目前已成为引领当今世界 Intranet 和 Internet 网络互联产品的巨头，互联网上 80%以上的骨干路由器均来自思科。作为一家高科技公司，思科并没有像微软或英特尔等高技术公司那样走技术路线，或像其他传统企业一样耗费巨资建立自己的研发队伍，而是把整个硅谷当作自己的实验室和资源库，采取的策略就是收购面向未来的新技术公司和开发人员，以填补自己未来产品框架的空白，从而迅速建立起研究与开发体系、制造体系和销售体系，乃至塑造出自己的品牌，使自身的核心竞争力不断得到增强和拓展。思科认为，对思科公司最大威胁并不是来自网络竞争中的老对手，而是不断增多的、咄咄逼人的小型创新公司。因为，这些小公司从风险资本家中获得源源不断的资金，竞相推出新技术。思科成功的收购策略不仅推动了思科的高速成长，使其收益 40% 来自并购企业，并先后超越英特尔和微软等成为全球最有价值的公司，而且改变了硅谷的技术精英们对自主研发与收购的看法。

思科公司在众多优秀企业中以其独到的战略运作，成为声势夺人、超过微软公司的企业典范，主要原因是依靠资本运作和公司收购战略。不断收购具有知识价值和科技创新能力的公司。思科已经成为高科技领域中成功实施高端并购战略的典范，并被授予“并购发动机”的美誉。

1. 并购得益于整合

思科的并购战略得以成功，在很大程度上归功于它们对被并购企业在并购前的考察以及并购后的整合。思科公司甚至认为除非一家公司的文化、管理做法、工资制度与思科公司类似，否则即使对公司很重要也不会考虑收购。因此在“疯狂”的并购中，思科非常注重整个公司的共同目标和前进方向。

思科 CEO 钱伯斯为并购活动定了五条“经验法则”：（1）并购对象必须与思科发展方向相同或角色互补；（2）被并购公司员工能成为思科文化的一部分；（3）被并购公司的长远战略要与思科吻合；（4）企业文化和气质特征与思科接近；（5）地理位置接近思科现有产业点。在并购之后思科则强调并购双方在各个方面的整合。并购后的整合包括人事整合，被并购企业经营政策的调整，制度、运行系统与经营整合等，这些是并购成败的关键。

并购失败的公司中有 85% 的 CEO 承认，管理风格和公司文化的差异是失败的主要原因。思科公司历史上最大的失败收购是在 1996 年收购斯特拉科姆（StrataCom）公司之后的几个月内，大约有三分之一的原斯特拉科姆公司的销售人员辞职，导致了公司销售的长期瘫痪。之后思科公司吸取教训，迅速改变了并购战略，始终将人员的整合放在并购战略的首位。在正式并购开始之前公司就专门组织一个 SWAT 小组来研究同化工作的每一个细节，尤其针对人员整合做大量准备工作。以思科公司 1998 年收购塞伦特（Cerent）公司为例，在公司接管后的两个月内，每个塞伦特公司的员工都有工作，有头衔，都知道奖励办法和保险待遇，并能直接与思科公司内部的网站链接。这次并购最终获得巨大的成功，塞伦特公司的 400 名员工中只有 4 人离开了公司。思科公司利用最少量的投资获得了光纤技术潜在的巨大收益和大量的专业人才，同时这项并购使得思科公司成为光通信网络设备市场中的新贵，依靠塞伦特公司的产品线和其广泛的客户基础、销售与服务组织，思科成功推出了 7 亿美元的产品线。

2. 并购企业意在并购人才

企业成败的关键很大程度上在于人才的取得和保留。思科认为对其威胁最大的并不是竞争中的老对手，而是咄咄逼人的小型创新公司，因为这些公司往往拥有顶级的技术开发人员。所以，在实施其并购战略时思科往往将并购的目标瞄准新兴的 IT 企业。公司总裁钱伯斯曾经说："如果你希望从你的公司购买中获取 5~10 倍的回报，显然它不会来自今天已有的产品，你需要做的是，留住那些能够创造这种增长的人……。与其说我们在并购企业，不如说我们是在并购人才。"

在思科的员工中，最优秀和具有特色的是被并购的公司的员工，其全球现有的 3 万多名员工中，30%来自被并购的公司。思科坚持把并购公司员工的续留率作为衡量一次并购是否成功的第一条标准。每次并购公司，钱伯斯都要带领一个由人力资源部成员参与的并购班子，在买公司的同时买下该公司的技术和人才。在过去一两年里，思科公司并购了几十家公司，但只流失了微不足道的 7% 的员工。

思科认为，用平均每人 50 万到 300 万的代价并购一家公司，实际上买的是科技力量和市场份额，这是一种有效的投资，因为在留住并购企业核心员工的同时，也为自己减少了一批潜在的竞争对手，同时还可以通过并购网罗高级工程技术人才和节省研发投资。现在思科 70%的产品靠自己研究和开发，另外 30%则是通过并购获得的。以塞伦特公司为例，它开发的在光缆上传输数据和声音的技术正是思科与竞争对手争夺的一个领域，据市场分析家预测，到今年这项产品至少可以为思科带来25亿美元的收入。思科能够在并购企业的同时得到绝大多数的人才，他们对人员和文化整合的重视起到了不可忽视的作用。

3. 若干启示

思科成功地实施高端并购提供了一些有益的启示。并购在增强企业核心竞争力方面确实起到了不可低估的作用，但并购只是一种手段，实现企业核心竞争力的提升才是最终目的。搜寻具有某种能力或作为某种能力基础的资源和知识的企业作为并购对象，虽然是通过并购构建企业核心竞争力的基础，但整合核心竞争力要素，即将本企业所拥有的竞争力要素与目标企业的竞争力要素进行有机整合，从而构建企业核心竞争力才是并购得以成功的关键。“大鱼吃小鱼”也好，“快鱼吃慢鱼”也罢，吃了之后关键在于通过消化吸收成为自己的东西。因此并购后的有效整合是并构成败的关键，如果一味地只注重技术和人员的引入而不考虑不同企业之间在文化和管理风格等方面的整合，必然是并购活动进行得越多，造成的损失就越大，思科也不可能获得今天的成功。

研究表明，并购整合的最大障碍来自于一体化过程中不同企业文化的冲突。无论是对企业还是对个人，并购都是一场重大变故，并购事件本身以及其他由此带来的变化，都会导致企业管理层和普通员工的担忧、焦虑和紧张。而且企业的文化冲突不只是一种内部事务，还会影响到企业与其供应商、销售商和顾客的关系。因为文化冲突会影响到企业系统和网络的有效运行，并且在一定程度上影响到与外部的连接和协调，进而影响到并购后公司的经营绩效。通过对我国几次并购浪潮中企业行为的分析显示，大多数企业在并购时，对目标企业的财务状况给与充分注意，但对维持目标企业联结与运行的各种文化性因素及其整合却未多加留心，结果造成很多企业在并购后的整合中出现困难，不同企业文化的撞击使并购后的企业陷入一片混乱之中，不得不维持目标企业联结与运行的各种文化性因素进行企业组织整合、市场整合、品牌整合、财务整合和资本整合。而联想集团并购IBM之后，最大的难题也是如何维持目标企业联结与运行的文化性冲突等问题。因此，借鉴思科的成功经验，对高端并购的成败是至关重要的。

毫无疑问，企业并购等资本运作行为促使科技产业结构发生深刻的变化。首先表现在可以促成新兴产业部门的迅速形成。一些代表新知识、新技术的科技企业，通过技术优势和资本运作优势，并购一些具有资本、人才等优势的企业，使其迅速聚集并能够产生技术优势，形成一定规模的生产体系，促使科技创新成果迅速转化为生产，并逐步转变为一个新兴产业部门。例如，电子信息产业的发展，与信息技术企业之间的并购有密切的关系。从20世纪60年代初开始的电子信息产业发展过程中，人们可以看出，电子信息产业是在企业之间激烈竞争中，通过并购活动不断调整产业结构关系逐步发展起来的。这种以企业并购为特征的科技产业结构调整，随着规模扩大、企业重组，进一步向纵深方向发展。在科技发展的条件下，通过并购，一些企业采用先进的技术系统和先进的技术装备，促使不同行业的企业，在新技术的作用下，通过并购重新调整企业之间的关系，有力地加快了科技创新成果的应用和传播。如，并购一些缺乏资金实力但拥有新技术的中小型科技企业，不仅可以改造传统产业，加快了产业结构调整和升级，而且可以培育新的产业增长点，促使技术、人才等资源优势获得最优化配置和调整。

二、英特尔高端并购

美国芯片巨头英特尔以153亿美元收购以色列无人驾驶技术公司Mobileye，双方已达成最终的收购协议，这是以色列高科技公司最大的收购案。并购Mobileye，让英特尔画上了自动驾驶领域布局的画龙点睛之笔。①

1. 收购对象

总部位于耶路撒冷的Mobileye（MBLY）公司，始建于1999年，公司拥有600多个员工，大部分在以色列，在美国、德国、日本、西班牙也有分布。公司距今十几年的历程，主要致力于汽车工业的计算机视觉算法和驾驶辅助系统的芯片技术的研究，以便能够在汽车发生事故之前进行有效

① http://cn.dealglobe.com/ 深度，《153亿美元收购mobileye，英特尔打的是什么主意？》。

的提示，旨在降低交通事故发生率，挽救更多的生命。

Mobileye 曾经是特斯拉自动驾驶系统的提供商，但该公司在 2016 年 7 月宣布终止与特斯拉的合作，原因是它认为特斯拉“大肆吹嘘”自动驾驶系统的功能，从而导致致死交通事故。Mobileye 目前是 27 家汽车制造商的碰撞预测系统的供应商，该公司开发的辅助驾驶系统和汽车防撞系统目前占据全球市场 70%的份额。

Mobileye 于 2014 年在纽约证券交易所上市，当前的市值为 106 亿美元。高盛在 2007 年向 Mobileye 投资了 1.3 亿美元。截至 2016 年，Mobileye 已经发展成为一家年收入 1.733 亿美元的公司。

2. 收购意图

英特尔是世界上最大的半导体公司。2016 年，英特尔营收 594 亿美元，净利润 103 亿美元，较 2015 年的 114 亿美元下降了 10%。下降部分来自于服务器芯片业务，而这在传统上是英特尔最有利可图的部分，这一影响使得英特尔更加急于开拓新的市场。

实际上，英特尔早已对智能汽车产业进行了布局。近两年，英特尔在收购 Mobileye 之前就已经进行了不少收购行动，有的收购价格甚至超过此次收购 Mobileye。2016 年 8 月，英特尔就收购了自动驾驶汽车安全工具 Yogitech、车载计算机 OTA 技术公司 Arynga、视觉处理芯片初创公司 Itseez 和 Movidus，但被收购公司都不及 Mobileye 如此具有明星效应，也并不为大众所熟知。在收购 Mobileye 后，补全了英特尔在自动驾驶领域只有硬件没有方案的缺失，成为了自动驾驶领域的一个绝对不可忽视的巨头。

本次收购 Mobileye 就是英特尔的尝试之一，收购 Mobileye 将有助于帮助英特尔与众多汽车制造商达成良好的合作。收购 Mobileye 之后，英特尔将能够更好地参与到 1700 亿美元这一巨大的汽车自动驾驶市场中去。有分析师认为，该收购交易将加速汽车产业的创新，强化英特尔在自动驾驶汽车领域领先技术供应商的地位。

同时，自从 2014 年上市以来，Mobileye 一致保持着良好的收入增长，公司市值增长了 85%。而在过去的五年中 Mobileye 始终维持着平均每年 65% 的收入增长速度。由此看来，收购 Mobileye 不仅能够助力英特尔开拓全新的市场，也能够更好的优化英特尔的营收比例，改善市场状况。

英特尔收购 Mobileye 无疑是目前火热的自动驾驶行业里的一颗重磅炸弹，英特尔以一种“从天而降”的姿态进入大家的视野。这家处理器巨头在汽车行业已经布局许久，这次收购成功完成了“环境感知传感器 + 智能决策算法 + 智能控制处理器”的自动驾驶技术闭环，英特尔已经成为一个不可小觑的行业玩家。

三、小结

20 世纪 90 年代以来，开发市场和创新驱动已取代了生产的效率，成为科技产业经济增长的主要驱动器。全球企业并购的规模和数量呈现不断上升的趋势。越来越多的科技企业试图通过高端并购实现战略转型与结构升级，构建更高层次的核心竞争力，以期占据科技经济领域的主导地位，形成具有影响力、控制力与持久力的竞争优势。无论是发展中国家还是发达国家，利用资本运作与高端并购，获取高技术及人才资源，推动企业战略转型和产业升级已成为新产业的发展趋势。在拥有高技术、高附加值的企业中，利润不仅是来自规模和产量，而且来自实施高端并购取得的新技术、新资源、新资产。在这一运作模式下，通过掌握核心人才及关键技术的企业，占据某一产业领域的最大利润空间。它们无须承担组装最终产品的生产配装任务，无须拥有庞大的硬产品生产规模，迅速崛起的战略是通过不断实施高端并购，获得更多的高技术及知识资产来维持在本行业中的标准地位，进而获取稳定的控制权及高额利润。这就是苹果、谷歌、微软、英特尔、思科等跨国公司十倍速壮大的诀窍之一。很显然，全球科技产业发展与科技企业成长模式已经发生变化，即由大规模的投资硬产品生产，转向大规模运用并购方式实现软产品生产，以便实现“从高产量到高价值”的跨越式转变，并形成 20 世纪 90 年代以来全球盛行的以追求创造能力为目的的高端并购，以及科技产业跨越式发展的战略形态。

第八章 知识外包

随着经济全球化和创新全球化，科技产业得到迅速发展。在科技产业创造的财富中，知识与技术外包所占的比重越来越高。外包中的知识性作用及在科技产业经济所占的份额日益扩大，在各个价值链接环节中的专业知识得到广泛衔接与紧密合作。外包从制造外包、服务外包迅速扩张到知识外包，形成了在全球化的产业价值链接和网络体系。本章通过系统阐释知识外包的内涵，分析了知识外包的动因、特性及领域，探索了知识外包风险管理以及效应等问题。

第一节 知识外包内涵

一、知识外包界定

“外包”源于英文 outsouring，最早应用这一战略模式的是世界最大的 IT 承包公司——EDS 的创始人罗斯·佩罗，他在 20 世纪 70 年代后半期到 80 年代初因外包其他公司的信息系统，而使公司迅速崛起。1990 年，加里·哈默尔和 C.K. 普拉霍德（Gary Hamel and C.K.Prahaoad）在《哈佛商业评论》上发表了《企业的核心竞争力》一文，首先提出“外包”这个词。通常“外包”最直接的解释就是“外部寻求资源”（Out Source Using），即指将一些传统上由企业内部人员负责的非核心业务以外加工的方式包给专业的、高效的服务提供商，其实质是企业在充分发展自身核心竞争力的基础上，整合外部最优秀的专业化资源，从而达到降低成本、提高生产效率、增强企业对环境应变能力的一种管理模式。与一般外包不同，知识流程外包（Knowledge Process Outsourcing）是在业务流程外包（BPO）、信息技术外包（ITO）的基础上，逐步向知识领域延伸而发展起来的服务外包的高智能延续，它通过本领域内的流程外包从而使企业获得高附加值和高效率，因此提升传统的 BPO 基于成本所带来的利益。这就是说，KPO 的核心是通过提供业务专业知识而不是流程专业知识来为客户创造价值。是一种将业务从简单的“标准过程”执行演变成要求高级分析和技巧的技术以及准确的判断的过程。

目前，国内外学术界、国际组织、企业对知识外包的内涵界定尚不统一。比较有代表性的诠释和定义有以下方面（见表 8-1）：

作为 KPO 概念的首创者之一，Evalueserve 公司的主席马克（Marc）给 KPO 的定义是：是以用户化的研究解决方案（customized research solution），通过多种途径来获取信息，经过即时、综合的分析研究，最终将报告呈现给客户，作为决策的借鉴。而马克将 KPO 的流程简单归纳为：获取数据→进行研究，加工→销售给咨询公司、研究公司或终端客户。

卡尼克（Karnik）认为知识流程外包占据了 BPO 的高端部分，从而 KPO 是 BPO 的一部分。KPO 是 BPO 的自然演进。一种观点认为：BPO 重点是实施标准化、例行程序，相反，KPO 则要求执行那些需要进行先进信息检索、分析、解释的技术技能以及一些判断和决策的过程。Scope 总裁兼董事钱杜·纳尔（Chandu Nair）认为 BPO 可以看成是一项有章可循活动，KPO 则是基于判断的并需要某些特定知识、技能要求和某些领域专长。WNS 公司则认为，KPO 是 BPO 所提供的服务的一个子集，是传统 BPO 未来的自然延伸，包括高级知识的传播、联络中心、研究分析，等等。

Iflex solutions 公司在《知识流程外包：一场新的革命（Knowledge Process Outsourcing—a new revolution）》一文中指出，知识流程外包（KPO）是指外包高端复杂的任务和过程给专业服务提供商。这包括估价研究、投资研究、专利申报、法律、保险索赔处理等领域。KPO 服务提供商通过领域专门知识（domain expertise）而非过程专门知识（process expertise）向客户提供价值。而《离岸人才库（An Offshore Talent Pool）》（Francesco Paola）一文认为，知识外包（KPO）本质上是提供高价值、知识密集性的事务处理的过程。

经合组织定义 KPO 包括：研究开发、管理咨询、信息及通讯服务、人力资源管理、职业服务、法律服务、金融服务及营销等。具体包括知识产权研究、股票、金融和保险研究、数据检索、分析和管理、人力资源管理和信息服务、企业和市场研究、工程和设计服务、网页服务、动漫游戏和模拟服务、律师助理业务服务、医疗服务、远程教育和出版、药物和生物技术、研究开发、网络管理和决策辅助系统等广泛领域。

在国内，关于知识外包的研究尚处于初期阶段，大多数对于知识外包的内涵界定属于引用性、参照性和阐释性，比较有代表性的描述有以下方面：

其一，指的是外国企业把自己业务中的知识创新、研发环节的工作外包出来。这个外包过程涉及要求领域专业技能的知识密集型业务流程。相比较传统的业务流程外包（BPO），KPO 将基于本领域内的流程外包从而使企业获得高附加值，因此提升了传统的 BPO 基于成本所带来的利益。KPO 的核心是通过提供业务专业知识而不是流程专业知识来为客户创造价值。KPO 将业务从简单的“标准过程”执行演变成要求高级分析和技巧的技术以及准确的判断的过程。

其二，知识外包主要是通过多种途径来获取信息，并经过即时、综合的分析研究，最终将报告呈现给客户，作为决策的借鉴。KPO 的流程可以简单归纳为：获取数据→进行研究、加工→销售给咨询公司、研究公司或终端客户。在一定程度上，KPO 相对处于价值链上游，因为咨询公司、研究公司也属于 KPO 公司的客户。

其三，KPO 是知识流程外包，它介入比业务流程外包更为高端的知识工作的外包。这包括在知识产权的研究和工作、产权和财务、市场研究和数据管理和规定制订等。例如，法律文书处理、会计事务处理等。

表 8–1　关于 KPO 内涵、定义列表

提出	定义内涵
马克（Marc）（2000 年）	用户化的研究解决方案（customized research solution），工作方式主要是通过多种途径来获取信息，信息来源多种多样，有书籍、数据库、专家、新闻、电话……不一而足，并经过即时、综合的分析研究，最终将报告呈现给客户，作为决策的借鉴。

续表

提出	定义内涵
卡尼克（Karnik）（提出年份检索不到）	知识流程外包占据了 BPO 的高端部分，从而 KPO 是 BPO 的一部分，KPO 是 BPO 的自然演进。
Chennai-based Scope e-Knowledge（提出年份检索不到）	BPO 重点是实施标准化、例行程序，相反，KPO 则要求执行那些需要进行先进信息检索、分析、解释和技术技能，以及一些判断和决策的过程。BPO 可以看成是一项有章可循活动，KPO 则是基于判断的并需要某些特定知识、技能要求和某些领域专长。
WNS 公司（2006 年 3 月）	KPO 是 BPO 所提供的服务的一个子集，是传统 BPO 未来的自然延伸。包括高级知识的传播、联络中心、研究分析等。
经合组织	KPO 外包包括研究开发、管理咨询、信息及通讯服务、人力资源管理、职业服务、法律服务、金融服务及营销等。具体包括：知识产权研究、股票、金融和保险研究、数据检索、分析和管理、人力资源管理和信息服务、企业和市场研究、工程和设计服务、网页服务、动漫游戏和模拟服务、律师助理业务服务、医疗服务、远程教育和出版、药物和生物技术、研究开发、网络管理和决策辅助系统等广泛领域。
Iflex solutions 公司（2005 年 8 月）	知识流程外包（KPO）指外包高端复杂的任务和过程给专业服务提供商。这包括估价研究、投资研究、专利申报、法律、保险索赔处理等领域，KPO 服务提供商通过领域专门知识（Domain Expertise）而非过程专门知识（Process Expertise）向客户提供价值。
大连永佳软件外包生产技术研究所（2006 年 9 月）	所谓的知识流程外包，指的是外国企业把自己业务中的知识创新、研发环节的工作外包出来。这个外包过程涉及要求领域专业技能的知识密集型业务流程。相比较传统的业务流程外包（BPO），KPO 将基于本领域内的流程外包从而使企业获得高附加值，因此提升了传统的 BPO 基于成本所带来的利益。KPO 的核心是通过提供业务专业知识而不是流程专业知识来为客户创造价值。KPO 将业务从简单的“标准过程”执行演变成要求高级分析和技巧的技术以及准确的判断的过程。

续表

提出	定义内涵
《离岸人才库（An Offshore Talent Pool）》（Francesco Paola）（2005 年 12 月）	知识流程外包（KPO），本质上是提供高价值、知识密集性的事务处理的过程。
政府公报第 8 期（总第 56 期）(苏州，2006 年 08 月)	知识流程外包（Knowledge Process Outsourcing），主要是通过多种途径来获取信息，并经过即时、综合的分析研究，最终将报告呈现给客户，作为决策的借鉴。KPO 的流程可以简单归纳为：获取数据→进行研究、加工→销售给咨询公司、研究公司或终端客户。在一定程度上，KPO 相对处于价值链上游，因为咨询公司、研究公司也属于 KPO 公司的客户。
《知识流程外包（Knowledge Process Outsourcing）》（作者和年份原始资料没有提供）	KPO 是知识流程外包，它介入比业务流程外包更为高端的知识工作的外包。这包括在知识产权的研究和工作、产权和财务、分析、市场研究和数据管理和规定制订等。例如，法律文书处理、会计事务处理等。
在线国际商报《服务外包业——西部中心城市扩大对外开放新动力》（2006 年 9 月）	KPO 是一个帮助客户研究解决方案的方式，主要是通过多种途径来获取信息，经过即时、综合的分析、判断和研究解释，并提出一定的建议，将报告呈现给客户，作为决策的依据。
蒋黎琼:《知识流程外包：引起“从蓝变白”变化的国际离岸外包新类型》（2006 年 8 月）	所谓的知识流程外包，指的是外国企业把自己业务中的知识创新、研发环节的工作外包出来。这个外包过程涉及要求领域专业技能的知识密集型业务流程。

尽管国内外学术界、企业界和政府对知识外包有不同的诠释和定义，但大多数认为，至少要满足以下条件才能被称作知识外包：

●处于价值链的高端环节；

●将业务中的知识创新、研发、服务环节等，由独立的第三方完成；

●具有高附加值、高知识密集型等特征。

因此，所谓知识流程外包（KPO），实际上是企业为了专注于创意和创新，将业务中的研发、咨询等环节等转交到独立的第三方完成，以实现企业效率最优化与效益最大化的过程，也是企业在全球价值链视角下实现专业化分工合作及其战略管理的运作模式。

知识外包一般是处于产业流程价值链的高端（见图 8-1）。不仅是价值链接的关键环节，而且在实施中具有明显的链接和扩张效应。它主要通过知识、智力、技术和技巧，以设计、研发、人力资源管理等专业性服务及其效应，创造出更高的价值，带来更高的效益和效率，直接影响和制约着企业的核心竞争力。

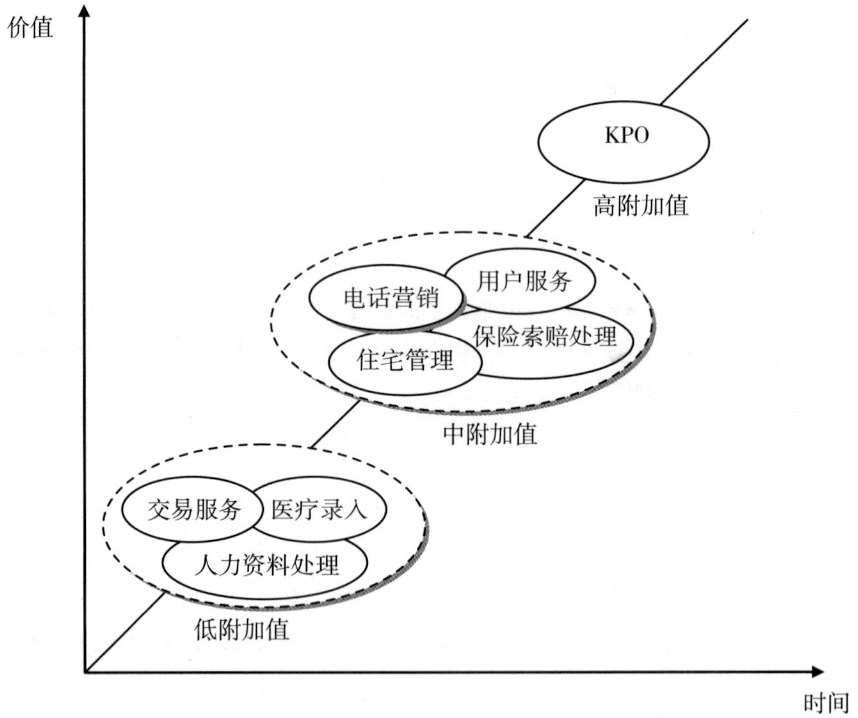

图 8-1　KPO 在外包价值链中的位置

资料来源：Moving up From BPO to KPO—— Trends in financial modeling. Atul Dhawan

二、知识外包的特征

为了有效界定知识外包的内涵，除了以上表述，我们还需要勾勒知识外包的基本特征：

1. 外包的多元性

知识外包的对象虽然处于产业链接的高端，但同样呈现出多元化的基本特征。沿着产业知识、技术和管理链接的网络分支并不断延伸，知识外包涉及不同行业、不同环节、不同过程、不同功能、不同类别、不同层次的外包对象及其界面，包括决策支持系统（DSS）、研究开发、战略咨询、管理咨询、投融资咨询、信息及通信服务、人力资源研究及支持、职业服务、法律（包括知识产权有关事物）、会计、理财及营销等。因此，知识外包在知识共享、技术转移和产业分工、价值链接的基础上，一般会突出行业多元、知识多元、结构多元的特征，并且随着知识创新及产品开发，衍生出更多的外包领域。

2. 外包的地域性

知识外包具有地域性特征。在经济全球化和创新全球化背景下，发达国家将知识外包按照地域性市场需求、人才资源等进行分包配置。如在印度，发达国家知识外包及 R&D 投资大多集中在 IT、通信、汽车、药品、知识产权研究、生物工程和航空工业的设计和发展等领域。这是因为印度拥有积极的政府政策、出色的研究实验室网络、良好的基础工业、丰富的生物多样性、广阔的临床试验机会、培训精良的人力和智力资源以及良好的项目管理经验和英语语言优势。在中国，发达国家知识外包及 R&D 投资以 PC、通信行业为中心，集中在化学、石油化学、药品、生物工程、汽车、运输等领域。从国籍来看，在印度以欧美企业居多，而在亚洲则以韩国企业表现积极。在中国则以美国企业为首，欧洲、日本紧随其后。[①]

3. 外包的差异性

如同其他产品一样，知识外包作为一种专业性服务，也具有诸如水平差异、垂直差异、服务差异、信息差异和策略性差异等特性。水平差异一般是指外包在业务空间上的差距。知识外包具有不同的需求和空间变化的

---

① Bowonder and Richardson 2000; Gassmann and Han 2004; von Zedtwitz 2004.

特征，同样的外包业务在不同的地区、利用不同的人力成本，获得不同的价值及其判断；而在知识外包的特性空间中也有一种自然的排序，垂直差异即在业务成本相同的同时，知识外包的质量形成不同的价值；服务差异反映的是外包服务内容和服务质量的差异，作为业务完全价值的重要组成部分，知识外包服务的知识含量比较高、业务范围广泛，不同的服务一般会获得不同的价值。而信息差异，是指外包者与承包者及消费者之间存在的信息不对称，进而导致双方或三方在标准、需求等方面的不同认识。策略性差异主要是指外包者通过空间先占或规模扩张及布局来选择承包者，从而遏止竞争者，以享有更大利润空间和提升外包竞争能力。

4. 外包的层次性

知识外包是多领域、多层次的。通常分为四个层次：战略层次、政策层次、运行层次、监管层次。从表 8-1 来看，不同层次的外包反映出不同的知识、资源与管理价值。一般战略层次涉及宏观决策领域的研究咨询，包括政府和企业的战略性研究与咨询，通常这些研究咨询具有较大影响面、较高附加值及决策效应；政策领域是在战略确认的情况下实施的知识外包层次，大多数是政策的研究咨询、方案制订和应对性政策性研究等；执行层次是根据外包战略及政策，对外包对象项目进行运行实施方案的细化，包括分解、重组等一系列运行过程设计等；监管层次是外包的反馈系统，是对运作过程的监管和反馈评估，目的是评估外包效益水平，加强创新和开发，并提出新的措施。

5. 外包的周期性

知识外包具有周期性特征，如图 8-2 所示，知识外包也受到知识产生、发展、成熟和衰退阶段的影响，形成行业盈利的周期性。在生命周期的不同阶段，其外包行为具有不同的阶段特点。

第一阶段：产生期。指创业者仅有某一想法，或技术仍然处于实验室阶段。在该技术进入产业化之前，一般要经过多次放大实验或临床实验，以检验技术的可靠性、稳定性和可行性。当技术具备了产业化的基本条件，企业融资时机就已形成。在此阶段，少量的风险资本特别是天使基金愿意介入，企业融资具有资本需求金额较小、潜在投资收益巨大以及投资风险极大的特点。

第二阶段：企业进入导入期或起步期。在这个阶段，企业技术仍不成熟，产品性能还不够稳定，市场慢慢启动，开始有了不多的正向现金流。这时一些偏好早期投资的风险资本愿意介入，虽然企业对风险资本的需求不算太大，但由于存在技术、产品、市场以及管理等诸多不确定因素，资金回收期长、风险大、回报率较高即成为此阶段融资的特点。

第三阶段：企业进入快速成长和规模扩张期。随着产品销量增加和市场规模扩大，企业生产经营活动的融资需求同步增长，这时私人股权融资仍然是首选融资方式。为了加快企业发展，必须适时启动新一轮的股权融资。随着新的战略投资者加盟，企业股权结构和公司治理结构将会发生明显变化，内部管理渐渐规范，信息透明度也逐步提高。

第四阶段：成熟期。经历了快速成长期，企业逐渐步入稳步发展的成熟期。此阶段所需投入的资金，其回收期短、风险较低、回报率也较低。

第五阶段：衰退期。

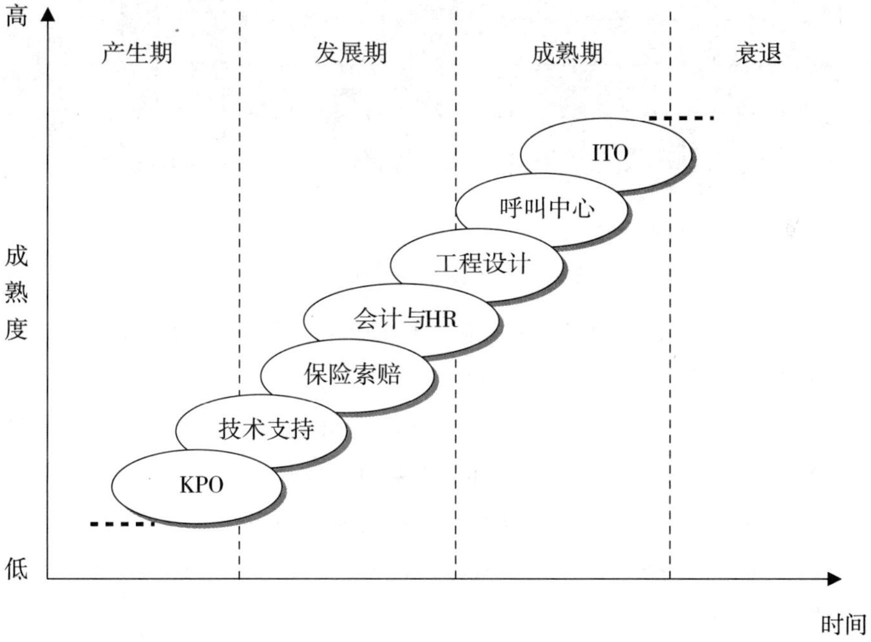

图 8-2 KPO 的生命周期位置及比较

资料来源：Offshoring — A Win-Win Situation for All，Ashish Gupta, CSM Summit on Offshoring: The New Development Paradigm, 16 December 2005

三、知识外包形成因素

知识外包形成的因素很多，但研究证实，主要形成动因有成本、人才资源、链接和市场等因素：

1. 成本因素

成本因素是知识外包的重要因素。知识外包的人力成本虽然大大高于一般外包，但知识外包可以使发达国家的企业价值链高端流程大幅度降低成本，并获取更高的附加值。从图 8-3 看，KPO 目的国的工资水平普遍较低，外包到这些国家可以明显地降低成本。

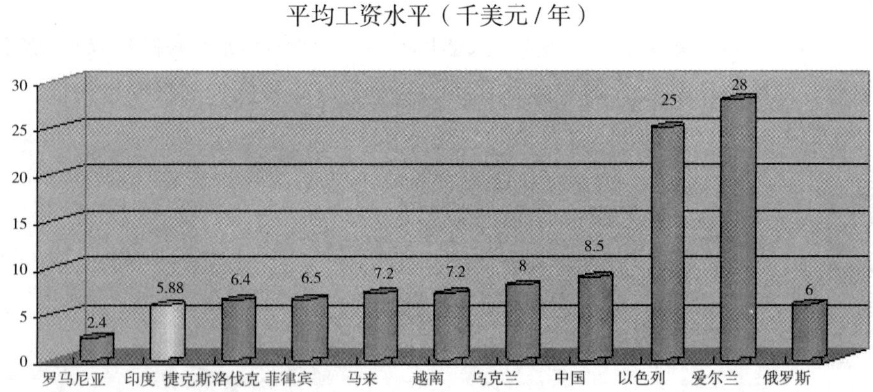

资料来源：NASSCOM

图 8-3　各国平均工资水平

例如，发达国家从事 KPO 业务的平均成本在 35 ~ 40 美元 / 小时，外包到发展中国家的成本可以降低到 25 ~ 35 美元 / 小时（如图 8-4 所示）。如印度的外包成本仅为美国的 40%，一些亚洲国家的外包成本甚至还不到美国的 1/10，因此，专家统计，知识外包可使发达国家企业节约 9% 的成本，而产品质量则上升 15%，这最直接地反映出知识外包在降低成本方面的收益。正是这些廉价成本及其收益，促使越来越多的发达国家企业加速知识外包。

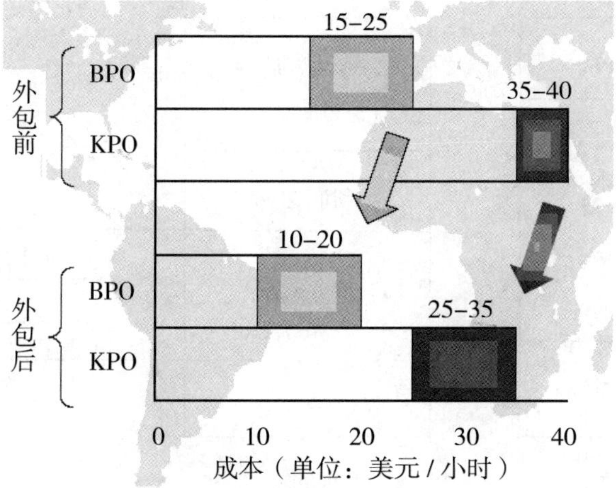

图 8–4 BPO、KPO 业务外包前后的单位成本比较

资料来源：Rohit Dogra. Evalueserve Analysis: Indian KPO: How to capture the potential? [DB/CD]. India:Evalueserve,2005−5

以一个典型的美国公司为例，在外包前其收入的结构为：固定成本20%，可变成本 60%，利润 20%。将知识流程外包到印度后，总成本可以降低 40%~70%，其中外包出去的业务的固定成本可以降低 10%左右（AT Kearney）。假定利润空间不变，即仍然占总收入的 20%，固定成本、可变成本分别降低到 18%和 30%，那么，剩下的 32%可以说就是由于 KPO 节省的费用，或者说是由于 KPO 创造的价值（图 8–5）。

由于可变成本是由于过去开展知识处理业务造成的，外包以后这一部分成本就变成了外包费用。根据 Evalueserve 分析，这部分成本的 30%变成了承包公司的利润，35%是承包公司的人工费用，其他 35%为承包公司的间接费用，诸如电信、交通、餐饮、基础设施成本等。KPO 造成了利润和就业倍增效应，同时增加了承包公司的利润，这一部分利润进一步进入其他专职部门，比如零售、房地产、基础设施、教育，从而创造更大的乘数效应。

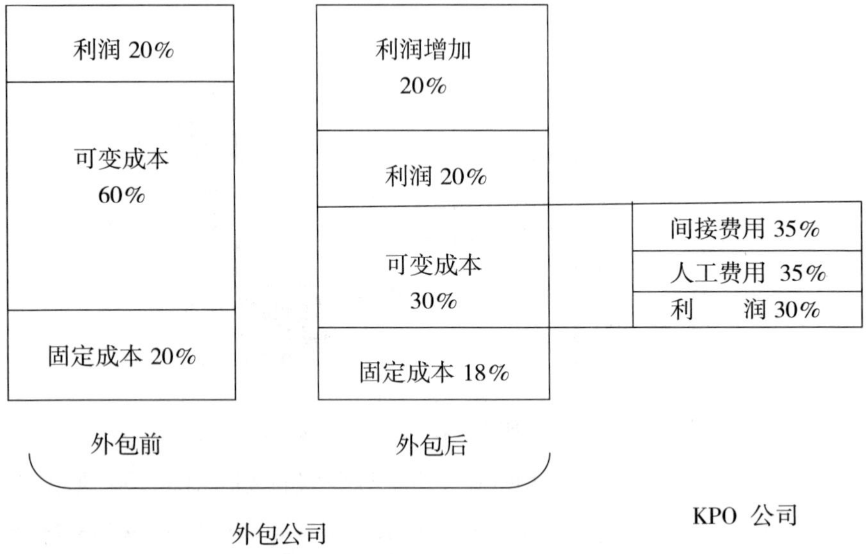

图 8-5 KPO 对降低成本的显著作用

资料来源：Rohit Dogra. Evalueserve Analysis: Indian KPO: How to capture the potential? [DB/CD]. India:Evalueserve,2005-5.

2．市场因素

市场需求是发达国家知识外包的重要依据之一。国内外市场需求对跨国公司及其独立的供应商来说，意味着可以通过技术、知识控制，扩大生产规模，寻求更加合适的外部购买者。由于垂直一体化减少了非一体化企业的数量，因而规模化的市场利益可以通过外包在更大的经济体或规模较大的产业内进行。研究表明，随着价值链低端外包向高端信息咨询和研发项目等知识外包转移，知识外包的市场需求在逐年递增，典型的用户为市场研究和咨询公司、投资银行、金融服务机构和企业的规划部门，也包括一些以零部件项目为基础的企业服务。如在 IT 领域，应用开发和系统维护向信息技术咨询转移；编写代码向产品开发和工程设计转移；客户服务向保险受理、风险评估和专利代理转移；数据处理向数据检索和分析转移，形成了新的知识外包市场。同时，知识外包还形成了财务管理、数据管理、人力资源管理、工程设计、模拟服务、远程教育、生物技术和医药研发等市场领域。

3. 人才因素

知识外包一般要有很高的人才数量及素质要求。除了要求专业技术人才的专业知识，还要求专业技术研究经历、相关技能、分析能力、判断能力和一定的决策能力。目前，发达国家在研究开发、工程设计、信息技术、金融风险管理、专业咨询等一些高知识、高技术含量领域的高技能专业人员缺乏，而且在这些高收入国家高端知识密集型企业很难招募到所需要的人才。2015 年到 2016 年，美国人才短缺程度由 32% 增至 46%，而日本人才短缺最严重，达到了 86%。因此，解决高端服务部门训练有素专门员工短缺问题的办法就是知识流程外包。同时，考虑到发展中国家具有源源不断的专业技术人才供给及成本，如印度拥有仅次于美国数量的科技人才，有 220 所大学，9000 所学院，每年毕业 300 万毕业生，50%以上的大学将英语作为一门课程教授，每年培养 30 万 IT 工程师，大学生 1/4~1/2 具有知识外包技能；同时，印度有费尔菲尔德（Fairfield）、康涅狄格州的通用电气公司（GE）、纽约的美国运通公司（American Express Co.）和 Redmond 公司以及微软公司，都为印度培养了大量的实用人才，因此，印度承包的 IT 业务 80%~90% 来自美英，其中主要来自美国。美国企业的 IT 业务外包中，印度占到 69%。从全球人才配置角度，发达国家知识外包已经按照各国或地区的专业人才现状进行布局。以 IC 为例，外包形成了在美国、中国台湾、印度、中国大陆的全球布局。其中，有 200 多家全球性公司在中国建立了研发机构，其中有一些进行了重大项目研究。

4. 链接因素

知识外包作为发达国家实现产业转型的战略运作方式，基本前提是企业实现了研发成果的模块组合与简化设计。通过外包这种建立竞争力的最有效的途径，进一步整合和利用外部最优秀的知识资源，从而达到降低成本、提高效率、充分发挥自身核心竞争力和增强企业对环境的迅速应变能力。首先，通过知识外包链，将企业内部最具有竞争力的资源和外部最优秀的资源结合起来，产生了巨大的协同效应。比如，跨国公司的高端技术通过芯片嵌入及设计标准化，实现了设计业务和功能的模块化，即并行的作业分布模式。这种并行的作业分布模式使得新产品开发时间大幅度缩短，因而有利于企业形成先动优势和外包基础；其次，在链接组织上，实行全球化知识外包的企业在业务转移方面实现了区域性、多层次的组织结构扁平化调整，具有更大的灵活性和应变能力；最后，在研发设施、网络系统、人力资源等具备了高端业务服务的网络链接能力。可以说，利用价值链接网络系统中的知识外包是“一荣俱荣，一损俱损”的“命运共同体”，如果在产业链接过程中任一个环节出现问题，就可能导致整个价值链断裂。

四、知识外包的约束条件

知识外包具有一定的约束条件，主要包括以下方面：

1．市场需求规模与知识外包溢出效应具有正相关。知识外包的关键因素不仅取决于研究开发、技术应用和流程再造等基础工作，还包括市场需求规模、产业布局、结构调整等因素。市场需求规模小，产业布局不合理，结构趋同，知识外包的溢出效应及其链接范围就小；而市场需求规模大，产业布局、产业结构合理，知识外包的溢出效应及其链接范围就大。

2．学习能力、研发设计能力与知识外包的转移力度具有正相关。在一定成本、资源等条件下，外包方的专业技术人才规模以及人员的受教育程度、学习能力和研发设计能力等，将直接决定知识外包的转移范围及扩张力度，并直接影响着知识外包的有效分工和资源共享的程度等。

3．知识产权保护与外包溢出效应具有正相关。发达国家知识外包的战略筹谋一般取决于其技术优势丧失的风险，和东道国市场远景及知识产权保护力度。知识产权保护不仅为国际外包创造有利的环境和条件，而且可引导更多的资金、智力投入知识外包领域，形成更为广泛的外包溢出效应。同时，知识产权保护能够进一步降低企业成本，提高效率，并获得更多的市场需求及其效益。

4．产业集群链接、协调能力与知识外包规模及效率具有正相关性。在知识外包的产业集群内，研发中心、供应商及相关的外包支持企业组成的网络链接系统，能够共同搭建一个知识外包集群与可持续发展的互动交流平台。利用这一平台，外包集群内的知识流动将进一步加快，企业协调能力更强，资源共享程度趋高，成为知识外包成功的重要基础。

5. 战略管理能力与知识外包具有正相关。知识外包取决于市场需求拉动和生产成本的因素，但更重要的是在外包全球化以及产业链接空间布局背景下，取决于战略管理能力及治理水平。全球知识外包环节之间互为影响的变量，以及知识外包价值链的重组、协调、治理和驱动，需要从全球视角建立与之相关的战略管理模式、游戏规则和制度，并具有外包交易、供应和配置能力。这些可以创造更高价值的战略管理能力和治理模式将形成知识外包（研发、设计、品牌和市场渠道等）的无形竞争力。

第二节 知识外包分类

一、知识外包领域

知识外包的内容在第一节已有涉及。根据联合国 ISIC Rew.3 等列举的服务业来看，知识外包涉及的部门分类见表 8-2 所示。

表 8-2 根据联合国 ISIC Rew.3 等服务业分类涉及的部分知识外包领域

部门分类	联合国 ISIC Rew.3 行业编码索引	主要活动内容
一般服务业	49–50	商业零售、餐饮、批发、旅游、运输等
知识密集型服务业		
（1）邮政与电信服务	641	邮政与快递活动
	642	电信服务
（2）金融和保险服务	65	金融活动
	67	保险活动

续表

	721	硬件咨询
	722	软件咨询与供给
（3）计算机及相关服务	723	数据处理
	724	数据库处理
	725	对办公、会计和计算系统环境的
（4）R&D	729	维护和维修服务
	73	其他计算机活动
		研究与开发
（5）其他商业活动	741	法律、会计、审计服务、税收咨询、市场调查、商业和管理咨询
	742	建筑、工程和其他技术服务
	743	广告活动

资料来源：根据联合国 ISIC Rew.3 等文献整理，转《科学学研究》2006 年第 6 期

从全球行业分类标准（GICS）来看，相关知识外包具体涉及的领域可从表 8-3 所示。

表 8-3 根据全球行业分类标准（GICS）涉及的部分知识外包领域

行业类别		行业组		行业		子行业	知识外包涉及的领域
		2020	商业服务与供应品				
						20201040	人力资源与就业服务
				253020	综合消费者服务	25302010	教育服务
		2540	媒体	254010	媒体	25401010	广告
						25401020	广播与有线电视
						25401030	电影与娱乐
						25401040	出版

续表

行业类别		行业组		行业		子行业	知识外包涉及的领域
		3520	制药与生物科技	352010	生物科技	35201010	生物科技
				352020	制药	35202010	制药
40	金融	4010	银行	401010	商业银行	40101010	综合性银行
						40101015	区域性银行
		4020	综合金融	402010	综合金融服务	40201010	消费信贷——自2003年4月30日起中止生效
						40201020	其他综合性金融服务
						40201030	多领域控股
						40201040	特殊金融服务
				402030	资本市场	40203010	资产管理与托管银行
						40203020	投资银行业与经纪业
						40203030	综合性资本市场
40	金融	4030	保险	403010	保险	40301010	保险经纪商
						40301020	人寿与健康保险
						40301030	多元化保险
						40301040	财产与意外伤害保险
						40301050	再保险
45	信息科技	4510	软件与服务	451010	互联网软件与服务	45101010	互联网软件与服务
				451020	信息科技服务	45102010	信息科技咨询与其他服务
						45102020	数据处理与外包服务
				451030	软件	45103010	应用软件

续表

行业类别		行业组		行业		子行业	知识外包涉及的领域
						45103020	系统软件
						45103030	家庭娱乐软件
		4530	半导体与半导体生产设备	453010	半导体产品与半导体设备	45301010	本导体设备
						45301020	半导体产品
50	电信业务	5010	电信业务	501010	综合电信业务	50101010	非传统电信运营商
						50101020	综合电信业务
				501020	无线电信业务	50102010	无线电信业务

要说明的是，由于各国或企业发展阶段的不同，一般所涉及的内容、范围以及外包延伸领域不尽相同且边界不清。随着系统创新、新兴产业、市场发展对外包的需求变化，以及知识创新领域不断拓展，各国对知识外包的边界及范围还会有所变动，具体内容、分类和范围将形成一定的差异性。例如，印度知识外包的对象大多数为美欧国家或地区，知识外包主要包括知识产权研究、股票、金融和保险研究、数据检索、分析和管理、人力资源管理和信息服务、企业和市场研究、工程和设计服务、网页服务、动漫游戏和模拟服务、律师助理业务服务、医疗服务、远程教育和出版、药物和生物技术、研究开发、网络管理和决策辅助系统等广泛领域。[①] 比较有代表性的知识外包大体可以划分为：

1．研发外包

研发（R&D）是实现知识创新和知识应用而进行的系统性、创新性工作，是发现和应用新知识成果的连续过程。R&D 包括基础研究、应用研究和产品开发。由于产品生命周期越来越短，市场竞争能力日趋激烈。产业

① 张明义：《印度知识外包产业的发展》，《全球科技经济了望》2005（5）。

价值链上各个环节的产学研分工合作、协同供应、协同研发就至关重要。因此，研发外包作为KPO的重要组成部分，被称为“研究开发协议”，又称研发价值链分解型外包，或创新外包。它是指企业寻求外部力量进行创新，以合同的形式将价值链上研究开发环节外包给其他组织，以达到合理利用资源，增强企业竞争力的目的。一般通过研发外包，核心企业无须大量投资、增加新员工，就可以在最短的时间内推出新产品，从而获得占据市场制高点的竞争优势。在价值链环节下，通过上游企业、核心企业和下游企业所构成的外包联盟，使每个企业都处在产业价值链节点上。借助外包，企业将制造和研发的风险分散到一个或多个外包商身上，从而降低企业的运营风险。

研发外包作为跨国公司在全球创新外包的集成，是原始设计制造厂商（ODM）按照跨国公司提出的规格和要求，集产品设计与制造于一体（或分离）的外包活动。全球电子产品由外包设计和制造的市场份额：个人数据助理占70%，笔记本电脑占65%，数码相机占30%，移动电话占20%。同时，不同公司外包形成不同的模式，以研发制造为例，比较有代表性的外包模式有：（1）惠普模式。采取控制关键技术研发，其他共同开发。如提供关键技术，与ODM共同开发新产品。（2）摩托罗拉模式。控制高端产品设计，低端产品设计外包。如严格控制高端手机设计，其他低端产品设计全部外包。（3）戴尔模式。控制核心技术研发，设计委托外包。如笔记本设计全权委托ODM办理，采用研发外包模式。（4）苹果模式。采取“加州设计，中国组装”模式，自主研发核心部件、零部件采购与外包、应用软件与程序开发商合作、生产外包等。利用全球产业价值链将生产制造外包给供应商与组装加工商，将内容服务外包给第三方内容服务提供商，并与网络经销商及经销商等合作。

2．资源外包

资源外包，是指用户在规定的服务水平基础上，将一部分信息系统作业以固定的价格委托给服务商，由其管理并提供用户所需要的信息服务。通俗地说，也就是企业把自己的部门交由某个服务商进行管理。资源外包的现象早在十几年前就已在西方发达国家出现了，它与系统集成一样属于专业服务的范畴。资源外包可以包括任何有形和无形的资源、资产外包。但更多地涉及无形资源和资产，包括品牌、专利、人力资源等外包。资源外包服务的种类很多，大体有：系统操作，网络设计、开发和管理，应用系统设计、开发和维护，系统集成，信息技术顾问，业务过程管理，用户支持，系统支援、复原服务及其他（行政管理、人事管理、耗材管理等）。不同的服务商提供不同的资源外包服务内容。以 Motorola、TI、AMD、NS 和 Micron 等美国大芯片生产厂家均采取部分业务外包，而 IBM 和 HP 更是以数十亿美元的价格互相外包提供对方网络服务。

3. 服务外包

提高企业竞争力需要的各种知识型服务有密切的关系。其范围涉及 IT 服务、人力资源管理服务、金融保险、客户服务、法律服务、科技成果服务、咨询服务等众多领域。随着服务外包的层次及范围不断提高和扩张，服务附加值也在逐步增大。一些服务外包业务呈现出全球化、产业化的发展态势。所谓服务外包，是指企业将其非核心的业务外包出去，利用外部最优秀的专业化团队来承接其业务，从而使其专注核心业务，达到降低成本、提高效率、增强企业核心竞争力和对环境应变能力的一种管理模式。它包括 BPO（Business Process Outsourcing，商业流程外包）、ITO（Information Technology Outsourcing，信息技术外包）和 KPO（Knowledge Process Outsourcing，知识流程外包）。其中，KPO 是帮助客户研究解决方案的方式，主要是通过多种途径来获取信息，经过即时综合的分析、判断和研究解释，提出一定的建议，将报告呈现给客户并作为决策的依据。

服务外包在世界各国之间的转移基本上呈现“发达国家→次发达国家→发展中国家”的规律。跨国公司通过外包梯次转移并带动发达国家、次发达国家与发展中国家间服务贸易的增加。一是项目外包，即跨国公司把非核心辅助型业务委托给国外其他公司；二是跨国公司服务业务的离岸化，即跨国公司将部分服务业务转移到低成本的发展中国家。这种模式给发展中国家提供了大量新的投资和贸易机会，涉及的范围从简单的、低增值的活动（如数据录入）到复杂的、高增值的活动（如建筑设计、金融分析、软件编程、人力资源服务与研发）。预计外包活动的金额将每年增长

30%~40%，而且发展趋势是继大型跨国公司之后，中小企业也积极开展外包活动。

比较典型的 KPO 有软件外包、金融外包、动漫外包等形式：

（1）软件外包。软件外包是企业为了专注核心竞争力业务和降低软件项目成本，将软件项目中的全部或部分工作发包给提供外包服务的企业或研究机构完成的软件需求活动。软件开发成本中 70% 是人力资源成本。降低人力资源成本将有效地降低 IT 开发的成本。目前，软件外包已经成为发达国家软件公司降低成本的一种重要手段。如日本索尼公司的 SAP 应用程序开发、企业应用整合以及相关的测试服务将由 Satyam 公司位于班加罗尔新建的“离岸开发中心”进行。Satyam 公司称，索尼与 Satyam 的合作，将确保索尼的基础设施服务团队更加专注于核心平台的提高、优化和创新。目前，全球软件的销售额为 6000 亿美元，而其中软件外包的销售额达到 500 亿 ~600 亿美元。

软件外包为人力资源成本相对较低的国家带来了新的发展机遇。如软件外包为这些国家软件业带来的不仅仅是业务机会，还有先进的软件开发管理流程，以及严格的软件质量控制体系。通过发展软件外包产业，发展中国家的软件产业进入了工程化、规模化的开发领域。如在中国国内已形成了由国外著名的信息技术厂商（如惠普、IBM、AT&T、MCSB）和国内新兴的专业外包服务商所组成的软件外包服务市场。

（2）金融外包。是指金融机构将其公司业务运营过程中耗费大量人力的企业服务及其中间环节，外包到人工成本比较低的国家和地区。金融外包的范围覆盖银行、保险、证券、投资等各类金融机构，主要发包市场在美国、欧洲、日本等国家或地区。目前金融服务业的外包趋势不断加强。如美国有 9000 家商业银行，其中 43% 的银行将一部分业务流程外包出去。而美国金融业价值占整个行业成本的 20% 业务将被离岸外包。

（3）动漫外包。动漫游戏外包是发达国家的动漫游戏公司为降低人力成本，提高经济效益，将动漫游戏设计、制作等环节外包至发展中国家的过程。例如，美国、日本等发达国家的动漫游戏制作虽然已采用数字技术，但仍需要庞大的原画设计、场景绘画等辅助工作。为了削减设计成本，美日等游戏制作公司开始实施全球分工体制，将动漫游戏绘制等工序向发展中国家或地区外包。比如，日本为了充分利用中国等发展中国家低廉的人工费，已将动漫游戏制作业务的90%外包到这些国家或地区。

二、知识外包分类

在经济全球化背景下，知识创新将会开拓更多新兴领域及市场、使用更具效率的资源、为企业提供更高的效益。为了分析知识外包对产业效益的影响，进一步通过构建专门的国际可比的分类标准，了解那些最具知识密集性的产业和产品外包业务范围是非常重要的。

（一）按照外包地点分类

1．在岸外包 Onshore（Onsite）Outsourcing

作为一个地域性概念，在岸外包多指将包发给同一国家不同地区的企业，特点是语言文化相同，地理位置较近，便于交流合作。例如华为、海尔等公司将项目发到国内的高校或企业等形式。

2．近岸外包 Nearshore（Nearsite）Outsourcing

近岸多指将包发给离自己很近（接壤）的境外企业。特点是语言相同，文化相同或相似，地理位置近，便于沟通。例如美国将包发给加拿大或墨西哥这样的形式称为近岸外包。

3．离岸外包 Offshore（Offsite）Outsourcing

离岸外包概念最早起源于美国。是指将业务发往境外企业，表现为资源成本从发达国家转移到低成本的发展中国家。特点是地理位置较远，有的会有很大的时差，成本有较大差别，语言文化有可能不同。例如美国与印度、中国与日本等这样的外包关系。

4．最佳外包 Bestshore Outsourcing

最佳外包是EDS公司提出的，是指 Onshore + Offshore 的有效结合，既保证了与客户充分及时地沟通，又保证了成本的降低和及时的交付。例如印度公司在美国和印度都有公司，美国的公司雇用当地的人才进行需求分析，客户沟通和系统设计等工作，印度的公司负责更低层次的设计开发和维护。通过有效的利用 Onshore 和 Offshore 的优点，进行业务开发。

（二）按照外包对象的不同分类

按照外包对象分类，KPO 可以分为：知识产权研究，股票、金融和保险研究，数据研究、整合和管理，分析学（数据分析学 / 分析分析学）和数据挖掘服务，人力资源方面的研究和数据服务，业务和市场研究（包括竞争情报），工程和设计服务，设计、动画制作和模拟服务，辅助律师的内容和服务，医学内容和服务，远程教育和出版，医药和生物技术，研发（IT 和非 IT 领域），网络管理，决策支持系统（DSS）等（见图 8-6）。

资料来源：The Luminaries & Thought Leader Summit 1st June 2006, Dehradun, Uttaranchal

图 8-6　KPO 可能的服务项目

其中包括：具有重大发展潜力的 KPO 领域包括配药、生物工艺学、数据搜寻、综合化和管理业务、金融服务、研究分析、技术研究、计算机辅助的模仿和工程设计和专业服务，经营研究和法律帮助，等等。

1．知识产权研究

包括知识产权资产管理、技术领域知识产权前景规划、知识产权授权使用、知识产权摘要和知识产权商业化服务等离岸外包的服务。这些服务不仅能适用于专利，也适用于商标、著作权和其他知识产权。由于发达国家专利权申请非常昂贵，一个离岸目的地的知识产权的离岸外包能节省总费用达到50%。

2．医药和生物科技

医药和生物科技研发外包已经被医药公司和研究机构广泛采用。这个行业中的其他一些新兴领域，还包括产品导入优化和制造过程的提高。作为离岸外包目的地，发展中国家在合同研发外包和临床试验方面的成本只有发达国家的40%~60%。美国Frost&Sullivan对180家医药（65%）和生物技术公司（35%）的调查显示，目前美国已有20%以上的心脑血管和肿瘤疾病的临床研究为研发外包。随着临床研究的日益全球化，未来的3~5年内，北美的临床研究外包所占比重将达到47%。大部分医药和生物科技公司出于降低人力成本的需要，将会把非核心的试验部分交由合同研究组织（CRO，Contract Research Organization）承担。

3．分析和数据挖掘服务

通过离岸外包将数据挖掘、分析以及数据仓库转包到低成本的发展中国家。这些解决方案要求数学设计、统计分析和计算机辅助模拟的应用。发展中国家以非常低的成本提供了大量的工程师甚至是博士。发达国家企业一般能节约成本达60%~70%。

4．网站研究与分析

KPO也可用于在线研究和分析，提供有用的分析数据，帮助你更好的理解你的顾客群，从而有助于发展网站，提高成功概率。可以外包给KPO服务商的服务有：网站分析、网站设计和更新、搜索引擎优化（SEO）、在线和邮件营销、链接建立、集团研究（Syndicated Research）和趋势分析等。

5．工程及技术服务

在航空航天工业、汽车工业领域的工程技术也需要外包。如发达国家企业将设计工作外包给第三方，并形成一个庞大的产业。同样，集成电路芯片（超大规模集成）、工程设计、计算机仿真工程 芯片设计和嵌入式系统（设计工作），程式、软件开发和其他形式的科研工作，都可以外包给第三方企业，由他们提供 KPO 服务。

此外，还有其他一些外包，如动漫游戏制作、新闻（为报刊写作、编辑）、报告写作及展示、业务内容开发、互联网插图和文稿、技术写作（手册、帮助文档、手稿、白皮书、操作指南等）、外语服务、出版等都可以外包给专业人员。同时，KPO 还可在商业品牌开发、法律咨询、教学课件、校对、编辑等领域提供服务。在财务会计领域的记账、核账到财务审计等业务，KPO 也可以提供相关服务。

知识外包的分类对于分析产业外包链相关信息或不同知识密集度产业的增加值非常有用。例如，外包分析需要把每种产品归类到一个特定的产业中，但并不是所有的知识密集型产业的产品都必须有相同的附加值或高技术含量。有时，一些传统性的较低知识密集产业中的服务领域可能含有较高知识价值，如传统的商业服务与供应品类，市场需求咨询分析、人力资源和就业分析、商业品牌价值研究等就有较高的知识价值。因此，知识外包的分类是对分类方法的一个有力补充，并为分析知识外包提供了一个更加准确的工具。

第三节　知识外包路径

一、全球价值链的外包转型

作为科技经济发展过程中的一种产业重组与全球价值链分工现象，链网互动、产业创新及结构调整导致外包进一步转型。知识外包也经历了一个由水平转移到垂直转移、由区域转移到国际转移、由低附加值到高附加值转移的过程。

1．由水平外包到垂直外包转型

早在 20 世纪初叶工业生产进入规模扩张时期，企业为了降低成本，开始将产品部分零部件外包给供应商生产制造，导致生产社会化、专业化水平提高。20世纪80年代以前，垂直一体化占据主导地位，随着经济全球化和创新全球化的进程加快，企业经济技术活动区位出现了分散化和相互分离的趋势。90年代以后，为了在全球范围进行资源整合和产业合理配置，除了制造业活动外，发达国家的企业将一系列的制造业生产经营环节如研究开发、设计等向其他地区外包转移。垂直分离成为了跨国制造业的外包主流趋势。垂直分离，又称制造业专门化，或称生产的垂直非一体化、“价值链切片”、“碎片化生产”、“蜂群分巢”、“工序分细”、“垂直专业化”和“工序外包”等。垂直分离作为一种与垂直一体化相反的过程，主要是指将某些生产经营环节，从原来一体化企业中分离出去的过程。原生产企业除了控制核心技术的研发和品牌运作，将产品研发、中试和设计等技术辅助性等工作分离出去，由专门的专业部门或企业来承担。全球制造业由水平外包向垂直外包转型，产业研发和生产网络的结点为“垂直专业化”分工的发展奠定了坚实的基础。主动嵌入全球价值链，承接外包业务成为“工序外包”经济迅速成长起来的主要推动力。

2. 由区域性外包到国际化外包转型

区域性外包一般是指外包在一国范围内从一个地区转移到另一个地区的现象。区域性外包一般没有突破国际线的地域限制，而国际化外包是随着全球投资和战略布局将外包业务转移到全球某个国家或地区。国际化外包转移打破了地域限制，改变了以往较长时间内外包主要在发达国家之间进行。20世纪80年代，在科学技术迅猛发展，运输、信息成本和生产组织不断改进的基础上，区域性外包到国际化外包转移不断加快，外包进一步向周边低成本国家或地区延伸。20世纪90年代到21世纪初，随着全球信息化的迅速发展，价值链网络系统进一步完善，发达国家企业开始大规模实施产业转移和跨地区外包，中国、印度等发展中国家成为主要承包国家。其间，外包的范围和规模不断增加，外包的知识和技术层次也在不断提升。外包最初主要是简单组装加工工序，逐渐外包技术含量较高的环节，以及关键技术产品和部件，并发展到研究开发等知识型外包环节，由此改变了过去那种传统的地区产业分工格局。如波音公司将外包作为全球性战略。已经将60%以上的零部件都转包给其他供应商进行生产。波音大约在全球100多个国家和地区拥有超过5200家供应商。并不断扩大在亚洲的外包业务，印度、日本和中国都是波音外包业务的重点国家（见表8-4）。有数据显示，全球现役1万多架波音商用飞机中，有30%的飞机配件是在中国生产或安装的。

表8-4　美国波音公司787飞机部件外包国家分布

国家	美国	日本	英国	意大利	法国	瑞典	加拿大	澳大利亚	韩国	中国
外包部件	关键部件（发动机、起落架等）	机翼、翼盒、部分机身	发动机、起落架	水平稳定翼、部分机身	登机门	货物舱门	起落架、舱门、整流罩	襟翼	翼、尾锥	翼板、尾翼前缘、方向舵

资料来源：Businessweek.Apr.24.Mayzz,2006

3. 由低附加值到高附加值外包转型

全球化外包扩张，形成了发达国家以跨国公司订单为要求的外包价值特征。在对企业发展目标重新定位基础上的，跨国公司在全球的多元化扩张，越来越通过定牌制造生产大量的产品，将生产外包给成本低廉的国家或地区生产，主要通过附加值高的环节，控制核心技术、销售渠道、设计标准、品牌运作等控制生产规模和市场需求。如美国、日本、韩国等跨国公司通过控制先进的数字技术以及芯片、传感器、液晶屏幕、电池等高端零部件，控制着高附加值电子信息、家用电器等产品的高端市场，并且控制着依靠进口零部件加工、生产、组装的发展中国家企业。戴尔、索尼、松下、三星等跨国公司将低廉产品生产"外包"到中国大陆，集中精力用于研发、设计、营销服务等价值链环节。而英特尔公司，将研发和高附加值的生产安排在美国、爱尔兰和以色列，将加工、组装和测试等劳动密集型生产环节设在中国、马来西亚和哥斯达黎加（见表8-5）。这些大型企业的核心部件及零部件产业构成了企业竞争优势，对跨国公司的贡献率达到了 35%~65%。近年来，发达国家一些较高附加值的产品研发和制造已开始转移到发展中国家或地区。发展中国家或地区抓住低附加值向高附加值外包转型机遇，加快发展服务外包产业，如印度利用本土资源优势，利用外包转型成为全球重要的软件外包中心。

表 8–5　英特尔在全球生产环节的配置

国家或地区	建厂时间	主要产品	生产环节
马来西亚槟榔屿	1972	宽泛	器件组装与测试
菲律宾马尼拉	1974	宽泛	器件组装与测试
以色列海法	1974	逻辑器件	设计中心
巴巴多斯	1977	宽泛	器件组装
日本筑波	1981	逻辑器件	设计中心
波多黎各拉斯伯尔马斯	1981	系统、DRAM	系统组装与器件测试
新加坡	1984	系统	系统组装

资料来源：英特尔资料，Dataqust

随着云计算、大数据、物联网、互联网技术的发展及应用，服务外包呈现出新的发展态势。运营模式、服务模式等不断创新，服务之间的边界日趋模糊，服务路径日趋多元。知识外包加快向网络化、平台化、融合化方向发展（见专栏 8–1）。知识外包业务规模扩张及科技竞争进一步加剧，产品和服务引入的周期时间越来越短，市场需求以及客户对提供的服务质量愈来愈苛求，要求企业采取的外包竞争体系和运作模型不仅能提供高效操作，而且能为产品和服务增加战略价值。这就迫使跨国公司加快外包转型，由 BPO 业务向 KPO 业务发展。KPO 服务使企业缩短了从设计到市场的导入时间；有效管理关键硬件；提供有关市场、竞争情况、产品和服务的研究；提升组织在业务管理的有效性；帮助快速处理预想的业务场景。同时，不同于传统的 BPO 解决方案的通用和固定价格，优秀的高端流程解决方案提供客户定制服务和采取不同的价格。客户定制提升了 KPO 中的知识价值成分。

专栏 8-1　"互联网 +"背景下的服务外包

在互联网推动下，国际分工继续深化，全球贸易内容、贸易方式和贸易规则相应发生变化。从 20 世纪末开始，互联网和计算机技术发展迅速，国际分工形式和格局出现新变化，不仅交易可以通过互联网开展，交易的环节减少、交易的效率提高，而且部分生产从原来的一体化体系中分离出来，服务可以作为中间投入要素，贸易和生产活动呈现"模块化"和"切片"。国际分工的变化，使得企业的组织形式也不再追寻传统模式，诞生了既不同于制造业、也不同于服务业的企业组织形式，即虚拟企业，例如亚马逊和谷歌。这些虚拟企业淡化了公司活动的地域边界，使资源配置达到最佳状态，加快了与制造业和服务业的融合，新的贸易内容和服务模式应运而生。

随着互联网对产业的深度渗透，服务内容也发生变化，美国国际贸易委员会将与此有关的贸易内容和方式定义为数字贸易，即"通过有线和无线数字网络传输产品或服务"，根据这样的范畴，将互联网贸易分为两类：一类是基于互联网交易和传输的货物贸易，另一类是基于互联网交易和传输的服务贸易。世界贸易组织对通过互联网进行跨境传输和交易的服务描述为："跨境传输的服务产品是由传统或核心版权产业创造，通过数字编码在互联网上进行电子传输，且独立于物理载体媒体，并分类如下：电影和图片、声音和音乐、软件及视频、电脑和娱乐游戏。"随着互联网对服务领域渗透力增强，基于互联网交易传输的知识服务还包括金融、专业服务、健康、教育培训等。

资料来源：《"互联网 +"背景下的国际贸易》，《中国经济时报》，2016 年 6 月 21 日

二、知识外包价值链转移

全球的知识外包价值链转移是动态变化的。从外包自身发展或内部系统来看，知识创新的作用及影响力对外包具有十分明显的价值链递增现象（参见图 8-7）。

横向的价值链接表现为通过生产经营环节、流程及规则将知识外包服务在不同功能阶段的不同价值的增值过程有机地联系起来。如图 8–7 所示，无论是 KPO，还是 BPO，我们不应仅仅看作是一个并行的知识外包服务领域，而是一个具有内在的、按照不同业务功能链接的价值系统。而纵向的价值链接更多地表现为一个具有多层次价值系统的业务增值环节。这个系统一般呈现出层级越高，知识含量越高、附加值越高的特征，以及随着价值链转移及价值递增，形成了外包链接环节的网络化、功能化和专业化，以及按照知识密集程度衡量附加值的等级体系，并以纵横价值链接系统构成了一个基本成型的外包价值链系统。

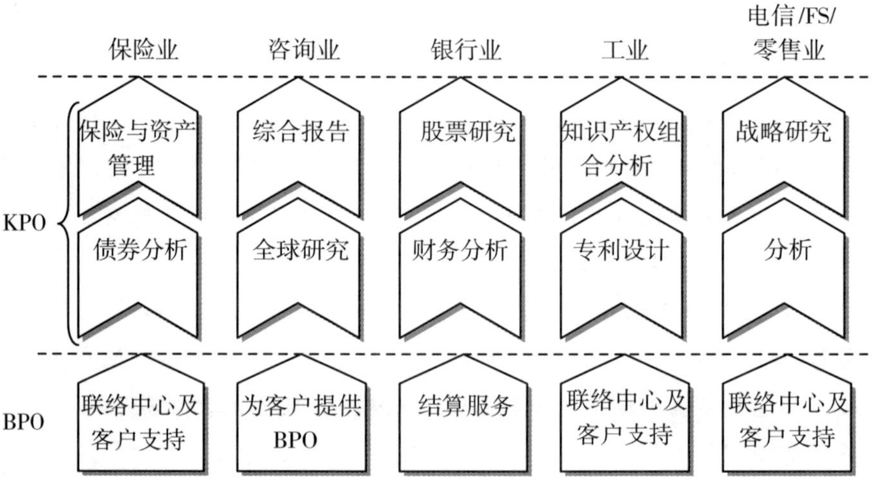

图 8–7　知识外包价值链系统

资料来源：Moving up From BPO to KPO—— Trends in financial modeling

基于全球的知识外包价值链转移在动态变化，外包转移链接带来一系列新的外包形式，使复杂的公司之间的外包研发、制造、销售网络等合作开放模式的影响远远超过自身业务，导致传统的创新模式发生变化，波及教育、管理、文化等产业形态，形成一系列系统效应：

1. 联结效应。即通过外包网络将众多的市场主体相联结，建立起一种新型竞争协同关系，创造出既不同于规模经济又不同于范围经济的联结效应（纪玉山，1999），这种效应既可以实现投入共同要素转化的低成本，又可以通过多组织主体相结合创造产出的乘数效应。

2．整合效应。外包转移链本身就是一条价值链。在实现外包转移的过程中，转移链通过对整个外包供应链中物流、信息流、资金流进行规划、协调与控制来优化价值链，最大限度地创造市场价值，实现价值链的整合。

3．综合效应。外包转移实际上是基于价值链的业务流程重构，它围绕业务流程组织节点企业，通过对流程的整体控制与协调获得流程的综合效应（李晓英，陈维政，2003）。

全球的知识外包的价值链转移是有一定约束条件的。从一国或地区来看，按照受教育程度，知识外包及类型具有明显的"逆向"价值转移现象，形成了一种教育水平与外包层次、附加值等相对应的发展特征（见图 8–8 所示）：

1．对应于高等教育，高等人才的储备程度越高，一国或地区创新能力越强，从事的知识外包的层次越高（研发外包），外包的附加值也就越高。

2. 对应于普及教育，其外包能力主要适应于业务流程外包的管理层面，所获得的是中等附加值。

3．对应于初中等教育，其外包能力主要适应于制造外包领域，知识外包的转移机遇较低，外包层次及附加值较低。

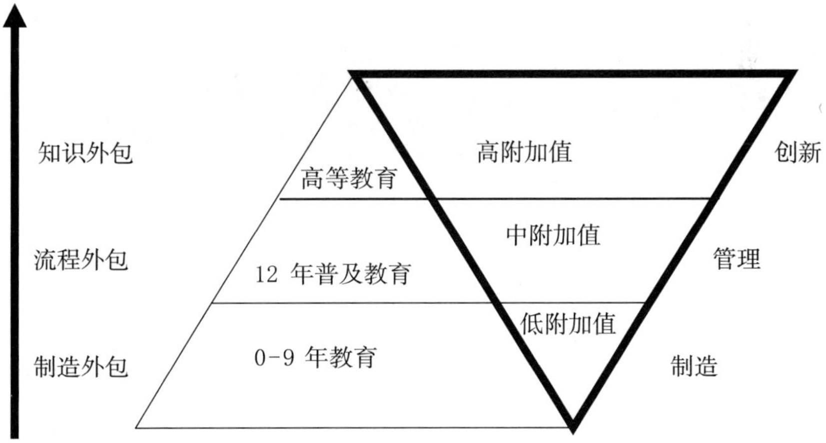

图 8–8　一个国家或地区的价值链转移

作为全球价值转移变化的事例，进入 21 世纪，跨国公司通过战略转型及竞争结构调整，完成了 20 年来的研发模式转变，企业逐渐将自行承担的基础研究项目转交到大学、研究机构。新产品的设计和开发，也并不是全部包揽下来，而是转交给专业公司并由国内转移到国外，利用研发模式及其全球网络，保留其最具竞争优势的核心活动，将其余功能如零件加工、财会、后勤，甚至人员培训等进行外包，将有限的资源集中用于已建立优势的领域，专注于核心竞争力的发展。一些软件、微电子、生物技术、医药等知识密集型、高附加值的业务成为外包的对象。如 IBM 通过公司结构、运营和文化上的一系列调整，在全球实施一体化的外包扩张与资源整合。截至 2012 年，IBM 在印度外包职员增加到 11.2 万名，超过美国本土的 9.2 万名。此外，IBM 在中国、巴西、墨西哥等发展中国家的人员也有明显增长。按照智能分工重组，IBM 在全球已形成了 20 万员工的外包队伍。

目前，全球外包市场规模以每年 30% 以上的速度递增。其中，美国占全球项目外包市场的 2/3，欧洲和日本各占约 1/3。承接外包最多的是亚洲，约占全球外包的 45%。并且，全球外包已经从制造业职位迅速拓展到高技能的白领职位。为此，发达国家跨国公司从全球外包布局考虑，扩展了外包路径（见图 8–9），在发展中国家或地区建立了知识密集型的研究开发中心，加快了知识外包全球化的步伐。

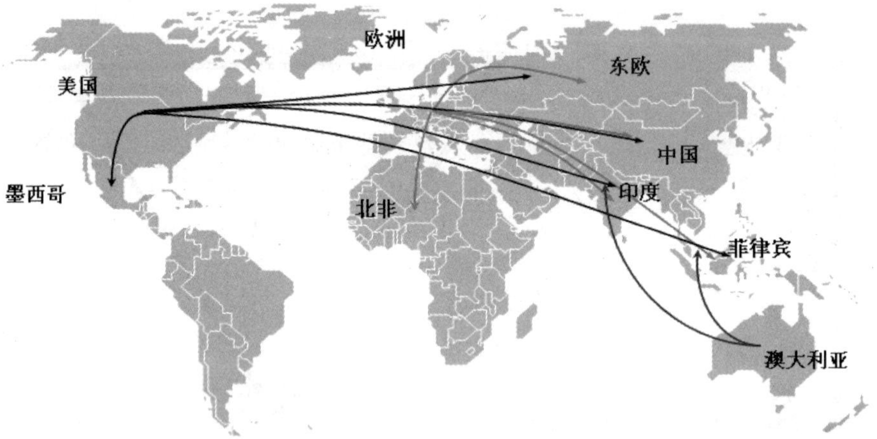

图 8–9　国际 KPO 区域路径图

资料来源：Offshoring —— A Win–Win Situation for All, Ashish Gupta, CSM Summit on Offshoring: The New Development Paradigm, 16 December 2005

其间，跨国公司知识外包流程形成了创新获利模块及网络化扩张与发展模式。创新获利模块进一步表现为独占性、主导设计和资产收益等特征，改变了制造流程出现的模块化的性质，促使跨国公司的产业价值链进一步前移，并越来越表现出跨国公司在区域性外包集群的高度垄断性。通过全球性外包路径及网络的扩展，以及对区域产业集群的知识有效传播和管理，促使知识重新组合，产生新技术和新方法，并有效渗透到产业集群中去。一些跨国公司扬弃并不是管理生产及供应的专长，将有限的资金和精力用在最擅长的领域，如产品研发、设计等方面，主要在区域性创新网络中控制着研发资源、核心部件和市场标准等，通过价值链的关键环节的控制，以便获得外包的最大控制收益。

第四节　知识外包的风险管理

知识外包对全球科技经济起着重要的推动作用，但作为经济全球化和创新全球化的产业分工模式，在知识外包改变着全球科技经济格局的同时，也存在着一系列不确定性因素及其风险。

一、知识外包风险起因

风险（Risk）是指损失发生的不确定性。它是不利事件或损失发生的概率及其后果的函数。用数学公式表示为：$R=f(P,C)$，其中 R 表示风险，P 表示不利事件发生的概率，C 表示该事件发生的后果。其含义为：风险是人们因对未来行为的决策及客观条件的不确定性而可能引起的后果与预定目标发生多种负偏离的综合。从经济学角度分析，外包风险是指外包业务实施结果相对于预期结果的变动程度，即企业外包预期收益的变动程度。因此，不确定性、不对称性及复杂性是导致风险产生的根本所在。

按照沃顿商学院教授 Ravi Aron 分类，外包风险主要包括三大类型：

1．运营风险（Operational Risks）。运营风险主要体现为时间、成本、质量方面的偏差。例如，运营风险频繁发生于工作流程转移过程中的突发事件，或易于发生人为差错的反复性流程。运营风险的发生一般不是主观故意造成的。当服务提供商不完全理解客户需要时，就易于发生运营风险。

2. 战略风险（Strategic Risks）。战略风险，一是来源于服务提供商的机会主义行为，诸如核心技术及知识产权被侵犯等；二是涉及服务商规划及配置不足；三是称之为"依赖失衡（Asymmetry of Dependence）"，是指在一定的外包期，由于承包商提出的新的价格要求，而难以转换外包形成的风险。

3. 复合风险（Composite Risks）。复合风险表现为在业务流程外包相当长的时间之后，一个公司已不再具备自行实施这个业务流程的能力。比如，当一个公司试图推出一个新产品时，会发现所需的内部处理技能（In-house Skills）已经难以胜任。

事实上，全球经济趋向全球化，使市场竞争日趋激烈，企业经营范围不断扩大，科技经济活动及其关系愈加复杂。外包不仅面临自然灾害造成损失的风险，同时也面临着政治、经济关系变化导致损失的风险。作为一个系统因素，外包风险包括外部环境，还包括内部环境；外部环境包括社会环境和任务环境（见表 8-6）。

表 8-6　导致外包风险的社会环境因素

经济因素	科技因素	政治与法律因素	社会文化因素
GDP 增长	政府总的研发支出	反垄断法	生活方式的变化
利率	行业总的研发支出	环境保护法规	职业预期
货币供应量	政府对科技的关注	税法	消费主动性
通货膨胀率	专利保护	优惠政策与激励	家庭构成
失业率	新产品	外贸法规	人口增长
工资与价格控制	科技成果转化	政府稳定性	人口年龄分布
能源供应与成本	因自动化提高的生产率	人口区域转移	居民可支配收入、寿命

这里所指的环境因素，涉及科技创新、产业转型、知识实效性等；也涉及成本、企业自身等多方面的不确定性影响。具体包括：

1. 科技创新周期对知识外包的影响。奈特（Knight，1965）把不确定性或风险分为可度量不确定性或狭义风险和不可度量的不确定性或实际风险，科技创新通常被定义为第二类。根据产品生命周期理论以及不同的知识外包业务，外包周期可以分为成诞生期、成长期、成熟期和衰退期四个阶段。随着科技创新发展，新产品、新产业不断涌现。科技创新及变迁使外包生命周期发生变化。首先，创新带来的不可度量的不确定性或实际风险不断加剧；其次，从外包部门及企业自身来看，随着创新推动或技术储备的不断推出，外包企业或承包企业以往的市场目标将无法实现企业发展的需求，能够给企业带来利润的业务单元将逐渐减少，核心能力处于嫁接转移或向新领域的扩散之中。此时如果没有核心技术，或无法实现由科技创新带来的产品创新，就会影响知识外包的有效合作与发展。

2．产业转型对知识外包的影响。产业在成熟期处于其生命周期的上升阶段，在产品质量、核心技术、市场规模等方面具有了较强的竞争优势，企业竞争力趋于成熟。其中，资产运用效率高，资金充足，主导产品、技术在其目标市场上已经占有一定份额，具备了较为稳定的外包渠道和分工方式。但是在这一阶段也孕育着产业转型带来的风险，即传统产业整体上或局部性地被新兴产业取代。其间，企业无法进行有效的知识填补、转型和结构调整，有可能出现外包市场竞争衰退、企业盈利滑坡，从而改变产业竞争态势，并直接影响外包的发展。

3．知识时效性对知识外包的影响。科技企业的高收益来源于科技创新产品所包含的知识的垄断性、排他性。然而，垄断性又往往具有一定时限，如知识专利权超过保护期将成为公共技术，不再具有垄断性。科技创新及科技发展日新月异，促使科技颠覆与变迁很快，高技术随时可能过时或流失，有可能被竞争对手以更好的创新成果更新替代，或承包企业复制。一旦企业对某项专有技术成果失去垄断优势，企业的高收益率将不断降低或失去，从而增加了外包的风险。

4．外包目标冲突对知识外包的影响。外包企业获得的利益来自承包商的规模经济、专业人才及专业技能。一方面，供应商可以在多个客户企业之间共享人力资源和知识，从而使降低成本；另一方面，供应商追求规模经济并不是完全为了外包企业，从自身角度出发，它会根据自己的资源情况，确定最佳的业务量和客户企业的数量。至于对客户企业的响应速度和是否有能力同时应付数个客户企业，并不是最关键的决策因素。但对于企业来说，一次维修不及时就可能造成巨大的损失。另外，供应商对于技术的投资，一般也是以多数客户企业的需求为主的。对于非主流或者太先进的技术进行投资，供应商的动力和兴趣可能会与少数需求企业不完全一致，这将导致这些企业外包缺乏创新热情。

5．企业自身能力对知识外包的影响。外包要求企业处理好内部业务流程和外部业务流程的有效结合问题，改变企业管理的组织结构。因此，外包需要企业引进新的企业运作模式和业务管理方式，对其经营战略、组织结构和企业文化进行重新思考和设计，推动企业业务流程和信息流程重组，提高组织运作的灵活性、协调度和效率，提高竞争力。现实中，企业通常没有完善的外包管理体制，仅仅在外包调研、决策、评价，以及外包商选择、合同谈判、合同验收等不同阶段，成立临时性机构处理相应的外包业务，多数企业忽视外包项目实施过程中的监督作用，而当发生纠纷时才成立临时性机构处理突发问题，因而影响项目的质量和进度，削弱双方的合作和信任基础。企业自身能力的缺乏，往往会导致外包面临失败的结局。

6．成本因素对知识外包的影响。国外一些学者从交易成本以及代理成本的角度探讨了外包风险。克罗斯（Cross）、厄尔（Earl）和纳尔逊（Nelson）等学者指出，外包中可能发生隐藏的交易成本和管理成本，包括资源重新配置成本、组织调整成本、投入外包管理的人力成本等。厄尔认为，许多企业经常低估交易成本和管理成本，而随着人才价值的提高，这两项成本通常上升很快。克罗斯在对英国外包案例进行了研究以后发现，知识外包所耗费的管理成本远远超过了外包合约的价值。

二、知识外包风险与国家差别

1．发达国家

对于发达国家来说，知识创新具有显著的内外部效应，从内部来说，发达国家的企业通过外包方式进行非核心技术转移，不仅降低了“交易成本”，而且提高了技术应用效益。如美国在 IT 服务外包中每支出 1 美元，美国经济就可以收到 1.4 美元的回报。OECD 国家经济发展的趋势表明，知识外包服务业占 GDP 的比重越来越大。目前在这些国家，服务业的增加值已接近或超过工业增加值总量的 50% 以上。数据表明，知识外包等服务业 R&D 支出在整个工业 R&D 支出中的比例在 OECD 近一半的国家已占到 15% 以上。同时，就发达国家而言，大量外包有利于降低通货膨胀率、增加生产率和降低利率，促进商业和消费支出，增强科技经济活力。

发达国家知识外包可能产生的风险有如下方面：（1）导致研发技术外流。企业的研发战略、研发路径等可能被外包企业泄露，特别是核心技术的安全无保障，委托或合作研究项目难以有效控制。（2）培植竞争对手。知识外包模式往往可能促进新的竞争者出现。外包企业通过承包研发设计和实验积累，再利用自身的品牌制造产品，与委托方争夺市场。典型的事例是 IBM 在 20 世纪 80 年代将操作系统和处理器芯片的研究开发业务外包给 MICROSFT 和 INTEL 公司，结果造就了两大公司的崛起。（3）丧失研发的溢出效应。国内研究开发的成果进行国外转包，难以促进本国经济增长和增加就业机会，并为其他国家的企业科技成果商品化、产业化提供条件。（4）影响对公司投资。投资者一般有知识产权及其盈利要求，而承包者关心专利归属权，这就造成两者相互之间的目的性不同，进而影响了投资者的积极性。（5）承包商忽视市场效益。承包者关心研发设计等委托项目的完成，一般不关心市场和客户的需求。

2．发展中国家

对发展中国家或地区，知识外包已不能简单地被视为是制造业 R&D 外包，而是影响全球经济结构及其快速增长的重要因素之一。知识外包促进了技术资源流入和优化配置，提高了知识、技术和信息共享的程度等，给发展中国家带来了外包溢出效应和转型增值。调查显示，发展中国家或地区的制造业来料加工的增值部分大约是总规模的 2%~3%，最高不超过 5%，而知识外包的增值部分几乎是 100%。从收益来看，同样金额的出口，知识外包对经济的贡献是来料加工的 20 倍。同时，外包无论在 GDP 结构、还是在就业结构调整方面都带来一系列变化，促进了本地经济增长。由于制造业中高技术产业的渗透作用，促使服务业发生了根本性变化，出现了一些知识密集型的外包服务产业，如 R&D 服务、计算机服务、通信服务业等。这些知识密集型产业通过外包链接已成为拉动就业需求，促进经济增长的新的增长点，并在部分国家已成为支柱产业。这些新兴的产业，R&D 投入的强度高，技术创新最为活跃，新技术产品不断涌现。例如 2015 年中国企业承接的信息技术外包（ITO）、业务流程外包（BPO）和知识流程外包（KPO）的离岸服务外包执行金额已分别为 316.8 亿美元、91.7 亿美元和 237.8 亿美元。医药和生物技术研发、动漫游戏设计研发、工业设计和工程设计等外包业务快速发展，带动服务外包稳步优化。

发展中国家或地区作为高端价值链知识与核心技术的缺位者，知识外包并不能获得产业的高技术，却直接或间接影响到本国企业的自主创新与科技产业的可持续发展。随着发达国家企业在发展中国家的知识外包规模不断扩大，其负面效应及风险有可能越来越突出。主要表现为：跨国公司通过研发机构的组织体系及研发价值链分解来强化核心技术垄断；对发展中国家企业学习技术设置障碍；遏制发展中国家或地区的企业自行开发新产品和新技术；等等。

毋庸置疑，知识外包是一把“双刃剑”。外包有可能造成发达国家一部分知识性工作流失，但通过主动控制知识外包范围和规模，可使其负面影响降至最小。以智能手机为例，尽管设计外包风行，但跨国公司有明确的外包界线。即常规的技术可以外包，核心的知识产权则处于保护线之上。例如，到中国的设计外包主要是为了在中国“打价格战的手机”，高端型技术的研发设计却被跨国公司“紧紧握在手中”。从苹果公司的获利结构来看，大多数利润为跨国公司所有，而外包方利润所剩无几（图 8–10 所示）。所以，发展中国家作为承包方，可能会在短时期内促进本国的经济增长及满足就业需求。但从长期来看，存在着本国经济被跨国公司“低端化”控制的风险。这不仅制约着发展中国家创造自有品牌、标准及核心技术，而且将影响产业结构的战略转型与科技经济的可持续发展，使“核心技术受控于人，利润分配受制于人”的格局难以改变。

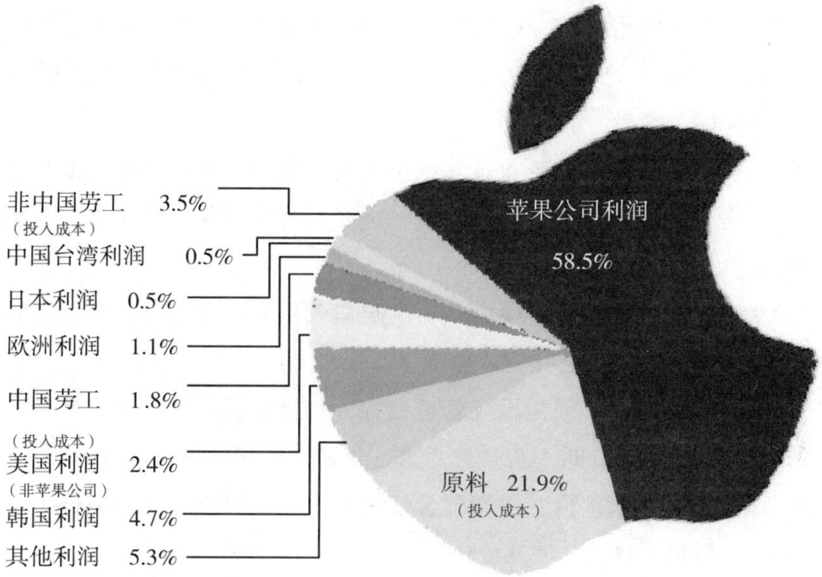

图 8-10　苹果公司供应链及外包获利结构

三、外包的风险管理

风险管理（Risk Management）是指企业等经济单位对可能遇到的风险进行预测、识别、评估、分析并在此基础上有效地处置风险，以最低成本实现最大安全保障的科学管理方法。风险管理的基本目标是通过对潜在意外和损失的识别、衡量和分析，以最小成本最优化组合对风险实行有效规避，实时监控，以最小的经济成本获得最大的安全保障效益，保证外包的安全、连续和效率。即风险管理就是以最少的费用支出达到最大限度地分散、转移、消除风险，以实现保障人们经济利益和社会稳定的基本目的。

1．风险管理的基本目标

风险管理的基本目标按照风险造成的损失分为事前、事中、事后三种情形：（1）损失发生前的风险管理目标，其目标是避免或减少风险事故发生的机会；（2）损失发生中的风险管理目标，其目标是控制风险事故的扩大和蔓延，尽可能减少损失；（3）损失发生后的风险管理目标，其目标是努力使损失的标的恢复到损失前的状态。

2．风险管理的基本阶段

知识外包的风险管理与一般风险管理不同。它不仅具有一般风险管理的基本特征，还有知识产权或科技创新风险对于风险管理的影响。其管理过程一般分为四个阶段：

（1）风险识别：对外包企业及其相关科技、社会、经济环境，以及供应链面临的潜在各种风险进行归类分析，进而对可能面临的风险加以系统识别和确认。

（2）风险估测：通过建立模型，运用定量分析方法对特定风险发生的可能性和损失范围及程度进行估计与度量。

（3）风险控制选择：根据风险管理目标，选择恰当风险管理工具和合理使用相关法规或政策，进一步优化组合，规避、转移或降低风险。

（4）风险管理效果评价：协调配合使用各种风险管理工具，通过不断反馈、检查、调整、修正，使之更接近目标。

3．风险管理方法

风险管理通常有回避风险、预防风险、自留风险和转移风险等四种方法：

（1）回避风险。回避风险是指主动避开损失发生的可能性。虽然回避风险能从根本上消除隐患，但这种方法明显具有很大的局限性，因为并不是所有的风险都可以回避或应该进行回避。如外包所在国家或地区的政治、经济、社会等造成的风险所具有的不可预见性。所以，这一方法往往是一种理想状态，实际上是不可行的。

（2）预防风险。预防风险是指采取预防一系列措施，以减小损失发生的可能性及损失程度。通过制定外包预案就是预防风险的典型事例。预防风险涉及一个现时成本与潜在损失比较的问题：一般若潜在损失远大于采取预防措施所支出的成本，就应采用预防风险手段。

（3）自留风险。自留风险是指自己非理性或理性地主动承担风险。“非理性”自留风险是指对损失发生存在侥幸心理或对潜在的损失程度估计不足从而暴露于风险中；“理性”自留风险是指通过正确分析和判断，认为潜在损失在承受范围之内，而且自己承担全部或部分风险要经济合算。自留风险一般适用于对付发生概率小，且损失程度低的风险。

（4）转移风险。转移风险是指通过某种战略或策略性安排，把自己面临的风险全部或部分转移给另一方，通过转移风险而规避风险。通常这是应用范围最广、最有效的风险管理手段。

4. 风险管理掌控

从经济全球化角度，对知识外包的风险管理需要从战略、政策、运作和监管等不同层次进行有效的掌控和协调（见表 8–7）。

（1）外包战略。从战略层次进行风险管理，需要知道外包风险主要来自组成外包供应链系统各环节之间的关系变动，它由各环节之间潜在的互动博弈与利益合作造成。外包供应链中各成员作为独立的市场主体有各自不同的利益取向，相互之间因为信息不完全、不对称，又缺乏有效监督机制，为了争夺系统资源，追求自身利益最大化而展开激烈博弈并引发风险。因此，必须从全球战略制定、一体化整合、网络链接和资源配置等规范外包供应链各环节之间得到协调发展，形成战略性的外包布局和配置结构。

（2）外包政策。在政策层次，规避知识外包风险需要研究外包所在国家或政府的各项文化、法律和政策，积极参与相关技术、经济贸易政策的设计，构筑外包业务政策保护流程，完善知识产权等保护机制。

（3）外包运作。在运作层次，要从外包运作链接的上下游环节，对外包运作、成本分解、资源重组、业务执行等流程实施严格的操作。其间，要注意运行时间、成本、质量方面偏差，防范运行过程中的衔接环节断裂以及非程序变化。

（4）外包监管。在监督层次，通过对各类外包运行指标实施监督评价，进而通过对外包动态追踪、反馈，实施有效的监控以及进行必要的微调，以便进一步调控和及时解决外包链接环节出现的各类问题。

表 8–7　按照知识外包层次进行风险管理

层次	战略层次	政策层次	运作层次	监管层次
第一层次	战略	政策	运作	追踪
第二层次	系统	路径	分解	反馈
第三层次	设计	流程	重组	开发
第四层次	模型	机制	执行	微调

5. 外包的风险防范

知识外包的风险防范，需要采取以下措施：

（1）重视外包链接的风险设计。在最初设计和构建外包链时，就应注意争端解决机制的设计，重视外包链存在风险性。根据外包国别、结构、环境等特点分析风险因素，区分风险类别，尽早识别风险，以便有利于制定风险管理目标，合理选择风险工具，尽快采取直接解决、说服、协商或迂回策略等手段进行化解。

（2）优化合作成员选择。优化外包合作成员选择是外包风险管理的重要一环。一方面要充分利用各自的互补性以发挥外包合作的竞争优势，另一方面也要评估外包合作成员的运营成本与敏捷性，并建立外包合作联盟。

（3）加强知识外包链接的协调。避免知识外包风险，要将外包链看成一个整体，而不是分离的块功能。只有通过坚持外包链接并最终执行对整个外包的战略决策，外包链才能真正发挥成本优势，形成外包竞争优势。

（4）建立外包成员的信任机制。建立外包成员之间的信任机制可以降低外包链结构成本，减少内部交易成本。加强契约规定等规范建设，促使合作成员以诚实、灵活的方式相互协调彼此的合作态度和行为。

（5）增加供应链透明度，加大外包信息透明及共享程度。信息透明性指外包链上所有成员从链接的一端看到另一端的能力。如果不能得到清晰和没有失真的视野，就会降低外包成员之间的信任，迫使外包成员在信息不完全情况下做出误判或决策。

（6)整合外包链接流程，提高外包链效率的同时保持链接环节的弹性。进一步减少库存以降低成本，在注重效率的同时保持外包供应链的适度弹性。

第九章　科技产业品牌

品牌等无形资产是科技产业的高端环节和基本要素之一。品牌不仅是产业核心竞争力和可持续发展的集中体现，而且是科技产业价值链中最有价值的环节和软实力的表现形式。在本章，首先以创新全球化为背景，重点描述了科技产业品牌的价值特征。其次，基于文献理论讨论了科技产业的品牌定位，以及科技产业的品牌标准，系统阐述了科技产业的品牌运作过程。最后，通过对品牌竞争的基本战略作用机理的分解，论证了科技产业品牌在市场的集中度和公共政策的有效性。

第一节　品牌理论

一、品牌理论发展

（一）品牌内涵

"品牌"一词在20世纪初产生于美国。最初"品牌"概念被运用在营销之中。20世纪30年代起，"品牌"开始被应用到学术界、营销界和传播界。特别是1950年美国的传播学者大卫·奥格威首先明确界定"品牌"这个概念后，"品牌"就成了全世界营销界最热门的术语之一，也成为企业争相追逐的最重要的目标之一。

关于品牌定义，国内外学者众说纷纭，莫衷一是。美国市场营销协会对品牌定义是：用以识别一个或一群产品或劳务的名称、术语、象征、记号或设计及其组合，以此同其他竞争者的产品和劳务相区别。

大卫·奥格威给品牌下的定义是："品牌是一种错综复杂的象征——它是产品属性、名称、包装、价格、历史声誉、广告方式的无形总和，品牌同时也因消费者对其使用的印象以及自身的经验而有所界定。"①

大卫·阿诺认为："品牌就是一种类似成见的偏见。""成功的品牌是长期、持续地建立产品定位及个性的成果，消费者对它有较高的认同，一旦成为成功的品牌，市场领导地位及高利润自然会随之而来。"②

菲利普·科特勒认为："品牌是一个名称、名词、符号、设计或是它们的组合运用，其目的是借以辨认某个销售者或某群销售者的产品或劳务，并使之同竞争对手的产品和服务区别开来。"③美国S$S公关公司总裁乔·马克尼认为："品牌是个名字，而品牌资产则是这个名字的价值。"④

在兰登书屋（Random House）《英语大词典》中，品牌的解释是"代表某一种产品或服务的广为人知的品牌名称"。⑤英国学者杰弗里·兰德尔认为："品牌就是我们传播给市场的信息。"⑥美国学者凯文·莱恩·凯勒认为："品牌就是区别一个产品与别的产品的特征。"⑦英国营销专家麦可·梅尔德伦和马克科·麦当诺称品牌是感官、理性和感性这三种诉求要素混杂而成的结果。感官诉求是产品或服务外资的展现方式，是可直接感觉到的方式。理性诉求是产品或服务的内在表现。感性诉求则是品牌提供的心理报偿，品牌激起的心境所引发的联系等。⑧吉尼斯公司前董事长安东尼·特纳法认为："从本质上讲，品牌是识别标志，是区分你的产品和你的竞争对手产品的标牌。品牌也是一种简约的标识，用容易识别和记忆的方式描述产品的重要特征，

---

① 王海涛等著：《品牌竞争时代——开放市场下政府与企业的品牌营运》，北京：中国言实出版社1999年版，第36页。

② 大卫·阿诺著，林碧翠、李桂芬译：《品牌保姆手册——13个名牌产品推广、重建范本》，中国台北：时报文化出版社企业有限公司1995年版，第11—13页。

③ 菲利普·科特勒著：《营销管理——分析、计划与控制》，上海：上海人民出版社1996年版，第67—68页。

④ Joe Marconi著，李苑容译：《品牌创销——创造价值与魅力来》，中国台湾：麦田出版公司1994年版，第7页。

⑤ 杜纳·E.科耐普著：《品牌智慧》，北京：企业管理出版社2001年版，第8页。

⑥ 杰弗里·兰德尔著：《品牌营销》，上海：上海远东出版社1998年版，第8页。

⑦ Kevin Lane Keller.Strategic Brand Management, Prentice Hall Inc., 1998, p.2.

⑧ 安进著：《塑造品牌》，太原：山西经济出版社2000年版，第7页。

如形象、用途和价格。”[①] 美国学者亚力山大·L. 比尔（Alexander L.Biel）指出：“通常按经济学术语的定义来说，品牌资产是一种超越生产、商品及所有有形资产以外的价值。”[②]

实际上，如果简明定义品牌可被称之为“能够方便人们区别不同企业的产品或服务的各种标志”。[③] 里克·莱兹伯斯和巴斯·齐斯特（Rik Riezebos and Bas Kist）在定义品牌时，将品牌商品分为内外属性，并在分析定义时，突出了“区别”和“标志”之间的差别，比如外部商品名称（苹果、微软、英特尔、华为、海尔等）和具有内涵的元素的标志（软件系统、处理器、电器等），强调产品或服务的内在属性一旦改变，产品或服务的性质也就发生改变。里克·莱兹伯斯和巴斯·齐斯特提出构成品牌商品的四个元素：不明显的内在属性；明显的内在属性；品牌（名称 / 标识）；其他属性（价格 / 包装 / 式样）。如图 9-1 所示：

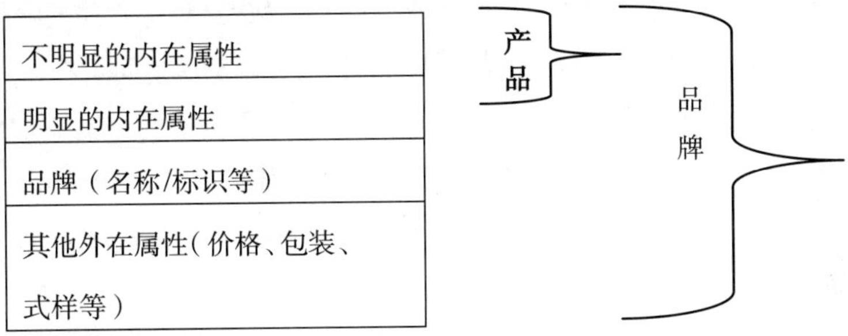

图 9-1　品牌商品四元素

（二）品牌的理论

品牌理论研究虽然进入了新的发展阶段，但比较有代表性的传统理论还是品牌形象理论、品牌识别理论和愿景导向型品牌理论等。

1. 品牌形象理论

品牌形象理论来源于广告等传媒的作用。长期以来，品牌是以大众媒

① 保罗·斯徒伯特著：《品牌的力量》，北京：中信出版社 2000 年版，第 18 页。

② 大卫·A. 阿克尔和亚力山大 L. 比尔著：《品牌经营：如何创造品牌资产》，中国台北：朝阳堂文化事业股份有限公司，1995 年版，第 5—6 页。

③ Rik Riezebos, Bas Kist 等著：《品牌管理》，北京：机械出版社 2004 年版，第 19 页。

体作为工具，通过广告等传媒形式以实现品牌创建的目的。所以，在品牌创建理论的演进过程中，最早的品牌创建理论是由广告人在实践和思考的基础上提出的。主要代表性理论是：USP 理论、形象论和定位论。最早提出品牌形象理论的是著名广告学者大卫·奥格威，他认为创造差异化产品以及每一广告都是对其品牌形象的长期投资。当属于某种商品概念的品牌之间没有质量上的差异时，决定竞争胜负的关键集中在消费者对于商标和企业本身特殊性质的印象上。因此，品牌的形象比强调产品的具体功能特征更为重要。20 世纪 80 年代初，美国著名营销专家艾尔·里斯（Al Rise）和杰克·特劳特（Jack Trout）提出品牌的定位理论，认为应针对潜在顾客心理采取行动，即在顾客头脑里给产品定位。定位理论有别于形象理论的是，首次明确提出了从消费者角度出发，为消费者提供有别于竞争对手的产品。随着信息全球化、网络化的发展，先进传媒方式的不断出现，品牌形象等品牌理论内涵、体系及框架发生一系列变化，视频、网络等大众传媒载体形式使品牌的形象不仅动态化和人性化，而且赋予品牌新的理论研究及发展空间。

2．品牌识别理论

品牌识别理论最早是由大卫·艾格在《打造强势品牌（Building Strong Brands）》（1998）中提出的。2000 年在改进的模型中提出品牌识别系统建设的三个步骤：

第一步是进行品牌的战略分析。包括：（1）顾客分析，具体分析内容包括市场趋势、动机、未满足的需要和市场差别等；（2）竞争者分析，包括品牌形象、品牌识别、势力和战略、弱点等；（3）自我分析，包括品牌现在的形象、品牌历史、实力和能力、组织价值等。

第二步是设计品牌识别系统。品牌识别本身有品牌精髓，品牌的核心和延伸识别三个部分组成。具体体现在：（1）品牌产品，包括品牌涵盖的产品范围、产品的特性、质量 / 价格、使用体验、使用者和原产国，这些或直接影响顾客的感受，或产生一些好的或不良的联想等；（2）品牌组织背景，包括组织特性，如组织的创新性、质量要求、对环境的友好性等，公司的全球性或地区性，这些方面，会影响到顾客对品牌的好感、尊敬等感情；（3）品牌的人格，包括品牌人格化的个性（Personality）形象，品牌与消费者的关系；（4）品牌的符号和意义，包括品牌的视觉标识、名称、隐喻式图案、品牌传统等。

第三步，通过上述对品牌识别的界定，确定品牌给顾客创造的价值目标导向：功能性利益、情感性利益还是自我表达利益，明确本品牌是否可以为其他品牌提供支持。在品牌识别、品牌的顾客价值和品牌与其他品牌关系的基础上，明确“品牌—顾客关系”。

构成大卫·艾格品牌识别系统理论的第三个部分是品牌识别的实施系统。首先是更形象化地诠释品牌识别，然后是进行品牌定位，积极向目标受众传播品牌识别和它的价值取向，再就是品牌创建的一系列具体的活动，最后是效果追踪和评价。事实上，大卫·艾格品牌识别系统理论总体上讲，超越了单个品牌的创建，结合公司整体的品牌构架和公司内部不同品牌相互之间，论述了如何创建强势品牌和领导品牌的问题。该理论就如何在识别基础上进行品牌定位、品牌延伸进行了研究，也对一些具体品牌创建方法，如网络、赞助活动等方法创建品牌进行了探讨，并提出可以超越广告实现品牌创建。

大卫·艾格的理论虽然比较全面地吸收了广告创建品牌理论的核心观点，在如何建立一个有效的识别的系统中，充分吸取了定位论的思想，并指出需要把品牌与产品的功能性利益联系起来而不仅仅是建立虚无的品牌个性形象，但从不同国家或地区来看，理论探索与实践运用有时是两码事。品牌识别理论并不是一种静态的常规性研究，往往不同国别、民族、政治、文化和习俗等对品牌识别的观念明显不同，品牌识别的结论也明显不同。典型的事例是，一些跨国公司品牌在有些国家获得接受，而在进军中国市场时却以失败而告终。

3. 愿景导向型品牌理论

戴维逊（H. Davison，1997）认为，品牌可以看成是一个冰山，长期以来人们谈到品牌时，主要或基本上指的是品牌冰山的看见部分。然而，这仅仅是整个品牌中露出水面的一小部分，通常就是品牌的名称、图案、色彩、口号和一些沟通广告等。这个可见部分虽然重要，但是真正支持和支撑这个品牌看见部分的是隐没在这个看见部分下面的公司文化、制度、员工行为、组织、技术、营销等。因此，品牌创建需要品牌视觉设计、需要市场营销的有力支持，同时还需要有责任心的一般员工，乐于助人的客户服务部，高水平的研发人员和设计良好的物流系统，等等。所以，戴维逊认为创建一个品牌需要不同领域的角色融合为一个完整的实体。他认为看见部分的蕴涵的要求，由不可见系统支持和支撑着。这个品牌创建的思想可以称为全员品牌创建观，是一个静态分析品牌后得出的结论。

德·彻纳东尼（De Chenatony）在冰山模型基础上，提出从品牌愿景到品牌评估的品牌创建理论。其基本模式是：试图理解顾客行为，从而设计独特的价值集合，满足顾客的生活方式。而品牌作为这组“独特价值”的表达和显示载体，通过定位、广告等沟通形式，告知目标顾客。一旦获得认同、记忆和形成态度，那么品牌创建目标就基本实现了。这个品牌创建模式主要适用于实用性的有形产品。品牌的“价值组合”可以体现在产品和品牌形象中。但是，随着英美等发达国家服务产业在经济中的比例增加（达到 2/3 以上），而且就是传统的产品，其中的服务成分也越来越多。这样品牌创建中，顾客与公司员工的接触机会大大增加，而正是这些员工为顾客提供和提示着有关这个品牌的重要线索，以及影响着顾客对服务品牌的体验和认知。德·彻纳东尼认为，在现在尤其是服务性行业，从内部管理品牌（强调员工的作用）与从外部管理品牌（满足顾客需要）同样重要。

戴维逊、德·彻纳东尼等建立的愿景导向型品牌理论，其积极意义在于赋予品牌研究的系统性。从整体的视角将表层的名称、图案、色彩、口号和一些沟通广告等，与文化、制度、行为、组织、技术等有机地结合起来，形成了品牌的形象组合、价值组合和识别组合，为大品牌的战略管理及集群生态奠定理论基础。

二、理论发展阶段

自 1931 年 P&G 的麦克尔·罗伊提出品牌经理制以来，至今品牌理论研究大致经历了以下六个阶段：

1．品牌概念形成阶段（19 世纪初至 20 世纪中期）：这一阶段主要对品牌的内涵和外延（如品牌定义、品牌命名、品牌标识、商标等）做出了界定和规范，自此品牌研究成为营销理论研究的热点领域。

2．品牌战略阶段（20 世纪 60 年代）：这一阶段开始将品牌经营提到了战略高度，从品牌塑造的角度提出了许多战略性的品牌理论，例如，奥格尔维（Ogilvy）的品牌形象论（1963）、里斯（Ries）和特劳特（Trout）的品牌定位论（1971）、凯勒（Keller）和阿克尔（Aaker）的品牌延伸研究系列等。

3. 品牌资产阶段（20 世纪 90 年代初期）：20 世纪 80 年代以来，由于频频发生品牌并购案和价格战，促使企业更加重视品牌的市值和增值，从而带动了品牌资产理论研究的热潮。卢泰宏等人（2000）从概念模型的角度将品牌资产理论研究分为三类：第一类的成果表现为 Interbrand 和 Finance World 的品牌资产评估模型，第二类的核心文献是皮塔（Pitta）和卡特尼斯（Katsanis）的《九十年代品牌资产管理计划》，第三类重要成果为阿克尔的品牌资产五星模型（1991）、凯勒的基于消费者的品牌资产模型（1993）等。

4. 品牌管理阶段（20 世纪 90 年代中期）：为保证品牌资产的长期发展，品牌必须设有专门的组织和规范的指南进行管理。这一阶段出现了大量的论著，包括阿克（Aaker）的著作《管理品牌资产》（1991）和《品牌领导》（2000）、卡普菲尔（Kapferer）的著作《战略品牌管理》（1992，1995，1997）、凯勒的同名著作（1993）及论文《品牌报告卡（The Brand Report Card）》（2000）。

5. 品牌关系阶段（20 世纪 90 年代末期）：从这一阶段开始，品牌与消费者的关系（简称品牌关系）逐渐成为品牌理论研究焦点，其间，有关文献包括布莱克森（Blackston）的品牌关系概念模型（1992，1995）、弗尼尔（Fournier）的品牌关系分析架构（1994，1998）以及阿加瓦尔（Aggarwal）的品牌关系交往规范研究（2001）等。

6. 品牌生态阶段（21 世纪初期）：随着对品牌系统研究的深入，品牌与其生存环境的互动具有了生态系统的特征。在詹姆斯·摩尔提出商业生态系统的概念，越来越多的学者从品牌战略层面进行全新的研究。大卫·A. 艾克首先提出了基于单个企业品牌系统的“品牌群”概念；T . 邓肯指出：企业品牌与商业生态环境之间存在着一种协同进化的能力和适应的能力；国内学者也提出了“生态型品牌关系”、名牌生态系统等概念。这些研究开启了品牌生态理论的研究。

品牌理论的发展阶段如图 9-2 所示：

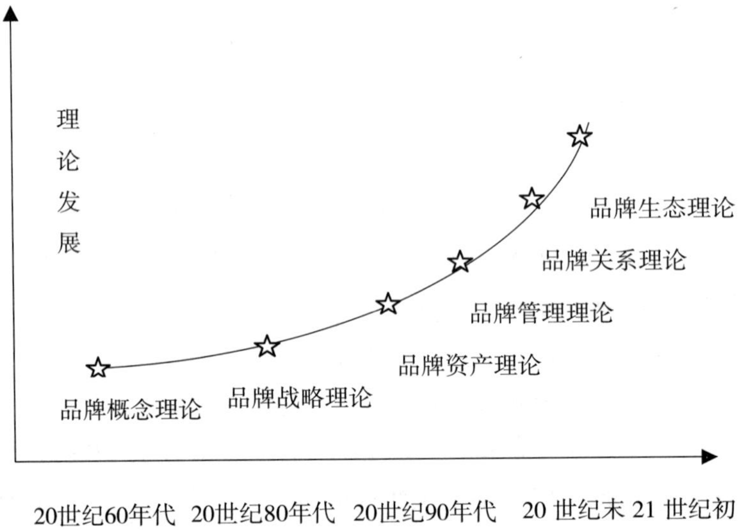

图 9–2　品牌理论发展过程

同时，品牌内涵也从 20 世纪 60 年代的产品品牌发展到 90 年代的服务品牌、组织品牌、个人品牌等。随着品牌实践和研究的不断深入，20 世纪末又有学者提出区域品牌、雇主品牌、媒体品牌等概念，并发展到国家品牌等，其发展如图 9–3 所示。

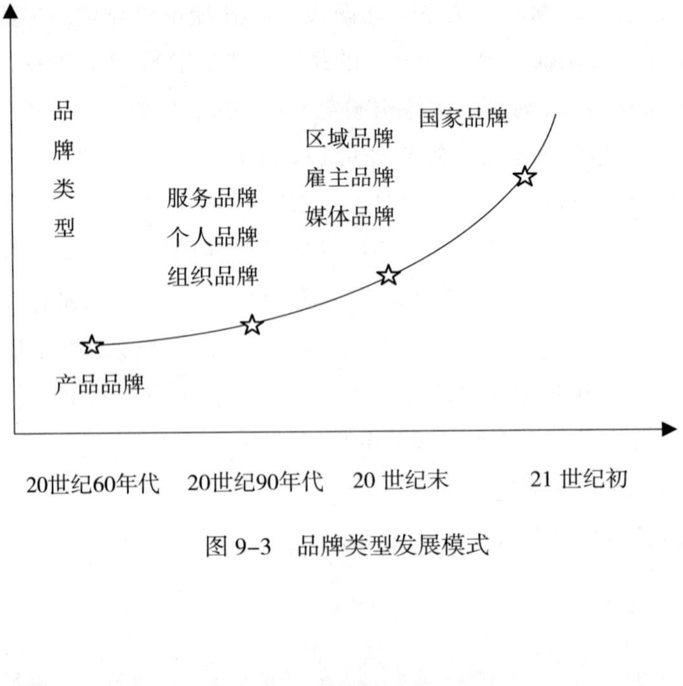

图 9–3　品牌类型发展模式

第二节　科技产业品牌特征

科技影响力提升并与品牌紧密地联系在一起，对科技产业经济与科技企业发展产生重要的影响。科技产业品牌作为科技产业或企业的系统标识、高附加值及战略运作的重要环节，构成了科技产业实施高端战略的重要组成部分。因而，它不是对一般品牌的狭隘理解和认知，或对企业和部门等浅表性的形象设计、包装、广告传播和产品促销，而是科技企业进入产业可持续发展，实现其强大战略的总体反映。

一、科技产业品牌界定

关于科技产业品牌，国内外并无明确的界定。传统品牌的界定大多是从产品或企业层面进行研究。但随着经济全球化和创新全球化的发展，品牌竞争进入一个更高的层面，需要将品牌内涵及界定提高到产业竞争的战略高度重新认识。与传统、狭义和低端的品牌概念不同，科技产业品牌一般是指具有广义内涵、战略层面及广泛影响力的企业品牌。它往往通过科技创新引领、高附加值的无形资产以及独特的时尚文化等高端形象，引导国内外产业发展趋势，以至成为产业品牌的重要标志，如全球信息技术 20 强美国占 15 席，由此确立了美国信息产业群在全球的主导地位。从全球角度，苹果不仅是企业的知名品牌，也是电子信息领域有影响力的品牌；其他如电子信息产业的微软、三星、华为等，家用电器产业的海尔等，也是科技产业领域具有影响力的品牌标识（见表 9–1）。

表 9–1　国内外若干有影响力产业品牌

企业	行业	产品品牌	企业品牌	产业品牌
苹果	电子信息	强势	强势	强势
微软	软件	强势	强势	强势
三星	电子信息	强势	强势	强势
海尔	家用电器	强势	强势	强势
联想	计算机	较强	强势	较强
华为	通讯	较强	强势	较强

作为高端产业的品牌标识，科技产业品牌一般是指具有系统性、独特性、专注性、创新性等特征的产业品牌。它是以独占技术、独有人才、独特产品等作为产业品牌建设的核心，并以此核心为产业标准引导其他品牌要素进行系统设计与整体规划，进而延伸到更大范围的科技产业（集群）领域。它不仅突出产业品牌商品的内外系统属性，如外在的品牌标识、形态和名称以及一般性内在的某些元素名称等，而且更加突出产业品牌的独特创意、引导功能、科技含量及其产业链高端价值。不难看出，科技产业品牌与一般产业品牌的区别在于，科技产业品牌通过对独特功能、创新能力等内在属性进行系统链接和挖掘，将外在属性（名称、标识、媒体、信息等）上升为有竞争实力的社会形象。

首先，科技产业品牌比一般产业品牌更具广泛影响力、竞争力和领导实力的品牌。这种高端品牌效应通过企业的知名度和影响力，形成对产业发展的稳定结构和关联机制，使得产业在可持续发展的基础上为品牌持有者享有巨大的份额。比如想到 CPU 就会想到 INTEL 品牌；想到软件，就会想到微软品牌；想到电子商务，就会想到阿里巴巴。这一稳定结构和关联机制给企业和产业带来巨大的收益。

其次，科技产业品牌具有的功能特征、表意特征和独特标识，与产业创新能力及企业技术储备、专业人才和治理结构等密切相关。先进的前沿技术、独特的创意功能、引导潮流的科技表意特征，以及卓尔不群的独特标识等，都凸显出科技产业品牌的系统性、独特性和创新性特征，并成为高科技、高附加值和高市场占有率的代名词。

最后，科技产业品牌具有引领及创造持续业绩发展的能力和波及效应，它通过对科技产业价值链的不同环节的控制和影响，扩大链接国家或地区的影响力和扩张力，给拥有众多科技产业品牌的国家或地区带来国家软实力。一国拥有的国际品牌及科技产业群在全球市场的知名度相当于该国国家品牌的整体竞争力，国家品牌竞争力整体化趋势已成为全球化推进的显著征兆。

因此，科技产业品牌可以被定义为：能够反映科技产业（企业）发展水平、核心竞争力的社会形象、消费者认可程度，以及有别于其他产业、产品或服务的功能特征、表意特征及独特标识（见表 9–2）。

表 9–2　科技产业品牌与一般品牌区分一览表

对比元素	一般品牌	科技产业品牌
应用范围	个人及家庭用产品	商用产品
产品共性	简单产品	复杂产品
品牌要素	品牌标识、形态和名称等	创意、功能、科技含量及其战略价值
市场特点	低端、市场占有率	高端市场价值
消费行为	一般知识	专有知识、咨询
品牌价值	低附加值	中、高附加值
诱导因素	价格需求等	独特、创新需求

二、科技产业品牌特征

科技产业品牌的特征有各类不同的描述。虽然具有服务于产业升级、企业发展战略、阶段计划和市场目标，以及一整套实现这些目标的战略性组合，但从量化的角度，科技产业品牌具有若干特征（见图 9–4）：

1．高科技。科技产业品牌具有无形资产和科技综合实力的基本特征。它来源于持续不断的创新能力、无形资产及关键技术储备的支撑。作为科技创新支撑的无形资产，科技产业品牌的价值往往超过企业有形资产的价值。在高科技领域，科技企业是通过“保持领先地位”和“拥有独特性”来经营品牌无形资产，推动高科技成果的产业化，并形成最大的品牌效应。苹果、谷歌、英特尔、微软等作为高科技品牌的代言就是最好的案例。

2．高价位。科技产业品牌具有高价位、高市场占有率等特征。一个科技产业品牌是否居于高端地位，最终是看其产品的市场结构以及高附加值产品在总销售额中的比例，或在商品价位相同的前提下，通过高市场占有率和高收益，获得比竞争对手更多的营销收入。所以，科技产业品牌一般具有高附加值、高市场占有率比较优势。在相同产品领域及其销售结构中，科技产业品牌的高端产品在销售额的比例较高。

3．高利润。科技产业品牌是为科技产业带来高额利润的价值环节。科技产业品牌的拥有者凭借品牌的知名度和历史的继承，能够创造更多的价值，持续不断地获取利润。在销售量相当而其他条件同等的前提下，科技产业品牌的产品不仅能够获得并维持比竞争对手更高的利润，而且由于科技产业品牌的产品价值及其在市场竞争中的独占特性，可以从溢价及规模效应中获得额外利润。

4．高定性。科技产业品牌的产品对市场周期性波动相对稳定。市场无论是否景气，科技产业品牌的产品信誉度、技术独有性和市场控制力，一般都难以被其他品牌替代，并以此核心竞争优势保持稳定的市场额和销售量。这意味着，科技产业品牌具有高定性。一件产品可以被竞争者模仿，但科技产业品牌却是独一无二的。品牌产品技术的独有性，以及在其经营过程中形成的经营理念、良好的产品质量、优质的服务信誉，一经市场认可，就形成品牌忠诚，强化了品牌的高定性。

5．高导性。科技产业品牌的产品在市场竞争中具有超出竞争对手的能力，因而在竞争中对市场需求和销售渠道更有影响力和主导优势。通过向消费者传递享誉国际的质量和制造技术等信息，提供强大的品牌价值，引导消费者与科技产业品牌之间产生联系，并进一步加强品牌力量的拓展，形成科技产业的独特标识。因此，科技产业的品牌影响力和主导性对提高市场竞争优势具有举足轻重的作用。

6．高响度。品牌包含着公共利益。科技产业品牌的拥有者，往往将本企业制定的标准作为行业标准，产业指标成为科技产业指标的代表物，以此影响甚至左右相关产业的发展。科技产业品牌不仅体现出企业所生产的商品、质量和服务，还体现出一种消费引导、生活方式和鼓励情感体验的时尚潮流。消费者一旦形成科技产业品牌认知，就会引导和聚集相关参与企业开发及其经营行为。麦肯锡公司的调查显示，在购买消费者类电子产品的过程中，55% 倾向于选择著名品牌的产品。

7．高风险。科技产业品牌具有不确定性和风险性。在品牌的建立和发展过程中，受科技创新等诸多因素的影响，便呈现出技术贬值等不确定性及各类风险。比如，国内外市场的不断变化，科技创新成果的颠覆性突破，消费需求的不断提高，品牌的潜在价值的变化，技术老化、产品质量等因素，以及资产状况或售后服务不佳等，都会导致品牌贬值的危险。

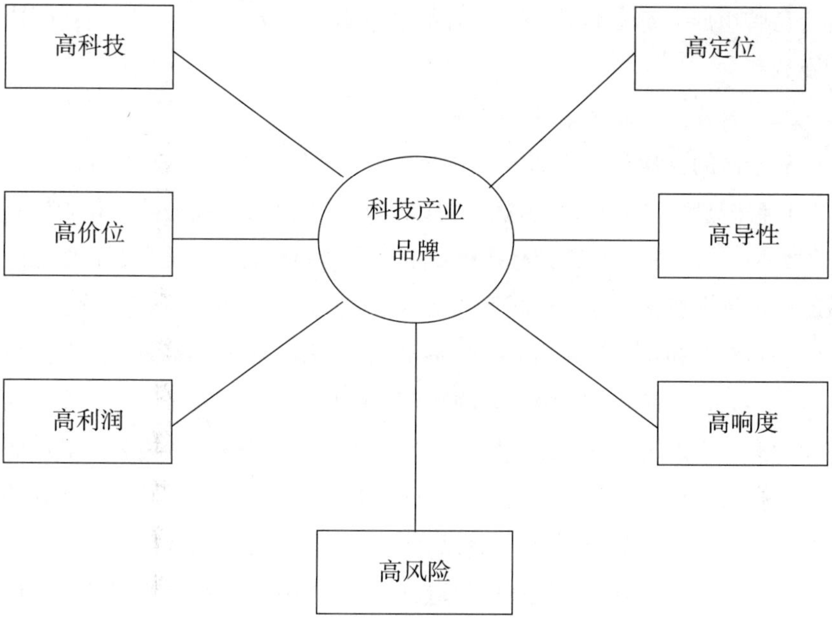

图 9–4　科技产业品牌特征

作为无形资产和产业持久发展的象征，科技产业品牌不仅局限于识别性，它还是产品、服务质量和企业形象的载体，是企业经营状况、市场信誉和消费者认可程度的体现。在知识产权体系中，品牌主要以商标、商号名称、专有技术、经营管理的方法与经验等表现出来，形成巨大的商品价值。随着物联网、AI、云计算等技术融合，品牌的网络生态与数据平台系统也变得十分重要。在品牌设计上，大数据扮演了非常重要的角色。相互关联的数据，能够让企业对用户及消费者有一个全面的认识，全面了解消费者需求动态和市场变化趋势。因此，科技产业品牌的核心指标集合了研发能力、技术储备、市场占有率和用户忠诚度，以及品牌知名度、品牌美誉度、市场占有率、工业增加值率等因素。国内外市场成功的规律证实，科技产业品牌在市场是否成功或盈利与否，关键是由品牌企业的研发能力、技术储备、市场份额和所属产品的性质及用户的忠诚度等决定的。由此，假如某类产品主要由科技产业品牌组成，那么其中的大部分品牌盈利率都会较高并具有可持续发展的价值；相反，如果某类产品大部分由低端或者自营品牌组成，那么科技产业品牌的利润就会大大降低，并影响到可持续发展。

三、科技产业品牌分类

从不同的视角和定位划分，科技产业品牌具有不同的分类：

1．按品牌的市场地位分类，可以分为领导品牌、强势品牌和弱势品牌三种类型：（1）领导品牌，是在市场中有很高的知名度、美誉度和稳定的忠诚度，市场占有率远远高于同类产品的品牌。这类品牌在行业中居于领导地位，是消费者和竞争者共同关注的品牌。如通用、丰田等品牌。（2）强势品牌。大多数强势品牌具有强有力的知识产权和核心技术特征。由于竞争品牌不同的个性，表现出特殊的有形和无形的特征，符合消费者需要的品质和属性，能持久的传递令消费者满意的信息，有分销、广告和其他促销形式的支持。如微软、英特尔等。（3）弱势品牌。一般是竞争能力下降，进入衰退期的企业品牌，或因重大事件宣传而造成知名度下降，或因经营不善而造成美誉度低，从而导致市场占有率低，在市场竞争环境中居于劣势地位的品牌。

2．按品牌在市场上存在的时间分类，可以分为“老字号”品牌、新品牌等：（1）“老字号”，是在市场上存在时间长，拥有固定消费者群，具有或曾经具有较高的知名度和美誉度的品牌。由于“老字号”品牌在消费群中长期的历史文化积淀而形成情感价值，受到部分消费群的青睐和偏爱，从而作为工业、科技、文化遗产增加了其无形资产的价值。例如德国“老字号”品牌“西门子”（公司）有100年的历史。（2）新品牌，是指初次进入市场的品牌或原有的品牌衍生的产品品牌，或经改进以后赋予的新品牌。

3．按品牌营销区域和发展趋势分类，可以分为地方品牌、国家品牌和国际（世界）品牌：（1）地方品牌是一种具有地方特色及区域影响力的知名品牌。（2）国家品牌，是指国家内部公认的有影响力、有价值的知名品牌。（3）国际品牌，主要是指在国际范围具有广泛影响力、覆盖全球市场的产品品牌。

4．按品牌属性分类，可以分为产品品牌和公司品牌：（1）产品品牌是为某种特定的产品所设计的品牌，它反映某特定产品的质量和独特的功能。为突出个别产品的独特形象和定位，产品品牌设计中隐藏了公司品牌。

（2）公司品牌则是将企业的名称作为一个品牌标志，其特性主要表现在企业文化、社会地位和影响等方面。很多企业将企业品牌作为品牌，如海尔、松下等。

5. 按品牌功能分类，可以分为功能性品牌、个性型品牌和开拓型品牌：（1）功能性品牌。通过产品自身的功效传达来为消费者提供不同的好处，从而保持品牌吸引力并建立顾客忠诚度。以苹果品牌为例，品牌总是联想起领先潮流的、令人期待的、外观独特和技术领先等。（2）个性型品牌。利用独特的外观和特别的功能形成个性化的品牌产品，比如不拘小节的设计都是品牌系列的风格。（3）开拓型品牌。以创新为动力推动产品，华为、联想等中国科技企业在全球化拓展中验证品牌实力，不再是品牌标语的代名词。布朗和达钦（Brown and Dacin，1997）将公司品牌分作某种特定能力（比如创新能力、质量控制等）与社会责任感两个方面，结果证明，前者对产品评价的影响大于后者。

6. 按品牌之间的关联分类，可以分为主品牌和亚品牌。一些以科技产业品牌作为主品牌的企业，为了区别不同品牌的属性，往往另设计一系列亚品牌，即主品牌之下的产品系列品牌。亚品牌是将主品牌拓展到具有拓展、细分的领域，从而增强或延伸主品牌的联想。如“通用汽车”主品牌延伸的 SLS 赛威、新景程、凯迪拉克、别克、雪佛兰、萨博等；丰田公司总品牌（Toyota）之下有佳美（Camry）、花冠（Corolla）、回声（Echo）等。

四、科技产业品牌要素

关于品牌要素的构成国内外有许多种诠释。有的认为品牌要素可归纳为：名称、标志、标语口号、象征符号、主题音乐、卡通形象、包装七大识别要素；[①] 有的认为品牌要素包括市场需求、满足顾客预期、顾客忠诚、不断创新、自身形象等；[②] 有的认为要素包括公众为中心、组织与产品、公众的认识；[③] 还有的将品牌要素分为核心层、显像层、保护层 [④] 等。作为科技

---

① 品牌要素设计构筑强势品牌，http://www.addown.com。

② 成功品牌构成要素，http://xy88.blog.hexun.com。

③ 余明阳、朱纪达、肖俊崧著：《品牌传播学》，上海：上海交通大学出版社，2005 年版，第 6—7 页。

④ 孙长东、王剑江著：《论著名品牌的构成要素及运行机制》，《江海学刊》，1997.4，第 52—55 页。

产业品牌，它与一般品牌的要素构成既有相同之处，也有不同之处。它一般要具备以下若干要素：

1．用户忠诚度。对品牌的忠诚度是科技产业品牌的核心要素。科技产业品牌是否成功来自于消费者及用户对商品的长期信任感、安全感与价值取向。品牌忠诚与用户和消费者对品牌的“心理承诺”有密切的关系。作为科技产业品牌，必须让用户感觉到物有所值。成功的科技产业品牌一般会在竞争对手的产品有更好的功能和价格的情况下，使消费者及用户仍然决定购买该品牌商品。

2．品质满意度。品质是产品的生命，更是品牌成功的基础。一个科技产业品牌包含消费者对其品质的消费预期。预期品牌是消费者对产品或服务的整体品质、功能或优越性能做出的预期。科技产业品牌的品质必须能够反映消费者对产品认可和接受的程度。因此，一个成功的科技产业品牌不仅应当给予用户购买产品的理由，而且其品质、功能及核心价值，应该上升到精神和情感层面，使用户对其品质的消费预期与品牌产生依赖性的情感。对科技产业品牌来说，用户对产品的感知价值和品质满意度最为重要。

3．品牌维护投入。人性化、个性化的产品及其服务能够强化用户对科技产业品牌的忠诚度，维护品牌的持久。一个著名的企业需要每年投入大量资金来维护品牌，并高度重视品牌市场的研究、预测、产品定位、广告策划等。根据国际经验，维护一个品牌平均每年大约需要投入 7500 万美元，以便通过传播资源等来传递品牌的价值，反映科技产业品牌本身的品位和内涵。

4．品牌零距离服务。科技产业品牌发展来源于品牌服务，服务竞争的关键在于服务流程的创新能力。随着转型时代的到来，跨国企业纷纷开始由纯粹制造业向服务业转型。客户满意度成为企业经营的第一要素，而服务型企业则是赢得客户满意度的最佳模式。全新概念的“品牌服务”，既不是单纯的服务，也不是单纯的产品，而是服务与产品的整合，如海尔向顾客提供的“海尔服务”，就是通过海尔人和海尔产品为顾客提供零距离和满意最大化的优势服务。

5. 品牌战略规划。科技产业品牌的战略规划是品牌建设与可持续发展的关键环节。为了满足产业战略转型和品牌的长远影响，跨国公司品牌的战略规划，一般短则十几年、几十年，长则可以长达100~200年。战略规划的核心不是短期利润，而是根据未来科技进步、资本模型以及规则变动等，对品牌运作的远景设计。这不仅是实现科技产业品牌的持续发展基础，也是科技产业品牌实现长期保值增值的目标和动力。

6. 品牌持续创新。创新是科技产业品牌持续发展的动力。没有创新，品牌也就没有生命力。科技产业品牌创新必须改变传统的思维方式，更新设计基础，不仅有赖于科技创新和市场创新，而且取决于品质、管理、服务和观念等方面的系统创新。通过品牌的持续创新集成，激发产业创造力和竞争力，适应产业转型发展的调控，进一步形成产业发展的独创性品牌及价值取向。

上述要素是实现科技产业品牌的系统工程和实现标准，其基本要素的相互关系如图9–5所示。

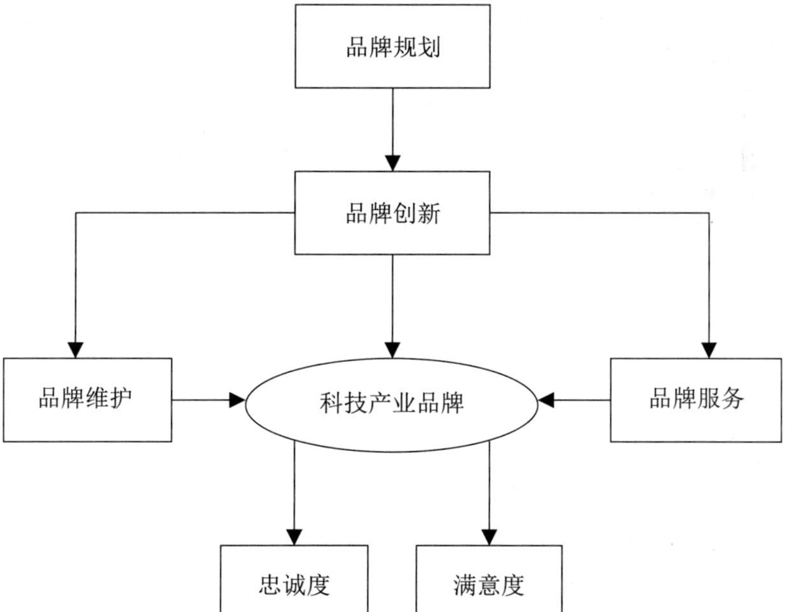

图9–5　科技产业品牌的系统关联图

第三节　科技产业品牌定位

一、品牌定位

品牌定位是勾画品牌形象和所有提供价值的行为。科技产业品牌定位，实际上就是通过科技产业品牌的系统性、独特性、创新性设计及创意，从而使其在市场竞争中具有一个独特的、有价值的、可持续的战略地位。科技产业品牌定位是市场竞争的必然产物与产业发展的客观要求，也是科技产业品牌实现战略管理的首要任务，在科技产业品牌战略中具有极其重要的价值。因此，科技产业品牌设计的首要任务就是品牌的定位。

形成独特的市场形象和品牌战略地位是科技产业品牌定位的主要目的。其中，市场研究分析作为科技产业品牌定位的前提，不仅是品牌定位的基础条件之一，而且是确认目标市场的前提。所以，同样，科技产业品牌定位的核心仍然是市场细分（Segmenting）、目标市场选择（Targeting）和市场定位（Positioning），三者之间的关系如图 9-6 所示：

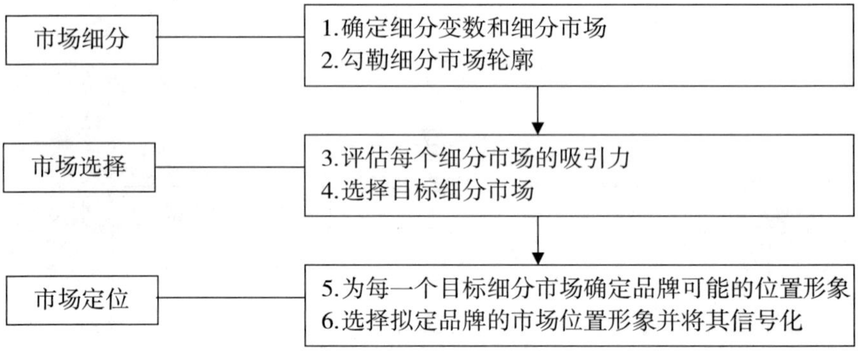

图 9-6　品牌定位的核心

1. 市场细分。按照科技产品消费者的基本特性，将复杂的市场分成若干个子市场进行划分。不同的子市场，不同层次的消费者的需求差别就比较明显；在同一个子市场内部，消费者的需求则有相同性。消费市场的细分使企业容易发现市场先入机会，从而使科技产业品牌的战略性设计以及品牌形象塑造有了客观依据。

2．市场选择。依据市场细分的结果，可以选择最具优势和吸引力的细分市场，即目标市场。科技产业品牌定位及经营活动将围绕着目标市场进行。针对目标市场，科技产业品牌定位与目标市场的特征与不同消费需求要保持一致，以便使品牌的价值获得目标市场的理解与认同。可以说，目标市场是科技产业品牌定位的着力点。

3．市场定位。一旦选定了科技产业发展的目标市场，就要为目标市场确定科技产业品牌的独特标识和位置形象，并依此来设计自己的品牌，争取目标消费者的认同。由于品牌形象必须经由传媒链接和传输，并最终由消费者的主观反映得到实现，因此还要将科技产业品牌形象数字化和网络化。通过科技产业品牌的战略定位及有效链接，不仅成为产业、企业与消费者的桥梁与纽带，而且成为市场定位的核心和集中表现。

在以上基础上，里克·莱兹伯斯和巴斯·齐斯特等提出了品牌定位决策的两个维度：品牌的相对价格，品牌的内在因素（功能角度的定位，表意角度的定位）。

1．品牌的相对价格。在价格定位维度中，里克·莱兹伯斯和巴斯·齐斯特等采取低价、溢价和威望价格策略方式作为定位决策的考量因素。其依据是，价格可以成为品牌商品的重要的质量指标，还可以成为消费者的某种精神内涵。在定位时，价格一般不能孤立于品牌的内在因素而被单独看待。

2．品牌的内在因素。包括从功能角度、表意角度、购买动机考虑品牌的定位。功能性产品定位重在内在属性，意味着消费者依据内在属性将不同品牌商品区分开来。典型的事例可以反映为科技产品类别的内部功能的不同。而表意性产品重在品牌的效果，更多地反映出品牌的“社会心理”及消费者对商品不同的心态和感受。此外，购买动机也是影响定位的因素之一。

里克·莱兹伯斯和巴斯·齐斯特等关于品牌定位决策的基点，主要是从一般商品角度提出的。但对于具有科技类的特殊商品，在涉及的定位决策中（相对价格和内在因素）并没有专门表述。从科技产业发展的视角，科技产业品牌定位还取决于企业战略定位及其创新思路。作为科技型企业战略，通常更多着眼于高端战略选择、技术优势、差别化和品牌附加值，并凸现品牌定位具有知识价值、技术价格的特殊性和内因的差别化。

因此，我们延续品牌定位决策的两个维度，从功能角度、表意角度、购买动机考虑科技产业品牌的定位，更多关注的是品牌附加值的特殊性、相对市场份额的差别化以及品牌影响力的差别化。对于科技产业的品牌定位，要从三个方面来考虑：

首先，“品牌价值或附加值”是“高”还是“低”。里克·莱兹伯斯和巴斯·齐斯特等将品牌附加值定义为：是指品牌名称及其相关涵义在消费者对品牌商品作整体评价时的作用。品牌附加值由三个元素构成：感受功能、社会心理涵义和品牌认知度。但实际上，从科技产业来看，有关科技创新功效、科技产品欣赏以及科技企业知名度，往往是确认科技产业品牌附加值的内外因素。这里虽然有内外因素的相似性，比如感受功效，反映物质联想所带来的价值，但与科技创新功效相比，却带有泛化的区别，并没有从科技创新等因素进行特殊性描述，构成附加值元素的表述层次及相对作用比较低（见表 9-3）。

表 9-3　构成一般品牌与科技品牌附加值的元素异同

构成一般品牌价值的元素	构成科技品牌附加值的元素
感受功能 社会心理涵义 品牌认知度	科技创新功效 科技产品欣赏 科技企业知名度

其次，品牌的“相对市场份额”是大还是小。一个品牌的价值及影响力是通过需求规模及市场份额得到反映。品牌的“相对市场份额”是大还是小，不仅是一个品牌规模的结果，而且被视为一个品牌定位的决定因素。科技产业品牌通过产品的国内外市场竞争及规模扩张，并占有相对高的市场份额，就会在更大范围的消费群体中树立品牌的认知度和特殊的偏好。反之，市场规模萎缩，就造成品牌的影响力的萎缩。因此，科技产业品牌借助国内外市场规模扩张及相应的包装，就能够进一步提升产品品牌的知名度，形成有市场规模的独有品牌概念。

最后，“品牌的影响力”是短暂的还是可持续发展。“品牌的影响力”是一个十分重要的指标。科技产业品牌影响力不仅是产品、服务质量和企业形象的综合体现，而且也是产业或企业经营状况、市场信誉和消费者认可程度的体现。科技产业品牌影响力是“短暂”，还是“可持续发展”，主要来源于科技产业或企业的核心竞争力及其价值系统。如在品牌的知识产权体系中，科技产业品牌主要以商标、商号名称、专有技术、经营管理的方法与经验等方式表现出来，形成巨大的价值链接及其效益。因此，实现科技产业品牌影响力的可持续发展，必须形成从品牌设计、品牌选择、品牌经营、品牌管理到品牌保护等一整套品牌战略运营体系，才能有效提升产业的核心竞争力。

根据上述三个方面的分析，科技产业品牌将会出现四个阶段的特征，对应这些阶段的是不同阶段特征的品牌投入、市场占有率、盈利水平等。由表 9–4 所示，一般在衰退阶段、导入阶段，利润率比较低；在品牌成熟阶段、发展阶段，利润率比较高。所以，尽管对科技产业品牌有不同阶段的诠释，但能够反映科技产业品牌价值的主要在成熟阶段、发展阶段。

表 9–4 科技产业品牌定位的阶段性特征

阶段	品牌投入	市场占有率	品牌特征	利润率
成熟阶段	高	高	搭便车品牌	利润率高于 15%~30%
发展阶段	低	高	高端品牌	利润率高于 30%
衰退阶段	高	低	死胡同品牌	利润率小于 5%
导入阶段	低	低	低端品牌	利润率小于 5%

科技产业品牌的定位，对维持品牌持久魅力和日益递增的品牌价值具有重要的影响。它可以带来稳定的市场和可观的利润，而且有利于降低企业经营成本，提高资本的价值（见专栏 9–1）。

专栏 9-1　华为：品牌战略与定位

以华为公司为例，自 2005 年开始全面进军国际市场，华为仅仅用了 10 多年的时间，就从在通信领域中几乎为零的品牌资产进入世界 100 个最有价值品牌行列，开创了一个品牌发展史上的奇迹。华为品牌的战略定位包括：

1. 自主品牌、高科技出口

华为品牌战略从一开始就选择了高端发展道路。品牌运作突出了自主品牌、高科技产品出口。2005 年 4 月 28 日，英国电信宣布其 21 世纪网络供货商名单，华为作为唯一一家中国厂商，与国际跨国公司入围"八家企业短名单"。英国电信对于供货商的选择在业内以苛刻著称，尤其对于被称为业界最具前瞻性的下一代网络解决方案。因为，英国电信未来 5 年将为此投资 100 亿英镑，所以"八家企业短名单"的产生就耗时两年。

2. 自主研发、核心技术

没有自己的产品、技术，更谈不上品牌。华为品牌出口是以核心技术参与全球市场竞争。以华为的特定用途集成芯片（ASIC）研发为例，早在 1999 年，华为就意识到开发 WCDMA ASIC 技术是一种必然趋势。当时业界尚无任何成熟的 ASIC，某西方公司已经公开宣布他们将于 2002 年推出 ASIC。于是当时很多声音认为自己开发风险太大，不如今后直接购买该西方公司的技术。但华为认为，要提高 WCDMA 产品的国际竞争力，就不能在核心技术上受制于人，必须启动自己的 ASIC 项目。在华为 ASIC 技术突破后，这家西方公司却一再宣布延迟推出芯片，最后彻底放弃了该芯片的开发。通过自主研发，利用压强原理，局部突破，逐渐取得技术的领先，继而带来利润；新的利润再次投入升级换代和其他技术研发中，周而复始，心无旁骛，为华为的品牌战略奠定了坚强的技术基础。

3. 市场细化，"农村包围城市"

华为重视海外战略，积极借鉴"农村包围城市"战略。1995 年，华为启动了拓展国际市场的漫长旅程。先易后难，起点就是非洲和亚洲的一些发展中国家。从1995起，经历了6年的拼搏，直到2001年，华为的产品已经进入非洲、亚洲等十几个国家，年销售额超过3亿美元。华为的品牌也开始在这些发展中国家逐步叫响。华为撬开发展中国家市场大门的同时，也将品牌的影响传播到全球。1998年华为又把触角探向世界的核心市场欧美国家。如今华为交换机连续三年全球第一。智能网用户数全球第一。NGN（下一代网络）出货量全球第一。光网络产品全球第四。宽带产品全球第二。综合接入产品全球第三。2016年，华为手机全球出货量约为1.4亿台，比上年高出29%。华为比产业的平均水平增长更快。消费者业务部门2016年的营业收入高达1780亿元，比2015年增长了42%，连续第五年稳定增长。海外销售已达到22亿美元，产品已进入包括德国、法国、英国、葡萄牙、荷兰、美国、加拿大等欧美14个发达国家。而且，华为还在全球建立了8个地区部、55个代表处及技术服务中心，销售及服务网络遍及全球。

为了持续提升全球品牌知名度，华为在世界级的全球营销宣传上，纳入设计、时尚、娱乐和体育的元素。根据IPSOS研究调查的数据，华为全球品牌的认同度在2016年增加到81%。比起2015年，海外用户对华为品牌的考虑和偏好程度，显著提升了66.7%和100%。除了Brand Finance，多个全球品牌价值评估中介都注意到华为的崛起，包括WPP的Millward Brown、Brand Z、Interbrand等海外知名机构。根据WPP的Millward Brown和Brand Z评估，华为在最具价值品牌百强名单中，排名第50位；而Interbrand在全球最具价值品牌百强的排名中，将华为排在第72位。

二、定位策略

早在20世纪70年代，里斯和特劳特在其著作中[①]，就提出了品牌定位方法及策略（见表9–5）：

① ［美］艾·里斯、杰克·特劳特著：《定位》，北京：中国财政经济出版社2006年版。

表 9–5 里斯和特劳特提出的定位方法

定位方法	具体理解
首次或第一	定位对象首次进入空白心智。赋予定位对象的主张内涵可以是多方面的，但对消费者来说，这方面的信息要是心智第一次感知的，要占的最先与最大。
比附（关联）定位	使定位对象与竞争对象（已占有牢固位置）产生关联，并确立与竞争对象的定位相反的（否定的）或可比的地位概念。
特色定位	在于有无敌地位的竞争对手的情况下，定位的策略是利用自己在潜在消费者心智中拥有的位置，并巩固，使之确立为心中同类对象的新位置。
单一位置策略	处于领导地位者，要以另外的新品牌来压制竞争者。因为每一个品牌都在潜在消费者心智中安置了独自所占据的一个特定处所。
扩大名称	处于领导地位者，用更广的名称或增加其适应范围来保持其地位。
寻找空隙策略	寻找消费者心智中的空隙（而不是制造商的空隙），然后加以填补。这需要反其道而想的能力。关于这空隙的概念有大小、价格（高低）、性别、年龄、一天中的时段、分销渠道，以及大量使用者的位置等。
类别品牌定位	当一个强大的品牌名称成为了产品类型名称的代表或代替物时，必须给公司一个真正成功的新产品以一个新的名称，这像“跷跷板”原理。
再定位（重新定位）	打破产品在消费者心中所保持的原有位置与结构，使产品按照新的观念在消费者心中重新牌位，调理关系，以创造一个有利于自己的新的秩序。这意味着必须先把一个旧的观念或产品搬出消费者的心中，才能把一个新的装进去。这与比较性广告不同，比较性广告未给竞争者重新定位，而以他们作为自己品牌的基准点。

可以看出，表 9–5 归纳的方法不过是通过品牌定位的策略，从而形成品牌与竞争者的差异化和独特性，以便在消费者及市场中占有一个独特的竞争地位。因此，从品牌定位角度，可以将品牌定位归纳为以下策略（见表 9–6）：

表 9–6　品牌定位列出以下策略

定位	说明
属性定位	根据产品的某项特色进行定位
利益定位	根据产品为消费者带来的一项特殊利益定位
使用定位	根据产品的某种使用或应用定位
使用者定位	把产品和一位用户或一类用户联系起来，它让消费者产生对产品的一种独特知觉，不考虑它的物理构造和特征
竞争者定位	通过使用一位竞争者作为参考点来识别产品。
产品类别定位	把产品与某种特定的产品种类相联系。可以通过对一种现存产品类别的细分，或用一种全新的产品类别来定位品牌
质量—价格定位	使用价格作为高质量的暗示，或以更多的特殊或服务来反映高质量
文化象征定位	利用竞争使消费者产生正面联想的“象征”事物来定位
心理认知定位	借助于品质、技术、领导地位、心理联想等认知因素进行品牌定位
生活方式定位	通过品牌人格化，将品牌赋予其与目标消费群十分相似的个性

以上虽然推出了品牌定位策略及方法，但事实上，产业类型不同、战略不同、品牌的定位也明显不同，当然品牌策略运作也不同。以大众、通用、丰田等汽车品牌为例，由于各自的高端战略不同，在品牌的定位、运作的策略上就有所不同（见表 9–7）。从四大汽车品牌战略来看，大众公司选择“联合品牌”以便迅速进入中国市场并获得品牌认可；通用公司选择“本土化”战略及其品牌阶段策略，以便融入中国市场；丰田公司采取“品牌与全球化”的品牌战略；宝马则突出“连贯性”品牌价值及形象，向中国消费者宣示其品牌的全球价值。

从表 9–7 可见，它们也有共同的战略取向和面向市场需求的“用户意识”：

1．以满足各类用户和不同市场需求为战略定位的出发点，通过市场细分化、产品精细化、服务专业化，打开不同层次的消费群体市场，获得以客户为主导的“相对市场份额”和高额的售后利润。

2. 突出品牌的国际化、本土化以及战略联盟的若干特色，通过持续创新和集成，进一步凸显优秀品质、个性化的产品特征、服务结构和品牌价值。通过品牌国际化、本土化以及战略联盟的交叉运作，争取客户对品牌的认可和支持。

3. 通过自身品牌有别于其他品牌定位，进一步延伸和扩张品牌系列，彰显其“品牌的影响力”。以高贵、严谨、卓越、安全、环保和舒适的象征，长期精心维护品牌的声誉，不断向品牌的基本价值中注入消费者要求的、具有当代独特性的质量和价值，使之保持永久活力。

表 9–7　品牌定位：以四大汽车品牌为例

品牌	品牌战略	品牌定位	品牌策略	品牌系列
大众	联合品牌	以传统与理论取向为主	联合品牌	奥迪、高尔、桑塔纳、宝来、伯萨特等
通用	本土化	诚心购车与别克关怀	本土化	凯迪拉克、别克、雪佛兰、塞欧、凯越、君威、GL8–M 等
丰田	品牌与全球化	有路就有丰田车	品牌与全球同步	威驰、特锐、花冠、皇冠、霸道、陆地舰等
宝马	连贯性	焦点、沟通、创新和连贯性	享受生活、享受闲暇	宝马 1 系 、宝马 3 系、宝马 5 系、宝马 7 系、宝马 NAZCA C2 ·和宝马氢动车 H2R 等

三、定位步骤

科技产业品牌定位一般是以高端战略目标为基础的品牌研究及决策过程，包括消费者需求、市场竞争状况、科技创新能力、企业资源特征等过程。具体而言，一个完整、有效的品牌定位的形成，需要采取以下步骤：

1. 研究和选择比较竞争优势。比较竞争优势是品牌胜过竞争对手的综合竞争能力。这种能力可能是现有的，也可能是潜在的。准确地选择比较竞争优势，一般需要建立一个比较分析的指标体系。（1）经营管理：主要是经营者素质，包括领导能力、决策能力、计划能力、控制能力、创新能力、组织协调能力以及个人应变的经验等指标。（2）研发水平：主要分析技术资源（如专利、技术诀窍等）、技术手段、技术人员能力和资金来源是否充足等指标。（3）物流管理：主要分析采购方法、存储及运输系统、供应商合作以及采购人员素质等指标。（4）生产作业：主要分析生产能力、技术装备、生产过程控制以及员工素质等指标。（5）品牌产品：主要考察品牌产品的质量、性能、用途、款式、包装、价格等指标。（6）品牌服务：主要考察品牌服务质量和服务特色等指标。（7）品牌营销：主要分析营销网络控制、市场研究、服务与销售战略、广告、资金来源是否充足，以及市场营销人员的能力等指标。（8）资本运作：主要考察长期资本和短期资本的来源及资本成本、支付能力、现金流量、融资能力以及财务制度与理财素质等指标，通过指标体系的比较分析确认品牌竞争的自身优势。

2. 把握消费者对竞争者品牌的评价。在确认了自身优势及品牌竞争者后，企业就要考察消费者对竞争品牌的看法，了解消费者认为哪些属性对评价一个品牌最重要。一般而言，对于大多数品牌，消费者都要考虑产品的各种用途和属性。为了明确这个问题，要求企业委托专业咨询专家及专门的营销调研队伍进行调研，如邀请消费者使用产品以及参加专题讨论会、共同参与调查过程，以了解消费者在选购品牌时对产品的功能、价格、质量、时尚等属性的看法。

3. 明确竞争者品牌的定位。在确认了产品的相关属性及其对消费者的重要性之后，企业必须明确每个竞争品牌是怎样在这些属性上定位的。从这里企业可以得知竞争品牌之间是如何相互区别的，明确竞争品牌的定位是在消费者研究的基础得出的结论。一般而言，探索竞争品牌的定位可以采用竞争性框架的方法，竞争性框架就是根据产品的某些属性来做一个树形图，并分别细分这样一些属性，最后把所有的竞争性品牌按这些属性在这个树形图上“对号入座”，以明确竞争品牌的差异性定位。

4. 市场细分及消费者偏好。通过界定相关市场、收集研究信息、选择细分依据、确定目标市场等一系列程序，并采用不同的市场细分变量，如生活方式、购买动机、人口特征等把市场细分成了不同的细分市场，使之按照不同的购买动机和重要属性进行排序。

市场细分的程序如图 9–7 所示：

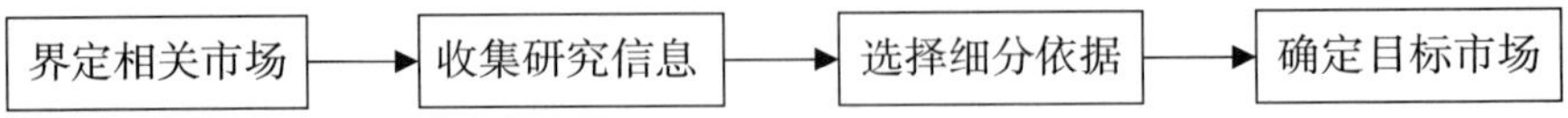

图 9–7 市场细分的步骤

通过市场细分，企业要做的就是要分清哪些购买动机、哪些属性是重要的，并且要找出它们之间的差异。为此，企业可以设想有一个理想的品牌，它具有了消费者所有选择中偏好的目标，这些偏好还可能是那些想象出的而在现实中并不存在的。设想这个理想品牌的目的是帮助企业细分市场的不同偏好和理想，或者是找到这些偏好和理想的倾向。

5. 做出品牌定位决策。依照前四个步骤虽然可以明确企业的品牌定位，然而科学的决策过程并不一定完全带来科学地定位决策。需要在对品牌定位决策时考虑以下的几个问题：选择的市场细分策略是否合适；选择企业的哪些竞争优势作为品牌定位基础；企业是否拥有足够的资源宣传品牌定位；品牌间竞争的激烈程度如何；现有的品牌定位策略是否有效。

6. 品牌定位追踪监控。一旦品牌的定位建立起来以后，就需要通过持续追踪和有效监控，掌握品牌在市场上的影响力及作用，通过持续调查、记录下不同时期的品牌在市场及消费者中的形象来了解品牌定位的状况。这样做，一方面可以及时发现品牌定位决策的是否正确，另一方面根据市场调查采取相应的措施及追踪决策，修正品牌运作过程中的不当状态。

第四节 科技产业品牌价值

20 世纪 80 年代，欧美国家就出现了品牌价值研究的动向。尽管至今还没有确立有关品牌价值计算的国际标准，但一个不争的事实是，品牌价值及其标准不仅反映出企业的经济规模和销售收入，而且反映出科技产业的创新能力及实际利润。

一、品牌的价值

品牌价值是衡量企业价值的重要依据，是资本化运作中的关键参考因素，是衡量品牌管理的重要标准，也是品牌融资的法律依据。品牌价值体现在以下方面：

1. 品牌是科技企业与客户之间的联系

品牌是由企业以科技产品的形式设计、经营而最终由消费者拥有的产业（产品）标识。企业设计品牌的目的就是通过品牌有效运作，使消费者信任、接受品牌及其标定的产品，进而通过销售产品获得预期收益。因此，品牌在产品和消费者之间起着桥梁或纽带作用。借助品牌，企业实现了有关产品及其相关信息的输出；消费者通过品牌了解其标定产品的质量、特色及服务保证等信息，并据以决定是否购买。企业与消费者之间的互动和信息传递就是通过品牌影响力在市场中实现的。

2. 品牌资产具有可量化的价值

作为无形资产，品牌具有可计量的价值，以及具有可交换的属性和资本化特征。产品贴上不同的品牌标识，就可以具有不同的价格，形成不同的市场占有率。这种由品牌带来的超值利益是品牌的价值体现，也是由品牌这种特殊的资产生成的。不仅如此，品牌资产能够产生价值，盘活品牌无形、有形资产，可以用其作为投资并能给企业带来收益，带动企业的迅速崛起。

3. 品牌形成持续的高利润

品牌的价值在于通过持续的影响为企业带来利润增长的机遇。在全球范围，所以有形资产低水平扩张的方式越来越受到以品牌为主、投资软性化扩大经济规模方式的挑战，主要原因是发达国家的跨国公司在对外直接投资方式上越来越减少有形资产投资，增加以知识产权、专利转让、品牌授权特许经营为主的非股本生产合作。他们通过生产特许协议、生产许可证转让、商标权使用等来扩大企业规模，提高市场占有份额，并取得了前所未有的利润。科技产业经济发展与品牌产品联系在了一起，如电器（海尔）品牌、汽车（奔驰）品牌等。以消费群体为主导，企业拥有了强势品牌，意味着企业拥有了市场优势。企业就会持久、稳定地获得回报。同时，随着品牌提升了企业无形资产，越来越多的企业形成以品牌为中心的战略，并改变了价值链的方向。品牌的无形资产不仅像有形资本一样具有价值，而且还会带来持续的价值和利润。

二、品牌价值评判标准及体系

由于国内外关于品牌的标准不同，各国品牌价值的评判标准有所不同。

世界品牌实验室每年发布的世界品牌500强排行榜的评判标准，是品牌的世界影响力。品牌影响力是指品牌开拓市场、占领市场、并获得利润的能力。世界品牌实验室评价品牌影响力的基本指标包括市场占有率（Share of Market）、品牌忠诚度（Brand Loyalty）和全球领导力（Global Leadership）。世界品牌实验室经过长达半年对全球3000个知名品牌的调查分析，根据品牌影响力的各项指标进行评估，最终推出了世界最具影响力的500个品牌。[①]

（ABAS）亚洲品牌测评体系与之不同。该体系综合测评指标包括：市场认知度、质量水平、效益水平、发展潜力指标。其中，市场认知度涵盖国内市场占有水平、顾客满意水平、出口创汇水平、实物质量水平等四项评价内容。[②]

中国品牌竞争力评选指标体系也有区别。从中国企业品牌竞争力评选指标体系可见（见表9-8），品牌标准评判基本指标包括品牌领导力、品牌市场力、品牌忠诚力、品牌创新力、品牌生命力，并下分二级指标若干。

表9-8 中国品牌竞争力评选指标体系

一级指标（权重）	二级指标（权重）
品牌领导力（0.15）	市场影响力（0.25）
	知名度（0.25）
	定位（0.25）
	低于扩张力（0.25）

① 资料来源：http://brand.icxo.com。

② （ABAS）亚洲品牌测评体系，http://www.asiabrand.cn。

续表

一级指标（权重）	二级指标（权重）
品牌市场力（0.30）	市场份额（0.30）
	市场占有能力（0.25）
	市场创利能力（0.25）
	市场发展能力（0.20）
品牌忠诚力（0.20）	品牌忠诚度
品牌创新力（0.20）	创新性（0.35）
	研发资金投入（0.35）
	品牌发展潜力（0.30）
品牌生命力（0.15）	品牌稳定性（0.50）
	品牌所获支持（0.50）

资料来源：http://www.ccidconsulting.com/Brand/

国际上一般采取 IBS10000 标准体系（International Brand Standardization）作为国际首创的关于品牌规范化方面的标准体系[①]，这是经过对全球数百个著名品牌进行多年持续的系统研究与分析，运用系统工程理论、运筹学、辩证法、计算机技术等科学技术与手段总结和编制的品牌规范化、标准化的工作流程。IBS10000 标准体系包含品牌方面的重要参数：质量、产品、商标、营销、广告、形象、包装、管理、文化、制度、整合传播和信用等，同时以波特作为计量单位[②]，以品牌指数 10000 波特为标准评分对企业进行品牌标准化评估。IBS10000 标准化体系用数据、数字形式，为企业实施品牌战略提供了一个标准化的程序，使企业能够更为直观地理解和认识品牌的实施。IBS 根据各项要素对品牌的影响和贡献值，将各项要素分为一级

① 国际品牌标准工程组织（International Brand Standard Engineering Organization，简称 IBS），它是由美国、英国、法国等有关专家共同发起和建立的一个专门从事品牌科学研究及品牌标准认证的专业机构。它吸取了国际上最先进的品牌理念、运营模式，制定了全世界第一套“国际品牌标准系统”——IBS10000 标准体系。

② 波特是品牌的基本单位。美国学者约翰·波特认为品牌应该有具体的基本单位及结构，由于品牌英文也可叫 Brand、Brands、Branding，其简化译音与“波特”类似，因此，他建议品牌的基本单位是“波特”。波特用综合指数法建立、计算品牌波特的具体价值大小，称之为“品牌指数模型”。把品牌分解为 10 个大类，100 变量，每个变量又分为近 100 个参数，从而构成了一个称之为“IBS10000—品牌指数模型”。（http://www.plan-china.com/ibs）

指数和二级指数，一级指数包括质量、理念、规划、商标、文化、广告、整合营销传播、营销、经营、延伸等，二级指数包括视觉识别、促销、直销、事件、生产控制、质控等。

2016 年，国际品牌标准工程组织等又以“品牌力”建立品牌模型和能级认定系统，并发布 IBS 国际品牌标准能级认定指数标准。所谓品牌力指数模型是 IBS 国际品牌标准工程组织经过 20 多年对国际国内企业品牌观察、理论研究、实践分析、案例剖析等基础上，通过“品牌力图”来建立品牌指数模型，从而更直观地对行业品牌进行持续的、动态的市场监测，定期发布品牌指数排名的一种数据指标。它是未来品牌检测与监测使用最广泛的数据工具之一。通过建立的“品牌力模型”中的参数和变量，进行综合运算计算出评估分值。该指数系统运用系统工程理论、运筹学、辩证法、计算机技术等科学技术，除了针对企业的综合发展、市场运行态势分析之外，还从历史人文、科技创新、国际趋势等方面进行全面的研究，并且创造性地运用物理学、力学、化学等理论建立起来，在计算中将品牌划分为宏观力、硬实力、产品力、管理力、文化力、人才力、传播力、营销力等 22 个变量力和 185 个分量力指标，通过分量力的分值评定，从而计算出品牌力指数值。

IBS 品牌力计算方式：

$$B_t=\alpha_{nj}+\beta_{nj}+\cdots\gamma_{nj}$$

其中，α、β、γ 为各个品牌力的变量，n、j 则为品牌力的元素变量分值。

三、品牌评判标准价值

无论世界各国关于品牌评判标准有多少差别，但大多数国家与国际组织评判标准重视品牌的竞争实力和创新能力。2016 年入选世界品牌 100 强排行榜的国家分别来自美国、德国、法国、日本、荷兰、韩国等 15 个国家。其中，美国品牌有 52 个，占据了排行榜的半壁江山。10 个来自德国，8 个来自法国，6 个来自日本（见表 9–9 ）。中国也有两个品牌上榜，它们是华为和联想，分别位列第 72 位和第 99 位。另一明显特征是，榜单里科技公司的数量和排名都提升迅速。在排名前十的品牌中，有 4 家是科技公司：苹果（第一位）、谷歌（第二位）、微软（第四位）、三星（第七位）。

除此之外，还有 10 个科技公司品牌也进入 TOP 100 榜单，科技品牌也是榜单中增长最快的类别之一（见表 9-10）。按照 Interbrand 的估算，其品牌价值总额较 2015 年增加了 8.3%，至 6233 亿美元。[①] 同时，2016 年全球 100 家最佳品牌排行榜显示，全球科技领域最有价值的品牌集中了苹果、谷歌、IBM、英特尔、惠普、思科、三星、甲骨文、SAP 等品牌。根据 Interbrand 的研究，前十位品牌的价值总值就占了前百品牌价值总值的 42%。这表明，全球最有价值的 100 个品牌中，科技公司数量和品牌总价值都最高。科技公司的品牌价值总体都在增长。创新型国家或地区是科技品牌的主要拥有者。

表 9-9 2016 年全球最具价值品牌排行前十名

排名	公司名称	品牌价值（亿美元）	所属国家
1	苹果	1781	美国
2	谷歌	1333	美国
3	可口可乐	731	美国
4	微软	728	美国
5	丰田	536	日本
6	IBM	525	美国
7	三星	518	韩国
8	亚马逊	503	美国
9	梅赛德斯奔驰	435	德国
10	GE	431	美国

资料来源：2016 年全球最具价值品牌 100 强排行榜，国际品牌咨询公司 Interbrand2016 年 10 月 6 日发布

① 资料来源：http://www.maigoo.com/news/466616.html。

表 9-10　2016 年全球最具价值品牌百强科技企业

排名	公司名称	品牌价值（亿美元）	所属国家
1	苹果	1781	美国
2	谷歌	1333	美国
4	微软	728	美国
7	三星	518	韩国
14	英特尔	370	美国
15	FACEBOOK	326	美国
16	思科	309	美国
17	ORACLE	266	美国
22	SAP	213	德国
44	Hewlett-Packard	110	美国
48	惠普	104	美国
63	Adobe	76	美国
72	华为	58	中国
99	联想	40	中国

资料来源：2016 年全球最具价值品牌百强排行榜，国际品牌咨询公司 Interbrand2016 年 10 月 6 日发布

值得关注的是，世界最具价值品牌的企业，其品牌价值必须计算品牌的总收入（见表 9-9 所示）。根据 J.P. 摩根、花旗集团和摩根士丹利等公司的研究分析，一般要预测该品牌五年的纯利润，再减去拥有有形资产的费用成本，包括运营成本、税收等。同时，通过对市场分析和对行业中的管理层调研来衡量以上的变量，最后确认该品牌的实力，包括该品牌的市场领导力、品牌的稳定性和全球普及率，从而才能推算出日后品牌利润的风险。

根据发达国家的评判规则，中国一些大型科技企业的品牌价值已经跨过了入选门槛，但因为海外市场收入无从统计分析，造成了评价国内企业品牌价值普遍存在的瓶颈。比如，以《商业周刊》对入选企业营销和财务数据透明性的要求来衡量国内企业，许多企业在“财务数据的透明性、至

少有1/3收入来自海外市场”两道门槛就难以逾越。而《商业周刊》的全球最具价值品牌百强中，除了财务数据透明度和海外市场收入明晰等因素外，对全球品牌实力的确认，即该品牌的市场领导力、品牌稳定性和全球普及率，成为科技企业最终能否进入全球百强品牌的重要因素。

入选品牌的价值以预测该品牌五年的纯利润为基础，虽然给中国企业营业带来了上百亿或数百亿收入，但其品牌的市场领导力、品牌稳定性以及全球普及率仍然难与发达国家在同一竞争层面对垒。例如，我国是制造业大国，但处于低附加值制造环节的生产企业，通常只能赢得产业价值链末端5%的利润，而其他份额被拥有品牌与核心技术的发达国家企业所占有。国内一些不重视产品研发和技术创新的企业，仿制和抄袭现象严重，只是满足于赚取加工费，虽然名义上拥有若干品牌，但由于自主品牌缺乏核心价值与核心竞争力，大多处在二流档次、三流价格。一些自主品牌逐渐消失在人们的视线里。“品牌空心化”使得中国科技产业在国内失去高端市场，在国外失去参与全球化竞争的核心竞争力。同时，国内企业进行品牌价值评估的只有0.05%，企业在资本运营中，多数品牌资产没有进行量化，在上市公司中只有10%实行有偿使用品牌，而且很多是象征性收取。

因此，科技产业品牌的利润标准，往往是科技企业无法显示“全球品牌实力”的关键所在。将销售收入规模为导转为以利润为导向，越来越应成为科技产业及高端产品业绩考核指标体系中的关键内容。

第五节 科技产业品牌运作

分析显示，尽管科技产业品牌在市场竞争的诸多方面面临着挑战，但仍然可以通过采纳最基本的科技产业品牌运作方式及战略管理来把握成功的机遇。

一、品牌运作

品牌运作，是指在调集各种资源，营造强势品牌资产的基础上，推动强势品牌的扩张功能，用强势品牌促进产品生产经营，使品牌资本化、有形化和增殖化。在“互联网 +”、大数据等技术支持下，科技产业（企业）品牌应遵循品牌战略，从设计、制造、营销、服务全过程创造价值、挖掘价值、拓展价值，走定位差异化、结构优化、价值强化的品牌运作路径。因此，品牌运作不仅是形成品牌资本化的过程，也是通过品牌运作进入品牌经营更高层次、影响更持久的过程。在传统品牌运作阶段，品牌运作还是一种“形象包装”和产品销售的工具，没有将品牌资产作为资本扩张和资本积累的手段加以有效运作。事实上，品牌资产作为无形资产是各类资产或企业整体资产中的一种形态，它仍然需要体现无形资产的交易、资本的流动性、盈利性等特征，只有让经过人力、物力、财力和智力投入及运作，并能够体现出市场的需求，形成品牌有需求的无形资产运动，才能实现其价值的补偿，实现品牌的增值功能。

科技产业品牌运作是一种特殊的无形资产运作，通常是一种围绕着高科技、高附加值、高市场占有率进行运作的过程。品牌运作具有知识产权等可确指的无形资产运作，也有针对产业高聚集性、技术高智密性及其高增殖性的品牌运作。例如，品牌运作中科技企业高聚集性产生的集群品牌效应；技术高智密性的产品品牌效应以及高附加值、高增殖性的效益品牌效应等。这些运作往往因为“高聚集性、高智密、高增殖性”形成一定的垄断性。因而，以“三高”为特征的科技产业品牌运作要特别考虑到技术竞争风险、品牌效应与市场垄断等诸多特殊因素。

形成品牌资本化的运作主要有以下若干方式：

1. 品牌资产入股。在品牌并购过程中，将品牌作为无形资产纳入成本。如根据国家公司法规定，无形资产可以占公司股本 20%，在实际运作中，有些非上市公司或科技园区无形资产可达到 35%。

2. 品牌收取特许费。收取特许费是国际品牌运作的通行做法。部分著名公司将某一方面的生产或经营权卖给其他公司，公司本部只管技术指标，只要达到一定的标准，就可以销售，以便获取品牌收益。

3. 品牌用于融资。在国外的贷款操作中，企业的无形资产（品牌）可以自由使用和处置，用于融资和抵押贷款。更多的品牌融资表现在授信。

只要企业经营良好，品牌效应强大，一般金融机构不需要具体资产抵押，也会授予企业一定的贷款额度。

二、品牌运作阶段

一般认为，品牌运作的过程可以大致分为三个阶段：产品知名度阶段、价值（美誉度）知名度阶段和文化知名度阶段。但实际上，根据科技产业品牌的运作阶段及路径，还可以划分为低端、中端和高端三个阶段（如图9–8所示）：

低端阶段：在品牌运作处在低端阶段时，市场处于买方市场，品牌运作往往是以产品销售为主，主要通过产品的功能、价格、用途和特点，不断扩大市场需求规模，增强品牌在市场中的认知度和影响力。

中端阶段：在品牌运作处于中端阶段时，品牌运作是以企业为主，主要借助企业的文化价值观和社会影响力，建立起公众对企业及其产品的信任。

高端阶段：在处于品牌高端阶段时，品牌运作以社会服务及战略管理为主，本土化品牌的价值核心不仅被广泛认可，而且通过进入全球价值链运作，形成有影响力的世界品牌。

上述三个阶段，低端阶段是所有品牌运作都必须经历的阶段。而中高阶段是在企业、社会逐步转型及产业升级的过程中品牌运作的认知度和价值倾向，即借助企业的价值观念、团队、技术特色等，建立起市场及消费者对品牌的信赖，进而建立品牌的忠诚度。期间，虽然品牌运作进入高端阶段可能需较长时间的积累和培育，但进入该阶段将使本土化品牌的价值核心被广泛地认可和传播。品牌迅速融入当地社会，不仅构成品牌的美誉度，而且创造出高端品牌的价值，如微软、通用、西门子和华为等就是这方面成功的例子。

因此，科技产业品牌运作过程是一个企业竞争力、品牌影响力和扩张力长期积累的过程。虽然实施品牌运作有阶段性、策略性的方法，但基本运作时序和过程很难“省略”和“跨越”，必须经过由低端到中端至高端的梯度演变。其间，一般需要运用各种驱动力量，利用各种资源、手段和方法进行协同运作。

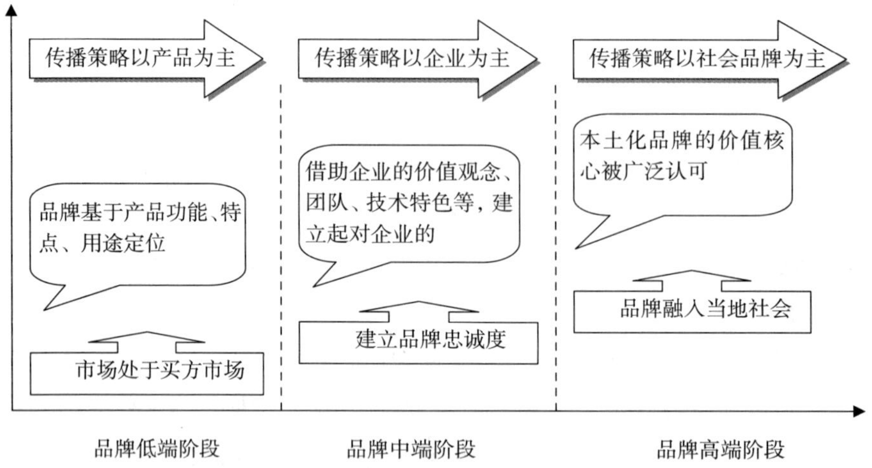

图 9-8 科技产业品牌的运作阶段及路径

这些驱动力量及其运作方式主要包括以下方面：

1. 品牌持续创新。科技产业品牌的理念是创新。为保证产品不断创新，具有科技产业品牌的公司一般规定年度销售额中的三分之一来自于公司最近三年开发的产品。并且拥有一个庞大的研发队伍，从事研发工作。一些著名公司的品牌虽然并不过多的采取广告宣传方式，但其品牌以研发成果和技术创新实力为标志，同样反映出品牌自身创造价值和高端能力。

2. 品牌系列延伸。即根据市场细分的原则，销售渠道实行多样化和细分化，一般将不同定位、不同系列的产品投入不同的销售渠道，使之通过品牌系列的延伸，扩大品牌的影响力和渗透力。

3. 品牌定位多样。即产品的定位诉求各有不同，要针对市场需求的专业特征和消费特征来进行品牌定位。如苹果把产品定位以外观时尚、产品创新，突出高端、时尚的品牌内涵，主要针对的消费者群体是公司白领及大学生。而华为强调“全球领先”、“以客户为中心”的品牌内涵，主要针对不同类型的消费群体。如华为手机品牌 Ascend 分为四个系列，分别对应为钻石、铂金、黄金、年轻档次。

4. 品牌产品拓展。在企业产品线中，一般分成四类：第一类是形象产品或者明星产品；第二类是利润产品；第三类是常规产品，这类产品满足了公司不断扩张的要求，也为企业稳健发展提供了充实的现金流；第四类是促销产品，专门提供与竞争对手抗衡的武器。建立科技产业品牌，需要将以上类型的产品逐步进行递阶性拓展：利润产品转化为常规产品，明星产品向利润产品转变。各类产品始终保持一个较为合理的比例。同时，不仅进行品牌的横向扩展，也不断拓展同一品牌的产品线。大众、丰田、现代等汽车公司推出尊贵型、豪华型、舒适型、标准型等系列。如丰田推出高端的3.0 皇冠到低端的 1.3 威驰，以及陆地巡洋舰、霸道、特锐等系列产品。

5. 品牌链接组合。品牌组合是相关价值链接形成集群效应的品牌生态系统方式。这种运作方式遵循产业价值链关系形成集群作用，通过品牌各要素系统及系统内诸要素作用力的耦合，以及区域品牌网络的构建，形成了科技产业品牌的影响力和竞争力。如图 9–9 所示，品牌链接组合实际上是科技产业品牌的“强强链接”。微软、康柏、思科、太阳微、英特尔和 IBM 等世界知名 IT 品牌链接交织成集群网状，形成了品牌集中性，即大量的相关品牌相互集中在特定的地域范围内，形成品牌组合及集群。由于彼此联系、相互作用、共荣共生，集群内部的竞争自强化机制在集群内形成了自然选择机制，不仅刺激了企业品牌创新和衍生，而且构成了科技产业品牌的生态系统，促进了品牌集聚的区域社会文化环境。

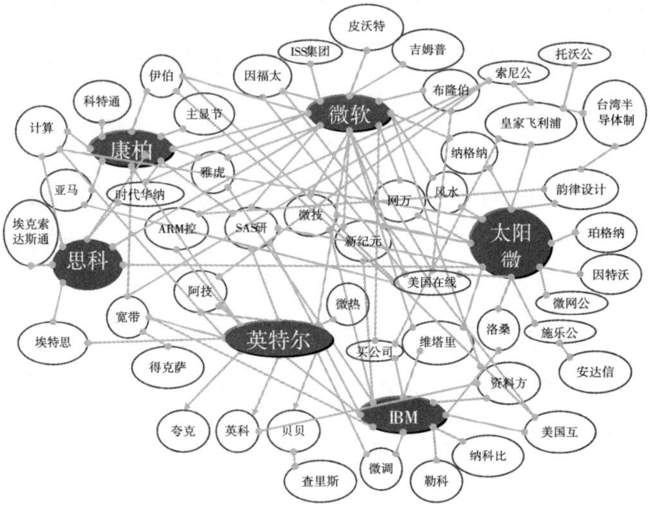

图 9–9　信息产业品牌链接网络

6. 品牌并购。品牌并购是一种以资本运作来获取品牌及其价值链延伸的活动。这种并购通常与公司现有的品牌形成一种互补关系而不是相互削弱或抵触，并给公司带来独特、细分的市场扩张机遇。如 1993 年到 2000 年美国思科公司通过并购取得了 70 多个品牌，占思科产品总数的 30% 左右；中国 TCL 并购汤姆逊电子 RCA 品牌 20 年使用权；联想并购 IBM 5 年品牌授权以及拥有 ThinkPad 和 ThinkCenter 品牌等；印度塔塔集团对福特公司旗下的捷豹、路虎等世界知名汽车品牌并购，以此来实现客户群的迅速涵盖和在市场的扩张；等等。一般来说，品牌并购等于买下市场及营销路径，意味着消灭了一个强劲的竞争对手。

需要说明的是，科技产业的品牌运作实际上是一个战略性、系统性的运作流程。实现科技产业品牌的有效运作，必须具有科技产业发展的战略规划及路线，做出一系列的战略配置及结构布局，进行阶段性、策略性的科技创新有序转化及信息披露。通过科技产品、企业及产业形象的有效传播，建立起以高端战略为主导的科技产业或产品形象，进而引入战略投资、技术联盟、专有人才进入产业领域。所以，按照品牌运作的有关时序，在运作过程中形成不同于其他产业品牌的特征和独特的运作路径，将会使科技产业品牌价值通过运作流程、互动网络和价值链接大大超过其实际影响力，形成战略性和差别化的核心竞争力，因而成为一种稀缺的、有价值的、可延展的核心能力（Core Competence），形成难以模仿的科技产业的品牌标志。

三、品牌运作案例：三星战略①

1. 品牌发展战略阶段

韩国三星电子集团在短短六年内把一个普通的科技企业做成全球知名的品牌，可以说是科技产业品牌战略实施的典范。三星品牌发展战略经历了三个阶段：

第一阶段：在 20 世纪 70 年代，三星主要为日本公司外包，靠着给三洋等著名国际品牌制造芯片及电子产品，三星大大地拓展了自己的规模，成为韩国最成功的制造企业。20 世纪 80 年代至 90 年代初期，三星公司大

① 世界品牌实验室，2005 年 9 月 29 日。

规模制造微波炉并到美国销售。由于产品大量堆积，无奈之下不得不打折销售，这样美国人开始把三星与廉价商品画上等号。

第二阶段：三星电子经历1997年和1998年严重的经济危机，从OEM、大规模制造转向创新技术、创新产品和自有品牌。1999年，三星的品牌认知度还不高，三星公司在公司战略方面做出了有史以来最大的一次调整——经营核心从OEM、大规模制造转向创新技术、创新产品和自有品牌，建立新的远景目标，“引领数字融合的革命”，把技术研发平台定位于当时刚刚兴起的数字技术。

第三阶段：三星公司提高品牌形象，做出大胆决策：加入奥林匹克TOP计划（The Olympic Plan，全球赞助商计划）。赞助2000年悉尼奥运会，花费大约1500万美元赞助2002年盐湖城冬奥会，赞助2004年雅典奥运会，赞助2006年第二十届都灵冬季奥运会和2008年北京奥运会。

2. 三星公司十大品牌战略

三星的品牌之所以能够迅速成功，主要依靠三星的全球化品牌管理战略和品牌管理，背后有三个重要因素：产品的领导性、系统性的企业品牌战略管理和有所区别的营销活动。还有，三星品牌的巨大成功，不是纯粹的TOP计划的成功，是三星公司成功地把产品战略、技术战略、品牌战略和TOP计划融为一体，获得了成功。

（1）产品定位在中高端市场。三星为了提升自己的品牌，基本放弃了低端市场，在高端市场则以技术、品牌作为主要竞争手段。三星的各个产品系列——例如手机、消费类电子设备和存储芯片——都定位在中高端市场。三星的产品定价在同类产品中比较高，这和三星的产品定位相辅相成，也和三星要把自己塑造成世界一流品牌的战略相辅相成，高价格对于提升三星的品牌形象发挥了重要作用。

（2）技术突破。建立新的远景目标，“引领数字融合的革命”，把技术研发平台定位于当时刚刚兴起的数字技术。早在20世纪90年代中期，三星就已经认识到，数字化正在席卷整个消费电子行业，从模拟技术到数字技术，是整个消费电子行业技术发展的方向。三星公司决心把核心竞争力从大规模制造，转向基于数字技术的自有品牌。经过几年的积累，三星公司终于成为世界顶尖级的技术创新公司，它在众多的领域创造了一系列的尖端技术，包括移动电话、手持计算设备、平面显示器、液晶显示器、超薄笔记本电脑等领域。2001年，三星公司的专利数在全球排名第5，仅次于IBM、NEC、佳能和Micron公司，领先于Matsushita、索尼、日立、三菱和富士通公司。

（3）确立领导性产品。三星电子社长李基泰曾说，企业有了领导性的产品，消费者才会注意你，因为产品是营销的基础。

（4）不断推出前沿产品。深厚的技术积累使得三星能够每隔一段时间就推出一些代表最新技术的前沿产品，例如手机、液晶显示器、数字相机、笔记本电脑等，通过这些产品传播了一个信息：三星技术雄厚，三星是消费类电子产品的领先型企业。这种前沿产品虽然不会给三星带来直接的商业利益，但是对于三星品牌的塑造却发挥着不可替代的积极影响。

（5）为消费者开创产品设计革命。三星为了摆脱“生产别人设计出来的东西的模仿者”的形象，发动了一场设计革命。请来IBM的设计神童为三星的设计师们开阔思路，三星还创造机会让公司的主要设计师与美国同行中的优秀人才共同工作，以开阔眼界、紧跟世界最高水平。例如在手机领域，最漂亮的手机不是索尼而是三星的，这颠覆了索尼在消费电子领域顶尖角色的图景。三星公司获得美国工业设计协会颁发的2002年度最佳工业设计奖中的5项大奖，与美国的苹果公司平分秋色，同为该届工业设计奖中获奖最多的公司。自1998年至2002年，三星公司共获得了17项工业设计奖，连续5年成为获奖最多的公司。这一成绩证明三星公司领先的设计理念得到了全球认可，使其向建立世界超一流企业的目标迈出了坚实的一步。

赋予产品“时尚”精神。三星公司在液晶显示器的外观和轻薄程度上不遗余力地进行创新，几乎要把显示器变成书房中的艺术品来设计。在通信领域，三星公司也在手机的工业设计、功能配置方面煞费苦心，第一个珍珠白色的手机、第一个挂在脖子上的手机、第一个增加人体生理节律的手机，都出自三星公司。三星作为“年轻、流行、时尚数字先锋”的形象在消费者心目中得到了持续加强。

（6）利用美国市场的示范作用。由于美国在全球市场的领导地位，美国市场对于品牌塑造而言具有强大的示范作用，只有在美国市场获得成功，三星才能成为世界顶级品牌。因此，三星极为重视美国市场，在美国市场的市场推广力度非常大。经过多年努力，三星品牌在美国消费者的眼里，已经从“廉价货”变为“高档产品”。在美国市场的成功，使得三星品牌价值的评估直线上升，这对于三星公司在全球其他市场的成功至关重要。

（7）改良销售场所。在美国市场，三星公司为了提升其产品的品牌形象，把产品撤出一些大型连锁商店，例如沃尔玛和 Kmart，因为这些连锁店是以低价格作为“号召”，在这些连锁超市消费的客户也更看重产品的价格，而不是产品的质量。为此，三星将撤出的产品转移至 Best Buy、Sears、Circuit City 以及其他一些高级专业商店进行销售，因为这些商店看重的是产品的质量和品牌。销售场所的改变，使三星在消费者中的品牌联想从“低价格”转变为“高品质”。

（8）统一品牌机构，不断增强品牌印象。三星原来的广告商数量多，导致品牌信号复杂，有时还会出现冲突。为了改变这种局面，三星用一家广告商取代了原来的几十家广告商，使三星广告的外观和给人的感受更加一致，统一了传播中的品牌信号。

（9）如前文所述，依靠赞助奥运，提升三星品牌。在三星首次加入 TOP 计划时，曾在公司内部引起很多忧虑，担心这种巨大投入会得不偿失。

（10）核心品牌内涵呼应企业崭新的数字技术平台。三星紧密围绕“数字世界”的核心品牌内涵来开展公关和促销活动。三星的品牌主张“Digital All”。

3. 三星启示录

三星的成功主要在于它有一个非常清晰的品牌定位。清晰的品牌定位路线源于前瞻性的战略眼光。早在 20 世纪 90 年代初期，三星就意识到数字通信的技术创新将会改变未来的竞争格局，并在数码电子技术方面投以重金，树立数码电子技术的顶尖地位，从而为品牌定位的改造奠定了坚实的基础。与技术创新一脉相承的是全新的品牌战略。1997 年，三星宣布打造全球超级品牌，给品牌赋予了“数字技术的领先者、高价值和时尚”等新的元素，改变品牌在消费者心目中的印象。从此品牌战略的重新定位成了三星商业经营的“中心思想”。接下来的事情就是如何将这一“中心思想”贯彻到商业运营的每个细节之中，形成战略配称。为了做到这一点，三星加大了数字技术方面的研发投入，推出设计时尚、功能先进的产品，进入更加高档的销售渠道，赞助奥运会以提升品牌的知名度。

除此之外，三星的产品和品牌战略结合得非常紧密，三星对产品线的调整强化了三星的品牌内涵。虽然三星的产品线依然很宽，但产品内涵的主导形象鲜明，三星在许多消费者中的品牌地位也在悄然发生改变，并对商业运营形成一种强大的推动力。

对于三星而言，品牌战略不是商业经营中的一部分，而是贯穿商业经营每一个细节的主线。它先确定品牌内涵，然后实行战略配称，实现品牌内涵和业务之间的紧密结合，通过手机等“形象产品”来体现产品和品牌内涵之间的联系。

三星的另一个启示是，打造品牌需要耐心和长期投入。当三星 1997 年提出打造全球超级品牌的时候，没有多少人看好它。亚洲金融危机几乎使它濒临破产，而且 2000 年三星在品牌方面的投入效果还没有显露出来。但三星依然坚持原有的品牌战略，几年之后终于修成正果。

第十章　系统创新

创新是推动科技产业发展的原动力。在创新全球化和信息网络化的重大变革下，创新作为一种新的系统组合，其内涵、模式、结构和战略发生了前所未有的变化，逐渐由一种经济机制或科技发展过程，演变为一种系统创新的运作方式、结构体系和范式。在本章，通过对创新定义的界定，以及新系统演变过程和结构变化的分析，阐述系统创新的理论内涵、基本框架和要素，深入研究系统创新在科技产业经济发展过程的结构调整，以及系统创新的宏观调控和管理等问题。

第一节　创新系统演变

一、创新内涵

创新的主要表现为创新过程及其系统作用，这一概念是随着人们对创新内涵、系统演变及运行机制研究的深入而逐渐完善的。关于创新内涵，国内外学者众说纷纭，这主要是因为创新是一个涉及面广、影响很大而且十分复杂的过程。从不同层次、不同角度、不同阶段去研究创新，必然赋予不同的定义。然而，从国内外创新文献的主要观点和表述可见，自从熊彼得提出创新理论以来，创新理论及其内涵已经发生了一系列潜在、内质的变化。

创新（Innovation）的概念是最初由美籍奥地利经济学家熊彼特·J.A. 于 1912 年在其著作《经济发展理论》一书中首先提出的。熊彼特把创新概括为发明的首次应用。1928 年熊彼特提出创新是一个过程的概念，并在 1939 年出版的《商业周期》一书中比较全面地提出创新的一些具体表现。按照熊彼特的观点，所谓创新，就是“建立一种新的生产函数”，即将某种从来没有的生产要素和生产条件的“新组合”引入生产体系，进而发挥资源新的创造能力的行为。熊彼特将技术创新作为一组独立变量对经济增长以致社会变迁的影响作用进行考察，但那时他并没有对技术创新本身进行专门的研究。“创新”概念还是限制在一个经济范畴而非技术范畴，不仅是指科学技术上的发明创造，而且是指把已发明的科学技术引入企业之中，形成一种新的生产能力。同时，虽然熊彼特提出的创新概念包含了一切可提高资源配置效率的创新活动，但与技术直接相关的创新即开发新产品和采用新技术是熊彼特创新思想的主要内容。这种将“创新”局限在“技术创新”范围的狭隘的理解，制约了人们对“创新”内涵的认识和有效运用。

后来，诺贝尔经济奖获得者索罗对技术创新理论进行了较全面的研究，并在 1951 年发表的《在资本化过程中的创新：对熊彼特理论的评论》一文中首次提出了技术创新成立的两个条件，即新思想来源和后阶段发展，这一“两步论”被认为是技术创新界定研究上的一个里程碑。使创新理论进一步趋向完善和发展。之后，西方学者进一步探讨了创新的内涵、过程、动力机制和运作模式等，并基于不同学派的争论形成了创新理论的两大分支：一支是新熊彼特主义，即技术创新学派；另一支是制度创新理论，即新制度学派。

1962 年伊诺思又提出“技术创新是几种行为综合的结果，这些行为包括发明的选择、资本投入保证、组织建立、制定计划、招用工人和开辟市场等”，使他从行为集合角度又将创新理论推进了一步。后来，诺斯又提出社会经济制度的变革与技术创新之间的相互影响，指出“有效率的经济组织是经济增长的关键”。

1969 年迈尔斯和马奎斯在他们的研究报告《成功的工业创新》中将创新定义为技术变革的集合。认为技术创新是一个复杂的活动过程，从新思想和新概念开始，通过不断地解决各种问题，最终使一个有经济价值和社会价值的项目得到实际的运用。

20世纪80年代中期，缪尔塞对300余篇的论文进行分析证实：约有3/4的论文在技术创新界定上接近以下表述：当一种新思想和非连续性的技术创新活动经过一段时间后，发展到实际和成功应用的程序，就是技术创新。

20世纪90年代，在创新系统的研究中，以内尔森为代表的国家创新系统理论在国际上产生很大的影响（Nelson，1993；Lundvall，1992），这一理论指出技术创新需要大量相关部门和制度的支持，强调各种正式机构和制度，如大学、研究机构、金融机构、法律制度和社会管理体制等在创新环境方面的重要性。OECD在《国家创新体系》（1997）报告也指出："创新是不同主体和机构间复杂的相互作用的结果。技术变革并不以单个完美的线性方式出现，而是系统内部各要素之间的反馈和相互作用的结果。这一系统的核心是企业，是企业组织生产和创新、获取外部知识的方式。外部知识的主要来源则是别的企业、公共或私有的研究机构、大学和中介组织。"

进入21世纪，随着知识网络化、创新全球化的发展，创新研究进入全球范围并通过战略联盟影响全球科技结构调整和产业结构的战略转型。创新的系统性、协调性和渗透性改变着全球的创新格局，并通过互联网、云计算与人工智能等手段，采用大数据分析技术、虚拟技术与仿真分析手段对科研数据与信息进行分析与处理，进而创造性地构筑多维、多元、多域的系统集成和创新生态机制，并将全球经济、国家战略与创新系统加以融合，提出了新的系统创新理论及观点，形成了创新促进科技产业经济发展的新模式。

以上所述，随着阶段性的创新内涵是在不断变化，关于创新定义及其表述在逐渐发生变化。由创新的狭义表述，即创新是科技新成果（包括概念、发现、发明和其他成果）转变成一种新的或改进的能够带来经济收益的新技术或新工艺，向创新的广义表述转变：除了科技创新外，还基于网络化沿着制度创新、管理创新，以及教育创新和市场创新等创新链接领域延伸。这一变化反映在以下三个方面：

1. 非技术创新因素对技术创新的影响越来越大，并呈现出技术创新与非技术创新因素循环互动的系统现象。由于创新成果的公共商品特性，市场自然引致的创新不一定成为社会最优水平的创新，因而非技术创新因素在创新中便起到关键的作用。特别是对于发展中国家及市场经济转型国家，制度创新、政策创新、管理创新和服务创新等非技术创新因素对弥补创新缺陷，保证创新的优势互补具有明显的作用。

2. 技术创新的非连续性、非均衡性逐渐被非技术创新的连续性、均衡性和跨越性所取代。在非技术创新因素的作用下，技术创新获得研究开发、设计、制造、销售等一系列的有序联接，形成了技术—产业—市场—服务关联的链条传递和可持续创新的过程。由于技术创新处在非连续性、非均衡性的创新环境中，非技术创新变革将加快传统运作体系及结构的调整。在创新过程中依据相关创新程序的运作，最终创新过程将呈现出连续性和跨越性的特征。

3. 技术创新由封闭性、分散性逐渐被创新的系统性和开放性所取代。在创新网络化的系统环境和开放环境条件下，以互不相关的创新在时间轴上结组成群，汇聚并互补为互相诱发和紧密联系的一组创新群（N.Rosenberg，1984），并在互联网系统和开放过程中，以“互联网 +”的低成本、便利化，降低了创新互动门槛。实现了创新要素的全球互动、交流、共享并超越产学研资介，形成了新的创新方式转变，并为系统创新奠定了基础。网络化、系统性和开放性的创新群不仅激发了创新的新思想和新能力，形成了国内外聚集交融的创新群，而且通过创新合作和交流，促进了创新推动与市场需求互动，加快了科技产业的市场扩散和渗透。

需要指出的是，创新发展不是某种单一因素独自作用的结果，而是各种因素系统集成和优势互补的结果。创新活动不仅需要企业各部门的密切配合，而且还要依赖外部环境的大力支持和协调配合，这包括经济、政治、社会以及创新相关的产业发展水平等。既然技术创新是一种技术经济行为，竞争性的供给行为、市场行为、政府行为以及游戏规则等就必然对创新产生巨大的影响。特别一国在某个阶段的创新效率和外部经济效应往往取决于制度安排和政策调整。这些制度安排和政策调整有时远远超出经济、科技的范畴，使创新因素的外部化特征更为明显。

因此，处在不同发展阶段的国家和地区对创新的环境和系统集成有着不同的要求。受阶段性变化的影响，迄今为止国内外一些创新概念仍然有其一定的局限性。随着创新的网络化、社会化、程序化和系统化的发展，以及创新维度、要素、结构解构和演变，创新的传统内涵和边界被打破，不但深刻地改变着创新生态，也创造出更具深度、强度和广度的创新体系。创新将由系统集成向系统扩散转移，创新系统将会演变为系统创新，创新结构、要素和运行模式也将发生网络化、系统性的演变（见专栏 10–1）。

专栏 10–1　网络化发展与应用改变传统创新方式

1993 年，随着网络浏览器的应用，网络发展成为个人与群体之间互动交流纽带。进入 21 世纪，新一代网络技术的推广应用实现了各群体之间在同一时间互相联系。网民可以按照共同的社会关系、地位、志趣、爱好、知识与技术专长实现时空跨越，通过互动交流分享资源，整合成强大的群体力量。如“共享汽车”就是通过网络协调安排的。网络正在成为创新的集中地。密歇根大学教授斯提芬潘·罗斯在 2004 年发表的《竞争对手未来：与用户共创独特的价值》一书中指出：我们正在经济上出现“民有、民治、民享”。耶鲁大学教授约切·本可勒指出，网上群体对端口进行评价被概括为“共同生产”（Peer Production）新概念。“共同生产”创造的价值既不靠常规监督，也不靠证券市场的因素。由于网络延伸到各地信息、资本集聚非常方便，所有这些都使生产的权利回归人民。约切·本可勒还指出，“工业革命以来的一切事物都正在变样”。

资料来源：《Bisinessweek》，2005 年 1 月 20 日

二、创新系统演变及特征

在科技经济发展和结构调整的进程中，创新始终发挥着重要的作用。以创新为核心的科技进步，对于科技产业经济增长的贡献率越来越大。创新已成为国家、企业赢得竞争，获得生存和发展的关键性因素之一。创新在经济结构调整中的作用，反映出世界各国科技促进经济战略思想的变化。越来越多的国家通过确立关键技术领域，以创新推进科技产业的发展，促

进产业结构的优化调整，将政策创新、制度创新与科技创新有效地结合起来，促使创新系统迅速演变，并对各国宏观科技经济政策产生直接的影响。

1．创新阶段

国内外关于创新研究经历了四个发展阶段：

第一阶段（20 世纪 50 至 60 年代）：在技术革命的浪潮推动下，创新研究逐步突破了新古典经济学的局限性，形成对技术创新起源、效应和内部结构等方面的专门研究。这个阶段的研究，逐步形成专门的技术创新研究领域，研究开始涉及创新过程中的信息交流与创新环境等。

第二阶段（20 世纪 70 至 80 年代）：创新研究从管理科学和经济发展周期研究范畴中相对独立出来，初步形成了技术创新研究的理论体系。研究的具体对象开始逐步分解，并将各种理论和方法应用到技术创新研究。如运用组织管理行为理论研究创新主体状态，运用信息理论研究创新过程中信息流的发生、传递和作用；运用决策理论研究创新初期的风险决策机制；运用市场结构和竞争理论研究创新实现的机制和效率，运用数理统计方法分析创新成败的相关因素等。

第三阶段（20 世纪 80 至 90 年代）：创新研究进一步向综合化发展。主要有三个形式：模式性总结、折衷协调性提高、系统化归纳，即通过联合开发、并行发展、横向合作的系统研究其内在联系，形成新的系统理论。同时，在综合研究的基础上，注重研究内容和成果对社会经济技术活动的指导作用。通过系统归纳以往分散性研究成果间的内在联系，形成新层次上的系统理论。同时，在综合研究的基础上，注重研究战略组合、网络设计、系统推进等对经济科技活动的指导作用，并且更多地与工业化发展阶段、发展战略的演变结合起来。

第四阶段（20 世纪 90 年代至今）：创新研究进一步突出全球化、知识化、网络化和系统化。创新系统研究趋向更为复杂的系统结构，并逐步改变了单一创新理论和传统研究范式。更加注重系统设计、系统分析、系统模式与实证对比等理论与方法的结合，以创新系统的互动网络、资源配置、互动模式、协同程度突出系统分析的整体性。从创新的“平面研究”“孤立研究”转向创新系统的多元、互动、交叉、共享的“立体研究”和“系统研究”。将创新系统结构模型、资源要素配置、运作机理、价值链接模式、风险控制等微观系统，与国家创新、区域创新等宏观系统结合起来进行互动研究。通过建立多层次的系统创新评价、测度、优化和监测体系，设计系统创新优化模型，形成系统创新理论体系。

其间，关于创新过程的模型也出现了五个阶段的划分（见图 10–1）：

第一阶段（20 世纪 50 年代至 60 年代）：早期的简单线性“技术推动”模型。该模型认为研究开发或科学发现是创新的主要来源，技术创新是由技术成果引发的一种线性过程。

第二阶段（20 世纪 60 年代中期至 70 年代）：早期的简单线性“需求拉动”模型。在此模型中，强调市场是 R&D 构思的来源，市场需求为产品和工艺创新创造了机会，并激发其寻找可行的技术方案与开发活动，认为技术创新是市场需求引发的结果，市场需求在创新过程中起到了关键性的作用。

第三阶段（20 世纪 70 年代后期至 80 年代）：早期的技术与市场“交互作用”创新模型。这一模型把创新过程划分为一系列功能不同但又相互作用、相互依赖的阶段，这些阶段虽然在过程上不是必然连续的，但在逻辑上是相继的。

第四阶段（20 世纪 80 年代末期至 90 年代）：初期的“一体化”创新模型。该模型把创新过程看作同时涉及创新构思的产生、R&D、设计制造和市场营销的并行过程。一体化创新过程模型体现了从创新构思到创新实现的汇合，把技术创新的各要素看作一个相互作用、相互依赖的系统，形成比较完备的企业技术创新体系。

第五阶段（20 世纪 90 年代至今）：“系统集成与网络化”创新模型。它是一体化创新模型的进一步发展。该模式强调创新集成和网络化作用，对内强调各个职能部门充分集成的并行、交叉发展，从各个角度参与知识创新与数据处理，研究开发采用专家系统和模拟模型，并与用户和供应商等组建研发、生产、销售的纵横向合作系统。不同于以上创新模式的是，该模式突出网络信息、人才支撑、创新战略等因素的作用，以资源共享、信息服务、网络协同、知识咨询等生态服务，形成全方位参与的基础结构。

总体上说，创新的五代过程模型从根本上反映出人们对创新本质认识的逐步深化过程。进一步证实：创新本来就是包含诸多阶段、诸多要素的复杂的科技经济与社会实践活动，是创新的不同阶段性与部门性活动交织在一起、系统发生影响和作用的过程描述。

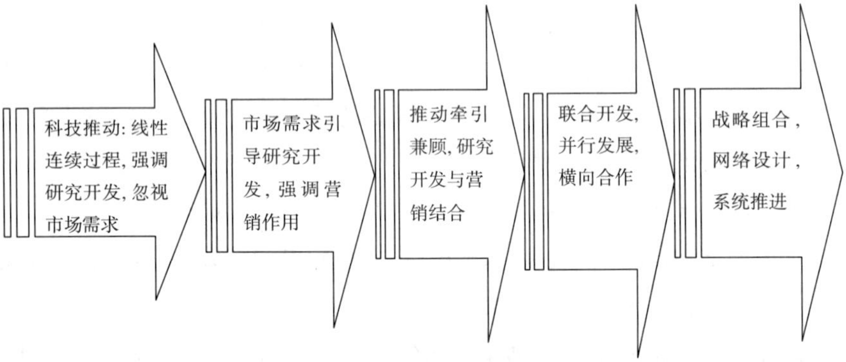

图 10-1　创新体系的演变模式

2．创新特征

创新系统并非是一成不变的。创新机制与政策环境的变化以及战略转型的影响，促使创新发生了一系列内外部要素的变化和调整。随着人均GDP的递增研究开发经费投入强度的增强，技术创新从使用技术、改进技术、创新技术，进入对产业结构转型、增长方式转变起关键作用的系统发展阶段。其间，科技产业化发展与创新的经济性、技术性特征有机地结合在一起，形成一种创新互动的关系。创新已不再是一个从技术设计、研究开发、工程建设和生产制造到市场营销的循序渐进的过程，而是在国内外市场竞争背景下，脱离了原有轨迹，进入战略要素集成和系统创新的过程。创新的战略性、网络化和系统性的演变逐渐成为一种新的形态，形成以下若干特征：

（1）系统组合性。非技术创新要素的集结和介入，形成包括制度创新、宏观经济政策、科技发展战略等一系列的系统组合。通过创新网络化的联接，将研发—生产—销售—投资—中介等体系，直接纳入创新的产业结构优化调整的过程，以保证创新系统要素在创新过程中的交叉进行、并行发展、综合集成。在制度创新、宏观政策体系等支持下，创新不仅是一个系统组合与发展过程，而且成为科技、经济、社会乃至政治协调发展的创新过程。

（2）系统融合性。作为系统要素的交互过程，创新主要取决于系统资源及要素的融合。为了适应创新环境的不断变化，创新体系必须保持高度的灵活性和系统快速反应，注重国家战略、市场需求、科技创新和结构调整的有效融合。围绕创新网络及其供需链的延伸，以及全球性、网络化的创新群发展，进一步推动了创新从公共领域向其他领域拓展。在创新融合过程中，制度创新、管理创新、组织创新等要素的交互作用，与符合市场经济规律的创新功能和组合系统交织在一起，成为创新转型与持续发展的动力。

（3）知识依赖性。为实现创新与发展，知识创新群体和网络系统的作用更加突出，对知识生产、传播和应用的依赖更为明显。系统设计和战略谋划等在创新演变中具有越来越重要作用。不断涌现的新知识、新观点和新思想，引导知识创新资源向新产业、新技术、新业态迅速聚集，促使创新由“滚动模式”向“兼容模式”“跨越模式”转移。知识的生产、传播和应用于战略的系统研究成果，为系统创新体系的形成和完善，提供了无形资本与知识支持基础。

（4）层面互动性。创新的过程是一个互动系统，它必须通过与不同层次系统互动和交换来实现其创新活力及发展。在创新发展进入各个系统层面，包括区域内、区域间和跨国多层次的创新系统，以及各种创新系统中的诸多要素等，都必须通过系统互动和交换联系起来。在多层面的创新过程中，不仅有赖于不同层次的行为主体之间通过频繁有序的互动、生产要素的交流、知识创新及制度性的渗透来达到内部的有机整合，而且要求创新网络的各个节点不断与系统层面的网络节点进行多层次的联结，寻找新的创新合作。其中，创新生态系统的观点和网络分析方法，揭示出了相互联系的不同系统层面、创新主体之间在互动中的作用。

（5）战略制约性。创新越来越依赖于战略调整的功能和作用。随着科技革命迅速发展，导致创新全球化、产业化、就业方式以及科技产业经济与贸易结构的急剧变化，创新与应用周期日益缩短，新科技成果突破与颠覆性创新接连不断，新的战略思维促进科技经济战略、模式迅速演变。创新战略调整日益趋于系统化：逐渐从单一科技向多元创新转化；创新进一步扩大内涵与外延扩张；创新形成战略支配和调控作用；创新集成系统对战略管理的要求也更加迫切；创新成为国家或地区创新的系统行为；等等（见表 10–1 所示）。

表 10–1　不同时期发展战略对创新体系演变的影响

时期	战略影响
20 世纪 50 至 60 年代（战后恢复期）	技术产业和原有的技术改造，加快经济增长，技术创新表现为企业研究开发和制造的个体行为。战略影响甚微。
20 世纪 60 至 70 年代（调整增长期）	由于企业经营的外延扩张，发展战略的影响主要表现在企业的营销领域。
20 世纪 70 至 80 年代（经济恢复期）	市场需求饱和，企业强调技术更新和降低成本。战略影响仍限于企业的相对狭窄的范畴。
20 世纪 80 至 90 年代（科技革命期）	科技出现重大突破，应用周期缩短，发展战略对创新的影响处于主导地位。通过战略政策和体制变革，对技术创新、风险资本和人才的融合以及对产业结构优化有重大的协调。
21 世纪以来（协调发展期）	随着全球化和网络化，创新战略进入全球范围并通过战略联盟影响全球技术结构调整和产业转型。发展战略的系统性、协调性和渗透性改变着全球创新发展格局。

第二节　系统创新形态

一、系统创新构成

（一）系统创新定义

在阐述熊彼特的创新理论时，我们发现熊彼特等学者将创新理论基本限于微观经济学的技术与企业组织创新等范畴，至于制度、政策、管理等创新，仅仅视为一种创新的社会效应，并没有纳入创新研究的本身。而道格拉斯·诺恩等学者将创新理论限定于经济规则及制度作用层面，认为制度创新决定技术创新，但忽视了制度创新与技术创新之间的互动关系。拉坦虽然提出了技术与制度互动论，但由于阶段发展的局限性，忽视了创新网络化、多元化为基础的结构变化，以及影响创新的政策、管理和服务等系统作用。因此，国内外一些学者将创新理论基本上等同于技术创新，这显然是对“创新”认识的误区。实际上，创新作为经济增长与发展的重要源泉，远远超出技术创新的范畴，它具有广泛的内涵，包括科技、制度、组织、管理和服务等一系列活动。创新的广泛性、复杂性和多重性，使之对创新内涵越来越无法利用单一、线性的分析框架做出全面地解释。从技术创新、集成创新到系统创新转变，将技术创新演变成为技术创新与非技术创新系统融合、内生机制和外生组合的系统转变，需要必要的理论创新与突破。其中，要素之间不再仅仅是线性的关系，而是一种网络化、系统性、互动性的关系。基于这种考虑，需要从系统的、综合的角度来理解创新，明确提出“系统创新”的观点（隋映辉，2000）。

系统创新并不是一个单一层次的创新过程、创新模型、创新系统的解释（见专栏 10-2）。作为功能互动、网络对接、界面集成等创新方式，系统创新是一个多层次、多元化、多维度、多要素的协调和面向各种应用的体系结构。一般创新过程、创新模型、创新系统的解释，往往被描述为一个相互作用的参与者（企业、科研机构、大学、政府、投资商、供应商及中介机构等）构成的过程、模型和系统，它们相互作用的方式影响着科技经济的整体创新绩效，并受特定的基础设施、需求模式、制度安排、文化背景和政府政策等所影响。而系统创新是在一个（全球、国家、区域、城市和企业等）系统范畴，创新制度、管理、政策等系统要素组合背景下，构成的对创新对象、创新过程、创新模型和创新系统等的多层次影响、多元化协调、多维度交叉、多要素互动的功能性体系及其系统发展过程。

系统创新作为一种创新战略方式及生态系统，其本质就是实现创新的最优化及其协调发展。系统创新实现的关键在于解决创新主体、创新资源、创新要素、创新过程等之间的互动和协调。因此，系统创新的主体之间必须建立起一种网络化的协调发展机制和战略模式，才能使受到创新主体联结形式影响的各个创新要素达到优化组合与协调互动。由于系统创新网络的形成是以创新主体之间的经济社会战略为基础，系统创新主体之间的互动关系是协同竞争机制而非完全的协同关系。所以，在一国或地区，系统创新包括战略、制度、管理和政策等系统要素组合和集成，以及不同创新对象、创新过程、创新模型和创新系统等的集成，系统创新所要达到的目标是整体性能最优，即通过多层次影响、多元化协调、多维度交叉、多要素互动的功能性作用，形成创新系统成本、运作效率、覆盖层次的系统最优。为了达到此目标，系统创新的协调发展能力是至关重要的。

专栏 10–2　系统创新界定

系统创新（SI，System Innovation），是借用计算机网络系统概念对创新发展演变及其过程模式的解释。从字面上讲，它是将各功能部分综合、整合为互为关联的统一系统。然而系统创新的含义远不止此。事实上，所谓系统创新，是一项综合性的系统工程，是为了实现某种创新发展目标，采取系统化、结构化的网络模式和功能互动、网络对接、界面集成等系统集成方式，将多层次、多元化、多维度的创新主体（企业、科研院所、政府、中介服务、资本、市场等）、创新要素（科技创新、制度创新、管理创新、政策创新等）和功能及创新资源（知识、技术、财力、人力、物力、文化等）等集成到相互关联的、统一和协调的系统之中，从而使创新主体之间实现协同竞争，使创新资源达到合理配置与充分共享，使创新要素实现协调集成，最终形成集成、高效、系统的创新战略管理。

资料来源：隋映辉：《系统创新的内涵、要素与机理》，福建论坛（人文社会科学），2008（5）

由此可见，系统创新是一种新型的创新系统及研究范式，是在创新的不同层次、各个阶段中引入制度、政策、管理和服务等创新系统要素，从而引导创新向着有利于系统配置与资源整合，以及经济、社会、科技系统之间的协调发展。系统创新在内涵上，不仅融合了新熊彼特主义、制度创新、国家创新等理论观点，而且在创新系统中引入协调发展、循环理论和系统科学等理论观念，追求的是系统创新的综合效益，即经济效益最佳、生态效益最好、社会效益最优的三大效益的有机统一，从而确保了包括微观、中观和宏观创新的有效组合及可持续发展。

（二）系统创新与有关创新模式区别

关于创新过程，如前所述，大体经历了五个有代表性的阶段模式，前两个阶段是由“线性创新模型”来描述的，包括技术推动的创新模式、市场拉动的创新模式。技术推动模式突出技术要素的重要性，将所有资源投入到 R&D 环节，而未考虑创新过程的组织形式，从而造成创新成果的协调不力或转换不充分；市场拉动模式单纯强调市场因素，将所有资源投向单纯依靠来自市场需求的项目，而不考虑潜在技术变化和创新机会。第三阶段是技术与市场交互作用的创新模式，这是在认识到以上线性模型局限的基础上，将创新决策推动和市场需求拉动因素结合，加强了技术推动和需求拉动模型中营销与技术的联结和反馈环节。它比单纯的需求拉动或技术推动，更有利于创新构思的产生和创新成功，但此种创新本质上仍是机械式的反应模式。第四和第五代模型是创新管理理论和实践的飞跃，标志着从线性、离散性模式转变为集成、网络化的复杂模式，系统观和集成观以及现代信息技术和先进管理技术为这两代模型的发展应用提供了有力支撑。第四代一体化创新模式意味着创新观念的转变，代表微观主体打破线性创新管理方式，开始从多元化发展转向集中化发展，它不再将创新过程看作从一个职能到另一个职能的序列式过程，而是看为同时涉及构思、R&D、设计、制造、营销等因素的并行过程；同时，强调 R&D 和设计、制造的界面交融以及企业与供应商、用户之间的联系、沟通和密切合作，其效果往往能大大缩短创新的研发和生产周期。第五代系统集成与网络化创新模式是第四代一体化模型的理想化发展。它代表了由概念生成导致创新实践结果的创新模式的发展趋势，其显著特征是强调合作企业之间更加密切的战略联系及创新的电子化和网络化，如更多借助专家系统进行研究开发，利用仿真模型替代实物原型，将供应商和用户之间的计算机辅助设计系统作为新产品合作开发的一部分，强调密切的电子化产品设计制造联系（一体化的计算机辅助设计或柔性制造系统）。系统集成与网络化模式不仅将创新视为一体化的职能交叉过程，还是多机构系统集成网络联结的过程。

由此可见，由于创新过程涉及的因素增加，创新过程的复杂性随之增加，创新过程的发展趋势越来越注重创新环节、主体、要素、资源等的战略联结与互动协调。实际上，系统创新模式就是在这一背景下，进一步延伸了集成创新等模式的手段、机制、指导理念等有关内容，并在此基础上加以逐步完善和扩展，从而形成了一种综合系统观、复杂性理论、新型创新观等思想在内的一种创新模式和创新管理理念。因而，有人提出的“全面创新”概念，实际上就是对系统创新的一种外延式的继承，其本质并未脱离系统创新的核心内涵。

所以，系统创新模式与一体化创新模式、集成创新模式是演变、发展与提升的关系，尤其是与集成创新模式之间存在重叠和密切的关联，又有明显的区别（如表 10–2 所示）。

表 10–2　不同创新模式的比较

	一体化创新模式	集成创新模式（系统集成及网络化创新）	系统创新模式
创新特征	多职能部门关联合作、多创新职能并行交叉，同步性、综合性、优势互补等特征。	组合性、集成性、网络性、成本低、周期较短、风险分散等特征，其核心是技术创新的集成化。	目标性、系统性、优化整合、协调性、互动性、结构和功能性、生态系统或网络机制特征。
创新手段	研发部门、涉及生产部门、供应商、用户之间的纵向联系、沟通与合作，结成一个整体，联合实现创新。	通过创新的电子化和信息化，即更多借助专家系统进行研究开发，利用仿真模型替代实物原型，将供应商和用户之间的计算机辅助设计系统作为新产品合作开发的一部分，强调密切的电子化产品设计制造联系。	不同层次创新系统或主体（全球、国家、区域、城市、产业、企业）、不同创新要素和功能（制度创新、科技创新、政策创新、管理创新等）、不同创新资源（知识、技术、财力、人力、物力、信息、市场等）及内外部创新环境之间的动态性、系统性、协调性的优化集成及网络互动协作。

续表

	一体化创新模式	集成创新模式（系统集成及网络化创新）	系统创新模式
提出时间	20 世纪 80 年代后期	20 世纪 90 年代初	20 世纪末至 21 世纪初
过程特点	创新主体主要是企业内部职能部门和与其纵向相关的供应商、用户等；一体化创新职能的并行交叉过程；创新主体之间相互依存，共同投入、共同参与、共享成果、共担风险，追求多赢。	创新主体主要集中在微观层面；创新对象主要是各类技术创新成果及其商品化、产业化，其中也涉及资源的合理配置；各要素创造性地融合，互补匹配，使系统整体功能发生改变；强调创新灵活性和速度，及系统内外的集成网络；范围相对较小，主要是在相对独立的创新成果出现后开始发挥作用。	系统创新涉及的创新主体范围、层面和领域更广；创新对象是活动中涉及的各种创新要素和相互关系，以及创新过程中所需的人力、物力、财力、信息、知识等各类资源；应用范围较广，是一个贯穿创新过程始末的全反馈的动态寻优过程，是各创新主体、要素、资源之间动态作用的协调、互动过程，以实现创新的配套进行、同步推进、协调发展。
创新效果	缩短创新周期，提高创新成功率。	将各创新要素、创新主体、创新环节的创新能力、创新实践、创新体系、竞争优势等集成； 提升微观主体创新层次，创新速度与效率，产生新的竞争优势； 实现关键领域的整体性突破，尤其可成为实现技术跨越的突破口。	系统整体功能不断优化升级； 具有较大的乘数效应（带动力最强）； 对环境协调性的改进最大； 创新效果综合最优。

1．系统创新与集成创新是创新发展的阶段性成果。体现了创新的阶段性、综合性、层次性和系统化的发展趋势，而且体现出创新日益突破传统的、单一的、静态的、封闭的创新观，并呈现出越来越多的多维性、动态

性、开放性特征。但两者之间，在创新指向、层次与范围有所不同。集成创新主要立足于微观层次的企业创新，通过内部要素集成和外部网络化的关联，形成各个部门、各个角度参与研发、生产、市场等链接的创新系统。它既包括技术创新，又包括商业模式创新、组织创新、供应链创新等。而系统创新则是基于宏观层次的多级（国家、区域、城市、企业）创新网络，通过多层次、多元化、多维度、多要素的知识创新、制度创新、管理创新和政策创新等系统组合，建立起战略转型、产业调整、企业变迁等系统创新体系及运行机制。

2. 系统创新与集成创新是学科交叉、要素综合的结果。二者在管理理论、系统理论、集成理论及集成手段等许多方面拥有共同的理论基础。但相比而言，系统创新理论涉及的学科领域和学科交叉的范围更大，新兴学科的运用更为广泛，其理论运用涵盖协调发展理论、制度经济学、科技经济学、循环经济理论、创新生态理论、发展战略学、政策学等领域。系统创新与集成创新的共同理论基础造就了系统性、动态性、开放性、层次性及复杂性等共性。在共同理论基础上，系统创新的主体更广泛，从宏观层次上的创新多元化到微观层次上的创新多维度，均是系统创新的主体。主体变异创造了集合各个发展阶段创新理论和模式的新理论框架体系。

3. 系统创新与集成创新都是创新发展的不同范式。集成创新是系统创新阶段性发展的一种结构性、功能性、开发性、动态性和有机性的范式。集成创新更为关注微观主体之间的战略合作关系，集成的核心在于技术创新的集成化，它具有组合性、集成性、网络性、成本低、周期较短、风险分散等特征。而系统创新表现为在创新全球化时期，创新理论研究与实践的新概念、新阶段和新范式。它将系统集成、协调发展的思想创造性地应用于各个创新主体、创新资源、创新要素等的合作、融合、协同的动态过程。创新方式上以系统综合手段为基础，创新行为以协调机制为核心，创新思想以系统理论为指导，其本质是各种创新要素之间主动寻优的动态过程，体现出明确的目标性、系统性、优化整合、协调性、互动性、结构和功能性、生态系统或网络机制等特征。

4. 系统创新与集成创新都是创新系统的组成部分。按照系统内部活动复杂性的三类划分，系统创新属于具有“超复杂”的创新，它涵盖全球创新系统，并来自国家、区域（城市）创新等层次的网络系统，具有国家、区域（城市）等创新的承接性和国际创新的对接性。因而，一国一地系统创新也是全球创新网络系统的重要组成，是实现国际创新网络对接合作的有效途径。而集成创新虽然是复杂系统，但它属于企业创新合作的网络系统的子系统，作为微观创新系统单元，集成创新强调企业内部集成和外部的网络，主要是利用战略管理的诸多要素，通过微观主体的创新层次和实际运作，扩大影响范围和发挥集成链接的功能作用，形成协同功效与竞争优势，并进入系统创新领域。

很显然，系统创新是一个更具动态性、层次性、外延性的创新系统，涉及技术层的科技创新、运作层的管理创新、规范层的制度创新、调控层的政策创新等。技术层的科技创新包括科学研究、技术创新、产品创新和工艺创新，其核心是通过技术创新实现产业核心竞争力。运作层的管理创新是建立一种有利于创新集成、协调发展的管理模式，促使系统创新活动与运行体制相协调。运作层的管理创新不仅包括如何合理组织创新生产力，协调四个层次的运作关系和调控能力，而且还包括系统承上启下的组织方式，充分利用和合理配置现有资源组织最优创新。规范层的制度创新是通过制度规范和约束，维护创新发展的系统性、有序性和协调性。调控层的政策创新是制度创新的辅助系统，通过政策手段的作用，来实现各个层次的创新目标，进一步完善系统创新的体系。

技术层的科技创新、运作层的管理创新、规范层的制度创新、调控层的政策创新的四个层次相互支持、相互依赖。技术层的科技创新是运作层的管理创新的服务基础，运作层的管理创新体现在技术层的科技创新过程中。规范层的制度创新是促进技术层的科技创新、运作层的管理创新的系统环境，作为规范层的制度创新的支持系统，调控层的政策创新有利于科技创新和管理创新。四个层次运用不同的方法和途径实现相同的目标，且无论哪个层次目标的实现都需要另一个层次的支持。由于四个层次选择性地兼容了创新理论的熊彼特主义（即技术层的科技创新）、制度创新理论

（即运作层的管理创新），又孕育了一系列新的创新理论体系，从而构成了系统创新的全新模式及观念。

（三）系统创新要素

在系统创新体系中，要素是系统创新存在的基础。关键要素（Key factors）是创新过程的传导机制，也是创新体系运行的链接点，它决定了系统创新的构成。系统创新主要包括以下关键要素：

1．知识创新

从阿米登（Amidon，1997）的知识创新定义来看，知识创新的概念远比技术创新要大而且要抽象得多，它包括知识的生产、分配和使用的全过程，体现了科技经济各个层面的内容。他认为，知识创新的核心特征主要表现在：（1）创新价值体系（而不是价值链）。价值链的思想是线性的和静态的；而创新价值体系是动态的，展现了成功创新所需要的所有相互依赖关系。（2）战略网络（而不是战略单位）。战略单位的管理倾向于建立各自的知识的储备；而战略网络鼓励创新过程中知识在合作者、客户、供应商、科研机构和竞争者之间的流动。（3）合作利益（而不是竞争利益）。合作战略则鼓励通过共生合作关系建立双赢环境，知识得到发展，从而使双方都有利可图。（4）消费者潜在需求（而不仅是当前需求）。满足市场现在需求是企业的生存之本；而着重于消费者的潜在需求则有助于发现未来的市场需求。挖掘发展的新源泉以赢得未来的成功，可以认为是知识经济网络化的一种表征。因此，知识创新的价值体系、战略网络和合作利益等共同构成了系统创新行为及其演进形式。它是系统创新过程中的重要组成部分，作为系统创新的知识基础和创新源泉，是促进科技产业经济发展的奠基性、革命性力量。

2．制度创新

制度是实现某种特定功能和特定目标的社会组织乃至一系列规范体系。它通过一种特定组织行为和体制规范及其这一组织与其环境之间相互关系，在一种组织的环境中支配行为与相互关系的变化，形成一种优越的创新环境和机制，并构成系统创新主体的核心。事实上，传统的创新观往往忽视了社会体制、政治制度、政策功能、文化环境等创新因素，造成了创新发展的封闭性、局限性。制度创新作为创设一种能够激励人们行为的制度以实现社会可持续发展和转型发展的制度，使所有的创新都依赖于制度创新的实践和持续激励。它通过制度创新形成政策性配套，并以制度保障方式影响创新环境，发挥可持续发展作用。制度创新涉及政治、经济、科技、管理等一系列改革，是支配人的行为和相互关系规则的变更行为，也是规范并直接或间接影响其他创新及其效率的约束条件。

3．政策创新

政策是服务国家或地区战略及制度创新的支持系统及其工具。政策有广义与狭义两方面涵义：广义的政策是包括立法机关制订的法律法规，政府机关制订的政府规章；狭义的政策仅指政府规章。政策创新是政策主体对自身政策进行改革与发展的现实活动。是一国或一地为转变增长方式和创新活动，规范创新主体行为而制定并运用的各种直接和间接的政策措施的总和。这一创新过程一般以政策体系构成支撑系统创新的平台，并协调和整合创新功能及其活动。政策创新与制度创新相辅相成：政策是制度的元素，政策创新是制度创新的基础。要推进制度创新，首先要推进政策创新。因为制度变革是从政策变革开始的，作为一个制度变迁过程，往往是先有政策创新，才有制度创新，是诸多方面的政策研究积累、实践、创新构成了制度创新。根据国家政策理论与实践，政策创新的基本要素包括：科学政策理念，科学化、民主化的决策机制，结构合理、运转协调、精干高效的政策主体等。

4．管理创新

管理创新是基于系统管理思想、原则和方法，在制度、政策等环境的规范下，为实现系统创新的资源配置及合理布局以及系统运行的协调发展而进行的管理制度、组织结构、运作方式、管理手段等方面的创新行为。通过在对非程序化管理变革的基础上，创造出一种更有效的系统组合与要素配置范式，从而改变了管理结构、运作机制和组织形式，包括战略规划、资本运作、项目管理、绩效评估、内部沟通、知识管理，以及研发、生产、营销和服务等流程，使之实现以系统创新为目标的全程式、网络化、协同性的管理。通过系统组织和全程价值链设计，不断解决系统创新运作过程中的要素集成和协同功效等问题，进一步降低创新运行成本，提高系统创新效率。

5．市场创新

市场供求是创新的源泉，是科技促进产业经济演变与创新机制转型，以及驱动新科技应用对新市场的空间开拓，从而满足新需求的行为。市场创新属于广义范畴。在创新网络化、全球化的发展格局中，市场创新远远超出“科技”的经济界定。大数据、互联网＋智能制造＋市场化定制，不仅改变了市场创造的既有顺序，也改变了传统的“市场原理”，实现了创新的“供给导向型”向“需求定制型”转型，形成了低成本、多元化、高价值的市场创新空间。科技创新与新产业、新市场形成的复杂而高效的互动，有效地汇聚资源、吸引投资、集聚人才、满足需求、实现交易，为系统创新提供了合理的要素结构与组合。

6．其他创新

科技、教育、文化等创新是系统创新的基础条件。科技创新、教育创新是指一种行业的创新。从广义上讲，科技创新泛指科技体制、科技体系、科技政策及其战略的变革，使科技和经济能够有效结合；从狭义上讲，是指科学技术的发明创造与应用等。从本质上说，科技创新是创新的源泉之一，通常属于“创新源”范畴。教育创新是指知识和人才等教育体制、教育模式及其系统变革。教育是知识创造、传播和扩散的重要基地。教育系统如何改革与发展，尤其是如何适应创新全球化及不同层次人才的教育，成为教育创新的重要内容。

从国际角度来看，科技创新已是一个较为明显的特征和内涵、在国际上已形成广泛共识的概念。从这个意义上看，科技创新、教育创新等创新活动既有知识、制度、政策等创新系统的重叠，又有明显的区别，在系统创新的过程中往往关联互动、相互渗透、优势互补，是系统创新体系的组成部分。

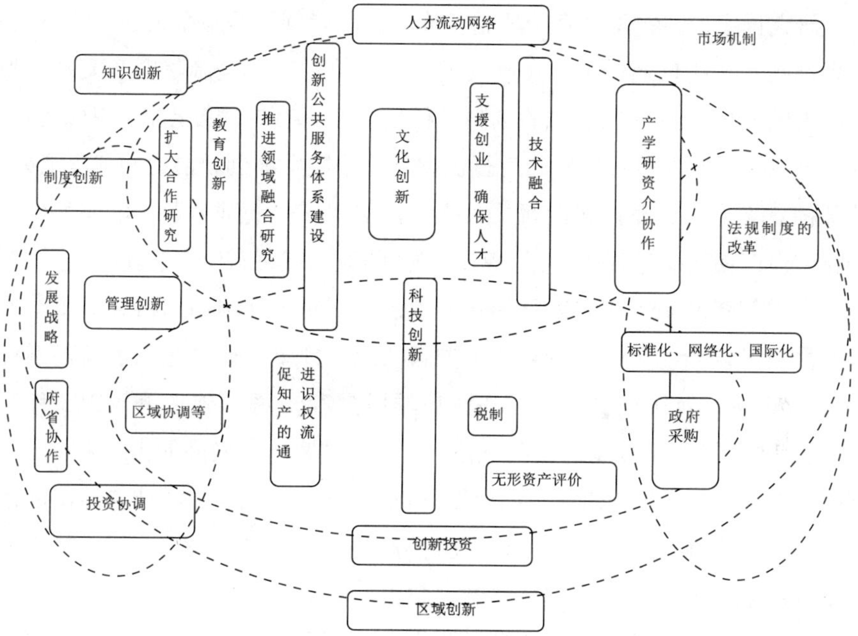

图 10–2　系统创新要素及要素群

从图 10–2 可以看出，系统创新是一个创新生态化、网络化的内在机制形成及系统构建过程，也是一个多种行为主体通过创新聚集与关键要素组合的过程。创新阶段性发展及其空间的不断变化，使创新要素整合及其发展空间大大超过经济科技行为和创新活动的单一领域及关系。空间结构分析不限于集中在科技轨迹、受创新扩散和链接的影响，而是通过创新空间的科技、社会、经济的协调发展及其辐射，与系统创新的制度、政策和管理等创新要素进行有机的结合。创新能力依靠研究开发的投资及活动，在更大范围、更高层次结成辐射网络系统，并组合成为涉及多层次、多结构和多要素的创新系统。这种要素组合的系统创新形成了一定的聚集形态和网络结构，凸显出系统创新空间发展的一种新趋势，即创新互动与发展越来越依赖于网络化、系统性的创新要素组合及资源条件。在互动机理和系统功能的作用下，创新要素才能有机融合与互动，形成系统创新的体系及结构。

（四）系统创新集成

研究证实，非技术创新中的制度创新、政策创新等是系统创新的灵魂，管理创新是系统创新的中枢。制度创新、政策创新等是调整生产关系，为生产力的发展创造内在动力的机制。科技创新只有在制度创新、政策创新的规定下，以及在管理创新的运行机制下，才能发挥创新能力和竞争能力。从某种意义上说，非技术创新是系统创新空间扩张的动力源，已成为技术创新（生产创新、过程创新等）赖以支持的新领域、新业态及新模式。

决定创新的系统演进以及创新要素的变化是产业转型与市场竞争的要求。由技术创新的单一评价到技术创新的综合评价，以至进入创新的系统评价，反映出创新对于科技经济增长的质量和流量，越来越与创新环境（体制、政策等）有机地结合在一起。从若干国家创新发展的实践来看，创新效率及其效应更多地来自体制变革和政策创新的推动、科技与经济的系统对接以及企业在“产、学、研、府、资、介”合作中的定位等。创新的系统性影响和功能作用，包括体制、政策、管理以及相关网络的系统联动效应。任何一个创新系统环节缺乏制度、政策和管理的同步支持和协调发展，就不可能形成创新的高效率。这一观点的依据是：创新效率的提高和科技长入经济，来源于制度创新和政策创新。在技术创新进入研究开发和应用推广阶段，创新的社会化、市场化亟待制度创新的保障，并加速形成一种新的技术创新与制度创新的互动机制。这将促使政府以制度创新、政策创新为前提，变革宏观科技经济制度，提高创新服务效率，改善企业创新环境，推动企业技术创新。这一互动机制的变化，在一定意义上反映出创新的系统性结构和社会化发展趋势。也反映出系统创新在经济增长方式转变中的动态机理。

1．制度安排

系统创新所包括的制度创新与技术创新的互动机制，决定了创新的集群特征。按照创新的影响范围和应用周期，技术创新可以分为制度先导性创新和技术先导性创新。所谓制度先导性创新是指当创新系统中的体制、政策阻碍了创新发展，制度创新成为技术创新的主要动力。而技术先导性创新是指技术创新迅速领先，制度、政策滞后已经制约了技术创新的发展，对制度安排和制度效率提出了创新要求。我们看到，制度创新与滞后在技术创新中的作用明显不同。制度创新引发的一系列环境变化，为技术创新活动中提供了各种调整和激励政策。如政府体制调整、人才政策、财税政策、风险投资基金资助政策等。从技术创新比较成功的国家来看，制度创新所形成的正强激励，对企业技术创新起到了一种推波助澜的作用。

2．优化集成

系统创新的主要优势是优化集成。这种优化集成主要有三种方式。（1）宏观集成：制度、管理与政策的互动性、战略性优化集成。（2）中观集成："产、学、研、府、资、介"的关联性、网络化优化集成。（3）微观集成：企业、技术和市场的结构性、协调性优化集成。创新促进经济增长方式的转变，在很大程度上是通过以上多层次优化集成形成的互动机制实现的。这一优化集成的互动机制，可以描述为宏观优化集成（制度创新）—中观优化集成（机制创新）—微观优化集成（技术创新）。在全球范围，系统创新中的宏观优化集成越来越引起许多国家和地区的关注。即使在市场经济国家，各国政府都明确提出了国家大型科技规划和国家创新战略，加大了研究开发投入重点和宏观调控与协商力度。具体到相关部门和领域，往往采取诸如"创新共同体""战略联盟"等集成方式。正是在宏观集成、中观集成、微观集成的互动与协调中，系统创新优化集成及其效应才能实现。

3．扩张效应

系统创新的另一个要素机理是扩张效应。对于系统创新的最终评估是创新所取得的扩张规模和扩张效益。如果系统创新不能构成科技成果转移和效益扩张，就很难形成对经济增长的直接贡献。系统创新的扩张在很大程度上取决于创新优化集成的推动和市场需求的拉动。扩张效应的实现是"推动"和"拉动"协调整合的过程。在一定的创新环境和市场空间下，扩张的"推动"作用比较突出；在较大范围和市场空间，扩张的"拉动"作用更为显著。如"大工程"项目在全球市场的竞争，市场需求的拉动将起到主导作用，如中国高铁、电力"走出去"等。而在科技创新方面，通常取决于优化集成的"大科学"推动模式，如中国卫星等合作研究和开发的成功范例。在市场需求领域，系统扩张将基于优化集成的链接配套，包括科技创新成果的成套设备等。在体制政策方面，系统扩张则借助技术、资金、人才、财税等安排，推动科技创新和转型发展。

4. 功能互动

知识、制度、政策等创新系统的功能互动是系统创新优化集成的体现。这种彼此提供或交流创新发展所必需的资源的现象，我们称之为系统创新功能互动。良性的系统创新的功能是一种相互依赖、相互交流、相互促进、协调发展的循环互动模式。它具有均衡性、交叉性、开放性、网络化等特征。系统创新互动可以使彼此得以共存共荣、相互促进、共同发展。系统创新的功能互动包括系统创新整体功能互动，也包括系统内部创新各部分特定功能的有机互动。系统创新整体性互动基本对应着宏观层次的制度、政策等互动性优化集成，而系统内部创新各部分特定功能互动，是与微观层面的企业、技术、管理和市场之间的互动密切相关的。但系统创新整体功能与系统内部创新的各部分特定功能之间的互动，又形成上下关联的系统创新的互动。从某种程度上讲，系统创新的优化集成取决于系统创新的功能之间的关系，以及功能互动作用。

5. 网络对接

系统创新网络对接是在特定范围内多元主体参与、有多种创新资源流动的创新系统，是在交互作用和协同创新过程中，以增强创新能力为主要目标的网络生态系统和集成组合模式。从狭义上说，系统创新网络对接是指企业由于创新的需要选择性地与其他企业或机构所结成的共享型、稳定性关系，例如战略联盟、合资企业以及和供应商、客商的垂直联系等。从广义角度，系统创新网络对接是在制度等要素层面的作用下，知识创新主体与“产、学、研、府、资、介”等之间建立的一种稳定持久的网络化合作关系。系统创新网络对接具有自身特点，其网络对接的接点越多，系统创新的范围就越广，影响面就越大，系统对接的效应就越高。正是利用多元主体参与、多种创新资源差异化的能力，建立了网络对接的路径和渠道，并将网络对接系统通过资源优势互补和网络关联不断渗透、延伸和扩张，构成了良性循环的系统创新网络体系，并颠覆了传统商业模式，才创造出新产业经济模式，如共享经济模式等。

6. 界面集成

形成完善、有效的系统创新界面集成，是指建立完全统一的、多元主体参与的、有多种创新资源、创新客体的界面及其生成系统。主要特征有以下方面：（1）它有多个层面，既包括科技创新，又有制度创新等；（2）它具有系统性、协同性的特征；（3）它具有完善的互动平台，易于交互和组合；（4）利于系统功能和应用范围的扩充；（5）对环境变化有较强的适应性等（见图 10–3）。在系统创新过程中，特别是在创新系统要素比较复杂且又分离的条件下，创新系统要素注重群体性和系统性，以及在创新过程中的匹配、整合及协同一致，形成一种创新资源优势互补及创造性融合。其间，所有创新要素可以通过界面集成，进入功能互动、功能集成、功能整合的过程，有效解决创新群（J. Schumpeter，1934，1943）在一定时间内根本不同的基本创新，通过一个界面集成实现创新的集聚和创新的互动。有效解决系统整合，实现各个创新单元在空间、时序、界面上按照共同的行为模式集合成为一个系统创新整体，并形成协同效应。通过创新要素在界面集成条件下的系统运行，实现系统整体演变的最优化。

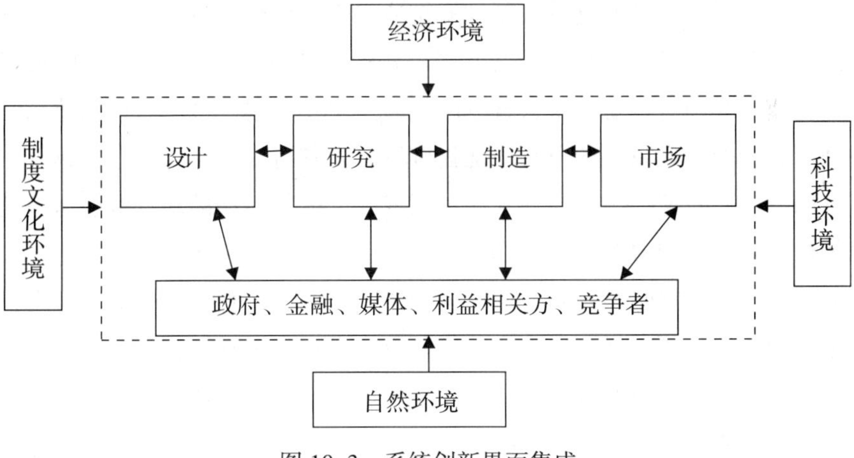

图 10–3 系统创新界面集成

进入新经济时期，创新集成的跨界融合更为突出，对系统创新的解读更趋向混搭、融合与包容。对系统创新在方式转变与行业跨界中的动态机理的描述，进一步证实了“协调发展”在系统创新中的影响和作用。解决制度创新到科技创新的组织结构分散、体制相互脱节、政策冲突等问题，必须在系统创新的动态机理下，选择创新系统各个网络部门共同的利益域，建立优化集成的创新体制和协调发展的互动机制。但这种动态机理并不是直接干预微观领域的资源配置，而是基于“互联网 +”的大数据应用、云计算手段与创新平台的整合，倒逼制度安排、政策应用和宏观管理的调控，保证实现创新的正强激励以及微观资源的合理配置。

二、系统创新的国家形态

（一）理论渊源

系统创新的国家形态即是国家创新。虽然迄今国家创新的定义尚未取得一致性意见（见表 10–3）。但国家创新理论渊源可以追溯到 19 世纪。1841 年德国著名经济学家弗里希·李斯特发表了《政治经济学的国家体系》，首先提出国家体系的概念，分析了“国家专有因素”如何影响一国的经济发展实绩以及后进国家的技术政策选择等问题，为国家创新体系理论奠定了第一块理论基石。后来人们将创新划分为技术创新和制度创新两大类，将创新从一个经济的范畴，即新技术的研究开发、生产及其商业化相关的经济活动，与改进现有制度安排或引入一种全新制度，以提高制度效率及其合理性活动有机地结合起来。1987 年英国经济学家克里斯·弗里曼在《技术和经济运行：来自日本的经验》中一书提出“国家创新体系”，将创新进一步引入系统的范围。他强调系统中各行为主体的制度安排及相互作用。这个时期，由于出现了解决国家调控创新活动的新方法，从理论上较全面地理解科技发展的范围，所以大大推动了国家创新政策的作用。1993 年内尔森在他主编出版的《国家创新系统》一书中明确指出，现代国家的创新体系既包括各种制度因素以及技术行为因素，也包括致力于公共技术知识的大学以及政府的基金和规划之类的机构。他认为，重点应强调变革的必要性以及制度结构的适应性，并认为经济体的主要任务是保持“技术的多元结构”。1994 年佩特尔和伯维蒂进一步就国家创新体系研究发表成果，他们认为国家创新系统提出的重要性在于：开放的贸易系统将使技术的国际性迅速扩散成为可能，从而使后发国家的追赶成为可能。但国家之间对技术投资政策是不相同的，从而造成国际技术差距在某些国家之间的扩大。而国家创新系统理论可以帮助一国去确定应如何对技术投资。佩特尔和伯维蒂将国家创新系统定义为“决定一个国家内技术学习的方向和速度的国家制度、激励结构和竞争力”。

1996年，联合国经济合作与发展组织发表了《国家创新系统》的报告，提出了关于国家创新系统的概念。报告再次确认国家创新体系，指出创新网络系统中各个行为主体的活动及其相互作用旨在经济地创造、引入、改进和扩散新的知识和技术，使一国技术创新获得更好的绩效。它是政府、企业、大学、研究机构、中介机构之间为寻求一系列共同社会和经济目标而建设的，并将创新目标作为变革和发展的关键动力的系统。1997年联合国科技促进发展委员会的报告认为：一个国家的创新体系概念是指技术和组织能力的构建过程，以及能够有效选择并实施的政策制定过程。国家创新体系具有国家创新资源的配置功能、国家创新制度与政策体系的建设功能、国家创新基础设施功能和部分创新活动的执行功能。其系统构建，1998年中国科学院将其分为：知识创新系统、技术创新系统、知识传播与知识应用系统。知识创新系统是由与知识的生产、扩散和转移相关的机构和组织构成的网络系统，核心部分是国家科研机构和大学；技术创新系统是由与技术创新全过程相关的机构和组织构成的网络系统，核心是企业；知识传播系统是指高等教育和职业培训系统；知识应用系统的主体是企业和社会。

国家创新体系是科技、经济一体化在新创新发展阶段的产物，是以政府为主导、充分发挥市场配置资源的基础性作用、各类创新主体紧密联系和系统要素有效互动的社会系统。尽管目前世界上尚未有一个统一的国家创新体系定义，但就其实质而言：一是国家创新体系可以说是一个知识系统的网络体系；二是系统创新在国家不同层次的创新体系中，居于创新体系的核心；三是制度安排因素对国家创新体系的功能和效率具有重大影响，是国家创新体系的一个基本变量；四是国家创新是一种不断完善的学习环境，在学习过程中塑造了经济活动；五是国家创新体系是指创新范式和组织能力的构建过程，以及能够有效选择并能实施的政策制定过程。作为分析框架，国家创新体系将系统的方法应用于创新的思维和观点。这种观点打破了传统的知识流动被简单地描述为投入—产出，或上游—中游—下游的单一线性创新模式，转而形成一种协调互动的系统创新模式。按照系统的观点，创新系统由相互联系及其相互作用的诸要素有机结合而形成特定的结构，是超越每个要素，由各自独立的功能形成的创新网络体系。确保国家创新体系目标的实现，取决于国家体制改革、政策调整以及社会和技术能力的创造性重组。1998 年联合国科技促进发展委员会认为，一个国家创新体系中的重组能力包括：将以前在生产、设计、研究与发展以及测试等方面所积累的能力以基本的有效果的方法进行重新配置；市场改革和贸易自由化的激励作用，作为重新分配创新能力和提供创新激励机制的一个手段；找出以前系统中遗留下来的能力方面的主要差距，并尽可能迅速地弥补它们；在公共和私营部门许多领域进行的组织机构的重组，支持着这些激励机制并确保政策和战略与更广泛的发展目标相联系。

表 10–3　国家创新理论的定义

学者	时间	界定
克里斯·弗里曼	1987	一种在公、私领域内的机构网络，其活动和互动行为启发、引进、改造和扩散新技术。
内尔森	1993	通过其相互作用决定某国企业创新活动的一组机构。
佩特尔和伯维蒂	1994	决定一个国家学习新技术（改变生产活动的数量和成分）的程度和方向的国家机构及其激励机制和能力。
考特考菲	1995	共同或独自服务于新技术的开发与扩散，为政府提高用于制定和执行干预创新过程政策框架的一系列独特机构。是由从事知识、技能和新技术产品的创造、存储和转移活动的机构相互联系构成的一个系数。
OECD	1996	创新网络系统中各个行为主体的活动及其相互作用旨在经济地创造、引入、改进和扩散新的知识和技术，使一国技术创新获得更好的绩效。它是政府、企业、大学、研究机构、中介机构之间为寻求一系列共同社会和经济目标而建设的，并将创新目标作为变革和发展的关键动力的系统。
联合国科技促进发展委员会	1997	一个国家的创新体系概念是指技术和组织能力的构建过程，以及能够有效选择并实施的政策制定过程。

国家创新体系是在全球竞争的战略高度上形成的战略体系，也是国民经济可持续发展的基石。因此我们也可以理解国家创新体系是一种增强国家竞争力的“大战略”。目前，世界上有许多国家对国家创新体系进行研究。越来越多的国家认识到，增强国家科技竞争力，必须解决科技与经济脱节的弊端，在创新领域仅仅依靠企业行为是不行的，必须构筑政府、科研机构、大学、企业等为一体的系统创新体系，形成国家创新战略。在美国，20 世纪 80 年代中期就发表了《国家创新最终报告书》，90 年代初美国科技政策的重大变化就是凸显政府在科技创新中的战略地位和作用。1993 年提出《促进美国经济增长的技术：加强经济实力的总方向》计划，其中明确提出提高工业竞争力，创造长期发展的新科技政策；1994 年在《为了国家利益发展科学》报告中，明确提出政府参与科学决策的原则，详细提出了一系列创新发展的战略措施；2009 年 8 月，奥巴马政府发表《美国创新战略：促进可持续增长和高质量就业》的国情咨文，提出“美国创新战略”（A Strategy for American Innovation ）概念；2011 年，美国国家经济委员会和科技政策办公室对原版战略进行修订，发布新版的《美国创新战略：确保美国的经济增长与繁荣》报告；2015 年 10 月，经过再次修订，最新版《美国国家创新新战略》报告发布。

（二）系统构成

国家创新系统构成因素比较复杂，但人们普遍认为，国家创新系统是由一些基本要素和系统结构组成。关于系统要素有不同的分类：从机构构成分，包括企业、公共研究机构、教育培训机构、政府机构、金融机构以及中介机构、孵化期、网络系统等。从行为主体分，国家创新系统有六个要素：即创新活动的行为主体、行为主体的内部运行机制、行为主体之间的联系、创新政策、市场环境和国际联系。从系统结构分，包括知识基础设施、政策体系、制度框架、需求结构、生产结构等。而按照系统层次分，国家创新体系包括区域创新、城市创新、企业创新等网络系统。归结起来主要包括：

1. 创新主体。企业是科技创新主体，也是科技产业化、商品化的主体，因而是国家创新系统的核心之一。但在全球知识价值链下，创新行为主体进一步趋向多元，由企业的主体作用向“府产学研资介”一体化、网络化的方向发展。在国内外市场竞争环境和市场运作机制基础上，创新主体不仅依赖市场竞争环境，还取决于政府在创新活动中的定位，如果“做了政府不应当做的事”，导致创新活动的行为主体错位，企业在创新中的主体地位就难以形成。

2. 运作机制。运行机制是影响国家创新系统构成要素。在创新活动中，多元层次的“产、学、研”之间的协调发展，是提高国家创新系统运作效率的关键因素。但是，在国家不同层次的创新活动中，宏观运作机制和微观运作机制有明显的区别及不同的作用。在国家、地区和企业的多元层次，宏观运作与微观运作机制的作用一般随着多层次的递减而交替。在国家创新系统运行中，更多地体现为宏观运作机制和微观运作机制的相互依赖关系与协调发展机理，并表现为对多元层次创新的不同影响力和驱动力。

3. 网络系统。在创新全球化的环境下，国家创新系统从狭义的区域概念及等级制度转变为集群网络结构的系统构成。创新行为主体的有效联接和合作，创新资源在主体行为之间的高效流动，都是通过网络系统的作用，从创新源进入创新点，再进入创新域，形成创新联盟和创新产业集群。创新网络系统改变了运作方式，改善了资源配置结构，缩短了创新周期，降低了成果交易的成本，提高了创新组织内部或外部的直接或间接的资源配置效率。在某种程度上，创新网络系统影响着创新行为主体的效率、体制组织形态和演变方向。

4. 政策环境。政策环境是影响创新活动的法律、法规和政策体系。创新政策与国家科技政策、经济政策、产业政策、财政政策、教育政策等密切相关。政策作为一种资源配置方式，对创新行为主体及其活动具有重要的影响。在转型期，政策影响力一般要比非转型期要大得多。政府主要通过创新政策环境的完善以及相关财税政策、产业政策等对创新行为主体施以影响。

国家创新系统要素不只这些内容，制度、政策、管理等要素在创新活动中的影响，以及它们之间的互动作用，也是创新系统的要素构成。关于制度创新等，我们在相关章节将有专门的论述。

（三）系统模式

国家创新系统的构成是一个系统复杂的过程。构成这样一个复杂系统，本身就需要形成创新系统的共识，确认各个创新要素在系统结点中的定位和作用，进行系统创新的框架设计和运作程序制作。这是因为，保证科技创新的政策环境优良、资源优化配置和有效利用，不是任何一个要素的独立作用的结果，而是各个要素在系统创新程序中的协调、集成和共生的过程。

一般国家创新系统的构成由一个分析框架和模型获得反映。最常见的模型是将企业、大学和研究机构作为创新系统的主体，政府处于国家创新系统的中心地位，其余为外部环境因素（见图 10–4 所示）。或以企业为中心的国家创新系统模式（见图 10–5）。

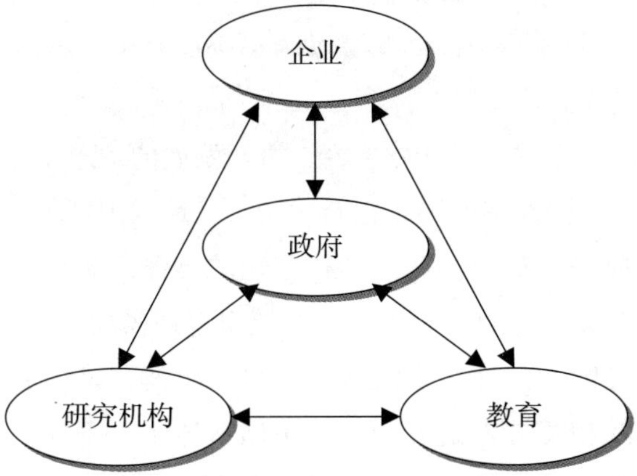

图 10–4　国家创新系统模式（1）

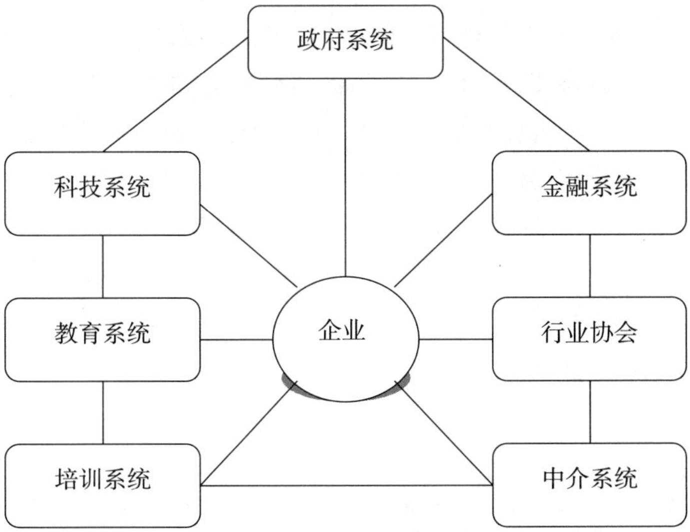

图 10–5　国家创新系统模式（2）

从不同研究角度来看，国家创新系统的主体可以采取四种模式：一是企业为主体国家创新系统；二是以社会组织系统为主体的国家创新系统；三是以政府系统为主体的国家创新系统；四是以市场化资源 + 体制优势的国家创新型系统。但在经济转型期，单一理想状态下的模式，往往难以实现系统设计的既定目标。在传统体制形成下的科技系统结构不合理、部门重复设置、资源配置分散等状况依然存在的情况下，创新系统中的科技与产业经济相互脱节，资源配置不合理以及效率低下等问题仍然难以解决。国家创新体系的资源配置组合，以及创新者与要素市场之间的竞争性互动，无法达到理想的效果。

按照系统创新原理，以开放包容、协调发展的理念，寻求国家创新的组合系统模式，不同类型的国家创新、城市（地区）创新、企业创新等系统，首先要构成一个功能协调、结构合理的整体系统。由于市场需求与结构调整对创新资源的配置和拉动，系统组合还需要增加中介服务系统、地方政府参与等因素。这一系统从现实目标出发，将中介服务与不同类型的创新系统及相关要素组成一个系统创新体系。不同类型、不同层次的创新系统在中介服务系统的作用下，对国家创新、区域创新与企业创新活动进行协调，以及创新资源配置优化等将不再是简单的叠加行为或螺旋关系①，而是在系统创新要素的作用下，形成以有机组合和相互渗透为主要特征，以科技知识化、产业化、网络化及市场化为主要目标的系统创新体系。这种组合系统在解决企业、大学、研究机构在创新中的协调与合作，涉及相关体制与政策的系统配合和支持。它包括为实现创新系统而进行的各个子系统的制度创新、政策调整和战略联盟，目的在于通过制度、政策、管理等要素的功能性作用，推动府产学研资介的协调发展，将人才、技术和资金形成统一力量，实现系统创新和科技经济一体化发展（见图 10-6）。

---

① 亨利·埃茨科维兹（Henry Etzkowitz）的论著《三螺旋》提出以大学为代表的学术界、产业部门、政府等创新主体，借助市场需求纽带，围绕知识生产与转化主题，相互连接在一起，形成三种力量相互影响的三重螺旋关系。这一创新模式及观点明显滞后。

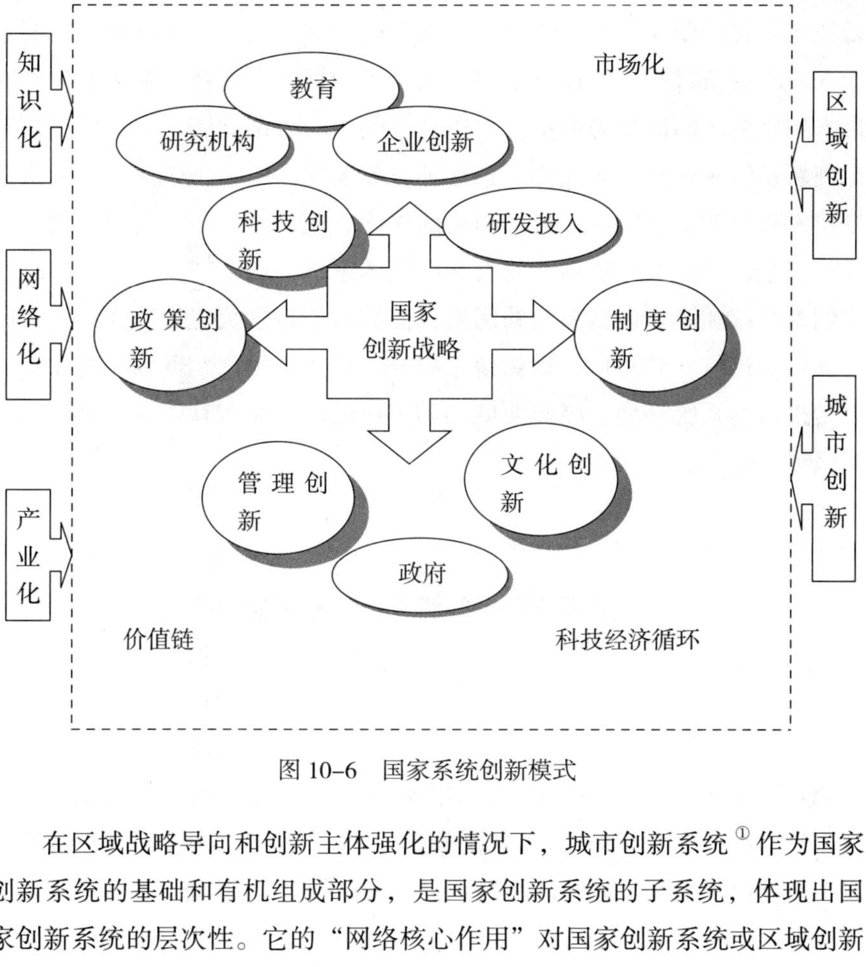

图 10-6　国家系统创新模式

在区域战略导向和创新主体强化的情况下，城市创新系统[①]作为国家创新系统的基础和有机组成部分，是国家创新系统的子系统，体现出国家创新系统的层次性。它的“网络核心作用”对国家创新系统或区域创新系统的完善极其重要。这里的核心作用是指城市的知识聚集、创新溢出和中介服务等功能性作用，我们也可以将它称为在国家创新系统中处于“承上启下”的作用。因此，作为不同层次的行为主体，城市创新系统与国家创新系统的互动作用是提升国家创新能力的关键因素，国家必须依靠各具禀赋特色的城市（区域）创新系统积极发挥作用，才能实现国家层

① 城市创新功能已不再由一个孤立的城市体现，而是以一个中心城市为核心及其保持着密切经济联系的一系列中小城市共同组成的城市群（Agglomeration）来体现。

面上的创新系统的有效组合。在创新全球化的环境下，城市创新（区域）系统成为各种创新行为主体聚集之地和研究开发之地。国内外创新要素加入城市创新过程，不仅可以引入来自不同国家的创新资源和能力，降低本地企业之间的交易成本，促进技术创新的协调发展，而且可以使城市创新系统表现出整体优势。在这种有效系统作用下，城市创新系统通过技术溢出效应和吸收、扩散功能的作用，成功地与国家创新系统形成互动关系，并结合为更加开放而又层次的系统。城市创新系统以联结国家创新系统和企业创新系统的网络，使城市创新系统成为一种为本地区企业创新进行中介对接，提供信息服务，激活区域创新资源，增加企业创新机遇的系统环境，因而使城市和企业的创新能力有效发挥协同作用而得到持续发展。

第三节　系统创新与研发

一、研发定义

研发（又称“研究与开发”或研究与开发）是基础研究、应用研究和试验发展的合称，英文缩写为R&D。经济合作与发展组织（OECD）将其定义为：在科学技术领域，为增加知识总量，以及用这些知识去创造新的应用而进行的系统性创造活动，即知识、科学与技术创新。这些知识包括人类、文化和社会的知识，以及运用这些积累的知识去设计新的应用。实际上，研究与发展活动是科技活动的核心和关键，是最具创新品质的科技活动。从整个创新过程来看，研发是创新过程的重要环节和组成部分。从产业价值链来看，研发居于核心地位。

1．基础研究，是通过对科学知识的研究探索，揭示客观事物的本质和运动规律，寻求知识创造的发展过程。基础研究是提高原始性创新能力、积累智力资本的重要途径，是建设创新型国家的根本动力和源泉。主要包括：以认识自然现象、揭示客观规律为主要目的的探索性研究工作；以解决经济和社会发展及科学自身发展提出的重大科学问题为目标的定向性研究工作；对基本科学数据、资料和相关信息系统地考察、采集与鉴定，并进行评价和综合分析，以探索基本规律的基础性工作；等等。基础研究分为纯基础研究和定向基础研究，一般没有特定的商业动机及目的，纯属“无目标的研究”。这类研究主要是由知识创新的高校和研究机构承担。

2. 应用研究，是指为获得新知识、新技术、新工艺，针对某一特定的目的或目标而进行的创造性研究。应用研究是为了确定基础研究成果可能的用途，或是为达到预定的目标探索应采取的新方法（原理性）或新途径。它将基础研究所产生的知识，设法应用到解决人类实际的问题上，通过基础研究提供的科学知识支持，探索新工艺、新技术、新产品的技术基础。应用研究一般有特定的商业动机及目的，是一种“有目标的研究”。但其成果形式以科学论文、专著、原理性模型或发明专利为主。这类研究主要是由专业应用研究机构或企业承担。

3. 试验发展，是系统运用基础研究、应用研究和实践经验等知识和方法，通过科技商品化、产业化、市场化的运作，建立起新的工艺、系统和服务路径，以及对已有的系统和服务进行实质性的改进等，包括技术、设计、工艺、原型产品等改进和开发，以便达到定型的新工艺、新产品等。试验发展是各种研发的投资主体。[①]这类研究主要由企业承担。其成果形式主要是专利、专有技术、新产品原型或样机样件等。

从宏观角度，研发（R&D）是从科技创新到知识应用所进行的知识探索、发现、应用和运作的持续过程。作为创造知识、应用知识的一系列活动，研发系统及运作流程中的基础研究、应用研究和试验发展往往表现为不同的功能和作用（见图 10–7）。基础研究为应用研究提供了科学知识增量和存量的功能性作用；应用研究通过开发性活动为实验发展奠定了基础，在此基础上，实验发展为科技成果迅速转化提供了动力。

① 从美国联邦科研投入整体情况来看，2000—2017 年，在科研全部投入中，基础研究占 22%，应用研究占 23%，试验发展占 52%，研发设施占 3%。OECD 的数据显示：韩国、日本试验发展费用在其本国政府的研发投入中占比高于 60%，中国的试验发展费用占比则高达 85% 左右。引自机工情报。

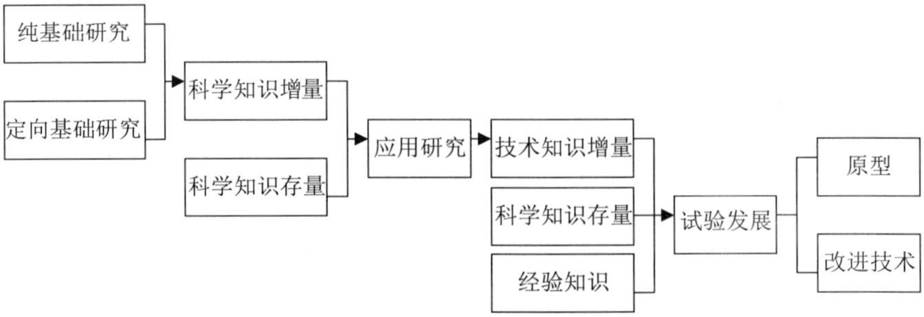

图 10–7　基础研究、应用研究与试验发展的功能和作用

从微观角度，研发系统由一系列价值链流程环节组成。它是沿着研发的价值链动态变化，将基础研究、应用研究和实验开发结合在一起发展新技术和研制新产品的过程。通过研发活动将在不同阶段、不同价值增值过程有机地联系起来，建立起基于市场供求的知识生产及研发链接体系。威廉·F. 汉密尔顿教授基于技术物种进化思想，将其分为：（1）以科学研究为主的技术发现阶段，具有高度探索性和非连续特征，会出现很多不同技术方案的相互角逐；此时，人们推进特定技术发展的努力程度较低，技术成熟度也比较低。（2）以持续研究和学习为主要内容的技术发展阶段，通过技术方案的可行性分析、社会选择和市场前景探索，寻找到具有发展前景的可行技术方案；此时，人们推动特定技术发展的努力程度快速提升，新技术以较快的速度向成熟发展。（3）推动技术向商品转化的行动阶段，可行的技术方案通过价值创造潜力的比选，形成被市场接受的产品主导设计形式；此时，人们推动技术发展的努力程度降低，转变为推进其向商品化方向发展，构建行业的初始结构。（4）产品进入市场的竞争阶段，按优胜劣汰原则淘汰不具有经济合理性的产品，领先厂商构建先发优势；此时，人们推动原有技术发展的努力程度降低，重视构筑市场竞争优势，同时推动新一代技术发展努力程度提升。

基于宏观与微观视角，研发的基本定位是：为科技创新提供功能性、系统性环节，为科技商品化、产业化提供基础条件。其主要功能和作用表现为，在研发价值链下，沿着基础研究—应用研究—实验发展—生产制造—市场导入—生命周期管理，形成研发的系统运作机理，推进科技成果转化及产业转型。因此，研发活动是创新内部转换与成果演化的过程。它是科技产业价值链运行的动力，是实现科技产业升级与创新发展的源头（见图 10-8）。

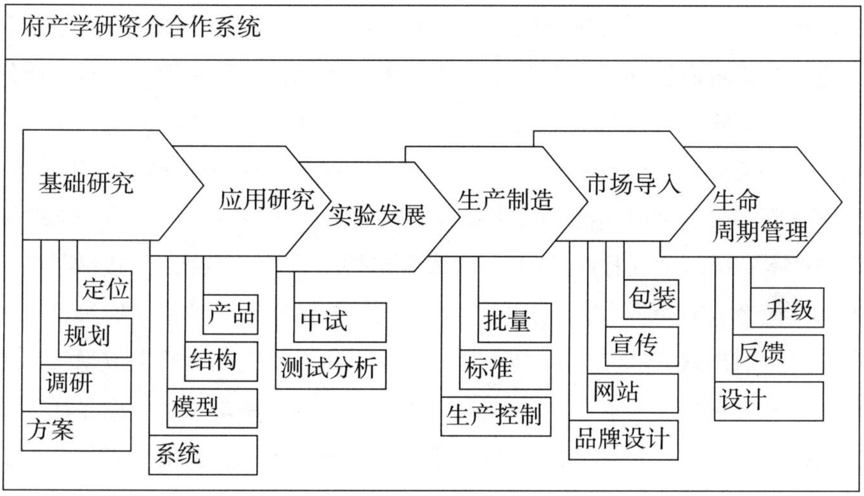

图 10-8　研究与开发的基本流程

二、研发特征

作为增加知识总量（包括人类、文化和社会方面的知识）以及运用这些知识去创造新的应用而进行的系统的创造性工作，在知识（科技）创新的关键环节及运作过程，研发一般具有不确定性、溢出性、链接性和外包性等特征。

1. 不确定性

不确定性（Uncertainty）是经济学里有关风险管理的概念。研发的不确定性是指在知识（科技）创新的过程中，创新行动及其效果的复杂性不可避免地带来一系列不确定性。一是知识生产的不确定性。由于知识生产是新的知识的生产过程，也是一个创新发展试错的过程，其生产函数往往是一个“黑箱”，研发决策及投入产出对未来影响的不准确预见充满着高度不确定性和风险性；二是市场实现过程中的不确定性。实现研发成果的商品化、产业化和市场化，以及新知识、新技术和新工艺等是否具有成效，必须通过市场的检验及综合评价。而新知识、新技术和新工艺等在瞬息万变的市场竞争中其转化收益与损失范围以及状态，均为未知数。

2. 溢出性

研发活动一般具有溢出的外部性和有效性，即溢出效应。溢出效应主要表现为在研发活动过程中通过成果的载体转移获取收益。这一成果转移收益主要通过研发部门或企业之间的技术联系或投资研发活动，以及研发人员的流动获得。溢出效应主要是通过学习创新、产业关联、人力资本流动、市场竞争和科学研究等途径来实现的：（1）产业关联产生溢出效应。产业关联主要是通过信息、技术和技能的交换来实现的。通过前后向关联形成技术溢出的“互补性活动”，促成溢出效应，如转移地之间接触与信息流动，使企业有可能获得先进的产品、工序技术或市场知识，通过“搭便车”产生溢出效应。（2）人力资源的流动产生溢出效应。研发成果转移过程包括有关设备、专有权、管理人员及技术人才等系统关联，而且还要对子系统的员工进行培训。这些员工可能将获得的技术、营销、管理知识扩散出去。人力资源流动对溢出效应的影响描述为：生产性投资增加→人力资源平均水平提高→劳动力流动→技术溢出。（3）示范与模仿产生溢出效应。由于地域上的集聚有利于产业专业化分工，以及企业之间生产要素的近距离互动，从而产生技术溢出。技术溢出或转移对当地竞争者产生了示范作用，就形成了技术溢出效应。在现实中，溢出效应还要受产业转移度和聚集度等影响。

3. 链接性

研发具有知识价值创造过程中所进行的选择、设计、加工、转化等链接过程及其特性。它是在科技产业链演进过程中，科技创新、扩散、分工与整合的重要环节和组成部分，具有在知识价值创造内部的不同环节承担的价值创造功能，以及上下游共同提供研发服务形成的分工合作关系。研发链接一般分为纵向链接和横向链接。纵向链接是创新、扩散、分工与整合的流程，是一种研发链接的垂直整合关系。其中，又可以分为垂直合并和纵向约束类型。垂直合并是研发链接部门将上下游机构合并组建成为研发集群或系统，研发链接的部门可以通过链接系统进行垂直约束，使之接受链接一体化制约。通过研发外包的链接及控制，实现纵向链接目标及其研发效应。

4. 外包性

研发外包作为 KPO 的重要组成部分，称为“研究开发协议”，又称研发价值链分解型外包或创新外包。研发外包的涵义是指研发部门在自身资源有限的情况下，把非核心业务发包给相应的专业机构来做，从而达到降低成本、集中资源和提高经济效益的目的。实际上，研发外包是知识社会和研发成果共享过程中的研发专业分工现象。它是实现知识创新和知识应用而进行的系统性、创新性工作，是一种发现和应用新知识成果的连续过程。R&D 包括基础研究、应用研究和产品开发。由于产品生命周期越来越短，市场竞争能力日趋激烈，因此研发价值链上各节点，通过产学研之间的分工合作、协同供应，协同研发等外包服务就至关重要。

三、研发系统因素

关于研发活动，国内外一些文献的解释始终与规模、科学内容和专业化程度联系在一起。[①] 但作为实现创新活动的重要组成部分，研发的基本活动不能不受到经济社会形态、发展模式变革及系统因素的影响。传统的研发模式在研发范围内可以说是包罗万象，从基础研究到新产品原型开发无所不包，最为典型的是贝尔实验室。但近年来，传统的研发模式已发生了深刻变化——实验室不再承担基础研究，而是将这一任务交给了大学，新产品设计及开发则转包给研究机构或中介机构，并组建了网络化的全球合作体系。2000 年欧盟在《里斯本战略》中提出“知识三角”，即以教育、研究和创新构成“知识三角”生态系统，以形成互动性、再生力和协同增值性。“研究与创新”模式的改变是研发全球化不断深化的产物，由此带来了一系列复杂的系统因素并形成了新的研究范式。而随着“研究与创新”模式的推行与扩散，依靠个人或数人研发模式的成效式微。创新生态系统和外部环境之间的边界日趋模糊，信息共享与知识溢出，成为科研合作与协同演化的方式之一。系统创新模式及其在研究开发中的实效，使科研成

---

① [英]克利斯·弗里曼等：《工业创新经济学》，北京大学出版社 2004 年版，第 11 页。

果与产品开发的融合性、信息化、集聚度越来越高。一个最终科技创新产品，依托多学科资源与跨界合作以及数百甚至成千项专利、技术的集成，上万件零部件组装配套链接，构成了系统复杂的科技产业化的全过程。印证了"研究与创新"，取决于具备扎实专业知识的科技人才的培养、资金投入的强度以及科研项目的组织、管理与协调能力，而且取决于系统创新及其生态体系的建立。

显然，研发系统因素是指一个包括所有可能影响研发系统构成、运行以及制约实现其创新目标的相关因素。从研发自身角度有如下基本因素：创造性的因素、新颖性或创新的因素、科学方法的运用、新知识的产生等。从研发成果转化，包括科学研究发现新知识，通过发明将知识转化为满足应用需求的新技术，通过技术创新将技术变成新产品和服务，在应用中不断改进、提高产品和服务的市场竞争力等。从广义角度来看，这些相关因素主要涉及经济、科技、政治等环境，以及战略、政策、产业（企业）等变化。它有可能直接影响研发的实际成效，并通过环境内的其他因素间接地施加影响，促成新的研发系统、创新网络和产学研集群。同时，这些因素受到"环境影响者"及"利益相关者"系统之间的制约和影响，包括政府、管理机构、中介机构、媒体、投资者等行为。在很大程度上，只有通过制定政策法规及其他行为的规范，有效地协调"环境影响者"及"利益相关者"之间的关系，将其影响和协调功能作用于科技与产业经济结构的所有层面，改变"利益相关者"的关系和研发合作的行为，才能形成系统作用和驱动力，直接或间接影响研发过程及其成效（见图 10–9）。

由此可见，研发系统并不是一个孤立、封闭的系统，它与其他系统是"互动"与"交换"的关系。对系统创新与研发之间关系的分析，需要从科技产业发展目标，以及从战略、政策、管理等各种力量和系统因素对研发过程的影响进行评估。这些系统因素是在一些系统环节及关键点上的交叉影响和链接互动。在研发过程中，其运作行为及效果受制于战略的宏观政策、制度、管理、文化等"环境影响者"宏观运行的影响，也受制于"利益相关者（府、产、学、研、资、介及供应商）"微观运行的影响。

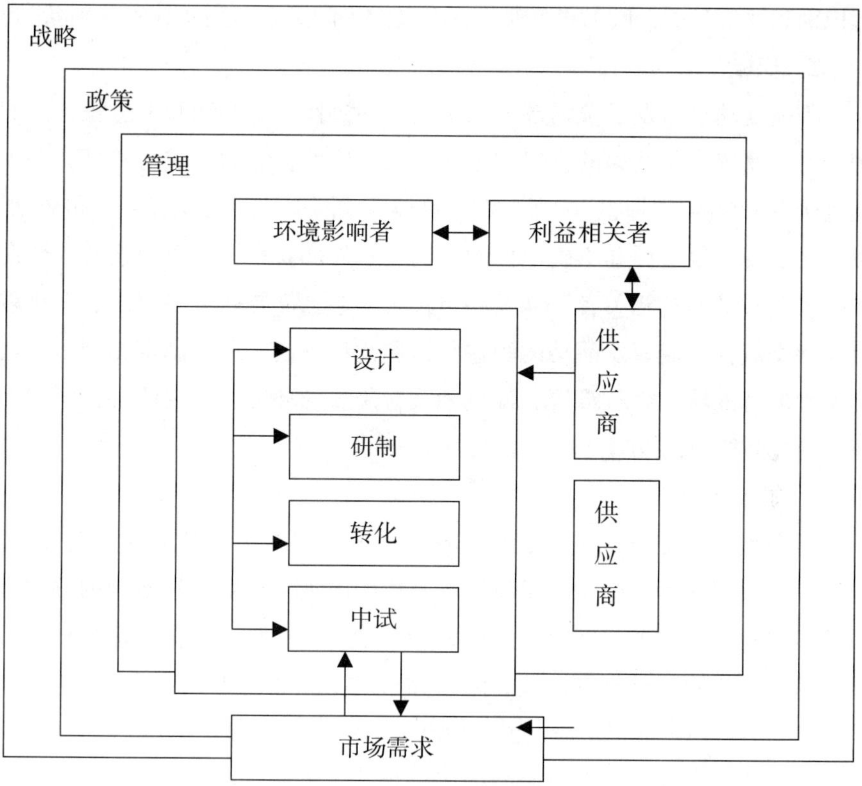

图 10–9 研发的系统因素及影响

系统因素纳入对研发的功能性、结构性的影响及其作用的分析是复杂的。就此而言，在一个复杂而又不确定的研发过程和竞争环境中，各种内外部环境因素可能随时会发生戏剧性变化，直接或间接地影响研发活动及其成效，并推动新的系统变革和研究范式的变迁。针对这些环境因素的复杂性和不确定性的影响，以下问题值得重视：

1. 有效识别

有效识别有助于对研发战略进行方向性调整。首先，对国内外各种影响研发环境变动或突发的事件及相关因素进行有效识别、确定和衡量，要对复杂而又不确定的各种国内外信息和事件进行广泛搜集和分析，在研究开发的市场机会相互作用并影响市场发展的若干综合性力量的背景下进行评估；其次，从不同发展视角，对一系列广泛而有系统的研发环境因素进行识别和评估分析，做出影响研发活动及效果的远景预测及其价值判断。

2．积极互动

积极互动是研发系统内部子系统之间的协作、交换和互补过程，是实现研发子系统合作共赢的自组织创新。实现研发资源的集成与共享，必须通过研发系统的“环境影响者”和“利益相关者”之间的积极互动和交流，以应对研发的复杂性和不确定性的影响。从外部观察，研发因素的“环境影响者”和“利益相关者”涉及一组状态参量，需要两者多层次、多领域互动和交流，形成研发活动的利益共识和优化集成。通过制定有利于创新与发展的新战略、新政策等，优化和改善研发的环境，实现研发系统内部子系统之间的协调发展。

3．行动预案

行动预案是在研发空间、时间或功能的有序结构基础上的方案设计。对于难以预测或不可应对的研发环境及影响因素，需要通过不同的方式方法获取多种预测数据，制定相应的行动计划，并在复杂而又迅速变化的市场环境下灵活地调整研发模式、路径和布局。通过有效实施不同的行动预案，减少不可预测或不可应对的研发环境因素带来的负面效应。

以上这些问题对于形成研发的集成与共享关系及作用机理，有效发挥“环境影响者”的潜在作用以及有效调动“利益相关者”的积极因素具有重要影响。它有助于确定研发目标和发展趋势，减少环境因素的复杂性和不确定性带来的负面影响及其风险，并具有相应的价值。

四、研发全球化与中国化

研发全球化是指科学研究活动的全球化。它是创新全球化的一种路径，也是系统创新的全球化范式。主要包括三个方面：一是研究开发资源的全球配置，即按照比较优势原则在全球范围内配置研究开发资源，融筹研发资金，建立科研机构；二是实施研究活动的全球合作，即不仅研究开发的组织形式是向全球开放，而且基于制度框架和标准，按照国际规则合作开展研发活动，进行研发成果的交易并提供知识产权保护；三是研究开发成果的全球共享，即在一定的条件下，开展研发成果的全球性转移和应用推广，实现科技知识的溢出和扩散。三个方面相辅相成。其中，研究开发资源的全球配置具有重要意义，直接影响到研发活动的全球合作及研发成果的全球共享。

与其他系统不同的是，研发全球化可以通过网络全球化进行跨域研发外包而无须通过其他环节。互联网＋的研发全球化，在提高研发效率、减少研发成本、推动科技产业经济跨越式发展方面具有特殊的作用。从网络化方面，一国或一地研发资源与全球其他系统之间存在直接的耦合关系。研发系统通过全球生产、劳务及服务网络系统之间的互动与互补，扩大科技商品化、产业化和国际化的范围，提高科技成果转化率，形成新的产业替代和赢利机制。并依据市场需求提出新的研发方向，进一步激励研发系统的创新发展。

（一）研发全球化

研发全球化是以跨国公司为主体的创新资源配置及在全球的专业分工和布局现象。它是指在创新全球化的大背景下，随着创新资源流动的规模和形式不断增加，通过全球研发分工和合作，提高研发资源配置效率，从而促使各国之间研发依赖程度日益加深的发展趋势。

以跨国公司为主体的研发全球化主要有以下表现形式：（1）在海外组建中央研究机构，协调全球范围的研究开发活动；（2）在海外建立独立的研究开发机构从事研究开发等活动；（3）在海外企业建立研究开发部门，进行技术开发及扩散等活动；（4）通过高端并购，获得研究开发设施和研究开发人员；（5）在海外建立信息情报机构，获得公司所需要的技术情报和市场需求信息等。

实施研发全球化，一般有以下的目标：

1. 为开拓新技术、新产业、新市场和攫取资源，加快实现人才资源、研究开发成本低廉利用的创新全球化战略。充分利用所在国的人才、信息等研究开发资源，加快所在国及相关区域研究开发机构的布局和区域研发网络建设。

2. 通过在全球新兴市场的投资布局，以及对在所在国的科技企业进行高端兼并、收购、控股或重组等，进一步借助全球人才、金融、产业集聚和创新合作方面的优势，发挥以互联网平台为依托的投融资机制。加快科技产业本土化和市场化的步伐，进一步获得科技产品售后的巨大差价及规模效益。

3. 加大在海外的创新投资活动和布局，建立全球性的孵化器、研发中心、生产和经营网络系统。通过在不同地区进行研发布局，建立全球领先的研发布局、结构、重点等（见表 10–4），使公司内部交易成本和协调成本不断下降，进一步开拓市场，降低全球化研究开发成本。

表 10–4 飞利浦亚洲研发布局及在华研发事例

研发布局	研发重心	研发方向	研发方式
班加罗尔聚集软件，新加坡侧重互联网，上海研发各个产品项目	以医疗系统为主线，垂直包括半导体和消费电子	追求实用技术，提倡简约，开发中低端设备等	联合开发、技术共享或专利互换等

在研发全球化的过程中，发达国家通过研发投资、引资与人才扩展科技产业前沿，提升本国研发投资水平，例如美国科技产业研发投入高于任何其他国家，大约将增加值的 11% 用于研发。研发投资大部分集中在制药、电子和飞机制造等高科技领域。另一方面，以跨国公司为主体形成了全球研发布局。在世界 500 强企业海外研究开发活动中，美国企业在海外的实验室占 1/3，日本企业在海外的实验室多达 200 多个。与此同时，在过去 10 多年，海外企业在美国也建立了 400 家研究开发机构，研究开发投资达到 100 多亿美元。其中，2/3 的投资集中在化工、制药和电子等领域。外国企业大约将销售额的 2%、附加值的 6.5% 用于研究开发活动。外国企业在美国境内研究开发的投资占美国研究开发投资的比例迅速增长。在美国高技术研究开发活动方面，每 5 美元的研究开发投资就有 1 美元是外国企业投入的。

全球研究开发活动最集中的地区是美国（41%）、德国（17%）、英国（12%）、日本（5%）。这些地区，主要的跨国公司研究开发机构来自欧、美、日等国。日本是在美国建立研发机构最多的国家。在海外研究开发投资中，研究开发投资也主要集中在欧、美、日等发达国家，而发达国家在发展中国家或地区的研究开发投资不到 5%。中国科技企业近年来也加快了研发全球化布局，如华为已在国外建立了 16 个研究所，分布在美、英、德、法、俄等国家。

（二）研发中国化

研发中国化是研发全球化在中国的体现。数据显示，跨国公司在中国设立的各类研发中心已超过 1800 家，中国成为跨国公司设立研发中心的首选地。跨国公司在中国的研发中心基本被分为三种类型：一是基础开发型。主要将技术成果面向全球市场或从事基础研究，一般为全球性研发中心。二是应用开发型。主要从事面向中国市场的产品应用开发，一般为区域性研发中心。三是技术支持型。主要从事测试服务、产品维修等从属于公司主营业务的技术服务。研究开发机构主要来自欧、美、日等跨国公司。从产业划分来看，研发领域主要集中在汽车、通讯、计算机软件、机械、电子、生物医药、半导体及自动化、化工、电子数码产品等行业（见表 10–5）。

表 10–5 部分跨国公司在华建立研发中心事例

跨国公司名称	R&D 机构名称	类型	合 / 独资	建立时间
爱立信	爱立信通迅软件（开发）上海有限公司	企业法人	独资	1997.12
富士通	富士通 R&D 中心	企业法人	独资	1998.02
通用汽车	泛亚汽车技术中心有限公司	企业法人	合资	1997.06
IBM	IBM 中国研究中心	非企业法人	独资	1995.09
英特尔	INTEL 中国研究中心	非企业法人	独资	1998.11
朗迅	贝尔实验室北京	非企业法人	独资	1997.05
松下	松下电器研究开发（中国）有限公司	企业法人	合资	2001.01
三洋	华强三洋技术设计有限公司	企业法人	合资	1995.09
微软	微软中国研究院	投资公司下属机构	独资	1998.11
摩托罗拉	摩托罗拉中国研究院	各研究中心组合	独资	1999.11
三菱电机	三菱电机技术开发有限公司	企业法人	独资	1994.11
NEC	NEC —中科院软件研究所公司	企业法人	合资	1994.06
诺基亚	诺基亚中国研究中心	投资公司下属机构	独资	1998

续表

跨国公司名称	R&D 机构名称	类型	合 / 独资	建立时间
P&G	北京研究中心	企业法人	独资	1998
施奈德	上海 R&D 中心	中国投资公司下属机构	独资	1999
三星	三星通讯技术研究所	独立法人	独资	2000
UTC	联合技术研究中心（中国）有限公司	企业法人	独资	1997.05
VW	上海大众研究开发中心	上海大众下属机构	合资	1999.11
Rockwell	Rockwell 自动化上海研究中心	非企业法人	独资	1999.12

资料来源：根据《跨国公司在华发展新趋势》，新华出版社 2003 年版整理

随着全球技术研发趋势的加强，研发中国化主要表现为以下三种形式：（1）独资的技术研发机构，直属跨国公司在华的控股公司，同时也是跨国公司全球技术研发网络的组成部分，从属于跨国公司的技术研发总部，与跨国公司总部的联系十分密切。独资的技术研发中心是跨国公司在华投资最成熟、最集中、最高级的形式之一。（2）在合资企业内部设立研发机构，从事产品技术开发和市场适应性研究。（3）与中国的高等院校、科研院所合资合作建立研发机构。

以跨国公司为主体的研发中国化战略，主要有以下发展目标：

1．通过“产业内分工体系”战略实现核心技术的垄断和控制。很多在华跨国公司不设立研发机构，而是把研发放在国内，以实现在华的技术控制。发达国家及跨国公司虽然在华建立研发中心，但不提供核心技术，甚至不开展技术研发活动。不仅控制着公司资金、销售渠道，还控制公司的核心技术。

2．在华建立研发中心，目的是通过独资化和控股化，减少先进技术溢出，从而垄断高端市场。对研发机构或合资公司实施控股，原因之一就在于技术控制和技术的保密性。科技优势是跨国公司的生命线。控制科技扩散，做好技术控制和技术保密是跨国公司最关心的问题。为了确保科技

优势，跨国公司的运作模式倾向于采取独资或控股的形式。如阿尔卡特以“50%＋1股”的模式控股了上海贝尔，随即对公司进行改组改造，将其纳入全球生产和研发体系。

3. 实施“技术研发分工”战略，将基础性研究和技术开发放在跨国公司的母国进行，确保它处于产业链的上游。在华研发中心主要从事适应型、专用技术型和实验型产品的研发，满足中国市场开发与占有的需要，而不是从事基础性和原创性的创新型研究（见表10–6）。基础性和原创性的研究大都放在跨国公司的母国进行。通过“研发分工”上的技术控制，确立跨国公司在产业链上游的地位，实现对中国企业核心技术的垄断和控制。

表10–6　跨国公司在华研发机构的研发方向

研究院（中心）名称	主要研究方向
IBM中国研究中心	大数据分析、云计算、物联网及认知计算的技术创新及应用
微软亚洲研究院	云计算、大数据等创新技术领域，开展基础研究、产品研发、教育培训等工作
INTER中国研究中心	机器人、人工智能、智能互联基础设施等研究
摩托罗拉中国研究院	先进材料研究、软件开发、个人通讯产品研发、最新移动通信解决方案、汽车电子产品的研发以及人机交互技术在未来软件和硬件产品中的应用、电池及其他电子产品附件等
朗讯贝尔实验室基础科学研究院（中国）	开展网络、通信软件、光通信、计算机科学以及应用数学等领域的研究工作
GE中国研究中心	机器互联、实时控制到数据分析、新材料等相关各领域的创新技术和解决方案

4. 通过技术专利、技术标准以及技术的逆向扩散，实现核心技术的有效控制。国内企业的逆向科技扩散现象日趋严重，使跨国公司在技术控制上处于更为有利的地位。在华跨国公司及其研发机构用优越的条件吸引了中方大量高级科技人才，还从国有企业、科研院所挖掘人才和技术，同时积极活跃在中国的技术市场和专利市场上。这实际上是我国企业或科研院

所向在华外资企业扩散技术，从而导致我国企业的逆向科技扩散问题。

由上所述，跨国公司研发中国化战略，主要是以便用最新的技术和最快的速度占领中国市场，获取巨大利润。跨国公司在中国建立研发机构，它将技术研发和生产定位于本土，有利于产业发展和占领市场，利用本土化的科研和智力资源，在华进行产品技术研发，形成了巨大的科研和人才集聚效应，同时也提高了技术研发的本土化程度和研发效率。

随着中国研发实力增长以及市场进一步开放，跨国公司在华研发模式、路径也发生转型变化，研发形式、活动性质等不断调整（见表 10-7），跨国公司以往投资研发机构的技术溢出效应，越来越多地通过跨国公司的示范企业和国内企业的直接模仿；通过与跨国公司建立合资、合作研发关系的高等院校、科研院所进行间接传播和扩散，但随着跨国公司在华技术研发机构运作形式的独资化和控股化，研发成果传播和扩散的渠道在一定程度上被封堵，减少了先进技术的溢出效应。在历经了反向创新和协同创新，跨国公司开始加快“去中心”化，进行开放式创新，积极融入本地创新体系。通过与中国研发机构紧密协作，实现资源互通互补、共享释放，实现产业无缝对接、高效共赢。

表 10-7　跨国公司研发中国化的演变形式、路径及实施

发展时期	20 世纪 90 年代后期	2000/2001 年	2002 年	2004/2005 年	2016 年
研发形式	研究合作	外包	独家合作	资本投资	本土研发
研发活动性质	赞助或参与本地研发机构或大学的研究项目	将部分研发价值链外包给第三方服务供应商	将部分研发价值链外包给独家合作伙伴	通过全资或合资的形式建设研发中心	研发完全实现了本土研发，并将成果推向世界市场
研发实施	与政府研究机构合作	建立供应商会，实施研发外包	签订独家合作协议	投资建立研发中心	独立研发中心

第四节　系统创新调控

一、创新周期与阶段调整

创新对科技产业及其结构调整的影响，可以通过创新寿命周期的分析来进行解析。

第一阶段（创新阶段）：处于创新技术和传统技术升降交替的过程。一些传统技术逐渐衰落，新技术成果应运而生，但尚未被市场认识，因而处在科技商品化、产业化的初期发展阶段。这一阶段对产业结构调整尚未产生影响。

第二阶段（扩散阶段）：创新成果和技术获得市场的广泛认可，科技产品和应用技术吸引大量投资，建立了科技企业，吸收就业人员，创新技术成果得到传播、扩散和应用，与之配套的产业部门逐步形成。以创新技术支撑的科技产业市场占有率迅速递增，并在产业结构中处于相对主导地位，并推进结构调整和产业转型。

第三阶段（成熟阶段）：新兴科技产业发展进入规模化阶段，创新技术经过改进日趋成熟。科技产业在市场的占有率进一步扩大，投资趋向规模扩张和技术开发。在产业结构中的比重处于稳定主导地位，实现了结构调整和产业转型的战略目标。

第四阶段（衰落阶段）：随着新兴产业产品市场的日趋饱和以及技术广泛扩散，出现了产品和生产能力过剩、投资开始萎缩等现象。原来的新产品、新技术演变为传统产品和传统技术，大批传统产品生产企业倒闭、失业增加，再次进入衰落阶段。

通过图 10–10 的对比分析可以清晰地看出，创新寿命周期阶段与产业形成和调整的阶段性变化有明显的对应关系。这种明显的对应关系形成了创新驱动的产业变迁特征。创新在产业各个功能环节之间的对应关系，将产业运行在不同阶段的不同价值过程有机地联系起来，构成了一个动态变化的科技产业发展程式。

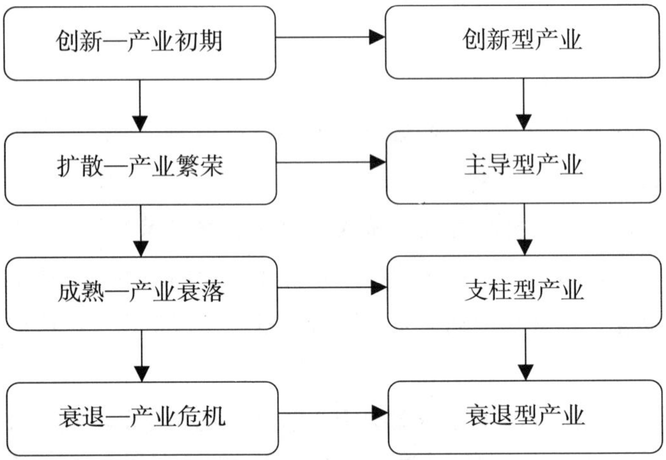

图 10-10　创新寿命周期与产业形成与调整

这证实，科技产业发展是创新成果产业化、市场化以至产业技术衰落的转型发展过程。支配这一周而复始的过程是创新生命周期价值链的变化。由于生命周期价值链的直接影响，产业创新阶段不同，产品性质不同，技术产品的寿命周期阶段表现也不同。一般技术创新阶段为 6~15 年，扩散阶段为 20 多年，比如，汽车的创新阶段大约为 15 年等。因此，尽管科技产业寿命周期与市场需求、资本投入等因素密切相关，但主要由科技产业链中最基本、最核心的部分——创新及其寿命周期所决定的（见图 10-11）。创新及其寿命周期通过研究和开发等科技产业环节形成价值链驱动机制，推动市场需求和产业升级，并影响产业价值的边际价值增值率的变化。

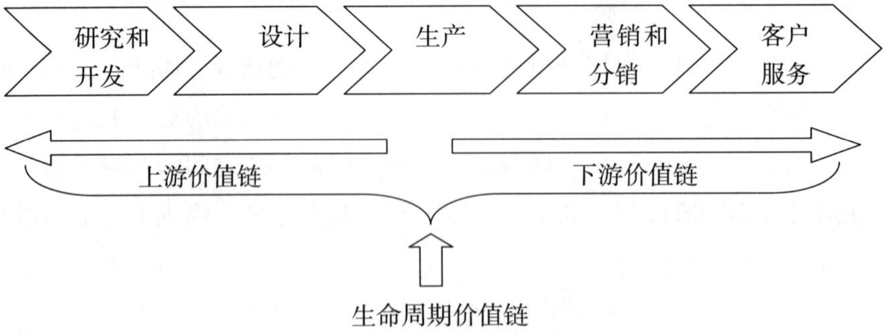

图 10-11　生命周期价值链图

如上所述，创新及其寿命周期对科技产业发展及其结构调整的影响和作用还受限于单一创新因素的影响。但从价值链的环节转变来看，创新及其寿命周期对科技产业结构调整的作用不仅受制于科技创新、市场需求和资本投入的作用，而且还受制于战略、政策和法规约束下的系统创新等多种因素的干预作用和效果。从科技产业动力根源、核心能力、价值分离因素等分析，创新及其寿命周期的外部影响因素越来越大，战略、政策和法规的任何新变化、新动向都将影响到创新及其寿命周期动力机制的内部运作规则，并影响到科技产业发展及其结构演变的进程。创新周期与科技产业调整的影响因素的变化，进一步突出了在科技产业发展及其结构调整过程中的系统创新的性质和特征。

二、系统创新与宏观调控

基于系统创新的宏观调控和管理，需要解决以下问题：

（一）战略管理架构

在制度、政策、管理等基础上建立的战略框架体系，是以系统创新实施宏观调控和管理的动力，也是系统创新的基本架构。即从宏观角度，在创新系统中嵌入战略设计、制定、实施、评价和控制等，形成一个横向系统创新运行、纵向战略管理的架构及系统工程（见图 10–12）。这一架构利用战略管理的调控作用，保证创新在系统运行状态下向其既定目标方向发展。基本架构主要包括以下方面：

1. 全程管理。全程管理是指通过一定的要素嵌入及创新融入流程，将创新过程纳入战略管理框架体系，并进行全过程的管理，从战略设计、制定、实施、评价和控制等到执行中的监督、调节，再到完成或运行一个周期之后的评估和总结，以此减少运作成本和结构缺陷，提高创新的有效性、系统性和整体效率。

2. 整体最优。实现整体最优是系统创新的成功标志之一。整体最优包括内部系统最优和外部系统最优，内外部创新资源共享、优势互补才能提高整体资源配置和创新绩效。所以，创新的整体最优是技术创新与非技术创新之间互动、协调和整合的结果。只有创新的内外资源整合及其战略管理的互动、协调与发展，才能实现创新的系统优化及其整体最优解。

3．动态调整。实现系统创新的有效运行和合理结构，需要在战略管理的功能作用和运行机制下进行动态性、随机性协调。在随机性和动态性的调整基础上，不断校正创新偏离目标，既要考虑到如何适应创新动态性的非均衡发展，又要把握随机性的非均衡发展，从而在动态和随机的非均衡中完善创新结构。

4．反馈修正。对偏离系统创新的目标需要一个创新与战略管理相互支持的反馈回路并给予适时矫正，这一反馈回路具有明显的网络环的特征，一般依据反馈资料和战略管理的信息系统进行适时调整与修正，以便符合系统创新的制度、政策和管理等方面要求。

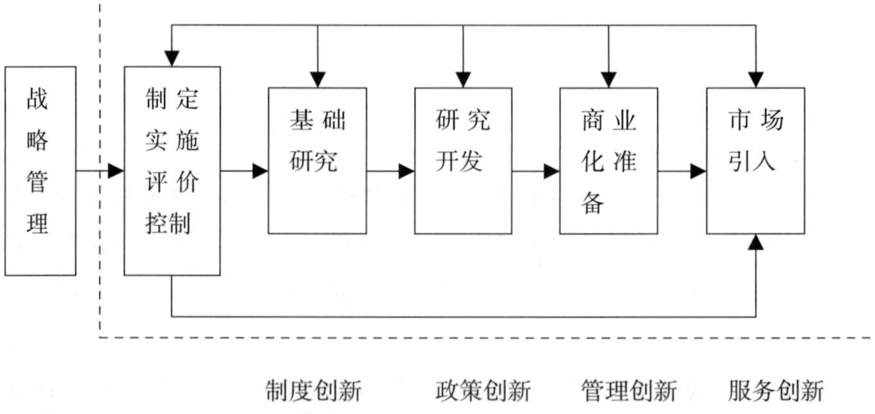

图 10–12 战略管理与系统创新架构

实现系统创新的宏观调控和管理，还要构建以下若干体系：

1．建立市场化的系统创新体系。即以科技、知识、市场和资本为中介，连接国家创新体系、城市创新体系和企业创新体系，形成以市场化为平台的系统创新网络体系。市场化的创新是以市场需求为主导的创新体系，它是在科技、经济活动中，以市场机制决定价格和资源配置，以及决定创新报酬和报酬数量等作用，对创新活动实施调控推动和利益激励。市场化的系统创新体系取决于市场的规范和完善。通过市场制度建设、法规建设、规范市场行为准则等，为技术创新创造一个公众、公开、公平的竞争环境，使市场对创新的需求真正能够影响到企业和研究部门，进而造成一种创新压力和动力，提高企业和研究开发部门对创新的需求。

2. 建立产业化的系统创新体系。创新成果能不能形成生产力，关键是看它能不能通过科技产业化形成规模经济效益。而要实现科技产业化，必须建立从市场环境到现代管理，以及研究开发、中试、生产、销售等一系列产业化、商品化的系统。因此，实施系统创新体系，必须紧紧围绕科技产业化发展，建立起有利于增强企业技术创新竞争力，适应市场竞争的技术研究开发、产品创新设计的系统。在科技产业化发展过程中，通过不断完善科技产业化发展机制，保证在技术创新的供给、需求和运用之间建立一个协调发展的渠道。

3. 建立资本化的系统创新体系。创新的资本化运作是在法制、政策平台上实现的。资本运作实现创新，涉及多阶段性、工具多样性的系统过程。资本运作的竞争性、流动性和增值性，来源于投融资体系的系统性。因此，在构建资本运作的系统过程中，要将创新网络体系、环境因素、约束机制、激励制度、人才政策、组织制度等加以全面整合，将制度安排与技术创新的资本化运作有机地结合起来，形成资本化的系统创新结构和体系。

系统创新与战略管理之合，在于宏观调控与市场运作规律的统一。这种统一运作不是两者的拼接组装，而是从全球化的高度，通过建立宏观调控与市场运作协调机制，实现对创新的系统扩张和战略调控。进入创新全球化和网络化阶段，一国干预创新活动的政策手段的影响力明显减低，战略干预与政策调控的外部干扰明显加大。将创新调控机制与市场运作规律有机结合，将有助于建立一个系统创新与战略管理相结合的框架体系。其次，将系统创新与战略管理纳入战略框架体系之中，有利于实现纵横配置的合理性及其契合关系。一个纵向的战略管理和横向的系统创新框架体系，显示出战略管理与系统创新的合理配置，以及两者在框架体系中的分工明确、功能完善和运行协调。第三，战略管理与系统创新的有机结合取决于基本要素和运作机制的支撑。系统创新有赖于基本要素和运作机制的支撑，如果要素行为界定不清、界面之间联系不紧，运行机制及其功能就存在明显的缺陷，将会产生系统效益低下等问题。

（二）模式的转变

全球化、网络化使创新系统、发展模式发生了重大变化，并导致发达国家增长方式、创新模式及创新理论有了明显的变化。尽管发达国家多数奉行市场经济的创新模式，但已经“很少看到真正有作为的经济学家或观察家至今还坚持认为无控制的市场力量自身能产生一种具有完备功能的经济”。[①]美国创新模式的转变就是一个典型事例。二战以后，以美国为代表的发达国家对创新主要采取围绕某一关键技术或项目采取“管道”式的投资模式，实现了科技创新投入与产出的持续“滚动效应”（Spinoff）。相对而言，美国对采取“管道”模式直接资助要比对创新成果的扩散和应用更为重视。但是，这种创新模式失败的范例具有典型意义，例如超声波运输体系（SST）计划、合成燃料植物计划、快速滋生反应器计划等。由于对一般商业用途过分复杂，科技扩散和应用相当缓慢，应用成本也太高，最终使这种技术在商业化领域搁浅，以致形成后来十分脆弱的美国民营工业的局面。其结果，在中低档次产品竞争中被日本竞争对手挤出市场，在高档次产品竞争领域被德国竞争对手所打败。以上失败的经历引起美国政府及学者开始审视以往创新模式存在的弊端，即，支持过分具体、狭义地确定一种以特定产品为创新支持方案可能发生的问题，因而美国越来越关注创新“管道”模式向“滚动”发展的模式转变。这种的系统性的“滚动”发展模式，是创新全球化和产业分散化的结果。

在创新模式转变的推动下，产业链接及其转型比任何时候都需要内外部资源的整合以及基础研究与产品开发的结合。美国在产业创新活动要素的分布中，集成了想法创新和需求创造、原材料和使能技术以及产品增值服务端优势，形成了美国产业系统的核心竞争力——“6s 的生态体系”，[②]以

---

① ［法］弗朗索瓦·佩斯：《新发展观》，华夏出版社 1987 年版，第 112 页。

② 美国产业系统的“6s 的生态体系”：（1）航天航空，为美国制造业积累了大量技术红利，成为美国工业系统中基础使能技术的最主要来源。（2）半导体，近年来在低耗能半导体材料的研发投入巨大，在未来智能化技术的核心，低耗能高性能芯片技术上具有明显优势。（3）页岩气，布局未来新能源和清洁能源领域，已成为美国最主要的替代能源。（4）智能化服务创值经济，借助美国在计算机和信息化技术领域的优势，在利润最高的制造业服务端进行布局。（5）硅谷为代表的创新精神，通过不断创新挖掘用户的潜在需求，从而不断获得新的市场和商业机会的蓝海。（6）可持续人才资源。

便从源头和价值的投放端确保其竞争力的核心优势。例如，美国 2012 年 3 月提出了“国家制造创新网络计划”，在制造业的四大领域建立 9 个研究创新中枢（见表 10–8）。

表 10–8 美国国家制造创新网络研究计划

技术领域	创新研究中枢项目	对应生产要素环节
新一代制造过程及加工工艺技术	增材制造、创新纤维纺织	生产过程与生产系统
新材料研发	低耗能半导体、轻质金属制造、复合材料	原始材料与使能技术
使能技术研发	下一代电子电力制造技术、光子集成	原始材料与使能技术
工业环节研究	数字化制造与涉及创新	生产过程与生产系统、工业服务业

资料来源：[美] 李杰（Jay Lee）等：《从大数据到智能制造》，上海：上海交通大学出版社 2016 年版

企业在应付科技创新和研究开发方面越来越重视使用不同的技术资源，大学、研究机构等常作为基础研究的外部资源，而对于产品开发，企业更多通过合作或从供应商那里解决问题。随着技术创新资源迅速扩散，企业研究开发的技术充分内部化转向外部化，加之技术的多功能和多用途特性，企业界正在由集中控制模式向全球化、网络化模式或入外包模式转变（见图 10–13）。

“管道”模式向“滚动”模式转变带来了创新战略、管理系统及其组织结构的变化。美国政府开始转变支持追寻某一单一型技术的发展倾向，将创新技术定位在：创新技术不应对商业性市场需求过分敏感；必须支持多种实验路线，并取得同一成本。而大多数企业在创新全球化的环境下，通过创新改革以及创新项目设计和创新治理，构建竞争性结构的市场，在竞争结构下的压力下，推动纵向整合产业链，从而大幅降低了科技开发成本。同时，将创新的集中管理转向各个经营单位的分散管理模式，并给予富有高度创新色彩的中小企业以应有的地位。在创新模式转变的过程中，研究

开发的分权化及专业外包趋势，促使更多的国家沿着产业垂直控制模式进行创新结构的战略调整，开始越来越多地依托供应商，通过研发外包进行创新分解并构建一种新创新模式。这种趋势在战略转型和结构调整中被视为“高效能组织”的创新治理模式的变化。创新治理模式的变化改变了企业的内部结构，也促使企业高度集成、分散决策、持续创新、不断学习以及创新全球化和产业本土化等。“管道”模式转向“滚动”模式的意义在于：知识滚动现象以及发展模式将不仅新创出一种运行轨迹，而且还创造出来一种系统扩散的路径，这种轨道将以往引导创新技术的启动过程和扩散通道，纳入系统创新战略、政策及管理体系，进一步促进科技产业化、商品化和国际化，并将创新成果应用在更为广阔的领域。

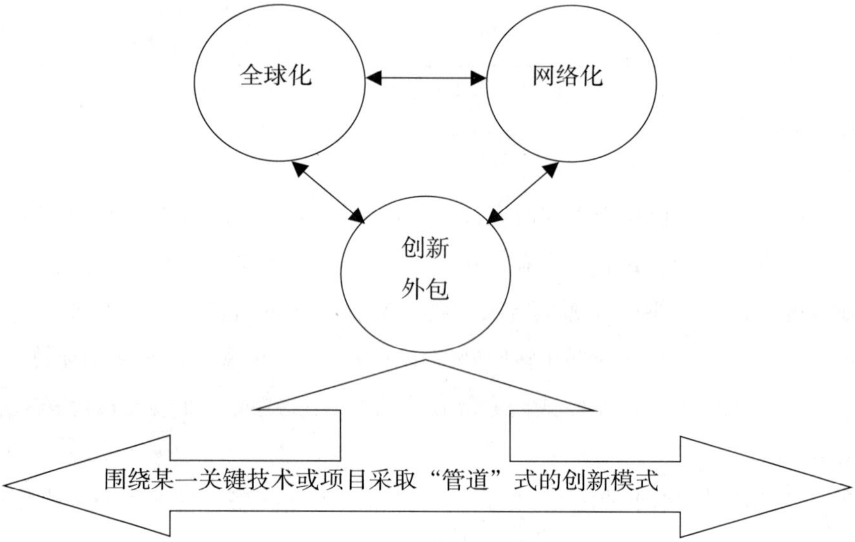

图 10-13 “管道”模式向“滚动”模式转变

当然，从全球创新转型发展来看，中国创新最具有系统创新的形态及特征。从中国创新现状的经常性指标以及中国创新演变的重要特征和主要模式来看，中国式系统创新结合了中国独特的“集中力量办大事”的体制机制、强大的企业家精神、巨大的市场需求、充满活力的创新共同体、优质的性价比等，成为中国系统创新的主要来源。

（三）系统创新政策

以制度创新、政策调整和机制转变为主导，采取积极的科技政策和投资政策是确立系统创新政策的重要组成。迄今为止，由于尚未找到对政策科学的单一操作，创新政策涉及的范围的边界是模糊的，大多数带有系统性、多元化的基本特征。创新政策这一政策体系既包括政策战略、政策分析、政策系统的改进、政策评估等，也包括科技、经济、社会乃至政治等宏观领域的政策。其核心是创造一种行之有效的创新政策，从而改变将政策角色限制在单纯的 R&D 活动领域，使创新政策成为既包括科技政策又兼容产业政策的政策系统。

1．建立“六位一体”的系统创新机制。首先，政府在创新活动中“有所为有所不为”。政府在创新中的“有所为”，是指政府要明确政府在创新活动中的地位，避免政府行为与市场行为的错位，真正是要做好企业创新的服务者、科技创新的保护者和市场秩序的维持者。在基础研究等市场失灵以及关系到国家安全和具有重要战略意义的行业或领域，政府要对创新活动进行干预。这方面的政策包括：（1）委托中介机构对风险投资的市场运作以及对产业创新给予重点支持。（2）利用政策工具对创新环境进行培育，转变政府职能对创新企业的效率、效益产生影响。（3）通过政策环境改善和政策集成的作用，形成政策资源共享和环境创新经济；以政府转型、改制和政策战略的调整，营造创新环境，提供企业创新安全感，增强创新资源的凝聚优势。进而建立和完善企业创新体系，推进以企业创新为主体，以政府为宏观导向和启动，以社会资源为支撑、“府、产、学、研、资、介”相结合的系统创新机制建设。

2．完善系统性、开放型的创新制度和运作模式。一国对外程度越高，外部创新资源对实现创新目标的意义就越重要。在封闭状态下，科技经济的外部联系较弱，实现创新活动仅限于内部均衡和配置。进入开放包容状态，实现创新资源全球化，创新成效取决于内部创新资源的整合，还取决于外部创新活动中各种创新资源存量、流量及其调整。因此，需顺应创新全球化的浪潮，大力引进国内外企业、研究机构、大学的产品设计和开发机构、中介和部门咨询部门、销售和投资部门，以及各国科技、经济、文化、咨询组织，建立创新网络。通过科技成果信息、市场和咨询服务中心的作用，加快国内外科技优势成果的集散和流通，提升创新成果在贸易服务、科技服务、教育服务、文化服务中的增加值。

3. 加强对创新活动的重点调整和系统调控。围绕培育新创新主体和新经济增长点，通过“放大抓小”，激励科技型小企业、创客空间、孵化器的发展，鼓励大型企业依托小企业进行创新，避免大型企业包揽研发与创新以便减少创新风险，提高风险投资效率。同时，鼓励大型企业建立面向中小企业创新的投融资平台。根据大企业和中小企业、合资企业和股份制企业与国有企业的创新障碍因素不同，提出分类指导的政策原则：对于将预期回收投资风险视为创新主要障碍的企业，采取以政府资助、持股的风险投资公司或与国外风险投资公司的合资合作，对企业创新和新产品开发给予支持，化解企业的创新风险，增强企业的创新能力；对于研发资金短缺的中小企业可鼓励以新技术、新产品为抵押或投资公司担保，出台有关扶持中小科技型企业创新的政策措施；加大短缺先进技术领域的外资企业引进和国有企业重组，通过引进竞争、理顺体制，激活企业创新的能力。

4. 依据环境变化有效地运用创新政策工具。包括：（1）向 R&D 活动直接提供政府资金从而施加影响的方式；（2）采取间接方式，如税收、科技经济政策、标准、采购等。但在经济全球化和创新全球化环境下，实现上述政策还需要在研究、标准、贸易、政策、知识产权、隐私权、安全、法律体制和税收等方面进行国内外政策协调。这些政策本身将提供一个良好的环境，而间接的政策工具可以刺激民营企业转向研究开发部门投资，盘活知识资本，加快知识资本与产业资本的结合，建立和完善产学研结合和企业科技开发资源共享体系，促进企业成为科技创新产权多元化主体。同时，推动开发性科研机构整体进入企业，或建立企业参股投资的股份合作型企业。促进企业定向在高校、科研机构建立创新和成果孵化基地，以科技成果或知识产权控股形式，建立企业控股的研究机构或技术创新基地，或以高校控股科研机构为合作合资的重点。

5. 建立科技经济一体化的系统管理体系。充分利用市场融资机制和政府财政调控的作用，多层次、多渠道地增加科技创新投入；提供可靠的法律环境和投入保障，间接或迂回地增加创新热情和创新能力，提高创新环境的经济和社会效益。通过将两种力量交织在一起，健全创新的法规秩序，制定科技促进经济和创新协作规范；加快创新立法，充分发挥法规对完善创新体系的引导、促进与保障作用。同时，在知识密集区、科技园区制定和出台地方性法规，以政策措施及政府、企业、社会等职责调整和角色换位，使企业创新活动纳入法制管理的轨道。在完善制度和法规约束的基础上，保证系统创新体系的建立，推进创新的法制建设，维护企业利益和创新的积极性。

6. 加强创新的中介服务系统。如提供科技创新动态和国外高技术大公司的动向，研究发达国家科技产业发展趋势及动态变化，掌握全球科技产业竞争与发展情况，定期提出分析报告，为政府决策服务，为企业发展提供咨询诊断。在科技创新、科技改造与产业结构的调整方面，要同步规划、同步实施，建立专家评估制度和关键项目库，根据评估等级作为创新资金的支持力度。政府运用采购手段，引导企业将科技引进和技术改造资金的一部分投入科技创新领域。同时，完善创新网络系统，加快系统创新流量，便捷产、学、研、资、介在创新活动中的联系与沟通。

（四）小结

新科技革命以来，科技产业发展的基本特征与趋势就是系统创新与产业融合。科技创新、生产制造和服务相互渗透和融合，新产业、新业态、新模式几乎是在系统创新与产业融合中产生的。这意味着，系统创新与产业融合将会从根本上改变创新形态与科技产业经济体系。实行有效的系统创新，不仅有助于提升科技创新能力，推进产业融合，还可以通过把主要资源集中在对整个科技经济有发展潜在效益和获利前景的项目，促进资本和创新的相互融合，提高科技产业的核心竞争力，并带来新的财富和就业机会。

其间，系统创新创造了一个具有知识溢出效应、“社会最优”的生态环境，形成了创新和研究开发的网络体系、人才资源的合理配置、良好环境和良性机制。制度创新、政策创新和服务领域创新发挥着不可取代的作用。其次，从创新全球化角度，合理有效地利用市场化、产业化和资本化的战略资源，进行系统配置和协调发展愈加重要。因为经验证据表明，仅有科技、人才等要素，或者仅有制度创新、政策创新并不一定能发挥创新的资源优势。只有集成融合相关创新要素，充分发挥系统创新的效率，才能实现创新经济和社会价值。因此，必须在制度创新、政策创新和管理创新的基础上，以系统创新作为全面推进创新体系建设与科技产业转型升级的突破口，进一步提升创新治理能力。从科技创新的市场化、产业化和资本化入手，实施资源链接和战略配置，提供以系统创新为主体的互动关系、运作机制和政策保障。

科技产业经济学

下

隋映辉 ◎著

当代中国出版社
Contemporary China Publishing House

2018 年 · 北京

第十一章　风险投资

风险投资是科技经济增长的源泉，也是创新型企业成长的动力源，对科技产业发展具有重要的影响和作用。研究证实，90% 的科技企业是依托风险投资发展起来的。只有创新与高水平的资本投资相结合促成的科技进步，才能推动经济快速增长（罗思义，2016）。风险投资培育了一大批科技企业，建立了风险投资体系和运作机制，对于促进科技产业的新经济发展具有特别重要的意义。本章主要通过对风险投资的内涵和特点的分析，以及对运作机制和模式的阐释，重点考察了科技产业风险投资的作用机理，分析了风险投资与科技产业创新互动关系，比较了风险投资的发展模式，探索了风险投资机制创新及其选择等问题。

第一节　风险投资界定

一、风险投资定义

关于风险投资（Venture Capital），各国学者有不同的界定和解读。迄今为止并未形成一个统一的概念。在国际上，具有代表性和影响较大的风险投资定义主要有以下几种：

经济合作与发展组织（OECD）认为，风险投资是以高科技和知识为基础，生产与经营技术密集型的创新产品或服务的投资；是专门购买在新思想和新技术方面独具特色的中小企业的股份，并促进这些中小企业形成和创立的投资。

美国全美风险投资协会（NVCA）将“风险投资”定义为：风险投资是由职业金融家投入新兴的、迅速发展的、具有巨大竞争潜力的企业中的一种权益资本。从投资行为的角度来讲，风险投资是把资本投向蕴藏着失败风险的高新技术及其产品的研究开发领域，旨在促使高新技术成果尽快商品化、产业化，以取得高资本收益的一种投资过程。从运作方式来看，是指由专业化人才管理下的投资中介向特别具有潜能的高新技术企业投入风险资本的过程，也是协调风险投资家、技术专家、投资者的关系，利益共享、风险共担的一种投资方式。

事实上，风险投资也译为“创业投资”或“创业资本”，是指利用独特投资手段和方法，专门投资具有高风险、高附加值、高技术及其新兴产业的投资方式或商业运作模式。主要为科技型的高成长性创业企业提高股权，并为其提供经营管理和咨询服务，以期在被投资企业发展成熟后，通过股权转让获取中长期资本增值收益的投资行为。

广义的风险投资是泛指一切具有高风险、高潜在收益的投资。是指资金投向蕴藏有较大失败危险的高科技开发领域，以期成功后取得具有高附加值、高收益的一种商业行为。而狭义的风险投资是指以高新技术为基础，生产与经营技术密集型产品的投资。其实质是通过投资于一个高风险、高回报的项目群，将其中成功的项目进行出售或上市，实现所有者权益的变现，以高额回报弥补高风险投资造成的损失。

二、风险投资要素

风险投资要素是指构成风险投资体系的各个组成部分的总和。主要包括：风险资本、风险投资人、风险企业和资本市场。

1. 风险资本。风险资本是指由专业投资人提供的投向快速成长并且具有很大升值潜力的新兴公司的一种资本。在通常情况下，由于被投资企业的财务状况不能满足投资人于短期内抽回资金的需要，无法从传统的融资渠道如银行贷款获得所需资金，这时风险资本便通过购买股权、提供贷款或既购买股权又提供贷款的方式进入这些企业。

2. 风险投资人。风险投资人是风险资本的运作者，它是风险投资流程的中心环节，其工作职能是：辨认、发现机会；筛选投资项目；决定投资；

促进风险企业迅速成长、退出。资金经由风险投资公司的筛选，流向风险企业，取得收益后，再经风险投资公司回流至投资者。风险投资人可分为以下四类:(1)风险资本家(Adventure Capitalists)。与其他风险投资人一样，他们通过投资来获得利润。但不同的是风险资本家所投出的资本全部归其自身所有，而不是受托管理的资本。(2)风险投资公司(Venture Capital Firm)。风险投资公司的种类有很多，大部分公司通过风险投资基金来进行投资。这些基金一般以有限合伙制为组织形式[虽然有限合伙制(LP)是主要组织形式，近年来美国税法也允许选用有限责任合伙制(LLPs)和有限责任公司(LLCs)形式作为风险投资公司另一种可选组织形式]。(3)产业附属投资公司(Corporate Venture Investors/direct Investors)。这类投资公司是一些非金融性实业公司下属的独立的风险投资机构，代表母公司的利益进行投资。和专业基金一样，这类投资人通常主要将资金投向一些特定的行业。(4)天使投资人(Angels)。这类投资人通常投资于创客空间等初创公司以帮助这些公司迅速启动。在风险投资领域，"天使"指的是企业家的第一批投资人，这些投资人在公司产品和业务未成型前就把资金投入进来。天使投资一般采取众筹方式集资融资。

3. 风险企业。风险企业是实现创新价值的载体。企业在风险极大的高新技术产业领域，以高新技术成果、产品为开发生产对象进行开发、生产和经营，使之快速实现商品化、产品化，以获得一般企业所不能获得的高额利润。一般风险企业家是新技术、新发明、新思路的发明者或拥有者。他们在其发明、创新过程中，也寻求风险投资家的帮助，包括管理的经验和技能的帮助。

4. 资本市场。资本市场是政府、企业、个人筹措长期资金的市场，包括长期借贷市场和长期证券市场。在长期借贷中，一般是银行对个人提供的消费信贷；在长期证券市场中，主要是股票市场和长期债券市场。资本市场是风险投资实现增值变现的必经之路和运作平台，没有发达完善的资本市场，就不可能使风险投资获得超额回报，从而使风险投资人丧失了风险投资的原动力。

三、风险投资特点

风险投资不同于一般投资的特点，它是由资金、技术、管理、专业人才和市场机会等要素共同组成的投资活动，主要具有以下方面的特点：

1．风险投资的活动是由资金、技术、人才和专业管理的要素组成。投资对象一般是高科技、高成长潜力的企业。如在美国 70% 以上的风险投资投向高技术领域及科技企业。大多数又为处于创业期（Start-up）的中小型科技企业。投资目标主要为创新科技企业与孵化成果，使之商品化、产业化与市场化。

2．以投资换股权方式，参与对新兴企业的投资。一般风险投资人以股权或相似股权方式参与被投资企业的经营管理，协助被投资企业的运作。风险投资人在向风险企业投资后，通过参与被投资企业的经营管理，提供增值服务。风险投资人为风险企业提供的不仅仅是资金，更重要的是专业特长和管理经验。

3．风险投资是一种高风险、高投资、高回报的投资。风险投资偏好高风险项目。科技、市场、政策等风险都非常大，即使在发达国家高技术企业的成功率也只有 20%~30%，据统计，美国风险投资的成功率只有 30% 左右，所投资的项目 1/3 成功，1/3 持平，1/3 失败。如美国生物技术风险企业，在初期阶段的失败率高达 90%，企业建立后的第一年、第二年至第三年、第四年至第六年三个阶段，失败率分别为 65%、40%、20%。因此，风险投资是一种权益资本（Equity）。风险投资为风险企业投入的权益资本一般占该企业资本总额的 30%以上。对于高风险的科技创新企业来说，风险投资是一种高投入的资金来源，也是获取高收益的资金来源。

4．风险投资是一种长期的（平均投资期为 5~7 年）流动性差的权益资本。一般情况下，风险投资家不会将风险资本一次性全部投入风险企业，而是随着企业的成长不断地、分期分批地注入资金。

5．通过风险投资建立起“共担风险、共享收益”机制。风险投资人在风险企业一般持有约 30% 的股份，他们的利益与风险企业的利益紧密相连。风险投资人不仅参与企业的长期或短期的发展规划、企业生产目标的测定、企业营销方案的建立，还要参与企业的资本运营过程，为企业追加投资或创造资金渠道，甚至参与企业重要人员的雇用、解聘。

6．风险投资不以控制被投资公司所有权为目的。风险投资虽然投入的是权益资本，但最终将退出风险企业。目的不是获得企业所有权，而是以退出机制，转让股权，追求超额回报。当被投资企业增值后，风险投资人会通过上市、收购兼并或其他股权转让方式撤出资本，实现增值，获取丰厚的利润。风险投资人退出投资时至少能够获得原始投资额 5~7 倍的利润和资本升值。

7. 风险投资决策高度重视专业化和程序化。由于风险投资主要投向高技术产业，加上投资风险较大，要求风险投资决策建立在高度专业化和程序化的基础之上并具有很高的专业水准。在项目选择上要求高度专业化和程序化，精心组织、安排和挑选，尽可能地锁定投资风险。为了分散投资风险，风险投资决策通常选择 10 个项目以上的项目群，利用成功项目所取得的高回报来弥补失败项目的损失并获得收益。

第二节　风险投资运作

风险投资运作是实现风险投资至增值的过程。具体包括：运作阶段、运作模式、运作策略和运作环境。

一、运作阶段

关于风险投资的运作过程有多种分法：

一种是分为四个阶段：（1）选择阶段，即投资方案的评估和筛选，从而作出投资与否的决策；（2）协议阶段，即风险投资公司在完成投资项目的选择后，与被投资的风险企业共同协商合作问题，包括投资方式、双方权利与义务等，最后以具有法律效力的文件予以确定；（3）辅导阶段，即双方协议达成后，风险投资公司按协议要求，提供必需的资金，并参与风险企业的管理与运作；（4）退出阶段，即等到风险企业步入成熟期后，风险资本以上市、股份转让、破产清理等方式退出该风险企业，再进入下一轮的循环。

另一种是划分为三个阶段：（1）筹资阶段，即在对项目进行筛选后，投资者与风险企业签订协议，确定投资对象、资本结构安排等，根据协议，投资者提供相应资金；（2）投资阶段，这是风险投资的实质性阶段，投资者在进行资本投资的同时进行管理投资，辅助风险企业家对风险企业的管理；（3）撤资阶段，即在风险企业成熟后，风险投资者通过风险企业的公开上市（IPO）、兼并、股份回购、商业出售、场外交易、破产清算等方式，撤回投资资本金，获得资本增殖回报。投资者开始另一轮的风险投资循环。

总体而言，可以划分为以下阶段：

1．建立基金阶段

该阶段也可以说是融资阶段。风险投资融资来源于政府出资、民间资金、大公司或大公司的风险基金、银行及各种金融机构的贷款等。据有关国家的调查，西方各主要国家风险基金的资本来源中，来自公积金占24%，银行占21.6%，公司占16.9%，私人投资者占12.1%，保险公司占11.6%，官方机构占8.3%，股市投资者占2.3%，大学和科研机构占0.3%，其他来源占3.9%。

2．投资评估阶段

该阶段是一个对企业内部和外部因素调查研究的阶段，包括技术和管理，市场潜力、产业结构和发展环境等。投资评估阶段的准确与否，关系到风险投资的回报率。投资评估还要建立投资标准，如科技创新和服务能力、控股能力、管理水平、市场开拓能力等。投资标准是实现投资决策科学化和高收益预期的前提。随着风险投资的全球化发展，风险投资机构在跨国投资时，对于被投资国的国家风险也要进行评估。

3．风险管理阶段

在做出投资决定后，需要加强风险投资管理，这个过程又称“投资监测”。风险投资管理和监测的主要特征是其“参与性”。这种参与性不仅表现为对风险企业的日常运营进行监督管理，而且表现在对风险投资企业的经营战略、形象设计、组织结构调整等方面的决策参与。为在风险投资决定后，保证投资的良好管理以及按照既定投资目标发展，投资管理通常有两种方式：一种是紧手管理，意味着风险投资者参与被投资公司的事务，在董事会占有一席之地，以各种方式支持被投资公司等；另一种是放手管理，是指风险投资者在做出创始投资后，很少参加被投资公司事务，在拟定策略和其他事宜上往往不起任何作用。

4．资金退出阶段

资金退出阶段是指被投资公司将风险资本股票退出的过程。目前而言，较为普遍的退出机制有四种：（1）上市。首次公开发行（IPO，Initial Public Offering）。风险投资者最常用的资金回收途径就是上市发行。通过上市发行，公司获得长期的资金来源，提高股票的价值和即期的清偿能力。（2）向其他公司或投资者出售股票。通过出售公司股票转而从事新的有利可图的风险投资和发展事业。（3）共同合股。在风险事业营运不佳且即使注入新基金也不能复苏时，风险投资者往往采取合股的方式。（4）实现增值机制的第二股票市场。通过开辟第二证券市场，可以在使风险投资公司在适当的时机撤出投资，依靠回收和增值的资本再去投资其他风险项目，开始新的循环往复。

在风险投资中，风险投资者最为关心的环节是以何种战略方式退出，这是风险投资成功与否的标志。在做出投资决策之前，风险投资家一般制定了具体的退出策略。退出决策就是利润分配决策，以什么方式和什么时间退出可以使风险投资收益最大化为最佳退出决策。风险投资者一般期待进入投资企业3~5年能够使企业成功上市。所以风险投资往往具有短期行为，而且随着机构投资者的增加，企业上市的压力就越大。这也是风险投资运作中的需要认真把握的。除了公开上市，退出形式还包括企业兼并收购或股本回购形式，但平均周期和收益率不同。

二、运作模式

风险投资视投资来源和投资目标不同，形成了多元化组织形式及运作模式。其主要风险投资运作大体分为：合伙制（主要是有限合伙制）、信托基金制和公司制。

1. 有限合伙制

这是合伙的一种高级形态。在承认有限合伙的国家中，有限合伙制无一例外地成为风险投资组织的主流模式。起因是有限合伙制及其相关配套的法律制度在运营成本、代理人风险和激励机制上能够做出独特的安排。有限合伙制的组织形式主要是以实现高收益率为目标和民间资本来源为主体的合伙制风险投资公司。私营风险投资公司一般采取股份制形式，入股者由“有限合伙者”和“基本合伙者”组成。民间基金是有限合伙基金的主要来源。有限合伙者提供股份的大部分（多至99%），但只提供资金，不参与资本经营；基本合伙者只提供股份的少量份额（1%），但负责资本经营。风险投资的成败取决于基本合伙者，他们借助于经营绩效和声誉融资，依靠丰富的经验，选择投资项目并参与风险投资公司的经营。基本合伙者在收益分配上采取倾斜方式，这种倾斜方式的作用在于：基本合伙者的获利大小完全取决于资本收益水平；另一方面，基本合伙者投入的资金比例尽管不高，但个人投入的绝对数量在个人资产中占相当大比例。这就形成了对他们的风险约束机制。有限合伙者借助对基本合伙者的利益诱导和风险约束的双重作用，以求得资本收益的最大化。

2．信托基金制

这是风险投资业比较发达国家进行风险投资活动的一种运作组织。主要以开拓业务为直接目标的各类金融机构（银行、保险公司等），以扶持风险企业为目标的国家风险投资公司为代表。在发达国家信托基金制风险投资组织普遍采取“三权分立”（投资者行使所有权、经理人行使经营权、托管人行使保管监督权）的基本框架。具体说，在信托基金制框架下，投资者、经理人和保管人之间关系以三方的信托合同为基础，分别根据信托合同对风险资本进行经营和保管，并向投资者收取保管费用。信托基金制风险投资主要通过三种方式进行运作：一是贷款担保。如美国 1953 年成立的小企业管理局承担对小企业的银行贷款担保，贷款在 15.5 万美元以下的提供 90% 的担保贷款，在 15.5 万 ~ 25 万美元之间的提供 85% 的担保。二是提供低息或无息贷款。三是直接向风险企业提供补助金。国家风险投资公司一般不以营利为目的。而传统的商业银行在风险贷款和投资方面持谨慎积极的态度。

3．公司制组织

是由 2 个或 2 个以上的投资者共同组成的具有独立主体资格的营业组织，包括有限责任公司和股份有限责任公司两种基本形式。公司制风险投资组织的股东以其出资额为限对公司承担责任。这些组织通常是以获得新技术，进入新兴产业领域为目标的大企业子公司或小型投资公司等。小企业风险投资公司是由政府出资、私人经营的一种成功的风险投资方式。由于资金来自政府，小企业投资公司的业务范围必须得到政府许可，但其经营管理权是独立的。在美国，小企业投资公司可以从小企业管理局借到低利率贷款，然后向具有较大风险的高科技企业提供投资或无担保长期贷款。此外，发达国家的一些大企业也组建小企业以促进发明创造，追踪新技术，设立了公司风险基金，以经营实体成为风险投资部。风险投资中，一部分为内部风险基金，专门用于内部风险企业。母公司采取拨款或内部发行股票和债券等方式筹资，一旦成功，就将60%的利润划入母公司。另一方面，对外部独立的小型风险企业提供风险资金。当小企业成功时，可以用购买控股方式将其收购。

发达国家的实践证明，有限合伙制的效率最高，是风险投资的主流模式，其管理的风险资本约占风险投资规模的80%；其次是信托基金制，约占15%；最后是公司制，约占5%。美国大多数风险投资公司是合伙制私营公司，这种投资模式提供的资本比重在美国为60%，其次是其他两种模式各为20%。合伙制投资公司通常由3～4人或机构组成，他们从大金融机构融资，再将资金注入高科技公司。合伙制投资公司还邀请一些著名企业家加入顾问委员会，提高公司知名度，对公司提出建议和吸引顾客。同时，通过与机构投资者合作，邀请认购基金，以获得投资基金来源。基金通常采取如下形式：合伙制公司提供1%的资金作为一般合伙人，而认购机构提供99%的资金组成有限责任合伙人。有限合伙人除了认购原始股外，不承担合伙制基金的管理责任。由于风险投资的高风险性，风险共担和收益共享的风险投资基金，成为一种新型的投资运作机制。它集众多分散的风险投资者的资金组成风险资本，由专业风险投资机构操作管理，按照平衡协调、分散风险和组合投资的原则，投资于科技成果转化和科技产业创新。

4. 投资基金

在国际上，有各种其他风险投资衍生形式：（1）产业战略基金。常为业务相近的公司所设，投资方向集中在某一战略领域，强调局部竞争优势，通常以合资方式与风险企业联手，以迅速获取科技成果，如JAVA基金就是有IBM等大公司联合出资组成，专门投资硅谷内运用JAVA技术的信息企业。（2）公众风险投资基金。1996年美国颁布了公众风险投资基金法，允许一些特定的风险基金向社会募集资金，并对其活动做出一些具体的限制，如为了股民监督，一般只限于本州集资。

国际上典型的风险投资基金模式有以下方面：（1）以色列国家投资公司。

该公司由以色列政府、美国政府和一些犹太富人出资，类似于招商银行，但也大量投资于处于创建时期的公司，美方伙伴一般负责推销。（2）日本的日美金融公司。日本与美国风险投资家合资合作的风险投资公司，后者根据前者的期望，在美国特别是硅谷地区，寻找符合其要求的高新技术企业进行收购，实现技术买断，待技术可以市场化时，将其移植到日本，发挥日本公司生产组织能力较强的优势，进行大规模生产。（3）爱尔兰软件开发基金模式。爱尔兰政府选择软件产业作为高新技术产业发展的战略重点。并与美国有关部门联合建立风险基金，组织爱尔兰软件人员将美国成功的商业软件欧洲化，从而使爱尔兰成为欧洲的重要软件出口国。（4）国际金融公司。该公司是附属世界银行的一家私营公司，旨在通过投资于成员国的私营企业部门，促进它们的经济发展。作为世界上最大的直接以贷款和股份形式向发展中国家私营企业投资的多边组织，该公司风险投资和私募证券基金，主要投资于一些发展中国家的小企业。

四、运作策略

为了降低投资风险，加强风险管理，在风险投资运作上，一般采取“组合投资”“联合投资”和“匹配投资”等策略。

1. 组合投资策略

是风险投资公司将资金投向多个风险目标或企业，以便分散风险，以盈补亏，避免风险公司全军覆灭的投资策略。在理论上，组合投资吸取了关于“若干项目的总风险并不等于个别项目的加权平均风险，而是比它小”的组合投资理论。

2. 联合投资策略

是风险投资公司联合多个投资者共同对一个项目投资，以增强风险承担能力。对于风险性大、投资额高的项目或企业，风险投资公司往往采取联合其他风险投资机构或个人共同投资。牵头的风险投资公司一般持有控股权，其他风险投资公司或个人以股份制形式合作投资。联合投资是组合投资的基础，是化解投资风险的重要方式。

3. 匹配投资策略

与联合投资策略具有相似性。是指风险投资公司在对项目或企业进行投资时，要求项目的经营者或风险企业投入相应的资金。将风险投资者与风险企业进行捆绑投资合作，促使风险企业或项目管理者加强管理，进而降低了投资风险。匹配投资通常是政府经常采用的一种投资策略，以少量资金带动大量民间资金的投入，对民间风险投资发展起到一种示范导向作用。

上述可见，组合投资和联合投资方式都是为了分散风险，实现多次风险分担。如采取组合投资和联合投资方式，风险投资公司与其他投资者或风险投资公司联合，风险投资来源分散，分摊到合作者，各个公司承担的风险就相对较少。风险投资的运作过程和策略证实，风险投资主要是通过对高科技领域的风险企业投入，加快科技成果的商品化、产业化，以便获得高回报率。

五、运作环境

一般来说，风险投资的环境要素包括如下方面：

1. 政府支持。政府对风险投资一般采取“制定政策、创造环境、加强监管、控制风险”的原则，基本不干预，但又采取间接政策干预风险投资的发展，积极支持风险投资事业的发展，如制定和出台小企业投资法、小企业研究计划、知识产权保护政策等；制定高技术产业发展规划等吸引风险投资，特别是各地方政府都制定了吸引创新创业、高技术成果商业化、高技术转移和应用计划等。同时，政府制定有关优惠政策，对科技投资、工业企业的研究开发投资、新技术、新产品等减免所得税，以鼓励风险投资者。

2. 管理人员激励的机制。通常激励机制措施包括股份所有权、成功后的认股权等。通过股权所有，稳定管理人员队伍，激励他们投身风险投资事业。

3. 训练有素的专业队伍。科技成果形成和产业化需要高质量的科技人员通过创造性的研究开发来完成。大量专业技术员的聚集，成为新思想、新技术、新模式的发源地和科技成果的集散地，也成为风险投资的活跃之地。

4. 良好的社会化服务。为科技成果转化提供各类服务配套以及各种研究开发设施，实施强有力的外部支持，包括为风险投资企业提供科技信息咨询、法律服务和财会服务等各项中介服务。这些咨询机构除了负责在促进高技术产业发展方面提供咨询和建议，还负责向风险投资者提供有关企业和所在地区条件、资源、能力和经济技术潜力以及需求方面的咨询。

5．大量社会流动资本。大量社会流动资本不仅可以活跃资本市场，还可以提高风险投资企业的市场价值，为风险投资的撤出创造条件，并为其后期成长提供资金支持。

6．便利的撤出渠道。风险投资良好环境的表现之一，是建立以上市为主的撤出渠道。风险投资家通过股票上市、并购及战略联盟获取投资回报，以上市为主的渠道最重要。建立各种形式的股票交易所、网上交易等，对风险投资发展极为有利。

7．研究开发活动。研究与开发面向市场需求，将使科技成果迅速进入市场，获取最佳创新收益，并容易吸引风险资金，增加投资来源。

以上环境要素，需要通过制度框架体系的完善使其成为经济运行系统中的有机组成，并进入经济制度层次的管理程序。这一框架体系可以概况为：以民间资金为基础、以私人风险投资公司为主要投资主体、以高新科技领域为主要投资风险方向、以股票上市为主要退出方式、以高利润实现效率为激励动力，市场交易自由化充分运用与多因素外部环境支持相互配合的多层次的综合体系。该体系内部结构参见图 11-1。

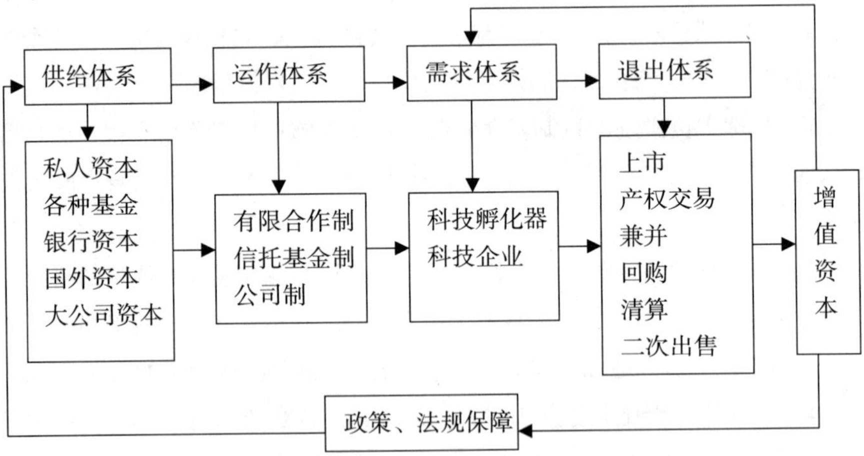

图 11-1　风险投资体系的基本结构和运作框架

第三节　科技产业风险投资机制

实现科技产业风险投资的机制创新，是风险投资成功发展的根本保证。这些风险投资支持着科技人员以与众不同的思想进行研究和大胆创新，促使其科技成果以最快的创新速度走向市场。风险投资推动了科技产业发展，带动了产业结构调整和升级，对高科技突破以及经济持续增长做出了重要的贡献，形成了科技创新的驱动力和发展机制。

从实现科技产业风险投资的机制创新的视角，可以做出下列选择：

一、风险投资分散机制

在科技产业风险投资上，投资核心的制度价值或功能是其特有的风险分散机制，包括风险资本的社会化分担机制、分段控制和契约选择机制以及项目选择和组合机制等分。建立一种多元化的风险分散机制，是指投资者（企业）把投资分散运作的方式及行为，即“鸡蛋不要放在一个篮子里”，在不同的领域、不同的产业创新领域开展投资业务，或在同一产业中投资不同的项目，用以扩大业务范围，规避投资风险，以达到增加成功的系数和降低投资风险的目的。多元化投资是分散投资风险的必由之路。风险投资配置在多种投资领域及项目上，而这些项目的回报率相互之间的关联性比较低，需要协调投资主体，以达分散风险的目的。风险投资主体包括：风险投资供给方（投资者）、风险投资运作方（风险投资组织）和风险资本需求方（风险企业）。风险投资体系由风险资本供给、运作、需求、退出体系组成。风险资本在政府供给主导下，在初创期有其一定的阶段合理性，但政府过多地提供风险资本以及承担执行市场微观主体职能，不仅导致资源配置的低效率和市场机制的扭曲，而且易于产生投资风险以致“打水漂”。建立风险投资分散机制，政府要在完善风险投资市场的基础上，从风险资本的主要供给者转变为风险资本的主要调节者，逐步通过改变资本供给结构，形成多元资本、多元成果供给，以确保风险投资多元化、投资受益多元化。为避免投资风险，政府重点通过改善投资环境以降低环境风险。在运作体系方面，需要通过体制、政策、组织等方面的整合，建立一个协调发展的风险投资体系。即将供给体系、组织体系、需求体系和退出体系连接成为一个循环系统，保证风险投资的高效运行、协调发展。

二、风险投资运作机制

风险投资的运行机制是指风险投资系统运行的一般规律及确保投资活动正常实施的机理和条件。它具有复杂性、连续性和动态性，覆盖了从投入到产出的资本运作全过程。风险投资的健康发展，取决于能否通过建立和完善有效的运行机制，避免政府或国家有关部门采取传统投入模式、管理体制，或将其作为个人或组织谋取自行支配资金、自谋其利的一种手段。在风险投资初期阶段，虽然离不开政府和部门的配合——通过他们对基金推荐、审核，对发起人、公司的发展进行评估，监控公司经营行为等，但需要注意的是，政府有关部门将风险投资利益分割，并直接干预风险投资投向，反而是投资利润最大化的障碍。事实上，政府在风险投资的不当干预或盲目投资，即使实施大量资金投入，如果运行不加规范和约束，同样会形成资金投入的“黑洞”及腐败现象，进而风险投资将真正成为“风险”资金。因此，实现风险投资良性循环的基本前提，是要通过调控手段，把风险投资的运行约束在一定的时空限度内。通过内部约束，包括资金约束、创新人才约束、信息获取约束、内部管理约束、自身协调水平的约束和机构设置等。外部约束，包括对投资各方利益的约束、产业化潜在需求约束、国家政策法规的约束等，建立市场化、规范化、科学化的风险投资运作机制和管理程序。政府作为监管者，主要制定有关法规政策，加强对金融市场的监管，提供优质的中介服务渠道，建立完善的金融网络，等等。

三、股份制风险投资机制

发达国家风险投资一般采取股份制形式。股份制又称“股份经济”，是以入股方式把分散的、属于不同人所有的生产要素集中起来，统一使用、合伙经营、自负盈亏、按股分红的一种经济组织形式。风险投资公司通过持有企业股票，成为与企业家和其他投资者一样的创办者。按照风险投资股份组合选择，实现股份合资合作的投资运作机制，可增强风险投资的透明度和运作约束机制，强化“公平、公正、公开”的原则。有关采取股份组合投资方式的经验证实，采取股份组合方式，以政府种子资金为基础，形成股份合资为主体的风险投资公司，是实现风险投资规范化、市场化的有效形式。但要注意的是，对以财政出资为主设立风险投资公司的做法应持慎重态度，只有确保种子资金按照市场机制运作，政府资金才能起到引导和培育市场运作机制的作用。从国外风险投资公司的发展过程来看，股份制的风险投资运作有利于资金来源多元化，加快了融资步伐，也有利于规避投资风险；符合风险投资规则和管理，注重高科技、长期性风险投资；有利于对中小企业的投资；有利于形成约束机制，使风险投资者对投资企业处于控制地位等。

四、风险投资融资机制

融资机制是指资金融通过程中各个构成要素之间的作用关系及其调控方式。风险投资的融资机制要解决的是，如何通过多渠道、多方式的风险资本融通集资，提供充裕的风险资本。风险资本来源决定了风险投资组织结构与运作效率，对风险投资水平产生不同的影响。完善这一机制需要配置若干功能系统：（1）融资功能系统。将分散的民间资金通过各种渠道，如存款、债券、股票等工具，建立各种保险基金，提供相应的融资服务，以扩大资金的供给。建立信用担保机构与风险投资公司利益共享、风险共担的机制，引导银行信贷投向科技企业。（2）风险转化功能系统。风险转化是风险投资的重要环节，也是风险投资的安全性要求。（3）咨询管理功能系统。风险投资咨询是增强融资信心的，风险投资面对大批中小企业，融资体系利用其信息网络和专家库，必须设立公正权威的咨询评估机构，给予企业风险投资方面的咨询和帮助，减少企业的市场风险和经营风险。作为一个系统功能，任何功能系统的短缺或缺少相互间的协调，都将会导致风险投资资金来源的集聚障碍，以及风险投资基金的使用效率。

五、风险投资退出机制

风险投资是一种循环性投资，其赖以生存的根本在于与高风险相对应的高度的资本周期流动，风险投资退出是风险资本循环的重要环节。所谓投资退出机制，就是指风险投资机构将所投入的资本由股权形态转化为资本形态，以实现保值增值或避免投资损失的机制及相关制度安排。通过资本市场的退出，特别是通过证券市场、创业板市场的退出，从而实现投资回收和资本增值。这不仅使风险资本实现增值和新一轮的投资，而且科技企业也可以通过资本市场获得稳定的再发展资金。因此，风险投资形成风险分担、利润分享的机制，才能吸引投资者更积极、更主动地参与风险投资和管理。风险投资退出机制有很多。构筑风险投资资本市场退出机制的重要途径，主要有公开上市（IPO，包括主板市场、创业板市场）、兼并与收购（M&A）、清算退出等，其中为推动风险投资的发展，设置创业板市场（或二板市场），通过加快创业板（二板市场）市场的发展，放宽高科技企业组建股份公司的限制，允许科技型中小企业在创业板市场（二板市场）进行股权或股票的转让。通过不断进入和退出，使企业实现资本价值的增值。

六、风险投资制度创新机制

风险投资机制创新取决于制度创新。科技产业风险投资环境主要来自制度、政策等方面的激励、引导和支持。美国之所以通过风险投资培育出一大批像苹果、IBM、微软、SUN、思科、雅虎等跨国公司，主要是市场竞争环境较完善，金融制度、财税政策、法律框架、科技创新机制以及对风险投资投资者的激励等适应风险投资的发展；其次是相应制度改善与调整对风险投资具有推动作用。两者兼容并互为促进，推动了美国风险投资事业的发展。因此，科技产业风险投资发展的前提是改革投融资体制和运作方式。包括制定一系列有利于风险投资促进科技创新的制度、政策、法律法规等，推动“产、学、研、府、资、介”在科技产业风险投资领域的有效合作，完善创业、风险、技术、管理等股权制度安排，通过建立良好的市场环境、公正的中介机构和完善的支撑服务体系，鼓励风险投资参与科技企业的研发创新，促进科技成果的商品化、产业化。

七、大型企业风险投资机制

大企业风险投资是指具有产业基础、科技优势的非金融大企业，为了实现一定的创新发展战略性目标，以创新平台与资本运作为基础，对企业的内部或外部的具有成长前景的创新创业项目进行的风险投资。大企业风险投资可以为企业科技创新提供良好的机制与环境，提供资本、技术和市场的融合，促进产业的不断转型升级。在科技产业成长与发展过程中，发挥大型企业在风险投资运作的专业化作用的案例比比皆是。美国大型企业将大量资金注入硅谷，并对 200 多个中小型科技企业进行风险投资或产权并购。通过投入 R&D 资金促进中小企业的科技创新，甚至全部并购具有技术前途、人才拔尖的科技公司，为美国科技创新成果孵化以及科技产业的迅猛发展奠定基础。中国大型企业参与国家创新创业战略，也纷纷加大风险性投资，如海尔集团为实现产业转型，运用互联网思维和手段，依托企业资源基础建立的开放式众创空间海创汇，实现了海尔由制造产品向孵化创客的重要转变。通过开放海尔内部研发、供应链和渠道等强大的产业资源整合以及来自全球的创意、技术和资金资源，形成全流程创业加速服务，吸引海尔内部员工和离职员工、合作伙伴、社会资源、全球资源、用户等在平台上进行创业。大型公司对中小型科技企业的研发外包、技术合作、企业并购以及风险投资，是促进科技产业创新循环的重要组成，不仅催生和孵化了高科技的创新成果，提升了大型企业的创新能力和高成长性，而且也增加了中小型创新企业进入新兴产业领域的机会。

八、政府拉动风险投资机制

通过政府财税、采购等政策，建立高科技产品消费的示范渠道，为科技商品化、产业化发展开拓新兴市场，进一步培育科技产业风险投资发展的市场环境。发达国家以财政政策引导和鼓励社会风险资本的投资，用这种“1+99”融资模式，以此引领、激励和拉动比政府投资高数倍甚至数十倍的社会投资。同时，将政府采购作为一项促进科技产业发展的重要措施。美国在 20 世纪 60 年代就制定了“政府采购法”，克林顿政府为促进风险投资事业的发展，扶持高科技产品的初期市场，仅计算机及其相关产品，政府采购就达 90 亿美元。英国、法国等国家也都采取了类似的做法。各国通过制定有利于风险投资发展的政府财税、采购政策，引导社会资本对科技企业及其孵化项目的投入，并以政府部门优先采用本国高科技产品的方式，公布政府采购项目，使风险投资成为推动科技产业发展的动力。

第四节 科技产业风险投资的作用机理

科技产业风险投资的作用机理，是指通过科技产业与风险投资相互作用形成互动关联的内在原理及其效应。与一般产业投资的作用相比，科技产业风险投资的起点新、风险大、利润高，其投资的创新价值及作用远远高于一般产业。

一、风险投资作用

风险投资对科技产业发展的贡献已经得到证实。风险投资不仅成为新经济、新技术、新业态的发源地，而且成为科技产业成长的模式和孵化的摇篮。更为重要的是，风险投资改变了科技促进经济转型的运行机制和整体格局，引入了新的投资理念和创新制度框架体系。

从宏观视角分析，风险投资对科技产业发展的作用主要表现在以下方面：

风险投资以科技产业优势推动创新域的形成。从一定意义上说，风险投资以科技产业优势对创新域的形成本身就是重要的基础。科技创新为基础的风险投资形态，不仅作为科技产业经济实现的门槛将风险投资直接嵌入科技创新的整个过程，而且通过风险投资孕育科技企业的成长壮大，间接构成了科技产业形成与发展的基础条件。这意味着风险投资在科技产业发展的过程中表现为科技创新与风险投资之间互动、传递、扩散与运行的特征。风险投资与科技产业的循环互动为创新域的形成奠定了基础。风险投资、科技产业和科技创新通过循环互动，使创新系统始终处于相关的科技产业要素的影响之中，它们共同构成一个功能性的系统，推动整个科技产业经济的持续发展。

风险投资搭建科技创新与科技产业合作平台。创新域的形成与发展，使风险投资与科技产业不断融合、渗透和交叉，并在相关产业内或产业之间搭建起创造性的共享平台。这一创新性共享平台作为科技创新的发源地，通过风险投资的支持以及在平台上的融合、渗透和交叉，使其超越产业、技术、体制之间的隔绊，从而有利于成果孵化与产业创新，有利于实现集群技术交互、共享与合作，以创新性共享平台使得市场需求与科技创新形成反馈。因此，风险投资进入科技创新与产业合作平台，不断促进科技与产业的有机融合，可以为科技企业提供更多的创新机会，促进知识生产、知识交流和传播。通过科技创新空间的聚集和扩张，使科技成果更易于转移转化，从而有利于技术、知识的传播与整合，形成新的技术集和创新域。更多的知识、技术、经验、信息通过风险投资的支持，成为加速科技产业发展的有效途径。

风险投资支持科技产业转型升级。产业转型升级是一个创新演化的过程。科技周期的循环与新兴科技产业的崛起，必然与风险投资对科技创新及产业转型升级的支持有密切的关联。随着科技创新与市场需求，科技产业转型升级亟待先进科技及资金支持。因此，风险投资作为产业转型升级阶段的支撑力量，越来越多的科技企业在风险投资的驱动下，实施科技成果培育和转化。通过风险投资对创新性的科技企业的影响，促进科技创新与科技产业的有机结合，形成高层次、高水平的创新驱动复合体，使科技产业创新进入往复循环与扩展变换，促进创新性成果的不断衍生与扩张。

风险投资拉动科技创新的市场需求。科技产业发展与规模扩张取决于市场布局、生产专业化和规模经济。生产专业化与规模经济依赖科技创新的支持，而风险投资的创新成果又服务于新产品和服务市场。风险投资直接或间接地影响着科技创新的方向，为市场多元化和市场需求提供各类成果选择，并拉动科技创新的市场化、集群化发展。显然，科技产业与科技创新关联度取决于风险投资的支持力度、比较利益、生产专业化和规模经济，并决定了风险投资孕育的科技成果的市场需求潜力。在创新全球化的趋势下，风险投资面向市场需求的创新成果，其成果产业化、市场化与规模经济必须要达到一定的临界值，否则就难以形成产业创新主体，也不会形成一个新的科技产业领域。只有达到一定的临界值并带来比较利益，才可能构成科技创新的市场需求及风险投资收益。

从微观分析的视角，风险投资对科技产业发展的作用主要表现在以下方面：

1．解决科技企业创新资金缺口。创新资源是科技产业创新的基础，而资金是创新资源的重要组成部分，也是实现科技企业聚集与发展面临的一大障碍。与风险投资主体比较，金融系统、证券部门、研发机构、产业部门在投资政策等方面各司其职、各行其是。可见，风险投资由于自身的特点，具有项目“自由选择”的特点，成为适合科技产业发展的有效投资机制，也成为外资可以进入的风险投资领域。风险投资进入的同时，不仅拓宽了研究开发机构、孵化器和科技企业资金的来源渠道，而且为大批科技企业的聚集提供融资环境。

2．产业创新的“孵化器”和动力源。“孵化器”培育过程是产业创新的基础。风险投资对孵化器的介入，是产业创新非常重要的第一步，直接关系到日后产业创新价值增值的实现。通过选择有发展潜力、符合条件的创业型企业进行投资孵化，才可能有效实现孵化器的自身增值，从而实现产业创新推动经济发展的最终目标。因此，作为实现科技产业化、商品化的重要环节，风险投资为产业创新“孵化器”提供了支持。通过风险投资机制，可以对高技术项目进行孵化，帮助大学、科研院所、高科技公司（小型）的产品从实验室走向市场。同时，对形成科技产业集群的成果转化链和生态系统、促使科技成果转化为生产力、实现科技产业发展起着推动作用。

3．提供科技产业发展的“发动机”。从科技产业经济发展的角度，风险投资支持的创新企业对科技产业的可持续发展尤其重要。通过风险投资机制，将创新资源、资金优先投入新兴科技产业中去，并与科技产业政策（产业调整、结构升级）有机结合，达到科技资源和风险投资的优化配置。无疑，实现科技产业转型和结构调整的主要因素之一，就是风险投资及其科技产业化的运作。在创新全球化和资本全球化的交互作用下，风险投资不仅构成了科技产业结构调整升级的要素，而且成为影响科技创新及其产业结构变迁的内在机制。

4．有利于投融资市场成长。风险投资机制有利于形成投融资市场，加快科技金融中介组织的建立。作为新型投融资方式，从其运营特点看，风险投资必须有赖于资本市场的全面支持。资本市场的单一化与风险资本运营的阶段性产生矛盾，使风险投资的发展对资本市场的完善形成动力。同时，风险投资体系涉及项目投资者、风险投资机构、研发机构、科技型企业、零部件供应商等产业集群运作主体，相互关联、彼此协调，更加需要各种中介机构如会计师事务所、律师事务所、资产评估机构、产权交易所等发挥作用。中介机构也将伴随着风险投资对它的需求不断完善与壮大。

二、风险投资条件

科技产业的风险投资以独特的功能促进技术结构调整和科技企业成长，

推动科技产业的迅猛发展。其间，实现风险投资对科技创新及其产业化的推动作用，至少需要以下三个基本的条件：

第一，客观存在大量相对剩余资本。风险投资离不开原始资本积累形成的相对剩余资本。没有大量相对剩余资本[①]难以进行风险投资的前期融资等活动。事实上，风险投资在不断创新过程中，也在不断通过剩余资本的有效利用和开发进行创新资源及新的要素组合。通过风险投资运作，将剩余资本流向科技产业创新领域，形成资本、科技与产业循环发展的经济形态。风险资本和产业资本作为生产要素推动科技创新，使得依托知识创新的风险资本成为科技经济发展的重要资源。当这些新的科技资源和生产要素的价值获得体现后，剩余资本就会被巨大的创新价值所吸引，进而产生了新的投资激励和价值需求。大量相对剩余资本为风险投资提供了积累，也为风险投资的机制设计奠定了基础。

第二，拥有科技创新成果及潜在市场需求。科技创新能力的不断提高，大批高科技成果、科技创意的涌现以及社会对科技产品的迫切需要，形成了市场竞争的风险投资与科技创新成果供需关系，也成为科技企业和风险投资业存在与发展的前提。科技相对成熟具有高附加值，且潜在市场前景看好的科技产业项目往往带来高额利润，这也是风险投资决策选择的基本条件。在科技成果趋于成熟，市场前景较明朗、风险降低、收益预期可见时，风险投资在科技产业发展的作用才有价值。高新技术产品创新价值的存在，促使科技企业大量涌现，并形成对风险资本更加旺盛的需求，这为风险投资家选择有前景的创新型中小企业创造了条件，从而为提高投资质量、运作效率创造了机会。同时，高回报率又带来投资的积极性，形成了风险投资的正反馈放大效应。

第三，构成良好的风险投资的环境。风险投资推动科技创新及其产业发展离不开良好的环境，包括政府制度创新、管理创新、中介机构的支持及其服务。各国风险投资发展证实，政府对风险投资的支持，主要表现在风险投资的政策法规建设。为支持风险投资，美国等国家制定了一系列关

① 所谓相对剩余资本，是指游离于实体经济或生产领域之外的剩余资本。

于风险投资的政策和法规，如美国国会制定和通过了200多项有关发展风险投资的法规。一些州、市政府通过各种立法，出台各种优惠政策，吸引投资者进行投资。美国各州对科技风险投资、工业企业研究开发投资、新技术和新产品等减征所得税，以鼓励风险投资。英国、德国、日本等出台了各类法规政策，如英国的“贷款担保计划”、韩国的“中小企业创立支持法案”等。通过税收优惠政策降低高新科技企业的成本、提高效益，并以公司法的创新来保证金融创新的合法地位，加快中介体系的建设来推动信息、知识、人才的聚集和流动，建立适应中小型科技企业特征的创业市场。风险投资制度、管理、运作机制、法规政策等构成的环境提供了以更高的效率组合生产要素和获取利润的能力，提高了资本运动的速度和密度，从而客观上推动了科技创新和产业转型。

由上所述，风险投资的发展是建立在科技创新成果、资本结构、运作规则及市场需求的基础之上的。在“有技术、没有资金，有资金、没有技术”的互为市场需求结构中，风险投资正好填补了这一空缺，并在市场竞争中通过对科技创新的投入，寻求高回报率和高利润区。风险投资因弥补市场空缺、技术空缺和资金空缺而出现。实质上是一种着眼于市场需求、剩余资金和技术价值的“稀缺”配置，以获取“非同时竞争”的垄断利润，从而创造与普通投资方式不同的新利润生产过程。换言之，风险投资产生的直接动因是市场需求、技术需求与资金需求的有机结合，而风险投资能孵化满足未来市场需求的创新产品和新兴企业，并最终获取垄断利润。因此，风险投资之所以能够创立一个崭新的内涵型扩大再生产的利润区，主要是通过风险企业寻求科技产业化及其“利润生产的过程”实现的。由于风险投资领域高度密集的技术、资金、高素质管理人才和高素质劳动力的快速整合达到的效率，远远超过了一般生产过程效率对于普通投资领域的利润反馈，科技无形资产和智能化劳动形态，使科技产业赖以存在的科技资源和人才资源能迅速产生高能量、高聚积的整合及其要素效应，引领大批风险投资者涌向风险投资提供的淘金场，进而把风险资本作为存量构成了高投入、高效率、高能量、高风险和高利润的基本特征。

三、风险投资的创新价值

风险投资的本质是一种投资，但其现实意义却在于风险投资的创新价值。作为一种新的投资机制和制度模式，科技产业风险投资的创新价值以及运作机理，主要表现在科技产业风险投资通过互动循环、利益链接、制度创新、结构调整和创造市场等，形成新业态、新产业、新市场等一系列创新价值和利益扩展。

科技产业风险投资的创新互动循环。风险投资的主要作用就是通过投资创新企业及成果使其商品化、产业化，抢先占领市场制高点并获取持续的科技垄断优势及利润。研究发现，风险投资在促成科技成果商品化、产业化过程中，是寻着投资“风险”和“获利”的循环互动路径运行，形成了独特的运行机制和循环发展机理，并为科技成果商品化、产业化这一运行过程和交易活动，提供了创新循环的范式。其间，越是创新价值含量大、科技水平高、时间过程超前的科技成果，往往就越具有潜在价值变现的高度不确定性，风险投资的风险也越大。同时，一旦投资成功，将获得数倍、数十倍的增值及其收益。

科技产业风险投资的创新利益链接。风险投资的动力来源于风险投资的价值以及生产要素构成的变化，也来源于风险投资与市场需求、科技创新相互影响、相互作用的利益链接。科技产业风险投资将人才、技术、产权、利润动机和市场动力结合起来，创造了一种特殊的创新链接系统和产权认定机制。通过建立风险投资的利益链接的转化效率系统，进一步构建这一特殊转化、链接网络及交易平台，形成科技产业风险投资的转化效率机制、产权认定机制和发展路径。

科技产业风险投资的制度创新。从某种意义上说，风险投资的作用取决于制度、政策和管理创新。体现这些变化的是创新型企业。这些创新型企业利用独创运行思想、制度、管理和创新技术，避开科技创新同时竞争，选择结构性和差别化竞争战略，转移到“新生产过程”，寻求“非同时竞争”的发展空间和垄断利润。风险投资者和创业者通过货币资本和技术资本的互换完成初步交易，然后通过创新型企业或通过大型企业并购创新型企业来完成寻求垄断利润和发展空间的阶段目标。在多次运作后（形态互换、资产重组)，通过新的风险投资开始科技产业化、市场化更为深入的运作。

科技产业风险投资的创新结构调整。实现科技产业发展及其结构调整的主要因素是风险投资及其科技产业化的运作。风险投资对创新型企业的重点投资、孵化和资源配置使得科技产业的成长具有可行性。在创新全球化和资本全球化的交互作用下，风险资本向科技企业源源不断地流动，一方面加快了科技产业化的发展，形成了更多的新兴市场和发展空间，另一方面也造成了科技的迅速更新和市场的激烈竞争，甚至造成了新经济发展阶段的产业更替，并对科技经济周期性涨落形成较大的影响。风险投资不仅成为科技产业转型和结构调整的创新投资来源，而且成为实现科技产业化及其结构变迁的内在机制。

科技产业风险投资的市场创造。风险投资可以创造新兴市场和垄断利润。在科技创新并打破技术垄断后，科技创新（颠覆性创新）形成的产品替代，或导致新的市场动荡，或造成经济荣衰现象。随着科技创新周期的缩短，风险投资过程变得越来越充满风险。风险投资企业的科技领先优势或产品垄断优势的持有期越来越短。在风险投资不断增长、产品生命周期越来越短的情形下，技术产品周期从10年降到5年、3年、1年，甚至以月、周为计。这些短周期变化必然与公司风险急剧增加联系在一起。为获取新的垄断利润，科技企业必须持续投入或引入更多的风险资本，坚持不懈地推动科技创新和产品开发。

需要指出的是，风险投资创新价值并不意味着拥有垄断科技成果。这是因为，拥有垄断科技成果并不意味着拥有了垄断优势和市场。“新生产过程”成为“新利润过程”，根源在于知识、技术等无形资产和管理的智能劳动经由风险投资机制的运作，引起产业结构、市场结构的变化及增长方式的转变，进而完成风险投资—成果孵化—商品化—产业化的全过程。由于科技创新之间的时间跨度大大缩短，阻碍了本来可以实现的成本回收和经济规模，也必然增加了投资者和供应商的成本压力。同时，投资者和供应商没有足够的时间对创新成果进行有效管理和运作，使得研究开发效率和转化进一步降低，并导致科技成果的市场价值降低。这一现象表明，风险投资者和供应商可能试图通过科技创新缩短产品生命周期或缩短使用寿命以弥补价值的损耗。但这是一种很危险的风险性事业。在科技创新成果通过风险投资加快技术更新和产品更替时，最能体现出“风险”的意义。这样一个技术转移、资本传递和成果转化的系统过程，包括对制度法规、框架体系和运作机制的科学设计，也包括对风险投资的决策把握和有效运用。因此，风险投资引起的资本能量构成的深刻变化，以及所引致的制度创新、技术变革、流程再造及市场变化，往往是风险投资的主要利益所在。

四、风险投资的收益拉动

风险投资收益主要取决于科技创新成果应用效率及其产业的最大收益率。一方面通过科技产业实现知识资本的产权化和高收益，并形成风险投资发展壮大的微观动力，另一方面，通过科技产业发展扶持性投入，获得超过常规投入更多的竞争利益，创造风险投资发展的宏观条件和环境。以最大收益为原则，不仅包括科技产业规模扩张等方面的贡献，还包括科技成果产业化、外资和技术引进、扩大产业领域等方面的收益。

1. 实现科技成果商品化、产业化

科技产业化、市场化发展，是科技产业创新与风险投资互为需求关系的重要体现。在实现科技产业化的过程中，从科技创新到产业化和市场化，需要大量资金投入的支持，这种转化风险只有风险投资可以承担。建立风险投资体制，将风险投资合理有效地配置于科技创新的特定阶段，将投入资金与科技风险有机地结合起来，是降低科技产业化风险、解决科技产业化资本来源不足、推动科技创新及其产业化的有效途径。作为企业、大学、科研机构的科技成果产业化的融资平台和交易工具，风险投资实质上是将科技创意转化为科技创新成果，形成商品化、产业化和市场化的投资过程。因此，成功的风险投资项目回报率远远高于总投资，如风险投资在过去 20 年的回报率大约在 16%。风险投资回报率比同类风险的公众股高于 7%~10%。据统计，美国 1965—1985 年间风险投资的平均回报率为 9%，是股票的 2 倍，长期债券投资的 5 倍。另一研究证实，风险投资中的 1 美元可以刺激的专利使用数比公司研发支出中 1 美元刺激的专利使用数多出 3 到 4 倍。更为重要的是，风险投资在一定投入的前提下，所生成的创新活动是所有公司研发支出加起来形成的创新活动的总和。

2. 引进外资及高新技术流入

风险投资获取的“新利润过程”及其新经济增长，吸引了大量资本及创新成果流入。在发达国家，创新成果及其产业化发展主要是风险投资以及外资引进形成的。以美国为例，4200多家风险投资公司为102万家高科技企业提供风险资本，成为推动科技创新、催生“新经济奇迹”的动力。仅在科技产业兴起的1992—1997年间，美国引进外资大约在2万亿美元。2000年硅谷的风险投资额仅占全美的21%，2005年增加到27%。2015年硅谷地区吸引的风险投资金额（加上旧金山的风险投资金额）达245亿美元，远远超过前一年份额。

从硅谷风险投资的高技术领域分布来看，2015年，硅谷计算机和相关设备领域吸引的风险投资金额占全美总额的94%，通讯领域吸引的风险投资金额占全美的64%，工业/能源领域吸引的风险投资金额占美国46%。风险投资带动了外资流入，也促进了高新技术的输入及其产业化发展。（1）直接引进国外高新技术。在风险投资的作用下，在美国的国外研究机构从海外引进的高新技术，远远多于这些机构输出海外的技术，早期美国应用的先进技术均来源于国外企业的研究开发与创新。（2）科技创新成果先期应用于风险投资多的国家或地区。由于风险投资提供了研究开发急需的经费，以及外资流入风险投资和研究开发领域，为科技产业结构升级做出了贡献。（3）利用外资的支持，科技产业竞争力得到了迅速的提升，改变了原有稀缺要素的构成和产业结构布局。依靠大量国内外研究开发的投入，知识密集型、竞争力强的科技产业在本土起到了控制和示范性效应。

3. 扩大了产业服务领域

风险投资推动科技创新、产业创新和市场创新，形成了新技术、新产业、新业态，并改变了企业经营方式和服务方式，扩大了经营服务领域。在科技产业风险投资不同阶段，出现了服务于各个阶段发展的服务业，主要包括两大类：一类是科技创新及其转化过程的服务业，如研发、设计、孵化器、咨询、融资等；另一类是科技产业化、市场化配套阶段的服务业，如中试、基金、物流等。各个阶段的投资服务不仅筹集资金、鉴定选择项目等，还全面提供新产业、新产品开发的各种咨询服务和管理的支持，帮助企业制定发展战略，选择技术人才、管理人员和新的服务方式。如美国的计算机网络技术和网络信息服务业，就是在风险投资的支持下发展起来的。而风险投资重视风险投入的新型服务，也提高了风险投资的运行质量和运行范围。甚至开辟了一个崭新的市场领域，孵化出满足科技创新发展的现代服务业。

第五节 科技产业创新与风险投资

科技产业的持续发展，有赖于科技产业创新及风险投资的互动。虽然科技产业创新系统与风险投资的运作机制、目的及涉及范围，都具有明显的区别，但是，考虑到风险投资这一投资行为的对象和功能，风险投资对科技产业的创新发展依然具有深刻的影响。

一、风险投资与科技产业互动

科技产业创新与风险投资的互动关系是指通过风险投资在科技创新过程中两者之间进行优化配置、协调发展的互动运行的描述。科技产业创新与风险投资互动过程涉及风险资本的运行过程和技术创新过程。其中，科技产业创新的基本要素，决定了它与风险投资由市场需求、技术创新、资本市场体系、体制政策环境等关联要素之间协调发展构成了互动系统。研究证实，技术创新在科技产业创新中的作用具有不同的强度，诱发出的新产品以及新的产业，形成对风险投资的拉动；其次，科技产业的体制创新、有效的管理等对于促进科技产业创新的风险投资，实现科技产业发展的组织目标，促进科技企业的发展具有重要作用。制度和政策环境是科技产业创新与风险投资形成互动关系的支撑环境，在体制、管理创新的有效激励下，科技成果才能顺畅地进入资本市场，形成风险投资与科技产业创新的有效互动；第三，市场创新对于引导风险投资高技术成果或企业推进科技成果的商品化、产业化和市场化发展提供了动力。科技产业创新与风险投资形成互动关系为风险投资的高效运行提供了保证，也为风险投资的技术创新提供了系统创新支持。其中，体制创新、管理创新形成的有效风险资本市场体系及其环境能够缩短技术创新的研发周期，降低风险资本的运营成本，提高风险资本的运营效率，特别是使得风险资本的筹集和退出渠道得到很好改善，这种改善将有效提高风险投资与科技产业创新的互动效率。而市场创新是形成消费需求扩张、实现科技产品市场价值、加速科技企业成长壮大的推动力量。因此，技术创新、体制创新、管理创新、市场创新是科技产业创新与风险投资形成互动关系的牵动要素，也是科技产业创新的运作基础。只有通过各个要素构成的系统作用，科技产业创新与风险投资才能有效发挥作用。

二、互动分析

由图 11–2 看出，风险投资的各个步骤与科技产业创新系统的若干主体相互作用、相互影响，各结点之间的双向关系，可以清晰表明：科技产业创新与风险投资两大系统在相互促进对方完善、优化的同时，也对滞后发展的一方提出变革的需求，构成促进对方发展的动力机制。因此，科技产业创新系统与风险投资体系往往构成一个互动运作的网络系统，在相互促进的基础上协同发展。

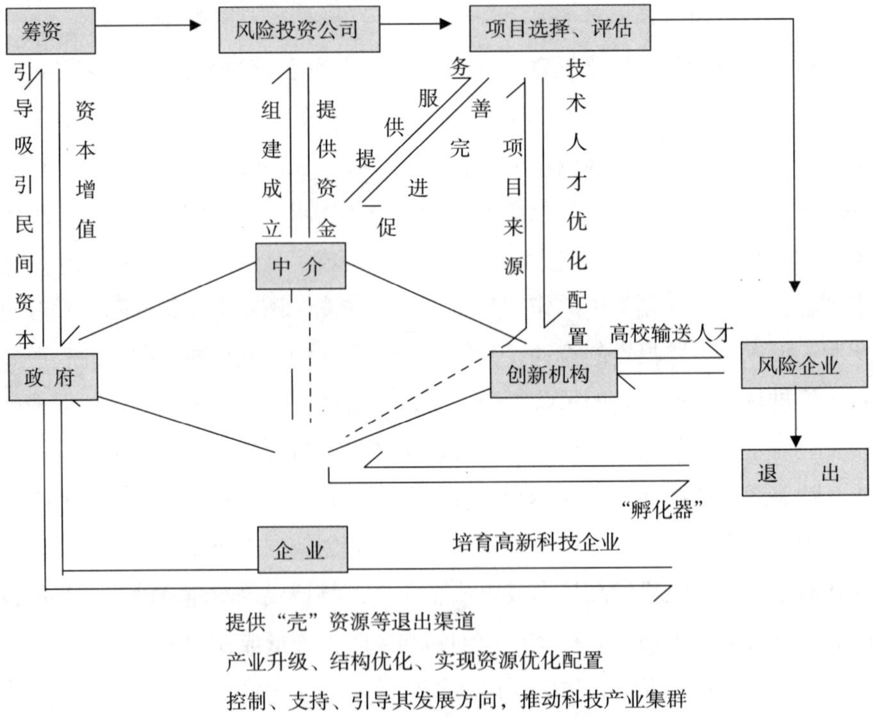

图 11–2　科技产业创新系统与风险投资体系互动图

1．互动网络中多维关系

科技产业创新系统是风险投资运作的平台。在科技产业创新系统与风险投资体系构成的互动运作网络中，科技产业创新系统始终处于主导地位。风险投资的整个运作过程，从最初的筹资、到最终的退出都离不开科技产业创新系统的支持，离开了科技产业创新系统这一实现“产、学、研、府、资、介”合作平台，风险投资就成为“无本之木，无源之水”。同时，风险投资体系也是科技产业创新系统的重要组成部分。从创新的知识传递角度看，科技产业创新系统分为知识创新、科技创新、科技传播、科技应用四个子系统，风险投资体系属于科技应用系统；从创新结构看，科技产业创新系统包括创新主体、创新设施、创新资源、创新环境系统，风险投资属于创新环境子系统；从创新的过程看，科技产业创新系统分为研究与开发、创新引导、创新运行与调控、创新支撑与服务系统，风险投资则是属于创新支撑与服务系统。

在科技产业创新系统与风险投资体系构成的互动运作网络中，网络化运行的基础包括技术网络、社会网络和交易网络，正是这些网络化运行方式构筑了科技产业创新系统与风险投资体系互动运作的“管道”，也构成了集群发展的发动机。

（1）技术网络。作为科技产业创新网络，风险投资的整体性表现在技术的发源形态上的资本与技术，乃至在创新产业形态上的成果转化特征。这种资本、技术、产业过程的一体化发展最终实现原创技术的产业化和集群化。而技术网络化不仅反映了资本、技术、产业在演进过程中的共生，而且培育和发展了基于大数据、云计算、互联网等的科技产业创新系统与风险投资体系构成的互动运作网络的独特结构关系，并在形成科技产业创新过程中形成资本化、网络化、集群化的过程。

（2）社会网络。社会网络对于科技产业创新系统与风险投资体系构成的互动运作网络的重要性在于，借助于城市人力资源和人文环境，在资本、技术、产业、资源之间建立一种社会网络关系。通过社会网络的支持作用，扩张资本、技术、产业合作的空间，建立多元广泛的科技产业创新系统与风险投资体系互动运作的社会接点和网络联系，以便支持资源要素的互动发展或产业集群的迅速集结。

（3）交易网络。科技产业创新系统与风险投资体系的互动运作网络作为一种交易网络，两者之间的有效运作必然与其他资源要素形成连接关系，它们支持并促进科技产业创新系统与风险投资体系构成的互动运作，并建立为实现商品化、产业化发展目标而形成的交易网络。从功能上看，科技产业创新系统与风险投资体系之间互动交易网络的形成制约着资本技术、产业一体化的融合，并决定着风险投资的有效运作以及产业化的形态。

从风险投资的组织形式看，以风险投资企业、风险企业为主体的两大组织在与科技产业创新系统中的各创新主体的联系中，发挥市场机制的作用，不仅对创新系统中的各创新要素进行优化、重组提高创新效率，而且成功实现了科技与经济的对接，使科技创新反映了市场的需求，有效降低了对接成本。从这个意义上讲，可以将风险投资定位为“具有中介对接功能的投资支撑体系”。

2. 互动运作本质分析

科技产业创新系统与风险投资间的互动运作，可以通过两者之间的载体——科技产业，做出进一步的分析和诠释。从风险投资对科技产业创新系统来看，风险投资是适合高新科技产业发展的有效资本运营模式。风险投资的对象，主要是具有高成长潜质，但同时又蕴藏着较大风险的中小型高新科技企业或创新计划，直接面对经济科技发展的最前沿——高新科技及其产业化领域，它使高新科技与产业联姻成为可能，对科技产业的形成、发展、壮大起着重要作用。而科技产业对产业结构转型和增长方式的转变无疑具有决定性作用，从经济竞争的角度看，产业核心竞争能力越来越取决于以智力为基础的科技创新及其成果产业化能力。科技产业的发展会促进传统产业的升级，提高知识的集约化水平继而产生规模效应，并有效地通过创新扩散为科技产业创新提供良好的产业基础，从本质上提高整体创新能力。可以说，风险投资是在资本“追逐利润”的天性驱使下，对中小型科技企业投入，以期获取高额收益。在这种本质上具有一般意义的投资行为中，由于投资对象的特殊性而“不自觉”地实现了对科技产业的支撑，继而通过这些新兴科技产业的带头和辐射作用促进科技产业创新系统的良性运作，完成了风险投资对科技产业创新系统的促进、支撑过程。通过科技产业，风险投资这一微观投资行为，顺利上升到科技产业创新系统这一中观层面上去，二者实现有机的结合。

从科技产业创新系统对风险投资来看，毫无疑问，科技产业创新系统是有别于企业创新系统和国家创新系统的中观系统。其系统的作用也主要在于突出产业创新和创新成果的商品化。换句话说，以科技产业为主导载体来实现科技创新到产业化的转换并最终达到科技的创新、应用、聚集和溢出，是科技产业创新系统的核心功能。在这样的基点下，科技产业创新系统对科技产业的培育、构筑和支持必不可少。科技产业的发展不仅取决于科技创新的能力，而且取决于科技与经济在产业领域的成功对接，特别是市场化的对接体系。无论从理论研究还是实证分析的角度，风险投资都是实现科技与经济成功对接的重要中介，风险投资业的发展程度决定科技产业化的发达程度。在发挥中介功能的过程中，风险投资不仅能较好地解决科技产业化过程中资金供应的问题，而且在投资过程中，市场机制的作用也使得科技创新资源优化配置，有效降低了科技与市场对接的成本，并使科技产业的发展进一步面向市场需求。但同时，由于风险投资本身的趋利特点，风险投资的发展难以达到“自觉”与其战略重要性相符的水平。这就需要政府从科技产业创新系统以及战略高度和长远目标出发，支持并鼓励风险投资产业的发展。

3. 互动运作的系统对接

科技产业创新系统各主体与风险投资各组织形式相互作用，紧密交织在一起，这从运作关系中很明显可以看出。但实际上所体现的仅仅是两大系统内部各组成部分之间的关联，未能看出系统整体间的对接点。科技产业创新系统与风险投资体系都是运作机理复杂、运作主体多元化的系统，二者之间存在很多的结点，但要寻找出最重要的对接点就需要从二者的实质入手。由于对接双方的系统性，二者之间的对接点所具有的首要特点也具有关联特征。对接点的准确定位对实现二者间的良性互动至关重要。

作为整个科技产业创新系统的构成部分，在寻找对接点时，首先从范围相对较小的风险投资体系出发，研究其与外界的联系，进而寻找出两个系统之间的对接点，这也是一种科学的逻辑分析方式。风险投资本质上是一种投融资行为，不可能脱离资本市场孤立存在。这里的资本市场包括证券市场、中长期信贷市场和衍生工具市场。资本市场可以为风险投资提供融资渠道和场所；为风险投资分散和分担风险；为风险投资提供股权买卖、转让、并购的交易载体；为风险投资提供价值实现机制等。从风险投资的阶段看，不同阶段的风险投资也需要相应不同层次的资本市场予以支持，资本市场的发展与风险投资体系线性关系显著。可以说，资本市场不仅是风险投资运行的客观条件，也是整个体系对外联系的最重要"进出口"。科技产业创新系统对风险投资的促进、控制，风险投资对科技产业创新系统的金融支持等作用，在很大程度上必须通过资本市场及其中介平台来进行。资本市场是科技产业创新系统和风险投资体系间最主要、最有效的对接点及"管道"。要想实现二者之间的良性互动，资本市场的系统完善势在必行。同样，政府要想对风险投资进行宏观调控，符合科技产业创新系统战略，最终也要通过资本市场运作来实现。

4. 互动网络的拓展

物联网、移动互联网、云计算、大数据、人工智能等技术发展，已破解信息无法互联互通，以及存在着不同程度的"信息孤岛"现象，并导致未来科技产业与风险投资互动网络系统乃至所在区域创新机制的变革。科技产业创新系统与风险投资体系形成的互动网络不断向外拓展，与更大范畴的技术、产业、资源等网络结合，成为更加多元开放而有层次的系统。一方面因为风险投资来源的网络化、多元化，投资主体的多样化，投资对象的外延化以及资本流动的精准性，使得风险投资体系具有延展性、动态性。这种动态性可以使风险投资无论从源头上还是对象上都不会局限于同一系统，只要是符合风险投资追逐利益的要求，各种手段及系统内外的资源都可以利用。另一方面是因为科技产业创新系统的动态特征。在创新全球化的环境下，科技产业创新系统成为各种创新行为主体聚集之地和研究开发之地。系统内外创新要素的加入，不仅通过大数据非网络化资源引入或利用新的资本、资源和能力，促进科技创新的协调发展，而且可以使创新系统提高消化、吸收新鲜"血液"的能力，更加具有活力。科技产业创新系统通过网络化的科技溢出和吸收、扩散功能的作用，成功地与更高层次的系统结合，形成动态性、共享型的创新系统网络。

基于以上两点原因，科技产业创新系统与风险投资体系形成的这种互动网络具有开放发展的动力机制，并通过风险投资的各种资本运营手段非创新系统的创新聚集、扩散功能，以创新城市为核心结点，以风险投资各组织形式及其关联为组织结点，在促进产业创新、科技产业化的过程中，逐渐融入更高更广的区域创新、国家创新系统中去，成为区域创新、国家创新系统中的核心单元（见图 11–3 所示）。

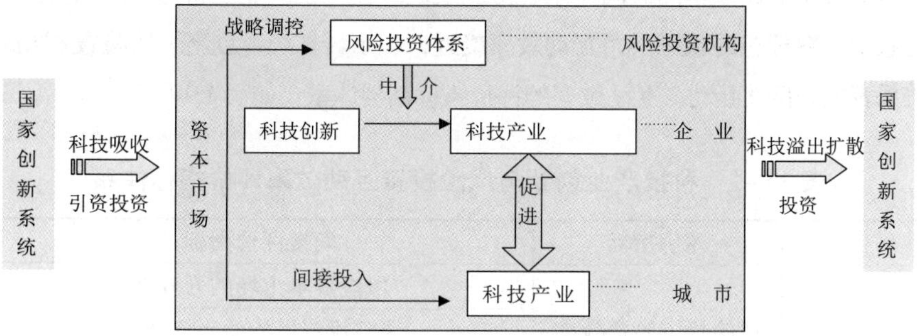

图 11–3　互动运作网络图

三、投资效率

分析可见，科技产业创新与风险投资是一种互动循环的关系，这种关系一方面表现为科技产业创新的需求对风险投资的拉动效应，另一方面表现为科技产业创新的需求对风险投资的互动效率。所谓科技产业创新与风险投资互动效率，是指两者互动关系以系统要素最低的成本在最大的范围内合理配置，并实现风险资本增值循环和高技术产业发展的有效程度。科技产业创新与风险投资互动效率的构成要素，包括风险资本的筹资效率、风险资本的增值效率和技术创新效率。

1．风险资本的筹资效率。是指风险资本市场吸引传统资本市场中的资本及民间资本，实现传统资本向风险资本转换的有效程度。风险资本的筹资效率越高，这种转换的成本越低，范围越大，因而进入风险资本市场资本规模越大，而科技企业获得风险资本的可能性也随之提高。

2．风险资本的增值效率。是指风险资本经过科技创新等部门一系列流程运作，从产业资本形态转为金融资本形态而实现价值增值的有效程度。

3．技术创新效率。是指技术创新在科技产业创新过程中将科技成果转化为商品，实现科技成果商品化、产业化和市场化发展的有效程度。

三个效率指标与科技产业创新的系统集成有密切的关系，也与风险投资的创新支撑与有效服务有密切的关系。是科技产业创新与风险投资互动过程中不可或缺的组成部分。其间，互动任何一个部分的效率损失，都会使科技产业创新与风险投资互动关系失去应有的效率。因此，科技产业创新与风险投资互动效率取决于上述效率的共同作用、协调发展。在科技产业创新与风险投资互动关系中，在理想的状态下，互动效率接近，表示科技产业创新与风险投资互动关系表现为良性互动。互动效率的评价指标结构体系，如表 11–1 所示。

表 11–1　科技产业创新与风险投资互动效率评价指标体系

	评价指标	间接评价指标
科技产业创新与风险投资互动效率	风险投资筹资效率	风险资本市场的开放性
		风险投资机构的筹资能力
		创业板市场的活跃程度
	技术创新效率	R&D 人员的专业化知识
		技术创新能力
		R&D 与市场营销系统的信息集成度
		科技成果转化市场机制的完善性
		高技术产业产值占工业总产值的比重
	风险资本增值效率	风险资本市场结构的完整性
		风险资本退出渠道的顺畅性
		风险资本市场与传统资本市场衔接的顺畅性

资料来源：马淑文：《高技术产业化与风险投资互动效率评价模型研究》，《工业技术经济》，2005 年第 5 期

四、小结

上述互动理论及效率分析应用到实际中去，我们将获得科技产业创新与风险投资互动系统的创新运作和聚集途径。由此可以从新的视角解释科技与产业经济发展中存在的脱节现象，并努力找寻解决问题的办法。

在科技产业创新系统与风险投资体系的关系上，风险投资体系是科技产业创新系统的金融支撑体系，往往起到中介对接的功能。因此，在构建科技产业创新系统时要充分重视风险投资体系的重要作用，明确其相互关系及其战略地位，将风险投资的发展纳入科技产业创新体系的构建中。同时，科技产业创新系统作为风险投资的平台，整个风险投资体系都将融入科技产业创新系统中进行。在解决这两大体系构成的互动网络运行中的问题时，要以科技产业创新系统为基础，并作为问题的出发点和归宿以及评判标准。如风险投资体系中的绝大多数问题都离不开科技产业创新系统的全方位支持和有效控制。

科技产业创新主体与风险投资体系的构成单元相互联系、相互制约，其中决定系统运行效率的关键因素是接点之间的"契合度"。因此，提高系统运作绩效，必须实施网络接点的有效对接，减少摩擦，降低对接成本，提高运作质量。应当看到，这些摩擦、障碍的存在，既是系统发展的不利因素，也是推动系统前进、发展的动力和源泉。解决风险投资与科技产业创新系统之间的条块分割、对接不畅等问题，需要政府对其提供应有的政策法律支持。否则，资本市场的资金、人才的供给等方面的低效，必然使风险投资在运作过程与外部系统产生摩擦，其筛选、优化配置、降低风险的运作机制难以发挥作用，这将制约风险投资的顺利运行。

科技产业创新与风险投资系统互动最重要的对接点之一是资本市场。要解决科技产业创新以及风险投资面临的种种问题，必须将资本市场作为最重要、最有效的突破口。从根本上解决多层次、多元化的资本市场对不同阶段风险投资有效支持等问题，除灵活地运用政策法规、鼓励企业变通应用外，在更高层面上对风险投资市场的改革也要加快进行。

第六节　风险投资案例

一、美国风险投资

美国风险投资最早可以追溯到19世纪末。当时的风险投资活动由私人或银行家提供资金，投资钢铁、铁路、石油等新兴产业而获得巨额利润，使美国成为风险投资的发源地。

1．风险投资模式

美国风险投资采用的是“官助民营”风险投资模式。1958 年，美国国会通过了小企业法案，授权商业部小企业管理局（SBA）制订和实施小企业投资（SBIC）计划，目的在于通过政府扶持，引导和促进更多的民间资金进入创业资本市场，支持企业的早期发展并帮助创建新的企业。据统计，在整个 20 世纪 60 年代约有 1000 家风险基金支持的企业股票公开上市。20 世纪 80 年代后，风险资本不断扩大，1987 年达到创纪录的高峰，共有 700 余家风险投资机构向 1729 家企业提供了近 39.4 亿美元的资金。2000 年由于网络业下滑和 Nasdaq 市场的持续低迷，风险资本的增长速度有所下降，但总额仍比 1999 年的 602 亿美元增长了 446 亿美元，达到 1048 亿美元。2016 年美国经济依然不振，投资数量减少，但到年底，美国风投投资额度仍然达到 740 亿美元。①

美国风险投资公司的发展始终得到美国政府资助和鼓励。美国政府通过各种方法，包括设立风险投资基金、兴建科技园区和研究中心、减免税收、政府增加科研拨款等一系列措施，使美国风险投资获得迅速的发展。投资银行始终是组织运作风险投资基金的最活跃主体。早期的风险投资作为投资银行的一项附属业务由其中的某个部门具体负责，20 世纪 90 年代以来相当多的风险投资逐步从投资银行的其他业务中独立出来，成为由职业风险投资家组成的专业性投资机构，如各种风险投资公司等。目前，美国风险投资公司有以下形式：

（1）风险投资公司。包括家庭公司和机构资助的独立私人合伙。早期的私人公司由洛克菲勒等家族发起。尽管现在大多数资本是通过私人合伙制进入风险投资的，但是这些家族支撑的公司仍然是最有经验、最富有影响和最复杂的投资者。其资金来源渠道广泛，包括各种年金和抚恤专款、保险公司、富有的个人、捐赠款等。

（2）小型企业投资公司。这些公司是按美国 1958 年的小企业投资公司

① 国外创业分析公司 PitchBook 的第 3 季度分析研究，http://www.jiemian.com/article/888588.html。

法组建的。它们必须有一个不小于 100 万美元的股本，可以 3:1 或 4:1 的比例向政府申请贷款，向市场发行风险投资基金。目前小企业投资公司约有 350 家，由美国小企业管理委员会控制管理。

（3）金融机构的附属部。一些商业银行持股公司和保险公司建立了风险资本附属机构，以便向那些高风险、高收益企业提供融资或运作风险投资基金直接参股其中。

（4）非金融公司的风险资本部。一些大公司拥有风险资本分支机构，从事风险投资。银行和大公司的风险投资，如全美保险公司，通用电器风险投资公司的风险投资部。美国的银行和非银行金融机构由于风险投资业务而带来巨大的利益，促使某些银行力图垄断风险投资业务。

美国风险投资运作体系由以下几个方面构成（如图 11–4 所示）：

（1）融资的渠道以民间资金为主。风险投资基金来源有私人资本、各种基金、大公司资本、银行资本、国外资本等。其中，占主导地位的为：①私人风险基金，又称“天使投资人”。通常是富有的私人或家族集团。如 IBM、惠普等公司的高级主管积累了大量闲散资金，他们成立基金委托专家投资高科技创业公司。这类基金规模一般在 5000 万到 5 亿美元不等。②机构风险基金，主要来源于养老基金、保险基金等。这类基金规模较大一般在 2 亿至 30 亿美元之间。③公司风险基金，大型高科技公司拿出专门的资金转投于新的高科技公司。微软和英特尔等公司都有专门的风险资金和管理部门，这类基金规模一般在 1 亿至 10 亿美元。1997 年美国风险投资的资金来源中养老基金高达 40%，公司风险基金 30%，个人和家庭 13%。由此可见，随着传统型风险投资向现代意义上的演变，机构投资者成为风险基金的主要来源，并在风险投资中占有越来越突出的地位。

（2）融资的基本机制是有限合伙制。美国私人风险投资公司包括公司制和合伙制两种形式，前者由专业基金经营机构发起，面向社会集资，并接受多种管理机构监督，投资者可通过董事会参与管理，对公司债务承担有限责任，但这种形式并非主流，美国风险投资机构的组织形式主要是有限合伙制。这类合伙制公司中的合伙人分为有限合伙人和普通合伙人。有限合伙人是风险资本的提供者，提供给风险投资公司 99% 左右的资金；普通合伙人是风险投资公司的管理者，出资比例极少，一般只占 1% 左右。与公司制风险投资公司相比，有限合伙制风险投资公司具有以下特点：一是有限合伙制企业发起人采取定向私募方式召集合伙人，有利于合伙人之间团结一致，同时由于实行有限合伙制，有限合伙人仅享有知情权等少数几项权利，使企业在避免过多干预的情况下，能筹集到大量资金；二是普通合伙人承担无限责任，并具有一定的存续期，这使得普通合伙人作为企业的所有者和管理者，能自觉提高公司运营效率，降低成本；三是有限合伙制是一级税赋，仅就个人所得纳税，降低了税收负担。有限合伙制不仅迎合了风险投资的特征，也适合美国的税收政策和法律政策，是风险投资公司的最有效组织形式，它有力地促进了美国风险投资公司的发展。到目前为止，有限合伙制风险投资公司控制的资本额占风险资本总额的 80% 左右，且有限合伙制也明显构成了风险投资基金的重要组织形式。①

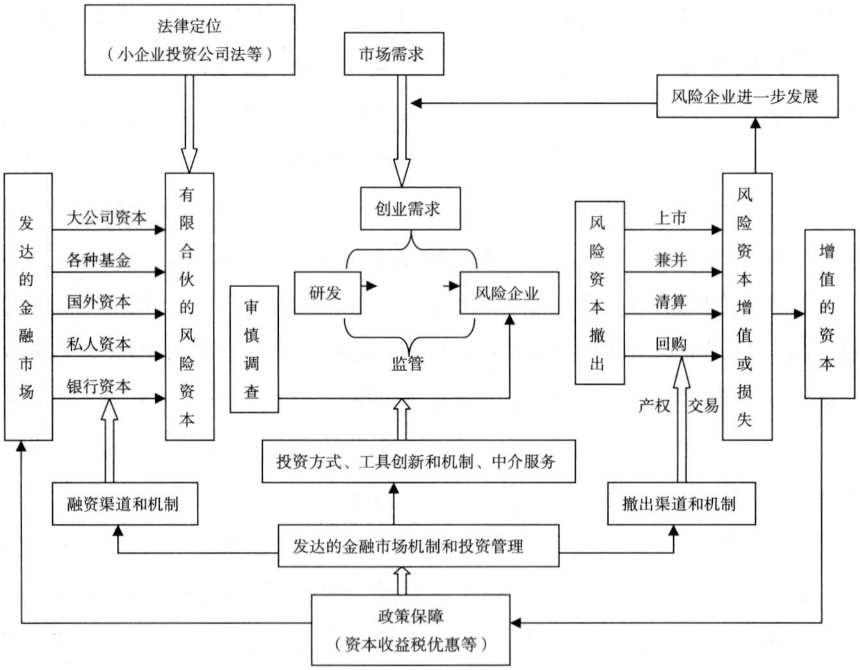

图 11-4　美国风险投资发展的动力机制图

① 王静：《美国风险投资发展模式研究及对我国的启示》，《暨南大学》，2006（4），第 21—22 页。

（3）投资的渠道由创业各个阶段对资金不同需求方式构成。在风险投资中，由于风险投资机构的管理参与，在很大程度上减少了信息不对称程度，但信息不对称依然存在。信息不能完全有效地传递给投资机构，必然导致投资机构对企业管理者和投资项目的辨别能力受到削弱，从而增加了投资风险。因此，风险投资机构在投资时应该尽可能地避免采用一次性投资所带来的较高代理风险，可采用辛迪加投资和资本的分阶段投入。一方面可以解决单个风险投资机构资金量不足的问题，另一方面可以利用多个风险投资机构的各种资源，使投资的风险分散化，提高投资的成功率。分阶段的资本投入可以减少投资的盲目性，风险投资家可以根据目前风险企业的发展状况以及外界环境的变化来决定下一阶段投资的策略。分阶段的资本投入实际上给风险投资家更多的投资灵活性。①

（4）投资的基本机制是股权式的投入。风险投资以承担高风险为前提，以高收益为目的，即风险投资的目的既不是为了控股或占有所投资的企业，也不是为了获得被投资企业的分红派息，而是在投入的资金获得理想增值后，通过一定的退出机制退出该企业，出售股权并使之变现，然后再寻找新的机会进行新的投资。

（5）撤出的渠道构成。美国的风险投资成功的主要经验之一就在于其发达的多层次的资本市场、产权交易市场为风险资本提供了多渠道的退出变现方式。美国的资本退出方式主要有：公开上市、产权交易、风险企业兼并、风险企业股份回购、破产清算等。前几种都属于股权转让，最后一种属于特殊的撤出。对投资者最理想的方式，是通过企业上市，在股市上出售股票得到最高的回报，但能成功上市的企业总是少数。总体说来投资于创建阶段的企业，1/5 获得成功并公开上市，2/5 并入大公司，1/5 作为小企业继续发展，这时风险投资家会将公司股份转给管理者、创办人或其他投资者；另外 1/5 失败，投资全部或部分损失。美国的 Venture Economics 对 433 个风险企业进行了分析，对风险投资家来讲，从开始投资到撤出一

① 苏凌云：《美国风险投资的经验及对我国的启示》，《对外经济贸易大学》，2007（4）第 6 页。

般需要三到五年的时间，如表 11-2 所示：

表 11-2　风险投资退出方式一览表

撤出形式	平均周期	平均收益率
公开上市	4.2	610%
被大公司兼并	3.7	70%
公司自行收购	4.7	110%
清算	4.1	-80%
失败	3.7	-100%

资料来源：《美国风险投资概况》，《中国软科学》，1998 年第 4 期

从上述资料可以看出，公开上市与其他的撤出方式，回报率的差别非常大。同时，通过上市得到的回报额占风险投资总回报额的 50% 以上。规范的资本市场对形成风险投资良性运作和发展，有举足轻重的影响；并且新兴科技企业的价值主要体现在它的成长性和扩张性，只有通过市场才能对其价值做出客观的评价。对风险投资来讲，如果缺少规范的资本市场这一评价体系，其他形式的股权转让活动不可能有效。[①]

2. 风险投资构成

一般来说，风险投资的资金来源，主要包括养老基金、捐赠基金、富有的家庭和个人、大公司、银行控股公司、保险公司、投资银行、非银行金融机构和外国投资者的投资等。

（1）养老基金。1979 年，美国劳工部根据《雇员退休收入保障法》中的审慎人原则，放宽了对养老金投资的限制，并允许其投资于风险投资。此后，养老基金成为美国风险投资的资金来源之一。美国的养老基金主要包括公司退休基金和公共退休基金两种。参与风险投资的方式主要是投资于风险投资基金，委托风险投资家进行具体的投资和管理，通过利润分成的形式实现投资利益。但在行业的选择上，美国法律对公司退休基金有特殊的限制，即公司退休基金不得投资于与本公司业务范围相关的一些专项投资基金。

① 蒋泰维、刘海宁：《美国风险投资概述及其启示》，《浙江社会科学》，2001（04）第 42 页。

（2）捐赠基金。捐赠基金也是美国风险投资的最早投资者之一，其大多都是通过合伙制的形式参与风险投资，只有少数较大的大学捐赠基金进行与大学研究项目相关的直接投资。捐赠基金的投资目的主要用于项目的早期开发及市场化，基金经营者一般具有追求投资安全的低风险偏好，故其投资活动亦较为保守，常常投资于如政府债券和高红利股票等低风险投资工具。

（3）富有的家庭和个人。富有的家庭和个人是美国风险投资发展初期最早的投资者之一，也是当时美国风险资本的主要来源。其投资目的一般是为了追求资金的高额回报，其投资方式多为一次性资助，且多为长期投资。从美国风险投资的发展看，参与风险投资的富有家庭和个人分为两类：一是传统的进行风险投资的家庭和个人，惠特尼家族于 1946 年设立的 J.H. 惠特尼基金、洛克菲勒家族为东方航空公司和道格拉斯飞机制造厂提供大部分的启动资金等，都是典型的例子；二是推动高科技产业发展并从中受益的“中产阶级”的富有者，如美国的比尔·盖茨等大型高科技企业的高级经营管理人员。

（4）大公司。大公司是美国风险投资的第二大投资者。从实践来看，大公司参与风险投资主要有三种形式。一是独自创立风险投资机构，进行专业风险投资活动。在美国，如通用电气、英特尔、IBM、惠普、谷歌、微软、摩托罗拉等，都是创立了属于自己的风险投资公司或风险投资基金的大公司，它们参与风险投资的目的，除获取高额投资收益之外，更主要的是期望通过风险投资来形成新的产业增长点，保持对技术和市场发展的敏锐洞察力，从而获得新的发展机会。二是为实施企业并购而进行的战略性投资。一些大公司从其自身发展战略利益出发，通过对一些有活力和发展潜力、却又未能公开上市的创业企业实施并购，从而为其提供 R&D 资金或其他资助，作为对其未来产品（技术）使用权、产品市场分享权、产品经销权、对未来产品（技术）共同开发权甚至保留对其收购权的交换。其目的是增强其竞争能力，避免这些创业企业成为其未来的竞争对手。三是进行企业内部风险投资活动。许多大公司内部有一些新技术或创意的发明者不愿脱离原属企业，为此一些大公司就为其提供内部风险投资，支持建立股权全部或部分归公司所属的内部创业企业，这已成为推动大公司进行创新的重要手段。如施乐公司母公司设立内部风险投资基金，由研发部门提出创业计划，选择最具增长潜力的项目成立创业企业，由母公司进行孵化，并为其进一步发展向外部风险投资公司或风险投资基金融资，在创业企业成功后，将其剥离或出售。一般来说，其股权结构为，母公司为 20%~50%，创业团队 20%，其余为外部风险投资公司或风险投资基金所有。

（5）银行控股公司。由于银行控股公司直接持有商业机构的权益受到有关法律限制，20 世纪 80 年代中后期美国的银行控股公司设立了一些附属机构投资于私人权益市场，并且一般都由直接投资创办的特许小型商业投资公司进行。银行控股公司参与风险投资的目的是为了获得介于私人资本投资和其他商业银行之间的经济利益，而并非出于财务上的考虑，即它们一方面可以与某些对其进行私人资本投资的大公司签订协议，另一方面通过投资于私人资本合伙人向其合伙公司提供资金。

（6）保险公司。保险公司参与风险投资的目的是为其融资活动创造交易流，但其能在多大程度上介入风险投资市场则主要取决于保险公司自身的财务状况。目前，保险公司参与风险投资的规模较小，但由于保险公司资金具有相对的稳定性和可靠性，同时保险公司在管理制度方面的一些变化可能使其更适合于私人合伙投资，因此，保险公司在风险投资的资金来源中将越来越重要。

（7）投资银行。投资银行是通过投资于自己担任普通合伙人的合伙公司来参与私人权益市场投资。投资银行参与风险投资是在 20 世纪 80 年代中期伴随着有限合伙制的创立开始的，主要投资于创业企业的后期投资和低风险投资，即投资银行资金大多用于风险投资的退出阶段。需要指出的是，投资银行不同于其他投资者的一个重要方面，就在于其往往在投资的同时代理创业企业的上市活动。

（8）非银行金融机构。非银行金融机构参与风险投资是从 20 世纪 60 年代开始的。其投资目标是处于发展早期阶段的创业企业，投资方式主要是通过设立特殊的附属机构参与风险资本市场，直接进行风险投资。

（9）外国投资者。外国投资者的资金是一个国家和地区风险投资的重要资金来源，其投资动机和方式的差别很大。在美国，大多介入风险投资的外国投资者由于在本国找不到发达的风险投资市场而选择投资于美国风险投资基金，往往采取直接或参与发起创业基金的方式来进行，其目的则主要是追求高投资收益。

除上述资金来源外，参与风险投资的还包括一些政府部门的投资。在西方发达国家，特别是在美国风险投资中政府资金来源比例较小。一般来说，政府资金在风险投资发展初期仍发挥非常重要的作用，主要有无偿资助、股权投资和提供贷款等三种方式。如美国小企业创新研究计划（SBIR）和小企业技术转移研究计划（STTR），其中，SBIR 计划即通过将一定比例的政府部门的研究和开发经费专门用于支持小企业，参与 SBIR 资助的政府部门分别通过确定研究题目并发布项目指南，受理项目申请，通过合同或赠款的方式为项目承担者提供资助。资助金额从 5 万美元到 50 万美元，资助的企业雇员人数要少于 500 人。

3．风险投资分布

从风险资本的投资领域来看，美国风险投资投向主要是高科技产业，如计算机、生物医药、通讯、软件产业等。风险投资投入科技产业领域的金额占总金额的 90% 左右，因此创造了微软、英特尔、苹果、谷歌、雅虎等一大批世界著名企业。根据 1997 年美国纳斯达克（NASDAQ）证券市场上的产业结构分析，美国股市中 83% 的生物工程业、81.4% 的电脑制造业、83.6% 的通讯器材业、79.7% 的电子零部件业、65% 的通讯服务业都是在纳斯达克证券市场上运行的。而据 1999 年的数据统计，美国当时已有风险投资基金 1237 个，获得风险投资的公司 77.92% 属于信息产业，7.50% 属于生物医药，14.58% 属于非高科技。据普华永道国际会计公司发布的美国风险投资活动的研究和美国风险投资协会（NVCA）的一项调查表明，2006 年投资高额主要是被创建阶段的电信、媒体及能源等产业所带动。其次是生物科技 / 生命科学行业（生物技术和医疗器械行业）为风险投资界的热点。其他热门行业包括工业 / 能源、医疗器械和媒体娱乐业等。

从地理分布上，美国的风险投资主要集中在三大地区。旧金山湾区，横跨旧金山，圣何塞和几个较小的城市圈，占比 40%；波士顿—纽约—华盛顿一线占比也超过了 1/4；南加州城市群，包括洛杉矶、圣地亚哥、圣芭芭拉和奥克斯纳德，共占 9%。三大地区吸引的风投总额超过了全美的 3/4。[①] 这些地区是美国主要的科研基地与高科技公司云集的地方，如其中的硅谷工业园区是计算机、半导体、通讯业的集聚地，是美国风险投资的乐园。作为美国创新中心，风险资本在硅谷公司创建中发挥重要的作用。50% 以上的风险投资公司在硅谷附近设立了办事处，风险投资者为硅谷聚集了 10000 家技术公司，推动着科技产业的迅速发展。在硅谷，大公司在融资中起到独特的作用。几年来，硅谷大型企业将大量资金投入硅谷，对 200 多个新公司进行投资或并购。大型公司向风险公司投入资金促进了科技创新。英特尔公司在全球范围内投资。自从 1998 年以来，英特尔公司已与 53 家中国公司达成了风险投资交易，从改进芯片设计、芯片制造到建造互联网的企业。一些公司还采取购买有技术前途的新公司。例如摩托罗拉公司投入 4 亿美元购买 STARFISH 软件公司，用于获取该公司的相关技术，以便加速产业化发展。

4. 风险投资环境[②]

美国风险投资之所以取得了成功，在机制方面取决于它拥有顺畅的投入产出机制、严格的风险控制机制和强有力的激励机制。而美国风险投资机制运行的条件是良好的适宜风险投资和高科技发展的“生态环境”。

（1）体系完善的法律环境

美国建立了一套完整的保护风险投资和技术发明创新的法律体系。1958 年通过了《中小企业投资法》（SB1A），20 世纪 80 年代以来又先后颁布了《史蒂文森—怀特勒创新法》（1980 年）、《小企业技术创新发展法》（1982 年）、《加强小企业研究发展法》（1992 年）、《贝赫—多尔法》（1980 年）、《联邦技术转移法》（1986 年）、《国家竞争力技术转移法》（1989 年）、《技术优先法》（1991 年）、《小企业技术转移法》（1992 年）、《技术转移法》

① 参见美国马丁繁荣度研究所（Martin Prosperity Institute）《2016 年美国风险投资报告》（Startup US 2016 Spiky Venture Capital Revised）。

② 陈柳钦：《美国风险投资业的发展及其借鉴》，《上海行政学院学报》，2005.01，第 91—94 页。

（1997 年）等，与《技术扩散法》《专利法》《知识产权法》和《商标法》等形成了对风险投资、知识产权、技术转让、技术扩散等强有力的保护的法律制度体系，为风险投资业的规范化发展提供了良好的法律保障基础。

（2）强有力的政策支持环境

在政府担保方面，1958 年成立了小企业管理局（SBA），并建立了小型企业投资公司制度（SBICs），鼓励风险投资基金对不同产业公司提供初期融资，以增加中小企业的投资渠道，带动美国高科技产业的发展。政府还向风险投资者和风险企业提供无偿资助，如设立了“小企业风险研究基金”，规定国家科学基金会与国家研究发展经费的 10% 要用于支撑小企业的技术开发。因此，一些支持小企业创新与竞争的小企业投资公司应运而生，这些由政府控制的小企业投资公司可以按规定取得 3 倍于自身资本的资金，用于支持小企业的风险投资。在 R&D 及转让支持方面，1982 年美国政府推出了“小企业创新研究（SBIR）计划”，要求部分联邦部门拿出一定比例的研究与开发经费，鼓励中小企业参与联邦的研究与开发；1992 年推出“小企业技术转移研究（STTR ）计划”，鼓励大学或研究开发机构的创新成果向中小企业转移，实现商业化。在税收政策方面，1978 年美国政府将风险资本盈利税率从 49% 降低到 28%，1981 年从 28% 降低到 20%，具体做法是：风险投资额的 60% 免除征税，其余的 40% 仅课以 50% 的所得税。这一措施的实施，使美国风险投资在 20 世纪 80 年代初期大约以每年 46% 的幅度激增。在政府采购方面，美国政府还使用“政府采购”的方式，收购大量的高科技产品，刺激了成果的转化和产业化过程，进而推广到国民经济部门，形成了强大的高科技产业。比如，在集成电路开始发展的 20 世纪 60 年代，美国政府购买集成电路产品的数量一直占美国企业全部产量的 37%~44%，有力地促进了这一高新技术产业的发展。

1979 年美国劳工部解除了《雇员退休收入保障法》（ERISA）中的审慎人原则，从而允许养老基金参与风险投资，促使了美国风险资本市场迅猛发展。为了吸引更多的风险投资参与者，允许养老保险基金、银行、保险公司、证券公司在进出余额及盈利中划出 5% 用作风险投资，允许共同基金划出 5%~10% 用作风险资金，允许国外风险投资机构进入国内市场。为了支持风险企业高新技术的合作开放，美国政策尽可能放宽行政限制，给风险投资以切实的行政支持，并且对技术产权保护方面做得也非常好，如规定科技人员的发明享有明确的技术权益。

（3）良好的科技产业环境

美国政府一直把科技产业作为提高经济增长率、增强综合国力的重要手段。早在19世纪末到20世纪40年代，美国就不失时机地利用了电子设备、无线电通讯设备方面的重大突破，一跃发展成为世界经济大国。50年代以后，电子计算机、生物技术、空间技术、海洋工程及新能源、新材料等新兴产业又相继问世，美国为此在全国范围内组织了4500个经济发展研究机构，专门研究“高精尖”技术，以确保其在高技术方面的优势。在新的世界产业格局中，美国控制了利润率最高的科技产业，形成了全球竞争的比较优势。由于在高科技制高点竞争地位的变化，使得美国在27个关键技术领域处于世界领先地位。高技术的领先，丰裕的技术资源，为发展美国风险投资提供了牢固的技术基础。

（4）市场化的经济环境

美国具有优胜劣汰、新陈代谢的市场竞争环境。每年近80万家企业在激烈的竞争环境中消亡，同时又有90万以上家新企业诞生。美国企业的平均生命周期为6年，而日本则达30年以上。优胜劣汰、新陈代谢，不断产生新的适应市场的新技术、新观念，淘汰不适应市场需求的陈旧技术和陈旧观念，给经济运行和发展带来了积极的变动和强劲的活力。美国具有市场化的资源配置环境。美国政府奉行积极支持、引导和不干预企业的理念，从R&D、企业投资到项目筛选等都是以企业为主体，以市场为导向进行，市场机制在资源配置中发挥着决定性作用。同时，具有成熟完善的市场体系。美国具有完善成熟的生产资料市场、金融市场、人才市场、技术交易市场、产权交易市场，从而为高科技和风险投资创造了资源配置合理、竞争相对公平相对有序的市场环境。

（5）成熟宽松的金融环境

首先，美国具有世界上最发达的金融市场特别是资本市场。其资本市场包括四个层次：第一个层次是主板市场，即纽约证券交易所，它是世界上最大的证交所；第二个层次是第二板市场，如美国证券交易所，它对公司的注册资本、获利水平、资本结构等要求相对较低，部分高科技企业可在此市场上市；第三个层次是美国全国证券自动交易系统，即纳斯达克证券市场，它对企业上市的财务要求较低，且交易方便、管理规范，是处于创业时期的高科技企业股权交易的最理想交易市场；第四个层次是地方性证券市场，如美国的辛辛那提、波士顿、费城交易所等。正是因为有这样良好的资金循环渠道，有健全的风险投资退出机制，美国才成为全球风险投资最发达的国家。其次，具有一批实力强大、经验丰富的金融机构。美国不仅具有实力强大的商业银行，而且更具有世界一流的投资银行和风险投资机构。各种风险投资基金群体的资本规模、投资阶段、战略重点、资本来源、投资性质及主要职能都各有特点，适应各种不同项目、不同规模、不同行业的高科技企业的投融资需要，从而对美国高科技产业发展提供了强有力的金融支持。再次，具有一批一流的风险投资人才。美国拥有一批经验丰富、洞察力敏锐的优秀的风险投资家，而且还拥有大批经验丰富的技术评估、经营管理、财务金融、咨询服务的中介机构和人才。

（6）独特的人文环境

美国及硅谷地区为一流人才提供了优越的科研条件、创业条件，还为其提供了良好的生活条件以及休闲、娱乐、子女教育等配套条件，为专门从事科学研究的人才解决后顾之忧，因而吸引了来自世界各国的一流创新人才。同时，具有相互激励的文化环境。包括对失败者的宽容，对所谓“背叛”者的宽容——喜爱寻求风险，自我再投资，对变化的热情，论功行赏，合作精神，公司的多样化以及每个人都可以成功的信念，等等。此外，美国还有冒险创新的精神、诚实经营的信用环境以及尊重个人价值和权益的人文传统。

二、分析与启示

以上所述，美国等发达国家在风险投资方面已经形成了较为成熟的运行模式及规范体系。相比而言，中国风险投资模式，主要采取“政府主导，民间参与”模式。政府在其中扮演着重要的角色（见表 11–3）。从风险投资模式比较来看，我国风险投资模式主要有：“官办模式”，即由政府出资设立，风险投资机构的高层管理者由政府直接任命；“合作模式”，即由中方与外方共同成立中外合资投资机构，实行合作管理；“外资模式”，即在国外注册成立的投资机构在国内设立办事处；内外联动模式，即中外各设一家，有机结合，相互协作。但主要采取采用的是以政府为中心的国家风险资本模式。其主要特征是政府是风险投资基金的主体，并在其发展过程中予以政策扶持，在风险投资运作过程中政府导向明显，受政府干预较大。风险投资公司对投资项目运作风险承担不足，市场机制得不到发挥。政府在风险投资制度供给、选择权方面仍然处于主导地位。政府作为主要的出资人，通过成立各类风险投资机构，以国有企业的经营形式，从而达到发挥直接向风险投资公司投资，又引导企业、个人和其他部门向风险投资企业投资，最终成为促进创新风险基金。当然，随着创新全球化的发展以及各国科技产业的转型升级，中国等转型国家以政府为主导的投资模式也在加快改革与结构调整，逐渐转变为以政府 + 民间资金为主导的市场化运作模式，实施府民融合的风险投资战略。

表 11–3　各国风险投资模式比较

国家和地区	发展模式	资金来源	组织形式	投资方式	投资领域和分布
美国	官助民营模式	养老金等投资基金为主体	有限合伙制等	机构投资、大企业投资等	计算机、生物医药、通讯、软件产业等
日本	官民结合模式	大公司、大银行为投资主体	准政府投资机构、金融附属机构等	股权、信贷等	计算机、海洋开发、软件、重型机械、微电子、信息工程等
欧洲	金融主导型模式	银行为投资主要来源	金融机构附属投资机构等	机构投资、并购交易等	机器设备、环保设备、消费相关产品等
中国	政府主导，公共管理模式	政府拨款为主、企事业投资、金融信贷、引进外资等	政府主导的有限责任公司	信贷和信贷担保等	电子信息、机电一体化、生物医药、新材料、环保、新能源

续表

国家和地区	发展模式	资金来源	组织形式	投资方式	投资领域和分布
亚洲国家和地区	政府主导，民间参与模式	民间资金	准政府投资机构等	股权、信贷等	电子信息产业、基础设施、服务产业等

第十二章　科技产业区

科技产业区作为科技产业经济与社会协调发展的基本形态和空间布局，是科技产业转型发展的必然趋势，也是国家创新战略的重要组成部分。由于政府、大学、科研机构、产业的共同参与，科技产业区在实现科技商品化、产业化、市场化的发展过程中始终处于先导地位。在全球市场，科技产业区以创新比较优势及其产业规模形成市场竞争力；在国内市场，科技产业区以科技成果转移和创新驱动的“转换器”，不断向周边地区扩散科技成果、吸引人才和投融资，加快产业转型升级与结构调整，并建立起国内外市场有效“对接”的运行机制和创新发展环境。本章的任务，主要是根据全球科技产业区发展背景、态势及趋向，重点讨论科技产业区的发展模式、运行机制、转型结构、创新环境与目标选择。

第一节　科技产业区发展概述

一、发展背景

进入21世纪，世界进入机遇与挑战并存的时代，科技经济竞争日趋激烈。竞争目标之一就是科技创新与转型升级。各国为保持科技领先地位，持续增加科技投入，加强重视管理，实施大型科研项目，振兴和改革教育，大力引进优秀人才，加速大学与工业界的合作和技术转让，通过建设科技产业区，运行新的发展机制，促进科技创新与成果转移，推动本国科技经济发展，实现产业转型升级。

科技产业区的建设与发展，实质上是推进产业转型升级、科技成果转移和经济全球化的战略竞争现象。各国建立科技产业区，表面上是促使科研与生产的结合，加快科技产业转型发展，实际上是通过科技产业区的建立，构建新兴产业支撑体系，加快创新全球化的接轨，形成推动区域科技经济发展的新的生长点和发展战略。

从理论上分析，科技产业区发展背景主要表现在以下方面：

1．适应世界科技经济一体化的发展，建立国内外市场需求为主导的科技商品化、产业化基地。科技创新与竞争表现在科技产业化和商品化。为形成科技产业优势，把科技、经济等各种优势有效地结合起来，最好的途径是建立适应科技优势与各种资源相结合的产业区。从世界范围观察，这种产业区提供了一种新的合作结构和联合形式。新的体制和运行机制使产业区的技术成果、科研项目以及投资结构和技术商品，更多地面向国内外市场，并以全球市场需求范围变化，加快产业区的科技结构调整和产业结构调整。

2．实施区域布局战略，推动产业转型与结构调整，建立以创新开发为主体的科技产业带。主要通过创新为主的产业转型发展，把科技创新与生产加工结合起来，建立国内科技产业区域集群带。一方面推进并影响国内产业结构调整和升级，另一方面，利用产业集聚的特殊环境拓宽全球市场的合作，加速进入世界科技经济一体化进程。以科技产业区实施区域布局战略，初期主要选择的目标为生长极的构造和支持系统，与产学研资介形成创新共同体，推动研究开发成果的商品化、产业化和全球化，以此改变所在地区产业经济结构的传统框架，形成新兴产业经济区域。

3．提高综合国力和科技竞争力，建立面向全球的科技经济发展结构和市场格局。为迅速提高综合国力和竞争力，推进科技、经济、贸易的全球化，在形成特殊的环境优势的基础上，加强科技产业区与全球产业技术结构的同步调整。通过科技产业区际合作，形成集聚优势组合，从而提高区域综合竞争力。由于产业区域的市场结构全球化，在面向全球市场竞争的同时，科技产业区腹地资源获得有效利用和开发，使资源配置更加适应国内外产业转型升级要求，为开辟新兴市场提供了基础条件。

科技产业区发展的重大意义就在于，以国家创新政策和经济发展战略，构筑一种适应全球科技革命与市场竞争的转型升级布局。它形成了相互支持的标准和系统，创造了一个创新无止境的发展环境。在此环境之上，产学研资介用部门通过科技产业区进行无缝互动、协调推进，构成了一个创新驱动与转型发展的生态系统。通过科技产业区的发展和完善，提高竞争能力，保持国家的战略地位。在这样的战略背景下，各国科技产业的竞争行为和产业政策都采取相当有效的支持，并以拥有科技资源和科技产业来夺取全球市场竞争的收益。同时，利用全球性竞争优势建立市场开拓和市场潜力的发展战略。

二、发展阶段

科技产业区或称高新技术开发区、科技工业园、科技园区等。通常是指一种以知识技术密集为依托，以发展科技产业为目标，促进科技成果转化，推动科技经济协调发展的区域带、科技企业集聚区或高端产业基地。科技产业区的创建可追溯到 20 世纪 50 年代。世界上最早的科技产业区建在美国的加利福尼亚州旧金山以南地区的“硅谷”。

科技产业区发展一般分为三个阶段：

第一阶段（1951—1980 年），“孵化器”阶段。以美国的“硅谷”和英国剑桥科技园区为代表，是世界科技园区的起步、创业阶段，也是基本成功并初步显示其生命力的阶段。这一阶段的主要特点是科技园区的数量比较少，且科技园区主要在发达国家形成和发展，其中美国等发达国家占园区总数的 86%。其间，科技园区尽管数量比较少，但初步形成了各具特色的发展模式和科研成果转化为现实生产力的运行机制，为世界范围内的科技园区的兴起和发展提供了示范。

第二阶段（1981—1990 年），强化集聚阶段。通过研究开发的辐射吸引，使大批科技产业部门聚集到产业区，人才、资金、技术密集度越来越高。主要特点是科技园区发展比较快。这一时期，世界上科技园区蓬勃发展。一些发展中国家也开始建立各自的科技园区。科技园区在全球的分布进一步扩大，但美国等发达国家占园区总数的 80%；科技园区内科技产业的水平不断提高，为各国或地区的科技经济发展和综合国力的提高做出贡献。特别是发达国家的科技园区成为世界的高技术制造中心、研究开发中心，其产业化水平基本上代表了世界的最新和最高水平。科技园区带动本国科技产业发展的示范效应已十分明显。

第三阶段（1991 年至今），成熟发展阶段。科技产业区带已形成，产业经济规模扩大并对市场需求产生重大影响。这一阶段科技园区在发展中国家和地区蓬勃兴起和发展。发展中国家和地区不仅仅依靠廉价劳动力参与竞争，而且纷纷制定相应的优惠政策，调动各方面的积极性，开展技术合作和交流，把科技园区作为本国科技商品化、产业化、国际化的基地。科技创新日益成为科技园区增强竞争力的主导因素，并且在一些高科技产业领域迅速居于世界领先水平。另外，世界科技园区继续呈现出较高的发展速度，且在世界范围内的分布面进一步扩大，但主要还是分布在西方发达国家和地区。科技园区之间的差距较大，这种差距不仅在发达国家与发展中国家之间存在，而且在发达国家之间也存在。

三、发展形态

这些年相继涌现出的大批各具特色的科学园、科学城、孵化器、科技产业园、高新技术产品出口加工区等，如美国硅谷、日本筑波科技城、英国剑桥科学园、爱尔兰国家科技园区、法国索菲亚科技园、印度班加罗尔软件园、中国大陆中关村科技园区、中国台湾新竹工业园等，使全世界的各种类型特技产业园区达到 2000 多个。

总体来看，具有典型意义的科技园区有以下类型：一是以美国硅谷为代表的高技术产业综合体模式，该模式既注重研究开发，又注重产业发展并注意研究开发与产业化发展密切结合，形成产学研一体化创新模式；二是以中国台湾新竹为代表的技术园区模式，虽然重视研究开发，但更重视高技术制造业的发展；三是以日本筑波为代表的科学城模式，主要围绕科学研究进行园区建设与发展。三类科技园区虽然体系、模式不同，并存在一定的差距，但都具有良好的区位条件，形成具有特色的创新网络。主要以智力资源为依托，以及具有发达的交通网络和自然条件，等等。

在这些园区建设过程中，各国园区分类标准也不同（见专栏 12-1）。园区各具特色、形态各异，发展模式、功能定位、用地规模和实际成效等方面差异较大。美国硅谷（SiliconValley）并非一个具有固定范围的工业园，其位于美国加利福尼亚州的旧金山经圣克拉拉至圣何塞近50公里的一条狭长地带，是一种“自下而上”产业集聚、链接驱动的创新发展模式；日本筑波科学园的范围为筑波市域，作为东京的一个卫星城，是由中央政府资助、“自上而下”建设的，以基础科研为主、功能混合发展的国家级研究中心的科学城；英国剑桥科学园为“集中式”的单体小规模园区，占地面积61.5公顷，功能明确、目标单一，以孵化功能为主导，其产业特性决定了园区保持较小规模；中国台湾新竹科学园区是典型的政府主导下建设的科技园区，采用“一区多园”的园区空间发展模式，研发、招商与生产并重。

专栏12–1　科技园区（谷）分类与划分

科技园区有多种划分标准。从管理分类，大体分为自然发展模式、政府管理模式、大学管理模式、公司管理模式、基金会管理模式（见右图所示）；从政府干预程度划分，主要包括政府服务型和政府主导型，或称政府干预型和没有政府干预型（Brucso，1900）两大类。

模式	管理体制	举例
自然发展模式	自然发展，完全由市场推动而成，没有专门的管理机构	美国硅谷、12公路
政府管理模式	由政府设立专门的园区管理机构进行全权管理	日本筑波、韩国大德科学城
大学管理模式	由大学设立专门机构对大学校园内的科学园或孵化器进行管理	英国斯坦福研究园、剑桥科技园
公司管理模式	由各方组成的董事会领导、经理负责的企业管理	印度软件科技园、英国的科技园
基金会管理模式	由政府、企业、银行、大学和其他机构分担义务，共同承担管理职能	法国安蒂波利斯科学园、英国北卡罗来纳三角研究园

按管理体制划分的五种科技园模式

1. 政府服务型。政府是促进高科技园区科技创新体系的形成的服务者和间接的支持者。以美国为例，美国政府以四个方面的行为发挥其作用：（1）科技资源投入与管理；（2）改革科技管理体制；（3）采取措施，促进技术创新；（4）执行产业政策。这是许多发达国家共同的做法。

2. 政府主导型。政府在科技园区的形成中扮演规划者和指导者的角色，这是后发国家和地区建立并发展高科技产业的普遍做法。例如，

> 新加坡裕廊镇管理局（JTC）负责整个新加坡工业园区的规划、开发和管理。经过约30年的开发建设，目前JTC管理的工业园区共33个，占地约4000公顷，进入工业园区的企业约6500家，其中65%为海外企业或合资企业。
>
> 按照国家竞争优势分类，主要分为：
>
> （1）发达国家利用创新优势，建立知识、技术密集为基础的科技产业区或开发区；（2）发展中国家和地区在具有科研、开发基础的地区，利用各种优惠政策，吸收先进技术和资金，研制、加工和生产新技术产品，出口创汇，促进高新技术产业发展的科技园区。前者主要依靠大学、研发机构的创新成果开发、扩散、转移与合作，形成以高科技为主体的内生型科技园区；后者则是在科研条件和产业基础上，依靠优惠政策，采取内引外联的形式，建立高科技产品生产、加工为主体的科技园区。同为科技园区，两者有明显的区别。主要区别在于科技密集度与创新能力以及国际市场竞争力、产品利润率等。

科技产业区称谓各异，但总体上看，主要有以下基本形态（见表12-1）：

1．新技术产业园。是利用孵化器培育创新型、技术密集型企业，使其风险降到最小的组织形式。一般由孵化场地、多种服务设施以及行政、经营管理人员构成。通过风险投资以及孵化器的作用，形成集聚效应，加上外部条件，如基础设施、研究开发、风险资本和社会支持等，形成高科技产业化。

2．科技园区或科技产业带。是自发或半自发形成的高技术产业及科研机构大规模的集结地，是具有较广地域和高技术研究、开发、生产、销售、服务全功能，集科研、服务、销售机构于一体的地带。这类园区以自主创新的科技成果，经风险投资支持，形成产业化和市场化成果，并衍生出科技企业群，逐渐发展为高技术园区或科技产业带。美国硅谷、128公路、明尼苏达城、洛杉矶和英国伦敦西部等属于这种类型。

3．科学园区。主要是指通过原有良好的基础设施、优美的环境和高质量的服务吸引企业和科研机构，以进行工业生产的基地。这类科技园是国家创新体系的重要组成。一般是依靠政府规划或研究公司开展活动，较少有科技公司参与。法国的格勒诺尔科学工业园和韩国大德研究园地，以及美国的华盛顿特区和加拿大多伦多的西瑞丹园区等，都属于这种类型。

4．科学工业园区。它以大学、科研机构为核心，通过多种政策优惠吸引科技企业进入从事研究开发和中间试验，促进企业与大学、研究机构的结合和科技成果的转化，集科学研究、技术开发和产业化于一体。这类园区依靠政府、民间的资本和劳动力投入，将高新技术成果转化为商品，并占据较大的市场份额。园内有两种基本类型：一类是参与国家和国际竞争的技术公司，另一类是参与地方市场的中小技术公司。中国大陆和台湾地区，韩国、日本等园区大都是这种类型，如北京中关村高新技术开发区。

5．高技术产品组装区。它是在出口加工区的基础上，提供优良投资环境和研究环境，以吸引外资、引进先进技术和智力为主，将国外的先进技术转化为本国技术，带动传统产业向高技术产业转化的基地，其高技术产品主要供出口。这类园区处于下游技术层面，主要引进国外技术、生产线、零部件进行低成本、组装式的加工、生产和销售。这类园区名为高技术密集区，实质上是劳动密集型的高技术产品组装加工区。

6．科学城。是以科研机构、大学及其服务机构的聚集地为中心，主要从事基础研究和应用研究，形成以科研、教学、生产、社会管理与服务一体化的新型城市。如苏联的新西伯利亚科学城、日本的筑波科学城等。

7．科技城。是将产学研住结合在一起的以原有地方城市为母城，充分利用母城的各种有利条件，按全新设想建设的，环境优美的、与母城形成整体城市生活圈的新兴卫星城市。如日本熊本技术城、法国里尔技术城和意大利瓦兰扎诺技术城等。

表 12–1　科技产业区基本形态的对比

园区类型	物理形态	主体机构	主要活动	产出目标	运行机制
孵化器	单幢建筑物	孵化器经营者	服务	新企业	从不同部门集中生产要素，分散风险，帮助建立高技术企业
科技工业园	小区	企业、研究所	研究、生产	高科技产品科技成果	以良好的基础设施、环境、服务，吸引资金、人才来园区建立生产和科研机构
高技术地带	地带	企业	生产	高技术产品	在知名大学和国防计划的作用下，推进高技术企业生长、聚集与扩张
科学城	小区或新型城市	研究所、大学	研究	科技成果	通过聚集效应是科研机构集结、对周围地区进行技术辐射
科技城	城市地区	企业、大学、政府	生产、研究、服务	地区经济的振兴	在全面规划之下，以优惠政策和一定技术经济基础，吸引外地人才和大企业，发展本地高技术研究和产业，实现地区振兴

对以上基本形态的比较可见，科技产业区的形态是科技创新与产业竞争的组合结构。换言之，科技产业区发展形态源于以下可变因素决定：国家的技术和地区发展政策，所在地的技术环境，地区当局的作用及其对参加者的动员能力，经济环境和对市场的参与能力，产业区内的生活环境及其对研究、教学人员的吸引力，现代化的通讯设施和交通手段，等等。

以上类型园区也具有一定的兼容关系。科学园区、孵化器是原始创新的基础，是科技园区的组成部分，科学园区也是科学工业园区、高技术产业带、科学城、技术城的组成部分，如硅谷包容了斯坦福研究园、剑桥高技术区包含了剑桥科学园（见表 12–2）。

表 12-2　世界著名科技产业区智力支撑条件一览表

科技产业区	邻近大学	科研机构
硅谷	斯坦福、加州大学等	贝尔实验室等
波士顿 128 公路区	麻省理工学院、哈佛、耶鲁等	林肯试验中心等
北卡三角区	杜克、北卡大学等	林业科学院、国家环境卫生科学研究所、北卡生物技术中心等
奥斯汀	莱斯、得州大学等	
日本筑波科学城	筑波大学	筑波空间中心、高能物理研究所等 22 家
新加坡科学院	国立新加坡大学、新加坡理工大学、南洋理工学院等 5 所	标准和工业研究所
意大利萨斯所罗	玻多格纳大学	
韩国大德科学园区	韩国技术学院等 3 所	国家高级科学技术研究院等 15 所
中国中关村科技园	清华大学、北京大学等高校	中国科学院等
中国台湾地区新竹科技产业区	“清华大学”“交通大学”等	工业技术研究院

同时，它还必须满足两个条件：

科学技术的创新力。根据国内外市场的需求和国际科技发展的前沿，研究开发高新技术及其产品，提供科技产业化的优质、高效的技术转移合作与服务。一般情况，科技产业区是人才竞争与科技创新的发源地，在国内市场具有绝对优势，在国际市场具有干预能力和重要影响。

产业规模和前景。高科技发展的产业化前景是竞争力的重要标准。科技产业区的建立和完善不仅依赖高科技成果的研制开发，更重要的是科技成果能否形成产业经济效益，成为自我积累和自我发展的动力。

如果以上两个条件不能成为组合结构与空间布局的重要因素，科技产业区的形态则无足轻重，并影响园区经济的整体发展。因此，欧洲一些成功的科技产业区，其发展经验曾对以下问题做出过验证：科技产业区经过

10~15 年的成熟阶段才有内部发展的可能；科技产业区成功率与失败率各占 50%；外部发展条件不一定导致产业区的内部发展；只有企业提出新的要求，以及政府和研究机构被充分发动，发展才有成功的可能；一定时期，产业区创造就业机会并不理想，也不能解决当地的所有转产问题；国家对产业区发展的影响举足轻重，但主要取决于制定政策，采取鼓励性措施，进行计划协调等；科技产业区只有取得足够成就，才有可能给予命名；等等。

四、发展趋向

全球科技产业区布局的网络化、多元化，构成了以多中心、多节点的“创新空间网络”。依据高端链接、互动合作的分布模式，整合全球科技、人才等各类资源，提升科技产业区域创新创业能力。源于全球性的科技创新、产业转型与市场竞争，科技产业以高于一般产业的增长速度迅猛发展，其分布结构主要倾斜在科技创新水平高的地区和经济实力强的国家或地区。如硅谷地区的集成电路产量已占整个美国市场的 1/3，苏格兰电子工业中心已成为英国和欧洲电子工业最集中的地区。中关村发挥全球创新网络枢纽作用，促进创新资源开放与流动。2016 年《财富》世界 500 强企业榜单中，有 120 家世界 500 强企业在中关村设立子公司或研发机构。独角兽企业占中国的一半，是全球仅次于硅谷的独角兽最密集区域。在人工智能等方面，中关村人工智能等科技领域已处于全球领先地位（专栏 12–2）。同时，为适应国际市场竞争的挑战，许多国家根据产业转型与市场竞争的需要，集中科研、大学和产业等方面力量，联合开发高科技，推动国家科技经济发展，参与国际市场竞争和互动。不少国家通过创建科技产业区，发展区域科技经济规模，并以市场竞争与战略合作，将科技产业区纳入全球科技经济的网络系统。如欧盟建立了“欧洲创新区域网络”，欧洲国家共有 100 多个地方政府机构参加了该网络。

专栏 12–2　中关村：人工智能产业集聚

《全球人工智能发展报告 2016》显示，全球人工智能企业集中分布在美国、中国、英国等少数国家，三国企业数量占全球总量的近七成。

中国人工智能领域融资规模远高于以色列和印度，仅次于美国，为世界第二高。在人工智能领域，中关村示范区已聚集了近千家人工智能机构，形成了覆盖基础层、技术层、应用层的全产业链集群。

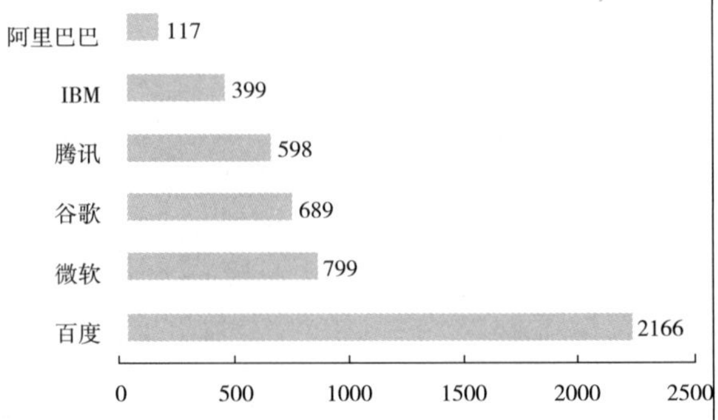

人工智能领域的专利公开数量

中关村人工智能领域的专利申请和期刊论文总量优势突出，语音识别等单元技术层面的专利较为集中。一是全球专利申请占据领先地位，且申请涉及的范围较广。目前，全球人工智能领域的专利数量集中在美国、中国和日本，三国的专利量占到全球的七成左右。而中关村人工智能领域的专利优势明显，占全国的近五成。如百度在人工智能领域公开的专利申请超过 2000 项、申请的国内外智能语音专利已超过 600 项（见上图）。同时，中关村专利优势主要集中在语音识别、文字识别等单元技术方面，专利申请涉及的范围较广。二是人工智能研究走在世界前列，深度学习期刊论文数量居世界第一。根据美国白宫的人工智能报告显示，在深度学习方面，美国的期刊论文数量与增速均落后于中国。

中关村人工智能领域的人才储备领跑全国。目前，随着人工智能的蓬勃发展，全球龙头企业纷纷招揽优秀的人工智能人才，以进一步释放机器计算和机器学习技术的巨大潜能。2016 年，示范区人工智能企业拥有科技活动人员约 1.3 万人，占人工智能从业人员总数的 27.1%。目前，爱思唯尔发布了 2016 年中国高被引学者（Most Cited Chinese Researchers）榜单，结果显示人工智能独占鳌头，该领域拥有具有影响力的学者共计 259 人，占全部入选人数的近两成。其中，中关村以拥有 45 名学者的绝对领先优势领跑全国。从企业层面来看，2016 年百度集聚了 1300 位 AI 领域国际国内顶尖人才，其中大部分集中于百度研究院。

中关村芯片领域有望打破国际垄断多项产品和技术国际领先。以提供基础设施为切入点，逐步打破国际垄断的格局。中关村企业积极开放更多在深度学习、人工智能等方向的技术成果，供全球开发者使用，推动人工智能技术快速普及。科技巨头通过推出算法平台吸引开发者，完成快速的产品迭代、活跃的社区、众多的开发者，从而打造开发者生态，逐步成为行业标准。人工智能催生新一代专用计算芯片，巨头垄断高端芯片的国际格局有望被打破。根据《人工智能影响力报告》显示，在人工智能领域专用芯片排名中，谷歌发布的 TPU 排名第一，而紧随其后的为中科院研发的寒武纪，位居第二，超越了 IBM 研发的 TrueNorth、微软的 XeonPhi 等。

中关村以技术引领的创新型企业日益活跃，多项产品及技术领跑全球。在人工智能支撑技术方面，中科院研发了世界上第一台超越早期经典计算机的光量子计算机，自主研发 10 比特超导量子线路样品，通过发展全局纠缠操作，成功实现了目前世界上最大数目的超导量子比特的纠缠和完整的测量，超越了谷歌 9 个超导量子比特的高精度操纵，并且速度比之前国际同行所有类似实验快了至少 2.4 万倍。在人工智能核心技术方面，深耕算法和通用技术，构建先发优势。如全球自动驾驶算法公开排行榜 KITTI 公布的最新排名，图森互联研发的计算机视觉与深度学习算法在行人检测、道路评估等多个单项一年来持续保持第一的领先位置，超越了英伟达、斯坦福等名企名校。

中关村人工智能应用成熟度、人脸识别准确率全球领先。目前，中关村在视觉识别、语音识别等领域处于国际领先水平，人工智能应用成熟度高于硅谷。在人脸识别领域，据国际权威人脸识别数据库 LFW 发布的名单中，准确率在 99% 以上的企业有 24 家，而中国占据了 17 家，其中中关村有 5 家，超越了硅谷入选企业数量（3 家）；从企业对比来看，百度及中科奥森的人脸识别准确率均达 99.77%，超越了谷歌的 FaceNet（99.63%）。除此之外，自动驾驶也成为竞争最为激烈的领域。CBInsights

公布了“全球44家无人驾驶企业”，其中百度、滴滴等均入选该企业名单，与硅谷实力相当（谷歌和uber入选）。创业企业除直接布局场景应用处理方案外，部分企业采用从深挖技术到拓展应用的发展道路。例如，旷视科技以机器视觉技术为冲破点，深耕先进的人脸辨认、图像辨认技术，进而拓展到行业智能处理方案、智能硬件及智能云服务。

资料来源：《中国开启“人工智能+”大时代》，《创新创业中关村》，2017年7月5日

由此可见，在全球化的竞争中，以互联网产业化，工业智能化，创新一体化为代表，以人工智能，清洁能源，无人控制技术，量子信息技术，虚拟现实以及生物技术为主的全新科技革命为目标，科技产业区的设置已超越空间或地域，不限定于某种形态与模式。不少国家科技产业区采取到欧美建立研发“飞地”的形式，就地研究开发或吸收引进，边学习、边研发、边生产、边销售，成功地立足高端研发把高科技推向市场，使其科技产品在世界贸易总额中的份额持续递增。因此，新产业、新市场竞争趋向对科技产业区的发展规划和目标设计有重要的影响。这种市场趋向既有现实的市场竞争需求，也有潜在的新兴市场需求。根据科技产业区发展的周期，产业区内高科技的研究开发也包括现实市场需求的科技成果，但大多数为潜在的市场需求成果。作为一项影响科技产业竞争的战略，现实市场开拓与新产业空间拓展是潜在市场需求发展的基础。并通过高科技产品在全球化市场活动，形成稳定的市场发展基础，为科技创造力的破坏性能量寻求新的产业替代与发展空间。以持续地研究开发，推进科技成果商品化、产业化，完善科技产业区的支撑条件，构成一种新的产业空间分布范例。这样，一旦潜在科技成果形成产业化，就可以通过持久稳定的市场网络与空间结构，迅速参与市场竞争，抢先占领科技经济的制高点。

科技产业区发展需要具备和完善支撑条件，制订实施规模项目计划，建立新型组织机构。但很重要的是，根据科技商品化、产业化、国际化的发展目标，因地制宜地发展科技产业区，加快以市场为导向的产业结构和产品结构的调整。这样的发展趋向，与闭关自守的科技产业区的目标根本

不同：科技产业区的总体设计面向国内外市场，主要面向国际市场；通过实施重大项目计划及优惠政策形成商品化、产业化基础，而自我积累和自我发展主要依靠科技创新与市场竞争；以现实市场需求的产品效益积累，支持潜在市场需求的科技成果研究开发；技术需要、人才选择、投资结构、环境条件等一切按国际市场接轨标准进行评价和实施；科技产业区与科技、文化、商业、政府建立紧密联系，以新型创新体与全球科技经济网络紧密合作；以共享科技成果，应对产业转型升级的需求，并成为重要的科技创新和市场需求的拉动力。

总之，科技产业区发展趋向是基于创新网络化与经济全球化的新产业空间布局。发展趋向表现为：科技产业经济协作表现在一国或地区内部，但主要表现在全球范围；科技产业经济规模由国内市场决定，但主要由国际市场占有率决定；科技产业经济规模与发展标准，纳入国际化标准；科技产业集团化和区域化不断发展，跨国公司的作用日益扩大；科技产业跨越国界进入国际分工与协作，互惠互利、共同发展，形成全球性经济技术体系。由此可见，科技产业区是经济全球化、创新全球化的链接带和接口区，也是参与全球竞争的科技创新源和产业基地。在进入国际市场后，一国或地区科技产业区的双向结构调整，对国内外市场供求趋向，以及新技术、新产品的研究开发方向，将会产生愈来愈重要的影响和作用。

第二节　科技产业区发展模式

科技产业区创新发展呈现多元化趋势，涌现出大企业孵化、创新中心培育等多种新模式，进一步促进了科技产业化发展，并以双向驱动，加快传统模式与体制的转换，进而促使区域科技经济迅速参与国际对接与竞争。

一、发展原则

确立科技产业区发展模式，需要确立若干基本原则及制约因素：

1. 系统原则。把科技产业区作为参与全球竞争的重要组成，并纳入国际科技经济合作体系，以国内外创新发展合作以及产业转型与结构互补，充分发挥产业区的系统功能。

2. 开放原则。科技产业区以发展创新型经济为主要支撑点。以国际市场空间为基础，建立具有全球产业分工水平和国际科技经济环境的高端制造基地。

3. 协调原则。科技产业区将以体制、政策、结构和运行机制等发展要素的协调组合，获得双向开放和转型发展。以协调发展为基础的模式结构，将使产业区、开放城市和开放区域保持有机的统一。

4. 转型原则。通过科技产业区的“转换器”作用，实现国内外市场机制的双向交流与兼容，进而实现以市场规律和国际惯例为基础的目标转型及复合发展。具体包括：科技转型、功能转型、体制转型、产业结构转型等。

同时，还要考虑三个基本的制约因素：

1. 生产力发展水平。即科技产业区以及依托城市及开放区的生产力水平、科技发展能力、产业发展基础等，它是决定产业区发展模式及运行机制的基础。

2. 生产关系性质。它规定了科技产业区具有的社会经济性质，以及对转型发展模式的形成与发展所能起到的影响和作用。

3. 基本国情。这是制约区域发展模式的可行性区间。这些制约因素构成了科技产业区发展模式的“选择域”，并以事实证实，科技产业区发展的参照系不是唯一模式和标准。任何结构优化的发展模式只能作为某种参考，但决不可能离开“选择域”成为相去甚远的框架体系。因此，不能只对某一科技产业区发展模式简单模仿和照搬硬套。国内外科技产业区模式适应于本国的发展“选择域”，同时也存在着不足和缺陷。任何一个发展模式原封不动地移植本地，就可能水土不服。

基于以上基本原则及制约因素，科技产业区发展模式建立，要实现必要的坚持、兼容和组合。

坚持现实与未来的发展。科技产业区发展必须在现实条件下，依据一国一地发展战略，确定园区发展的规模、性质和方向。同时，着眼于未来的发展，规划产业区的城市功能、产业结构、生产布局以及创新发展形态和模式。由于发展模式的长期化性质，除充分考虑到现实基础条件对未来发展的演变过程，还需要确定目标模式在演变过程中处以的相对状态，以及未来发展体制结构和运行方式等。

坚持区间与内外的协调发展。科技产业区与城市、区域的创新发展，应当建立在整体协调发展的基础上。这不仅要依托城市或区域的产业比较优势和科技资源优势，同时还要在统一规划的基础上，实现区域产业水平分工、布局优化以及创新发展“前店后厂”的统一配置格局。作为参与全球竞争的“转换器”，还要根据国际惯例和标准，对科技产业区和依托城市提供一系列规范、标准和程序，并运用调控机制的优势，带动科技结构调整和产业转型升级。

坚持高科技先导与科技经济发展。科技产业区必须坚持最终以高科技为先导的发展模式和目标。把初期高科技项目条件主要依据国内市场，逐步过渡到以国内外市场作为发展的目标。建立起以科技产业为支持体系的科技智密区和高端制造区。科技产业区将以金融、商贸先行的投融资能力和依托国内科研力量，发展高新科技产业和产品，增加产业扩张的自我积累，进而实现科技经济、内外经济的双向联动。

坚持经济效益与生态工程的结合。科技产业区的建设发展，还需要坚持按区域自然条件与自然生态资源结构，建立合理的产业布局和产业部门结构，发展科技密集度高、能耗低、污染小的新兴产业，以政策法律约束及定向调控为基础协调区域产业关系和布局，实现人口、资源、生态环境与产业发展的合理配置，使科技产业区成为经济社会科技协调发展，人口、资源、生态综合平衡的经济共同体系。

坚持统一规划与直接管理或间接管理原则。科技产业区建设需以区域整体规划为基础，统一政策、统一体制、科学管理。为保证产业区发展规划的实施，需坚持总量控制、微观自主的原则，政府通过抓环境、上基础、搞协调，实现政府的职能转变。通过下放审批权、规划权和收入权，实现对企业的间接管理。

二、模式分类

世界科技产业园区发展模式因地制宜，不尽相同。从发展优势的角度来分，可划分为优势主导型、优势导入型和优势综合发展型；从形成过程来看，可划分为自发型、政府计划型和混合型；从投资主体的角度来看，可划分为政府投资型、民间投资型和混合经济型；从经济活动的表现特征来划分，又可划分为外向型、内向型以及兼有内向型和外向型特征的双向型；从学科角度来划分，可分为单一专业型、多学科综合型两类；从管理体制来划分，可分为政府部门管理型、学校或民间非盈利机构管理型和政府、大学、企业组成联合机构管理型。

归结起来，可以分为以下类型：

1. 主导模式。这种模式大多见于发达国家，是以一个地区具有的比较优势（包括工业技术、学科专业、智力资源、地理位置、投资环境、禀赋资源等）为主导的发展模式。如美国 1–270 高技术走廊主要依托联邦政府研究机构及生物和信息技术，犹他大学研究园即“仿生谷”依托的是犹他大学医学研究优势。此外，德国布伦瑞克生物科学园、法国梅斯 2000 科技园、中国深圳高新技术产业园区（投资环境优势）等都属此类发展模式。

2. 导入模式。这种模式源于该地区优势不突出，科技资源、工业技术基础相对薄弱，或原有传统产业失去优势、面临困境而改弦易辙，通过创造条件谋取未来的优势。如法国索菲亚·安蒂波利斯科学城是一个旅游胜地，原有的科技、工业技术基础几乎是空白，只有一所大学，最后发展成为发展高技术集聚区；日本“硅岛”九州岛是在煤矿业陷入困境，经过产业转型发展高技术而形成的；此外美国硅谷、“英国格兰硅谷”均属此类发展模式。

3. 综合发展模式。是综合利用本地区的多种资源优势（资源、科技、产业、学科、人才、环境等优势）谋求发展的模式。如法国法兰西岛科学城、美国费城大学和 128 号公路，英国的 M4 号公路走廊、日本技术城等均属这类模式。

我国科技产业区大体分为三类模式：

1. 以知识智力资源为主体的科技密集型科技产业区，主要依靠大学、研究机构的科技力量建设科技产业区。如北京中关村、上海张江科技园、武汉光谷等科技产业区。

2. 以政策倾斜和优惠为背景的科技产业区，大都设在沿海开放城市，利用特殊的政策环境和地理位置，吸引国内外人才、技术、资金发展科技产业。如深圳、大连、青岛等城市的科技产业区。

3．以工业技术基础为支持点的科技产业区，主要以大工业技术条件和邻近科研院所为依托，发展科技产业区。如我国的沈阳、重庆等科技产业区。

以上不同发展模式，较为成功的园区大多因地制宜或特立独行。“照猫画虎”的园区发展模式往往行不畅、走不通。需要结合本国禀赋资源优势与科技经济发展的实际，全面整合园区科技经济资源，以形成适宜全球化、本土化创新优势与资源特色的园区发展模式。

三、系统框架

构成符合一国或一地资源禀赋优势的发展模式与系统结构，对科技产业园区发展具有重要意义。与发达国家不同的是，新兴国家或转型国家的科技产业区发展模式具有一定的特殊性，一般框架体系呈现出系统开放及集群结构等特征。

首先，科技产业区发展将创新战略与转型政策置于优先的地位，使之成为整个区域发展与系统设计的核心。在初期发展阶段，科技产业区资本投入有限，发展战略与政策效应尤其突出。除了通过“特殊”的政策激励和战略引导，加快引进国内外科技、资金、人才，推进创新资源整合，还运用创新驱动和政策激励，促使科技产业区以全球创新及市场变化的产业结构、产品结构、生产要素进行转型重组。在实现科技与经济与社会紧密结合的基础上，实现园区知识密集、人才密集、信息密集、资金密集和服务密集，形成运行机制的协调统一。

此外，科技产业区的系统结构还包括：人员结构、科技转移、文化教育等要素，资源开发利用的合理性，科技产业集群生态，金融、外贸、税收等政策，生产率分配关系，政治、经济、能源与市场等（见图 12–1）。

从系统结构中可见，科技产业区发展战略与政策是以全球科技创新与需求空间为取向，区域产业转型升级为保证，进而参与全球性市场竞争。科技产业区的发展目标就在于，通过科技产业区的系统功能，建立起具有区域规模的创新、投资、生产制造、产品流通的科技产业集群带，从而有效地满足国内外市场空间各类产品和劳务的需求，促进本国产业结构、产品结构、技术结构、市场结构的合理调整。

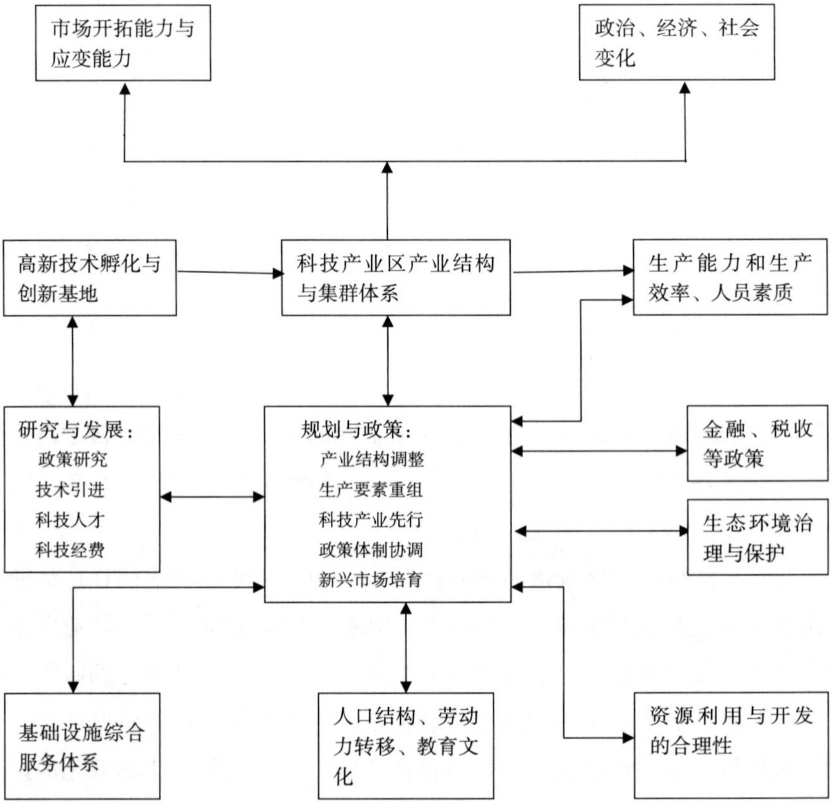

图 12–1　科技产业区发展模式的框架体系

进一步地分解，科技产业区在区域比较优势的基础上，建立起适宜园区发展的系统框架体系（见图 12–2）。这一分解过程，大体上可以归为三个阶段：

阶段一：充分利用科技产业区特殊政策和依托城市及腹地的资源优势、产业比较优势及公共设施和服务设施，实施双向发展模式。一般是以创新研发平台、高新技术产业群或中试基地作为“生长点”，以港区、铁路和通讯网络为基础，以金融、贸易、风险投资为融资手段，建立起科技创新中心、金融中心、管理中心和加工生产基地。这一阶段需要提高双向开放度，加大政策措施及其应用，将完善投资（市场）环境和满足竞争条件作为发展的基础条件。

阶段二：以科技产业区政策倾斜、融资能力及科技资源的开发，建立科技密集带和科技产业体系。新区产业将逐步由制造业的装配化、加工化和工厂化，向创新网络化与高端制造的一体化方向发展。适用性的高新技术产品逐步成为出口创汇的主导产品，新兴产业空间密度将不断递增，系统管理、产业结构、创新发展、规模经济成为园区效益的基础。这一阶段，为实现科技产业区投资需求和产业结构合理配置，在对依托城市资源和加工能力统一调配下，实行区内知识创新、软件设计，依托城市链接配套、硬件处理的合作方式，将部分先进装配加工工艺技术向周边地区转移，以支持依托城市或地区产业改造和发展的能力，不断提升产业区研究开发能力和产品创新水平。同时，以网络化的城市创新及科技企业战略转型，培育新的科技原动力与产业生长点。

阶段三：进入产业技术结构高级化的阶段。科技产业区已具备全球化竞争的基本条件。科技产业区的产业结构、科技结构、人才结构、园区功能等方面突出了全球化特征。以新科技为先导，以全球科技经济链接、合作和互动的产业发展形式，加速了园区产业的网络化、集聚性发展。科技产业园区的产品、技术和资金将进入世界不同区域的共同市场，并纳入全球或区域性创新共同体，依托所在城市和科技经济腹地，逐渐构成“前店后厂”、“产、学、研、资、介”合作的产业发展格局。

如上所述，随着科技产业区进入网络化、全球化进程，在一定程度上消减了区域双重体制和运行机制的僵持状态。通过建立起与全球科技经济互动与竞争相适应的发展模式和运行机制，推动科技产业区成为创新驱动与转型发展的“转换器”和中介通道，进而实现了参与全球科技经济竞争，带动区域产业转型发展的战略目标。从图 12-2 可见，科技产业区一方面按照基础先行理论，以金融、研发、生产及城市基础为先行条件，建立科技产业区的区域功能体系。同时，依托面向全球创新资源的园区先行先试政策，调集科技产业经济资源优势，建立和完善科技产业与市场对接的创新共同体。具体采取建立高新技术研发、孵化、中试、生产基地，以中试基地为科技——生产的转换基础，研发或引进先进科技成果，形成科技产业区的主导产业，并将中试后的成熟技术转移到城市圈及相关产业，推进科技产业集群链的形成。

采取上述方式，能够把科技产业区生产力的扩张与区域产业集聚的生产能力有效地结合起来，又可以将孵化器、中试基地的科技成果反馈到区域产业群体，加快产业转型与结构调整，促进区域科技产业集聚与合理重组。与“孤岛型”科技产业区发展模式相比，这一模式有以下特点：一是科技产业区与区域发展层次相互关联、互相依托，形成联动；二是以现有资源、技术和产业群体为基础，提高了科技产业区的科技转移效率和溢出效益；三是以科技产业参与全球市场竞争，增加创汇效益，扩大市场规模；四是科技产业聚集到一定程度后，要素扩散将带动周边地区的科技产业，从而有力地促进了地区经济的发展。通过科技转移、出口创汇，推动科技产业的规模经济发展，改造传统的产业结构，促进区域多层次的科技产业转型发展。

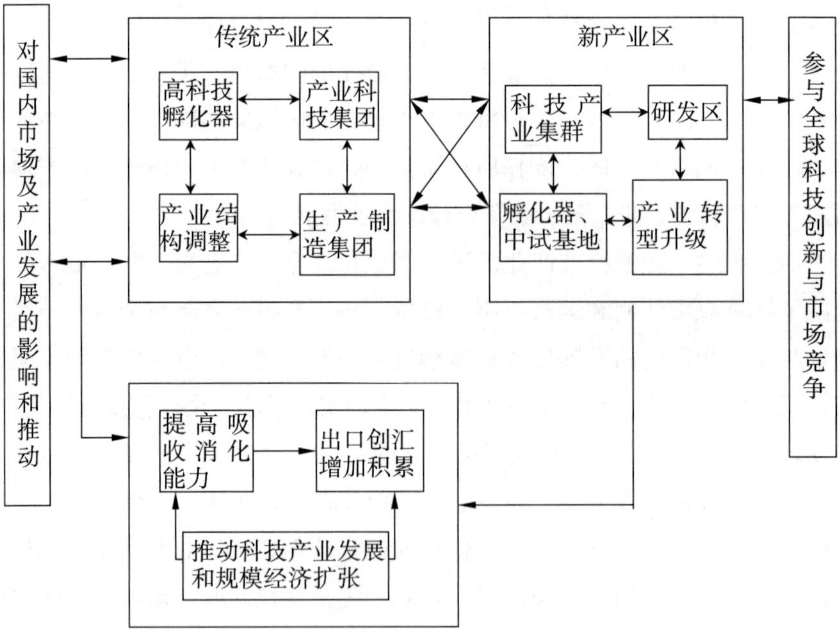

图 12-2　科技产业区互动发展与双向结构模式

科技产业区发展模式与运行机制在兼容比较优势及禀赋资源的基础上，

按照全球市场竞争的需求，建立起市场直接发生作用的价格、利率、竞争、供求和风险机制。同时完善区域内市场机制，运用政策、法规和财政、金融手段以及政府行为，对产业区经济活动加以调控和指导。在科技产业区进入全球化竞争环境后，政府除对信贷计划、立项、土地审批、交通、通讯等基础设施直接控制和管理外，对科技产业区内市场一般采取参数协调的发展模式。即科技产业区价格和利率等市场信号都来自全球市场供求关系变动和制约。国家除掌握规划权、审批权、立项权以及建立宏观预测、指标评价体系等调控手段，并不直接规定和干预企业，而是根据全球市场变动要求，通过市场参数调节，促使产业结构在市场活动中发生内部机理变换，最终输出全球市场需求的各种信号，对科技产业区创新重点和产业结构进行调整。这里，充分发挥宏观调控机制的作用是必要的。运用宏观机制调控、市场参数调节以及间接调控等功能，保证全球市场参数按需求调节。不仅对科技产业结构、产品结构、技术结构加以整体协调，还可以诱导科技企业做出符合科技创新目标要求的决策。在科技企业通过参数协调市场，参与全球互动与竞争的同时，对城市和区域创新表现出自发的中介调节作用。通过反馈全球市场竞争信息，将信息传递到城市产业群，直接或间接影响科技企业的市场环境，并给出若干动态约束条件。这样，科技产业区通过区域发展的特殊环境和条件，为依托城市的科技企业转型升级、参与全球市场竞争提供了“通道”，使园区科技企业进一步趋于全球化和现代化。

第三节　科技产业区发展机制

发展机制是实现科技产业区发展的关键。科技产业区发展机制是一个系统有机的整体，它主要基于若干要素，由相关机制构成，并随着机制瓶颈与发展短板的破除，趋向多元一体。

一、机制要素

机制要素是指机体内制约相互联系和作用关系及其功能的构成要素。科技产业区发展机制涉及“软”“硬”要素构成。“软要素”包括战略、政策、体制、管理等要素构成，相关要素包括以下方面：

1．系统整合

实现创新资源聚合，要加速科技产业区创新战略、体制、政策与系统整合，促进创新人才、资金等资源聚集；实现创新供应链、产业链、产品链专业化连接；优化科技园区、孵化器、创新企业系统配置，带动研发、产业与服务链的合理布局；建立完善企业研发机构的环境与制度，提高企业自主创新能力。通过推进开放式产学研合作，推动技术扩散，发挥企业研发机构在区域创新体系的作用；通过深化科技体制改革，完善科技政策，发展风险投资，健全科技服务体系，促进科技成果产业化发展。

2．行为错位

避免政府行为与市场行为的错位，使政府在科技产业区创新活动中“有所为有所不为”。主要表现在以下方面：委托中介机构对风险投资的市场运作以及对产业创新给予重点扶持；利用政策工具对创新环境的培育以及政府职能转变对创新企业效率、效益施加影响；通过政策环境的改善和政策集成的作用，形成政策资源共享和创新发展环境。

3．开放网络

一国对外程度越高，外部创新资源对实现创新目标的意义就越重要。在封闭状态下，实现创新活动仅限于内部均衡和配置。进入开放状态，实现创新资源网络化、全球化，科技产业区创新成效不仅取决于内部创新资源的整合，而且还取决于外部产学研活动中各种创新资源流量及其调整。同时，要大力引进国内外企业、研究机构、大学的产品设计和开发机构、中介和咨询部门、销售和投资部门，积极吸引国际组织以及各国及各类科技、经济、文化、咨询组织，加快建立创新网络。

4．创新调控

通过“抓小放大”，培育科技产业区创新主体和新经济增长点，即将科技型小企业作为创新主要群体，加快科技型小企业的发展。鼓励大型企业依托小企业进行创新，避免大型企业包揽研发与创新以便减少创新风险，提高风险投资效率。同时，鼓励大型企业建立面向中小企业创新的投融资平台。根据企业的创新障碍因素不同，提出分类指导的政策原则：对于将预期回收投资风险视为创新主要障碍的企业，采取以政府资助、持股的风险投资公司或与国外风险投资公司的合资合作，对企业创新和新产品开发给予支持，化解企业的创新风险，增强企业的创新能力；对于研发资金短缺的中小企业可鼓励以新技术、新产品为抵押或投资公司担保，出台有关扶持中小科技型企业创新的政策措施。

5. 有效政策

科技产业区向 R&D 活动直接提供政府资金从而施加影响的方式，主要采取间接方式，如税收、政策、标准、采购等。但在全球化竞争的环境下，实现上述政策还需要在研究、标准、贸易、政策、知识产权、隐私权、安全、法律体制和税收等方面进行国际与国内的政策协调。这些政策协调的本身将提供一个良好的环境，间接的政策工具可以刺激民营企业向研究开发部门投资，建立和完善产学研资介结合和企业科技开发资源共享体系，促进企业成为科技创新产权多元化主体。

6. 一体管理

充分利用市场融资机制和政府财政调控的作用，多层次、多渠道地增加科技创新投入；提供可靠的法律环境和投入保障，间接或迂回地增加创新热情和创新能力，提高创新环境的经济和社会效益。通过将两种力量交织在一起，健全创新的法规秩序，制定科技促进经济和创新协作规范；加快创新立法，充分发挥法规对完善创新体系的引导、促进与保障作用。同时，在科技产业区制定和出台地方性法规，以政策措施及政府、企业、社会等职责调整和角色换位，使创新活动纳入法制管理的轨道。

7. 服务建设

围绕全球科技产业发展趋势及动态变化，研究国内外科技产业竞争与发展，定期提出分析报告，为科学决策服务。在科技创新、科技改造与产业结构的调整方面，科技产业区要同步规划、同步实施，建立专家评估制度和关键项目库。根据评估等级作为创新资金的支持力度，政府运用采购手段，引导企业将科技引进和技术改造资金的一部分投入科技创新领域。同时，完善创新网络系统，加快系统创新流量，便捷研究机构—大学—企业—政府之间在创新活动中的联系与沟通。

关于“硬要素”，主要包括投资、基础设施、人才资源等。相关要素有以下方面：

1. 投融资

投融资是科技园区创新发展的重要因素。融资渠道：（1）政府投资，主要用于科技园区基础设施和研究设施的建设、基础研究、政府计划项目等。包括：直接投资，即政府通过预算拨款投资于园区基础设施，或以专项拨款支持某项技术开发；间接投资，即政府通过实行一系列间接手段来支持科技园区的发展，如合同采购、发放低息贷款、补贴和奖励、发行债券、发展基金、风险投资等。（2）民间资金，主要来源于大公司、私人银行、保险公司、个人、大学及慈善事业基金等。（3）国外投资。外资是发展中国家和地区科技园区的重要资金来源。发展中国家和地区主要通过吸引外资建设科技园区，主要渠道包括直接投资和银行贷款。同时引进先进技术和设备。发达国家为了进入对方市场，设立观察点，监视对方高技术发展动向，并在对方的科技园区投资。同时，有些发展中国家和地区进入发达国家的科技园区，建立研究所、实验室、研发公司，借助当地的优良环境和智力资源，获取技术秘密。此外，风险投资也是科技园区的一种筹资渠道。其资金来源主要是国家政策性补贴、银行低息或无息贷款、风险投资公司的投资、风险企业创办者自身的资金、各种资助、引进外资等。

2. 要素流动

生产要素在科技园区之间或不同部门之间自由地流动，称之为“要素流动”。实际上，是指发展要素在科技产业区内外之间的空间位移。主要通过要素在区内与跨域的优化配置，形成具有比较优势的科技创新领域和人才发展空间。要素流动的人才流动或集聚，对科技产业集聚发展的影响较大。人才等要素的流动实际上带动了“人财物技”的流动。掌握核心技术与无形知识的人才流动，尤其是具有知识产权的科技人才和高级管理人才的空间流动，促进了资本和有形技术在区域的快速流动，并形成了要素流动的比较优势。随着专业性技术人才向科技产业园区集聚，科技园区创新资源不断分化，进一步刺激创新人才向高科技、高回报率的部门流动。由于科技园的高技术特性，资本、人才和技术的流动较一般区域要快许多，具有超流动性特征。在要素流动机制中，人才流动机制成为科技产业区要素流动机制的重要课题。因此，世界上科技园区在报酬机制上一般均采取有效的激励方式，普遍采取股权型报酬，包括奖励股份和授予股票期权等，以及园区外向园区内流动和科技园区内部之间的流动等。

二、机制转型

网络化、全球化，加速推进了科技产业园区的机制转型。通过“产、学、研、资、介”相互作用，全面对接市场需求与创新研发。以打通科技产业化链接通道，集成优势资源，实现规模化生产，完成科技成果的增值，再以收益反哺原始创新，形成全链条良性循环。以便实现科技成果资本化的裂变式发展，获得可持续发展的创新动力。这意味着，“产、学、研”断链的运行机制及要素构成，已经不适应大数据、网络化的创新平台建设及科技产业区布局。实施六位一体、链接配套、多元协调的机制转型发展，成为科技产业园区的发展要素（见专栏 12–3）。

专栏 12–3　科技园区转型：六位一体机制

六位一体机制，是对“产、学、研”链接短板的填补及延展，是对“府、产、学、研、资、介”一体化运行的概括。所谓六位一体的科技园区创新机制，是一种企业、高校、科研机构、科技中介、投融资机构和政府之间的系统创新与协调发展机制，它通过引入系统创新的理论观点，由“产、学、研”的合作链接延展而来，实现科技合作、技术创新、科技成果转化及产业化、科技人才积聚和培养，科技园区资源整合与共享。与传统的产学研合作理论相比，它更加突出了“六位一体”协调发展、相互促进的重要性。六位一体不再是孤立的元素，而是你中有我、我中有你、各要素休戚相关的利益共同体。

资料来源：隋映辉等：《基于“六位一体”的园区创新机制》，《科学与管理》，2014（5）

“府、产、学、研、资、介”六位一体的园区创新机制，是市场推动为主，政府引导为辅，中介机构和金融机构充分参与的系统创新模式。科技成果只有转化成产品和服务，并形成产业化的规模，才能真正地拉动地区的经济增长，同时形成有价值的知识积累。因此六位一体创新机制的运作应该起始于市场需求的引领。这里的市场需求是一个广义的概念，既包括现有的需求，也包括潜在的市场需求。六位一体的创新机制与市场的需求，通过良好的互动反馈机制，来提高园区的快速响应能力。同时，要求创新系统的创新主体的企业、科研院所打破彼此的障碍，以多种形式（合作办学、共建研究平台、结成产业联盟等），在多个层面合作，加快系统内的知识流动。在这一过程中，并不是只局限于园区内部的知识交流，地区与地区之间、国与国之间相关联的科技集群的知识流动同样重要。系统不是闭塞的，而是互动交流与包容开放的。

从图 12-3 所示，在这个系统的内部，科研中介机构与金融机构要充分参与到创新之中，科技中介可以是官方或民间的，可以是营利性组织，也可以是公益性组织，多种形式的存在，与企业、科研院所、政府、金融机构等形成一对多、多对多不同层次的链接服务体系，创新中介服务的形式与内容，打通知识成果产业化的每个障碍。金融机构要根据地区特色，不断创新金融产品和服务，构建多层次、多元化的投融资体系，为园区科技成果的转化提供必要的资金支持。在六位一体的园区创新机制下，政府依然发挥着不可替代的作用。市场推动是主动力，政府引导是辅动力，两者缺一不可。政府要根据自身条件提供符合实际的政策支持、法律规范，保障企业、科研院所、中介、金融机构的利益分配，加快科技园区的创新环境建设，努力形成各主体相互竞争，相互合作的创新文化氛围，树立园区科技创新的文化形象，增强对系统外的人才、资金、中介等资源的吸引力。

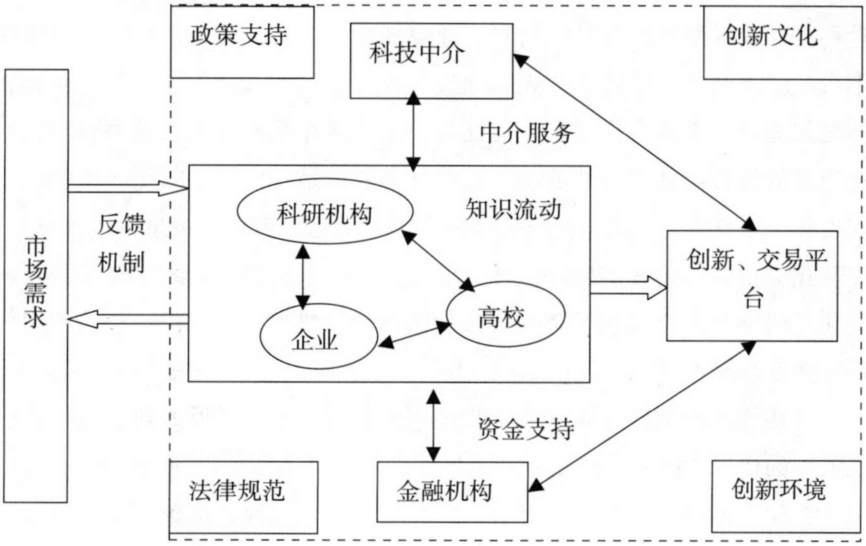

图 12-3 科技产业园区六位一体转型机制

第四节 科技产业区发展环境

关于科技产业区发展环境，所涉领域甚广。学术界也有过多种解释和观点。迄今为止，各种观点大多数集中在软硬环境的结合点上。这些观点证明，科技产业区发展需要一种特殊的环境。

一、环境基础

相关文献认为，科技产业区的发展环境主要取决于资源、资金、技术和人才。但如果把科技产业区发展置于大数据、网络化、全球化的背景下，就会发现那种局限性、断链式的环境解读显然不够完善。以往数十年研究实践的总结，政府不仅重视构建和提供高效的运输系统、保障性住房、高质量的公共设施、良好的学校环境、理想的工作地点、优美的生活场所以及投资于创造性公共基础设施，而且更意识到教育水平、政治稳定性、知识产权体系的管理水平、市场开放程度、市场竞争性以及体制机制、地方文化的独特品质、富有创造力的群体、网络化的竞争环境对于园区发展的重要意义。从广义上讲，基于新科技革命下网络化、全球化的开放式竞争是科技产业区发展的基础。科技产业发展趋向全球化竞争，科技产业区就不得不纳入全球科技经济体系，通过技术、信息、人才等资源共享，建立与之相适应的全球合作规范，促使科技产业区在基础设施、智力资源、产业布局等符合全球竞争的要求。这些基本要求是：依托创新型城市和经济实力和全球竞争力；适应全球竞争的通讯、交通、教育、信息等优势条件；全球化的投资结构和国内外人才资源的紧密联系；独特的人文环境和创新文化；研究开发与市场经济运行机制的结合；建立符合法律、司法和规章制度体系；等等。

这些从不同角度与全球竞争相适应的基本要求，强调高科技对于产业区发展的作用，而且突出强调在全球竞争的环境条件下，环境模式与开放、竞争框架下的科技、经济、社会、文化等联系在一起，形成了新的科技经济组合结构。这一组合结构体系由各种互补性政策组成，主要包括：

1．国家政策。国家在科技产业区发展过程中的干预、保护以及促进政策，如对文化教育卫生等社会环境政策，建立规章制度和法制等基础设施政策，资金支持和融通政策、技术、人才等资源政策，以及提供稳定的工业经济基础等政策。国家政策是政府调控的手段，经验证明，发展科技产业区，需要汇聚各方资源，加强研发投入，保护知识产权等，没有政府的适当调控和支持是困难的。

2．企业政策。科技产业区的企业竞争是促进科技创新与成果商品化、产业化的关键因素。发达国家科技产业区发展都是通过将科技企业推向全球竞争来建立竞争优势的。企业政策的保护性措施就是为科技企业创造创新环境，促进人才（包括企业家和技术人才）的集中，更好地为科技企业提供资金，包括在转型发展阶段提供研发资金，鼓励金融资本更加关注小型科技创业公司等。通过科技企业在全球的竞争，建立科技产业区的市场竞争机制。

3．全球政策。技术贸易的全球化是科技产业区发展环境的重要条件。为实现新一代革命性科技产品的商业化与产业化发展，通过劳务、资本、技术和产品的贸易，带动科技产业转型合作和创新资源交流，推动科技产业区研究开发的科技转移机制的建立。

可见，以科技创新、产业转型为导向的科技产业区政策体系，是一种“市场、技术、贸易、智力”一体化、结构性的环境体系。它们相互作用、关系互补，以形成知识创造和孕育创新能力、产业化和规模经济能力、国际化和参与全球竞争能力。可以看出，寻求科技产业区的环境模式，改善科技经济的支持条件，最为关键的是基于大数据、网络化，实现科技产业经济与市场需求的有效对接，加快建立科技、贸易、市场一体化的产业体系，否则虽然具备资金、资源、人才和技术支持的环境条件，但科技产业区仍然有可能纳入“孤岛型”的发展环境。在有限的技术、市场与生产空间范围内，很难发挥区域内技术结构、产品结构调整的作用，因而也难以使科技产业形成规模，打入全球市场。

二、环境条件

发展环境最基本的条件是指政治、经济、社会、科技等系统优化组合的综合条件。

1. 政治环境。稳定的政治环境是科技产业区发展的重要条件。政治环境不仅关系到投资者的信心、知识权益的保障以及收益原则等，而且关系到政局是否稳定，政策法规是否多变等问题。所以，科技产业区的政治生态环境主要表现在政策的稳定性。如果政策不能持续稳定，朝令夕改或随政治气候发生变化，就必然影响科技产业的可持续发展。历史证实，一些国家能够大量吸收外资，与政局相对稳定有直接的关系。而 1979 年和 1980 年期间，韩国外资急剧下降，也出于国内政局动乱等原因。因此，需要对政策运行过程的四个因素给予高度重视，即利益集团因素、政治周期因素、官僚主义因素、政治与政策因素。通过对各种因素的统筹解决，寻求政策的发展重点，以保证政策的连续性、稳定性和有效性。

2. 经济环境。经济环境与产业区发展的资金、产业结构、工业基础以及市场经济条件有密切的关系，也与整个国家和地区经济增长速度、物价稳定因素等有密切的关系。由于科技产业具有投资大、风险高和变化快的特点，就科技产业区发展而言，市场经济优越、经济增长快的地区对科技企业具有更大的吸引力，它们希望通过区域经济增长的带动，分享快速增长的成果，减少创新发展的风险，并有利于科技成果的商品化与产业化。这不仅有利于平等竞争、优胜劣汰，促进科技产业迅速发展，同时，这种竞争有利于科技产业区资源的合理配置。作为外向型科技产业区，经济环境除了受到国内宏观政策等方面的影响，还受到全球贸易增长、发达国家政策、全球货币市场状况以及能源等方面的影响。这些外部因素通常会给科技产业区发展带来不稳定性。

3. 社会环境。社会环境是以社会发展政策与发展结构为基础的环境系统。包括社会人才价值、生活质量、基础设施和综合服务条件以及文化教育等发达的程度。社会环境具备一种产业科技的创新动力。良好的社会环境为创新发展和人才的聚集提供了重要的条件。在发达国家的一些科技产业区，社会环境是竞争优势。优越的居住环境质量、便利的交通和购物设施、有效运转的行政系统以及优美的自然风光，都为人才的引进和科技成果的研究开发奠定了良好的基础。

4. 科技环境。主要是指政府对科技产业区科技创新的政策环境。科技产业发展的政策包括政府支持的研究开发项目、面向市场经济运行的机制与体制、知识产权与专利保护、资金投入结构以及税收政策、风险投资基金政策等。

上述发展环境在科技产业区建设中是一个有机系统的组合。科技产业发展环境，不仅需要完善的科技、社会、经济环境，还要充分重视政治环境的改善。同时包括学科交叉聚合、创新成果商业化、包容性的试错氛围以及人才等要素的优化配置等。通过综合环境条件的改善，形成有利于创新发展的科技产业区环境，才能实现区域政治、社会、经济、科技的协调发展。因此，科技产业区一方面要按照国际标准完善环境条件，建立统一协调的发展环境体系，另一方面从国情出发，以智力密集和开放环境条件为基础，实施优惠政策和各项措施，因地制宜地发展和健全有利于科技产业发展的硬软环境。从全球发展背景和基本国情的两个结合上，形成适合本国国情、具有地方特色的创新发展氛围。

三、环境评估

科技产业区形态是基于科技创新与市场竞争的系统组合。科技产业区发展环境是否优良，一般由若干评估指标决定。

1．国家科技政策和地区产业政策。国家或地区在该地区的特殊研究开发政策和产业转移的鼓励政策，是形成科技产业区和创新环境氛围的重要因素。在许多国家，科技政策和产业政策是科技产业区发展环境的重要标志。这些政策与创新政策、人才政策、财政税收、风险投资、投资回报等有密切的关系。

2．所在地区的地理环境、生活环境等。特殊的地理位置、交通枢纽和生活环境是科技产业区评估的重要因素。这些因素的考虑包括与邻国或地区的产业链接配套、科技成果转移、出口运输便捷等因素，同时，还要考虑园区产品、技术对本国的供应与服务等。

3．政府作用及对外吸引能力。政府是科技产业区建设以及吸引外商投资的重要力量。清正廉洁、务实高效的服务型政府，往往对吸引外商投资具有信誉担保作用，在科技产业区建设的阶段性发展中处于关键地位。

4．市场需求及参与竞争能力。国内外市场需求及竞争是科技产业区形成的原因之一。也是跨国公司在全球市场的战略配置，及其零部件配套企业、服务中介群进入园区的主要因素。具有市场需求发展潜力的地区也往往是形成科技产业集聚的地区。

5．提供研究开发、培训能力和其他服务的能力。研发、培训、法律、通讯设施和交通便捷等服务设施及服务能力是科技产业区发展的基础条件，没有这些基础服务条件，就会影响科技企业及供应商在园区的聚集。

与此同时，作为具有资源配置能力的科技产业区，它还必须满足三个条件：

1．科技创新及产业化能力。根据国内外市场需求和全球科技发展的前沿，能够集中资源、人才、科技和环境优势，实时追踪研究、开发高科技成果及其产品，提供科技产业需要的优质有效的科技转移、产业合作与服务配套，加快实现科技产业的网络体系，并成为创新成果扩散和科技产业转移的“能量带”和内源地。

2．具有产业经济规模和市场发展潜力。科技产业化的市场发展潜力是竞争力的主要指标之一。硅谷的建立不仅依赖高科技成果的研究开发，更重要的是科技成果能否实现产业化，形成产业经济规模和实际效益，成为自我积累、良性循环的动力。其中，以高度创新的方式形成的产业价值链和不断递增的利润回报率，是体现科技产业升级和结构调整、战略配置能力的重要内容。

3. 建立“府、产、学、研、资、介”协调发展机制。科技产业区发展是政府战略与政策与大学、科研机构和企业之间在资源共享、互为补充基础上的产物。因而科技产业区发展更需要与企业、大学和科研机构等系统相互支持和协调发展。政府提供强有力的倾斜政策，促进研究开发与产业界的联合，使基础研究、应用研究、试制推广等各个环节相互衔接，加快科技成果的商品化、产业化过程，促进科技产业参与市场竞争。

与一般开发区环境评估指标体系不同的是，科技产业区的“软”“硬”环境，始终围绕追踪世界先进科技与推进科技产业转型发展加以完善和形成。完整的发展环境评估指标体系如表 12-3 所示。

表 12-3　科技产业区发展环境评估指标体系

硬环境因素	软环境因素
1. 地理位置： 港口条件 交通邮电 地质、气候条件 与工业腹地的距离	1. 政治： 政局稳定性 政治体制改革 政策的连续性 政治民主
2. 基础设施： 供热、供电、供水系统 道路设施 排水排污设施 住宅情况	2. 文化： 价值观 传统习惯 文化交流与合作程度
3. 科技教育： 科研机构 大专院校、技工教育 工业基础和实力 科研人员数量和质量 新技术成果、专利等	3. 法律法规： 法规完整性 全球法

续表

硬环境因素	软环境因素
4. 资源条件： 资源供给条件	4. 政策： 税收优惠 关税保护程度 知识产权政策 技术引进政策 人才政策
5. 资金供给支持能力： 资金信贷 风险投资基金	5. 社会公共服务： 信息咨询业 医疗卫生条件 文娱设施 商业服务 生活质量 图书资料
	6. 市场结构： 技术市场 人才资源市场 资金融通市场
	7. 行政管理： 管路体制 工作效率 运行机制

从指标体系来看，发展环境比较优势主要归结为技术优势、融资环境、流通环境以及基础设施等。对于发展中国家或者转型国家，科技产业区发展环境更多体现在软环境指标相关的政策优势。主要包括国家对科技产业区现行基本政策，涉及税收政策、资金信贷规定、基本建设优惠政策、进出口货物关税优惠、进出口业务放权、人事管理政策、产品价格政策、高科技产品期限等。为推动科技产业区的建设和发展，国家在科技产业政策中采取直接和明确的政策优惠，使软环境指标体系的评估更加具有可行性的特点。这与发达国家主要采取引导性政策、间接扶持的政策有所不同。在发达国家，流通环境的完善使科学技术进入产业经济领域成为现实。国

家通过市场对科技资源的资源配置，实现科技产业发展的指标体系与合理的结构，较好地解决了科技产业发展的市场需求。通过诱导方式实现国家产业政策，进而使发展环境的指标体系融为一体。而发展中国家或转型国家在园区建设过程中，市场发育不全，资源配置不得不通过国家直接或间接的产业政策加以推动。这种发展现状使软环境评估指标得到加强。随着国内外市场经济环境改善，国家科技产业的宏观政策力度会进一步增强，评估指标体系及政策幅度和范围也将会得到调整，更加接近市场经济适宜全球竞争的运行机制及其政策要求。

第五节　科技产业区集聚制约

一、集聚制约

科技与经济社会的交汇融合趋势，对科技产业与创新活动以及发展方式产生了重要影响。进入21世纪，全球科技经济发展格局呈现出引人注目的变化：一是全球化趋势大大地增强，国与国之间的科技经济关联与依存变得愈来愈密切；二是在全球化趋势增强的同时，产业集聚性、企业集团化的步伐加快。一些跨国公司把世界视为统一市场，奉行全球化战略，跨越国家和洲际，建立跨域性研发基地、生产车间和销售市场。不仅推动了世界产业结构调整，而且使科技产品成为真正的国际品牌。这表明，以科技产业为基础的经济全球化和创新全球化已经发展到新的历史阶段，集聚性、集团化发展趋势和新的竞争格局，对科技产业区的集聚发展产生明显的影响。

参与全球竞争，科技产业区加快建立适应全球竞争的发展模式与系统结构。但一些国家或地区的科技产业区发展框架体系仍然被传统体制所约束。传统体制和运行机制与以互联网产业化、工业智能化为代表、以人工智能、清洁能源、无人控制技术、量子信息技术、虚拟现实及生物技术为主的新科技革命，以及科技产业区特殊政策与跨域开放需求产生矛盾。双重体制瓶颈、政策之间的摩擦，生态环境低下，转换机制不灵，使其争取进入全球竞争体系、加强对国际市场的拓展力较低，同时对依托城市或地区形成负拉力，产生消极的影响。

科技产业区集聚发展的瓶颈及系统性障碍，主要在于体制机制等制约因素。

首先，一些国家在科技产业区发展过程中，仍局限于“一统就死、一放就乱”的体制瓶颈，不能按照供求关系来实现产业部门的分配比例。供求关系是指在市场经济条件下，商品供给和需求之间的相互联系、相互制约的关系。它既是生产和消费之间的关系在市场上的体现，也是研究开发与市场需求之间在市场上的反映。它以供求结构变化，从企业主体的自身利益出发自动地适应市场的需求，借助价值信号来判断市场供求的变化，通过价格、成本与利润的比较做出投入产出的决策。其次，要求各经济活动主体有各自独立的经济利益和独立决策的权力，还需要充分和完全的自由竞争，不存在任何人为的或自然的垄断，能够真实地反映供求关系的变化等。而转型国家科技产业区虽然把参与市场竞争作为发展目标，但由于体制、政策与结构的既定约束，不仅难以自动地适应市场供求变化，形成以市场需求为创新引擎的决策机制，而且还由于不能凭借价值信号来判断市场供求关系，造成产品的价格、成本和利润的不合理状态。

与此同时，科技产业区管理体制与科技经济体制进一步摩擦。科技产业区的多重性管理，使科技产业区难以按照协调发展的目标模式，组织研发生产，保证科技创新与转型发展能够沿着或越过价值链而与市场供求相连，并提供更有效率的产品和服务。这必然造成创新资源的浪费，也使国家宏观调控的作用被明显削弱。

科技产业区与全球产业之间的互动合作，主要是依靠科技人才流动、企业国际化的“联手”交易和战略并购等活动实现的。国际合资合作企业迅速增加，企业之间结成各种新型国际合作实体，并按照国际惯例和发展标准实现互动交流，已成为发展产业区集聚经济的基础。而一部分科技产业区内部生产要素自由流动的各种障碍并未消除，创新资源难以获得更加合理有效的分配，企业竞争和兼并活动受到各种制约，导致区内企业集团很难形成或得到加强。

科技产业区体制性因素制约了比较优势的发挥，并难以与国际市场机制“接口”，表现为科技产业区没有“新”区特色。即不能以“特色”的创新环境在融资渠道、培养研究人员、吸引国外投资、增强创造活力、推动技术发展等方面，成为科技产业集聚与创新合作的通道。同时，也没有充分运用特殊的运行机制优势，正确把握总量调控和长远发展调整。这样的机制必然影响个量调控和定制结构的调整，使产业结构不能与创新结构“对接”，以致影响迅速和灵敏地适应全球多变的市场需求。科技产业区与依托城市的关系，就简单地成为在原有经济区基础上的地域空间扩张。这就背离了科技产业区既定的发展目标模式，即以科技产业区的优惠政策，形成适应对外开放的国际环境，吸引外资，建立国际化的产业集团，并以双向互动的中介机制，实现创新型城市、开放区域的互为联动。

破除科技产业区发展的障碍，要在适应体制机制改革的条件下，形成新的转换动能与运行机制，即这种运行机制通过科技产业区发展兼容与合成，成为双向交流和互动发展的中介通道。事实上，新的运行机制将运用调控机制实现科技产业区调控和发展结构的调整，依靠市场机制实现个量调控和短期生产结构调整。而这种转换机制并非转型国家所独有。在一些市场经济国家也采取了这类运行机制作为市场调节的重要内容。尽管这些国家与转型经济国家不同，但在总量调控和微量搞活的政策上却极其相似。如有代表性的日本产业发展，就采取“官民协调体制”（或称“政府与产业协调”经济体制），运用政策作为主体，即国家立法、司法、行政在内的机构推行产业政策，加强宏观调控。战后，日本之所以取得经济的飞跃，与正确运用政府计划职能和产业政策的作用有密切关系。

梳理集聚制约等因素，我们可以将科技产业区发展瓶颈归结为体制机制的非系统性。包括科技产业资金、运作方式、基础设施、原有产业配套能力、新老区发展关系，以及通过市场机制对产业要素进行合理配置及其相互作用等问题。新的机制是通过供求关系在科技产业区平台上兼容、合成和调节，成为双向交流和自动转换的中介机制。新机制的作用将更多反映在科技企业的自我经营、自我发展、自负盈亏和自我约束上。政府运用调控机制的作用，主要表现在运用金融、信贷计划立项和法规政策，实现政府的间接管理和政策调节等方面。通过确立科技产业区转换发展模式，运用特殊政策培育市场机制，完善调控功能，形成良好的市场和投资环境。初期采取规划和定向调控方式，实施政策梯度推进，以优惠政策及优越环境，吸引人才、资金，获取技术和管理经验，促进科技产业的发展和市场的繁荣；中期采取管理调控，以产业科技、规模经济和效益为约束手段，提高科技产业区的宏观调控能力以及政府对市场调节的运作能力，进而建立起总量控制、微观自主的创新发展机制。

二、聚集特点

科技产业区集聚发展的吸引力是内外部因素相互作用的结果。它是一种知识、技术、资金、人才的有机结合，也是突破区域与行业边界，构建多层次、多要素联动的科技产业经济集聚生态的产物。作为高集聚的创新发展主体，科技产业区通过整体性结构调整以适应实现科技产业区转型发展，并影响着人的行为方式、生活方式以及区域结构的变化。在结构变动过程中，由于各国的历史背景、资源水平、科技力量等方面的差别，科技产业区集聚发展往往表现出不同的特点（见表 12–4）。

表 12–4　典型科技集聚区的产业特征

国别	集聚区名称	地理位置	主要高技术产业特征	其他
美国	硅谷	加利福尼亚州圣克拉县境内从帕罗阿托至圣何塞之间	1994 年主要高技术产品的销售额占美国该产品总额的百分比：半导体及其有关器件 30%，空间飞行器 27%，药品 15%，计算机 14%，电器测试仪表 12%	
	128 号公路	马萨诸塞州沿波士顿市的半环路地带	美国的微型计算机中心及其他高技术产业，1982 年马州微型计算机销售额占全国 60% 以上	
日本	九州硅岛	日本南端九州岛	集成电路生产中心 20 世纪 80 年代以来集成电路产量一直占日本产量的 35% 以上，1988 年达 43%	日本集成电路产量已从占世界的 30% 以上上升到近 50%

续表

国别	集聚区名称	地理位置	主要高技术产业特征	其他
联邦德国	巴伐利亚硅谷	德国中部 巴伐利亚州	欧洲大陆规模最大的微电子工业中心，硅产量占世界的50% 航空、机器人、通讯、生物技术较发达	巴伐利亚州的电气工程雇员占全国的1/4，全市65.5万就业人员中一大半从事高技术工作
英国	苏格兰硅谷	英格兰中部爱丁堡至格拉斯哥两市之间	电子工业中心 集成电路产量占英国的80%，相当于欧洲的20% 信息系统占英国出口计算机、外围设备和其他配套产品的50%	在高技术产业部门的就业人数占总就业人数的1/6左右
	M4号公路	伦敦至布里斯托尔之间	1984年，在伯克郡、怀特那和埃温约有150家代表工程、通讯和电子产品方面的企业，从业人员约有2万	

从科技产业聚集过程与变化来看，无论是内生型科技产业区，还是扩散型科技产业区，主要的基础还是高科技的作用。高科技的聚集变化需要在较强的研究开发实力和创新环境条件下，形成较大的产业规模，而产业规模正是科技产业区集聚壮大的重要特征。发达国家科技产业区的高科技产品市场占有率及其规模扩张，与这些国家传统产业的衰退及就业率减少形成了鲜明的对比。这一解释强调科研能力、教育水准、工业基础以及较好的基础设施和文化服务设施。但同样的解释是，这些地区的科技产业区聚集，主要是科技经济空间结构的变化以及产业停滞和衰退。在科技产业区建设与发展过程中，停滞与衰退是产业创新发展的动力。这一现状揭示出，科技产业区集聚发展是市场竞争与创新全球化的需要。保持经济持续

稳定的增长，产业结构调整与产品更新换代的主要标志，就是科技产业的转型升级，以至最终取代衰退的产业。

为了说明这一点，可以从欧洲共同体工业国城市的经济衰落得到清楚的证实。以英国产业区域层次空间的变化来看，城市化地区聚集以传统产业为核心，产业结构严重老化，制造业的衰落十分突出，但离中心城市愈远的卫星城的科技产业区增长愈明显。在大多数地区制造业下降的同时，苏格兰地区由于科技产业的聚集而使产业不断增长，以仪表工程和电子类产品为例，分别增长了11.4%和16.6%，而就业率这一时期增长56.5%，居英国各地区就业率之首。所以，科技产业区聚集在很大程度上是城市创新布局的需求。在宏观调控下，政府通过政策导向，把科技产业划定在一定的区域，吸引科研院所、大学与产业部门共同开发，形成科技创新资源集聚。

在市场经济条件下，科技产业区的聚集，首先是科技产业部门为了竞争和生存的需要，依附高科技产业发展，实施科技企业迁移、创新资源重组和技术嫁接改造。市场激烈竞争在客观上使大量的传统产业和产品淘汰，这些传统产业的人员、资金、设备在市场供求和政策导向的调节下，唯一的选择是加快产业转型升级，实施以新技术、新产品为基础的产业结构调整。这是高科技有效“嫁接”的重要契机，也可以解释为什么科技产业区通常在创新型城市或地区形成。显而易见，科技产业区的聚集有多种原因和方式。从表面上看，科技产业区对现代化城市有明显的依赖，但事实上，除了对大都市的依赖，也有“技术城市”“科学园”“孵化器”等模式。因此，城市化水平并不都是科技产业区的唯一条件。虽然城市化水平高的地区科技资源发达，工业基础完善，交通通讯网络健全，但支撑高科技发展的，主要取决于有利于科技产业聚集的大环境。具备环境优势，可以使城市化水平高的地区迅速形成聚集优势，协调各种发展要素，使发达城市或地区创新力强、信息集中、流通活跃、商业繁荣、科技发达等能力的整体优势获得最大限度的发挥。而城市化水平较低的地区，同样可以通过环境优势的作用，建立科技产业区，形成科技产业聚集的基础。如日本为适应新的科技革命的发展和科技战略的转变，推动官、产、学三位一体的发展，实现工业布局的合理化和分散化，1980 年 3 月，日本产业结构审议会在《关于 80 年代通商产业政策的方略》中，提出了兴建“技术城市”的设想（专栏 12–4）。1983 年 4 月，日本国会通过了《技术城市法》(即《促进开发高度技术工业地区法》)，并开始付诸实施。在大规模兴建“技术城市”的同时，日本还积极发展科学技术密集区或高技术科学园区。九州地区的城市化水平比日本全国平均数低 11 个百分点，这里既无研究开发能力，又无产品自销能力。但通过建立最方便的空运系统，又得益于各种优势条件，已发展成为世界上最大的集成电路生产基地。这里集中了日本 10 多个半导体生产厂家的 30%。据统计，该地区集成电路产量约占全国的 40%，产值约占 30%，生产的集成电路 90%以上外销。1986 年，日本国土厅制订了日本第 4 次全国综合开发计划。根据该计划，全国将划分为 10 大开发区。其中，东京大区作为金融和信息职能中心，中部大区作为产业技术职能中心，近畿大区作为文化、学术和研究职能中心，东北大区和九州大区作为尖端技术产业中心。

专栏 12–4　日本“技术城市”建设

所谓“技术城市”，就是产、学、住三位一体的新型地方城市。其中“产”是指利用新技术的尖端产业，以及促进这些产业发展的信息服务业等；“学”是理工科大学及高等理工科专业学校，从事基础研究和开发研究的公共研究机构等；“住”是指所有企业、研究机关、学校的职工住宅以及文化娱乐场所和商店等。日本政府的这一计划和设想，引起各地方政府的高度关注和积极响应。在最初提出的 19 个候选地中，主管省厅经过认真审核，到 20 世纪 80 年代中期，日本共批准了 15 个地区兴建“技术城市”，还有 4 个地区被列入了“技术城市”计划的候补地区。

资料来源：http://www.sohu.com/a/136060953_465980

由此可见，从发展战略角度认识科技产业区的集聚作用，实质上是创新驱动、产业布局和科技结构的转型升级过程。科技产业的战略地位，往往通过科技创新、产业重点发展带动产业集聚与结构调整，进而促进城市或地区的经济社会发展。如美国加州硅谷地区科技产业的聚集发展（专栏

12–5），导致了圣克拉拉县产业结构的历史性变革，使产业结构、就业结构发生巨大变化，并使加州的高科技就业率居全国各州之首。硅谷的发展是基于密集的社会化、专业化、网络化的结果，知识网络是科技产业区集聚经济的重要影响因素。对于成熟的地区或产业而言，政策补贴、基础设施建设的干预还不足以带动集聚效应，园区的集聚性取决于创新网络的完善及知识溢出。毫无疑问，科技产业区聚集是形成科技产业规模发展的基础。一旦科技产业在某一区域形成集聚规模效益，高科技就业人数和高科技制造业比重就高于其他产业就业率，科技产业的发展就会对整个城市和周边地区起到全面推动作用，并把城市化引入郊区化，进而形成以网络化为链接基础、科技产业聚集扩张为特征的新产业空间格局。

专栏 12–5　硅谷科技集聚区

硅谷（Silicon Valley）是世界著名的电子信息产业集中地。硅谷的成功缘于形成了一个包含多种异质性组织和多条价值链的雨林式创新生态系统。它是随着 20 世纪 60 年代中期以来微电子技术高速发展而逐步形成的，其特点是以附近一些具有雄厚科研力量的美国一流且世界知名的斯坦福、伯克利和加州理工等大学为依托，以高技术的中小公司群为基础，并拥有思科、英特尔、惠普、朗讯、苹果等大公司，融科学、技术、生产为一体。目前它已有电子公司达 10000 家以上，所产半导体集成电路和电子计算机约占全美 1/3 和 1/6。20 世纪 80 年代后，生物、空间、海洋、通讯、能源、材料等新兴技术的研究机构纷纷出现，该地区客观上成为美国高新技术的摇篮。现在，硅谷已成为世界各国半导体工业聚集区的代名词。

硅谷地区集中的高科技公司，约 60% 是以信息为主的集研究开发和生产销售为一体的实业公司；约 40% 是为研究开发、生产销售提供各种配套服务的第三产业公司，包括金融、风险投资等公司。硅谷地区科技产业的技术和产品都是该行业在全球范围内最领先的。一般认为，在硅谷的公司不论其大小，如果技术和产品水平不在世界上占前三位，就必然被淘汰出局。因此，创新成为硅谷公司生存和发展的首要前提，也成为每个在硅谷工作人员的追求目标。硅谷正是以每天几十项推动世界科技发展的研发成果而确立了其世界上最大科技创新区的地位，同时也带来了巨大的经济效益。

资料来源：《硅谷位于美国哪个州？》，硅谷网，2017 年 2 月 12 日

科技产业区发展实践证明，停滞的传统发展模式将逐渐被颠覆性科技及新经济、新技术、新业态的网络化集聚模式所取代。科技产业革命将通过新技术、新模式、新平台、新业态为科技创新企业创造机会，并大规模地降低成本以及提高效率来加速产业转型升级。尤其是未来科技产业区发展，将依据互联网、大数据延展或重新架构园区全球化运营能力，充分发挥创新发展架构的优势。科技产业园区将实现科技跨界、产业跨行、价值链集成、环境生态的集聚发展，并导致发达工业城市的中心地位发生变化，从制造业中心变为科技密集型的知识中心。科技产业区使所在区域发展与国际标准接轨，并在国际化的基础上，重新组合，趋于合理。这些变化主要依赖于大数据、网络化、云计算背景下的科技产业区智力资源的不断开发。由于智力资源优势的差别，使科技产业区聚集度有明显的不同。其结果，具有智力资源优势的园区作为科技产业聚集的引力，吸引智力资源，最终形成以智力资源优势为核心的科技智密区与产业聚集区。

三、集聚生态

科技产业区的要素组合和空间关联是集聚生态的重要特征。虽然各国学者对科技产业园区的界定及其作用存在争论，但没有人否认其集聚生态的价值，即通过创造良好的创新环境，促使科技创新主体通过集聚共同打造区域创新集群，形成区内创新资源跨界流动与协调发展，从而促进整个区域科技与经济及其产业结构的合理配置。随着创新全球化带来的知识、技术、资金、人才的有机结合，科技园区加快向开放、合作、互利、共享的模式转型，以开放多元、共生包容的创新文化，借力互联网 + 推动产业跨界融合，构建园区集聚生态。通过产业集聚、结构变动，推动量变到质变的转型发展，构筑起网络化、多层次的产业集群与创新生态：以大企业主导形成园区战略联盟与集聚网络，实现联盟企业的成

长与技术创新网络的扩张与集聚网络；以集群联动形成产业集群创新网络，引发创新行为的关联互动，催生创新驱动的集群效应，并通过链动性发展，建立起多层次、集聚性的有机联接；以共生发展形成产业创新生态网络，在整个区域层面建立产业创新合作机制，形成有利于协调发展的园区创新与集聚环境。从科技产业区的战略配置过程来看，集聚生态来源于科技产业的空间配置和网络布局。这种网络化、结构性、互动性变化是创新链驱动的实力性表现，也是形成产业聚集规模及其效益的关联性特征。而网络化、结构性、互动性正是科技产业区集聚生态的重要特征。

研究证实，发达国家科技园区的科技产品市场占有率在国内外的比重都比较高，对所在地或所在国的经济增长拉动比较明显。这与这些国家战略性调整和城市创新能力有密切的关系。在某些传统产业衰退及其就业率下降的状况下，资源配置加快向新兴产业转移，而科技园区的创新驱动导致空间系统出现运行效率和价值创造的吸附力，促使企业、资源、资金和人才向园区集聚。同时，与园区之外创新能力形成的位势差，又促使科技产业区的创新成果向外部扩散转移。这种现象揭示，作为城市或地区创新的核心区和科技产业密集区，科技园区集聚生态在更大程度上是产业转型和结构调整的需要。

为了形成新的科技产业布局，产业部门依附城市创新系统进行战略重组，通过科技资源在科技园区的聚集，进行以科技产业为基础的结构调整和战略配置。从表面上看，科技产业对科技园区有明显的依赖，但城市创新体系的建立和完善对园区的形成与发展有重要的影响。如果一个城市是具有全球影响力的科技创新和资源配置的战略生态域，它一定会形成与科技产业化关联的空间外部性特征，并与科技产业区形成一种资源、技术和人才互动的空间结构和配置结构。具有代表性的实例是，将城市创新的外部空间结构运动纳入科技产业发展分析。这种分析会发现科技产业群体的形成以及产业结构的调整，完全是城市产业结构调整或科技创新的内生性作用，而且所有结构性变化与科技产业的战略配置紧密相关。

由此可见，科技产业区是城市或地区创新生态系统的一部分。科技产业通过参与战略生态系统，接轨科技产业区的战略配置和重点发展，带动城市创新圈的结构调整，进而促进整个城市或地区的科技经济发展。科技产业区的聚集发展，如硅谷、中关村等科技园区，又导致了所在国家或地区的创新布局与产业结构调整，使产业结构、科技结构、就业结构发生巨大的变化。其间，创客空间、孵化器、创新企业在科技园区的聚集及其网络化、规模化配置等，形成了战略生态的基础。一旦科技产业区形成规模优势，科技就业人数和科技产业在 GDP 的比重高于其他产业，就会对整个城市或周边地区形成聚集、吸附和拉动作用，促进城市创新与发展，形成以高科技产业聚集、扩张为特征的发展格局。

四、案例分析：蓝色硅谷与集聚短板[①]

（一）蓝色园区（谷）发展现状

近年来，受制于世界海洋科技创新及成果转化转移成本等因素，海洋产业经济形态并没有出现颠覆式发展，欧盟委员会 2012 年调查显示，海洋经济在各国均有所集聚，但是主要产业形态依旧体现在造船业、海洋油气业、航运、海洋渔业等。从世界范围内发展来看，相对成熟的海洋科技园，也仅有法国布雷斯特—瓦兹科技园等。依旧集中在造船业、海洋油气业、航运、海洋渔业等（见表 12–5）。目前，我国科技兴海转化及产业化平台大约有 50 个，科技兴海产业基地、园区（谷）约计 20 个。沿海省市及沿江一些城市围绕国家战略及经济转型发展，加大了海洋科技创新，推进了海洋经济发展。通过瞄准市场需求和关键领域进行研发创新，补齐“海洋创新”的短板，加快科技园（谷）及产业示范基地建设。

表 12–5　欧洲地区海洋产业经济发展状况

海域	集聚区	聚集区活动	状态（成熟期、发展期、起步期）
波罗的海	科特卡哈米纳地区（芬兰湾）（SF）	蓝色生物技术和藻类，风能集群，深海捕捞与近海海运	成熟期

① 引自《蓝色硅谷研究报告》，山东科技思想库研究基地（2016）。

续表

海域	集聚区	聚集区活动	状态（成熟期、发展期、起步期）
波罗的海	西部波罗的海（DK；D）	滨海旅游，港口，海洋风能，海岸风能，水产养殖，造船业，渔业，航运业，港口集散地	发展期
	哥本哈根（DK）	邮轮旅游，航运业，滨海旅游	成熟期
	斯德哥尔摩（N）	邮轮旅游，航运业，滨海旅游，游艇，码头	成熟期
	格但斯克 / 格丁尼亚（PL）	短途航运，造船业，邮轮旅游	成熟期
	赫尔辛基（SF）	邮轮旅游，邮轮造船业，航运业，滨海旅游	成熟期
	塔林（EE）	邮轮旅游，短途航运	发展期 / 成熟期
	哥德堡（S）	邮轮旅游，近海捕捞，航运业，滨海旅游 / 游艇	成熟期
北海	卑尔根（N）	邮轮旅游，短途航运，海上油气田	成熟期
	斯塔万格（N）	海上油气田，短途海运，邮轮旅游，水产养殖	成熟期
	奥斯陆（N）	短途海运，邮轮旅游，航运业	成熟期
	鹿特丹（DL）	深海运输，短途海运，航运业，内陆水运，海岸保护，海洋监测	成熟期
	安特卫普（B）	深海运输，短途海运，渡轮，内陆水运，海上油气开采，海洋监测	成熟期
	奥斯坦德（B）	短途海运，渡轮，海上风能，蓝色生物科技	发展期

续表

海域	集聚区	聚集区活动	状态（成熟期、发展期、起步期）
北海	汉堡；基尔；不来梅（D）	陆上风力，海上风能，造船，航海技术，港口，滨海旅游，化妆品，航运，邮轮旅游，设备和供应	发展期 / 成熟期
	瓦登海（NL/D/DK）	海岸保护，滨海旅游、游艇，环境监测	成熟期
	阿伯丁（UK）	海上油气开采，海上风能	成熟期
	伦敦网关（UK）	货运港口，渡轮，邮轮旅游	成熟期
	索伦特海峡（UK）	海军基地（朴次茅斯），石化，炼油厂（福利），集装箱和邮轮港口（南安普顿），游艇，滨海旅游，遗产区，沿海野生动物保护区	成熟期
大西洋	高威 / 西爱尔兰（IRL）	邮轮旅游和航海旅游，可再生能源，风浮区，水产养殖，深海技术（协同效应）	发展期
	苏格兰西海岸（UK）	海上风力发电，海洋水产资源，渔业，海洋可再生能源，造船，蓝色生物科技	发展期
	葡萄牙海岸（P）	深和短途海运，沿海，航海和邮轮旅游，海上天然气（南）和油（北），海洋矿产开采	发展期
	布列塔尼布雷斯特（F）	国防，蓝色生物技术，造船业，渔业，海洋可再生能源	成熟期
	加利西亚海岸（E）	滨海旅游，短途海运，渔业，海洋可再生能源	发展期
	英格兰西南部（UK）	船用设备，游艇，滨海旅游业，海洋可再生能源（潮汐），渔业	发展期

续表

海域	集聚区	聚集区活动	状态（成熟期、发展期、起步期）
北冰洋	格陵兰岛（DK）	海洋矿产开采，邮轮旅游	起步期
	奥勒松（N）	海上油气田，邮轮旅游，造船，渔业	发展期
	哈默菲斯特（N）	海洋石油和天然气，液化气，渔业，邮轮旅游	发展期
地中海	巴塞罗那（E）	海洋渔业资源，环境监测，安全（移民控制），滨海旅游，游艇码头，监控，渡轮	发展期
	瓦伦西亚（E）	沿海旅游，渡轮，游艇，码头	发展期
	马赛（F）	深海运输，短途海运，渡轮，邮轮旅游，监测预警，蓝色生物科技	成熟期
	那不勒斯（I）	深海运输，短途海运，邮轮旅游，滨海旅游	成熟期
	巴里（I）	短途海运，邮轮旅游，滨海旅游	成熟期
	马耳他（M）	深海/短途海运枢纽，邮轮旅游，滨海旅游	成熟期
	威尼斯/的里雅斯特（I）	邮轮旅游，渡轮，短途海运	成熟期
	雅典（GR）	渡轮，短途海运，游艇码头，渔业	成熟期
黑海	康斯坦察（RO）	港口（深海/短的海上枢纽，黑海最大），滨海旅游（欧盟），监测	发展期
	瓦尔纳（BG）	港口，滨海旅游（欧盟与俄罗斯），黑海邮轮的出口	虽然欠发达稳定成长

虽然我国沿海若干省市提出了发展海洋（沿海）经济，加快实施蓝色园区（谷）战略，但基本属于政府主导型。一些沿海省市与省内城市之间

缺少战略性协作，存在不同程度的重复建设和规划。由于各自为战，在海洋（沿海）经济规划及开发过程中出现了发展模式相似、产业结构趋同等现象。

（二）蓝色硅谷发展瓶颈

研究证实，“自上而下”复制一个美国硅谷版的园区很不容易。以美式硅谷为模版，必然面临着一系列要素纠结与发展短板。

1. 发展定位不明晰

从蓝色硅谷发展规划来看，沿海若干蓝色科技园（谷）“大同小异”。蓝色硅谷规划范围为“一区一带一园”，发展定位为国际海洋科技教育中心、国家海洋科技自主创新示范区、半岛蓝色经济区的引擎、滨海科技新城。发展定位宽泛无边，亦（示范）区、亦（科技）城、亦（教育）中心，缺少特色型、生态链、产业化的发展定位。尤其是核心区、科技城、高新区的发展规划、研发方向与产业重点明显不同，似海非海、蓝色点缀，呈现出“碎片化”的格局。比较世界科技园区发展模式，蓝色硅谷核心区发展形态不同于“自下而上”围绕产业转型升级研发创新、人才聚集的硅谷模式，而更类似“自上而下”的科学园区，如日本筑波科学城、英国剑桥科学园等，[①]政府提出蓝色硅谷与旧金山硅谷一样的发展模式，进一步凸显了发展定位与创新机制、现实布局的纠结。

2. 运作模式有局限

在蓝色硅谷规划之前，20 世纪 90 年代初，山东就提出过建设“海上山东”战略。同期，学者提出过“海洋新兴产业发展与政策”以及“海洋产业城”等构想。一些构想均引起国家及有关领导的关注及支持。但迄今为止，蓝色硅谷运作模式，尚未认真总结国内科技园（谷）、孵化器建设过程中存在的政策套利、借鸡下蛋、同质化严重和专业服务能力不足，以及高科技不高、孵化器不符，科技虚拟化、企业空壳化、产业空心化、园区出租化等经验教训。以孵化器为例，目前运作模式基本停留在第一、二代

① 20 世纪 60 年代初，日本政府做出在距离东京市约 60 公里处的筑波建设一个国家级科学城的决议。历经 40 余年的发展，筑波科学城成为聚集了 40 多个国家级教育和研究机构，使用了 40% 的政府财政预算研究经费的日本科学研究和技术创新的“高地”。但成效甚微，其中科学研究技术创新的成果转换成生产力不理想，与发展定位不无关系。

阶段，一些建设项目及资源重复、分散等问题还未能很好解决。园区运作仍有可能采取简单的机构转移、复制提供物理空间或创业辅导的“房东模式”和“物业模式”。同时，运作管理成本高、效率低下等体制性问题尚待破解。

3.“府、产、学、研、资、介”断链

蓝色硅谷研发重点，集中在海洋生物、海水资源综合利用与新材料、海洋可再生能源与环保、海洋仪器仪表及海洋装备四大领域。但实际上，建设蓝色硅谷，“点”上凸显短线闭环，“链”上尚未延展成型，在“府产学研资介”协调运作方面，还没能形成一体式、网络化的系统运作机制。企业与大学、科研院所的合作研发成果，产业化成功率低，资金支持缓慢，海洋科研力量配置不够均衡，中介服务机构缺乏市场化的管理与服务的新机制，与产业结构配套的链接，仍然缺乏系统化、全链条的创新运作设计，“人手一把号，各吹各的调”，“府、产、学、研、资、介”链接机制并未形成（见表 12-6）。除了平行转移了部分驻地海洋机构及合作平台，引进了一些高校及相关机构，但分析可见，这些部门的科研资源、成果转移与蓝色硅谷规划的海洋产业链接较少，直接推进成果转化及形成关键部件企业、服务机构的配套较少，相关科研资源与产业转型发展无法对接。如作为海洋创新孵化、平台建设及产业化关键环节的风投机构及运作人才等资源稀缺。孵化器建设项目“牵强附蓝”，配套率较低。围绕“府、产、学、研、资、介”链接合作，具有关键性、链接性的创新型项目的支持力度不够。在产业链接、服务配套及集群政策倾斜等方面，优势不明显，措施不给力。

表 12-6　“蓝色硅谷”的创新链接相关问题

主要问题	主要现状	主要问题	主要结论
链接要素	系统要素不足	资源稀缺	缺少系统创新等理论支撑，“点”上短线、“链”未成型
链接幅度	限于产学研范畴	转化断链	科技与产业、市场链难以协调发展
链接形式	孵化器、转移中心等	成果自闭	链接行业与部门藩篱

4．科技成果转化缓慢

蓝色硅谷建设的目的，是要破解长期以来海洋科技成果转化率偏低等短板。沿海城市集聚了国家庞大的海洋科技队伍及成果，但长期以来海洋科技产业发展与其优越的科研资源、平台条件很不相称。全国海洋经济发展“十二五”规划要求海洋科技成果转化率、海洋科技对海洋经济的贡献率分别是 50%、60%，实际海洋科技成果转化率约 20%，实现产业化不足 10%；海洋科技对海洋经济的贡献率 29.5%。多数成果技术成熟度不足，与实际应用有较大差距。一些项目获奖并在实验室效果较好，但进入中试及规模生产阶段达不到预期效果。这影响了投资者的信心及成果转化。其次，从科研经费结构来看，一些科研机构服务国家纵向课题的比重越来越高，服务地方产业创新发展的横向课题比重比较低。纵横向经费的结构失衡，在一定程度上影响了地方科技成果转化进程。同时，科技成果产业化的政策缺乏力度，并未形成海洋产业集群态势。例如，开展多年的一些重大项目，只开花不结果。一些重大装备所有部件均为进口，国内只是组装。不少研发的海洋科技成果难以在本地扎根，多数流失到外地转化。

5．科技人才结构失衡

我国沿海省市海洋科研与教学高级专业技术人才济济，但并未实现“以人才集聚带动产业集聚，以人才结构优化引领产业转型升级”的战略目标。主要原因之一，是人才结构和专业分工不尽合理，与海洋科技产业和重点项目的契合度不够。在众多海洋科技人才中，多数以基础研究为主，从事应用型技术、经营管理等人才较少，尤其缺乏既懂专业技术、又懂经营管理、还懂政策法规的复合型人才。基础研究人才中，除海洋生物技术领域人才优势较为明显，海洋工程装备、生物医药、新能源利用、精密仪器等领域的研发人才都很缺乏。即使在海洋生物技术领域，大量人才和项目主要聚集在水产养殖上，而海洋生物制药、海洋生物技术等研发还处于起步阶段。此外，海洋产业体系中企业研发能力较薄弱，除了少数企业拥有技术研发机构，多数中小企业技术研发能力极为低下，研发人才所占的比例偏低。

6．产业创新平台匮乏

蓝色硅谷为推进海洋成果转化搭建了研发、孵化和产业三个平台，但由于驻地科研机构隶属不同部门，如驻青“国字号”分属五大部委管辖，这就造成资源配置及定位条块分割（见图 12–4）。这些机构定位不同，研究方向各异。一些科研机构主要为国家战略及可持续发展服务，基础性研究项目带有长期性、公益性特征，或者具有军事、政治与社会的考虑，研发成果未必都一定会实现商品化、产业化。如国家海洋科学与技术实验室主要以海洋观测与数值模拟、海洋与全球气候变化、海洋生物资源可持续利用、海洋地质与矿产资源、海洋生态与环境保护、海洋技术与海洋工程作为重点研究方向，与科技产业孵化及集聚有较大的距离，难以实现“三合一”的创新链接与平台协同，无法直接发挥规模性、示范性和引领性的科技成果转化效应。中、小型孵化平台不少，但是还没有形成有效的集聚链接体系，对科技成果转化及产业化推动的作用缓慢。

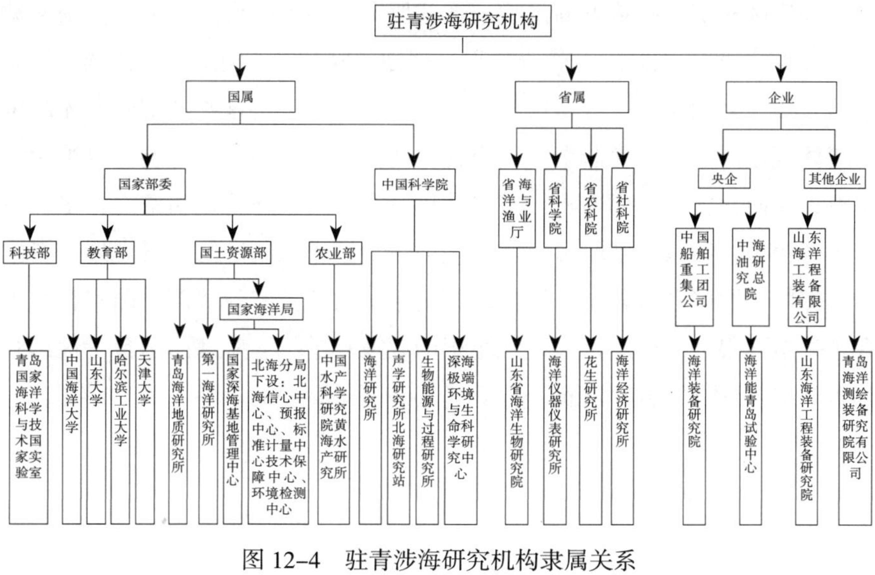

图 12–4　驻青涉海研究机构隶属关系

7．风险投融资缺位

风险投融资缺位是海洋科技成果转化瓶颈，也是蓝色硅谷发展的软肋。以一些省市为例，虽然海洋研究投入逐年加大，但用于科技成果转化资金扶持，还是“政府急转，科研难转、企业待转”，各取所需，难成一体。设立“海洋科技成果转化基金”“天使投资引导资金”等，试图引导社会资本支持海洋科技创新，但这些经费还不如先进城市一个区县的投入。万众创业、大众创新，需求资金者众。除了极少数海洋创新项目，多数可望而不可即。与深圳等城市相比，风险投融资金额少，渠道狭窄，运作方式单一，配套政策缺位。一些风投机构或组织，形同信用社。实施风险投入，犹如撒胡椒面、下毛毛雨。风投项目创新度低、产业化低、集聚度低、融资方式滞后，经费仅靠政府财政支撑，难以可持续发展。

8．政策差距较为明显

就蓝色发展政策相比，沿海城市的政策差距逐年拉大。沿海先进省市围绕蓝色（沿海经济）园区建设，出台了一系列“有特色、有力度、有创新、全方位”的政策措施。在降低门槛、项目配套，政府津贴、创新回报，以及医疗保健、住房安置、子女教育等方面的政策，均有不同标准。一些城市或地区在落实政策方面采取精准式服务，不但出台的政策“见物又见人”，而且采取“人盯人”的全过程、精细化服务，实施追踪、持续对接等措施。而与之相比，一些城市的政策差距较为明显。这些城市的人才政策主要体现在津贴上，而非全方位全过程的关心、帮助与支持上。政策制定粗放，大而化之，优而不惠。对科技项目及人才服务，撒胡椒面较多，精准服务较少；刮风措施较多，持续服务较少。政策制定与发展规划，各区市、部门、园区各行其是，缺少政策的系统对接及有效协调。国家相继出台了一系列很好的政策，但落地生根的政策较少。一些部门出台了优惠政策，却难以协同，落地无根。

第十三章　科技产业集群

科技产业集群具有高科技、高附加值、高投入等产业聚集特征，其演化过程主要表现为通过生命周期性变化及其集群链接，由“科技产业集群系统”演化为“科技产业生态系统”，形成基于科技产业集群的价值链接和核心竞争力。本章以科技产业价值链为分析框架，通过科技产业集群基本概念、特征的描述，重点考察科技产业集群的形态、结构、演变原因及其过程。着重对科技产业集群创新机理、科技产业集群生态、集群循环经济等进行分析，进而构建以科技产业生态价值链为核心的集群循环经济等。

第一节　科技产业集群定义

一、科技产业集群概念

关于产业集群（Cluster）概念，各国学者有不同的界定。其中比较有代表性的是波特的表述：集群用来定义在某一特殊领域中，相互联系的公司和研究机构在地理上的集聚形式。集群通常包括下游产业的公司、互补产品的生产商、专业化基础结构的供应者以及提供培训、教育、信息、研究、技术支持的其他机构，例如大学、智库、职业培训、技术标准机构等。一些集群还包括商会和涵盖集群成员的其他集团组织（Porter，1998）。此外，对于产业集群概念，有些学者从企业的角度将它称为“企业集群”等。

事实上，关于科技产业集群，目前尚无统一称谓。根据有关研究，我们对科技产业集群的界定如下：科技产业集群是指在某一特定区域，一些具有纵向、横向或互补性联系的科技企业集中在一起，在科技研发、中介服务等相关机构的配套协同作用下，集结成产业链接网络，通过不断创新形成科技产业可持续竞争优势，并根植入当地社会文化环境的经济现象。

科技产业集群，一般有狭义和广义界定之分：

从狭义上界定，科技产业集群是在科技成果商品化、产业化与国际化的演进过程中，以科技企业、研究机构及中介组织等系统，共同构建的科技园区或科技产业聚集带。其间，在产业集群演进和发展过程中，形成了不同于一般的集群经济形态、组织结构和生产方式。各个园区主体通过日趋紧密的互动关系，促使科技产业集群成为高技术综合体或柔性生产综合体，并进一步推动了各种类型的科技企业及相关配套企业在园区的集聚，形成了区域创新和生产制造网络。并通过区域创新网络体系的构筑，推动园区内各企业、研究机构和中介组织的协同作用和技术产品的交叉繁殖，从而形成科技产业集群的区域竞争力。因此，科技产业集群是基于创新域、价值链、同业交往等关系，在竞争和合作过程中获得竞争优势的特定经济区域的科技产业群体，其实质是科技产业和其他实体之间内在的链接配套，通过互动交流、竞争合作，形成专业化和社会化的研发、生产及服务体系。

从广义上界定，科技产业集群还包括“产、学、研、资、介”一体化合作链接的创新型产业集群等。创新型产业集群是以创新型企业和人才为主体，以知识或技术密集型产业和品牌产品为主要内容，以创新组织网络和商业模式等为依托，以有利于创新的制度和文化为环境的产业集群。如以大学和研发机构为核心的知识创新集群，以及以某类专利、技术为核心的科技集群或研发集群。不同的是，广义的科技产业集群形态较之狭义形态，具有科技先进性、知识前沿性和产业高端性等特征，科技产业集群主体与知识创新集群之间有密切的互动关系。

按照不同标准，科技产业集群还可分为以下几类：按照产业类型，可分为传统产业型产业集群、高新技术产业集群；按照创新类型，可分为产品或技术主导创新型产业集群和商业模式主导创新型产业集群，其中不仅包括产品创新、技术创新等，还包括模式创新、渠道创新、品牌创新等。在转型国家或地区，科技产业集群主要划定和集中在科技园区或经济技术开发区。但事实上，这些区域主要依靠提供土地和优惠政策吸引科技企业及配套企业入驻，与其他研究机构、中介组织的关联甚少，总体水平还停留在“集”的层次（表 13–1）。尚未形成科技产业集群与参与主体之间“群”的关系，两者缺乏互动与发展的基础。

表 13–1 不同层次科技产业集群与参与主体表

层次	产业类型	参与的行为主体	行为主体间联系的密切程度
产业集群层次	传统产业	企业	弱
	科技产业	企业、大学和研究机构等	
科技产业集群层次	传统产业	企业、政府、各类中介机构、金融机构等	强
	科技产业	企业、政府、科技中介机构、大学和研究机构、金融机构等	

二、科技产业集群特征

科技产业集群在诸多方面有着与传统产业集群不同的特征：

1. 科技产业集群拥有大批勇于创新且持续创新的创新型企业、企业家和科技人才，包括供应商、用户企业、竞争企业和相关企业（互补性企业、关联企业）等，其集群主体许多是从依托城市或地区的智力资源（大学或科研院所）繁衍或科技企业转移、聚集而来。与大学或科研机构及科技企业具有密切联系，并与之保持基于知识、行业和人力资源方面的合作关系。

2. 集群内的主要产业是知识密集或技术含量较高的产业，产品大多属创新型产品，其特点是产品不确定性高、生命周期短，因而对生产的柔性化程度要求较高。集群内科技企业、供应商之间必须保持高度灵活的分工合作关系，以保证产品的创新速度和市场适应性。

3. 科技产品适合采用响应性的供应链，科技产业集群的集聚式发展可形成动态性的集群网络，专业化、定制型的柔性生产系统。由生产局部模块化途径，向设计、研发和生产一体化模块发展，从而使得这种类型的供应链及经营模式得到更好的实现。

4. 科技产业基本是技术密集或知识密集型的，科技人员在区域里的流动、集聚就成为科技产业集聚的主要因素之一。因此，围绕科技人力资源集聚各种知识、生产要素，进而形成集聚核和集聚体，带动产业转型发展与技术更替成为科技产业集群的重要特征。

5. 科技产业集群有赖于创新型城市或区域文化的支持。其发展需要科技产业集群发展的文化环境。比如，培养以鼓励冒险、宽容失败、专业忠诚、讲求合作、重视非正式交流等为特征的区域文化，以集群协调发展和互利双赢为特征的“竞合”战略等。

6. 科技产业集群竞争优势的保持在于企业之间通过竞争合作而产生协同发展的整体效应，以满足其对区域内企业的衍生能力和更新换代的要求。

7. 科技产业的本地根植性是科技产业集群的又一特征。发展中国家科技产业区大都属于模仿创新型，如果引进的技术不能消化吸收并自主创新，即使在本地根植下来，也会面临技术老化、创新动力减退等问题。另一方面，跨国科技企业如果难以融入区域社会文化环境中，也难以使核心技术在本地被模仿和迅速扩散。

8. 科技产品具有市场生命周期短、需求不确定性大、投资风险大等特点。传统的融资方式不能满足科技产业集群发展的需要，必须进行金融创新，建立有效的风险投资机制和良好的金融环境。

9. 科技产业具有多元并行的特点，集聚区内的组织结构以网络化发展最佳。科技企业集聚要获得规模化发展，必然要求与其相关企业协调发展。这种特点使得科技企业通过缔结网络来寻找技术支持和所需产品，以减少交易成本。

10. 科技产业采取的集聚模式是由交易成本、制度因素、产业基础等因素综合确定的。如发展中国家或转型国家的市场基础薄弱，仅靠市场的力量集聚会遇到信息扩散不充分、传递成本高、集聚周期长、速度慢以及交易费用高等问题。科技产业集群发展采取市场调节为主、政府引导为辅的模式。

三、科技产业集群资源

科技产业集群之所以能带来较高的经济效益和较强的竞争能力，主要是集群间各种资源的有效协调以及各个集群主体的有效配合。清楚地识别科技产业集群关键资源，是提高集群链接效率和竞争力的必经途径。这些关键资源主要包括：

1．组织资源。科技产业集群的专业生产主要基于若干技术密集型产品为主，对研究开发需要大量投资，需要集成复杂知识，存在巨大风险和收益。集群内部实体通过互补资产和技能的集成形成有效的联系。大量企业的聚集使集群获得了规模经济效应、内部交流，使得集群内的信息流动非常复杂，但有利于技术扩散、技术外溢效应的形成。作为一种特殊的组织形式，科技产业集群具有的专业性、有效性、规模性等特征，为集群链接与发展提供了必需的组织资源。

2．企业家队伍。企业家是科技产业集群中的主要创新者之一。企业家作用的发挥直接关系到企业的科技创新活动是否活跃，创新活动的成功与否很大程度上取决于企业家的战略眼光，科技成果商品化的成功实际上取决于企业家对创新过程的成功管理。此外，企业家的合作精神和管理风格直接影响集群内外其他主体的合作态度和方式。一个对合作持积极态度的企业家将鼓励企业与外部的交流，希望通过交流与合作增强企业对市场需求的敏感性和对外部环境的适应性，这将有利于集群形成与发展。

3．政策资源。除了市场自发配置资源外，科技产业集群的形成还归功于产业政策。政府组织制定和实施高新技术产业的发展规划，明确国家或地区中长期高新技术产业发展目标和任务，优先配置相关资源，预测世界技术发展的大趋势，从而有重点、有目标地提供政策，推进高新技术的应用，促进科技产业集群的形成。但是，如果产业政策设有高进入或退出壁垒，限制不同区域或科技产业集群之间的合作与交流，那么此举将严重阻碍链接的实现。从长远利益考虑，鼓励区域内或区域间的科技产业聚集，这将促成区域创新体系的提前形成，增强区域竞争力。

4．智力资源。研发机构包括高校、科研院所、企业的研发部门。它们拥有大量的专业研究人员和技术人员，是产业创新乃至国家创新体系的主体，是科技产业集群新技术、新产品、新工艺的“源头”，集群崛起和发展所需要的先进技术都是通过研发机构研制开发或引进、吸收和消化的。科技产业集群主要是资金、人才的合理配置促成研发链接，成功的研发成果将指导生产试制、市场运作在集群间的合作实现。因此，研发机构拥有的智力、技术资源是科技产业集群形成的基础资源。

5. 金融支持。科技产业集群的形成和发展离不开投融资支持系统的高效运转。例如，美国硅谷的成功得益于20世纪50年代风险投资行业的形成、80年代风险投资再次崛起和90年代风险投资的快速发展和繁荣，更得益于一批企业走向资本市场上市融资。金融支持在科技产业集群链接过程中的作用主要通过投资体现，它通过提供大量的资金和风险投资促进新企业的创办和新项目的实施，加速企业的专业化分工和新产品、新技术的研究开发。特别是对跨产业、跨集群项目的投资，使集群间的交流与合作具备了现实基础，直接促进了集群的发展。

6. 科技中介。科技中介行业发展迅速，网络化趋势明显，城市网络、区域性网络和国际化网络已累见不鲜。科技中介的服务方式也在不断创新，能够及时地给科技产业集群内的企业提供各种信息，中介机构已经成为资源共享的平台。科技中介通过自身的专业化服务，吸引外界的资金、技术、人才等资源聚集一域，并促使其在聚集区内外自由合理的流动交换。中介机构拥有良好的信息获取渠道，与集群外部的交流频繁，易于发现潜在的合作机会。科技中介利用已有的信息资源，加强集群间正式或非正式的交流，加快新技术、新思想的传播，协调各方的利益，避免摩擦造成的损耗，发挥“润滑剂”和“窗口”的功能，促进科技产业集群的实现。

7. 无形资源。科技产业集群的无形资源包括良好的创新氛围、集群生态和网络环境。首先，创新氛围、集群生态和网络环境将促进集群内的学习、合作和竞争机制的形成，加速企业的研发投入和科技成果的转化，提升集群的整体技术水平。其次，良好的创新氛围、集群生态和网络环境将加强集群外部合作者的合作意向，并促使集群内的企业主动寻找外部合作，进行技术、产品等的创新活动，优化原材料的供应和产品的销售。无形资源在科技产业集群的成功链接过程中也扮演着重要的角色。尤其是随着移动互联网、大数据、云计算等的迅速发展，大数据作为无形资源逐步有形化，成为转变科技产业集群发展模式的重要资源，并通过模式创新不断提升科技产业集群的核心竞争力（专栏 13–1）。

专栏 13–1　无形资源：大数据转变集群模式

随着移动互联网、物联网等的迅速发展，新数据源不断出现，使大数据成为一种重要资源。大数据应用走向成熟，市场体量进一步扩大，各环节产业链正在影响企业模式的转变。

其一，数据生态系统复合化程度加强。大数据的世界不只是一个单一的、巨大的计算机网络，而是一个由大量活动构件与多元参与者元素所构成的生态系统，是终端设备提供商、基础设施提供商、网络服务提供商、网络接入服务提供商、数据服务使能者、数据服务提供商、触点服务、数据服务零售商等一系列的参与者共同构建的生态系统。而今，这样一套数据生态系统的基本雏形已然形成，接下来的发展将趋向于系统内部角色的细分，也就是市场的细分，系统机制的调整，也就是商业模式的创新，系统结构的调整，也就是竞争环境的调整等，使得数据生态系统复合化程度逐渐增强。

其二，数据管理成为核心竞争力，直接影响财务表现。当“数据资产是企业核心资产”的概念深入人心之后，企业对于数据管理便有了更清晰的界定，将数据管理作为企业核心竞争力，持续发展、战略性规划与运用数据资产，成为企业数据管理的核心。数据资产管理效率与主营业务收入增长率、销售收入增长率显著正相关；此外，对于具有互联网思维的企业而言，数据资产竞争力所占比重为 36.8%，数据资产的管理效果将直接影响企业的财务表现。

其三，产业核心要素的掌控者主导数据生态体系。数据生态体系中的核心环节是产业的核心要素，例如电商的支付、物流、信息（信用）。掌握产业核心要素环节的企业若顺势而为，把握大数据时代的机遇，将企业自身的核心竞争力优势进一步释放，运用互联网思维，通过产业核心要素的大数据掌控数据生态的主要生态链，就能实现在数字经济时代的再次腾飞。

资料来源：朱大林：《通信信息报》，2015 年 9 月 30 日

第二节　科技产业集群链接

一、科技产业集群链概念

什么是产业集群链？它是一种产业链及其价值链接的聚集形态和价值形式。关于产业链（Industrial Chain）概念，早在1958年赫希曼的《经济发展战略》中就从产业的前向联系和后向联系的角度做过论述。与产业链相关的还有价值链、生产链、供应链、商品链等不同概念。与产业集群相比，产业链也强调产业之间的联系，但产业链主要侧重于产业间联系，对于产业以外的机构如投资商、协会、中介服务机构等联系较少，此外，产业链没有空间集聚的概念。产业集群的概念则要比产业链更为宽泛、丰富，它既包括产业间的联系，还包括产业及其他相关机构间的联系，而且还强调空间的集聚性。关于价值链，是1985年哈佛商学院迈克尔·波特（Michael Porter）在《竞争优势（Competitive Advantage）》一书中提出的。他认为："每一个企业都是在设计、生产、销售、发送和辅助其产品的过程中进行种种活动的集合体。所有这些活动可以用一个价值链来表明。"企业的价值创造是通过一系列活动构成的，这些活动可分为基本活动和辅助活动两类，基本活动包括内部后勤、生产作业、外部后勤、市场和销售、服务等；而辅助活动则包括采购、技术开发、人力资源管理和企业基础设施等。这些互不相同但又相互关联的生产经营活动，构成了一个创造价值的动态过程，即价值链。

约翰·沙恩克和菲·哥芬达拉加（John Shank and V. Govindarajan，1993）所描述的价值链要比波特的范围更为宽泛一些。他们认为："任何企业的价值链都包括价值生产活动的整个过程。这个过程包括从最初的供应商手里得到原材料直到将最终产品送到用户的全过程。"这一观点把企业看成是价值生产过程整个链中的一个部分。后来彼得·海恩斯（Peter Hines）从价值实现的最终目标出发，把波特的价值链重新定义为"集成物料价值的运输线"。然而，迈克尔·波特等提出的价值链主要是指企业价值链。但事实上，企业价值链是产业价值链的一个重要节点，产业价值链又是产业集群价值链的重要组成部分。如果把产业网络若干节点之间的对接称为链接，企业—产业—产业集群的节点之间的通道则称为链接路径。而一个路径由多个系统链接组成，并且每个链接都是系统动态变化的，不同的路径包含一个或若干个共同的链接，这就构成了产业集群链接系统。

综合以上观点，我们可以将科技产业集群链的概念理解为：科技产业集群链接是指为了谋求长远的竞争优势，按产业集群的发展规律，以科技产业集群为链接对象，跨空间、产业和所有制，通过企业、研发机构、政府、科技中介、金融机构等加强功能相近或产业链上存在上下游关系的科技产业集群之间的交流与合作，实现生产要素的合理配置和有效流通，调整和构筑研发、资本、市场等组织，从而形成若干科技产业集群为核心的产业集群和辅助产业集群协调发展的集群网络。例如，美国旧金山硅谷高科技产业集群、底特律汽车产业集群、西雅图飞机制造业集群，德国奥芬堡和海德堡印刷机械制造业集群，日本丰田汽车产业集群，印度班加罗尔电子软件产业集群，等等。

科技产业集群链一般分为四个层次：

1. 区域性科技产业集群链，即国内某一区域内相关科技产业集群的链接体系；

2. 地区性科技产业集群链，即一个国家内部的相关科技产业集群的链接体系；

3. 跨国性科技产业集群链，即多国之间，至少两个国家间的相关科技产业集群的链接，这一链接体系就属于跨国科技产业集群链接体系；

4. 全球性科技产业集群链接，即从全球范围，至少两大洲间的科技产业集群的链接，就属于全球科技产业集群链接体系的范畴。

科技产业集群链是由价值环节及其专业内部关系、专业之间的有机关系联结而成的“全产业链”系统。是从价值生产过程中最基本的原材料和零部件的供应商开始，经过价值生产过程中的产品和服务提供者——制造商，到最终的消费者等各个阶层，并在原料和零部件的处理与再循环中达到顶点和价值再循环的过程。价值链的每一个活动既会增加消费者从企业产品中获得的收益，也会增加企业在生产、销售产品过程中的成本。因此，科技产业集群一般是一个高端选择的战略系统，它围绕企业竞争和产业价值链，在对科技产业的系统结构和科技产业进入利润区的成长过程的基础上，建立带有共性特征的集群竞争模型，并对集群布局结构进行理论及其模式的系统归纳，寻求产业价值链高端（主要集中在设计、研发、关键零部件、高端制造和市场、服务领域）的战略系统及运作体系（见图 13-1）。

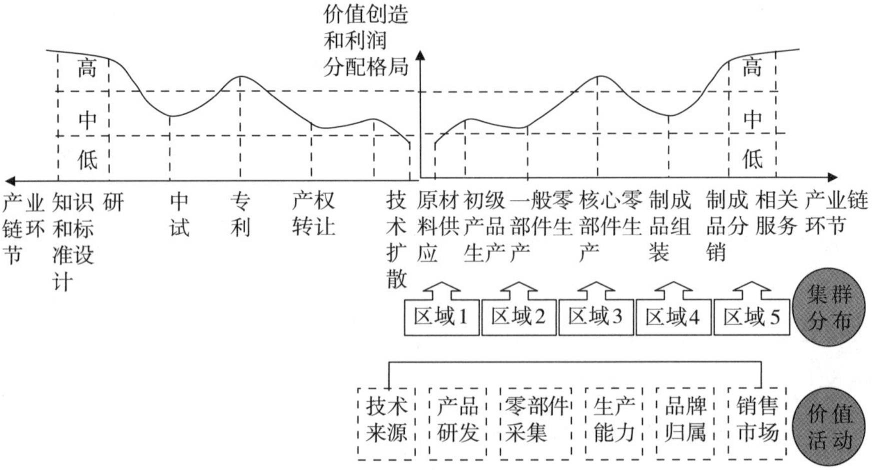

图 13-1　科技产业集群及其价值链

在实践中，一般影响科技产业集群价值的链接活动无法与其他活动分离开来，任何一项价值活动都会对其他价值活动产生直接或间接的影响，进而影响创造的价值。这就需要估计每一活动创造的增量收益，以及与这一活动相联系的增量成本。当不同阶段生产的产品用市场价格来衡量价值时，我们就可以估计价值链的特定部分所创造的附加价值，然后依据附加价值的大小，找出价值链的主要环节。这样就可以集中有限的资源，将其投入创造增量收益最大的环节之中。

二、科技产业集群链异同

以上科技产业集群价值链的描述，我们看到，科技产业集群与一般产业集群链在本质上是相似的。但不同的是，科技产业集群链具有更为突出的专业分工标准、生命特征、环境影响敏感以及网络范围更广泛等特征（见表 13-2）。

1．系统网络构成

科技产业价值链的各个组成部分是一个有机的整体，相互联动、相互制约、相互依存，每个环节都是由大量的相关企业构成，上游产业（环节）和下游产业（环节）之间存在大量的技术、信息、资金等方面的交换关系。同时，科技产业价值链之间相互交织，呈现出多层次的网络结构。通过完善科技企业、研发部门、供应商等大量利益相关者的网络化组织，科技产业集群链进一步增加价值交换量和递增过程。并且由于专业化分工和服务外包的影响，科技产业集群链网络布局更加广泛，区域合作更为紧密。

2．专业分工标准

科技产业集群链独有的知识、科技的标准和要求，导致专业化分工标准往往高于传统产业集群。国内外大量的科技产业集群的关联性、协作性和链接不健全等问题，大多源于链接企业、机构的专业化分工标准的异同和差别。专业化分工标准的异同或差别造成了上下游产业链接能力的失衡，无法形成集群整合优势，从而成为科技产业集群发展的瓶颈。

3．生命特征突出

科技产业集群链是一个类似生命的有机整体，具有规律性、动态性的生命周期。按照孕育、成长、成熟、衰败或演变进行调整和变化。受生命周期的影响，科技产业集群链的阶段性衔接和协调的要求较高。随着科技创新孕育、成长、成熟、衰败或演变，衍生一系列的制度等要素变化和动态调整，形成优胜劣汰的竞争机制和链接共生、成长、竞争、自组织、自适应和共同进化的现象。

4．环境影响敏感

科技产业集群的链接对环境影响的敏感度高于一般产业集群。科技产业集群链高度依赖知识扩张、科技转移以及人才、资金和信息等资源的支持，而且依赖于国内外政治、经济、科技等战略环境变化。对本国或地区的制度、政策、文化等环境因素的影响十分敏感。

5．链接循环发展

科技产业集群具有链接循环性的特点。价值增值实现的过程是一个不断循环的过程。这一特点，对于参与价值链的、持续经营的科技产业集群形成与发展具有重要的意义，也有助于科技产业集群链接价值的可持续发展。科技产业集群实现有效的循环，不仅降低了集群链接成本，提高了产业集群竞争力，而且实现了科技产业集群循环体系的建立。

6. 价值增值突出

科技产业集群链的价值增值十分明显。以科技创新支撑的产业集群价值增值环节不断衍生和扩展出新的市场、新的产品和新的企业。在不断加大集群链价值增值环节投入的情况下，科技产业集群链的增值效应日益突出，并将进一步实现集群增值及效益的滚动发展。

表 13-2 科技产业集群链与一般产业集群链的特征异同

特征	产业集群	科技产业集群
组成要素	以生产企业为主体，供应商等支撑机构的聚集系统	以“产、学、研、府、资、介”等系统体系，支撑科技企业的主体地位
整体特征	各种相关企业相互链接及影响，构成统一整体	“产、学、研、府、资、介”等相互链接及影响，构成统一整体
层次特征	产业集群、产业、企业	科技产业集群、科技产业、科技企业
空间特征	聚集于一定的地理范围	跨区域聚集，网络聚集范围更大
多样性	各种类型企业和产业	基于专业分工的科技企业和产业
生命周期	产生、发展、成熟、衰败或演变	产生、发展、成熟、衰败或演变，衔接要求高
适应能力	借助政府调节具有自我调节和适应能力	借助政府调节具有自我调节和适应能力
环境影响	受环境影响，也在一定程度上影响环境	受环境影响，也影响环境，但对环境影响更敏感
发展方式	优胜劣汰，共同进化	优胜劣汰，共同进化

随着全球科技经济发展，科技产业集群价值链接的特征也在发生变化，逐渐呈现出从企业内部走向外部、从企业走向产业、从区域内走向跨域、从单一价值链走向价值链体系的发展趋势。

三、科技产业集群链模型

科技产业价值链是一个科技产业延伸到其他相关产业的一系列不同价

值运行环节的结合。在科技产业集群内，高度专业化的分工，形成大规模的生产和销售网络，大大降低了生产和交易的成本，形成了科技产业集群链接各环节的合力，造就了主导产业强劲的竞争力。由于产业集群的优势和效应，科技产业集群中任何一个企业或部门都居于产业价值链中的一个或多个链节上。在科技产业价值链上，每一企业既是供方又是买方，科技产业价值链中的企业互为现行的或潜在的竞争对手，企业面对一系列不同的竞争者。企业需要区分每一个价值增值环节的成本、收入和相应资产配置以测算经济效益。因此，科技产业集群链可看成是为实现科技产业环节的专业分工、价值关系而建立的一系列有序的链接体系。如图 13–2 反映产业链接关系及其集群形态。

图 13–2 集群链接模型包括由研发设施、科技中介、公共服务平台、制

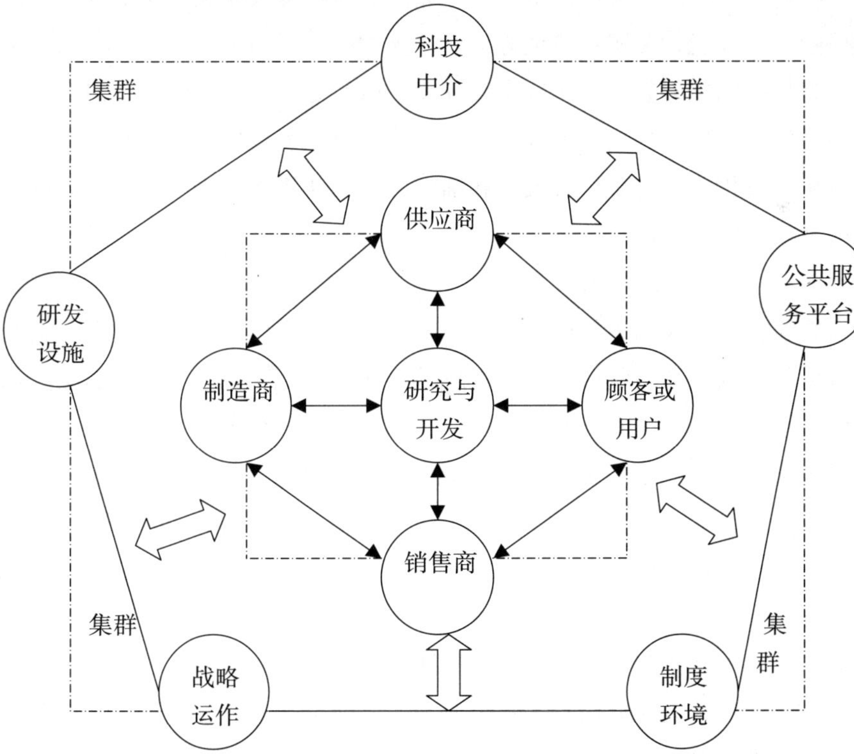

图 13–2　科技产业集群的链接模型

度环境、战略运作组成的外环，属于科技产业集群的辅助层次价值活动系统。它们作为链接体系的基础支撑系统，通过研发、科技咨询、政策、市场和资本运作等活动将集群的核心层次的价值活动链接起来，直接或间接影响科技产业集群相关环节的作用。同时，这些直接或间接的影响，导致核心层次的价值产生新的状态，反过来又会影响辅助层次价值链接活动的展开。

在科技产业集群链接模型中，由集群的核心层次价值活动组成的内环属于链接体系的核心。其中，研究与开发作为核心环节具有关键的作用。一般研发环节形成的创新成果将牵引或影响着其他四个环节的活动，而其他四个环节的活动，特别是市场需求的动态变化又反作用于研究与开发活动，并影响着科技产业集群创新周期的变化。

在科技产业集群链接模型中，企业、政府机构及相关中介机构，如行业协会、研究机构和职业培训等形成的支撑体系，组成了经济、社会、文化等多层面的集群复合体。这个支撑体系虽然是一种辅助作用，但其影响往往超出其他环节的作用。因此，集群价值链因素可以分为核心层次和辅助层次来分析，但有时核心层次和辅助层次的作用难分难离，往往通过互动因素加以分析判断。

在科技产业集群链接模型结构中，系统互动形成了集群环节的对接，各个系统都有明确的集群链接定位。从集群链接整体分解模型出发，集群链接作为系统组合，具有其各个组成部分或集群子系统不具有的功能。在关联的集群互动过程中，通过发挥其交互效应，进行规模交易，降低成本，规避风险，提高效率和效益，以实现集群效应的溢出。集群链接各个环节之间通过协调发展，将避免产业竞争中的无序行为，有利于降低竞争成本。

四、科技产业集群链接体系

科技产业集群链接的最终目的，是通过资源的合理配置提高集群主体的创新能力，增强集群链合体的竞争能力。竞争压力、科技发展、制度创新、政策变动、资源有效整合、企业间合作的加强等，都是影响或推动科技产业集群链接的主要因素。资源的配置主体主要包括企业、科研机构、政府、科技中介、金融机构等，这些主体也同时处于科技产业集群链接体系的结点。集群链接的关键在于资源的有效流通，包括技术、人才、资金、信息等，利用链接网络建立资源配置的模式，达到资源配置与网络创新系统的有效结合（见图 13–3）。图中，外围的实线框代表科技产业集群链接体系，虚线框代表科技产业集群的链接平台。集群内的主体分别发挥各自的优势，履行各自的职能。

从图 13–3 可见，企业、研发组织、政府、科技中介、金融机构等构成了科技产业集群的链接平台。其中，不同科技产业集群间的链接是通过企业、研发组织、政府、科技中介、金融机构的系统作用实现的。一个科技产业集群具有规模经济潜力并处于市场竞争最有利的地位，主要取决于研发组织的支持程度及其创造力。研发合作是实现科技产业集群链接的主要动力之一。由大学、研究机构和企业等组成的研发组织作为知识与创新源头，有效地促进了科技产业集群中知识、信息、技术等的扩散，为集群链接实现系统创新提供了有力的支持。科技中介的专业化服务，为网络中的信息、技术、人才、资金等要素流通铺设了一条管道，使集群内外不同行为主体能够采取合作的运作方式，在相互作用、相互激发中，取得“整体大于局部之和”的效果。科技中介在科技产业集群的链接体系中起到了“穿针引线”“铺路搭桥”的作用。政府主要运用设计、政策、法律来引导科技产业集群的发展，为集群营造适宜的发展环境，使集群链接过程中做到有法可依、有政策可循，避免不必要的资源浪费和利益纠纷。当不同区域的科技产业链接过程受到政策、法规等限制时，需要政府出面，从双方的长远利益出发进行协调。资金是一切经济活动展开的前提，信息的流通、政策的制定和遵循、基础设施的建设与保护、人才的引入与培训等都需要资金的支持，特别是高新技术的研究开发，更需要在大量资金的支持下由多方共同完成。因此，只有金融机构提供了必要的资金，科技产业集群的链接才有实现的可能。同时，不同的投资流向将直接引导集群链接的方向和集群在链接体系中的地位。如果有大量资金流入某个科技产业集群，则表示该集群良好的发展前景，集群主体各项活动能充分展开。该集群在链接体系中有可能出于主导地位。同时，科技产业集群链接平台的成功运行，还需要协调机构及各种非营利性战略联盟的支持。

科技产业集群的有效链接将能够实现资源在集群内外的共享与合理配置、集群创新能力的提升和产业结构的优化，从而提高了集群主体的盈利水平，增强了集群联合体的综合竞争能力。整体实力的提高带来了技术水平、研发力量、资金实力、合作强度等方面的提高，从而创造了良好的创新环境，形成了科技产业集群网络化，进一步加强了集群联合体的交流与合作，促进更高水平的科技产业集群链接的实现。因此，科技产业集群的链接应该是循环往复的网络化过程，而不是一次性合作即宣告链接关系结束的单向运行过程。

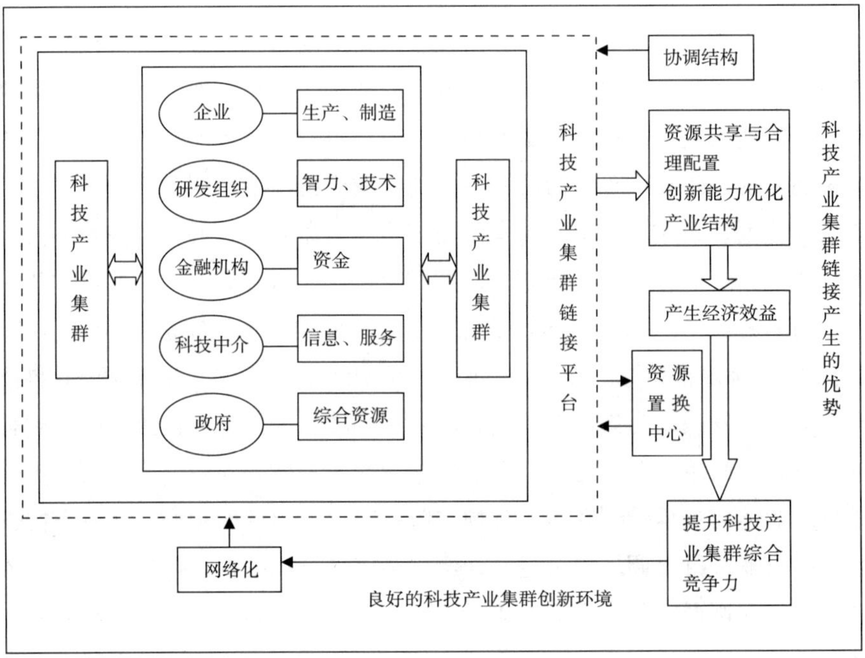

图 13-3　科技产业集群链接体系

五、科技产业集群链接结构

科技转移、“产、学、研”合作以及资源共享是实现科技产业集群链接的主要方式。科技企业、大学、研发机构、科技中介、金融机构、政府等科技产业集群主体采用不同的合作、交流方式，通过对科技、知识、资金、法规政策、物质资源等要素的有效运作和合理分配，实现科技产业集群链接的有效节约集群交易成本和组织成本，并通过科技扩散、增加就业等方式产生积极的外部溢出效应。不同的实现方式带来了不同的链接结构。我们将科技产业集群的链接结构分为科技转移型、产学研合作型、资源共享型。

（一）科技转移型

就科技转移型集群链接而言，科技产业集群源于科技（企业、项目等）引进的以下优势：缩短研发和应用周期；降低成本、缓解企业发展的资金瓶颈；提供最有效的与国际科技发展前沿接轨的通道。根据英国学者詹姆斯·马丁的统计，人类知识的倍增周期，在 19 世纪为 50 年，20 世纪 80 年代末几乎已到了每 3 年翻一番的程度。新理论、新材料、新工艺、新方法的不断出现使知识老化的速度迅速加快。在这样的背景下，通过科技（企业、项目等）引进直接或间接获得集群外部的先进科技，省略了前期的研发成本，相对成本较低、花费的时间较少，可以较快地进入产业科技的前沿。从图 13–4 中可以看出，在科技企业、大学、研发机构、科技中介、政府等的综合作用下，科技产业集群通过科技转移或扩散的方式实现了链接。科技转移的成功是转让、引进方在多方共同努力下完成的。基于特定科技和产业形成的科技产业集群，在法规政策等方面的引导下，吸引着拥有先进科技的供给方。此外，科技产业集群对于吸收外部科技的优势在于：首先，以科技企业作为“过滤器”选择先进科技，避免不适用、重复引进以及造成浪费；其次，中心企业与外围企业形成引进梯队，进行分工协作、积极扩散科技。而在新建或科技水平较低的集群内，科技企业自身力量薄弱，研发能力不足，很难拥有先进的科技，它们需要引进先进的科技来提高竞争力和盈利水平。科技中介在供、需双方之间起到了牵线搭桥的作用，为供给方寻找恰当的需求方，帮助科技需求方寻找合适的科技来源，以及科技消化、吸收需要的资源。金融机构则起到了基础保障的作用，提供的资金是开展科技转移活动的基本前提。

从科技输入方在科技引进过程中的行为来看，科技产业集群之间的科技转移过程可以分为科技的获得、消化吸收和基于引进科技的创新三个阶段：第一阶段是科技的获得。这一阶段实际上是科技转让方和引进方的相互博弈阶段。科技引进方要根据自己的需求及实力等在科技中介的协助下搜寻相关信息，科技转让方也会根据自身利润最大化原则确定科技输出的具体内容和方式，然后双方都会在成本和受益的初步估算基础上做出决策，形成科技转移的意愿。第二阶段是消化吸收。这一阶段，为促进新科技在引进方的消化吸收，科技转让方和引进方需要共同设计对引进方的科技指导、人员培训，引进方要调整自己的资源为科技本地化提供良好的平台。此时，引进方需要与集群内或区域内的大学、研究机构形成紧密的合作关系，大学、研究机构利用自身的科技、知识优势加速新科技的消化吸收。第三个阶段是创新。科技引进方在消化吸收引进科技的基础上，根据本区域、本集群或本企业的实际情况对引进科技进行适应性改造、研发和创新。对于引进科技产业集群而言，这是科技转移的理想状态，也是最大化实现科技转移的外溢效应的状态。

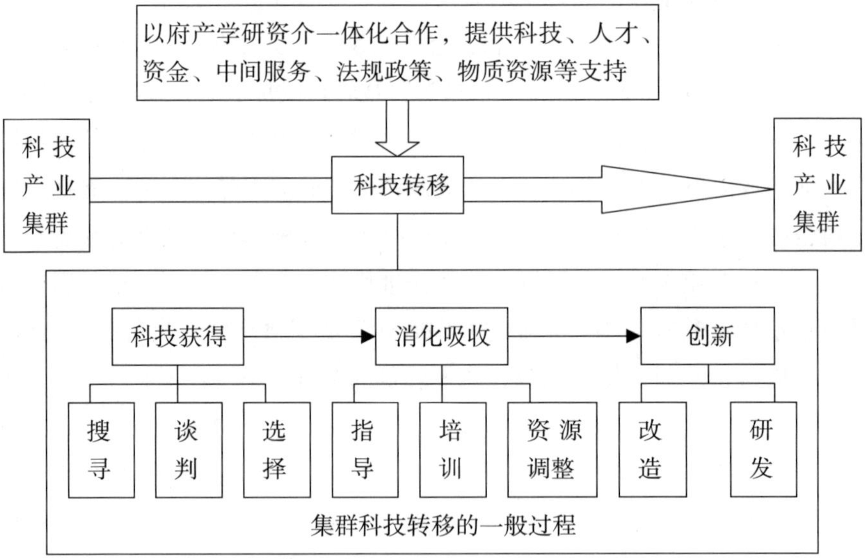

图 13-4　科技产业集群的科技转移型链接结构

（二）“产、学、研”合作型

“产、学、研”合作是以企业、大学和科研院所为基本主体，政府、中介机构、金融机构等为相关主体，通过内外部环境要素的作用，共同搭建产学研合作为纽带的科技产业集群链合体（见图 13–5）。

“产、学、研”合作型的科技产业集群链接结构，其内部主体是企业、大学和科研院所。企业在产学研合作创新中起着导向性和渠道性的作用，为大学或科研院所提供资金、人力资源的实践场地、市场需求信息等，以满足自身科技创新的需求，同时也获得大学或科研院所的人才、科技、知识以及科研成果。大学为其他组织提供知识产品和人才资源，是科技活动的主要参与者，并在政府、企业、金融的支持下进行基础研究和应用研究，发挥人才培养、科学研究和社会服务的功能。科研院所，一类是政府部门的直属院所（科技使用单位），基本上从事基础研究，受政府直接支配和调控；另一类是指自主经营、自负盈亏的社会独立法人实体，它们往往是从事业单位改革或发展过来的组织机构，具有企业的性质，已不属于政府直接管辖，一般在某些领域有强大的科研力量。

在“产、学、研”合作创新的过程中，还有其他的参与主体，通常称之为外部主体，例如政府、中介服务、金融机构等。政府针对不同的内外部环境和掌握的政治上和经济上的主动权，制定政策和科技发展战略，强调科技与经济共同发展，推动科研与生产相结合。中介机构主要是提供信息咨询和成果转让的渠道，包括：为企业提供科研成果、高新科技发展动态等最新的信息；将企业的科技难题提供给大学和科研机构，为大学和科研机构寻找合作伙伴，使科技成果尽快从实验室走向市场；根据政府制定的产业发展规划，提出研究课题，牵线搭桥，促成产学研各方的合作。金融机构为“产、学、研”合作中的各项活动提供资金支持。

如图 13–5 所示，科技产业集群通过“府、产、学、研、资、介”间的协调发展、共同作用，形成集群链接体系。其中，“府、产、学、研、资、介”合作既是相互协同的过程，又是各自与外部环境之间相互适应、相互作用的互动过程。因此，“府、产、学、研、资、介”的合作行为，实际上是在各种制度及环境变量的约束下，各种组织为了各自利益相互作用，创造新知识、新技术、新业态和新产品的过程。合作组织面临的外部环境包括科技环境、市场环境、制度法律环境和社会文化环境等。

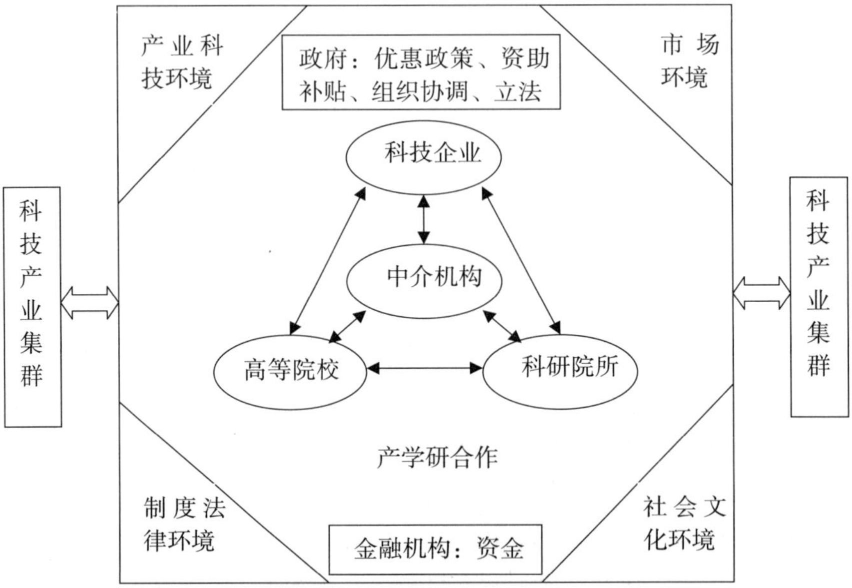

图 13-5 “产、学、研”合作型科技产业集群链接结构

1．科技环境。科技环境是指一个科技产业集群的科技发展轨迹、科学知识存量和科技政策等，它是集群创新和科技发展的基础。科技产业集群只能在已有的科技环境中获取所需的知识转化，良好的科技发展水平可以推动集群科技创新和合作行为；相反，如果发展环境不佳，也可能对科技创新活动产生制约作用。由于新科技颠覆不断，科技环境动荡多变，将更加难以预测。科技不确定性增加，产品和科技生命周期缩短，研究开发的成本和风险增大，科技边界模糊。这些趋势已成为“产、学、研”合作的直接动力。

2．市场环境。市场组织环境包括产业组织环境和市场全球化环境。迪奥（Dio）对市场集中度与合作行为关系的考察发现，在市场集中度比较低的完全竞争条件和在集中度比较高的垄断条件下，“产、学、研”合作创新行为都不易发生，而中等集中度的垄断竞争市场环境是合作创新行为发生的最优产业组织环境。市场全球化是最近几十年来世界经济中发生的最大变化。莱维特（Levitt）归结了全球化的基本特征：产品标准化、科技与生产工序的标准化、消费者偏好的趋同。市场全球化导致跨国公司的迅速发展，提升了科技产业集中度，促进了“产、学、研”的合作与发展。

3．制度环境。制度法律环境包括科技创新产权制度和政府的有关科技立法。制度经济学家诺斯指出：一个社会如果没有实现经济增长，那就是因为该社会没有为经济方面的创新活动提供激励。也就是说，没有从制度方面去保证创新活动行为主体应该得到的最低限度的报偿和好处。“产、学、研”合作的水平在很大程度上归结于产权激励制度的完善及利益的驱动。随着国际竞争不断加剧，各国政府纷纷立法以鼓励科技创新和“产、学、研”合作。以美国为例，1980 年通过的《史蒂文森—怀德勒科技创新法》和《贝赫—多尔大学与小企业专利法》是具有里程碑意义的科技立法，1984 年颁布的“国家合作研究法”更是突破了《反托拉斯法》长期对大企业合作研究的法律限制，为大企业的合作创新营造了良好的制度环境。

4．社会环境。“产、学、研”合作型的科技产业集群链接结构的社会文化差异，在企业、大学间的合作显得尤为突出。大学等科研机构的创新目标是知识的生产和传播，企业的目标是生产新产品和提供新服务，以面对高速竞争的市场；大学预期的创新成果使概念、假设、模型等理论突破，而企业期望的是实实在在的产品和市场绩效；大学关注的是创新的深度和理论价值，而企业关注的是市场压力、投入产出等财务指标。“产、学、研”之间的目标差异，造成了大学文化追求的是自由的学术探索，而企业则是一种以功利性为内涵的文化。因此，在合作型科技产业集群的链接结构中，“产、学、研”合作必须通过具体的运作模式才能充分利用有利的环境因素，实现组织的预期目标。

（三）资源共享型

资源共享是集群生态效应的直接或间接反映。资源共享型科技产业集群的链接结构，如图 13-6 所示。集群之间通过共享市场、人才、科技、供应商、物质资源等链接，实现了集群人才的流动以及跨行业、跨部门资源的流动。在资源共享型的科技产业集群链接体系内，集群之间不仅表现为一种上下游之间的供应链关系，也表现为群体相关企业通过链接中枢或互动平台，共用相同的资源、共享共性科技以及共占潜在市场，形成学习型、扩散性的广泛溢出效应。在整合过程中，网络化的知识传播与使用越来越不受限制，区域社会化分工进一步深化，企业之间、集群之间的比较差别会越来越大，它们的生存性、利益性合作也日趋广泛，相互联结的网络或渠道也会越来越复杂。通过数字化的平台建设，形成集群企业或集群之间的资源共享、信息传递的驱动力。知识传播、资源共享代替资源分割、知识“交换”。区域间的信息迅速传递，知识流动加快，科技扩散更加简便，同时由于共享要素资源，集群之间往往存在广泛认可的协调机制与规则。

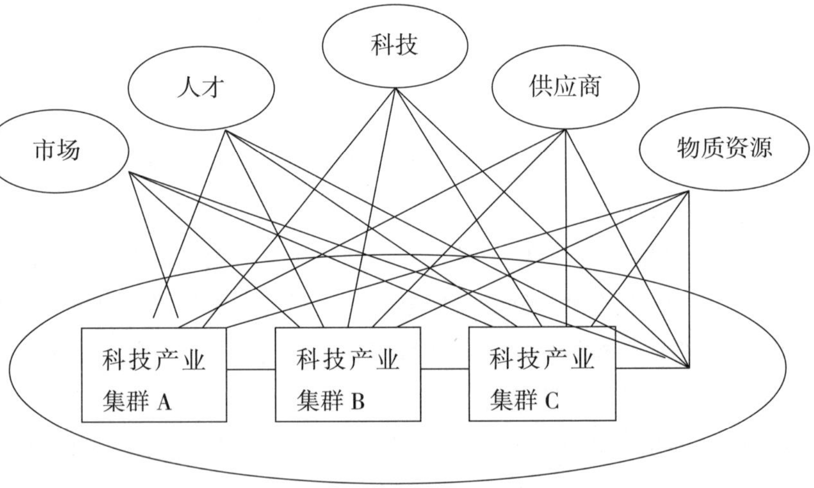

图 13-6　资源共享型科技产业集群链接结构

科技产业对劳动力的就业素质要求较高，通过这类型的链接可以对劳动力技能的培训在集群内外形成一定的规模，熟练劳动力可以在各集群之间实现共享。同时集群企业之间不存在任何的交易关系，致使相互之间的联系相对松散。通过链接，可以将某些环节的优势在最佳的集群发挥出来，从而可以实现多个集群的资源共享。以多媒体产业为例，在美国加利福尼亚形成的多媒体产业集群有：游戏产业集群，教育产业集群，多媒体商用品和科技服务的企业集群，其他娱乐产业集群。这些集群在专业化方向上有着明显的区别，它们不只是区位上邻近，更重要的联系就是共担风险、共享资源。

资源共享型科技产业集群链接结构的运作机理，主要在于建立强大的中间组织，提供可共享的基础结构：管理、科技、市场或资金等。如果集群所在区域之间各自为政，将无法实现资源共享型科技产业集群链接，因为这种链接的效应主要来自对公共性资源的投入，如对共性科技的研发、专有科技型劳动力市场的形成等。公共产品的供给一经形成就无法排斥不付费的消费者，不可避免地会产生外部经济性，而中间性组织的投资可以更好地避免群体企业之间的“搭便车”行为。因此，在科技产业集群共建中间组织机构，可通过集群组织之间的学习互动、知识溢出以及相关与不相关的资源共享，形成多途径、多元化的互动溢出效应，并以发挥产业集群的资源共享、学习互动等优势，从而取得最佳的链接效益。

第三节 科技产业集群创新机理

一、科技产业集群生命周期

科技产业集群能够形成竞争优势，取决于产业集群从一诞生开始就能够通过自组织而不断发展。但集群特性也是一柄双刃剑，其自身特性也可能使其面临失去竞争优势的风险，导致产业出现衰退。波特（1998）认为，集群产生后就处于动态演化中，可能因为外部威胁（如技术间断、消费者需求变化等）以及内部僵化（由于过度合并、卡特尔、群体思维抑制创新等）而失去竞争力。迪奇（G. Tichy）在佛农的“产品生命周期”基础上提出了区域产品周期理论（Regional Product Cycle），他据此论述产业集群生命周期以及由此产生的结构性风险（Structural Risk），认为一个区域过于依赖一个产业集群，如果某个产业或产品走向衰退，可能拖垮整个区域经济。弗里茨（O.M.Fritz）等在迪奇研究基础上，分析了经济周期对企业集群的冲击——周期性风险（Cyclical Risk）（O.M. Fritz 等，1998）。国内学者分析了产业集群在其生命周期的不同阶段存在不同的风险，特别是在成熟期存在恶性竞争的风险、“柠檬”风险（由于信息不对称而导致的低质量产品企业驱逐高质量产品企业，从而出现集群内产品质量下降的风险）、环境应变能力僵化的风险、创新能力弱化的风险，从而导致集群走向衰退（王云平，2006）。

那么，科技产业集群周期性变化与科技产业演变范式有何不同？（参阅

本书第三章）

从理论解释，两者实质上均为内外因素作用的结果。外部因素理论认为，周期性变化在于制度以外的某些因素的波动；内因理论则认为，在制度内部寻找引起周期性变化的机制，扩展孕育着衰退和收缩，收缩又孕育着复苏和扩展，因而始终处于一个有规则、重复性的链接之中。但不同的是，科技产业集群是一个时间和空间分布的、以科技进步支持的产业集群，这样一个以“群”为特征的演进过程，具有孕育、成长、成熟和衰退四个阶段的生命周期性变化：

第Ⅰ阶段（孕育阶段）：这一阶段是科技产业集群的核心能力和聚集能力的形成期。由于核心能力的异质性，受知识溢出和成果转移地理位置的影响以及合作交易成本的不确定性，科技产业聚集形式大多数属于战略联盟或协议合作关系，集群链接尚未完全形成，正处于一个孕育发展的过程。

第Ⅱ阶段（成长阶段）：随着科技产业集群以系统创新为主导的核心能力和聚集能力的形成，更多的科技企业、研发机构和供应商、投资商等进入科技产业集群。科技产业集群规模和布局迅速扩张，创新能力越来越强，聚集度越来越高，并逐步建立起规范化的产业链接体系。在这一阶段，科技产业集群由于成长性好，其技术集聚性、高附加值以及有效的知识、技术溢出机制，具有强大的研发和创新优势。

第Ⅲ阶段（成熟阶段）：在科技产业集群规模扩张和知识溢出的基础上，集群性研发、生产、营销等价值体系已经形成。科技产业集群迅速扩张并日益呈现出完善、规范、成熟的集群形态和结构系统。科技产业集群进入成熟阶段并呈现出繁荣的景象。这一阶段的发展动力主要来自于制度创新、科技创新等，大批科技成果迅速实现产业化、商品化和市场化，产品和工艺不断被更新，企业链接竞争和外包合作进一步加强，科技产业的投入产出进一步趋向合理和有效。

第Ⅳ 阶段（衰退阶段）：制度创新、科技创新等的减弱，使之无法形成新的产业替代和转型动力，将导致科技产业集群进入衰退期。从内部来说，科技产业集群衰退是因为核心能力的失去。从外部因素来说，是市场优势的丧失。具体因素是难以适应需求市场的变化和新的创新成果还没有取代传统技术，并成为主导产业集群进一步发展的动力。

科技产业集群由于其核心技术集聚性、高附加值以及有效的知识、技术溢出机制，具有强大的持续创新优势，使它同传统集群有着根本性差异。这种差异主要表现在：科技产业集群注重核心竞争力及其研发合作，传统产业集群注重集群内的专业分工与分包合作；科技产业集群要求具备高素质的科技人才，传统产业集群主要基于劳动密集型和已有的竞争优势；科技企业的寿命比较短，风险比较大，传统企业寿命比较长、风险比较小。这些都导致科技产业集群生命周期同传统产业集群阶段性的生命周期存在差异（图 13–7）。

如图 13–7 所示，在第Ⅱ阶段，科技产业集群处于成长期时，传统产业集群因技术落后或难于引进技术，尚处于孕育期。在第Ⅲ阶段，科技产业集群进入成熟期，通过集群内社会关系网络和知识、技术溢出机制，创新在集群内迅速扩散，科技企业基于较低的交易成本获得技术优势，从而延长了集群的黄金周期。此时传统产业集群虽然进行了一系列创新，但由于缺失科技集群所拥有的技术优势，其周期相应滞后。在图中Ⅳ阶段，科技集群进入衰退阶段，而传统产业集群则处于成熟阶段的后期。

从上面分析，可以得出以下结论：（1）传统产业集群生命周期的每一阶段都滞后于科技集群生命周期；（2）传统产业集群的孕育期比科技集群的长，但成长期、成熟期比科技集群的短，尤其是黄金阶段——成熟阶段，前者要比后者短得多。

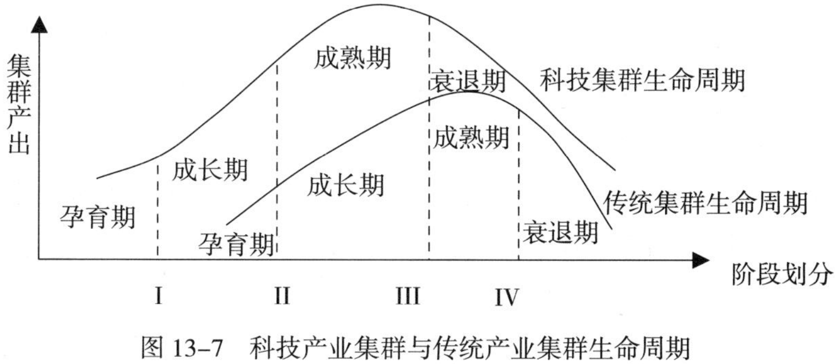

图 13–7 科技产业集群与传统产业集群生命周期

二、持续创新与非持续创新曲线

科技产业集群进入衰退阶段的主要原因之一，是科技产业创新的非持续性。换言之，当科技产业的S曲线进入顶端后，如果不能应对科技颠覆，突破非连续性拐点，并跨越到新的增长曲线中，就将迅速衰落；如果持续创新并能够跨越到新产业、新业态中，就将“长风破浪会有时，直挂云帆济沧海”。为此，我们首先对一些基本概念进行区分：

持续创新和连续性创新是两个不同的概念。连续性创新，是就单个企业而言的，是对现有产品的性能、功能的持续改进与完善，从而延长一代产品生命周期的创新方式；而持续创新就单个企业而言是指企业在相当长的时期内，持续不断地推出、实施新的创新（包括产品创新、工艺创新、组织创新和市场创新等）项目，并不断地实现创新经济效益的过程。

非连续性创新和非持续性创新两个概念也是不同的。非连续性创新也称为根本性创新，是指通过创造新产品，破坏、替代现有产品，结束现有产品的寿命，同时又在新的技术轨道上创造新一代产品生命周期的创新方式；非持续创新是指创新效益达到一定程度后，没有进行一系列后续创新，使创新过程经历一次重大创新后就开始出现断层的创新方式。

基于上述概念，需要进一步分析持续创新曲线和非持续创新曲线的差异。

持续创新是从首次创新、二次创新、三次创新设想的依次产生→技术确认→商业化生产的循环反馈的全面运作模式。从微观角度讲，是企业技术范式在经过饱和极限后不断演化的过程。因持续创新是一个时间上和产出上不断持续的过程，且持续创新能力不会严格地随时间均匀地增长，所以持续创新曲线沿着企业创新曲线向上不断延伸，形成一种螺旋式发展、波浪式前进的模式（图13–8）。

非持续创新就时间和产出而言不存在持续性，是存在一系列技术断层的间歇式过程。由图13–9可知，非持续创新曲线在达到一个极值后便开始递减。传统计划经济时代从“落后→改造→再落后→再改造”的创新模式，就是典型的非持续创新。这里需要明确，如果在创新效益丧失去后再重新开始的“二次创新”不属于持续创新。

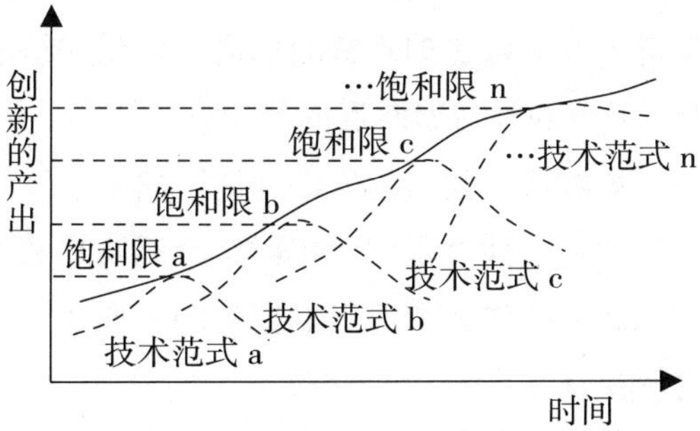

图 13–8 持续性创新生命周期

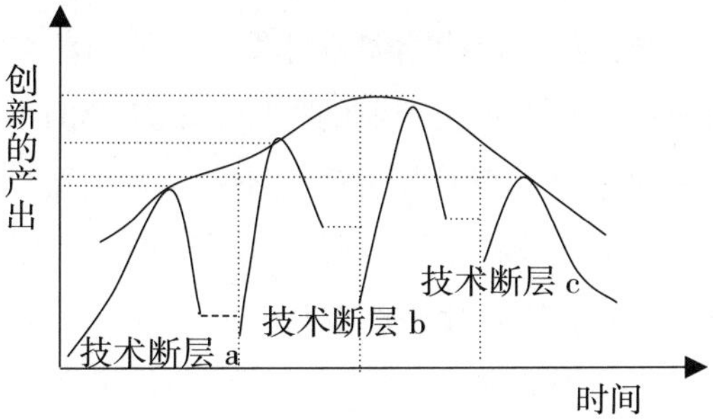

图 13–9 非持续性创新生命周期

持续创新和连续性创新对于科技产业集群的链接具有重要的影响。实现科技产业集群可持续发展必须持续创新，不断形成新的产业集群的核心能力和聚集能力。

三、持续创新的演化机理

基于上述分析，我们得知，集群持续创新生命周期的曲线和科技企业持续创新周期的曲线形状大致相同，都呈现 S 形，并且未发生异化的标准形态都经过孕育期、成长期、成熟期和衰退期四个阶段。科技企业的持续创新周期性运动，客观上决定了集群创新生命周期的走势，集群内科技企业在用各种方式进行创新来延长其生命周期时，客观上延长了该集群的创新生命周期。当集群内核心企业走向衰亡，如果创新无法及时追随，集群也难以持续发展。可以说，集群创新生命周期曲线是科技企业创新周期曲线的包络线。

当然两者也有区别。一个企业持续创新的产生、发展到衰退是企业的持续创新生命周期；而集群的持续创新周期是以群内企业持续创新的数量和质量为标志，是群内企业基于创新链的形成、发展和结束的过程。相对于企业的创新周期，集群的创新周期更长。

需要强调的是，集群持续创新的生命周期不同于集群的生命周期。持续创新是基于创新链的持续性过程，而集群生命周期是基于集群产出的演化过程。集群持续创新系统作为产业集群衍生的无形系统，延伸了产业集群的生命周期与竞争能力。

从集群持续创新的演化过程及其演化周期的总体走势上看，持续创新曲线存在着若干个蜿蜒上升的回峰，这是因为科技产业集群持续创新的演化具有综合特性，是科技企业持续创新过程的多种创新类型、多个创新项目集群的动态集成；是众多科技企业的持续创新路径的不断演化（图 13-10）；是多元的创新主体（产学研资介等）不断实现创新产生→外溢→持续的过程。集群作为一个开放的系统，创新成果遵循“基础研究→应用研究→开发研究→技术创新→商业化→产业化→基础研究”的链环回路。可以说，正是由于技术、知识的溢出，集群链接创新的节点不断变换，形成了集群不断创新、衰而不亡的特征。

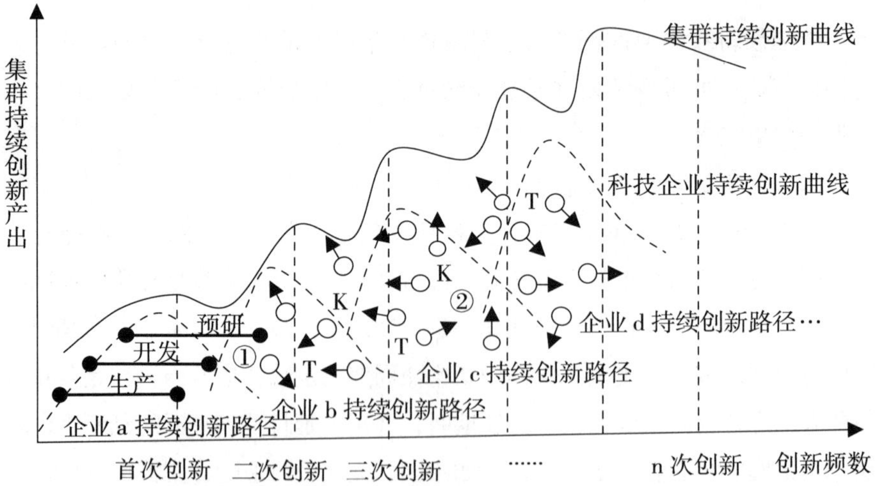

图 13-10　科技产业集群持续创新演化曲线

注：“K”表示集群内扩散源的知识溢出，“T”表示集群内扩散源的技术溢出

持续创新的核心是集群创新过程与效果在时间维度上的持续性与创新主体的核心性，最终目的是实现集群内研发的制度化、动态化，形成科技企业和整个集群持续创新的互动机制。具体的演化有如下过程：

首先，集群持续创新是创新的接续式演进、动能转换与循环发展的过程。其具体模式是：集群内企业在实现一次创新时，开始实施第二次创新并设想第三次创新，在同一创新活动的不同阶段即创新设想、创新生产、创新实现阶段分别依次开始多轮的创新项目，集研究开发、生产、销售三位一体，使科技企业内形成创新路径不断演化的螺旋式上升的流程（图13-10 中的①）。对于科技企业而言，持续创新的核心在于如何保持创新的持续性。当企业的某种技术成为产业主导设计后，技术将沿着该主导技术范式快速发展，当技术发展进入成熟期后（S 形曲线的顶端），技术发展逐渐趋于技术饱和限，创新速度减缓。此时，企业技术创新的持续性表现为，在技术将达到 S 形曲线的顶端时，必须放弃过去成功的技术，进行根本性的技术变革，获得先发优势。

其次，持续创新是创新"扩散"的过程。持续创新的扩散过程是创新由点到线、由线到面扩大应用范围的过程，扩散的主体包括创新的供给者、创新的采用者及科技中介。它包括科技企业间的创新扩散（一般以采用创新的企业数占潜在采用者总数的比率来度量）、企业内部创新扩散（以使用技术创新的产出占潜在总产出的比率来度量）、集群内创新的总扩散（整个集群中使用技术创新的产出所占比率来度量）（图 13-10 的②）。具体过程是：第一，集群内科技企业和科研机构作为创新的供给者，通过创新设想、研发、应用和传播四个阶段实现创新外溢和扩散。第二，创新采用者通过模仿或合作获得率先者的专利技术和知识，促进创新在科技企业间扩散和共享。由于受模仿比率，模型的相对利润率，模仿的相对阀值的不同，扩散的效果存在差异。第三，科技中介机构（信息服务中介、技术转让机构、创新孵化机构）通过发挥沟通、协调、技术实施等功能，建立有效的中介机制（利益机制、调节机制、市场机制等），为创新的持续扩散发挥链接作用。第四，集群内创新的总扩散是通过科技企业、大学和科研机构、中介机构、政府等形成的集群创新价值网络实现。创新网络体系的形成，推动了创新知识的不断产生、流动和扩散，形成自我强化的创新正循环机制。

再次，持续创新是一种持续跟进、波浪式的创新发展过程。科技企业创新的持续性是通过“生产一代、开发一代、预研一代”的创新发展体现出来。科技企业创新的持续性表现为，在科技革命浪潮到来以及重大创新出现后，经由一系列持续创新，并以科技创新的延伸与扩张为起点，以系统性、连续性、衍生性、渐进性创新为基础，形成新的竞争优势与创新群落；整个集群创新的持续性发展是从首次创新、二次创新、三次创新，逐级推移、循环反馈的过程。这三个过程相互作用、互相推进，构成了集群持续创新的形成机理与演化模式。

总之，通过科技企业的持续创新，集群企业内和企业间的创新扩散以及两者形成的持续机制，促使集群形成整个创新阶段不断演化的螺旋式上升，及各科技企业内创新阶段不断演化的螺旋式上升。形象的比喻，持续创新过程就是以科技企业的持续创新为发动机，以持续扩散为两翼，以持续性为航向的动态、循环反馈的运作系统。

第四节　科技产业集群生态化

一、集群生态原理

（一）集群生态化概述

集群生态化是依据产业生态循环机理，通过创新驱动及价值链等作用，对特定地域空间内产业集群系统、自然系统与社会系统之间协调发展，以实现经济科技的可持续发展。新科技产业转型模式与新业态、新技术融合为节约资源，减低生产成本，提高资源效率提供了巨大的机遇。实现这一目标，产业、资源与信息之间实现互动与循环，形成了高效的科技产业集群生态化体系。科技产业集群的生态化就是借助生态学系统研究的方式，利用自然生态系统的规律和产业集群的组织构架，将不同科技产业间关系，通过共享网络及价值链接的协调组合，并与当地的科技、自然和社会基础条件相结合，形成科技产业群落所产生的内生资源和聚集能力，建立良性循环的科技产业生态化、集群化的过程。在生态化过程中，产业的发展以自然系统承载能力为限，对特定空间上的集群产业系统、自然系统、社会系统和科技系统进行协调发展，以实现特定区位之间的整体协调与和谐发展。

与一般科技产业集群模式相比，集群生态化主要特征表现为：

1. 生态性。在科技产业集群系统中，创新和产业沿着产业链由低级到高级，互联互动、循环往复、周而复始，维持了集群各种要素间的生态平衡，保证了网络化、集群性的生态系统持续不断。科技产业集群生态化正是基于自然系统的这种特征和运动规律，构建符合生态规律的价值链结构，其组织结构和运行机制才表现出生态系统的特点及属性。

2. 循环性。与一般意义的科技产业集群相比，生态化的科技产业集群主要以人才、技术等资源的系统综合利用为纽带，通过前向关联、后向关联和侧向关联，构成产业集群循环网络。在运行过程中，以网络链接、前后关联、往复循环，形成以产业链、价值链、生态链的空间生态聚集区。同时，以自组织和他组织的共同影响，推动产业集群的形成、发展和升级。

3. 区位性。区位性是科技产业集群的空间特征。科技产业集群生态化表现出具有生态特征的区位模式，还表现为对共同的生态和资源环境所负有的社会责任。一般情况，科技产业集群生存在相同的区域和生态环境中，它起因于专业性、关联性的科技企业和供应商等以技术、产业链接实现空间聚集的过程。优越的区位优势，相似的历史文化背景，便利的交通、通讯等基础设施，对区域经济、社会和生态的影响较明显，对科技经济发展和产业结构提升都有举足轻重的作用。

4. 协调性。集群是一个自然循环和功能协调的发展系统。科技产业集群不可持续变为可持续，是通过科技创新与产业进化到生态系统的结果。在科技产业集群的战略层面，以协调发展方式做出总量、结构、效益和代际兼顾等目标之间的集群战略配置。同时，科技产业集群在科技扩散、知识渗透与资源整合下，逐渐成为一种与科技、社会与经济协调发展相兼容的产业集群行为。

（二）集群生态化模式

虽然循环经济和科技产业集群生态属于不同层次的范畴，但两者之间却有内在的联系，都以维系生态系统平衡为原则，来实现资源的有效利用和经济的可持续发展。辩证地来说，科技产业集群是生态化的组织依托和载体，循环经济是科技产业集群生态化的前提和基础，两者相互渗透，相互发展、协调发展。并且，循环经济能够赋予科技产业集群生态化发展新的理念和特质，使科技产业集群生态因循环经济而显示出强大的生命力和竞争力。同时，循环经济是科技产业集群生态化的基本原则和理念，决定科技产业集群生态化的组织模式和目标。因此，科技产业集群生态化是循环经济得以实现的微观基础（见图 13–11）。

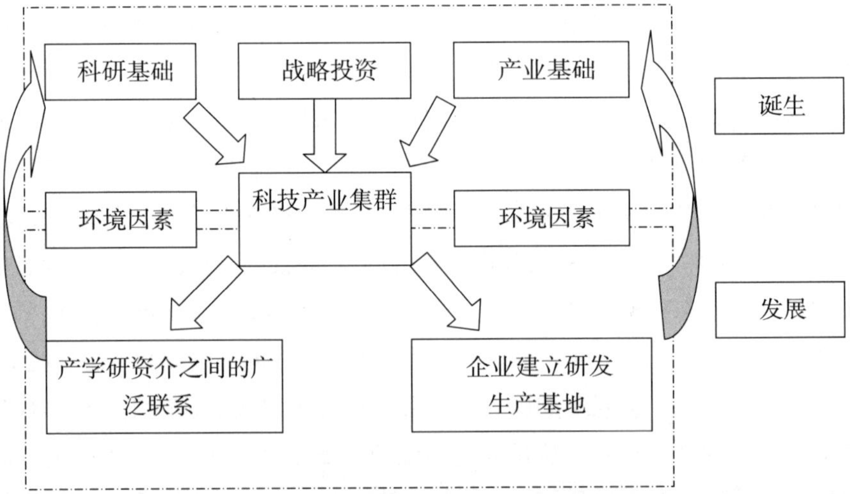

图 13–11　科技产业集群的生态模型

基于集群集聚的断链及利益纠葛等缺陷，科技产业集群链接构建越来越倾向建立共享式、循环型的产业集群生态化模式。这种模式是根据循环经济的理念，建立能够协调各种集群资源的机制，通过产业之间的循环传递，将一个科技产业的部件作为另外一个科技产业的配套，从而实现了反馈结构及循环经济的集群形态。这种模式能够实现产学研资介以科技产业集群的“双赢”。在这一模式中，研发将作为核心环节，为生产、流通、再利用等环节提供技术支持，其研发成果的技术水平的高低直接决定科技产业集群生态系统的运行效率和效益。在具体实践中，基于科技经济的科技产业集群生态化发展模式，需要建立科技生态区。园区内在产业链、生态链上存在上下游关系的产业主体之间通过研发、供应、制造、销售等活动不断进行着能量、资金、技术、人才的交换，在利益最大化原则的指导下充分利用各种资源的有效整合和链接利用。

二、科技产业集群循环

（一）循环经济

20 世纪 90 年代以后，知识经济和循环经济成为经济发展的两大趋势。所谓循环经济（Circular Economy），是指为了实现经济社会发展的可持续发展目标，在社会经济运行过程中，按照生态规律的要求，通过循环利用的方式，来减少资源的投入、减轻环境压力，从而提高资源配置效率的一种经济运行模式。既有的循环经济概念是以物质能量梯次和闭路循环使用为特征。其主要原则是“减量化、再利用、再循环”，体现在科技产业集群实践中，一是围绕科技创新将不同的企业、不同类别的企业之间形成产业生态链，从而达到充分利用资源、减少断链、提高产业集聚规模的目的。二是通过两个或两个以上的生产体系之间的系统耦合，使链接能量多级利用、高效产生并持续利用。以循环经济模式推进科技产业集群化和生态化，使集群内的科技经济要素和资源的配置效率得以提高，达到技术溢出效应的最大化，为本区域创造更高的经济价值回报。

以循环经济理念建立的产业集群体系，是一种系统链接和协调发展的集群发展模式。它要求把集群活动组织成一个往复循环的科技经济的反馈式流程，其特征是为实现产业集群的高科技、高利润、低成本所进行的低消耗、高利用的链接系统过程。它充分考虑了科技资源的充分利用以及企业之间的承载能力和合作能力，模拟生态系统的循环途径和食物链网，将产业集群的科技经济活动形成上下游企业反复循环的闭环式流程。随着新科技革命带来的网络化扩张，循环经济的“以物质能量梯次和闭路循环使用”的特征或许被颠覆。在科技产业集群区域，以数字化、网络化、智能化为核心的产业及集群链，成为开放式生态产业链中的主导链，以跨界、开环、网链为基础，将其他类别的产业与之无缝连接，组成了产业社会化的减负增效的网络生态系统。例如，思科预计，在未来 10 年，借助大数据、物联网和智能资产，通过监控方式，在价值链全程大幅度提高资源利用率。物联网产生的经济价值达到 13.4 亿美元，消除供应链和物流中的浪费以及改善他们的流程，将会贡献 2.7 亿美元。[①] 通过借助网络技术平台以及规模化、互动性的科技资源的循环利用，可实现以最小的资源消耗、最小的成本，获取最大的社会经济效益。为实现可持续发展的科技产业集群经济提供了新的战略范式。

（二）集群循环背景

对科技产业集群的研究主要考虑集群的市场效率和管理效率，即如何更有效地组织生产能够满足市场需求的产品，较少看到科技产业集群发展的资源利用效率和“外部不经济”问题。造成这个认识的原因是忽视了资源约束和环境约束。而随着科技产业经济的发展，资源约束的严重性日益突出，电荒、能源荒、水荒以及土地资源短缺、污染严重等生态环境成本压力接踵而至。

除了资源约束等问题，科技产业集群的生产过程也带来了“科技污染”等问题。科技型企业普遍采用“清洁”的生产经营方式，但工业固体废物和垃圾以及各种有毒物质、气体和放射性物质、淘汰品的回收再利用等问题却日益严重。以美国等发达国家为例，科技产业集群污染主要表现为：对水环境的影响，尤其是对地下水环境的影响，表现为水体功能减退，丧失使用功能；对人体健康的影响，导致各种职业病、地方病等；对空气环境的影响，局域表现为空气质量下降，区域表现为全球气候变暖和臭氧层破坏等；对土壤生态环境的影响，表现为重金属和农药污染物在土壤环境介质间转移；对生物多样性的潜在影响，表现为食物链变异与生物多样性缺失。科技造成的这些污染具有隐蔽性、滞后性、协同性、累积性、连带性和严重性等特征。很多高科技产生污染后，由于受到科技水平的限制，不易被人们察觉和得到足够重视，有的甚至要经过数年或数十年才能暴露或解除。同时，高科技产生的污染多是微量和渐进积累的。在长期影响下，就会形成环境和人体产生累积效应，造成环境污染，危害人体健康。这些

① http: /gesi.org/SMARTer2020.

污染日积月累，就从根本上对大气、土壤等环境造成了不可逆转的污染，对人和其他生命构成了严重的致命危害。

为解决科技产业带来的资源约束和生态环境问题，美、日、欧等发达国家和地区制定了一系列的法规并采取了相应措施。例如，许多国家逐步建立废家电回收利用制度，禁止废旧家用电器的填埋并加强对废弃电池的管理。美国通过立法的方式要求化学产业负责对其产业的工业废水的净化处理。尽管这些措施在一定程度上减轻了环境污染问题，但仍然是一种治标不治本的措施。通过政府的强制力来推行，并没有调动科技产业集群的主体——科技型企业的主动性，从源头上解决资源约束和环境问题。为此，必须建立循环型科技产业集群的运行机制，以高新技术为基础，以资源循环利用为纽带，利用科技集群产业链的前向、后向及侧向关联的关系，形成科技产业集群生态网络。在企业之间建立生态联系，使网络内的各企业相互利用各自的“废物”、副产品和产出，变线性的产业链为产业环，即建立生产者（资源开采、加工的生产者）、消费者（制造商）和分解者（产品消费者和废料处理者）之间的生态网络，从而延长产业链和使产业网络变得更为复杂，达到节约资源和将环境污染降到最低水平的目的。上述科技产业集群发展模式主要基于循环经济的思想，通过科技创新与产业集群生态之间互联互动、循环往复和周而复始，维持生态链平衡，保证集群生态系统持续不断的发展。

（三）循环经济与集群互动

1．循环经济作用

链接性、互动式、共享式的循环经济模式，对于推进集群生态化发展具有重大的作用。新型产业和组织模式提供了价值创造和共享、循环的全新方式，拉动了集群创新及资产利用率。循环流程要求科技产业集群内的企业实现绿色制造、构建企业环境管理系统，开发废弃物回收利用和无害化处理技术。同时，建立区域性的全新工业生态系统。为此，必须以相关的先进科技作为支撑，实现集群资源体系实现网络化运转，资源跨产业循环利用，即实现产业化、社会化运作。同时，随着循环经济、可持续发展等理念深入人心，消费者需求如消费理念、消费方式和消费结构都发生了较大的变化，绿色消费逐渐兴起。据联合国统计署的调查资料，84% 的荷兰人、89% 的美国人和 90% 的德国人在购买物品时都会考虑到产品的环保标准。绿色市场需求的不断扩大以及政策支持力度的加大，将引导社会对绿色经济技术的需求不断增大，直接推动科技产业集群生态结构的变化。在需求扩大和经济效益的诱导下，为满足市场需求、改善产品和服务的质量，集群转型升级出现了加速趋势，相关企业加大研发投入、改善工艺流程。正如 F.M. 谢勒指出，最主要的发明导致投资急剧膨胀，投资增加又促使产生更多改进的发明，而且需求力量促进了发明，即投资越多，就要有越来越多的发明来满足这些行业所需要的资本货币需求。① 循环经济理念带来的科技产业集群结构的调整，也为创新驱动发展提供了更为广阔的空间。

从推动集群结构升级与转型来看，循环经济建设中关键技术与共性技术的突破以及新技术应用能够实现节约资源、减少消耗、降低成本，并加强科技产业集群内企业之间原料、能量等的回收再利用，实现低污染、低能耗、高技术含量、高附加值的产业的发展，并限制不可持续的行业的发展，从而实现科技产业集群内部的产业结构升级及战略转型，推动科技产业的发展和新兴产业的兴起。具体来说，就是通过开展科技产业群体间的循环经济合作和区内的循环经济合作，对科技废弃物进行收集、分类，采用先进技术方式回收其中有价部分，实现物质和能量的循环。在某种程度上，发展循环经济就是对科技产业集群经济结构中缺失的新兴产业部门发展、完善的过程。据有关资料显示，1 吨垃圾可获得 300 千瓦至 400 千瓦的电；每利用 1 吨废纸可生产纸浆 800 千克。又如，目前世界每年生产的钢、铁、铝、锌、纸张总产量中，由垃圾中提取再生资源加工而成的产品分别占到 45%、22%、30% 和 35%；法国每年用于生产铜产品的原料中，有 80% 来自废铜；美国每年用于新闻纸的原料中有 1/3 来自废纸；② 目前，废物回收率荷兰达到 90% 以上，比利时达 87%，丹麦达 81%，日本达 70%，英国达 45%，这些国家或地区加快了“从资源到资源”的技术开发

① F.M. 谢勒：《技术创新——经济增长的原动力》，北京：新华出版社 2001 年版，第 38 页。

② 耿飞燕：《静脉产业：现状分析与对策构想》，《经济前言》，2004 年 9 月。

及应用，使这些新兴产业成为最有发展前途的集群形态。

同时，循环经济有助于提升集群竞争力与可持续发展。循环经济的发展主要是通过科技进步的方式实现的。先进的循环经济技术提高资源利用效率，降低生产和消费过程的资源和能源消耗，延长和拓宽生产技术链，对生产和生活用过的废旧产品进行全面回收，扩大环保产业和资源再生产业的规模，扩大就业，进而促使科技产业集群的产业结构调整和升级，并最终实现集群整体竞争力的增强与可持续发展能力的增强。其间，循环经济要求科技产业集群推行内部生产过程循环、企业之间生产过程循环和企业与社会之间的循环，这有利于节约资源和大大降低环境污染，也紧密了企业间的利益关联，增强了科技产业集群抵御风险的能力。

2. 集群循环功能

科技产业集群与循环经济的关联性、互动性功能，对形成集群生态提供了重要的支撑作用。

科技产业集群在区域空间的链接集聚，加大了企业间在技术、物质、能量和信息的关联性，提高了资源利用效率。通过科技产业集群在特定地域内将多数企业集中，可以使企业克服分散经营的劣势，分享集群的集聚优势。从循环经济角度看，在集群内部通过资源共享的方式将上下游企业建立起产业衍生和代谢生态链关系。这个称之为类似于生态食物链的“工业食物链”，增加了资源的利用环节，延长了资源在系统内的流动链条。资源利用效率的提高自然减少了废弃物。这样，既降低了治理污染的费用，又使企业获得了可观的科技经济效益。

科技产业集群的关联性和配套性为配套链接、资源共享、污染治理提供了便利。同类企业（或相近企业）一般来说在资源共享、污染治理的种类和性质上具有同质性或相近性。同质（或相近）产品的废弃物的集聚，提高了综合利用的便利和回收利用价值，也降低了污染物的回收利用价值或治理成本。建立相关企业集群链，可实施绿色制造，有效并可持续地减少排放和能源消耗，实现绿色转型，增产增效，提升核心竞争力，实现共赢。

科技产业集群的网络化、共享性有利于实现循环经济的创新发展。科技产业集群内存在大量有创新能力的企业和研究机构，并拥有稳定的促进学习、交流和互动的共生机制。一方面，“互联网 +”把互联网与集群内的“产、学、研、资、介”联系在一起，线上线下的深化产业集群内企业间的长期合作关系以及各种非正式的、点对点的交流，大大促进了创新资源（隐性知识）的能力传播；另一方面，“产、学、研、资、介”地缘上的聚集，创新费用和压力可以分散到集群的各个组织，缩短了新的创新反馈回路。利用科技产业集群的创新优势，不断地加大科技创新，推进资源智能化和形成可持续的再生性生产方式，并借助高新技术，推进生产过程的流程化、生态化。

科技产业集群与循环经济相互动发展，为新产业形态提供了多元发展路径。在发展实践中，独有的科技产业集群很难实现健康、优美的园区环境和可持续发展目标，而孤立无链的循环经济难以获得相关技术、资金、人才等力量的持续支撑。因此，协调各方资源共同推进建立全新的科技产业集群与循环经济互动发展架构，成为实现产业转型发展、持续发展的必由之路。

第三篇

战略政策

第十四章　人才资源

实现科技产业升级和结构调整，与劳动力素质和创新能力、人力资源转化为人力资本优势以及形成知识资本有效价值等因素有极为密切的关系。研究证实，科技产业经济竞争不仅是人才数量的竞争，更是人才质量及其能量的竞争。人才资源开发利用并形成高智力、高增值、高效能的知识资本，成为全球科技产业转型发展的焦点。人才资源的开发和利用、整体素质的提高以及人力资本如何实现"物有所值"，也成为科技产业发展与战略管理的重大课题。在本章，我们将就人力资本的理论发展、人力资源与知识价值等问题进行分析讨论。通过人才资源界定，论述人才资源开发、组合、结构性作用，并对科技产业发展与人才流失的互为影响，以及人才激励等进行深入阐述。

第一节　人力资源与知识价值

一、人力资源的解释

从本质上说，关于人力资本理论所关注的人力资源是一种稀缺性资源。尽管学术界将其进行概括性描述，在阐述时将人力资本、人力资源兼而有之。但在反映劳动力素质以及体现知识价值时，往往引入人力资本、人才资源或知识资本等概念。作为一种价值量的概念，人力资本或知识资本价值在生产过程中的反映，主要体现在劳动力素质或人才资源及其应用程度或价值上。这一"素质"和"知识"应用程度的特征不仅反映为人力资本的价值，而且反映出通过知识生产者创造的知识价值。可以说，人才资源及其价值一般内含着人力资源和人力资本中最有价值的部分，或者说是人力资本结构中的最具价值的知识成分。

科技产业的迅速崛起取决多种因素。但关键因素之一，是如何发挥科技人才的作用，以及如何适应科技产业创新发展与转型发展的要求，合理地调整人才结构。这意味着，并非一切人力资源都是最重要的资源。舒尔茨（1990）指出，人力的取得不是无代价的，它需要稀缺资源，也就是说需要消耗资本投资；人力包括人的知识和人的技能的形成是投资的结果。因为，人力中，人的知识和技能，是资本的一种形态。[①] 显然，人力资源是在生产过程中所投入的人自身的力量，而人力资本是对人力资源进行开发性投资所形成的可带动财富和增殖部分的资本形式。可见，人的技能和知识作为财富和资本转换的形态，在人力资源中的作用有所不同。人力资源中的“知识劳动者”部分，即我们称之为人才资源，一般具有较高的技能和知识，对其开发性投入所形成的财富增殖远远高于对一般劳动者的投入收益。因此，人才的技能和知识越高，对其投入的开发的价值就越大，人力资本的价值成分也就明显不同。所以，尽管“人力资源、人力资本”和“人才资源、知识资本”等经常相提并论，但实质上，对具体分析往往显露出内质性的区别。

在新经济时代，具有人才资源开发特征的人力资本在科技产业发展中的地位日益突出。其中，最具资本价值的是人才资源的有效开发与利用。人才资源只有实现有效开发和利用，才能形成知识资本价值，进而才能构成人力资本的核心能力。在人才资源以及形成人力资本价值的解释方面，有的文献也称之为知识资本。国外学者将其定义为以知识为基础的无形资产。如斯维比（K.E.Sveiby）将知识资本归结为 E-I-C 结构：即雇员能力、内部结构和外部结构；埃德文森和沙利文将知识资本分为人力资源和结构性资本两部分，并用知识资本 = 人力资本 + 结构性资本进行描述。

① ［美］西奥多·W. 舒尔茨：《人力资本投资》，北京：商务印书馆 1990 年版。

虽然各国学者从不同的角度进行各种概念的解释，但从增长方式和产业转型的角度，知识资本的内涵实质上是人才资源的开发利用。这里的所指的开发利用，既包括人才开发利用形成的科技成果和无形资产，也包括科技、知识成果通过产业价值链和盈利模式的传播、转化和应用。所以，从1964年Becker提出人力资本理论、20世纪80年代中国开始使用人力资源概念以及90年代知识资本的提出，都是站在不同发展阶段、历史背景或不同劳力资源开发角度，对人才的作用、地位及其知识价值的客观反映。因此，无论是人力资本、知识资本或是人才资源等，其核心仍然是人才资源及其开发链形成的基本价值。这是因为，科技创新及其产业化的知识和技能基础，主要来源于人才资源的有效开发和合理利用。人才资源不仅是科技创新乃至形成知识资本的主要力量，而且是产业升级和结构调整的决定因素。

二、有关研究评析

以上所述，人力资源和知识资本能否促进与限制经济增长的关联性讨论，经历了一个相当长的时期。20世纪40年代末到60年代，西方发展经济增长理论始终认为，资本存量的规模以及资本形成与递减，是促进或限制经济增长的基本因素。代表性的理论有纳克斯《不发达国家的资本形成问题》关于资本匮乏造成贫困的恶性循环，刘易斯及费景汉·拉尼斯二元结构条件下的工业化、计划化等，从而形成过分强调资本形成对经济增长作用的“唯资本论”。这一期间，各国普遍强调经济增长中的资本积累和形成所具有的决定性的作用，而对经济增长中的人力资源和人力资本作用却熟视无睹。

20世纪50年代末，一些西方经济学家对经济增长因素进行深入研究分析，结果发现国民收入增长率大于资本与劳动投入要素的增长率。经济产出增长快于投入增长的主要因素，一是规模报酬递增规律的作用，二是人力素质的提高；在一国的经济增长和发展中，后者是最主要的推动因素。这一观点的主要代表者是美国经济学家西奥多·W. 舒尔茨。舒尔茨指出经济增长的决定性因素之一是人力资本，但是人力资本的取得是有条件的，它的取得需要有所投入，比如时间、资金等。人们投入时间和资金获得个体的知识和技能，拥有特定知识和技能的劳动力才是所有生产要素中最重要的资源。此外，人力资本是所有生产要素中最重要的一种资本，它对经济增长的拉动力超过了所有其他生产要素对经济的贡献率。舒尔茨利用美国 1929—1957 年的数据，采用收益率法，测算出美国余值增长率约为 3/5。在人力资本投资中，特别是教育投资对经济增长的贡献率达到 33%。他认为，美国经济增长和生产率提高的原因，并不是土地、劳动力数量和资本存量的提高，而是人的知识、能力和技术水平的提高。生产的决定因素已经不是空间、能源和耕地，而是人口质量的改善。因此，他指出，劳动者身上的知识、技能及其表现出来的能力是生产增长的诸因素中的主要因素。

另一位美国经济学家丹尼森（1985）运用新方法测算出教育对于美国经济增长的贡献率。在量化了经济增长的一些重要根源后，首次将要素生产率分解为知识进展、资源配置改善和规模节约等因素。他对 1929—1982 年经济增长分析中指出，国民收入年均 2.92% 的增长率中，人力素质的提高对国民收入增长率贡献为 13.7%。证明了在促进一国经济增长中，通过提高人力素质形成的人力资本是推动经济增长的重要因素之一。

20 世纪 80 年代，这一理论研究得到进一步深化，形成了“新经济增长理论”。这个理论最重要的观点就是将人力资本视为内生技术变化因素纳入到经济增长模型之中。它修改了古典模型中的生产函数，将知识和人力资本等要素加入新古典模型的生产函数中。这方面理论的代表性人物是美国经济学家罗默、卢卡斯和英国经济学家斯科特等，他们从新的角度研究人力素质提高对经济增长的推动作用，提出了“新增长论”。

罗默（1986）在《收益递增与长期增长》一文中提出，知识的收益递增特性会导致经济的长期增长，1990 年他提出了技术进步内生化的经济增长模型，提出长期经济增长的动力来自知识积累导致的技术进步。在收益递增的产出模式中，他指出特殊的知识和专业化的人力资本是产出增长的主要因素，它们不仅能够形成自身递增的收益，而且能够使资本和劳动等要素投入也产生递增收益，从而使整个经济的规模收益递增。罗默模式的主要公式是：

$$Q_i=F(K_i, K, X_i)$$

式中 Q_i 为 i 厂商的产出水平，F 为一切厂商的连续微分生产函数，K_i 为 i 厂商生产某种产品的专业化知识，K 为一切厂商可使用的一般知识，X_i 为 i 厂商的物质资本和劳动等追加生产要素的总和。

1991 年英国学者卢卡斯在他“资本投资决定技术进步”的新经济增长模型中提出，科技进步是由资本投资引起的，因而资本投资是技术发明、知识积累的源泉和动力，是产出增长的决定性因素。这个模型依据 10 个国家 100 多年经济增长统计和技术专利史的研究。其模型为：

$$g=g_w+g_L$$

$$g=a\rho s=\mu g_L$$

式中 g 为经济增长，g_W 为工资增长率，g_L 为“质量调整的劳动”（人力资本）增长率，a 为线性概率系数或平均投资率，ρ 为投资增长率，s 为产出总投入的份额即投资率，μ 为劳动效率。斯科特模型强调了资本投资决定技术进步，但不是简单的重复古典的资本积累论。而是同时强调了经济增长中知识和技术对劳动力质量和劳动效率的影响。

这一时期，美国经济学家关于经济增长源泉的分析，已得到了“科技促进经济增长”的研究结果。这一研究结果是，其间国民生产总值的平均年增长率为 3.2%，其中产量增长的大约 1/3 可以归之为劳动和资本的增长，2/3 归之为教育、创新和科技进步等方面的贡献。人力资源中的知识资本在经济增长中的作用，进一步得到了证实。

进入 20 世纪 90 年代，关于“新增长论”的讨论进入“新经济论”和“知识经济价值”的发展阶段。知识层次的人力资源和知识层次的人力资本，在经济增长中的作用日益突出。这一时期，最为突出的变化是人力资源概念发生的变化，即人力资源中，反映在人力资本的知识价值量和运作层次上发生了深刻的变化。人力资本作为知识在劳动者身上的附加值，随着产业结构调整和经济转型，越来越得到各国的广泛重视。各国提出知识经济（科技经济）发展的概念，并将这种概念不断扩展的同时，认识到涉及知识经济的许多领域以及未来涉及的新兴科技产业领域，都与人力资本的知识价值及其人才资源密切相关。

人们发现了这样一个事实，在科技创新国家或地区，讨论科技创新及其产业化对于经济社会发展的影响，就不得不讨论人力资源竞争及其配置在科技产业发展中的影响。虽然创新体系是对科技产业发展和科技成果应用选择的基础，但这些领域恰恰集中了创新层次的人力资本和相关资源。如美国劳动生产率增长强劲，虽然有企业加大自动化生产的投资等原因，但与美国企业教育水平提高，约 29% 的产业工人拥有大学学历有密切的关系。对于一些分析家来说，一个国家经济增长在很大程度上是以该国的总产出来衡量的。总产出取决于总投入，投入来源包括劳动投入、资本投入和科技进步贡献。前两者作为有形投资且产出已定的情况下，经济增长的贡献率主要依靠科技进步。但从现在的情况来看，即使是劳动投入，体力劳动投入和脑力劳动投入所产生的劳动生产率也决然不同。据统计，在 20 世纪初，以增加劳力、设备投资等“粗放因素”占 95%，而今天科技投入因素在经济增长中的比重已占 80% 左右。劳动生产率中，后者的无形投入明显与受教育的程度、知识创新和生产以及科技进步的贡献率明显相关。

从表 14-1 所示，教育投入产生的社会效益和国内生产总值增长以及人力资源开发与国内生产总值之间的相关因素十分明显，尤其是对于发展中国家或转型国家来说，教育投资的经济社会效益更加突出（见图 14-1）。[①] 分析表明，不同受教育的劳动者，劳动生产率明显不同。虽然同为劳动者，但教育程度在增长中的构成或对劳动生产率的贡献却有明显的差别。

① 罗斯高（Scott Rozelle）依据 2010 年人口普查的数据统计，中低收入国家高中和高中以上的人口受教育程度，中国占 24%，土耳其占 31%，南非占 28%，越南 33%。这一数据在所有中等收入国家里面，中国的教育及人力资本是最低的。而且在中国农村，接近 1/3，即 63% 的孩子没上过高中，包括职中、职高。http://mp.weixin.qq.com/s/9_67jsB4uItDgYw79m5ZhQ。

表 14-1　中国不同教育程度的劳动者的生产率

教育水平	受教育年限	劳动生产率
文盲、半文盲	0—1	58
初小	2—4	65
高小	5—6	88
初中	8—9	100
高中	11—12	124
大学	15—16	139
研究生	18—19	181

资料来源：《经济学家》，1994 年 3 月 26 日

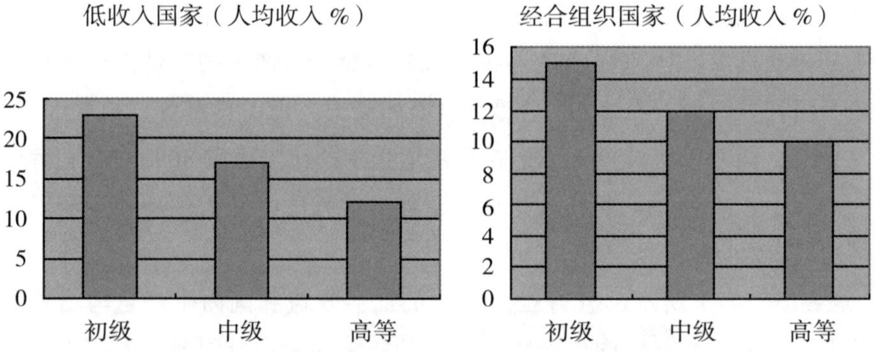

图 14-1　教育投资的社会效益

资料来源：《经济学家》，1994 年 3 月 26 日

因此，受不同教育程度的劳动者所形成的人力资本和人力资源，其划分的非对称性，往往来源于人力资源中不同的受教育程度以及人才资源的拥有数量、开发程度和在科技经济领域的参与程度。拥有高素质、高质量和高增值人才的发达国家或地区，能够通过集聚大量人才资源，以知识创新和知识生产，即以科技研发和创新，垄断上游技术，获取创新租金等。而发展中国家人才集聚环境、创新环境落后，资本与劳动投入中的知识投入偏低，难以掌握先进科技成果，只能以提供廉价劳力和低成本的生产线参与竞争。对发展中国家与发达国家的比较可见，一些发展中国家尽管投资增长很快，有形资本投资在国家的经济发展中占据重要地位，但由于资

本投入中的教育、科研经费在GDP中的所占份额较低，这些投入不足严重限制了知识资本的需求，因而影响了产业经济发展对人才这一稀缺资源的需求和利用。

同时，人才资源的全球化争夺以及所在国人才资源的结构不合理配置，也决定了人才资源战略和体制、政策配置的重要性。更为清晰地表述是，任何一个国家，无论是进入新经济、新业态的运作和调控过程，还是依靠持续学习与科技创新，促进科技产业发展，都取决于助力发展中国家缩小知识水平差距，提升人才资源的有效开发和利用。虽然不断印证教育差距与人才资源流失对于发展中国家带来的经济损失，但也证实了发展中国家人才资源浪费和无效配置现象。考察发展中国家参与全球化竞争的局限性可见，发展中国家并不缺少大量廉价的、可供产业转型发展的人力资源，而是缺少专业有素、具有接受领先技术能力以及能够将资源有效配置给相应产业，参与国际竞争的学习型政策与知识型人才队伍。这些局限性反映出发展中国家在全球科技经济竞争中，人力资源的结构性矛盾和内涵性缺陷。

人们越来越认识到，在经济增长中起到关键作用的稀缺性资源，正是发展中国家极为短缺的人才资源。而发达国家的经济增长、人均国民收入以及生活质量的提高，与人才资源的利用以及科技促进经济的作用有越来越多的关系。另一方面，人力资源在发展中的作用已经发生根本的变化。知识型的人才资源甚至作为人类生存质量的基本条件和发展过程的最重要因素，成为可持续发展的基础。新的生存与发展能力的出现，进一步与科技进步和知识创新所取得的进展紧密相连。科技创新与知识生产在资本投入的作用下，越来越多地介入人力资源开发的整个过程。在人力资源开发并形成稀缺性资源和高增值的人力资本后，高科技、高智能等要素被嵌入设计、专利、商标和软件产品等高附加值产品上，这就形成了在科技创新的规模经济以及获利空间领域具有的竞争力，从而揭示出人力资源中真正有价值的资本形态，即一种以知识和技能为基础的人才资源和知识资本。

三、结论

我们已经看到，世界各国关于人力资源研究所得出的结论具有惊人的相似之处。不同的是，西方经济学家为知识经济增长描绘的发展前景，已不仅仅是科技产业在经济优先发展领域中所取得的成功，而是创新型人才的知识创新、知识价值、知识流动、成果转化在产业转型升级的主导作用。国外学者对大量科技产业空间聚集现象的研究，将其归纳为结构性生产要素，并更多地关注风险投资家、高技能科技劳动力、创新企业家等基本要素（Castells and Hall，1994）。而诸多经验证据可以证实，学习对于生产是一种至关重要的要素（约瑟夫·斯提格利茨、布鲁斯·格林沃尔德，2017）。从科技、知识促进经济发展的趋势来看，推动经济增长、影响投入产出活动的，是多层次、多领域的知识资本。而知识资本则体现在具有学习能力、人才资源的有效开发和知识生产过程中，并在知识生产、分配、传播与应用获得科技产业化、商品化和市场化的规模扩张和合理配置，形成知识资本及其高附加值与高回报率。

这种相互融合又迅速变动的发展趋势给我们以下提示：（1）人才资源和知识资本是一个知识生产与人才有效开发的互动关系，因而知识价值理论在静态的形式下是难以成立的。（2）以人才资源持有的隐性知识并不会轻易进行转移。人才是知识的载体，知识的流动因人而异。此外，知识具有天然的壁垒，比如市场参与各方行动的不同利益动机都会阻碍知识的流动及价值挖掘。（3）知识资本是通过投入方式将静态人才资源转化为动态资本的一种形式，这种资本形式更多地通过知识产权和产业价值链得到体现。当科技成果或知识创新未能进入产业化、商品化和市场化循环，没有形成盈利机制和规模经济，就不可能进入稳定的高附加值、高回报率的利润区。如果有的话，也是一种虚拟资本形成的“泡沫经济”，它显示的科技创新与高收益率，在收益增减这一基本规律中充满矛盾。

因此，简单地引入人才资源、知识价值来解释经济增长等问题，易于产生一种对人才资本和虚拟知识的误解。在过去 30 年或更长的时期内，所以存在着“科技促进经济增长”认识的误区和偏向，原因就在于，在科技促进经济增长的过程中，“人力资源—人才资源”向“人力资本—知识资本”的转化，往往出现外部因素滞后于内部因素变化的现象，结果是体制、政策环境对人才资源的开发利用、合理配置产生了某种制约，并对科技促进经济增长形成了抵消。

第二节　科技产业的人才资源

一、科技人才

所谓人才，是泛指具有一定的专业知识或专门技能，进行创造性劳动，并对社会做出贡献的人，是人力资源中创新能力和综合素质较高的劳动者。国内外人才观有明显的不同。中国的“人才”一词源于古老的《易经》“三才之道”，即孔子及孔门弟子的《易传》讲：“《易》之为书也，广大悉备。有天道焉，有人道焉，有地道焉。兼三才而两之，故六。六者非它也，三才之道也。”与中国人才观不同，西方的人才主要指天才和与众不同的能人，是从人才个体成才角度进行研究，而不是从宏观角度研究。[①] 美国“数字化之父”尼古拉·尼葛洛庞蒂认为：“人才不是那些学多少知识的人，而是那些能承担风险，能不循规蹈矩地做事情的人。”[②] 因此西方所指的人才，主要指具有天赋的创新人才。

依据古今中外的不同人才观，科技人才（Technology talents）可视为德才兼备、具有某种特殊专业技术特长、掌握知识或生产工艺技能并对社会做出较大贡献的人。1987 年出版的《人才学辞典》对“科技人才”的界定如下：科学人才和技术人才的略语。是在社会科学技术劳动中，以自己较高的创造力、科学的探索精神，为科学技术发展和人类进步做出较大贡献的人。科技人才一般具有专门的知识和技能；从事科学或技术工作；较高的创造力。因此，科技人才是具有专业知识或专门技能，具备科学思维和创新能力，从事科学技术创新活动，对科学技术事业及经济社会发展做出贡献的劳动者。主要包括从事科学研究、工程设计、技术开发、科技创业、

① 丁雪峰：《中西方人才开发的区别》，《中国科学报》，2014 年 8 月 29 日。
② [美] 尼古拉·尼葛洛庞蒂：《数字化生活》，海口：海南出版社 1997 年版。

科技服务、科技管理、科学普及等科技活动的人员。科技人才作为自我驱动能力与独创性的个体，是科技领域内的出类拔萃者，也是一国或一地禀赋资源中最为关键的稀缺资源。

科技人才与科技人力资源的概念不完全一致。科技人才是科技与人才的组合，科技人力资源是科技与人力资源的组合。人力资源不仅包含初级人力资源，也包含高级人力资源，而科技人力资源中的人力资源含义是具有从事科技职业能力的人员，是具有高等文化程度或相应科技职业所需的高等文化程度的高级人力资源。但从科技的定义、教育学科和科技职业的划分以及劳动力的标准等方面来看，科技人才与科技人力资源不过是不同层次的划分。不同之处，科技人才比科技人力资源的含义更有层次。所以，科技人才可以借助科技人力资源的内涵进行定义，也可根据科技人力资源与科技活动人员、R&D 人员等指标的关系进行层次分析。科技人力资源、科技活动人员和 R&D 人员基本上形成了不同层次结构，可以满足科技人才问题分析、政策研究、战略制定和实施的需要。[①]但一般而言，科技人才与科技人力资源的概念及其内涵可以视为类同。

二、科技产业人才

科技产业人才一般是指那些从事复杂的科技产业创新发展的专业人才、技能人才和管理人才。科技产业人才资源，反映为科技人才在科技产业部门的拥有量、储备量以及合理使用的结构和比重。科技产业竞争力不仅体现在生产线及市场规模，也反映在科技产业人才的头脑资源，即技能、知识和水平上。这些战略性资源，能够显示出一个国家、城市或产业创新能力和可持续发展的核心力量。

科技产业人才与一般人员的特点不同。

1. 科技产业人才的专业贡献要比一般人员大得多。作为专业性人才，科技人才主要通过从事研究开发、高端制造等，推动科技成果的商品化、产业化发展。具体体现在科技人才在研究开发、生产、营销过程中，这些产业化成果被市场接受，并取得社会的广泛承认。

① http://www.baike.com/wiki/.

2．科技产业发展的人才集合是人才开发的具体表现。对于某一重大项目，科技人才往往被集中管理，这些研究人员被集中起来“集思广益”，从事研究开发，对科技产业的长远发展有很大帮助。但这或许导致研究与生产的脱节，使人才难以对产业的发展做出具体贡献。对这些人才的管理一般不采取工厂化管理。

3．科技产业人才对信息、知识的吸取量较大。大量的信息、知识充实这些科技人才的头脑，使头脑资源储备更加完善。凭借互联网、大数据、云计算等技术方式，将专业信息和知识经过科技人员的吸收、消化与分析，与科技产业转型发展与结构升级结合起来，提出创新构想和方案，并成为科技产业发展的工程项目。

4．科技产业人才在研究开发过程中，形成了不同的专业配置：对于开拓性的创新研究，集中优秀人才进行创造性的研究工作；对于渐进性的改进研究，在原有的科技基础上，进行改进性的研究工作，使成果能够迅速形成产品；对于追踪性研究，通过仿制、购买许可证，引进新技术和成套设备，进行生产技术的开发研究。

科技产业人才的基本内涵，是反映科技产业部门人才资源和产业结构调整的人才变化的重要内容。作为科技密集型的人才部门，科技产业部门为科技人才发挥作用提供了重要的专业条件。同时，在科技产业发展过程中，充分显示出人才资源对产业部门的支持程度。科技产业人才的另一特点，是科技产业效益表现为科技产业规模、速度和人才的互动作用。科技发展愈快，技术附加效益愈高，对科技产业人才资源的需求就愈高。

科技产业人才资源的需求，不仅要求具备科研、设计、工艺和生产管理等方面的人才队伍，还要求具备产业链相关的其他各类专业性人才。在航天、计算机、生物工程、新材料、海洋等科技产业部门，科技人才需要高度集中、互为对接、协调配合。相对其他产业部门，这些专业人才在产业发展的初期阶段明显不足。特别是在产业转型、结构调整和经济重心转移的过程，科技产业专业人才的储备往往滞后，这就在客观上制约了科技产业的发展规模和速度。而进入科技产业转型调整阶段，又会出现在某一些产业领域的专业技术人员过剩现象，这又带来科技人才资源的积存，影响着新一轮科技产业的崛起与发展。因此，科技产业人才资源在不同的经济运行阶段与机制条件下，将有不同的供求结构与资源配置特征。

三、科技产业人才配置

有关数据表明，在人才资源配置中，77% 的 CEO 都特别关心关键能力的可获得性。77% 的 CEO 都表示应该把人才分配到最需要的地方。[①] 人才资源配置是为推进科技产业布局、产业创新、产业转移等，实现人才资源的最优化与合理配置，使其与创新资源及产业升级有效结合，以形成人才资源的社会与经济效益最大化。科技产业人才资源的优化配置，目的是要解决人尽其才、才尽其用的问题，最大限度地发挥人才资源的作用，通过激发人才的自主创新意识，调动其潜能作用的发挥，为科技产业转型发展所用。作为一种创新基础与生产能力，在许多国家或地区呈现科技产业人才资源浪费现象。有效地配置资源，充分发挥人才潜能，使人才资源与生产资料有效地结合，就能提升产业结构水平，创造出巨大的产业经济效益和社会财富。

科技产业人才资源的配置，取决于科技进步、产业结构调整和市场环境的变化。它们改变着科技人才在各产业部门从业人数的比重。一般在新兴产业发展的背景下，市场规模和潜力较大，对科技人才需求日益扩大的产业部门发展迅速，因而促使科技人才资源的迅速开发，并增加科技人才在从业总人数中的比重。而进入市场需求的衰退期，某些科技人才就有可能迅速转移或在从业总人数中的比重减少。科技人才需求虽然受市场经济周期波动的影响，但在从业大军中，较之其他层次人员，科技人才的失业率相对较低。这是因为，在产业创新竞争环境下，科技人才资源作为生产要素不仅进入市场资源配置格局，而且由于科技成果转化为生产力的要求，使产业部门对科技产业人才的需求不断递增。同时，随着科技产业生产过程的日趋复杂，还需要引进愈来愈多的人才参加生产管理和科技经济服务过程。科技进步促使产业经济部门对具有科技水平的专业人才的需求量增加，进而扩大了人才资源在经济发展中的重要作用。

① Kevin Randall:《全球十大最适合工作城市》,《哈佛商业评论》, 2017 年 4 月 9 日。

但是，这些国家的科技人才资源需求在产业结构变化的过程中，也会产生各种变动。由于大数据、人工智能和工业自动化水平不断提高，不少工作被更高效的流水线、机器人所替代。而大数据、互联网、工业机器人的广泛使用，使用先进设备和先进技术的科技人才更多地被用于自动化系统运行的管理，此外从事公用事业部门、金融、商业等服务业的科技人才迅速增加。但同时也会加剧普通民众的失业风险，造成一些人生活陷入困境，并引发一系列的社会矛盾与政治问题。

与市场经济国家不同，转型经济体制的国家，科技人才需求是建立在国家自愿配置的基础上，而不是根据市场需求的变化来调整科技人才资源结构。在这些国家，比较优势能够有效地整合、调动科技人才资源，集中力量为国家的重点工程提供服务，这在航天技术等高科技领域的重大突破已获得了证明。但是，把这些技术一旦输入生产领域，政府自愿配置与市场需求之间的矛盾就暴露了结构性缺陷。由于偏离市场的需求，造成了计划与生产、市场需求的严重脱节，这就产生了科研成果转化为生产力的人才链配置障碍和“薄弱环节”。也突出了科技人才资源使用不合理的现状，即在某些产业领域急需大批的专业技术人员，而同时一些科研院所、大学等机构的大量人才积压、人浮于事，导致科技产业人才供求矛盾加剧。因此，如同一般劳动力资源一样，科技产业人才资源在不同运行体制下，通常会出现不同资源配置方式及不同资源结构特点。

显然，科技产业人才资源是市场资源配置的一部分。具有市场巨大潜力的科技产业，需要通过科技人才资源的合理配置来满足日益发展的市场需求。这种以市场需求为资源配置条件的特点，是市场经济条件下科技产业人才资源配置的主要方式。当然，在市场经济条件下，还需要通过国家与发展政策，引导市场围绕产业转型升级进行科技人才调整。因此，科技产业的人才资源配置主要体现出企业的需求行为。企业为了适应国内外市场日益激烈的竞争，加快科技向生产的迅速转化，在增加科研经费的同时，大量引进科技人才，使市场的竞争最终转换成人才的竞争，进而显示出科技人才在经济发展中的重要贡献。而在传统经济体制下，人才资源的配置主要是政府主导的行为。政府下属的科研机构集中了大量的人、财、物，科研成果束之高阁，使科技成果不能迅速地转化为生产力。企业被动地接收相关安排，因此科技人才的积极性不高。加之科技开发力量薄弱，经费短缺，又进一步影响对科技产业人才的需求，使科技产业人才资源难以得到合理的使用与开发。

第三节　科技产业的人才组合

一、人才组合形态

科技产业的迅速发展，使科技产业人员在职业、年龄、智力、部门等均发生不同程度的结构变化。随着产业转型与结构调整，科技产业的新业态、新模式不断涌现，人才结构形态也发生了变化。传统产业的一些专业人才，随着产业结构变动向科技产业转移，这些人员的流动规模以及科技产业人才聚集的效应，与传统产业的技术改造急需大量科技人才，表现出矛盾性与不协调性。如在国家或地区之间，发展中国家或地区的科技人才流向发达国家，凸显了发展中国家的人才需求、人员流动规模及其流向的结构性矛盾。

科技产业转移造成的人才流失形成的结构性损失，一是科技人员流失对所在国造成的损失，即所谓的“技术损失”；二是培养这些技术人员的前期投资损失，即所谓的“投资损失”。但同时，一方面两种损失反映出所在国家或地区的科技产业发展水平及其吸附力较小，以致从表面上看来科技人才及其作用在该国式微。而另一方面，这一现象表明，科技人才的流动将会形成新的人才组合形态，人才流动或许是产业转型或人才重组的迹象。因此，在传统产业的科技人才向科技产业流动的同时，“技术损失”和“投资损失”事实上都不是灾难性的。科技产业加速人才聚集，形成新的人才组合形态，并通过科技产业的规模效益和高附加值效益，使流动损失得到补偿。从整体产业发展趋向看，这种流动损失是产业转型与结构调整的必然现象，也是产业结构向高级化转换时，人才结构不断优化的重要标志。

当然，一国科技人才向科技产业的流动，基础条件之一是科技创新能力及其产业发展的比重不断递增。如果发展中国家内部科技创新能力薄弱，科技产业规模较小，缺少科技人才的吸附能力，科技产业人才现状将会出现两种可能：一是大量积存，造成人浮于事；二是人才外流，尤其是本国某种研发领域及科技产业缺少吸附力时，人才向发达国家流动。这两种人才现状都会造成科技产业人才结构的不合理。比如，根据未来全球竞争及科技创新发展趋向，科技产业领域中的信息科学，现代通信技术、海洋工程、生物工程、新材料等专业人才将会有大量的需求，从事相应科学研究及产业发展的专业人员比例有显著的增长。科技人才结构的失调，除体制机制等因素，主要的原因是研发配置、产业供求与人才需求不同步，市场经济对科技人才资源配置的比重较低等，这就必然导致一些领域的科技人才无所事事或外流。因此，实现科技产业人才资源结构的合理性，需要实现科技产业人才组合及合理配置，包括交叉性组合、搭配性组合、互补性组合。

1. 交叉性组合。现代科技里有一半以上通过交叉学科的方式发展起来。科学技术的日新月异，使得各门学科形成了高度分化又高度综合、相互交叉渗透的融合态势。科技产业发展的学科交叉、跨界融合，需要众多相关学科知识的支撑、补充和完善。科技创新与产业转型发展，已经不再是某一学科、群体或个人“单打独斗”可以取得成功的。科技产业的复杂性、交叉性，要求人才的复合型、跨学科的特征日益突出。新产业的发展要求专业人才不仅具备本学科知识，还要将本学科的知识延伸到新产业领域，并形成产业发展的多学科、跨行业人才组合。通过学科交叉的人才组合，产生一系列新产业、新科技的交叉学科成果，并培养一批创新性的新兴产业学科人才与应用人才。

2. 搭配性组合。科技产业人才搭配，是指科技产业人才优化组合与人才合理使用的一种形式。科技产业人才既包括创造性的颠覆者、创新性的技术专家，也包括进取的思想者、复合型的人才。搭配主要从产业创新与转型发展的整体配置考虑，按照效能、系统、互补、协调、创新等原则，有计划地培养、引进、选择人才资源，建立合理的人才群体结构，最大限度地调动人才的积极性和创造性。形成最佳的人才资源结构，满足产业创新发展的要求，并通过人才搭配释放出最大的动能，以产生 1+1 ＞ 2 的用人效果，达到单一组合所不能达到的实际成效。

3．互补性组合。科技产业人才的优势互补主要包括才能互补、知识互补、性格互补、年龄互补和综合互补等因素。通过取长补短、多元协调、有机结合，形成最为合理和有效的创新群体，造就一流的人才发展环境与互补效应，从而得到较高的工作效率，并使人才的能力得到充分发挥。人才互补性组合形成的人才互补效应，必然使人才因素各得其位，各展其能，使得各种类型的人才实现有机结合，进而推进科技产业创新，达到提高转型效率的目的。

二、人才组合结构

科技人才结构优化与人才组合，对实现科技产业的转型发展有重要的影响。科技产业发展的过程是科技商品化、产业化的过程，实现这一过程，需要研究、设计、工艺技术等人才，也需要技术开发、营销等人才。因此，发展科技产业，必须把握科技创新规律，建立一个适应科技产业转型发展的人才结构。以要素集成和系统组合方式，提高人才的结构优势与整体功能。

人才结构是一个多序列、多层次、多要素的动态综合体。科技产业人才结构包括职业结构、能级结构、年龄结构、专业结构、区域结构等。

1．职业结构

职业结构主要分为科学研究、专业技术、经营业务等人员。科学研究人员是指专门从事科学研究的科技工作者，是居于“人才金字塔”的塔尖部分，具备较高的专业知识和技能，对自己所研究的某一学科研究具有一定的造诣的人；专业技术人员居于“人才金字塔”的中位，是指拥有特定的专业技术，并以其专业技术从事专业工作的人；营销和推广服务等人员一般是“人才金字塔”的基础，占科技人员比例较大。职业结构一般反映了科技人员职业群体的比例结构。对科技成果向生产力的转化与发展具有重要影响。在发达国家，科技产业人才结构中，研究开发人员的比重在逐年递增，营销推广的服务人员也有较快的增长并占有较大的比例。与政府、大学的研究开发人员相比，研究开发人员在企业的比重占有主导地位。企业是科技人才的主要载体。这是发达国家科技成果能够较快转化为生产力的重要因素之一。

2．能级结构

能级结构主要是体现不同知识水平和能力级别的科技人员的比例结构。一般的能级结构是由业务职称和学历层次来描述。合理的能级结构是一种梯度结构。但在科学技术密集度不同的部门，梯度结构的比重有所不同。高科技产业部门的高学历和高级职称的比重一般较高，有些部门超过50%以上，甚至在职称结构呈现倒挂现象。从高新技术发展的产业门类分析，这些部门的科技人员的职称结构比重有可能呈现“两头大，中间小”，中级人才重视不够。研究发现，中级人才对创新产出的贡献是高级人才的1.5倍。但在政策制定上还不合理，这进一步加剧了能级结构错配。特别是，人才双向流动渠道不畅，企业难以吸引中端人才，增大了创新风险。这就需要提高中级职称的科技辅助人员和研究开发人员的比重，做到各司其位、相互适应和协调发展。围绕科技产业转型升级，实现不同人员在发展过程中的作用。

3．年龄结构

年龄结构是通过各年龄段的科技人员的比例，来反映科技人员的发展现状。大多数科学家和发明家是在30岁左右开始做出重大发明创造，60%的重大发明是40岁之前做出的，科学家的最佳创新年龄在25~45岁之间，最佳年龄是37岁，首次成名的创新年龄是33岁左右。年龄结构的不合理主要表现为断层与结构畸形。如一组数字表明，我国学科带头人中，56岁以上占61.5%，51~55岁的占28.4%，50岁以下的只占10.1%，35岁以下的青年科技带头人凤毛麟角。科技人员年龄结构的不合理性，必然波及科技人才结构的合理性，产生明显的滞后效应。为充分发挥现有科技人才的积极性，避免人才浪费，需要对人才结构与产业结构进行同步性调整，并作为改善科技人员年龄结构不合理的步骤。

4．专业结构

专业结构是指科技人员中有关专业人员的比例构成。科技产业人员中的专业人员的比例构成，是以工程技术专业人员为主体。工程技术专业人员既是科技产业发展的基础力量，也是形成科技产业优势的智力资源。发达国家工程技术专业人员的比重一般在50%以上。如20世纪70年代后期美国的工程技术科学专业人员就占57.5%，原苏联的工程技术科学专业人员占57.3%。进入80年代，新兴产业领域中的专业人员有较大的需求，各专业领域分布结构及专业人员构成也在发生变化。如美国计算机方面的专业人才1960—1982年间增长约62倍，其中1960—1970年间为20倍，1970—1982年间为1.7倍。科技人员的专业结构也将适应全球科技产业发展要求适时调整，并为科技产业发展提供更多的专业性支持。

5．区域结构

区域结构是指科技人员按区域划分在数量、密度所占的比例结构。科技人员的区域结构一般与科技人员所在地区所占数量、密度有关。大体上，科技人员数量与该地区经济发展水平呈同步趋势。这表明，一个地区的科技产业经济发展水平与该地区的科技人员总量具有较强的正相关系。同时，对一些国家或地区例外因素的分析，非工业技术型、链接配套性科技人员的比例较高，对科技产业经济发展水平的正相激励也有密切的关系。因此，区域内部科技人员结构的合理化和分布的均衡性，都会对一国或区域科技产业经济发展产生直接的影响。

总之，科技产业人才结构的合理状态，取决于科技人才的总体结构以及区域产业结构和部门结构的调整。在新一轮科技革命的浪潮下，新兴产业部门对科技产业人才有较大的需求。科技与生产、生产与市场之间不可分割的联系，使科技产业发展的速度，在很大程度上取决于科技人员的作用、效率和结构。科技产业人才结构的变化，反映出产业部门中技术结构和市场结构的相应变化，也反映出科技成果转化和有效利用以及对产业经济部门就业结构的影响。这一结构性变化，将通过市场的作用对人才需求及其供给机制进行调节。同时，一些国家为保证科技产业人才结构的合理性，通过产业政策和各项人才政策，促进科技人才的专业化聚集，力求人才结构与产业经济的协调发展，使科技人才的职业结构、专业结构、年龄结构和能级结构等，更加符合科技产业转型发展与结构升级的要求。

第四节　科技产业的人才流动

一、科技人才流动

通过人才结构与人才合理流动两者之间的密切关系，我们已知人才流动是科技革命与经济社会发展的必然现象，是实现产业转型和人才价值的必然选择。科技人才流动是全球化竞争的必然要求，是社会按照人才的价值规律和社会要求所进行的空间动态调节，也是发达国家与发展中国家科技经济发展至某一阶段的共同特征。合理有序的人才流动，对于人才资源与资源优化配置、推动科技产业经济的发展至关重要。

人才流动一般有狭义和广义之分。狭义的人才流动指部门之间、行业之间的流动，也就通常所说的“转岗”“跳槽”等；广义的人才流动是指人才跨界、跨域、跨行的岗位转移和人员流动行为及工作状态的变化，其行为可以根据工作岗位、工作地点、职业性质、服务对象及其性质等因素来确定。[①] 此外，科技人才流动，还有主动和被动之分。主动的人才流动是一种选择性流动，主要是根据人才的专业需求、个人爱好、薪酬待遇、发展环境等对岗位的选择；而所谓被动性选择，是随着大数据、人工智能、机器人等广泛应用，一些专业技术岗位被自动化取代，相关专业人才需求逐渐减少并进入被动性选择阶段。

影响人才流动的因素很多，其中收益与预期收益之间的差距，是人才流动的最基本驱动力。基于这个观点，很容易给出一个人才流动的边界条件公式：流动净收益 = 流动潜在预期收益 − 当下收益 − 流动成本 ≥ 0，支撑收益的背后力量是人才所拥有的学术资本存量与知识梯度差。通过这个简单明了的公式，大体可以看出，如果收益小于零，人才通常是不会流动的。这里的收益可以有多种形式，比如直接的金钱或者职位（权力）等，不论何种形式都是可以转化成人才的经济收益。[②]

相关研究认为，人才流动的危险期一般在 3~8 年之间，大体上分外三

① 人才流动——智库百科，MBA 智库百科。

② 李侠：《科技人才如何流动才合理》，《光明日报》，2016 年 7 月 15 日。

个风险阶段（见图 14–2）。这三个风险阶段表明了人才外流的常态。

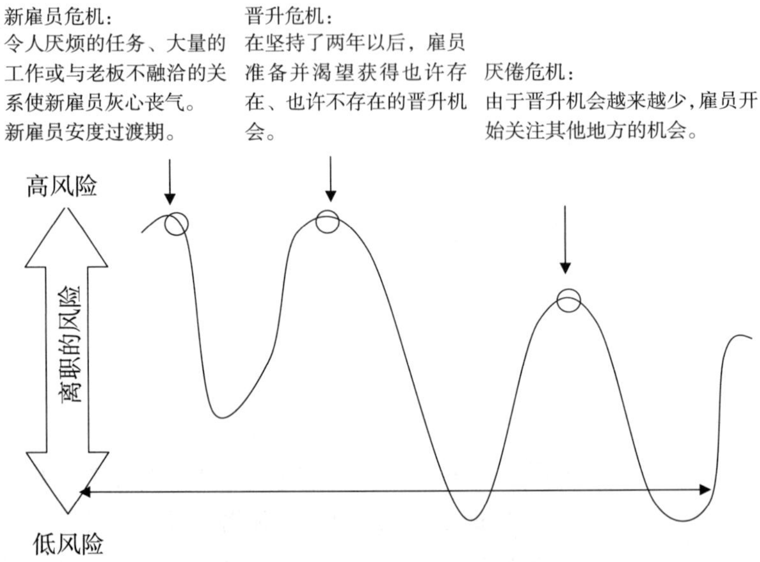

图 14–2　人才流失的风险阶段

资料来源：fortune china，1999 年 4/5 月

由于人才竞争已经变得无边界、无国界化，面临全球范围的激烈竞争，不仅需要拥有一支有实力的科技队伍和研究成果，而且还面临内外部对科技人才的争夺。为了从科技创新中获得产业发展动力，各国在招商引资的同时，也加快了科技人才的引进。通过各种联系渠道和各种方式，促进科技人才向企业流动，如对于大学，通过提供各类非专项的补贴、捐款、专项补助，设立企业支付薪金的教学和研究职位等方式，吸引大学的科技人员，利用大学的人才和设备解决企业技术生产问题。同时，采取委托研究和合作研究，解决企业科技发展的各种问题。另一方面，以兼职咨询、合作研究、研究休假与定期流动等方式，促进人才的流动和科技成果的转移。为便于企业合作，大学教师兼职已是与企业密切联系的重要形式。在英国，75%以上的大学工程学部教师和 90%以上的市立工业大学的教师至少在企业兼职工作一年以上。为促进科技人才流动，政府通过合作研究，扶植并建立各种研究机构与企业的合作模式，如美国政府资助的“工业—大学合

作研究中心”、日本的“流动研究体制”、奥地利大学的“校外研究机构”等，都是通过破除部门界限，以合作形式将有限的人才、物力和财力高度集中，解决经济技术发展最急需的战略性课题。

这些国家在推动研究机构的科技人员向企业流动方面采取以下方式：（1）专利与许可证开放。通过开放政府所具有潜在商业价值的专利和许可证，促进科技人员的智力流动，如美国政府法令规定实验室预算的 0.5% 应用于技术转让工作。（2）技术咨询与技术顾问。科技人员可以担任企业技术顾问或提供技术咨询，享受兼职收入。（3）合同研究。通过合同进行一些企业专利性课题研究。（4）科技人员的短期流动。通过借调或短期挂职等到企业进行科技开发等项工作。（5）创办公司。通过科技人员创办企业公司，把发明技术成果转化为新产品、新工艺。

有关调查表明，新科技革命的到来，互联程度加深，物理、数字和生物世界的融合不断突破时间和空间的局限，人才自由流动性进一步增强，并成为财富的巨大推动力。在科技人才流动中，数字化、网络化、智能化为人才流动带来了新机遇，人才的跨域、跨行、跨界流动日臻成行，利用互联网技术和数据技术创造新的模式，通过跨界流动推出更具竞争力的新产品、新业态。而且越是具有高科技、高知识和高技能的人才，越是充满挑战性与流动性，一些跨学科、跨行业的科技人才在流动中更能发挥知识创新价值。在欧美国家，高科技领域人才流动频繁。一般行业的科技人员平均每五年更换一次职业，而高科技领域的科技人员平均每两年或三年就要更换一次。

为促进科技人才流动和人才资源配置的合理化，西方国家普遍建立起为人才竞争服务的移民制度。放宽劳动法和薪资规章约束，以政策性干预引导科技人员的流动和流向，创造更富竞争力的人才发展环境。如一些国家对企业聘用科技人员提供资助，改善科技人员流动的外部环境，刺激企业吸收科技人员的积极性。如法国 1989 年，企业聘用科技人员总费用的 50% 由政府提供。德国的企业聘科技人员，工资由政府支付；中小企业增加科技人员数量，可获得额外补贴和资助。日本政府以一系列政策干预和规划，促进高科技人才向科技产业区聚集，以巨大的投资建立筑波科学城，集中了大批高科技研究开发机构，同时吸引了大批从事高科技研究开发的人才，推动了区域性产业结构的调整与改善。通过科技国际化的发展，积极促进科技人才的合作与交流。日本政府在1986年就制定了《研究交流促进法》，为国外研究人员的聘用、交流提供法律保障。同时，日本与发展中国家科技人员交流与技术合作的范围逐渐扩大，采取接受“进修人员”“派遣专家”等，加强科技人员的交流。在促进科技人员交流与合作方面，日本政府制定的法律的政策，明确规定政府研究机构的研究人员在必要时派出人员到企业参加研究活动，以“共同研究制度”，允许研究人员和企业人员相互交流，利用企业或研究机构的条件，共同进行合作开发研究工作，以此推动科技人才的流动和科技成果的转让。同时，日本改革以往日本企业的那种固定化、独立化和集中化的科研组织体制，提出必须使日本企业具有更为灵活的对应力，并具有产生和实现这种技术上的对应力的体制。

完善的人才流动机制和途径，促进海内外科技人才顺畅地向发达国家和地区集聚，并建立了面向全球一体化的科技人才流动机制，吸引了世界各国一流的科技创新人才自由地流动。美国长期以来源源不断地吸引全球高层次海外移民，以支撑其全球领先的国际地位。仅在1820—1975年间，美国就从世界各地移入4700万人，其中欧洲移民达3600万人。据统计，美国近半数的优秀科学家是外国人。从1949—1972年，外国迁居美国的高级科技人才达20万。在40个物理和化学诺贝尔奖奖金获得者中，就有15个是外裔美国人。移居美国总人数中，专门人才的比重在逐年递增。20世纪80年代以来，移居美国的亚洲移民增长80%，占美国移民总数的42%。例如，硅谷有2/3或3/4的首席执行官来自亚洲移民。人口专家估计，到2050年将达到10%。专门人才大量进入美国社会，改变了美国人口结构，为美国科学技术的发展注入了新鲜血液。也通过人才跨域、跨界流动，打破了人才部门所有、地区所在的格局，调动和充分发挥科技人员的积极性，促进科技人员结构合理化，进而推动了科技产业经济的迅速发展。以美国为例，引进大量国外人才获得了明显的效益。据估计，美国从发展中国家引进人才所获得的效益，已是美国援助发展中国家费用的两三倍。

当然，实现科技人员流动有赖于完善的人才流动机制。从宏观角度，这一流动机制包括：企业之间的人才流动机制，在企业之间的流动内化为一种生活方式；园区与周边大学和研究机构人才的充分流动机制，如硅谷与近邻的斯坦福大学人才合作和流动机制；形成吸引世界其他各国一流的科技人才创业的良好机制。从微观角度，分别包括：引进机制，即通过制定特聘、特薪等倾斜政策引进专业人才；晋升机制，即人才专业技术职务的考核晋升；考核机制，即建立成果考核标准和完善的考核程序，打破固定身份和终身制；激励机制，即在荣誉上、薪酬、生活待遇等方面给予一定的鼓励和奖励等。

二、科技人才流动条件

以人才资源为基点的科技产业发展体系已成为生产力竞争和产业发展的关键。科学技术为产业经济发展提供了重要的生产资源和就业的机会，也为科技人才展示才能提供了发展的条件。由于科技产业对科技资源的依赖和对人才的需求，往往通过科技产业区形成了相对集中的知识、技术密集区。其间，科技人才流动是因为其自身拥有较高的知识水准或者较为丰富的资本存量，以及地区之间发展不平衡而存在明显的知识梯度差，进而从知识的高梯度差区域向低梯度差区域流动，就形成了科技人才流动的外在驱动机制。科技人才的流动是人才资源配置适应科技成果转化，以及适应市场经济发展的一种需求，也是科学技术商品化的需要。从科技商品化与科技人才流动的关系来看，科技人才流动与科技成果转让，两者之间的依存关系十分密切。科技人才流动使科技成果加速生成、转化、扩散以及再生成，形成了科技转化为生产力的循环机制。

在科技人才流动、集聚与配置的过程中，一般具有一定的前提条件。这些条件包括：（1）政治环境。国家的综合实力、国际地位、地缘政治、公共管理与安全、经济文化发展程度、政府体制、教育制度、人才机制等。（2）政策因素。包括政府人才评估、引进、使用机制，留学生、移民及出入境法规、政策等。（3）经济因素。包括工作环境、就业选择、发展机遇、薪酬待遇等。（4）社会因素。包括社会对人才流动的认知、评价以及社会环境的多元兼容性等。(5)服务因素。包括中介机构、服务平台、人才市场、社团渠道以及人才权益保障等。(6)学术因素。包括科研支持、学术基础、创新氛围、经费保障、创新成果转化的合理收益。(7)生活因素。包括居住环境、生活条件、基础设施、户籍制度、子女教育、社会保障等。

此外，不同国家或地域的价值观、文化习俗、社会准则、科学普及程度等存在明显差异甚至冲突，也对科技人才流动及技术溢出的影响十分明显。人才资源流动对技术溢出的影响一般描述为：外资生产性投资增加→人力资源平均水平提高→人才流动→技术溢出。但这一描述并非全面，溢出过程也并非总是顺畅的。为了控制技术溢出，各国以培训作为手段。如在欧盟企业工作的员工一般工作年限是3~5年，在美资企业员工工作年限大多是1年；欧盟企业向各类人员提供的在职培训高达95.9%且培训时间较长，而美资企业除了对生产线工人和技术人员进行培训外，没有一家美资企业对其他部门的员工提供2个月以上的在职培训。也就是说，如果人员流动过于频繁，可能通过减少培训时间，控制技术的溢出，以限制其吸收能力。

在科技人才流动的过程中，清除人才流动障碍，优化人力资本配置，按照市场规律让科技人才自由流动，提高社会横向和纵向流动性，其中体制机制因素尤为明显。政出多门、条块分割，必然造成从事科研的只管研制成果不管成果转化，管成果转化的不管扩散，科技与经济发展脱节十分严重。在“两张皮”的条件下，专业人才大量闲置，外流或积压过剩，很难形成合理的人才供求关系。在市场经济运行条件下，科技人才的流动加快，但在流向过程中也出现一些不合理的现象。科研院所、大专院校科技人才的流向主体，不是企业或急需人才的边远地区。不发达国家科技人才流向发达国家而不是本国落后地区。一些国家的科技人员流失率较高，与科技人才发展的产业基础、工作环境以及有关政策的限制等有关，也与人才资源的全球化争夺有关。人才竞争加剧了发展中国家或者转型国家人才的大量外流。例如，自20世纪90年代以来，俄罗斯的科技人员以每年10万人的速度流失。1996年，俄罗斯从事研究开发的科技人员已减少到 51.87 万人，较之 1991 年科技人员流失了 50%。其中，40 岁以下的占 60%。人才流失造成的直接经济损失达 500 亿 ~600 亿美元。科技人才的大量流失，对科技产业发展形成了直接影响，也必然影响俄罗斯在国际竞争中的战略地位。

因此，在产业转型升级条件下，科技人才流动应与国家产业政策和科技政策的优势密切结合起来，形成科技人才流向与国家区域发展战略及科技产业发展的同步效应。通过建立和完善科技人才流动体系，为科技人才的开发、培养、评价和流动等提供高质量的服务保障，提升科技产业人才的聚集力，强化人才资源对科技产业发展的支持，使科技人才资源通过成果转化形成产业经济效益。同时，在创新发展中，仍要加强人才政策激励和合理调控，促使人才资源开发的科学性，有效地协调科技产业发展的重点领域与市场需求的关系，使科技人才的流动和合理配置，成为科技商品化、产业化与国际化的先决条件。

三、科技人才智密区

所谓智密区（Intelligence Concentrated Area）通常被称为智力密集区、人才密集区、人才特区等。智密区不是泛指一般意义上的知识密集、知识分子集中的地区，它是指大学、科学研究机构和科技企业等部门集聚一地，在进行科技研究、新兴产业开发和提高教育水平等方面建立起有效的联系与合作关系。依托智密区的科技创新发展，引进与聚集科技人才成为科技产业经济发展的主要支点。典型的人才智密区如硅谷（见专栏 14-1）。这些智密区通常具有以下特点：（1）通过技术、知识劳动的创造力和吸附力，吸引、聚集科技人才，形成科技人才资源优势，构成智密区主体。科技人才比一般产业区的比重高出 20~30 倍。（2）主要从事技术创新、开发和应用等知识性工作。包括教育、科研和生产的全过程。实际上是传授知识、科研创新和生产科技产品的科技产业区。（3）人才流动与科技产业及经济发展有机结合，成为智密区发展的主要动力。一般智密区根据科技经济发展的需要，实行人员流动及合理配置，面向社会开发，并建立起适应市场需求、互动交流的运行体制。

专栏 14–1　硅谷：科技人才的集中地、智密区

硅谷是美国高科技人才的集中地，更是美国信息产业人才的集中地。目前在硅谷，集结着美国各地和世界各国的科技人员达 100 万人以上，美国科学院院士在硅谷任职的就有近千人，获诺贝尔奖的科学家就达 30 多人。硅谷是科技人才心驰神往的圣地，也是世界各国留学生的竞技场和淘金场。如果浏览一下硅谷公司的员工名单，就会发现无数的中国毕业生。他们是来美国寻求工程技术突破，在因特网领域大显身手，或在科技上创业的数以千计的中国优秀科技人才的一部分。实际上华人控制的硅谷公司现已达 2000 家以上，占硅谷公司的 1/5，而来自中国大陆的华人则越来越多。闻名中国的主要电视机厂家康佳公司和主要计算机公司联想集团都已在那里建立了自己的科研实验基地。在硅谷，一般公司都实行科学研究、技术开发和生产营销三位一体的经营机制，高学历的专业科技人员往往占公司员工的 80% 以上。

资料来源：萧亦：《硅谷位于美国哪个州？》，硅谷网，2017 年 2 月 12 日

在创新驱动与转型发展中，科技人才及其产业聚集是形成智密区的基础。依托人才资源链接优势，转化为科技成果，再形成科技密集型产业，使人才、技术在决定生产的诸多因素中成为主导因素。完善人才链接配套机制，加快产学研资介用人才链接、聚集、流动，没有源源不断的科技成果以及各类专业性人才集聚，智密区就难以形成（见专栏 14–2）。此外，智密区不是一般意义的科技人才集聚区。它是根据经济社会发展，逐步形成的一个新的社会经济结构，即产学研资介并存链接的智力密集区。它以一种扁平化的系统运行机制，可以减少中间环节使科技成果迅速转化为商品并进入市场。科技人才在智密区形成与发展中扮演主要角色，并通过实施新的运行机制，加快科研、生产、市场一体化，以此为智密区带来创新活力，促进科技产业的发展。从某种意义上说，智密区是知识、技术、文化的密集区，也是科技人才引领的科技产业密集区。

智密区的突出功能之一，是在发展科技产业的同时，向周边地区进行科技扩散和成果转让。智密区的技术、知识和人才密集到一定的程度，就

会实施科技递阶转移。周边地区的技术转让、企业合作以及人才流动，都会对科技产业的新的结构调整带来影响，形成新的人才资源配置。区域科技产业及其资源的外延扩大，为城市创新与经济发展提供了必要的条件，并形成了更大范围的科技产业密集区，使区域产业结构进入一个新的发展领域。

专栏 14–2　深圳：有链有群才成军

深圳是中国区域孵化能力最强地区之一，有数百家孵化器扎堆，大中小企业成龙配套。深圳南山区在孵化企业和创新成果指标上优势明显，其中孵化企业指标位居榜首，创新成果位居第二。在面积不大的市辖区，集聚了 8000 多家科技企业，其中战略性新兴产业领域企业数量 6700 多家，国家级高新技术企业 1163 家。同时，南山集聚了高等院校及其产业研究机构 80 所，已建成和正在筹建的各种体制的科研机构 17 家，高端创新载体 581 个；拥有 9 个国家级科技孵化器，同时还集聚各类创新咨询服务中介机构、风投创投机构、产业联盟和技术联盟等。其中，全国有超过三分之一的风投创投机构位于南山，是我国风投创投机构最集中的地区之一。还有 5000 名博士后、50000 名各级各类专业技术人员集聚于南山。这些创新主体和人才形成了完整的创新孵化链条，也在产业转换中提供了可复制的经验。

从智密区的发展过程来看，智密区无论是何等发展模式，都是以科技人员聚集为主体。通过完善社会环境以及有关的法规体制，吸引人才，聚集人才，发挥人才的独特作用。因此，智密区的选择和建立的核心问题是，如何发挥人才的比较优势，形成人才集聚机制；如何通过人才聚集，释放聚集能量，使智密区成为充满创新活力，转型发展最快的地区。所以，智密区的选择和建立，不仅是整个产业集聚、结构调整的布局问题，而且是科技人才资源合理配置和人才有效发挥的问题。

在这样一个选择与发展的过程，特别要注意的是，建立科研、生产与市场一体化的运行机制，使科技人才资源配置建立在新的运行机制的基础上，要按市场需求和宏观调控的总体要求，进行智密区建设与发展。智密区内的“产、学、研、资、介”一体化运行，与更大范围的科研、生产与市场一体化运行并不矛盾。需要解决的是，必须破除运行体制机制障碍，使区域内的科研与生产与市场的联系更为顺畅。按照人才国际标准，并通过引进吸收消化国际先进技术，缩短研究周期，加快投入产出效益，使智密区成为面向全球化的研发基地。

因此，智密区必须以建立最具开放特色，最具科技产业实力的区域优势，吸引和聚集科技人才，建立技术知识最密集的产业区和科研区。从科技产业发展不同阶段的区位因素表明，在应用研究和开发研究阶段，科技人才的作用更为突出，劳动空间分工更趋向知识、技术的密集作用。这进一步证实，在智密区建立的初期，科技人才的聚集和作用对科技产业发展有重要的影响（见表 14–2）。

表 14–2 科技产业研究和开发阶段的区位因素

影响研究开发的区位因素	不同阶段的研究开发活动		
	应用研究	开发研究	生产研究
技术信息的近便性	51.6	43.3	4.1
高质量的劳动力（科学家、工程师）	46.8	50.0	9.6
综合性大学和研究开发中心近便性	37.1	23.3	2.7
文化、医疗和教育设施	25.8	13.3	4.1
优越的自然环境	21.0	8.9	17.8

第五节 科技人才的资源开发

一、人才开发与价值利用

人才资源开发是人才价值利用的关键环节。人才资源的价值在于开发利用，并满足科技创新与产业转型对科技人才的供求要求。从历史演进过程来看，人才资源开发的需求，首先是因为科技产业经济发展的需求。以美国为例，1950—1982 年科技产业发展迅速的标志之一，是人力资源市场对高科技人员需求数量增加。这期间，专门人才的数量扩大了 2.5 倍，计算机人才 1960—1982 年增长了 62 倍（1960—1970 年间为 20 倍）。1982 年美国专门人才和技术人员总人数超过 3700 万。1950—1970 年间，专业人才就业增长了 2/3，开发投入增加是人才增长的主要因素，20 世纪 60 年代专门人才变化则是市场经济变化导致的产业结构调整所致。而到 70 年代，专门人才增长是因为经济增长所决定的。当然，70 年代人才需求增长相对较缓，主要是科技革命的粗放阶段已经结束，新科技革命尚未到来。

科技产业发展与人才资源的开发利用有密切的关系。[①] 人才资源的开发是对人才持续不断教育培训及应用的过程。科技人才结构以及科技人才的需求，与教育培训因素越来越密切。有效地开发和形成合理的人才结构，与人才的有效培训和供给相互制约。科技人才资源的开发不仅是对人才过剩的充分利用，而且是科技人才教育培训的重新组合。在科技产业转型发展日益尖端化、多元化的竞争中，科技成果有一定的相对性、时效性。不少 10 年、20 年前的某项研发成果和尖端技术，时至今日，已不再被认为是先进的、新兴的技术。新旧技术更替加速，意味着产业结构、职业变动发生变化。如果科技人员止步不前，不积极接受新知识、新专业、新技能的继续教育，就必然会形成“人才短板”或“人才制约”。

事实上，在科技产业发展中，因人才短缺或知识老化已成为影响科技创新及科技产业转型发展的瓶颈 。新一轮科技革命，推进科技与产业深度融合，引发科技产业深刻变革，新技术、新产业、新模式、新业态层出不穷，许多国家正在经历就业市场的 U 型化转变。一方面大量新岗位不断涌现，如 20 世纪 80 年代到 2005 年，美国高技能 / 高收入的工作岗位（比如数据分析师、程序员）大大增长，另一方面，大批传统岗位消失。英国剑桥大学的两位学者卡尔·贝内迪克特·弗雷和迈克尔·奥斯本（Carl Benedikt Frey and Michael Osborne）在 2013 年就曾精确测算出，未来 10 年到 20 年，在美国的 702 个工作种类中，大约有 47% 的岗位危在旦夕。新的专业技术岗位的供求变化，急需面向新业态、新岗位，培养出能够驾驭日益复杂的综

① 关于“人力资源”，西方国家与中国对“人才”的观点有很大不同。西方国家把人视为一种市场经济元素。中国强调“人才开发”概念，是为了社会发展需要，国家也需要对全体国民中的优秀人才进行统一开发和资源调配，以更好地为社会发展服务。

合智造体系的专业人才。例如人工智能驱动下的自动化日益影响就业市场。一些传统的工作岗位被新技术取代或已经消失。人工智能驱动下的自动化对就业需求及人才供给的影响，客观上倒逼就业结构及传统教育的转型升级。其中对科技人才的知识更新和继续教育，被认为是适应科技创新与转型发展的主要标志，也是保持、提升产业竞争力的有效措施。此外，科技人才资源开发作为重要的战略资源，也是项目投资、产业转移与结构调整的基本条件。如在发达国家和新兴工业化地区传统产业向发展中国家转移的同时，要求这些国家或地区增加科技教育经费投入，同时加快科技人才资源的开发和利用，特别是加快从事高新技术研究与发展的工程技术人员和研究开发人员的开发与培训。

这些国家或地区通过科技人才的知识更新，改善科技发展潜力，增加科技资源储备，为创新驱动与产业转型奠定了基础。重视科技人才资源开发和储备的国家或地区，均成为了创新型国家或地区。如重视人才资源开发的以色列，有诺贝尔奖获得者 10 余人，每万人中有工程师 140 名，居全球之首。人均教授拥有量居世界第一，每 4500 人中就有一名教授。中东地区最好的 10 所大学中，有 7 所位于以色列。这 7 所大学中的 3 所在学术领域已跨入世界大学前 100 强。在人才支撑下，以色列的科技研发支出比重位居全球第一、除硅谷以外创业公司数量第一、风险投资人均第一。全国企业中 98% 为中小微企业，大多是高新技术企业，雇员人数占全国劳动力的 50%~60%，其小企业增长率为全球第二。以色列境内拥有 220 所跨国公司研发中心，有 70 多家公司在纳斯达克上市。在 10 年间，新生企业诞生 7027 家，死亡 2882 家，存活 4145 家，企业的存活率高达 60%，且大部分为高科技互联网公司。正因为如此，整个国家被称为“创新国度”。

以英国为例，也可以看到忽视了科技人才开发利用，导致大国衰退的历史。英国是产业革命的先驱，从 18 世纪起，在将近 200 年的时间里，英国曾是世界科技人才的中心，有为数众多的一流科技人才，又注重吸引外国人才，使英国在科学技术方面的诸多领域占有领先地位，工业、贸易等也居世界前列。但是在第二次世界大战以后，英国为了恢复战时被破坏的经济，压缩教育经费，科技人才的待遇有所降低，并且限制外国留学生和专家入境，昔日人才云集的盛况不见了，科学技术失去了领先的地位。

目前，发达国家的人均受教育年限，加拿大为14.6年，澳大利亚为14.4年，英国为14年，芬兰为13.5年，美国为13.4年，法国为13.1年，日本为11.1年。这些国家也都是义务教育起步最早的国家。所有这些努力，都与这些国家或地区科技人才的开发、培训和人才资源储备有关。可以认为，面对科技革命浪潮对人才流动、岗位替代带来的一系列问题，科技人才资源的有效开发和持续不断的教育培训，是这些国家和地区科技经济持续发展的基本动力。

二、人才开发的要素驱动

人才资源开发与科技创新能力的有效结合，是以知识为基础的科技产业发展战略的选择。对于一个国家或地区，科技竞争已经上升到国家与国家之间的竞争，而这种竞争的背后则是人才之间的竞争。人才资源开发形成的创新能力以更为深刻的方式改变着技术结构、产业结构、社会结构，并形成一种新的科技产业资本和创新发展基础。

对科技产业人才竞争的研究证实：

1．科技产业转型发展，是来自对科研与产业领域的人才资源开发“持续不断”的投资与需求。人才资源的重点投入和产业合理配置是聚集、吸引科技人才资源，加快研究开发投入和产业升级的重要基础。同时，科技产业以拥有先进科技和真正的融资手段以及知识资本的前景，又不断地促使人才资源的流动，形成区域之间比较成本、资源配置效益的差异，加快建立知识资本和知识产业良性循环的运作机制。

2．机制创新、政策创新形成的良好环境，是形成创新精神和创新能力的人才观念的基础。体制机制缺陷、政策法规滞后，将制约人才资源的流入、聚集和开发，降低人才资源投入的效益。反之，体制先进，政策创新，就会吸引大批人才聚集，形成人才聚集→引进→聚集→引进的聚集机理和联动效应。美国硅谷等成功实践，以及微软、英特尔等公司的优秀业绩证实，科技经济的竞争不仅仅是产品之间的竞争，而是在体制机制、运行模式和政策基础上的人才竞争。由于机制创新和特殊的环境，才成就了硅谷等跨国人才聚集之地。

3．人才资源开发及素质的提高与科技产业发展同等重要。科技产业之间的竞争，研究开发与继续教育的滚动发展，将加速人才资源的价值递增和知识资本的形成。在其发展过程中，实现人才投资市场的开放，加速科研、咨询和教育培训业的发展，是提高人才资源素质，促进科技产业发展的重要环节。最有吸引力的企业和科研部门，往往高度重视持续培训和继续工程教育的部门。而对企业员工培训的投入所具有的强烈融入性和增值性，确保了员工在科技产业发展中的不断学习和创新。

4. 市场需求引起的科技创新与产业结构的调整，是决定人才资源开发与需求的主要因素，其次是经济周期性变化以及国家宏观调节等方面的影响。人才资源和人才结构变化来自于科技创新产业及其服务业发展的需求，也来自产业结构升级和市场结构调整。同时，造就了人才流动、竞争和持续不断的人才资源再分配的过程。随着经济全球化的竞争，人才资源开发的市场化程度会越来越高，竞争也会越来越激烈。

这些不同于以往战略、政策和机制的内在要素证实，以知识为基础的科技产业发展，受制于人才综合素质以及如何转化知识资本的结构调整能力等。在对人才资源开发需求的分析时可以看到，人才资源竞争是由研究开发投入、产业结构升级、发展规模以及竞争变化所决定的。要适应科技商品化、产业化与全球化的竞争，科技人才资源的开发、供给必须与市场竞争需求以及国家宏观调控有机地结合起来。概括而言，一方面要通过国家政策的制定和人才发展战略与规划，全面解决科技人才资源开发的不合理状态，根据科技产业发展的需要，政府以提供资助、补贴和法律担保，开展科技企业与科研机构、大学对人才的培训和开发的合作；另一方面，与其相适应的人才与教育机制作为辅助，加快教育改革，把培训科技人才，开发人才资源的工作，纳入产业转型升级及市场竞争的框架。通过产业转型升级及市场竞争对人才质量的要求，建立起符合市场运行机制的人才资源开发网络和供求机制，以适应产业部门对科技人才需求规模和结构变化要求。同时，提高培训和再就业培训的范围，帮助现有的低技能劳动力向高技能行业流动，减少新产业对就业市场带来的冲击。总之，产业转型升级和人才教育培训的目标是否统一协调，是科技人才资源能否获得有效开发利用的重要环节。

三、科技人才资源开发趋势

创新国家演进的历史证实，科技创新以及科技产业升级与扩张，都必然加快从研究开发到科技产业化的人才资源需求，增长方式转变更多依赖于通过对人才资源开发的需求结构调整，以及在科技产业的集约化程度。这取决于科技产业在结构升级和人力资源供求关系中的变化，也取决于经济周期性变化的国家宏观调节水平等因素。实际上，这些因素往往改变着专业技术人才在产业结构中的比重。在科技产业发展迅速的国家，对高技术人才需求日益增大的产业部门发展迅速，使国内外科技人才资源向这些部门迅速转移。在间接服务部门，对科技研究开发、实验设计以及引进技术与工艺规划部门的专门人才需求也在同步扩大，形成人才资源的集约化和产业的集约化。随着科技产业在结构调整中的比重递增，加之先进技术和智能化设备的运用，从事脑力劳动的人员不断增加，而体力劳动的人员需求在不断减少。

这意味着，在科技产业发展迅速的国家，拥有不同教育背景的人们之间的跨文化人才资源及其开发利用对产业转型发展起到关键性作用，同时也出现了高技术专业人才的短缺现象，导致人才资源和人力资本的竞争面向全球化。例如，在信息技术产业领域，1997 年微软公司计划在 3~5 年内将研究开发任务增长一倍，却遇到难以招聘合格人才的困难。微软公司一方面通过引进人才来弥补人才不足，另一方面在发展中国家建立研究开发中心，以充分利用发展中国家的人才资源。美国信息技术协会主席哈里斯·密勒指出："技术人员短缺是一场危机，这好比在第二次工业革命中期把铁矿挖光了。当前信息技术人员就相当于那时的铁矿石，他们是美国经济的关键原材料。"[①]

为解决人才短缺的问题，适应产业升级和结构调整，发达国家提出了诸多解决方案，一方面聘用外国专门人才以及利用网络引进人才等，一方面进一步加大对人才培养的投入。据估计，美国人力资本投入已经遥遥领先于其他国家，总投资已超过国内生产总值的 15%，高于实物资本的比例。同时，许多美国科技企业为了提高专业人员技术水平，纷纷组建了企业大学或依托正规大学，利用这些大学的师资和教学设备，培养科技产业的专业人才。

① 美国商务部：《数字经济 2000》，北京：国家行政学院出版社 2000 年版。

考虑到降低研究开发及其产业化成本等因素，发达国家还通过跨国公司对发展中国家的投入，不断加强对发展中国家的研发活动，在这些国家建立一批独立的研究开发基地，加快创新及其产业本土化的人才引进和聚集，使发展中国家大批人才流向外资公司。据统计，世界有 7500 万人就职于外资公司，美国境内至少有 2500 万人在为美国公司工作。当然，在中国智力密集和科技产业发展迅速的地区，也同样形成人才集聚和人才竞争的生动局面。这些地区通过大量吸引人才，力图成为蓬勃发展、人才聚集的高技术产业中心。如中国深圳创造了经济与社会发展的奇迹。原因之一就是通过政策创新，培育市场化的竞争环境，制定各项引进人才政策，形成了具有相关要素组合的区位优势，在这些智力密集区和科技创新、风险投资、信息服务等领域，聚集了大批国内外人才，以雄厚的智力资本和人才素质的支持，推进了科技创新和科技产业化发展。深圳每年从国内外引进 1 万多名各类人才，中国培养的 1/10 博士聚集在深圳。众多的人才构成了深圳雄厚的智力资本，支持着科技创新与产业升级，并使科技产业成为增长最快的产业。

国内外科技产业发展的历史证实：人才作为创新知识的主要载体，是形成智力密集型产业的基础，也是构成科技创新内源力和竞争力，拥有知识资本和增值部分的决定性因素。它直接影响着科技创新的发展，也直接约束着科技产业化的发展。因此，“要重视人才，不然就要失败”，这并非是多余的告诫，而是实现科技创新及其产业化发展的基本原则。在人才矿脉中进行前期性挖掘，对于保持经济持续快速增长，加快科技产业的迅速崛起，是极为重要的秘诀。

第六节　科技人才激励与竞争

一、人才激励的必要性

激励作为管理的一项基本职能，一般是指强化与组织目标相契合的个人行为。国内外人才竞争的发展趋向表明，科技人才和知识资本作为一种新的生产力，激励已成为激发人才为创新发展做出贡献的重要因素。不受地域限制地吸引、留住、激励优秀人才成为常态。国家、城市、企业之间的竞争，以及科技创新产业化发展，越来越要依靠科技人才（或知识员工）激励机制来实现。为争夺“经济关键的原材料”，全球科技产业竞争由资源竞争转向人才竞争。在人力资源的富集区，作为稀缺性资源的人才资源已成为竞争的焦点。

发达国家为维持科技经济繁荣的基础，一方面相互之间展开人才的争夺，如在海外广泛笼络相对稀缺的高科技人才资源；大力发展创新产业，在全球广泛吸引教育投资和人才资源；采取“直接智力”的引用，直接投资研究机构和开发中心；聘用当地的技术人员和科技精英为自己服务。另一方面，主要在发展中国家争夺低成本稀缺人才资源，大量引进人才资源为其研究开发和科技产业发展服务。例如美国大约 1/4 的高科技公司就是由移民创立的。领英（LinkedIn）上 25 万名 AI 专家中，约 50% 具有 10 年经验的专家在美国。

为引进人才，发达国家以及新兴工业化国家在人才资源竞争方面进行了一系列政策、体制性突破。如日本提出“培养一流的科研人才，建立一流的信息通信网络、一流的科研设施与设备和一流的研究环境，提供一流的生活待遇”。允许国外科研人员占日本科研人员总数的 1/3，允许国外科研人员担任重要的科研项目的领导者等。同时，建立创新科技人才制度，改革科技人员任用制度，选拔思想超前、工作主动又有专业的人担任领导。发达国家在全球大量引进人才，造成了发展中国家人才资源的大量外流，并与发达国家利用人才优势、促进科技产业迅速增长形成同步现象。

全球性科技经济竞争使越来越多的国家意识到，人才外流如同财富外流，留不住人才就需要付出高昂的代价。这是因为，人才流失不仅动摇人心，而且将造成国家科技经济的严重损失。有关研究测算表明，培养一个工程科学方面的理科学士要花费 6000 英镑，如果移居国外，造成的经济损失估计可达 30000 英镑。如果移居美国将达到 78000 英镑。[①] 今天，国家乃至企业的财富越来越多地以人才资源、知识资本来衡量。而相当大一部分

① 联合国科技文组织：《学会生存》，上海：上海译文出版社 1979 年版。

知识资本——从一种香水的秘方到某位大客户最喜欢的甜点——存在于公司知识雇员的脑子里。[①] 人才竞争将愈加激烈，依靠一般性招聘或物质吸引人才也越来越困难。人力资源专家估计，在考虑所有因素以后——不仅包括中介公司的费用，还包括因为人才离开公司而失去的关系等，替换人才的成本可以高达辞职者的150%。因此，千方百计地吸引和留住人才，通过激励调动人才的积极性，成为科技创新与转型发展的关键一环。

二、人才激励机制

人才激励机制是通过特定的体制、政策、方法与管理体系，激发人才对组织及工作的承诺最大化的过程。为有效地调动科技创新人才的积极性和创造性，激励人才做出更大的贡献，各国均建立了适合本国的激励机制，通过制定政策与完善体制，有效地引导企业按着政策走向配置人才资源，以此形成激励人才环境。如营造良好的创新文化，鼓励创新、包容失败，建立比较健全的创新体系，完善科技人才职业保障与退出机制等。这一系列的激励措施包括：

1．完善的职业生涯规划。采用职业生涯规划设计是对科技人才进行激励的运行机制之一。将科技企业的创新目标与科技人才的成长发展更紧密地联系在一起，增强人才对企业的归属感，最大限度地调动人才的创新热情。发挥人才主观积极性、能动性，激励科技人才朝着企业发展的目标开拓创新；同时，也让科技人才从企业规划中清晰地看到职业前景，在自我发展的过程中感受到激励。

2．高效的薪酬激励机制。为科技人才提供较高的薪酬，也是科技企业激励人才创新、创业的有效途径。从对人才的激励角度，一类是保障性因素，如工资、固定津贴、社会强制性福利等；另一类是激励性因素，如奖金、物质奖励、股份、培训等。例如，一些发达国家为激励人才都对有突出贡献的人才实行倾斜政策，拨出专款大幅度提高人才的工资待遇。

3．良好的科研文化氛围。例如，为营造健康的企业文化自由自在的科研氛围，微软公司支持所有员工把自己的办公室看成家或大学宿舍一样：所有的办公室都不锁，软饮料免费供应；公司不要求统一着装，员工穿着

① ［美］谢利·布兰奇：《你雇用他们，但能留住他们吗？》，《财富》，1999年第13期。

宽松的衣服，轻松自在地从事科研。为了维护学术自由，美国大学教授协会在1940年和1958年相继通过了一系列保护学术自由与终身聘任制原则。从思想层面上，这些举措为保证学术的自由奠定了思想和道德准则；从制度层面上，独立的决策模式、开放流动的全球青年精英人才政策、终身教授制度、严格设计的同行评议等措施，使科学研究具有较多的学术自由，能够相对独立于科技资源的分配以及经济和政治等因素之外。

4. 合理的进入和退出机制。在发达国家中，用人单位合理的进入和退出机制使得这些单位各类技术人才和专业人员流动一直维持在较高的水平。在人才战略上，这些国家的用人单位有一些独具特色的措施和做法。一是对人才流动采取比较自由放任的宽松政策。二是除培养和使用本国人才外，瞄准全球人才，对外来移民采取许多宽松的政策。

5. 客观公平的评价机制。建立以科研能力和创新成果等为导向的科技人才评价标准，改变片面将论文数量、项目和经费数量、专利数量等与科研人员评价和晋升直接挂钩的做法。英国科技企业已形成了比较完善的科技评价体系，企业中的评价机构实行严格的科技评价制度，充分重视评价过程中的公平问题。日本科技企业实施开放型研究评价体制，评价活动的规范与改进以及评价结果的合理使用，在日本企业的科研资源配置、人事制度改革等方面，发挥了重要作用。

三、人才激励途径

在科技产业转型期，能够形成人才激励以及人才使用的示范效应，本身就是一种吸引人才、提高人才聚集度的良好环境。由于全球化导致人才系统出现不同国家及地区薪酬和价值创造的比较差距，为了消除这种差距，除了增加酬金或国家在宏观领域出台的留住人才的政策，还有什么因素能够产生一种平衡力量，通过人才激励途径，留住人才并具有示范作用？

从美国硅谷各家科技公司之间的无声的较量——谁拥有最美味的菜肴来看，已展示出“留住人才、管住胃”的独特方式（专栏14-3）。美国一项最适宜工作的100家公司的调查具有一定的启示：[①]（1）要留住人才，就

① 《美国最适宜工作的100家公司》,《财富》，1999年第14期。

必须委派更能干的人做他们的领导。（2）游泳池和急剧增加的薪水可能使雇员们感到振奋，但持续的培训和充满人情味的待遇才会使最好的人才留下来。（3）留住人才的计划不仅包括增加奖金和公司提高后勤服务等使生活更加舒适的特殊待遇，更加重要的战略则是以发展计划为核心。（4）向所有员工发给认股权，建立职工与企业兴衰紧密结合的利益共同体。（5）慷慨提供“软福利”——那种能够进一步协调工作与生活之间关系的各种便利。如在公司内理发和修鞋，提供杂项服务以及免费早餐等看起来不起眼的福利。为疲劳员工提供按摩服务，为员工购买业余活动所需的各种票券等。（6）经常与员工交谈，听取基层的意见。一些公司每月与员工举行几次早餐会，有的提供 24 小时 800 免费电话，以便听取他们的意见和建议。（7）采取积极的对话方式。如提倡少批评、多表扬的文化（或“贴心文化”）。（8）实行非正式的不解雇或大规模解雇的政策，提供适度就业保障，等等。

专栏 14–3　硅谷科技公司较量：留住人才，管住胃

这家总部位于旧金山的软件公司，午餐时间即将来临，马丁利开始品尝各道菜，当天会有上千人前来用餐。“我们的菜单不停在更新。”他解释道，手里端着一份培根法罗小麦意式烩饭。“我们的菜单从不重样。”在这个远大信念的指引下，马丁利创建的食堂堪称科技圈最佳食堂之一。

精美的菜肴，是硅谷各家科技公司之间一场无声的较量——竞争谁拥有最美味的菜肴。根据对科技界朋友的非正式调查，目前的桂冠属于 Dropbox 公司。他们一有空就来这里的食堂吃午餐。这里的日间茶点和咖啡［均为自行烘焙，其中一款特调咖啡以公司联合创始人德鲁·休斯敦（Drew Houston）命名］同样备受好评。

人们很难精确指出自何时起硅谷成了免费美食的中心，但大多数人都同意这股风气始自谷歌。谷歌树立了科技公司免费美食的标准。在科技界，对工程师人才的争夺已引发了公司福利方面的“军备竞赛”，免费一日三餐被视为标配。每一间厨房都试图压过对手，一些甚至发展到

> 自己酿啤酒（例如游戏公司 Zynga）。在房屋租赁公司爱彼迎（Airbnb），经典早餐包括新鲜果蔬和煎蛋饼，每周一还供应奇异籽布丁。
>
> 资料来源：《硅谷公司的食堂竞赛》，《美食与美酒》，FT 中文，2017 年 7 月 15 日

有关研究认为，除了精细化、人情味的服务，留住人才或对知识人才（也有称之为知识型员工）的激励的主要因素依次为：个体成长、工作自主、业务成就和金钱财富（见图 14-3）。

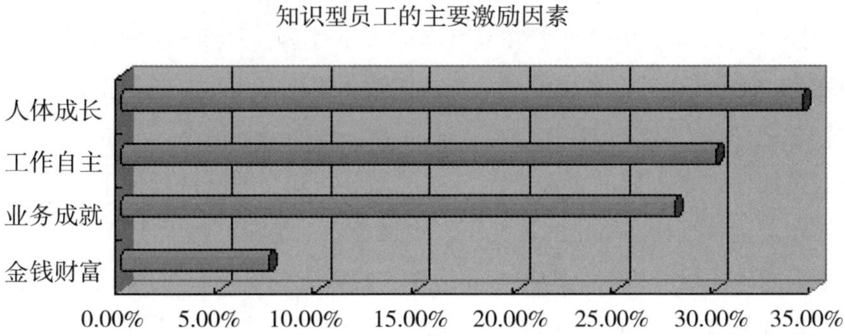

数据来源：保罗·麦耶斯主编：《知识管理与组织设计》，珠海：珠海出版社 1998 年版，第 259 页

图 14-3　知识型员工的主要激励因素

与其他类型的员工相比，知识人才对创新环境及围绕非工作时间的“衣、食、住、行、康、育、娱”均有较高的品质要求。同时，他们还试图从自身的创新驱动，期望在真正有竞争力的差异化成果中获得成就感。这些人才更加重视自主性、个性化、多样化和创新精神，而且越是高层次人才，越看重具有促进不断发展，具有挑战性、成就感的创新性工作，他们对知识、个体和事业的成长有持续不断的追求。与成长、自主和成就相比，高层次人才虽然将分享自己创造的财富作为激励的一部分，但金钱的边际价值已经退居相对次要的地位。物质和金钱的激励，已经远远超过劳动报酬的范畴。将高层次人才的业绩及其成就的社会认可紧密地联系在一起，构成了一种具有荣誉感、使命感和归属感的凝集力。

正是如此，发达国家将建立学习型企业以及加强知识更新、调整知识结构的继续教育，作为留住和激励人才的重要组成部分。一些公司将“明确无误地承诺培训”作为企业人才政策成功十大因素中的主要因素之一，排在有创造性的薪酬制度、富于想象力的医疗福利制度、职业上的挑战性之后。据统计，一些公司支出的 2%~3% 是用于学习，有些公司这一比例可达 7%~10%，有的甚至高达 10%~15%，用以不断适应知识更新和人才创造性的需要。[①] 尤其是在全球网络化发展的环境下，科技创新改变了传统的用人、留人法则，把人才的单位所有的藩篱捅破了，通过网络化机制构筑了一个人才竞争的互动空间。这一网络空间采取专业平台形式，美国普赖斯教授（D. Price）1962 年曾在其著名的《小科学、大科学》的演讲中将其描述为“无形学院”，意指那些从正式的学术组织派生出来的非正式学术团体。它把许多专业合作者群体联系在一起。在网络环境下，开放式的交流模式更加便利了人们的合作交流，在“无形学院”的链接延伸下，使原来的人才交流系统在网络化的依托下，更加趋于“跨科、跨界、跨行”结合。如华为的人才培养机制是跨越专业边界，“打破专业界限”，“打破岗位界限”，通过人才的有序流动、跨岗轮换，培养面向未来的复合型人才，推进人才循环流动。人才在跨专业、跨行业的网络化平台的互动融合，使每个人成为公共资源；通过特有的互动交流或轮换机制，增进了人才的环境选择、知识复合和部门比较。这样的交互式、跨界式交流形成了在网络环境下的人才的流动，为每个人从“单位所有”转化为“公众所有”角色提供了可能。互联网开始真正展现出人才的无穷潜力和知识价值，形成具有创造力的人才价值突破。

由此可见，形形色色的人才激励方式及各种手段，已促使全球人才竞争规则和发展战略发生了一系列新的变化和调整。这类新的竞争规则与策略在于：更多的国家和企业将知识生产者为主体的人才资源加速转变为人才资本，并完全置于国家安全和利益或企业财富发展的战略基础之上。例如，美国最大的电脑公司康柏收购数字设备公司的主要目的，就是因为该

① 参见《技术教育，双赢之路》，《光明日报》1999 年 8 月 11 日。

公司拥有数万之多的系统技术人员。更为重要的是，在已经出现和即将出现的重大变化过程中，发达国家在人才竞争方面已经有效地实施了战略延伸。在美国硅谷，对人才的争夺已经从对每年斯坦福大学1350个即将毕业的工程师，发展到对某些特别课程进行密切监视。一些发达国家在发展中国家招收最优秀的中学生进入本国大学进行培养，既获得了教育产业的收益，又留住了人才资源。人才竞争的超前性日益激化和突出。这说明，发达国家利用知识资本在不断升值，通过提供“软福利”到“认股权”以及人情味之类的工作与生活的协调方式，大量引进发展中国家的知识人才，目的就是为了增强以人才资本为基础的竞争实力。也预示着，未来全球经济科技竞争中的矛盾、冲突和解决途径以及一国一地的创新活力，将更加强调人才集聚的影响和激励作用。

事实上，金钱并非人才激励的唯一关键。吸引和激励人才不仅是薪酬待遇问题，还有发展环境以及人才所在地或部门领导素质、魅力与水平等问题。虽然各国出台了一系列吸引人才的政策，但直接感受发展环境，决定人才命运、发挥人才作用的，还是所在部门的领导者（尤其是一把手）。有关调查显示，人才流失因素中70%是与领导素质、魅力和水平有关。大凡人才，一般事业心、自尊心都比较强。优秀的领导者一般都十分尊重人才，真心实意与人才交朋友，尊重人才的个性，包容他们的差异，使他们感受到信赖和光荣。用人者必赢其心，人才方能尽其智。惜才如命、礼贤下士并具有强烈服务意识的领导者，必然“英雄不问出处”，尊重知识、尊重人才、尊重创造、尊重劳动，并以个人魅力及其优秀品质，聚集一批优秀的人才。而事业成功的城市、企业、公司、大学和科研机构，也必然突出精致、优质的服务意识，强调领导重在协调和服务，而不是重权力和控制。通过改变人才“重引进、轻使用”的现象，让人才有机会领衔或参与重大科研和工程项目。破除阻碍人才发挥作用的各种樊篱，在政策、资金、服务等方面开辟“绿色通道”。充分信任人才，放手使用人才，让他们有职有权有责，最大限度地发挥自己的创新活力和创造潜能。

面对新科技革命对人才流动的影响，只有不拘一格降人才，具有“培养超过我”的胸怀的领导者，才能适应科技经济与社会的变革，广路进才，招贤纳士，有效发挥人才的积极性和创造性。而一个有远见、高水平、高素质及充满人情味的城市或地区、公司或部门领导者，就是一种环境。它能够使人才看到所在城市或地区、公司和部门的发展远景以及个人发展的希望。如同“一个人在黑暗里走路，如果前面有一座灯塔，无论这座灯塔有多远，只要他能够看到灯光，他就会坚定地走下去”。毫无疑问，最优秀的领导者，必然聚集最优秀的人才。在科技产业转型期的人才制度环境尚待不断完善的情况下，领导者的“灯塔效应”不亚于一系列优惠政策，对激励、吸引和留住人才同样具有特别重要的影响及意义。

第十五章　市场需求

市场需求是科技创新的源泉，也是科技产业经济活动的中心。市场需求与科技创新互动成为激励科技供给、科技产业升级与结构调整的重要因素之一。市场需求促进了科技创新和科技产业发展，对新技术、新产品、新服务等研究开发提出新的课题。提高市场创新能力，促进市场结构调整，将成为加快科技产业发展的重要基础。本章着重对科技产业的市场需求特性、科技领先的市场需求等进行研究，从市场需求的角度，论证了市场创新对科技产业发展的影响，分析了科技竞争力与市场需求的关系，并对科技产业与市场需求约束等问题进行了解析。

第一节　科技产业的市场需求

一、市场需求理论与发展

（一）“供给”与“需求”之争

对市场需求理论阐释之前，有必要对围绕“供给推进”说或“需求拉动”之间的学术歧见，做一扼要的回顾。

关于创新行为的形成，将创新纳入经济学理论体系的熊彼特（Schumpeter）明确否认了需求力量拉动创新的说法。他强调创新的起源不在于消费者嗜好的变化，消费者嗜好出现直接和间接的变化是现实存在的，但这种变化仅仅给企业家的创新行为提供了动机和机会，而不是这种行为本身。他指出技术创新是企业内生的，是技术进步推动着经济的长期增长。

在后期著作中他还进一步解释了推动生产者发起创新的力量在于科学发明进展的观点。后来，有学者将熊彼特对创新起源的解释归纳为“供给推进”说或“科技推力”说。从20世纪50年代起至60年代下半期，居于支配地位的创新模型一直是这种简单的线性科技推动模型，从科学发明通过应用研究逐步进入技术开发以及企业的生产活动，最终导致新产品、新技术进入市场。市场需求及其变化只是被看作研究开发成果的接受者。这个模型的基本假定是“更多的研究开发投入”等于“更多的创新产出”。20世纪80年代初，英国经济学家多西（Dosi）类比科学哲学家库恩（Kuhn）提出了“技术范式”（Technological Paradigm）概念。他认为技术范式是“解决技术问题的一种模型或模式”，它决定研究的领域、问题、程序和任务，具有强烈的排他性，它既是一个看问题的观念体系，又是一个解决问题的方法体系，它规定了技术自身进步的方向和内涵。根据技术范式，多西把技术轨道定义为由范式决定的常规的解决问题的活动。它是一组可能的技术方向，其外部边界由技术范式本身的性质决定。“科技推动”说有两层含义：一是技术创新主要是由科学技术本身发展的要求所引起和推动的；二是科技创新与市场并没有明显的共生关系，创新活动的步伐依赖于科学进展。在市场需求变化中，创新活动担当着主体角色。

“供给推进”说（或“科技推动”说）在20世纪60年代受到美国经济学家格里利切斯（Zvi Griliches）和雅各布·施莫克勒（Jacob Schmookler）的挑战。作为“需求拉动”说的代表，他们认为与科技推动说相比，市场拉动（或需求拉动）可能更具有代表性。格里利切斯和雅各布·施莫克勒在需求变化对技术变迁的影响方面进行了深入研究。他们的研究表明，科学发明活动的高涨，响应了需求上涨。在技术创新源泉方面，施莫克勒强调，市场需求即赢利机会才能打开技术创新的宝藏。但是，需求对技术变迁的影响机制，忽略了追求利润最大化的企业关注相对资源稀缺而引起相对要素价格变化诱致的要素节约倾向，而不是仅仅局限于需求对技术变化速度的影响。

与“供给推进”说和“需求拉力”说不同，对科技产业的市场需求理论的阐释，是将两说合一，将其构成一个互相联系、互相推进的有机整体，因为片面强调某一方面都不能使创新行为得以实现。在这两大创新系统中，科技创新是形成物质生产力的直接因素，但科技创新要有一系列诱导机制，这些诱导力量的出现包括市场机制的作用。科技创新只有介入市场需求才能实现其经济社会价值，并反映出市场化的创新溢出效应及其转移效率。

（二）市场需求涵义及特性

为了阐述科技产业的市场需求理论，进而探索科技产业与市场创新等深层问题，首先界定“市场需求”这一基本涵义。关于市场需求的界定，经济学是指未来市场对所要投资产品的需要程度，或指未来市场对所要投资技术、产品、服务等需要的程度。而科技产业经济学对市场需求的界定不仅是指产品进入市场的供求变化及前景，还包括与之相关的科技创造市场、科技供求关系等因素。这是一种科技支撑和引领未来市场需求格局的变化，从本质上看，这种需求供求变化是消费需求和科技创新互动的集中反映。从科技产业发展视角来看，市场需求一般具有以下方面的特性：

1．产业关联性

产业关联是指不同产业之间的投入品和产出品相互运动形成的技术经济联系。科技产业的关联性主要表现为产业“技术乘数”的作用，以及在产品对相关产业的支持和基础性作用。如半导体是信息产业的核心，它对其他产业起到了“基础材料”的关联作用。电子信息等高技术产品在办公自动化、汽车、航天等产业应用，以及对传统产业技术改造的影响等，就充分反映了产业关联性特征。

2．市场规模性

市场规模不仅是指市场在空间上的范围，而且是指一种需求关系、交换关系和市场制度。这种关系和制度不仅反映了市场需求程度和扩张性，还反映了市场协调与发展的成本。科技产业的市场规模性是科技与产业共同作用的结果。它既表现为科技产业经济在市场上的规模性、扩张性等，还表现为市场规模对科技产品具有大量需求，如新能源、新材料、环保、生物医药等产业巨大的市场需求。随着科技产业经济规模的扩大，科技企业规模增大、收益增加，将进一步体现市场规模性的特征。

3．科技先进性

科技产业的核心是科技创新以及科技成果的研究开发和广泛应用。因而它所反映的市场需求程度集中体现了科技竞争状况。一般情况下，具有科技先进性是科技产业的标志，也是科技产业保持市场竞争优势地位和强劲发展势头的动力。市场需求不断变化，为科技创新提供了发展的机遇，也进一步挖掘了市场需求潜力。大数据、深度学习（AI）、物联网、虚拟现实/增强现实（VR/AR）、可穿戴设备、3D打印、无人驾驶汽车、石墨烯、基因测序（精准医疗）、量子通信、高端机器人、云服务等一批先进科技成果走出实验室，步入产业化。为科技产业的市场需求带来了广阔的前景。

4．产品替代性

产品替代是满足市场需求的一种手段。科技创新带来的市场需求变化和结构调整，必然引起产品及其要素的变化，形成新的产品价值及产品替代。这些产品替代改变了市场需求格局，不仅影响到人们需要什么，也影响到市场需求变化程度及发展潜力。如电子商务活动替代了营销交易、产品服务等，“电子邮件”“微信”替代了传统的通讯、交通方式；人们用电脑和调制解调器就可以与全球大图书馆的所有数据库联系起来；生物医药产品对传统诊断手段的替代以及基因产品在疾病诊治中的药物替代；等等。

5．产品多样性

产品多样性是市场需求的重要标志之一。每一个产品具有多方面的技术特性和市场特性，产品多样性是在一定程度上反映了产品技术与市场特性的多样性。随着市场需求的变化，以及市场需求的多样性、广泛性和无限发展性发展，促使科技创新不断加快，产品需求将进一步向多样化、个性化方向发展。预测显示，未来科技产品的市场需求越来越呈现出多样性、环保性、可循环利用性的特征。各种节省能源、轻巧、操纵简便且对人无害的创新产品将大量进入市场，满足消费需求。

（三）市场需求导向

市场需求变化是通过消费需求诱致创新投入并引起导向性变化的现

象。市场需求导向具有的可诱导性，一般是指在推动市场要素变化的科技创新及其产业化过程中，市场需求变化对科技创新具有资源配置的引导作用。美国斯坦福大学的两位学者，在20世纪末曾对美国和英国技术创新的来源做过分析。他们的研究显示，来自科技推动而进行的创新，在美国所占比例是22%，在英国是27%；来自生产需要的创新，在美国所占比例是31%，在英国是25%；而来自市场需求推动的创新，在美国所占比例是47%，在英国是48%。由此可以看出，市场需求已日益成为保证创新活动获得成功的更为重要的因素。因此，市场需求变化的趋势，指示着科技创新的方向，如同一种无形的引力，不断向科技企业提出创新的要求，引导科技产业按照它规定的方向运行，根据其变化的趋势进行科技创新和市场创新。

市场需求导向具有以下基本特性：

1. 目的性。科技创新按照市场需求进行研究开发，市场需求的指向是一个明确、具体的客体对象，而不是虚拟、模糊及无定向的需求。市场需求根据既定的市场战略目标，通过改变市场要素，进而改变市场结构，形成市场创新点、创新域和创新源。

2. 重点性。虽然市场需求范围广泛，但在科技创新对市场需求的研究开发中，往往具有相对重点性。一般是通过创新点、创新域、创新源诱致市场要素发生变化，引导科技主导产业发展、传统市场的结构调整和新兴市场的崛起，形成有战略重点的科技产业发展的市场需求布局。

3. 操作性。市场需求导向引致的科技创新供给、科技成果转化等一系列过程，是以具体的方法、运作流程和设计方案进行操作来满足市场需求的。市场需求选择、市场创新及其开发利用等都需要通过一系列方法、流程进行。通过操作来贯彻市场需求导向的意图。

4. 关联性。市场需求与研究开发、生产和消费活动等都有密切的关系，且与各个市场之间也有广泛的联系。统计表明，国外研制的新产品中，有50%是来自市场需求。任何市场需求的变化都将带动相关要素的形成与联动，并直接影响科技、市场等创新的定位和作用。按照市场需求层次，市场需求与创新能力的关联性如图15-1所示。

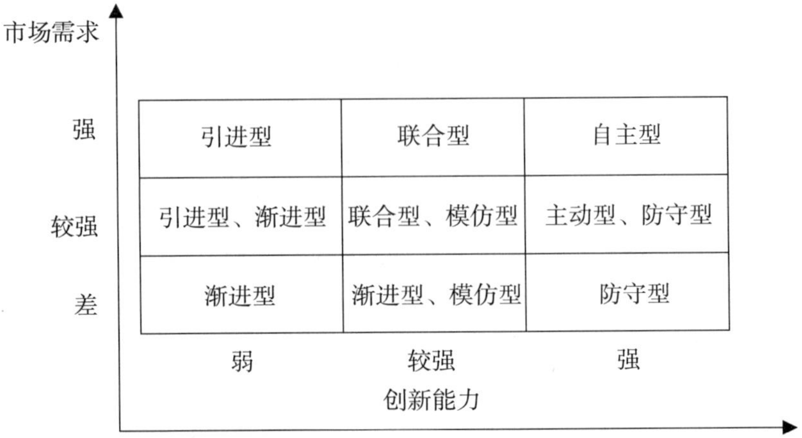

图 15-1　市场需求与创新的关联性

市场需求导向的主要表现：

1．市场需求结构变化拉动科技产业结构调整。生产的目的是满足消费需求，决定经济发展以至新产品开发的主要因素是具有支付能力，并将潜在消费者变为现实需求的消费者。供给结构能否适应不断变化的消费结构，取决研究开发的速度和科技成果转化率，而研发创新动力来源于下游流通环节和消费需求。下游消费需求程度越高，对研发环节的拉动作用越显著。在新的消费阶段，消费结构变化必然引起产业结构的相应变化。与消费多元化和多变性相适应的是，市场需求结构依靠科技创新和新产品开发，形成新的科技供给结构的变动，推动高技术、高附加值的产业模式的演变，并拉动研究开发的资源重组。在新的资源重组阶段，科技创新将使产业结构内部发生新的突破和连锁反应，导致新产品的开发和广泛应用，创造着科技产业新的市场组合，并引发科技产业的优化升级和结构调整。

2．消费者对利益的追求和消费偏好诱致科技产业更新替换。科技产业更新替换是产业结构调整和优化升级的必然结果，科技产业结构调整和升级的目的是追求利益最大化和最佳利润。在科技经济发展中，资源流向收入弹性和效益增长率高的科技产业部门，其科技产品在市场的扩张快、需求大，能够维持较低的成本和较高的价格，形成较高的附加值和收益。正是这种需求机制和利益机制的相互作用，刺激和诱导包括科技、资本、人才等国内外资源，迅速流向诱人的、具有创新利润的科技企业或科技成果孵化器，促进市场创新及科技成果的市场化、商品化和产业化，加速科技产业更新替换，进而推动着市场需求变化和产业结构的高级化发展。

3. 经济全球化对市场需求的供求导向的影响。主要表现为国际经济科技在一国市场需求供求两方面的影响和作用。科技产品在国际市场的占有率、产业分工和进出口的变化，以及国际科技资源流动状况、对外开放和国外技术及资金的引进等，都影响着科技产业发展和产业结构的调整。这些因素影响着市场需求的范围和规模，尤其是在科技创新和科技竞争日趋激烈的背景下，科技对市场供求的作用越来越突出，知识资本的价值在市场供求关系中影响越来越大。

事实证明，市场需求导向是创新成功的重要因素。就科技创新而言，创新形成的科技产业群响应市场需求的变化，引起科技产业规模扩张和市场层次的变化。在市场经济条件下，科技创新和科技产业规模市场，与市场需求变化的范围和程度几乎同步进行。市场需求不断变化提供科技创新的方向，也为科技人员提供了大量的创新机会和就业机会。因此，科技创新活动的本质是市场和科技竞争的有效结合。有了市场需求变化，研发适应了市场需求，才会激发科技创新活动，实现使资源的财富创造潜力发生改变的行为。市场需求是科技创新的起点和终点，市场作为创新活动价值实现的载体及引力，推动着创新思想、创新活动的产生与发展，创造着新的需求，提供新的组合和利润空间。

（四）市场需求变化及影响

在选择市场需求变化作为科技创新和科技产业发展导向时，“市场需求”与“科技供给”始终是科技产业发展的主题。这一供求关系不仅影响科技产业的投入产出状况以及生产要素的配置和转化效率，而且影响新兴产业结构的变革进程。从需求方面来看，科技产业发展起因于市场需求。市场需求推动着科技创新及其产业发展，并通过生产需求、消费需求以及出口需求拉动科技创新，为科技创新锁定市场需求提供最大化和最优化目标。在这个过程中，市场需求离不开科技创新。只有将科技供给与市场需求紧密结合，才能提高科技在生产中的贡献度，提高科技对资源的利用率及其附加值。可见，偏离了市场需求的科技创新是一种无效的“科技供给”，而缺少科技引领的市场需求及供给侧结构改革是不完善的。所以，市场需求的变化以及科技成果在研究开发、生产、市场各个环节上的适应性，都会对“市场需求”与“科技供给”之间的关系带来各种问题。任何一个环节出现问题，科技成果与市场需求的对接即告失败。这就需要充分考虑到科技领先和新兴市场需求变化的相互关系，以及这种关系带来的深刻变化和影响。

第一，市场需求变化与科技创新和科技产业发展的正相关性。传统科技经济的思维方式，往往使科技产业化更多地与资金投入密切相关，而忽视了市场需求以及资本市场运作的创新价值。任何一种市场需求的产生都会引发市场创新行为的利益动机，促进科技成果的商品化和产业化。在经济全球化的今天，市场需求的多元化和广泛性，同样根据各国科技创新与产业转型发展的“位差”，使科技成果的多元化和广泛性在全球由高到低地蔓延。根据市场需求变化和发展趋势，寻求新的市场需求，创造新的市场组合，开辟新的市场领域，成为各国科技人员在产品研究开发领域的基准点。

第二，市场需求对于科技商品化、产业化和市场化的拉动。追求持久的市场领先地位，适应市场需求的变化，一般首先采取科技创新和科技成果转化，加快形成科技成果产业化、商品化和市场化；其次采取技术引进和技术合作的方式，以弥补科技创新不足和比较差距。对于发展中国家，技术引进方式是满足国内市场需求，缩短与发达国家技术差距的重要方式。但值得注意的是，发达国家的技术转让是建立在已经研究开发出新的替代技术的前提下进行转移的。换言之，发达国家是以研发实力作为对市场需求变化的响应。当发展中国家掌握了转让技术，表明发达国家已经通过这项技术获得高额利润并进入利润率递减的衰退期。发展中国家通过技术引进或“以市场换技术”，证实发展中国家或地区在全球产业水平分工和市场需求变化中滞后，也印证了这些国家在科技领域或科技成果转化方面与发达国家的巨大差距。

第三，市场需求的比较利益和周期变化促进科技产业发展。市场需求的比较利益，一般反映为创新收益、科技附加值和生产率的差异。虽然一国或一地产业专业化分工协作是一种大趋势，但由于存在着科技密集型产品和劳动密集型产品的附加值差距，在市场交易中的收支状况和份额明显不同。例如，计算机的附加值远远高于纺织产品，一国出口计算机，进口纺织产品，计算机的出口国在市场交易中就可以获利。这说明，市场需求的比较利益和周期变化包括科技结构、消费结构和生产结构之间的差异。事实上，各国之间存在着创新能力和科技产业发展水平的差距，专业化分工和市场交易总是对科技领先国家或地区有利，高新技术产品在市场需求中将成为比较优势或创新利润产品。国际贸易的比较利益学说强调相对成本的差别是贸易形式和贸易收益的关键，但现代科技发展正在不断修改这一观点。除了成本、价格等因素，创新形成的商品化、产业化和市场化的差别优势也是关键因素。

第四，市场需求导向影响着科技领先趋向。发达国家科技发展的目标十分明确，就是依据市场竞争战略，掌握科技创新的主动进取性，提高市场竞争力，领导市场、开拓市场和占领市场。美国在关键技术目标选择中，强调领导世界市场，保持竞争优先地位的准则。突出了“扩大最大市场规模”“提高工业竞争力”的重要性。为保持对市场需求导向的科技领先权，各项关键技术、选择依据等都紧紧围绕着“保证经济竞争力”和“最大市场规模”展开。在这样的前提下，科技竞争不仅强调系统性，保证技术选择与市场需求的整体性和目标的一致性，而且强调产品开发的实用性、技术通用性和市场需求的针对性。

可见，市场需求的变化及影响实际上是通过科技、市场等创新引入一种新的生产函数，以提高社会潜在产出能力，满足市场需求结构的变动。主要表现为，通过科技创新加快新产品和新工艺的不断涌现，并通过人均收入的提高和生活条件的改善，影响市场需求结构的变动。同时，需求结构拉动产业结构有序发展，进一步提高了创新为基础的推动作用。因此，市场需求导向与科技领先的互动是产业结构调整的主要动因，而通过创新才能提高产业转型能力，使市场需求结构变动对产业结构产生积极的影响。

二、科技领先的市场需求

市场要素变更以及新兴市场的形成与发展，经常被描述为需求拉动、科技周期变化和竞争促进的过程。有关研究证实，科技领先对于经济增长和市场需求起到“引擎”的作用。当一个经济系统中的经济活动陷入“低谷”时，如果没有新的创新活动出现，就没有新技术及其组织变革带动的新产业、新模式、新业态，经济系统也不可能出现新经济繁荣。同样，没有科技领先的市场需求，也不可能出现新的市场繁荣。科技创新具有的技术成果独占性，引导市场需求结构调整和整合。由于科技领先程度在市场竞争的各个阶段处于不断调整变化的状态，拥有科技领先的发达国家和地区，总是凭借科技领先优势在市场竞争中处于有利的地位。它们将科技领先优势作为战略控制手段，以技术产品的提前量、控制价值链、品牌资源等在全球市场形成垄断竞争。

（一）阶段性市场特征

科技引入期、成长期、成熟期和衰退期阶段所面临的市场竞争，同步构成了市场领先者、市场挑战者、市场追随者和市场撤退者的不同形态。根据科技生命周期不同阶段的动态性特征描述，以及按照市场需求划分，科技领先的市场需求与发展一般分为四个阶段：

1. 自主创新的市场垄断阶段

该阶段主要表现为科技创新带动市场领先者的特征。依靠科技创新和新产品开发，创新型国家或地区将新技术、新产品、新服务，以合资合作等方式进入传统市场并形成市场垄断。创新型国家对市场垄断的形式主要是对核心技术的控制。利用其压倒性的技术垄断优势，以知识产权和技术优势来垄断市场需求和经济命脉。作为专利权，创新型国家或地区在技术许可合同中，专利技术约占 70%~80%。从全球专利申请情况来看，美国、日本和欧洲三极分布特征较为明显。1982—1996 年间，世界各国在美国申请的专利中，美国占 54%，日本占 20%，德国占 8.1%，英国占 2.9%。其中，90% 以上的拥有者为 OECD 成员国。创新型国家或地区通过获取专利权取得技术占有权，以抢占工业产权的竞争地位和市场垄断地位。而这些国家的跨国公司又以获取先进知识和技术以及对全球研发资源的有效利用，实施市场化战略。通过知识和技术的投资收益，加快科技在全球的转移和扩散，提高科技领先在全球市场的配置效率。

2．科技领先的市场竞争阶段

该阶段主要表现为科技领先带动市场挑战者的特征。这一阶段一般起始于市场扩张的末期和市场垄断的初期。其间，受到科技产业发展及市场需求的双重驱动，科技创新促使市场竞争加剧。一方面科技创新产品市场扩张受到传统产品市场的抵制以及市场需求变化和价值转移的影响，另一方面基于市场需求递增，科技产业还受到市场拓展、市场反应、市场服务、价格变化以及竞争动态等因素的影响。科技产业要获得市场竞争优势，需要检验市场需求的科技商品化、产业化成果，还需要满足产业升级的科技领先作用。

3．科技竞争的市场转换阶段

该阶段主要表现为科技竞争带动市场追随者的特征。在其他国家掌握产品技术并迅速转换后，技术垄断被打破。但由于科技领先国家在产品质量、功能等方面优于其他国家，并通过降低生产成本，形成规模效益和较高市场占有率，利用品牌、形象和知识服务等非技术因素，仍能在一定时期保持市场领先的地位。同时，利用向发展中国家输出到期和过时的专利，科技领先国家仍然可以获得新的“专利入门费”。科技领先的需求惯性以及在市场竞争中可能产生的机会，有可能产生新的技术交易行为或合作创新行为，形成在多个供给与需求领域的延迟效应。

4．价格竞争的市场扩张阶段

该阶段主要表现为价格竞争带动市场撤退者的特征。随着科技进入生命周期的衰退期，市场需求也进入撤退阶段。这一阶段突出了成本领先的战略竞争。在其他国家技术、规模方面趋向一致后，价格、成本竞争成为市场需求的关键要素。市场竞争性质逐渐由技术密集型转为劳动密集型产品，技术垄断被市场价格竞争取代。科技领先国家加快了产业结构调整及战略转型，同时，依靠科技创新以便获得技术优势，形成新的替代产品，以期通过新技术成果垄断市场份额。在这一竞争阶段，微利产品的大规模扩张代替了技术垄断市场的产品技术价值。为弥补竞争成本压力、结构调整与技术替代滞后造成的影响，企业主要通过降低成本、强化成本和管理费用的控制，以及最大限度地降低支出，以成本优势赢得低价格的市场扩张优势。

（二）阶段性价值变化

上述四个阶段的变化与科技领先水平在市场需求不同阶段的附加值变化有密切的关系（见图 15–2 ）。科技领先不仅体现在进入产业链不同环节的附加值特征，也体现出科技在市场垄断—市场转换—市场扩张不同需求阶段的重要影响。这一阶段性的附加值变化主要表现在以下几个方面：

1. 科技附加值保持在 50% 以上阶段

科技垄断市场需求的主要表现为新技术、新产品和新的销售渠道。科技创新成果的技术先进性、独占性大体表现为“独一无二”的市场优势及其领先性和垄断性，这些科技垄断市场需求的高附加值产品，技术知识密集度高、市场需求度高、品牌知名度高，因而市场升值幅度大，经济效益好。

2. 科技附加值保持在 25% 以上阶段

随着生产成本递增，科技垄断市场需求开始表现为技术转移、产业重组和渠道调整等方式。科技创新成果的扩散与规模扩张有效地结合起来，市场竞争的领先性逐渐被市场竞争的规模性所取代。越来越多地将日益复杂、关键的增值较高的环节转包到低成本国家或地区。

3. 科技附加值保持在 15% 以上阶段

研发、生产和经营成本递增及其相关制约因素进一步增加，造成了市场需求变化和发展的不确定性，科技垄断市场需求的能力逐渐减弱，市场需求呈现出疲软的态势，对一系列相关需求因素带来了影响。必须通过改进技术、产品分销、品牌设计、产业转移、战略调整等延缓附加值递减的速度。

4. 科技附加值进入 6%~10% 阶段

科技对市场需求的控制力、影响力越来越取决于降低成本和规模扩张。价格大战和规模扩张并举、低成本扩张与并购同步，成为这一阶段争取获得产业平均水平收益的战略设计。市场需求进一步疲软，各种生产要素和市场资源配置向新技术、新产品领域转移。

上述阶段分析可以计算机为例，在第一阶段，利润率最高的是软件，100% 的科技附加值及其市场利润是由微软公司及其他应用软件公司（大多数是美国公司）研发和控制的。在第二阶段，反映高科技附加值的芯片市场及其总利润中的 80% 或超过 80% 被英特尔公司（Intel）或超微（AMD）公司控制。第三阶段，其他剩下的市场利润由外包合同制造商获得。进入第四阶段，由于发展中国家或地区缺乏自主知识产权，核心技术受制于人，关键零部件、重要材料和专用设备主要依赖进口，无法形成完整的产业链和高效的产业协同效应，大体只能获得 6%~10% 的科技附加值及其市场利润。

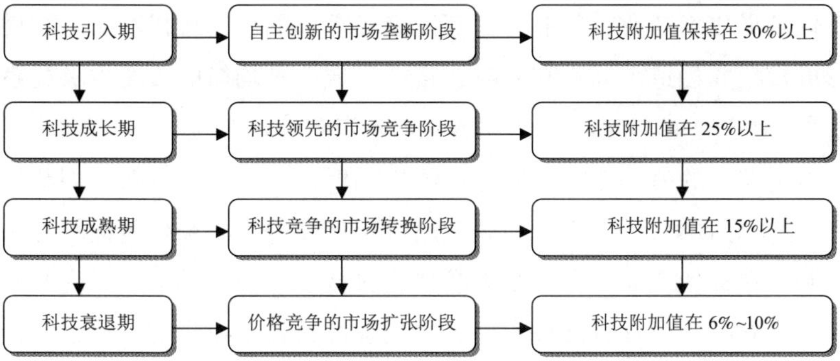

图 15-2　科技周期、市场需求阶段与科技附加值变化

从阶段性变化来看，科技领先的市场需求影响还表现为以利润为中心的企业战略的重心调整。在这一调整中，传统的价值链发生明显的变化。以利润为中心的科技创新成为市场战略的重要部分。企业核心能力和市场竞争战略将围绕着市场需求变化进行科技领先的系统设计和转型。科技领先拉动了高增长的市场，也拉动了高利润市场，并根据市场需求变化进行技术结构和利润区的调整。传统的市场战略规则“获取市场份额，就获取利润”，由科技领先的市场竞争优势及其战略运作所取代。科技进步和风险投资的大量涌入，减低了市场的壁垒和经营成本，并造就了新的市场盈利模式和战略控制手段。为了免受竞争对手以及企业设计带来的利润流失，品牌、专利、科技创新成果等成为企业的竞争优势和战略手段。领先 2 年的技术成果、20% 的成本优势、控制技术转移和产品经营渠道、独特的创新战略等都成为可供选择的战略控制手段。科技领先及其产业化发展带来了强劲的经济增长和持续的利润增长，加快了“单一平面的市场”需求结

构向“立体多元的市场”需求结构转型。

（三）资源配置功能

市场需求导向所以能够形成对科技创新和科技产业的拉动，除了具有可诱导性，还有赖于市场需求机制、利益机制和退出机制等资源配置功能。

首先，市场通过价格信号有效地引导产品研究开发和科技产业化趋向。在市场上发生的价格信号变化，将直接反映消费者和市场的需求以及相关技术、人才等资源的变动，进而根据这种变动和供求关系，以科技进步和科技创新形成新产业、新业态，开发市场需求的新的替代产品。在科技产业形成规模并创造了高额利润时，将会形成一种均衡的市场供求关系和价格信号，并进一步调节着科技发展的未来走向。

市场需求的另一作用是通过竞争机制促使企业不断创新。创新孕育机遇，“竞争导致繁荣”，为促使企业适应市场竞争，必须构筑优胜劣汰的竞争机制。在促使企业面向市场需求加快科技创新的基础上，研究开发市场需求的高新技术产品，加快发展又大又强的科技企业集群。通过完善竞争机制，进一步改变产业竞争格局，促进企业在科技创新之间的联合，提高新产品在市场的供给能力。同时，也使科技产业在市场激烈竞争和企业的优胜劣汰中，依靠科技创新、市场开拓得到迅速发展。

市场需求的退出机制是实现“科技供给”的基本力量。当科技供给价格远高于需求价格时，市场机制的力量将会迫使衰退技术的边际供给者退出供给行列。而实现了传统产业和衰退技术的退出，减少衰退技术的供给量，就会促进科技创新和产品开发，加快新技术产品的市场进入，提升市场需求结构水平，加速科技产业的转型发展。建立必要的退出机制，将避免科技供给与市场需求结构的矛盾激化，有助于实现对科技创新和科技产业的拉动。

市场竞争通过“公开、公正、公平”的原则，对知识资本和人才资源进行合理重组。通过知识雇员认股权的存在以及知识产权的资本化，有效地调动了科技创新人员的积极性和创造性。作为市场竞争的主体，人才资源配置不仅构成市场竞争的主导力量，同时也构成了资源配置达到有效状态的基础条件。而实现人才资源的有效配置，也需要通过广大消费者对产品开发的认可和市场占有的程度，来对科技创新人员做出贡献率评估和相应的报酬。通过市场需求的反馈，激励科技人员为满足市场需求和消费，加快科技创新和研究开发。

第二节　市场创新与科技产业发展

一、市场创新

关于市场创新有诸多说法，有学者的认为市场创新是改变市场创新域、创新点、创新源等要素，从而改变市场状况，开拓新的市场（傅家骥等，1998）。有学者认为是指企业从微观的角度促进市场构成的变动和市场机制的创造以及伴随新产品的开发对新市场的开拓、占领，从而满足新需求的行为（常修泽，1994）等。尽管对市场创新有不同说法，但总的来看，其内涵主要是从狭义和微观角度进行界定，有一定的局限性。我们认为，所谓市场创新，是一种以市场需求为导向的系统创新，主要是指从宏观和微观、有形和无形等角度，通过适当的公共行为和市场行为以及科技创新、产业创新、制度创新等，加速市场等要素的重新组合或新的市场要素的介入，引起市场变化的活动。这种活动，改变市场的现状，导致新兴市场兴起，促成新技术、新产品、新业态在市场的占有比例的提高，不断创造“新组合”及占领新市场的过程。它包含三个方面的内容：

1．开拓新市场

开拓新市场是相对于原有或传统市场而言的市场开拓行为。它具有四个方面的涵义：（1）进入从未涉及的市场领域。包括进入新的国家或地区开辟市场，还包括到原有产品领域之外开辟市场。（2）不仅包括现有的市场领域，还包括潜在的市场领域。（3）满足不同层次、不同国别、不同群体的消费需求的市场。（4）创造新的市场需求。通过创新引发新的市场需求，满足潜在的不同消费群体等。

2．创造新组合

创造新的市场组合是指市场构成的变动以及市场机制的新创造。从市场构成来看，创造新的市场组合，可从以下构成形态进行创造：有形市场，如商品市场；无形市场，如科技、信息、咨询等及服务外包市场；有形和无形兼容市场，如书籍、游戏、电影电视等文化商品；特殊的有形和无形市场，如劳动力、产权交易、技术交易等市场。创造新组合市场由以上单一形态构成，也可以由四种不同形态构成新组合。

3．占领新市场

通过必要的运作策略和方法占领新市场，实现市场的拓展，促进规模经济效益的提高，也是市场创新的重要方面。占领新市场不仅包括以上市场构成形态，还包括不同地区、不同行业、不同层次的新市场。同时，占领新市场有赖于科技、制度等创新系统支撑作用，实际上，它是开拓新市场、创造新组合市场的一种延续。

综上所述，市场创新不仅包括新市场的开拓、组合和占领，更重要的是，还包括市场构成和市场机制的创新。市场创新是科技创新及科技产业发展在市场领域的延伸和实现，它为科技创新提供试验的环境。市场创新决定了科技创新的三个变量，即竞争程度、企业规模和垄断力量。因此，市场创新意味着既重视占有市场，更重视创造市场需求。市场创新是创新系统研究的重要组成部分。一般通过市场创新群、创新集、创新点、创新平台、创新空间、创新维度、创新源等得到系统反映（见图 15–3）。

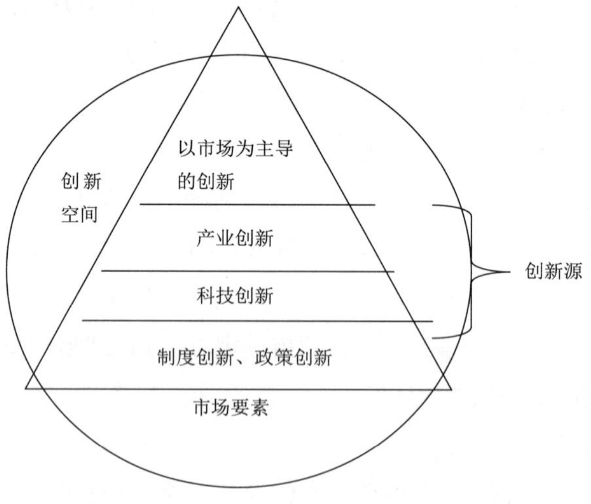

图 15–3　以市场为导向的创新

二、市场创新的类型

市场创新的基本类型一般可以分为首创型、改良型、模仿型、重组型四种类型。

1. 首创型市场创新

首创型市场创新是创新度最高、转型度最大的一种市场创新活动，其创新活动的主要方式是通过新的要素介入，率先向市场成功地推出一种或一组新要素，改变市场竞争结构和需求规模，进而形成市场竞争的制高点。首创型市场创新具有战略意义与竞争优势。首创型市场的创新方式主要是推出新技术、新产品、新服务、新渠道、新品牌。由于市场领先与市场垄断，首创型市场创新活动具有复杂性和多边性，风险较大，成本较高，但相应的利润也较高。

2. 改良型市场创新

改良型市场创新介于首创战略与模仿战略之间的市场创新战略行为。改良型市场创新的目标是对已有首创市场进行显著改进和再创造，因此市场创新成本和风险就比较小，但是如果其战略运用恰当，使其具有新的市场价值，新的市场领域，新的市场形象和新的市场发展前景，其所获取的市场创新收益却不一定比首创者的少。改良型市场创新的主要形式是产品、服务、技术、投入等。改良型市场创新往往通过战略、政策及投入的变化，改变市场现状，形成新的市场竞争力。

3. 模仿型市场创新

模仿型市场创新也可以称之为尾追型市场创新。其基本特征在于市场的模仿性。对比以上两种市场创新，它是一种创新度较低的市场创新活动。模仿型市场创新既可以模仿市场首创者，又可以模仿市场改良者，虽然不能取得市场领先地位，却可以通过自己某些独占的市场发展条件来获取较大的市场收益和竞争优势。模仿型市场创新的主要形式是产品、服务、技术等。由于模仿型市场创新活动具有单一性和尾追性，一般风险较小，成本较低，但相应的利润也较少。

4. 重组型市场创新

重组型市场创新是首创型市场创新、改良型市场创新的衍生类型。基本特征是通过一系列要素重组，形成新的市场创新形态及影响模式，如通过技术重组、资本重组、流程重组和交叉重组等方式，形成新的市场创新集、创新点、创新平台、创新空间、创新维度，进而形成新市场竞争优势。重组型市场创新往往利用各类力量进行要素、形式等方面的重组，对其影响主要来自制度创新、政策创新、管理创新等系统作用。该市场创新形态能够适应经济全球化、市场化竞争的需求，因此能够在预期的创新时间和空间有效调动各种市场要素及条件，充分把握经济环境所决定的市场变化趋势和发展方向。

三、市场创新过程

市场创新是一个多层次、多阶段、多领域的系统、复杂的运作过程，一般可以分成若干阶段（图 15-4）：

1．分析阶段，即通过国内外市场需求调查研究，掌握市场现状及变化趋势，并且基于国内外政治、经济、社会与科技、生态环境的系统分析，形成初步共识。

2．方案阶段，根据系统评估，形成新的市场概念，提出需要解决的问题，制订市场创新的若干方案，从而投入人力、物力、财力去寻求解决方法。

3．实施阶段，通过首创、改良、模仿等模式，以及新技术、新产品、新服务、新渠道、新品牌等创新方式，进入创新实施阶段。

4．开发阶段，市场创新活动进入降低成本和满足市场需求等阶段，通过降低新技术、新产品、新服务、新渠道、新品牌等创新成本，扩大市场规模，形成市场创新效应。

5．推广阶段，通过新技术、新产品、新服务、新渠道、新品牌等得到广泛应用并向市场推广，稳定市场创新成果及其创新收益。

6．评估阶段，对所形成市场需求进行评估、判断和分析，进一步对创新设计方案进行评价，决定市场创新价值以及投入的可行性，以便将创新项目推向下一发展阶段。

作为市场创新设计、实施、应用的完整过程，市场创新包括创新者、创新机会、创新环境和创新支持系统在内的市场创意、研究、开发、推广等一系列活动。

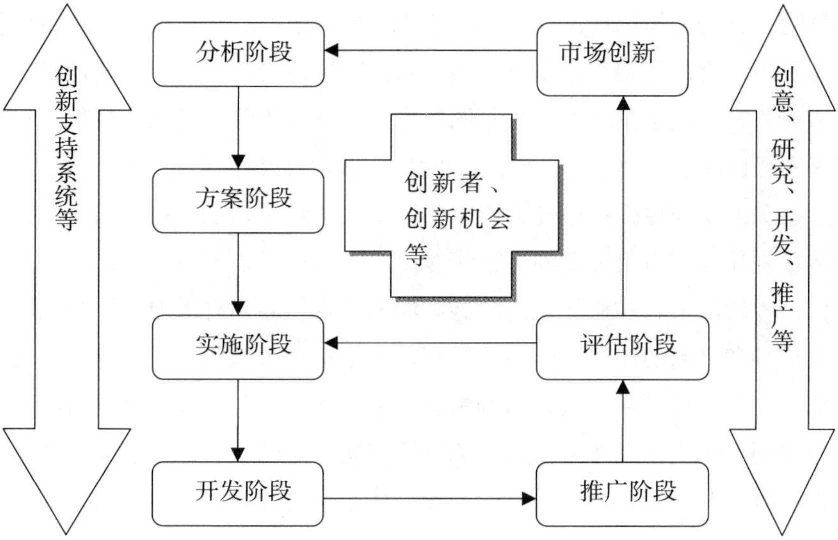

图 15–4 市场创新的过程

四、市场创新因素

从大量的研究与分析可见，市场创新因素可分为内部、外部两大类。

1. 内部影响因素

从微观角度来看，组织结构、独特文化和人才资源等影响因素对于推动市场创新起着重要的作用。

（1）组织结构。大量的研究结果证实，组织结构因素对市场创新有明显的影响和作用：①在有机式组织结构下，其专业化、正规化和集权化程度比较低，有利于提高组织的应变能力和跨职能工作能力，从而易于发动和实施市场创新。②组织资源是实现组织创新的重要基础。组织资源充裕，使管理部门有能力开发创新成果，推行整体性市场创新。③多向的组织沟通有利于克服市场创新的潜在障碍。建立网络系统，促进部门间交流，达成共识，采用市场创新的解决方案。

（2）创新文化。创新型文化对于鼓励创新，容忍失败，注重激励等有直接的影响。创新型文化以创新导向为核心，通常具有以下特征：不强调专一性，鼓励多种思路，容忍不切实际的观点；减少组织监控，把规章、条例、政策之类的约束减少到最低限度，加大创新管理的自由度；鼓励承担风险，支持大胆创新试验，不用担心可能失败的后果。把可能的错误作为学习的机会；强调开放系统，随时监控环境的变化并做出快速反应；容忍意见冲突，鼓励群体中发表不同意见；鼓励设置明确具体的目标，积极探索实现目标的各种可行途径；注重结果获取与评价；等等。

（3）人才资源。在市场创新中，创新人才资源是最关键的因素。成功的市场创新对创新人才资源提出诸多要求：①创新人才对市场创新成果潜在使用者的需求和获取知识的步骤有深刻了解，并拥有对财力、物力进行必要动员和协调的地位及经验；②创新人才拥有市场创新研究与开发方面的能力，与负责研究开发、市场销售和生产等诸部门的人员之间有密切联系与协同；③创新人才拥有市场创新活动所必需的认知能力、个性特征和内在动机，并具有较高的自我效能和群体凝聚力，在群体沟通模式、群体管理目标管理程序及群体决策方式等方面，对市场创新具备心理准备。

2．外部影响因素

从外部环境因素讲，市场的动态变化以及政治、经济及社会环境等都会影响市场创新的整个过程。

（1）科技进步与创新。市场创新变化是科技创新在市场需求的反映及其成果转化的结果。科技进步与创新通过要素重组、要素变换和要素介入，改变了市场结构及现状，形成了新的市场需求格局及供求关系，建立了多层次、多纬度、多要素、多属性的市场创新域。科技创新开辟了新的市场需求领域。作为重要的市场创新资源，科技创新成果的转化、应用和扩散，不仅扩大了市场需求规模和范围，而且通过建立起新兴市场，形成了十分广阔的市场创新域和消费群体。

（2）产品与服务市场。市场创新变化是产品及服务需求的变化。组织作为市场中的供给方是为满足需求而存在的。另一重要的市场变化是竞争变化，激烈的竞争往往使组织更倾向于成为适应市场的创新型组织，并通过更低成本和更高质量取得竞争优势。此外，资本与劳务市场变化也能激发创新。例如，许多工业发达国家的资本市场结构很适于激发创新，一些风险资本专门寻找有发展潜力的小型创新公司，实行高风险、高回报率的投资市场策略。

（3）政治、经济及社会。政治经济与社会文化因素是推动市场创新的重要外部因素。市场规模的不断扩大和消费需求层次的不断提高，使得市场创新日趋加快，成为市场创新的必要条件。其间，市场创新在很大程度上受到政治、经济与社会因素变化的影响。例如，一个国家或地区的政策法规、战略规划、投资调整等，都直接对市场创新行为具有影响力和约束力。

市场创新过程是一个系统创新的过程，它不仅会受到内部结构、独特文化、人才资源等创新特征的影响，还要受到科技、社会、经济环境的制约；市场创新行为直接影响产业经济绩效，包括市场绩效、竞争能力、盈利水平等。同时，市场创新是一个资源转换和配置的过程，往往通过科技创新、制度创新、政策创新等，逐步影响生产、销售、人力资源、组织结构的变革与发展，进而影响市场需求变化与创新进程。

五、市场创新的政府作用

政府与市场是对市场创新进行经济分析的两个最基本的系统和范畴。从市场组织创新来看，由市场运行过程中潜在利益出现而诱发的组织创新活动，称为诱致型创新；由政府通过制定政策所进行的组织创新活动，称为强制型创新；由市场力量与政府力量共同作用而诱发的组织创新活动，称之为政府适度干预下的诱致型创新。

政府干预下的创新是市场创新体系的有机组成部分，是推动市场创新的重要因素。政府通过一系列的制度创新、政策激励和调节机制，推动市场创新活动及创新资源的优化配置。在政府干预下，创新行为不仅创造了全新的公共市场及新兴产业，创造了更多的就业机会，而且支持多种具有创造价值的创新活动等。正如约瑟夫·斯提格利茨（2017）认为，虽然市场体制的“创新性”得到诸多赞许，但并没有一套全面的理论来解释市场在创新步伐和创新方向的有效性。[①] 具备创新的市场天然不是完全竞争的。他

① 约瑟夫·斯提格利茨：《增长的方法》，北京：中信出版社 2017 年版，第 117 页。

认为，金融危机提醒我们，政府能够在预防危机工作中发挥重要作用。如果没有政府支持，创新速度将大为降低。在描述了市场时效的多种形式：经济的结构、研发资源分配、投入水平、技术选择以及信息和知识的传播量级等之后，他进一步发问：市场为何未能创造出本可以创造的动态学习社会。[①]

政府干预下的市场创新，一般是以国家战略及其直接或间接的投资，通过创造公共市场经济得以实现的。公共市场经济又称为政府市场经济，包括政府直接主办的经济，由政府批准或直接控制的企业从事的经济，还有一些是受政府部门经济影响或是在政府支持下发展起来的经济等。公共市场经济在一个国家所占的比例在 30% 左右，在中国占 50% 左右。因此，虽然市场需求是加快科技产业转型发展的直接诱因，但政府通过发展战略、政策及公共投入等诱发的市场创新，以至拉动科技产业发展的间接影响及作用不容置疑。

事实上，诱致型创新能较好地实现市场功能和政府功能的有机结合，有助于创造市场需求，拉动科技经济的持续增长。在奉行自由市场经济的欧美国家，长期以来一直采取适当干预（公共投入）的市场创新方式。20 世纪 60 年代，OECD 组织估计法国的比率是 35%，美国的比率是 27%，英国的比率是 32%，OECD 成员组织（除了美国）的平均比率是 31%。[②] 美国实施国家战略和政策及公共投入，促进科技产业和服务业的发展，每年创造了数以千亿美元的市场需求。例如美国政府通过科研投入以及大型项目和合同，创造了一些大型公司及新兴产业，尤其是对国防和应用投产方面的投入。政府科研投资占 GNP 的比重从 1955 年的 1.5% 上升到 1990 年的 3% 以上。第二次世界大战后，美国政府以大量商业合同的方式，向企业直接投入研发经费。目前，产业界的研究经费有 12% 来自联邦政府，其中大部分就是通过商业合同形式提供的，而军事工业是商业合同的最大支付者。1990 年，美联邦政府的科研经费为 617 亿美元，其中 280 亿美元给了企

① 约瑟夫·斯提格利茨：《增长的方法》，北京：中信出版社 2017 年版，第 150—151 页。

② Pierre Lemieux：《法兰西将再次走向末路吗？》，《思想库报告》，2017 年 4 月 18 日。

业，占总数的45%。这些企业创造了每年数以千计的持续市场（如早期的计算机、软件、半导体、先进材料、卫星通讯等）。这些产业中的科技企业每年在国内外市场获取数十亿美元利润，并在获得技术和取得成功后，又开始向公共市场投资。

从1995年以来的公共市场结构来看，美国政府每年创造的公共市场容量至少达到2万亿美元，是国民生产总值的1/3（见表15-1）。而另一项研究显示，随着金融危机压力，2003—2014年美国联邦政府在交通等公共支出下滑19%，造成了巨大的公共投入缺口。2016—2025年，仅美国地面交通、水、电等基础设施建设资金短缺预计达近3万亿美元。2016—2040年，这笔支出缺口将扩大到接近10万亿美元。这一支出缺口对美国经济造成连锁影响。如果这笔支出没有改变，到2025年时，美国GDP将损失4万亿美元之多。商业销售会降低7万亿美元，将近500万人会失去工作。[①]

表15-1　美国主要公共市场　　　　（单位：10亿美元）

公共市场	医疗	教育	污染防治	交通运输	卫生设施	公共建筑	法律实施
市场容量	1008	508	110	38.6	57	137	110

资料来源：《美国统计摘要（1996）》等

通过国家战略和政策导向及公共市场投入，实现新兴产业的拉动及其调整，一般有以下几个方面的表现：

1．通过公共投资，改善基础设施，提升市场创新的综合功能，为科技产业充分利用比较优势资源创造条件。在公共市场的创造和扩展的基础上，形成对科技产业发展的直接或间接拉动，刺激科技创新及风险投入，进而带动新产业经济的增长。

2．通过确定科技产业结构调整的目标，加快公共市场需求结构升级和调整，增强科技创新投入力度，提高科技产业在市场需求结构中的份额，进一步改变传统产业结构和增长模式。综合运用立法、行政、财政、金融等方面的政策措施，促进市场需求结构调整和产业发展目标的实现。

① 美国土木工程师学会（ASCE）:《美国基础设施状况报告》，汇通网，2017年3月17日。

3. 通过创造公共市场环境和对公共任务的间接干预，加快科技产业及现代服务业的市场培育。如对“外部不经济”的适当干预和公共投入，促进医疗卫生、生态环保、生物技术等产业及相关服务业的迅速发展。

表 15-2 列出的美国若干科技产业的市场规模和接受国家政策支持的领域，就充分反映了政府适当干预创造市场需求对科技产业发展的深刻影响。这些政策包括政府对科技产业提供积极的市场支持，还包括政府采购等政策措施，特别是美国政府的军事采购一度达到占其制造业的40%。这些采购直接或间接形成规模经济效应和学习效应，促进科技产品在市场上获得成功。如美国飞机工业的成功与美国早期政府的采购是密切相关的。而进入 20 世纪 90 年代，美国对科技产业市场支持的另一种做法是政府协助科技企业开拓市场。为了在信息技术产业领域获得竞争优势，扩大市场需求范围，同时为抑制竞争对手的发展，美国以信息全球化为战略，以消除贸易障碍为借口，压制各国对其信息技术产品开放市场，并推动达成《信息技术协议》，规定到 2005 年所有信息技术产品实现自由贸易。由此可见，没有美国政府积极创造市场需求，就不会有美国科技产业的迅速发展。

表 15-2　政府支持对美国科技产业市场发展的影响

主要支持的产业	政府支持模式例	市场规模的数量指标（10 亿美元）
航天	研究开发、首先购买 实验条件，控制技术研究	125
航空	空邮补贴、飞行员培训 安全系统、机场建设	80
汽车	道路建设、安全指标 适应性和耐受性等	450
制药	基础研究、疫苗开发 专利保护、质量控制	110

续表

主要支持的产业	政府支持模式例	市场规模的数量指标（10亿美元）
通讯	技术开发、主要领域和联结权利、高级半导体等	150
软件	基础研究、标准化、军事购买、知识产权、界面标准等	80
计算机	基础研究、大规模开发 首先购买、通过教育的大市场开发	150
生物技术	基础研究、安全标准 人类基因研究、设备开发 信息扩散等	8
半导体	材料研究、军事研究、系统开发、规模部署、信息技术	90
武器系统	研究开发、维修和操作购买	200
实验室装备	研究开发以及尖端项目的市场创造	10
教育	基础研究、技术开发、市场创立、通讯网络等	420

资料来源：标准普尔公司《工业观察（1996）》、《美国统计摘要（1995）》

因此，并不仅仅是市场经济本身能够提高市场效率，创造市场需求。在实现经济转型并转变增长方式的国家和地区，国家战略、科技政策和产业经济战略的有机组合，往往刺激市场需求，推动科技产业及现代服务业的比重不断递增。专家预测，21 世纪的经济将有 90% 来自科技产业及其服务业。占国内生产总值 1/4 的产业和 60%~70% 的就业将是以知识为基础的研究开发、产品设计、后勤和销售服务等拉动的。面向新兴市场的科技服务业将日益广泛地影响着制造业、国际贸易等发展，并在网络通讯、金融服务、职业服务、软件、游戏娱乐和物流运输等形成了巨大的市场需求。这些发展趋势表明，国家战略和政策以及政府适当的公共干预，不仅提供了经济增长的有效性，降低了市场创新的边际成本，增加了市场的回报率，同时，也减少了创新及其成果转移带来的风险。

第三节　科技竞争力与市场需求

一、科技的市场竞争力

在以往论述中，对科技竞争力的考察往往集中在科技能力等方面，而对科技在市场的竞争能力则熟视无睹。科技在市场的竞争能力是指一个在实现科技产业化、商品化、市场化过程的科技创新能力、市场扩张能力和产权控制能力。作为一个科技创造市场需求、市场需求拉动科技创新及其成果商品化、产业化和市场化的概念，科技在市场竞争中的价值在很大程度上表现为市场需求及其创新性和垄断性。虽然我国的一些科技统计分析，往往以传统思维定式，将科技产出与市场竞争进行部门分离分析，提出了科技发展存在的一些问题，如将发表论文数量、专利数量、获奖等级等作为科技实力的评价，并通过定量描述科技与经济发展的相关性，但严格地说，这种离开市场需求和竞争分析的科技产出结果，具有相当的片面性和非系统性。在科技产业化的过程中，实现科技与经济的结合，其“对接域”的主体就是市场需求。能够反映出科技创新和成果转化能力的主要标志，并不完全表现为论文数量、专利数量、获奖等级等，而主要表现为市场竞争能力和科技产业的效益。因此，科技在市场的竞争能力不仅仅是科技进步等一系列指标，还包括科技产业化、市场化的一系列指标。按照这一指标体系，除了资源投入、研究开发、制造能力、营销能力、管理能力、产出能力等，还应当包括科技产业产值在工业总产值的比重、利润在销售收入中的比重、科技产品市场占有率、科技成果转化率、科技经济中介机构等。

二、科技竞争力与市场需求关系

市场需求与科技创新之间存在着一定的供求关系。无论是要素稀缺诱致科技创新或由于市场发现诱致科技创新，当市场需求发生变化时，科技和其他生产要素的供给必然发生相应的变化。市场需求加大，不均衡供给关系将通过科技创新同步递增，以满足市场需求的要求。这证明，以供求为基础的科技竞争力与市场需求关系，是科技创新定位与市场需求定位互为对应的关系（见图 15-5）。科技形成的市场竞争力是在市场需求供求关系发生变化后，为满足市场需求的一种供求均衡关系。科技创新及应用开发取决于市场需求。为满足市场需求，必须加大市场需求结构调整，开拓市场需求潜力，以及利用科技创新和研究开发成果扩展市场空间。

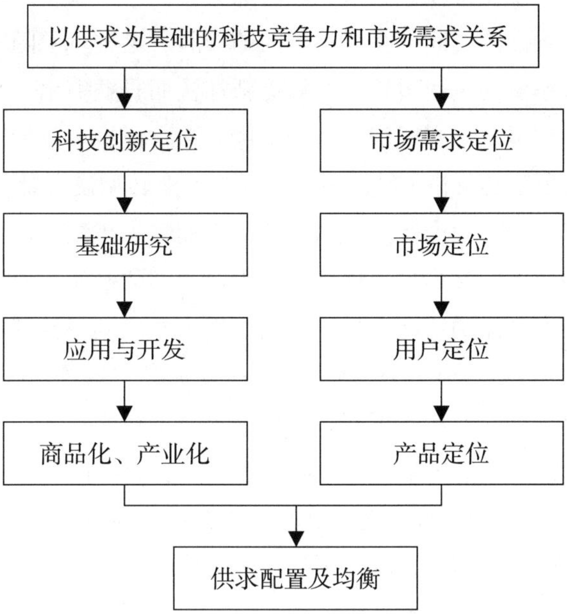

图 15-5　科技竞争力与市场需求关系

从发达国家科技扩散及其市场占有率来看，新技术、新产品和新工艺往往是在市场需求的拉动下研制开发的。市场需求形成新的资源流向和科技创新成果，促成新产业崛起并创造出新市场。例如信息技术造就了互联网，而互联网 + 的服务和交易方式降低了购买成本，促进库存结构优化，并创造了网上贸易市场。有关方面估计，全世界已有 750 多个在线市场。这些市场包括多种多样的产品并遍布全球。专家预测，网上贸易在今后 3~5 年将突破 3000 亿美元。这样，起始于市场需求的科技创新不仅改变了市场运作方式，促进了市场服务转型，而且也提升了科技的市场竞争力。

同时，科技的盛衰变化还导致了市场需求的结构调整。

很明显，市场潜力与科技创新是一种成正比的关系，科技供给和市场需求的关系是互动的，而且仅仅适应于完全竞争的市场。因此，实现科技与市场的互动和促进，虽然作为理想状态下的完全竞争难以达到，但运用竞争手段和市场机制将会促进科技产业升级和市场需求结构调整。如果两者的互动并不明显或出现产品滞销、价格大战等现象，那是因为产品更替、科技创新缓慢和不完全竞争所致。从历史上看，一些技术突破与它们对经济所产生的巨大影响之间存在较长时间的滞后。这种现象随着高科技产业及其产品所占比重的迅速增长、产品更新加快而日益突出。在今天，科技创新和技术扩散可以缓和经济衰退和市场萎缩，但也可以加速产品周期缩短并引致产品更新和价格下跌。科技创新与产业转型使市场上 90% 的新产品在上市两年后就会被淘汰。产品的生命周期越来越短，往往是一个产品的生命周期的结束，又是另一种新产品生命周期的开始。而一个产业在市场上引进新技术产品的速度，将迫使企业从事相应的科技创新，以便跟进市场的需求。所以，在产品价格下跌、库存加剧、经济增长放慢的同时，将形成新的科技创新、产品更新和结构调整，加快新技术、新产品进入市场，促使企业加大研究开发力度。越来越多的迹象表明，市场需求只有在竞争中才能发出对科技需求的信号。在科技创新对市场需求的响应中，加速市场需求结构的调整，才能凸显市场需求对科技长入的“饥渴”现象。

三、科技周期与市场需求波动

科技周期变化与市场需求波动是一种非常复杂的现象。在市场需求旺盛和衰落的演变过程中，出现了科技周期异常变化及阶段性特征，这种变化实际上是科技竞争力对产业结构、市场需求结构的作用及其综合性反应。这是因为，市场需求和科技产业发展的结构性矛盾实际上均起源于科技周期变化及产业结构变化。产业结构变化是市场需求波动的反映，也是科技周期变化的阶段性标识。科技周期变化带来的市场需求的波动，给科技产业结构调整提出了一系列问题：(1) 科技周期变化的不确定性。科技涉及领域多，其市场需求潜力取决于科技商品化、产业化和市场化的深度和广度。(2) 科技周期性变化对市场需求的波动的响应程度。市场需求属于诱导性需求，只有市场需求得到科技周期性响应和展现，市场需求空间才能不断扩展和延伸。（3）科技周期与市场需求信息的不对称性。由于科技的复杂性和周期性，科技商品化、产业化的速度有时不能适应市场需求的变化，难以及时掌握市场信息并做出同步调整。基于以上分析，我们看到，科技周期变化带来的市场需求的波动，在一定时期内也使科技产业在整个市场经济中的比重发生变化，并决定着该时期科技周期波动的基本状态特征。一般来说，科技周期波动小，产业结构波动幅度较小，市场需求波动幅度较小；科技周期波动较大，产业波动幅度较大，市场需求的波动较大。因此，市场需求所反映的差距以及产业波动变化一般反映为科技周期的落差，即科技竞争力的落差。对于任何产业来说，市场需求波动、科技周期波动与产业结构调整是密切相关的。

科技周期成长、成熟与市场需求之间的变化，较好地反映了科技成果转化率、创新周期缩短、市场需求之间的差异性等影响。科技周期落差可以引起一系列波动，包括研发投入波动、科技企业波动、产品价格波动、资金流动加快、人才流动加快、市场需求波动等。在风险投资和科技创新不断进行的情况下，科技的周期性和产品价格下降的周期性将进一步缩短。高科技、高波动率，使科技周期变化既造成经济繁荣，也带来技术更新、产品替代引起的市场衰退。在进入经济全球化的环境中，这种科技周期落差将给市场需求带来一系列的变化。科技周期变化、经济转型和产业结构调整使发达国家对企业优胜劣汰、产业技术更新视为正常的现象，而对于依赖发达国家的高技术，包括互联网在内的信息技术领域变化的发展中国家或地区来说，则是个巨大的变数。

市场需求改变了创新动力学，也改变了科技周期。科技周期波动可以迅速创造市场的繁荣，使科技领先者率先“淘第一桶金”，也可以通过科技创新加快技术更新与产业转型，促使传统产业及其先进技术的衰退，造成传统产品的价格下跌、市场需求的疲软。这种结构调整与周期循环，使科技替代趋缓、市场需求疲软，产业转移、资金流动加快，从而导致科技投入进一步收紧（见表 15–3）。显然，面临“数字鸿沟”，新科技革命对科技创新的基础设施和高端人才供给缺口、依赖国外转移技术的发展中国家或地区是相当不利的。

表 15-3　科技周期循环及其相关变化

扩张期	收缩期	周期性变化
加快引进高科技	科技停滞期	研发投入波动
新兴企业发展迅速	风险投资困难	科技企业波动
生产率强劲	生产增长缓慢	产品价格波动
科技投入加大	科技投入锐减	资金流动加快
市场需求扩大	市场需求疲软	人才流动加快
股市活跃	股市低迷	市场需求波动

四、科技供给与市场需求

传统经济学认为，需求是指消费者在一定时期内的各种可能的价格下愿意而且能够购买的该商品的数量。影响需求的因素有商品价格、收入水平、相关产品的价格、消费者偏好、消费者对商品的价格预期等。但是，从科技产业经济的角度，影响需求的因素还有科技供给。所谓科技供给，是指产业转型、市场需求、民生工程等与科技投入之间的供求结构关系。需求与供给不仅是市场的两个发动机，也是科技创新、市场创新的发动机。因此，需求与供给关系进入科技产业经济理论体系，同样表现为以市场需求为导向的科技供给和市场需求两个方面。科技供给与需求，短缺与过剩，往往会成为下一轮研发创新的源头以及市场启动的发力点。

不同于传统经济学关于供给限于微观层面的商品数量的界定。科技供给不仅是一个从微观层面解释的科技数量概念，而且是以经济、科技发展的特定需求为目标，以科技资源优化配置为基础运作平台，以高附加值的科技创新成果为产出，以研究开发先进适用的科学技术与市场需求对接并将其转化为现实生产力为途径的科技成果的供给。同时，它更是通过“府、产、学、研、资、介”之间的合作，提供创新资源及其成果，满足市场需求，实现科技产业化、市场化的系统支撑。该系统具体包括科技资源系统、科技创新系统、科技成果储备系统、科技设施系统等。实际上，它是科技服务和科技支持平台构成的大系统。体现了科技供给一般要满足的两个条件：科技供给的愿望和科技供给的能力。科技供给与一般商品（或服务）供给有共性，但又具有科技供给所决定的特性。主要表现为：

1. 科技供给是科技供给意愿与科技供给能力的统一。即科技供给方为满足科技需求方对技术及服务的要求，不但有科技供给的意愿，还要有科技供给的能力。同时，能够根据市场需求提供科技供给能力，以及满足市场需求方的特定创新需求。科技供给的意愿与能力均有别于一般商品供应，其供给意愿主要取决于是否有利于形成科技竞争优势，其供给能力主要取决于与 R&D 相关的人力、物力、财力以及经济环境，以及对其系统开发与挖掘。

2. 科技供给是一种经济和社会的辅助性、参与性的系统介入行为。科技创新的功能性、创造性和风险性，导致科技供给作用及实现除了科技转移、成果转让等因素，还与科技供给自身的特殊性、科技供给方所提供的科技成果及管理等能力及其所处的经济、社会、政治环境等有关。从经济领域考察，科技供给的功能性作用与市场需求约束、市场需求拉动都有密切的关系。

3. 科技供给是一个科技创新、科技储备和科技转让的过程。与之相对应的是科技供给分为领先创新的科技供给、二次创新的科技供给和扩散转让的科技供给。为保持科技竞争优势，按照市场需求、科技周期波动的状况，科技供给一般是控制核心技术成果，转让次新技术成果，淘汰市场饱和技术成果。

4. 科技供给系统内外有别。科技供给可分为自供和外供。一般自供是指满足系统内部的需求，即通过将自主创新拥有自主知识产权的成果，投入科技产业化和市场化序列，形成自身的市场竞争力。外供则是指为实现扩大市场需求规模等目的，通过科技转移、成果转让和科技合作等满足系统外部的需求。

5. 科技供给与“府、产、学、研、资、介”机制有密切的关联。市场需求的科技成果从形成到转化的各个环节的科技支持，往往有赖于“府、产、学、研、资、介”供给和支撑。没有“府、产、学、研、资、介”的链接合作、优势互补，科技供给系统及运行机制很难形成，市场需求供给行为也很难实现。

综上所述，科技供给，一是表现为从宏观上政府通过增加科技投入和科技供给等政策调控手段主动供给，形成科技供给的范围和规模，引导市场主体加快科技成果迅速转化；二是表现为科技产业发展的市场需求影响的科技供给，通过一系列微观调控手段拉动市场需求，进一步刺激科技供给。两者通过科技供给与市场需求的互动关系，相辅相成，协调发展。

科技供求与市场需求是一个复杂的关系。从更为深刻的认识层面观察，市场需求变化引起的“过剩”与“短缺”之间的结构性矛盾，尽管有各种原因，但多数表现为市场需求与科技供给之间的结构性矛盾。

1. 需求不足与供给结构失衡

在一些国家或地区，突出表现在科技产品结构、功能和科技水平的重叠过剩。由于地区、行业重复建设和低水平扩张，加之科技创新不足，市场上低水平、同功能的产品拥塞和假冒伪劣产品充斥，因而进一步加剧了低水平、低附加值产品市场供给重叠和市场饱和，造成了生产领域中存在大量的过剩生产能力。生产能力利用率不足和低水平的“过剩”现象，突出表明技术结构、产业结构和需求结构之间的矛盾日益突出。

2. 科技供给抑制加剧结构矛盾

科技供给手段落后，生产率低下，导致产品成本高、质量差、档次低，从而出现市场结构性短缺和过剩经济运行的矛盾现象。高端市场需求的资源、技术和产品缺乏，只有大量进口；低端市场不需要的资源、技术和产品堆积严重。因此抑制了高技术、高附加值、高市场占有率产品的获利空间扩张，以及对科技研发的持续投资，进一步加剧了供求结构的失衡和过剩经济运行以及消费不振。

3. 供求失衡制约市场需求范围

消费的“需求”和科技创新以及科技成果转换的“供给”滞后之间的矛盾，反映在“过剩经济”的技术结构、产业结构和产品结构的基本矛盾与现状。这种矛盾结构一般有两种走向：一类是在技术替代滞后和供给经济大规模产生后，价格变动越来越难以调整供求双方的经济关系，生产经营者被迫在成本线下抛售，造成供给方无利可图乃至“两败俱伤”。资本投入无法寻求有利可图的技术领域，只有通过扩大投资或低成本兼并和过度竞争，来拉动经济增长。另一类是当市场需求形成时，刺激科技创新的响应，促使科技产业成为供给经济的主体。供给方的利润普遍因为高技术、高附加值的市场需求和结构调整而不断递增。同时，科技成果转化，引导供给方将资本投向新兴科技及产业领域。通过科技创新造就新兴市场群，形成巨大的市场潜力，为新的市场供给经济提供了盈利空间。

市场需求与科技供给之间的复杂关系及结构矛盾证实，在市场需求方面，一方面表现为各种约束造成的现实需求不足的假象，另一方面，市场需求多元化发展以及消费结构的变化，表现为巨大的潜在市场需求。与此相对应的是，在科技供给方面，一方面难以满足市场需求，表现为科技供给能力、科技资源等瓶颈的制约，另一方面，科技创新与开发又有充足的潜在供给能力。这种供需之间的结构矛盾和复杂关系表明，市场需求不足并不仅仅是经济学者解释的消费需求不足等因素，而且还包括基于消费主导和供求结构基本框架上的科技供给等一系列因素。这将进一步解释为什么在科技产业化的过程中不仅造成资本结构的边际变化，而且科技资本价值同样会吸引金融资本和产业资本，带来消费需求的高涨和市场需求的扩张。因此，研究证实，以货币政策和财政政策作为刺激国内市场需求的手段是远远不够的，还需要科技产业政策与货币政策及财政政策协调。这种认识来源于：尽管经验证据有力地证明了科技进步是经济增长的主要源泉，但长期以来，我们一直忽视以科技投入或供给刺激市场需求，缺少将积极的财政政策、货币政策与科技政策有机结合的政策框架体系，结果造成投资回报率低及创新产业投资乏力，以致依靠投资实现科技产业经济快速增长的目标难以完全实现。而实际上，科技供给对市场竞争的影响，将有效地改变科技产业经济增长中的数量扩张型、资源约束型和粗放经营型经济结构。科技供给通过市场需求力量发生作用。以货币政策和财政政策刺激科技创新欲望，拉动市场需求，将加速科技产业结构及增长方式的革命性变革，真正实现科技促进经济增长方式的根本转变。

第四节　科技产业的市场需求约束

市场需求结构变化与制度创新、政策创新条件下的科技竞争和产业结构升级有重大的关联。在大规模投资用于产业结构升级的条件下，资源配置、风险投资和市场需求必然向科技产业领域倾斜。但是，哪些因素对开拓市场需求空间有支配性影响和约束，这往往是一个多类约束条件下的市场调整过程，需要对隐藏在投入决策背后的力量进行考察。

一、市场需求约束

所谓市场需求约束是指在经济运行中对市场需求行为构成的约束要素及其相互关系和综合作用，以及使市场需求行为限制在不越出规定范围的制约机能。在市场经济中，对市场需求行为构成约束的要素，包括宏观约束和微观约束两个方面：

1. 宏观约束，主要是指国家一定时期内政治、经济、科技和文化的发展方针和政策，社会经济运行机制的有关规则及对各经济主体行为的法律规定等，对市场行为所产生的约束。

2. 微观约束，主要是指市场需求内部构成要素及经营机制，为适应宏观约束并对市场需求进行的调节、控制过程中，对自身行为产生的有关限制。宏观约束对市场需求行为起主导约束作用，微观约束则是市场为适应宏观约束对需求行为起能动反馈约束作用。

二、市场需求约束要素与机制

市场需求约束要素主要包括市场约束要素（产品市场约束、资本市场约束、技术市场约束等）、经济约束要素（税率、利率、汇率等）、法律约束要素、行政干预要素、投资约束要素等。市场需求约束行为的各种条件及其对市场需求的约束作用，构成市场需求的约束机制。市场需求约束机制可分为外部约束和内部约束。

市场需求约束的有效发挥离不开一定的外部约束机制。健全外部约束机制，能有效地抑制市场的不正当竞争或不合法的行为，促使科技产业调整自身的结构，以适应外部的需求变化。外部约束分为供需约束、科技约束、法律约束、政策约束和体制约束等，其中供需约束是最主要的。对于科技产业来说，能不能满足市场需求、形成产业经济规模，是关系到能否继续知识生产和实现科技产业化的主要指标。因此，市场供需是约束市场行为的重要的外部条件。

内部约束主要是投资约束和资产约束，其基本要求是投入产出及资本运作的合理性。也就是产出大于投入的约束。主要表现在两个方面：

1. 投资约束，即投入不能大于货币存量与产出收益之和。投资可以创造市场需求。投资者发现市场中可能出现的新的需求信息，从而投资新技术、新产品、新服务。这种市场投资行为必然成为引领市场需求的先导力量，带动新兴产业崛起，从而创造出新一轮的市场需求。

2. 资产约束，即资产所有者对市场规模扩张及经营的约束。在所有权与经营权相分离的股份公司中，资产约束表现为对所有权合理有效的约束。资产约束主要表现在：一是考虑到了市场的供求关系，通过资本运作实现产权结构调整，以致影响市场需求前景；二是通过上市、并购等方式，服务产业转型和结构调整，扩大市场需求，包括对新增投资品需求和对新增劳务需求的增长，从而促进市场要素的变化及其需求的增加。

三、市场需求约束领域

市场需求约束涉及许多领域，但其主要约束因素有以下五个方面：

1. 需求约束因素

市场需求拉动和技术推动是开发市场需求空间的前提，但这一市场需求约束，是以明确市场需求的真实性和可行性，寻求市场需求的规模扩张为重点的。市场需求的虚假以及扩张方向误判，就会造成科技资源和科技投入失误，带来新兴市场的需求不足，进而有损于科技创新和科技产业发展的活力，成为制约科技供给与市场需求双方协调发展的因素。

2. 资源约束因素

市场需求供给以一定的资源投入为条件，资源的供给成为经济增长和满足市场需求的约束条件。因此，知识、资金、人才、技术等资源的供给能力是市场需求调整的基本要素和重要资源。各类资源条件，如研究开发投入、人才合理配置等，特别是人才资源匮乏和合理配置，往往构成市场需求与科技供给的制约因素。

3. 成本约束因素

在具备市场需求的现实条件下，科技产品在市场的需求仍然是不确定的。因为，市场需求决策以成本—收益分析为依据，如果科技产品成本过高不能带来起码的收益，科技企业就不会追随市场需求的变化。只有降低成本、提高劳动效率、增加产品附加值能够被预期收益加以补偿时，科技产业规模才会实现扩张。

4. 科技转化约束

科技成果转化为市场需求的产品，取决于科技成果对于市场需求的适应性和市场结构的变化。没有面向市场需求的科技成果，或只有科技成果没有市场需求，科技成果的转化就会遭受来自市场的阻力。此外，科技成果转化还具有突出的规模经济性要求。只有达到一定的规模经济，形成投入产出的良性循环，才能开拓市场空间，满足市场需求。

5. 环境制约因素

环境制约因素包括政策法规环境、社会文化环境、自然生态环境等。在一定的条件下，体制、政策和法规在环境约束中举足轻重。法规不健全，体制和政策法规的滞后，通常将影响科技与市场的供求关系。政策工具对环境的影响及其供求引力的作用，对市场需求进行制约也对市场需求秩序进行规范，进而使环境制约因素对市场需求空间开拓以及科技产业的发展产生重大影响。

这些约束因素说明，市场需求及竞争力，在很大程度上取决于科技创新能力，包括科技创新活动的强度和创新机制的有效性。只有市场需求拉动，没有推动市场需求的研究开发和创新实力等因素的重点支持与积极响应，以及保证科技产业发展的正确战略、良好的政策环境，市场需求只有被他国占有；只有科技实力，但决策失误，脱离市场需求的成果转化、研制和生产的要素集成，也不能用于生产，满足市场的需求。据国外有关调查，在科研部门的研究成果中，约有 50% 被生产和市场证明不可行；有 30% 尽管在生产和市场上可行，但难以商业化；真正可以进入市场，形成商业化的成果只有 20%。

四、市场需求约束的影响

在科技经济转型期，市场约束因素更多地进入科技产业经济的需求界面。约束因素与市场需求的关系构成新的市场要素。这一新的市场要素是新经济供求关系的总和。改变市场要素就意味着改变市场状况，形成一个新兴的市场。那么，谁来改变市场、约束市场需求？有关研究认为，市场创新域、创新点和创新源是能够引起现有市场变化并导致新市场出现的各种市场要素。但无论是市场创新域、创新点，还是市场创新源，实际都与科技创新域、科技创新点和科技创新源密切相关。科技创新域和市场创新域微妙的不同在于，科技创新域形成的产业化、商品化和国际化，是实现市场“可以选择”“引起市场变化”的基础。它的意义在于通过科技创新改变技术产品的作用、结构、市场需求或其他各种产品要素和产品属性，形成能够影响和制约市场需求的产业群或产品创新域。即通过一种创新方式、创新程度和创新效应，构成一个特定的产品创新域或产业群，使其成为新兴的市场创新域和市场群。

按照科技产业发展要求，“可选择”“引起市场变化”的约束因素对市场需求结构进行相应的调整。这种需求结构调整包括：

1．市场需求创新域调整

在选择需求变化作为创新领域调整的基点时，需要充分重视市场需求的阶段性、联系性和层次性。一个新技术产品的潜在需求从研发、中试到市场认可往往有一个阶段性变化，新产品的潜在需求只有实现规模扩张，以及许多企业可以同时进行专业化生产并获得回报，才能形成真正“可选择”和“引起市场变化”的科技产业。发达国家的一些高科技市场化失败的案例（如美国铱星手机市场化运作）表明，科技产业化不仅要考虑到它的技术突破和资金投入等因素，还要考虑到市场需求的阶段性等因素。许多情况下，不是技术不先进，而是缺乏对市场需求阶段性的正确判断，缺乏对需求创新域的动态性调整。其次，在市场创新域的调整中，必须充分考虑到市场需求、创新和生产的连续性。创新、生产与市场需求的互动使它们成为运作链的一环，任何一种需求变化都会带动相关需求变化。因此，市场创新必须建立在需求联系性的基础上，从相互联系中发现市场需求、创造市场需求。此外，市场创新域的建立还需要高度重视需求的层次性。应根据不同的市场需求层次，采取不同的科技创新战略和市场运作方式，实现市场需求的结构调整。

2．市场需求创新点调整

在市场需求面临风险的情况下，创新点的选择及其调整尤其重要。市场创新点可以从各种约束因素中选择和考虑，但作为能够引起市场变化并导致新市场出现的创新点，一般始于产品研发和创新，到生产制造、市场需求的响应。产品创新隐含着科技创新和创新方式、创新效应等因素，也反映出生产制造、市场需求的要求。这样的市场创新点实际上是“三点一线”。对市场创新点的调整不仅是市场需求，还包括生产制造、科技创新的需求点的链动调整。而且这种调整必须在系统性、程序化的状态下进行。

3．市场需求创新源调整

作为市场创新的循环过程，市场创新源并非像有些著作所认为来自市场需求的一端，而是来自两端：一端为科技创新源，一端来自市场需求创新源。两端联接而不是开环，形成了需求创新的“源源不断”。科技创新源是产生各种科技创新要素的源泉与获取这些要素的渠道，而市场需求创新源是包括消费群体、科技创新、体制政策等要素的创新集成和需求域。因此，市场创新源的调整就是对两者需求创新的系统性调整。当科技创新源与市场需求源相互偏离的时候，就需要对创新源进行调整，以便实现两者的协调。当然，市场创新源是科技供给和市场需求两个方面决定的，但实际上能够影响科技创新和市场创新的联接方式，运行机制的制度、组织、手段和方法，都可以开发利用创新源，并影响需求创新源的调整。

总之，市场需求约束因素引起结构性变化，导致资源约束、成本约束、科技约束和环境约束的相应调整，引起市场结构、市场规模和市场层次的连锁变化。这一变化为科技创新成果的产业化、市场化提供了大量机遇，开辟了前景广阔的市场创新域和科技产业群。因此，应在制度化、法制化的市场运作规则下，围绕市场需求结构调整，对科技创新成果的商品化、产业化和国际化发展进行系统联接。

1．加强科技产业与市场需求的协调发展。科技产业发展重点要以市场需求为中心，不仅具有产品规模扩张，而且具有广阔的消费市场和规模扩张效益。科技产业在市场的占有率证明，由于企业在市场竞争中是在相对盈利率的比较中选择先进技术，加快科技产品的市场进入，有利于形成利润递增的利好空间，也有利于刺激研究开发的竞争。

2. 围绕市场需求调整的要求，建立面向市场的“开发一代、研制一代、生产一代”的协调发展机制。协调机制的核心是以体制创新、政策创新和服务领域创新，建立一个联接科研、生产、市场的综合协调发展的网络，形成一种新型研究开发、中试生产、市场销售的研究开发体系。最终实现创新需求、生产需求和市场需求“三位一体”的协调发展。

3．建立科技创新与市场需求的双向动态反馈系统。供求双方以互动信号的反馈，有效调整科技与市场需求供求脱节的现象。当市场需求发出“饱和”信号时，科技创新、生产总量和产业布局必须适应性、结构性调整。通过双向动态反馈和调整，使各方达到协调一致，并在反馈→调整→反馈→调整中，实现高科技、高附加值的科技产业发展，推进科技创新群和市场创新域的有机形成。

五、市场需求的科技产业领域

未来科技的革命性突破，将表现出新市场、新产业、新业态的需求特点。科技创新将成为这一时期市场创造的动力源泉，决定市场需求第一要素，引领市场消费的战略焦点。国内外市场需求结构调整和重点领域发展布局，将加快推进科技产业的发展、产业结构优化升级和增长方式转变的紧密地结合。

1．高科技领先产业

高科技领先并日臻成熟的信息技术产业，生命科学和技术产业，纳米科学和技术产业，资源、环境、空间科学和技术等产业具有广阔的市场需求。这些科技产业将率先进入规模经济和产业更替的市场竞争之中。生命科学和技术将是新产业的突破口，成为主导技术群，并带来农业、医疗、保健、化工、环保等领域的革命性变化，引起市场需求的深刻变革。信息科学和技术在未来仍将具有广阔的市场发展空间，表现出以技术应用和市场需求为主导，通信、计算机、互联网与内容产业不断融合的发展趋势，进一步带动工业化的深入发展。在信息技术等的推动下，先进制造技术将得到迅速发展和广泛应用，未来的发展方向是集成化、智能化、柔性化，人工智能、精准医疗、无人驾驶、机器人、先进制造等领先产业。通过加快向科技产业链上游延伸，加入新型智能设备和服务型制造等领域的竞争，并在科技产业转型中发挥重要作用，成为市场创新的驱动力。纳米科学和技术将是新一轮市场竞争的热点，并带来科学、技术和产业的重大变革，具有重大的市场化、产业化前景。在纳米技术等物质科学的推动下，材料科学和技术将向功能提高、性能改善、体积更小、与环境更友好的方向发展，带来制造业及市场需求的重大变化。资源、环境、空间科学和技术得到更大发展。以节约资源、保护环境为特征的环境及绿色环保技术产业，能源技术、节能、储能及新能源技术市场，航空航天技术产业等市场前景广阔。海洋科学加速进入新兴产业，进一步拓展市场需求。高科技领先产业作为开拓市场需求，推进产业升级的重点领域越来越得到广泛重视。

2. 高技术改造产业

传统产业的改造和工业装备的更新具有巨大的市场需求和潜力。国际经验表明，科技创新与产业转型为传统产业及装备制造业提供了发展空间。包括：一是高新技术与传统产业及装备制造业融合，使部分传统产业及装备制造业升级为高技术产业，如通讯设备制造业、电子计算机制造业、集成电路制造业、数控机床制造业、先进武器制造业等；二是提升传统产业及装备制造业产品的智能化、数字化程度；三是提升传统产业及装备制造业生产过程的柔性化、自动化水平及市场快速反应能力，使制造工艺和装备满足市场需求，符合高质量、低成本、低消耗和清洁生产要求；四是推动传统产业及装备制造企业业务流程优化重组和管理现代化；五是促进传统产业及装备制造企业间制造资源优化配置，提高产业整体竞争力。

制造业在传统产业转型升级中具有重要地位，转型升级的核心在于制造业高智能化、高附加值化。通过制造业结构不断升级，加快资本密集型向技术密集型产业的转换。这种转换不仅有利于产业结构升级，而且有利于市场需求空间的拓展。因此，传统产业及装备制造业改造要坚持市场需求导向与政策引导相结合。把开拓市场、满足需求、服务竞争，作为传统产业及装备制造业改造的出发点和归宿。充分发挥市场配置资源的基础性作用和科技企业的主体作用，加强政府的宏观调控和政策引导，营造改造传统产业的良好环境，运用规划、技术、政策和信息等，引导、带动传统产业及装备制造业的改造。

3. 科技知识服务业

科技知识服务业是指以科技知识投入作为基础和使用知识的服务产业，也称为知识集约型服务业。20 世纪 90 年代以来，随着科技产品价值的变化，知识资本化进程加快，科技知识服务业有了迅速发展，无形资产成为最重要的资产。不仅引起市场需求结构的调整，也引起科技产业发展的重新定位的调整。未来市场需求的优先重点越来越集中在：促进知识的扩散，提高人力资本素质，促进组织结构变化，满足知识服务需求。有数字表明，知识服务的营业额将不断递增，一些跨国公司的科技知识服务已经占营业额的 40% 的比例，并为科技知识服务赋予了新的定义。单纯依靠资源优势、资本优势、技术优势占领市场的局面已不复存在。这一期间，科技知识服务领域的相关产业得到迅速发展。科技知识服务业增加值和对经济的贡献率不断提高，就业比重不断加大，成为新兴市场需求的重要领域。因此，争取服务领域和机会的多样性，在服务质量、服务机制、服务能力等方面，将发展科技产业与知识服务产业结合起来，通过扩大服务领域，发展知识中介和咨询、金融、技术贸易等服务业，积极促进服务社会化和经济信息化，开辟新的服务发展领域。

实现科技产业发展、结构优化升级和发展方式转变的有机结合，在以市场需求为导向的科技产业领域，越来越突出全面推进为整体、重点与优势发展。按照国内外市场需求，集中有限力量，突出相对优势，重点发展关系到国家利益和安全，满足国内外市场需求的产业和产品。在参与全球竞争的同时，实现产业转型与科技创新的兼容。根据市场规则和产品技术标准以及知识服务规范，加快国际经济科技的参与性对接。在发展过程中，要通过微观产业结构调整，以小型科技企业群的动态填补方式进入大型企业退出的市场，实现技术、市场的微观结构调整。作为满足市场需求的战略性资源，中小企业群或科技型企业的组织结构在市场竞争具有较强的市场占有能力、填补能力和调整能力。中小型企业的创业、生存、竞争和发展对于市场需求竞争和经济可持续发展具有重要意义。一些国家和地区在金融危机中仍然能够较好地实现市场稳定，与中小科技企业的竞争优势及其贡献不无关联。因此，在配置市场需求的科技产业领域，实现整体推进、重点调整、优势互补的过程中，应充分发挥大、中、小企业对市场需求结构的对应机制，形成不同规模的产业链接的专业分工体系，塑造适应多元市场需求的分层竞争结构，从根本上促进发展方式转变，提高科技产业发展的水平。

第十六章　制度创新

制度创新是实现科技产业发展的基础，它既包括体制改革、政策调整、制度安排等，又包括战略形态、组织结构、运行机制等。诺贝尔经济学奖得主道格拉斯·诺斯（Douglass North）认为，工业革命与其说是技术革命，不如说是一场制度革命。研究证明，加快科技产业发展离不开必要的制度创新等条件。从根本上说，科技产业发展取决于制度创新优势。通过制度创新，发挥制度、政策等资源配置的作用，激发科技产业创新的活力，形成科技产业发展的优越环境，使科技产业获得更快、更好的发展。本章将通过对制度创新界定及理论综述，着重对科技产业的非技术因素及其作用进行系统论述，阐释制度创新对科技产业的影响，讨论政府与企业在制度创新中的关系等。

第一节　制度创新理论

一、制度界定

制度（Institution），是一个至今没有明确的概念，人们在运用这一概念时在术语上往往不一致。制度经济学所界定的制度，是指 Institution，而不是 System。System 通常指“体制”，例如社会主义制度或资本主义制度，或者政治体制、经济体制等。而 Institution，即经济学意义上的制度，“是一系列被制定出来的规则、服从程序和道德、伦理的行为规范”，称之为“制度安排”。凡勃伦（Veblen，1919）将制度定义为“大多数人的思想习惯”，是“约束个人和团体之间相互作用的一系列共同的习惯、常规，既有的经验和规则”。康芒斯（1934）给制度下的定义是：制度是“集体行为控制个体行为”。格雷夫（1996）则从博弈均衡角度将（关于别人行为的）预期和组织定义为制度在博弈论框架中的两个相互联系的要素。诺斯（Douglass C. North）关于制度的定义是：制度是一个社会的游戏规则，更规范地说，它们是为决定人们的相互关系而人为设定的一些制约。制度包括：（1）以规则和管制（Rules and Regulations）形式对行为施加的一系列约束；（2）检验行为是否偏离了规则和管制的一系列程序；（3）一系列的道德和伦理行为规范，它们定义了规则和管制可选择的订立方式和实施方式。T.W. 舒尔茨关于制度的观点与诺思基本一致，他将制度定义为一种行为规则，这些规则涉及社会、政治及经济行为。但是，舒尔茨没有区分制度与组织（机构）。

将制度作为经济学研究对象的新制度经济学（The New Institutional Economics）对制度通常有以下理解：（1）制度是规范行为交换的功能系统。（2)制度是一种社会游戏规则。（3)制度是关于权利和责任归属的法律规定。（4）制度一种势“公共规则”。制度作为一种行为规则或某种权利并非针对某一个人，制度只是一种被某些人消费且又不会损害其他任何人消费的一种“公共品”。

实际上，制度作为明确界定人们权利、义务归属关系的法律系统，包括两个层面的内容：一是表现为一系列形式化的规则或程序，这些规则和程序为人们的行动提供了一种外在的限制和规定（包括角色、功能、责任、权利和义务等）。作为制度的外在安排，现实化的规则与程序往往是通过制度建设或创新的主体通过强制性的方式建立起来的。二是制度同时表现为一种共同的文化价值模式。这种价值模式使人们对外在制度安排框架中所规定的各种社会角色及其功能、权利、责任和义务，形成一种共享的价值认同，并因此产生共同的行为预期。同时使得人们能够在价值模式的内在约束下，自觉地按照各自所扮演的角色及功能要求进行有序的沟通与互动。

从经济学角度看，制度作为一种有效的资源，可以为经济发展提供有价值的服务。但这种服务并非是无偿的。如同许多公共产品一样，制度产品的消费支出也需要一定的成本或费用。由于制度的价值在于它能为经济活动提供一种稳定的长期服务，通过制度人们可以对经济活动产生长期的预期。因此，制度安排的制度化和定型化过程，同时也是一种利益分配格局的塑造过程。不过，西方经济学者关于制度的界定并不是一致的。从历史上考察，主要表现出两种倾向：一种是忽略生产力质变，特别是假定科学技术条件不变。同时，假定社会财产制度不变，静态地而不是历史地、动态地考察经济制度（体制）。另一种是将经济制度理解为实现资源有效配置和均衡的组织方式。认为经济制度的基本功能在于实现经济各个部分的协调、均衡。忽略社会制度和生产力的历史变化，而以静态的均衡论在假定科学技术不变、所有制不变的条件下，将经济制度（体制）抽象为实现均衡的完全竞争的经济模型。这种静态的观点至今仍然影响着许多经济学者对制度的界定。

一般制度的结构可以分为：正式制度和非正式制度；基本性制度和支撑性制度。正式制度包括法规、章程和规则；非正式制度包括合作规范、组织惯例和经验等。而基本性制度类似于宪法，支撑性制度对基本性制度进行详细说明和补充。制度通常具有以下基本功能：

1. 通过提供制度相关的信息和减少所需要信息的数量来减少不确定性。如以完善的制度安排提供一种环境，使投资者的利益得到保护；以专利法的正式制度降低侵权方面的不确定性，维护专利等知识产权的正当权益，进而实现制度为科技经济服务的功能。

2. 创造一体化合作条件，并对明显的和潜在的冲突和合作模式进行有效控制和调节。制度的功能在于规范行为、减少不确定性、稳定的预期、降低风险、消除不合作因素等，以制度为基本前提，减少协调成本，形成一体化的合作是有效控制和调节的功能性因素。如在创新方面，有关制度对研究开发部门、生产、销售部门的合作标准以及风险投资等方面的规则产生影响，并根据有关制度要求进行规范化、制度化的控制和调整，从而产生科技产业化效率。

3. 依据相关制度和措施进行正强激励。提供激励制度可以抑制机会主义行为，使个人收益率和社会收益率一致，激活人们的创新性和积极性。

如以薪水、税收、期股、社会表彰等形式对创新者、企业家、个人和集体进行各种方式的激励。同时，以各种激励推动制度化改革和体制创新，落实有关制度，积极探索制度建设中的各种问题，并对制度进行持续的补充、修正和完善。

二、制度创新内涵

制度的构成要素主要包括正式制约（例如法律法规）、非正式制约（例如习俗、宗教等）以及它们的实施，这三者共同界定了社会的尤其是科技经济的激励结构。根据诺思的制度定义，"结构"一词是指制度框架，"变迁"一词是指制度创立、变更及随着时间变化而被打破的方式。因此，所谓的制度变迁是指一种制度框架的创新。在制度基础上的创新是制度运行机制、组织结构、功能转化等系统再造和机制创新，是制度主体在制度方面新发现的成功实践和获得追加利益的活动。或者说是用一个社会以新的具有效率的制度规则（或组织）取代旧的缺乏效率的制度规则，包括产权制度、竞争规则、科技政策、政治制度等各种规则的变革和新性质的交易组织的产生。

制度创新涉及三个方面的变化：一种特定组织行为的变化；这一组织与其环境之间的相互关系的变化；在这一组织的环境中支配行为与相互关系规则的变化。制度创新涉及的三个变化与制度创新过程中的"成本—收益"原则有密切的关系。任何制度创新都必须坚持"收益大于成本"的原则。因此，一项新的制度构建的"成本—收益"原则由于制度主体的差异可以分为三种形式：（1）个人成本与收益的原则。是指从家庭、企业或个人行动团体的角度评价某一项新制度构建的成本和收益。（2）社会成本与收益原则。是从经济行为互动的角度评价一项新制度构建对社会成员所带来的收益以及为此而付出的成本。（3）政治成本与收益原则。是从国家以及政府行为的角度评价一项新制度构建的成本和收益。[①]

制度创新一般可以分为两种：一种是自发性的制度创新；另一种是有组织的制度创新或制度安排。自发的制度创新是一种没有国家干预，由企业或个人之间的互动而产生的一种对制度的重新安排；有组织的制度创新

① 思科等：《财产权利与制度变迁》，上海：上海三联书店 1996 年版，第 329 页。

是一种国家干预的制度创新。在新旧制度交叉、更替的转型期，国家安排的制度创新具有不可替代的重要作用。而从考察“成本—收益”角度来看，制度创新也可以分为两种类型：一种是所谓“帕累托变革”。这一制度创新为人们提供了新的机遇和新的收益，所有的人在这种制度创新中收益大于或等于零。因而这种制度变革比较容易为人们接受。其主要形式有：每个人的收益都按照相同的比例增长；新的制度安排使原来在利益分配格局中处于较低收益水平的人获得改善。在这两种情况下进行的制度创新往往比较顺利，能够赢得较为广泛的社会认可和支持。另一种是“非帕累托变革”。这种制度变革虽然也为人们提供了新的机会，并可能使人们获得更大的收益，但所有这一切都是以现存利益分配格局的改变为基础的。变革使一部分人收益，而另一些人在制度变革中要付出一定的改革成本。

对于制度创新过程，国外制度经济学者将其分为五个阶段：①

第一阶段：潜在利益集团的形成。这一阶段的制度主体预见到潜在的利益，并形成了只要进行创新就可以获得潜在利益的决策者。

第二阶段：提出制度创新的方案。进行制度创新的方案设计并提出至少二个以上的方案。

第三阶段：比较和选择。以若干制度创新方案，提供“潜在利益集团”进行利益最大化的比较和选择。

第四阶段：“推动制度创新团体”形成。它能够帮助“潜在利益团体”获得其潜在利益。政府、个人或组织均可作为“推动制度创新团体”的主体。

第五阶段：互补和实施。两个行动团体相互支持，共同努力实现“制度创新”任务。

从新制度经济学角度来看，制度创新不仅是以制度主体为实现效益最大化而进行的制度替代、转换和再造过程，也是一个制度“创新→均衡→创新”的过程。实现制度创新将会形成制度均衡的局面，但随着制度创新的需要以及知识存量的增加，这种均衡又会被打破，出现新的制度创新的

① 杨俊一：《制度变迁与管理创新》，上海：复旦大学出版社2000年版，第15页。

可能。其间，三种状况，即新的制度可能使潜在收益增加，组织或操作一个新制度的成本可能降低，法律上或政治上某些变化可能影响制度环境，均可打破均衡状态，构成新制度创新的动力。

三、制度创新理论综述

（一）制度创新理论发展

制度创新理论是一个系统复杂的过程，它既包括体制改革、政策调整、制度安排等，又包括战略形态、组织结构、运行机制等。国内外关于制度创新的发展进程不同，比较有代表性的制度创新理论观点有如下方面：

1. 舒尔茨的制度调整论

T.W. 舒尔茨（T. W. Sehultz，1968）认为，制度是涉及社会、政治及经济行为的一种行为规则。舒尔茨在《制度与人的经济价值的不断提高》一文中指出，制度变迁是作为对经济增长动态的反应而发生的结果。制度被视为一种具有经济价值的服务的供给者，正是经济增长进程改变了对服务的需求，并且这种需求上的改变又导致长期成本与收益衡量的供求之间的非均衡。为了分析特定的政治法律制度对经济增长动态的影响方式，他按所提供给人的服务类型将制度分成了以下四类：（1）用于降低交易费用的制度（如货币、期货市场）；（2）用于影响生产要素所有者之间配置风险的制度（如合约、分项制、合作社、公司、保险、公共安全计划）；（3）用于提供职能组织与个人收入流之间联系的制度（如财产、包括遗产法、资助和劳动者的具体权利）；（4）用于确立公共物品和服务的生产与分配的框架的制度。

因此，制度是一系列为社会所认可的非正式约束和政府规定的正式约束所组成的规则网络，它约束人们的行为，减少专业化和分工发展带来的交易费用的增加，解决人类面临的合作问题，创造有效组织运行的条件。制度的功能就是为实现合作创造条件，保证合作的顺利进行。在决策各方的初始力量给定时，规则的作用是便利交换。制度作为一种具有经济价值的服务的供应者，如提供便利、降低交易费用的合约、信息、保险和公共品等，必然随着科技创新和变迁以及经济的动态增长而做出反应和调整。

2. 诺思的制度创新论

诺思认为，制度安排是支配经济单位之间可能合作与竞争的方式的一种安排。制度安排旨在提供一种使其成员的合作获得一些在结构外不可能获得的追加收入，或提供一种能影响法律或产权变迁的机制，以改变个人或团体可以合法竞争的方式。诺思所指的制度变迁和制度创新都是指这一意义上的制度。诺思的制度创新的代表作包括《制度变迁与美国经济增长》《西方世界的兴起》《经济史中的结构与变迁》《制度、制度变迁与经济绩效》等。他的贡献在于指出：（1）制度创新是指能使创新者获得追加利益的现存制度安排的变革，制度创新是采用组织形式或经营管理形式方面的一种发明。（2）制度创新的动因：创新改变了潜在的利润，这是因为，市场规模的变化、技术变迁、团体对自身收入预期的改变；创新降低制度安排的成本：组织费用的降低或被支付，科技创新和信息的广泛传播。（3）制度创新的形式：个人、自愿合作性安排和政府性安排。创新者的决策往往会比较各种形式的创新受益净现值，并从中选择一个具有最大净现值的安排形式。（4）潜在利润的出现与制度创新之间的时滞。这一时滞可以分为四个阶段：认知和组织的时滞、发明的时滞、菜单选择的时滞、启动的时滞。

3. V.W. 拉坦的诱致性制度变迁理论

V.W. 拉坦认为，制度创新方式可分为两类：诱致性制度创新方式和强制性制度创新方式。诱致性制度创新，指的是又由“个人或一群人”为“响应获利机会”而“自发倡导、组织和实行”的对“实行制度安排的变更或替代，或者是新制度安排的创造”。实际上，V.W. 拉坦等人提出的“诱致性制度变迁理论”建立了一个包括制度供给和制度需求的制度变迁模型。在这里，对制度变迁需求的转变是由要素与产品的相对价格的变化以及与经济增长相关联的技术变迁所引致的。也就是说，制度变迁可能是由对经济增长相联系的更为有效的制度绩效的需求所引致的；对制度变迁供给的转变是由社会科学知识及法律、商业、社会服务和计划领域的进步所引致的。也就是说，制度变迁可能是关于社会与经济行为、组织与变迁的知识供给进步的结果。制度变迁不仅是由对更有效的制度绩效的需求所诱致的，而且是关于社会与经济行为以及组织与变迁的知识供给进步所诱致的结果。

4．布罗姆利提出制度交易理论

布罗姆利对制度变迁的产权学派与受其影响的诱致性制度变迁理论和诺思的制度变迁理论都提出了批评。他认为，它们试图通过出现增加收入所得的机会或总体经济效率的提高来解释制度环境（也就是经济）的变迁。这三种模型都是根基于这样的传统观点，即在一个社会中只存在两类选择——增加经济效率与重新分配收入。这种传统观点认为私人产权和发育较为完全的市场能增加经济效率，而集体产权和政府活动只会降低经济效率，且更为严重的是，集体产权和政府活动看来只是对固定的净社会产品进行了重新分配。这一观点的拥护者认为，当制度变迁的收益超过了制度变迁的成本时，就会发生制度变迁。这三种观点在解释缺乏制度变迁时多少有些不同。产权学派提出，如果没有变迁，那么事物一定处于最优状态；如果不是的话，那么肯定会发生变迁。诱致性制度创新观和诺思模型看来更强调政治干预抑制了能够增加效率的变迁。然而，这些制度创新最致命的缺陷是它们没认识到不管怎样定义，效率总是依赖于制度结构。是制度结构赋予成本和收益以意义并决定这些成本和收益的发生率。在寻求经济效益基础上提出的制度变迁模型是循环论证。制度安排决定了什么是效率，这就是产生这种循环论证的原因所在。只对狭隘的经济收益的变化做出解释，而没能给其他的变化做出合理解释的制度变迁观点，忽视了大多数集体行动；而所有集体行动或者有助于效率提高，或者只是简单地重新分配了收入这种思想认识，更使集体行动受到了忽视。布罗姆利提出制度交易的概念，在对新的经济条件做出反应的过程中发生的这些意在确立新的制度安排的活动，即是制度交易。制度交易有四种类型：（1）某些制度交易直接增加了货币化的净社会所得；（2）某些制度交易直接改变了收入分配；（3）某些制度交易重新配置了经济机会；（4）某些制度交易重新分配了经济优势。这些制度交易作为对新的经济条件和机会的反应，或者它们会由于缺乏自动的变化以至于由外部强制而出现。

（二）制度性约束

制度性约束对于制度创新的影响主要包括正式约束、非正式约束。正式约束又称正式制度，包括政治规则、经济规则和契约等。它由公共权威机构制定或由有关各方共同制定，正式约束具有强制力。非正式约束又称非正式制度，主要包括价值观、道德规范、风俗习惯、意识形态等。它是对正式制度的补充、拓展、修正、说明和支持，它是得到社会认可的行为规范和内心行为标准。正式制度与非正式制度相互联系、相互制约。在某种意义上说，约定俗成的非正式制度比正式制度更为重要。制度的实施机制以国家为主体，依靠国家的强制力，保证正式约束和非正式约束的实施。[①]

1．宪法秩序和现行法律

宪法秩序从四个方面影响制度创新和制度供给。第一，宪法秩序可能有助于自由的调查和社会实践，或者可能起根本性的压制作用。第二，宪法秩序可能直接影响进入政治体系的成本和建立新制度的立法基础的难易程度。第三，宪法秩序影响到公共权力运用的方式因而影响到由公共政策引入经济的扭曲的类型。如果这些扭曲很大，则市场会显示出引入的制度变化将发生方向性错误。第四，一种稳定而有活力的宪法秩序会给政治经济引入一种文明秩序的意识——一种关于解决冲突的基本价值和程序上的一致性，这种意识会大大降低创新的成本和风险。[②]宪法秩序通过对基本政治、经济、文化制度的规定框定了制度创新的总方向，宪法秩序下的权力结构和利益结构直接影响制度创新的成本和动力，它有可能促进创新，也有可能阻碍创新。现有法律和制度安排也是政府制度创新滞后的主要原因之一：一是限定了制度创新的范围，国家的法律秩序框定了制度安排的可行性空间；二是现有制度安排固有的惯性和残存价值以及该制度下形成的利益集团常常阻滞新的制度。

2．制度创新的成本收益

政府在制度创新时会进行成本效益分析，不仅要考虑经济层面的成本与效益，而且要考虑政治层面的成本与收益。如果制度变迁会降低统治者可获得的效用或威胁到政权的稳定时，政府会维持那种无效益的制度不均

① 道格拉斯·C. 诺斯：《制度、制度变迁与经济绩效》，上海：上海三联书店 1994 年版，第 10 页。

② V. 奥斯特罗姆等：《制度分析与发展的反思》，北京：商务印书馆 1996 年版，第 12—13 页。

衡。制度创新成本主要由这几部分构成：规划设计、组织实施的费用，清除旧制度的费用，消除变革阻力的费用，制度变革带来的损失以及变革的机会成本等。制度创新只有在这样两种情况下发生：一种情况是创新改变了潜在利益，另一种情况是创新成本的降低使制度的变迁变得合算。[①]可以说，制度创新是制度主体根据成本效益分析进行权衡的结果。这种分析包括三个方面：一是某制度创设与该制度缺位在成本效益方面的比较，二是把同一制度安排和制度结构的运行效益与运行成本加以比较，三是对可供选择的多种制度的成本收益进行比较，选择净收益最大的一项制度。

3．意识形态和文化背景

意识形态和文化背景是影响制度创新另一个主要的制度环境，是制度创新的思想基础和理论前提。诺斯认为，“社会价值的改变——即意识形态的变更——是制度变革的主要因素，没有意识形态理论，新制度经济学将是不全面的”。[②]意识形态本身就是一种非正式的制度安排，是一种根植于政治、文化因素的制度类型，它通过世界观、价值观、态度、习惯等影响人们对制度行为以及正式制度安排的理解、认同和支持。意识形态是“关于世界的一套信念，它们倾向于从道德上判断劳动分工、收入分配和社会现行制度结构”。[③]社会文化基础上形成的风俗习惯、观念意识与制度创新的反差越大，颠覆性创新的阻力就越大。制度离不开思想观念、文化习俗，最早的制度形式是人类的文化习俗和传统习惯。某种制度本质上是某种思想观念、文化模式化的结果，制度变迁常常从思想观念、文化结构的变化开始。思想文化结构模式是行为模式的潜在形式，它决定了行为模式的基本走向。

4．制度创新的实施机制

判断国家的制度是否有效，除了看正式和非正式制度是否完善外，更主要地看这个国家的制度实施机制是否健全，离开实施机制任何制度尤其是正式制度就形同虚设。“重要的制度创新的供给必然包含政界企业界的创

① R. 科斯等：《财产权利与制度变迁》，上海：上海三联书店 1991 年版，第 296 页。
② ［冰］S. 埃格特森：《新制度经济学》，北京：商务印书馆 1996 年版，第 69 页。
③ R. 科斯等：《财产权利与制度变迁》，上海：上海三联书店 1991 年版，第 379 页。

新者的诸多政治手段的动用”。[①] 历史上以人治为主的国家，并不是没有法律，而是没有建立起与法律制度相对应的实施机制。建立制度实施机制基于以下若干原因：一是人类交易行为越复杂，建立实施机制就越必要；二是人的有限理性及机会主义行为动机促使实施机制的建立；三是契约双方信息不对称容易导致契约的偏离。在现实生活中，制度实施机制的主体都是国家。检验制度实施机制是否有效或是否有强制性，主要看违约成本的高低，强有力的实施机制将使违约者付出的成本极高。如果实施机制不力，一项制度创新就难以顺利推进。

综上所述，制约制度创新的因素主要是经济因素、政治因素、文化因素、组织因素等。它们在制度创新的不同阶段及不同问题上，都会同时发生作用，但作用的大小有所不同。

（三）主要观点

关于制度创新理论，经济学始终存在不同的观点：一种认为制度变迁依赖于技术变迁，即技术决定论；一种认为技术变迁依赖于制度变迁，即制度决定论；还有一种是对前两种观点的整合，即技术与制度互动论，认为制度因素和技术因素是一种互补、互动的关系。

1．技术决定论

技术决定论是一种将技术作为推动经济增长与制度变迁主因的理论观点。该理论认为新制度安排的出现是由于技术改进产生的成本收益变化导致的结果，主张技术变迁决定制度变迁。持这种观点的有凡勃伦、阿里斯及马克思。凡勃伦和他的追随者采用技术与制度的矛盾分析法，将技术视为经济发展和增长的动态因素，认为技术创新过程是由其自身内在力量和历史必然推动的，技术是社会进步、制度变迁、文明形成的根本原因；阿里斯更将制度视为静态因素，认为制度是古代的、静止的，并且缺乏技术创新所需要的组织上的可变性，西方经济的发展不能归功于市场制度，是技术的发展才使市场的发展成为可能。在凡勃伦的体系中，正是动态技术与静态制度之间的辩证斗争与冲突导致了经济与政治被慢慢地置换与替代，

① V. 奥斯特罗姆等：《制度分析与发展的反思》，北京：商务印书馆 1996 年版，第 131 页。

经济组织的体系经历了历史的变迁与调整。

对于技术决定论的争议，主要集中在两方面：一是技术与制度的关系，两者到底是谁决定谁的问题；二是在经济发展中，是科技进步能降低成本、提高生产率，还是制度能降低成本、提高生产率。技术决定论有一定的局限性，主要表现在，它不能解释在人类社会经济发展过程中的一些现象，即人类历史上有不少时期并没有出现大的技术进步或没有技术变迁，但仍然存在生产率提高、成本下降等现象（如诺思）。另外，技术决定论还忽视了其他因素在社会经济发展中的作用，如人口压力代表着对食物需求的增加，在供给不足的情况下，必然要求制度变迁能产生更多的预计回报等。

2. 制度决定论

对于制度决定论的争议，主要集中在：一国经济发展中，到底是制度变迁优先，还是技术变迁优先的问题。一是就技术与制度的关系来看，在制度决定论看来，制度框架所建立的激励结构在规范技能与知识的形式中起着决定性的作用；二是就制度在社会经济发展中的作用来看，在经济发展的研究中把制度因素内生化是新制度经济学的一大贡献。一般而言，在各种有关经济增长的模型中，制度因素是被排除在外的。经济学家们主要是通过各种物质生产要素的变化去说明生产率的变化和经济增长与否。其中，把经济增长率中不能解释的“余值”（或“剩余”）归因于技术创新论风行一时。诺思（1968）指出，在没有发生技术变化的情况下，通过制度创新亦能提高生产率和实现经济增长。

制度决定论的局限性表现为，经济发展是否始终是由制度决定的问题，制度决定论者尚未做出回答。另外，制度决定论由于受制度对经济绩效的影响难以量化等因素的制约，它的分析还主要限于逻辑及假设。制度很重要已经没有什么争议，现在的问题是这种重要性及其对经济发展的绩效如何量度成为制度经济学亟待解决的主要问题。

3. 技术与制度互动论

与技术决定论和制度决定论的“单线”说不同，技术与制度互动假说认为，经济发展中制度因素和技术因素是一种互补、互动的关系。制度变迁是技术变迁与制度变迁之间的一个互动过程，不应该把二者割裂开来只强调其中的一个，而应该把二者统一起来看作一个互动的过程。拉坦是这一假说的主要代表人物。拉坦认为“导致技术变迁的新知识的产生是制度发展过程的结果，技术变迁反过来又代表了一个对制度变迁需求的有力来源”。他主张，“技术变迁与制度变迁之间相互依赖性很高，必须在一个持续的相互作用的逻辑中来进行分析”。技术与制度互动论在解释经济变迁和社会演进的经济学框架下就技术创新因素又包含制度创新因素的互动发展大大推进了一步。但其局限性在于，随着创新系统网络化为基础的组织结构变化，各种创新之间的内在联系与外部联系将日趋紧密。如一系列的创新都与一定的诱导机制与之相匹配，而这些诱导机制不一定必然是制度创新的结果。在新经济时代，创新网络化发展将教育、科技、管理和服务等都包容在内，必将对创新的社会、政治、文化结构及模式产生重大影响。

第二节　非技术因素与制度创新

一、非技术创新

非技术创新是一个相对于技术创新的概念，它的界定较为宽泛。可以说，技术创新之外的创新活动都可以被认为是非技术创新，包括制度创新、管理创新、政策创新、文化创新等。在创新发展系统中，技术创新和非技术创新对科技产业发展具有重要的影响。非技术创新在一定的科技条件下，可以使各种创新资源利用及其配置更加合理，科技产业系统运行更加和谐高效，技术创新能力得到有效的发挥。因而，非技术创新在科技产业发展过程中往往起到关键性作用。

在非技术创新中，制度安排、政策选择及其灵活运用最为重要。制度安排是创新的基础条件之一。通过制度安排对政策工具进行选择，并灵活运用才能发挥技术创新的功能，形成非技术创新因素的作用。在科技创新整体发展的基础上，制度安排、政策工具的选择和运用，一般要与市场机制、创新环境和科技投入紧密地结合。政府在创新系统的制度安排，主要是通过制度创新、政策工具的运用，建立起一种鼓励竞争的机制和环境。如包括减少一些在新技术开发中不必要的法规、制度和经济障碍，评价所提出的法律和规章在竞争中的效果，制定促进创新的政策等，鼓励企业科技创新，促进科技成果转化及广泛有效地应用。

为了给创新提供坚实的制度基础，在发达国家，非技术创新的功能作用得到广泛的重视。发达国家在非技术创新领域着手改革现行的规章制度，力求实现生态环境、公众健康与安全、消费者保护和其他方面最大限度地减少企业负担的目标。美国是产学研合作创新立法最完善的国家。《拜杜法》（1980）规定，联邦政府资助取得的研究成果可归承担单位所有；承担单位可以专有或者非专有方式授权给企业，进行技术转移；研发成果的运用必须符合美国企业优先选择。《史蒂文森——威德勒技术创新法》（1980）的宗旨是促进技术创新，支持技术转移，加强和扩大大学、科研机构与产业界之间的技术转让和人员交流。《国家合作研究条例》（1984）允许两家以上的公司共同合作从事同一个竞争前研发项目，而不受《反托拉斯法》的限制。1993 年美国政府对《国家合作研究条例》进行了修改，以减少对合资企业的不信任所带来的障碍。1995 年发表《重新制定环境法规》，提出进行环境保护，降低费用等 25 个优先措施。同时，加强基础设施建设，不断推出科技发展计划，促进政府与企业、研究机构之间的互动，促进国家创新系统网络的不断完善。这些制度环境进一步诱发了企业制度的创新，形成了企业家为主体的现代企业制度，促进了科技产业的迅速发展。而 20 世纪 60 年代至 80 年代，日本围绕科技创新的技术与非技术创新的集成，构筑了具有协同效应的创新体系。这一时期，日本出台了《大学技术转移促进法》（1998），允许大学教师兼职技术转移工作和技术入股或投资；《研究交流促进法》（1998）鼓励国家研究机构的研究人员到民间企业参加共同研究，国立研究机构的设施设备向民间企业研究人员开放，接受他们参加协作研究项目，促进产、学、官等机构在人、物以及信息方面相互交流与协作。同时，在商业模式（客户至上、全程化服务等）、管理（准时生产、精益制造等）、组织（年薪制、终身制等）、文化（学习组织、团队建设等）、体制（国家创新体制、产业政策）等非技术创新方面也加快制度建设，从而造就了日本持续的竞争力。

对于发展中国家或地区，非技术创新主要通过制度创新和政策工具等方面的有效使用，加快实现体制转轨和结构调整，建立国家宏观管理和市场驱动相结合的体制。从本国的实际出发，形成以下领域的制度创新：

1. 资本运作的制度创新

在资金短缺的条件下，资本运作的制度创新实际上是在充分利用市场运作手段和融资环境的基础上，通过科技资源配置和结构调整的制度安排，以投资创意和科学运作，获得较高投资与投资回报率的过程。其中，制定一种能够保证资本运作安全、具有信用度的法规和制度是资本运作创新的基础。比如，制定提高上市公司透明度和效率的制度，从整体上廓清资本市场参与者的行为规则，改善资本运作的质量和效果等。以风险资本运作的制度创新，通过积极的金融体制改革，实现科技创新资本运作渠道的多元化、风险资本运作方式的科学化、成果激励机制的规范化等发展，为科技创新及产业发展提供强有力的资本支持。

2. 公共服务的制度创新

公共服务领域的制度创新是指围绕科技产业发展所提供的公共服务制度的创新。完善公共服务体制、提高公共服务水平，不仅要求建立公共服务型政府，在政府层级之间合理划分事权，而且要求建立与此相适应的制度创新机制，确保政府公共服务职能的正常履行。广义的服务制度创新领域包括政府、金融、保险、专业服务以及辅助服务等。在不断开放的环境下，服务领域的制度创新是其他领域创新的需要，也是科技产业结构调整的必然结果。因此，实现服务领域的制度创新实际上是中介服务制度的改革与机制建设。中介服务制度创新的成效关系到创新系统运作及其合理配置，对形成和增强可持续创新环境，提高中介对接控制力具有功能价值。

3. 政府职能的制度创新

政府职能转变是政府职权和作用、功能的变化、转换和发展，也是实现科技产业发展的重要保障。由传统经济向市场经济转型，职能转变意味着政府的行为由随意转变为依法行政，由决策的不透明性转变为决策行为的透明性。特别是在进入经济全球化行列后，政府在宏观管理和市场调节的力度进一步加大，不仅要加快体制改革和职能转变，解决政府行为和国际规则“磨合”以至最终协调等问题，而且在职能转变的基础上实现制度创新，建立起适应经济全球化竞争，有利于科技产业经济可持续发展的规则。主要包括：政府社会管理职能转变，实行职能转移、服务外包；政府管理权限的改变，实施权力下放；政府管理方式的转换，变单一管理为综合治理，变直接管理为间接管理，变指挥命令为调节服务等。

4. 城市系统的制度创新

推进科技产业的整体发展，要重视国家创新体系建设，还要重视城市创新体系建设。离开城市创新体系，国家创新体系和企业科技创新就会形成新的体制断层。因此，必须推进政府的制度创新和政策创新，在企业的内外部建立市场化的创新机制，营造科技创新的优越环境，增加城市的创新能力。在政策、组织和操作层面，城市系统的制度创新需要解决以下问题：（1）完善环境。形成有利于城市创新的发展战略与法规政策，建立科技产业发展的制度创新体系。（2）协调服务。通过科技与经济体制的配套改革和创新人才的合理使用，扩大服务网络和增强中介服务功能，促使政府相关部门舍弃部门利益，相互支持，协调推进，减少部门壁垒和繁琐手续，对创新政策给予积极响应和支持。（3）创新政策。以政策创新和市场运作，利用人才、土地财税、技术等政策，面向国内外市场加快科技企业、风险融资投资业的发展，以知识资本与产业资本的运作，提供人才发展的优越环境，解除企业创新资金短缺的瓶颈制约。

二、制度创新与变革

从宏观领域角度，非技术创新的基础主要在于制度等一系列创新。在创新全球化的趋势下，依靠政策驾驭的改革逐渐被制度创新所取代。只有依托制度创新，寻求宏观政策和体制创新的有机结合，努力实现体制创新和政策创新的联动，才能推进科技产业转型及经济结构调整。制度创新的核心是实现制度功能、运行机制的阶段性、战略性调整。这是因为，一国或一地科技竞争力的提升不仅依赖于科技投入、资源配置和工业基础的完善，而且在于不同阶段发展过程中的制度创新的功能作用，以及体制、政策、机制和环境的优化。制度创新等非技术创新因素形成的“软环境”，对一个国家或地区的科技产业结构调整和资源配置起到越来越大的作用。“软环境”将构成制度创新主体的约束条件。

在制度创新主体变革的起点模式向目标模式转换的过程中，制度创新必然进一步推进制度环境、产权制度和管理体制的整体性转轨，促使制度功能的结构调整。主要包括：（1）增强一体化功能。通过转变系统控制和干预方式，充分利用制度性、政策性调控资源，形成宏观调控与市场调节相结合的一体化功能。（2）增强服务性功能。突出制度功能的服务性和保障作用，为产业转型、结构调整、社会保障、法律服务、金融安全等提供全面服务。（3）增强开发性功能。利用制度、政策等创新形成的完善体系，增强对资源开发、利用、吸收和配置的能力。

实现科技产业经济的战略目标，关键在于适应网络化、全球化背景下的转型发展的需要，推进全面改革和协调发展。在新科技革命、产业经济转型进入深层次阶段，体制约束和结构性矛盾将日益突出。需要通过包括科技经济体制和相应的其他各个领域的改革，推进结构性变革和战略性调整。尤其是网络化、智能化等技术的广泛应用，改变了传统的科技经济发展模式。在互联网、大数据技术支持下，科技与经济不再受到时间、空间等因素的限制，科技交流、资源交互实现了全球化、即时化、无隙化。从多维、多层、多域的网络延伸出共享式、去中心化的新机制与新模式。加快制度、政策等创新必然要求在管理制度及体制机制上做出必要的改变，以此适应科技创新与体制改革发展。同时，在创新型、智慧性城市的管理变革下，用老规矩、旧体制管理新产业、新业态，以重点推进和重点突破的路径，或采取单项创新推进，已难以实现真正的突破。必须与时俱进，在管理流程和运作模式、发展构架和调控理念等方面进行同步调整，通过制度创新，形成新的制度体系，以适应新科技、新产业对制度创新与变革的要求。

制度创新的核心是在市场经济目标函数约束下的一系列的制度创新和变迁。通过建立新的发展机制和体制，创造一种有利于生产力发展的新经济方式和有序竞争环境。需要明确的是，在这些制度创新与变革中，制度创新的“试验机制”尤为重要（见专栏 16-1）。实践检验、时间检验、成效检验是制度创新的基本程序。对于其他改革具有举一反三、以点带面的作用，表现在制度创新适应其他改革要求，并反过来形成科技、经济体制改革的特殊效应。在制度创新未能取得根本性的成功之前，制度安排往往成为科技、经济体制改革的核心，这里至少有几层含义：（1）科技、经济体制改革是以制度性安排为基础的，没有制度创新并形成制度化、规范化体系，改革是不充分，也是不可遵循的。（2）科技、经济体制改革得以成功的必要条件涉及的制度领域，例如法律制度、科技制度、企业制度等，需要通过自身的改革和创新来配合科技经济体制建设。（3）制度创新与科技经济体制改革同步进行，为科技、经济体制改革创造良好的环境，才能使科技、经济体制改革顺利进行，推动体制改革的顺利稳步发展。

专栏 16-1　中国创新的“试验机制”

西方总是忽略中国独有的一种政治决策体系。它就是推动中国发展的一种非常特殊的改革技术——“试验机制”。这种机制具有一定传统。中国共产党从很早就拥有丰富的政治试验经验。比如建立分散的根据地和“自下而上”开展革命，这与苏联和其他威权体制形成鲜明对比。20 世纪 80 年代开始，中国的试验又有新方案，例如开始改革国有企业、对外贸易和对外投资、技术现代化和重建社会保障制度等。将一些成功的地方试验性项目进行“从点到面”的推广，以及将地方一些创新性做法融入全国政策中，是一种非常有效的模式。这种构建方法非常适合应对充满不确定性的发展过程。中国体制之所以具备自学能力，就是因为它有置身于试验中的修正机制。通过这种方式，某些不当政策总是能得到修正。

中国向世界市场开放而来的全球竞争机制，不断催生更高的经济效率和创新。残酷的全球竞争使包括许多国有企业在内的中国企业都学会自我约束。试验方案是推动中国现代化的重要力量，并将继续推动中国发展。

资料来源：［德国］克里斯蒂安·海尔曼：《星期日法兰克福汇报》，2013 年 11 月 24 日

这表明，非技术创新的本质是以制度创新来寻根求源，从根本上寻求“源头活水”。[①]通过制度、政策、管理等创新来激发人们的积极性、创造性，赢得转型发展的广泛支持和参与，促进科技创新和先进生产力的发展。可见，竞争能力、发展质态和科技进步等变量是其制度创新的发展函数。科技经济发展的动力源于各级主体对影响经济利益的科技进步的追求。任何国家，对国家利益和各级主体利益的追求都是科技进步和创新发展最本质的原因。改革一切与先进生产力不相适应的制度和体制，就需要对生产关系进行相应的调整，而生产关系任何一方面的改革与调整，又必然影响到上层建筑，并影响科技经济体制进行同步改革和调整。因此，促进科技产业发展与创新的制度性建设，科技制度改革涉及经济体制、金融体制、教育体制、社会保障体制等，还包括建立市场运行规则体系、规范政府行为、构建各类管理法规等。只有进一步加快制度创新，才能在市场经济体制的完善和成熟的基础上，为科技促进产业经济发展赋予制度创新的内在动力，实现科技产业创新的制度基础和体制保障。

由于制度的互补性及其合理结构的特点，进一步凸显了制度创新配套的重要性。创新越来越重视创新资源的合理配置及其环境，强调配套性、系统性、制度化、法制化在制度创新中的基础性作用。加大体制改革和政策创新，建立一个良好的制度创新环境和运作体系，对于推进科技进步与创新发展具有决定性的作用。这意味着，政府作为制度创新供给的主体具有重要的作用。经济学家在论述这一作用时经常从市场失灵角度进行观察，认为只有通过政府创新机制的驾驭，才能解决制度缺陷问题，如市场本身具有的资源配置功能不能有效发挥，政府应该退出尚未退出导致的缺陷，转型期间战略、政策失误、纠错等而产生的市场失灵，转型过程发生、发展的失灵，市场属性对于市场的约束等。实际上，无论哪种失灵都需要政府的职能转变与机制调整。无疑，从制度创新供给来考察非技术创新的作用，不仅要重视国家科技进步与创新体系建设，还要重视制度创新体系建设及其创新主体职能的转变。这是因为，离开制度创新供给、政府创新机

① 出自宋代朱熹《观书有感二首·其一》“问渠那得清如许，为有源头活水来”。

制的驾驭以及部门之间的协调发展，科技创新体系和制度创新之间就会形成机制供给缺陷及功能断层。因此，必须加快制度创新供给体系建设，推进政府的制度创新和政策创新，通过深入探索和国际规则接轨，建立符合国家利益又与国际竞争规则相适应的创新机制，营造科技进步与创新发展的优越环境，增强创新能力和竞争能力。

制度创新是一项巨大的系统工程，也是一项基础性的制度建设。全面改革与系统创新，是促进科学技术向现实生产力转化的两大基本构成要素。离开全面改革，孤立地进行制度创新或科技创新，都有可能形成新的生产关系和生产力、上层建筑和经济基础之间的结构性矛盾，进而产生政策性和体制性冲突，无法实现科技创新成果的转化及其产生的巨大经济和社会效益。而离开系统创新，实施单一要素的创新推进，全面改革的战略及其成效就无法得到实现。因此，加快以制度创新为基础的全面改革和系统创新，对于加快科技产业转型发展具有重大的现实意义和历史意义。

三、制度创新领域

制度创新作为科技经济增长的一个内生变量，主要运作途径是通过科技经济体制改革，为科技产业发展营造最基本的优越制度和公共政策环境。实践证实，建立有利于转型发展的运作体制是推动科技产业发展的基本环境。在经济转型期，科技产业经济发展的核心是制度竞争、优胜劣汰和演进趋同，制度创新对科技产业发展具有关键性的影响力。不仅制度创新具有非确定性和多变性，而且转型发展面临着制度路径依赖性的瓶颈约束，这就导致科技产业发展环境的复杂性和不确定性，从而增加了投资和经营风险，并在一定程度上抑制了资本、技术及其他因素所有者的积极性。同时，不适度的行政干预及制度时滞，也损害了企业的利润目标与效率。因此，在全球化竞争的背景下，必须建立面向市场竞争的制度创新体系，改进政府的宏观调控方式，推动国内外规则与制度创新的融合，建立适应国际规则的经济秩序。同时，对不适应市场竞争原则的体制进行改革，强化政府的公共服务职能。

有关制度创新的主要领域有以下方面：

1．适应全球规则的竞争环境。统一各种政策，完善竞争体制，整顿关税减免优惠等措施。同时，加快清理审批制度。按照国际规则要求，整顿行业性审批项目，除涉及公共性项目审批权外，政府不再进行审批，改由市场调节、中介服务和企业自主进行。对国内外各类企业实行“国民待遇”和非歧视政策，消除制度性约束和体制性限制，为企业自主经营创造公平竞争的环境。

2. 打破行业垄断、部门垄断和行政垄断。通过深化投资体制改革、税收体制改革和财政体制改革，运用互联网、物联网等手段，克服地方保护主义和市场分割现象，建立起全国统一、公平竞争、规范有序的市场体制和竞争秩序。通过发挥市场与政府的两手作用，进一步发挥“制度红利”的作用，吸引各类资本进入创新发展领域。

3. 转变政府职能，加强公共服务建设。政府是制度创新的主导者，又是结构性改革的对象。推进制度创新，政府必须规范政府行为，强化政府公共职能，将主要精力放在宏观调控和公共服务方面。通过对科技、经济和社会基础设施领域的公共投入，充分发挥政府在社会保障、公共教育、国防、科技、法制建设等方面的主导作用，逐步实现政府管理体制由管制向监控方式转变。

4. 改进政府调控方式，建立适应市场经济的宏观调控体系。通过货币制度、金融投资制度、消费信用制度等方面的改革，减少对市场的直接干预和过多管制，逐步推进利率、汇率等调控杠杆的改革。

5. 推进分配制度的改革，建立和完善社会保障制度。确立资本、技术、管理、劳动力等诸要素参与分配的途径，形成国家对收入分配关系的有效调节机制，寻求结构性改革进程中合理的分配关系。同时，建立和完善保护弱势群体的保障制度，寻求社会保障资金多元化途径，强化政府在建立社会保障制度中的责任及作用。

在科技产业经济发展的宏观层面上，主要制度创新领域有以下方面：

1. 通过经济、科技和教育体制的配套改革，加快国家创新体系建设。以人工智能等技术手段提升创新决策水平，提高行政流程效率。构建科技促进经济协调发展的网络系统和运行机制。以国家创新、区域（城市）创新、企业创新三位一体的体制功能及战略性调整，推进科技促进产业经济发展目标的总体衔接，实现科技与经济发展的结构平衡与协调发展。

2．通过科技投入的制度创新，增强投入制度体系的建设。在科技经济研究开发水平及科技产业化、市场化水平综合评估的基础上，实施科技经济一体化的投入产出结构，提高投入效益和产出水平。通过投入制度创新，规范投资行为，建立“利益分享、风险共担”，多渠道、多元化的科技投资体系，有效解决科技投入与经济投入脱节的现象，使投入体制成为决策科学化与民主化的保障，为科技促进经济增长提供安全通道。

3．建立科技成果产业化的调控和导向机制。通过建立科技促进经济体制、政策与管理的协调机制，转变科技促进经济的控制方式。由微观调整转向宏观调整，由指令性调控转向指导性调控，由行政性调控转向市场性调控。改革和完善组织管理制度，促使科技开发与技术改造、技术引进，以及新工艺、新产品、新技术事业的协调发展，中介机构和市场运作环节将成为科研、设计、试制与生产、销售的运行枢纽。

4．积极推进科技促进经济发展的所有制结构调整。加快科研机构的结构调整和转制，建立专业化、多元化的所有制经济及科技企业、研究部门，以金融税收、风险投资、同享国民待遇等优惠制度和政策保障，加快民营科研机构和科技型中小企业的培育和发展。

5．加大市场经济法规对科技成果转化及其产业化的作用。通过市场法规建设以及中介服务、网络化等法规建设，进一步增强执法力度，为科技促进经济的发展提供良好的环境。同时，将国家战略、行政指导、法律手段有机地结合起来，营造科技促进经济的内外部机制，推进政府、企业和研究机构成为实施制度创新的主体。

第三节　制度创新与科技产业安排

一、制度创新与科技进步

制度创新与科技创新对于科技产业发展缺一不可。科学技术作为生产力系统中最活跃的因素和最主要的推动力量，与“非技术因素”的制度创新有着密切的关系。科技进步与创新是生产力发展的原动力，为生产力系统的形成、运行和发展奠定了基础，对生产力各个要素的特殊功能和生产力系统的整体功能起着重大的制约作用。而制度创新是制度主体在制度方面新发现的成功实践。作为科技进步与创新的内核，制度创新对科技进步与创新环境的形成以及相关因素的组合有重大的影响。从历史史实上验证，任何一次以吸收大量创新技术为基础的结构调整和更新换代所引起的生产力的高速发展，都是以生产关系某种形态的发展形式和制度创新为前提的。但是，在生产关系的桎梏形式中，生产力绝对量的积累大大超过生产关系的容纳能力，使两者之间出现了滞后差距。这种差距导致生产关系对生产力的反作用力的加强，制约了科技创新与转型发展。因而，新技术革命往往是在生产关系旧形态破坏之后，与新经济形态形成齐头并进之势。

从科技革命的历史来看，法国、英国、德国和美国的科技发明均发生在资本主义生产关系的某个阶段、某种形态的发展形式中，而不是发生在桎梏形式（表 16–1）。在 1780—1950 年产业革命期间，发明主要出于法国、英国，但在这些国家出现了桎梏形式之后，科技发明成果明显减少。在自由竞争期间，科技发明仍然出自法国、英国和德国，主要发生在自由竞争的资本主义的发展形式中，但从 1880 年之后很大一部分科技发明产生于其他国家，英国陷入“思想上的陷阱”。[①] 其中，学院式的科学发明对工业革命几乎没有做出什么贡献，并且在 19 世纪最后的 25 年，德国已经在科学与工业之间架起了桥梁，而英国还没有实现。进入私人垄断时期，科技发明主要出自制度变革的美国。罗斯福上台后，在美国实施新政，加强了国家干预，进行了一系列的政治、经济等领域的变革，对整个资本主义世界都产生了深远影响（见表 16–2）。由于美国罗斯福政府确立了国家垄断资本主义，在 1929—1933 年科技发明较多。有关资本主义生产关系形态变化的时间稍早于新技术革命形成的时间差距，表明“制度因素”对生产力高速发展的影响和作用。也表明，生产力的发展是以生产关系可以吸收和容纳它的发展为前提，生产关系的局部变化又是以生产力的发展需要为

① ［美］阿瑟·刘易斯：《增长与波动》，北京：华夏出版社 1987 年版，第 185 页。

转移。如果生产关系某种形态已经成为桎梏形式，尽管科技发明成为可能，但难以形成科技产业化和规模化，并阻碍着新技术的应用和普及。

表 16-1　资本主义生产关系形态变化与科技创新形态形成的比较

资本主义生产关系	时期（年）	科技发明	时间（年）
产业革命	1760—1830	蒸汽动力	1776—1840
自由竞争	1830—1880	蒸汽动力系统	1840—1890
私人垄断	1880—1940	电力	1890—1946
国家垄断	1940—	电子	1946—

资料来源：赵涛：《经济长波论》，中国人民大学出版社 1988 年版

表 16-2　美国实施“新政”的政治、经济等领域的变革

国别	时间	主要内容	实际效果
美国	1933 年美国实施“新政”	利用国家干预经济的方式，即一定的计划经济来调节资本主义产销之间的矛盾。避免资本主义市场经济的混乱和盲目，达到解除经济危机的目的。	使美国摆脱经济危机，并促成战后出现国家垄断资本主义大发展的世界趋势。

分析说明，科技进步在其发展中仍然要受生产力和生产关系矛盾运动的制约。“制度因素”不仅影响科技进步在经济增长中的作用，而且成为科技创新促进经济增长的干预变量。这证实，科技创新并非是科技产业发展的唯一决定性因素。以美国新经济发展为例，同样是强大、甚至更为强大的美国剑桥地区麻省理工学院和哈佛大学并没有为起步更早的东海岸波士顿新技术产业区造就硅谷式的辉煌。反之，对硅谷的研究表明，硅谷的竞争优势主要来源于技术创新和制度的有机结合。如硅谷科技企业广泛采取适应新生产力要求的开放型、网络化生产结构，普遍进行了企业内部组织制度的变革与创新，建立和培育了新型的“产学研”关系及其合作机制，以及包容性及其推崇创业、宽容失败、鼓励冒险的制度和机制等，都为硅谷企业创新注入了强大的活力。实际上，早在 20 世纪 70 年代，美国就开

始了影响涉及经济运作的重大制度变革与创新，这一规制改革包括放松规制或者重新规制，以协调利益集团之间的利益冲突，形成经济活动决策程序的制度安排和创新。规制改革的目标是取消或降低进入和退出壁垒、强化市场功能，以利于竞争和消除部门垄断。特别是规制改革中，现代金融制度的改造与重塑以及金融衍生物的大量创新，为90年代新经济中的持续科技创新提供了推动力。同时，在企业制度创新、科技创新制度以及劳动力市场和分配制度等领域，通过产权制度、激励制度等不同层次的创新，使市场经济制度发生重大变化，形成了一种有利于科技创新与经济增长的运作机制和社会环境。

因此，尽管国内外对“制度因素”及其影响有不同的理解，但制度经济学的主流观点是，制度创新作为一种特定组织行为变化，与其在环境的支配行为和相互关系的规则变化有密切的关联。这意味着，科技创新与制度创新两者相互关系的适应程度是生产力发展的决定性力量。如果科技进步的进程受到传统体制的束缚，就必然会制约先进生产力的形成与发展，影响着科技的进步与创新。其次，制度创新对科技进步与创新影响的相关性，还表现在制度创新通过对科学技术系统要素的质态、量态、空间分布、时间运转等影响，引起生产率路径的变化，进而影响生产力的变化。正是制度创新与科技进步、生产力方式之间存在有机、内在的联系，在不同的制度、体制和政策条件下，由于增长机制构造不同，科技促进经济体系的运行效率不同，因而直接决定了生产率路径的高低、生产力发展水平和科技进步与创新的质量。

国内外经验证明，制度创新是科技进步与创新的必要条件和保障。一国或一地科技进步迅速，不仅取决于生产的高度专业化分工与合作，以及市场需求对科技进步与创新的巨大推动作用，而且还取决于制度创新所形成的科技促进经济的良好环境与制度保障作用。科技创新的主体，如科研、企业等部门往往通过改革开放为契机，形成一种政策调控、间接干预和优质服务体系，提供一个“公平、公正、公开”的发展空间和体制，以期解决诸如风险融资、中介服务、产学研合作、网络支持、产业空间布局等问题。这一现象在经济转型国家中表现的尤为突出。在整个发展过程中，制度创新作为促进“府、产、学、研、资、介”合作的重要基础，在科技进步与创新体系中具有不可替代的公共性职能。而政府以体制创新、政策创新、服务创新推动科技创新，也扮演着十分重要的角色。从全球范围，不仅在发展中国家、新兴工业化国家，而且一些发达国家的政府也在改变长期以来的不干预政策，采取更为积极的对企业科技创新给予制度变革的支持和政策性干预。通过制度创新和政策创新，增加科技投入，提高民用研究开发投入的份额，加强对科技创新和高新技术产业发展的宏观调控的力度。处在经济转型期的国家或地区，更亟待通过制度创新和政策创新，提供部门体制及其网络之间的协调和政策支持。科技创新面临人才、资金、信息等许多困难，如：部门之间需要稳定和留住人才的制度化建设与政策协调；风险投资要解决科技创新资金短缺的体制创新等问题。因此，增强科技进步与创新能力的环境条件，主要是依靠制度创新和政策创新，提供系统政策、法律和制度，推动“府、产、学、研、资、介”的组织协调，形成有助于科技进步与创新的人才激励、风险投资的运作机制。通过制度保障和战略政策的正确引导，以提高整个科技成功转化及其产业化的水平。在制度建设、政策和资金上扶持科技创新型企业，增强企业的创新活力，同时，积极推动以科技创新制度作为现代企业制度的重点，建立相应的政策管理体系，以良好的体制保障和政策环境促进企业加大科技创新的投入。

事实上，科技创新离不开必要的制度创新条件。从根本上说，科技创新取决于制度创新等非技术创新因素的作用，而科技成果及其产业化是在一定制度条件和政策环境条件下产生的。制度的优越性主要体现在通过制度创新，调动广大人民的积极性和创造性，激发科技创新的活力，使社会生产力获得更快、更好的发展。政府通过制度创新、政策创新及其服务创新，优化创新环境，为科技进步与创新提供良好的内外部环境，因而世界各国都面临着以制度创新和结构调整为主轴，解放思想、发展生产力的双重任务。

科学技术作为第一生产力的迅速发展，对以制度创新推动科技进步提出了新的要求。因为，发展先进的生产力是各国所追求的社会目标。制度创新作为一种战略资源，其生命力同样来源于包括全球科技进步和知识创新在内的持续不断地推动。生产力是生产方式中最活跃、最进步的部分，而科学技术的迅速发展不仅在理论上，也在实际上成为最强大的生产力。尤其是新科技革命使生产力形态发生了明显的变化，大数据、互联网、人工智能等技术塑造了一种与过去传统工业社会不同的互动体制机制，由以往地区、部门之间以邻为壑，变为“无缝”衔接，再演变为人机“无痕”互动。人机交互方式摆脱了任何形式的交互界面，互动方式变得越来越便利。借助于人工智能与大数据的融合，体制更加高效，机制更加透明，从而可以越过人为的体制机制障碍，客观、公正地处理亟待解决的问题。

智能化、网络化的人机互动改变了闭关自守的运行机制，将不可避免地引发新的体制改革和制度创新，并导致生产关系的变革和新的生产方式的出现。随着科技创新促进经济基础的改变，又必然对传统制度和体制提出变革和创新的要求。因此，科学技术进步和创新应用于产业结构调整过程，将会促进生产力的发展，引起产业革命和生产关系的变革，以至促进整个社会形态与不适应变革的制度或体制进行全面改革和系统创新。

二、制度因素与区域创新

对于区域科技经济体系来说，推进科技产业发展，重视科技创新中的非技术因素就是要高度重视城市或区域的制度创新能力。关于城市（区域）制度创新能力，是指一个城市（区域）在推进创新网络完备的过程中，运用制度安排和政策工具，对部门和组织之间相互作用，形成创新体系与机制的协调能力和管理能力。它既包括科技创新能力，又包括非技术创新能力，如制度创新能力、管理创新能力和服务领域的创新能力等。作为一种创新空间和能力聚合的现象，城市创新能力的形成与城市的崛起，都是经济发展、科技创新和制度创新综合作用的结果。这种研究的现实背景可以追溯到 20 世纪 70 年代到 80 年代上半期，当时形成了三种主流的学说观点：

第一种观点，强调产业组织和交易成本。这种观点认为，在交易成本与劳动分工之间存在一种内在关系，为避免增加交易费用，企业间的合作更加紧密，城市（区域）将因为这种投入产出关联的空间聚集而初步形成。

第二种观点，强调技术变迁、聚集和学习的作用。他们认为科技创新和变迁将改变生产模式：一方面可由此获得外部性经济，吸引其他企业最终形成相互依赖的空间生产系统；另一方面，技术的学习效应可以使模仿企业降低风险，增加生产的灵活性和专业化。这将有利于生产过程实现空间的纵向分解，加快城市（区域）科技创新资源的聚集及其相关产业经济的形成。作为一种事例，有关高技术产业与空间结构关系显示出高技术产业在科技密集区（城市）的聚集。这种偏好和空间差异的形成主要是由于高技术园区与工业基础以及科技创新源密切相关。

第三种观点，强调制度安排的作用。强调文化、社会条件、地区政策和制度安排的作用，认为上述因素是区域技术经济的内生条件，是形成城市（区域）技术经济聚集带，影响城市新技术和新经济发展的基础。对于第三种观点，西方学者以区域的相互依存的制度要素（包括组织场，公司治理，金融、劳动和产品交易，产权界定和合同实施，社会交换和政治域）进一步构成三类制度模式：一是包括瓦尔拉斯新古典模式和由格罗斯曼、哈特和穆尔提出的产权模式；二是从一些发达国家在信息技术革命之前典型化事实中概括出来的代表性制度模式；三是包括新经济时代出现在全球（跨国公司）和区域（硅谷）范围的两种制度（见表 16-3）。该制度是对硅谷创新现象的全面概括。新制度为了适应硅谷创新所作的实验，包括风险投资在内的制度创新为硅谷发展提供了源源不断从外界吸收各种资源的动力，从而使硅谷创新制度模式嵌入区域发展格局，构成特定区域的整体性制度安排，其影响逐渐超出硅谷和高科技产业。

表 16-3　新经济的全球和区域制度模式

	组织结构	金融制度	雇佣制度	产业制度	供给制度	产权	价值规范	公司治理	国家
SV	多样性	风险资本	高动流性	协会		律师设计合同	专业共同体、企业家的竞争	V-C 联赛式治理	善待创业者
GL	整合职能等级	全球资本	跨国竞争	联盟电子商务	A&D 在线供给	作为产品的合同	多样化非政府组织	市场监督	多角化国家

资料来源：［日］青木昌彦：《为什么多样性制度继续在演进》，《经济社会体制比较》2001 年第 6 期

无论各种学说、观点有什么不同，都可以看出“制度因素”在区域（城市）科技、经济发展中的重大影响和作用。这种作用在对区域（城市）科技、经济差距的制度性分析尤其突出：一些国家为什么会形成地区之间的差距？一些研究文献强调地区差距主要表现在地理位置和环境、经济基础、政策优惠、投资倾斜等方面，但比较证实，除此之外，还包括两个因素：一个是制度创新因素，一个是对外开放因素。而两者相比较而言更重要的是制度创新因素。比如中国的改革开放，东部地区参与市场竞争带动了制度变革，进而带动了中国东部科技促进经济的迅速发展。相比而言，中西部地区制度创新进程较为缓慢，政府经济行为依然较强。改革开放由东向西的梯度推进，形成了地区之间的差距，也形成了地区之间的制度差异。这些差距主要表现为：政府在科技经济管理方式的差距，企业制度、投资制度和运作机制的差距，资源配置的差距、市场化程度的差距等。其中，转变政府职能成为东西部地区制度差距的主要方面。而转变政府职能的关键又在于政府职能与国有资产所有者的职能相分离，并充分明确政府行政机构的权力边界，真正建立新型的政企关系。

区域制度创新和对外开放进程虽然受到一些独立因素左右，但主要受两个层面的制度性因素的影响：一是宏观层面的制度因素影响。主要表现为在地方分权和经济市场化的状况下，利用制度创新因素建立符合国际规则的竞争体系，推动政府间和部门间的有益竞争而不是有害竞争。也就是通过制度创新，形成政府间和部门间的制度性、协调性的竞争。另一个是微观层面的制度创新因素的影响，主要表现为适应市场竞争的非国有企业部门的再造，以制度创新加快集体企业、民营企业和外资企业的发展。在转型期，“制度外”企业，特别是多种所有制企业的改革，为微观层面的制度创新开辟出新的发展空间，创造出较为规范的市场环境和运作机制，同时，进一步完善企业发展的国内环境。科技型企业的建立和发展规模，直接决定着一个地区的微观体制转型进程，也构成区域之间在科技与经济方面的明显差距。

推进科技产业化发展的实践，也证实了制度创新因素的重要作用。即技术因素和非技术因素之间，非技术因素的作用占 80%，只有 20% 依靠工艺等技术创新因素。依靠非技术创新因素，可以弥补科技创新能力的不足。这种非技术因素在科技经济竞争中发挥重要的作用。典型的实例是，美国硅谷的成功很大程度上归因于美国在 20 世纪 90 年代对版权和侵权法的制度改革——通过为法律提供的监管松绑、对自由言论的鼓励、合理的隐私保护以及合理的网络版权制度，使得互联网平台免于承担过重的责任，为硅谷企业在 Web 2.0 时代的巨大成功提供了良好的制度土壤，加速了创新进程并为其提供了可能性。德国鲁尔区产业经济转型、日本九州地区科技产业的迅速崛起，不仅是来自科技创新，而且是具有本国特色的“社会市场经济模式”及“有组织的市场”制度，即“管理型的资本主义”的作用。在中国沿海一些开放地区，虽然科技资源、科技创新能力相对不足，但制度创新等非技术创新能力强，依靠禀赋资源、竞争机制和制度创新，同样促进了科技经济竞争和产业结构升级，推进了科技成果转化和科技创新的整体发展；而中西部地区的一些地区或城市，人才数量、密度及其占全省总人口的比重，均居于全国前列，如西安、成都等城市的人才密度仅次于北京、上海，这些城市科技竞争力和科技创新能力在全国也处于较强地位，科技综合实力均处于第二、第三方队，但由于制度创新等非技术创新能力薄弱，传统观念和运作机制仍然在发挥作用，竞争能力和协调发展能力偏低，导致科技成果转化和科技产业转型缓慢。

以上分析比较可见，虽然科技资源和科技创新是发展的必要条件，但非技术因素的制度创新、政策优势、开放程度、传统文化等，却是挖掘科技资源优势的主要条件。中国西部地区发展滞后，尽管有资金、技术、区位和人才等因素的影响，但主要是非技术因素的影响。制度创新、政策创新、服务创新等非技术创新因素是促使西部地区科技经济协调发展，加快科技与经济有效对接，形成科技促进经济竞争优势的主要力量。事实证明，拥有科技资源和先进科学技术只是生产力发展的必要条件。制度创新等非技术创新因素才是保证先进技术充分发挥作用，实现先进生产力持续提高的充分条件。尽管中国制度变革还不完善，但制度创新在科技促进经济增长过程中极为重要。制度安排方面的差异常常被解释为不同国家或地区经济增长率不同的主要原因。制度创新能力和制度创新与科技经济之间的关系，影响着科技知识生产、储备、分配、使用、扩散以及产业化过程。科技通过制度性因素的涉入而发生变化。在这种过程中，制度形成了一种运作机制和科技、组织和制度变革的过程，并深刻影响着科学技术与经济增长之间的互动作用。科学技术只有在相应的高效率制度的基础上，才能与经济增长和结构调整形成良性循环，增进经济繁荣和社会效益，成为经济增长的源泉。

由此可见，一个国家或地区科技产业的发展虽然涉及资源禀赋条件并构成地区产业升级和结构调整的潜在基础，但实际上，形成比较优势向竞争优势转化的主要影响因素，还在于市场运作因素、制度创新因素和科技进步因素在其中的作用。主要利用制度创新在科技经济中的作用，将资源从非生产性或生产效率低的部分转移到增值性或创造财富的产业部门。通过改变激励机制，调动人的积极性和创造性，促进个人目标和社会目标的有机结合，降低交易风险和不确定性，优化交易行为，降低交易成本，进而有效促进科技经济的产出和增长。其中，对于发展中地区来说，制度创新和观念创新因素是影响企业创新的瓶颈。思想观念、创新能力直接影响到制度创新程度和水平，包括制度学习、制度模仿、制度创新，这一过程对于区域制度创新以及形成区域差距有很大的影响力。继续推进制度改革与创新是突破这一瓶颈的关键。同时，也是推动科技产业迅速发展和结构调整的关键所在。

三、科技政策与产业政策

科技进步的速度随时间和国家不同而呈现不同的态势，也许我们不能解释在其中起作用的所有变量，但至少可以肯定的是，政府政策起到了至关重要的作用。[①] 科技政策是实现科技产业化、创新制度化的政策工具及手段，是为实现一定历史时期的科技任务而规定的基本行动准则，是政府制度创新的政策性体现。

科技政策的形成可以追溯到 19 世纪。其概念虽然有许多不同的解说，

① ［美］约瑟夫·斯蒂格利茨、布鲁斯·格林沃尔德：《增长的方法》，北京：中信出版社 2017 年版。

但基本的含义是极为明确的：科技政策（Science and Technology policy）是通过建立协调、控制的综合政策体系，推进政府的科学技术发展目标，调整科技资源配置结构和科技产业结构，进而实现科技产业经济发展的战略目标。

科技政策的发展来自历史的演变和需求。最初科技政策从属于经济政策、教育政策等，第二次世界大战后，由于战争对科技的需要，政府对产业、大学的联系，就通过政策的制定和实施得到贯彻和协调。特别是科学技术发展的现代化、大型化，政策制定就成为政府的主要调控手段。与经济政策不同，科技政策有以下几个突出的特点：

1. 科技政策作为确定科技事业发展方向，指导整个科技事业的战略和策略原则。主要以科学技术、科技资源以及科技组织、科技结构等组合构成政策体系，它比其他政策体系对科技资源的依存程度更高。

2. 科学技术研究开发活动的专业化发展，使学科向综合化、多元化方向发展。科技政策的统合必须在综合化、多元化发展的基础上，根据各学科发展趋向、重点、结构等，进行整体政策的制定。由于学科的交叉、汇流，新兴学科层出不穷，对学科领域及科学技术发展的研究，出现了“科学的科学”。“科学的科学”对科技政策的形成与发展有直接的影响和作用。

3. 不同国家的科技发展差距对科技政策形成有一定的影响。科技发展落后，往往使科技政策隐含在经济、教育等政策体系内，而不能成为一个独立的系统；科技发展迅速，科技政策就将独立地构成科技政策体系，并对经济、教育体系产生直接的影响和作用。因此，科技政策的形成是科技发展到一定阶段的结晶，也是科技对经济发展的具有某种影响力的表征。

科技政策与经济政策具有相互关联、相互影响的政策体系是产业政策。产业政策是经济政策体系的重要组成部分。在总体目标下，产业政策是实现经济技术资源合理配置的重要手段和机制。产业政策体系包括产业结构政策、产业技术政策、产业组织政策和产业区域布局政策。作为产业政策体系的组成，与科技政策更有互为关联因素的主要是产业技术政策。产业技术政策是产业政策的配套政策之一，但在科学技术日益发达的产业变动中，具有越来越重要的作用。作为共同点，产业技术政策的主要功能有：

促进科学技术与产业经济发展紧密地结合；加速传统技术的改造和新兴产业的发展，不断提高科学技术进步在经济增长中的贡献率；协调产业技术结构，促进新产品、新工艺的生长。科技政策对产业技术政策的解释为：从技术开发到技术商品化、产业化、市场化的产业政策。国外有关学者认为，产业技术政策是科技政策的一部分，它与科研政策共同组成科技政策。前者是以阐明自然现象并找出存在的法则和原理以及应用这些原理的应用科学。后者是根据研究成果进行技术开发，使之科技成果商品化、产业化的过程。

科技政策涉及的领域一般是广义科学或学术范畴，包括交叉科学、边缘科学以及社会科学等。产业技术政策主要是以科学技术成果的商品化、产业化和市场化为对象，一开始就确定开发的目标，并最终实现科技产业经济规模及效益。虽然从经济政策与科技政策角度对产业技术政策的解释有所不同，但殊途同归，基本目标都一致的，即通过科学技术的作用促进产业经济的迅速发展。因此，建立科技产业政策体系，应当汇集经济政策与科技政策的共同点，寻找两种政策的差异，提出比较准确的政策解释。

科技产业政策是以科学技术与产业经济的综合政策体系。它是跨越经济与科技的产物。从经济政策的跨度，不仅涉及结构、组织布局等，还对经济政策的本身有实质的影响。作为未来发展的趋向，经济政策体系的主体有可能被科技产业经济政策主宰。科技产业政策对于科技政策体系，其政策跨度和运行程序主要涉及“中介”范围和转化“规模”，前者往往涉及的中介范围宽泛，既包括技术市场，又包括商品、劳务、金融等市场体系；既涉及科研机构、大学，又涉及产业部门和流通部门。就转化规模而言，科技产业政策是宏观调控政策。它不是一种局部、某个专业技术的转化规模。其政策导向是，通过市场经济运行机制的作用，推进科研与生产的结合，以双方的结合，形成产业发展的新的生长点，最终形成以科技产业经济规模和效益为主体的经济结构模式。

发展中国家或地区科技产业政策的重点，在初期是以科技资源配置、组织结构调整以及产业结构合理化，进行科技与经济的双向推进。政府实施政策调控，在双向推进过程中，一旦进入市场并进行两者对接，就逐步倾斜科技向经济的推进，依靠科技产业的扩张和生产规模的扩大，发展新兴产业经济，调整传统经济结构。因此，正如中国实施科技产业政策取得的成效一样，确立科技产业政策在创新发展中的地位极其重要。[①]然而，要确立科技产业政策的地位，仅仅制定和实施科技政策能否实现呢？在传统经济体制下，保证科技政策在各个领域“按政策”地发展，必须用行政指令逐级配置和调整。但是由于决策者的主观偏好、信息的失真和传递滞后等，往往造成科技与经济的脱节，使产业科技发展激励机制萎缩。所谓积极的科技政策，很难实现科技产业资源的合理配置，形成科技促进经济的激励机制。在市场运行机制条件下，科技政策又添加了“产业经济”的内涵。然而，科技政策的专业化制定并不完全符合新产业经济发展的需要。

具有系统特征的科技政策是以科技产业发展为主体的政策体系，它通常符合如下要求：

1. 科技政策是在科技促进产业经济活动过程中，实现协调发展的政策工具。它通过功能性作用实现科学技术政策在多目标、多领域的协调发展，保证科技促进产业经济的政策倾斜性和结构的均衡优化。

2. 科技政策体系不仅体现了科技长入经济的整个过程和运行周期，而且体现出在市场机制的作用下，科技产业经济发展战略及阶段性的政策变化。

3. 科技政策完善取决于科技与经济政策的一体化。主要目的是实现科学技术的商品化，产业化与国际化。在实现技术密集、高附加值、外向型和比较优势竞争的基础上，推动科技产业升级及结构调整，实现科技产业经济的可持续发展。

4. 科技政策倾斜及实施的主体是科研院所、大专院校，政策实施的承载体是企业。通过政策性倾斜，引导以产业技术政策为中心向以科技产业政策为中心的政策方向转换，促进科技产业的转型发展。

在市场经济的作用下，科技政策的内涵会随着经济体制的改革，发挥实质性的变化。科技政策将会更好地体现“科技面向经济，经济依靠科技”

① 中国科技产业政策具有市场广度和体制力度。可有效地利用国外技术、国内研发、市场需求和政府资金，将政策实施遍及机器人、人工智能等各个新兴产业领域。

的战略方针，符合国家战略及市场经济发展的客观规律。因此，科技政策的制定与实施，要更加深入地把科技创新、资本运作与经济发展的共同点有机地联结起来。而宏观政策结构，则更加呈现出科技经济一体化政策到微观的科技生产综合体系的合作。这种趋向在于科学技术高度发达的程度。科学技术不仅成为科技产业经济发展变量，而且成为市场结构、市场占有率的重要因素。科技政策影响着科技产业发展的总体目标，决定着科技经济发展的总的趋势，并成为制定国家发展战略和政策的主要依据。

科技政策的未来演变，进一步推进科学技术与生产、资金、市场的深度结合，并在市场配置结构方面会发挥更大的作用。这一过程分为三个阶段。第一个阶段，科学技术与生产的合作，通过市场的作用，促使科学技术成果转化为生产力。它们的结合，主要出于产业发展的科技需求，这种需求又来源于市场的拉动作用。同时，科技政策的影响和作用更多地反映在科技系统，而不能有效地影响生产与市场。第二个阶段，科学技术迅速发展，使科技与生产的合作发生根本的变化，科技先导性作用更加突出，科技密集型产业成为生产运行的主体。在这一阶段，科技经济的结合使科技经济成为一体，对市场的需求进行价值上寻。通过市场反馈的信号，对科技经济体系的科技、生产、经营等部门做出任务的安排，进而突出了科技与市场的有机联系和互为作用。此时的科技政策，充分体现出科技经济与市场的协调指导作用。第三个阶段，科技政策不仅包括产业政策，还包括市场政策。科学技术转化为生产力的政策特征，通过科技对生产、市场的优先发展程度和影响力，越来越得到充分地体现。

由此可见，科技政策的形成与发展，将随着科技经济的影响力而发生变化。作为协调和指导科技经济发展的政策体系，科技政策的制定将直接影响未来政策的作用和变化。

首先，要把握科技政策制定的国际环境。根据世界科技发展水平和竞争的焦点，把握国际竞争的前沿科技。尤其是从竞争力视角评价国际科技水平及基本的经济状况，对判定和把握科技政策的方向十分重要。同时，需要对本国科技比较优势和科技资源优势进行估量，明确这些科技优势在世界竞争中的地位。

其次，科技政策如何与以市场资源配置、产业经济发展的重点以及产业结构调整有机地结合起来。总的政策制定趋向是，政策适应市场到政策把握市场，最终是政策有效调控市场和正确引导市场。在不同阶段，上述变化由于政策制定的角度不同，影响力不同，政策与产业发展、市场资源配置的程度也不同。

最后，科技政策的制定要充分考虑到经济社会等因素。科技政策是根据各国政治经济社会发展和科技发展需要制定的，经济社会因素对科技政策都会产生明显的影响。科技政策虽然具有相对的独立性，但在制定过程中重视这些因素却是必要的。

科技发展的超前性和特殊性，在日益成熟的市场条件下有更加突出的作用。对于国家基础研究和重大工程项目以及长期的经济发展战略工程，科技政策提供了保证这些任务实施的政策手段。同时，科技通过诱导、协调和干预，促使科技成果向生产力转化，形成规模经济和效益。这种政策性干预和协调，实质上是对科技产业经济政策的补充。因此，科技政策“介入”的维度与深度，将会直接影响着科技产业经济的发展。

第四节　制度创新与科技企业激励

一、企业制度激励

从某种意义上说，决定企业比较优势的变量，包括知识、劳动力和制度。制度创新是企业创新的重要组成部分。企业制度创新有狭义和广义之分：狭义的制度创新是指组织创新，重点研究企业产权制度等问题；广义的制度创新除组织创新外，还包括市场创新和管理创新等。企业制度创新是实现企业激励的重要因素。从微观角度，企业创新的有效激励可以通过产权合约、组织设计以及各种报酬与补偿计划等来实现。从宏观角度，企业创新的激励可以通过产权制度、市场制度与结构、政府政策与管理等来实现。

1．产权制度

新制度经济学对制度的研究中最为重要的领域之一，是产权制度。产权理论的突破是导致新制度经济学产生的直接原因，用产权和交易成本理论研究制度选择与调整，以及用产权理论重新研究和解释历史的既是产权学派研究的主要分支，又是新制度经济学的主要研究方法和理论流派。因此，在对制度的研究中，产权研究占有特殊重要的位置。

对产权概念的界定，新制度经济学家 H. 德姆塞茨（Harold Demsetz）认为，产权是由社会强制执行的对资源的多种用途进行选择的权利。产权的重要性，就在于能够帮助一个人形成他与其他人进行交易时的合理预期。产权可划分为有形资产和无形资产的产权，无形资产包括专利、版权和商标（商誉）等。诺思指出："直到现代，不能在创新方面建立一个系统的产权仍是技术变化迟缓的主要根源。"他认为：产业革命不是现代经济增长的原因，而是提高发展新技术和将他应用于生产过程的私人收益率的结果。也就是产权制度创新的结果。[①] 随着无形资产变得越来越重要，知识产权和保护知识产权的制度日益受到重视。知识产权作为创新机制的一部分，成为企业激励的有效选项，也是确保创新者获得适当收益的途径。

2. 市场制度与结构

市场制度是市场经济发展到一定历史阶段的产物，是经济中各种交换关系的总和。市场制度发展的程度不同意味着市场经济所发展的层次不同，市场制度发展的程度越高，市场经济越成熟，稳定性越高；市场制度发展的程度越低，市场经济的层次越低，稳定性越差（刘伟、李绍荣，2004）。然而市场发展程度的不同市场制度表现的价值取向也会不同市场结构，并在一定的技术条件下，引导生产要素的所有者通过市场竞争行为，将要素投入不同的产业之中从而形成一定的产业结构。由于要素所有者的不同，决定了市场上的逐利行为、要素的投向以及技术溢出、组织形式都不一样，表明市场结构引起的产业结构、技术结构变化与市场制度有密切的关系，并对企业创新的宏观激励带来不同的影响。这种影响有利于科技创新的完

① ［美］道格拉斯·C. 诺思：《经济史中的结构与变迁》，上海：上海三联书店 1991 年版，第 185 页。

全竞争，也有利于对科技企业的激励。

3. 政府政策与管理

政府政策是一种以公共政策与管理为主的政策体系，它对科技企业的激励有重要的影响和作用（见表 16–4）。其政策范围涵盖科技、金融、就业等政策。政府政策与管理包括两个层次：一是政府对宏观经济的宏观调控与管理，指对经济总量（如总供给与总需求的水平、总的物价水平、就业水平）所进行的调节。宏观调控的措施主要是财政政策和货币政策。各国进行需求管理和调节的同时，加强了供给管理和调节，侧重于长期发展的经济增长政策、提高劳动力素质的人力政策和经济国际化的对外经济政策。二是政府对微观领域的公共政策与管理，主要通过行政机构和行政法规对经济活动进行的干预，称为对市场中企业和私人微观行为的规制。因为它由政府出面干预，经过一个消费者、企业和政府之间的谈判、协调和讨价还价的过程，建立起针对市场供求双方的规则，纠正市场失灵，增进经济效益。

表 16–4　政府激励科技企业创新的手段

创新活动特点	激励手段
长时间性	低息贷款、长期投资优惠利率、信贷支持、国家直接投资
非独占性	专利、新产品免税、针对研究开发支出免税
不确定性	政府采购、风险资金、成功则偿还不成功则不偿还的贷款、风险共担的银行贷款

要说明的是，东西方企业制度创新的人文环境与激励方式有所不同。基于中国及亚洲国家或地区的文化、历史等背景，中国企业制度创新也有其本土特色及实际成效享誉全球，例如鞍钢宪法（见专栏 16–2）等制度创新范例，就曾被美欧、日本等国学界及企业推崇并借鉴应用。又如 20 世纪 70 代，日本的丰田管理方式、全面的质量管理和团队精神，实际上就是参照了发挥劳动者个人主观能动性、创造性的鞍钢宪法精神。

专栏 16-2　中国企业制度创新范例：鞍钢宪法

鞍钢宪法对日本、欧洲和美国的企业管理都有着重要的影响。尤其是 20 世纪 80 年代以来被广为推崇的日本企业组织模式，就直接受到鞍钢宪法的深刻影响。欧美和日本管理学家认为，鞍钢宪法的精神实质是“后福特主义（post-Fordism）”，即对福特式僵化、以垂直命令为核心的企业内分工理论的挑战。用眼下流行术语来说，“两参一改三结合”就是“团队合作”。美国麻省理工学院管理学教授 L. 托马斯（1994）明确指出，鞍钢宪法是“全面质量”和“团队合作”理论的精髓，它弘扬的“经济民主”恰是增进企业效率的关键之一。这一认识将鞍钢宪法与日本的全面质量管理和团队合作相联系，强调其对生产的质量控制管理的意义。原苏联为代表的传统计划经济是福特主义最彻底的逻辑展开，而鞍钢宪法则是对这一逻辑的挑战，强调的是灵活生产方式对僵化的技术分工体系的改进。对鞍钢宪法的这些认识，实质上是将鞍钢宪法视为对福特制的挑战。从本质上看，鞍钢宪法和以它为先导的日本模式是要在员工之间、员工与企业管理者之间构建一个信任合作机制，以寻求重复博弈的稳定的合作最优解，以克服企业内的科层失灵问题。

西方企业制度有其所长，但并非完美无缺。在西方企业制度运行过程中，企业长期奉行“硬管理”往往片面追求利润和股东利益最大化，漠视员工权益、公众利益、社会问题和环境效益，导致企业与公众矛盾日益加深。近年来频发震惊全球的金融风暴以及一些著名跨国公司的沉没，暴露了西方企业制度设计中的先天缺陷。而中国高铁、华为、阿里巴巴、腾讯等企业的制度创新优势及成功实践，越来越成为西方公司制度变革的模板。全球著名跨国公司微软公司加快体制转型，提出“一个微软”的团队精神，取缔“狗咬狗”制度，转变个人单打独斗为“如何帮助其他人获得成功”以及“怎样接受他人的帮助而让团队更成功”（见专栏 16-3）。因而在当今尊崇个性、人才集聚的科技企业制度创新及激励方式方面，既要“硬管理”

又要“软管理”；[①] 既要见物，更要见人（参阅本书第十四章，人力资源）。随着互联网、大数据、云计算、人工智能等新科技革命的到来，一场重大企业管理变革与制度创新正在孕育而生。这场革命将使越来越多的科技企业从“软资源”中，即共享科技、价值观念、战略意识以及群体内聚力，去寻求科技企业适者生存、转型发展的途径。

专栏 16–3　微软：废除“狗咬狗”制度

在硅谷文化中，人们强调个性化创新，尤其在变革时期，更强调少数创新对现状的颠覆作用。但微软要用“一个微软”的策略反其道而行之。强调个性的文化会让所有人处于不断竞争的状态，很少能鼓励人们加强合作。在微软，聪明人和聪明人之间、天才和天才之间互相竞争、不合作。所以，下定决心要在文化上做一个大转变。现在，微软所有的产品和合作，都是不同团队的聪明个人之间全面合作的结果。员工们也开始意识到并接受：群体智慧比个人智慧更厉害。渐渐的，微软也开始放下身段，从过去只用微软的技术、平台进行开发，变成在微软的平台上用所有的技术都可以进行开发。这种对于开源技术的支持，帮助吸引更广泛的开发商、开发者加入他们的阵营。这种转变，在过去自成一体的微软是难以想象的。

“一个微软”提出后，持续了几十年的团队内部“狗咬狗”考核制度被取缔；新的 KPI 没有排名或评级，员工的奖金也不再取决于跟经理谈话的时长；相反，员工与直属上司的会议成为考量因素：员工制定核心重点，给出计划，看是否完成承诺。现在的微软，不再有人计较你来自哪个部门，大家只关心整个事情是否完成得漂亮。这种考核方式，削弱了对个人成绩的看重，转变为考核“如何帮助其他人获得成功”以及“怎样接受他人的帮助而让团队更成功”。在这种价值体系的 KPI 激励下，人们态度的转变自然而然地发生了。

资料来源：《微软靠什么重新崛起？》，腾讯科技，2017 年 6 月 6 日

① 隋映辉、唐突生：《软管理导论》，上海：上海社会科学院出版社 1989 年版。

二、企业改革与制度创新

1. 政府与企业改革

政府、企业和市场等关系是影响制度创新最基本、最关键的因素。从国内外企业制度变革进程可以看到，不同发展阶段，企业制度创新的内容有所不同，创新的价值取向也不同，但制度创新与企业改革始终相向而行。以中国为例，企业制度改革的制度创新与体制机制改革进一步密切结合。改革的战略目标是充分发挥“看得见的手”与“看不见的手”的作用，从总体上提升国有企业竞争力，通过试点，逐步推广、逐步建立起与市场机制相适应的中国企业制度。但是，由于企业体制改革先于政府体制改革，在转变政府职能方面，仍然滞后于企业发展。政府过多干预经济的审批制度依然存在，审批程序繁琐复杂，审批的透明度和可预见性差，随意性和自量权过大，法制化程度小；行政性的行业垄断、部门垄断、地方的保护主义严重，市场监管乏力；缺乏统一的市场竞争规则，内外贸管理方式落后，不适应网络全球化经贸游戏规则等。实际上，这些针对政府自身职能的改革相当不易。由于政府部门体制之间引起的利益之争严重影响了现代企业制度的建立，一些主管部门为获取本部门的政绩，仍然直接插手企业经营活动，企业不仅缺乏自主经营的权利，而且内部缺乏有效的领导体制和决策体制。社会保障、产权制度、职工权益等改革滞后，科技创新的政策体系等一系列企业亟待解决的问题，表现为非透明性、非效率性的制度安排和运作机制脱节的现象。宏观与微观经济主体的制度缺陷，使产业、产权、技术结构优化缺少内在动力和制度基础，阻隔了科技、资金和劳力等资源的流动，限制了市场空间的扩张，也制约了需求潜力的释放。

与此同时，全球金融危机提醒我们，政府能够在预防危机中发挥重要作用。就业、安全与隐私、知识产权保护、经济和市场的结合等方面，没有政府的建法立规，企业转型与创新发展将受到影响。如企业转型与创新发展受到政策、法律等方面的引导以及知识产权、研发项目投入、园区布局等方面的监管。以企业科技创新为例，增强科技创新能力的条件，没有政府的制度安排、系统政策、法律保障，就难以形成“产、学、研”的组织、协调，形成创新激励机制。政府是促进“产、学、研、资、介”合作的重要保障，在科技创新体系中具有不可替代的公共性职能。在市场经济条件下，政府在科技创新的作用是通过科技创新战略政策引导大型企业，以提高整个产业的科技创新水平；在政策和资金上扶持中小企业，增强中小企业的创新活力。同时，积极推动科技创新机制作为现代企业制度的建立的重点，建立政策管理机制，以政策引导的方式促进企业增加科技创新的投入。

政府对企业创新的影响更趋向制度安排、政策法规等方面。包括提供公平竞争的环境、研究开发政策、企业产品自主定价、科技奖励政策、风险投资和融资政策、减免税政策、产业政策、社保政策、技术政策、知识产权保护政策、关税保护政策等。政府对企业科技创新具有明显的政策影响依次为：科技创新政策、将技术开发经费打入成本政策、科技人员奖励政策、减免税政策、产业政策、融资政策等。从企业对政府部门的需求来看，主要包括：资助科技创新，提供技术人才和市场信息，将科技创新列入政府计划，支持高校、研究机构与企业合作，提供与国外合作机会，给予出口权和进口权许可证，减少行政干预等。

企业的技术、资金、人才等要素，主要受政策和制度、体制约束以及原始资本积累的微利因素影响，对政策的影响主要表现在制度安排、政策支持等方面。企业期待政府减少不当干预，以制度、政策的调控，间接、有效干预和优质服务，提供一个“公平、公正、公开”的发展空间，为之解决风险融资、中介服务、产学研合作、信息支持等问题。这一现象，在转型过程中表现得相当突出。在这个过程中，政府以制度创新和政策创新推动科技创新，往往扮演着重要的角色。政府以制度化建设和优惠政策配置国内科技资源和科技力量，吸引国外技术、资金，形成新的经济增长点和科技产业带。

进入新科技时代，数字化、网络化、智能化技术对制度创新的影响更为深入，更为广泛。政府公共权力的壁垒被逐渐打破，职能分工与组织结构更具有透明度及效率，政府的决策及管理形态不得不发生改变，行政监管者面临着巨大的挑战，要求通过构建灵活的治理结构，动态地适应快速变化的新环境、新变革。为实现政府与企业的和谐关系与规范化的互动方式，有效地吸引产学研资介积极参与，政府在优化创新体制、为企业创新提供良好的外部环境等方面，要不断自我调整，适应创新网络化、生态化的新环境，满足科技企业对制度创新的要求。

“制度性因素”的干预，既在发展中国家或新兴工业化国家，也在发达国家实行。纵观历史，美国的重大技术创新，大多源于政府主导的基础研究，尤其是与军事技术和军事工业相关的研究领域。雷达、激光、夜视、卫星、通信、计算、超导、核能、航空、航天、数码成像、纳米技术等多种技术发明与突破背后的基础研究，还有包括线性规划、博弈论、社会网络和学习型组织等自然科学和社会科学的基础理论，以及影响科技产业转型发展及人类社会等，都与美国政府直接或间接支持的研究项目密不可分。实际上，全球金融危机之后，美国等发达国家政府的职能不是削弱了，而是在某种程度上明显强于发展中国家。经济史学家马克·劳和苏库·基姆（Marc Law & Sukkoo Kim，2011）就指出：“尽管美国号称是世界上最大的自由市场经济体，政府管制仍是经济活动的重要特征。”它们通过制度改革和政策调整，突出科技的战略地位，以巨资重点提高民用研究开发投入，加强对科技创新和高新技术产业发展的直接干预的力度。美国哈佛大学丹尼·罗德瑞克教授以及英国萨塞克斯大学的玛丽安娜·马祖卡托教授认为，政府对企业的支持政策不但要突破政府仅限于“竞争前阶段”扶持的界线，而且要全面参与技术创新成果产业化阶段。像当年做好社会保障建成“福利国家”那样，从更深的层面上，调整政府支持创新理念的思路以及做法。政府要深度参与创新活动，不仅是通过经费投入支持科技研发，而且在科技创新产品走向市场的过程中，同创新的企业家一起承担创新的风险，还要分享创新收益。然后再把创新的经济成果分配给大众，从而建成“创新国家”。

以人工智能为例，美国从国家战略层面出台相关规划，制定人工智能相关政策和法律，还建立了政府为主导的联合协同推进机制（如图 16-1 所示）。2016 年 5 月，美国白宫科技政策办公室（OSTP）直属的美国国家科学与技术委员会（NSTC）设立了机器学习与人工智能分委会（MLAI），该机构与其他相关机构一道组织编写了《为人工智能的未来做好准备》《国家人工智能研究和发展战略计划》和《人工智能、自动化与经济报告》。通过实施《国家人工智能研究和发展战略计划》，明确研发优先重点，以解决战略研究目标，将联邦投资重点放在行业不太可能投资的领域，并解决扩大和维持人工智能研发人才渠道的需求。

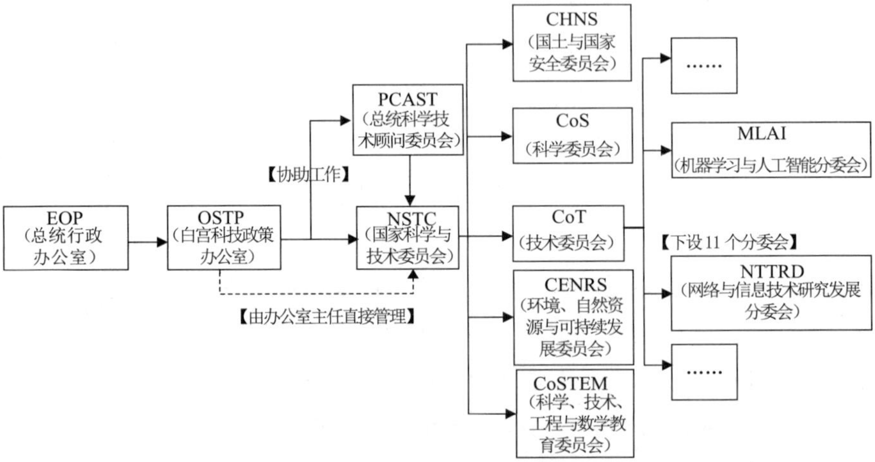

图 16-1　美国政府 AI 联合推进机制

再以苹果 iPhone 为例，它的几乎每一项技术也都来源于美国联邦政府的投资资助。实际上，乔布斯是在公共投资产生的科技成果上面设计产品。如果没有静态 RAM 缓存、点击轮、锂离子电池、信号压缩、液晶显示器、微硬盘、微型处理器、多触摸屏、SIRI, HTTP/HTML、蜂窝技术、因特网，iPhone 就不可能如此智能。上述的每项技术，在其早期阶段，无一不是由政府的公共资金进行巨额投入，并由一系列各不相同的公共组织实施研究（如表 16-5 所示）。类似的谷歌搜索的算法，作为其财富的源泉，也是由美国国家科学基金会（The National Science Foundation）的赠款资助的。20 世纪 70 年代生物科技的重要突破性进展表明，美国国防部高等研究计划署在计算机产业扮演的角色也绝不是孤例。马祖卡托（Mazzucato，2016）把美国政府的这类角色定义为创造和塑形新的市场，这种市场具备点燃增长的潜在可能性，使增长更加引领创新、更加内生和更可持续。

表 16-5　“智能”iPhone 依赖的技术背后的国家或政府机构

<table>
<tr><th colspan="12">iPod 触摸和 iPhone（2007）/iPad（2010）</th></tr>
<tr><th colspan="7">第一代 iPod（2011）</th><th rowspan="2">多触摸屏</th><th rowspan="2">SIRI</th><th rowspan="2">HTTP/HTML</th><th rowspan="2">蜂窝技术</th><th rowspan="2">因特网</th></tr>
<tr><th>静态RAM缓存</th><th>点击轮</th><th>锂离子电池</th><th>信号压缩</th><th>液晶显示器</th><th>微硬盘</th><th>微型处理器</th></tr>
<tr><td rowspan="4">美国国防部高等研究计划署</td><td rowspan="4">欧洲核子研究中心</td><td rowspan="4">美国能源部</td><td rowspan="4">陆军研究办公室</td><td>美国国立卫生研究院</td><td>美国能源部</td><td rowspan="4">美国国防部高等研究计划署</td><td>美国能源部</td><td rowspan="4">美国国防部高等研究计划署</td><td rowspan="4">欧洲核子研究中心</td><td rowspan="4">美军方</td><td rowspan="4">美国国防部高等研究计划署</td></tr>
<tr><td>美国国家科学基金会</td><td rowspan="3">美国车防部高等研究计划署</td><td>中央情报局</td></tr>
<tr><td rowspan="2">美国国防部</td><td>美国国家科学基金会</td></tr>
<tr><td>美国国防部</td></tr>
</table>

发展中国家处在科技产业化发展阶段，企业科技创新面临资金、信息、人才等许多困难，同样亟待政府提供部门之间的制度创新、组织协调和政策支持。如：利用知识资本和金融资本运作的创新机制和政策；稳定和留住人才的政策环境；运用风险投资政策解决科技创新资金短缺、无形资产、知识产权评估管理等问题。

2. 企业制度创新取向

制度创新的基本取向是实现科技企业功能调整与结构转型。这一结构性功能调整是改变传统的与生产力发展不相适应的僵化模式及其制度安排，大幅度提高先进生产力水平，促进企业现代化的进程。表现在微观领域，则突出了企业围绕市场供求与产业布局的制度安排。在经济全球化竞争的基础上，通过政府职能转变和权利结构的调整，促进大市场机制的发育和市场体系的完善，以制度创新推动科技产业升级和结构调整，实现企业的竞争力和创造力，逐步实现企业体制调整与战略转型。

（1）通过政府职能转变，放权让利和扩大企业自主权以及加快企业组织结构和运作结构的改造与体制调整，重塑企业组织的内在机制，将企业从传统体制的制约和多重社会角色下解脱出来，真正成为面向市场竞争的经营者和管理者。

（2）以企业在社会角色的转换，实现企业组织功能的分化和专业化，将原来企业所承担的多种社会管理职能弱化并分离出去，实现从福利企业化向福利社会化的转变，改变传统的企业劳动用工制度、工资制度和福利分配制度，寻求经济增长和利润的最大化作为企业的发展目标。

（3）围绕企业市场化、规范化的制度创新，加快传统经济体制的改革，进一步实现宏观制度结构调整与微观制度结构调整的组合。通过政府作用进一步体现出公共选择和外部经济效果，使政府成为执行社会管理的直接主体。同时，利用法律手段、宏观稳定政策、资源配置能力以及分配调节功能等，形成新的整合机制和管理机制。

（4）完善国有资产管理体制，实行有效的资产重组。通过国有资产管理体制的改革，建立起国家统一所有、政府分级监管、企业自主经营的体制。同时，引入新的竞争机制和游戏规则，并通过资本运作和控股等形式，加快投资主体的多元化、企业财产形式的多样化以及产权的有效流动和合理重组。

（5）以企业制度创新推进企业管理创新。在制度创新的环境下，进行管理的结构调整和改革，实现企业管理思想、管理组织、管理制度、管理方法和管理手段的创新。改革企业领导体制和决策程序，建立科学规范的公司治理结构。

通过企业制度创新，可预期达到的主要目标是：以政府为企业发展提供优越的制度环境和运行机制为基础，实现企业“价值链”的体制与管理。直接表现为：创办科技企业将按照基本规范行为，简化创办手续；大小企业一律实行公平竞争，任何企业没有特权；对具有不同背景的经营者，一律采取透明开放的政策；企业具有抗风险能力，即使经营失败，也能寻求风险资金，重新崛起。政府以建立良好的管理制度实现职能转变，通过制度创新和政策创新形成新的运作机制，开启新管理模式来推动企业的转型发展。

第十七章　结构优化

科技产业发展与结构调整具有相互影响、相互制约、相互促进的依赖关系。在科技产业结构由低级化向高级化递阶演进的过程中，一系列内生变量及结构性变动，对科技产业部门的此消彼长、结构转换及调整起到系统性与功能性的作用。科技产业内生变量在产业部门之间的比例构成以及它们之间的依存程度，推动了科技产业规模化、周期性发展，实现了结构优化升级对科技产业经济增长的促进作用。本章通过对科技产业结构的界定，系统阐释了科技产业结构的构成、基本特征，在对科技产业演进规律的分析研究基础上，寻求科技产业结构性变动与发展的一般趋势。同时，通过在对科技产业结构变动的影响因素的讨论，进一步引申分析科技产业结构调整战略与政策等。

第一节　科技产业结构及其演进

一、科技产业结构

产业结构是一个产业经济学的概念。从字面上看，产业结构既可以解释为某个产业内部的企业间关系，也可以解释为各个产业之间的关系结构及关联方式。它是指生产要素在各产业部门间的比例构成和它们之间的相互依存、相互制约的联系，即各种资源在产业部门的配置状况和制约方式。

科技产业结构是基于科技经济系统性、层次性和有序性的表象及其概念。它是指科技产业在其经济科技活动过程中形成的科技经济联系及由此表现出来的一些比例关系及规律。其表现是科技产业结构的存量规模比例的表述，主要反映为科学技术资源在产业经济活动中的合理配置、推进作用及其比重。组成科技产业结构的各个要素，是以科技产业及关系结构的相互作用为基础。这种关系结构，反映为科技产业间的科技经济联系及比例关系，大体上使用两类指标：一是科技产业的科技人员人数所占的比重，科技研究开发的经费及所占比重等；二是科技产业所创国民收入及其在全部国民收入中的比重。这种投入产出的比例关系，前者是科技资源在产业部门的配置状况及结构形态，而后者反映了科技投入所获得的产业经济规模、效益及其结构形态。

科技产业结构是一个科技为主导的产业系统及其关系结构。主要包括：

1．产业部门结构

部门结构是反映科技产业部门关系及其均衡比例结构的重要组成部分。传统的产业部门按照三次产业分类法将产业部门划分为农业、工业和服务业。后来又出现了按照生产结构、工业结构、资源集约度等各类产业分类法，以及以研发、教育、制造和服务划分为产业部门的划分法。科技产业部门结构的划分与这些分类法有密切的关联，比如资源集约度划分，根据不同的产业在生产过程中对资源的依赖程度，差异划分为劳动密集型产业、资本密集型产业和技术密集型产业等。科技产业部门参照这一相对分类方法，对科技产业各个部门使用的各类资源的组合进行比较，寻求科技产业内部部门之间的结构关系和资源比例。而从知识资源角度，研发、教育、制造和服务等均可以纳入科技产业部门的范畴。

2．产业科技结构

科技结构是导致产业结构向高度化演进的重要因素。科技结构不仅是科技产业在生产制造领域的重要属性，而且在产业创新、知识更替和现代服务等方面具有重要表征。科技形态与物化形态的系统组合通常是科技结构的系统内涵。在科技产业结构体系中，科技结构具有动态化特征。其中，产业人才规模、知识教育程度、技术聚集程度，以及创新周期、科技投资力度等，都关系到科技结构水平以及对科技产业转型与结构调整的推动力。科技结构的要素变动型式，构成了科技产业结构调整和升级过程中的动力机制，形成了科技作用于科技产业结构转型及其高度化的功能。

3．产业组织结构

科技产业的部门结构、科技结构的功能性作用是通过产业组织实现的。只有通过一定的组织形态的有效组合，才能有效贯彻科技产业战略和政策，实现科技产业转型及结构性调整。科技产业组织结构包括微观（研发部门、科技企业等）、中观（创新园区和城市、集群和基地等）与宏观层次（跨国公司、科技联盟等）以及结构的多层次协调和控制等。同时，基于专业化分工和跨界合作，科技产业的组织结构还涉及组织规模、产业链接、网络共享和规模结构等。这些因素的组织结构及其系统组合，是实现科技产业结构优化升级的基本保证。

需要指出的是，仅仅以传统产业经济学规定的部门、科技、组织等结构因素说明科技产业结构的内涵是远远不够的。在科技经济范畴，科技产业结构的复杂解释还涉及科技、产业与市场等领域，以及资源结构、供需结构、投资结构和国际关系等要素。

二、科技产业结构的特征

与一般产业结构特征一样，科技产业结构也表现为产业结构的关联性、阶层性、整体性和功能性等特征。

1．产业结构的关联性

科技产业结构是以科技与产业要素相互关联的有机整体。它表现为形成科技产业结构各要素间、结构之间的链动作用。在实际关系中，科技产业结构各种要素的动态过程是否具备整体相关的作用，对产业结构的合理调整和资源配置有直接的关系。各种要素，如创新能力、政策体制、投资结构、科技人才、资源条件等，如果不能实现协调发展和综合作用，就会产生结构性偏差，影响到产业结构总量的扩张和整体功能的充分发挥。科技产业结构的关联性主要表现在两个方面：（1）前向关联。即科技产业部门研发应用体系必须依靠关联部门提供的生产要素。如生产要素发生变化，创新体系发生变革，使要素组合和创新体系所能提供的科技资源、生产条件等发生相应变化，就会引起科技产业体系及其结构的改变。这表明在吸收先进科技成果、创造较高的生产效率和附加值等方面，产业结构系统变革具有决定性的引导作用。（2）后向关联。在科技产业部门的创新体系变化后，也使原材料的性能品种及产业资源配置发生相应的变化，使原材料供给部门的技术体系发生相应变革。前后关联的产业结构存在着相互依存、相互影响的科学技术的关联作用。其组合的关联性既体现出科技资源在科技产业部门之间的配置方式，表明科技产业结构关联依赖于科技资源的赋存，又体现出科技在产业部门之间的链接和配置构成。这种构成，使科技产业部门之间层次循序递进，保持产业结构调整的层次传递及其演进的稳定形态。

2. 产业结构的阶层性

科技产业由于科学技术层次结构不同，表现为科技产业结构的阶层性以及形成以科技结构为指标的“标准结构”。按照层次划分，科技结构通常分为高科技、先进科技和传统科技。科技产业结构同样分为三个阶层：第一阶层，为科技产业的高科技结构，它是具有原创性、尖端性、高风险、高增值和高市场占有率等结构形态；第二阶层，是先进科技结构，主要是适用科技产业经济规模的先进技术或新型适应技术，大多表现为科技产业转移过程中的结构形态；第三阶层，是传统科技结构，主要是劳动密集、资本密集型产业的成熟性科技结构形态。建立有序合理的科技产业结构系统，需要协调科技与产业结构的各系统、各阶层的作用。主要通过对不同科技产业结构性投入及其密集程度，改变科技产业领域中各阶层的结构关联程度和比例关系，促进科技产业结构转型升级，即第一阶层的结构比重逐步加大，第三阶层的比例结构逐渐缩小，形成以高科技、先进科技为主体的科技产业结构形态（见图 17–1）。

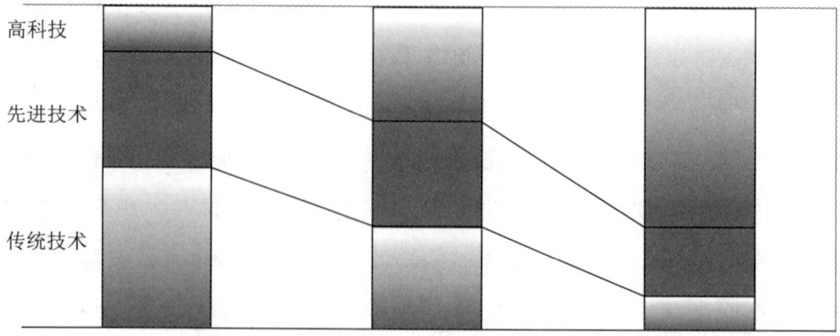

图 17–1　科技产业结构变动的层次变化

3．产业结构的整体性

科技产业结构作为一个科技—产业结构关系的整体系统，仅仅描述为各个层次的组合是不完善的。建立科技产业结构的合理体系，一方面要把科技产业结构的内部结构之间的制约、联系和作用作为一个整体协调，另一方面，科技产业结构与其他产业门类进入产业综合体系时，表现为科技产业结构的整体功能和渗透功能。同时，科技产业结构的整体设计还与外部环境、文化、教育以及其他要素的相互作用、相互制约。在科技产业结构的动态调整过程中，科技产业内外部结构虽然随着社会、经济、科技的需求而变化，但始终保持一种整体框架下的弹性调整。科技产业结构的系统调整机制，使产业结构的整体性成为结构合理化的基准和系统优化的基础。

4．产业结构的功能性

科技产业结构具有功能指向清晰、系统关联的特征。功能是满足某种需求结构的属性。从功能角度对科技产业结构进行分析，更能深刻地揭示产业结构的内在联系。科技产业结构功能性作用及影响主要表现在产业结构、产业技术、产业组织、产业布局等方面。即推动产业结构更替转换，实现产业内部结构的合理性；推动微观产业组织加深专业化分工和综合化协作，强化产业组织的边际优势和组织网络的整体效应；提高科技创新及其成果利用的经济效率，加速科技产业结构调整和战略转型，寻求高端层次的结构性效益；保持科技产业内部协调，避免产业结构水平落差；促进产业集聚、产业转移、产业重组，优化产业功能的区域配置，避免产业结构的趋同化；符合国家的就业、环保等产业政策要求，实现科技产业经济的可持续发展。

三、科技产业结构的演进

科技产业结构演进表现为科技产业结构高度化、合理化发展的动态过程。科技产业结构调整以及需求结构的变化，促使资源竞争、产销竞争向科技创新、产业创新等领域的竞争转移。由于资源转换及结构调整是全球性、同步性的，一国或地区的经济增长波动均与产业结构调整有密切相关。这一现象证实，经济增长的过程就是产业结构不断调整和升级的过程。任何一种产品需求都存在着一定的极限。当一个产业的市场需求达到饱和，增长速度就随着需求下降，如果不进行科技创新和产品开发，加快产业结构调整和升级，一旦产业结构趋同，市场需求趋向饱和，经济增长就会停滞。

（一）产业结构演进阶段

事实上，为避免出现经济增长停滞，世界各国产业经济结构演进及调整从未间断过。这一结构性演进根据产业对禀赋资源和科学技术的依赖程度，遵循从低级到高级的发展进程。大体分为三个阶段（如表 17–1 所示）：

表 17–1　科技产业结构阶段性演进趋势

阶段	资源、劳动密集型产业结构阶段	资本、技术密集型产业结构阶段	知识密集型产业结构转变阶段
演进过程	第一阶段（20 世纪 20 年代到 60 年代）	第二阶段（20 世纪 60 年代到 90 年代）	第三阶段（20 世纪 90 年代至今）
结构比重	资源、劳动密集型产业投资率为 50% 以上	资本、技术密集型产业增长率为 21%，占整个产业比重的 38%	资本—技术密集型产业比重达到 40% 以上，知识产业的比重逐年提高
基本形态	资源、劳动密集型产业在产业结构中的比重占主导地位	资本、技术密集型产业的投资逐年增加，在产业结构中占据主导地位	资本密集、技术密集型产业开始转为知识密集、高技术、高附加值的科技产业经济增长阶段
主导产业	纺织、服装、玩具、皮革、家具等制造业等	一般电子与通信设备制造业、运输设备制造业、石油化工、重型机械工业、电力工业等	电子信息、航空航天、生物工程、新材料、环保等

1．资源、劳动密集型的科技产业结构阶段，也称为以轻工业为中心的工业化发展阶段。这一阶段的时间跨度，大致从 20 世纪 20 年代到 60 年代，形成了以纺织、轻工、机械、冶金、食品加工、木材和机器制造业等

为主体的产业。资源、劳动密集型产业在产业结构中的比重占主导地位。例如，欧洲、日本等发达国家以及发展中国家的产业化过程是从纺织、粮食加工等产业起步的。但随着科技进步和新工艺设备的应用，发达国家劳动密集型产业的技术、资本密集度也在提高，并逐步从劳动密集型产业中分化出去。例如，食品业在发达国家就被划入资本密集型产业，而技术组装和零部件加工的劳动密集型产业则被划入技术密集型产业。

2. 资本、技术密集型的科技产业结构阶段，也称为以重化工业为中心的发展阶段。这一发展阶段，呈现出加速科技促进经济在产业发展领域的扩散和运用。同时，完善国家创新体系和产业基础，加快科技成果的传播和转化，逐步提高科技密集型产业在国民经济和出口中的比重。结构变动的主导趋势是科学技术的市场化、集约化。科技产业在推动产业结构调整以及促进科技与市场的结合中，起到了举足轻重的作用。产业主要包括钢铁、一般电子与通信设备制造、运输设备制造、石油化工、重型机械工业、电力工业等。这个时期的结构性发展跨度，大致从 20 世纪 60 年代到 90 年代。这个阶段在产业成本结构中，资本、技术成本与劳动成本相比所占比重较大，每个劳动者所占用的固定资本和流动资本金额较高。其间，发达国家开始从直接生产加工领域退出，将产业链中的生产和制造环节或将一般技术产品中的劳动密集型工序向发展中国家或地区转移，以便将更多的空间转向发展技术密集型产业。如美国开始重点发展半导体、通讯、计算机等产业，而将钢铁、纺织等传统产业以及组装加工型产业逐步向发展中国家或地区等转移。20 世纪 70 年代到 90 年代，美国电子信息业已达 50% 以上，成为拉动经济增长的主导产业。

3. 技术、知识密集型的科技产业结构转变阶段，也称为以知识产业为中心的发展阶段。这个阶段的时间跨度，从 20 世纪 80 年代开始至今，突出地表现为技术密集、知识密集型产业迅速发展。在新科技革命影响下，全球产业经济的重心向非物质生产部门的知识密集型的制造业、服务业转移，制造业的重心逐步向高科技、高附加值的科技产业转移，并以尖端技术对制造业进行升级更替。信息技术、生物工程、新材料、新能源等高科技产业发展迅速。其中，科技产业中的软件产业份额越来越高，成为新经济的支柱产业。其产值、利润比重将逐步超过传统产业，同时，知识产业中的服务业将得到大规模的发展。金融、贸易、教育、通讯、网络、咨询等服务业，在科技产业化发展中吸引更多的投资者，促使产业内部结构比重逐渐向知识服务业倾斜。知识密集型产业成为带动产业结构转型的主导产业。其间，跨国公司加快转向核心技术的研究开发和控制，主要输出专利技术、知识产权和品牌资源为主的委托生产、加工和合作，各国对技术密集型产业的大量投资，促进了科技创新及其成果的广泛应用，也加快了产业升级和结构调整，改变了结构调整的运作模式。拥有核心技术、附加值高的科技产业门类在产业结构中的比重迅速递增。

在科技产业转型和结构调整的过程中，产业结构的科技产业比例关系结构、科技人员在劳动力中的比重及其分布、科技投入在产业间的比重及其分布、科技产业产值在产业中的分布及其比重等，也都发生了内质性的结构调整和变化。各国加快转向知识密集、高技术和高附加值的科技产业经济，出现了不同产业利润、产品利润升降变化的趋势：一般制造业呈现利润率递减的趋势，知识密集型的服务业呈现出利润递增的趋势；硬件产品利润越来越薄，软件产品特别是系统产品利润越来越丰厚。在经济全球化的背景下，各国打破了传统的纵向一体化的组织模式，加快了利润递减产业和低附加值产品的转移。发达国家通过垄断核心技术和高新科技，将制造技术以及生产组装部分转移到新兴工业化国家或发展中国家。以集中创新优势加快科技跃迁和产业升级。同时利用全球范围的研究开发、零部件采购、生产和产品销售，不断降低生产成本，增强竞争能力和获取附加值的能力。

（二）科技产业结构演进规律

归纳起来，科技产业结构的演进变动有如下规律：

1. 从产业结构变动看，在资本、技术密集型的科技产业结构阶段表现为制造业比重上升，现代服务业变动加快；在技术、知识密集型的科技产业结构转变阶段，现代服务业比重逐渐上升，制造业比重有所下降。在整个产业调整与升级过程中，科技产业的升级置换日益强劲：工业化后期，高技术在整个产业结构中的比重日趋增长，传统产业因高技术的渗透、嫁接或改造而实现了产业转型升级。以高新技术为导向，科技进步与创新功能更多表现为科技主导产业为核心的产业技术含量及附加值的提高，产业链条的延伸和产业间关联进一步增强，并为产业利润域的扩大和利润率的递增，提供了结构高度化的条件。

2. 在产业结构循序递进变动的同时，科技产业内部结构也经历了一个由低级向高级的循序递进的结构变化。在以利润为中心的科技产业由低级向高级的结构性变化过程中，以新兴产业替代原有产业，或是在原有产业基础上进行技术升级，进而实现产业结构性升级；围绕科技主导产业进行结构性升级，带动整个产业结构调整和转型升级；加快传统产业的转移或服务外包，产业重点从产品制造转向客户服务，从硬件产品转向软件产品和系统配套产品。

3. 科技主导产业及其转换，是科技产业结构高级化和科技经济持续发展的重要因素。其间，科技产业在不同发展阶段形成了以下结构性差距：（1）资本、技术密集型产业的市场占有率与经济规模等之间的差距；（2）产业高成本、低附加值的外延规模经济扩张，与低成本、少库存、短周期、高效率、高附加率值之间的差距；（3）产业全球化外包、专业化分工与生产加工布局之间的差距。

4. 科技产业结构调整的主要动力是资本对高科技附加值的不断追求。进入技术、知识密集型的科技产业结构转变阶段，为保持高技术产品高附加值的领先地位，各国或地区始终将加快科技产业的升级置换，持续获取科技产业附加值作为结构调整和市场竞争的重要目标。产业内部结构变化随着产品附加值和利润的变化而变化，而这种变化主要是因为产业科技创新的内在要求而发生的。

由此可见，科技产业演进的过程，实际上是产业结构中的“知识密集性和技术先进性”递增的过程。阶段性结构演进最终表现为产业科技结构渐进性创新与根本性创新变动。在科技结构的演进处于渐进状态与跳跃状态，导致了产业技术结构的演进过程中，特别是处于跳跃式演进状态时，引起产业技术结构的剧烈变动，进而引起产业结构的高级化进程（见图17–2）。科技产业因其技术集聚性、高附加值以及有效的知识、技术溢出机制，具有强大的产业创新优势，对产业结构调整形成强大的推动力，它与传统产业在结构调整的作用不同之处主要表现在：科技产业以研发投入为动力，要求具备高素质的科技人才，传统产业主要基于劳动密集型和已有的竞争优势。这些都导致科技产业生命周期同传统产业生命周期存在差异。

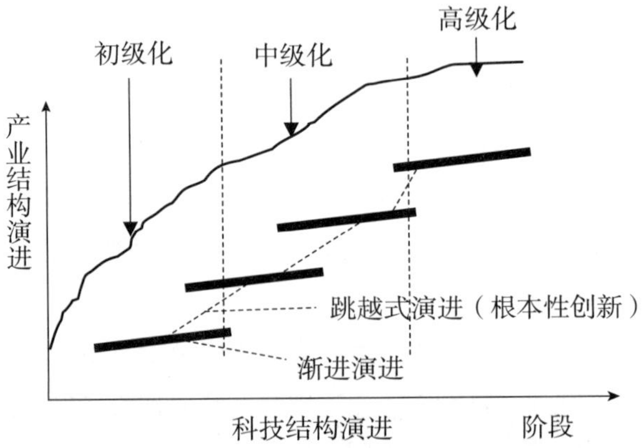

图 17–2　科技结构与产业结构演进图

四、科技产业结构层次

科技产业结构是不同部门、资源等要素在各个层次的有效配置。虽然我们在科技产业结构特征部分已就内部结构划分对阶层性进行了阐述，但从外部结构以及影响因素划分，相关影响可以划分为三个层次（如图 17–3 所示）：

第一层次，对科技产业结构的影响是间接的，包括教育、培训、文化及社会环境改善，R&D 的进展，新科技的开发，自然资源和条件的改善等，主要是以知识为基础的层次。

第二层次，对科技产业结构的影响是潜在的，包括资源配置的改进，管理水平的提高，设备、材料的进步，科技水平的提高等，主要是以科技为基础的层次。

第三层次，对科技产业结构的影响是直接的，包括规模经济，新产品、新工艺、新设备、新材料、新技术的应用等，主要是以科技应用为基础的层次。

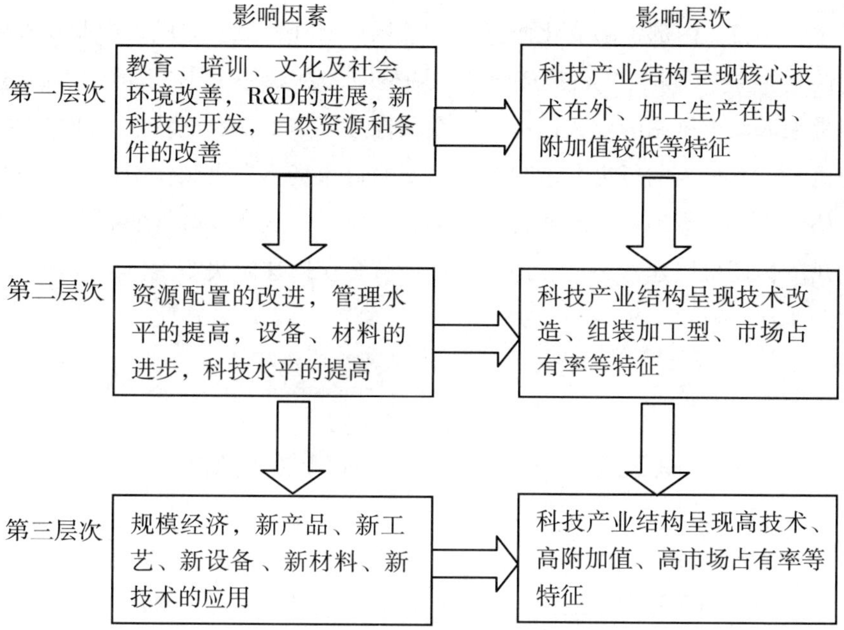

图 17–3　科学技术对产业结构不同层次的影响

这些多层次的因素使科技产业结构的基本要素发生变化，导致新的科技产业形态的形成，进而完成科技产业结构的调整。从各层次内容来看，仍然涉及各个因素及社会经济的有关范围。但从演进层次来看，相关因素随层次的逐渐递减而更趋向具体化。影响科技产业结构层次变动越来越呈现出多变量、多层次的投入组合形态。这一投入要素的组合作为一种系统进行复合型投入，促使科技产业结构及其层次得到合理的调整。其中，科技产业政策及其手段的间接使用，将诱导科技产业结构投资方向、技术结构的变化以及科技人才的流动和集聚。而科技投入的合理程度决定科技产业发展的前途。这些投入因素从不同角度影响科技产业结构的变化。在不同运行机制条件下，表现出不同的影响程度。

以政策调控为手段，在科技产业结构调整中，主要通过政策性限制或刺激需求，以特殊扶持政策，干预投资方向和人才流向，而市场结构、科技投入结构将更多地追逐产业结构的政策行为。市场需求的科技投入结构变化对科技产业结构调整有直接的影响，科技产业结构将随市场需求（外部）和科技（内部）的变化而变化。市场需求和科技发展成为产业投入结构调整的主导因素。在科技产业结构调整中，为实现不同层次的结构调整，经常采取双重机制的协调运行，宏观调控主要集中在宏观政策，间接调控和诱导产业投入的行为。微观调控主要通过市场供求机制作用，推进科技结构的变化，带动科技产业合理化调整。所以，从产业政策的制定和贯彻的角度，还可以建立中央、地方和城市等多层次递阶决策主体，以便对各自功能有明确的区分。

第二节　科技产业结构调整与优化

一、产业结构调整因素

产业结构调整理论认为，决定产业和影响结构有序演进的变量主要有三大部分：一是需求结构，主要包括中间需求和最终需求比例，个人消费结构以及消费和投资结构等。二是供给结构，包括劳动力和资本条件、科技创新、资源条件等。三是国际经济关系，包括进出口贸易等。科技产业经济学理论认为，科技产业结构变动因素主要为两大因素。一是内在因素，包括国民经济发展水平、资源条件、科技进步等因素。这些因素在一定的时期限制着科技产业结构的变化范围和程度。在短期内，这些因素不易发生较大变化。它们的构成不受政府意识和社会意识支配的产业结构的推动和制约力量。二是外在因素，包括市场需求、经济政策、投资结构、产业转移、劳动力流向等。这些因素都对结构性调整具有突变性影响。

虽然影响科技产业结构变动的因素较多，但具有制约性作用的因素有以下方面：

1. 产业竞争

产业竞争是科技产业结构调整的原始动力。产业竞争最终体现于创新成果、产品、企业及产业的市场实现能力。科技产业结构演进过程证实，产业竞争的实质是科技产品伴随科技产业经历的若干阶段——进入阶段、增长阶段、成熟阶段和衰退阶段的各种变化。这种基于科技演变的产品寿命周期变化引起的科技产业竞争，在外部表现为高技术产业与传统技术产业的竞争，在内部则表现为技术结构、差别优势的竞争，因而以内部结构变化为特征的科技产业竞争，具有科技产业结构优胜劣汰的推动力。科技先进、产品质量高、成本降低、市场扩大、利润增加，就会触发产业的扩张。一方面扩大科技产业规模扩张和层次变动，导致科技产业结构的调整；另一方面，科技体系的不断变化，促进新兴科技产业的发展，同时落后的产业将被淘汰。这就必然会加快科技产业结构调整和战略重组。在科技产业竞争中，科技先进程度一般会带来科技产业结构的渐进调整和突发调整两种影响。高技术为动力的产业结构调整，可以迅速地推进结构性发展变化，科技产业竞争的范围和影响力也比较大；一般性技术的产业结构调整影响力和范围相对较小，科技产业结构调整比较缓慢。这两类技术结构的变化在科技产业竞争中往往分层进行，共同推动和影响科技产业结构的变化和调整。

2．市场需求

市场需求是对科技产品或服务愿意以及购买力的市场反应。需求结构是间接反映科技产业适应市场需求，满足产业系统产出的结构性差别形态。市场需求、产品需求、技术需求、资金需求等直观地反映出科技产业产出与需求结构之间的差别。从某种角度，科技产业问题，实际上是市场需求、产品需求、技术需求和资金需求的结构性问题。作为科技产业结构调整和转型的起点和基础，市场结构是关系科技产业结构调整的基本因素。市场结构是规定构成市场供求关系的主要因素及其特征。这些主要因素归结为市场的占有率（市场规模）和规模经济。在决定市场需求的诸多因素中，集中反映市场结构的“集中度”。按照市场集中度，一般将市场结构分为竞争型、寡头垄断型和垄断型。其中，影响市场“集中度”及其结构的主要是市场行为，即产业部门在市场上获取更大利润和更高的市场占有率所采取的战略政策性的行动。市场行为涉及产业价格、产品质量、产业竞争等政策。通过这些政策约束，建立市场竞争条件下的市场结构。在对科技产业的直接调节作用下，市场行为影响市场结构现状。而市场需求结构又反作用于科技产业结构，影响科技产业结构的变动，使科技产业结构在市场需求结构下，通过一定的市场行为，加快技术结构、投资结构、人才结构和企业结构的调整，使科技产业满足市场需求及其服务创新等达到最佳的状态。

3. 科技创新

科技创新是科技产业转型与结构调整的动因。一定的创新能力与特定的产业结构演变紧密联系，当科技创新导致某一部门科技水平提高，进而扩散到其他部门时，就会带动科技产业结构的变动，促使科技产业结构趋向高度化发展。主要表现在：（1）科技进步更新和完善了原有生产工艺和技术，使生产更具效率，使科技产业在规模扩张的同时，发生质量上的结构变动。（2）科技创新及其成果转移扩散，形成产业间的科技溢出，扩展了可用资源范围。由于科技的应用推广，使得更多资源得以进入生产领域，使资源在产业间转移成为可能。（3）科技创新及其成果扩散使规模生产成为可能，降低了劳动成本，提高了劳动生产率。（4）科技创新创造了新的需求。新技术产品使一些潜在的市场需求转变为现实的市场需求。（5）促进科技产业内部结构的更迭置换。科技创新的动力来自预期收益，所以科技创新资源更多地向新兴产业部门聚集。科技创新速度的变动，在很大程度上决定着科技产业结构调整（收缩或扩张）的状态。（6）决定科技产业结构调整的方向。科技创新及其成果是潜在市场需求产品或产业的基础。也是通过科技创新的集约化发展，采用先进技术的产业部门在数量和比重的增长，以加速科技产业结构调整，促进新兴产业的聚集。

这意味着，科技产业结构调整方向的选择是与科技创新在某一产业内迅速聚集，并通过产业之间的技术链和价值链相互关联实现的。首先，表现在对科技产业需求结构的促进。在科技创新的作用下，需求空间及结构也随之发生变化，并影响着科技产业结构的调整。其次，科技创新使产业结构中的新兴产业迅速崛起。科技创新使大量的新产品、产工艺、新设备应运而生，并形成新兴产业和产品。同时，科技成果广泛应用导致传统产业的改造。这些变化表现为：（1）科技在不同产业中的不平衡分布，导致产业部门间比例的消长变化。（2）科技创新产业的出现导致产业部门分化和重组，形成新的科技产业结构体系。新兴产业的比重上升根本改变了科技产业结构原有格局。最后，科技创新成果形成产业化，促使产业格局和科技经济力量对比发生变化，并在更大范围推动产业结构的高级化。

在这一过程中，科技创新及其成果转移，与区域结构配置和产业价值链的转移形成了一种互动关系。科技创新与价值链的方向改变一致，但在互动关系、不同的运作条件下，科技产业结构调整方向有所不同。一种是以核心能力和资产实力为基础，然后进行资金投入或产品开发，形成规模扩张，进而促进产业结构调整；另一种结构调整与之相反，它是根据市场需求，进行科技创新或技术引进，开发新产品，通过科技产业化发展以至形成规模效益，进一步影响科技产业结构布局及其调整方向。

4. 资源条件

资源条件及变化是科技产业结构不断调整的动因之一。资源条件包括有形资产、无形资产、人力资源。对于科技产业，资源条件及其拥有状况与资源配置是否合理是产业结构调整的重要基础。有形资产、无形资产与人力资源短缺匮乏，必然影响科技产业结构向更高的阶段发展。在诸多资源中，科技人员的数量、质量、专业结构以及研究开发经费对于产业结构调整至关重要。科技人员作为人力资源的知识资本，与资金投入一样都对产业结构调整起到推动作用。在科技产业发展初期，资金不足有碍于产业发展，但缺少人力资本（被认为具有创新的经济特性），特别是缺少知识资本，就必然影响其他投入水平，制约科技产业结构的优化升级。同时，科技设施、工艺、扩散能力及中介服务等的综合水平，对科技产业结构变化会产生影响。当然，自然资源等拥有状况，也是影响产业结构的重要因素之一。

5. 国际贸易

经济全球化及产业结构性“蜕变”，使贸易结构日趋高级化和服务化，制成品贸易中的高技术产品快于一般产品，服务贸易业中的知识产权转让、信息转让、软件技术贸易等迅速扩大；贸易发展不平衡，摩擦不断等。这些因素对科技产业结构调整产生明显的影响。各国之间研究开放、产品生产的相对优势的变动，引起产品结构、贸易结构以及产业分工格局的变化，进而带动国内产业结构的调整，对科技产业结构调整产生直接的影响。一方面将引导一国在科技产业或劳动密集型产业、资金密集型等产业进行结构性选择，或者进行战略性组合；另一方面，促进一国加快科技创新带动产业升级和结构调整，以适应国际市场需求和贸易结构的变化。在禀赋差异基础上建立的比较利益机制对科技产业结构变动的影响，主要有两种方式：引进国外先进技术和装备（产品），通过规模扩张和市场开拓，刺激国内科技产业结构调整，推动新兴科技产业的迅速发展，同时，加快优势科技产品的出口，获取比较利益并形成后发优势；通过科技创新和新产品开发，培育国内市场需求，促进科技产业的发展，同时，通过开拓国际市场，并将生产环节向国外转移，加快对国际市场的扩张和技术、资本的输出，将更为廉价产品的返回国内市场，促使国内产业市场需求的收缩，进而加速科技产业转型和结构升级。

比较利益和禀赋差异使以知识为基础的服务贸易业获得了迅速发展。知识服务贸易发展快于制成品，使知识服务贸易成为影响结构性需求配置的组成部分和基本途径，从而使科技产业结构变动与服务贸易形成一种增长能量巨大的良性互动关系。服务贸易的内部结构变化不仅引起科技产业结构构成比例的变化，而且带动了科技产业部门的功能地位发生了实质转变。知识服务，如研究开发、产品设计、金融服务、物流服务等跨越国界和企业界限，成为越来越多的科技企业从内部生产转向外部资源开发的新兴领域。

6. 投资结构

将投资因素纳入科技产业结构因素，主要是体现科技产业的高技术、高投入的生产力特性。科技产业投入结构具有阶段性、多样性、规模性和耦合性。由于科技产业创业周期的阶段性不同，相应阶段的投资价值结构也不同。同时，在科技产业发展阶段性，各个阶段的投资结构具有明晰的耦合关系。在数量上表现为不同阶段，如研发、产业化、规模化阶段的不同投入比重，以及相应投资价值的关系结构。在投资规模上，各个阶段的投资结构要满足科技产业发展的规模经济性、创新周期性等要求，构成科技产业投资结构系统化、合理化的发展过程。因此，从产业结构来看，实现产业转型还需要投资拉动等因素。虽然产业转型与持续创新来源于科技创新，但没有资本投入以及与“科技创新”和“市场需求”两个变量的有机结合，产业结构就不能通过资本运作，实现“结构性”跨越。在生产要素的各种条件中，创新等要素需要长期的投资，才能实现科技产业化并形成规模效益。科技创新在一定程度上决定着产业结构的调整方向并影响着组合模式，但其发展及组合的直接因素是投资结构、投资方向、投资序列和投资规模。而且科技产业越处于利润区的有效范围，投资效益越大，投资乘数越大，对市场需求结构规模及其变动趋势就越有影响。因此，在科技创新和市场有效需求的结合点上，规划投资结构和投资规模，从而寻求最佳的产业结构调整格局，是作为科技创新→资金投入→产业发展的组合选择的重要环节。从这种系统组合的关系来看，根据科技产业的发展及其需求规模，对优先发展的科技产业进行投资倾斜。通过吸引大量资金向科技产业聚集，实现资源的有效利用和产业结构的战略性调整。引导多元投资主体进行科技创新需求和市场需求相适应的合理投向，并建立符合产业价值链的投资格局。在这一过程中，投资结构的合理调整是以科技创新结构和市场需求结构为轴心的，其基本出发点并不是以结构扭曲的规模扩张来支撑产业结构调整，而是以系统结构调整产业结构，以实现科技产业的利润最大化以及合理产业布局。

二、科技产业结构优化

科技产业结构优化是实现科技产业升级和结构调整的重要标志之一。其中，科技产业结构合理化与高度化是结构优化的两大支点。二者共同构成了科技产业结构优化的基础及其演进过程。科技产业结构合理化是科技产业结构高度化的基础，科技产业结构高度化是科技产业结构合理化的目标。前者反映了科技产业结构在量上的客观要求，后者反映了科技产业结构在质上的客观要求。

（一）结构高度化

科技产业结构高度化是指科技产业结构从低度化向高度化发展的动态性递增的过程。它包括如下基本涵义：（1）产业高附加值，即产品价值中所含剩余价值比例大，具有较高的绝对剩余价值率和超额利润，属知识、技术密集度高的产业。(2)产业高技术，即在产业中普遍应用高技术(包括高技术与传统技术复合)。(3)产业高集约，即产业组织合理化，具有空间集聚、产业集群、技术集约的特征，有较高的规模经济效益。(4)产业高加工，即加工深度高。(5)产业高生态。即按照产业生态流程，实现生产过程再循环、再利用，表现为整个产业经济体系高效运转，绿色制造和循环经济。(6)产业高市场占有率。即产业具有较高的市场竞争力和开拓力，有较高的市场规模效应。

科技产业结构高度化的基本内涵表明，科技产业具有高技术、高增值、高市场占有率等特征。通过对原有产业结构调整或更新替代，表现为由新兴科技产业转换增值的过程，即产业结构发展由劳动密集型产业、资本密集型产业、技术密集型产业、知识密集型产业顺次转换，由低附加值产业向高附加值产业转变，由制造初级产品逐渐向制造中间产品、高端产品的产业转换。

科技产业结构高度化表现为结构性变动的过程，也表现在科技产业内部结构的变化。科技创新以及产业转移带来传统科技产品的成本和价格下降、收益减少，导致生产要素的流出和产业的收缩。促使产业内部结构从高耗材、高耗能、加工组装为重心的产业结构发展，向以低耗材、低耗能、深加工、高科技为重心的产业结构转移；从依赖劳动力为主的阶段发展到依赖资本为主的阶段，进而发展到依赖知识、科技为主的阶段，即产业发展的高技术、高加工度、高市场占有率和高附加值发展阶段。知识服务业在内部结构的规模日益增大，产业内部日益多元化和高度化。服务外包从研发、生产过程中分离出来，成为实现科技产业结构高度化的独立部门。

科技产业结构高度化，突出表现在层次结构、质量结构、素质结构的整体变化上。在产业结构的转换中，知识密集型的科技产业在结构中的比重日益提高。当科技产业内部知识累积达到了一定程度，在特定的情况下，以某种形式的突破或变革，使科技产业某个领域的知识结构和要素发生全局性变化，并使这一领域及其相关领域获得迅速发展，形成结构调整的新的要素。结构调整的规律与科技发展的规律紧密地结合，表现在不同时期的调整要素的更替及其科技关系和产业结构的变动。当科学知识结构的创新形成新的要素时，就出现了历史阶段性的飞跃，并促进科技产业结构的高度化发展态势。

（二）结构合理化

科技产业结构的合理化是指科技产业之间的协调发展能力和结构关联水平的动态过程。在一定的科技和资源条件下，资源配置结构及由此形成的科技产业结构在很大程度上决定了资源的产出效益。合理的科技产业结构不仅使资源得到优化配置，投入资源获得良好的产出效益，而且还能使全部产业获得结构效益，即在不改变现有科技水平和资源投入总量的情况下，科技产业结构比以前更为合理，资源配置更优而带来的那部分经济增长。另外，在一定科技水平下，部门间联系是经济增长的客观基础。实现这种部门间联系，是各产业在经济增长中协调发展的结果。因此，实现科技产业结构优化升级，需要对产业结构进行必要的调整。在产业之间建立合理的经济技术联系，以协调发展为基础，实现科技产业结构合理化。

协调发展是科技产业结构合理化的中心内容。科技经济作为一个系统、复杂的有机体，各产业部门存在千丝万缕的联系，这种联系，既存在于不同的部门和行业之间，也存在于部门和行业内部各单位之间，以及生产同类产品的各企业和同一企业的不同产品之间，甚至于企业内部的各道工序之间。因此，科技产业结构合理化是多元要素、不同部门和行业之间的综合协调的结果，是在多元要素结构与不同的部门和行业之间的互换系统中获得实现的。在相互转换中，不同的部门和行业及各个要素在协调中均与其他要素互为输出、互为适应，并以相互间的渗透、交叉和兼容，保持整个科技产业结构系统的均衡发展。

从协调发展角度，科技产业结构合理化需要进行以下把握：

1．结构目标协调。科技产业结构优化目标是结构合理化的最终目的。结构目标作为科技产业结构达到或要实现的发展方向和标准，就是为了实现预期达到的产业结构水平。结构目标协调目标正是基于这样的目的，由一个总的结构合理化和高度化的目标体系组成。它既包括多层次的具体目标的协调，又包括总体目标协调，并在科技产业结构合理化过程中始终符合整个发展方向和标准。

2. 结构重点协调。结构协调重点是指为了实现科技产业结构发展目标而确定的重点领域和重点内容。在科技产业结构调整阶段和运行过程中，一般都会有结构重点领域和相对重点内容。在科技产业结构调整的发展过程中，准确选择关键领域作为协调发展重点，可以“牵一发而动全身”，促进科技产业结构调整的综合平衡，协调发展。需要注意的是：要从科技产业结构调整的全局确定结构重点，正确处理好发展全局与结构重点的关系；兼顾科技产业结构调整的相关要素和比较优势；重视科技产业链的高端结构效益和在结构调整过程的突变环节。

3. 结构模式协调。实现科技产业结构合理必须先期进行结构模式协调，这是协调发展的基本要求。如果出现模式结构不同，矛盾加剧，就出现了科技产业结构的不协调。需要对结构模式进行修改，加强不同科技产业结构模式的重组和调整，使科技产业结构模式处于一个结构合理的体系中。在实现科技产业结构模式调整中，一般采取综合性调整手段，运用政策法规以及财政、金融和税收等杠杆，促使多元要素的结构模式经过修改和调整日臻完备。

对科技产业的结构目标、结构重点和结构模式进行协调，是科技产业结构调整过程中多元要素协调发展的一种形式，但更为重要的是，在具体运行过程中，目标协调、重点协调和模式协调也是在宏观协调中，不同的部门和行业之间结构合理变动及运行的微观反应，如科技产业经济协调发展目标，需要对科技产业结构进行必要的调整，在产业间建立合理经济技术联系，这些都需要重点协调和模式协调给予支持。通过科技产业结构的目标协调，给予重点协调、模式协调，使科技产业结构的协调重点和协调结构有所遵循、有所指向。

科技产业结构的协调发展，使得科技产业的结构目标、重点和模式在调整过程中聚合有序，合理配置。在科技产业结构系统中，各产业之间的联系和组合形成了不同类型的产业结构，并决定着资源转换能力和系统综合产出能力。其间，科技产业结构目标的协调发展，决定着科技产业结构的系统转换能力和综合产出能力。一般来说，科技产业结构系统越是聚合有序、合理配置，资源转换能力和综合产出能力就越强，科技产业结构目标的协调发展程度越高，产业结构也就更为合理。

三、科技产业结构调整动因分析

科技产业结构调整涉及许多因素，但本质是在战略、政策和法规等约束下，科学技术、市场需求和资本投向对科技产业结构调整的共同作用。其中，知识资本和资金投入对科技产业结构调整及变动具有重要影响。在进入科技产业结构调整的实施阶段，知识资本与资金投入作为要素组合投入，对科技产业变革给予共同的推动。在知识资本与资金的共同作用下，研究开发与创新对科技产业变革形成强大的推动。科学技术迅速进入科技产业经济领域，把新知识、新技术、新工艺变为直接的生产力，从而将科技产业结构水平提高到一个新的发展阶段。这种知识、科技与生产的紧密合作，使科技产业部门之间发生迅速变革与交替。同时，促使新兴科技产业孕育而生，传统产业得到改造，并引起科技产业结构的变化。这表明，知识资本投入是科技产业结构调整的重要源泉。

在科技产业结构调整中，市场机制对资源合理配置及产业结构合理化有明显的影响。作为科技产业结构调整的干涉变量，市场机制的功能在于，通过技术信号提供产业结构调整的决策咨询。利用市场信息、市场媒介、市场配置模式，反馈干预产业技术、产品、组织等结构性调整，以适应市场的激烈竞争。同时，市场需求的扩张或萎缩，影响产业结构的配置，激励新兴科技产业发展，抑制落后产业的生存，并促使科技产业结构获得合理的调整。

在科技产业结构调整中，产业政策是推动结构合理化、高度化的重要力量。为有效克服市场失灵，政府通过产业扶持、产业调整、产业技术、产业保护、产业组织、产业布局等政策，加快产业结构合理化、高度化的步伐，以期在尽可能短的时间内实现产业结构的优化升级。产业政策作为宏观政策的一部分，其制定的原则是本国的产业结构和比较优势、技术进步能力、市场化程度、资源获取能力、经济发展战略重点和世界产业发展的趋势。产业政策的根本作用在于通过政府的有效干预，为产业发展指明方向，有次序地开放本国产业领域，加速产业技术进步。

应当看到，系统要素在对科技产业结构调整发挥作用的同时，同样也受到各种条件的制约。这些约束条件，除了人力、物力、财力、消费水平、人员素质、技术体系、国际贸易和产业政策等，还涉及对要素的协调作用以及产业结构对要素的反作用。比如，如果不能将科技创新与市场需求结合起来，没有将科技产业与产业结构优化放置在优先地位，没有将科技、市场、资本与产业结构调整进行一体化改造，科技产业结构滞后状态将依然如故。因此，科技产业结构调整的推动力和诱发力并不取决于某一因素和某一要素的作用，而是取决于一组要素进入科技产业系统发挥调整的核心作用。所以，重要的前提是，根据国家科技产业结构现状与发展趋势，确定科技—市场—资本投向的重点、范围以及先后顺序。通过科技产业结构的高度化和合理化，实现产业经济的整体效益和协调发展。其运作行为主要表现；

1. 将科技—市场—资本作为科技产业结构调整及政策的基础。根据科技产业政策的设计，明确科技创新、资本运作的方向、布局和重点，形成有利于科技产业优化升级的合理结构和空间布局。

2. 通过结构协调实现结构效应。科技—市场—资本的结构协调既对整个科技产业结构系统有调控作用，也对系统内的各种要素进行控制（见图17-4）。作为调整的核心结构，市场对科技、资本起到调控和协调的作用，科技、资本又对市场的作用进行补充和调整、三位一体的协调将影响产业结构的协调发展。

3. 根据科技—市场—资本等要素禀赋条件，进行科技产业的改组、兼并、联合以及部门产业结构优化的政策实施，并根据科技产业比较优势和科技产品差别优势，重组产业结构、产权结构和布局结构，提高科技产业结构的转换能力和扩张能力，实现科技产业结构调整带来的结构效益。

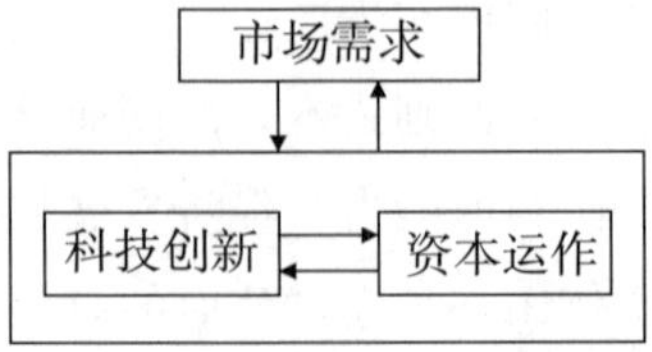

图 17-4　科技—市场—资本结构的产业协调系统

科技产业结构调整受制于多种因素的影响，既反映出科学技术、市场需求和资本运作的互动性作用，也反映出在不同运行机制下的不同干预效果，如政府干预的作用以及通过制定政策间接调控的影响。由于经济转型期市场、科技、资本的作用仍然有一定的局限性，政府政策的干预和宏观调控，有时对科技产业结构调整起到关键性作用。而此时，科技产业结构对科技创新、市场需求、资金投向等的反向作用极为明显。将会出现科技产业“宏观结构”调整至科技企业“微观结构”逆向调整的局面。这种逆向调整，如果产业政策和结构性规划符合国情及要素禀赋条件，有效地选择战略产业的基准，市场占有率和产业结构的转换力比较高，科技结构调整就会产生明显的结构效应，促进科技产业经济以较快速度增长。反之，这种逆向调整则将带来科技产业环节间的脱节，造成结构性失衡，引起科技产业发展的滞缓，并造成无效投入和资源浪费。所以，由于各国或地区发展水平不同，采取什么样的结构调整组合和模式，不能简单照搬国外模式。但基本原则是：在市场发育、科技成长、资本积累的过程中，为实现科技产业“微观结构”对“宏观结构”的调整作用，应采取阶段推进、渐进调控、系统配套的方式，政府采取的产业政策和经济手段的间接调控方式逐渐加强，而行政干预和指令性计划逐渐由间接调控方式替代。一旦市场发育成熟，科技进入成长期，资本积累和人才积累比较宽裕，就应当进入“微观结构”对“宏观结构”调整的良性循环过程之中。这种“微观结构”推动“宏观结构”调整的良性循环，对促进科技产业结构高度化、合理化，适应全球科技经济竞争及有效合作，加快科技—生产—市场的有效对接等具有重要价值。

第三节　科技产业结构与政策取向

一、科技产业结构性战略

科技产业结构性战略是规范和指导科技产业结构调整和战略转型的模式、路径和范式的总和。与一般产业战略特征不同的是，科技产业结构性战略不仅具有关联性、系统性、变异度等特质，还有赖于科技领先、知识共享、协调发展和制度创新等系统要素及其联系的有效支撑。

（一）结构战略要素

科技产业经济发展与结构性战略因素密切相关。一个国家提高结构性战略能力，可以大幅度地提高科技产业经济增长率。其间，科技经济增长、结构调整和产业提升是随着体制改革、人力资本的扩张以及科技促进产业经济增长的过程逐步进行的。促进科技产业结构的优化调整，前提是形成新的科技产业发展的战略要素。要素构成包括以下方面：

1. 科技领先。作为重要的战略要素，科技创新体系超出产业边际，扩展为直接影响科技产业发展的创新经济体系，并以创新存量构成产业经济结构调整的动力源。同时，拥有科技领先的国家掌握了产业核心技术和科技战略垄断权，利用科技领先的“全球多层网络”和产业转移，来左右发展中国家的产业分工结构和布局。

2. 知识共享。通过知识的社会化和知识共享形成科技产业经济的增长结构体系，加速推进知识资源的开发、交流和共享，在科技经济增长及其方式的转变中，新技术、新产业、新文化及其相关知识影响与日俱增。以知识社会化为基础，知识共享将在知识扩散、传播的基础上，适时改变产业结构调整的传统观点。在这个转变过程中，科技产业的知识共享及有效传播，知识的网络系统的完善以及相关新产业的崛起，在不同领域中起到十分重要的作用。在工业现代化向知识时代转变的时期，传统产业经济结构调整方式向以新技术、新产业、新业态为基础的科技产业结构调整升级，建立了以全球化的科技知识共享为基础的产业转型、技术应用和成果扩散体系。

3. 协调发展。协调发展由目标协调、重点协调、结构协调构成一种新的战略要素和结构。政府通过体制、政策和服务的“整体性”“综合性”“内生性”的发展聚合，努力创造一个有利于科技产业结构优化升级、协调发展的竞争社会。以协调发展的竞争机制，培植个性化、多元化的创新创业环境，从而使新知识、新技术、新产业、新文化层出不穷，促进科技产业经济一体化的迅速发展。

4．制度创新。科技经济增长及其结构调整更多地依赖于系统的制度创新。制度创新包括政策创新、机制创新和管理创新等。从科技产业结构调整角度，需要适应市场需求和经济全球化竞争要求，不断调整和改变应对结构调整及创新驱动的宏观科技经济制度，形成面向未来的创新体制和环境。同时，通过内部组织制度和运行机制的改革，建立对生产要素有效配置、适应宏观调控和市场需求的微观创新制度。

科技产业结构调整及优化的新要素赋予了需求约束、资源约束、环境约束和风险约束以新的内涵。科技创新及其知识系统在结构调整要素中的地位明显增强。其系统要素越来越表现为：学科交叉在更大范围和更大规模的实现协调发展，系统性、整体性和综合性的研究开发以及各个要素的彼此交融、相互渗透，创造出全新的科学领域和产业结构体系。结构调整及优化的战略目标是：通过结构调整促进科技产业转型升级，在实现国家利益目标、效率目标和发展目标的过程中产生重大影响。

（二）结构战略变化

作为一种转变经济增长方式的力量，科技产业结构调整及转型发展成为不可逆转的潮流。其间，科技产业结构调整主要由某一国家（地区），表现为某一标准模式和演化的趋势，转向受制于全球视角下的经济全球化、创新全球化等多种因素多种模式的影响。许多国家通过参与全球产业结构调整和分工，适应经济全球化的竞争，来实现产业结构升级和结构优化配置。在这种背景下，科技演变及产业创新成为一种无形变革的动力，不仅改变着科技产业发展的方向，也影响微观经济领域中的产业配置和运行模式的变动。以我国为例，这种变化主要表现在：

1．产业结构数量型向质量型转变

经济持续增长以及全球化带来的市场变化，使产业数量型结构调整已难以为继。20 世纪 80 年代以来，虽然我国加强了对基础产业和基础设施的投资，通过投资拉动，加快基础产业与基础设施的发展，为产业结构质量型调整奠定了基础，但到 20 世纪 90 年代中期，在全球金融危机及经济结构变动的冲击下，我国产业结构的深层次问题再次爆发。产业结构矛盾直接表现为产业结构趋同、项目投资重复、产品大量积压、企业效益下降、失业率递增等。其间，以产业结构比例数量调整的方式效果并不明显。进入21世纪，随着经济规模的不断扩大，能源、资源、生态环境对经济增长的约束逐步加大，地区之间发展的不平衡日益突出，经济社会发展面临着一系列重大的瓶颈性约束。这表明，经济增长方式及产业结构不仅发生了深刻的变化，而且被动进入了质量型结构调整的阶段。这一阶段产业结构调整和战略配置来自金融危机对产业转型升级的影响以及全球能源、资源、生态、市场环境的压力。其间，科技创新、技术演化及产品生命周期缩短，试图引进科技获得产业升级和高额利润的努力越来越困难。在这种结构状态下，只有实现要素最优配置，推动产业结构升级和质量扩张，才能解决这一阶段的矛盾及问题。

2. 产业结构干预型向市场型转变

进入全球市场经济运作阶段，国家在供求总量平衡和产业结构调整过程中的直接干预相对减弱。结构调整已经不是简单地对产业比例结构进行协调的问题，而是产业结构调整按照市场需求寻求结构调整的空间和位置的问题。产业结构调整被市场需求结构性调整所取代。市场需求与市场机制成为产业升级和结构调整的基本功能及主要方式。在这一过程中，随着国内外经济增长环境变化，我国以市场需求拉动产业转型与结构调整的运作方式加快形成，在“一路一带”倡议及供给侧改革的带动下，产业供给、科技供给、资本供给、服务供给进一步配套化，促使国内产业结构优化升级。但与此同时，在市场化进程缓慢的地区，行政性过度干预仍然在发挥作用，产业结构调整和战略配置采取指令性方式；而在市场化程度较高的地区，产业结构调整和战略配置主要按照市场需求规律进行调整，政府主要提供产业结构调整的环境建设、中介服务以及政策导向等功能。

3. 产业结构封闭型向开放性转变

产业结构调整不仅受制于贸易依存度、科技依存度、外资规模以及市场变化的影响，还面临创新全球化和科技产业本土化对产业转型发展的影响。从全球战略高度看，尽管产业结构进入全球性调整将面临一些风险和挑战，但来自国内外的压力将加快我国产业结构调整。由于我国产业结构调整与国际上存在明显的差距，实现开放性产业配置和结构调整，将会改变长期以来封闭型的结构调整，形成“水涨船高”的产业升级和结构调整态势。我国产业结构在对外开放，参与国际分工和市场竞争的环境下，形成差别优势、比较优势和竞争优势，将促使生产结构、科技结构、人才结构适应全球市场需求结构的变化。经过对外开放或产业国际化发展以及产业转移、产业升级、科技引进，提高企业竞争力，吸引国外企业来华投资，使国内市场成为国际市场的重要组成部分。进而实现本国产业在全球范围的合理布局、结构升级和战略调整。

（三）结构战略特征

科技产业发展得益于独有的创新驱动模式，契合了产业转型与结构调整战略的合理节点及速度。科技产业转型及结构调整就呈现出“快三步”态势。通过破除发展瓶颈，寻找转型升级与结构调整的交集点，推进创新与产业、技术、资源、资产、资金等要素的系统整合，加快“府、产、学、研、资、介”链接配套，实现产业创新和技术融合之间的有机对接，进而实现科技产业的供给侧及梯次转型升级。其结构性战略有如下特征：

1. 非传统跨界与科技产业转型

研究证实，全球性创新驱动转型、产业结构调整从未间断过。进入新时期，全球经济发展再次进入科技创新和结构调整的阶段。在发展中国家或地区以布局扩展为中心，实施结构调整和转型升级时，发达国家新一轮的产业转型与结构调整，由传统产业转向资本密集、技术密集型产业，转向“大数据、网络型、智能化”的发展阶段。科技经济生态系统的技术边界、资源边界、市场边界、体制边界进一步趋向模糊，形成了跨界、跨行、跨学科的资源融合与创新系统演化。一些科技企业充分利用率先进入数字化、网络化的超前优势，从直接生产制造领域转向以输出知识产权、专利技术、品牌服务为主的委托研发、生产加工、资源重组等。有关研发、生产、制造、研发及零部件配套等，向全球范围实施转移或外包。这一阶段，伴随着“大数据、网络化、智能化”的创新发展模式在国内外的推行、实践与扩散，依靠个人或数人的主流研发模式愈发成效式微。“大数据、网络化、智能化”的系统创新模式及其在产业结构调整与转型发展中的实效，使科研成果转化与产品开发的融合性、信息化、集聚度越来越高，一个最终科技创新产品，往往依托多学科人才资源的跨界合作，以及数百项甚至成千项专利、技术的集成，上万件零部件组装配套链接，构成了系统复杂的科技成果商品化、产业化、市场化的全过程。它印证了科技创新和产业转型的能力，不仅取决于具备扎实专业知识的科技人才的培养、资金投入的强度以及科研项目的组织、管理与协调能力，而且越来越取决于系统创新及产业创新生态体系的建立。

2．供给短板与科技产业转型

以创新驱动和空间结构调整为主线，形成了产业转型与结构调整的一系列重点领域。以我国为例，以创新驱动与产业转型升级为重点，主要集中在科技含量高、附加值高、有市场潜力的电子信息、生物工程、新材料、环保装备、轨道制造等领域。按照国际产业结构调整和科技转移的趋势来看，这些科技产业领域将通过创新驱动转型战略的实施得到迅速的发展，并已形成了新的利润增长点和新兴产业替代群。其间，由于一些地区的产业重点相似、类型趋同，造成布局重叠、结构相像。为推进产业竞争过程中寻求产业创新的“富矿区”，抢占科技产业发展的制高点，加快结构性战略调整，在发展规划指导下，要重点解决科技产业结构趋同等问题，实现供给层次不同、转型升级效率不同。应迅速进入科技产业的前沿竞争领域，加快“转方式、调结构”，赚取高于社会平均利润的高利润。由此可见，科技产业发展虽然具有多种竞争因素的制约，但还得益于独有的创新驱动战略、模式及路径以及科技产业转型升级与结构调整的合理节点及速度。创新驱动滞后，科技竞争力与结构调整难以协调发展，不仅引发创新生态出现系统性瓶颈，而且造成发展战略脱节于“补短板、调结构、促升级、推重组”。因而，产业转型发展要紧密依靠存量调整与供给侧改革，形成创新结构以战略性新兴产业为主导，具有规模经济效益的高科技、高附加值、高市场占有率的产业形态。

3．瓶颈破除与科技产业转型

实现科技产业转型升级与结构调整，国际上通常是依托国内外创新资源，将科技园区（圈）做强、做大，促进科技产业转型与结构调整。同时借助创新全球化和科技产业本土化，在研发创新、生产基地布局之机，合理引进科技产业项目，形成新的产业支柱和发展布局，促进科技产业结构升级。在转型发展与结构调整方面具有明显的短板或弱项。其原因是，虽然出台了一系列发展战略与推进政策，但落实到某些地区及领域，一些战略性、全局性的问题依然是悬而未决，如战略定位、体制改革、评估标准、政策配套等问题。此外，转型升级迟缓、服务方式落后、运作效率低等发展瓶颈问题，导致战略不到位，政策不落地，制约了科技产业转型升级进度。为此，必须通过破除结构战略发展的瓶颈，积极寻找创新驱动、转型升级与结构调整的三位一体结点，以区域创新和战略性调整，全面解决创新与产业、技术、资源、资产、资金等要素的系统整合，加快“府、产、学、研、资、介”链接配套，实现产业创新和技术融合之间的系统对接，构建以企业为主体、市场为导向、“产、学、研、资、介”相结合的创新体系，实现科技产业转型升级。通过科技企业的核心竞争优势，提升科技标准和产品附加值。以科技园区为核心的布局优势，实现科技引进、自主创新、成果孵化的链接配套，进一步弥补产业结构短板，实现科技产业的做大、做强。同时，加快科技产业领域的链接衍生，推动科技产品结构调整，提升产业结构优化水平。加快以市场效益、产品利润和成本为核心的科技产业转型与结构调整。

（四）结构战略配置

科技产业结构调整使其战略视角发生深刻的变化。各国市场的相互开放、贸易壁垒的降低等，使科技产业专业化分工越来越细，科技产业经济与科技的相互依存和联系日益密切。创新全球化使创新资源和成果跨越国界，以极快的速度在全球得到传播和蔓延，大大推动了科技产业化的进程。这些发展与变化促使国家和企业的经济利益越来越依赖于科技创新能力及在全球范围的战略配置，进一步凸显出整体性、开放性和关联性特征。

1. 整体性。从全球产业和科技发展趋势来看，经济全球化的浪潮，促使科技产业发展与全球产业结构调整将趋向整体性发展，科技产业在结构调整中充分利用创造财富的战略性资源，加快信息化、科技化和服务化在产业结构调整中的战略整合，形成以科技产业为中枢的产业结构循环和集群纽带，并组合成多层次的、以“模块结构”（独占性、主导设计和互补资产）为基础的科技组合和经济增长群体。科技产业在结构调整中的整体性影响，更多表现为科技产业在区域贸易和市场需求构成的科技投入产出关系上，突出表现在产业科技结构的整体性转换和调整上。例如，一国和地区产业结构组合形成的网络构成，以及在经济全球化和跨国经济的产业分工，使科技产业在结构调整与升级中的内在结合，进一步显示出它在结构调整中的整体性特征。

2．开放性。在经济全球化的背景下，一般各国产业结构大多是一种开放型结构。作为一个开放体系，科技产业在结构调整中与其他产业结构体系相互依存、相互联系，以科技产业本土化和创新产业化形成了一个跨国界的产业经济体系。这个产业经济体系是一个开放型的经济体系。它在国与国、国与区域之间，存在相互影响的产业经济与科技的广泛联系。通过无形资产及资源转移，科技渗透和科技产品市场的迅速扩张，导致科技成果转化率和产品的市场占有率不断递增，不断提升科技产业在战略配置中的重要地位和广泛影响。科技超越国界的战略配置和产业布局，形成了整体性开放和全球产业结构系统的有机组合，而且作为一个开放型的经济体，必然与其他产业结构体系在开放的过程中发生互动关系，进一步促进产业结构调整与转型升级。

3．关联性。关联性是产业系统性、整体性的有机补偿和丰富。系统的有机联系一般表现为系统的一定结构。产业结构的有机联系表现为不同层次、不同侧面的关联，由此，产业关联是战略配置选择的主要组成部分。表现在战略配置中的变化现象一般都是产业之间及其结构性问题。因而，产业的关联性对战略配置及其结构调整有极大的影响。在产业关联的诸因素中，科技是产业关联的本源要因。产业结构调整能否成功，一国经济增长方式能否迅速转变，关键因素之一是科技产业在结构调整中能否具有关联、渗透作用和拉动能力。虽然各个产业部门在结构调整中都是独立的，但对产业经济整体考察，战略性资源的扩散、转移，科技产业的消长，对产业结构调整乃至整个经济增长方式都会产生重大影响。

以上结构调整与科技产业发展有密切的关系。首先，结构性变动的目的是以科技产业的创新、升级和调整，实现科技发展与产业经济跨越。结构调整的长周期数量分析证明，一般发展水平低、发展潜力大，结构性变动就越具有重要性，产业结构调整的力量和成效就愈加明显。其次，在市场完善、资源配置和结构变动余地较小的地区，实施产业结构调整与战略调整，可以通过充分利用结构调整形成的要素发展空间，促进产业环境的变化和经济增长方式的转变，加快由单纯追求产值增长转向速度、效益的同步增长。最后，全球经济转型不仅迫使发达国家加快战略调整步伐，而且促使参与全球竞争的传统产业进入战略性调整阶段。结构调整和自主创新就成为加速产业经济增长方式转变的两个主要因素。

（五）结构战略路径

结构性战略配置的标识之一是科技产业在产业之间的比例关系结构的调整。科技产业在产业之间的地位通过产业间的比例关系获得反映。从动态来看，科技产业在各个产业部门中发展规模、增长速度以及贡献率是结构性配置及其影响的基本标准。科技产业与其他产业在结构配置中的比例变动，表明以科技创新和产业更迭为主体的结构调整具有战略配置的特征。它反映出科技产业及其结构调整的基本素质，通过自身结构调整对经济增长和效益所产生的影响，体现出科技产业在战略配置中的功能作用和结构调整的效率。因此，科技产业主要通过产业结构中的合理配置及布局优化，实现产业结构的现代化和高度化，并发挥战略配置和结构调整中的“矫正缺陷”作用，形成科技产业升级和比较优势的战略配置及其路径。

1．多元战略配置

面临市场需求的结构性与多元化，科技产业发展需要遵循多元发展的配置原则。利用国内外科技资源、风险投资以及人才资源，科技产业化的战略配置必须与市场需求结构、生产方式结合起来。具体来说，科技创新形成的产业配置格局既要规模化，也要多元化和结构合理化。就科技产业配置看，创新全球化的趋势将科技创新及其产业化要素，由过去的一国配置变为全球范围的多元配置。基于“结构升级和结构性战略调整”的目标，科技产业的多元配置通过科技产业市场化的扩张，拓展产业发展空间，实现产业升级和结构调整的战略。其中，利用国内外市场多元化、科技多元化的资源重组，引进全球科技资源并与国际上其他生产要素结合起来，实现比较优势和核心竞争力。在这一运作过程中，不仅需要多层次、多方位参与国际科技合作和产业分工，还需要通过实施结构性和差别化优势，加快科技产业内部结构的重新配置和调整，即一部分高科技产业形成水平型专业分工，进一步寻找在高科技领域参与国际分工和市场竞争的机遇；而另一部分资本、科技密集型产业通过科技创新和科技升级，改变产业科技结构和产业价值，加快进入产业利润富集区和产业水平分工领域，形成科技产业多元战略配置的高端区。通过多元化、多层次、多方向的国内外科技产业结构调整和配置，促使科技产业在专业化生产的同时在国内外市场多元化、多层次地展开，使生产要素、科技要素禀赋的各个方面获得充分开发和利用。特别是国际分工之间形成一个良性互动机制，使科技产业在多元战略配置中推动整个产业升级和结构调整。

2. 科技领先配置

以科技领先带动产业升级，实现科技领先带动的战略配置，是实现创新驱动与转型发展、结构调整的主要路径。其中，是先进科技带动产业升级，还是产业带动科技进步，是一个亟待选择的问题。在宏观领域，一种观点认为工业化发展阶段难以超越，结构调整的重心只能放在工业化过程；另一种是做一个“快速模仿者”和科技机会主义，沿着高科技、低价值的发展路径，进行短周期、快回收的结构调整。两种观点莫衷一是，使“科技领先带动战略”陷入迷茫。在结构调整中，科技领先的内涵演变为“引进科技装备领先”和“引进产品应用领先”。比如，一个国家或地区的工业加工、工业物流、工业设计、工业创新的信息化与计算机和网络设备制造业相比，服务信息化（出版、广播、通讯、数据处理以及其他信息服务）远远走在前面，出现了重消费、轻实体、去创新的消费主义倾向。[①] 浮现出脱离科技领先、脱离制造业基础，片面发展虚拟经济并带来泡沫化的不良现象。因此，科技领先带动将通过自主创新改变工业化发展中沿袭传统工业化发展的老路。通过科技领先带动的战略配置，促进科技产业化和经济

---

① 消费主义（consumerism），是指人们一种毫无顾忌、毫无节制的消耗物质财富和自然资源，并把消费看作是人生最高目的的消费观和价值观。

集约化发展。其中需要解决的是：明确科技产业的发展领域和关键性项目选择；围绕产业转型和结构调整及新兴产业的培育，创新科技、引进科技和服务科技；集中资金用于科技产业的战略性结构调整和规模扩张，促进传统产业的创新发展和转型升级。

3. 互动合作配置

经济全球化和创新全球化，促使各国或地区科技、产业、贸易和投资形成更为紧密的互动关系。从全球角度，新的生产方式和跨国公司在全球范围的配置，客观上改变了传统的产业分工的模式，也改变了一国产业结构布局和战略配置方式。从全球战略和比较利益出发，根据自身比较优势和竞争实力，不再局限于本国产业结构的有限调整或选择，而是与全球范围接轨，有利于本国科技产业发展和高附加值生产环节，将低附加值的劳动密集型产业逐步转移到发展中国家，形成新的创新分工、产业分工体系，进而建立起本国在全球范围的战略控制手段。在全球产业格局下，发达国家改变了早先的产业升级和结构调整模式。在“争取数量增长，还是利润增长”的选择中，发达国家产业在全球互动合作的战略配置由市场份额转向利润富集区。一方面将劳动密集型、资源消耗型产业转移到发展中国家，利用发展中国家的廉价劳力和丰富资源，获取比较利益；另一方面，在国内加快研发创新，进一步发展高科技、高附加值、高成长率的科技产业，掌控设计、研发、生产和销售等关键环节。充分利用全球化战略转型时机，加强产业转移和科技创新的互动合作，通过利用全球资源、资金、科技和战略联盟，引入科技产业的技术、资本、人才等资源，促进一国或地区将较高附加值的科技产业进行转移，使得科技产业与全球产业升级和结构调整同步，以便保持产业科技的先进性和带动性。

4. 协调发展配置

产业发展的不平衡，地区结构较大差异与产业分工的不合理性，亟待区域协调发展和战略的有效配置。从全球区域发展角度看，发展中国家的科技产业发展与发达国家存在落差，但发展中国家或地区可以利用人才优势、资源优势和成本优势，吸引国内外资金和科技转移，也会形成产业升级和结构调整的高潮。因而，认为发达国家或地区科技产业结构性调整是顺应全球产业分工变化，形成地区产业经济与外贸的相互促进和良性循环，引导丧失比较优势产业向发展中国家或地区转移等，显然是一种无视全球化和网络化发展的观点。事实上，尽管发展中国家或地区的优势集中在自然资源、人力成本、市场空间和工业基础，但对发达国家产业最具有诱惑力的关键，是发展中国家或地区的廉价的人力资源、工业基础和市场潜力。在经济全球化的背景下，科技产业空间配置并不存在区域性的障碍，也不需要“梯度转移”，反而有可能在项目投资、科技合作、产业配置、战略联盟等领域迅速实现空间跨越，将资金、项目和技术投入发展中国家或地区，使之成为参与经济全球化和创新全球化的重要地区。

5. 需求推动配置

市场需求推动科技产业配置是市场化发展的必然结果。由于一国或地区市场成为全球市场的组成部分，科技产业结构调整越来越呈现出全球市场竞争的态势，并导致需求结构调整和运作机制发生深刻的变化。从长远来看，资源配置和结构调整更多地依赖国内外市场需求结构变化，而不是简单地以国家干预行为来进行结构调整。然而，在市场需求结构调整过程中，市场竞争的缺陷和“市场失效”现象也亟待政府的有效调控和产业政策的指导，特别是国家经济转型和产业结构调整时期，在结构矛盾比较突出、市场机制尚不健全、企业国际竞争力不强的情况下，需要以市场需求为导向，加快产业政策、投资政策、科技政策等方式转变，在一些关键领域，有重点、有选择地围绕“科技领先带动”的产业部门发挥引导作用。如对科研设施建设的支持政策和直接参与行为；通过优化产品结构、提升产品质量，完善科技产品的采购政策；基础科学研究、高新科技开发和科技产业化发展的支持政策；在完善信息市场和直接提供信息方面的支持政策和参与行为；为维持竞争而制订的反垄断政策等。

（六）结构调整趋势

科技创新以及科技产业的规模扩张与发展，推动了全球范围的需求结构变动，并影响着技术、资源与资本的流向。这一显著的战略变化是，科技产业结构调整出现了以利润、成本和知识为中心的创新全球化和本土化的结构调整态势。

1. 以利润为中心

从经济全球化发展阶段来看，科技产业结构调整主要以科技产业发展为重点，集中在科技含量高、附加值高、有市场潜力的电子信息、生物工程、新材料、新能源、高端制造等领域。科技产业链上开始从生产下游阶段逐步向上游追溯。通过引进先进技术和设备到逐步实现原始创新，产业进入技术含量较高、附加值较高的结构水平和发展阶段。通过“科技创新带动”和“科技产业承接带动”战略的实施，形成了一个新的利润增长点和科技产业替代群。主要表现：（1）“科技创新带动”和“科技产业承接”与国内科技产业结构同步调整，将使科技产业链的上、下游关系发生“水涨船高”的调整。科技产业转移地区的产业科技、创新成果向产业承接地区转移，不断提升科技产业结构水平。（2）“科技创新带动”和“科技产业承接”的结构调整与国际科技产业结构同步调整。即通过建立与跨国公司、大学、研究机构在产业技术战略联盟，加快新兴科技产业发展，提升信息、生物技术、新材料等高科技和高附加值的产业结构。

由于生产要素向具有比较优势的科技产业迅速集中，越来越多的国家或地区从低价格、低层次的趋同性竞争转为寻求科技产业“富矿区”的盈利性竞争。在抢占科技产业制高点、寻求产业结构差别优势的同时，由于追逐利益而可能出现科技产业结构趋同等现象。但是，在市场经济的竞争法则下，科技产业结构趋同形成的市场竞争，又是战略控制、结构调整、盈利模式等综合竞争力的较量。从创新能力、产业分工、结构水平等差异以及市场需求结构角度，如果科技产业的核心技术、关键部件、原创设计和品牌价值不同，必然会形成不同的产业竞争平台和盈利空间，获取不同的产业经济利润。因此，科技产业及其产品和服务具有独特性，并具有巨大的市场需求潜力，有较高的效益。假如不低于产品平均利润率，产品技术水平高而又求不能供，在科技产业结构趋同竞争中并无大碍。科技创新领先、产业结构水平高、战略转型快，做到“同类不同项，同项不同质、同质不同利”，就必然进入科技产业竞争前沿领域，获得高于社会平均利润的高利润。

2．高位嫁接

科技产业结构升级和科技产业迅速发展，大多受益于科技创新本身。科技创新无疑是推动科技产业结构变动并获得收益的核心，但创新效率和资本运作却往往是科技产业迅速发展和提高收益率的关键因素之一。其间，收益最大、增长最快的高技术企业，与企业成功利用资本运作和实施并购战略有密切的关系。由于创办新兴科技企业的速度较慢、周期较长并具有不稳定性，以资本运作方式实现企业并购并获取知识附加值，是工业过程中进行资本运作及其战略的一种重要的战略方式，也是迅速形成聚集优势和规模优势的主要动力。

不同的是，在工业化发展过程的不同阶段，资本运作的对象有所不同。在工业化初、中期阶段，资本运作和企业并购的主要目的是实现产业规模扩张和提高市场占有率。从扩张水平来看，由于科技贡献率和科技产业化水平较低，资本运作的对象一般有两类：一类是投资创办同类企业，以扩大生产规模、降低产品成本、满足市场需求形成竞争优势；另一类是围绕产业布局和产业结构调整，创办新企业以满足产业分工以及市场不断拓展的要求。在工业化后期，资本运作进入产业技术“升级换代”或“能级跃迁”的阶段。这一阶段的资本运作是以获取知识价值、开辟新技术领域、开发新技术产品、创新新兴产业为主要战略目标。

3．创新全球化

创新全球化与经济全球化紧密相联，在争夺经济权利、科技市场份额和产业结构调整中日益发挥重要的作用。在创新全球化的过程中，企业跨国化是创新全球化及其战略配置的最重要的表现。经济全球化中获得的巨大收益，大多来源于创新全球化和科技产业本土化的战略的实施。通过对全球范围的技术资源利用，发达国家获取了大量所在国的先进技术和市场知识，并通过企业科技创新和科技产业本土化战略的结合，使其形成新的知识优势和核心能力。发达国家企业实施创新全球化和科技产业本土化战略，保证了对全球范围的科技资源的有效利用，并产生以下结果：（1）全球大量的科技资源包括创新全球化的资金和人才主要流向美国和欧洲等发达国家，收益最大的是这些国家的跨国公司；（2）投资者为争夺全球市场，加快在全球范围内选择最适合的地区进行产业配置和研究开发投资，对所在国家和地区的科技系统和科技力量带来严重的冲击和分化；（3）利用发展中国家低廉的科技创新资源和低成本劳力资源，发达国家向发展中国家出口具有高新技术的高附加值零部件，组装成品后进入全球市场，以实现高技术、低成本扩张，提升竞争优势，利用高技术附加值获得高利润收益，并降低商品价格，抑制本国通货膨胀。

4. 产业本土化

"产业本土化"是产业转移方寻求合作的一种战略协调模式。在一定程度上，科技产业本土化有利于全球产业转型升级与所在国产业结构调整。需要解决的是，如何将技术、生产、营销、管理等全方位融入所在国产业结构调整与转型发展，实现全球化技术和知识的流动与发展中国家的技术与知识的互动，以及产业配置、产业结构与科技产业本土化的有效结合。如果产业转移、知识流动以及本土化发展，不能形成"水涨船高"的态势，就可能使技术溢出与知识资源在所在国付之东流。而发达国家采取强化知识产权壁垒等措施，给发展中国家的产业结构调整以及产品出口带来了一系列不利影响。因此，充分利用创新全球化和科技产业本土化的战略，抓住技术、资金和人才等方面合作的机遇，辅之以战略决策的正确选择，发展中国家才有可能通过产业技术的战略性跨越，缩短与发达国家在产业技术、产业结构等方面的差距，实现产业结构调整与转型升级。

上述论述表明，科技产业结构调整和战略配置是一个复杂的过程。在经济全球化的条件下，建立起清晰的战略框架，解释科技产业升级和比较优势的战略配置及其路径，有时并非易事。事实上，通过结构调整、战略配置实现科技产业转型发展的讨论，主要是试图给予全球化背景下的转型路径及范式的多种选择，使之处于一种有利的战略地位，避免科技产业并未适时响应外部环境变化而发生"滞后效应"。要说明的是，实现这样的目标，需要将本国或地区的科技经济体系纳入全球范畴，彻底改变以往的结构调整及战略配置方式，设计出符合全球市场变迁的开放性模式、产业转型制度、结构调整机制、有效战略行为等，真正建立起可持续创新、适应全球市场变化的战略配置及运作体系。

二、科技产业结构政策

（一）科技产业政策

科技产业政策是科技产业经济体系的重要组成部分。科技产业政策的内涵和外延相当广泛，从功能角度划分，其主要政策构成包括科技产业的结构政策、科技产业的组织政策、科技产业的技术政策、科技产业的区域政策等。其中，产业结构政策是产业政策的核心。

1. 结构政策

是指调整科技产业各部门的比例关系，通过资源的有效配置，不断促进科技产业结构优化和高级化，确保科技产业结构动态合理性的政策。它是科技产业政策的核心。主要功能包括：各个产业部门及其内部的比例关系；各个部门及其内部构成的相应效应；产业部门及其内部构成的转换等。

2. 组织政策

是指政府为优化科技产业内资源的有效配置保证公共利益调整和干预产业内企业间关系和企业市场行为推动科技产业振兴所采取的公共政策的总和。主要功能包括：促使微观组织达到最佳规模，消除规模结构不合理导致的不经济因素；推动各个层次的产业部门加深专业化分工和有效合作等。

3. 技术政策

是指国家对科技产业的技术创新及成果应用转化等发展实施指导、选择、促进与控制的政策总和。它以科技产业技术为直接的政策对象，是保障科技产业技术适度和有效发展的重要手段。主要功能包括：提高科技利用的经济效率促使科技与产业经济紧密结合起来；推动科技产业更替换代，提高科技对产业经济增长的贡献；实现产业技术结构内部的协调发展，避免差距扩大化等。

4. 区域政策

是指根据科技产业的区域差异而制定的，促使资源在空间上优化配置、控制区域差距过分扩大，以协调区域间关系的一系列政策之和。主要功能包括：促使产业转移在区域之间的转移，形成区位性的产业创新的格局；优化产业功能的区位配合；形成具有特色的区位优势，实现产业结构区域组合的效益最大化等。

此外，科技产业政策还有一些辅助性及特殊功能性政策，如人才激励政策、劳动就业政策、环境保护政策、国际经贸政策等。实现科技产业结构调整乃至优化升级的目标选择是通过各项产业政策的系统组合和协调发展达到的。在科技产业结构的宏观管理过程中，由于阶段性目标不同，科技产业政策的功能性应用也不同。

（二）结构政策约束

调节科技经济及社会总供给的政策工具一般称为结构政策，包括产业政策和科技政策等，旨在改善一国的经济结构和产业结构，提高产品质量，降低生产成本，增强社会产品的供给能力。结构政策约束是建立在产业政策约束和科技政策约束基础上的。科技产业结构政策是科技产业政策的重要组成部分，与其他政策构成了科技产业结构的政策约束体系。

1. 效益、质量的结构政策约束

在科技产业结构调整中，能否形成差别比较优势，进入最前沿、高于平均利润率的行业，并避免低水平和低附加值产品技术引进、生产的跟风，是科技产业转型升级与结构调整的关键。提升科技产业经济效益和投资附加值的标准，是科技产业结构政策约束重点，也是加快科技产业升级，提高产品附加值和规模经济效益的关键环节。科技产业结构调整有赖于资金投入和项目引进，但要避免“虚高”和“盲进”等问题。对于低附加值、供过于求和生产能力严重过剩的项目和生产线，既不能盲目承接和引进，又需要加快置换调整和实行限产压库或对外转包。

2. 投资结构政策约束

科技产业投资结构约束主要表现为：（1）不是在原有结构和科技水平上的规模扩张，而是通过技术升级带动产业结构调整，满足市场需求和有利于形成科技产业经济效益。（2）促进科技创新资源的有效开发和利用，加快形成知识生产的系统优势。（3）有重点、有选择地进行投资扩张，抓住关键环节促成产业升级和结构优化调整。通过推动资产和生产要素向创新产品、名牌产品及比较优势产业集中，扩大质高、利好、附加值高的产品市场规模及市场占有率，为科技产业结构调整创造组织和技术条件。需要关注的是，在转型期将创新链、生产链和投资链有机地结合起来，使投资通过创新链和生产链寻求更大的增值链，并带动产业转型和结构的战略性调整。充分利用创新系统和本土化的生产系统，积极参与全球产业结构的分工与合作。只有符合一国产业结构演进规律，将投资链与生产链和创新链进行有机组合，才能促进产业结构的有序演化，不断趋向高度化转型。将投资链、生产链和创新链分离，虽然大量、持续的投资可以影响一国科技产业结构变动，但有可能造成科技产业结构扭曲和存量低位变动。

3．资源节约结构政策约束

建立资源节约性、循环经济是科技产业结构的政策导向。通过科技进步推动科技产业结构调整，其路径之一是发展循环经济，调整经济结构，扭转高消耗、高污染的粗放型经济增长方式。资源节约结构调整包括对产品结构、产业结构、地区结构、城乡结构等的资源结构调整和优化。运用信息化带动工业化，建立以高新技术产业为先导、基础产业和制造业为支撑、服务业全面发展的产业格局。利用科技产业资源结构约束政策和法规，不仅推动以传统企业引进技术或自主科技创新方式的嫁接，更要充分发挥产业集聚和工业生态效应，围绕关键资源发展相关产业，形成资源循环利用的科技产业链。突破一批对结构调整构成瓶颈性约束的关键技术，在资源能源领域大力开展提高效率、循环使用和废弃物资源化利用等关键技术的研发与工程应用示范，促进各种相关技术成果的融合汇聚，形成具有市场竞争力的绿色产品和产业。

4．产业结构政策约束

以结构优化升级推动科技产业结构调整，扶持有未来发展前途的新兴科技产业的发展，调整和推动衰退产业的转移。在结构调整中，紧紧地将“高科技”和“高附加值”作为产业结构优化的主要标准，并在具体实施中加大体制创新和机制创新，将“内经”“外经”和“科技”统一纳入产业结构调整的体系中，实现“三者合一”的有效集成。国家科技政策为产业研发活动创造条件和基础设施（比如通过国家设立的基础研究机构和促进科研成果的产业化），通过以科技产业为导向政策，选择一些特别具有战略意义的技术领域进行扶持。进而以结构政策突出结构变革对产业优化升级及经济增长的贡献。

5．环境保护的结构政策约束

将生态环保因素纳入科技产业结构调整及其决策的系统考虑之中，通过动用税收、价格、信贷等经济杠杆手段，对高耗材、高耗能、高污染、低效益的产业，以及不符合产业政策的企业和项目进行信贷控制，以绿色信贷机制遏制这类产业的盲目扩张。以环境保护和循环经济理念指导科技产业结构调整、产业转型和对老工业基地的改造，促进科技产业结构的生态化以及产业转型与可持续发展。

在以上结构政策约束的基础上，要以制度创新和战略性调整为主线，寻找科技产业结构升级与战略调整的结合点，转变结构调整的传统方式。通过“提升产业强项、弥补产业弱项、填平产业缺项、拉长产业长项”的结构性运作，推动科技产业“组织扁平，技术提升，链条拉长”，加快科技产业领域的市场扩张，不断提升产业结构、需求结构和资源等系统结构水平，实现科技产业升级和结构调整。

（三）结构政策重点

从产业结构政策的角度，科技产业结构性调整一般采取以下两种方式。一是惯性结构调整。在市场经济条件下，继续延伸产业经济调整的传统模式，按照原有的产业布局进行产业扩张和数量配置。二是创新结构调整。按照国内外市场的需求，基于系统创新方式加快科技产业升级和结构调整。实现科技产业资源优化配置。其中，关键是要适应创新结构调整趋势，避免错误的产业政策导向，如：（1）以粗放、简单的规模扩张、技术引进或加工生产代替结构调整；（2）以产业平行转移、园区重建、资产置换代替结构调整；（3）以盲目尾追、盲目投入代替结构调整。因此，科技产业结构的战略性调整，必须适应经济转型和结构政策调整的变化，改变传统经济的“惯性”调整手段和方式，通过科技产业结构政策的推动，确立以市场效益、产品利润和成本为核心的科技产业结构调整的政策支持。

1．以利润为中心推动结构调整

根据全球市场需求的变化，科技产业结构调整和升级，需要确立以利润为中心的产业结构调整与升级的战略思路。尽管中国等发展中国家或地区经济增长较快，规模扩展迅速，但相当一部分产品利润贡献率不高，经济效益并不理想。一些支柱型产品始终未走出低价格、低水平竞争的漩涡。而发展科技产业、加快产品结构调整和升级的目的，并不是在低价格、低水平的产业结构中延伸和扩张，而是要在产业结构升级中做强、做大。由于发展中国家或地区科技、人才以及零部件配套等因素的制约，在现阶段，发展中国家或地区除了紧紧把握全球性产业结构调整动向，利用差别优势加快科技创新、技术改造和引进高新技术产业大型项目，还要根据本国实际情况，利用科技产业资源优势及其企业的带动作用，将科技产业价值链不断延伸和利润区进一步做大、做强：（1）按照国内外市场的需求，继续围绕优势企业，以技术结构调整和技术置换升级，加快企业向较高效益的规模扩张，引领企业向高新技术要利润、要效率，在科技产业中找到新的利润区和增长点。同时，以产业和零部件产品的项目引进和生产及其配套产品引进和规模性扩张，促进优势企业向以利润为中心的技术结构、产品结构转型。（2）围绕本土化的跨国公司和工业园区，进行相关下游配套产品的生产制造和各项服务，以中小型企业和研究开发机构为配套服务群体，实现企业技术和利润“水涨船高”的政策倾斜。

2．以资本运作推动“高位嫁接”

以资本运作和资产重组方式进行产业结构调整，是实现科技产业结构升级与发展的主要途径之一。对于发展中国家或地区，科技滞后于经济的发展现状以及科技产业发展的差距，除了体制、人才和技术等方面的原因，很重要的原因是以市场机制为基础的资本运作方式落后。从产业结构调整的角度，发展中国家或地区的多数资本运作战略是在原有产业技术结构下的资产重组及规模扩张，而不是选择“高位嫁接”的资本运作和技术升级。因此，需要扩大股份制、并购、BOT、产权置换、中外合作风险投资基金等方式，来推进企业的“高位嫁接”，以直接利用高新技术项目形成新的增长点。同时，以高技术的带动，加大对跨国公司的引进力度和外商投资的产业导向，引导大型企业集团和上市公司加大对中小型科技企业及其孵化项目的并购，减少对价值链低端环节及一般加工工业项目并购的比重，以此带动科技产业的发展和产业结构优化升级。具体包括：（1）通过资本运作方式，收购、兼并技术密集型公司，形成新的科技产业领域（特别是美国等发达国家经济衰退，造成高技术企业的倒闭或出售股份，为企业并购或控股提供了机会）。（2）促进企业与国外高新技术项目以及产品进行“低成本组合创新”（二次创新）嫁接，以形成新的高新技术产业领域。（3）以外资参与产权重组为特征的跨国并购，加快传统产业向科技产业的结构转型。

3．“以外引外”推动结构升级

科技产业竞争和结构调整的驱动力以及经济全球化，推动了各国科技产业升级及结构调整的步伐。随着发达国家产业转移、消费疲软和投资结构变化，主要依托美国等发达国家市场的发展中国家或地区的出口压力越来越大。大量国际游资聚集在发展中国家或地区，寻求获利更大的投资。同时，由于发达国家或地区出口减速、成本递增，将高新技术产品加工生产低端环节转移到发展中国家或地区。因而，发展中国家或地区引进低成本的产品项目和国际资本面临一系列的发展机遇和挑战。

科技产业结构调整的变化和发展趋势，对于结构调整的战略目标的实现有明显的影响。这就需要在科技产业结构调整中形成广泛的战略共识，寻求和建立本国的战略控制手段，增强产业的竞争能力和获利能力，以加快吸收全球产业结构调整带来的信息流、利润流。因此，以“利润为先”“高端嫁接”“以外引外”的科技产业结构调整的重点，正是一种在全球产业转型，新科技处于成长期和产业规模扩张基础上的结构性配置政策与战略，或者说是一种延揽国际资源，在较高水平基础上进行的科技产业结构调整。因而，实现科技产业结构的“提升、填平、补齐、拉长”，需要进一步完善和增强以科技产业带动为基础、大型企业为龙头的综合竞争力；不断调整和适应全球化竞争的发展思路，加快“内需”和“外贸”与科技产业发展及结构调整的系统组合，推进以科技跨越、资产效率和战略控制力的结构转型。可以说，加快科技产业升级和结构调整，取决于科技产业在全球范围的整体突破。其中，“科技带动”与“外向带动”的成功运作是实现这一战略目标的关键因素。

三、区域结构政策

科技产业选择及其区域结构组合等，是科技产业结构政策的重要组成部分。遵循区域结构政策，确定区域功能，形成一定的区域产业政策，有利于科技产业区域结构的合理化布局。从科技产业区域结构政策的推进来看，大体上可归纳以下三类模式：

1. 科技产业区域“网络开发”式推进

“网络开发”模式是在科技产业的区域结构水平较高，科技经济实力足以适应科技产业规模经济发展及产业大范围转移时的一种推进模式，是对原有区域点轴系统的强化和网络延伸。科技产业在整个区域点轴系统结构中的推移是以网络延伸实现的，充分利用现有的产业基础、科技资源以及国际上已具有广阔市场的应用成果，扩大网络空间延伸和产业扩展。在短期内，“网络开发”可使区域范围的科技及其配套产业迅速发展，并通过网络系统链接推进研发成果服务外包和产业集群的对接（见表 17–2）。

表 17–2　科技产业区域结构的“网络开发”推进模式及其特征

区域模式	网络开发模式（均匀分布型）
结构特征	在区域的整体科技产业经济发展达到较高水平、区域科技经济实力足以应付大范围的区域开发时的一种开发模式，是对区域原有点轴系统的强化和延伸。这种结构有利于中小型科技企业集群及专业性园区发展。
发展态势	跳跃式扩张

2. 科技产业区域的“增长极”推进

一个区域的所有地区并不是以同样的速度增长的，往往是在某一点或若干点发展最快。这些高速增长的点即是所谓的增长极，它们一般是产业集群或工业基地，在整个地区发挥着支配作用。增长极以“墨渍”方式缓慢扩大，其影响逐渐传播到其他地区，引致增长中心的扩张以至更多增长中心的出现。选择科技产业集群或工业园区作为科技产业区域“增长极”，有利于整个科技产业区域结构调整。增长极选择可由若干个院校、科研机构和企业共同组成，也可以由科技园区和科技产业集群联合建立。通过新的组合方式和引进新的科技体系，建立科技产业区域的增长点和扩散源，以便形成区域增长极效应（见表 17–3）。

表 17–3　科技产业区域结构的“增长极”推进模式及其特征

区域模式	增长极模式（主轴线型）
结构特征	以区位条件好的科技产业园区和创新基地进行重点开发，使之成为科技产业区域的增长极。这种布局结构有利于重点投入，可以较快形成中心地位。
发展态势	同心圆式扩张

3．科技产业区域的“点轴开发”推进

在科技产业区域结构布局中，“点轴开发”推进模式是在增长极的基础上，出现增长极间的轴线发展并向科技产业沿轴线两侧聚集，在形成点轴系统的情况下，选择基础好、有较大经济发展潜力、对中心地区经济发展带动作用较大的轴线产业带和区位进行开发的一种模式。点轴开发的科技产业占据特别突出的地位。科技产业在点轴开发过程中具有强大的经济增长的载能和较大的增长潜力，同时已形成比较稳定的市场空间和需求，技术经济的关联度较高。把科技产业作为点轴开发布局的主导产业，能够有效地推进整个科技产业的发展，实现科技产业结构的整体效应（见表 17–4）。

表 17–4　科技产业区域结构的“点轴开发”模式及其特征

区域模式	点轴开发模式（交通辐射型）
结构特征	对区域科技产业经济发展带动作用较大的轴线地带进行布局。这种区域结构有利于专业化分工和产业链合作的统一。
发展态势	星状扩张、带状扩张等

在重视科技产业结构布局的同时，要充分利用主导产业的关联效应，带动科技产业区域结构的布局结构调整。

（1）科技产业空间结构调整。对于科技产业空间结构调整，除了要考虑到科技产业发展的潜力，还要充分考虑区域科技经济结构等因素，注重地区产业发展的不平衡性和各地区特点。一方面，优先发挥先进地区的科技资源优势，加快科技产业发展速度，争取局部地区向发达国家的先进水平趋近。另一方面，充分发挥各地区的比较优势，形成地区科技产业增长点，在增强科技经济实力的基础上，推进科技产业发展的空间布局。要指出的是，科技产业空间结构调整，并不是泛指较发达地区向不发达地区的科技产业经济推移，而是地区之间的科技产业转移、扩散和对接以及以此为基点的空间推移。科技产业的空间结构调整，最终将形成科技产业空间的聚合效应，实现科技产业发展的合理布局和规模经济。

（2）科技产业区位结构调整。科技产业区位结构是在空间结构的框架下进行的。我国科技产业区位结构主要由各类型的技术开发区及有关产业组成。事实上，科技产业区位结构的基本框架应该是以科研机构、大专院校为主体，以大中型企业（集团）为中心，以加速科技向生产力转化为目标的企业主导型科研体系为基础，而不仅仅是建立若干个高新技术产业开发区。同时，区位结构调整的推进应以技术结构成长为根本动力，并把投资结构与市场需求结构结合起来。通过提高科技水平，改变区域产业的不合理组合，发展地区科技产业优势。

（3）科技产业内部结构调整。科技产业内部结构调整的基础是重视科技产业的选择。即：事关发展具有地区比较优势、具有领先地位的科技产业部门；事关扩大有竞争力的科技产业部门；积极建立在国内外市场占据垄断地位的科技产业部门；在科技产业部门选择的基础上，调整科技产业内部结构，包括企业结构、组织结构、技术结构和产品结构，开拓适应优势产业部门的产品和行业，发展科技产业的规模经济，建立具有地区特色的科技产业内部结构。

四、小结

实际上，科技产业区域结构的复杂化，并不能简单地以“高科技”还是“低技术”做出解释，其真正的困难及局限性在于，面对科技产业经济体制及政策的区域性、结构性摩擦，怎样建立起科技产业纳入市场协调机制和运行型式，使科技产业结构的合理化有助于区域结构的合理化。因此，需要有效解决以下若干问题：

1. 实现科技与产业经济的有效的对接。科技、产业经济体制和政策出自多个部门，各个部门彼此都有各自的管理权限和政策范围，在科技投入、资源配置、技术改造、市场建设等方面又重复进行、各司其职。这就形成了自上而下的从体制政策到功能目标的科技与产业经济的脱节。改变这种状况，需要推动体制的全面改革，建立科技与产业经济协调发展的运行机制。一是政府科技和经济系统共同制定科技产业发展战略与政策，明确各部门应当承担的责任、义务和权利。通过体制政策的协调完善以及组织创新，建立政府、院校、科研机构和企业共同发展的新型体制和政策。二是确定科技产业发展的“目标”产业部门，以重点工程项目和重点产业部门，积聚科技经济两大系统的功能和作用，建立具有区域优势的共同市场，推动科技与经济，科研、生产与销售的一体化发展。三是加快科研企业化、企业科研化的改革。地方应用型科研机构，应根据专业化特征，分流重组到大中型企业集团中去；专业对口的科研机构应纳入企业集团，既缓解科研经费不足，又可以缩短成果转化周期，提高成果转化率。

2．有效处理“府、产、学、研、资、介”与市场之间的关系。处理好科研、企业、政府、中介服务和市场的结构关系，对科技产业区域合理化以及对科技产业经济的迅速发展有重要的作用。在结构关系中，政府、企业这一组因素之间的关系作为外生变量的作用，而企业与市场的关系是自外生变量决定的内生变量，科研与其他因素被列为非经济因素。政策倾斜、市场需求和科技创新能力对科技产业区域结构的合理化具有一定的调节和诱导作用，通过政策倾斜、市场需求和科技创新一组因素的变化，可以促进区域资源结构、需求结构的变化，引导科技产业区域结构的调整。由于科技与市场的相互作用，政府对企业的行政性约束将发生转换，其调控作用和干预主要集中在运用产业政策和财税等手段，实行以市场为中介、科技为先导的政策调控。政府和企业将通过科技与市场的变化协调政策。政府运用政策对科研与市场进行调控，而企业通过市场与科研寻求对接发展，这样，政府通过对市场和科研的政策影响及作用实现对科技产业区域结构的调整和布局。

3．选择适应于不同地区条件的模式。选择科技产业区域结构模式，应着力把握好地区生产力发展水平和科技发展水平、经济科技发展的关联程度和型式、工业化程度以及外向型经济的构成。首先，建立新型科技产业区域分工格局。对于发达地区，科技产业经济比较先进，在转移一般加工工业和高耗能加工工业基础上，重点发展高技术、高附加值的产业和产品；相对落后地区立足当地资源，通过提高深加工层次和技术水平，发展资源开发型新兴产业。其次，根据区域资源优势和科技产业优势，发展地区间的产业、产品的专业化分工和协作，逐步建立起科技、人才、产业资源配置格局。最后，根据地区优势选择不同的产业结构模式，形成因地而异的科技产业区域结构模式。避免因为产业结构趋同化，加剧科技产业区域政策目标的冲突，以及导致整体科技产业重点发展的丧失、科技产业经济转化的阻滞，进而难以实现科技产业的可持续发展等。

4. 推进区域间科技产业的协调发展。实现科技产业结构的合理化，还要完善区域间科技产业的合理分工。按照平等交换、相互开放、合理布局、发展优势的原则，协调各地区间的利益关系，避免盲目竞争，逐步建立跨域、多元的科技产业区。为使区域科技产业选择与结构组合适应区域协调发展，在充分考虑到各地区的比较优势、消费需求差异以及国际、国内分工等问题后，应根据宏观科技产业结构体系和地区主导产业的要求，确定各地区的产业布局和功能。（1）根据区域间科技经济互补优势，以科技产业的分工协作原则，促进区域科技产业的合理布局。（2）通过科技产业开发区在全球范围的资源技术，人才的引进和交流，发展跨域参股、合股性质的科技产业，构建不同层次不同重点的产业群。（3）建立区域科技产业共同市场和协调组织。通过市场和协调组织的作用，加强科技资源的交流，发展区域科技产业经济优势。（4）加快体制改革，理顺各种关系，积极强化有关科技经济一体化的政策硬约束，加强对科技产业区域结构的分类设计和调控，促进地区投资结构的合理化。

第十八章　企业转型

在经济全球化和创新全球化的背景下，科技产业竞争由局部竞争转向全面竞争，由国内竞争转向国际竞争，进入结构趋同、产品过剩、技术更新和资产重组的战略转型发展时代。伴随着科技产业发展与市场竞争不断深入，科技企业如何根据国内外竞争现状与产业结构的变化，加快科技升级和产品结构调整？如何通过策略性选择，寻求独特的发展空间，推进科技企业的战略转型？本章通过对企业战略转型及其结构演变行为对以上问题做出理论解释，以国内外科技产业竞争的分析，对企业发展战略、发展策略等做出选择。在对科技企业战略及其结构现象解析的基础上，提出科技企业提升竞争力的战略选择，并结合国内外若干跨国公司战略转型范例，寻求有价值的结论。

第一节　转型战略

一、战略的提出

创新全球化及科技产业转型发展，对企业竞争及其战略产生了重大的影响。这一变化最显著的特点是，进入新经济时代，数字技术催生和驱动的新业态、新应用、新产品快速爆发，企业变革的速度加快，范围不断拓展，企业面临巨大的机遇与挑战。企业的平均寿命越来越短，从 60 年下降到 18 年。新企业获得市场支配地位、收入达到较高水平所需时间越来越短，如谷歌仅以 5 年的时间就实现了营业收入 10 亿美元。[①] 以注重产品本身，即产品实用性、性能和设计的传统科技产业，企业内部封闭僵化的研发、生产模式越来越难以满足消费者需求；生产成本提高，定制化需求越来越多，劳动密集型的生产效率越来越不适应；随着人均收入增多和消费升级，要求企业为消费者提供更多的高附加值产品；市场竞争趋于同质化和“大宗商品化”。加快转型升级、实施差异化竞争势在必行。

为了应对全球竞争挑战，各国提出以智能制造为核心的工业 4.0 战略，[②] 以大数据、互联网、物联网等模式，营造出“平台 + 内容 + 终端 + 应用”生态系统，并将知识、技术和品牌等稀缺资源作为实现产业转型升级、参与创新驱动竞争的核心要素。同时，以利润、成本和知识为中心，根据全球价值链环节的差异性，加快实现战略转型、价值循环与结构调整。具体包括：以高端并购推进资产重组，实现先进技术、专业人才及知识资本的整合；以高端嫁接推进产业结构升级，转变产业核心价值形态；以高端市场促进消费结构调整，实现市场有形资源和无形资源及其转换的集合等。

在全球科技产业转型的情况下，衡量一个国家科技产业发展水平，不再是以销售额为标准，而是要看体现在企业在研发、设计、加工和销售产品方面的经济收益。发达国家加快向研发、设计和技术服务等高增值环节转移，将资本和人力配置到更高端的研发和价值更高的科技产业上。同时，根据技术成本要素和创新周期规律，将低附加值的加工生产环节转移到发展中国家，使产业价值链进一步分解细化。发展中国家或地区在成为全球产业转移地的同时，科技产业出现了“依附型、低收益”的产业形态，面临销售收入高、附加值低、市场趋同、研究开发滞后等一系列问题。科技

① ［德］克里斯·施瓦布：《第四次工业革命》，中信出版社 2017 年版，第 53 页。

② 工业 4.0 是德国政府《德国 2020 高技术战略》提出的十大未来项目之一。所谓的工业四代（Industry 4.0）是指利用物联信息系统（Cyber—Physical System 简称 CPS）将生产中的供应、制造、销售信息数据化和智慧化，最后达到快速、有效、个人化的产品供应。该项目旨在提升制造业的智能化水平，建立具有适应性、资源效率及基因工程学的智慧工厂，在商业流程及价值流程中整合客户及商业伙伴。其技术基础是网络实体系统及物联网。美国工业 4.0 称为“国家制造创新网络”，日本称为“工业价值链”，我国称为“中国制造 2025”。四者本质都是一样的，核心都是智能制造。

产业处于三个阶段（OEM、ODM 和 OBM）的 OEM 阶段。这一阶段主要是制造、组装阶段，离 ODM（产品的研发设计、生产能力阶段）、OBM（独有品牌、独有技术的产品制造阶段）有较大的差距。

从全球价值链来看，科技产业在全球竞争已延伸至创新、研发和设计的核心环节。[①]一般在创新、研发的阶段，就决定了市场竞争的未来。根据主导企业作用的不同，全球价值链一般分为生产者驱动型（Producer-driven）与购买者驱动型（Buyer-driven）。在价值链中，不同产业的驱动主体是不同的。资金、技术密集型制造业是“生产者驱动”，而劳动密集型制造业则是“购买者驱动”。在生产者驱动型商品链中，拥有核心技术的跨国公司在该产业中占据支配地位。这种价值链在科技产业中表现最为明显。在购买者驱动型的价值链中，跨国营销商和品牌运营商在建立散布于各个国家的生产网络中起核心作用，发展中国家在梯形网络中的承包商为外国购买者生产制成品；在购买者驱动的价值链中，生产的低进入壁垒造成高度竞争和全球分散的工厂体系。在核心竞争能力缺失的背景下，发展中国家或地区科技产业发展的构成，主要是为了适应“购买者驱动”的加工生产的规模扩张，以应对技术升级、成本趋高、利润摊薄等一系列严峻挑战。

对科技产业在全球价值链的变化与战略转型预见不足，造成发展中国家科技产业在技术路线、市场定位、战略导向等方面的低端“路径依赖”，成为产业战略转型的瓶颈。低端的产业转型路径被“锁定”，制约了产业转型升级。低效率的路径依赖引发了生产率提升趋缓、资源要素错配、产业转型困难、新技术转移受阻等负面影响。同时，企业呈现出“橄榄形”结构，即企业制造环节基础较好，而上游的研发环节和下游的销售环节薄弱，整体产业水平不高，核心竞争力较薄弱。核心技术及关键零部件主要依靠

① 全球价值链（The Global Value Chain，GVC）发展大致归结为三个阶段：价值链（Value Chain）、全球商品链（Global Commodity Chain，GCC）、全球价值链（GVC）。1999 年美国学者格里芬（Gereffi）提出了“全球商品链”（GlobalCommodityChain）的框架，2001 年格里芬又提出了全球价值链（GVC）的概念，用以解释价值链中的产品设计、生产和营销等一系列活动。

进口，而关键零部件占整机的 30%~50% 以上的成本，加上企业依靠外包产品赚取微利的加工费，看似营业收入逐年增长，但利润明显偏低。产业处于产业链的中末端，在价值链中处于被支配的地位，加之成本竞争趋紧、利润增长趋缓、核心技术比重低，没有完整的产业链和自主研发生态链，企业主要借助发达国家的技术资源。这不但对企业成本形成竞争压力，而且由于缺乏关键技术和零部件的研发、制造和销售能力，这一低端转型战略及路径，对发展中国家或地区的科技产业可持续发展及经济安全形成了很大的威胁。

由此可见，在转型期，产业战略定位、转型布局及创新范式起了决定性的作用。各国通过互联网 + 改造产业价值体系，利用数字化、智能化颠覆产业形态，推动产业价值链的延伸，尤其是新技术、新产业细分领域的出现（如无人机、智能机器人等），促使传统产业（如家电、汽车、装备制造等）发生了深刻的变革。通过高端战略运作及空间开拓，推动资源重组及结构调整，迅速进入科技产业价值链的高端，实现以利润、成本和知识为中心的转型，已成为亟待解决的重大课题。其中，作为迅速掌握全球高新技术、专业人才、企业品牌及其市场的一种战略理论及运作途径，高端战略构成了科技企业“低成本创新”的多元方式，也体现出科技转移与战略重组的层次性和结构性。研究表明，全球增长最快的科技企业主要是通过高端战略运作实现的。由于创办新兴科技企业的速度慢、周期长并具有不稳定性，以大数据、互联网 +、资本运作等流程优化能力来适应高科技和多样化的创新发展，实现高端战略运作并获取知识资源及技术附加值，是经济全球化过程中科技企业转型发展的重要战略方式，也是促成新产业、新业态、新模式以及形成科技产业比较优势和规模经济的驱动力。

因此，随着科技产业转型加快，科技企业必须根据全球产业价值链差异的特点，抓住全球科技产业转型机遇，有效地利用高端战略运作方式及其策略手段。以科技产业价值链的系统能力，依托大数据、智能化、“互联网 +”，延伸产业链，整合价值链，形成企业在创新驱动过程中识别和控制具有战略重要性的核心元素。通过有效对接全球科技产业转型，加快以用途人性化、生产自动化、产品智能化和竞争差异化的战略转型，提升以利润、成本和品质为中心的企业核心竞争力，建立起有高端战略运作体系，实现科技企业由低端化向高端化转移。通过抢占科技产业制高点，实现低成本、高效率、高收益的转型策略，形成基于全球价值链的科技企业核心竞争力及其战略。

二、战略构成

科技企业竞争战略不是一种常规性战略，它是一种适应科技产业转型升级和结构调整的高端战略。实际上，它是在产业、技术与市场的价值链的高位做出未雨绸缪的战略选择。在供给侧，通过新科技颠覆的原动力或围绕产业价值链进行延展性竞争，并以全新方式强化创新型竞争及满足市场需求。在对高端战略的系统结构描述，以及对科技产业进入利润区一般成长过程分析的基础上，建立带有共性特征的高端战略竞争模型。通过对高端战略布局结构做出理论及其模式的系统归纳，寻求科技产业价值链（主要集中在设计、研发、核心产业和市场、高端服务领域）的战略系统及运作体系。

这一运作体系主要通过组合系统、独立变量、网络生态对科技产业的创新范式以及演变的影响进行考察。研究科技创新及其变革对科技产业内质性变化的影响，并将高端战略的创新因素和进化力量进一步完善。构建高端战略的系统创新模型以及评估框架，从高端、集成的角度演示科技产业转型的创新组合选择。因而，这一体系是一个包括高端（标准）品牌、高端技术、高端市场、高端人才与高端并购等多元要素的战略集成。各子系统战略围绕企业总体战略运行。同时，子系统战略之间又相互作用、相互影响（见图 18-1）。所以，该战略并不是依靠某一种子系统战略及其要素实现的。比如，不是仅仅依靠某种领先技术、市场规模或品牌等策略，而是依靠具有产业经济地位或创新战略目标的确定，获取或整合科技经济等资源。通过综合运用各要素的系统作用来实现企业的核心竞争力。因此高端战略的领先地位，是在多元要素整合的基础上实现综合实力的领先，能够最大限度地实现产业低成本、高性能、高质量的跨越式发展。

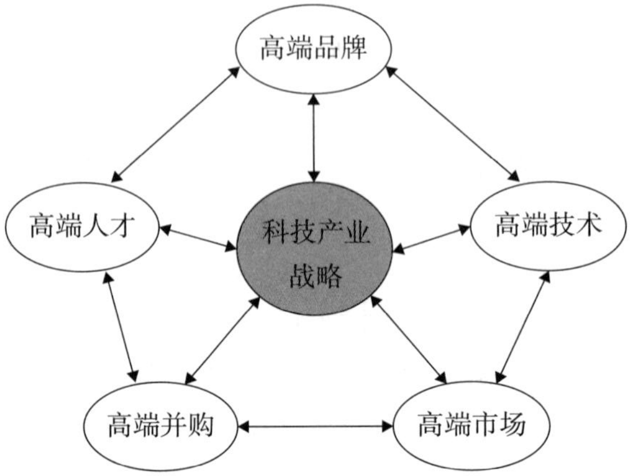

图 18-1　科技企业的高端战略结构图

实施科技企业高端战略的目的，是在创新全球化竞争中形成战略制高点或核心竞争力。对此，我们可以概括为：科技企业在市场竞争和创新发展中战胜对手的核心资源、独到技术、专业人才和战略管理等能力，也是其他企业难以模仿和学到的、独特的、差异化、稀缺的优势。简言之，就是以科技企业战略，实现“人无我有，人有我优”，而不是一般性的通过企业低层次规模扩张，激化同质化的竞争。高端战略的系统运作是以“居高临下”，实现“众望所归”的战略运作过程。一般是通过科技企业的创新化、商业化的结构性选择和有效运作，采取创造全新的颠覆性嫁接、跨界并购等方式，进入产业、技术、市场和服务等高端价值链领域，[①] 以“高类、高质、高利”产业价值链环节为战略选择和有效嵌入，实现领先一步战略和跨越式发展。通过科技产业的转型升级、快速崛起，抢占研发和技术服务等高附加值的价值链环节及高端市场，以便获取高收益和高回报。

三、战略竞争

科技经济竞争日益加剧及其前景的不确定性，促使科技企业加快了资产重组、技术结构、产品结构调整，寻求新的发展战略和策略。为适应市

① 如在汽车领域，百度、苹果、谷歌等采用数字信息等先进技术，跨界进入汽车行业，使车辆变为车轮上的电脑，软件电子元件占汽车成本的 40%。提升了汽车的高端附加值。

场需求和产品结构调整，一些科技企业采取了结构性投资和多元化经营战略，以并购、控股、合资等方式的资产重组和交叉投资扩张，加速向高科技领域聚集资源，寻求新经济、新业态、新模式，开拓利润更大的产业领域。同时，根据全球智能化、数字化、网络化的发展趋势，企业加快了产品升级置换、技术结构调整、资产重组、品牌运作、跨界合作的步伐，以适应科技产业结构调整和战略转型的需要。

1. 产业升级替代低位竞争

从科技产业发展动向来看，新技术成果成为产业转型升级的“新引擎”。转型升级和产品结构调整主要集中在利用新技术成果的开发和生产，调整产品结构和利润结构，来提升企业的竞争优势。如信息技术产业具有代表性的动向是，纷纷涉足下一代网络、新一代移动通信、数字电视、信息电子信息、集成电路、软件、新型显示器件等高科技产品领域。这些产品的国际市场巨大，抢先进入这些领域，利用劳力成本优势和技术优势对参与国际产业水平分工、迅速进入高端产品市场有重要作用。据 IDC 预测，信息电子产业将成为增长最快的部分。其中以网络电视、网络屏幕电话、网络游戏机、NC 委托和网络智能手持器件增长最快。而网络电视游戏机将是增长最快的一类。一些科技型企业，如华为、阿里巴巴、腾讯等进入数字经济和网络经济等新产业经济领域，进行“科技 + 重组”，提高平台服务能力，从而实现全球资源整合、产业转型的目的并从科技市场上共享获利。

2. 科技领先替代价格比拼

科技领先是抢占市场和利润制高点的关键因素，也是增强市场竞争力的重要环节。在激烈竞争中，越来越多的科技企业通过科技创新或应用先进技术，来摆脱低位价格竞争的疲态，寻求新的经济增长点和利润增长点。从国内外科技产品价格大战来看，降价的主要是普通型产品，而科技含量较高的产品还处在较高价位。一些创新型企业选择向高端产品和高新技术要利润、要价格的发展思路，纷纷加大研发投入，进入“科技领先一步”的产业领域。为实现产品升级换代，突破技术壁垒，大部分公司涉足知识附加值较高的科技产业领域，逐步形成了新产品、新业态的替代。但从国内来看，这些技术产品除部分拥有自主知识产权，一部分核心技术是引进国外技术以及引进国外生产线、零部件进行生产加工。尽管产品附加值有所提升，但在总体上面临先进技术的替代导致产品再度降价的巨大压力。这一压力主要表现在：由于缺乏自主知识产权，发展高技术产品具有较大的风险，有可能掉入“技术陷阱”。面对全球产业转型和技术更新，已经上马的“高新技术产品”可能成为新的积压产品，形成新的不良债务。跨国公司科技创新和产品不断开发促使成本下降，让尾随企业一般至少要三年的时间进行复制，经过三年虽然赢得广大消费者的认可，但产品利润也被摊薄。这使尾随型企业必然以透支品牌为代价，依靠低价位扩张来维持市场占有率和平均收益率。

3. 战略重组替代企业上市

战略重组是全球并购浪潮的主流。企业竞争激烈，行业集中度低，利润水平持续下降，必然通过战略性重组迅速扩大规模，创造规模优势，在同行业竞争中占据有利的位置。为摆脱困境，利用资产重组，自然成为大多数公司的战略选择，而创新型企业和高科技产业的市场潜力大、行业利润丰厚、深受政策扶持、市场形象好、融资便利，成为大多数公司战略重组的目标行业。战略性重组出现了两种趋势：以主业为主，实现“强强联合”为特征的战略重组；以产权重组为特征的跨国并购。资产重组活动主要分为股权转让、资产置换、资产剥离或出售所拥有股权、收购兼并等五大类。上市公司利用技术、品牌优势和资金优势，借助战略性重组形成的优势，通过快速兼并，整合行业内资源，实现自身规模优势，提高市场占有率。科技企业之间的并购成为未来战略重组的主流。依靠并购作为赢得快速发展途径的企业越来越多，战略重组的力度越来越大。与此同时，以战略投资者的身份通过产权市场收购企业，预示着以参与产权重组为特征的跨国控股、并购成为战略性重组的新热点。当然，研究也证实，虽然战略重组力度越来越大，但多数重组公司的利润却呈现出抛物线式的增长，即在重组后的一二年内，企业利润大多数增长之后，利润能力逐步下滑，重新回到重组时的起点甚至更低。主要原因是重组重形式而轻实质，一些战略重组具有相当多的“水分”，且具有极不规范的特征。

4．品牌运作替代简单投资

优势品牌是科技企业的“软实力”，也是实现科技产业强大的必要条件之一。对各国的样本研究证实，价值较高的品牌一般也有较高的销售收入。同时，品牌是一个国家科技、经济与文化综合实力的象征，一个国家科技经济实力强大，著名品牌也一定较多。发达国家企业一般与品牌等无形资产有关的投资总额占全部投资总额的 65%~80%。就是说，在进行投资活动中，企业大约将 2/3 的资金投入研究开发、品牌建设与维持企业文化的广告宣传中去，而在设备投资方面所投入的资金仅为总投资额的 1/3。但是，在一些科技企业中，仍处于注重固定资产投资阶段，知识产权、品牌和企业文化建设等无形资产方面的投资比重还很小。许多从事加工生产企业，为跨国公司“贴牌”，很少创新或经营自己的品牌。因此，越来越多的科技企业开始增加对品牌等无形资产的投入，重视品牌建设和运作。通过不断增强品牌等要素对科技产业的广泛影响，加大品牌等无形资产在科技产业总资产中的比重。

5．跨界合作替代行业自守

进入新经济时代，开放式、非线性的企业竞争越演越烈。闭关自守、累积式发展的企业模式在新产业经济竞争背景下已不能适应。网络化、全球化竞争改变了企业之间多层次、多环节的组织模式，新技术融入产业网络链，并以跨界融合、跨域合作、开放共享和“端与端”的互动链接，为企业实现非线性及按需提供个性化、柔性化、定制化的产品和服务带来可能。同时，新产业、新业态的成长环境的变化速度出现跨数量级的增长，产业价值链加速分解、融合，平台经济、共享经济、智能经济成为新产业经济的竞争点。在科技创新、资源共享与产业价值链分解、融合中寻找竞争机遇，成为企业跨越式发展的新路径、新模式。科技企业适应科技产业结构调整和战略转型的需要，必须转变跟随式创新为目标的战略、路径与模式，建立以弯道超车为目标的企业创新平台及网络，通过全球化创新资源的链接并与相关配套企业的集聚，整合为跨域、跨界、跨行业的创新型企业。

第二节　转型特征

通过上述分析得出的基本结论是：科技企业竞争将进入具有新产品、新技术、新业态的高端竞争领域。由于战略转型（Strategy Transition）是企业竞争的最高形式，关系到企业长期经营方向、运营模式及其相应的组织方式、资源配置方式的整体性转变，对于企业重新塑造竞争优势、提升社会价值、形成新企业形态至关重要。拉里·博西迪和拉姆·查兰曾言，“到了彻底改变企业思维的时候了，要么转型，要么破产”。[①] 企业未雨绸缪，实行战略转型，对多数科技企业来说是不可避免的。任何一个试图走向全球市场的科技企业再也不能“以不变应万变”，必须随着国内外市场环境的变化，提出新战略、新路径，加快科技产业结构调整与企业战略转型。

一、转型形态

在过去 30 多年，全球科技企业为了适应新一轮科技革命带来的创新性、差异化的产业竞争，加快了战略转型步伐，提出了一系列转型战略形态及其思路。如美国通用电气（GE）提出的“首创思路”：20 世纪 80 年代提出全球化，1995 年提出变单个产品为产品加服务，1996 年提出六个西格玛质量控制计划，1999 年提出电子商务的发展战略，2015 年提出数字化转型（见专栏 18-1）。2016 年美国微软提出“移动为先，云为先”的战略，重提“一个微软”（One Microsoft）的口号。微软的主业变成：Office、云计算、生产力应用、Surface 系列电脑。微软要用人工智能重新定义微软的所有业务。所有的 Office 产品都正在进行人工智能化，PowerPoint 不仅加入了自动翻译，还添加了图片自动说明。Word 里面也加入了机器阅读。微软的转型重点云服务，包括 Azure 云服务中的认知服务，也与人工智能息息相关。微软新战略认为，微软不能错过云和人工智能时代。新微软将转型为一家跨平台、跨设备的软件与云服务提供商，只要消费者可以使用到微软的服务，具体终端是什么设备并不重要。

① ［美］拉里·博西迪（Larry Bossidy）等：《开启转型》（Confronting Reality：Doing What Matters to Get Thin），北京：机械工业出版社 2015 年版。

专栏 18-1　GE 的数字化战略转型

GE 是一家拥有 139 年历史的工业巨擘，2015 年开启了数字化转型之路，坚定迈向一个“简单”却不易的目标：成为世界上最大的数字化工业帝国。

为了将数字化融入企业核心，2015 年 GE 进行了组织架构变革，将公司内所有的数字化职能部门整合成一个统一的数字化业务部门——GE 数字部门（GE Digital）。架构变革后，原本分散在各事业部、各部门的资源得以整合，效率大大优化。全新的 GE 数字部门将为客户及投资者创造更大的价值。预计到 2020 年，GE 数字部门创造的收入将从 2015 年的 50 亿上升到 150 亿元，GE 也将由此跻身全球 10 大软件公司之列。除此之外，GE 还在内部打造了一个在线知识与技术资源的共享平台——GE 商店。GE 商店集合了 GE 在全球各领域的专家智慧，GE 所有业务部门都能共享技术、知识、市场等资源，实现“规模创新效应”，同时也将创新理念辐射到更多业务中。

在对软件、工业数据进行了 10 多年的深入研究后，GE 还推出全球第一个专为工业数据的收集与分析而开发的操作系统——Predix。它不仅能实时监控包括飞机引擎、涡轮、核磁共振仪在内的各类机器设备，同步捕捉它们在运行过程中高速产生的海量数据，还能对这些数据进行分析和管理，做到对机器的实时监测、调整和优化，从而提升运营效率。

2017 年，GE 正式宣布向所有开发者开放 Predix 平台。20 万资产设备、100 个 GE 应用以及 2 万个开发者，都在 Predix“麾下”下工作。预计到 2020 年时，每年将有 2 万名开发者在 Predix 平台开放应用软件。随着大量全新应用程序问世，这些应用程序和软件将给 GE 带来高达 50 亿美元的收益，并且这个数字还将以每年 20% 的速度增长。

基于 Predix 平台，GE 还打造了一个全新的武器——数字双胞胎（Digital Twin）技术。每个引擎、每个涡轮、每台核磁共振，GE 都可以在虚拟世界为它们创造一个“数字双胞胎”。在 GE90 发动机上应用数字双胞胎技术后，大修次数减少，节省了上千万成本；在铁路上应用数字双胞胎技术后，大大提升了燃油效率，同时降低了排放。到 2020 年，预计将有 1 万台燃气轮机、6.8 万架飞机引擎、1 亿支照明灯泡和 1.52 亿台汽车连入工业互联网。

GE 首席执行官杰夫·伊梅尔特所言："创新的精神、进步的决心和变革的勇气已融入 GE 的基因。我们正大步向前，向着数字化工业公司迈进。"

资料来源：http://www.ge.com/ar2015/

由此可见，俯瞰全球市场竞争与科技产业迅速发展，顺势而动做出转型战略抉择是相当重要的。但是，由于转型期及其阶段不同，科技企业转型通常涉及多层次及多种类型，学者站在不同的视角往往有不同的划分，包括海外投资、共同组织、垂直整合、水平合并、多元化经营、经营形态转型、生产方式转型、生产转型、产品转型、产业转型等。主要采取的转型战略，见表 18–1 所示。

表 18–1　企业转型的主要战略及其内涵

转型战略	战略内涵
产业转型	放弃原有的产业，进入新兴产业领域
产品转型	调整产品结构，提升产品质量，增加产品附加值，开发新产品
水平 / 垂直整合	同行业兼并，向前整合，向后整合等
运作模式转型	企业分离，战略联盟，业态转换（如制造、批发、物流等转换）
多元化转型	除经营原有产业，开拓新产业、新业态领域
数字化转型	网络化、数字化、智能化

依据以上界定，我们将科技企业采取的转型战略归纳为如下形态：

其一，企业战略转型促进研发、生产、人才结构调整。随着网络全球化加快，科技企业基于不断变化市场供求与消费趋势，加大研发投入从实体产品向软件开发及服务领域调整。[①] 诸如微软、谷歌、百度、阿里巴巴、

① 根据普华永道旗下管理咨询机构思略特（Strategy&）开展的 2016 年全球创新 1000 强研究，到 2020 年时，企业将把绝大多数的研发支出从实体产品转移到软件和服务上，即数字化服务。

腾讯等越来越多的科技企业“软硬兼施”，通过扩大软件开发及其延伸服务，积极嵌入互联网、物联网、云计算等新技术，以及智能电器、机器人等新产品；以“软战略”掌控新经济、新业态；以新技术改变发展模式，满足产品定制化高效多产的需求；以大数据的价值创造与共享平台，形成企业与市场之间的网络互联效应；通过数字化、智能化、自动化和网络化提高运营效率，促成企业的转型创新，为企业持续发展注入活力，进而提高竞争力。

其二，相关行业或不同行业之间的企业进行联合和兼并的多元化战略。科技企业为加快市场扩张，避免经营单一的风险，往往会因势利导采取进入更多新兴领域的战略。如通用、IBM、华为、海尔等实施战略转型，主要通过进入相关新科技（产业）领域以实现多元化发展。由于消费类行业进入技术门槛越来越低，投资过于集中使经营风险不断增大，使科技企业的专业化发展战略面临严峻挑战。华为、海尔等企业将产品系列转向电子信息及相关服务领域，加快产品的技术升级和结构调整。目标是通过产品结构调整、产业结构升级，培育发展新技术产品，实现科技企业的战略转型，最终构建一个具有强大核心竞争能力的多元化、国际化、高科技的跨国公司。

其三，企业从一个行业完全脱离出来，转入一个全新的新兴行业。科技企业为寻求新的产业价值和市场需求，往往采取跨越式转型战略，从传统产业脱离出来，进入新兴产业领域。例如：丰田汽车公司是从纺织行业转移到汽车行业；诺基亚经过两次战略转型，从一个造纸、橡胶、电缆等传统型企业，转变为一个经营计算机、电子消费品和电信产品的高科技公司。这种转型战略的实施极为复杂，一般需要转型企业的使命发生变化，开发新的发展模式、管理技能和产品技术，推进新结构型态的转变，在组织架构、型态、流程、经营策略模式、行销方式、物流结构、管理方式等方面转变为全新的经营运作型态。此外，还要形成完善的品质、服务、流通、管理、价格等竞争优势。在国际上，以脱胎换骨的方式，加速企业战略转型不乏其例。

二、转型层次

由于企业发展阶段及其水平的不同，其战略形态在资源配置、组织安排、控制程序、创新重点、竞争策略等方面表现出差别化特征。在实际战略转型中，通常表现为若干层次（见表 18–2）：

1. 低成本领先

企业通过内部成本控制和合理运作，将研究开发、生产、销售、服务和广告等各项成本降到最低限度，并以企业经济规模、专有技术、优惠的原材料以及相关技术和管理要素的综合作用，形成低成本价格优势和扩张优势，成为行业中的成本领先者。作为竞争优势的一种战略，它主要通过有效途径降低成本，使企业的全部成本低于竞争对手的成本，甚至是在同行业中最低的成本，从而增强企业的生产能力和产品市场潜力。如相比于 BAT 等互联网巨头，小米仅用 5 年时间，就以惊人的增速完成从 0 到 460 亿美元的估值，跃升为世界第三大智能手机生产商。小米跃升之快，与低成本扩张有密切关系。为降低成本，小米公司将硬件研发和生产外包出去以降低产品研发和制造成本，保持了快速增长的优势。同时降低运营成本——小米避开了传统的经销商中介，创新了销售模式，以较低营销成本实现了最大化收益。

2. 重点扩张

是将低成本战略或差别化战略集中于某个特定的用户群体，在某种细分产品或某个细分市场上进行重点扩张和经营。通过“高起点发展，低成本扩张”，充分利用国内外市场需求以及技术、人力、资源等成本的差别优势，实施“一高一低”的发展战略。即难以在核心技术高起点实施发展时，选择市场需求的高起点和生产、人力的低成本扩张，形成利润差、市场空间差的重点扩张。例如，华为就是采取这一战略，在发达国家，重点发挥自己在 3G 和 LTE 领域的技术优势，突出售后服务质量，实现市场覆盖及产品扩张。

3. 差别优势

是指企业在产品、技术、服务、制度和管理等方面形成与众不同的竞争优势，与其他竞争者形成明显的差别，并利用这种差别创造出具有独特优势的战略行为。即通过“技术独家、商品独创、人才独立、文化独有”的差别优势，以领先一步的技术、产品和人才，实现“人无我有，人有我优”的创新比较优势及其市场领先地位。一些科技企业在部分领域有一定的比较优势，但具有“四独”差别优势的为数甚少。大部分企业不能向市场提供有别于其他竞争对手的独特产品或服务，难以形成差别优势。

4. 资本运作

是企业在实施以上战略取得成效的基础上，以资本运作等方式进一步扩张的高端发展的战略行为。该战略通过上市、控股等资本运作方式，加快资本积累，并以雄厚资金选择高技术、高附加值产业在全球范围进行战略性投资，以赢得超常回报及收益。进入这一层次，不仅要有资本、技术、人才优势，还要掌握全球产业发展格局及科技创新趋势，并能够实施有效的战略投资。

表 18–2　企业战略转型层次

战略层次	基本特点	基本要求和资源
成本领先	通过内部成本控制和合理运作将研究开发、生产、销售、服务和广告等各项领域里把成本降到最低限度，并以企业经济规模、专有技术、优惠的原材料以及其他技术和管理要素的综合作用，形成低成本价格优势和扩张优势，成为行业中的成本领先者。	着眼于企业的生产能力和产品市场潜力、严格的成本管理、控制程序、定量目标等。
重点扩张	将低成本战略或差别化战略集中于某个特定的用户群体，在某种细分产品或某个细分市场上进行重点扩张和经营。	充分利用国内外市场需求以及技术、人力、资源等成本的差别，实施具体目标。
差别优势	企业在产品、技术、服务、制度和管理等方面形成与众不同的竞争优势，并与其他竞争者形成明显差别并利用这种差别创造出具有独特优势的战略行为。	以独到技术、产品和人才，实现“人无我有、人有我优”的比较优势及其市场领先地位。
资本运作	在实施以上战略取得成效的基础上，企业以资本运作等方式进一步扩大第二层次、第三层次的高端性发展的战略行为。	通过上市、控股等资本运作方式，加快资本积累，以雄厚资金选择高技术、高附加值产业进行战略性投资。

三、转型路径

做出企业的战略转型选择，要把握企业处在市场需求变动与规模迅速扩张的结构性矛盾。认识到企业规模扩张并成为有影响的竞争者，并不仅仅依靠生产能力，还必须具备适应技术创新、市场需求和产品结构变化的能力或战略转型能力。根据这一发展现状，科技企业必须通过若干路径，加快产品结构调整和产业升级，实现战略性转型。

1．以主体多元化实现结构调整

科技企业结构调整一般有两种战略：一是多元化战略，一是主体多元化战略（“同心多元化”战略）。前者是指企业同时涉足两个以上行业的经营策略。后者是指在企业主营业务的基础上，进行多元化产品经营开发策略，即将多元扩张限制在与主营业务有协同效应的范围内。以主营业务为主体，采取产品多元化、技术多元化、市场多元化、运作多样化的经营战略和策略。多元化是全球普遍的现象。20世纪60年代至70年代中期，美国企业第三次并购浪潮的主流就是多元化。但80年代不少多元化大企业纷纷解体，目前只有1/3的上市公司有不同程度的多元化。理论上，多元化战略行为的形成是外部环境因素变化的结果。科技创新、市场竞争、资源共享、收益风险及其投资机会增加了对多元化战略的选择。企业应利用自身技术、品牌、资金等优势，转移企业管理能力和优势资源，进行多元化投资和扩张。

对于成长阶段的科技企业，一般采取主体多元战略。这是因为：（1）根据企业的资金、技术、人才等资源条件和扩张能力，还不宜迅速脱离主营业务，应根据国内外市场需求结构变化以及新产品开发及其市场占有率，采取“扁平拉长、渐进推移”的方式，同步进行产品价值链的结构调整；（2）国内外科技企业优势资源向高技术、高附加值的产业聚集。调查显示，较为成功的科技企业大多是围绕主营业务相关、附加值较高的产品领域或熟悉的投资领域进行多元扩张。例如，三星集团的业务涉及电子领域、机械领域、化学化工领域、金融领域以及其他相关产业，但电子产业仍然占67.10%比重。虽然也有科技企业投资其他产业，如娱乐业、医药业、房地产业等，但一般来说获益者寡。一些科技企业在电子信息行业取得迅速的发展，但在保健品、汽车等非主流行业的发展并不理想，消费者难以将著名电子信息品牌与保健品或汽车之间画等号，因而品牌的比较优势不能得到充分发挥。

主体多元化战略是围绕主营业务实施行业相关的（配套）多元化发展。如大电子信息和小电子信息、传统电子信息和信息电子信息、电子信息及其电子信息服务业、电子信息及其零部件业、电子信息行业与电子信息产业以及相关配套服务产业。以产业链（上、下游）的多元化发展，如关键零部件、物流、科研设计等，增加高附加值的电子信息产业的发展。当然，并不排除以控股、并购、合资、合作或新的品牌设计进入新兴产业领域，也不排除彻底脱离原行业的产业转型发展。但国内外经验证实，实现脱离行业的战略转型需要谨慎决策。一些科技企业产品系列延伸是沿着差异性、利润化梯阶进行的产品多元结构调整，通过资产重组形成各种主营产品板块，而且生产基础、技术条件、管理能力、销售渠道等均比较契合，转型调整的方向可以说是正确的。需要解决的是通过扩张规模，形成产品主流、产品储备和规模效益的多元结构。

2．以资产重组推进结构升级

科技企业的迅速扩张并不都是自主创新的结果。现实证明，全球规模扩张成效最大的科技企业，最为拿手的好戏就是资产重组和高端并购，按照多元版块划分战略业务单元，提高企业可持续运作能力和并购效益。以并购作为资产重组，推进结构升级的重要手段，并进入跨国公司行列的示例并不少见。通用电气公司在技术、金融服务、传媒、消费品和重工业制造等方面在全球竞争中处于领先地位，其中因素之一是成功实现了并购。企业并购作为企业资产、资源、资金和运作能力整合的主要战略方式，在全球新的一轮产业结构调整的浪潮中，成为资产重组的大趋势。这是因为，并购＝技术收购、人才积聚和产品领域扩张；并购 + 并购 = 买卖增值。对于转型企业来说，随着美国和欧洲一些发达国家经济下滑以及国内产业结构调整，正是转型国家科技企业兼并收购、资产重组的最好时机。往往可以投入比平时少得多的资金获得技术、人才和市场，进而实现规模的快速扩张。

以企业并购实现资产重组，推进结构升级和规模扩张是企业竞争战略之一。采取的并购战略有以下类型：

（1）横向并购。指同行业之间以优势企业为主体采取的“合并同类项”的并购方式，主要表现为企业之间“以大吃小”或“以强吃大”。一些企业依靠技术优势、品牌优势和资金优势实行低成本扩张和兼并，收购同行业、生产同类产品或生产工艺相近的企业，或在国内外合并同类型厂家，形成规模经济、资源优势和市场垄断，进而增强企业的竞争能力和盈利能力。如通用、西门子、海尔、华为等均采取过此类并购方式。

（2）纵向并购。指通过处于生产同一产品、不同阶段的企业之间，为实现纵向一体化的并购行为。通常是以资本运作和资产重组为手段，以具有先进技术和设备的企业为目标，通过购进新崛起的中小科技公司、孵化器或研究机构，进入新兴市场领域。技术创新或逼近消费者需求、富有奇思妙想的产品开发，大多数来自中小型科技企业，而并非大型企业。全球著名的科技企业，主要是依靠收购一些具有关键技术的小公司，迅速进入新兴产业发展领域，并成为企业快速发展的重要途径。发达国家出现的科技产业以及创造的“非同时竞争市场”，也多数由新兴的中小型科技企业所为。

（3）纵横并购。指不同产业部门、不同市场以及非联系关系的企业之间的并购。企业不受限于主营＋兼营并购形态，采取“高端嫁接，低位扩张”的战略并购。一方面通过对领先技术的收购、控股，形成领先一步的技术优势和市场优势；一方面通过品牌优势、资金优势实施低位扩张，扩大生产能力和市场开拓能力。纵横并购实质是一种竞争扩张行为，主要是为提高市场竞争能力，通过（高端）质量扩张、（低位）规模扩张，减少技术成本和扩张成本，扩大市场占有率。国内外许多科技企业采取纵横并购方式。比如在国内采取收购领先技术，在发展中国家采取实施领先技术实现产品制造的本土化战略，并返销国际市场。

与发达国家企业相比，转型国家企业通过并购实现资产重组、推动结构调整还有较大的空间。多数企业上市资金投入相对集中在主营产品的规模扩张、技术改造和提高新产品的生产能力上，而不是集中在研发机构、技术成果、品牌企业等高端并购上。因此，根据企业发展目标（既要形成规模，又要技术领先），可采取纵横并购的战略组合，即高端并购主要集中在已确认的新产品规模扩张和生产能力的提高，并购条件以技术先进水平、产品利润率、创新能力、服务水准以及本土化等为基础。国内外经验证实，资产重组有时最难的往往不是资金问题，而是如何把握投资机会的能力、管理控制的能力、资本运作的能力；如何通过建立企业的战略管理和生态系统，形成并购企业的凝聚力；采纳一种企业文化、管理手段将其移植到形态各异的并购企业，然后通过培养本土化人才使这种文化适应当地生态环境。实际上，有效管理并购企业有时是资产重组成功的关键因素。

3．以资本运作推进结构升级

科技企业是否具有竞争力不仅看它实现了多大的销售额和利润，主要看它有无核心技术和发展潜质。而企业的发展前景是通过长期的战略来体现的。据对全球科技领先企业的分析，之所以科技企业是投资者追寻的增值目标，是因为它们都具有一个共同的发展战略，既掌握着全球科技领先优势，又制造具有知识产权保护的产品。而以资本运作推进结构升级，就是通过以创新为基础的资本运作，进一步延伸企业新技术产品的投入，特别是对国内外市场"空白"产品进行扩张性投入。这对看好企业业绩和发展前途，稳定投资者信心，吸引新的投资者进入并长期持有具有重要价值。需要注意的是，在资本运作推进产业升级的过程中要高度重视投资决策。对全球科技企业亏损调查显示，多数都是因为投资决策失误所致。以中国企业海外并购成功与失败的案例为例，比较成功的如华为、万向集团、中联重科等；失败的如 TCL 并购汤姆逊、上汽集团投资韩国双龙等。据麦肯锡的一项统计，中国企业 67% 的海外收购以失败告终。目前 2 万多家中国企业对外投资，九成以上是亏损的。一些企业并购多数未达到预期效果。吉利 2010 年收购沃尔沃，2014 年同比新车销量减少 24%；三一重工 2012 年收购德国机械企业普茨迈斯特公司，2014 年海外销售额同比减少近 10%。波士顿咨询一份报告称，中国企业海外并购完成率为 67%，低于日本的 75%、西欧的 84% 和美国的 85%。[①]

例如，明基对西门子手机业务的跨国并购失败，主要原因首先是因为投资决策失误。并购前，明基对自身情况以及西门子的原有亏损及竞争力快速下降的关键因素没有进行足够的了解。西门子虽然是一家整体业务很不错的大公司，但其手机业务相对于占据前三位的诺基亚、摩托罗拉和三星来说一直不具优势，其设计缺陷使其早就淡出了顾客的视线。而明基的手机品牌也不算响亮。两家都不算一流的手机品牌联手起来与一流的手机品牌竞争市场地位的难度非常大。其次，缺乏有效的并购整合措施。明基公司接手后，在文化、技术、人员等方面的整合力度都不够，企业里存在过多的西门子思想，导致新产品推出、成本降低、管理优化等各方面的速度都不够快，并且无法贯彻明基的产品设计理念。最后，品牌运作方式不当。明基与西门子是双品牌，但广告宣传的责任不明确，明基没有在广告宣传上大力投入，导致明基—西门子手机成为不为众人熟知的品牌，这也是造成“联姻”最终失败的重要原因。[②]

因此，以资本运作推进结构升级之前，企业要在调查研究的基础上，全面评估自身的资本运作等能力，避免高风险、短期化、低收益的盲目投资决策。坚持投资约束的基本原则包括：（1）价值链低端项目不投。集中力量开发科技创新型项目或已经产业化、盈利性项目。（2）对主营业务不熟的不投。但对高技术项目可以少量控股进行前期介入，并视业绩潜力增股。避免投资决策与经营管理分离造成的严重失误。（3）无资本营运能力（技术和管理人才）的项目不投。（4）有规模、无效益的产品、市场趋向饱和的项目不投。（5）不符合国家政策法规及投资政策的不投。

4．以全球合作促进结构调整

先进技术的供给源来自本国自主创新或创新型国家（或地区），但多数来自跨国公司。一般跨国公司在所在国具有相当的独立性与创新

① 《中国企业国际化为何频频失利，并购陷阱该如何规避？》http://chuansong.me/n/799462452921。

② 顾钢：《从“明基—西门子”公司破产看海外兼并的教训》，《科技日报》，2006 年 10 月 13 日。

性，有选择地从跨国公司引进高新技术，有利于促进产业结构性调整。然而，著名跨国公司在竞争合作中大都采取“拒二、宽三、别四、联五”战略，即与第二位企业保持距离，对第三位采取宽容路线，对第四位采取产品差别化、市场差异化战略，对第五位采取联合战略，委托合作企业进行产品加工，形成产品系列，并将其作为能够迅速适应市场变化的伙伴来使用。因此，可充分利用跨国公司上述采取的战略策略，与跨国公司进行战略合作。合作的方式主要以满足国内外市场需求、促进产品结构调整为目标。由于相当多的高技术生命周期很短，跨国公司必须在高新技术具有市场价值期间内进行转移，因此跨国公司之间在某些先进技术领域存在技术合作的竞争。利用跨国公司在技术供给与合作之间的竞争，最重要的是要掌握跨国公司占有优势技术的产品情报。国际市场调查证实，许多科技产品在国外市场趋向饱和，技术已趋成熟，利润率保持在 4%~10%，而在发展中国家的国内市场尚属空白，将这些跨国公司拥有的国内空白产品列出清单，进行分析和市场调查，再进行这类产品技术引进和合作，不仅可以满足国内市场的需求，而且以成本优势可以返销国外市场。从跨国公司的国别分析来看，没有一个国家像日本信息家电产品开发得最多，每年获得专利也最多。而美国在信息、生物和环境技术等领域处于领先地位。美国总是不断地研发新技术、新样品，日本则将其迅速商品化、产业化和市场化。在国际合作中采取的策略是：争取从美国或欧盟获得样品（技术），从日本获得产品（商品化），并与拥有样品（技术）或产品的第一位跨国公司结成联盟且建立长期合作体制，进而以产品技术供求和产业化之间的合作获得长期利益。初期合作可以利用跨国公司在产业化成本的考虑，采取产品组装以掌握常规技术，为新技术产品规模化生产奠定基础。同时，与国内同类企业建立加工合作联盟，形成跨国“中介代理”和专业水平分工体系，成为同类企业中的领导者，以行业领先牵制高位次企业的冲击。

第三节　转型策略

进入全球范围的科技产业水平分工和竞争，要求科技企业从全球战略视角做出选择。需要指出的是，根据全球产业发展规律，科技产业发展到一定阶段，必然形成若干企业集团分割市场的局面。早在20世纪90年代，美国电子信息市场占有率排名前4位的企业，就占据了91.8%的市场。这意味着，随着市场竞争加剧和政策导向的作用，科技企业并购加快，企业数目将急剧减少。企业竞争也必然加快以技术、成本、品牌为基础的战略性重组。面临全球产业转型的科技企业，战略转型将成为企业生死存亡的必经之道。需要从战略转型角度，掌握一系列应对竞争的战略策略。

一、转型策略分析

转型策略是企业在激烈竞争环境中所有核心能力中最为重要的因素，也是一项智慧性、策略性的系统工程。在实际应用中，既要高屋建瓴、综合施策，又要在转型期的不同阶段，突出不同策略的应用重点及其价值。企业转型策略的关键是时机、差别、优势和空间的选择。一般转型有非危机转型和危机转型两类。非危机转型是一种前瞻性、超前性的战略转型，是企业产品进入成熟期或市场扩张到一定程度时，进行的战略转型和调整。危机转型是企业面临存亡危机时的转型。前者是上升势头中的战略转型；后者是一种衰退中的转型。在非危机状态下完成转型，一般会大大减少转型带来的阵痛，提高转型效率并能够取得预期成果。危机转型往往使企业付出较大的风险和代价，具有较大的“破坏性”。企业处在两种转型之间，转型策略的运用必须兼而有之。

1. 非同时竞争

从科技企业来看，多数企业产品属于技术、市场的“同类项”。随着全球市场竞争日趋激烈，企业必须形成独特战略、差异产品系列，尽快将高端性、数字化技术在产品和服务中的嵌入，推动了无边界创新模式、产品与服务的出现，摆脱技术、产品、市场和战略趋同等“尾随”特征。在战略和策略上采取“非同时竞争”的独特战略思路，由“全面追随者”成为“局部领先者”，即避开劣势的“同时竞争”，选择“同时的不同时”的竞争，另辟一个新的技术、产品和市场的路径，从而获得“非同时竞争的垄断利润和市场占有率”。如围绕数字化转型，波音公司在软件设计独占鳌头，生产飞机用的8000多种软件，7000种是独立开发的，公司转型为航空服务类的软件公司。GE公司是专门从事发动机生产的，但在做软件信息服务收入远远超过出售发动机。因此，采取“同类不同项、同项不同质、同质不同利”的竞争战略与转型策略，可以审时度势、动态配置战略资源，形成和增强企业的竞争优势。

2．“软”“硬”兼施

世界上成功转型的企业一般都采取“软硬兼施”的战略。比较典型的企业，主要以软件引领、硬件支撑（或硬件为主，软件嵌入），兼容并蓄，协同发展。如以“软硬兼施”著称的苹果公司，既开发软件，又研制硬件，如开发多轴无人飞行器、无人驾驶汽车、3D打印机、可穿戴设备、智能机器驮驴、机器人厨师等产品。所以，进入“互联网+”时代，科技企业转型发展必须“软硬兼施”。即软、硬产业以实（制造）为本，兼容发展。通过创新优势、人才优势、品牌优势“搭台唱戏”，积极引入孵化器、创客空间等参与。通过购买孵化成果等交易，充当“买手”和“推手”，围绕创新项目及新部件产业，加快先进智造的布局与企业转型链接。例如“软企业”转型“硬化”的亚马逊，制造了电子阅读器KINDLE、多轴无人飞行器；阿里巴巴收购硬件型的公司，生产无人驾驶的、智能的电动车；百度研制无人汽车、中国大脑、百度眼、神灯、翻译机等。

3．差别化竞争

以技术差别化、产品差别化、市场差别化，实现企业独特、有价值、稀缺、无法被模仿和替代的竞争战略。在全球产品系列和新技术范围进行比较、筛选，以国内外产品市场需求的差别，在国内外市场寻求短缺产业和产品进行规模扩张。20世纪90年代，日本五大电子企业（日立、东芝、富士通、NEC、三菱）之所以陷入困境，就是偏离了差别化的产品发展（原先主导产品为通信设备、制冷系统和升降机等）路线，改为集中力量趋同化发展国外生产的计算机、芯片和其他硬件，造成关键产品市场饱和、供大于求。而在消费电子领域的衰退后，日本企业加快在上游技术和关键装备及关键零部件领域转型，如松下失去电气行业优势后，转型在汽车电子、住宅能源和商务解决方案等领域寻求新的发展机遇，成为世界上最先进的电池生产商；索尼在丧失消费电子领域老大的地位后，转型生产领域并取得突破，已占据了医疗内窥镜全球80%以上的份额；夏普将核心业务转向智慧医疗、智能住宅，食品、水、空气安全以及教育产业。因此，企业应坚定不移地寻求差别化战略和策略，在技术、产品、服务领域寻求稀缺性、差别化发展，形成技术比较优势、产品比较优势，加快利润递增和规模扩张。

4．远交近伐[①]

通过建立战略联盟，加强合作开发，牵制高位次企业，致力于企业的稳定发展。这一策略许多国内外公司均采用过。如索尼公司20世纪80年代与飞利浦合作开发音频只读光盘；90年代与美国太阳系统公司合作开发家庭网络系统，与苹果公司合作开发数字视频技术和家庭网络联接，与PALM公司合作开发索尼品牌的个人电子记事簿，与英特尔公司联合制定家庭网络标准；1999年与有线电视公司合作，在整个纽约铺设宽带网络，索尼提供机顶盒和大部分视频点播内容等。这种“远交”不仅有效地利用了先进技术，而且通过“近伐”用于国内外市场竞争。因此，与发达国家企业在先进技术产品、产品供应、零部件生产、设备生产以及企业并购等方面进行分工合作，而在国内可采取组建新的科技品牌公司，与有关科技企业实现边缘性产业分工合作。可以采取控股、结盟、零部件加工合作等方式。同时，利用企业的区域优势，以企业本部为其建立窗口和生产加工基地或科研基地。

5．高端运作

以高端嫁接、高端并购，抢先进入高端价值链的上游技术和下游拳头产品，实现“高类、高质、高利”的企业战略和策略。要注意的是，寻求高端嫁接、高端并购并非一定是高档产品。策略性发展应当是通过科技创

① 远交近伐，语出《战国策·秦策》。范雎曰：“王不如远交而近攻，得寸，则王之寸；得尺，亦王之尺也。”远交近伐的谋略，不只是军事外交上的谋略，在企业竞争方面也是可采取的战略性策略。

新，针对低端或新兴市场推出价格便宜、功能便利的产品或服务，逐步走向上游市场，直至取代主流产品或服务。即利用高技术、低成本制造“高类、高质、高利”产品，或以高技术应用于传统产品，使其不断保值增值。同时，先期可为科技公司制造、装配高附加值的产品，利用高技术产品制造服务的过程，进行核心技术研发合作。其次，作为一种战略行为及其策略，选择高端嫁接、高端并购的时机颇为重要。由于技术创新速度加快，产品生命周期缩短，高端嫁接、高端并购一般要建立在人均收入、市场需求和技术生命周期分析的基础之上，特别是高科技产品技术更新率高、价格变动快，实施并购要三思而后行。

二、扩张策略

规模扩张是科技企业完成原始资本积累的过程，也是避免企业衰落的最好途径之一。因此，企业需要通过产业价值链延伸，不断扩张规模、降低成本，扩大品牌影响和市场占有率来增强竞争力。对于科技企业来说，可采取“求大求强”“弃大求强”“利大求强”等不同的规模扩张方式。三种扩张方式都是因竞争路线和产品品牌、技术含量的变化而变化，一般技术梯阶与规模扩张成正比，扩张方式均与企业的技术创新能力及其产业化水平密切相关。这意味着，在产品利润下降而技术难以替代的情况下，必须通过规模扩张来降低成本，然后再通过大幅降价扩大规模。这一规模扩张方式有一定风险。松下公司总经理在 2001 年发表公司经营计划时就认为，“现在已经不是大量生产就可以产生附加值的时代了”。在电子信息产品市场疲软、生产能力趋向过剩的情况下，某些产品的规模迅速扩张随着利润摊薄有可能走向“死路”。生产能力过剩并影响规模扩张，反映出产品结构、技术结构的矛盾：一方面，市场急需大量新兴产品而国内不能生产或供不应求；另一方面，可以大量生产而国内市场已趋过剩。同时，虽然国外新技术产品有巨大市场需求，但由于价位过高，难以开启消费者的购买力。

企业要实现有效的规模扩张，首先要把握机遇。经济全球化为企业提供了市场扩张的绝好机遇。从战略和策略上，跨国公司加快了与所在国合作伙伴的选择，不过一般不会“强强合作”，选择领先科技企业。在传统产品领域和新技术产品领域，不失时机地寻求合作并运用引进、并购、控股等方式，实现规模扩张和规模渗透是企业的重要契机。但是，对于多数企业来说，实施全面扩张是颇具风险的决策，也是有违自身实力的做法。因此，根据“不求最大，但求最好”的理念，要实现“又大又强”的规模扩张，企业不仅要产品多样化、细分工、全方位的规模发展，而且也要向利润化、结构性、定制化的方向进行规模扩张。从产品结构的角度看，结构性规模扩张包括以下方面：

1. 以市场需求为主导的结构性规模扩张

这里所说“结构性规模扩张”，实质上是通过结构性扩张，放弃低附加值、衰退性产品，转向发展高附加值、高成长性的产品，寻求市场需求的差别优势和竞争优势，包括“国内外市场需求结构”“国内外产品技术结构”“国内外产品价值结构”为基础的规模扩张。

（1）市场需求结构。一是国外市场饱和而国内市场短缺的产品。以中国为例，国内产品种类大约 40 多万种，而国际市场产品种类在 150 万种以上。换言之，国际市场 74% 的产品亟待开发。这些产品国内外有巨大的市场需求，随着本土化和规模化及成本降低，可大规模进入国际市场。二是国外正在商品化、市场化的新技术产品。如虚拟现实 / 增强现实（VR/AR）、可穿戴设备、无人驾驶汽车、石墨烯、量子通信、高端机器人、云服务等。

（2）产品技术结构。如市场需求潜力极大的产品（技术），包括 3D 打印、无线网络机、无线打印机、基因测序（精准医疗）、尖端医疗设备零配件、汽车影像等交通系统、光纤棒（用于光缆生产的原材料）以及光开关等一系列光学元器件等。

（3）产品价值结构。如国内外虽有，但产品附加值仍然较高，市场空间较大。包括网络电视、液晶显示器、功能性小型电器、技术先进的空调机、特殊照明设备、智能无线电话等。这些产品相对利润较高，可加快规模扩张。

2. 以利润为主导的结构性规模扩张

以产品技术结构调整，加快利润为主导的结构性规模扩张，是企业扩张思路。随着发达国家核心技术更新速度加快，产品规模扩张、成本不断递减，如计算机硬件的成本 40 年来下降了 2700 倍，微机 10 年来已由 3000 美元降到 500 美元并继续下降，迫使发达国家为减缓成本压力，将一些技术密集型产品转移到发展中国家。如跨国公司在发展中国家建立了加工制造业基地等。根据劳力、技术成本以及利润率比较，这种转移将继续向其他国家或地区转移。需要注意的是，从全球企业盛衰沉浮的案例来看，要做高科技、实体性、服务型、国际化的科技企业，不要做“虚肿企业”，就要积极参与新科技的颠覆性、智能化变化，以此提升产品技术水平和产品附加值，增强产业竞争力。例如，华为公司的规模虽然不如一些著名的科技企业大，但 R&D 利润总额占营业收入的比重在信息电子企业中较高，研发投入较高，竞争力水平进入跨国公司行列。

在追寻利润增长点和产品结构调整中，企业要遵循“不求最大，但求最好，好中求大”的基本原则进行结构调整与扩张：⑴同步调整。通过新产品开发和产品转型以及规模扩张，同步减少低附加值产品的比重和规模。⑵迅速提升。以技术引进、技术改造和技术创新，增加在传统产业中具有细化市场需求、科技含量的产品比重。通过市场细分化战略，寻求差别优势，“不做整体的大，要作局部的大”，扩大市场竞争力和产品附加值。⑶迅速扩大。扩大高附加值、高技术产品的份额是结构性规模扩张的主流。这些产品不仅可以形成进口产品的替代，满足国内外市场的需求，而且具有较高的经济效益。要加快这类产品的生产销售，迅速扩大市场规模，降低生产和销售成本，形成品牌优势效应。

3．以低成本为主导的国际市场的结构性规模扩张

与发达国家或新兴工业化国家相比，发展中国家或转型国家的人均收入偏低。一般跨国型企业在一定时间内难以达到或接近发展中国家或地区的成本水平。随着管理水平提高、运营成本下降以及国际采购原材料关税的大幅度下调，流通渠道变革带来的流通成本的降低等因素，将使发展中国家的产品价格在国际市场仍然具有优势。因此，利用国内外产品价格差以及成本优势参与发达国家市场竞争，将过剩生产能力转移到生产成本更低的国家和地区，仍然是企业“结构性规模扩张”的有效战略。这预示着，

如果产品具有相对价格优势、技术优势和服务优势，产品贸易在国际市场上将会保持强劲的竞争力，带动科技产业的持续发展。当然，对科技企业来说，利用价格差和成本优势开拓国际市场是跨国经营的重大课题。尽管许多国家和地区，以资金、技术和零部件输出形式合作建厂，但这种扩张方式，需要提前做好各国产品的技术、质量、环保等标准认证工作。同时需要对所在国市场需求和产品价格以及文化、宗教、习俗等进行全面调查和研究。

实现差别优势的产品结构性规模扩张，可使利润增加而不必追求低成本，在产业竞争中往往赢得超常收益。比较显示，发展中国家高新技术产品在产品结构、销售结构中所占比重偏小，附加值偏低的产品比重较大，同时还面临产品技术生命周期缩短乃至被创新技术、产品替代的风险。需要在技术升级的同时，加快规模扩张。在规模扩张的过程中，加快新技术的替代。这是科技企业实现“结构性规模扩张”亟待解决的主要问题之一。

三、并购策略

把握机遇是企业并购的基本原则。亚洲金融危机、拉丁美洲金融危机等曾使一些跨国公司乘势而上，迅速成为巨人。典型的事例是美国通用电气公司 1997 年利用东南亚金融危机，实施了一系列大规模收购活动，使其资产由 1995 年的 10 亿美元上升到 2001 年的 400 亿美元，占该部门全球资产的 10%。因此，对科技企业来说，有机遇便设法以并购方式进行扩张是一个重要的策略。当前并购机遇在全球普遍存在，随着产业转型和成本递增加快，发达国家科技企业亟待外购或技术转让，这为企业并购提供了绝好的机遇。

企业并购一般采取以下策略：

1. 优吃劣。主要为实现规模扩张，采取低成本扩张所作的并购策略选择。国际上几乎所有的著名科技企业均采用过这类方式。美国思科公司为扩大生产能力和市场规模，形成技术、品牌优势，在初期就采取收购战略。短短几年，就收购了 70 多家公司，成为美国最有影响的公司。目前，对发展中国家或地区科技企业、研究机构的扩张也可采取这一策略，但在并购后的技术、产品投入方向要慎重行事，企业文化、企业管理等方面则要配套而行。

2．优吃优。主要是对技术领先企业所进行的战略并购。这种并购包括技术、人才和管理诀窍。发达国家的科技型企业为迅速扩大规模，获取人才、技术资源，占领市场一般都采取这种方式。如大企业还通过并购等多种形式的资本运作，获取优质的创新资源，快速进入新领域。如谷歌收购 DeepMind，使其拥有了创新最为活跃、成果频出的世界顶级人工智能开发团队，而脸书（Facebook）通过斥资 20 亿美元收购 Oculus Rift，进军 VR 产业，意在转型为“软硬皆施”的跨界高手。采取该并购策略需要具备融资能力、资本运作能力和管理能力。同时，需要进行大量前期专家论证、市场研究等，以免得造成并购决策失误。

3．劣吃优。这种“蛇吞象”的并购策略的运用主要是指“以小吃大”“以弱吃强”。对科技企业来说，大多是指对具有高技术水平和市场潜力，为扩大规模而通过并购、控股和合作等方式进行的战略重组。采取这种策略需要具备技术优势、管理优势、文化优势和市场优势等比较优势。较稳妥的方式可以采取先控股（小股），后增资扩股以及随机并购等策略。

实施以上并购策略一般要考虑到企业的并购目的、动因和方式。对科技企业来说，三种并购策略要在预设条件下寻机而上。并购的目的是着眼于上市公司的长远业绩和长期效益，包括：（1）寻求并购有利于改善企业的关键生产环节、关键工序的企业。（2）寻求并购有利于新技术产品规模扩张、提高市场占有率的企业，如新产品同类企业。（3）寻求并购有利于改进企业产品的企业，如专有软件、生产自动控制等公司等。（4）寻求并购有利于产品延伸增值的服务业，如未来热门的设计、信息、咨询、金融、物流等服务业。

上述并购选择的对象不一定都是企业，还包括对电子商务、金融机构、研究机构等部门的并购。在运作过程可以采取资产转让、合资、控股等方式。

采取并购方式虽然有一定的风险，但可以做到事半功倍。避免并购风险，需要企业强大的情报和智囊系统的支持，主要是对各国科技企业的创新趋势、股市变化、市场需求、消费收入和支出能力、技术更新变化等要有准确的把握。企业需要建立（或委托）咨询研究机构，通过适时、动态地跟踪和把握创新发展状况，正确地选择战略和运用并购策略。

四、市场策略

比较证实，科技企业的竞争能力差距主要表现在技术创新能力和市场营销渠道（包括战略性策划、品牌运作和营销能力），虽然科技企业总资产中科研体系和营销体系所占比例越来越大，但多数企业发展形态基本是一种“橄榄型”，即企业发展是沿着技术开发→生产加工→市场营销的路径无限膨胀，企业核心主要置于生产能力等环节。而国际科技企业采取的“哑铃型”结构，反映为一种投入结构，即研究开发、市场营销投入比重大而生产小。在引进技术或“拿来技术”满足技术需求的同时，根据全球产业链、利润链的分析，开发市场营销环节，特别是国际市场营销环节极为重要。在开发国际市场方面，华为、海尔等均采取过不同的战略和策略。如华为、海尔等初期阶段均采取“高起点发展，低成本扩张”的市场战略。海尔在意大利并购科技企业、在美国设厂建点，以进军美国以及欧洲市场，实现“一箭三雕”的战略目的：以进入世界最大市场扩大品牌在全球市场的影响；开拓哑铃另一端（技术吸收、市场开拓能力）；转移过剩产品的生产能力和拉动国内生产规模。这是因为，在产品的开发、生产、销售各个环节中，生产环节的利润是最低的。华为、海尔等企业利用技术成本优势，避开跨国公司的中介盘剥以及贸易壁垒，选择美国市场为制高点。这一战略性选择尽管是“惊人的一跳”，面临着不可预测的风险，但以抢占世界制高点实现“高起点发展”，则是更高一筹的典型。

进入全球市场前后，市场策略应有所区别。市场销售由全球市场前的以低端、低价、低值为主的产品，进入全球市场后逐步被新开发的高端、高值、（相对）低价产品所替代，市场定位和运营策略也将发生变化。值得注意的是，全球化竞争阶段，科技企业的市场竞争策略越来越在创新与市场之间博弈。利用中国等转型国家的巨大市场，以客户为中心的创新成为企业竞争的市场策略。以独特市场优势引导创新，并驱动创新者将其产品、服务或专业知识服务市场需求。这些不易在海外复制的市场策略，与国内市场规模、增长速度、易于开发程度以及政府推动经济转型发展等因素有关。随着市场消费需求不断升级，以高端、高值、（相对）低价为主的产品向发展中国家或地区扩展。发达国家市场将以高端、高值、相对低价产品为主。同时，在运用市场策略时，要总结企业的经验教训，在规模扩张、做大市场份额的同时，高度重视创新与市场定位和品牌透支问题。警惕企业在做大市场份额时，透支了品牌，降低了品牌价值优势，导致在市场竞争中失利。

对科技企业来说，开拓市场还包括应用“配套经营”模式。即沿着企事业部门的业务，开发、生产与之配套的产品和业务。成功运用“配套经营”的是美国思科公司，公司除了兼并扩张，还采取经营沿 ENRON 公司铺设的输气管线的通信网业务，并生产路由器、转换器、拨号访问服务器、数字电话、网络管理工具等，电子信息产业界称它为上网的万能包。采取这种配套经营策略，其下属公司 5 年销售额增长率在 47%，收益增长 25%，净利润为 14% 以上。而日本电子信息公司以家庭为整体消费单元，在改造厨房、浴室、电视和满足老龄社会需要方面，也采取与供应商、房地产开发商、政府机构等产品经营配套模式。海尔公司提出“家居产业集成”模式。企业的一些产品已经形成配套，并针对电信、电力、化工、住宅（高档区）等部门进行高附加值产品的配套经营，使之依赖并“成瘾”。

五、服务策略

在科技企业中，着眼于技术、产品、利润而忽视了与用户和消费者的关系是相当危险的。总结国内外一些科技企业衰败的原因，许多情况并不是技术落后、产品无需求，而是因与用户关系紧张、服务不到位造成的。例如，国际上一些家电跨国公司所以在中国市场竞争中多次败北，服务网络、门槛等是一个重要因素。而国内有关企业业绩累累滑坡，除战略决策失当外，也是与用户关系紧张和服务不到位等有关。服务不到位，规模扩张越大、市场份额越快，风险性就越大。所以，将企业经营活动的重心集中在创造品牌、市场销售和优质服务上，成为越来越多科技企业的共识。不少科技企业奉行“消费者永远是对的”的原则，将企业的主要目标用在专注、集中、聚焦于为顾客创造价值的能力，提供一流的产品及优质的服务上，并将与用户及消费者的关系作为提高经营水平的核心——以用户和消费者为中心，以服务为重点，提高服务水平及手段，增强服务竞争力和市场开拓能力。

科技企业类型不同，采取的服务策略各有不同。较为共性的策略方式有：项目带动、厂商联营、服务到家、延长保修期和产品保险等。但服务策略往往与产品质量、企业策划和企业管理有密切的关系，它涉及整体性战略策划、形象策划研究和应用；市场需求动态分析及其营销服务，消费者服务新规范和新模式的制定，产品质量管理和服务质量监督，企业领导及管理者的服务管理培训等。国际著名公司运用服务策略常常与企业管理、产品质量、企业策划结合在一起，目的是建立用户对产品的长期可信度和依赖性。

从竞争策略来看，能够体现顾客价值的服务策略及其运用，是一个包括企业管理、技术支撑、服务能力、资源配置等方面的系统工程。可选择的方式有以下方面：（1）建立共享型的“互介经营”制度。一些中小型科技企业通过网络化服务平台，集成“产、学、研”和产供销等云服务，为用户和消费者提供动态性、“一揽子”服务。通过一揽子服务，取得良好的成效，并从大型科技企业夺走更多的市场份额。（2）建立面对面的会客制度。将客户交流制度作为企业服务制度的重要组成部分。如国外一些科技企业 CEO 把 30% 的时间用与客户交流，或每周用 30 个小时会见用户，以建立互动交流关系，联络感情，培养一批忠诚用户。（3)加强服务策划与形象设计。通过对企业服务市场、理念、文化等方面的系统整合，设计出适合企业特色的服务机制。形成统一而鲜明的品牌形象，使企业与市场沟通更直接有效，帮助客户与消费者对企业及其产品建立好感与信心。（4）利用独自网站或利用其他网站，建立用户网络服务保障体系。如海尔作为全球白电第一品牌，过去 30 年积累全球顾客上亿级，为将进店消费的顾客转变成消费的用户，再变成全流程交互的“终身用户”，海尔在行业首创“海尔互联网用户管理体系”。通过应用智能化服务，应对用户的个性化服务需求，如用户评价、售后服务、客服咨询等，从而打造先进的服务系统。（5）建立厂商一体、利益共享模式。厂家、销售、服务渠道采取相互持股、利益共享、风险共担的“捆绑”模式，厂家与经销商共同组建销售实体，联手打造共赢平台，实现厂商利益一体。如“格力模式”等，通过合资合作或以控股等方式，组建厂商“命运共同体”。（6）在营销、服务等部门配备专业技术人员和法律等专家，如德国西门子公司在全球有企业法律顾问360多人。欧洲某企业每名法律顾问所对应的辅助人员为0.8人，以增强用户对产品的知识基础和对企业服务的可信度。同时，建立咨询服务公司，为客户及消费者进行服务配套及“兜底”服务。

无论是销售总量还是增量，品牌、质量、服务好的产品占据着最大的市场份额。除了产品质量、性能外，还与服务精细化、实施全程服务等密切相关，需要制定规范化、个性化、机动性的售后服务，建立以用户为中心的服务体系，使之成为科技企业市场竞争的重要基础。

第四节　战略范例

一、中国轨道制造战略转型

轨道制造是通过系统创新，实现产业转型与战略竞争的成功典范。本范例通过对我国轨道制造创新发展的回顾，总结了我国轨道制造实现跨越式发展的轨迹；解析了基于国内外创新资源及体制比较优势，构筑系统创新平台，形成战略重组布局与独特转型发展路径，以提升中国制造的创新能力、整合能力和协调能力，并由此获得若干有价值的启示和结论。

1. 创新发展轨迹

中国轨道制造在不到6年的时间内，以创新驱动为引领，以国内外市场需求为基点，通过技术引进、吸收消化和再创新，整合重组多方面的创新资源，探索出了一套系统创新的独特模式，成功地实现了从“技术跟踪”“技术转化”到“技术领先”的跨越式发展（见表18–3），建立了具有世界先进水平的研发系统和创新机制，以及门类齐全、具有规模带动和链接配套的产业体系，有力地推动了轨道制造转型升级及实现全球竞争空间布局。

表 18–3　我国轨道制造创新发展的主要轨迹

研发时间	发展阶段	发展成效	发展基础及部门
2004—2006 年	通过引进消化吸收再创新，掌握了时速 200~250 公里高速列车制造技术；技术跻身世界先进行列	系统掌握了时速 200~250 公里高速列车总成、车体、转向架及制动系统等九大关键技术，并实现了国内制造，形成了系列技术标准体系	从国外购买四个车型及相应技术： CRH–1，从庞巴迪购买，由合资企业生产，无技术转让费 CRH–2，以新干线 E2–1000 为原型车，由日本川崎重工业株式会社转让 CRH–5，从法国阿尔斯通旗下的阿尔斯通交通运输引进 CRH–3，从德国西门子公司引进
2008—2010 年	自主研制生产时速 300~350 公里高速列车；技术达到世界领先水平	在轮轨动力学、车体结构、制动系统、环境控制及系统集成等关键技术上实现重大突破；时速 350 公里高速列车批量投入运用	核心技术、牵引系统由株洲所完成，制动系统由南京浦镇海泰完成，并进行了车体转向架的验证试验
2011 年 12 月—	成功研制生产出新一代 CRH380 型高速动车组；技术发展到新水平	在流线型头型、振动模态、减振降噪、旅客界面及智能化等关键技术上取得重大突破，成功研制并投入运用了时速 380 公里新一代高速列车	由青岛四方、株洲所等单位联合全新设计，在功率等级、网络拓扑上都采用全新设计

其间，为实现“跟踪”“转化”“领先”的跨越式发展，中国轨道制造通过战略重组，建立了具有“产、学、研、资、介、用”一体化的链接系统创新模式，推动了以市场和利润为核心的产业转型升级及关键技术部件

配套集群建设。

目前，中国轨道制造研究开发出了一批具有自主知识产权的高端技术装备，构筑了整体研发、持续提升的创新平台与产业基地，建立了产学研资介用链接配套的产业发展体系。并且产品已走出国门，遍布 22 个国家和地区。中国轨道制造的创新发展已达到了一个新的高度，并引领世界发展新潮流，为中国制造业转型升级，提供了一条可资借鉴的创新发展之路。

2. 创新转型构成

轨道制造是一项系统工程，要涉及光电学、力学、材料学、空气动力学、电气控制技术及网络技术等多学科和多领域的知识、技术综合运用，仅靠封闭式、常规性发展路径是无法实现的。而且，还需要结合中国国情，以轨道制造企业为主体，联合大学、科研机构、中介及国内外原材料供应商、配套企业等共同参与，协同发展，实现“府、产、学、研、资、介”一体化的战略重组。通过构建创新信息平台，整合多种创新资源，实施包括战略创新、机制创新、技术创新、管理创新及组织创新等在内的系统创新，[①] 形成中国轨道制造转型升级体系。

其间，我国充分利用了体制、资源、资金、市场等比较优势，加大系统创新与战略重组的规划布局和政策扶持。集中多行业与多领域的人才、市场、体制等核心资源，统一配置、统筹兼顾，围绕国内外市场需求，沿产业链延伸方向进行专业分工协作、整体协同，实施“产、学、研、资、介”相结合的系统创新，通过引进、消化吸收、再创新，进而提升了自我创新能力与水平，实现了科技创新与产业协调互动发展的新突破。

我国轨道制造的系统创新与“战略重组”和“转型升级”有效地对应，主要的目的，是按照产业化、市场化与国际化的需求，完善轨道制造产业创新生态化、网络化的内在机制，形成具有研发能力、转化能力、配套能力的系统构建过程。在这一过程中，国家通过充分发挥布局规划及政策的导向作用，加大对轨道制造企业布局、研发资源、生产基地等一系列结构调整及战略重组，创建了若干轨道制造园区（基地）和创新平台，形成了

① 隋映辉：《系统创新与战略调整》，《科学学研究》，2001（3），第 35—39 页。

要素集成、协调发展的轨道制造优势领域。

3．创新转型重点

基于系统创新驱动，中国轨道交通转型升级形成了若干发展重点，主要包括发展定位准确、研发平台支撑、创新生态体系完整等。

（1）明确发展定位

经历几十年的生产制造、技术积累和人才储备，总结发达国家在研发、设计、制造及市场运作等方面的经验与教训，中国轨道交通制定了创新跨越战略。通过系统引进动车组设计和制造技术，消化吸收再创新，提升科技研发创新能力，创立了中国轨道制造的自主创新实力与独有品牌。

首先，寻求全球轨道高端装备的技术前沿。从拥有先进轨道交通技术的日本川崎重工、法国阿尔斯通、加拿大庞巴迪及德国西门子等引进最先进、可靠的技术和成套设备，并与国内先进轨道制造企业进行联合设计、生产，结合国情、路情、民情进行有针对性的技术引进、消化吸收、再创新，使之在初期就站在竞争的高起点上，避免了类似我国汽车等产业以“市场换技术”的发展的曲折之路。[①] 其次，在转型路径和创新策略选择上，既没有选择外资主导，也没有选择被动的进口替代，而是坚持“三个必须”：外方必须转让关键技术，价格必须做到优惠，产品必须使用中国品牌。以掌握核心技术、关键部件为目标，立足于提高自主创新能力，实现先进技术的引进和低成本转让。最后，利用我国轨道交通的巨大潜在市场，实施政策引导、统一组织，以国内企业为主体，加强国内“产、学、研、资、介”合作，实现研发、设计、制造、运营的链接配套，协调发展。

（2）构筑研发平台

明确创新目标及技术引进门槛，将轨道制造研发平台建设纳入国家创新系统，并形成轨道制造创新及市场推广一体化体制。

国家有关部委联合签署了《中国高速列车自主创新联合行动计划合作协议》，开展联合行动，整合国内科技资源，打破部门、行业、院校、企业

① 改革开放以来，我国汽车工业引进消化有着深刻的教训。项目引进不是重点放在发展中国的汽车工业，通过整合国内研发资源，加大对引进技术消化吸收再创新上，而是用大量外汇进口外国的汽车产品或生产线，造成了大量的重复或无效投入，耽误跨越发展的进程。

间的界限，共同构筑国家级自主创新平台，进行全方位、开放式的创新驱动。通过产业应用部门对国内外相关企业资源的集中，发挥市场引导、产业拉动的作用；通过科技研发部门，整合国内一流高校、科研机构及国内外专业科研团体等科研资源，发挥配置科研资源、提升基础研究水平的支撑保障作用，并支持在相关企业内建立国家级工程实验室和技术研究中心；宏观部门利用实施重大工程项目，促进装备国产化并减免进口设备税收等政策提供保障，以不同方式支持中国轨道制造的创新发展；《高端装备制造业“十二五”发展规划》，把轨道交通装备制造作为发展重点和方向，大力发展“技术先进、安全可靠、经济适用、节能环保”的轨道交通装备及其关键系统，提出了相关的保障措施和政策支持。国家对中国轨道交通实施“走出去”战略高度重视，国家主要领导人在对外访问时，向不同的国家或地区积极推销中国轨道装备和技术。

在国家级自主创新平台建设上，青岛四方、长春客车、唐车公司三大主机厂及其数百家配套企业，以产品开发与关键零部件配套为契机，通过国家科技计划对轨道制造技术的关键领域布局以及庞大的轨道交通工程项目，为国内“产、学、研、资、介”合作提供了一个巨大的公共研发平台。企业通过研发项目直接与大学、科研机构及其他产业的企业进行合作创新，使得中国轨道制造在技术引进后，及时进入自主创新开发的轨道。通过举国体制下的系统创新模式，充分调动了参与方链接配套的积极性和主动性。不仅降低了创新的市场风险与建设成本，而且还大幅度地提高了创新效率，加快了成果转化率，缩短了项目研发到商品化、产业化、市场化的过程。

（3）完善创新生态

中国轨道制造在创新过程既注重对关键技术的引进、消化吸收、再创新，又重视在工程设计施工、综合调度、通信信号、安全保障、信息控制和运营管理，以及沿产业链垂直方向配套发展服务的基础工业、基础材料等方面的创新。项目的技术引进与再创新核心技术不再是某一科研机构、制造企业的“单打独斗”。在创新组织上，国家有关部门联合组建国家级自主创新平台，以项目为纽带，联合国内外轨道制造主导企业及其配套企业、大学、研究机构、中介机构、供应商等，优化资源配置，将轨道交通技术研发、成果应用及产品生产、试验等相关部门组合在一起，构筑以政府为主导、以企业为主体、“产、学、研、资、介、用”一体化的研发平台，形成优势互补、开放包容的创新生态系统。沿同一产业链上同步展开合作、联合研发，形成从基础理论研究、技术开发、产品试制试验、装备制造、施工管理、维修管理到运营监管的轨道交通产业集群。

在引进消化世界轨道交通先进技术并再创新的基础上，针对我国轨道交通发展的关键技术问题，开展了相关研究、试验、验证、预设计、工程设计咨询及技术装备的自主创新和各系统集成创新研究，逐步形成了适合中国国情的具有自主知识产权的轨道交通成套技术体系。正是通过适应市场需求变化，促使创新生态系统内各方密切结合，并使相互之间指导、协调、反馈等功能趋于合理、优化，使创新链条更加牢固和紧密，共同一体化推动轨道交通的技术创新、组织创新、管理创新及服务创新等在内的系统创新，从而带动了中国轨道交通产业转型升级。

4. 创新转型路径

中国轨道制造以国际标准、本土特色、品牌优势和差异竞争，实现创新驱动与转型升级，其发展路径颇具特色。

（1）吸收消化：实现分解到位

中国轨道制造引进国外先进技术，瞄准世界轨道交通制造最先进水平，高起点、高标准实施技术引进、消化吸收、再创新发展战略。在技术引进、吸收消化的过程中，没有采用诸如汽车、家电等“一窝蜂”引进的做法，避免重复建设、恶性竞争，充分利用我国轨道交通的市场优势，联合国内科研院所、设计部门、制造企业，协调步骤、统一谈判、任务分解，实现了高标准、低成本引进。在统一采购政策规范下，我国轨道制造重点企业先后从日本川崎重工、法国阿尔斯通、加拿大庞巴迪及德国西门子引进技术，并联合设计生产高速动车组。在此过程中，国内大量轨道制造重点企业及更多配套企业直接受益，使轨道制造水平实现了突破和跨越式发展（见表 18–4）。

表 18-4 部分引进技术的轨道制造重点企业、项目与应用领域

企业名称	技术引进方	主要产品	应用领域
长春客车	法国阿尔斯通	CRH5 型动车组	东北线
四方机车	日本川崎重工	CRH2 型动车组	
青岛 BSP 公司	加拿大庞巴迪	CRH1 型动车组	广深线
唐山机车	德国西门子	CRH3 型动车组	京津线
大连机车	日本东芝和美国 EMD	“和谐”3 型大功率电力机车与和谐型大功率内燃机车	
大同电力机车	法国阿尔斯通	“和谐”2D 型大功率电力机车	运煤通道
株洲电力机车	德国西门子	“和谐”2Z 型大功率电力机车	
戚墅堰机车	美国 GE 公司	“和谐”型大功率内燃机车	

（2）分解到位：建设研发平台

中国轨道交通装备制造实现自主创新发展，关键在于能够打破部门、行业、院校、企业的界限，进行开放式、系统性创新。技术引进之后，各部位进行协调，动员组织全国的科技资源，吸引了数十家国内大学及科研机构参与，共同构建轨道制造国家级自主创新平台。先后建立了高速列车系统集成国家工程实验室和国家高速动车组总成工程技术中心。同时，为了提高自身的自我创新能力，轨道制造企业也按照关键技术和主要配套系统，建设相应的技术引进消化吸收与再创新平台。通过建立产学研用联合攻关体系，形成高速动车组、交流传动电力机车、大功率内燃机车和城轨地铁车辆等高端产品开发平台。[①] 依托这些研发平台以及国家科技计划和企业联合攻关计划，以优势企业及其数百家配套企业的产品开发为承接点，实现国家对轨道制造技术的关键领域布局及科研计划；以轨道设计、制造企业为龙头，大学、科研机构及轨道零部件配套企业分工协作，有效地发挥科技资源和产业资源集成优势，形成突破轨道制造关键技术的创新机制。

（3）研发平台：实现关键链接

中国轨道交通装备制造重大项目基于技术引进→消化吸收→再创新的

① 李浩鸣、成舸：《追寻中国南车高铁技术自主创新轨迹》，《科学时报》，2011 年 10 月 26 日。

国产化过程，一般都是在沿产业链延伸的方向上，以“产、学、研、用”一体协作、同步展开，形成完整的技术创新链接。借助产业链垂直方向、技术合作流程乃至空间布局等，以创新合作组织模式和运行机制，构筑“产、学、研、用”之间的创新关键链接，促进轨道交通装备技术与产业创新要素的合理流动和优化配置。围绕产业技术创新链开展持续创新，突破产业发展的核心关键环节。如南车四方成功研制CRH380A就得到很好的验证。在南车主导下，整车制造商——四方机车，关键部件供应商——南车株洲所及南车株洲电机等，联合开展了一系列综合线路试验以及动车组的研制工作（见表18–5）。在气动性能的研究中，通过设计合理的研发流程，联合中科院、清华大学、中国空气动力研究与发展中心等科研院所参与其中，在概念设计、仿真计算、风洞试验、样车试制等关键环节中各司其职、共同攻关。正是依靠科学严谨的研发流程、联合创新的有效平台、提升企业的创新能力，使得高速动车组的核心技术装备实现自主创新研制。

表18–5　南车集团研发整体布局及系统分工一览表

公司布局	重点攻关项目
青岛四方公司	负责动车组总成，重点攻克系统集成技术、转向架技术和车体技术
株洲所和电机公司	负责牵引电传动及网络控制系统，包括牵引变流技术、车辆信息控制技术、牵引电机技术和变压器技术
浦镇公司	负责制动系统技术
戚墅堰所	负责钩缓装置、基础制动单元和齿轮传动等技术

（4）关键链接：推进系统配套

在对国外先进技术进行引进→消化吸收→再创新的过程，不仅提升了中国轨道交通装备制造自主创新能力，开发出国际领先的轨道交通技术体系和产品，而且还帮助了我国企业对生产流程、制造工艺方法、工艺标准、质量保障、物料供应、操作规程等方面进行创新与重组，重构起现代化的高质量制造体系。日趋成熟的产品设计开发能力、制造能力水平现代化，人才的层次化和全面化，管理模式的科学化和高效化以及原材料、配套零部件国产化的实现，使得轨道交通装备技术先进产品具备了快速实现工业化、批量化制造的条件。轨道交通集成了各项高新技术，业已构成了完备的研发—制造链条，可以带动机械、冶金、建筑、橡胶、合成材料、电力、信息、计算机、精密仪器等相关产业发展。目前，中国轨道交通产业已建成一批具有国际先进水平的制造基地，形成了以主机企业为核心、以配套企业为骨干，辐射全国的轨道交通装备制造产业链（见表 18-6）。具备了较为完整的研发、制造和服务体系，产业规模不断扩大，研发能力显著提升，技术创新体系初步形成，为我国轨道交通运输业提供了重要的装备支撑与保障。

表 18-6 我国若干城市轨道制造系统创新一览表

部门	创新经验	转型实效
青岛轨道交通产业	围绕建设国内最大、世界一流的轨道交通装备研发与制造基地，配合国家构建快速客运网络、大运量货运通道和城市轨道交通运行体系，强化自主创新，加强技术改造，大力发展零部件；规划面积 40 平方公里的城阳轨道交通装备制造集聚区，已形成集高速动车组、城市轨道车辆、铁路客车、高原客车于一体的完整终端产品结构。	依托南车四方、北车集团、庞巴迪、重汽专用车、南车有限等国内外具有较强竞争力的装备制造龙头企业，形成了集高速动车组、城市轨道车辆、铁路客车、高原客车于一体的完整终端产品结构。动车组总成、车体、转向架、风挡、制动系统、机车电气系统、减振系统、钩缓系统以及车内装饰等配套产业链不断延伸。
株洲轨道交通产业	立完善的轨道交通装备与制造产业链，形成连接创新协同。推行“龙头 + 网络”集群及零部件生产配套的前置条件：强化具有影响群体绩效的龙头企业，集聚从事轨道车辆标准件（非核心部件）研制的企业；提升具有抢占竞争高地的核心能力。	形成了以电力机车、城轨车辆等为重点的多类别产品系列，具有自主知识产权的产品比重由 50% 提高到 70%。已成为国内外最大的重载交传电力机车、城轨车辆及其配套系统的研发和生产基地。

续表

部门	创新经验	转型实效
常州轨道交通产业	打造产品研发试验、整车制造、零配件制造、整车修理、物流仓储、工程总承包等六大功能平台。加快轨道交通产业集群及关键部件配套产业发展。	产品大量为国内城市轨道交通车辆制造企业配套，为庞巴迪、西门子、阿尔斯通等国际制造商供货。城市轨道交通牵引传动控制系统占全国同类产品总量的45%，车辆内装系统市场占有率在60%以上，车内辅助电器产品市场占有率全国第一，风挡和座椅全国第三，屏蔽门全国第四，高速铁路电气化设备也处于国内同行领先水平。

5．若干结论

综上所述，中国轨道制造依托体制、市场、资源、人才等综合比较优势，构筑了系统创新平台，形成了独特的转型发展路径。对于构筑中国轨道智造模式，提升制造创新能力、整合能力和协调能力，实现跨越式发展，具有重大的示范引领作用与现实意义。

（1）以体制比较优势，提升系统创新

加大轨道交通制造创新，必须解决发展过程中资源分散、缺乏整体竞争优势、产业带动效应不明显、机制不顺等诸多问题。首先，在传统研发体制与运行机制被打破时，积极探索体制比较优势下的企业创新、配套机制和实现路径；其次，解决在建立拥有自主知识产权的轨道制造技术体系时，基础器件、基础制造工艺及基础材料等方面与主机车不相匹配等问题，协调处理影响我国轨道制造的性能、质量和可靠性，制约轨道制造向高端发展等问题。在国家宏观战略主导下，发挥新体制优势，部委协调、上下联动，整合资源优势，通过“产、学、研、资、介、用”合作研发，加快了创新能力建设，促使行业在短期内实现重大突破。在基础器件、基础制造工艺及基础材料等方面，提高国产化水平，并提升轨道制造整体水平和国际竞争力。

（2）以市场需求对接，加大政策扶持

围绕国家创新驱动与转型发展战略以及国内外市场需求，制定并落实相关财税、投资、金融等配套政策，引导社会资金，形成多元投融资体系。及时完善相关创新政策和技术标准，加强与财税、金融、贸易、土地、环保、安全生产等政策衔接。支持包括研发设计、试验验证、认证检测等一系列公共创新服务平台建设，打造良好的创新外部环境。建立科学有效的知识产权制度，加强对轨道制造知识产权的保护，从法律法规上督促和保护我国轨道制造专利。按照国家“一路一带”决策部署，加强宏观指导和技术配套服务，加快实施“走出去”战略。通过支持有实力的轨道制造企业“走出去”，开拓海外市场，参与国际竞争，创立具有国际影响力的轨道制造品牌，重点扶持具有全球研发、制造、施工等一体化能力的跨国公司，全面提升轨道制造创新企业的国际竞争力。

（3）以服务网络建设，实现关键配套

利用大数据服务轨道制造创新，促进信息产业与轨道制造业的融合，延伸产业链，催生新技术、新工艺和新装备，推动轨道制造业转型升级。建设产品全寿命周期的服务体系和服务网络，形成轨道制造所需要的各类配套服务，建立制造与服务相互促进的产业协作机制。引导轨道制造企业重视沿产业链延伸方向发展高端配套服务，在研究开发、产品设计、系统集成、工程承包和维修维护等环节实现增值服务乃至服务外包，促使企业由单一提供设备向提供成套设备、工程承包等转变，逐步实现“交钥匙服务”，由生产型制造转向科研、生产等服务型制造，实现具有高附加值的关键配套及链接。

（4）以产业布局完善，带动集聚转型

轨道制造业作为战略性新兴产业，不仅促进了包括机车车辆、城轨车辆系统及配套设备等多环节在内的轨道交通产业链的形成与发展，而且还带动了新材料、机械、精密仪器、信息等研发创新与产业发展。抓住国家产业发展布局，制定创新平台，建立制造基地，打造园区，形成发展轨道制造集群，带动区域产业转型，实现产业结构的优化升级。中国轨道制造在全国范围内进行统筹规划，合理轨道交通装备制造产业布局，较好地避免了重复建设和恶性竞争，在全国产业布局框架内，形成相关产业集聚区域。

（5）以加大研发投入，提升持续能力

轨道制造创新可持续发展，需要加大科研投入。在发达国家加快轨道制造创新的情况下，研发停滞，不利于轨道制造业提高技术创新能力和产业优化升级，而且丧失世界领先优势和竞争优势。因而，中国轨道制造在巩固原有技术创新的同时，还要通过国内外研发合作与科学技术交叉渗透，不断探索新的轨道制造创新成果。通过加大研发投入，确立在产业链上游的竞争优势，实现对核心技术的战略垄断和关键控制，提升整个轨道制造产业的可持续发展能力。[①]

二、华为转型战略

1. 华为发展状况

华为技术有限公司（简称华为）成立于1988年，专门从事通信网络技术与产品的研究、开发、生产与销售，致力于为电信运营商提供固定网、移动网、数据通信网和增值业务领域的网络解决方案，是中国电信市场的主要供应商之一，并已成功进入全球电信市场。

作为中国走技术研发和高端市场路线的科技企业，华为是对研发着力最多的国内企业。华为两万多员工中，有46%从事研究开发，每年销售额的10%以上用于研究开发。华为是少数通过了CMM五级国际认证的高科技企业之一；华为总共已经申请了4000多项专利，是中国申请专利最多的公司。因此，华为战略高度重视研发投入，一方面通过企业的研发力量，进行技术开发和自主创新，另一方面与西门子等跨国公司公司进行战略性合作。同时，利用资本运作方式进行战略并购，扩张业务。在国内，2004年收购SUN-DAY5.01%的股权，同年5月收购宏智科技在湖北、青海的DOSS项目，及湖北、新疆等地的BI项目和全部知识产权。并为实现产品优势集中，将部分主营业务出售给爱默生。

① 隋映辉等：《轨道交通可持续发展研究》，济南：山东人民出版社2014年版，第249—260页。

在科技企业战略运作方面，华为采取循序渐进、先国内后国际的发展，通过选择市场空白点，寻找企业发展的独特位置，根据国内外市场的需要，强化研发开发能力，并借助与国内外科技企业战略合作的力量，突破欧美主流运营商防线，成为可以与朗讯、北电等世界级设备商同台竞争的设备商，实现了国际化的战略目标。2001 年到 2003 年，华为的总收入分别是人民币 255 亿元、220 亿元和 315 亿元。2007 年总收入超过 160 亿美元（约合人民币 1100 亿元），增长率超过 45%，规模突破欧洲、北美和日本市场，同时海外销售额超过 70%。

2．国际化战略

华为国际化战略是在全球通过技术合作、代理方式、合资、控股等方式进行扩张。从 1996—2002 年出于资本扩张的原始冲动，到 2004 年开始战略自觉的选择过程（见表 18–7）。

表 18–7　华为的国际化战略历程

时间	事件	战略方式	意义
1996	与长江实业旗下的和记电信合作，提供以窄带交换机为核心产品的“商业网”产品。	产品合作	开拓国际市场的开端。使华为产品更接近国际标准。
1997.4	在俄罗斯建立合资公司，以本地化模式开拓市场。	合资公司	开拓发展中国家市场的开端。
2000	拓展泰国、新加坡、马来西亚等东南亚市场以及中东、非洲等区域市场。	—	全面拓展国际市场的开端。
2001	通过与德国著名的代理商合作，成功进入德国、法国、西班牙等发达国家。	与代理商合作	成功开拓西欧市场。
2003.11	同 3Com 合作在中国香港成立华为 3Com 公司，并在杭州和北京挂牌。	合作公司	为寻求进入市场的安全通道提供基础。全球扩张战略自觉选择的开端。

续表

时间	事件	战略方式	意义
2004.2	与西门子成立TD-SCDMA合资公司，总投资超过1亿美元，西门子占51%，华为占49%。	合资公司	有利于TD-SCDMA技术标准的具体应用和开拓产品业务。
2004	同BT在多个项目上合作，其中最重要的项目是"可选供应模式"。	项目合作	有利于华为产品在欧美市场更广泛的应用。
2005	拿出超过6亿英镑（合10.7亿美元）收购英国电信制造商马可尼。	企业并购	收购马可尼改变了以往国际化中通用的与外国企业建立合资公司的做法，开始独立控股一个外国企业。

（1）市场化网络战略。华为在全球建立了8个地区部和55个代表处及技术服务中心，销售及服务网络遍及全球。在美国达拉斯、印度班加罗尔、瑞典斯德尔摩、俄罗斯莫斯科以及中国北京、上海等地建立了6家研究所。其中，海外市场人员和研发人员已经超过2000人。华为产品已经进入德国、西班牙、葡萄牙、法国、英国、日本、巴西、俄罗斯、埃及、泰国、新加坡、韩国等70多个国家和地区（表18-8）。在国际市场上的主打产品有交换机、接入网、光网络、智能网、接入服务器等，并且市场占有率很高。2003年全球数据表明：华为的WCDMA产品成为全球第七，宽带网和光网络排名第二，交换机排名第一。

表18-8　华为产品进入国家或地区

产品	进入国家和地区数
光网络	59
交换机/接入网	70
数据通信	66
移动通信	54
业务与软件	53

（2）国际化集中战略。华为在亚太、欧洲、中东、北美、独联体、拉美、南非、北美八大区进行布点，将市场营销战线进一步向前推移，其中，东欧、独联体、中东、亚太等已经形成了“规模销售”。2000年主攻俄罗斯和泰国，俄罗斯已成为华为最大的海外市场国家之一。2001年后，华为在海外市场上重点实施了两个战役：一是在欧美市场之外的国际市场遍地开花，全面突破；二是大面积拓展欧美高端市场，并将欧洲高端市场作为重点主攻方向。2003年华为拿下葡萄牙移动运营商订单，2004年12月在荷兰签订WCDMA大宗合同。目前，德国、法国、英国、葡萄牙、加拿大等国家的主流运营商已经成为华为的用户。

（3）标准化、专利战略。华为研发系统普遍实行CMM管理，并陆续通过CMM四级和CMM五级国际认证。华为在软件开发过程管理和质量控制方面已经达到业界最高水平，逐渐发挥出引导作用。华为在国内的技术专利已经将近4000项，名列国内企业专利申请之首。其研发人员每百人所拥有的专利数由2001年的5.3项上升到2003年的9.4项，2004年达到8.3项。

（4）差异化发展战略。华为特有的Super WDM技术帮助国内外多个运营商解决了跨长跨距问题。华为开始系统地引入世界级管理咨询公司，建立与国际接轨的基于IT的管理体系。在集成产品开发（IPD）、集成供应链（ISC）、人力资源管理、财务管理、质量控制等诸多方面，华为与Hay Group、PWC、FH等公司展开了深入合作。经过五年多的管理改进与变革，以及以用户需求驱动的开发流程和供应链流程的实施，华为具备了符合用户利益的差异化竞争优势。

（5）成本领先战略。华为利用高技术、低成本进军国际市场。华为产品的价格仅为思科的60%，但性能实现思科产品的98%，并且华为用人成本较低，仅为欧美发达国家的20%，具有很强的成本竞争优势。

（6）调整业务体系，剥离非核心业务，提升核心竞争能力。为适应全球化战略，华为加快了组织结构调整和流程再造。一方面，华为转让和剥离所有与核心业务、主流设备不相干的产品线，动员员工内部创业，从食堂、物业、包装、加工、工程安装、机柜组装等，已经创立 200 多个公司，将行政服务体系完全社会化，华为下属的以生产电源为主的安圣电气也改造转让，“成熟一块，剥离一块”。这样，华为就能把精力、资源从非核心的业务中抽出，“好钢用在刀刃上”。另一方面，在自己的核心领域，华为也不断把拳头攥紧，从技术、市场、服务等入手，使华为在国内外网络通信领域的竞争力日益显现。

三、海尔平台化转型

进入新产业经济集中孕育阶段，国际竞争日益加剧，面临战略机遇期，海尔加快创新发展，积极打造网络化、平台型生态圈。海尔以 COSMOPlat 作为中国制造 2025 的示范样本，建立了全球唯一用户参与交互的工业互联网平台。[①] 通过组织结构转型为创客孵化器，彻底告别旧的商业模式和传统管理方式，实现海尔在互联网时代的战略转型。[②]

1. 小微转型

小微是海尔平台组织上的基本创新单元，也就是独立运营的创业团队。小微充分利用海尔平台上的资源，快速变现价值。小微按两种方式进行分类：一是全流程生态圈小微和资源类小微。全流程生态圈里的小微直接对用户的全流程最佳体验负责，直接创造用户价值。目前海尔约有 200 个生态圈小微，主要专注于软件和产品设计以及用户互动，但并不制作产品模具，也不从事生产制造等，很多产品本身密切相关的工作是整合外部资源方一起完成。从硬件→软件→竞技生态圈，用开放的社会化资源共创了竞技生态平台（见图 18–2）。

---

① 相比于德国西门子以工业化带动信息化的 MindSphere 平台和美国 GE 以信息化带动工业化的 Predix 平台，海尔 COSMOPlat 用户可以全流程参与产品的设计研发、生产制造、物流配送、迭代升级等环节。通过 COSMOPlat 下的众创汇、海达源等模块，用户可以自己定义所需要的产品，如果大多数用户响应这种需求，就可以通过海尔互联工厂生产。这样，用户不仅是消费者，也是设计者、生产者。

② 唐蓓、卢少川：《从“小微”看海尔的平台化转型》，麦肯锡季刊，2016 秋季。

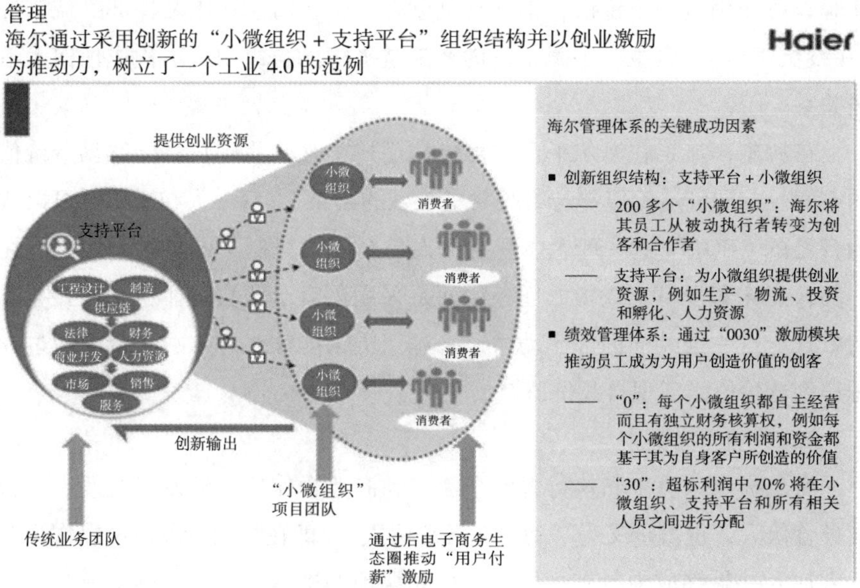

资料来源：小组分析；文献检索

图 18–2　海尔的平台化转型图

资源类小微通过抢单进入生态小微团队。同一目标，从不同维度承接生态圈小微的单，通过交换价值挣酬。如果不能提供价值，就会被动态优化。另一种分类是创业孵化小微和转型小微。创业孵化小微主要聚焦在新机遇、新事业，通过新的点子和创意产生的小微。创业孵化小微采用的是创业团队跟投的动态合伙人机制。开放吸引外部资本和创业团队出资、跟投体现资本社会化和人力社会化。转型小微是在海尔生态圈里，通过模式转型、颠覆，独立核算、完全市场化机制的自组织。目的是从串联到同步并联，创造全流程最佳用户体验。

2．生态系统平台

海尔平台为小微提供开放包容的资源支持，另一方面，通过开放地吸引资源、快速地聚散资源，使海尔平台生态更丰富，从而吸引更多的小微到平台创业、快速变现价值，相关方利益最大化。平台上只有三类人，一类是“平台主”，就是为小微提供创业资源支持，其价值体现在有多少成功的创业团队；第二类叫“小微主”，是经营小微、直接创造全流程用户最佳体验，直接创造用户价值；第三类是创客，包括海尔员工和外部一流资源（在线员工）。平台主、小微主、创客都是平等的自组织，不构成任何上下级关系。

在海尔，员工在海尔平台上可以与用户交互，找到自己能够创造价值的空间、共同创造价值并与组织共享双赢的结果。“每个人在海尔都可以成为自己的 CEO。”这一理念体现在“人单合一”机制，即员工与用户绑在一起，意味着没有上级指派任务，而是采用创客小微自行注册和自我竞选的方式。这一强劲的内部驱动力，来源于员工能够在海尔的平台上通过为用户创造价值而实现自我价值。

3. 调动人力资本

海尔提供从员工和执行者到企业家和商业合作伙伴的发展机遇。小微业务合伙人，也被定义为“动态业务合伙人”，即在初始阶段，可以作为合伙人加入并最终成为股东，如果无法取得预期进展，则随时准备离开。在人才吸引方面，海尔的理念从“找人”“猎人”转变为“吸引人”，主张充分展示小微的优势和发展前景，吸引小微需要的创客。同时，人才吸引方式也从单个人才的吸引转变为团队吸引。在用人的方式上，海尔也提出了在册、在线、合作等模式，灵活解决人才与企业的合作模式。海尔还建立线上人才吸引平台，通过海尔“创吧”把用人的各种理念用互联网方式落实。同时，“创吧”规划通过连接海尔人力资源生态圈中的其他资源，如资源创新平台、海尔大学、共享中心等，开放聚集更多类型的一流资源合作共赢，逐步实现人力资源全生态链的互联网建设。

4. 利用虚拟团队

小微还利用其价值链上的所有资源，包括从上游供应商到参与流程早期的下游用户。目前管理超过 500 万在线粉丝，粉丝类型根据不同层次进行划分。现已逐步建立了小微的生态圈，用开放的社会资源共建共赢的生态圈。除此之外，海尔还开放性地联合科研机构以吸引人才和获取创新解决方案。典型示例是 HOPE（海尔开放创新平台），目标受众是学术机构、学科专家、研发公司等。通过 HOPE 平台，海尔接入了全球一流的设计资源和研发资源，平均每月有 500 个创新理念源自 HOPE 平台。

5. 实现回报机制

海尔设计了二维点阵来衡量业绩。它结合了衡量人力资本和组织策略的多种工具，体现出对组织使命、价值来源和价值持续增长的关注。小微的价值分配基本遵循同一目标、用户付薪的原则。小微事先有同一目标、自挣自花的损益账户，可计算损益；小微整体对赌用户价值（二维点阵），自挣酬；小微内每个成员承诺从不同维度对小微的价值贡献，在小微自挣酬范围内，按二维点阵兑现；创业孵化小微和转型小微均是如此。同时，创业孵化小微还创新实践了跟投等动态合伙人机制。

海尔价值分配中引入的关键概念是对赌机制，不仅涵盖外部投资者，还包括内部员工，达成、超过对赌目标，共赢共享。在锁定整体对赌目标基础上，还要对赌阶段目标。对小微而言，团队成员实现其阶段性对赌目标至关重要。因此，为了确保团队成员的阶段性目标得以实现，对赌机制也适用于员工和小微主。以创业孵化小微为例，小微主和创业团队必须在约定的时间窗口完成自筹，通常是孵化期开始后三个月。如果三个月内未实现阶段性对赌目标，不能吸引到外部风投的投资，团队可投票反对小微主，让其退出并由其他人取代，小微可能解散。对于团队成员，类似方法亦适用。

第十九章　城市创新

城市创新是特定历史阶段对创新要素集聚和发挥作用的城市发展模式。城市创新对于科技产业迅速发展具有重要的影响。科技产业发展主要依赖所在城市或地区科技、知识、人力、文化、体制等创新要素的驱动与发展；城市创新系统为科技产业崛起、聚集与发展提供了动力。通过城市创新的辐射作用和极核作用，将科技创新作为一种新的生产要素和生产条件引入城市科技产业系统，使科技产业在更大地域迅速扩张并成为周边区域和网络系统的接点和运行载体，并对所在城市群或更大范围内的其他区域提供高端辐射与引领作用。本章通过对城市创新内涵的界定，阐述了城市创新能力、城市创新战略生态系统、城市创新与政府、城市创新战略转型等，归纳了国内外城市创新推动科技产业转型的典型范例，并对这些典型城市创新进行了比较分析。

第一节　城市创新系统

一、城市创新概念

关于城市创新，有“城市创新”“城市创新系统”“创新型城市”“创新城市”等多种表述，其基本概念的释义尚不统一。[①] 从文献资料来看，创新城市（城市创新）的英文表述有两种：“Creative City”和“Innovative City”。

① 鉴于基本概念众说纷纭、莫衷一是，本书将其统归为“城市创新”。

"Creative City"的说法主要来自欧洲（英国、荷兰等）的一些研究文献，主要是指对城市面临的问题提出具有创造性的解决办法，并由此带来城市的复兴。这些问题包括交通管理、产业发展、城市生态、种族融合，等等。"Innovative City"的提法包含了目前关于城市创新研究的主流含义，主要研究"创新（Innovation）"作为驱动力的一种城市经济增长和发展模式，并不断融合社会发展的理念和思想。

对于城市创新概念的理解，有广义与狭义之说。

所谓广义的城市创新概念，是指城市创新的扩散效应、创新环境和科技产业聚集效应的矢量集合，以及一个独特科技、经济、社会结构的自组织创新体系和相互依赖的创新生态系统。创新聚集和扩散能力是体现城市创新规模与竞争实力的两个侧面，同时，也是城市创新域和产业系统链范围的决定性因素。因此，以创新城市系统为核心节点、以科技产业和创新企业关联为组织节点的创新生态系统和网络群，将在协同创新中进一步联结城市各个创新结点（"产、学、研"等），构成创新系统网络，并融入城市创新、国家创新系统组成的系统结构。这一系统具有开放性、本土化、动态性、智慧型和系统性等特点，其网络群具备创新规模结构、运作职能结构和产业布局结构的多重结构均衡特征。整个国家创新体系是以若干城市创新网络的关联为组织节点，以科技产业之间的关联链的交互作用为产业节点，进而形成功能一体化的科技产业群或科技创新域。作为不同层次的行为主体，城市创新系统与科技产业形成的互动作用构成了提升国家创新能力的关键因素，国家必须依靠各具特色的城市创新与产业互动系统，才能实现城市创新和产业创新系统的有机构成，形成国家层面上创新系统的有效组合。

狭义的城市创新概念，是指通过对某一区域或城市通过系统创新，实现科技创新持续发展、提升城市竞争力的成长模式，包括科技创新、制度创新、管理创新、政策创新等。其中，科技创新是通过对创新系统的投入，增强城市的自主创新能力，建立具有核心竞争力的城市创新网络及战略技术储备系统；制度创新是通过体制等方面的改革，加快政府职能转型，提高宏观调控水平，形成与全球科技经济全面接轨的市场经济体系；管理创新是指通过创造一种新的更有效的资源组合与要素配置范式，改变城市创新管理流程、运作流程和组织形式，使之达到城市创新目标的全程式管理；政策创新是通过政策主体对城市创新政策进行改革与发展的现实活动。狭义的城市创新将以上创新活动落实到城市系统，并从空间维度出发，实现城市创新空间分布的合理性与城市创新的互动性，促进城市的协调发展及竞争力的提升。

二、城市创新特征

从系统科学角度来看，城市创新具有系统性、开放性、结构性、协调性、动态性、生态性、智慧性等特征：

1．系统性。城市创新是一个由科技、经济与社会等各个相互关联和彼此影响的要素组成的统一的系统。它包括管理创新系统、制度创新系统、政策创新系统、市场创新系统、科技创新系统等，这些系统的构成及其作用将直接影响城市创新诸要素及其在时空上的分布，以及系统内外能量流动的路径和成效。

2．开放性。城市创新系统是一个具有互动性、开放性的系统。所谓开放性是指城市创新系统网络的开放性、资源的开放性和空间的开放性以及应用的开放性。它与其他区域或空间环境进行互为交换和相互作用，通过城市网络与外部信息、物质、能量、知识、人才和资本等要素交换，在更为广阔的空间范围实现资源高效配置与利用，推进城市创新赖以存在的信息流、人才流、物质流和资金流的互动，交换，兼容。

3．结构性。城市创新的结构性就是指城市系统中诸要素之间的关系。它指在一定时间和空间范围内，组成城市创新系统的内部组织、机制和功能等比例及构成。系统结构一般分为层次结构、基本结构、时空结构等。城市创新成效及其系统性质和功能，往往取决于组成城市创新系统各要素的质量和这些要素之间的结构关系及构成。

4．协调性。城市创新协调性是指城市创新系统中的子系统及构成要素间具有合作、互补、同步等多种关联关系，以及由于这些关联关系使系统呈现出的协调结构和状态。在城市创新系统中，科技、经济、社会、政治等各系统与各要素之间联系的相互依存性和相互制约性，使得城市创新的协调作用尤其突出。只有各系统、各要素之间协调发展，城市创新才能获得最大的成效。

5．动态性。城市创新系统具有动态性特征。所谓动态性是指城市创新的生命周期变化对城市兴衰的影响和变化。城市创新系统的动态性通常用城市创新周期变化量来表示，即指城市创新系统由初始状态进入稳定状态的时间或速度。城市创新系统不同发展阶段有不同生命周期变化内容和形成的核心竞争力。因此，城市创新系统能够可持续发展，要按照生命周期变化要求，在一定阶段范围内进行创新能量的输入和动态结构调整。

6．生态性。城市创新系统是一个具有创新能力的城市生态系统。在城市创新的特定空间里，城市创新要素与周围环境相互作用形成的网络结构和功能关系，称为城市创新生态系统。它是各个创新要素与周边环境相适应的基础上建立的城市创新系统，因而也是一个自然、经济、科技与社会复合的生态系统。

7．智慧性。城市创新具有智慧城市的特征。城市创新中的智慧科研、智慧医疗、智能交通、智慧城市管理，这些系统的应用都将使城市创新管理的运行模式以及其中人的行为方式发生改变。以共享创新资源、促进人的创新为目标，城市创新应用 Fab Lab（Fabrication Laboratory，装配实验室）、Living Lab（生活实验室）等工具和方法，实现以用户创新、开放创新、大众创新、跨界创新为特征的系统创新。智慧性城市创新适应人类创新模式的拓展，让城市环境更具创新活力。

三、城市创新影响因素

城市创新是依靠科技、管理、体制、政策等要素对城市系统进行创新变革与发展的综合性反映，它主要具有以下影响因素：

1．创新资源。创新资源是指带动经济超越简单再生产和扩大再生产的创新经济要素、制度要素和社会要素的总和。创新资源是实现城市创新活动的基础要素，主要包括人才、信息、技术、知识、资金、基础设施、信息网络等。创新资源的有效供给，有利于提高城市创新能力、形成优越的创新环境以及不断完善创新机制等。

2．创新能力。创新能力是一种发现、探索、创造，积累新知识、新技术和新方法的系统能力。这种能力是新技术和新发明的源泉，是促进科技进步和经济增长的革命性力量。对于一个城市，创新能力往往是城市人才作用、知识生产、科技产业化及研发投入等方面的综合性反映。创新能力主要体现为在城市创新活动的行为主体。主要包括一个城市集"府、产、学、研、资、介"以及产业集群、创新联盟于一体的系统创新主体。

3. 创新环境。创新环境主要是指政府行为及其创造的有效启动创新的战略、政策、制度、法律法规、文化等软环境，信息网络、科研设施等硬环境以及参与国际竞争与合作的外部环境。在城市创新过程中，往往通过系统创新构成城市创新的诸多环境因素，从而影响科技产业经济的结构调整与战略转型。作为推动城市经济发展的关键因素，城市创新环境对于产生系统绩效、吸引创新人才、聚集创新集群、形成创新比较优势，具有重要的影响和作用。

4. 创新机制。创新机制是指在创新过程中有关的技术、组织、人才等问题运行体系。因此，创新机制也就相应地包括技术创新机制、组织创新机制、人才创新机制，以及保证创新体系有效运转的激励、竞争、评价和监督机制。创新机制对于城市科技、管理、体制、政策等创新要素协调发展，实现城市创新运作和产业合作具有重要的影响。

5. 创新市场。市场行为及需求是城市创新运作及其活动的基础。市场决定创新资源配置、创新能力的需求以及创新机制的运作，因此，城市创新的市场需求不仅引导城市创新的竞争与合作，影响科技产业结构调整和战略转型，而且影响科技成果转化及经济增长的环境。城市创新与发展必须通过市场的拉动，形成对城市创新系统的知识生产、创新产品的巨大需求，以及以城市为中心的可持续发展。

这些影响因素共同构建了城市创新系统（图 19-1）。作为城市创新系统，其创新资源为基础，创新能力是支撑城市创新重要的动力，创新文化、创新制度以及创新资源共同构成了城市创新环境。而城市创新机制形成了创新运作的有效流程。城市创新的外部表征是创新市场，市场拓展及效益是检验创新能力、创新机制、创新环境、创新资源等的最终体现。创新能力、创新资源、创新环境、创新机制与创新市场共同作用，协调互动，有机配合，形成城市创新系统的协调发展机制，推动城市形成持续创新能力。

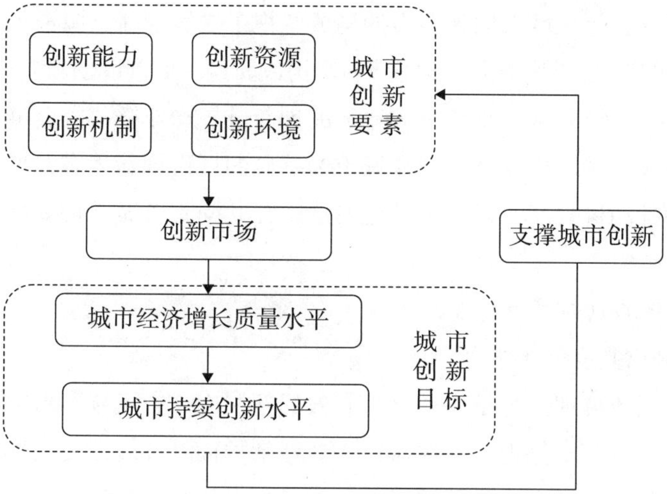

图 19-1　城市创新模型图

第二节　城市创新能力

一、城市创新能力概念

创新能力是城市创新体系中所有要素和行为主体的有机组合的总体能力，它是城市知识创新、科技创新、科技转化、科技产业化等发展状况的综合性反映。主要表现为城市创新体系的协调发展能力。由于学者研究视角不同，关于城市创新能力的构成有若干不同的说法。比较有代表性的有两类。一类包括五个方面：知识创新能力、技术创新能力、制度创新能力、服务创新能力、宏观发展水平（赵黎明等，2002）；另一类包括三个方面：科技创新能力、科技产业化能力和品牌创新能力（中国城市创新能力评价体系课题组，2006）。这两者之中，前者具有广义城市创新能力的系统构建，后者是从狭义角度进行的城市创新能力系统的建立。虽然构成不同，但都将科技创新能力作为城市创新能力的原动力。并明确指出，城市经济社会发展主要依靠科技进步，离开了科技创新，城市创新就失去了源动力。

从科技产业经济学角度，关于“三要素”城市创新能力的构成比较贴近学科范畴。但在经济全球化和创新全球化的竞争环境下，该系统构成有明显不足。主要是城市创新能力的构成忽视了制度创新、服务创新等在城市创新中的作用。需要进一步完善创新构成因素。以制度创新、服务创新、品牌创新等系统要素，将城市或地区的创新链、产业链、资金链、服务链有机地链接起来，构成基于智能城市为基础的城市创新生态，形成创新激励机制，推动科技产业化、市场化发展，并共同完善城市创新能力的实质及其系统结构。

二、城市创新能力构成

1. 城市制度创新能力

制度创新被理解为是一种更为有效的新制度、新机制的形成过程，是城市创新的主要支撑力。它在城市创新活动方面发挥着重要的作用，并在推动科技产业发展中成为关键因素。制度创新能力是政府的基本能力，其主体是影响管理创新活动的政府及相关部门。从宏观角度看，城市制度创新能力主要是指政府为创新活动提供的制度、法律、法规及政策保障，以及解决创新失效等问题的能力。

一般来说，城市制度创新能力是由制度创新、制度管理、制度监督等能力构成。集中表现在以下方面：

（1）制度设计。制度设计是顶层设计，是从全局发展的角度，对城市创新战略、机制、目标与管理的系统规划。制度设计和体制创新是城市创新战略的组成，也是政府以制度创新推进公平竞争环境的基础。政府作为制度设计及保障的制定者和执行者，对提高城市创新能力及公平竞争有不可推卸的义务和责任。

（2）法律法规。城市制度创新能力需要法律法规的支撑和完善。法律法规的有效制定、完善以及执行程度是城市制度创新能力的重要体现。主要包括创新创业、社会保障、人才权益，以及知识产权、成果转化、投融资、教育等相关法规。

（3）政策力。政策力是体现城市制度创新能力的重要指标，也是政府宏观调控，实现城市创新驱动的重要手段。主要包括政策规划、执行、完善程度及能力。政策力涉及城市创新能力评价的有科技政策、产业政策、税收政策、金融政策、教育政策、对外政策等，它是组成政策水平及城市创新能力的基础。

（4）公共管理。城市公共管理能力是城市制度创新及执行力的体现。它是在制度安排下，运用不同的激励机制及管理手段对公共服务资源进行有效配置的行为。通过公共管理对城市创新运行和发展过程的影响，获取创新驱动效率。城市公共管理包括公共管理政策的制定与执行、管理决策、体制创新、公共管理运行、公共管理的监督及治理等。

2. 城市科技创新能力

关于城市科技创新能力，有分解为科技创新投入、科技创新开发及科技创新产出能力三部分，也有将其分解为五种基本能力：科技创新投入能力、科技创新配置能力、科技创新支撑能力、科技创新管理能力和科技创新产出能力。

（1）科技创新投入能力。科技创新投入是实现科技创新的前提和基础。如果没有创新投入，就难以进行研究开发或技术组合，创新设想也就不可能转化为新产品、新工艺和新服务。一个城市科技创新投入能力通常取决于财力投入、人员投入、研究开发机构和企业的数量与质量等因素。一般用这四个指标群来测度城市科技创新投入能力的强弱。

（2）科技创新配置能力。科技创新配置是衡量城市科技创新能力结构是否合理的重要指标。科技流动、能力安排等反映了创新系统的知识配置能力，促进科技有效流动是提高创新能力的重要手段。“产、学、研”合作反映的是企业、高校和研究机构合作的状况，是科技有效流动的重要形式。同时，有效利用国内外人才、资金，引进和吸收先进的生产技术、管理技术和大量的技术诀窍。基于这种认识，一般从“产、学、研”合作、技术市场交易、吸收境外人才、投资等方面来测度科技创新配置能力。

（3）科技创新支撑能力。科技创新支撑能力对城市创新能力有很强的促进或约束作用，是影响城市科技创新能力的关键因素之一。科技创新支撑环境可以用创新基础设施、创新中介服务、创新金融环境和创业活动程度等方面来反映城市科技创新的支撑能力。

（4）科技创新管理能力。科技创新管理是确保创新资源有效流动与合理配置以及创新活动协同发展的重要方面。主要表现在政府通过行政或经济等手段对城市科技创新进行宏观或微观管理，为城市创新创业提供公平有序的竞争环境。

（5）科技创新产出能力。科技创新产出反映了城市创新投入带来的经济社会效益。科技创新产出包括万名科技活动人员科技论文数、专利申请量、技术市场交易额、科技成果数量、产出效益等。可从科技产出、创新产品、创新效率和产业发展等方面进行测度。

3. 城市科技产业化能力

科技产业化是科技商品化、产业化与市场化的过程，是城市创新能力的主要表现之一。科技产业化直接依赖于知识生产和科技创新的突破，研究开发、科技创新、成果转化和专业化生产成为科技产业化的主体和核心。为确保城市在未来发展中保持持续强劲的竞争能力，需要从科技投入、科技成果、发展环境、规模化经营和经济效益等方面建立综合体系，以反映其创新能力。

（1）科技投入水平。主要是指科技活动人员和科技活动经费的投入。增加城市创新能力，实现科技产业化发展，一般是需要加大科技资源投入，通过科技活动主体的投入产出能力获得体现，如科技活动人员投入、科技活动经费投入新产品产值率等反映。科技投入水平越高，城市创新支持力度就越大，科技产业化水平也就越高。

（2）科技成果转化。科技成果转化是指为提高生产力水平而对科学研究与技术开发所产生的具有实用价值的科技成果所进行的后续试验、开发、应用、推广，直至形成新产品、新工艺、新材料，发展新产业等活动。科技成果转化是实现科技商品化、产业化的必然过程。

（3）企业发展环境。科技企业是城市科技产业化的主体。企业发展环境是指营造有利于城市创新及科技企业活动的软硬环境。包括：基础设施建设；支撑环境条件，如创新政策、文化环境、居住空间、公共服务、交通体系、生态保护和科技意识等综合反映，以及城市对科技企业投资的支撑力度及集群建设水平，高效配置人才、技术、资本等关键生产要素能力，高水平的企业服务体系等。

（4）产出效益。产出效益衡量一个城市创新支持能力的产出效果及作用。主要是指科技产业效益和新产品开发状况。包括：①科技产业总产值占工业总产值的比重，反映地区科技产业发展水平和科技创新产出能力。②科技新产品产值率，衡量新产品产值占工业总产值的比重，反映了企业研发水平，间接体现一个城市或地区的科技支持能力。

4．城市品牌创新能力

城市品牌是赋予品牌要素实现创新价值的能力及行为。品牌战略是构成城市创新能力的重要方面。我们可以从品牌建设投入、品牌发展环境和品牌竞争力等方面，对城市品牌创新能力进行归纳。

（1）品牌建设投入。包括城市品牌平台建设、网络影响拓展、品牌设计研发等方面的基础投入、队伍建设、中介服务等。

（2）品牌发展环境。品牌环境是影响城市创新发展的政治、经济、科技、文化等综合要素，主要包括城市体制、政策、管理等综合实力等。

（3）品牌竞争力。品牌竞争力包括城市基础优势、禀赋资源、创新能力、管理水平、科技力量等方面的综合优势，是形成城市可持续增长的源泉，也是城市创新核心竞争力的外在表现。包括城市品牌价值、品牌数量、品牌影响力等。

5．城市服务创新能力

城市服务创新能力是指服务城市创新的综合实力。具体分为：服务创新环境指标、服务创新支撑能力、服务创新管理能力、服务创新产出能力。主要集中体现在：

（1）创新创业培训服务。主要是传播知识和培养各类专门人才以及高素质的劳动者，其核心组成部分是职业教育能力和专业人才培训能力。创新创业培训服务能力是城市科技创新、品牌创新、科技产业化的基本条件。

（2）创新创业中介服务。主要指为研发、投资、生产等咨询活动，及知识技术的传播、交易和应用提供的网络化、平台化的服务能力。它在城市服务创新中发挥着中介渠道作用。

（3）创新创业服务支撑。包括创新企业、研发机构、孵化器、专业服务、生活设施以及企业研发大厦、商务楼宇、交通枢纽通道等。

第三节 城市创新战略生态

城市创新的战略生态系统是创新要素链接、交互与协调发展的系统构成，也是推进城市创新与科技产业互动发展的基础。从某种意义上，城市创新系统可以表示为城市创新的扩散效应和科技产业聚集效应的矢量集合，以及一个独特的科技、经济、社会结构的自组织创新体系和相互依赖的战略生态系统。因此，战略生态系统影响城市创新的聚集力和扩散力不仅体现在城市创新的聚集规模与竞争实力的两个侧面，而且也是形成城市创新圈和科技产业系统链的决定性因素。

一、战略生态系统

生态系统的概念是由英国生态学家坦斯利（A.G.Tansley,1871—1955）在 1935 年提出来的，他认为，“生态系统的基本概念是物理学上使用的‘系统’整体。这个系统不仅包括有机复合体，而且包括形成环境的整个物理因子复合体”。根据坦斯利的定义，生态系统是指一定范围内的生物在有机体（包括动物、植物、微生物等）及其生活的周围无生命环境（包括空气、水、土壤等）所组成的统一体。“生态系统”涉及动植物本身之间及他们与自然环境的一种动态和复杂的相互作用。一般生态系统是由种群的特征、类型、分布及其演变与自然环境相互关系构成的系统，是以生物之间以及生物与非生物之间相互关系为研究对象的。

城市创新系统本身就是一个战略系统，这个系统我们引入“战略生态”的概念。战略生态是城市创新网络的战略组合及其环境构成的系统，它是一个互为衔接、协调发展的过程。因此，战略生态的概念往往引自生态理论和观点而提出，旨在用生态学的理论来研究城市创新战略行为，认识竞争条件下城市创新战略的相互作用机制、原则和发展规律。战略生态的核心在于战略构成的系统组合和协调发展规律。城市创新系统之所以能够形成与发展，主要是因为这些创新构成部分在制度、产业、技术创新链条中，适应于其生存的环境并不断地改造环境，以使城市的创新网络或各个系统之间的生物特性更加明显，更多的研发机构、创新企业、相关服务业等，聚集、生存在一个资源共享、互为依赖、互利共生的环境中，并构成一个协调、优化的生态空间系统。例如，欧洲一些城市通过 ICT（信息通信技术）、物联网、云计算、大数据、人工智能等，将城市资源、创新需求连接起来，以推进城市战略生态的实施。如巴塞罗那推出了 22@ 创新区项目，力求将这些优势与数字技术相结合，探索城市创新发展。该区域包括五个“知识集群”——信息通讯技术、生物医学、设计、能源和媒体，并寻求新的途径将其结合起来，提供更可持续的城市模式。利用城市 500 公里的光缆，22@ 创新区利用各种传感器来监测噪声和空气污染、交通拥堵以及市民活动，以创造一个充满活力、有利于生态环境的城市创新空间。

城市战略生态的元素一般包括城市内部和城市之间的战略系统。这里，我们将其纳入城市群的创新系统与科技产业互动发展进行战略分析。所以，战略生态的引进是随着经济全球化和产业转移日益动态化，科技的进步和市场竞争的全球化、国际化以及顾客需求的日益多样化，动态竞争越来越成为企业参与市场竞争的主要特点，战略的制定与实施的界限越来越模糊。城市创新战略不仅影响着企业的战略，而且也极大地影响着行业环境和竞争环境。这就需要城市创新系统对战略群体发展、演变的整体把握，才能更好地用生态学的观点来描述、分析城市创新的区位优势、历史特征和战略行为，在将来的战略生态（见图 19-2）中寻找城市创新的战略目标。

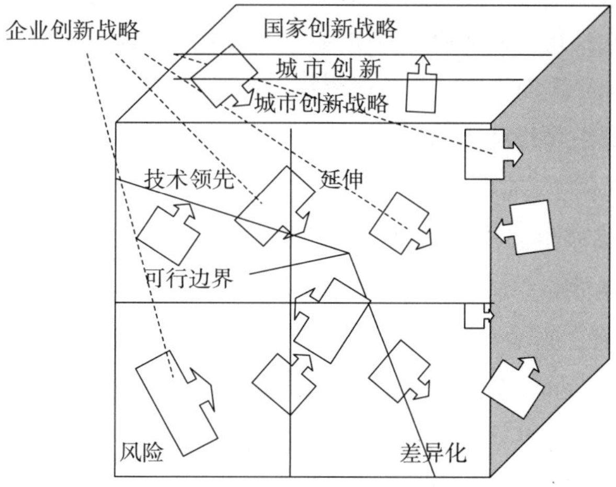

图 19-2 创新系统的战略生态

二、战略生态系统特征

假如我们将整个城市创新与科技产业的互动系统看作一个生态系统，同样也可以视为一个城市创新群及其战略系统视为一个生态系统。所以，作为城市群构成的战略生态系统，是由各个城市的创新组织、相关环境及其战略构成的。事实上，城市创新系统，包括各个城市的创新环境、研究中心、院校与产业战略的协调发展系统就是一个战略生态。基于城市创新的战略生态是对城市创新战略系统及其基本的相关系统间相互关系的跨学科研究。而城市战略生态的侧重点则在于一地的发展战略，强调城市的战略之间的相互作用以及整体演变规律对城市创新战略的影响。因此，战略生态的基本特征表明，城市创新战略生态研究是一种类似生态的战略演变规律的研究。城市内部的战略生态和城市战略之间的战略生态，构成了城市创新的战略及其影响要素所构成的生态系统。

战略生态具有以下基本特征：

1. 战略生态是“大战略”系统

战略生态是系统组成的基本形态，它是在形成系统结构、功能关系和模型等一系列的过程中，逐渐由分解、散状的系统，组合为一个要素协同、资源共享的系统。这种生态系统包括战略系统的各单元、各层次的有机联系和有序的结构变化。通常变动顺序为单元战略性变化→动态战略性变化→系统战略性变化，进而构成一个边界模糊、跨界合作与价值共创的生态圈以及具有“大战略”特征的生态系统。

2. 战略生态具有结构性

结构是战略生态构成基础。战略结构的要素不仅涉及微观战略系统，而且涉及宏观战略与微观战略的层次与关系，以及布局结构、网络关系等。从战略的角度，战略生态结构的形式不同，表现出来的战略形态、战略模式也不同，产生的城市战略也不同。因此，战略生态的结构性往往决定着战略生态功能，而整体结构反映为在战略生态的整体功能。

3. 战略生态具有层次性

战略生态勾画出诸多战略层次，并使每个层次对应于相应的战略生态系统。由于每个层次战略之间的相互作用和相互依赖，层次之间若干部分组成的具有特定功能的有机整体，使某个系统成为从属更大系统的组成部分，即我们称之为系统的系统。层次性表现出来的系统秩序、机制、组织、结构的本质属性，反映到战略生态形态中，就要求我们不仅要从战略生态系统角度去认识子系统或局部战略，而且要从大战略或战略生态系统去认识战略层次的内部结构。

4．战略生态具有生态力

所谓生态力是指生态系统服务的能力。而将其引入城市创新系统分析，即为战略生态系统对城市创新系统提供支持或服务的能力。评价战略生态力是指对战略生态系统为城市创新以及科技产业发展提供服务的能力进行定性或定量的研究。以合适的方式评价战略生态系统服务能力和城市创新的互动关系有助于更好地提高城市综合竞争力。因为，战略生态系统服务与一地的科技产业发展是相互作用的，一地的发展关键是其战略在战略生态中的基本定位。能否实现战略良性互动，是能否形成战略生态力的关键因素。

三、战略生态系统构成

1．战略生态结构

一个战略系统赖以存在的是其单元结构的系统构成。因此，任何一个系统的具体构成形式就称之为结构。结构是客观事物诸要素有机联系、相互作用的相对稳定的内在形态。而战略生态结构是指战略生态系统所涉及的要素，以及按照特定的规则所组成的结构关系。主要包括城市战略结构、“产、学、研”合作结构、产业链结构、战略联盟组成以及社会价值和体制政策等。城市在战略生态演化的各阶段其主要任务是实施管理，以最终达到城市创新生态系统的合理结构。这是一个多要素、多侧面、多层次的错综组合体。在多维网络结构中，战略是系统的核心和主体，它主动或者被动地适应着所涉及的因素及环境，同时也因地制宜地改变着这些要素。一般来说，在战略生态系统中存在多种战略。例如互充战略、竞合战略、主导战略、辅助战略、重点战略、定制战略，也有协调发展战略等。在某一城市战略中，总有一些城市处于支配地位，在创新圈中具有辐射力；而另外一些城市则处于从属地位，它们与主导城市构成资源共享、布局合理的生态结构系统。在城市创新圈的战略生态中具有合适的地位并发挥应有的作用。

2. 战略生态服务

生态系统服务是指人类直接或间接从生态系统得到的利益。主要包括向经济社会系统输入有用物质和能量，接受和转化来自经济社会系统的废弃物，以及直接向人类社会成员提供服务。与传统经济学意义上的服务不同，生态系统服务只有小部分能够进入市场被买卖，大多数生态系统服务是公共品或准公共品，无法进入市场。生态系统服务以长期服务流的形式出现，能够带来这些服务流的生态系统是自然资本。城市创新的战略生态服务不同于一般生态系统服务内涵。在城市创新的战略生态中，战略生态服务包括城市创新的系统规划、结构调整、集成运作、协调发展等。在战略生态系统经历了专业设计和知识外包等阶段后，新的趋势是战略生态的知识服务。如城市创新与科技产业系统的战略生态，以及全球化战略对接的知识服务等。由智库通过咨询在城市创新圈开发和研究，提供战略知识服务的支持，承担包括城市创新战略实施、运行、协调的全部职责。

3. 战略生态力

城市创新的战略生态力是以城市创新战略在“府、产、学、研、资、介”网络与城市创新资源之间的协调发展为基础的。城市战略的协调发展主要表现在三个方面：（1）对科技产业的战略协调；（2）对城市创新的战略协调；（3）对科技产业与城市创新的战略协调。城市在制定创新战略时，其战略协调不仅意味着要考虑城市之间竞争机会与威胁、内部优劣势，还要考虑城市战略实施后城市之间的产业协调与创新资源整合，同时还要考虑战略实施后对各个城市或地区发展的影响等。因此，战略的协调就是城市创新系统与科技产业互动发展的战略协调与整合，也是反映战略生态力的一个重要指标。

实现战略生态力是一个自组织系统。在市场经济前提下，企业的战略生态力不可能完全由外界来调控。而城市创新的战略生态力可以通过城市之间的战略协调、体制协调、政策协调、管理协调等来完成。因此，城市能否形成一个战略生态力并协调战略使之到达平衡，是城市制定创新战略的关键。提高战略生态力水平不仅有利于城市之间的创新系统协调发展，而且还有效地调节着城市创新系统的各种资源，形成一种平衡而稳定的生态环境，推动城市创新与科技产业的互动发展（如图 19–3 所示）。所以，一个与科技经济区或集聚群发展连接的城市创新系统以及相关产业政策、生态力环境，对城市创新与科技产业发展具有重要的推动作用。事实上，在市场化的环境里，虽然科技产业的发展是由企业支撑推动，但准确地说，主要是通过城市战略生态系统及其生态力作用下的集群推动的（如图 19–4 所示）。

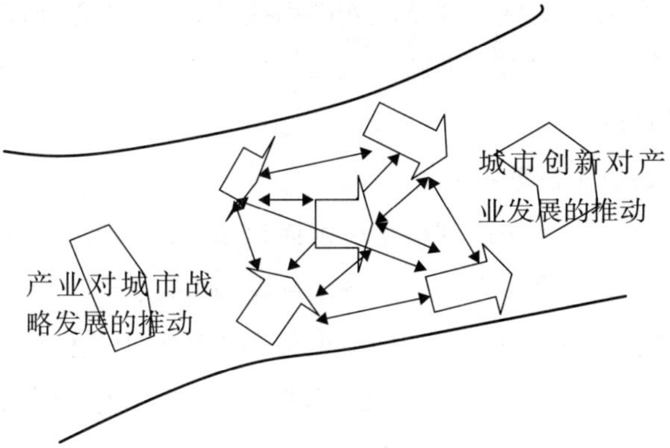

图 19–3　战略生态与科技产业的发展

	城市创新与科技产业协调发展	城市创新与科技产业不能协调发展
居于领先地位	科技产业实现高成长	科技产业难以实现高成长
居于非领先地位	高成长或存在利润	难以成长、产业转移、暂时存在利润

图 19–4　城市创新与科技产业发展的关系

4. 战略生态管理

研究城市创新的“战略生态及系统管理”，是在宏观层次的基础上，探索一种涉及社会、经济、科技乃至政治之间协调发展的观念和行动方式[①]。由于战略生态管理所做的一切会对系统今后的功能产生短期、中期或长期的影响，因此，城市创新战略生态系统及其管理需要采取一种系统的、学科交叉的方法，通过学科集成研究去寻找解决问题的方法。这意味着，城市创新的战略生态系统及其管理往往是一件难度较大的系统工程。主要涉及：（1）城市创新生态系统的适应与平衡，如城市之间、城市内部之间的创新系统的任何不适应或失衡，将导致系统缺陷或失败。（2）城市创新生态系统的一体化管理。战略生态管理要确立城市创新生态一体化的思想。城市创新系统需要解决城市创新的外部系统关系，还需要协调解决内部的系统关系，建立稳定的城市创新（成果）供应链—创新产业链—创新市场链及其战略管理的体制。

四、城市创新生态系统分析

从某种意义上讲，城市创新系统可以表示为城市创新的扩散效应和科技产业聚集效应的矢量集合，以及一个独特科技、经济、社会结构的自组织体系和相互依赖的生态系统。创新聚集和扩散能力是体现城市创新规模与竞争实力的两个方面，也是城市创新域和产业系统链范围的决定性因素。因此，以创新城市系统为核心节点、以科技产业和创新企业关联为组织节点的创新生态系统和网络群，在协同创新中联结城市各个创新节点（“府、产、学、研、资、介”），构成创新系统网络，并融入区域创新、国家创新组成的系统结构中。这一系统具有开放性、本土化、动态性和系统性等特点，其网络群具备了创新结构、运作结构和产业结构的多重结构均衡的特征。国家创新体系以城市创新网络的关联为组织节点，以科技产业之间的关联链为产业节点，进而构成了功能一体的科技产业群或科技创新域。

研究证实，创新资源有越来越向大城市及其中心地带集聚的趋势。由于这些城市的科技产业是新技术创新的主要承载者，在城市创新系统的构建以及产业空间集中过程中，城市创新的战略生态系统扮演越来越重要的角色。这一资源集聚的过程，与这些城市的城市现代化与创新发展水平存

---

① 隋映辉：《协调发展论》，青岛：中国海洋大学出版社 1990 年版。

在密切的关系。因为，形成一个城市创新的生态系统也是一个实现城市化高端发展的过程。城市论者比特·霍尔认为，有创新特质的城市往往“处于经济和社会的变迁中，大量的新事物不断涌入，融合并形成一种新的社会”。从某些方面来讲，这种创造力的发生依赖于城市创新资源、国际金融、贸易、信息、产业优势以及人才的高度聚集。无论工业革命时期的曼彻斯特，还是今天的美国硅谷，创新要素组合、网络系统以及产业链的衔接都与城市创新的战略生态环境密切相关。这些城市与其他城市或地区形成网络，促使城市或地区之间相互竞争，并建立战略联盟的合作关系，于是就形成了城市创新系统的良性循环。当一个城市或地区实现人才聚集、信息聚集、资金聚集，并在科技企业内部实现这些关键因素不断流动时，它就与制度创新、政策创新等构成了一个城市创新的生态系统。

作为城市创新生态的典型事例，美国硅谷地区的创新网络配置和合作性竞争机制对地区繁荣起到了推动作用。有关学者认为，由于硅谷是建立在网络基础上的区域系统，并促进专业化生产者在相互技术组成的综合体中进行灵活调整，因而硅谷是一个合作与竞争的不寻常的混合体（Saxenian，1994）。这种混合体在硅谷地区的有效配置，成为创造硅谷奇迹的一个重要基础。“硅谷”代表了网络化的创新生态发展模式：它“不求拥有，但求所用”，信奉“链接大于拥有”。硅谷本身不占有大量产品制造和贸易渠道，只充当智慧枢纽和关键接点，从全球视野调配分布外部资源、资本与人才。比如硅谷研发团队的打车软件（Uber），连接了全球400多座城市、数千万名司机以及以十亿计数的乘客；从大学校园发端的社交网络（Facebook），链接了全球人口总数的四分之一；一个搜索引擎（Google），连接了所有的公开信息。这个地区的创新机制与大学、研究机构、综合性的服务基础设施、人才库、企业家精神及创业板市场一起，构成了以科技企业为核心的硅谷生态系统，它们为风险企业的成长承担着不同的角色：大学、公司和政府的研究机构是硅谷技术创新的基础和源泉；风险投资机构为硅谷企业的设立提供金融支持；并为初创企业提供人才和管理支持；链接式、综合性的服务基础设施为硅谷生态系统高速运行提供服务；世界各地专门人才为硅谷的繁荣所吸引，形成了巨大的人才库，他们不仅为硅谷发展做出贡献，而且通过回国创业等方式迅速将新技术和新产品扩散到新的国家；企业家们勇于创新、乐于冒险、崇尚开拓进取，以及敢于承受失败的精神支撑着硅谷公司推陈出新；纳斯达克的创业板市场为硅谷的高科技企业的社会融资提供了条件，使硅谷高科技企业能聚集大量社会资本，同时也为风险资本的退出创造了条件。硅谷就像一个“创新生态循环系统”，为企业的“灵活再循环”提供机制上的保证和环境条件，创造出了许多全球著名的公司。

因此，城市创新生态系统一旦形成，就依靠生态环境和系统动力发展，以其内部结构变革推动产业创新。萨克斯涅在其研究中证实，硅谷三个阶段的发展一直保持甚至扩大了它的技术领先的地位。在它的产业结构中增加了新的复杂层次，集中了最高的技术功能。一个特定的创新生态系统形成的过程，以及它所在的地区的独特环境特征，大大地影响着这个过程的最终结果，并形成了创新环境本身的结构和动力。①

这意味着，营造一个城市创新生态系统成为许多国家建立创新体系亟待选择的战略和政策。这种系统不是一种限于科技城或科学园的概念，而是包括一个城市（城区）或区域的创新生态系统。具体包括区内创新主体之间建立联系的机制和制度，以及创新企业的衍生、繁衍的环境和知识流动的调控等。营造城市创新生态系统表现为：（1）城市创新系统对企业创新活动的影响。城市创新系统环境对企业的吸附力、生产要素的可得性、质量和知识基础、网络系统以及政策体系等。（2）企业创新能力及其业绩对城市创新系统环境的评价。企业的创新能力在不同的环境下形成的创新能力也不同，企业创新能力与城市创新的统环境形成互动关系。在创新过程中，技术、产业化和市场的变化与二者紧密地联系在一起。城市创新生态系统的建立是互动关系变化以及相互促进，良性循环的结果。这种互动关系和形成渠道有各种方式，但从系统的角度，有的学者将其定为两种渠道四种方式，认为城市（区域）创新的系统环境是政府行为和企业行为两种渠道和四种方式（软方式、硬方式、自发方式、引导方式）之间互为因

① ［美］曼纽尔·卡斯泰尔：《信息化城市》，南京：江苏人民出版社2001年版，第99页。

果、相互影响的作用。实际上，在市场机制运作条件下，需要明确在政府行为和企业行为之间应当确定一种什么样的互动方式与运作方式。这个问题的提出，显然表明中介对接机制在创新系统环境中的重要作用。这预示着不仅具有政府行为和企业行为的两种方式，而且可能出现中介行为的第三种方式（见图 19–5）。尽管第三种方式是一种“起缓冲作用”的中介方式，但应当说，第三种方式正是弥补政府行为、企业行为不足的运作方式。它开辟了营造城市创新生态系统的渠道，成为政府、企业、研究机构和大学之间的互动机制和联结渠道。

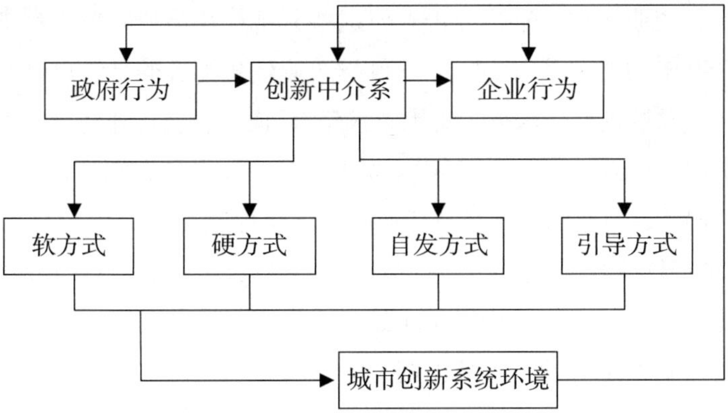

图 19–5　营造城市创新生态系统环境的渠道

五、城市创新战略生态与科技产业

城市创新的战略生态，最终表现为围绕科技产业聚集和战略配置的创新活动。在不同的国家或地区，科技产业的聚集和战略配置中有不同的含义。一般是指在城市创新圈的科技产业通过聚集途径，进行产业结构优化和资源优势整合，增强城市创新的战略生态配置，推动城市经济的协调发展。

从系统功能的角度，科技产业在城市创新战略生态的配置特点及形式主要有以下方面：

1. 聚集优化。产业结构的战略配置，表明产业结构演进序列实际上是一个不断聚集、优化的过程。其中，每个阶段科技产业的战略配置及其形成的战略生态系统，对这一阶段的产业调整都会产生明显的影响。科技产业迅速聚集并形成产业更迭效应，将加快引领产业更迭的创新需求。

2. 产业领先。从供给方面分析，在影响产业系统因素中，科技产业的聚集及其战略配置是促进新产业布局调整的决定性因素。城市创新及其产业发展在各个产业部门影响力不同，明显使得产业聚集程度以及部门间出现生产率增长不等的现象。城市创新及其产业化水平领先的地区，在国内生产总值中占有较大的份额，因而在产业战略配置中的影响也越来越大。

3. 高附加值。影响产业战略配置因素之一是科技产业附加值的高低。国内学者在对产业调整的关联因素研究时，大多从制度变迁、技术进步、消费结构、产业比重等进行分析。但这些分析往往与战略配置带来的附加值的高低有密切的关系。实际上，科技产业优化配置的最终评价并不完全是科技产业的规模扩张水平（销售收入率），而是科技产业在结构调整中所达到的附加值份额（售后利润率）。如果科技产业发展有规模，无效益，产品附加值偏低，就难以实现科技产业的最优化配置。

4. 结构优化。实践证明，并不是有了科技产业聚集就一定结构合理。在某种程度，科技产业结构优化才是产业生态优化的基础。这是因为，科技产业结构调整是市场需求结构调整的客观要求。单一产业模式已经难以满足多元市场需求结构的战略配置要求，需要通过结构优化满足多元市场需求，适应经济全球化竞争以及全球产业结构变动和产业的升级。其次，主导产业在很大程度上决定结构模式。以科技产业为主导的产业结构模式，通过实现科技产业结构优化，加速转型期科技产业的迅速成长，促使产业战略配置结构进一步优化。

5. 网络化。网络化是城市创新及科技产业聚集的平台形式。利用城市创新系统的“生态性”“聚集性”“创新性”，以创新网络建立一种结构性的空间配置功能与环境，是带动形成科技产业集群的重要力量。这种力量作用于产业聚集性的过程，并随着互联网、大数据、云计算、人工智能等广泛应用，把人、财、物、信息等一切有形和无形的东西“连接”起来，完全突破了物理空间的限制，使得科技知识的生产、传播与应用更加便捷、迅速。无国界、网络化的发展，更多表现为科技孵化成果通过空间性的跨越，资源配置和跨界投入，如美国纽约通过私营部门（主要是企业）、政府机构、大学（实验室、研究所等研究机构）、非营利组织以及各种中介机构，组成严密、高效的协作网络，使创新体系中的相关要素通过它们之间的作用和关联形成了一个组织上松散、协作上严密的网络体。其创新体系最明显的特征就是强调网络集群的概念，尽可能地将统一领域的科研单位、企业、资本通过得力的机制安排或政策支持结合在一起，缩小科技开发、转化的周期，减小过程中的摩擦力，快速实现科技成果转化（见表 19-1）。

表 19-1　纽约州创新体系的架构

要素机构	事例	体系中的定位 / 作用
研究机构群	18 个国家级研究所，65 个州立研究中心，300 多所大学	知识扩散和一般研究的执行者，不仅产出最主要的基础知识，而且还是新方法、仪器和有价值的技能的源泉。
企业	大企业都设有独立的研发机构，如 Kodak 公司、IBM、Westinghouse 等老牌跨国公司以及大量技术创新型企业	新产品开发、新技术开发用用的创新主体，也是最具创新活力的群体。由于处于市场的中心地位，因此对技术创新能做出最敏锐、最快速的反应，并且比科研机构和政府具有更大的韧性和灵活性。
孵化器与科技园区	52 个孵化器 22 个科技园区	为纽约的技术创新、新产业培育、经济增长以及创造新的就业和福利机会提供了重要的加速器的作用。由纽约当地的孵化器孵化培育的新企业数量占全美新企业的 9%~10%。
中介机构	资本、信息服务 法律援助、成果转化等	获得风险资本以确保好点子成功进入市场。

续表

要素机构	事例	体系中的定位/作用
公共服务部门	纽约州科技与学术研究办公室（NYSTAR）等各类政府机构	主要功能有二：对基础研究和应用研究中的共性技术予以投入；为体系提供良好的机制保障和全面的支持措施，包括立法。
金融机构	美国和其他主要国家的380家银行，美国十大银行中的四大银行总部，美国十大金融服务公司中的三家，纽约证券交易所和美国证券交易所，发达的风险投资市场	金融体制、金融服务、金融政策。

资料来源：王静波：根据纽约政府网站整理，2006年6月8日

要说明的是，科技产业在城市创新战略生态的配置，是在一城一地实现创新的政策、研究机构、技术人才、投资者等各个要素集中于某一区域，并使其互相接触碰撞产生“化学反应”，从而放大城市创新生态效应。但数字流动无疆域，科技传播无国界。布鲁金斯学会研究发现，有一种现象普遍存在：产生于某地研究所的技术创新“飞”到了地球的另一端，为其他地方创造就业和收入，而技术创新发源地却并未收获经济效益。因此，城市创新生态的构建，不仅要创新驱动，还要实现创新的商业化、产业化，并牢牢“粘”在大都市，将创新利益留在本地（见专栏19-1）。

专栏19-1　如何让创新的商业化留在本地

第一，要依靠联邦下拨的研发资金打造创新平台。布鲁金斯学会副会长布鲁斯·卡兹认为，在联邦财政预算可能长期趋紧的背景下，联邦应该维持甚至扩大在研发这方面的拨款。国家级基础研究和转化研究对创新应用本地化至关重要，地方需要用这些经费来运营几个“轴心”的大型研究机构，为创新应用本地化服务。

第二，强化本地生态体系。橡树岭国家实验室主任汤姆·梅森说，

创新应用本地化是一个“身体接触项目”，需要面对面谈判、持续不断地联系，有时甚至还会有碰撞。当核心技术研究机构、人才、周边基础设施等要素聚集时，企业也会向这一地区聚集，这样，创新应用本地化就有了一个很好的本地环境。

第三，仅强化本地生态体系还不够，地方还需“倾听业界的想法”。公司的选址和业务增长取决于多种因素，地方政府不能只建几个研究机构就完事，还要调研相关公司的情况，使之真正产生创新聚集效应。

第四，真实性与地方特色至关重要。真实性指的是什么呢？陶氏化学的道格·帕克斯说，20 年来，他一直听联邦、州、地方经济规划者以不同的包装推销同一个项目与概念，这注定是不会成功的。创新应用本地化要想成功，地方要对本地的优势和吸引力进行真实的评估，而不是“你所希望的优势”。有些行业可能对低成本能源感兴趣，另一些行业可能更在意地址和方位，地方经济规划者必须想清楚本地可以为之提供的特色，如此才能真正使创新的商业化留在本地。

第五，地点很重要。地区的技术与技工人才密度很重要，但是创新聚集地的地点以及与“轴心”研究机构的交通便利性也很重要。因此，要想创新应用留在本地，地方需首先确定好“轴心”研究机构的空间布局，然后围绕“轴心”研究机构设计创新集群生态系统。

资料来源：布鲁金斯学会：《地方创新重构美国经济地理版图（2014—2015）》，社会科学文献出版社 2015 年版

六、战略生态系统与“城市创新圈”

1．城市创新圈与战略生态系统

大城市创新资源的空间聚集，始于规模科技经济效益及区域科技产业布局，来源于城市创新的生态系统组合。在这些大城市中汇集了大多数研发力量和科技产业群，对国外文献检索证实，Glaeser 等人曾检验了以下两种假说：（1）城市发展主要决定于产业内的知识溢出。（2）跨产业的知识溢出是产量和就业增长的主要推动力量。如 20 世纪 90 年代，美国 92% 的专利属于大都市，几乎所有风险投资也集中在大都市区域。在欧洲，法国

6个区域集中了75%的研发人员；德国97个行政单元中的11个几乎集中了所有专利。对欧盟262个样本区域的研究也表明，创新活动更倾向于空间集聚（Capelloand Lenzi，2014）。中国创新活动空间集聚现象也较为明显。按人均GDP与创新分布来看，越是发达地区创新活动越是活跃。中国高人力资本地区（即上海、北京等地）的人才对经济增长的边际作用是最大的（Xiaobei Zhang et. al.，2009）。

城市创新域、产业链以及创新资源的互动将各个城市有机地连接起来，形成了城市创新圈及科技产业聚集带。如20世纪70年代，日本发展电子工业，城市产业活动开始脱离对传统生产资源和运输条件的依附，向新兴产业集中的地区转移，最终形成筑波科学城以及北起北海道，包括东部地区，西南至“硅岛”九州的新兴创新圈。而美国的“硅谷”、著名的128公路高电子产业带、明尼阿波利斯的医学设备产业群、北卡三角研究园等的演变是另一种变化。如旧金山—奥克兰—圣何塞，费城—威尔明顿—特论顿，以及波士顿—劳伦斯—洛厄尔等五大地区，形成了美国科技产业创新研发的聚集区，展现了一种城市创新圈以及集中化的生态系统模式（见表19-2所示）。虽然各国发展模式不同，但都是在创新资源和风险投资体系的支持下，形成了城市或区域的创新体系，并对科技企业群构成了强大吸附力，聚集成为科技产业圈（区）。

表19-2 根据科技创新环境的潜能计算出来的美国城市创新圈排名（前5位）

大都市区	信息来源	资本来源	科研力量	综合分数	综合排名
波士顿—劳伦斯—洛厄尔	4.25	3.5	3.5	11.25	4
纽约—新泽西	3.33	5.0	1.0	9.33	2
旧金山—奥克兰—圣何塞	3.75	4.5	2.5	10.75	3
洛杉矶	3.0	1.5	0.5	5.0	1
费城—威尔明顿—特论顿	4.33	5.0	2.0	11.33	5

资料来源：曼纽尔·卡斯泰尔：《信息化城市》，江苏人民出版社2001年版

分析结果表明，在其他条件相同的情况下，知识扩散和知识溢出效应大的城市经济增长更为迅速。这一研究结果反映出大多数国家和地区，特

别是城市创新圈（区）在科技产业经济发展中的独特作用。作为资源高聚集、成果高密度的创新系统、支持体系以及有别于其他城市类型的空间域，城市创新圈具有以下特征：（1）城市创新圈的核心是中心城市。一般由一个或三个科技企业、院校、科研机构聚集的城市或地区构成创新中心城市，城市的科技产业产值占国内生产总值一般可占到圈内的30%~50%以上。（2）围绕中心城市，城市圈内的大中小城市研发、产业与服务呈链条状结构、互补结构。（3）城市圈与城市圈之间的创新体系具有相对独立性，但城市圈内各城市间的创新分工与产业合作紧密，产业结构是综合的、多元的和开放的，具有较强的创新能力、结构转换能力以及国际市场竞争能力。（4）城市圈内具有良好的生态环境、基础设施网络，以及以中心城市为核心的辐射能力。

世界上只有少数的区域或城市能够获得支配性的创新地位和超强科技产业竞争力。全球经济最发达的地区集中于五大都市圈并形成科技产业形态：即纽约都市圈、多伦多—芝加哥（北美五大湖）都市圈、东京都市圈、巴黎—阿姆斯特丹都市圈和伦敦都市圈。在特定的都市圈中，科技产业竞争不仅表现为企业之间的竞争，也表现为区域或城市之间的竞争。而且，无论是在发达国家还是发展中国家，那些产业优势明显和经济快速发展的区域或城市，一般均呈现出人才、资金、信息、技术等生产和创新要素在空间上高度集聚的现象。地理位置接近的大量相互关联的企业（通常是中小企业）既竞争又合作，通过区域或城市的科技产业这一特殊产业组织形式而获得强大的竞争优势。因此，构建具有竞争力的科技产业链不可忽视一个事实，即城市之间、企业之间、企业与政府之间、企业与各种环境因素之间构成了复杂的网络系统。形成城市创新战略生态必须改变线性思路，建设开放式、多功能、网络化的科技产业链和生态系统。

由此可见，城市创新生态系统构成的创新圈、科技产业带以及“研究三角”等已经不是一种假说，而是基于研究机构、大学、企业、风险投资及人才群的紧密结合，以及通过生态系统生成的一个自我运行的环境。动态地看，可以把“城市创新圈”这种空间组织看作城市群在实现“科技产业化、商品化、市场化”发展阶段的一种表现形式，因而它本身就内含了

"城市创新经济"的发展模式。重要的是，"城市创新圈"具有可行性、可操作性及典型示范意义。如中国长期以大分工式的区域城市结构进行划分，一些都市圈区划忽略了城市之间内在的关联性，因而在城市创新战略设计中，城市群方案成了行政区划之间的"虚拟组合"。这些城市群或经济区表面上看似是一个完整的地理单元，但其内在关联却难以长久维系。如环渤海经济圈的辽宁与京、津、冀、鲁的省际经济交流只有 10%，山东与京、津、冀、辽的省际经济交流还不到 12%。且各地中心城市各行其是，都想成为"龙头"，都市圈重组规划无果而成。这说明，城市创新圈并不是通过行政拼凑或组合意向就即可生成。它是在特定的创新环境、特定的城市或地区、特定的要素（人才、资金、信息）及其利益组合，以及具有的区域战略、科技产业链与城市创新生态系统。

2. 城市创新圈约束条件

构建城市创新圈需要设定以下约束条件：

（1）城市创新圈战略、体制与政策的系统整合。协调城市创新圈的战略以及实现城市圈的体制、政策，是加快构建"城市创新圈"基本前提。从某种意义上说，城市或地区的战略协调、体制政策的整合协调，是城市创新圈能否形成与发展的决定性力量。

（2）城市创新圈的人才、资金等研发资源的有机衔接和系统聚集。实现城市圈的系统聚集将会带来创新经济协作、科技企业迁入、风险资金、技术扩散等优势。促使城市圈内的资源得到更为合理的使用，使城市圈具有"创新孵化器"的功能，并吸引外资及其技术实现"高端嫁接"。

（3）城市创新圈的创新链、产业链与服务链的系统链接。城市创新圈众多协作配套科研机构、院校、企业，形成了创新链、产业链和服务链，也带来了创新研发的专业化配套与合作。避免了产业创新、科技研发的脱节造成的效率低下等现状。

（4）城市创新圈内的科技园区、孵化器、创新企业及其网络化的系统配置。主要体现为：专业人才、风险资本、科技设施及公共政策的合理集成；中小创新企业在园区的聚集程度及其内源力、竞争力；中心城市或地区的创新资源优势，以及为创新活动提供孵化器的系统功能；城市创新的孵化器政策以及信息资源的协调等。

（5）城市创新圈内的大中小城市研发、产业与服务链的合理布局。城市创新圈形成大中小城市研发、产业与服务的合理布局，可以减少研发成本，形成技术、人才、成果、服务等资源共享。当城市创新圈形成了强大的综合经济实力和创新力，就会有更多的资本、人才、技术等创新要素流入城市，推动城市创新圈的积累式扩张与发展。

（6）城市圈创新氛围的文化环境的培育。对城市创新圈建设来说，制约条件与制约因素之间，还包括社会文化因素。城市创新的基本条件是鼓励创新、促进合作的文化环境。相互和谐、彼此一致的传统文化有助于和谐共生，但可能形成墨守成规和安于现状的思想，难以对创新者采取宽容的态度。因此，培植创新氛围的文化环境也是构建城市创新圈亟待解决的约束条件。

当然，构建城市创新圈生态系统，还取决于战略组合与调整。按照发展战略学原理，城市创新战略模式变化大体上可以归结为：

（1）序列易位。城市创新的战略生态系统的诸要素、诸层次的序列变化或位置移动，将会引起系统结构发生深刻地改变。在城市创新圈模式设计中，改变战略生态系统的序列，同样如此，如将城市创新战略结构中的“技术创新—成果转化—试制生产—规模扩张”，改为“引进技术—消化吸收—试制生产—规模扩张”序列，创新战略结构及其模式就会反其道而行之。

（2)要素重组。较之“序列易位”，要素重组更易引起系统结构的改变。构建城市创新系统，推进科技经济体制改革，也必须通过“要素重组”方式，加快城市创新结构调整与模式变革。要说明的是，“要素重组”基本前提是对发展战略的准确选择，这是因为城市创新系统的“要素重组”及其战略生态系统会表现出明显的差异性。往往要素重组不同，带来的城市创新及其战略生态系统也不同。

（3）构型变换。系统要素、层次组合的更替和变型，必然引起城市创新的系统性、整体性变革。构型变换通常是最大限度的结构性变化。新的构型可以说是城市创新模式、战略生态系统设计的基础。结构模式变化包括战略系统的序变、向变、组合变化和整体构型的变化，也可以看作一个量变到质变的系统演变过程。因此，构型变换可以说是一个战略结构形成的广义量变。如“城市创新圈”的构型变换必须围绕创新发展战略，通过采取新的战略结构模式，对城市创新圈的体制、政策、组织、交通、网络、社区等进行全域空间系统组合，在优先领域、薄弱环节、关键部门等进行构型变换，寻求城市创新圈建设的相关战略矩阵及其生态系统。

城市创新圈及战略生态系统设计，包括创新圈内城市的系统战略、指导思想、发展重点、战略阶段、支持体系等基本要素，以及以战略生态系统为基础，以序列易位、要素组合、构型变换等方式进行的空间系统设计和资源有序组合。需要说明的是，这些努力不是简单地对国内外著名城市创新圈（产业区）的“仿真”和复制，而是在城市创新各种要素组合的基础上，根据各地战略地位，依托“城市创新圈”的高端性、差异化、不对称关系，在城市创新生态、产业创新生态和创新生态工程等领域开展系统创新、学科交叉和工程整合的研究，并运用城市创新周期评价、城市创新生态设计、城市创新规划、城市创新孵化以及战略生态管理应用等方法，建设一个优势互补、协调发展的城市创新系统和战略联合体（见表 19–3）。

表 19–3　城市创新生态系统的指标体系

指标			
类别	**创新战略**	**创新资源**	**创新环境**
内容	战略目标、发展重点、战略结构、战略模式、战略阶段、支持体系等	创新人才、风险资金、研发设施、创新网络、市场资源等	政策体制、管理水平、地理位置、成本优势、生态环境，安全水平、交通便利程度、设施便利程度等
类别	创新协调	创新产业	创新网络
内容	创新资源互补、人才支持、创新生态力	原创产业比重、产业技术供给程度、产品配套性等	网络完善程度、信息交流程度、研发咨询体系完善程度等
类别	创新质量	创新效益	创新服务
内容	技术、工艺在国内外的先进性等	创新投入产出比、科技成果转化率、市场占有率、产品售后利税等	服务水平、供给水平、健康水平、教育水平、娱乐水平等

因此，构建城市创新体系及其战略生态系统，必须从战略高度，建立城市创新系统的协调发展机制。通过建立一个以平等协商、政策引导、利益互补、协调发展的城市创新机制，共同联手构建城市创新圈，完善城市创新与科技产业互动的系统。同时，统一规划和协调安排城市创新圈的研发资源、城市布局、产业发展和互补合作等重大项目安排问题，使城市的创新功能协调配套，发挥综合优势，提高竞争能力，从而引导城市创新圈通过互惠互利、打造以城市创新圈为特色的区域创新带和产业聚集区。

第四节　城市创新与政府作用

建设城市创新和增强科技创新能力的外部条件是提供系统政策、法律和规划，进行“府、产、学、研、资、介”的组织和协调，形成创新激励机制和市场环境。其中，政府是促进“产、学、研、资、介”链接合作与系统创新的重要保障，在建设城市创新及完善创新体系中具有不可替代的公共性职能。

一、城市创新的政府作用

政府是城市创新战略的制定者，也是规则的执行者。政府支持科技创新活动并将其上升到战略高度，已经成为世界主要国家政府的共同选择。政府在创新中扮演什么角色，如何通过制定法规、政策引导好调控创新活动，从而弥补市场失灵，是政府在科技领域中的一项职责。创新政策的正确与否，关键在于政府如何以适当角色介入创新战略实施过程。正确的选择不是政府参不参与创新，而是政府要以正确的方式参与或支持创新。既要政府的政策支持，又要防止政府“过分热情”的不良后果。政府应当确保个人或企业拥有冒险和创新的工具和支持，但不应当指定他们冒险的内容。

政府在城市创新中的介入职能一般包括：为“产、学、研”提供有利于创新的环境，通过政策、法规鼓励公平竞争、风险投资、合作开发和高技术产品出口，建立促进技术成果商品化的合作研究开发机构，为科技创新开展广泛的教育培训等。用于支持创新的手段包括:（1）政府直接资助。政府根据科技发展重点实施公共政策的倾斜，通过直接资助创新项目以及收购新技术产品，推动科技创新和新产品、新产业的发展。（2）信贷、税收政策。政府出台一系列税收政策、信贷政策，给予缺乏资金的企业以创新支持。（3）政府采购政策。政府采购作为市场需求的重要组成部分，通过高新技术产品采购以及需求拉动，推动企业科技创新与新产品的开发，加速科技产业的形成与发展。（4）产业政策。政府通过产业政策导向，以及项目审批制度，鼓励或限制项目的发展，促进科技创新和新产品的研究开发。（5）风险投资。科技创新瓶颈之一是资金短缺，政府制定鼓励风险投资的法规和政策，对中小型科技企业的发展提供科技产业化的资金支持。（6）中介服务。通过建立信息网络平台和中介机构，提供信息资源共享、信息咨询以及科技成果转化等服务。（7）教育培训。利用教育培训手段，普及提高科技创新的知识水平，增强科技创新的知识生产能力和应用能力。

同时，政府对科技创新支持方面，还要建立“府、产、学、研、资、介”一体化的合作机制，积极诱导企业参与自主创新合作体制等:（1）政府主导企业参与“产、学、研、资、介”合作体制。政府是创新目标的制定者，还是创新过程的主导者，创新资金的投入者。该体制在日本首先使用，在欧盟得到广泛应用。（2）政府诱导企业自主合作体制。政府通过财税政策、项目控股等诱导运行方式进行合作创新。该体制在发达国家，如美国、日本等得到广泛使用。（3）政府倡导企业自由合作体制。在该体制中政府不参与或进行政策诱导，但通过培育创新环境，提供相关外部政策，激励企业参与科技创新活动。由此可见，政府作为非市场的力量和激励因素，在“产、学、研”合作及企业创新中发挥着“激励、诱导、培育、支持”等关键性作用。政府的作用主要是采取创新经济的各种手段，协调各种科技经济和社会力量，支持、鼓励企业的科技创新，提供风险投资和中介服务，弥补市场激励的缺陷，配置一个有利于科技创新的良好环境。

在城市创新最为活跃的国家和地区，政府在创新中的作用主要通常表现为制定有利于科技产业发展的战略、政策和法规条款；对基础科学、公共福利和国防领域的研究开发给予大量的财政、金融资助；在市场竞争条件下扶持中小型企业的发展等。

金融危机之后，美国政府加快创新战略调整（见专栏 19-2）。美国政府扶持企业及科技创新一般采取直接（提供经费补贴）和间接扶持两种。由于企业市场竞争和投资的风险因素，美国主要采取间接性扶持。以风险投资为例，政府扶持措施主要有制定法规、税收优惠、提供补贴、信息服务、信用担保、放宽行政管理、预签购货合同等。美国创新风险融资机制是以民间资金为基础，以风险投资公司为中介，以股票为主要信用工具，以银行为后援，以高利润为保证的综合体系。投资主体主要包括私人风险投资公司、美国小企业管理委员会下属小企业投资公司、银行与大企业风险投资。私人投资是美国风险投资的主要力量，资金额大约占整个风险投资额的 70% 左右。政府主要利用高风险、高收益的特征，通过政策、法规调节投资者的风险收益的比例来诱导投资；另一方面，通过促进企业科技创新能力和改善外部生存环境，降低投资风险因素。通过间接调控手段，支持风险企业独立灵活的运作机制，又通过企业家主动性的发挥，保留了对企业通过风险压力，激励企业最大限度地发挥创新潜力。调查表明，美国风险企业尽管仅获得联邦政府研究开发经费的 3%，但与大企业和政府机构相比，其科技人员的创新能力却高出 2 ~ 4 倍，每 100 万美元的 R&D 经费能够多开发出 6 倍的产品。

专栏 19-2　美国政府在创新中扮演的角色

过去美国普遍的共识是：企业是技术创新的主体，政府不应当多加干预。2009 年 9 月奥巴马政府出台美国联邦政府创新战略，对“政府在创新过程中扮演的角色”的看法发生明显变化。创新战略文件指出，最近的危机说明，自由市场自身并不能促进长远的社会公益，政府的某些基本投资和法规对推动社会公益是十分必要的。特别是对研究开发投资尤其如此，因为知识溢出效应和其他外部性因素必定会使私营企业不愿意积极投资于研究开发，特别是大多数的基础研究。

新出台的美国政府创新战略采取以下方式取得平衡：向只有政府才能提供的创新构件投资，为个人与企业建立一个开放而竞争的环境；通过额外的激励措施快速启动对国家十分重要的产业领域重点创新。除了经费支持，还扩大到政府行政、法律和行政命令，其中还包括改革专利制度，任命美国历史上第一个政府“首席技术官”来统领全国的技术创新工作。

资料来源：http://www.ostp.cov

日本是发达国家中政府介入科技创新最深的国家。长期以来将创新视为立国之本。发展科技之动力，振兴企业之基础。早在20世纪60年代至70年代，日本政府提出“先引进后创新”，“以引进为主、创新为辅”的方针；80年代又提出“创新为主，科技引进为辅”方针。尽管90年代经济陷入衰退状态，但日本政府对国家创新始终保持高度重视。1995年将长期指导日本科技发展的“科技立国”战略改为“创新立国”战略。1996年又制定了《科学技术基本计划》，其后相继出台“创新25战略”（2007）、“技术创新战略”（2008）、“科学技术创新综合战略”（2016）、“第五期科学技术基本计划”（2016—2020）等。在制度方面出台了“产业科技研究开发制度”“创新产业型科技研究开发制度”等。加快创新制度及其机制改革，建立了开放型、灵活性和竞争性的“流动性研究开发制度”，引进竞争机制，打破科研组织的封闭性和僵化性，从而激发了研究开发人员积极性和创造性。同时，为了促进科技创新形成新兴产业，日本政府依靠“产、学、研”模式，集中力量推进“城市创新”建设，加快科技创新成果的转化。同时，为形成良好的创新环境，日本政府还制定、引进了各种制度。包括科研创新专款制度、创造性科技推进制度、战略性基础研究推进制度、开放性合作研究制度、独创性研究成果培育制度等。同时，制定了培育创新人才的制度，如提出尊重科研人员的创新思想和研究自由，允许自由选择研究岗位和在外兼职等。在任用制度方面，注重选拔思想超前、工作主动又有专业知识的人担任领导，并赋予完全的科研自主权等。

在发达国家或发展中国家，政府在创新方面试图通过体制变革和适当干预来改变运作模式，建立多元、系统的创新网络，调整科技创新政策和产业发展政策，以便加快进入开放性、整合性和系统性的创新领域，并重新进行战略转型和结构调整。政府作为一种非市场的协调、对接和引导力量，在促进创新中发挥着“激励、诱导、培育、支持”等关键性作用。一些国家，政府组建了孵化器、加速器、实验室等多具有特质的创新平台，提供了与企业、研究机构的广泛联系等机构，例如美国波士顿设有“新城市技术办公室”（Office of New Urban Mechanics），丹麦的“思想实验室”（MindLab），新加坡的 PS21 办公室，韩国的创新局等。通过网络化、数字化、一站式的互通有无，共同创造资源共享、开放创新的局面和分享型经济的势头。以波士顿的“新城市技术办公室”为例，运用新科技应用软件，鼓励市民发现城市问题及时通过手机拍照发送到市政厅，同时提供了证据和 GPS 坐标，以便大幅提升城市运作效率。政府通过采取各种创新政策及财税手段，协调各种科技经济资源和社会力量，支持、鼓励科技企业及研发机构的自主创新，增强风险投资和中介服务，弥补市场失灵的缺陷，为创新提供一个有利于资源配置和产业转型的良好环境。

二、城市创新要素协调

从城市创新生态建设、运行机制与治理角度，城市创新系统有赖于多要素的协调发展。在新科技（产业）经济主要领域，形成面向城市创新要素的协调发展的国家或城市（地区），无一例外都取得了巨大的创新收益。

1. 政策协调

产业政策与科技创新政策的协调发展，是实现城市系统创新与科技产业发展的基础。传统的经济学理论将决定和影响产业结构的因素，一般分为需求结构、供给结构和贸易结构。虽然也涉及生产技术体系，但并没有突出科技创新在需求结构、供给结构和贸易结构，即产业结构调整中的地位和作用。大多数人对城市系统创新的答案，通常是在更高层次上增加投资和调节不同类型投资。这里投资包括若干形式，如资本、人才、资源、技术等，但怀疑科技创新政策实际功效的经济学家并没有将其等同或置于先导的地位。这样，产业政策虽然包括科技创新政策，但由于处在较低层次而不能与科技创新政策兼容以致协调发展。相反，城市创新政策以科技创新为核心，却会为产业政策注入新的活力，使其适应经济全球化的发展。正是如此，许多国家的城市创新政策发生深刻的变化：（1）相关政策比以往更深入地介入科技创新过程，参与产业部门之间和产业内部的创新资源的分配。（2）明确相关政策在创新环境的定位，以政策环境扶持科技创新产业，实现科技产业拉动的政府财税。（3）为实现政策目标，制定指导性科技创新政策，明确科技产业发展方向。通过立法和风险投资措施，诱导企业将其发展目标纳入科技创新的轨道，使政策目标转为科技促进经济运动的内在机制。例如，从 20 世纪 70 年代起，城市创新政策就成为德国产业政策的重要组成部分。在德国创新政策中，以科技与产业政策有机协调，即通过“型塑性结构政策（gestaltende Strukturpolitik）”扶持新兴科技产业的发展。

2. 体制协调

体制协调、政策环境对城市创新的形成以及科技产业提升和结构调整有重要的影响。尽管体制、政策的设计与应用不能完全避免投入、结构等资源协调，但体制、政策可以使城市创新获得目标聚集、资源聚集和资金聚集，并促使科技产业调控部门成为政策导向的“真正有效部门”。这一过程特别需要重点解决的是部门之间利益的协调，强调制度创新和体制改革对于解决利益问题的关键性作用。如果体制改革、政策协调和管理转型各行其是，就难以影响产业部门之间和产业内部的资源配置过程，无法适应经济全球化和网络化对城市创新及科技产业转型升级的要求。作为典型实例，20 世纪 80 年代后期，日本官僚体制越来越不适应城市科技发展和经济全球化的竞争，面临着日益严重的“作用危机”。尽管日本经济官僚化在战后经济增长中发挥作用，但僵化的体制等深层次问题已使城市创新政策的调整软弱无力。在周期性经济危机的袭击下，庞大的官僚经济和财团垄断面对经济全球化和网络化的激烈挑战，科技产业战略转型和结构性调整缓慢，促使经济“结构性不景气”现象日益突出。尽管“结构性不景气”和“作用危机”有许多原因，但主要原因是在新经济发展过程中制度创新滞后，没有根据全球产业结构调整和产业升级趋向，进行城市创新结构调整和战略转型。

3. 管理协调

城市创新是一个开放系统，创新因素不仅涉及政策、体制等，还包括受自身控制影响的管理因素。在城市创新发展的环境中，要形成有利的竞争优势地位，必须要考虑管理协调因素，以使城市创新内部行为适应不断变化中的内外部力量。因此，从协调发展角度，可以将城市创新管理协调纳入战略管理的范畴。基于城市系统创新和协调发展目标，城市创新管理协调以服务全局为对象，根据城市转型发展的总体要求而设定。它所协调的范围是组织配合、执行政策、体制协调的总体活动，追求的是城市创新与科技产业协调发展的成效。虽然管理协调包括局部活动，但是这些局部活动是作为总体活动的有机组成在管理中出现的。具体地说，城市创新管理协调不是强调某一部门、某一职能的重要性，而是为实现城市创新发展战略目标，依据战略政策对资源进行统筹规划、合理配置。以协调产业各部门自身的表现，使城市创新管理更具有综合性和系统性的特点。

4．投入协调

在资金短缺或资金投入分散的情况下，科技投入和产业投入之间的协调是城市创新驱动的关键环节。尽管谁都承认投入—产出的合理性以及科技投入对城市创新的关键作用，但在不同利益驱动和不同决策水平的制约下，如何投入来实现科技创新的驱动，意见并不一致。首先，就投资构成而言，是投资影响城市创新的公共机构方面，还是带动经济增长的科技产业方面，事实上存在相当广泛的不一致。其次，一个城市或地区科技投入的长期回报和产业投入的短缺回报，在不同市场规模、资金实力和技术储备的企业有不同的看法。最后，从策略来看，科技投入的持久性和产业投入的阶段性将产生不同的结果：投入的持久性有可能将潜在、暂时的成果转变为持久的产业优势。而产业投入短缺观点的持有者则认为，他们可以从创新投入的最初效果中，吸收科技扩散的成果，或沿着技术创新的学习曲线进一步将自己的生产过程推向更新水平。虽然上述观点有所不同，但最好的莫过于城市创新将两种投资方式的协调组合，即将连续性的科技投入嵌入阶段性的产业投入过程。按照“集小成大”的设计，将每一阶段的科技投入与产业投入协调应用在新兴产业领域，或双方以投资控股使其投资目标一致、利益共享。

5．市场协调

市场协调是指城市创新过程中为了创新发展共同的目标而采取相互协

调的市场行为。在城市竞争条件下，虽然创新驱动的要素是流动的，并在流动过程中形成若干个创新型的城市和区域创新中心，但创新要素的集聚优势和重大项目可以协调、引导市场趋利行为，并在相关城市或地区形成较高的集聚度与创新成功概率。美国硅谷等创新型城市或地区，之所以成为创新要素聚集、创新活跃的地区，除了城市创新的市场驱动，还有创新的独特性、非竞争状态以及某种形式的垄断（彼得·蒂尔，2015），这些创新的城市或地区竞争形成创新要素的流动、集聚并非完全自然形成，还与创新的市场结构、市场协调行为及有关规制相关。

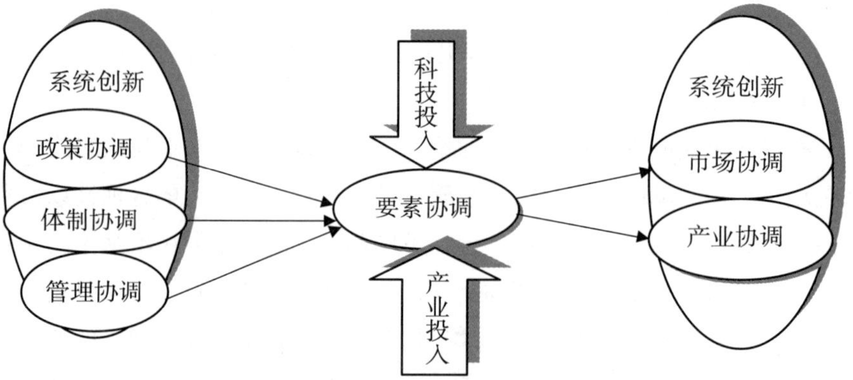

图 19-6　基于城市创新的协调机理

对以上协调因素及其相互之间的作用机理分析，如图 19-6 显示。需要指出的是，上述因素的城市创新与综合集成及其协调发展，必须在管理体制、投资机制、运作模式等基础上进行。通过突破体制界限、部门界限和区域界限，推进产业升级和区域产业结构调整，加快创新产业群的外扩和技术转移，并影响生产要素和创新资源的重新配置和流动，使城市创新协调发展成为推动产业转型和结构调整的主要动力。

第五节　城市创新的战略转型

城市创新是经济增长、产业转型与社会进步的发动机，也是实施创新战略的集合载体。一个国家或地区的城市没有创新驱动及其生态体系的支持就无法得到持续发展，这个国家或地区也难以呈现繁荣景象。因此，城市创新在很大程度上决定了城市科技经济发展后劲，也决定该城市在建设创新型国家中的地位。从城市创新的演进角度看，国内外城市创新资源禀赋不同，城市创新的转型模式及其重点也明显不同。

一、城市创新战略态势

近年来，由于金融危机在全球范围带来了重大挑战及冲击力，各国以抢占科技产业制高点，推进科技创新及产业结构调整，加快了创新型国家建设的步伐。同时，新一轮科技革命和产业变革兴起，以数据为生产要素的新经济模式正在重塑全球经济格局和竞争优势，全数字化成为颠覆性创新的重要支撑；以平台经济为代表的信息经济快速兴起，形成经济新增长点和城市创新的新规则、新模式。美国、日本、欧盟、中国等纷纷提出建设创新型国家（城市）的战略，把国家（城市）创新上升到国家发展战略的高度，并形成不同的发展模式、路径、政策，也出现了不同的问题（见表 19–4 所示）。

表 19–4　若干国家或地区创建创新国家（城市）的战略模式、路径与问题

国家	创新战略	创新模式	创新路径	创新举措	创新中出现的问题
美国	“联邦政府创新战略”（2009）	创新驱动可持续增长与高质量就业	对创新的构件投资；促进激发企业家精神的竞争性市场；“催化”契合国家重点的技术突破等	强化政府在创新中的作用；组建“科学家梦之队”；任命政绩总监、技术总监和信息总监；实施奖励与竞争机制；建立开放式统一信息平台；将研发成果推向技术开发与推广，支持社区创新等	“放任自流”政策影响创新发展；部门利益瓶颈严重；科技政策与教育脱节；政府与大企业忽视基础研究；风险投资规避风险；政府研发预算下降等

续表

国家	创新战略	创新模式	创新路径	创新举措	创新中出现的问题
日本	“创新25战略”（2007）；“技术创新战略”（2008）；“研究开发能力强化法”（2008）	创新融合发展，建立社会创新环境	提升产业竞争力；构建健康社会；保障安全	选定创新项目；建立“超级特区”制度，完善研发体系；设立创新推进费；设置“大挑战研究框架”项目；实施统一的竞争性研究资金管理制度；培养和留住创新人才；实施“培养核心科学教师计划”等	战略计划不落实；过度依赖虚拟创新，忽略制造业为基础的创新；基础研究滞后等
欧盟	“竞争力创新框架计划”（2007）	创新合作构建“大欧洲研究区”	将科技创新从研发成果用于社会的“推入型”转换为“为科技产生于社会需求”的“引入型”的科技创新思想；在实现科技创新目标的过程中推动综合性政策的形成；建立创新研究圈	推动科技联合，创建“欧洲研究委员会”；明确人才政策、公共资金政策、税制政策、放宽限制政策；振兴地方并形成研究群政策；加强中央机构之间、政府和企业之间的协调合作；重视产业界意见；官民合作；加强课题进程管理与评价；重视研发组织的运营，合理分配研究经费；制订“蓝卡计划”，加强培养人才功能	研发投入下降；国家或地区的创新政策冲突；“产、学、研”部门创新协调困难；人才流失严重等

续表

国家	创新战略	创新模式	创新路径	创新举措	创新中出现的问题
中国	“国家中长期科学技术发展规划”（2006—2020）	政府驱动创新实现跨越式发展	营造激励自主创新的环境，推动企业成为技术创新的主体，努力建设创新型国家	加大科技投入和税收激励，加强金融对创新的支持；建立财政性资金采购自主创新产品制度；加强对技术引进和消化吸收再创新；掌握关键技术和重要产品的自主知识产权；壮大人才队伍；提升教育与科普水平；建立科技创新基地与平台；加强统筹协调等	体制弊端制约创新合作；研发投资效能不高；政策措施不落实；教育与产业创新脱节；社会创新网络还尚未形成；城市创新布局尚未到位，中小企业创新落后等

美国历届政府都将创新作为驱动可持续增长的动力。2004 年美国提出“创新美国”战略，2006 年提出“美国的创新竞争”战略，2007 年提出“加强竞争力法”。2009 年 9 月 20 日奥巴马政府出台了“联邦政府创新战略”。该战略包括三大部分：一是对创新的构件投资。包括：恢复美国基础研究领域的领先地位；用 21 世纪的知识与技能教育下一代，建设一流的劳动力队伍；建设先进的硬件基础设施；开发先进的信息技术生态系统。二是促进激发企业家精神的竞争性市场。包括：促进美国出口；支持开放资本市场，为最有前途的创意分配资源；鼓励用于创新的企业家精神；改进公共领域的创新和支持社区创新。三是“催化”契合国家重点的技术突破。包括：掀起新能源革命；支持先进的汽车技术；推动医疗保健技术创新；应用科技应对 21 世纪的巨大挑战等。在这一过程中，美国引领云计算、物联网、大数据、人工智能、分享经济等新技术和新模式的发展。将人才、教育、资本、技术、理念、管理等方面的优势，与城市创新的扶持与引导，有效融合形成了独特的良性运转的创新生态系统，为创新活动以及科技产

业转型持续提供强大动力。

日本创新战略的主要课题是能源、资源、粮食和环境技术。相继出台的创新战略如“创新 25 战略”（2007）、“技术创新战略”（2008）、“研究开发能力强化法”（2008）。这些创新战略涵盖三大目标：一是提升产业竞争力。包括：加快汽车、电子、原材料等支柱产业的技术创新；加快研发可预期形成新兴产业的技术；继续提升处于世界领先地位的环境、能源等技术。二是构建健康社会。提升先进智能机器人技术开发而成的生命支持机器人技术，医疗工程学技术，采用人体皮肤肝细胞的再生医疗技术，将健康、医疗产业培育为主导产业。三是保障安全。发展可缓解食品危机的技术，可替代或回收稀缺资源的技术，可减低环境负荷的制造流程技术等，提升日本产业的国际竞争力。此外，还以国家为主导推动包括下一代超级计算机、全球海洋观测系统、空间运输系统等技术。

欧盟创新战略以“竞争力创新框架计划”（2007）为基础，主要围绕两个目标展开：一是将科技创新从研发成果用于社会的“推入型”，转换为“为科技产生于社会需求”的“引入型”的科技创新思想；二是在实现科技创新目标的过程中推动综合性政策的形成，包括人才政策、公共资金政策、税制政策、放宽限制政策、振兴地方并形成研究群的政策等。创新体制改革方面主要采取加强中央机构之间、政府和企业之间的协调合作，如内阁主导创新、中央部委的融合、重视产业界意见、官民合作、加强课题进程管理与评价等。在创新运作方面，欧盟重视研发组织的运营、合理分配研究经费、加强培养人才功能等，同时，欧盟将建立研究开发基地和研究群作为创新布局的重点。主要包括：以奖励机制促进合作，如坚持共享研究开发成果的原则，给予企业信息使用权等；建立优秀的管理体制；进一步加强与大学、公共机关的合作等。

中国于 20 世纪 90 年代前后，通过“技术创新工程”、“211 工程”、“知识创新工程”、《国家中长期科学技术发展规划（2006—2020）》以及实施的一系列科学计划（如星火计划、火炬计划、973 计划、攻关计划等），围绕着营造激励自主创新的环境，推动企业成为技术创新的主体，努力建设创新型国家，逐步形成国家创新系统布局，为中国走创新型国家之路打下了基础。

与此同时，在实施国家创新战略中，世界各国将前沿科技产业作为支撑国家或城市创新战略的既定目标与重要基础（见表 19-5）。

表 19-5　全球热点城市前沿科技产业重点发展情况

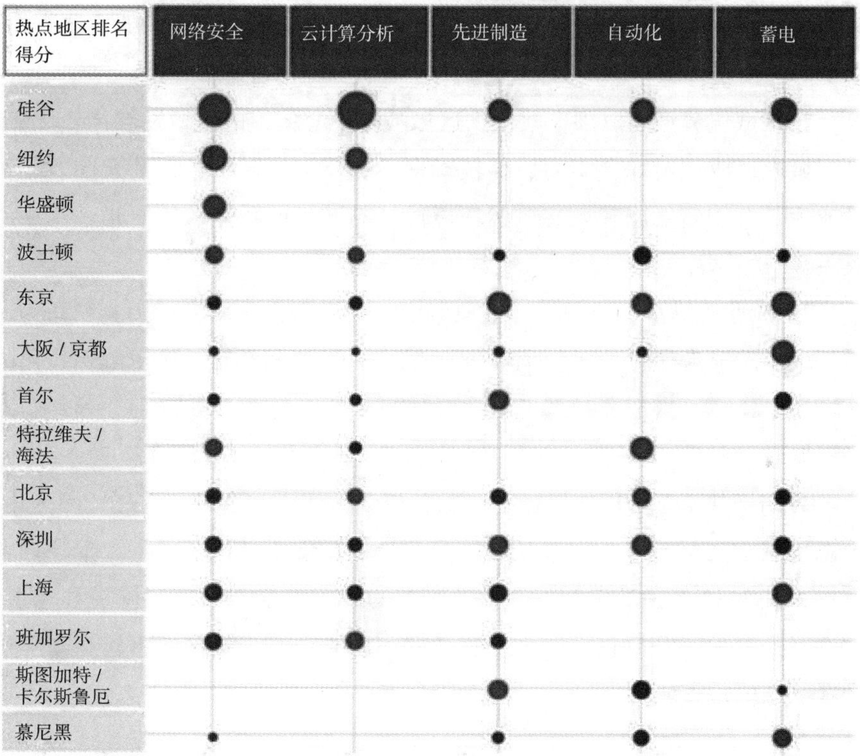

1）气泡大小代表每个热点地区的总得分，比如：●气泡代表每个领域热点地区前 5 名
2）热点地区名单不包括所分析的全部热点地区

资料来源：思略特分析

二、城市创新演变进程

随着创新型国家战略的实施，中国进入创新发展与转型升级的关键时期。自 2006 年发布《关于实施科技规划纲要增强自主创新能力的决定》，并将创新型城市建设列为向创新型国家迈进的重要途径以来，中国已有

200 多个城市提出建设创新型城市的目标。经过 10 年的创新竞争与转型发展，创新型城市建设已将转型升级作为争创发展新优势的主攻方向。并大体形成了以下类型（见表 19–6）:

1. 人才支撑型。城市创新发展从要素驱动型向科技创新驱动和人才支撑型转变。人才是支撑城市创新发展的根本所在。以“人才 + 资本”的创新发展模式，通过政策倾斜，广揽全球人才，挖掘人才资源，引进、培养和造就了一批高素质、创新型的科技人才，作为城市创新建设的主要支撑。如上海、西安等城市。

2. 区域优势型。以国家政治、区域战略中心城市的跨域发展比较优势，以区域内形成创新综合实力、科技凝聚力、技术辐射力、金融支撑力，建设成为具有创新发展和人文自然环境优越的城市创新体系。如北京（京津冀)、广州（粤港澳大湾区)、成都（成渝经济区）等城市。

3. 产业主导型。主要以产业创新、产业转型为驱动，以企业创新为主体、市场需求为导向，“产、学、研、资、介”紧密结合，构筑鲜明特色的区域创新体系，形成科技产业为主导的城市创新体系。如深圳、苏州、青岛等城市。

4. 网络共享型。以体制创新、服务创新为核心，通过大数据、网络化、生态型城市资源配置，推进互联网产业、创新创业、智慧民生、数字产业发展，加强对城市创新资源、服务资源的系统整合、聚集、调控和辐射，打造互通有无、开放包容的创新资源共享服务中心，实现城市转型与功能升级。如杭州等城市。

表 19–6　我国城市创新建设的主要类型

城市	建设方向	建设内容
上海	打造以人才高地为支撑的城市创新	立足“四个中心”和上海现代化国际大都市建设实践，紧紧依托人才和科技两大资源以及创新体系，以创新为动力，以企业为主体，以应用为导向，政府引导，市场推进，都市联动，“产、学、研”结合，国内外互动，探索走中国特色、上海特点的自主创新道路，实现新跨越，获得新突破。

续表

城市	建设方向	建设内容
深圳	打造以企业为主体的城市创新	基本形成了以企业为主体的自主创新体系。集中体现为“四个 90%”，即全市 90% 的研发机构设立在企业，90% 的研发人员集中在企业，90% 的研发资金来源于企业，90% 的职务发明专利出自企业。
北京	提出实施“首都创新战略”	全面实施理论创新、制度创新、管理创新和文化创新，成为引领中国自主创新发展的先锋和连接全球创新网络的重要节点。
苏州	构筑十大创新工程，形成“苏州内涵”	构筑新兴产业培育、服务业跨越、重点产业提升、城市功能创新、创新人才集聚、创新能力融合、基础能力提升、城乡一体化、社会事业发展、创新环境营造等创新工程，形成创新产业发展、创新城市功能、创新人才集聚、创新科技路径、创新体制机制和创新文化氛围的“苏州内涵”；实现科技结构、产业结构、人才结构和城市结构这四个变化。
杭州	打造互联网 + 中心，建设城市创新	依靠科技、知识、人力、文化、体制等创新要素以实现驱动发展，并瞄准包括文化创意、旅游休闲、金融服务、先进装备制造、信息软件、电子商务、物联网、生物医药、节能环保、新能源等十大产业，以支撑杭州战略发展，为城市未来的发展打造新“引擎”。
青岛	围绕转型发展目标，走出青岛自主创新之路	构建以“三”优“二”、以“高”带“重”的增长格局。紧扣“提升城市竞争力”“加快产业结构调整”和“满足就业需求”三大目标，加快制度创新、科技创新、产业创新，形成以市场为导向、产业化为目的、企业为主体、人才为核心、公共研发体系为平台、“府、产、学、研、资、介”相结合的城市创新体系。

三、城市创新转型趋向

正如我们所看到的，以往的城市创新发展基于区位优势，依赖于基础设施、园区扩张、交通网络、生态环境等。进入新科技时代，城市数字化、智能化、网络化成为链接城市之间乃至全球的新途径，成为构建城市竞争力的重要内容。未来的城市创新发展是物理空间和网络空间的叠加交融。基于区域布局调整，以及全球化、大数据、互联网为系统的创新资源及成果转移扩散及溢出效应，中国城市创新将从发展探索、协同创新，进入基于创新域、集群带及生态链的系统创新与协调发展阶段（见表 19–7）。

表 19–7　我国城市创新转型发展一览表

转型阶段	主要路径	主要支撑	主要事例
探索创新阶段（2006—2010）	围绕城市结构调整，资源优势、城市规划等展开	以禀赋特色、科技资源，区划优势等要素	厦门突出对台试验区、窗口和前沿定位，建设对台科技合作交流试验区。成都将国家城市创新建设与城乡统筹配套试验区建设结合起来。大连规划建设 65 平方公里的生态科技创新城。长沙市结合资源节约型和环境友好型“两型社会”建设推进城市创新建设。
协同创新阶段（2010—2012）	打破“产、学、研”部门界限，围绕资源优势、城市规划，建立协同创新中心，推进“产、学、研”等开展深度合作	以高校、科研机构、科技园区牵头、技术领域、行业“产、学、研”合作政策等要素	广东“21 世纪海上丝绸之路协同创新中心”。首都世界城市顺畅交通协同创新中心。深圳“两岸四地机器人协同创新中心等。
系统创新阶段（2012—2016）	围绕创新驱动与转型发展，由“产、学、研”（三位一体）转型为“府、产、学、研、资、介、用”（七位一体）系统创新合作，推进城市创新、绿色、智慧、幸福协调发展	以城市战略、体制、政策、管理、科技、产业等要素	深圳充分发挥高校和科研院所密集的中心城市、国家资助创新示范区、国家高新技术产业开发区作用，形成一批带动力强的创新性省份、城市和区域创新中心，系统推进全面创新改革试验。 苏州提出转型谋求跨越，建设苏州科技城—创新之城，宜居之城，服务之城。

续表

转型阶段	主要路径	主要支撑	主要事例
协调发展阶段（2016—2020）	围绕供给侧，以城市创新为中心带动周边城市形成区域创新共同体，打造全球或区域创新城市中心等	基于国家战略、大数据与行政区划调整等，推进区域创新合作及创新成果扩散、产业转移	“十三五”区域协调发展政策的延续与创新（京津冀、长三角、长株潭、成德绵等区域创新共同体）。 上海以创新协调绿色开放共享五大理念引领上海“十三五”。 深圳支持珠三角地区建设开放创新转型升级新高地，加快深圳科技、产业创新中心建设，深化泛珠三角区域合作，促进珠江—西江经济带发展。

在这一发展阶段，中国城市创新越来越倚重于系统创新与协调发展，更加趋向科技创新、产业创新、制度创新、政策创新、管理创新、社会文化创新等系统集成。以系统创新为支撑、科技经济发展为基础，将更多的城市创新资源与科技成果，通过创新平台、创意文化、园区集聚、投资机制等整合，实现创新经济社会效益的最大化、空间规模的最大化，并以网络化的跨域、跨界的区域战略集成，建设城市创新生态系统。

城市创新发展的新资源、新动能更多地来源于全球化的科技创新、产业转型与空间布局的融合以及战略、体制、政策、规则等整合，并呈现多元、多维要素推动城市创新经济社会战略及其政策的协调发展。战略协调、体制创新与激励政策等要素，辅之以市场化的竞争，成为推进城市创新建设，实现区域创新资源交换、共享的决定性力量。

城市创新建设进一步面向全球及周边区域，形成开放、包容性发展。网络、数字、云端无所不在，成为创新发展和智慧城市建设的重要驱动力。借助于互联网、云计算、人工智能等基础设施，城市创新发展开始由区域向全球扩展，未来的创新将基于网络空间的打造，加速内外创新资源的互动交流，促进城市人才、资金、研发等资源互通有无。城市创新经济社会系统的交流互动、衔接聚集，吸引更多的国内外创新平台（创新成果）“高端嵌入”。带来了创新经济协作、研发平台转移、科技企业迁入、风险资金投入、科技成果扩散等优势。促使城市各类资源得到更为科学合理的使用，并使城市具有“孵化器”“聚集区”“生态园”等功能。探索出一条崭新的城市创新发展道路。

城市创新建设加速体制变革，权力开始从政府向非政府行为体转移，而层级结构转向更为网络化、扁平化、协作性的平行架构与机制，并加速趋向“七位一体”（“府、产、学、研、资、介、用”）。通过创新链、产业链、投资链、产品链的专业化和系统性链接，促进研究开发、生产制造、营销服务的专业化配套与协作。创新链接配套不仅避免了产业创新、技术研发、成果转移等环节的脱节造成的创新效率低下等现象，而且可以完善创新系统对接，降低创新经济成本，加快构建城市创新的利益衔接机制。

城市创新建设优先将新兴科技产业纳入创新战略的重点，创新驱动成为未来发展的主基调，新兴科技产业则被视为城市创新战略的重要支撑（见表19-8）。通过各具特色的行政手段支持实现城市科技园、孵化器、企业群及其网络化的系统配置；推进优秀人才、风险资本、基础设施和有效的公共政策的合理集成；提升中小型科技企业在城市或地区的聚集程度及其内源力、竞争力水平；增强中心城市或地区的资源优势，以及为产业创新活动提供孵化器的系统功能；实施城市创新的孵化器政策，进行信息资源的协调等。

表 19-8　中国若干城市新兴科技产业发展的重点领域

上海	信息技术	生命科学	高端装备	新材料	新能源
北京	生命科学	新材料	新能源	高端装备	新能源汽车
广州	节能环保	信息技术	生命科学	高端装备	新材料
深圳	生命科学	新材料	高端装备	新能源汽车	文化创意
杭州	节能环保	生命科学	新能源汽车	信息技术	高端装备
武汉	节能环保	信息技术	生命科学	新能源汽车	文化创意
成都	信息技术	生命科学	新能源	新材料	新兴服务业
天津	信息技术	生命科学	高端装备	新能源汽车	新材料
重庆	节能环保	生命科学	高端装备	新能源汽车	新材料

信息来源：国家统计局，地方政府，思略特分析

城市创新建设将带动区域（圈）研发、生产与服务板块的合理布局（如以北京为首的京津冀城市圈、以上海为首的长三角城市圈、以深圳为首的深莞惠城市圈等）。通过以城市创新为纽带、大中小城市之间形成区域性研发互动、产业集聚与服务链接，构建区域创新生态系统，推动区域内创新要素释放新潜能，从而突破发展瓶颈，减少生产、研发成本，形成技术、人才、成果、服务等资源共享。其间，龙头城市强大的创新力、溢出效应及综合经济实力，将吸引周边或国内外更多的企业、资本、人才、技术等要素流入城市群（圈），推动周边城市或地区创新成果的积累式扩张与技术溢出。

城市创新发展将持续提升与完善创新文化环境。通过城市创新的转型发展，形成有利于城市创新思想、人才开放程度与宜居性环境。随着城市或地区的传统社会文化积习逐渐改善，创新思想和创业行为得到更多的理解。墨守成规和安于现状的观念进一步被摒弃，形成对创新创业者更加包容的态度及环境。

显而易见，城市创新依托战略、体制与政策的系统整合，改变了城市粗放的发展模式，培植了创新氛围的文化环境，在城市独特优势及创新要素组合的基础上，根据全球科技产业转型趋势、区域制造中心的战略地位、“创新圈”的差异化、不对称与生态性，以及运用城市周期评价、生态设计、发展规划、创新孵化及战略管理等，吸引人才、资金等资源的有机衔接和互为聚集，建设一个优势互补、协调发展的城市创新系统和产业聚集区。

四、城市创新战略路径

未来城市创新将改变画地为牢，脱离创新域、集群带及生态链的闭关思维，围绕科技产业集群以及“创新空间”构建开放式、多功能的创新生态链，加快形成城市创新圈，推进区域创新共同体建设，实现城市创新转型发展、协调发展。

1. 构筑系统创新为主导的转型发展战略

城市创新体系建设必须具有独立视角、可持续发展的创新规划。从创新全球化的高度，出台相关政策法规，构筑城市创新系统为主导的协调发展战略。通过战略驱动及“利益捆绑”，建立一个政策引导、利益互补、体制协调的城市创新机制。统一规划和利益协调研发资源、城市布局、产业发展和互补合作等重大项目安排，使城市的创新功能重点突出、差别发展、协调配套，各自发挥独到优势，进一步增强城市科技经济的创造力与竞争力。

2．提升“链接服务”“创新孵化”“集群合作”功能

进入创新全球化阶段，创新资源链接成为城市实现跨越式发展的关键。“互联网 +”改变了传统的城市创新组织方式。以智慧性城市建设，加快城市创新战略、政策资源的有机衔接，促使其建立更为完善的创新网络生态，提升城市创新的“链接服务”“创新孵化”“集群合作”等空间功能，进一步调动国内外知识资产，实现全球科技经济“高端嫁接”。同时，建设覆盖城市的无缝对接与无中断系统网络。以城市可利用的信息和通讯技术（ICT），通过大数据以及自动化来提高城市的创新效率和可持续性，加快城市创新或地区的物流链、信息链、资金链和产业链的专业化、系统性连接，排解城际交通、电力能源、环境保护以及公共安全系统等带来的压力。通过明确城市之间的内部利益关系和分工责任，形成合理的专业分工布局，吸引更多的创新资源流入，推动创新区的积累式扩张与健康发展。

3．完善“三域合一”的创新生态环境

加快区域、城市、园区创新“三域合一”。通过政策导向、法规约束及市场运作，避免房地产、娱乐化设施等无序扩张对城市创新文化、知识审美与宜居环境的威胁。加快城市战略转型和结构调整。以“产、学、研、资、介”的系统整合科技资源和科研力量，形成科技产业化、集群化的创新基地；利用资本运作、利益共享等方式聚集高校、科研院所、企业等研发资源，建立具有技术关联、部件配套、利益共享的产业基地；以科技园区的创新产业聚集为链接，围绕高附加值、高需求率的产业优势，开发新科技、新功能产品，形成关键部件创新和新产品生产基地。通过产业分工、资产重组和资源整合以及国内外创新资源力量，建立创新辐射及科技产业中心。

4．构建系统性、一体化的要素协调机制

加快战略、体制与政策整合，推进城市创新制度体系建设，构建以创新能力最强的研究型产业为牵引、“府、产、学、研、资、介、用”为一体的创新机制。通过系统创新的各要素的协调发展，集聚创新资源，激活创新要素，加快成果转化，最终形成链接配套、互利共享的创新体系。同时，

因地制宜制定法规政策，破解部门和机构的利益牵绊，完善服务链接配套措施。形成系统有效的创新环境与激励方式，提高创新创业的链接协同效率和流程再造能力。

5. 搭接复合型、多层次、集群化的人才链

完善以复合型人才为中心的创新链接机制。围绕重大科研项目、重点实验室、博士后流动站等载体，建设战略性产业和引领企业创新的多学科、多层次人才队伍，通过培育与引进大批具有国际视野及协同能力、能够驾驭战略合作的复合型人才，培养出更多的战略科学家和富有创业精神的产业创新领军人才。以人才引进与产业升级对接，扩大知识资产与创新产业，带动科技产业集群不断壮大。通过总结城市创新以产业带动人才聚集，以项目引人、聚人、留人的做法，进一步整合各部门各项专项资金，围绕产业转型升级，完善人才配套措施，加大人才政策落地。

6. 建设一条龙、精细化的公共服务体系

以组织、人事、体制等手段，建设创新公共互动渠道和服务平台。通过突破一些部门行政、体制和政策关卡，加快建设面向企业、科研机构和创新创业型科技人员的服务网络平台。探索建设创新型公共服务社区，并与合理的交通设施相结合，形成多种合作形式和开放型平台。通过共同研究、技术指导、技术培训、科研器材的共同使用、关键技术信息的服务、专利使用等兼职和培训等形式，整合、优化现有资源。对接国际中介服务机构和网络系统，覆盖专利申请、技术转让、法律咨询、融资服务、证券保险、科研外包、中试外包、人员培训、市场咨询、管理服务等服务网络，构建“产、学、研”一体化、投资多元化、服务精细化、标准国际化的公共服务体系。

7. 创立利益共享、风险共担的融投资平台

建立政策引导的七位一体的协调投资体制。通过多元投资、高端并购等形式，鼓励建设不同类型的创投基金，放宽投资的门槛限制，促进科技产业化的重点投资，搭建投融资与创新创业一体化服务平台。鼓励金融与创客空间联手成立创新服务机构，引导金融机构开发服务科技型企业的金融产品。创新科技金融市场，通过科技成果交易市场等方式，扩大科技企

业融资渠道。引入信用评级和服务中介，完善创新信用度的评价体系，推动建立知识融资性担保体系，引导社会多元资本进入。建立失信惩戒网络及披露警示信息。

五、城市创新转型案例

（一）美国创新城区

2008 年全球性金融危机之后，基于转型发展的内在需求，创新发展备受各国政府重视，以科技创新为导向的新技术与新产业不断成长，并开始重构城市空间组织。2014 年，布鲁金斯学会对美国大都市区近些年发生的创新企业快速向中心城区集聚的现象及所形成的特定地理空间组织研究，提出“创新城区”概念。[①] 这些创新城区分为三种模式：

1.“枢纽型”模式

创新城区是指围绕支柱型创新机构，在周边形成大规模混合功能开发区域，包括参与创新过程及商业化运作的全部相关机构、延伸企业、中介机构、辅助企业以及商业服务企业等所形成的综合开发格局。该类型的创新城区主要位于大都市区中心城市的中心城区，核心机构或企业发挥引领作用，这个核心枢纽可能是大学、科研院所，还可能是旗舰企业的关键研发部门。核心枢纽机构通过各种商业和非商业化手段，整合撬动更多关联企业、辅助企业参与创新活动进程，包括借助良好的城市基础设施和公共服务设施集聚创新活动及商业化过程的各主体，吸引更多高素质人才集聚，推动创新活动与邻近区域的传统经济活动、商业活动等共同创造一个丰富而多元化的产业体系。“枢纽型”创新城区包括坎布里奇肯戴尔广场、费城大学城、匹兹堡大奥克兰社区、亚特兰大中心区等。

2. 更新型模式

“城区更新型”创新城区一般都源自城市老工业区、老的滨水港口工业区或仓储区，通过产业转型并改造物理空间，形塑新的产业功能和城市形态。根据巴塞罗那普布诺地区及波士顿南岸滨水地区改造的经验，“城市更新型”创新城区一般通过交通体系梳理，打通区域与城市其他活跃地区的

① 布鲁金斯学会：《创新城区重构美国创新地理版图报告》，2014 年。

联系，推进物理空间资产改良，吸引更多与知识、信息生产和交换等直接相关的知识技术密集型经济资产进驻，将整个区域转型为一个经济繁荣的空间。开发过程中重视社会网络关系构建，建构一个多元开发、环境平衡的空间，包括生产中心、居住、公共服务和生态休闲等功能，最终提升生活和工作环境品质。“城区更新型”创新城区还包括旧金山 Mission 海湾、西雅图南湖联合区域、布鲁克林海军码头等。

3．科技园区模式

“城市化科技园区”是美国较多的一种创新城区，一般位于城市远郊区。传统上“城市化科技园区”在空间资产方面与以上两类不同，表现为孤立、蔓延式的城市科学园区，与中心城区隔离，外界更多通过汽车与园区联系。这种特殊的空间资产导致网络资产的缺失，园区基本上是一种封闭的创新系统，企业和科学家基于保密研究文化和专利政策，彼此间很少发生互动。随着更多经济资产注入，空间资产得以改良，包括通过增大密度及融合一系列商业、酒店等功能推进园区的城市化水平，完善社区设施并提升科学园区社会联系频度和强度。典型代表包括北卡罗来纳创新三角区域、威斯康星—麦迪逊大学研发园区、弗吉尼亚大学研发园区、亚利桑那大学科技园等。

与传统城市的功能分区不同，创新城区在空间区位、推进主体、经济资源、网络条件等方面存在巨大差异，综合考察美国创新城区发展的经验，空间结构与组织机制存在一些共性特征。

1．创新城区空间组织小尺度

创新空间还是以小尺度空间“马赛克”现象存在，不能全盘铺开。因为创新空间是创新经济发展的投影，知识经济提升密度和临近性的价值，而对物理空间的需求相对较小。布鲁金斯学会在其创新报告中指出，创新空间在小的尺度更有地理传导价值，围绕支柱创新机构而形成创新空间。但布鲁金斯报告亦指出，未来创新城区在功能体系、空间拓展等方面有多种可能，创新空间规划要有充分预见性和弹性。

2．创新城区空间组织主线变化

与资本驱动阶段地租理论成为影响城市空间布局的主线不同，在创新驱动时代由于创新系统更加重视创新要素的沟通和互动，交易成本将发挥更加突出的作用。驱动力的变化决定了创新空间规划必须打破传统以地租理论为依据的土地利用模式，突出交易成本在空间组织的主线作用。因此，创新空间的规划在基础设施方面必须更加重视交通组织、通讯联系，同时突出制度建设、环境品质和服务水平等，一切围绕减少创新要素间的交易成本为目标。

3. 创新城区提升主体之间的联系

创新空间规划需要重视社会氛围营造，推进社会要素互动。创新系统理论认为一个成功的创新体系会包括三类要素：第一是企业、科研机构等活动者；第二是基础设施与制度政策；第三是创新活动者互动联系，而这种系统化和网络化的联系，决定着创新系统的效率。因此，城市创新空间必须突出创新要素聚集和互动。对空间规划的要求是重视社会氛围营造，通过便捷交通、完善服务以推进创新要素互动，形成一个结构完整、功能完善的创新系统。

4. 创新城区突出混合开发

功能分区是过去工业经济时代城市规划的基本思想，随着创新经济的崛起，沟通、合作、融合已经成为核心发展理念。城市空间形态（土地开发）是社会经济发展内涵的空间投影，因此，创新经济必将重构新的空间组织模式。总结当前国内外案例，创新空间典型特征是混合功能开发、功能边界模糊化、等级体系扁平化等。因此，创新空间规划必须重视功能的混合开发，突出创新空间紧凑性、重视密度和地理临近性等需求，这对于降低交易成本以及更好地沟通、推进技术和产业融合等都有帮助。

（二）深圳创新转型

深圳通过制定创新发展战略，推动科技产业成为经济发展的主导产业。在完善城市创新体系的基础上，以市场为导向，以产业化为目的，以企业为主体，以人才为核心，以公共研发体系为平台，形成了辐射周边、拓展海外、“府、产、学、研、资、介”相结合的城市创新体。其间，深圳经历了要素推动、投资推动、创新推动的战略转型以及四个阶段、“三退三进”的新旧动能转换（见表 19–9）。

第一阶段：1986 年前，贸易驱动阶段。主要依赖“三来一补”贸易驱动，在交通便利地区布局工业区，提供低成本产业空间。在上步、皇岗、福田一带形成了以电子、轻纺、建材工业为主的成片工业园；在西片形成了以制造业为主的蛇口工业区、沙河工业区。其中，建设了中国内地最早成立的电子产品加工生产基地——上步工业区。通过外引内联的方式发展电子产品初加工和对外贸易，奠定了“深圳制造”的基础。

第二阶段：1987—1997 年．高新技术制造业驱动阶段。深圳提出“科技兴市”战略，把高新技术产业作为第一经济增长点，通过产业园区集群性扩散，形成第二代 IT 产业基地和高科技产业集群。同时，退出贸易、初加工，停止登记“三来一补”企业，坚决迁走污染企业；引进信息产业、新材料、生物技术等高新技术制造业；有针对性地布局了电子信息、新材料和生物工程技术等战略性新兴产业，形成深圳高新区和华强北等高新技术产业集聚区。

第三阶段：1998—2008 年，科技产业化驱动阶段，通过“腾笼换鸟”，促进园区升级，强化优势产业带，改善环境和设施塑造创新地区。一方面提高产业准入门槛，有序撤出低端的劳动密集型产业；另一方面，成立“高交会”“创新投”，加大自主创新，加快科技产业化、市场化，形成完善的创新投资体系，创投机构已占全国的 1/3。同时，出台《深圳市高新技术产业带规划纲要》，构筑高新技术产业带，统筹优化产业区的创新资源配置，为高端产业和创新产业提供发展空间。

第四阶段：2009 年至今，创新驱动阶段。通过构建创新空间格局，加快创新升级，实现系统创新。这一阶段，加快退出低端产业，5 年转移了 1 万家低端企业。同时，加速城市创新，完善创新生态，培育科技领军企业群，完善城市创新布局。整合大沙河创新走廊、华为科技城、国际知识创新村等创新功能网络。有计划地实施企业的制造业环节外迁，华为等科技企业加快区域布局和全球收购，比亚迪等企业的产业转移园区分布在“3+2”经济圈协同发展地区。2017 年起，开始新一轮创新驱动发展和产业升级布局。依托 17 个重点开发区和 22 个国家重点园区，加快全球创新创业资源的集聚，将深圳打造成为具有全球影响力的创新创业中心。

表 19–9　深圳战略转型与动能转换

转型阶段	战略形态	转换过程	发展举措
贸易驱动（1986年前）	以工业园区的建设为主，通过外引内联等方式发展电子产品初加工和对外贸易，奠定“深圳制造”的基础。	依托交通便利地区布局工业区，提供低成本产业空间。以低成本土地空间和劳动力资源，形成贸易和初级加工业两大支柱产业。	在上步、皇岗、福田一带形成了以电子、轻纺、建材工业为主的成片工业园；在西片形成了以制造业为主的蛇口工业区、沙河工业区。其中，1982年建设上步工业区是中国大陆地区最早成立的电子产品加工生产基地。
高新技术制造业驱动（1987—1997年）	产业园区向外围扩散，开始形成第二代IT产业基地和高科技产业集群。	退出贸易、初加工，停止登记“三来一补”企业，坚决迁走污染企业，引进信息产业、新材料、生物技术高新技术制造业。	有针对性地布局电子信息、新材料和生物工程技术等战略性新兴产业，建设深圳高新区和华强北等。
科技产业化驱（1998—2008年）	加快“腾笼换鸟”，促进园区升级，强化优势产业带，改善环境和设施塑造创新地区。	退出重化工业、劳动力密集型，提高产业准入门槛，有序撤出低端的劳动密集型产业，通过自主创新，实现科技产业化。	成立“高交会”“创新投”，建设发达完善的创投体系。创投机构占全国1/3。转向以企业为主体发展高新技术产业的阶段，推进科技产业化。
创新驱动（2009年至今）	构建创新空间格局，加速创新升级、全城创新。	退出低端产业，5年转移了1万家低端企业，引进源头创新、城市创新，完善创新生态，培育科技领军企业群。	引进华大基因、光启研究院等一批新型科研机构。制造业环节开始外迁华为等企业加快区域布局和全球收购，比亚迪等企业的产业转移园区分布在“3+2”经济圈协同发展地区。整合大沙河创新走廊、华为科技城、国际知识创新村等创新功能网络。

六、结论

从某种意义上说，战略协调、体制创新与创新驱动、市场需求是城市创新可持续发展的决定性力量。城市创新必须纳入全球创新网络，依靠科技供给、市场需求的驱动，加快实现城市研发资源共享、有机衔接、互联互通，促使城市具有“创新的策源地、孵化地和集聚地”的功能，以吸引内外资（科技）实现“高端嫁接”。同时，还要通过对科技产业价值链整合以及嵌入全球价值链等，推动城市或地区的科技产业供应链、产业链和产品链的专业化、系统性连接，通过完善城市创新的捆绑利益，形成合理的城市分工布局，吸引更多创新要素流入，推动城市创新与科技产业的积累式扩张与发展。

上述结论有若干启示：

首先，从国内外若干城市创新的演变及发展重点来看，每个城市的创新战略，都具有不同的发展轨迹、结构、重点和模式。从战略特点及运行方式来看，城市创新必须从战略系统高度，设定以创新型产业为主体，以资源禀赋、比较优势为基础，以结构矛盾为突破口，形成重点不同、各具特色的城市创新路径与政策措施。城市创新系统各个要素的有机结合不仅要形成交互网络，而且要形成不同层次的平台及覆盖面。

其次，城市创新要与科技产业转型、市场供求结构有机地结合起来，形成城市创新环境下的科技产业升级与发展机制。城市创新的动力取决于各个要素链接的科技产业获得高附加值和高市场占有率，进而有效地促进城市产业结构的调整，提高知识集约化水平，不断吸引人才和聚集资本，形成创新财富积累，并对新兴产业形成循环性的再投入。同时，结合城市历史、文化与自身特色，坚持产业创新与传统产业改造，并充分考虑城市创新带动就业与服务业发展。

再次，城市创新系统的产业链接从低端向高端转移是城市创新的大趋势。越来越多的城市通过持续产生出新的创新发展的动力，成为全球创新网络的中枢及知识分享平台和载体。创新研发、推广、销售的全球化链接，加快了行业的去中心化，将重点由规模制造逐渐转移到定制服务，以分享方法、手段和途径的多样化和个性化，使多层次、多领域、系统化和网络化的服务创新成为城市创新的新领域。

最后，城市创新系统行为主体趋向“产、学、研、府、资、介”一体化与平台化。在城市创新过程中，以大数据调动各个行为主体在特定的时空范围内，与不同的社会资源、技术资源和自然资源进行系统重组和配置，并表现出不同的运行机制和绩效。其中，城市创新行为主体、思维方式、组织架构及其组合方式对其系统运作有明显的影响，也成为制约城市吸引人才、应用科技的速度与广度的重要因素。

第二十章　协调发展

科技产业发展是一个科技、经济与社会协调发展的过程。[①] 随着知识、技术和资本的作用日益递增，新发展方式与科技产业转型的关联也日趋紧密。科技创新为科技产业经济的持续发展提供了不懈的动力，从根本上提高了产业升级和结构调整的能力与效率，并从知识创新、科技进步与经济增长之间的高度互动，激励和带动科技、经济与社会体系的变革。本章将新的发展观作为科技产业未来发展的内核，通过宏观层面（科技、经济、社会与政治）的协调发展、中观层面（知识链、产业链、资金链和信息链）的有机整合以及微观层面（“府、产、学、研、资、介”）的六位一体，以多维协调、跨域合作与资源共享，构建一种持续发展的新科技产业战略形态、创新机制与竞争格局。

第一节　结构性协调

一、发展趋向

本书从学科与创新、理论与应用、战略与政策等交汇点上，已就科技产业经济学框架体系作了一系列较为深刻的论述。我们面临的一个重大挑战是，在新科技驱动产业转型发展并改变整个经济社会结构的背景下，科

① 隋映辉：《中国科技经济的协调发展及运行机制的构建与完善》，《新华文摘》，1992（2），第186—188页。

技产业经济学如何适应科技与经济、社会的协调性发展，如何解释颠覆性科技对产业演进与转型发展的影响。研究发现，新一轮科技革命对科技产业的影响，虽然集中在知识密集型、差别优势型等产业领域，但战略导向、优先增长与战略性竞争，依然关系着新产业的投资结构、布局结构、资源结构及其经济发展方式转变的进程，并呈现出产品结构、技术结构、消费结构和利润结构的同步变化。在含有多种驱动力和作用因子的创新环境下，全球科技产业经济面临繁复多变的竞争与深度变革。发达国家围绕“创新制高点”展开激烈的竞争，并将科技产业化、网络化和全球化作为差别竞争的具体体现。为了争夺全球化竞争的有利地位，各国均将领先一步的科技产业发展置于全球竞争的主要战略位置，通过科技产业的培育、介入、配置与扩张，带动和促进相关产业形态的转型变化，加速科技产业升级和结构高度化的进程。

这一过程的回顾性描述，如同本书第三章所叙，一般经由产业化发展的整个演变时期。最初主要走势是由劳动密集型产业向资本密集型产业转变，再由资本密集型产业转向高新技术密集型产业，进而转向知识密集型的上游产业部门。与以往的产业转换过程不同的是，由于创新全球化、网络化的速度加快，加之科技产业本土化的迅速扩张，科技产业结构跨度转换的时限和产品技术的生命周期大大缩短，科技产业的增量扩张能力和存量调整能力大大加强。以发达国家为代表，战后已将钢铁、汽车、建筑、机电等资本密集型产业作为支柱性产业。20 世纪 60 年代以来，又将资本密集型产业转化为技术密集型产业和高技术产业。到 70 年代后期，美国等发达国家进一步向知识型、技术密集型产业部门迈进，大力发展航空航天、计算机及软件、生物医药、自动化设备、新材料等产业。到 90 年代初期，知识密集产业部门，如信息技术产业等已形成规模并加速互联网发展。进入 21 世纪，新一轮科技革命方兴未艾，发达国家以数字化和智能化推进互联网产业化、工业智能化、工业一体化发展、加快人工智能、清洁能源、无人控制技术、量子信息技术、虚拟现实以及生物技术为主导的科技产业发展布局。这些科技创新领域及其产业化发展引起革命性的变化，导致各国之间科技产业的竞争不断加剧，促使科技经济发展方式迅速转变。产业结构调整和转型升级出现了新的发展势头。在几乎所有的产业领域，以颠覆性方式进行了数字化、网络化、智能化生产与服务的有机结合。其间，行业之间的传统界限被打破，产业之间的层次性、结构性特征趋于模糊。

首先，第一产业在整个产业结构中的比重相对下降，而相关产业的比重迅速提高。以数字化、网络化、智能化为特征的信息化浪潮蓬勃兴起，生产智能化、经营网络化、管理数据化、服务在线化，为农业现代化发展提供了强大势能。以农业为基础的生物工程产业化、生产精准化、智能化水平迅速提升，服务业迅速发展，大大提高了生态农业、观光农业、精致农业和加工农业的水平，形成了新型农业及其业态。虽然农业人口和规模不断下降，但农业效益和生产率不断递增。同时，通过加快农业结构和布局结构调整，推进农业经济发展方式的根本转变，提高农产品的附加值和服务业比重，使农业出现了高级化、精细化、多元化的发展态势。

第二产业结构的增量扩张和存量结构调整不断加快。其中，第二产业中的高新技术产业及其知识密集服务部门在产业中的比重和就业率不断递增。在经合组织成员中，高新技术产品约为 25%~30%。GDP 中的 50% 以上是知识为基础的高新技术产业所作的贡献。通过科技产品和提供知识增值服务，以及加快对第一、三产业部门的迅速扩张和产业渗透，高新技术产业发展出现了边缘化、规模化和增值化的态势。其中，发达国家在第二产业升级和结构调整中实现了产业转型及其价值链重构：一方面延伸产业价值链环节，扩大创新全球化和科技产业化的范围；另一方面建立了新产业价值获取和盈利模型，将产业低附加值环节通过“分包”“贴牌”方式，转移到发展中国家。通过将技术创新、研究开发、知识产权作为战略控制等方式，形成高增值的科技产业结构体系。

第三产业具有引进先进生产函数的能力，并具有旺盛的未来需求。随着服务业在产业结构调整和经济增长中实现转型发展。发达国家第三产业的内部结构发生了质量、比重的变化。贸易服务、高新技术产业服务、环保服务、金融服务、信息通讯服务等现代服务业在第三产业部门所占比重越来越大。第三产业在国民经济中的比重越来越高。其中，电子商务在贸易、金融、物流等领域发挥重要的作用。利用覆盖全世界的互联网络系统，全球互联网服务业交易活动和相关服务的收入以每年 60% 的速度增长，全球金融流通金额已超过实物贸易流通金额上百倍。全球服务业已经成为增长最快的部门，并逐渐取得了具有战略意义上的优先权。

第四产业在传统产业的跨界、延伸与融合，加速了新经济、新产业、新业态的形成。以互联网、大数据、云计算及信息系统为基础，以信息资源为加工对象，以数字技术为加工手段，以创新产品为成果，以网络介入领域为市场，以及数字化制造、机器人、人工智能与新型材料技术的成熟和应用，颠覆了传统的科研、生产、营销组织方式，撬动了工业数字化变革。其革命性的影响席卷各行各业，促进了新产业、新业态的形成，并加快了科技产业转型与结构调整。如智能机器人产业、智能工厂解决方案提供产业、云计算、云存储以及互联网 + 其他科技产品、社会服务等演变的新产业，如智能家居产业、可穿戴设备产业、大数据分析产业及系列服务型制造产业等。

专栏 20–1　第四产业

所谓第四产业，目前各国概念含义的界定不一。中国一般把从事各种信息工作的部门称为第四产业，又称知识产业或信息产业。美国学者则以其为当代某些小型服务项目的总称。日本学者认为，第四产业主要是生产、加工信息知识并进行服务的产业。主要界定有以下几种：

1. 对从三次产业中分化出来的属于知识、技术和信息密集的产业部门，统称第四产业。它包括设计、生产电子计算机软件及其服务部门，咨询部门，应用微电脑、光导纤维、激光、遗传工程等新技术部门，高度自动化、电气化部门，等等。

2. 主张把“信息产业”（知识产业）独立作为第四产业。它包括电讯、电话、印刷、出版、新闻、广播、电视等传统的信息部门，新兴的电子计算机、激光、光导纤维、通讯卫星等信息部门。主要以电子计算机为基础，从事信息的生产、传递、储存、加工和处理。

3. 联合国经济合作与发展组织把从第三产业中划分出来的“情报部门”作为第四产业。所做的定义为：情报活动，包括情报的提供、加工或按原始目的分类；情报工作者，包括管理者、干事和秘书以及建立和维护情报基础结构的从业人员。第四产业在国民核算术语中被称为"一次情况部门"。

4. 著名科学家钱学森认为，第四产业即科技产业。第四产业不同于前三种产业在于：第一、第二、第三产业所生产的是有形的产品，而第四产业则生产物质形态的思想和各种信息符号。如科学技术的研究、决策设计、教育、信息通讯等。第四产业亦可服务于社会，是第二产业的深化，因而它是第二产业中需要高度脑力劳动的领域。

从科技产业经济演进与转型发展趋势，我们可以看到，科技产业结构调整的过程，是以科技创新、产业创新、市场创新为发展轨迹的产业变革过程。它以持续创新促进产业结构升级，以提高生产率、增值率和创新能力，推动一轮又一轮的科技更新、产品更替和产业转型，加快产业升级和结构调整。其主要过程经历了三个发展阶段：

产业化发展阶段。产业化发展的核心是科技产业化和市场化。在经历了产业化后期阶段，科技进步在基础产业、制造业以及农业、服务业的影响和贡献率越来越大。特别是各国产业技术密集度和附加值在制造业的构成，反映了各国工业产业化水平的差距。随着产业化进入新的创新发展阶段，产业化将会出现新的发展模式、生产方式和方法。特别是各国加快建立国家创新体系，促进人才资源积聚、科技资源积聚和产业结构升级，不断输送科技成果并形成科技产业化，加速产业化发展的要素配置并进入科技结构调整和产业升级阶段。科技经济也将进入一个持续增长和生产率迅速发展的新时期。

产业科技化发展阶段。这一发展阶段，以产业科技化（包括电子化、网络化、信息化）的迅速变革为契机。主要特点是：科技创新和产品更替进一步加快；技术密集型产业不断涌现；产业领域的 R&D 投入不断增加；创新全球化加速科技成果在产业发展领域的转移、扩散和运用。同时，随着不断完善国家创新体系和产业基础，加快科技成果的产业化、市场化和市场化，逐步提高了科技产业在经济增长和出口创汇中的比重。其间，产业结构变动的主导趋势是科学技术的产业化与国际化。科技产业在推动产业升级和结构调整，促进科技与市场需求的有机结合中，起到了主导性作用。

科技产业化发展的阶段。在科技产业发展进入结构高级化阶段，信息技术、生物工程、新材料和新能源等科技产业发展迅速，并随着技术寿命周期的变化进行替代性调整。其中，伴随产业革命和科技革命浪潮的交汇融合，产业固有领域和独有边界被打破，科研、生产和服务模式正在改变，跨界竞争、资源共享与产业融合成为产业变革的核心特征。随着互联网、大数据、云计算的广泛应用，生产制造与供应的智能化，销售信息数据化、智慧化，实现了快速有效、低成本、个性化的产业转型；科技产业中的“智能产业”，如基于云计算、大数据、物联网、人工智能以及泛互联网技术进行的研发、生产、管理与服务等产业及市场份额越来越高。这些新兴科技产业的产值、利润比重逐渐超过传统产业或过时的科技产业。同时，科技产业中的生产、创新、投融资等服务业得到迅速发展，相关配套平台、网络、咨询等服务业在科技产业发展中吸引了更多的资金和资源，促使科技产业内部结构比重向高智能、高增值服务业倾斜。随着科技产业化的迅速发展，产业结构差别化、专业化效应更加突出，发展方式和结构调整将发生深刻的变化，并影响产业规模及利润的流向。

由上可见，进入创新发展与成果迅速扩散的科技产业高级化阶段，科技产业演变规律发生了明显变化。由传统产业转向资本密集、技术密集型产业，进而转向“大数据、网络型、智能化”支持下的知识密集、行业跨界、学科交叉的新产业、新业态。不仅从本质上改变了科技产业和企业的竞争力，深化了产业转型内涵、模式和方式，而且形成了独特的创造价值、时间价值等非传统发展路径。科技经济生态系统的技术边界、资源边界、市场边界、体制边界趋向模糊，跨界、跨行、跨学科的资源融合与创新系统进一步演化。其间，科技产业发展既得益于独有的创新驱动模式，也契合了产业转型升级与结构转型的合理节点及速度。未来全球范围的科技产业转型及其结构变化，不再沿袭梯阶式发展规律，而是通过优化资源组织，重构产业发展模式，加速网络共享、开放和链接，将人才、资本和技术的全球互动链接作为创新能力的关键，为科技产业利用全球创新资源配置，实现跨越式发展带来可能。在科技产业发展的整个过程中，由于知识储备、科技创新与科技产业结构调整所具有的高度关联性和渗透性，科技产业转型发展事实上构成了科技创新和产业结构调整的过程。虽然传统经济学理论认为，没有科技进步，只要通过资本积累的增加和劳动力的增加就可以实现产业结构调整，但实际上，科技产业升级大都是通过发展方式的转变，形成科技创新驱动，牵引新的科技投资进入新兴产业领域，并构成新兴产业结构形态。科技创新对科技产业化的作用开创了改变资源、时间、空间及其效率的无限可能。同时，科技创新作为先进生产力进入产业经济领域，能够促进经济以科技经济体系的一部分，与其他部门进行投入产出的相互交换，以推动产业转型和结构调整。

全球创新驱动的实践表明，“新产业”越来越取决于科技创新积累、应用及其“新思想”所衍生的战略与智能系统的支持。这些“新思想”引导科技创新及其产业化沿着正确的方向发展，使科技产业经济增长及其结构调整符合经济全球化与创新全球化发展的趋势，从而影响未来产业升级和结构调整的方向及其战略布局。同时，这些“新思想”的理论及其观点，被用以解释战略系统、制度创新和政策运作如何影响科技产业转型和结构调整，并在贯彻和落实中反映这些新的思想和观点的战略价值。通过战略设计、转型流程、科技创新和人才资源的利用，加快科技产业实现具有深远意义的重大变革，推动发展方式转变及其结构的战略转型。

二、发展变革

科技产业转型及产业结构性变化是一场深刻的系统性变革，更多地是随着科技进化到科技革命与产业革命而交替进行。新思想、新知识、新模式的不断涌现，以及新科技、新动能的不断突破，使科学技术在结构变化的进程中实现跳跃式发展。当知识累积达到了一定程度，就会以某种形式的突破或变革，使学科领域的知识结构和发展要素构成发生内质性、全局性变化，颠覆科技经济学领域长期存在的一些推论，并展现出重新审视与改革科技经济学理论及政策等方面的潜能，进而又使这一研究领域及其相关领域获得迅速发展，形成新的创新要素和结构性变化。结构调整的规律与科技创新突破的紧密结合，主要表现在不同时期的要素更替及产业结构的变动。当科学知识结构的创新驱动形成新要素、新形态时，就出现了历史性的惊人飞跃，进而促进科技产业升级和战略转型及高度化的发展。

上述变化，改变着我们对科技产业发展的理解方式，也意味着我们需要从多视角、多维度、多领域审视科技产业转型发展趋势，探索新的发展战略、分析框架，以及开放、共享、互动、协调的方式。并从开放、共享、互动、协调在科技产业转型、配套服务与创新生态的系统设计上，尝试分析数字化网络与科技产业链接形成的影响力与冲击力。这些发展方式之所以被重视，不完全是因为他们的科技经济、社会效益，更重要的原因在于它们不是简单的产品—服务系统，而是具有改变科研、生产、生活方式的创新“衍生”系统，以及提供与之相关的创新价值体系。科技变革带来的共享科技、共享经济，促进“府、产、学、研、资、介”一体化合作，并推进“共享产业”的迅速崛起。

在整个发展过程中，科技产业发展变革、转型升级与结构调整，主要随着模式重构、资源共享、平台经济、价值链外延、创新生态以及科技促进经济持续发展的过程逐步展开。

1. 模式重组

新科技和新业态的结构性、颠覆性创新，进一步加速科技结构调整与产业更迭，促使创新型国家或地区率先加快模式重组与结构升级，为科技产业转型提供新的发展机遇。数字化互联 + 创新系统形成的一体化、精确性的科技领先，以及在战略联盟和创新共同体的互动效应，对科技产业转型升级的影响越来越大。最为明显的发展趋势是，网络化、全球化的创新驱动超出以往的传统产业边际，扩展为直接影响科技发展的创新经济体系，并以创新要素重组、模式建构、发展方式转变为新动力源。以大数据、云计算、网络化的创新发展平台，促使产业转型形态的多元化和多样化，并以平台多元主体，沿着创新链、产业链，提供差异化和定制化的科研、生产、市场服务，完善并整合融合发展关系，创造链接价值，形成利益最大化的新兴产业经济。

2. 平台架构

开放式、平台化的科技经济架构是实现创新驱动与产业转型的基础。

它在产业创新、模式变革、资源共享、转型升级等方面具有重要的作用。平台建设以新型基础设施（云、网、端等）为基础，以科技创新、模式创新为动力，通过网络平台的内在驱动，带动产业转型变革，实现资源有效配置与资源共享，推进产业跨界与要素融合。随着互联网与产业融合加深，平台架构不再局限于电商平台，而是通过大数据、智能化等融合提升，多元协调，跨界创新，深入产业转型与结构调整等相关服务领域，并以科技、资本、产业共享等延伸为若干新产业领域。平台为形成完善的创新服务链、优化服务资源分配、促进科技创新、人才引进、科研成果转化、产业集群的转型升级等提供了一种高效的路径，并使平台逐步由一种新型网络平台服务模式发展为一种产业创新生态，成为新经济的重要组成部分。

3．资源共享

创新社会化、网络化及其资源禀赋，形成了以科技产业经济网络体系为主导的创新资源开发、交流和共享。基于互联网、大数据以及共享观念与共享规则，科技产业发展形成了创新资源共享、产业利益共享、科技转移共享的新发展模式。其本质是整合科技、产业、人才、资金、信息、教育等资源优势，实现产业转型的技术溢出、禀赋资源利用等。通过学科交叉、行业跨界、要素融合、模式重塑，打破条块分割、市场壁垒对科技产业化、商品化与市场化的束缚，并以网络化、系统化、区域化的“产、学、研、资、介”一体化的互动合作，直接向供求节点及终端提供社会服务或产品配套。在发挥各自作用及动能转换的基础上，以协调发展方式及重点投入，分享科技产业转型发展的红利及社会效益。

4．价值链扩张

科技产业转型和协调发展有赖于科技资本的追寻与能力。不同于传统的资本运作模式的是，科技产业发展并不仅是依靠产业之外的资本推动，而是依托产业内部的科技资本积累，主动采取产业更迭、研究开发的循环发展。在发展过程中，科技资本逐高趋利的追寻与产业创新的意愿紧密地结合起来，并与盈利模式和资金链互为一体。资本运作以潜在的创新产业成果为目标，沿着科技创新→成果转化→科技产业化→产业规模扩张，建立了一个系统有效的资金链、价值链和产业链，并围绕着发展目标、资本运作与产业转型，纳入科技产业化、商品化的过程。通过建立创新模式和知识价值链与产业价值链，为科技产业持续发展营造出良好的集群体系。

5．创新生态

创新生态是系统创新的一种形态。利用互联网工具，科技产业转型发展将以全球化、开放式的创新网络，加速实现跨职能、跨洲际、跨行业的创新合作。创新价值链和产业生态系统形成的系统集成与有序转化，促进了科技产业转型进入更高的战略调控层次。作为新的调控运作方式，创新发展跃然进入转型系统，"互联网 +"由第三产业向第二产业、第一产业逆向渗透融合，创造了一个生态化、可持续的创新型社会，并以协调发展机制，培植网络化、个性化、开放式的生态环境，从而使新知识、新技术、新产业和新文化层出不穷。

发展变革的系统集成及其运作最终归结于协调发展。从经济全球化和创新全球化的发展趋势来看，推进科技产业转型与结构调整的协调发展并没有任何歧义。协调发展形成的共同域、创新链与集群带，促成产业发展路径适时改变和调整，并演化为一种新的调控规则和发展范例。这种演化给定的不仅以某种要素作为基准点或参考系数，而且也是协调发展域的均质状态和系统结构。它涵盖科技领先、发展共享和开放创新等要素，在新科技革命的挑战中进入持续演化和协调发展的过程。

三、驱动型调整

科技创新是推动产业结构性调整的基础力量。加快科技产业结构调整和升级，实现产业升级的突破，主要依托科技产业化、智能化的进展以及科技产业的创新性驱动。这些科技产业群在产业发展中的主导作用和广泛影响，具有相关产业的互动效应，并构成产业升级和结构调整的基础。其中，创新驱动、成果转化及在科技产业领域的广泛渗透与扩散以及在产业链的梯级增值作用，对提升科技产业的结构比重极为关键。

以创新驱动实现科技产业结构性调整，大体上可以归纳为以下观点：

观点一：通过创新全球化的合作和交流，引入技术、商品和服务在内的国际竞争。调整产业结构及服务系统，如科研、金融、信息和其他企业服务质量系统，培育生产资料、劳动力、技术市场，引进项目、技术装备和先进管理，推动产业内部技术结构的升级和调整，促进科技产业的转型发展，以缩短与发达国家在产业结构领域的差距。特别是利用网络化、大数据加速与科技产业互动对接，驱动创新方式和转型模式变革，推动高端制造向网络化、数字化和智能化方向发展，加快产业的高端嫁接，在新的创新平台上获得迅速发展。同时通过先进科技的推广运用，以及网络＋科技产业的迅速普及，有力地刺激智能软件等信息产业的发展，使科技产业依靠智能化的发展，实现产业结构升级。

观点二：以制度创新、政策创新和科技创新为基础，将制度创新作为发展方式转变和结构调整的一种内在干预变量，以适应全球范围的竞争及游戏规则与动态变化。通过制度性安排和全球性竞争机制的结合，加快产业创新与转型发展，实现科技产业化、市场化的功能性转变，形成具有本国特色与全球非线性图景的产业结构体系和战略架构。这种观点认为在经济全球化的今天，虽然科技差距形成了各国经济差距，但制度创新、治理结构以及游戏规则的差距，同样关系到一国或地区能否适应全球化的制度安排、竞争环境以及科技产业的迅速发展等。在经济全球化的背景下，制度创新成为创新生态环境的主要环节，不仅包括规则适应、利益对接、基础改造、政策协调和创新发展，而且包括对现有的战略政策进行系统集成与整合，以及对制度安排、体制框架、管理规则的全面改革和动态调整。

观点三：以企业组织结构调整、兼并和重组，形成资本多元化、资源多元化的战略组合和产业集聚。通过科技企业结构性变化，改善产业结构机理现状，形成科技产业的推动机制和发展体系。如以跨国创新型企业成为企业结构调整的主要推动者，以战略并购、相互持股或合资控股等方式，改变存量、增量结构和组织结构，驱动产业转型、技术转移和结构调整。由于创新型企业的战略性变化，全球扩张的组织形式和结构，将通过不同行业、不同专业技术的融合来创造新的产业领域。这种日益扩大的兼并和联合，形成了全球化的“多层网络”和新产业分工合作等形式。在创新型企业牵引下的全球产业结构调整，进一步促进创新全球化和科技产业本土化的发展，以加快传统产业的改组、改造，推动产业升级和结构调整。

这些观点来自不同的发展阶段，成为科技产业转型和结构调整的倾向性发展思路。但事实上，由于上述观点的实际作用和效果相互影响、相互联接，更加接近发展中国家或转型国家实际的解释。在产业升级和结构调整的运行操作过程中，这些观点的融合可以作为一种探索实践，即依靠制度安排、科技创新，利用全球化的资金、技术和市场，加快企业结构调整，形成差别竞争力和影响力的科技产业运作机制和竞争系统。这里，不可否认的是创新驱动下的传统产业的内质性结构的变革。其间，产业的基本形态、外延范围、内涵界定和生产过程也会发生变化。传统产品的高新技术化、高新技术产品的组装化以及科技产品的动态调整和系统调整，使科技产业与传统产业的边界进一步趋向模糊。科技产业中存在低技术工艺的应用，低技术产业中存在高技术的工艺过程等。如电子信息产品、机器人等高科技产品的专业化生产等，就是一种高科技零部件组合的智能劳动型产业形态。事实上，对于发展中国家来说，不可能采取单一的产业转型和结构调整模式。无论是创新型的科技产业，还是组装型的科技产业，都可能被先进科技和人工智能所嵌入，并在不断研究开发中获得创新价值与产业增值的互补效应。

重要的是，科技产业发展对于 GDP 的贡献率以及在制造业中的比重变化，必然影响发展方式转变以及产业结构的调整。尽管发达国家实现了产业化向信息化的融合，但先进制造业存在的价值和意义并没有下降。先进制造在相当长的时期内，仍然是科技创新最迅速、劳动生产率提升最快的产业领域；也是对贸易收支平衡做出重要贡献，并对其他产业提供物质支持的装备产业领域。20 世纪 90 年代，美国经济的复苏首先是从制造业的复活开始的。美国硅谷的高科技企业关键的零部件，主要是由来自日本、中国台湾等国家和地区的中小型企业提供的。这表明，科技产业发展是包括制造业在内的一个科技密集型的动态调整和原始资本积累的过程。战后大多国家经历了产业化初期发展，再由资本密集型产业转向科技密集型产业的道路，制造业始终是影响这一发展进程的主要载体。制造业中的科技密集型产业部门的逐渐扩大，在产业结构中的比重不断提升，形成以科技创新对制造业逐级推移和结构调整的态势。整个过程有时会通过阶段性跳跃或高端嫁接推动产业升级，但在总体上都经历了创新驱动转型发展的全部过程。

按照这一发展过程的描述，加快驱动型调整及对相关产业的渗透，亟待解决若干非均衡的发展问题：（1）一些国家或地区间接调控的市场化体制和运作环境尚未形成。处在经济转型发展阶段，市场机制具有的引导作用仍然存在现实的局限性或无效性。受传统利益机制和发展方式的制约，科技与经济的投入产出尚未达到有效的配置。同时，科技产业资源配置的体制性制约，阻碍了科技产业化的均衡发展。（2）以企业为核心，“府、产、学、研、资、介”一体化的创新机制尚未形成。政府过度干预而不是以企业为科技与经济的关键接点，使科研机构、大学片面追寻政府的绩效评价与政策红利，远离企业创新和市场的需求，形成了政府为核心的非均衡创新发展的格局。（3）投资机制、产业结构和技术配置不适应产业转型发展要求，造成产业结构趋同化、人才资源分散化和技术配置的低位化等现象。资本、人才和技术结构的分化，以及科技产业化发展水平不高、资源分布的两极分化，进一步影响了区域科技经济的不均衡发展。（4）创新资源的结构性缺乏，严重制约了产业结构调整和升级。如科研、知识服务以及教育发展滞后，科技产业转型升级急需的人才资源严重匮乏，加之不能将这些资源进行合理使用和有效配置，也影响了科技成果转化以及资源合理布局。

由上所叙，基于体制创新、政策创新和服务领域的创新，借助新科技革命的机遇，实施高端嫁接改造传统产业，提升科技产业在产业、市场结构中的比重，始终是创新型驱动产业调整的重点。要注意的是，根据这一战略重点，追踪世界科技前沿，参与科技产业竞争，不能以偏概全，简单地“一网打尽”，忽视数字鸿沟（Digital Divide）造成的“二元经济”形态和不均衡发展等现象，要避免政策偏差带来的各种预期值过高、脱离现实的情况出现。如在科技产业转型的过程中，第三产业是一个依附科技应用与第二产业转型发展的“水涨船高”的过程。然而“拔苗助长”违背了科技经济发展规律，过快提升第三产业及过度发展“虚拟经济”，将使资金、资源、人才加速远离科技创新与先进制造业，继而流向房地产与互联网行业、金融行业等领域，使之出现实体经济的萎缩，形成“实体虚拟化”“创新泡沫化”“产业空洞化”等畸形现象。例如，尽管美国居于全球科技研发与积累以及产业链高端层面，但科技发展游离于产业实体经济及供求市场，创新成果“魂不附体”，造成了制造业的日趋衰落及新科技、新产业、新业态“墙里开花墙外香”。这类“非理性繁荣”的案例比比皆是。它告诉我们，要总结发达国家因盲目追求新科技而忽视实体经济与市场需求的深刻教训，[①] 防止脱离高端制造业实体，偏离阶段性、大众化的市场需求，避免落入技术盲目崇拜的陷阱。所以，我们强调科技创新的在产业升级和结构调整中的内生变量的地位，但需要厘清如下问题：如何基于科技创新与产业转型、市场需求、国家政策等融合，实现互联网＋科技产业与工业基础的协调发展；科技产业与其他新兴产业的协调发展；科技产业在不同区域的有序布局等。这些问题有待通过战略性整合，使其进入一种上通下达、跨界融合、多元协调的发展过程。其间，以全球化、网络化为特点的科技产业转型的时机选择，产业创新的功能性跨越，以及新产业崛起与制度创新的总体协调，都将成为未来科技产业转型和结构调整的关键因素。

第二节　差别性竞争

全球经济最显著的变化是科技创新、竞争方式和资源配置结构发生了深刻的变化。可以想象，没有科技革命催生的创新驱动与产业转型发展的作用，关于新技术、新产业、新业态的理性预期是难以实现的。面对经济全球化和创新全球化的竞争和挑战，科技产业已由依靠若干关键技术形成的竞争力，转向通过知识竞争差距不断提升创新密集度，实现共享科技经济，以保持科技产业竞争优势，形成协调发展的系统能力。科技产业的竞争已经不再是一种局部的、行业的，单纯以资金、技术和人力为主要特征的竞争，而是一场反映综合国力的全球化、创新型竞争，即包括整合全球科技资源、产业资本和知识资本的跨国界竞争。在对全球竞争变化进行全

① 经历了非理性繁荣，美国在不到20年里，工厂消失了近1/4。金融危机后，奥巴马政府总结“脱实入虚”等经验教训，提出“重振美国工业”的战略；特朗普总统上任以来加快振兴美国制造业，提出本土企业的税改方案，鼓励制造业回归美国，掀起一阵制造业迁美潮。

景式的快速浏览后，我们可以从差别性竞争的视角来做出全面解读。

一、竞争特征

竞争是一种常态。差别竞争[①]是竞争的战略定位，也是一种能力。主要表现为，科技产业通过科技成果、产业布局、创新形态、运作模式等全面突破，提供独树一帜的战略、技术、产品、品牌或服务，以便在科技经济竞争中“出其不意，攻其不备”。一般情况下，有差别的竞争才有动力。构成科技产业差别竞争的基础包括若干变量：科技创新能力及其水平，预期收益和市场需求，人才资源和结构配置，资金投入能力等。促进科技创新并构成产业竞争力，主要通过若干变量的协调发展，使其趋向于最大值。以全球性、网络化为特征的人才、资金、科技和市场资源为基础，实现知识资本与金融资本支持下的科技产业转型发展，并形成未来科技产业竞争的若干特征。

1. 创新速度加快

网络全球化以及大数据爆发性增长，将科技产业竞争暴露在前所未有的瞬时激变之中。科技革命剧变呈现的指数级而非线性的发展速度，促使科技创新加快，科技成果的生命周期越来越短，产业更迭更为频繁，新业态层出不穷，差别性竞争成为常态。不断涌现的新技术不仅影响着人们的生活方式，而且也改变着科技产业发展的轨迹。原有技术范式的科技产业增长减速之后，迅速被新兴科技产业取而代之。而在递次发展阶段，潜在的、成熟的新兴科技产业又跨越以往的产业领域，进行新的更迭与置换，周而复始，进而加剧了科技产业的更新换代和结构调整。以信息产业为例，由于信息技术产品的周期缩短到1年左右，基础研究成果的生命周期大大缩短，促使计算机、软件、卫星通信、互联网等技术不断更替与快速发展。各国为保持优势领先地位，形成新的替代产品，夺取知识控制权，争先增加研究开发投入以巩固科技产业优势地位。如美国信息技术产业中的芯片和因特网、大数据、智能网以及人工智能等优势，在众多领域如机器人、

① 差别竞争，又称差异化竞争（Diversified Competition），最初是迈克尔·波特（Michael E.Porter）提出的。

机器观测、语音识别、语音合成、信息处理、保健服务、行政管理和航空支援等广泛运用；超导材料制成的产品，如超导计算机等投放市场，天然气与电力混合动力、无人驾驶汽车、混合动力火车进入市场，主要是应用了10~25年前的基础性研究成果。[①] 持续不断的科技创新及其成果应用，实现了科技更新、产业转型、产品更替与业态置换，促使科技产业差别竞争的常态化，以适应颠覆性创新变化的发展格局和产业结构调整。

2．产业扩张加快

新科技革命变革的速度、广度与规模，必然波及科技产业的转型发展，形成由点到面、由竞争到合作的扩张势头。科技产业以科技孵化器、创客空间以及科技园区形成增长极，再进行扩散的模式，逐渐被科技产业群（带）或创新域（圈）的空间架构所取代；通过构建区域或城市创新体系形成的科技产业集聚发展模式，越来越多地进入发达国家和地区。美国总统信息技术顾问委员会前主席认为，美国需要的不仅是硅谷，而是“硅大陆”。由于科技产业超前发展的趋势，借助无所不在的大数据、互联网系统的迅速扩展与延伸，形成前所未有的差别竞争，带动和促进了一般相关产业的链接发展，形成由本土化到全球化的迅速扩张。[②] 特别是跨国公司和互联网在全球的扩张，将科技产业发展与全球产业结构调整有机地联接在一起。网络全球化、创新全球化和经济全球化使一国或一地科技产业发展越过了各国疆界，并达到了极致。同时，迫于强大的差别竞争压力，科技产业的战略联盟迅速发展并对产业结构调整产生越来越大的影响。战略联盟的合作竞争将各国企业发展日益紧密地编织在一个庞大的全球竞争与联合网络之中。随着跨国联盟与技术合作的发展，跨国公司在结构层面已逐步演变成“全球网络公司”。跨国公司的全球性产业扩张通过内（公司系统）外（战略联盟）网络相互渗透、相互补充，不断扩大技术输出和产业转移，

① 从基础发明到产生重大经济影响的研究成果一般需要20~30年，经过较长时间的成果转化、转移和扩散，以至商品化、产业化、市场化之后才开始产生巨大的经济效益。互联网、人工智能等技术已经有20多年以上的技术转化、扩散和储备过程。

② 第一次工业革命相关技术的传播，走向世界用了120年的。而互联网仅用了不到10年的时间就传播到全世界。

构成了对全球产业升级和结构调整的牵引和拉动。

3．人才资源争夺加剧

科技产业的竞争形成了对人才资源的激烈争夺。研究证实，全球相互依存的新兴市场中，最具知识价值和最有竞争力的资源是人才资源。科技产业的差别竞争的最终点，是人才的竞争。不断持续上升的知识价值和人才价值，成为各国科技产业转型和高端竞争的资本。人才资本的竞争主流不再仅仅具有一般科技经济特性，而是还具有财富争夺和差别竞争与垄断的特性。产业优势、增长质量和市场占有率在很大程度上揭示出人才资本的良性聚集和开发能力。如发达国家为确保科技产业处在领先地位，主要通过增加研究开发投入等方式聚集与吸引各国人才，增强创新能力，并不断形成人才资源优势。以美国为例，美国拥有全球 1/3 的计算机人才，但依然网罗人才资源，将中国、印度等发展中国家作为主要吸收对象。同时，采取各种手段吸引、激励、留住高科技人才。美国人口占世界人口的 1/22，却拥有全世界研究生的 1/2，本科生的 1/3，科技人员的 1/4。源源不断的人才力量，构筑了美国争夺科技产业经济的制高点，成为增强科技产业竞争力的最大优势。

4．创新与资本融合加速

金融资本与风险投资加速流向科技创新版块，促进科技产业转型发展，形成高技术、高附加值的利好空间和投资环境。风险投资创造高额利润，并将无形资产和创新成果转化为垄断优势，仍然具有巨大的诱惑力。一项研究证实，风险投资中的 1 美元可以刺激的专利使用数，比公司研发支出中 1 美元刺激的专利使用数多出 3~4 倍。纽约股市占世界股票市价的 65%，但吸引大量资金流入其股市的是科技创新成果、专利、无形资产形成的预期收益。金融资本与科技成果、知识资本的结合，越来越取决于科技创新形成的利好空间和市场需求潜力。科技产业差别化竞争的实质，也更多地反映出科技创新与金融资本的结合程度，以及金融产业化、科技市场化的速度与效益。

在创新全球化的环境下，各国之间在科技产业竞争力的差距进一步扩大。科技产业发展不但在创新周期方面显示出差距，而且显示出在科技产业转型与结构调整中的竞争差距。这表明，科技产业差别性竞争是由多重要素驱动的，但最终却是科技创新在产业内迅速转移、转化、集聚，并通过产业之间的联系发生扩散效应决定的。如果仅仅引进产业技术和设备，没有领先一步的科技创新及其产业化和市场化的扩散，科技产业的更迭只是产业结构变动的低水平循环或历史性重复。因此，以科技创新提升产业科技集约化程度和知识密集度，成为差别性竞争的关键因素。

首先，无形资产和知识资本在科技产业竞争中的地位日益突出。随着无形资产和知识资本在科技产业升级与结构增值方面的作用越来越大，诸如专利、商标、设计和智力咨询等知识要素加速渗入其他资本要素，使其形成倍增价值。而且作为相对独立的要素加快资本范畴外延扩展，使无形资产和知识资本由“附着的资本”，作为资本增值、增量扩展的新的资本要素出现。无形资产和知识资本的软投入[①]直接改变了资本运行、发展轨迹和增值过程，也使产业结构发生内质性变化，逐渐提升了产业结构的知识密集成分。在新产业经济结构条件下，产业差别竞争更多地集中在利用新要素，在运行区域拓宽、增量水平、资本增值等领域之间的竞争上。产业科技的知识含量、专业人才、无形资产等要素进入激烈竞争的行列，构成领先一步的战略资源和高能资本。

其次，知识密集型科技产业成为产业转型升级以及增量扩张的主体。知识密集型科技产业在产业结构调整中的作用，使科技产业及其结构调整发生基础性变化，成为寻求利润富集区，拥有垄断优势并具有战略调控能力的科技产业，如信息技术产业、生物医药、教育产业和软件产业等构成了产业升级和结构调整的主要支撑，在对其他产业进行知识扩散与渗透的同时，改变着其他产业的内部结构和配置格局。知识密集型科技产业的发展使新兴科技产业不断形成，并随着科技主导产业在结构中的比重不断扩大以及产业要素的边缘扩张，有可能形成重新划分产业结

① 隋映辉：《软投入：教育、科技与经济增长》，《中国科技论坛》，1989 年第 3 期，第 13—15 页。

构的理论基础。

再次，科技产业转型发展标准以引入新的生产函数为基础。以知识资本为动力，在科技产业领域催生、嫁接出一系列新产业结构形态，并创造出新产业为主体的经济价值和社会财富。围绕互联网、大数据、人工智能技术的创新创业，相关技术加快从实验室走向应用市场，带动了一批新技术、新业态、新模式和新产品的突破式发展，并成为新一轮科技革命和产业转型的着力点。为适应重塑全球科技产业转型与发展变革，亟待重新界定经济增长与结构调整的含义，厘清知识价值和创新运作机制与科技产业升级和结构调整的内生变量关系。

最后，战略政策的差异性选择形成不同的发展优势。由资本密集、技术密集转向知识密集型的科技产业发展，是科技产业链梯度演进的过程，也是一个多种资源优化配置、多元要素协调发展的战略选择过程。研究证明，战略差异性选择是产业竞争的关键因素，其中，科技产业价值链分布、新战略布局的不同起了重要的作用。这是因为，科技产业的发展阶段、表现形式、比较优势有所差别，如美国等发达国家围绕大数据、互联网、智能装备等领域，形成了基于本国禀赋资源、创新文化、发展战略的差别竞争优势。这些差别竞争特征、要素环节、比较优势等明显不同（见表 20–1）。差别竞争与领先发展既是这些国家通过产业转型、结构调整和长期持续的研究开发投入，对数十年前的科技成果产业化、市场化的过程，也是差异化战略、模式与路径，注入大量风险投资、技术和人才等资源，实现持续创新、专注发展的结果。

科技创新及其产业化是科技产业经济赖以生存的基础，但研究开发成果和人才资源是科技产业经济的命脉。没有人才资源和先进制造业为基础的研究开发体系，就没有科技产业化的发展，互联网 + 的科技创新平台也就没有了根基。所以，科技产业差别竞争力的现实基础，仍然取决于科技创新与教育事业的超前发展以及研发的合理投入。同时，以系统创新与产业链的对接，推进新科技对传统产业的嫁接改造，实现科技产业的跨越式发展和价值递增。

表 20-1　发达国家智能制造的差别竞争优势

	竞争特征	要素环节	比较优势
美国	利用互联网颠覆制造业的价值体系，利用数字化、新材料和新的生产方式去颠覆制造业的生产方式。	牢牢掌握住价值链中价值含量最高部分。占据生产要素的上游，努力向下游延伸。	利用知识进行颠覆式创新，从而对问题进行重新定义。
德国	在制造系统中所积累的知识体系集成后所产生的系统产品，同时将制造的知识以软件或是工具包的形式提供给客户作为增值服务，从而实现在客户身上的可持续的盈利能力。	充分发挥在关键装备与零部件、生产过程与生产系统领域的技术优势，通过服务增强盈利能力与竞争力。	在制造系统中所积累的知识体系集成后所产生的系统产品，同时将德国制造的知识以软件或是工具包的形式提供给客户作为增值服务。
日本	主要的特征就是通过组织的不断优化、文化建设和人的训练来解决生产系统中的问题。	产业竞争力在向上转移。在上游的原材料及使能技术和关键装备及关键零部件领域拥有更多的话语权。	以人为本。所有的自动化或是信息化建设也都是围绕着帮助人去工作为目的。

二、竞争优势

以上研究都证实了这样的结论：差别性竞争优势是资源禀赋、产业转型与创新驱动的阶段性与结构性现象。它表明，科技产业竞争实质上是稀缺资源配置和存量结构调整的战略性竞争。相对于全球化竞争，差别性竞争是形成科技产业创新优势、垄断优势和稀缺优势的过程。以下，我们对构成科技产业的差别性竞争优势做进一步分析与说明。

1. 科技稀缺资源

科技产业的差别竞争，主要体现为人才等稀缺资源之争。随着科技创新领域的人才国际化趋势越来越强，全球人才的竞争越来越激烈。科技人才资源等稀缺资源的差别成为 21 世纪科技产业发展的变数。这种稀缺资源差别形成的竞争优势导致各国处于不同的战略地位和竞争水平。具有资源差别优势的国家利用人才等资源优势进入垄断性竞争领域，使其产业结构、技术结构和市场结构，保持领先一步、独占创新财富和新市场的优势地位。利用这种差别优势，各国在经济全球化的竞争，形成不同的人才资源为主导的创新领域，并伴随科技转移和产业传递，转型为创意空间和创新发源地，形成新的国际分工形式，推动科技产业结构转型发展。

2. 教育与知识学习

国家之间竞争的差异主要来自学习能力、知识应用等方面的差异。世界上实现跨越式发展的国家也是具有学习能力以及最有效缩小知识差距的国家。从各国科技创新、产业投向的分析，就会发现教育优势与学习能力对科技产业发展的影响。教育与知识学习能力对科技产业发展的影响表现在科技创新性和创造能力上，而创新性和创造力是形成差别性竞争优势的主要动力。其间，由于在 R&D 研究项目中高校、研究机构是受到资助最多、最活跃的成员，也是创新性和创造力的主体之一。将科学研究、生产制造和持续学习融为一体，通过科技创新、继续教育与科技产业发展的协调整合，必将对提升科技产业结构及其就业水平、形成科技产业的差别优势具有重大作用。

3. 科技产业的贡献率

随着全球科技经济的巨大变化，科技产业发展在国民经济中的影响和作用越来越大。科技产业在各国经济发展中的贡献率不同，如科技产业占 GDP 的比重、产业技术的先进性、产业 R&D 占 GDP 比重、科技产业的市场占有率等，形成了差别优势和结构性竞争。科技产业对经济增长的贡献成为各国经济增长潜力的主要指标，同时也成为各国差别竞争优势的主要动力。

4. 科技产品的市场竞争力

在过去 30 年里，科技产品在国际市场的竞争力及其份额构成差别优势的具体内容。计算机、半导体、网络机、生物医药、机器人、智能设备等产品与装备在国际市场中的份额，代表了一国或一地的科技竞争力和产业结构水平。更为重要的是，科技产品在国际市场的不同份额，表明创新全球化和科技产业本土化的程度，因而也构成了不同国家或地区科技产业结构水平及差别优势。

5. 科技产业化及结构高级化

在竞争差别优势的评价中，科技产业化发展以及内部存量结构高级化程度也是一个主要的指标体系。这一评价更多地从内部结构水平进行分析，知识产权、创新能力、人才结构等无形资产，以及科技投入、产品开发、技术引进和技术改造等共同构成了内部结构高级化的内容。与以上差别优势不同的是，科技产业化发展阶段水平与内部存量结构高级化有密切的关系。不同阶段的发展，存量结构的内容、目标、模式不同，竞争差别优势也有所不同。

6. 市场潜力与体制优势

拥有巨大市场潜力及经济规模的国家或地区，科技产业差别优势主要来源于拥有以市场供求为导向的巨大市场及不同层级的消费群体。这样的“大市场”构成的资源禀赋，可以降低不同类型创新者的市场进入门槛，能够让科技产业获取巨大投入回报，并通过培育新市场，引导创新驱动与资源配置，形成科技产业的市场化、规模化，并加速走向全球市场。与此同时，有效地整合社会资源，发挥“集中力量办大事”的体制优势，以市场全球化推广新技术、新产品、新产业，形成市场驱动的科技产业发展的新引擎。如中国高铁、特高压电网、核电等产业在全球市场的拓展。

在差别性竞争中，显性竞争优势表现为科技产业的发展规模、空间布局、资源禀赋等方面的竞争；隐性竞争优势则表现在人才资源、知识能力与服务水平等方面的竞争。我们注意到，在竞争过程中，竞争程度越高，波及范围越广，越能说明人才进入、资金流入、科技扩散在科技产业中的影响力大，集聚度高。因此，人才资源、科技资源等稀缺资源进入竞争性的产业领域，必然加快形成新的比较优势、规模经济以及专有技术领域。其中，知识、人才等要素形成的比较优势，是确定科技产业差别性竞争优势的关键因素。当一国在科技产业、科技产品所使用的要素成本或 R&D 密集度形成竞争差别优势时，这个国家将成为面向全球新兴市场需求的制造中心和出口贸易基地。而如果一国科技产品通过规模化生产和全球性竞争来获取成本优势和高附加值，将会进一步显示出科技产品的高附加值、高垄断性等市场竞争的特征。

此外，专有产品技术和服务作为科技产业、产品在全球市场的溢出效应与扩散能力，也是形成规模经济的主要动因。在实现科技产业化、市场化的过程中，这一溢出扩散因素极其重要。高技术前期大量投入，需要全球性扩张和市场需求以及利润回报补偿。全球竞争不断提高先进科技的竞争能力，促使企业通过信息化和产业化融合，有效利用网络化、数字化、智能化、自动化和IT技术提高运营效率，促成产业转型、结构升级并改变传统经济发展模式和结构调整方式，进而加速推动新兴科技产业发展，形成先进科技替代以转移过剩资本、过剩劳力并进入过新产业、新产品市场。同时，以知识资本投入或以知识资本与金融资本的“共同投入”，实现新产业为主导的科技产业转型和结构升级，并在科技产业竞争中形成新的差别优势和增值能力。

第三节　转型的协调

经历了全球经济高速增长以及互联网泡沫和经济危机后，世界经济已进入了产业结构调整和转型期。对于发展中国家或转型国家，虽然经济增长的源动力仍然是国家现代化建设和缩短与发达国家在生产力、社会发展和科技发展等方面的差距，但发展模式已由经济增长的粗放扩张型、资源浪费型和资金密集型，向质量扩展型、科技密集型和经济效益型模式转变。在更多地意识到经济增长的低效性以及在资源、生态环境和消费需求方面的各种制约后，战略选择越来越倾向于结构转型的有效性、稳定性和协调性。同时，以科技产业推动结构的有序变动，推行更加灵活多变的政策机制，加快实现发展模式的战略性转换。

一、转型形态

新科技革命下的科技产业经济形态和特征，或许并不像有些著述那么简单。所有令人瞠目结舌的变化，是因为风起云涌的科技革命加速了科技经济体制与社会结构的变革，带来了新产业空间、形态及其学科组成的丰富内涵，并深刻地推动创新领域、行业界面的互动融合与交叉渗透，从而刷新了科技产业经济学的各种定义与学术观点。尽管如此，这些变化仍然来源于新科技革命锻造的新技术、新产业、新业态与新模式，并形成了世界科技经济演变的新景观。不同的是，科技产业经济的无形资产和知识产权以及大数据、柔性管理、服务价值等，较之科技产业其他部分有较大的比重和独特性。在这部分产业转型发展的过程中，知识密集型产业在整个科技产业结构中的构成更为明显。知识、人才资源的储备以及创新性研发、思维、教育、设计等，与智能制造成为实现科技产业及经济增长的源泉。智力型的生产者使科技创新资源具有流动性、扩散性、共享性。智力型生产者掌握着知识产权、生产技能和管理方法，并携带思想、知识与技能随之流动。这些改变生产方式和产业结构的关系，让科技经济之间的竞争越来越多地以知识资源、专业技能及研发成果所有权者来确定科技产业经济发展的趋向。同时，作为知识价值结构中的载体价值，还包括物化劳动价值。知识转移频率越高，应用范围越广，转移价值和效益就越明显。在向其他部门进行广泛渗透延伸的基础上，新的分工形式与新产业、新技术进一步结合，催生了一些新兴的“边缘产业”，形成了知识密集型的科技产业系统。这些根本的变化，突出反映了在科技产业转型发展中，知识和人才资源对于科技促进经济增长的重要价值。

毫无疑问，智力资源和知识创新是科技产业经济发展的源泉和资源配置的基本要素。知识生产、应用扩散，实现了经济规模的有形资产向无形资产的转变，提高了有形资产的科技价值与知识含量，也形成了一系列转型发展的新形态和新变化。这些变化及特征为人们提供了一个历史性、未来式的发展思考，以及趋向性的科技经济与社会发展的远景。

知识创新、应用扩散与产业转型的供需结构关系愈加密切。在已往的经济形态中，传统工业是以资源、劳力、资本为基础的，而科技产业经济中的第一要素是无形资产的知识。产业竞争力与市场规模来源于创新资源以及知识资本的占有、配置、生产和应用。积聚财富的核心主要是科技、人才资源及其信息体系。最有利可图的不是大规模生产提供的标准产品，而是个性化、小批量、多品种、定制生产的创新产品。如美国新增产值的2/3，就是通过像苹果、微软、谷歌等这样的科技企业创造的。许多科技企业的无形资产超过了总资产的60%。同时，拥有知识和技术的人获得就业和高报酬的工作机会增多。随着实物经济的激烈竞争和规模发展，一些高科技公司的科技成果、企业品牌、商标、市场销售能力、设计开发能力等无形资产的价值和盈利越来越高。产权已经不再仅针对有形资产的所有权、使用权，而必须包括针对无形资产的所有权、使用权。特别是知识产权作为无形产权具有极高的附加值和极大的复制传播性，知识资产的价值在迅速递增。无形资产与传统产业改造有效地结合起来，使产业迅速升级，进而带动了整个产业结构的调整。

“互联网 +”的知识应用、产品应用和服务社会化的影响更为广阔。以互联网为代表的信息革命，将跨域合作、协调发展带入一个前所未有的高度。“互联互通，实時互动”，构筑了开放、透明和共享的互联网机制和生态系统，推动建立了在新型合作机制上的“共享科技”。通过网络化、智能化的协调发展，形成了转型发展的新范式。互联网与云计算、大数据、物联网、工业互联网加速了知识更新、科技创新及产品换代，支持着科技产业的创新、生产及科技转移的传播与扩散，并加快了产业结构、就业结构的调整。科技产业的智能设备，通过智能化、3D 打印、无线传感等技术，使得智能设备成为创新研发与智能制造的工具。同时这些智能设备不断向互联网反馈市场大数据，以供系统决策使用。互联网 + 的进化和扩张，反映了互联网深度融合和介入式发展的动态过程。表现在科技产业经济领域中，就是知识服务领域不断扩大，科技产品得到广泛应用和替代。信息网络的社会化中介服务等，在生产、创新、投资、市场类服务领域的比重越来越大。云计算和网络扩散和应用在产业创新与转型发展中得到普及和利用，使创新创业者从事产品研发和模式创新更为简单、快捷、便利。创新服务和智能装备能够帮助人们处理各种复杂的工作，而且能够作为最基本的工作设备替代人的研发、诊断、设计和加工。大数据、互联网、云计算、智能设备等加快了科技产业转型与知识更新，促使应用知识的人向附加值较高的行业转移、流动和聚集。社会化的流动创造了大量就业机会，也加快了产业结构、就业结构的换代和升级。

知识密集型服务[①]对科技产业转型发展的影响与日俱增。知识生产、技术传播和广泛应用带来了科技经济快速增长，也促使知识服务业迅速地崛起[②]。知识密集型服务活动涉及科技、教育、金融、商务、咨询、管理、贸易以及研究与发展等领域，并在科技产业经济发展中处于越来越重要的地位。在现代制造中，教育培训、管理、形象设计、研究与发展等活动的成本已占企业投入成本的60%~75%。知识密集型服务活动在经济增长中日益显示出独特的特征：以知识服务可以获得产出经济效益和社会效益；知识服务主要是以知识资本、知识资源或知识人才作为服务的基础；知识服务在科技产业经济中的增长份额不断递增，并衍生出新业态。知识服务在科技产业经济发展的地位，反映出进入新经济发展阶段，市场需求结构发生的深刻变化以及知识服务多元化的倾向。随着市场需求结构变得日益复杂且产品知识密集度日益提高，研发、生产等更多地依赖网络化、高科技。在科技商品化、产业化过程中，知识密集程度日益增强，产品研发和生产制造、运营管理过程中的服务需求日益增加。知识型服务业已成为产业价值链的重要部分，在创新发展、转型发展中起着重要作用。科技创新、资金投入和企业管理提供的一系列知识服务，特别是研发、融资和管理以及科技产业化等知识型服务的参与，构成了科技产业转型发展的重要特征。

跨界融合加速共享合作与创新社会化发展。与传统的创新组合有着本质的不同，由于大数据、网络化、创新社会化打破了已有结构的创新组合，为破解创新发展的体制瓶颈，满足各种多元合作的需求，实现市场需求与创新效益的最大化，通过“府、产、学、研、资、介”之间跨部门、跨学科、跨领域的多元合作，构筑了不同行业、空间一体、协调发展、各显其

① 根据美国商务部的定义，知识密集型服务业，是指企业在提供服务时融入大量科学、工程、技术等专业性知识的服务。Miles等（1995）认为，知识密集型服务业是一些专门提供经济行为服务的组织，这些服务旨在知识的创造、积累或扩散。在这个定义上，邓·赫托格（2000）给出了一个更广泛的关于KIBS的定义：那些主要依赖专业知识（如与某些专门领域相关的知识或技能）来提供知识型的中间产品和服务的组织。Muller（2001）更直接地认为，知识密集型服务业可以广泛地理解为咨询公司，或者更一般地将KIBS描述为那些主要为其他组织发展提供高智力、高附加值服务的组织。

② 中国智能手机、支付宝、共享单车、网购、打车软件、刷脸支付等，成为知识服务的缩影及典型案例。

能的创新组合。开放包容的创新系统快速打破了交互边界，数字经济和实体经济的边界日渐模糊，催生出更多的市场机遇与网络化的生态系统。在统一的网络空间平台上，要素彼此链接，共生共荣又互有竞合。创业创新不再是单打独斗，而是利益相关的创新共同体及其价值联盟。跨界融合在经济、科技与社会协调发展的作用日益突出，并在重新审视科技、经济与社会的关系后，改变了产业转型发展的路径，形成了新的发展观。“产、学、研、资、介”的交叉渗透、相互融合，建立起跨界合作的创新机制，并以创新驱动理念，依托高校和科研机构，加强与企业的研发合作，解决了产业转型发展的重大难题。在资源共享、优势互补、利益共享，风险共担的原则下，实现科技商品化、市场化的良性互动，促进创新成果在“产、学、研、资、介”之间合理运行。同时，转变政府为单核心的发展模式，破除制约“产、学、研、资、介”合作的障碍。抓住产业链附加值较高的两端，提升创新研发和资本运营能力，兼顾高端制造业，搭建创新平台体系，以保证“府、产、学、研、资、介”创新机制稳定运行。在兼顾各方的利益基础上，完善相关的合作规范，创造友好的创新环境，形成良好的创新运作氛围。

决策科学化和智能化对科技创新与产业转型的影响越来越大。科技产业的重大决策和谋划凝聚着大量知识生产成果，进入新经济时代，决策依赖的基本元素，如数据、系统维度、相互影响方式以及政府与“产、学、研”之间的相互联系等方式，都在发生根本性变化。决策触发的一系列风险有可能加剧，依靠全球化、网络化的智库系统，协同各方科学研究与智力资源进行科学决策和战略管理已成常态。运用大数据、人工智能等技术手段，其超乎意想的高效率、智能化效果改变了传统封闭式的决策研究范式，依托网络化、智能化“外脑”，强化了决策咨询研究对科技产业转型发展的支持。如美国提出运用人工智能技术为政府服务，并帮助政府进行大数据分析。一些科技经济研究囿于传统经济学范畴，虽然强调科技创新作用，但忽视了智库在科技产业发展的关键性作用，这是对知识生产的片面理解。而历史表明，超前性决策研究关系到科技产业经济能否得到迅速发展。如美国科技产业的发展就得益于智库成果。美国在 20 世纪 80 年代竞争力地位急剧下降，90 年代迅速回升，个中缘由，就是借鉴了智库的决策研究成果。根据专家建议，1987 年里根总统提出包括增加智力资源投资、促进科技发展、保护知识产权等 6 项重点战略措施，发表了全面竞争计划。进入 20 世纪 90 年代，美国政府又根据智库提出的国家关键技术报告等研究成果，提出了优先发展信息技术和信息产业以及建设“国家信息高速公路设施”等战略，促进了信息产业的高速发展。全球金融危机后，为重振美国制造业，2009 年奥巴马政府推出再产业化战略，颁布《重振美国制造业框架》。2010 年，又出台《美国制造业促进法案》《创造美国就业及结束外移法案》等政策。这些智库研究成果，无疑对政府科学决策起到了重要的影响，也对科技产业转型升级起到了推动作用。

二、转型战略

进入科技革命引发的新产业经济发展阶段，不均衡发展及其比较差距更加突出，各国均面临创新战略与不断变化的创新环境相适应的机遇与挑战。新科技不断涌现并广泛渗透到相关产业经济领域，深刻地改变了科技经济的发展动力、发展方式与发展格局。新科技促进经济增长的新机制、新流程，传统的发展模式已不适应转型升级的要求。从单纯投资主导、数量增长和规模扩张为特征的发展模式，转向以消费、服务驱动为主导，供求、结构、质量和效益为目标的增长模式；由行业闭关式、体制分割式的传统管理模式，转向网络化、开放式的协调发展模式，成为科技产业转型发展的新战略与大趋势。

在这一过程中，协调发展改变了过往以追求“增长”为目标的单一转换系统，这种表面化的“增长”，由于发展的不协调而产生“漏斗”效应，致使产出效益无法达到与资源投入相称的极大增长。[①] 新发展的基点是科技经济与社会的协调发展，其核心是形成战略力量的创新系统，以及实现产业转型发展的共享基础。在促进科技产业结构转型，延续其聚合、协调和同步发展机制的同时，借助网络化技术基础，将产业转型中的社会服务与产业决定的关系转化为信息流，并在创新资本的支持下，使其

① 隋映辉，组合投入论，管理世界，1989（2）：148—153。

加深科技创新与知识服务在产业转型配置的作用。科技与知识作为科技经济理论的资本形态，以其所具有的非消耗性、共享性、非稀缺性和易操作性，在信息流量、结构转型中表现出收益递增的特征，并以一种干涉变量进入经济方式转变的分析框架。通过教育、软件、金融、咨询等生产型和创新型知识服务业的迅速发展，加快“生产要素”在质量效益上的改进与补充，产生有别于传统资本形态的新的资本形态与空间布局。这些资本所具有的特殊而又相关的异质性发展，表现为其具有的经济价值而不是单纯知识性质的资本所形成的资本结构，意味着科技创新改变了产业结构与资本结构，同时也改变了结构调整的战略架构。人们通过向特定的科技产业领域投资，进而改变产业组织、产业前景、项目选择等有关的产业结构体系，促使科技促进产业经济发展战略具有特殊的空间变化及价值属性。

这一具有特殊经济属性的战略性变革以及资本形态，对增强国家科技实力和综合国力，将产生以下最直接的影响：（1）创新型的科技产业发展迅猛，产业更迭加快。信息技术、生物技术以及新材料产业成为竞争最激烈、发展最迅速、影响最广泛的技术产业领域，并促使产业结构的高变动、高效率和高效益。（2）高新技术对传统产业加快了选择性嫁接、重点改造和战略重组。传统产业的高新技术化，迅速提高了传统产业的技术含量和产品的附加值，使传统产业的售后利润率等指标完全等同于高新技术产业。（3）科技、教育与产业的交叉渗透和整体聚合，促使产业素质、功能、机制与形态发生内质性变动。通过研究开发、教育培训、人才流动等政策协调，提高人们获得既得能力的价值生产率，促使人力资本的质量性、结构性变化。由人力资本、知识资本和产业资本的结合构成的发展集群，在科技、经济系统结构的变迁中迅速融合，显示其发展空间转换功能将迸发出持续发展的增长潜力。

通过战略要素的全面调整以及加快发展方式的转变，科技创新在推动经济发展以及实现战略目标中构成了新的增长极。这意味着，虽然转型国家非熟练劳动力较发达国家的比重大，劳动密集型产业向技术密集型产业升级的过程比这些国家和地区相对较长，但在总体上，出于自身的战略和参与全球竞争的需要，转型国家必然通过扩大知识资本和科技产业的规模，以持续不断的人力资源开发，改变产业转型方式和结构调整功能，实现产业“跨越”和产业“改造”的不断升级，增强在全球科技经济竞争中的战略地位。

以这样的战略基础，建立创新先导型的科技产业群体以及实现“强大”的产业竞争实力，需要加快产业升级和发展方式的转变。一方面依托体制创新、政策创新对产业经济发展方式转变的作用，另一方面，加快科技产业化和市场化的发展，在实现科技产业化的基础上培育创新经济的增长级，扩张科技产业发展的市场份额。其间，要经历产业化阶段的科技产业发展的过程，同时必然要进入科技促进经济增长的协调发展的互动阶段。当寻求解决产业化所带来的各种问题引起相应的经济、社会、科技领域发生巨大变革时，协调发展作为一个基本的战略形态出现，不仅加快了科技经济与社会在产业转型中的互动程度，而且确立了协调发展作为新产业经济的内生变量的地位。随着科技与经济、社会的协调发展，经济、社会和科技之间在产业转型中的互为需求就更加迫切。从发展的角度上看，这种互为需求不仅包括结构优化、技术变迁、制度创新和环境友好，而且包括科技、经济、社会三者之间的战略政策、发展目标、运作机制等的配置关系。这种关系并不限于在产业发展和创新资源约束下进行代际之间的安排，而是在经济、科技与社会的战略层面，以协调发展方式做出科技经济与社会在总量、结构、效益和代际兼顾等目标之间的战略配置。同时，技术并非中立的，而是受到社会性的牵引（达拉斯·斯迈思，Dallas Smythe，1970）。

科技产业经济“无网而不胜”，以及网络化、数字化提供的接触平等竞争的机遇，促成了市场关系的普遍化，加速了新财富积累、新经济共享。但被科学造成的“繁荣”所迷惑，也形成了生存的“危机”（胡塞尔，1976）。网络化、数字化、人工智能作为一柄科技经济与社会转型的“双刃剑”，在就业结构、公共资源、产业转型等方面，同样也构成了一系列冲击，带来了数字鸿沟愈发蔓延的不平等现象（丹·席勒，Dan Schiller，2016）（见专栏20–2）。例如，尽管网络化、数字化大行其道，但在世界范围内，仍有56%

的国家尚未接入互联网，有41亿人与现代经济脱节。[①] 此外，金融危机以来，西方发达国家通过数字模式重构自我，不断采纳人工智能等新技术，以此刺激新产业经济增长，一方面造就了诸如美国硅谷等许多百万富翁乃至亿万富翁的新社会阶层，另一方面，新科技、数字鸿沟造成的内部分化、城乡差距、社会冲突与不平等进一步加剧。人工智能取代了一部分传统就业结构，少数精英阶层创造大量的人工智能，但大部分人将变成没有任何经济价值的无用阶层。数以亿计的人将找不到工作，这将产生巨大的社会、政治、经济等方面的问题，有可能成为21世纪最大风险（尤瓦尔·赫拉利，2017）。[②] 为此，特斯拉公司首席执行官埃隆·马斯克发出警告，人工智能将威胁所有人类工作，这项技术甚至可能引发战争，“它是人类文明面临的最大危险”。

如何避免新技术、新产业提高了劳动生产率，却减少了新就业比重以及加剧贫富分化之间的矛盾，一直是欧美国家创新发展亟待解决的问题。因此，政府在加快科技创新的同时，必须考虑增加就业、减少贫富差距等问题。如美国近些年来失业率一直居高不下，已经成为严重的社会政治问题。政府提出通过实施新战略，加强制造业转型，支持制造业回流，增加有创新潜力的小型制造企业和产业供应链，以及鼓励投资创新型产业，来提高就业率。另外，美国政府采取一系列措施，如建设包容性、公共性的创新经济，分享创新收益，减少社会的不平等。这些措施包括加强新技术工作培训，改进知识产权制度的实施，让低收入的发明者能够得到知识产权律师的帮助，在一些没有优势的地区建立创新中心等。这表明，在新形势下，科技产业转型成为一种与市场需求兼容并蓄的科技经济战略，也成为一种影响到生产关系变革、提高社会公平度的社会政治行为。

① 2016年6月22日，普华永道思略特发布了《世界互联》的研究报告。报告指出，互联网的全球融合能帮助全球7%的人口（5亿人）摆脱绝对贫困，并增加6.7万亿美元的全球经济产出。

② 关于这一观点，众说纷纭，莫衷一是。硅谷有人预测，未来10至15年时间里，技术将导致美国裁员率高达80%~90%。美国信息技术与创新基金会的调查数据分析证实，从2010—2015年，大约每消失10种工作岗位就会创造6种与技术相关的工作岗位，意味着因技术进步而消失的工作岗位的比率与1950—1960年以来任何时期相比都是最低的。技术发展是否导致“创造性破坏”，造成劳动力市场“大动荡”，尚待证实。https://mp.weixin.qq.com/s/womIDUebsEPpVdMQQYm-TQ。

专栏 20-2　转型发展的数字鸿沟

“数字鸿沟”又称为“信息鸿沟”，即“信息富有者和信息贫困者之间的鸿沟”。最先由美国国家远程通信和信息管理局（NTIA）于 1999 年在名为《在网络中落伍：定义数字鸿沟》的报告中提出。并对数字鸿沟的定义为：数字鸿沟（Digital Divide）指的是一个在那些拥有信息时代的工具的人以及那些未曾拥有者之间存在的鸿沟。数字鸿沟体现了当代信息技术领域中存在的差距现象。这种差距，既存在于信息技术的开发领域，也存在于信息技术的应用领域，特别是由网络技术产生的差距。数字鸿沟现象存在于国与国、地区与地区、产业与产业、社会阶层与社会阶层之间，已经渗透到人们的经济、政治和社会生活当中，成为在信息时代实现出来的社会问题。

以美国为例，数字鸿沟在国内分化的表现：（1）阶层差异。据调查，美国年收入 7.5 万美元的家庭，87% 拥有电脑，68% 上网；而年收入低于 1.5 万美元的家庭中，只有 7% 有电脑，2% 上网。（2）种族差异。美国黑人和西班牙裔的家庭，电脑拥有率和上网率要比白人和亚裔低 60% 左右。在美国网络高度普及的今天，仍有 99.5% 的非洲裔、98% 的拉美裔不能使用因特网。（3）行业差异。美国信息技术业工人的平均年薪比其他私营部门工人工资高 85%，1992—1998 年，信息产业工人与其他行业工人的年平均工资差距扩大了 1 万美元。（4）年龄差异。英国使用因特网的人口中有 50% 以上属于 15~24 岁群体，而这部分人口仅占全国人口的 15%，超过 64 岁的人口中，每 25 人中只有 1 人上网。（5）男女性别之间、城乡之间及不同教育背景人群的信息化差距也日益明显。

在中国，数字鸿沟造成的差别成为继城乡差别、工农差别、脑体差别“三大差别”之后的“第四大差别”，并正在成为一个社会问题。网络用户虽然持续增长，但其普及和应用主要发生在城市，网络用户中只有 0.3% 是农民，城市普及率为农村普及的 740 倍。东部沿海城市数字化程度相对来说比较高，而中西部地区数字化程度较低。无论是实际上网人数，还是上网人数所占人口比例，东部省区都大大超过中西部地区。

未来可预见的发展说明，科技经济与社会发展的资源共享性、行业兼容性，可以归结为科技、经济与社会乃至政治之间的要素协调发展的重要性。因此，我们用持续发展的观点来解释以知识资本为基础的战略变革及其结构转型或许有些勉强。实质上，任何传统的发展观点遇到根本性的挑战，往往要做出较大的修正。在新的协调发展的思想和运作机制基础上，完成科技产业系统互动、综合突进和整体发展，将逐渐取代以邻为壑、闭关自守的传统发展观。在这一过程中，系统互动必须经历从单一突进、静态均衡到协调发展、动态均衡的过渡。主要表现为：

1. 交叉渗透

科技经济与社会系统之间的相互渗透是建立在协调发展的系统基础之上的。当科技、经济与社会系统之间交叉渗透并发展到一定程度时，基于创新驱动与产业转型发展，它们就在其交叉和渗透部位进行蔓延与扩张，并带来革命性、颠覆性的改变。通过以广泛渗透的共享科技经济的新模式，创造数字化、智能化的具有交互界面的新产业和新业态。在协调发展机制的作用下，形成与科技产业互动融合的发展态势。

2. 互动融合

在科技经济与社会的系统互动和融合基础上，进一步对相关产业相互目标、运作机制进行选择性接受。在科技产业、就业结构之间相互渗透、融合一体，逐步形成新产业经济的协调发展。同时，以开放、包容的产业组织结构打破行业、部门之间的能力边界，提供了一条多层次、链动式、网状型的发展路径，并与科技相关部门的关系发生变化，转而更多的以“共享伙伴”形式出现。在相互吸纳对方运作机制的基础上，以科技渗透、学科交叉、行业跨界和产业重组，实现公共资源的优化配置，以资源独具优势的开放与共享，弥补系统的短板和不足，并实施适应性的结构转型和系统调整。

3. 协调推进

随着系统之间的结构转型和系统调整，科技经济与社会系统实现了结构优化的对接，并导致最终纳入协调发展的整体结构和发展过程。创新全球化发展及互联网 + 过程的描述，试图解读全球化下的产业链造成的产能过剩的可能性，阐释协调发展在科技产业结构调整和发展方式转变中的作用。随着科技产业经济与社会发展的互动与融合日趋紧密，协调发展的系统作用对科技产业转型与结构调整的影响日益深化，并逐渐将科技产业发展纳入其运作机制和功能结构的框架，成为促进新兴产业崛起、传统产业转型的战略选择。

三、转型发展观

创新塑造了我们的社会，并被我们的社会塑造着（约瑟夫·斯提格利茨，2017）。以新科技革命为基础的创新驱动，加速科技产业经济研究进入科技、经济、政治与社会相关领域。作为一种发展趋势，网络化已成为现代社会的普遍技术范式，它使社会再结构化，改变着科技经济与社会发展形态。网络构成了社会新的社会形态也形成了一种新的社会模式（Castells，1996：469）。在网络全球化的覆盖下，共享经济、共享科技等模式应运而生。共享经济在当今这个资源稀缺的世界里，人人共享组织可以创造出富足。通过利用已有的资源，如有形资产、技术、网络、设备、数据、经验和流程等，这些组织可以以指数级成长。未来 80% 以上的产业都将被共享经济所改变（Robin Chase，2015）。

眼花缭乱的变革与转型变化，使人们从科技革命和产业革命的演进发展过程中，看到了在以新技术为基础的网络化社会里，其经济形态与工业社会的经济形态将发生转变，出现一种以信息化、网络化、全球化为特征的新经济，其核心是以知识为基础的生产力及对获利能力的强调，脱离了工业经济单一的生产力增长方式（Castells and Yuko Aoyama，1994）。新型互联网经济的资本共享性、资源可得性以及公共服务广泛性，为共享经济模式介入产业转型发展提供了佐证。面对发展方式转变，以及科技变革及其成果应用对经济、社会、政治、文化及等方面的影响，亟待超越传统理论，重塑发展理念、学术概念、理论范式及转型思维，并将其付诸实施。还要看到，虽然进入新经济对科技产业经济发展方式变化时期，但总体上还是在科技、经济与社会相互关系的范畴内寻求改善和提升。在网络化、全球化发展阶段，发达国家、发展中国家或转型国家在科技产业发展等方面的兼容性问题，不仅需要将科技创新与产业经济发展联系起来解释，还需要突破这一狭义思考的范围，从发展空间及其战略的制约因素，如科技制约、经济制约、社会制约、政治制约、时空制约等，做出科学的解释，并扩展到科技经济与社会以至全球范围进行全景式的思考。这种新发展观和战略思想，我们称之为协调发展（见专栏 20–3）。

专栏 20–3　协调发展

协调发展思想与战略作为一种新发展观，是对持续发展观、运作模式和战略框架的深化与完善。实际上，是将持续发展纳入科技、经济、社会与政治四维协调发展的整个过程。这个过程包括发展系统（科技、经济、社会、政治）诸要素的相互调整与整合，并在调整与整合的基础上形成合理的发展结构和运作机制；为实现共同的发展目标进行系统性、动态性、适时性的调控和整合。通过调控和整合，确保阶段性发展与协调发展同步进行。因此，协调发展可以视为对诸发展要素进行调整的总调控系统。它包括多层次的协调发展体系，整体系统结构的发展协调和阶段协调，局部系统的目标发展系统，局部系统的结构发展协调，等等。

资料来源：隋映辉：《协调发展论》，青岛：中国海洋大学出版社 1990 年版

协调发展结构与内涵界定表明，协调发展是科技经济发展多元化和社会结构高度化的功能需求。它是一个新的特定的组合转换过程，由渗透、交叉、融合三个阶段组成。以多元复合相兼，形成系统发展的“共同域”或“共同点”[①]。协调发展的不同特质包括：

1. 协调发展不仅与科技经济与社会的发展不可分割，而且与其战略要素和系统变量有密切的关系。如科技经济的“可持续发展”取决于科技产业经济的变化与社会、文化变革及其生态关系，而协调发展取决于经济增长、科技进步、社会稳定乃至政治改革及其协调发展的相互关系。

2. 科技经济持续发展的质量标准，与科技、经济、社会和政治相关，并具备支持科技产业经济活动和结构变化的能力。而协调发展是一国一地经济、科技与社会综合实力的系统反映，其质量标准是系统性、整体性而

① 隋映辉：《协调发展：结构，量度与体系》，《经济科学》，1989（6），第 24—30 页。

非局部性。某一领域、某一行业的发展不是唯一的标准。

3．科技经济持续发展是不易计量的，其数量尺度和质量尺度是相互加强和相互联系的，并不能为任何直接的和可计量的经济增长的观点所完全概括。但协调发展可以通过建立系统评估框架和发展指标体系，进行量化统计分析。

4．科技经济持续性发展与增长相关的数量尺度，是指可突破科技对产业经济转型发展的约束，以新科技产业替代，确保科技经济持续发展的需求。协调发展不仅要约束与限制科技产业化过程带来的经济社会的负面效应，而且要满足市场需求及科技经济对社会生活、生态环境做出的贡献，并在更高层面，引导社会追求一种公正、共享的、机会均等的生活方式。

还要说明的是，将科技经济及其产业纳入协调发展，是针对不均衡发展的基本演进和响应过程。它的动态变化、起始因素与分析架构，我们可以通过以下概括描述：

1．发展比例的失调。科技创新、人才资源、资本运作、风险投资、制度安排和政策法规等因素都可以引起科技产业、就业结构比例失调和结构性矛盾，造成经济社会发展过程中的结构性变迁和比例失衡。从深层次来看，这些制约性的变化实质上是战略、政策等多层次、结构性失调的结果。同时，也是市场供求变化引起动态变化的内在因素。

2．发展阶段的不均衡。科技、经济、社会以及政治发展的不平衡，导致科技产业经济发展要素组合与急剧变化的参照系发生一系列“错位”。在发展环境、速度、规模、质量和形式等方面形成差距，引发出运行波动和比例变化。发展阶段的不均衡看似是一种横向运行的现象，但其根源却是纵向运作的不均衡、不顺畅和不协调。是发展战略的缺陷，也是发展中国家落后的重要原因。①

3．发展结构的不合理。产业结构、投资结构、技术结构、教育结构、市场供求结构等的不合理也可以造成科技产业结构、就业结构、布局结构的失衡和不合理现象。这些现象不仅需要系统创新给予积极的回应，而且

① 隋映辉：《21 世纪是中国世纪吗》，济南：济南出版社 1997 年版，第 373 页。

需要通过体制协调、政策协调、机制协调以及管理协调给予解决。同时，还包括科技与产业之间的要素协调、利益协调以及链接方式的协调等。

多元要素的综合协调，是在多元要素结构的互换系统中实现的。在相互转换中，各个要素在协调中均与其他要素互为输出、互为适应，并以相互间的渗透、交叉和兼容，保持系统的均衡发展。从科技产业转型和结构调整的微观角度看，静态协调主要包括：产业素质之间的协调，产业与相关产业之间相对地位的协调，产业与“府、学、研、资、介”之间的协调。而动态协调包括产业增长速度分布的协调，产业阶段交替的协调等。协调发展产生的效果是明显的：广泛形成技术溢出与“外部经济”；提高各个产业内部链接经济效益；促进科技创新及其成果迅速；有利于产业经济的稳定增长，避免经济大波动而引起的损失；适应需求结构的变动，使供求结构矛盾弱化等。

从多元协调的广义概念界定，协调发展是一个由非均衡到均衡发展的过程。科技促进产业经济协调发展，表明这一过程不是单元领域的“增长”，而是系统领域的协调发展，或者说是一种“增长”和“发展”的协调。以科技产业经济为例，它表现为科技产业占国内生产总值的比重、研究开发投入的增长等，还表现为在转型发展的过程中，科技产业经济与社会、文化、教育、法制的协调发展。这一不同以往的发展思路，源于网络全球化、科技产业化为核心的跨界、跨域、跨行趋势以及科技经济深度融合与产业转型发展趋势。因而从未来科技经济与社会的发展的愿景，构建不同领域的发展生态，必须以多元协调为关键变量，形成新的科技产业形态、价值链架构，进而提高全产业的劳动生产率和全要素生产率。这就是说，如果还是依靠传统资本积累的增加及劳动力大量投入，或者仅仅依靠规模性、功能性扩张支撑科技产业发展，就很难如愿以偿地获得转型发展的低成本、高效益，反而会产生一系列严重的结构性、社会性问题，造成虚假繁荣，以致最终引发增长滑坡和经济衰退。

四、转型选择

大数据、互联网、人工智能等技术、市场与产业创新的加速融合，为科技产业的发展路径、模式带来了颠覆性的变化。站立在宏观层面的战略选择，无论是在科技层面还是经济层面，科技产业转型发展与协调发展方式密切相关。然而，这一战略的实施面临诸多问题。从微观层面，协调发展对于行业部门来说有更多的利益从众性。转型期的条块分割、利益驱动，往往认为互动合作、共同发展将会影响到自身的发展。从宏观层面来看，“会当凌绝顶”，又“一览众山小”。以宏观逐级调控到实现协调发展，有时由于战略运作漂移或“上有政策，下有对策”的传递失真，难以确保落地生根、传递到位。这些问题主要集中在以下方面：

在科技产业转型和结构调整的过程中，如何从单纯扩大投资规模向提高生产率、寻求利润区转变。通过宏观层面的科技与经济的对接及其结构调整，真正解决在扩大产业经济规模的同时，推进产业模式转变，提高科技产业的生产率和提高规模经济效益的“双重选择”问题。

是以网络化、市场化的选择作为推动协调发展的因素，还是以战略政策调控作为协调发展的因素，或是两者兼而有之。如果兼而有之，政府在协调发展的进程中，扮演什么样的角色；或以什么样的体制、机制和手段来实现科技经济与社会的协调发展。如何基于市场的作用协调相关行业、部门和企业之间的利益，实现体制、机制与行业或部门之间跨域跨界的协调统一等。面对全球化的多元、复杂的竞争，如何既分享参与全球科技竞争和产业转型发展的红利，又维护国家科技产业经济权益，增强企业的竞争力，并形成创新全球化竞争的本国发展特色或多元模式。在回答以上问题时，我们必然要关注以下相关因素：

1. 利益集团因素。科技经济的发展以及产业转型，与各个利益集团以及工业、农业、商业等产业之间的利益有密切的关系。没有对这些集团之间的利益关系进行协调，科技促进经济发展将面临各利益集团的矛盾而造成的体制性、政策性的障碍。科技产业经济发展及其转型也将会缓慢变化甚至停滞态势。从持续发展的角度讲，利益集团的协调是一项重要的战略性措施，也是实现科技促进产业经济协调发展的基础。

2. 政治周期因素。政治周期变化对宏观决策影响极大，并影响科技经济政策的选择和实施。一般而言，国家是否具有相对连续、稳定、透明和操作规范有序的制度安排与政策措施，往往会使科技经济政策和实施计划产生明显不同的结果。政策相对稳定、透明、规范并具有连续性、可行性，就有利于科技经济的持续发展和产业转型，有利于风险投资和人才向科技产业聚集。同时，也有利于创新驱动、转型发展和全球化战略的实施。反之，不利于政策的实施和科技经济与社会的协调发展。

3．官僚主义因素。政府行使相对集中的行政性权力，对于国家科技经济协调发展至关重要，但需要注意的是避免权力垄断和干预过度行为。官僚主义是削弱调控发展能力的一种因素，也是垄断行为的外部表证。它干扰并制约着发展战略的实施，并在实践活动中与科技促进经济发展政策相背离。易于造成政治、社会的不稳定，并影响科技经济持续健康地发展。同时，严重的官僚主义还将滋生腐败行为。对腐败严重的国家来说，贪污、环境、法规等问题以及效率低下等现象，实际上是官僚主义的副产品。

4．顶层设计因素。顶层设计是战略、政策出台的基础。加快科技产业转型和结构升级，促进先进生产力的发展，如果不将相关因素作为协调发展及其运作的基础，科技产业经济发展战略体系将难以得到完善。而科技经济发展缓慢，生产力不能获得长足的发展，或新科技、新产业发展迅速，却形成对就业的冲击以致造成贫富差距越来越大，也难以获得社会的稳定。所以，协调发展作为一项科技经济持续发展的战略政策，一般应包括顶层设计在内的系统体系。

5．治理结构因素。在网络全球化的作用下，新型治理结构也会随之产生。跨区域的科技经济与社会变革的独立要素越来越多。由于科技经济中心转移，地缘政治结构也会相应地发生变化，多元化、扁平化的趋势更加显著。制度创新、决策民主以及管理科学的新形式不断涌现，与此同时，与互联网相联系的新型创新治理机制也随之产生。在政治周期因素与科技经济环境日趋复杂的情况下，通过协调发展适应科技经济与社会治理结构及其组织转型，将成为亟待应对的问题。此外，新技术、新业态的管制，现有治理结构外的大众创新创业参与形式以及纵向治理模式等，都将是未来会出现的新挑战。

形成协调发展的战略基础和实施前提，需要破解上述瓶颈问题。宏观层面的政治、经济与社会因素，与微观层面的战略、政策、管理因素，最直接的反应是能否激励或抑制创新驱动与转型发展。因而，这些瓶颈问题也就成为协调发展的关键性因素。实际上，制度安排、体制创新与政策运行在进入科技产业转型期就具有制定游戏规则的重要意义。将制度作为行为准则并影响科技经济发展前景，其变量已非同小可。在微观层面，虽然越来越多地体现出市场、资金和资源对科技产业经济发展的制约，但对于发展中国家或转型国家来说，人力资本、科技资源等因素相对体制机制等环境因素，可能并不是主要的困难和问题。随着借助网络化、大数据等技术手段对科技资源的挖掘，这些问题不能成为阻挡参与全球化竞争和融合发展的主要因素。对于转型期和结构调整的国家或地区，科技与经济体制的分离，人才资源流失，引进外资和技术的环境不佳，或政府经济模式固化，不能适应全球竞争和游戏规则等，都将成为科技产业发展的瓶颈。所以，科技产业转型方式转变，有科技经济和社会等方面的问题，但主要的还是体制政策以及协调发展问题。越来越多的转型发展实践证实，协调发展将成为一种新的战略框架体系和发展趋势。

因此，对于协调发展，可以通过多元化、多层次的要素集成，在科技经济与社会战略协调的基础上，加快科技产业经济发展方式转变。这一协调发展目标有若干选择：

1. 全球化竞争协调。全球化竞争要求一国政府及其科技、经济等各个部门，在参与各类国际竞争的过程中，形成国内外有序竞争规则和运行机制。在国际竞争领域，除了完善全球化竞争规则，建立争端解决机制和国家经济安全体系，整合科技、经济、贸易、金融等各个部门的资金、装备、人才等，还要重点突出面向全球市场需求的研究开发能力，提高产业创新的竞争力。同时，利用政府或非政府渠道以及战略联盟等全球性组织，加强区域与周边国家科技和经济组织的经贸合作、科技合作与相互关系的协调。

2. 体制政策协调。改革体制的内在缺陷，制定科技经济协调发展的政策措施，适应全球竞争变化和市场需求，是体制政策协调的重要内容。概括起来有：科技、经济与社会体制与政策的协调，实现协调发展的政策协调，国内体制政策与国际体制政策的协调等。为适应科技革命引起的不合理、不公平、不平衡等现象，各国在科技与经济领域加大了体制、政策改革的力度，特别是在全球化的条件下，如何以本国资源重组和政策协调，保证科技产业转型与结构性发展的合理性，实现“以我为主”的政策兼容、协调发展，成为各国关注的重大议题。

3. 整体战略协调。根据协调发展的内在要求，战略管理和战略协调是对战略目标、战略要素、战略结构的总体协调。经济全球化和创新全球化导致竞争加剧，信息网络的不断扩展，全球竞争已跨越局域层面转向全域层面，由科技经济的对抗式竞争转向科技经济的协调式竞争。科技产业跨域、跨行、跨学科的激烈竞争，从宏观战略角度改变着行业结构、部门结构和布局结构，推动由科技创新为基础的科技产业经济的存量调整与增量扩张，并形成越来越突出的知识扩张与抗衡等现象。科技经济与社会在多元化、多层面独立地参与竞争，其竞争力由于离散而相对减弱或被各个击破。而进入整体性战略协调领域的，共同确定利益共享、风险共担的竞争战略，将形成强大的战略联盟优势。进而，在整体性战略协调的基础上，对调控目标进行整合与协调，以构成面向全球性竞争的国家竞争力量和战略联盟系统。

第四节　结语

科技产业经济新时代，是一个充满挑战、机遇和各种未知的战略转型和结构调整的时代，也是一个全球范围难以驾驭、变化多端和不断探索的时期。其间，一些重大颠覆性的科技创新，改变甚至颠覆人类现存科研、生产、生活和交流方式，由此出现了一个以新科技支撑的科技产业结构及其形态。信息、生物、新材料、新能源等技术广泛渗透、几乎覆盖了所有领域，使社会生产和消费从产业化向自动化、智能化转变。科技革命引发的知识创新能力及其价值呈几何级数增长，并以互联网、大数据、人工智能与产业链接、技术嵌入、智能取代，建立起产业创新生态系统，推动科技经济与社会的协调发展。知识创新、范式变革与流程再造，促使传统资源禀赋、战略模式、发展要素、理论体系面临前所未有的变化。一系列发展演变与模式转换，对科技产业经济发展带来历史性的巨大挑战。在这个不稳定而且充满机遇的交替时期，对于处在不断创新与迅速崛起的新产业、新业态，如果能够从全球战略高度以及未来科技经济发展中寻求转型发展的突破口，善于应对新经济竞争的复杂变化，科技产业经济将会获得持续、稳定和协调的发展，实现产业结构的高度化配置和与时俱进的战略性调整。

基于上述转型与创新发展变化，协调发展仍然是21世纪中国发展的战略取向（隋映辉，1997）。科技创新如影随形，成功的发展模式塑造了新的产业转型模式与学科基础。需要从多维、系统的发展变量中，寻求影响和导致科技经济不稳定或结构缺陷的主要因素或复合因素，并对科技产业经济学的定义概念、理论原理、发展要素、基本架构等，从系统创新与协调发展的角度重新加以审视或界定。或许传统经济学理论在一定时期对世界经济发展的判断是对的，但不代表相关理论观点是“静止的”，在未来数百年的发展进程中也是适应的。当科技革命剧变下的科技经济理论被传统经济理论夹持，以致静观其变或“换汤不换药”，令人疑惑这类静止的、固化的理论观点能否适应科技产业创新与转型发展的动态变化。本书提出的理论体系，旨在系统解释一种现实，即实现科技产业经济的转型与发展，需要未雨绸缪。既要充分考虑科技创新带来的科技经济共享，又要兼顾新科技产业转型对收入分配与就业市场的冲击，以及日益严重的两极分化造成的社会政治风险。而“协调发展”作为一种新发展观及其理论思想，是适应网络化、全球化背景下科技产业转型发展的环境变化提出来的。虽然全球科技产业经济发展仍处在新一轮科技革命并行转变和交替之中，但基于数字化、智能化的科技创新、资本流动与产业转型，在全球范围已不囿于特定国家、划定地区或固定场所，形成了跨国界、超领域、共享型的技术互联、资源互动、创新驱动与产业转型。科技产业经济与社会协调发展的趋势，加速推进科技、经济与社会“去界面化”的进程，并重构以协调发展为主轴的科技产业经济学发展空间、理论范畴与演化规律。而由于多数学者习以为常专注于本专业知识技能和行为方式，并不愿意进入一个包容、开放的交叉学科共同体。在大部分情况下，经济学家们都没有将这些维度纳入分析之内，而且大多数经济学家所使用的传统方法都漏掉了很多与动态社会和创造性社会相关的重要经济因素。[1]在重新检视、修订或完善传统经济学、科学学等基础上，创立基于科技产业经济学的新范式、新体系、新版本，就需要从协调发展的视角来明确科技产业经济发展的标尺，并进入更高层次和更高水平领域进行系统驾驭和战略思考。

在科技经济发展过程中，虽然知识的生产力已经成为生产力、竞争力和科技促进经济成就的关键。知识已经成为首要的产业，这种产业为经济提供必要的和重要的生产资源（约翰·奈斯比特，1984）。但在相当长的时期内，技术密集、链接配套、产业替代的先进制造业与个性化、定制性、具有较高附加值的传统产业（诸如科技与传统融合的新业态、新产品等）仍有较大的市场需求。科技产业随着发展方式的转变以及市场需求变化，不断改变自身的结构并适应发展的要求，并在全球范围向其他产业领域广泛渗透和扩散，成为产业升级和结构调整的“助推器”和“润滑剂”。为了促进科技产业及其服务业的发展，相关科研、教育、咨询、培训和网络等知识生产系统发展迅速。随着就业结构和就业人员收益率的转移，加快科技、人才、资源与投资的流动性聚集和扩散，构成了科技社会化、产业化的发展标识。其间，极为有利的是，通信技术、制造技术、移动互联网、智能设备等技术与科技产业的融合，促进了相关产业之间的要素融合，并成为转型发展的新动力。科技产业的资源共享与整合程度不断提高，产业的知识价值在不断上升。消费活动逐步由物品密集型向知识密集型配置转变，参与经济全球化和创新全球化竞争的大量人才资源不仅得到迅速开发和利用，而且其自身的价值不断递增，科技成果和社会选择的范围不断增大。同时，随着科技产业经济发展变得日益依赖科技进步，对于知识生产及其人才制度、政策的变革要求也在上升。在人才价值普遍上升的环境体系中，不同制度安排和游戏规则所提供的服务需求，被创新型的科技产业经济发展所改变。各种人才权益性保护的法律法规，在很大程度上因为知识升值的环境变化以及科技产业发展方式的转变，变得日益重要。

---

① 约瑟夫·斯提格利茨，布鲁斯·格林沃尔德：《增长的方法》，北京：中信出版社 2017 年版，第 380 页。

归结起来，建立基于系统创新与协调发展的科技产业经济学框架，是应对经济全球化、创新网络化、产业无形化的冲击与挑战，适应科技产业发展学科交叉、行业跨界、个性混搭、多元协调的特征及转型过程。尽管一项发展思想、战略、制度或政策对知识创新并不完全依赖于科技经济增长的考虑，但所产生的持续发展的影响是完全可以肯定的。我们的研究或许不能完全涵盖科技产业经济学的意义，但是完全可以确定这一学科理论及应用对科技经济与社会发展的深远影响。

很显然，新科技革命将颠覆世界经济、军事、政治的既有格局，并在国家或地区之间拉开越来越难以追赶的鸿沟。科技产业经济的迅速发展，将得益于独有的体制机制、完整的工业基础、合理的布局与要素兼容，以及人力资源、科技吸收能力、市场潜力、创新链动等。适应瞬息万变的全球性转型和变化，增强战略控制、系统创新与协调发展的能力，推动科技产业网络化、数字化、智能化的战略调整与发展方式的转变，成为竞争取胜的关键。因此，实现科技创新对产业更迭与结构转型的驱动，加快发展方式转变的进程，建立一个有利于协调发展的理论框架，将为科技产业研究注入激情四射的活力，释放无限的潜能，也将为重塑新科技产业经济学增加新的驱动力。

参考文献

［1］ 隋映辉 . 中国科技经济的协调发展及运行机制构建与完善 [J]. 新华文摘，1992（9）.

［2］ 隋映辉 . 转型期科技产业战略调整及其管理改革研究 [R]. 北京：国家社会科学基金项目（00BJY020）.

［3］ 隋映辉 . 高科技产业：经济特性与产业结构调整 [J]. 科学学研究，1992（3）：48–53.

［4］ [美] 哈罗德·孔茨等 . 管理学 [M]. 贵阳：贵州人民出版社，1982.

［5］ 隋映辉 . 系统创新：非技术创新和战略调整 [J]. 学术研究，2001（10）.

［6］ [美] 曼纽尔·卡斯泰尔 . 信息化城市 [M]. 南京：江苏人民出版社，2001.

［7］ 涂元季主编 . 钱学森书信（十）[M]. 北京：国防工业出版社，2007.

［8］ 隋映辉 . 产业集群成长、竞争与战略 [M]. 青岛：青岛出版社，2005.

［9］ 课题组 . 城市创新系统构建与山东战略研究 [R]. 山东省社科规划重点研究项（02BJJ06）.

［10］ 隋映辉 . 城市创新生态系统与“城市创新圈”[J]. 社会科学辑刊，2004（2）：15–18.

［11］ 隋映辉 . 系统创新：结构调整中的企业与政府 [J]. 南方论丛，2002（2）.

［12］ 金碚等 . 竞争力经济学 [M]. 广州：广东经济出版社，2003.

［13］ 万君康，凌丹，邹蔚 . 论技术有效供给 . 科学学与科学技术管理 [J].2006（12）:12.

[14] 隋映辉等 . 科技产业转型与高端战略研究 [R]. 青岛软科学计划项目，2007.
[15] 赵涛 . 经济长波论 [M]. 北京：中国人民大学出版社，1989.
[16] [美] 罗伯特·A. 博格曼等 . 技术与创新的战略管理 [M]. 北京：机械工业出版社，2004.
[17] [英] 安德鲁·坎贝尔等 . 战略协同 [M]. 北京：机械工业出版社，2000.
[18] OECD, Globalization of Industrial R&D:Policy Issues,Paris:OECD,1999.
[19] 隋映辉 .21 世纪是中国世纪吗——中国发展论的世纪研究与思考 [M]. 济南：济南出版社，1997.
[20] 石奇 . 产业创新全球化：问题理论与区域整合 [J]. 产业经济研究，2006（1）.
[21] 隋映辉 . 协调发展论 [M]. 青岛：中国海洋大学出版社，1990.
[22] 刘顺忠，官建成 . 城市创新系统创新绩效的评价 [J]. 中国管理科学，2002（2）.
[23] 中国科学院可持续发展战略研究组：生态系统服务，中国网，2003-3-19.
[24] 隋映辉等 . 大战略 [M]. 天津：天津科技翻译出版公司，1989.
[25] 方军 . 产业生态系统演变 [N]. 经济观察报，2003-04-21.
[26] 隋映辉 . 科技产业与市场：需求导向及其互动 [J]. 产业经济研究，2003（1）：42-48.
[27] 隋映辉 . 基于系统创新实现资源型城市产业转型研究 [R]. 北京：国家科技部软科学计划项目（2007GXQ4D198）.
[28] 周克瑜 ."都市圈"建设模式与中国空间经济组织创新 [J]. 战略与管理，2000（2）.
[29] 隋映辉 . 科学技术的研究与开发：资源配置、体制与战略决策 [J]. 科研管理，1993（3）：18-21.
[30] 赵黎明等 . 城市创新系统 [M]. 天津：天津大学出版社，2002.
[31] 吕炜 . 经济转轨理论大纲 [M]. 上海：商务印书馆，2006.

[32] 李巍巍，施祖麟．经济机制设计理论评介 [J]. 数量经济技术经济研究，1993（9）：58–62.
[33] [美]詹姆士·奎恩等．创新爆炸 [M]. 长春：吉林出版社，1999.
[34] 隋映辉．知识递增、系统障碍与系统创新 [J]. 国际技术经济研究，1999（4）.
[35] 张世龙，马尚平．技术突变与产业调整 [J]. 科技进步与对策，2004.8：132–133.
[36] 隋映辉．科技产业、知识递增与增长模式 [J]. 科学经济社会，2000（3）：20–23.
[37] 隋映辉．系统创新与战略调整 [J]. 科学学研究，2001（3）.
[38] 隋映辉．经济增长方式转变：科技经济竞争与科技产业发展 [J]. 科技导报，1997,15（7）：7–14.
[39] 隋映辉．转型期的科技产业结构调整、战略配置及路径 [J]. 福建论坛，2006（7）.
[40] 隋映辉等．产业转型与高端战略运作 [J]. 科学学研究 2007（1）：69–72.
[41] Rafiq Dossani. Offshoring Services, Innovation, and Knowledge Intensity. Martin Kenney. Keynote presentation at the Innovation in Services Conference, Manchester, UK, June 15–18, 2006.
[42] C. Preeman. Technology and Economic Performance: Lessons from Japan. London: Pinter Publishers.1987.
[43] [荷]里克·莱兹伯斯等．品牌管理 [M]. 北京：机械工业出版社，2004.
[44] 邱成利等．高科技产业区发展的国际比较 [J]. 数量经济技术经济研究，2001（8）.
[45] 隋映辉等．企业发展：理论、实践与政策 [M]. 青岛：中国海洋大学出版社，1990.
[46] 隋映辉．科技产业发展模式及其利益领域 [J]. 发展研究，2012（2）：63–65.
[47] 隋映辉．科技政策向科技产业政策的演进 [J]. 中外科技信息，1995

（2）：33–37.
[48] 隋映辉 . 市场需求导向与科技产业发展 [J]. 学术研究，2000（10）：36–39.
[49] 隋映辉 . 政府在技术创新中应发挥什么样的作用？[J]. 科学学与科技管理，1999（7）.
[50] 夏太寿等 . 发达国家高新技术产业环境污染基本情况研究 [J]. 科学学与科学技术管理，2005.4：97–99.
[51] 隋映辉 . 科技产业转型 [M]. 北京：人民出版社，2002.
[52] 芮明杰 . 管理创新 [M]. 上海：上海译文出版社，1997.
[53] [德] 克里斯·施瓦布 . 第四次工业革命 [M]. 北京：中信出版社，2017.
[54] 隋映辉 . 全球经济竞争与科技产业结构调整 [J]. 社会科学辑刊，2003（5）.
[55] 隋映辉 . 试论知识经济与中国经济应有的战略性转变 [J]. 科技导报，1998（6）.
[56] 隋映辉 . 经济全球化与中国家电业的转型战略 [J]. 产业经济研究，2004（1）.
[57] 于春晖 . 产业经济学 [M]. 北京：机械工业出版社，2006.
[58] 隋映辉 . 科技进步与制度创新 [J]. 新华文摘，2001（2）.
[59] 汪星明 . 技术引进：理论、战略、机制 [M]. 北京：中国人民大学出版社，1999.
[60] 李京文 . 迎接知识经济新时代 [M]. 上海：上海远东出版社，1999.
[61] 黄兆银 .R&D 全球化研究 [M]. 武汉大学出版社，2006.
[62] 钱茜 . 外商直接投资和我国技术进步关系的研究 [D]. 暨南大学，2005（12）.
[63] 万后芬，周建设 . 品牌管理 [M]. 北京：清华大学出版社，2006.
[64] 卢现祥 . 论经济发展中非制度因素与制度因素 [J]. 福建论坛，2006（7）.
[65] 王涛 . 我国高技术产业参与全球分工的探索与分析 [D]. 北京：北京

工业大学，2000（5）:20–26.
[66] [美] 罗宾·蔡斯 . 共享经济 [M]. 杭州：浙江人民出版社，2015.
[67] 杨冬梅等 . 创新型城市：概念模型与发展模式 [J]. 科学学与科学技术管理，2006（8）：97–101.
[68] [英] 克里斯·弗里曼等 . 工业创新经济学 [M]. 北京：北京大学出版社，2004.
[69] 杨冶 . 产业经济学导论 [M]. 北京：中国人民大学出版社，1985.
[70] 隋映辉 . 组合投入论 [J]. 管理世界，1989（2）.
[71] 隋映辉 . 协调发展：结构、量度与体系 [J]. 经济科学，1989（6）.
[72] 万君康，凌丹，邹蔚 . 论技术有效供给 [J]. 科学学与科学技术管理，2006（12）：12.
[73] 芮明杰等 . 论产业链整合 [M]. 上海：复旦大学出版社，2006.
[74] 徐维祥等 . 高新技术产业集群资源整合提升区域创新系统竞争力能力的对策研究 [J]. 中国软科学，2005（4）：87–89.
[75] [日] 日本兴业银行产业调查部 . 日本产业转换的新时代 [M]. 北京：科学技术文献出版社，1988.
[76] 隋映辉 . 我国经济增长方式转变与科技产业发展研究 [R]. 北京：国家社会科学规划基金项目，（96BJB002）.
[77] 袁志峰 . 基于系统创新理论的产学研合作机制研究 [D].2004（3）：18–20.
[78] 常修泽等 . 现代企业创新论 [M]. 天津：天津人民出版社，1994.
[79] 郑勇军，汤筱晓 . 跨区域产业集群整合模式研究 [J]. 科学学与科学科技管理，2006（7）：104.
[80] [美] 约瑟夫·斯蒂格利茨 . 自由市场的坠落 [M]. 北京：机械工业出版社，2017.
[81] 滕堂伟等 . 集群创新与高新区转型 [M]. 北京：科学出版社，2009.
[82] 苏敬勤 . 产学研合作创新的交易成本及内外部化条件 [J]. 科研管理，1999（9）:68–69.
[83] [美] 约瑟夫·斯蒂格利茨，布鲁斯·格林沃尔德 . 增长的方法 [M]. 北

京：中信出版社，2017.

[84] 李红玲，钟书华 . 企业技术联盟成本及其分配 [J]. 科研管理，2001（7）：95–96.

[85] 解雪梅，隋映辉 . 科技产业集群持续创新的周期演化机理研究 [J]. 科研管理，2008.29（1）:107–114.

[86] 隋映辉 . 中国科技产业的合理化：结构分析及其对策的选择 [J]. 科学学研究，1993（4）：35–42.

[87] 程达军 . 产业集群与循环经济工业园系统结构与动力比较 [J]. 经济研究，2005（9）：57–59.

[88] Staffan Gullander and Anders Larsson, Outsourcing and Location Working Paper,May 23–26,2000.

[89] 隋映辉 . 中国产业经济发展与科技滞存效应 [J]. 科研管理，1991（5）：45–50.

[90] 隋映辉 . 科技产业论——科学技术的商品化、产业化与国际化研究 [M]. 济南：山东人民出版社，1994.

[91] 隋映辉等 . 科技经济论 [M]. 青岛：中国海洋大学出版社，1990.

[92] OECD. National Innovation System.Paris.1997.

[93] 联合国科技促进发展委员会 . 知识社会——信息技术促进可持续发展 [M]. 北京：机械工业出版社，1999.

[94] 隋映辉 . 创新型城市建设与战略规划 [J]. 发展研究，2013（3）:53–58.

[95] [美] 亚德里安·J. 斯莱沃斯基等 . 发现利润区 [M]. 北京：中信出版社，2001.

[96] 隋映辉 . 创新型城市建设：战略态势、制约因素与发展思路 [J]. 管理学刊，2010，23（5）:28–33.

[97] 隋映辉，付大为 . 城市创新体系与风险投资体系互动运作研究 [J]. 科学学研究，2003（21）.

[98] 隋映辉 . 创新全球化：科技产业范式及结构转变 [J]. 管理学刊，2012，25（3）：56–60.

[99] 隋映辉 . 市场需求导向与科技产业发展 [J]. 学术研究，2000（10）.

[100] 隋映辉 . 城市创新圈：战略构建及其思路 [J]. 高科技产业化，2004（10）：18–22.
[101] 隋映辉 . 科技产业的战略联盟：一种转型期的战略评估 [J]. 科研管理，2001 年增刊 .
[102] 隋映辉 . 战略生态与城市创新系统 [J]. 学术界，2004（3）.
[103] 郭燕青 . 科技转移与区域经济发展 [M]. 北京：经济管理出版社，2004.
[104] 曾德聪，仲长容 . 科技转移学 [M]. 福州：福建科学技术出版社，1997.
[105] 刘开勇 . 企业技术并购战略与管理 [M]. 北京：中国金融出版社，2004.
[106] [美] 马克·赛罗沃 . 协同效应的陷阱 [M]. 上海：上海远东出版社，2001.
[107] [美] 罗伯特·J. 希勒 . 非理性繁荣 [M]. 北京：中国人民大学出版社，2014.
[108] 隋映辉 . 协调发展论 [M]. 青岛：中国海洋大学出版社，1990.
[109] 隋映辉 . 论科技产业与协调发展 [J]. 中国人口、资源环境，2002,12（2）：107–112.
[110] [美] 罗伯特·N. 卢西尔 . 管理学基础 [M]. 北京：北京大学出版社，2007.
[111] Pouder Richard and Caron H. St.John. Hot Spots and Blind Spots: Geographical Clusters of Firms and Innovation [J]. Academy of Management Review, 1996,vol.21.no.4:1192–1225.
[112] [美] 保罗·A. 萨缪尔森等 . 经济学 [M]. 北京：中国发展出版社，1992.
[113] [美] 路易丝·伯兰斯卡姆等 . 为创新投资——21 世纪的创新战略 [M]. 北京：光明日报出版社，1999.
[114] [德] 柯武刚，史漫飞 . 制度经济学 [M]. 北京：商务出版社，2000.
[115] OECD (2003a),OECD Science,Technology and Industry Scoreboard 2003,

OECD, www.oecd.org/sti/scoreboard .

[116] OECD (2003b), "A Proposed Classification of ICT Goods", Working Party on Indicators for the Information Society, DSTI/ICCP/IIS(2003)1/REV2, www.oecd.org/dataoecd/5/61/22343094.pdf.

[117] Schaaper, M. (2004), "An Emerging Knowledge-Based Economy in China? Indicators from OECD Databases", STI Working Paper 2004/4,OECD, www.olis.oecd.org/olis/2004doc.nsf/linkto/dsti-doc(2004)4 .

[118] Strack, G. (2004), "High-Tech Trade, Employment and Value Added in High-Tech Industries & Knowledge-Intensive Services", Statistics in Focus Theme 9-2/2004, Eurostat , Luxembourg .

[119] 陈飞翔 . 开放利益论 [M]. 上海：复旦大学出版社，2004.

[120] 谢富纪，董正英 . 技术转移与技术交易 [M]. 北京：清华大学出版社，2006.

[121] Tichy. Clusters: Less Dispensable and More Risky than Ever Clusters and Regional Specialization [M]. Published by Pion Limited, 207 Brondesbury Park, London NW2 5JM, 1998.

[122] 隋映辉 . 我国轨道制造的系统创新与转型路径 [J]. 科学学研究，2015（5）.

[123] John, Caron H.,Pouder,Richard. Technology Clusters versus Industry Clusters: Resources, Networks, and Regional Advantages [J]. Growth & Change, 2006, Vol.37:41-171.

[124] 隋映辉 . 经济全球化与科技产业的战略性调整 [J]. 经济研究参考，2001.72Q-215.

[125] 隋映辉 . 经济全球化：科技产业变动及演变趋势 [J]. 高科技与产业化，2003（12）：9-12.

[126] 隋映辉 . 系统创新：政府的协调、对接与引导 [C]. 第三届科技政策与管理学术研讨会，2007.

[127] 隋映辉 . 科技产业创新与区域产业结构 [C]. 中国科协年会，2007.

[128] [美] 梅丽莎·A. 希林 . 技术创新的战略管理 [M]. 北京：清华大学出

版社，2005.
[129] [美] 路易丝·伯兰斯卡姆等 .21 世纪的创新战略 [M]. 北京：光明日报出版社，1999.
[130] 张金马主编 . 政策科学导论 [M]. 北京：中国人民大学出版社，1992.
[131] [法] 弗朗索瓦·佩斯 . 新发展观 [M]. 北京：华夏出版社，1987.
[132] 何为凌，邓英淘 . 经济控制论 [M]. 成都：四川人民出版社，1984.
[133] [美] 戴维·N. 韦尔 . 经济增长 [M]. 北京：中国人民大学出版社，2007.
[134] [美] 保罗·萨缪尔森等 . 宏观经济学 [M]. 北京：人民邮电出版社，2007.
[135] 刘斌 . 美国政府如何推进联邦实验室的技术转移 [J]. 中国科技成果，2004-07-16.
[136] 周克瑜 . “都市圈”建设模式与中国空间经济组织创新 [J]. 战略与管理，2000（2）.
[137] 盛昭翰，蒋德鹏 . 演化经济学 [M]，上海：上海三联书店，2002.
[138] 彭凌志 . 产业演化理论在我国企业并购中的运用 [D]. 上海：上海交通大学，2007（1）：20-23.
[139] [德] 胡塞尔 . 欧洲科学危机与超越论的现象学 [M]. 北京：商务出版社，2017.
[140] 钱学森第六次产业革命研究学习组 . 第六次产业革命 [M]. 北京：清华大学出版社，2016.
[141] 隋映辉 . 高端并购：理论阐释及系统界定 [J]. 科学学研究，2010,28（2）：161-168.
[142] 隋映辉 . 创新驱动：发展误区与战略取向 [J]. 管理学刊，2013,26（3）：23-27.
[143] 隋映辉 . 蓝色经济区不是海洋经济的简单翻版——基于创新域、集群带及生态链的蓝色经济区的解读 [J]. 发展研究，2010（2）:16-17.
[144] 隋映辉 . 科技与产业的对接及其中介关联 [J]. 科技导报，2002,20（5）：34-37.

[145] 隋映辉 . 科技产业化与人才资源竞争 [J]. 东岳论丛, 2000（6）:65–68.
[146] 隋映辉 . 中国的人才与教育：现状、问题与对策 [J]. 山东科技大学学报（社会科学版），2002（4）.
[147] 隋映辉 . 产业转型：山东半岛产业集群建设及其战略 [J]. 经济与管理评论，2006，22（4）：100–104.
[148] 隋映辉 . 经济新常态下创新驱动与转型升级的思路 [N]. 光明日报，2015–11–26.
[149] 吴江 . 科技创新与产业转型研究 [M]. 北京：经济管理出版社，2014.
[150] [英]G.M. 彼得·斯旺 . 创新经济学 [M]. 上海：上海人民出版社，2013.
[151] Brookings Institution，“America’s Advanced Industries：What They Are, Where They Are, and Why They Matter”，2015–2.
[152] 胡志坚主编 . 国家创新系统 [M]. 北京：社会科学文献出版社，2000.
[153] 隋映辉 . 风险投资：推动中国高新技术产业发展动力 [J]. 软科学，2000（3）.
[154] [美] 西奥多·W． 舒尔茨 . 人力资本投资 [M]. 北京：商务印书馆，1990.
[155] [日] 堺屋太一 . 知识价值革命 [M]. 北京：生活、读书、新知三联书店，1987.
[156] 钱省三，龚一之 . 科技知识的市场价值及其知识资本的形成模型 [J]. 科技导报，1998（3）.
[157] 课题组 . 创新：上海经济增长方式转变的必由之路 [M]. 上海：上海人民出版社，1998.
[158] 山东省国际技术经济研究所，编译 . 韩国尖端技术产业发展战略 [M]. 北京：时事出版社，1993.
[159] [美] 霍利斯·钱纳里 . 结构变化与发展政策 [M]. 北京：经济科学出版社，1991.
[160] [美] 罗伯特·M. 索洛 . 增长论 [M]. 北京：经济科学出版社，1988.
[161] 顾朝林等 . 中国高技术产业与园区 [M]. 北京：中信出版社，1998.

[162] [美]迈克尔·曼德尔.即将到来的互联网大萧条[M].北京：光明日报出版社，2001.
[163] [荷]范·杜因.经济长波与创新[M].上海：上海译文出版社，1993.
[164] [美]亚德里安·J.斯莱沃斯基等.发现利润区[M].北京：中信出版社，2001.
[165] 陈益升.高科技产业创新的空间[M].北京：中国经济出版社，2008.
[166] 周振华.产业政策的经济理论系统分析[M].北京：中国人民大学出版社，1991.
[167] 隋映辉.经济增长方式转变：科技经济一体化与科技产业发展[J].科学学研究，1998（2）.
[168] 隋映辉.技术引进与外资利用：促进科技产业发展的战略与政策[J].国际技术经济研究，1998（3）.
[169] 隋映辉.科技经济全球化与中国企业国际化[J].中外科技政策与管理，1994（10）.
[170] 隋映辉.创新体系：以制度创新与政策创新推进技术创新[N].新华文摘，1999（9）.
[171] Marian Beise.Public research and industrial innovations in Germany. Research Policy.1999.
[172] National Research Council, "Preparing for the 21st Century:Technology and the Nation's Future" ,Business Week,1999.
[173] Denis Maillat,Technology District and Innovation:The Case of the Swiss Jure Are, University of Neufchatel, 1995.
[174] OECD，National Innovation System,1997.
[175] Allan N.Ggerding,Innovation Economics,1997.
[176] The Economist, July 7-13, Sept.,1-7,2001.
[177] The Economist, June 2-8,2001.
[178] Research and Development,January 1999,Vol.41,No.1.
[179] Birgitt Gregersen,How Do Innovation Affect Economic Growth-Some Different Approaches in Economics,1997.

[180] OECD,Globalization of Industrial R&D: Policy Issues,Paris:OECD,1999.

[181] OECD(A), Science, Technology and Industry Outlook 1998,Paris OECD , 1998.

[182] Digital Economy 2000,U.S.Department of Commerce,June 2000.

[183] "Survery:The New Economy" ,The Economist,Sept.,23,2000.

[184] Wah.Making the Knowledge Stick.Louisa Management Review,1999.

[185] [美] G.J. 施蒂格勒 . 产业组织与政府管制 [M]. 上海：上海人民出版社，1993.

[186] [美] 亨利·埃茨科维兹 . 三螺旋创新模式：亨利·埃茨科维兹文选 [M]. 北京：清华大学出版社，2016.

[187] 杨冬梅，赵黎明，闫凌州 . 创新型城市：概念模型与发展模式 [J]. 科学学与科学技术管理，2006（8）：97–101.

[188] [美] 谢德逊 . 重新定义创新 [M]. 北京：中信出版社，2016.

[189] 马化腾等 . 分享经济 [M]. 北京：中信出版社，2016.

[190] [美] 戴维·贝赞可等 . 战略经济学 [M]. 北京：中国人民大学出版社，2015.

[191] 傅晓岚 . 中国创新之路 [M]. 北京：清华大学出版社，2017.

[192] 隋映辉等 . 海洋新兴产业发展与政策 [M]. 北京：海洋出版社，1993.

[193] 隋映辉 . 蓝色硅谷：发展现状、瓶颈与政策 [J]. 科技中国，2018（3）:73–77.

[194] [美] 达拉斯·斯迈思 . 自行车之后是什么？——技术的政治与意识形态属性 [J]. 开放时代，2014（4）.

[195] 赵玉林 . 高技术产业经济学 [M]. 北京：中国经济出版社，2004.

[196] 隋映辉等 . 系统创新的内涵、要素与机理 [J]. 福建论坛（人文社会科学版）2008（5）：10–15.

[197] 隋映辉 . 蓝色经济区的"创新域"[N]. 新华文摘，2010（10）.

[198] [美] 李杰，倪军，王安正 . 从大数据到智能制造 [M]. 上海：上海交通大学出版社，2016.

[199] National Science Board(NSB). 2014. Science and Engineering Indicators

2014. Arlington VA: National Science Foundation (NSB 14–01). Available at http://www.nsf.gov/statistics/seind14/.

[200] National Institute of Standards and Technology (NIST), Manufacturing Extension Partnership. 2013. Manufacturing Extension Partnership: Making an Impact on U.S. Manufacturing.

[201] U.S. Department of Energy (DOE). 2013. ARPA–E: Changing what's possible. http://www.arpa–e.energy.gov/. Accessed 21 March 2013.

[202] [美] 曼纽尔·卡斯泰尔 . 网络社会的崛起 [M]. 北京：社会科学文献出版社，2000.

[203] [美] 托马斯·库恩 . 科学革命的结构 [M]. 北京：北京大学出版社，2012.

[204] [美] 亚力克·罗斯 . 新一轮产业革命 [M]. 北京：中信出版社，2016.

后 记

在从事科技经济与战略管理等领域研究及学术探索的30多年间，我始终本着调查研究→探索积累→著书立说→应用实践的路线开展研究。其间，构建了科技经济与协调发展理论框架体系［《科技经济论》（1990）、《协调发展论》（1990）］。在科技产业经济研究领域，我先后出版了《科技产业论》（1994年）、《科技产业转型》（2002）、《产业集群：成长、竞争与战略》（2005）、《科技产业经济》（2008）等专著，并承担参与了国家社会科学基金项目、国家自然科学基金、国家软科学计划以及各级政府与大型企业等相关研究项目。这些研究成果所形成的学术成果，多次获得省部级哲学社会科学、科技进步、“五个一”工程、决策咨询优秀成果等奖项，并在学术理论界及实际应用部门产生了较大的反响和好评。若干著作被一些院校作为研究生阅读书籍，不少理论文献及学术观点至今仍被引用，并在全球新科技革命以及国家新发展理念、创新驱动与转型发展等战略及政策中得到进一步印证。迄今为止，对国内外“科技产业经济”文献检索及查询证实，相关系统全面的同类著作并不多见，这充分显示出这些著作在该研究领域的学术价值和持久影响力。因此，为应对新科技革命及科技产业转型发展，及时推出“科技产业经济学”已势在必行。

本书就是基于上述长期研究积累、应用实践及学术成果，对这一学科领域及其理论体系的持续研究和系统总结。依据既定的科技产业经济学理论设计及系统框架，本书从多学科、多领域、多视角，对科技产业经济学进行了系统分析、重点诠释及全面解读。论述及界定了科技产业经济内涵、要素、研究对象，讨论了科技产业系统结构与分析框架，阐释了科技产业的系统结构与基本要素、探索了科技产业的系统组合形态与模式，研究了科技产业的系统调控及运行机制、科技产业运行与支持体系等。通过系统研究和理论创新，试图进一步完善科技产业经济学的理论架构与学科体系，以增强本学科领域的学术、科研、教学与应用价值。

在这一领域的探索、研究及著书过程中，我曾得到德高望重的中国科学院院士、中国工程院院士、我国著名战略科学家钱学森先生多次的书信指教。他对于我所从事的科技经济、科技产业研究给予了充分的肯定、支持与鼓励。其间，我们素未谋面，但始终感受到先生赤胆忠诚的爱国情怀、卓尔不群的科学品质、无私无我的价值追求、平等相待的人格魅力以及对青年学者真诚的关怀与激励。斯人已逝，但先生永远是学界立身做人、治学研修的楷模与典范。

此外，我国著名经济学家、中国社会科学院顾问刘国光先生，中国工程院院士李京文先生，北京大学厉以宁、萧灼基先生都曾在百忙之中为我的相关著作作序或写推荐意见；著名科学家、中国科学院院士曾呈奎先生，中国工程院院士张明高、郑颖人先生，以及著名科学学家赵红洲、冯之浚先生也曾为拙作作序或写书评。他们都给予了我热忱的支持、鼓励和较高的评价。司马迁有诗曰："高山仰止，景行行止，虽不能至，心向往之。"迄今为止，我之所以著书矢志不移，学术探索不怠，发表的研究成果已经或正在发挥重要的影响和作用，是与这些"不畏浮云遮望眼，只缘身在最高层"的学界先驱的鼓励和支持分不开的。对此，我谨向他们表示崇高的敬意和深切的感谢。

在相关研究与著书的过程中，我还得到中国科学院陈益升研究员、方新研究员，中国社会科学院张国初研究员、中国科学技术发展战略研究院程家瑜研究员、山东财经大学王乃静教授、山东大学经济学院臧旭恒教授、山东社会科学院经济研究所马传栋研究员、国际经济研究所范振洪研究员、福州大学软科学研究所雷德森教授、上海交通大学安泰学院史占中教授、辽宁省政府发展研究中心张龙治研究员以及我国台湾著名经济学家于宗先先生、单骥教授等专家学者的关心和支持。对这些曾经给予我支持或帮助的专家学者，谨向他们表示诚挚的谢意。

本书引用了本人前期的一些学术成果，这些成果在《管理世界》《经济学家》《经济科学》《产业经济研究》《科学学研究》《科学学与科学技术管理》《科研管理》《新华文摘》等上刊载，或在人民出版社、山东人民出版社、济南出版社、青岛出版社等出版单位出版，为我持续研究及选用相关文献提供了基础。同时，国家哲学社会科学基金、国家自然科学基金、国家软科学计划、山东省社会科学规划软科学项目以及各级政府及大型企业等的课题研究，也丰富了这一研究领域及其成果。本书撰写过程中还参考了国内外有关专著及文献资料，在书中我尽可能地做出了说明或注释。谨此一并对这些机构、文献资料的作者表示感谢。

本书的出版，还要感谢当代中国出版社曹宏举总编辑的高度重视以及王延新主任的大力支持。他们为本书出版提供了热忱的帮助，付出了辛勤的劳动。在此向他们表示衷心感谢。当然，由于篇幅所限，本书做了一定幅度的压缩与调整。书中若有不当之处或错误疏漏之处，责任完全由本人承担。

“衣带渐宽终不悔，为伊消得人憔悴。”在长期孤独寂寞的研究和著书过程中，我得到了夫人毫无保留的理解、关心和支持。她是我从事研究事业的稳定器与学术前行的港湾。夫人无怨无悔地默默付出——相夫教子，无微不至地照顾老人，替我尽孝，对她的感激难以言表。儿子伴随我的科研跋涉长大成人，对儿子的独立成长，我既感到宽慰又深感内疚，谢谢他对我事业的理解。

最后，我还要特别感谢我的父母亲。他们长期在高等院校、科研部门工作，其坚定不移的世界观、人生观和价值观给予我持久的影响力和驱动力。他们这一代人所具有的远见卓识、正直做人、淡泊名利、无私奉献等精神，令我耳濡目染、终身受用。是亲人之爱、社会之责、信念之基，使我对毕生从事的科研事业及人生选择无怨无悔。

在本书付梓之时，谨将本书献给我的国家、我的亲人、学界同仁和各界好友，以及所有为本书做出过贡献的人，以表达我的感谢之情，并与大家共同分享本书出版的喜悦和快乐。

隋映辉

2018 年 4 月